策畫　金輝　金澤

主編　張踐

主要執筆人
王國元　王巍　馬洪路　馬勝利
張克英　張健　張踐　湯澤林
趙培庠　劉慶

目錄

總論

經學

史學

子學

文學

語文……四八一

史學家

思想家……五七九

文學家

傳統文化與中國社會 ……九〇四

總論

一、什麼是國學？

「國學」一詞古已有之，《周禮．春官》載：樂師「掌國學之政，以教國子小舞。」在夏、商、周三代，國學是國家主辦的中央學校，專門培養貴族子弟。漢代稱太學，晉稱國子學，隋改稱國子監，以後相沿使用，但也可以簡稱爲國學。但是我們這裏所說的國學，則是近代以來相對於西學的一種用法，廣泛地指謂中國的傳統文化。「國學者何？國所有之學也。」（鄧實：《國學講習記》，《國粹學報》第十九期，光緒三十二年六月二十日出版）

「鴉片戰爭」以後，中國民族危機日重，這種危機不僅僅是政治、軍事、外交上的，更主要地表現在文化上。在東西方列強「船堅炮利」的打擊下，腐朽的清政府節節敗退，喪權辱國。這其中的原因引起了有識之士的思慮，許多人簡單地將其歸結爲中國傳統文化的過時、落後，主張徹底拋棄「國故」，全面西化。然而，且不說一個民族完全放棄自身傳統，接受外來文化是否就可以獲得新生，就是看看被推崇爲楷模的西方國家，它們在十九世紀末、二十世紀初，無不是國內階級矛盾尖銳，在國外侵略剝削其他弱小民族，究竟有何優秀可言？於是一批思想深刻的民主革命先行者，便提出了弘揚民族優秀傳統文化的問題，使國人精神有所寄託，民族的血脈得以延續，國家的復興有所依託。章太炎在日本主辦「國學講習所」，後又出版了《國故《論衡》、《國學概論》，劉師培主辦了「國學保存會」，鄧實主辦《國粹學報》，從此「國學」一詞便開始流行了起來，成爲西方學術傳入以前，中國各種傳統學術思想的總稱。同時，「國學」一詞也包含了傳統文化精粹，國家自立之本的深層涵義。如章太炎在《民報》第七期《國學講習會序》中所說：「夫國學者，國家所以成立之源也。吾聞處競爭之世，徒恃國學固不足以立國矣，而未聞國學不興而國能自立者。」爲了國家和民族的振興，必須大力弘揚國學。

中國古代學術，向來無所謂分科。一般儒家學者，都以萬能博士自居，「一事不知，儒者恥之」。這種狀況是和古代社會的自然經濟發展水平相適應的，學者集經義注疏、詩詞格賦、論史文章，無所不通，所以在學科門類上文、史、哲混然一體。然而限於古代學者個人的性情及其偏好，成就在各方面又有短長。朱熹的詩詞亦爲上乘，但沒有人會稱他爲詩人；李白也有時文傳世，但卻不以史論著稱。因而國學中實際上還是有分科的。《漢書・藝文志》把古代學術分成了六類：一六藝，二諸子，三詩賦，四兵書，五數術，六方技。其中六藝指的是經學，包括「小學」，即文字學。諸子指哲學，詩賦是文學，數術是天文、曆法等科技，方技指醫學。漢代以後，儒學地位上升，《隋書・經籍志》正式開創了「經、史、子、集」的圖書分類系統，到清代纂修《四庫全書》，將這個分類系統發揮到了極至。其中經部指儒家經學，包括十三經及其注疏，以及爲讀經服務的文字學。史部是史學，包括正史、編年史、別史在內的各類典籍及其史學研究著作。子部是歷代思想家的著作，包括諸子百家，其中既有儒、道、墨、法、名、陰陽等哲學家，也有兵家、農家、醫家、天文、算法、藝術、小說等科技雜家，甚至包括佛、道等宗教。集部分楚詞、別集、總類、詩文評、詞曲等五類，以文學作品爲主。在這個分類體系中，實際上已經包括了哲學、歷史、政治、軍事、宗教、科技、文學、藝術等現代的學科分類，只不過未用其名而已。到了清末，曾國藩在給其弟的書信中，將傳統學術分成了三大類，「蓋自西漢以至於今，治學之儒，約有三途：曰義理之學，曰考據之學，曰詞章之學。……此三學皆從事於經史，各有門徑。」他所說的義理之學，可以相當於今日之哲學；考據之學，相當於歷史；詞章之學，相當於文學。這是一種使古代學術與近代流行的西方學科分類方法接軌的嘗試。至民國初年章太炎作《國學概論》，則將國學分成了經學、哲學、文學三大塊。這樣的分類方法，既考慮到近代人思維方式的特點，也注意突出中國文化的特色，防止中國傳統學術被西方的分類體系切割得支離破碎，不見全貌。本書基本採納了傳統國學的分類方法，將經學放在首位，突出儒家經典在傳統文化中的主導地位，不過將所謂的「小學」從經學部分中分出，單列語言文字一部。在子學欄下主要介紹在中國思想史上影響重大的哲學、宗教流派。而在相當集部的位置集中講文學。經學家、思想家、文學家專門介紹，與學說、流派中的論述交相輝映。又設通論部分，簡要介紹縱貫古今，影響巨大的社會文化問題。

中華民族作爲人類歷史上最古老的民族，雖歷經磨難，幾落幾起，仍自強不息，正再度崛起於世界的東方。中華民族地域遼闊，人口眾多，民族成分複雜，可千百年來凝爲一體，生生不息，靠的就是燦爛輝煌的中華文化。古語云：「國有天下，有與立焉」（《左傳》昭公元年），國學所包括的各種學術文化，就是我們國家民族的自立之本。可以說，博大精深的國學，孕育了中華民族的萬千氣象。當然，我們也勿庸諱言，傳統國學中瑕瑜互見，良莠並存，有歷代剝削階級壓迫人民的統治之術，有落後於世代發展的糟粕。我們將以分析的態度，深入淺出的方法，客觀地將國學的基本知識介紹給讀者，以展現傳統學術文化的風采，激勵今人繼往開來的信心。（張踐）

二、何謂道統？何謂學統？

「道統」是古代儒家關於傳道系統的學說。唐代韓愈爲了抬高儒家在中國文化中的正統地位，與當時盛行的佛教「法統」相抗衡，仿照佛教諸宗的傳法體系，在《原道》一書中提出了儒家之道的傳授系統。他認爲「堯以是傳之舜，舜以是傳之禹，禹以是傳之湯，湯以是傳之文武周公，文武周公傳之孔子，孔子傳之孟軻。」孟子之後儒家道統失傳，所以才有佛、道二教的盛行。儒家之道的本質是仁、義、道、德。「博愛之謂仁，行而宜之之謂義，由是而之焉之謂道，足乎己無待於外之謂德。」韓愈以孟子的繼承人身分自居，決心擔負起捍衛道統的神聖責任，與佛老進行堅決的鬥爭。韓愈的思想提出了一個重要的問題，即在中國傳統文化中，必須維持儒家倫理價值的中心地位。宋明理學家繼承了韓愈的思想，將儒家之道的傳授系統正式稱之爲「道統」，朱熹說：「蓋自上古聖神繼天立極，而道統之傳有自來矣。」道統的次序是堯、舜、禹、湯、文、武、周公、孔子、孟子。但理學家把韓愈排除在道統之外，說直到北宋周敦頤出，才接續上聖賢的道統，並經過張載、二程等人的發展，最後在朱熹那裏集其大成，「至是皆渙然而大明，秩然而各得其所。此宋儒之學所以度越諸子，而上接孟子者與？」（《宋史・道學傳》）宋明理學家是在充分吸收佛道二教的基礎上，發展了傳統儒學，建立了更加完善的道德形而上學體系，使儒學在中國文化史上處於不可動搖的核心地位，決定著整個中國文化的精神方向。

「學統」一詞，清代理學家熊賜覆就曾使用，他作《學統》一文，在儒學內部區分誰是正統，誰是翼統，誰是附統，誰是雜統。其後「學統」一詞多有用者，但意義並不統一。現代新儒家牟宗三先生在總結古代文化遺產時，針對中國近代社會未能產生出現代科學技術，指出：中國古代文化有「道統」而無「學統」。「道統」即儒家一脈相承的內聖之學，這方面不僅有很充分的討論，而且達到了很高的水平。但是由於中國士人的思維方式是一種「綜合的盡理之精神」，講得是「上下通徹，內外貫通」，主要關注心、性、倫、制等價值世界方面的問題。所以以尋求客觀知識爲目的的科學思想在中國文化系統中始終未能取得獨立之地位。反觀古希臘，其哲人使用的則是一種「分解的盡理之精神」，對任何問題的研究都要求脈絡分明，定義、名言俱確，使之越分越細。而且，古希臘哲人的興趣主要集中的外部世界的自然方面，故能建立數學、邏輯學等獨立的自然科學知識。這種獨立的學術文化傳統，即是「學統」。傳說中古代夏、商、周三代有「羲和」之官，主管天文曆法，但其學術成果僅僅滿足於實際的應用，「然其『學之爲學』之精神，略顯端倪而枯萎，則學統亦斬。」

而大陸著名哲學家張岱年先生，則認爲除儒學外，在中國學術發展史上，並存著許多不同的學派。「每一學科也有其傳承系統。總和不同學派、不同學科的學術傳統，可以稱為『學統』。」他認為中國近代自然科學雖未像西方那樣結出碩果，但古代中國自然科學在當時仍有相當高的水平。學統不應是一家一派的傳承系統，而應是全民的學術傳統。學統以哲學為核心，又旁及人文科學、自然科學，是一個多層次，多方面的多維系統。

縱觀牟、張二位先生的見解，似乎牟先生為了探討中國近代自然科學未能引發生產力革命的原因，照搬西方的模式，過分突出了自然科學體系的嚴整性。的確，中國古代有重人文，輕科技；重技術，輕科學的傾向，像西方那樣自古流傳的物理學、數學、幾何學體系是不存在的。但這並不證明，中國除了儒家的「道統」，其它學說完全沒有發展，沒有自身的歷史。英國的李約瑟博士所著《中國科技史》就是明證。張先生強調每一門學科都有自己的傳承系統是完全正確的，但是他試圖建立一個包羅萬象的「學統」體系，似乎又過於寬泛，難免失之籠統。以哲學為核心，又包括其它人文科學和自然科學，那幾乎成了一部中華文明史，非「學統」一詞之可以概括。以筆者之愚見，「學統」應該是中國各門學科發展的歷史。西漢「罷黜百家，獨尊儒術」，使先秦諸子的學說有的斷流，有的併入了儒家體系之中，但這並不等於說它們以前沒有傳承系統。併入儒學以後，其思想範疇仍在繼續發展，也能進行系統研究。佛、道二教，自有其嚴密獨特的思想範疇體系，更可以獨立形成「學統」。所以，「學統」應當是占官方意識形態地位的儒家「道統」之外，其它各門學科的傳承系統。

（張踐）

三、國學典籍基本分類有哪些？

典籍，從字義解釋，典，即標準，可以作爲典範的書籍。典籍，原指記載古代法制的圖書，現在泛指古代圖書。

書籍，是人類物質和精神建設的經驗總結，是寶貴的文化遺產。爲了保護和利用古代典籍，古人早有藏書之舉。周代設有「藏室」，老子曾任「藏室之史」（相當於國家圖書館館長）；秦始皇對農、醫一類書籍亦加以保護。漢代設太史令掌管天下之書，而眞正對圖書典籍進行分類，卻是到了漢哀帝時期，劉歆繼承其父劉向的事業，校勘典籍，著《七略》（輯略、六藝略、諸子略、詩賦略、兵書略、術數略、方技略），將圖書分成六部分（因爲「輯略」是對其他六略的總括，說明各類圖書的內容和學術流派），三十八小類，著錄圖書六百零三種，一萬三千二百一十九卷。可以說，這是我國、也是世界上最早的圖書分類法，（比歐洲第一個正式的圖書分類表——德國吉士納《萬象圖書分類法》要早一千五百五十年），它基本上奠定了我國圖書目錄分類的發展方向，具有開創性的貢獻。東漢班固的《漢書·藝文志》，就是按照《七略》的分目，奠定了我國圖書分類目錄的方法，使後世史家編志經籍、藝文，均沿用其例。

隋唐時期，天下統一，經濟和文化有了更大的發展。唐太宗貞觀年間，廣購天下圖書，由魏徵、虞世南、顏師古相繼出任祕書監，集《古今書錄》五萬一千八百五十二卷，爲此，在祕書省之外另闢了集賢書院、麗正書院作爲國家藏書之所，以甲乙丙丁爲序，列經、史、子、集四庫，開創了中國古籍以四部分目的辦法，使圖書的管理更細緻、更科學。

第一部正式使用「經、史、子、集」名稱區分部屬的書目，是由唐代魏徵主編、長孫無忌參與撰寫的《隋書・經籍志》。凡四卷，首創經、史、子、集四部分類法。四部之下又分四十小類，另附佛、道二經十五類。各部、類之後皆有序文，對諸家學術源流及其演變，均有簡要說明，是唐朝以前六百餘年間圖書狀況說明最爲完整的書目，歷來爲學者所重視，有很高的學術價值。（後世清代編輯的「四庫全書」，即用此分類法）

唐代保存古籍篇目極多的另一種類書，是虞世南輯錄的《北堂書鈔》，從八百多種古籍中摘錄可供吟詩作文之用的典故、詞語和一些詩文佳句，按部類編排，分帝王、后妃、政術、刑法、封爵、設官、禮儀、藝文、樂、武功、衣冠、儀飾、服飾、舟、車、酒食、天、歲時、地十九部，部下分類，可算是現存最早、最完整的類書。

被稱爲「博不及《藝文類聚》，而精則勝之」，實用價值較高的《初學記》，是唐玄宗李隆基爲便於諸皇子作文時檢查事類使用，命徐堅等人編撰的。書的卷帙不大，僅三十卷，但分類精細，便於查找和運用。全書分爲天、歲時、地、州郡、帝王、中宮、儲宮、帝戚、職官、禮、樂、人、政理、文、武、道釋、居處、器物、寶器、果木、獸、鳥等二十三部，下列子目三百一十三，每一子目內均分爲「敘事」、「事對」、「詩文」三部分，內容精審、去取謹嚴，具有一定的特點。

宋代的《冊府元龜》，內容和體例皆異於其他類書，它僅錄歷代君臣事跡，不取天地時序，不用小說、雜書，是專供君王借鑑前事而輯錄的，因而分爲帝王、閏位、僭僞、列國君、儲宮、宗室、外戚、宰輔、將帥、臺省、邦計、憲官、諫諍、詞臣、國史、掌禮、學校、刑法、卿監、環衛、銓選、貢舉、奉使、內臣、牧守、令長、宮臣、幕府、陪臣、總錄、外臣等三十一部，一千一百零四門。

《太平御覽》，又是宋太宗爲誇耀自己好學，要日讀三卷，而命李昉等輯編的一部大型類書，全書千卷，分爲天、時序、地、皇王、偏霸、皇親、州郡、居處、封建、職官、兵、人事、逸民、宗親、禮儀、樂、文、學、治道、刑法、釋、道、儀式、服章、服用、方術、疾病、工藝、器物、雜物、舟、車、奉使、四夷、珍寶、布帛、資產、百穀、飲食、火、休徵、咎徵、神鬼、妖異、獸、羽族、鱗介、虫豸、木、竹、果、菜、香、藥、百卉等五十五部，五千三百六十三類。此書以徵引浩博著稱，所引資料，先列書名，後錄原文，爲後人保存了大量的珍貴典籍。

其後的《事類賦》（宋・吳叔撰注）、《玉海》（南宋王應麟撰）分類方法與《藝文類聚》、《太平御覽》大體相同。

明代的《永樂大典》，編輯體例與前列各書皆不相同，它是「用韻以統字，用字以繫事」，按韻分別單字，每字之下，先釋音義，並以顏眞卿《韻海鏡源》之例，詳列各種書體，然後按單字輯入各類資料，收羅宏富，學術價值極高。

清代的《古今圖書集成》（陳夢雷輯），分彙編、典、部三級類目編排，（共計六編、三十二典、六千一百零九部），其內容爲：

（二）曆象彙編——包括乾象、歲功、曆法、庶徵四典；
（二）方輿彙編——包括坤輿、職方、山川、邊裔四典；
（三）明倫彙編——包括皇極、宮闈、官常、家範、交誼、氏族、人事、閨媛八典；
（四）博物彙編——包括藝術、神異、禽蟲、草木四典；
（五）理學彙編——包括經籍、學行、文學、字學四典；
（六）經濟彙編——包括選舉、銓衡、食貨、禮儀、樂律、戎政、祥刑、考工八典。

每典之下又分若干部，部下按彙考、總論、列傳、文藝、選句、紀事、雜錄、外編等項排列有關資料，有的還附有圖和表。內容繁富，區分詳晰，集古代典籍之大成，而且體例較其他類書爲善，檢索方便，實用性強，是古代圖書分類比較科學的一部著作。（張志英）

四、中國古籍知多少？

中華民族素以勤勞、勇敢、儀禮、文明著稱於世，她的古老文化源遠流長，根深葉茂，中國的古代典籍曾流播於全世界，對世界文化的發展作出了卓越的貢獻。

自從漢代發明了造紙，唐代出現了雕版印刷，宋代產生了活字印刷以後，書籍大量印行，進一步推動了文化的發展，出現了數量可觀的古代典籍，豐富了人類的知識寶庫。兩千多年來，無數優秀人才以辛勤的筆耕，從文學、哲學、歷史、軍事、經濟、農業、醫藥、天文、地理、建築、機械、民族、宗教及其他諸方面，總結和保存了歷代人民群眾改造自然、改造社會的豐富經驗，形成了今天浩如煙海的古代典籍，留下了蔚為大觀的文化遺產。

唐朝初年，虞世南編著的《北堂書鈔》，摘錄了當時各類書中的名言佳句，摘錄是從八百五十多類典籍中輯出的，可見早在唐代以前就已出現了大量的古籍書冊。《北堂書鈔》原為一百七十三卷，後有佚缺，現存一百六十卷。

歐陽詢、裴矩等人，奉唐高祖李淵之命，編輯《藝文類聚》，這是現存最早的官修類書，從一千四百三十多種古籍中，分門別類摘錄彙編成一百卷。按歲時、政治、產業等分成四十八部，前列事實，後附詩文，內容豐富廣博。

到宋代太平興國年間，宋太宗趙光義命李昉、扈蒙等十四人編纂供皇帝按日閱覽的書籍，這就是《太平御覽》。全書編成一千卷，分為五十五門，所引用書籍多達二千五百七十九種，內容包羅甚廣。

景德二年（一〇〇五），宋眞宗趙恆又命王欽若、楊億等編輯史料性類書《冊府元龜》，字數比《太平御覽》多一倍，亦編為一千卷，歷時八年完成，全書分為三十一部，一千一百零四門，把上古至五代的事跡有條不紊地編排了起來。（「冊府」，即收藏典籍的祕府；「元龜」，即以靈龜占卜未來之意。《冊府元龜》就是可供借鑑的文獻寶庫。）

明朝永樂年間，明成祖朱棣為了粉飾太平，籠絡更多的「宿學大儒」為新政權服務，命令翰林學士解縉等編輯《永樂大典》，並要其除使用國家保存的文淵閣藏書之外，還要求廣泛「購募天下書籍」，旁搜博採，不厭浩繁，有書必錄，因而輯入的內容廣泛，不僅有經史典籍，也包括了許多對於民生日用比較切實有益的書籍，工農技藝、平話、戲曲，以及道經、釋藏，應有盡有。爲編輯此書，前後六年輯入的典籍圖書約有七千至八千種之多，輯成二萬二千九百三十七卷（其中有凡例、目錄六十卷），裝訂成一萬一千零九十五冊，總計三億七千多萬字。工程之浩繁，內容之豐富，卷帙之眾多，在當時的世界文化領域中是名列前茅的。可惜在八國聯軍侵入北京時，大部分被焚毀，未焚者亦被劫掠淨盡。

到清代康熙、雍正時期，由陳夢雷、蔣廷錫等先後主持編輯的《古今圖書集成》，更是一部內容豐富，區分詳盡的巨大類書，全書一萬卷，分爲六編，三十二典，六千一百零九部，一億六千多萬字，比《大英百科全書》的規模要大三、四倍。

乾隆三十八年（一七七三），一向喜歡貪大求全的皇帝愛新覺羅・弘曆，組織了以紀曉嵐爲首的一大批文人，用十年的功夫，編出了中國封建時代空前絕後的一個大部頭——《四庫全書》。《四庫全書》包羅的內容極廣，編輯者們把過去的敕撰本、內府本、永樂大典本、各省的採購採訪本、私人進獻本以及國內一些通行流傳本，統統集中起來重新校勘，加工整理，並把明、清兩朝政府編輯的實錄、政書、正史、會典、方略、方志、目錄、詩文總集等各種圖書，大部分收入《四庫全書》之內。

《四庫全書》一共收書三千五百零三種，七萬九千三百三十七卷，總目錄一百卷，裝訂成三萬六千三百零四冊；存目六千七百六十六種，九萬三千五百五十六卷。負責編纂的人員近三百六十名，抄寫人員共有一千五百人之眾，按「經、史、子、集」分爲四部，可知《四庫全書》規模之宏大。《四庫全書》由於內容廣泛，總計約有九億九千七百多萬字，相當於《永樂大典》的三倍多，比同時代法國的《狄德羅學典》字數多十倍以上，基本上包括了清乾隆以前我國古書中的全部重要著作，起到了保存和整理古籍的作用。是研究我國古代政治、經濟、科技、哲學以及文學藝術的重要資料。

當然，乾隆皇帝命令編纂《四庫全書》的另一個目的，在於宣揚清王朝的統治，禁毀和篡改不利於其統治的書籍。弘曆爲了毀掉那些觸犯清朝、表彰明季、寓意感慨、詞含激憤的遺書，曾下令各省、府、州、縣成立「收書局」，僅浙江一省，從乾隆三十九年（一七七四）到乾隆四十七年（一七八二），就毀書二十四次，毀掉書籍五百三十八種，一萬三千八百六十二部之多！總計乾隆時期，被毀、禁的書籍有七十一萬卷之眾，可以說，這也是中國封建社會焚書、毀禁規模空前的悲劇。

縱觀古今典籍，至清末期間，編輯成冊的大部分、被毀禁的部分、散遺在民間的部分，加上乾隆以後未見官府收藏的「新作」，彙集起來，我國古籍何止十萬卷之數，這在世界的文化遺產中恐怕要算是首屈一指了吧！

（張志英）

經學

五、什麼是經學？

「經」字，甲骨文中未見，鐘鼎字寫作「巠」。本意是指紡織物的縱線。後引申爲「經營」。由於縱線在紡織過程中的主導、綱領作用，又引申爲恆常不變的法則、原則、義理。大約在戰國時期，把其內容具有根本性指導意義的書籍稱爲「經」。例如《荀子・勸學篇》中有「學惡乎始？惡乎終？曰：其數則始於誦經」。《莊子・天道篇》有「孔子繙十二經」。以後一些在某一專業方面有開山作用的書籍也被稱爲「經」，例如《茶經》、《山海經》、《黃帝內經》等等。

最先稱爲經的書籍是被儒家視爲立論基礎的六部書：《詩》、《書》、《易》、《禮》、《春秋》、《樂》。其起始時間，有的說在戰國時期，例如前引《荀子》和《莊子》。皮錫瑞認爲，孔子以前已有經說，但無經名，經名始自孔子。他引《莊子》・天運篇：「孔子謂老聃曰：丘治《詩》、《書》、《禮》、《樂》、《易》、《春秋》六經。」說孔子「刪定六經之時，以其道可常行，正名爲經。」但是，以經名稱六部書是出自孔子之口，還是後人的轉述，實難確定。直到班固的《漢書》，《詩》、《書》、《易》、《禮》、《春秋》、《樂》還被稱爲「六藝」，也有的地方稱作

「六經」，起碼是經、藝並稱。六藝升格爲六經，是漢武帝以後的事。以前，即使有經之名，恐怕也無經之實，即在學術上和實踐上都未占統治地位。

漢初時統治者治國不用儒術。及至武帝時，天下大定，漢朝進入和平發展時期，才逐漸認識到儒術有守成作用，開始重視。漢武帝建元五年（前一三二）立五經（《詩》、《書》、《易》、《禮》、《春秋》）博士，並爲博士設弟子員數人。從此，五經置爲官學。治五經有成者，可獲高官重祿。凡官方文件或皇帝大臣論及國家大事，必引五經中言作爲根據。儒家典籍作爲經的地位，得到國家的認可、支持與保護。由此，經學就成了專治儒家經典的學問，從此爲業者被稱爲經學家。

被尊立爲經的書籍有十三部。秦以前的六藝，《樂》到漢時已亡佚，餘下的《易》、《書》、《詩》、《禮》、《春秋》被定爲五經。東漢時增《論語》、《孝經》爲經，稱七經。唐朝時將《禮》分爲《周禮》、《儀禮》、《禮記》，《春秋》分爲《左傳》、《公羊傳》、《穀梁傳》，分別設科，加上《易》、《詩》、《書》，稱爲九經。後又增《論語》、《孝經》、《爾雅》，稱十二經。到宋代，《孟子》也被升格爲經，計十三經。

經書的地位一經確定，就是神聖的了，他人他說不得僭越，不可妄稱經名。後人能做的，只是解釋經文，傳授經說，實踐經義。他們治經的成果只能稱爲「傳」、「注」或「疏」，經學的內容，實際上就是關於十三經的「傳」、「注」、「疏」。

經學的功夫主要集中在三個方面：一是關於經書中文字、名物的訓詁；二是關於經書的義理的闡釋；三是關於經書、經說的眞僞，關於傳疏之虛實的辨正。一、三兩項工作往往被視爲繁瑣，但在文字學、考古學、歷史學上的學術價值不可低估。至於第二項工作，多是時人藉經文以表達自己關於社會、道德、政治的見解，孰對孰錯，實難公斷。不過，經學家們演繹經說的過程，實際上也就成了中國哲學，特別是儒家哲學的演變過程。沒有對經說義理的闡釋，也就沒有儒家哲學。

經學的根本任務是繼承「道統」，護衛眞經，於是，辨證經書、經文的眞僞和釋義虛實就構成它的基本問題。漢初立五經，只是今文經，西漢末又出古文經，孰眞孰僞，一直爭論不休。至於義理闡釋的虛實，就更難認定，一直到清末也沒有解決。簡單的解決辦法就是確定師承授受關係，所以，經學特別注重家法和顯門，否則即爲離經叛道。由此也就規定了經學的根本特點——守舊而不能創新。皮錫瑞說：「蓋凡學者皆貴求新，唯經學必專守舊。經作於大聖，傳自古賢。先儒口授其文，後學心知其義，制度有一定而不可私造，義理衷一是而非能臆說。世世遞嬗，師師相承，謹守訓辭，毋得改易。」這位經學家的概括，算是準確的。經學有數家，每一家實際上都是遵守著這個法則。

經學分爲幾派。分派的方法，史家各有其說。《四庫全書·總目提要》分爲今文派和古文派；劉師培按歷史時代分爲兩漢派、三國隋唐派、宋元明派、清派；周予同先生說有三派，即西漢今文派、東漢古文派、宋學派。經學分派的方法本不可強求一律，因研究者的目的不同，觀察角度不同，學術思想有別，實際上會有多種分派方法。

如何描述經學的歷史過程，也有不同說法。《四庫提要》說經學有六變：兩漢、魏晉到宋初、宋慶曆（一〇四一～一〇四八）至南宋、宋末至元、明末王學、清朝漢學，並分以一字斷之，爲「拘」、

「雜」、「悍」、「黨」、「肆」、「瑣」。皮錫瑞則將經學劃爲開闢、流傳、昌明、極盛、中衰、分立、統一、變古、積衰、復盛十個階段。兩者都有很強的價值評價的味道。經的本意和立經的主旨是要爲國人規定一萬古不變的根本大法。它一貴經義純正，二貴實行。皮氏以此爲準劃分經學的盛與衰。經學作爲一歷史上存在的事物，自有其產生、發展、終結的過程，這個過程不是盛衰二字所能了斷的。通觀各代各家經說，從思想上看，都是在演繹經的內容，每一家就成了這一演繹上的分支。要求經義絕對純正，這不可能，或因爲史學、考古學、文字學的新材料，或因爲政治立場的對立，或因爲各家爲利祿而爭雄，經說的差異在所難免，並且這有差異的各說本來就是經義中隱含的或能容納的。一旦這隱含和能容納的思想都釋放盡了，經學也就終結了。一旦它不能作爲匡正世人的行爲的根本大法，它的命運也就終結了。湯志鈞先生認爲五四時期，就是經學的終結時期。不過，這個終結似欠一種哲學認識論上的反思，多是從政治上、道德上做責難。以後，雖經學之名勢弱了，其基本的思想方法仍很頑固。近世有經學「轉換」、「重構」、「再造」等說法，更有以現代科學附會經書的，不論在理論上還是實踐上，恐難有更大作爲。

（湯澤林）

六、《周易》是怎樣產生的？其主要內容是什麼？

《周易》分《易經》和《易傳》兩部分。《易經》包括六十四卦，它們是：乾、坤、屯、蒙、需、訟、師、比、小畜、履、泰、否、同人、大有、謙、豫、隨、蠱、臨、觀、噬嗑、賁、剝、復、無妄、大畜、頤、大過、坎、離、咸、恆、遁、大壯、晉、明夷、家人、睽、蹇、解、損、益、夬、姤、萃、升、困、井、革、鼎、震、艮、漸、歸妹、豐、旅、巽、兌、渙、節、中孚、小過、既濟、未濟。卦有卦象，例如乾卦卦象是☰，有卦名，乾、坤等都是卦名；有卦辭，例如乾卦卦辭是「元亨，利貞」。每卦有六爻，「—」代表陽爻，其數爲九；「--」代表陰爻，其數爲六。爻有爻位，自下至上分別冠以「初、二、三、四、五、上」名稱，例如乾卦最下邊一爻稱「初九」。每一爻有爻辭，例如乾卦初九爻辭是「潛龍，勿用」。六十四共有三百八十四爻。

關於《易經》的性質及形成過程，歷來有不同說法。經學家認爲，它的形成大體可分三個階段，第一是只有八卦，即乾（☰）、坤（☷）、震（☳）、巽（☴）、坎（☵）、離（☲）、艮（☶）、兌（☱），分別代表天、地、雷、風、水、火、山、澤八物。始畫八卦的是伏羲。第二是重爲六十四卦，重卦人是周文王。第三是繫卦名卦爻辭，繫辭有的說是周公，有的說是孔子。做出某一階段成就的是否是某一聖人，已不可考，但《周易》起源占筮，並且有個從簡單到複雜的演變過程，這是可信的。古人關心自己的命運，想預知並掌握它。最初，他們積累長期觀察的經驗，依據自然界物候的常異推斷吉凶災祥，占星術是其遺跡之一。用這種方法推斷吉凶，人處於被動地位，只能根據已出現的自然現象推斷，而某種自然現象的出現是不由人的。如果人們想在做某一事情之前就預知後果，占候的辦法就行不通。於是，人們創造一些人爲的「模型」（符號、圖象等）表現自然界的物候。這樣，不由人的自然界物候變爲可以根據人們的需要隨時再現的模型，便可隨時隨地預測行爲的後果。這種預測行爲後果的模型，商朝用的是龜卜，周朝人用的是占筮。

占筮的工具是蓍草。先由一定數目的蓍草（一般認爲是五十根），按一定規則經營而成卦，再到《易經》上查找這一卦的卦爻辭，根據卦爻辭推斷吉凶。皮錫瑞說，古代經營蓍草成卦的方法，後逐漸失傳不明，以擲錢的辦法取而代之，錢的面代表一爻，背代表另一爻，數次擲錢而成一卦。

據近人考證，《易經》形成於商末周初。商代以卜龜斷吉凶，周朝起於西北內陸地區，視蓍草爲聖物，占筮方法逐漸代替龜卜。最初的占筮，揲蓍成卦，卜官據卦斷吉凶，隔一段時間做一總結，看哪些應驗，哪些未應驗，長時間積累的結果，才有卦名、卦爻辭。占筮方法、卦象、卦爻辭是否有內在的聯繫，也眾說紛紜。經學家都認爲是有必然聯繫的，他們解說《易經》，都是力圖以自己的觀點建立這種聯繫。近人有的認爲這聯繫可能不是內在的，占筮先是有卦象無卦爻辭，後來爲了記憶的方便才繫爻辭，此說不易解釋卜官怎樣能據卦象推斷吉凶。前面說過，在占卜方法之前，古人曾使用占候方法斷定吉凶。關於自然界物候與吉凶的聯繫，人們可能已積累了相當的經驗，並以民謠、諺語的形式記錄下來，這些民謠、諺語很可能就是卦爻辭的基本素材，將它們與某特定卦象聯繫起來，完成由占候到占筮方法的轉變。

西漢初，《易經》列爲諸經之首，被賦予極高的地位，成了諸經的總綱。《易》本是占筮用書，自聖人（周公或孔子）繫辭後，就成了闡明天地運行和治世人生的根本法則的經典，經學家們都按這個路數評價解說《易經》，並借解《易經》之名申明自己的宇宙觀和社會歷史觀。同時，歷代仍熱衷於占卜吉凶的人們，也都利用《易經》這塊金字招牌附會演繹出各種算卦方法，迎合了不少人的需要。

《易傳》是系統解釋《易經》的著作，成書於戰國時代，也非一時一人所作。《易傳》內容共七種十篇，即《彖》上下、《象》上下、《文言》、《繫辭》上下、《說卦》、《序卦》、《雜卦》。東漢經學家稱此十篇爲「十翼」，取「輔助」之意，作爲理解《易》經必不可少的工具。十翼內容各有側重。《彖》是解釋六十四卦象、卦名、卦辭的，不涉及爻辭。《象》解釋六十四卦卦象、卦辭、爻辭。其中解說卦象、卦義的稱《大象》，解說爻象和爻辭的稱《小象》。《象》解釋卦爻辭依取象說，把八卦視爲八種自然現象，據此解說六十四卦卦義。《文言》是戰國時經學家解釋乾坤兩卦卦爻辭的。《說卦》將八卦配以八方方位，以此爲基礎解釋八卦的卦象卦義。《序卦》是說明六十四卦的排列順序的。《雜卦》從相反相成角度將六十四卦視爲三十二個相互反對的卦，以此解釋六十四卦。《繫辭》在十翼中地位獨特，相當於《易傳》的導論，從整體上全面論述《周易》的基本意義，並不逐句逐條地解釋《易經》的卦爻辭，所以，也將繫辭稱《易大傳》。現《周易》所見通行本出自《十三經注疏》魏王弼、晉韓康伯注，唐孔穎達疏。長沙馬王堆漢墓曾出土有帛書《易經》，引起研究者的廣泛注意。

（湯澤林）

七、《尙書》是怎樣一部經典？

《尙書》又名《書》、《書經》，西漢初列六經之一。

《十三經注疏》本《尙書》綜合了今古文《尙書》共二十卷，第一卷是《尙書序》，相傳爲西漢孔安國所作，說明《尙書》成書的歷史。餘下共五十八篇文，分《虞書》、《夏書》、《商書》、《周書》四部分。《虞書》含文五篇：《堯典》、《舜典》、《大禹謨》、《皋陶謨》、《益稷》。《夏書》有四篇：《禹貢》、《甘誓》、《五子之歌》、《胤征》。《商書》有十七篇：《湯誓》、《仲虺之誥》、《湯誥》、《伊訓》、《太甲》上中下，《咸有一德》、《盤庚》上中下，《說命》上中下、《高宗肜日》、《西伯戡黎》、《微子》。《周書》有三十二篇：《泰誓》上中下、《牧誓》、《武成》、《洪範》、《旅獒》、《金縢》、《太誥》、《微子之命》、《唐誥》、《酒誥》、《梓材》、《召誥》、《洛誥》、《多士》、《無逸》、《百奭》、《蔡仲之命》、《多方》、《立政》、《周官》、《君陳》、《顧命》、《康王之誥》、《畢命》、《君牙》、《冏命》、《呂刑》、《文侯之命》、《費誓》、《秦誓》。

經學家們認爲《尙書》是記敘上古時代聖賢君主關於經邦治世的言論及發布的治國大法的書，篇名中的「典」、「謨」、「誥」、「詔」、「誓」都有這樣的意思。

關於《尙書》的性質及成書過程，歷來也有不同說法，經學家們都給它加一神聖的光環。據說古代君王作爲萬邦之主，一言一行都不是隨便的，都有垂範示教的作用，所以有史官記錄君王們的言行，所謂「左史記言，右史記事」。記事即爲《春秋》之類，記言即爲《尙書》之屬。那麼，《尙書》的原始素材是出自古左史之手了。據傳孔子曾求《書》，得三千二百四十篇，斷遠取近，定可以爲世法者百二十篇，作序，並向弟子講授，其中漆雕開工《尙書》有成，並傳孔子所定《尙書》。秦始皇焚書坑儒，《易》是筮書得免於難，《詩》因口耳相傳，非焚書能滅絕得了的，其他凡見諸文字的儒家經書，都難逃其難，《尚書》也不例外。有一稱伏生的經師將孔子所定《尚書》百二十篇祕藏於山中。漢初，求能治《尚書》者，伏生尋所藏《尚書》，只得二十九篇，授於晁錯。伏生在齊魯講授《尚書》，濟南人張生和千乘人歐陽生得其傳。歐陽生傳倪寬。又有夏侯勝師從倪寬門人簡卿學研《尚書》，夏侯勝傳其兄子夏侯建。至此，西漢治《尚書》形成歐陽氏之學和大小夏侯之學，兩者都源於伏生，此一系被稱爲「今文尚書」。西漢時期，今文尚書一直處於獨尊地位。

漢武帝時，漢景帝之子、魯恭王劉餘拆孔子舊宅以擴建宮室，從宅壁中發現虞夏商周之書並《論語》、《孝經》，都用先秦古文字即蝌蚪文寫成，漢時人已不能識。孔子之後孔安國得到這些古籍，呈報朝廷，一說因無人能識，遂祕藏府中不外傳，一說孔安國以今文（即漢時隸書）讀古文尚書，請求立於學官，未果。此孔壁古文尚書遂一直祕而不傳，直到東晉梅賾將其獻於朝廷，立於學官。不過，後世經學家都認梅賾所獻《古文尚書》及《尚書孔氏傳》爲僞。

漢成帝時，廣求能治古文尚書者，一個叫張霸的人獻上一部古文尚書，共一百零二篇。成帝命將其與孔壁古文尚書相核對，相差甚遠，認其爲僞作。又傳東漢杜林得漆書《尚書》，也是古文字。於是，《尚書》除已立於學官的今文外，又別出三種古文的。經書本來是神聖唯一的，現不但出了今古文書經，且古文又有多種，叫人莫衷一是。今古文開始還只局限於文字的不同，後來又涉及到書的內容，便形成治《尚書》的今文派和古文派之爭。西漢時崇尚今文《尚書》，東漢時，古文《尚書》漸受推崇，著名經學家馬融、鄭玄都爲之作注。

《尚書》今古文之爭，眞古文僞古文之爭，連綿不斷，到淸末爲止，兩千年來的經學家治尚《書》，主要功夫就在分辨眞僞古文尚書和如何解釋《書經》的「微言大義」。清末民初，一些有近現代氣息的史學家開始跳出以經解經的怪圈，擺脫經學家之間糾纏不清的紛爭，以歷史主義的方法研究《尚書》及其他各經，對「凡經書必出自聖人之手」已有懷疑。顧頡剛就說，「六經皆周公之舊典」一句話，已經被今文家推翻，「六經皆孔子之作品」的觀念，現在也可以駁倒了。且他還說，從前人們治學的最大希望是繼承道統，現在，應該打破求正統而代之求「眞實」的觀念。他認爲：「六經自是周代通行的幾部書，《論語》上見不到一句删述的話，到孟子，才說他作《春秋》，到《史記》，才說他讚《易》、序《書》、删《詩》；到《尚書緯》，才說他删《書》；到清代的今文家，才說他作《易經》作《儀禮》。」今文經學家都疑古文尚書爲僞，只有經伏生所傳的一支才是眞經。其實，這也很難考證，經學家們都是極講究師徒授受統緒的，只說孔子序《書》向弟子講授，漆雕開傳之，而漆雕開與伏生之間的授受關係就很不明確。並且，孔子序《書》，將三千二百四十篇定爲百二十篇，也難考證。再者，中國上古史，明商夏既已困難，何況堯舜？傳說的成分也是難免的，後人假託聖人之名以抒己意的，更是難免。《尚書》及其傳、注、疏、解之類，作爲研究中國古代歷史和政治文化的材料，必須重視，只是不應迷信它，把它看作絕對的聖物。

（湯澤林）

八、《詩經》的主要內容是什麼？

《詩經》又稱《詩》，《十三經注疏》中輯錄三百一十一篇，其中《南陔》、《白華》、《華黍》、《由庚》、《崇丘》、《由儀》六篇有題名而無辭，實三百〇五篇，稱大數曰「詩三百篇」。

《詩經》的內容分風、雅、頌三部分。《風》含《周南》、《召南》、《邶風》、《鄘風》、《衛風》、《王風》、《鄭風》、《齊風》、《魏風》、《唐風》、《秦風》、《陳風》、《檜風》、《曹風》、《豳風》；《雅》分《小雅》、《大雅》；《頌》分《周頌》、《魯頌》、《商頌》。

「風」有兩層意思，一是教化，君主以禮義施教化於民，民皆感而動之，這是上對下的教化。臣子對君主也有教化，臣子發現施政有得失，可以藉物喻事以刺上，這類詩也稱「風」，是「諷」的意。「風」的第二層意思是界定地域。「以一國之事，繫一人之本，謂之風。言天下之事，形四方之風，謂之雅。」所以，《風》部詩都是就某一國的事情而發的。「雅」字的意義，一是指施教天下四方之風，二是含「正」的意思，「正」指「齊正」，君王施政於天下，使天下齊正，臣民述此齊正的政治，即為「雅」詩。政分小大。諸如飲食賓客、賞勞群臣等為小事，述此類事的詩為「小雅」；周受天命代殷，尊考祖以配天地，澤被昆蟲，仁及草木等，對於君王施政來說是大事，述這類事的詩為「大雅」。「頌」是「美盛德之形容，以其成功告於神明」的意思。「頌」都是讚美詩，功成才能讚，無功或功未成不能讚，所以「頌」詩都是述說先人已成就的功德。

《詩》有六義，風、雅、頌三義是就內容說的；賦、比、興是就表現手法說的。「賦」訓「鋪」，是直接陳述的意思；「比」是不直言當時之事，比類於某以抒己意；「興」也是不直言，而託於某物以表己意。爲什麼不直言而用「比」「興」，一說是有所顧忌，刺時政得失而有所懼，所以用「比」，讚美功德又擔心人說成是媚諛，所以用「興」。一說「比」「興」並非起於顧忌，而是詩的本來的表現手法。

《詩》有「四始」。何謂四始，也其說不一。鄭玄解「四始」，即指風、小雅、大雅、頌。認爲此四者，「人君行之則爲興，廢之則爲衰。」所謂「始」，是「王道興衰之所由」。又有說「四始」是指《風》、《小雅》、《大雅》、《頌》各部分的第一篇，即《關雎》爲《風》始，《鹿鳴》爲《小雅》始，《文王》爲《大雅》始，《清廟》是《頌》始，並說這四始是經孔子定的，不可更改，認爲這對理解《詩》的本義有重要意義。

《詩》又有「正詩」「變詩」之說。正詩是正面讚美先聖和時政的，變詩是刺施政之失的。因爲《頌》是歌頌聖君的功德的，所以不分正、變，只有《風》、《雅》有正、變之分，稱正風、正雅和變風、變雅。變風、變雅都是出自亂世，「至於王道衰，禮義廢，政教失，國異政，家殊俗，而變風變雅作矣」。周政衰微時期的詩即爲變風、變雅。

研讀《詩》，涉及作詩人、引詩人、誦詩人、編詩人、刪詩人。一般認爲《詩》作出於西周初至春秋時期，作詩者有民間無名氏，也有聖賢。關於聖賢所作詩，今古文經學家有激烈爭論。經學家認爲，詩是言情志的，所以，有史官專門負責收集詩，供君王以觀民心民情。《詩》的原始素材可能就是出於史官們之手。據說，孔子時有這樣的詩三千多篇，人們廣泛傳誦，並且都能心照不宣地理解詩的涵義，吟誦詩，用詩表達自己的意見，被認爲有很高的修養。廣泛傳誦也可能使詩的本義走失的，孔子鑑於此，删定詩三百篇。作爲正禮義綱常的經典，教授弟子。由孔子所定的這三百篇詩，就是《詩經》了，傳授《詩經》的第一代傳人是孔子弟子子夏。現通行本《詩》經諸篇有一序，稱「詩大序」，據說就是子夏所作。

西漢初，《詩》正式列爲六經之一，立齊魯韓三家詩爲學官，設博士，這是今文《詩經》。東漢時期，今文《詩經》受輕視，逐漸失傳，到宋代，只剩《韓詩外傳》。另有古文《詩經》，稱「毛詩」，據傳是毛亨（大毛公）作傳（《十三經注疏》輯錄即爲毛詩，諸篇之前的《詁訓傳》據說是毛亨所作）毛萇（小毛公）受此書。今文經學家認爲毛詩不可信，皮錫瑞在他的《經學通論》中羅列多條理由申明毛詩的不可信處。

經學家賦予《詩》很高的地位，所以才視其爲「經」。與文學家從文學的角度論《詩》不同，他們認爲《詩》是正綱紀人倫的大法，不論君臣民人，都不可不知。知《詩》之道，君王可以使國家天下太平，反之，則失國亡身；臣民可以使自己享受榮福，避禍辱。《詩》不僅內容上含人生大道，且就表達情思的形式上說，它論事不質直言，而用比、興；作詩引詩者不求勝人，旨在和人；不是直陳理論，而是以情動人。所以，學《詩》，可使人養成一種敦厚溫柔、委婉平和的氣質，利於人際關係的和諧。《詩》不同於《易》、《書》、《春秋》諸經，它有廣泛的群衆性，是「人人童而習之之經」。《詩》與歌與舞往往合爲一體，是教化與娛樂合一的形式。《詩》之所以列爲經，在於它的教化作用，教化形式是以情相感，相感而動即成風。所以，《詩》有《風》、《雅》、《頌》，概括地說都是「風」。依據這種關於詩教的觀點，後世養成了「寓教於樂」、「因樂施教」的傳統。

近人多從文學角度看《詩》，經學家則極重它的教化意義。經學家之間爭論的焦點是如何解說《詩》義。他們說，孔子用「思無邪」三字概括《詩》的精髓，合此義的是正義，其他則是旁義、俗義。然而，眞正解說《詩》中每一篇的正義，也非易事，必定年代久遠，難於考證。經學家們的所謂正義，往往在《詩》設定爲經的前提下，先規定一個解《詩》的框框，而這個前提本身又是有待深入研究的。《詩》作爲古代文化的重要史料，從文化人類學、民俗學、社會學的角度深入研究，對了解西周時期的社會風貌有重要意義，只是要擺脫掉經學家事先設定的圈子，以及其他人爲設定的公式，眞正遵循實事求是的原則。（湯澤林）

九、《周禮》是怎樣一部經典？

《周禮》本來稱「周官」，西漢劉歆始稱「周禮」，唐代列入九經，又稱「周官經」。收入《十三經注疏》中的《周禮》是東漢鄭玄注，唐代賈公彥疏，全書分四十二卷，含六部分，即《天官冢宰第一》、《地官司徒第二》、《春官宗伯第三》、《夏官司馬第四》、《秋官司寇第五》、《冬官考工記第六》。此六部分，漢代稱「六篇」，第六篇本應是冬官司空，因亡佚，用考工記代替。六部分即西周國家的六個職能部門，據說是象天、地、春、夏、秋、冬以設官制。天官冢宰，是象天設官，冢宰即大官的意思。是協助周天子統領百官，總攬萬事的，不專司某一部門。地官司徒，是象地設官，司徒率部屬輔佐周天子安撫邦國，是掌邦教的。春官宗伯，是象春議官，宗伯統領史、祝、卜、禮諸官，主持祭祀天地鬼神方面的事務，是掌邦禮的。夏官司馬，是象夏設官，司馬掌邦政，率部屬主持軍旅方面的事物。秋官司徒，是象秋設官，司寇掌邦禁，率部屬主持刑罰方面的事官。冬官司空是象冬設官，冬季農事休息，主要從事手工業活動。司空掌邦事，使天下屬民都有事可做，不因冬閒而遊逛，使人盡職守，立業富家。漢河間獻王劉德獻《周禮》時，已無冬官司空，重金到民間尋求，未得，才以《考工記》補上。《考工記》是春秋末齊人所作，是中國古代手工業方面的重要書籍，上述六個部門都有明確的編制，總共設官職大約三百六十個崗位，每個崗位都有確定的人數，並規定了各自的職責。看起來，《周禮》很像是一部西周王朝國家機構的組織法。

《周禮》在諸經中最晚出，說是漢武帝時河間獻王劉德所獻，因是古文，無人能識，遂藏於祕府，未外傳，到西漢末劉歆時才重新整理問世。古文經學家多認爲《周禮》是周公所作。周公代成王攝政六年後還政於成王，擔心成王年少，經驗不足，治世偏離周制，作《周禮》以戒成王。秦始皇行政用商鞅之法，對《周禮》特別仇視，焚書坑儒時對此書尤欲徹底滅絕，雖有人藏於山岩之中，損失卻最大。再者，據考證，西周的實際官制情況與《周禮》中所記也不一致，所以，不少人，特別是今文經學家多不信《周禮》，認爲《周禮》最早出於戰國時代，絕不是周公所作。也有人認爲，儘管西周官制並未實行《周禮》所記，但並不能因此否認它是周公所作，制官禮後因實際情況的變化，不能盡數實行的情況，歷代都有。禮法隨世變遷，因時情況的變化，禮法也定會有增刪，《周禮》也可能是如此，周公最初作《周禮》，其後有人隨世變而對之除舊布新，但哪些爲周公原作，哪些爲後人增刪，已不可考。所以，不能懷疑《周禮》的眞實性。《周禮》作爲理想的經邦治國的組織制度，基本原則永遠有意義。東漢鄭玄就是堅信《周禮》爲眞的，他注經就以《周禮》爲基礎。宋朝張載也認爲《周禮》是的當之書，只是其間有後人增入者。近人參照周秦銅器銘文所載官制，根據《周禮》中的政治、經濟制度等，確定《周禮》是戰國作品。

（湯澤林）

一〇、爲什麼說《儀禮》是一部記載古代習俗禮儀的經典？

《儀禮》又稱「士禮」，漢初立五經，禮經就是《儀禮》，那時沒有「儀」字，只稱「禮」，全經共十七篇。關於《儀禮》的作者，今文經學家說是孔子，古文經學家說是周公。《史記・儒林列傳》說，「禮」自孔子時其經已不具，到秦始皇焚書，散亡亦多，並沒有說周公或孔子作《儀禮》。近人考證，《儀禮》當是出自戰國初到中期。《漢書・儒林傳》描述《儀禮》自漢初的傳授系統，說是魯高堂生傳《士禮》十七篇，而魯徐生善爲「容」，即能指導人按禮行事，卻不善講禮經。徐生以「容」升爲禮官大夫，其弟子也以善「容」爲禮官大夫。瑕丘人蕭奮從魯高堂生受禮經，孟卿事蕭奮，又傳禮經於后倉。后倉說禮數萬言，號曰「后氏曲臺記」，曲臺殿是漢未央宮前，后倉是曲臺殿署長，他在這裏校書著禮記，即「后氏曲臺記」。后倉又傳《儀禮》給戴德、戴聖、慶普，於是《儀禮》有大戴（戴德）、小戴（戴聖）、慶氏三家之學。

《儀禮》作爲禮經的地位確立後，有古文禮書出現，一個是河間獻王獻古文書中有禮書，一個是魯恭王壞孔子舊宅，所得古文書中有禮書，共五十六篇，其中十七篇與當時立於學官的《儀禮》十七篇同，只文字稍有差異。後人把五十六篇中除去十七篇，剩下的三十九篇稱爲「逸禮」。「逸禮」後來失傳。因爲有這五十六篇古文禮書出，有人懷疑《儀禮》十七篇爲殘缺不全，不足以爲禮經。禮經的今古文之爭遂起，後來一直無休止。東漢鄭玄注經書，長於禮書，他將禮書分爲《周禮》、《儀禮》、《禮記》，史稱「三禮」。鄭玄認爲《周禮》才是禮經，《儀禮》只是禮傳。今文經學家對此很不滿，認爲鄭玄將《儀禮》的地位降低了。但鄭玄分禮書爲三，解決禮書流傳方面的混亂思想，給出一個將禮書統一起來的較爲合理的結構，因爲被世人認可，就一直延續下來。

現收入《十三經注疏》中的《儀禮》，是鄭玄注，唐賈公彥疏，共十七篇，即《士冠禮第一》、《士昏禮第二》、《士相見禮第三》、《鄉飲酒禮第四》、《鄉射禮第五》、《燕禮第六》、《大射禮第七》、《聘禮第八》、《公食大夫禮第九》、《覲禮第十》、《喪服禮第十一》、《士喪禮第十二》、《既夕禮第十三》、《士虞禮第十四》、《特牲饋食禮第十五》、《少牢饋食禮第十六》、《有司第十七》。

《儀禮》不涉及庶人、「野人」。行「禮」的主體是天子、諸侯、卿大夫、士。「禮」是行爲規範，規定了不同場合不同社會角色地位的相互關係，以及待人接物的具體行爲守則。《儀禮》十七篇將一個人從行成年禮開始到死的各種社會活動規則，都事無巨細地做了具體規定。據說，十七篇的順序也是不能隨便更改的，例如，之所以把「士冠禮」放在第一位，是因爲男子二十歲始冠，是成年的標志，「士」的身分由此開始。成年後第一件大事便是結婚成家，所以「士昏禮」便放在第二位。古代有「五禮」說，是將各事禮事活動按其性質分爲吉、凶、嘉、軍、賓五類，十七項儀禮都可納入這五禮之中，例如：「士冠禮」、「士昏禮」是嘉禮；「士相見」屬賓禮；「士喪禮」屬凶禮；「特牲饋食禮」屬吉禮，等等。中國古代還有「禮儀三百，威儀三千」的說法，前者指《周禮》，後者即指《儀禮》，可見其內容繁雜，非一般人能掌握，必有禮官專門司掌禮事活動。關於《儀禮》的這些內容，天子、諸侯、卿大夫、士等是否都能認可，自覺實行，恐怕不盡然。《孟子·滕文公章句上》記載，滕定公薨，孟子勸世子行三年之喪禮。滕的同姓老臣和百官都不答應。所以，《儀禮》的眞正實行要有國家力量干預，並未成爲民間習俗。儒家理想的社會制度是講究君臣、父子、長幼、男女的尊卑等級秩序，諸經典都爲實現此目標服務。《儀禮》從日常生活的各個方面規範人們的行爲，也是要確立這樣的秩序，強化人們的尊卑意識。《史記·高祖本紀》上說，漢高祖劉邦開始見他父親，行父子禮。劉邦父親的家人說，不能如此，應行君臣禮。劉邦統一天下，見群臣武將們舉止粗俗，劉邦很不滿意。叔孫通作禮以正君臣秩序，劉邦很欣賞。則《儀禮》中的各項規定，多是國家活動的範疇，與一般人的生活習慣和自由意識多有不合，所以，在民間的、私人活動的場合，人們不一定處處遵行《儀禮》，但在正式場合，它又是必須遵守的。（湯澤林）

一一、《禮記》爲何在傳統文化中占有十分重要的地位？

《禮記》共四十九篇，是對《儀禮》的解釋和說明。《儀禮》重在作，是「禮事」；《禮記》重在闡述必須遵行《儀禮》的道理，稱「禮理」，是關於儀禮的思想意識教育的。《禮記》本來與《儀禮》不分，是作爲禮傳看待的，又稱「曲禮」。但皮錫瑞認爲「曲禮」不是《禮記》，而是《儀禮》。「曲禮」名稱的來源，是漢后倉氏從孟卿受《儀禮》，在漢未央宮前的曲臺殿校書著記，成書是《儀禮》。《禮記》應是漢高祖時人叔孫通所作。現收在《十三經注疏》中的《禮記》將四十九篇分爲六十三卷，是戴聖所作，稱「小戴禮記」，以區別於戴德的「大戴禮記」八十五篇。《大戴禮記》現已失傳。

《禮記》收集了秦漢前儒家關於社會經濟、政治、文化制度及道德倫理的論述，是古典儒家學派關於「禮」的理論的大全。六十三卷中，《曲禮》占五卷，主要是解說日常生活中的「禮事」活動。作者特別強調禮的重要作用。「夫禮者，所以定親疏，決嫌疑，別同異，明是非也。」「道德仁義，非禮不成；教訓正俗，非禮不備；分爭辨訟，非禮不決；君臣上下、父子兄弟，非禮不定；宦學事師，非禮不親；班朝治軍，蒞官行法，非禮威嚴不行；禱祠祭祀，供給鬼神，非禮不誠不莊。」（《禮記》・《曲禮上第一》）又認爲，有禮是動物與人類的根本區別。《檀弓》篇也占五卷。檀弓，人名，戰國人，善禮。此篇收集了諸多歷史材料，結合這些材料具體說明怎樣行合於禮，怎樣行就不合於禮。例如，仲子（魯同姓貴族）不立嫡孫，而立庶子爲嗣，檀弓就認爲不合於禮，並記此以警後人。《王制》篇占三卷，是記載先王班爵授祿祭祀養老法度的，傳是漢文帝令博士所作。《月令》篇占四卷，原載《呂氏春秋》，是記一年中十二個月的月政所行的。如春季立春日，《月令》記載：「立春之日，天子親帥三公九卿、諸侯大夫，以春於東郊。還返，賞諸侯公卿大夫於朝。」（《禮記・月令》）《文王世子》篇，以周文王、武王、周公爲榜樣，記述了下事上，上教下的具體規範。譬如，文中說文王爲世子時，每日三朝王季，雞初鳴，即至寢舍門外問安，日中一次，日落後又一次。聞王季安好，文王乃喜；聞王季有不安，文王則「色憂，行不能正履。」這無疑是在樹一個孝子的樣板。

《禮記》諸篇中，系統性較強的是《禮運》、《經解》、《學記》、《儒行》、《大學》、《中庸》等篇。《禮運》記述五帝三王世代歷史的變遷禮法制度的盛衰。其中關於「大同」世「小康」世的描述，對後世有廣泛深遠的影響。所謂「大同」，即「大道之行也，天下爲公。選賢與能，講信修睦。故人不獨親其親，不獨子其子。」（《禮記・禮運》）在「大同」社會，老有所養，壯有所用，少有所長，孤寡廢疾者都有所養，財盡其用，人盡其力，人人不必爲己，所以相互間也不必謀於心計。這樣的「大同」世界，一直是歷代中國人所追求的目標。《學記》記載了儒家關於學與教方面的言論，是研究儒家教育思想的重要材料。《儒行》則彙集了有關聖賢君子的行爲風範、道德情操的材料，成爲士人塑造理想人格的依據。《中庸》、《大學》被朱熹與《論語》、《孟子》合爲「四書」，成爲元、明、清教化取士的標準教材，對近代中國社會都留下了深刻影響。

一一、《春秋左傳》是怎樣一部經典？

（湯澤林）

《春秋左氏傳》屬古文經系統，漢初立五經，《春秋》經只有《穀梁傳》和《公羊傳》設博士，立於學官。西漢時，《春秋左氏傳》的流傳有兩種情況，一是出自孔子舊宅屋壁，是用先秦古文書寫的竹簡，孔安國力爭將其立於學官，因今文經學的排斥，未能成功，但師徒相授受者不少。《漢書》・儒林傳上說，漢興，北平侯張蒼、梁太傅賈誼等都修《春秋左氏傳》，傳至西漢末，劉歆治《左傳》已自成一家。劉再度力爭將《左傳》立於學官，仍沒有結果。二是民間流傳。戰國時期，《左傳》的流傳就已很廣，《戰國策》、《韓非子》、《荀子》中都有引用《左傳》的文字。楚威王和趙孝成王爲讀《左傳》的方便，還曾讓人另編微縮本。可見《左傳》已很受重視。秦始皇焚書，並不能根絕人們的口頭傳播，至漢初，《左傳》在民間的流傳一直未中斷。

關於《春秋左氏傳》的作者，歷來其說不一。多數傾向於「左丘明作《左氏傳》」說。但左丘明是誰？什麼時候的人？姓什麼？是姓左名丘明，還是姓複姓左丘，名明？都沒有明確答案。楊伯峻先生認爲，作《春秋左氏傳》的，是「某一儒家別派人物」。這位作者的思想受孔子思想影響，又與孔子思想有明顯差異。楊先生並推測，《左傳》的成書時間是在西元前四〇三年至前三八九年之間。以後，由曾申（曾參次子）開始，師徒授受，延綿不絕。

《春秋左氏傳》的特點及歷史價值，由於學派的、或是政治立場的不同，評價也不一致。晉代范寧說，《左傳》的長處是艷而富，短處是巫。所謂艷，是就文筆上說的，《左傳》文美。所謂富，是就史料內容上說的，材料豐富，所謂巫，是說《左氏傳》中記有不少鬼神，巫覡之事。這三條評價，大抵中肯。范寧對《左傳》體現的政治倫理思想也多有批評。他舉了兩件事，一件是鬻拳兵諫而《左傳》認為是愛君，另一件是文公納幣而《左傳》以為合於禮。鬻拳兵諫事在莊公十九年。楚子發兵抵禦巴人，大敗。回國後鬻拳守城門，不讓楚軍入城。楚子又轉而攻黃國，勝，在楚國湫地病死。鬻拳安葬了楚子，自己也自殺。鬻拳以有事強諫楚子，楚子不從。鬻拳以兵器對著楚子，楚子懼而從。鬻拳認為自己以兵器使君懼，罪莫大焉，遂自己砍下雙腳。《左傳》評價：君子曰：「鬻拳可謂愛君矣：諫以自納於刑，刑猶不忘納君於善。」范寧認為，以兵諫君，則君主可以為大臣任意脅迫，這是大逆不道的。文公納幣事在文公二年，說魯文公在為魯信公服喪期即納幣行婚禮，今文經學家認為此是不孝，不合禮法。《左傳》則說：「襄仲如齊納幣，禮也。」同一件事，《公羊傳》則說這是該譏諷的，因為不合於禮。看來，《左傳》對歷史事件的解釋評價，確有不同儒家正統觀念的地方。

《左傳》在史學上的價值是極為突出的。中國古史，有確切文字可考的，實自春秋時起。所以如此說，很大程度上是因為有《左傳》對春秋史實作了詳細的記載。《春秋》經文字極簡，沒有《左傳》，許多歷史事件的本來面目實在無法弄清。像《穀梁傳》、《公羊傳》那樣，根據禮法、道德觀念對簡單的經文作解說，於弄清史實不會有多大幫助。《春秋左氏傳》對研究春秋及以前的中國歷史，是必備的資料。

《春秋左氏傳》注本很多，以晉代杜預的注本最優。此注由唐代孔穎達作疏，收入《十三經注疏》中。（湯澤林）

一三、《春秋公羊傳》是怎樣一部經典？

《春秋公羊傳》屬今文經系統。其作者，一般認爲公羊高。公羊高是孔子弟子子夏的學生，從子夏學《春秋經》，遂爲之作傳。公羊高傳《春秋》於其子平，平傳其子地，地傳其子敢，敢傳其子壽。公羊壽已是漢初時人，與弟子胡毋子都將《春秋公羊傳》著於竹帛。另有說是公羊壽作《公羊傳》的。

漢初立五經，設博士，《春秋公羊傳》在「春秋三傳」中地位最高，漢武帝尤其好《公羊傳》，治《公羊傳》的學者也最多，地位顯赫，公孫弘善講《公羊傳》而爲宰相。董仲舒苦讀數年，治《公羊傳》有成，受武帝重視。西漢治《春秋公羊傳》的，還有嚴彭祖、顏安東，兩人都是眭孟的學生。眭孟是董仲舒再傳弟子。眭孟有弟子百餘人，獨善嚴、顏二人。眭孟死，嚴、顏二人各顯門教授，成爲治《公羊春秋》獨立的兩家。

「春秋三傳」相互排斥，公羊、穀梁兩家都力貶《左傳》，公羊、穀梁都屬今文經，也互有抵牾，或說《穀梁傳》先出，或者《公羊傳》先出。《穀梁傳》自有短處，影響不大。今文經學家最看重的是《公羊傳》。

《公羊春秋》漢時由於有漢武帝支持，紅極一時。《春秋左氏傳》雖不立於學官，傳播卻漸廣。到東漢，《左氏春秋》的勢力已有蓋過《公羊春秋》的樣子。東漢今文經學家何休有感於此，作《春秋公羊解詁》，繼承董仲舒《春秋繁露》的基本思想，定下解說《公羊傳》的「義例」，力排《左傳》。何休的《公羊傳》「義例」有「三科九旨」說，「通三統」、「張三世」說。所謂「三科九旨」，指三個科段內有九種旨意。新周、故宋，《春秋》當新王，是一科三旨；所見異辭，所聞異辭，所傳聞異辭，是二科六旨；內其國而外諸夏，內諸夏而外夷狄，是三科九旨。「三科九旨」的大意是說，孔子是宋國貴族後裔，殷人之後，但生在周世，作《春秋》成就素王之業，這是就時間順序上講的；就《春秋經》的史實上說，魯隱公、桓公、莊公、閔公、僖公時事是孔子所傳聞的，文公、宣公、成公、襄公時事是孔子所聞的，昭公、定公、哀公時事是孔子所見的；而就親疏遠近上說，《春秋經》依據魯史，是以魯國爲內，爲親，諸夏列國爲外，夷狄又次之。何休認爲，「三科九旨」是孔子作《春秋經》指導思想。所謂「通三統」，是指夏朝爲黑統（人統），商朝爲白統（地統），周朝是赤統（天統），夏、商、周三代禮法制度各有不同。孔子作《春秋經》，對三代制度各有損益，以「通三統」，作爲後代改革法制的基本原則。所謂「張三世」，是說孔子在《春秋經》中所記魯國十二公，隱、桓、莊、閔、僖對孔子是傳聞時代，是「據亂世」；文、宣、成、襄是孔子所聞時代，是「昇平世」；昭、定、哀是孔子所見時代，是「太平世」。按《禮記》•《禮運》，遠古時代是「大道之行，天下爲公」，爲「太平世」；禹、湯、文、武、成王、周公時代是

「大道既隱」，爲「昇平世」，春秋時代則是「據亂世」。何休將十二公的時代作了相反的描述，是「據亂世」、「昇平世」、「太平世」，意爲孔子作《春秋經》，微言大義復明，可爲萬世師法，是歷史進入「太平世」的開始。何休發揮《公羊春秋》的這套思想，正是爲今文經學家所看重的地方。皮錫瑞所謂《春秋經》重在申明「微言大義」，他所謂「微言」是指改革法制，大約就是「通三統」、「張三世」的思想了。清代今文經學家也極爲推崇「通三統」「張三世」說，並運用到當時的政治實踐中去。

《公羊春秋》的「大一統」思想，也是被政治性極強的今文經學家所看重的。《春秋經》關於隱公元年一條，經文是「元年春王正月」。《左氏傳》只寫：「元年春，王周正月，不書即位，攝也。」《公羊傳》文是：「元年者何？君之始年也。春者何？歲之始也。王者孰謂？謂文王也。何爲先言王而後言正月？王正月也。何言乎王正月？大一統也。」所謂「大一統」，即「普天之下、莫非王土，率土之賓，莫非王臣。」所謂「春秋大義是討逆臣賊子」，就是根據這「大一統」思想而發的。

《春秋公羊傳》是今文經學思想的重要體現之一，研究經學史不能不注意此書，然而它留給後人的學術價值，確是極爲有限制的。

（湯澤林）

一四、《春秋穀梁傳》是怎樣一部經典？

「春秋」一詞是戰國時人對此前各國史記的通稱。中國古代宮廷中有史官，專門記錄君主帝王的言行及天下國家大事，並有分工，右史官記言，左史官記事。這種由史官所記的典籍即為「春秋」，取一年四季之意。所以，「春秋」是中國最早的編年體史記。

春秋時期，各國史記又都有自己的特稱，如晉國稱「乘」，楚國稱「檮杌」，魯國稱「春秋」。經學史上的「春秋」是出自魯國的古史記。

「春秋」本來是史，據傳孔子根據這些史料，選取自魯隱公元年至魯哀公十四年（後有人續至哀公十六年）共二百四十四年間的事，對這期間的人物事件加以褒貶揚抑等評論，申明所謂治世的微言大義，「誅討亂臣賊子以威後世」，「改立法制以致太平」。成為《春秋經》。這是今文經學家的看法。即使承認孔子成《春秋經》意見也不一致。有的說是孔子「修」「《春秋》」，有的說是孔子「作」「《春秋》」，有的說孔子只是整理抄錄「《春秋》」。楊伯峻先生考記，孔子並沒有「作」「《春秋》」，他頂多是利用「《春秋》」作教材教授學生。

《春秋經》有三傳，即《春秋穀梁傳》、《春秋公羊傳》、《春秋左氏傳》。

《春秋穀梁傳》的作者據傳是穀梁赤，他受《春秋經》於子夏並為之作傳，又有說是穀梁赤門人所作。《穀梁傳》的師徒傳授統緒不太明確，最初只是口耳相傳，漢初書於竹帛。據《漢書・儒林傳》載，瑕丘江受《穀梁春秋》於申培公。申培公是秦末漢初人。瑕丘江又傳穀梁《春秋》給他的兒子至孫子，到他的孫輩，《穀梁春秋》立博士。漢武帝時，公孫弘、董仲舒治《公羊春秋》，曾與瑕丘江議論，瑕丘江不及董仲舒，於是，武帝尊崇《公羊春秋》，《穀梁春秋》地位不及《公羊》。到漢宣帝時，丞相韋賢、少府夏侯勝等，都是魯人，說穀梁子是本於魯學，公羊氏是齊學，力主興《穀梁春秋》，獲宣帝認可。此後，《穀梁春秋》的地位一度上升，治《穀梁春秋》的學者也不少。晉代范寧認爲這些人對《穀梁春秋》的解說多有不當之處，未能釋《春秋經》的本意，便召集同朝二三學友及弟子數人，作《春秋穀梁傳集解》。在該書序中，范寧比較「春秋三傳」，斷爲：「《左氏》艷而富其失也巫，《穀梁》淸而婉其失也短，《公羊》辯而裁其失也俗。」《穀梁》的所謂短，是說「經」中本該作「傳」的，《穀梁》卻未作。《穀梁傳》在經學史上的影響不大，流傳範圍也不廣，只在漢宣帝世興了一時，其「短」可能是一個原因。皮錫瑞解釋說，《春秋經》本義是宏揚微言大義，最能體現這種精神的是《公羊傳》。《左氏傳》雖不講微言大義，但詳於記事，也爲世人所重視。唯《穀梁傳》只講大義，不傳微言，在「經」與史兩方面難敵《公羊傳》和《左氏傳》，以至治穀梁《春秋》的學者寥寥，幾近失傳。范寧所作《春秋穀梁傳集解》由唐初人楊士勛作疏，收入《十三經注疏》中。

（湯澤林）

一五、《論語》是怎樣成書的？其中心思想是什麼？

《論語》是輯錄孔子及其弟子言論的書，東漢時列爲七經之一（其餘六經是：《詩》、《書》、《易》、《禮》、《孝經》、《春秋》）。現通行本《論語》共二十篇，即《學而第一》、《爲政第二》、《八佾第三》、《里仁第四》、《公治長第五》、《雍世第六》、《述而第七》、《泰伯第八》、《子罕第九》、《鄉黨第十》、《先進第十一》、《顏淵第十二》、《子路第十三》、《憲問第十四》、《衛靈公第十五》、《季氏第十六》、《陽貨第十七》、《微子第十八》、《子張第十九》、《堯曰第二十》。

關於《論語》成書，說法不一。三國時魏人何晏認爲，《論語》所記是孔子應答弟子及時人所問，或孔子弟子相互間述說孔子言論的，弟子們各有所記。及孔子卒，弟子們擔心自己分離之後，各生己意，孔子眞意失傳，便相與論撰，輯成《論語》。粗略地說，《論語》成書大體如此。孔子授徒講學，弟子三千，賢人七十，既不是像現在這樣面對幾十人、上百人講大課，也無現在這樣的教科書、講義，老師講，學生記筆記。當時只是口耳授受，老師講，學生聽。並且孔子講學，重因材施教，學生隨時發問，老師及時解答，一問一答，即是教學。所以，弟子們聆聽孔子教誨，多是記下孔子答自己所問及答學友所問。孔子死後，弟子們聚集在一起，各述自己所記，總而成書。但若成爲現存《論語》這樣編排的集本，並刻成書，仍要「執筆人」。東漢鄭玄曾提及仲弓、子游、子夏撰定《論語》，宋朝程頤則說是有子、曾子的門人所成，具體情況，難於考定。

西漢時期，傳世《論語》有三種——《齊論語》、《魯論語》、《古論語》。《魯論語》是魯人所傳，有二十篇，篇次基本同於現通行《論語》；《齊論語》是齊人所傳，有二十二篇，比《魯論語》多《問王》、《知道》兩篇，各篇章句也多於《魯論語》。齊、魯《論語》先秦時期都是口耳相傳，不見諸文字，所以得免於秦火之禍，漢初仍以師徒家傳的形式傳於世間。漢元帝、成帝時人張禹兼學《齊論語》、《魯論語》，將兩者統合爲一，稱《張侯論語》，後漢人包咸、周氏爲之作訓解，並立於學官。《古論語》相傳出孔子舊宅壁中，有二十一篇，篇次不同於齊魯《論語》，孔安國作訓解，但不傳於世間。東漢鄭玄綜合齊、魯《論語》、張侯《論語》、古《論語》，博採眾長，並作注，定成今存《論語》的型制，《十三經注疏》所錄《論語》即何晏鄭玄本爲主作集解，宋代邢昺作疏的本子。

《論語》自東漢列爲「經」，漸受重視。到宋代，經學家解經重義理，而義理之源泉，他們認爲自當在孔子。《論語》所記，多是孔子答弟子及當時人關於仁、義、禮、智、信等問題的言論，直抒孔子的思想和情懷，描述孔子接人待物處事的儀容舉止，所以，尤爲宋儒推崇。朱熹始將《大學》、《中庸》、《論語》、《孟子》合爲一，作《四書集注》，《論語》的地位被提高了。程頤則說：「學者當以《論語》、《孟子》爲本。《論語》、《孟子》既治，則六經可不治而明矣。」

《論語》不是論文，看起來沒有一個中心主題，各篇篇名也不是論題，綜合起來看，似又緊緊圍繞一個中心主題，不像是輯錄者拼湊而成的集子。通觀《論語》，它是在描述聖賢君子的形象以及他們的思想情操、形容舉止，並且不是空發議論，而是結合具體時務、環境，說明聖賢君子應是怎樣想，怎樣做。《論語》是回答什麼是聖賢君子，以及怎樣才能成爲聖賢君子的。

《論語》講得最多的是一個「仁」字。講聖賢君子都離不開「仁」。「君子去仁，惡乎成名。君子無終食之間違仁，造次必於是，顚沛必於是。」（《論語》·里仁）具體什麼是仁，孔子未下明確定義。「子罕言利與命與仁。」（《論語·子罕》）孔子重仁爲什麼又罕言仁？朱熹說是因爲「仁之道大」，不好空泛而論。孔子解仁，是針對弟子就具體人、具體事、具體場合的問題，發揮「仁」字的精神實質。大體說來，《論語》講「仁」有兩條主要線索，一是「道」；一是「禮」。天有天道，地有地道，人有人道，爲人之道就是「仁」。「仁」就是人的本質，眞正意義上的人的定義。所謂至賢君子，即眞正的人，就是有志於行人道，即「仁」道，勇於行仁道，堅韌不拔地行仁道。孔子雖罕言「仁」，但並非把「仁」當作抽象的空洞物。「仁」應體現在人的一言一行之中，有明確的外在表現，這主要集中在「禮」字上。「克己復禮爲仁。」（《論語·顏淵》）行仁道就是要做到「非禮勿視，非禮勿聽，非禮勿言，非禮勿動。」（同上）言行合於禮的表現又是多方面，待己則要不爲私慾所害；待人要講究孝悌、愛人；施政則「因民之所利而利之；……擇可勞而勞之。」（《論語·堯曰》）總之，要突出一個「和」字。「仁」有大道，最基本的是要有「忠恕」之心，「己欲立則立人，己欲達則達人。」有這樣的心態，就能行仁道。

如何成爲志士仁人？《論語》突出一個「學」字，「學而時習之。」（《論語·學而》）學習也就是「克己」的過程，「修己」的過程。克己而復歸於禮，修己以敬，修己以安人，修己以安百

姓，這就是行仁道的最高境界了。（湯澤林）

一六、《孟子》有何價值？

《孟子》一書在西漢文帝時與《論語》、《孝經》一起曾立博士，武帝罷廢，只立五經博士。到宋代，《孟子》被列入十三經，朱熹把《論語》、《大學》、《中庸》、《孟子》集在一起，重新作注，從此它又成爲「四書」之一。

《孟子》書的作者，大多數人從《史記》的說法，以爲是孟子所作。孔子當時周遊列國，道不爲用，退居魯而定《書》，刪《詩》，筆削《春秋》。孟子與孔子相似，他先遊事齊宣王，齊宣王不能用，到梁國，梁惠王對孟子的治國方略也不感興趣。孟子生活的戰國時代，各諸侯國爭霸天下，以富國強兵爲要務，秦國用商鞅，楚、魏用吳起，齊用孫子、田忌，都是長於攻伐，合縱連橫之術者，孟子則堅持祖述唐、虞、三代之德，被認爲是迂腐的。無奈，孟子返回家鄉，與門生萬章等人序《詩》、《書》，闡發孔子的思想，作《孟子》書。秦始皇焚書坑儒，《孟子》書作爲諸子論，躲過秦火，世間一直有流傳。後來，東漢人趙岐作注，宋代孫奭作疏，《十三經注疏》本中《孟子》就是以趙、孫二人的注疏爲藍本的。

《孟子》有十四卷，即《梁惠王章句上》、《梁惠王章句下》、《公孫丑章句上》、《公孫丑章句下》、《滕文公章句上》、《滕文公章句下》、《離婁章句上》、《離婁章句下》、《萬章章句上》、《萬章章句下》、《告子章句上》、《告子章句下、《》盡心章句上》、《盡心章句下》。作爲儒家經典，《孟子》只能「述仲尼之意」。超不出治世作人兩大主題。當然，既獨立爲經，也自有其特色。朱熹《四書集注・孟子序說》引程頤的話說：「孟子有功於聖門，不可勝言。仲尼只講一個『仁』，孟子開口便說『仁義』。仲尼只說一個『忠』字，孟子便說出許多『養氣』出來。只此二字，其功甚多。」程頤還說，孟子對後世有大功，功在孟子提出「性善論」，認爲孟子的「性善」、「養氣」論是發前聖所未發。孟子認爲，人心本善，只要能做到盡心知性，邪念就能被剔除，回歸於人的本心。良知，即側隱之心，羞惡之心，辭讓之心，是非之心。作人要作正人君子，修身以成君子，關鍵在正心，而正心要在自我培養「浩然之氣」。這是孟子關於修心養性作人方面的主要思想。

《孟子》講得最多的是治國方略，可以說是儒家政治思想的集大成者。《孟子》發揮孔子「仁」的思想，提出「仁政」論，這是它與《論語》最明顯的區別。孔子論「仁」，主要是從道德意義上講的，將「仁」作爲聖賢君子的道德品行和人際間的倫理規範。《論語》也散見一些政治思想，孔子論政治，把「正名」放在首位，認爲名不正則言不順，言不順則令不行；他還認爲，治民要「道之以德，齊之以禮」。（《論語・爲政第二》）；又講到治國有三大措施：足食，足兵，民信，以民信爲第一位。孔子的政治理想是使春秋衰世恢復周禮，他的那些治世方略還都是建立在血緣宗族基礎上的。孟子周遊列國的目的與孔子已有所不同，他游說諸侯，雖祖述堯、舜、三代，但已不是再恢復周天子的一統天下，而是希望諸侯們能採用他的治國之道，稱王天下。孟子是要輔佐諸侯完成保國王天下的事業，這與以攻伐、合縱連橫術服務於諸侯的商鞅、吳起們已無根本的不同，成爲各自以一己之術取悅於諸侯的一家，《孟子》被作諸子論，逃過秦火之災，看來也並非沒有理由。

《孟子》中的「仁政」思想已是相當有系統的了。他說，要保身保家保國，成就王業，就該施仁政於民，周文王就因爲發政施仁，才稱王天下的。孟子認爲，有國者要王天下，不在國土大小，所治之民人數多少，關鍵在「仁義」二字上，治國者要「善推其所爲」，做到「老吾老，以及人之老；幼吾幼，以及人之幼。」「推恩足以保四海，不推恩無以保妻子。」（參見《孟子・梁惠王上》）這是說治國者要有仁者之心。在具體措施上，孟子將「制民之產」作爲施政的首位。孟子說：「夫仁政，必自經界始。經界不正，井地不鈞，穀祿不平，是故暴君汚吏必慢其經界。」又說：「民之爲道也，有恆產者有恆心，無恆產者無恆心。苟無恆心，放辟邪侈，無不爲已。」（《孟子・滕文公章句上》）一國之民，如果少有所養，老有所安，生活有保證，天下人就會樂而歸之，何愁王業不成？使民「養生喪死無憾，王道之始也。」（《孟子・梁惠王章句上》）

《孟子》政治思想另一重要內容是「民貴君輕」論。孟子說：「民爲貴，社稷次之，君爲輕。」（《孟子・盡心章句下》）這一思想爲後來歷代較爲開明的帝王所重視。當然，還不能視此爲「民爲本」的思想，但對制衡「獨夫」還是有一定意義的。

由此看來，《孟子》是研究儒家政治思想的重要材料。經學家們關於《孟子》價値另有自己的看法。韓愈說：「孔子之理，大而能博，門弟子不能遍觀而盡識也，故學焉而皆得其性之所近。其後離散，分處諸侯之國，又各以其所能授弟子，源遠而末益分。唯孟軻師子思，而子思之學出於曾子。自孔子沒，獨孟軻氏之得其宗。故求觀聖人之道者，必自《孟子》始。」（見朱熹《四書集注·孟子序說》）得孔子思想眞傳。這是經學家歸納的《孟子》的第一個意義。他們認爲《孟子》的第二個重大價值是闢楊、墨邪說。韓愈說，楊、墨兩家思想行於世，儒家的正道就要受損害，唯藉《孟子》之力，後人才知親孔氏，崇仁義，貴王賤霸。所以，他以爲孟子之作《孟子》書傳世的功勞，不在禹以下。

（湯澤林）

一七、《孝經》爲何字數雖少卻影響遠？

《孝經》於東漢時列爲七經之一。現存《十三經注疏》本《孝經》是唐玄宗李隆基注，宋朝邢昺疏，共十八章，即《開宗明義章第一》、《天子章第二》、《諸侯章第三》、《卿大夫章第四》、《士章第五》、《庶人章第六》、《三才章第七》、《孝治章第八》、《聖治章第九》、《紀考行章第十》、《五刑章第十一》、《廣要道章第十二》、《廣治德章第十三》、《廣揚名章第十四》、《諫諍章第十五》、《感興章第十六》、《事君章第十七》、《喪親章 第十八》。全經不足兩千字，經前有一唐玄宗親自作的《御制序》。

始作《孝經》者，有說是孔子，有說是曾子，有說是曾子門人。經文多是問答體，曾子問，孔子答，所以，有的說是曾子記下這次問答，成《孝經》。說《孝經》是孔子親自作的，也只依經文文體，或說因爲「孝」是德之本，對治世作人太重要，所以認爲有必要詳細說明，傳於後世。如沒有其他佐證，只是以文論文，以經論經，上述說法都很難驗證，也有可能是某無名儒者假託聖人之名而作。

《孝經》在秦代以前的流傳情況，史籍記載不多，說孔子作《孝經》的，認為經書成於春秋時代，但當時儒學已不時興，士人多靠一些實用性強的知識技術取悅於諸侯，學儒術的人大概已經不多，《孝經》的流傳也不會廣，授受統緒也不清。

《孝經》眞正廣泛流傳從漢朝開始。據說，遭秦火後，西漢初人顏芝獻出祕藏《孝經》，開始傳授，《漢書・藝文志》說當時傳《孝經》的已有長孫氏、江翁、后倉、翼奉、張禹五家，所傳經文大同小異。東漢鄭玄曾注《孝經》，稱今文經。古文孝經也出自孔子宅壁，由孔安國傳授，經文內容章序與今文孝經不同，後人稱是孔安國僞作。

由皇帝親自作注頒行天下的，諸經之中唯《孝經》，表明它在立經和傳經者的心目中具有非同尋常的地位。

《孝經》也確不同於其他各經。其他各經的內容和意義雖也各有側重，但基本上是從總體上通論治世人倫大道。《孝經》只以「孝」為中心，可以說是關於「孝」的專題論文。全經的結構也相當嚴謹，第一章首先點明「孝」在人倫中的地位，進而分別說明「孝」在天子、諸侯、卿大夫、士、庶人身上的具體表現，再進一步說明上述各層次人們在治國、事親、敬親、喪親等具體事務上孝行的表現，系統地闡述了「孝」字的意義，絕不像散見於《論語》中關於「孝」的語錄，不易抓住要領。《孝經》言簡意賅，確不失為進行普及教育的好形式。

《孝經》所以被賦予顯要地位，經學家認為它是「百行之宗，五教之要」，與《春秋》互為表裏。《春秋》褒貶諸侯，要在正君臣父子，表明孔子的志，《孝經》則表明孔子崇人倫之行。人的行為應該有德行，而「孝」就是「德」的本源、本體。《孝經》旨在教人以孝行，從經文的內容看，「孝」實際上是確立一種尊卑長幼貴賤的人際關係，這是社會穩定，即國治天下平的重要條件。儒家思想的重點是講治世和作人。兩者統一起來形成一個治世在於治人，治人在於治人心，治人心在於滅人慾的公式。摒棄私慾，能使人歸於本心、良知，即仁、義、禮、智、信，而良知在行為的表現就是孝行。如果世人都能有良知，行孝行，就達到了國治天下平的目的。所以，《孝經》被推到極高的地位上，主要還不在培養個人的道德品行，而是出於政治上的動機，則《孝經》的政治意義就遠遠大於道德意義了。

（湯澤林）

一八、為什麼說《爾雅》是最早的一部詞典？

《爾雅》是中國最早的一部詞典，唐宋時列入十三經之一。關於《爾雅》的成書時代及作者，說法不一。有說春秋以前就有了《爾雅》，孔子還曾教授過魯哀公學《爾雅》。作《爾雅》的，有的說是周公，有的說是孔子、子夏。這些都屬傳說，無從考證。清代人以為，《爾雅》在漢代才逐漸成為型制，作書人不會是某幾個個人，而是文學家們不斷搜集整理材料，積累而成書，周公、孔子之名只是假託。此說應是可信的。

現收在《十三經注疏》中的《爾雅》，是東晉人郭璞注，宋代邢昺疏，分十卷十九篇。《釋詁第一》、《釋言第二》、《釋訓第三》，此三篇解釋一般性的詞彙，特別是將古代表達相同意思的詞集中到一起，用一個字或詞解釋它們的通義，例如，「祿、祉、履、戩、祓、禧、褫、祜，福也。」《釋親第四》、《釋宮第五》、《釋器第六》、《釋樂第七》、《釋天第八》、《釋地第九》、《釋丘第十》、《釋山第十一》、《釋水第十二》、《釋草第十三》、《釋木第十四》、《釋蟲第十五》、《釋魚第十六》、《釋鳥第十七》、《釋獸第十八》、《釋畜第十九》，分別注釋經書中出現的天地山川、草木魚蟲、宮室器物、社會角色的稱謂等方面的古字詞。

凡經書，都是闡述關於天地人倫的微言大義的，《爾雅》作爲文字學的書，爲什麼也被列入十三經之列？

據說，《爾雅》最初是爲人們讀懂《詩》經而作，但《詩》經中的字詞只占全經的十分之一；又有說《爾雅》專爲解釋五經的字詞，而五經字詞也只占全經的十分之三四，據此，《四庫全書總目提要不認爲《爾雅》專爲讀五經而作。不過，《爾雅》即長時間經眾人積累而成篇，其最初的意圖仍然可能是爲讀經。五經流傳久遠，到漢代，字形字音已全然不同，其中提到的自然物、器物等，漢代或已失存，或即使存在，稱謂也發生變化。總之，到漢代，先秦時的典籍，字已不能識，音已不能讀，義已不知所指。經書所從列爲經，目的在於施行教化，將經書的思想灌輸到人們的頭腦中去。如果人們全然不能識讀經書，那麼經的意義也就失去了。所以，《爾雅》這樣的通古今字詞的書，實際上就成了時人讀書必不可缺少的工具。可以說，無《爾雅》，就無經書的實際價值，

《爾雅》被尊爲經的意義就在這裏。

《爾雅》不像一些所謂從義理解釋經書的經學家的言論。這些書往往主觀臆測的成分很濃，藉經書發揮自己的見解。《爾雅》釋古字詞採用搜集大量古人言論的方法，例如，釋天中用暴雨解「涷」，出自楚辭；釋詁中用往字解「嫁」，出自列子；等等。這種方法也符合語言文字演變的歷史過程。語言文字是標記事物的符號，傳遞信息的手段，其源頭不是由聖賢先創製，再向社會推廣，而是起自民間，約定俗成，再經加工使之規範化，釋古代字詞，以古人的實際用法爲依據，提供了古字詞的語境，使人更容易理解古字詞的眞實意義。同時，《爾雅》用古文獻解釋古字詞，也就保留彙集了大量古文獻的資料，有長遠的歷史意義。

（湯澤林）

一九、兩漢經學的狀況如何？今古文之爭是怎麼回事？

皮錫瑞經學歷史把經學分成十個發展階段，即開闢時代、流傳時代、昌明時代、極盛時代、中衰時代、分立時代、統一時代、變古時代、積衰時代、復盛時代。其中兩漢就經歷了流傳、昌明、極盛、中衰四個時期。皮氏是今文經學派，他認爲孔子定六經開闢經學，孔子之前有書無經，例如《書》、《詩》在孔子之前都有數千篇，但那不是經，因爲微言大義不明，孔子定《書》百篇，刪《詩》成三百〇五篇，《詩》《書》才成爲垂範萬世的經書。這一點可商榷。實際上，即使孔子定成六經，如果沒有政府的支持，它們也不會成爲經。秦以前，六經地位不佳，雖是顯學，不過是儒、墨、法、道諸家中的一家。所以，經學開創由西漢始，沒有漢政府的支持，六經就不成其爲經。

經學在西漢初始立。漢初定天下，百業待舉，首要的是吸取秦二世而亡的教訓，制定新的制國方略。漢高祖劉邦認爲自己是在馬上打天下，不信儒學。有謀臣勸他說，在馬上打天下，並非可以在馬上坐天下。叔孫通這個人對儒學復興是有功的。他是秦博士，歸漢以後，很識時務，順著劉邦的心意，逐步啓發劉邦對儒學的興趣。他說，儒學雖不能進取，但可以守成。叔孫通按儒學制定的禮儀，劉邦果然很欣賞，任他爲太子太傅，叔孫通的弟子也多被任官，這是儒學在漢復出的開始。惠帝、呂后時，公卿都是武力有功之臣，儒學未受重用。文帝時，有儒生稍有徵用，並立《詩》經博士，但漢文帝本好刑名之學。景帝時不任用儒者，竇太后又好黃老之術，儒學之士始終沒受重用。

儒學的大翻身是在漢武帝時期。武帝建元五年（前一三六）春，立《詩》（文帝時已立）、《書》、《禮》、《易》、《春秋》五經博士。武安侯田蚡爲丞相，又罷黜黃、老刑名百家之言，重用文學儒士，凡通五經之一者，都受奉祿爲官，一些治經有成就者，更高居顯位，如公孫弘因精通《春秋》升爲天子三公，封平津侯。

經學自西漢元帝、成帝至東漢，處極盛時期，全社會上下尙儒崇經成爲風氣。自公孫弘以治《春秋》爲丞相後，成爲貫例，凡丞相必用精通經術者。公孫弘還建議，爲弘揚經術，請爲博士官設弟子五十人，凡學經有成，都有任用，開中國明經取士之先。朝廷對這些因通經術而受任用的人給予極高的禮遇，不但任官，且免賦稅。興經學導以利祿，這是漢代推動經學發展的重要策略。自此，學習經學成爲時尙，四海之內，學校如林，漢末太學學生達到了萬餘人，是從前從來沒有過的。當時，社會上有這樣的說法：「黃金滿籯，不如教子一經。」

西漢重經學講究實用，朝廷制禮儀，定治國政策，必引經據典，官員論辯，帝王論政，也必定引用經文，出口成章，凡議論，不引經便無以作據，不足信。不少人在日常生活中，也確實努力實踐經教，並不浮於空泛議論。所謂經學極盛，這是重要標志之一。「經」不論從國家施政還是生活言行上，都是實踐的準則，起行爲規範作用。這其中似沒什麼學術性，實際是「有經無學」，經文已明，照著做就是了，對「經」本身不能再生議論，皮錫瑞稱此爲經學昌明純正的表現。

皮氏所謂經學的昌明純正，又特指漢初今文經學占統治地位的狀況。

經學的今古文之爭始於西漢。秦始皇坑儒，經書都在該燒之列，《易》按占筮書論，《孟子》按諸子書論，躲過秦火。其他如《詩》是口耳相授，焚書也奈何不得。漢初倡儒學，凡無字的「經」，方開始書於帛卷上，這就是「今文經」了。另外的被祕藏而躲過秦火的經書，例如《書》，則是先秦篆書書寫。所以，漢初經書就有今古兩種文字的版本。

魯恭王壞孔子宅，得到一批先秦經書，自然都是古文，這與當時已存在用今文（隸書）書寫的經書有同有異。孔安國得到這批書，用今文讀之，並請求立博士，這便與已獲認可並占據一統地位的今文經博士們發生衝突。西漢末劉歆極力要打破今文經的統治地位，力爭古文經的地位。劉歆後來做了王莽的國師，助莽篡漢，古文經的名聲也隨之大壞。東漢時期，今古經已不是兩種文字的異同問題，而是涉及到如何解釋經書的意義，出現經今文學派和經古文學派的對立。

由於以利祿作導向，兩漢學經論經蔚然成風，皮錫瑞看出這極盛之中已隱含走向衰落的趨勢。

今文經占統治地位時，學經極重師徒傳授統緒即師法、家法，論經者絕不能背叛師門家規。古文經的出現打破了這種平靜，辯論經義已是不可避免的。於是，開始出現對今文經的疑慮，有人認為今文經的風氣不變，便難以經受古文經的詰難。於是，各種不同的經說紛紛萌生。其實，從經學發展過程看，這也是必然，就學術上說，也未必不是好事。

東漢鄭玄在經學史上占有重要地位。他博覽群書，學識淵博，兼通今古文經學。東漢經說紛雜，注經繁瑣至極，有注《書經》五字成十萬言的；經師授徒，動輒數千人，有些學生幾年也見不到這些先生。如此，師門家法傳授經義一途已不可保證，諸多異說不可能不生出，讓求學者莫衷一是；且繁瑣的注經，讓人終生難讀得一經。經學的流傳實處於危機之中了。鄭玄盡全力總結各家，注周《易》、《尚書》、毛《詩》、《儀禮》、《禮記》、《論語》、《孝經》等，兼採今古文說，重新確立經學的統一局面，受到當時人的認可，從學經者逾萬，成眾望所歸。（湯澤林）

二〇、魏晉南北朝的經學有何發展？

東漢滅亡，由漢代首倡的經學盛勢隨之終結。首先，經學的社會地位不再像漢時那麼顯赫。東漢恆帝、靈帝時期，有司隸校尉李膺等數人兩次被誣為結黨，誅連數百人下獄，與政府政治密不可分的經學也因此而銳氣大減，西漢時期在利祿誘使下萬人學經的局面已成舊事。《三國志》載董昭上疏陳述當時的社會風氣說：「竊見當今年少，不復以學問為本，專更以交游為業。國士不以孝悌清修爲首，乃以趨勢游利爲先。」（《三國志》卷十四《魏志・董昭傳》）又有杜恕上疏說：「今之學者，師商、韓而上法術，竟以儒家爲迂闊，不周世用，此最風俗之流弊，創業者之所致愼也。」（《三國志》卷十六《魏志・杜畿傳》）漢代重用明經身修者爲官，議論政事都能引經據典。到魏晉時，公卿學士萬人中，能依據經書議論時事的，寥寥無幾。

其次，漢初立經設博士，都取今文經學。後來，古文經學雖未能立於學官，但影響日增，有的今文經已趨於失傳。鄭玄注經兼採今古文，獲大多數人認可，從此改變了漢初確立的經學格局。王肅是魏晉時期第一位大經學家，其經學思想也是合今古文，但又以鄭玄經學爲論敵。皮錫瑞對王肅很不滿，說他本應該糾正鄭玄合今古文經的錯誤，理出今古文經的分野，重新確立今文經學的純正地位。而王肅卻進一步混淆了今古文經的界線，連鄭注經書中保留的今古文經分列的形式也掃蕩乾淨，自己假孔子及其後裔的名義，另立經說，作爲立論的根據，發明所謂「聖證論」。皮氏因此稱王肅爲「經學大蠹」。西晉初，王肅所注經書依他是晉武帝司馬炎外祖父的身分，立於學官。到晉元帝時，所立經學博士已經沒有一個是漢初十四博士的傳人。

皮錫瑞把鄭玄經學、王肅經學視爲經學衰落的表現，特別把經學衰落的原因歸罪於王肅，是有欠公允的。皮氏可算是經學中的保守派，復古派——復漢初今文學之古。按他的看法，漢初今文經學是最純正的，足以垂範萬世，不應再有絲毫變更。經學作爲封建國家控制社會的意識形態，是因實用目的而產生的。有用，經學才能立住腳；不合於實用目的，必得隨世勢變遷而變更。從漢初到魏晉，今文經學的衰落，就是世勢變遷的結果，鄭玄經學和王肅經學都是經學適應世勢變遷的表現。

南北朝時期，隨著國家政治的分裂，經學也分爲「南學」和「北學」。北學主要繼承鄭玄的傳統，流傳於江北的經注中，《易》、《書》、《詩》、《禮》，都宗鄭注，《春秋》取服虔注，服虔是鄭玄的門生，與鄭學實是一家。南學在學術上則以王肅經學爲宗，《易》取王弼注，《書》取孔安國傳，《春秋》取杜預注《左氏傳》。

南北兩家經學的地位與南北朝的政治狀況有密切關係。北魏拓拔氏入主中原，努力適應中原禮儀，以鞏固自己的統治，經學因而受到高度重視。北魏道武帝拓拔珪在建立政權之初，便把宏揚經學放在首位，立太學，設五經博士，徵生員一千多人，歷明元帝、太武帝，到孝文帝時，崇尚經學儒術已成爲風氣。

南朝重經學的帝王首推梁武帝蕭衍。他在立國後不久即開五館，建立國學，教授五經，置五經博士各一人，生員有數百人，全由朝廷供給費用，通過考試者，都授予官職；又派遣博士祭酒到各州郡立學，講授經術；並詔皇太子宗室王侯都到學館學研經術。經蕭衍的推動，學經又成爲士人嚮往的事，經學的地位有所提高。然而，梁武帝的崇儒政策並不持久。他本人好佛，起用儒學，只是爲一時立住政權。並且在諸經之中，他只重視《禮經》，顯然旨在用它的等級綱常秩序觀念，鞏固自己的統治地位。

魏晉南北朝經學是經學史上承前啓後的階段。自東漢以來，由於經學，特別是今文經學內容的匱乏，社會政治的動盪分化，其一統權威地位已受到衝擊，桓譚、王充對今文經，特別是讖緯災異思想的批判，影響很大。古文經學繁瑣訓詁的學風也受世人冷落。以鄭玄、王肅爲代表的魏晉經學另闢新徑，保持了經學的傳統。後世經學大都以鄭學王學爲基礎的。

兩漢時期，經學獨尊。東漢末起，講學術有四，即儒學、玄學、道家和佛教。魏晉南北朝時，玄學影響很大。玄學始於漢魏時期的「淸談」風。由於政局動盪，朝廷中的派系鬥爭複雜，官員和士人的地位不保，於是，他們不再議論具體的時政，轉而議論淸高玄遠問題。這種風氣培育了玄學。玄學尊崇老子、莊子的道家思想，又引儒入道，以道解儒，成一新的學派，王弼是其著名者。王弼注《周易》，把《周易》看作是解釋宇宙的本末、體用結構的書，背棄經學家視《易》爲正人倫綱常的主張，是經學玄學化的代表作。

（湯澤林）

二一、唐宋明淸經學有何成就？

隋朝結束了南北分裂的局面，不到三十年而亡。隋文帝、隋煬帝又從骨子裏重佛輕儒，所以，經學在隋朝沒有什麼大的作爲。

唐繼承隋的統一大業，重整綱常，把復興儒學推到重要地位。唐太宗的統治經驗是「戡亂以武，守成以文，文武之用，各隨其時」。唐朝完善了科舉取士制度，考試科目有八科，即秀才、明經、進士、明法、明字、明算、通舉、童子。各科中第有嚴格標準，其中明經、進士科最受學子看重。明經科以九經爲業，《禮記》、《春秋左氏傳》稱大經，《詩》、《周禮》、《儀禮》稱中經，《易》、《尙書》、《春秋公羊傳》、《春秋穀梁傳》稱小經。爲適應科舉制，唐朝在全國設立各級學校。

在京師有國子學、太學、四門學、律學、書學、算學，各府、州、縣、鄉也都設學校，課程以經學為主。由於明經可以入仕，士人都以研讀經學為進取。

唐代於經學的最大貢獻是考定五經和撰定《五經正義》。唐代以經學治國，唐太宗經常與儒生議論經義，深感南北朝經學分歧雜亂，以為「經籍去聖久遠，文字訛謬」。貞觀四年，唐太宗詔顏師古於祕書府考定五經，頒行天下，命學者研習。又詔國子祭酒孔穎達主持撰定《五經正義》，即《周易正義》十四卷，《尚書正義》二十卷，《毛詩正義》四十卷，《禮記正義》七十卷，《春秋正義》三十六卷，共一百八十卷。唐高宗永徽二年，又詔諸群儒修定，永徽四年頒於天下，並作為明經科考試的依據。一直到北宋初期，明經取士都遵尋《五經正義》為標準本。

李鼎祚的《周易集解》也是唐代傳於後世的有影響的經學著作。該書共十七卷，彙集了從子夏開始到唐代三十五人的解《易》觀點，是考輯古代《易》學的重要文獻。

唐文宗開成二年，國子祭酒鄭覃完成「開成石經」，將九經刻於石壁上，文宗很賞識，詔令立於太學，對長久保留經書文字有重要作用。後唐長興三年，依「開成石經」文字，刻成九經印板，開經書刻木板之先。

兩宋經學一反以往死板的注疏學風，注重解說經書的義理。漢初始立經學，今文經獨尊一統，經學傳授嚴守師門家法，絕不可違背師說的一字一句。古文經出，經說有異，經學以辯論諸經說的正偽為主題。鄭玄和王肅融合今古文經，兼採立說，似乎實現了經學的統一。但這統一只是眾說的彙集，再不像漢初今文經學那樣是唯一、絕對的壟斷。唐撰定《五經正義》結束了經學南北分立。

作爲科舉考試的標準，讀經人都嚴守其說，不敢越雷池一步，經學又陷入僵化狀態。「經」貴在專一不變，又貴在實用。漢初，這兩者基本統一。嚴守家法是不變，漢初立制度，定禮儀，都以經學爲依據，是講實用。然而既講實用，而實事變，經學不可能不變；經學不變，便不可能永遠實用。唐代用經學，重在用它取士，至於具體施政，已不拘於經說。宋代世事變遷，又不同於唐代，固守前代經說，已更是不可能，開一代新的經學風氣，也是勢在必行。

宋儒解經，當然不能離開經書的微言大義，否則，他們就不是經學中的一員了。但是，若只是囿於注疏經文，如無什麼新的考古發現和文獻資料，也斷不會有什麼新義。宋人拋開注疏，以闡揚經書義理爲名，抒發自己的見解，這是思想上的一次解放。

經學在宋代的作用也發生了明顯的變化，它的意識形態特色越來越突出。唐將《五經正義》主要用於取士，北宋初延襲此法，但不用《五經正義》作範本，改用王安石等人的《三經新義》，即《毛詩新義》、《尚書新義》、《周官新義》。經書只作爲考試入仕的工具，用它修身正己、經營事務的意義就喪失了，流於空泛議論也是難免的。以二程和朱熹爲代表的理學，極力想排除經學中空發議論的劣跡，重申「經」貴在實用。但理學家從意識第一的角度看世事變遷，認爲人心狀況是決定社會治亂安危的根本因素，把經學作爲正人心的手段。蔡沈《書經集傳序》說：「二帝三王之治本於道，二帝三王之道本於心。得其心，則道與治固可得而言矣。……後世人主，有志於二帝三王之治，不可不求其道；有志於二帝三王之道，不可不求其心。求心之要，捨是書何以哉？」理學家初衷如此，但是以經書匡人心，也不太可能。元明以後，朱子理學極受重視。元代以五經四書作考官依據，明代只以朱子注四書爲科舉考試的標準教材，士人只爲考取功名讀經書，則經學只是控制社會思想和輿論的意識形態了。

經學到清代已是窮途末路。二千年的歷史，它的全部內容已合於邏輯地全部演繹出來，其內在生命力已近終結。在沒有新的思想體系能代替它之前，它當然不會自動退出歷史舞臺，必然要作最後的一搏。

大凡宗教或有準宗教色彩的聖經，面對新的環境，往往呈現兩種姿態，一個是復古，一個是迎新。清朝的經學也大體如此。

「漢學」是反映清代經學復古傾向的一支，它是在反對宋明理學的基礎上成長起來的。宋明理學在理論上達到了儒學的最高成就，但在漢學家看來，它又是導致國家危難、明朝滅亡的罪魁禍首。漢學家認爲，宋明理學拋棄了儒學的精華，將大量佛、道思想引入儒學。挽救國家民族的危勢，最根本的還是要儒家經典，但是，必須弄清什麼是儒學的精神實質。於是，漢學家主張回到漢代經學家那裏去，認爲漢代去古不遠，漢代經學更符合經學的本意。更有人主張經學的復興應該復歸其源頭，回到孔孟、周公那裏。

宋明理學所以背離經學的基本精神，漢學家將其歸結爲不懂古音古字、對經書缺乏實事求是的考據精神，只憑主觀臆說演繹義理。所以，要恢復儒學經典的本意，必須倡求實考據精神，在古文字音韻、器物的訓詁上下功夫。漢學對經學，以至對整個中華文化史的主要貢獻也正在這裏。漢學的開拓者顧炎武所著《京東考古錄》、《音學五書》，毛奇齡著《四書改錯》，閻若璩著《古文尙書疏證》，胡謂著《易圖明辨》，在今天也不失其學術上的重大意義。漢學吳學派的代表惠棟、皖學派代表戴震、揚州學派代表阮元等，在古文獻的收集整理、勘定、訓詁、拾遺補缺方面，都成就了不可磨滅的功績。

經學的復古本意是弄清儒學經典的精神實質，訓詁考據是爲明道服務的。考據必須埋頭鑽研古文獻，但醉心於故紙堆若成爲一種風氣，也確實有悖於經學的經世致用傳統。以莊存與、劉逢祿爲代表的清代今文經學力圖糾正乾嘉考據學的偏頗，將經學運用於當時的政治實踐。

《春秋經》被歷代經學家視爲政治性最強的，凡講經世治民的，大多以「《春秋》」作思想依據。莊、劉等也長於治「《春秋》」。他們特別看重《春秋公羊傳》闡發的「微言大義」和「大一統」思想。然而治「公羊學」，及至清代，在理論上已不會再有什麼大的作爲，在考據學之後，若不從訓詁學上研究，在學術上也難成大事。莊、劉等人的作用，是繼考據學後重新光大了經學的經世致用傳統，清代今文經學的主要貢獻不在理論方面，而在實踐方面。龔自珍、魏源等人都接過「公羊學」的「微言大義」思想，不再就經論經，而是用心到時政的分析與社會政治的改革實踐中去。這是既堅持經學的基本精神，又將其推向終結的道路。世事的變遷，眼界的開闊，西方文化的影響，今文經學家們提出的具體治世主張已不可能再囿於古典經學。譬如關於「政」，又含學校、地理、官吏、賦稅、武備、律例、勸工、通商等「西政」的內容；關於「藝」，含算、繪、礦、醫、聲、光、化、電等「西藝」，也不再限於傳統的「六藝」。清代今文經學已爲「新學」的生長準備了條件，從而也就將統治中國二千年的經學逐漸推出了歷史舞臺。

（湯澤林）

史學

二一、何謂「史」？何謂史書？何謂史學？

「史」字最早已見於商代甲骨文，為會意字，其字形上半為放置簡冊的容器，下面是一隻手，合起來表示掌管文書記錄的意思，本義即為商王的近侍官員，擔任祭祀、星曆、卜筮記事等職，史官在商代已經產生了。

甲骨文中有大史、小史、西史、東史等幾種稱謂，均為王室重要官員，其職責大約有兩種，一種是為王作冊，即奉行王命撰寫和記錄朝野重要事件，到西周時具體稱為「作冊內史」或簡稱「史」；另一種職責還有充任王室直接派往各地巡查和代行王權的使命，後世稱之為「使節」。此外，史官還常主持重大慶典、祭祀活動及其它禮儀，參與卜筮活動。

史官在西周時期隨著政治制度的進一步完善和經濟、文化的發展，已經形成了官僚體系中一支重要組成部分，並構成西周政權機構的重要支柱。周初的召公奭主持建立起「太史寮」，其下有在朝廷中議事居左的高級官員「三左」，即太史、太祝、太卜，商代的「史」從此分化得更具體了。太史為史官之長，其地位和職責十分重要，主要掌管宮廷文書的起草、國王對諸侯和卿大夫的任命冊封、編撰史冊、管理天文曆法、宗教祭祀、圖書典藏事業等。太史的下屬有史、內史尹、內史、作冊內史、右史、徛史、中史、省史、書史、作冊尹、作冊等各級官吏，分別職掌完成太史多項職責的事務。太祝爲祝官之長，太卜爲卜筮官之長，分別配合太史的工作。祝、卜類官員的地位在西周時期已顯然比商代低落，這是社會思想發展的一種反映。太史寮與掌握司士、司馬、司工「三右」的卿事寮共同構成了西周奴隸官僚機構的主體，並形成了中國古代社會官僚機構的基本框架。

從夏、商、西周三代的「史」官逐漸發展演變下來，「史」的意義越來越大眾化了。經過春秋戰國的社會大變革，秦漢以後稱「史」，則泛指由史官和歷史研究者對迄今以往社會發展朝代更迭的記述。史分解成史書和史學，史書爲歷代書籍文獻，史學爲學者們對歷史的研究和考證，現代史學則把由金石學發展而來的考古學融匯其中了。清朝瓦解之後，國家官制中便沒有專司「史」職的政府官員了。

史書最初爲史官所撰述的記載史事的典冊，可以稱之爲史書者，溯源至商代的甲骨文和先秦、漢代竹簡，其後有記錄遠古及三代、春秋戰國的《尚書》、《春秋》三傳、《戰國策》等。正式的史書，則首推漢代史學家司馬遷的名著《史記》。史書主要分爲通史和斷代史兩種，各代所修通史除《史記》外，還有梁武帝命群臣所編的《通史》、宋司馬光的《資治通鑑》、鄭樵的《通志》、袁樞的《通鑑紀事本末》等，都是通史性質的史書；斷代史則有歷代學者編撰的《漢書》、《三國志》、《晉書》等，傳世的二十四史大多是斷代史。從體例上說，史書以編年體和紀傳體兩大類爲主，《史記》爲中國第一部紀傳體通史，東漢班固所撰《漢書》爲最早的紀傳體斷代史，規模最大的編年體通史則是北宋司馬光的《資治通鑑》。

當代所傳「二十四史」，是人們熟知的史書，包括《史記》、《漢書》、《後漢書》、《三國志》、《晉書》、《宋書》、《南齊書》、《梁書》、《陳書》、《魏書》、《北齊書》、《周書》、《隋書》、《南史》、《北史》、《舊唐書》、《新唐書》、《舊五代史》、《新五代史》、《宋史》、《遼史》、《金史》、《元史》、《明史》等二十四部史書。上述史書流行的有清代官刻的武英殿本和後來商務印書館刊行的百納本。一九二一年，北洋軍閥政府又命增《新元史》爲正史，後人亦合稱「二十五史」，不過學術界還是習稱過去的二十四史。

史書還有「正史」和「野史」之說。正史之名始見於梁阮孝緒的《正史削繁》，因爲紀傳體史書以歷代君主的傳記爲綱領，故《隋書·經籍志》以《史記》、《漢書》等紀傳體史書爲正史。至《明史·藝文志》又以紀傳、編年二體並稱正史。清代乾嘉年間編輯《四庫全書》，確定以紀傳體史書爲正史，並規定凡不經皇帝「宸斷」的不得列入，因此詔定二十四史爲正史。野史則泛指中國古代私家編撰的史書，如《唐書·藝文志》所載的《大和野史》十卷，即以野史爲名，以示與官修史書有別。後世作野史者極多，以宋、明兩代爲著。

除了官修正史、私修野史之外，近代以前的歷史學家還著作了許多其他類別的史書，其中有對經典史籍進行考據研究的《二十二史劄記》等；有歷史評論專著如《史通》等；有史籍目錄類圖書如《通志》、《史籍考》等；有史料彙編性圖書如《戰國策》、《太平御覽》、《冊府元龜》等；有制度史著作《通典》等。

史學，指對歷史的研究及其成果。史學研究是逐步發展的，從古代的官修正史、私撰野史到當代的科學研究理論與方法，從帝王的起居注到人民群眾的活動，數千年社會發展的進程就是無可改變的歷史，而一切對歷史的總結、分析、考證和論辯，都可稱之爲史學研究。近代以來，史學研究更拓展到對世界其他地區和民族的歷史各方面研究，統稱爲世界史。考古學則是從物質文化的遺存角度研究歷史，也屬史學領域。史學研究的方法除了著書立說外，還有各種形式的文章、會議、報導及評述，主要內容則離不開對歷史人物、歷史事件的研究。（馬洪路）

二三、中國史學思想發展的基本脈絡是什麼？

中國史學思想的發展，經歷了不同歷史時期、不同社會背景的演變過程。從商周時期的朦朧史學意識到戰國秦漢的自覺史學意識，再到魏晉南北朝時期史學批評理論的產生和唐代史學思想的系統理論形成，是由淺入深、逐漸豐富、不斷完善的過程。兩宋至明清之際，史學理論達到了空前的繁榮，並開始出現向新史學的嬗變，一些史學大師的經世致用思想及文獻學理論、考據辨析學風把中國古代史學思想推上了時代的高峰，也爲新史學的產生奠定了堅實的基礎。

夏代尙無確鑿的信史可考。商周時期，史官史書只是局限在忠實地記錄統治者的生活起居和宮廷中的重要事件，也有天文、曆法、祭祀、卜筮、自然災變、農牧業收成、物資交換等各方面的活動記錄。史學尙處於萌芽狀態，史學思想也是朦朧的。其中宗教思想和皇權思想左右著史學思想的萌發。當時的史籍資料主要以甲骨文、銅器銘文的形式記錄下來，也有少量的竹簡、帛書發現。

春秋戰國時期，中國社會經歷著一場劇烈地動盪。周室衰微，諸侯並起，爭權奪利的戰爭連年不斷。隨著新興的手工業者、商人和士人階層的出現，昔日統治社會的奴隸主專制思想面臨著瓦解和消亡。新興力量的代言人不斷湧現，史學也呈現出迅速發展的局面，出現了如孔子、左丘明等一批以思想家面貌爲主的史學家，同時也產生了《尚書》、《逸周書》、《春秋》、《左傳》、《國語》、《戰國策》、《竹書紀年》、《世本》等一批史書或包含重要史料的典籍。從《春秋》、《左傳》中，我們可以感覺到先哲們的史學意識和剛剛出現的史學理論思想。從孔子稱讚董狐爲「右之良史」到孟子說「孔子成《春秋》而亂臣賊子懼」（《孟子·滕文公下》），看出了中國早期史家已認識到撰史的原則、目的和社會作用。

秦漢時期，史學家們繼承了三代的傳統，也繼承了春秋戰國百家爭鳴的活躍思想，自覺的歷史意識進一步增強了。傑出的史學家司馬遷所著《史記》和班固所著《漢書》，成爲中國古代史學的輝煌成就。史家不僅把著書立說看成個人的職責，而且當做承先啓後的神聖事業。司馬遷在《史記·太史公自序》中說：

先人有言：「自周公卒五百歲而有孔子。孔子卒後至於今五百歲，有能紹明世，正《易》傳，繼《春秋》，本《詩》、《書》、《禮》、《樂》之際？」意在斯乎！意在斯乎！小子何敢讓焉。

在司馬遷看來，把「紹明世」、「繼《春秋》」的事業承擔起來，是十分神聖的，其史學意識相當鮮明而強烈。爲了「述往事，思來者」，他除了苦心鑽研史官的記錄和其他宮廷祕笈外，還孜孜不倦地「網羅天下放失舊聞，略考其行事，綜其終始，稽其成敗興壞之紀」，終於寫出流傳千古有口皆碑的《史記》。班固則進一步發展了司馬遷的史學思想，在《漢書》中創立了《古今人表》、《百官公卿表》和刑法、五行、地理、藝文諸志，擴大了史學研究領域。

魏晉南北朝時期，社會的動亂使經濟凋弊，各民族百姓在痛苦中顚沛流離。在這種政治局面下，史家只能在極其困難的處境中收集資料、記錄史事，史學思想沒有多大發展，也少有傑出的史家和卓著的建樹。陳壽的《三國志》和著名學者劉勰的《文心雕龍·史傳》篇，是這一時期較有影響的作品。

唐代是中國古代社會自秦漢以來經濟、政治和文化發展的鼎盛時期。尤其是唐代前期，政通人和，農業和手工業高度發展，國內外貿易蓬勃興起，商品經濟蒸蒸日上，國家統一、安定，文化領域風流人物倍出，史家在其中也獨領風騷，取得了巨大成就。唐初政治家重視史學，唐高祖、太宗、高宗及魏徵、令狐德棻、朱敬則等對史學都發表過豐富而有價值的言論。唐高祖以宏大的氣魄下詔修撰梁、陳、魏、齊、周、隋六代史，爲唐代史學的發展確立了明確的目標和格局。貞觀三年（六三六）唐太宗設史館於禁中，召集了魏徵、李百藥、顏師古、孔穎達、姚思廉、令狐德棻、崔仁師、岑文本等一大批史家撰寫了《梁書》、《陳書》、《北齊書》、《周書》、《隋書》，後又命褚遂良監修《五代史志》，以房玄齡、褚遂良監修《晉書》，李延壽撰《南史》、《北史》。唐初所修八史，顯示了唐代統治者考論得失、究盡變通、懲惡勸善、貽鑑將來的遠見卓識、雄才大略。在這一時期，產生了我國古代史學中第一部以史學作爲研究對象的系統的理論著作，即劉知幾的《史通》。在這部著作中，劉知幾總結了前人的得失，提出了撰史原則、史書內容與範圍、史書體裁與體例、文字表達藝術、史家作史的態度及史學的功用諸方面問題，提出了史才、史學、史識的「史家之長」理論，把中國古代史學思想推到了空前的高度，在世界史學史上也是無與倫比的。

經過五代的戰亂，宋遼金元時期中國古代史學思想有了更大的發展。通史、斷代史、當代史、民族史、歷史文獻學、史學批評等方面都取得了許多新成果。北宋官書《冊府元龜》國史部對唐代以前的史學理論進行了總結；史學家吳縝對《新唐書》和《五代史》等做了糾繆；曾鞏在劉知幾「史家之才」的基礎上更加提高了對史家的要求，強調史學「周萬事之理」如「適天下之用」的標準；鄭樵的《通志》提出了重古今之相因、極古今之變化的「會通」之說，有很高的理論水平；此外如朱熹、洪邁、葉適直至元初的馬端臨等，在史學批評方面都做出了很多貢獻。

從兩宋開始倡導的「適天下之用」史學思想，到了明清之際成爲許多史學大師經世致用理論的研究方向。明後期至清前期湧現的一批思想家、史學家，對中國古代史學思想做出了終結式的評論，從而對晚清新史學思想的出現創造了條件。明代嘉靖年間的文壇巨將王世貞著《史乘考誤》一百卷，對歷代國史、野史、家史做出了總體性評論，具有許多獨到見解；李贄、王圻對傳統史學思想和價值觀念也提出了批判繼承的理論，並強調了經世致用觀念；明清之際的史學大師顧炎武、黃宗羲、王夫之等，則把經世致用的史學思想發展到新階段；清代前期的幾位史家王鳴盛、趙翼、錢大昕、崔述、阮元等，則致力於考證、校勘歷史文獻，追求歷史的實與信，對古代史學思想進行全面總結。

著名史家章學誠集各家之大成，著《文史通義》和《校讎通義》，在繼承和發展前人認識的基礎上提出「六經皆史」的思想，並強調史學思想即「史意」的探討。他闡述的「撰述」、「史德」、「心術」、「文理」等觀點，代表了中國古代傳統史學思想的精華，同時預示著以梁啓超、章太炎爲代表的新史學的興起。

（馬洪路）

二四、經學與史學有何關係？

在中國古代傳統文化中，經學與史學都占有極其重要的地位，兩者之間的關係也是相當密切的，有著千絲萬縷的聯繫。魏晉以前，經學與史學沒有明確的界限可分，一些典籍既是經文，亦是史書。隨著文化的發展和研究的深入，隋唐以後經學與史學的分野漸明，史學遂從經學的母體中分離出來，成爲國學中重要的獨立系統。

古代儒家推崇的經典著作，稱之爲「經」，解釋經典的書則爲「傳」，合稱爲「經傳」。研究經傳的學說即爲經學。世人所說的經傳，主要是十三經，包括《周易》、《尚書》、《詩經》、《周禮》、《儀禮》、《禮記》、《春秋》《左傳》、《公羊傳》、《穀梁傳》、《論語》、《孝經》、《爾雅》、《孟子》十三部經典。其中有的是經，有的是傳。《莊子》・天運中最早運用「六經」一詞，即指《詩》、《書》、《禮》、《樂》、《易》、《春秋》六部經典。《隋書・經籍志》把經文分爲《易》、《書》、《詩》、《禮》、《樂》、《春秋》、《孝經》、《論語》、五經總義、經緯、小學十一類，從此經、史分家。十三經這批古代文獻總字數僅有六十五萬，但歷代釋經著述則不下萬種，形成經學，並產生了不同的學術流派。經學的發展變化在中國古代不斷影響著傳統文化各方面的發展。實際上，經學著作包括了古代哲學、歷史、政治、經濟、文學、法律等各學科的內容，是文化領域的綜合文獻。

《隋書·經籍志》確立史學從經學中分離出來的經、史分途格局時，把史書分爲正史、古史、雜史、霸史、起居注、舊事、職官、儀注、刑法、雜傳、地理、譜系、簿錄等十三類。唐宋以後，史學迅速發展，史學理論日益豐富完善，史學思想也漸趨成熟，至明清時期已經湧現出大批史學大師如王世貞、王圻、李贄、顧炎武、黃宗羲、王夫之、王鳴盛、趙翼、錢大昕、章學誠等。章學誠在深入研究經學和史學的基礎上，提出「六經皆史」的論點，用史學的角度和方法闡述對經學的新知識，一方面擴大和豐富了史學的內涵，另一方面探討了經學的發展脈絡及其與史學的轉化交融。

經學與史學的關係十分密切，主要通過以下幾個方面表現出來：

首先，先秦時期是經史不分的，不僅《尙書》、《左傳》等既爲經文，也是史書，十三經中每一部經典，都包含著「史」的內容。孔子修《春秋》之「屬辭比事」，大體遵循著「以事繫日，以日繫月，以月繫時，以時繫年」的編年史方法，以記魯史爲主，包括了周王朝及列國在二百四十二年間的史事，爲其做傳的《公羊傳》、《穀梁傳》之「史」的性質自然很突出了。孟子這樣說過：「王者之跡熄而《詩》亡，《詩》亡然後《春秋》作。晉之《乘》，楚之《檮杌》，魯之《春秋》，一也；然事則齊桓、晉文，其文則史。」可見經與史是融合在一起的。

其次，先秦時期的諸子百家，既習經，亦研史，經學與史學在許多思想家和大儒是集於一身的。《周易》是中國文化之源，「六經之首」，易道之廣大深奧無所不包，旁及天文、地理、樂律、兵法、韻學、算術、醫藥等等，但它決非周文王一個人的思維模式，而是經歷了從氏族社會晚期到夏、商兩代漫長的衍化過程，是歷史經驗的總結，也是後代史家從事史學研究的指導思想出發點。《周易》中當然包括了夏、商史官的紀錄和思想。孔子是偉大的思想家、教育家，也是偉大的史學家，孔子的史學意識和「良史」觀點，對後世有重大影響。孟子爲經學大儒，對史學理論也頗多研究。左丘明在習經基礎上撰寫的《左傳》則更偏重於史，此外如管仲、孫武、莊周、公孫龍、荀況、韓非等等，莫不集經、史於一身。有些思想家對儒家經典意見不完全一致，但對史事的認識是一致的。

經學與史學的關係隨著時代的推移而從學科的發展上拉開了距離，這是對經學的研究不斷深入和史學不斷豐富成熟的必然結果。自漢代司馬遷《史記》的誕生標志著史學的確立，經三國、魏晉、南北朝各階段史學的發展，終於導致《隋書》將經學與史學一分爲二，從此史學成爲獨立的國學系統，成爲史家勵志耕耘的園地。但是儘管如此，歷史總離不開三代的源頭，史家必須熟悉三代的經典，史家亦多爲儒家名士，對於「六經」尤其是《周易》的學習探索，是有成就的史家必備的學識。《詩經》三百及《周禮》、《左傳》、《論語》等著作中的史事與先哲警世之言，經常被史家在撰述史書中所引用。

經學與史學，永遠是密不可分的。

（馬洪路）

二五、歷史上的地理與人物有何關係？

人類社會的發展史，歸根結底是人類在自然界生存鬥爭的歷史。每個人無不在一定的自然環境社會環境中生活，所以自然地理條件對人們的生活有重大影響，中國古代歷史上的著名人物，與自然地理環境有很密切的關係。一般來說，這種關係隨著歷史的發展而逐漸減弱，並隨著社會經濟的進步而有所變遷。總的看來有以下幾個方面的表現。

第一，人類要生存，必須首先選擇環境。選擇的過程，爲文化的交流與傳播創造了條件，也爲人類自身的體能與智慧發展提供了條件。越是遠古，人類對自然地理環境的依賴性就越強。舊石器時代和新石器時代的氏族先民從山林洞穴中走出來，首先在黃河中上遊流域的山前坡地上建立營地，從事農業生產，從而使中華民族的歷史主要由渭水兩岸和晉南、豫西一帶開始。夏、商、西周三代的政治人物與這一帶的早期農業經濟是密切相關的，周公、姜尙、文王、武王便是傑出的代表。隨著時代的推進，各種文化在更廣闊的地域交流融合，春秋戰國之後，黃河流域各諸侯國都有許多風雲人物活躍在歷史舞臺上。中國早期歷史在黃河兩岸展開，是這裏早期農業經濟比較發達的緣故，其重要因素，就是黃河流域的自然地理條件適宜粟類大田作業的需要。雖然長江中下遊的早期稻作農業也有較快的發展，但追根溯源，畢竟比黃河流域晚了一步。

第二，中國歷史上的地理與人物的關係，宏觀上看，早期西北部經濟較發達，形成了三代文明。

在先民適應自然、改造地理環境的過程中，經濟和文化中心逐漸東移，不斷開發東部更富饒遼闊的空間。漢唐都城從長安遷至洛陽，到宋代又遷至開封，元明清定都北京和南京，便是這種中心東移的證明。商品經濟的出現和海上交通的發展，使中國東部地區在地理上越來越占有優勢，漢代的劉邦、項羽、韓信、陳平、曹參等都出自江蘇、河南一帶；魏、蜀、吳三國君臣主要也是河南、河北、江蘇之人；南北朝至隋唐，各民族空前大融合，唐末的戰爭浩劫使西北地區徹底失去了昔日的繁華與輝煌，宋代以後，重要的歷史人物大多出自中原和中南、華東各地，可見地理與人物的關係有機相連，大趨勢是由西向東發展的。

第三，自然地理條件在很大程度上決定著動植物群落的繁育、演變，因此極大地影響著當地人們的生產方式和生活方式、風俗習慣。從中國大陸來看，黃河流域及其以北的長城沿線、東北地區和蒙古高原，人民粗獷豪放、勇猛剛毅；長江流域及其以南各地，人民則情感細膩、富於哲理和文采。歷史上的北方各族，大都善騎射，能征戰，好掠殺，不拘禮法；而南方各族則顯得柔弱、儒雅、內向。故北方多出著名武將，南方則多文人名士，宋代以後尤其明顯。

第四，從歷史橫斷面的微觀而言，局部的地域性地理條件差異，也對人物有一定影響。凡自然條件優越，即土地肥沃、山青水秀、氣候適宜、交通方便的地區，則城市經濟發達、人口稠密，商賈雲集、物阜民豐，教育先進，人才倍出，形成地靈而人傑的「小環境」。如號稱「天府之國」的四川，雖然北有秦嶺巴山之險阻，南有雲貴高原之屏敝，但盆地之中屬亞熱帶季風氣候，冬暖夏長，水利農業發達，資源豐富，儘管交通不便，亦可自成王國，唐代著名詩人多出自河南、河北、山西、陝西，但四川也生長了李白、陳子昂等有影響的詩人。宋朝時的蘇洵、蘇軾、蘇轍，更是四川人引以爲榮的文壇大家。

第五，歷史上地理與人物的關係，還表現在交通條件上，水陸交通運輸是否便利，直接關係到區域性地方經濟的發展和文化交流。四川的發展顯然受到周圍高山峻嶺的限制，福建周圍的武夷山和境內的戴雲山、博平嶺、鷲山、玳瑁山、筆架山等群峰疊起，起伏不斷，嚴重地影響了與外界的往來，只是到了近代開闢了海上和空中的交通，才使經濟得到了較快的發展，出現了一些著名人物。而江蘇、浙江、安徽等省，則水陸交通十分發達，到南宋朝廷偏安杭州之後，明清兩代的傑出人物幾乎大半出自長江中下遊地區，如明代文壇的錢謙益、金聖嘆、吳偉業、李漁、朱彝尊、洪昇至清代的方苞、鄭燮、吳敬梓、袁枚、姚鼐等等，皆爲江蘇、浙江、安徽人士；明清時期獨領風騷的徽商，在中國經濟發展史上占有重要地位。

總之，歷史上的地理與人物的確有一種比較密切的、必然的關係。從歷史進程上看，是根據自然經濟的發展呈現由西向東、自北而南的趨勢；從宏觀上看，各個領域的著名人物是東部經濟發達、交通便利的地區比西部爲多；從局部上看，則歷史上開拓較早、文化積澱豐富的地區更容易產生優秀人物，如山東的齊魯文化源遠流長，歷史人物自春秋戰國以來層出不窮，明清之際僅孝婦河流域就出現了王士禛、蒲松齡、趙執信等著名學者。用一句古語來概括，地理與人物的關係就是地靈人傑。

（馬洪路）

二六、歷代行政區劃經歷了哪些重大變革？

中國古代的行政區劃，是從秦統一後推行郡縣制開始的，漢承秦制，使郡縣制更爲嚴整，此後經唐宋乃至明清，經歷了多次重大變革，遂形成今日的行政區劃制度。

商代和西周，實行宗法分封制度，商王和周王將天下分封給自己的宗族子弟和功臣，成爲諸侯國。與分封制密切相關的是畿服制和五等爵制，天子實際控制的地區不過邦畿千里。《國語・周語》說：「夫先王之制，邦內甸服，邦外侯服，侯外賓服，蠻夷要服，戎狄荒服」。確定了中央王朝與地方政權的關係，這種制度實際上是以尊卑、親疏、內外、遠近爲標準的等級制度在國家行政區劃方面的反映。

春秋戰國的社會變革衝擊了西周的宗法制度，春秋時期已出現縣、郡的設置，但當時的郡、縣之間並無互相隸屬的關係。楚武王（前七四〇～前六九〇在位）滅掉權國，將其改建爲縣，是至今所知中國設縣之始。其後秦、晉等國也開始在邊境地區設縣。縣的長官，楚國稱尹或公，晉國稱大夫，位高而權重。春秋後期，縣制開始逐漸推行於內地，一些卿大夫亦把自己領地內的采邑改建成縣，由家臣或士充任長官，縣的政治地位於是下降。至戰國時期，中國大陸縣的設置已較廣泛，並開始轉變爲作爲地方政權而實行官僚制度的縣制。西元前七世紀時，秦國已設郡，郡的地位略低於縣。西元前五世紀時，魏的西河郡、上郡和楚的宛郡都是當時很著名的郡，這時已形成郡、縣兩級的地方管理體系。各郡之長稱爲守，多由武官充任，有徵兵領軍之權，每郡可轄十幾縣至三十幾縣。至戰國末年，各國設郡縣已很普通，但尚未成爲定制，仍有不少封國參雜其間。

秦統一後，秦始皇將天下分爲三十六郡，一郡所統之縣，多少不等，一般爲二十縣上下。這三十六郡爲：上郡、巴郡、漢中、蜀郡、河東、隴西、北地、南郡、南陽、上黨、三川、太原、東郡、雲中、雁門、潁川、邯鄲、鉅鹿、上谷、漁陽、右北平、遼西、碭郡、泗水、薛郡、九江、遼東、代郡、會稽、長沙、齊郡、琅邪、黔中、廣陽、陳郡、閩中。秦始皇二十六年之後又幾次增設郡置，至秦末全國可能已多達四十八郡。

漢代對秦代的郡縣制行政區劃沒有進行重大的改變，只是在漢景帝時將郡守改爲太守之稱。太守的職責是掌管一郡的民政和軍事，不過西漢時郡的軍事平時主要由郡尉主管。郡之長官，秦時還置有監、尉，西漢則置尉而不置監，景帝時改尉爲都尉。縣之長官爲令、長，其職責是掌管一縣的治安、刑訟及賦斂徭役等事務，下設丞、尉、廷掾等分司各職及監理各鄉。秦漢時期，縣下各鄉設三老以掌教化，設嗇夫以聽訟和收賦稅，設遊徼以禁盜賊；鄉下設亭、里。

傳說夏代曾有天下九州之置，實際上只是地理方位的泛稱。漢武帝時，州始成爲實際的地方行政區域，爲加強中央集權，武帝分天下爲十三個州，設刺史，主要行使監察各郡的職權。東漢末年，州始成爲郡的上一級行政區劃，從此州、郡、縣、鄉、里之制沿襲直至宋代而沒有發生重大的變化。對於郡的建置，到隋文帝時便廢棄不設，地方施行州縣兩級制，鄉里制度則一直未有改變。當時的基層政權是鄉，鄉官之任由州縣控制，歷代因而不革。

西漢時期，在少數民族聚居的地區曾設置「道」，是與縣平行的行政區劃。隋文帝下令廢郡之後，唐初施行裁冗簡政，於太宗貞觀元年（六二七）依山川形勢將全國劃分爲十道，臨時差遣官員兼任大使去各道進行巡察；玄宗開元二十一年（七三三）正式分十道爲十五道，置採訪處置使以檢察非法，如漢代刺史之制。隨著安史之亂後的政局變化，經肅宗、德宗、憲宗各朝變更而由十五道增至四十七道，地理區劃與官員權限略大於州府，主要行監察之職。

宋太祖趙匡胤建國之後，爲進一步加強中央集權，逐步取消各道節鎮兼領支郡，使各州直屬京師。宋太宗太平興國二年（九七七），盡罷天下節鎮所領支郡，從此全國諸州直轄於中央，宋代全國施行地方兩級行政區劃。隋唐五代之州置仍沿襲，有些州則由皇帝升爲府，即增加了權限。當時府、州分等，按照政治或軍事地位的輕重、轄境範圍的大小、經濟發展程度的高低而有所區別，大體分爲上、中、中下、下四等，與府、州同級者，還有軍、監。軍的地位與下州相似，監則專爲管理礦治、鑄錢、牧區、產鹽區而設，兼理民事。府、州、軍、監大致屬於一級，府的地位最高，監的地位最低，有的地方監隸於府州，與縣同級。據北宋宣和四年（一一二二）統計，全國有府三十八、州二百四十三、軍五十二、監四；南宋嘉定元年（一二〇八）則有府二十七、州一百三十二、軍三十四、監二。府州之下，仍各設縣，鄉不變。

宋太宗時，曾把唐代的道改稱爲路。宋神宗時（一〇六八～一〇八五）全國有二十三路，設有監司分管運輸、提點刑獄、安撫等職。後來路的職權逐步擴大，具有省一級的行政職權。元代忽必烈至元十六年（一二七九）統一中國後，由朝廷中書省派出十個「行中書省」，即「行省」，又簡稱爲「省」，省下爲路，路下爲州、府，從此路成爲省下的行政區劃，至明代廢置路和行中書省。

明代的行政區劃僅設府、州、縣三級，較元代簡化。明太祖於洪武年間設兩京十三布政使司，爲省級行政機構和區劃。除京師、南京外，十三布政使司計有山東、山西、河南、陝西、四川、江西、湖廣、浙江、福建、廣東、廣西、雲南、貴州等。京師又稱北直隸，南京又稱南直隸，俗稱十五省，爲明中央王朝直轄地區的行政區劃。明代的布政使司是元代行省制的進一步發展，設置亦較元朝合理，從而奠定了清代以後內地省級行政區劃的基礎。布政使司下轄府、州、縣三級，少數民族地區則置土府州縣及部分土司。據《大明會典》載，萬曆初年全國有一百三十七府、十三軍民府、一百九十九州、一千一百四十九縣、八土府、四十六土州、七土縣，另有土司百餘個。其中「軍民府」是邊遠地區以府兼轄軍戶者，其地位高於府。州有直隸州和屬州兩種，直隸州上隸於京師或各布政使司，地位視府；屬州上隸於府，地位視縣，但多數屬州也領有縣，實際介於府與縣之間。縣上隸於府、直隸州或屬州，每府轄縣數約二十左右不等。領縣的直隸州或屬州則每州僅轄一縣或五六縣。

清代將地方行政區劃爲省、府（直隸州、直隸廳）、縣（廳、州）三級。清乾隆時期，全國設十八行省。雍正中各省共轄一百六十七府，乾隆時增至一百八十四府，光緒二十五年（一八九九）更增至一百八十七府，到清朝末年共有府二百餘個。在少數民族地區或戰略要地，地方行政則設直隸廳如散廳，地位相當於府或直隸州，也有的隸屬於府或道。府如直隸州以下的州、縣之制，則略同於明代，清末全國有縣一千三百多個。

（馬洪路）

二七、歷代先哲如何看待歷史進程？

自遠古至夏、商、西周三代，人們在宗教神權和宗法王權雙重意識的支配下，還沒有意識到社會發展變化的動因，不能了解歷史進程的規律和特點。西周末年至春秋戰國時代，隨著周王室的衰落和各諸侯國經濟、政治勢力的發展，人們的神權和王權意識都在削弱，諸子百家爭鳴所產生的民主思想萌芽開始動搖了冥冥之中「天」的主宰地位。從周公提出的「以德配天」和「德主刑輔」觀念到孟子的「民爲貴，社稷次之，君爲輕」思想，表現出古代先哲已開始覺悟到歷史進程「得乎眾民」的重要。秦漢以後，學者們不斷總結殷亡而周興、秦併六國而得天下、秦亡而漢興等世事巨變，因此「究天人之際，通古今之變」成爲歷代先哲孜孜以求的目標，經過兩千年的思考，對歷史進程大體上形成了以下幾點共識。

一曰「治亂觀」，即歷史的進程中充滿著「治」與「亂」的起伏與交替。治與亂都不會永久存在，也不會一成不變，應天順人則治，傷天害理則亂。孔子歷來主張「爲政在人」，人存則政舉，人失則政息（《禮記・中庸》）；孟子進一步指出「行仁政而王，莫之能御也」（《孟子・公孫丑上》）；墨子的基本主張是「天下兼相愛則治，交相惡則亂」（《墨子・兼愛》）；荀子認爲「天行有常，不爲堯存，不爲桀亡。應之以治則吉，應之以亂則凶。」（《荀子・天論》）。治與亂是起伏交替的，齊國因爲公孫無知殺死襄公而亂，桓公執政因勢力導而治；晉國因驪姬搬弄是非而亂，文公復國而治；秦末天下大亂，漢高祖以仁政得天下而治；呂后鴆趙王，在惠帝死後又臨朝，政局混亂，之後便出現「文景之治」；隋末大亂，繼之而出現唐代的「貞觀之治」。如此等等，不一而足。故在唐太宗即位時，與群臣語及治亂教化之事，魏徵極言「經亂之民易化，……湯、武皆承大亂之後，身致太平。」由此歷代先哲進而強調要居安思危、防患於未然的道理，治與亂相依伏，「天下之患，最不可爲者，名爲治平無事，而其實有不測之憂。」（蘇軾：《晁錯論》）這種「治亂觀」，歷代先哲是未有異議的。

二曰「興衰觀」，即在一個朝代或一段時間內，事物的發展和歷史的進程總是由興而衰，新陳代謝的。因此，無論是帝王將相還是庶民百姓，都應力求其興而避其衰；但因興衰之變是歷史進程的必然，所以興亦不能久，衰亦不可免。戰國時，觸讋說趙太后的愛子長安君爲齊國人質，慮其「位尊而無功，奉厚而無勞，而挾重器多也」；燕將樂毅告誡燕王：「善作者不必善成，善始者不必善終」，魏徵在《諫太宗十思疏》中進而闡明「凡昔元首，承天景命。善始者實繁，克終者蓋寡」，所以聖主明君必須「簡能而任之，擇善而從之。則智者盡其謀，勇者竭其力，仁者播其惠，信者效其忠。文武並用，垂拱而治。」（《古文觀止》）司馬遷曾提出「物盛則衰，時極而轉」的歷史觀，明代劉基對歷代興衰更作出了形象的描述：「碎瓦頹垣，昔日之歌樓舞館也。荒榛斷梗，昔日之瓊蕤玉樹也。露蠶風蟬，昔日之鳳笙龍笛也。鬼磷螢火，昔日之金釭華燭也。……是故一晝一夜，華開者謝；一春一秋，物故者新。」（劉基：《司馬季主論卜》）歷代先哲的「興衰觀」，自《周易》言陰陽消長、剛柔相推、興衰輾轉、革故鼎新以來，不斷探討研究，已形成促進社會發展和安邦治國的寶貴經驗。

其三曰「天道觀」，亦可稱爲「天命論」。先秦時期，「天」即上帝，與氏族祖先之「神」相配，控制和指導著一切國家大事，這就是影響中國數千年的宗教哲學。在這種觀念下，國家的治亂興衰都是由於祖先受命於「天」的，因爲「天命不易」，所以必須「敬事上帝」（《周書》）；漢代以後，「天道觀」更強調「天人合一」即人治的力量，但歷代先哲基本上沒有衝出「天道觀」的樊籬，司馬遷說：「天道恢恢，豈不大哉！談言微中，亦可以解紛。」（《史記・滑稽列傳》）；董仲舒將「天命」更飾以「天人感應」的理論，使帝王受命於天，歷史進程由天支配的思想更具有神祕的色彩，唐宋以前的史書和文學作品中，隨處可見帝王降生時的天降異象，即「龍飛九五，配天光宅，有受命之符，天人之應。」（《宋書・符瑞志》），「帝王之興也，必有積德累功博利，道協幽顯，方契神祇之心。」（《魏書・序紀》後論）所以，在「天人感應」學說影響下，世道的治亂興衰，人間的吉凶禍福，戰爭的勝負，事情的成敗，皆有日月星辰或草木物候的「異象」爲先兆，歷史的進程也是由「天意」安排的。儘管隨著時代的發展，一代又一代先哲在努力探究「天人之際」的疑問，但始終沒有從神祕的「天命」羈絆中掙脫出來。

四曰「聖賢觀」，即強調帝王將相個人在歷史進程中起決定性的作用。既然帝王是「替天行道」的，那麼作爲「天子」的帝王一方面要應「天命」而行「人事」，另一方面則必須善於「審時度勢」、「以德配天」才能治理天下，達到國富民強，這才是聖主和明君；否則，天下就要大亂，國家就要衰亡。夏因禹而興，因桀而亡；商因湯而興，因紂而亡；西周文武之治和厲王之亂、秦代周興、漢代秦興乃至唐宋元明清王朝更替，無不是昏君「逆天」行事而殘暴、淫亂、忠奸不分、是非不辨以及聖主的仁德、勇武、舉賢任能、體察民情所至。因爲帝王有至高無上的權力，所以歷代先哲一致認爲帝王的「明」與「昏」在歷史進程中起著決定性的作用。人們常說的商紂王寵妲己而失其政，衛懿公好鶴而亡其國等等都是這個道理。

以上四種對歷史進程的認識，歷代先哲的看法是基本一致、一脈相承的。此外，也有少數賢達之士對歷史進程提出了發展經濟的重要作用（杜佑《通典》），「以人道率天道」的歷史進化思想（王夫之《船山遺書》）等，都是對歷史進程闡述的精闢見解。（馬洪路）

一八、歷代先哲如何分析中國社會的治亂興衰？

中國社會的朝代更替、治亂興衰，是數千年裏歷代先哲們關注的焦點和議論的中心話題，幾乎每一位哲人都對此發表過看法，其眞知灼見成爲統治者尊奉的準則，也成爲大衆評古論今的指導思想。

在中國古代社會裏，「天命觀」是長期占居統治地位的思想，所以歷代先哲儘管所處的時代背景不同，地位和處境有別，但對「天命」的信念是基本一致的。一些思想家對「天命」的質疑發難，也都僅僅停留在「疑」與「問」上，而不敢公然反其道而行之。在這種思想束縛下，各代的治亂興衰便完全籠罩在「天命」、「天道」和「天人合一」理論框架中了。

在「天命觀」和「天人合一」理論的大前提下，歷代先哲對千百年中國社會的治亂興衰的認識與評價逐漸發展，提出了一系列看法，其發展趨勢是從「天命靡常」、「天道無親」到「天命有德」、「敬天保民」，最終形成統治者「替天行道」、「唯德是依」的思想，並由此產生和形成了一整套法典、禮制、刑律、道德、規章乃至言行服飾等等的評價標準，成爲歷代先哲分析治亂興衰的認識基礎。

先哲對治亂興衰的分析大體經歷了以下幾個階段：

先秦時期，「天命」與「天道」是人們歷史觀念的一個基本範疇，凡王朝興亡、世間治亂乃至每一個人的禍福壽夭，都是由「天命」決定的。「君權神授」的思想在商代達到頂峰，凡國之大事、民眾的活動都要向上帝問卜吉凶，大量甲骨卜辭對此有詳盡的記載；西周滅商而立，「君權神授」的思想在新形勢下賦予了新內容，傑出的政治家周公旦總結了夏、商兩代的興亡教訓，認爲他們的興起是由於先王受天命而敬德，其最終滅亡則在於「唯不敬厥德，乃早墜厥命」（《尙書》）；周人之所以興起，除了文王「受天有大命」之外，還能「篤仁、敬老、慈少、禮下賢者」，所以才能取代殷商而代表上帝來主宰人們的吉凶禍福，「皇矣上帝，臨下有赫，監視四方，求民之莫」（《詩經》）。這種「用康保民，弘於天，若德裕乃身，不廢在王命」（《尙書》）的「敬天保民」思想，是歷代帝王都嚴守的「王道」，與整個封建社會相始終。不過，春秋戰國時期的百家爭鳴思想使「天」的權威有所下降，「民」的地位有所上升，各諸侯王國爭相以「保民」、「惠民」爲手段來擴大和鞏固自己的統治；秦漢以後，廢黜百家，獨尊儒術，「天命」和神權思想重新確立，從此成爲維持封建專制統治的精神支柱。

在從奴隸制向封建制轉化的過程中，以孔子爲代表的儒學起了至關重要的作用。孔子及其傳人的政治思想，成爲分析治亂興衰的權威理論。孔子大力提倡周公的「明德愼罰」思想，主張爲政「寬猛以濟」國家才能大治。當他聽說鄭國將盤據在萑苻之澤的盜賊殺盡的消息之後，十分感嘆地說：「善哉！政寬則民慢，慢則糾之以猛。猛則民殘，殘則施之以寬。寬以濟猛，猛以濟寬，政是以和。」（《左傳·昭公二十年》）在這個基礎上，他主張「爲國以禮」（《論語》），治國安邦必須「道（導）之（民）以德，齊之以禮」（《論語》），又講究仁義、孝悌，而提倡這一切都是爲了防止犯上作亂，同時抨擊「苛政猛於虎」（《禮記》）。孔子學說的這種多面性，反映了先秦諸多思想的融匯，從而演繹出後來各種應時的儒家學說和治世之道。比如孟子的著名思想「民爲貴，社稷次之，君爲輕。」（《孟子·盡心下》）就是「敬天保民」思想的昇華。

秦漢以後，先哲對社會之治亂興衰有了進一步認識。司馬遷著《史記》提出了「究天人之際，通古今之變，成一家之言」的目標，其中關於「人」在治亂興衰中所起的作用，更加受到越來越普遍的重視。針對項羽兵敗垓下、烏江自刎前所嘆「此天之亡我，非戰之罪也」的話，司馬遷指出這種悲嘆是荒謬的，應從他自身的所作所爲去尋找原因。在《史記》中，司馬遷明確指出歷史變化的動因在於「物盛則衰，時極而轉」，「事勢之流，相激使然」，即強調物極必反，矛盾衝突和事物的運動發展是社會變革的重要因素。這種「究天人之際」而得出的理論認識，對後世有強烈的影響。

魏晉以後，中國古代的文代更趨繁榮，哲學思想也有了比較迅猛的發展。自唐宋乃至清末，歷代先哲對治亂興衰的分析更多地集中在人意、時勢和事理諸方面，不斷地從「天命」的束縛中掙脫出來，逐漸走向眞理之路。

關於人意和人治，春秋戰國時期的許多哲人在群雄爭霸的時代已提出過許多議論。西元前三三六年，孟子就勸導梁惠王施仁政於民，要求他「省刑罰，薄稅斂，深耕易耨；壯者以暇日修其孝悌忠信，入以事其父兄，出以事其長上，可使制梃以撻秦楚之堅甲利兵矣。」（《孟子・梁惠王上》）秦始皇的暴政，使威服六國的大一統王朝二世而亡，從而引起歷代先哲們的千年聚訟。司馬遷責秦始皇刑法殘酷、極情縱慾而終失天下；魏人曹冏、西晉人陸機等則把分封制看成治理天下的明智之舉，秦的崩潰乃「獨治之不能久也」、「獨守之不能固也」；唐代魏徵、李百藥、杜佑、柳宗元等不同意曹冏、陸機等人的看法，指出治亂興衰、得失成敗「各有由焉」，秦之亡「失在於政，不在於制」，歷史進程的變化「非聖人意也，勢也」。（柳宗元《封建論》）。柳宗元用「勢」來說明歷史變化的動因，對後人產生很大的啓示。宋人曾鞏、范祖禹、蘇軾及明清之際的王夫之等先哲對此都有所闡述。蘇軾認爲：「聖人不能爲時，亦不失時。時非聖人所能爲也，能不失時而已。」（《東坡志林》卷五）王夫之則進一步指出「理」是事物變化的內在法則與規律，「在勢之必然處見理」（《讀四書大全》）。這些治世道理日趨發展，從而把「人道」、「人謀」擺在首要地位。自春秋時鄭子產提出的「天道遠，人道邇」，到唐代魏徵總結的「君，舟也。民，水也。水所以載舟，亦所以覆舟」，治亂興衰以民爲本的思想逐漸成爲先哲的共識。

基於上述認識，歷代先哲對治亂興衰的總體分析是比較一致的，即主張王者之師弔民伐罪，反對叛臣賊子犯上作亂；主張輕徭薄賦與民休息，反對橫徵暴斂苛捐雜稅；主張剛柔並用、寬猛相濟，反對綱紀鬆弛刑法殘酷；主張君令於上，臣行於下，臣謀於前，君納於後，反對藩鎮割據、宦官專權，外戚干政，結黨營私；主張爲官清廉、吏治整肅，反對貪污腐敗，漁肉百姓；主張廣開言路，兼聽則明，反對閉目塞聽，怨聲載道；主張居安思危，勵精圖治，反對沈緬聲色、極情縱慾；主張禮賢下士，賞罰有度，反對虛妄驕橫、善惡不分；主張強本節用、恤孤養疾，反對逐本求末、凌辱貧弱等等。總之，歷代先哲對中國社會的治亂興衰所提出的看法宏大而深邃，是我們中華民族安邦治國的極其寶貴的精神財富。

（馬洪路）

二九、史學在中國傳統文化中具有怎樣的功能？

中國的傳統文化與西方文化有著顯著的區別，其綿延數千年的連續性和內在的凝聚力使世界各地的炎黃子孫引以爲榮，也使中外學者展開了一個世紀的爭論研討而至今不息。

什麼是中國的傳統文化？中國傳統文化的特點及與西方文化的根本區別是怎樣產生與發展的？要全面回答這些問題遠非易事，因此，對史學在中國傳統文化中具有怎樣的功能這個問題，也只能作一些概略的闡述。

就「傳統文化」而言，這「文化」本身就包含著人類在社會歷史實踐過程中所創造的物質財富和精神財富的總和。每一個民族的文化，都是這個民族在各個歷史發展階段上物質生產如精神生活方面的反映；而說到「傳統」，就是「歷史」的具體表現，或「歷史傳統」的簡稱。由此可見，史學在傳統文化中所具有的功能是多麼重要了。儘管關於中國傳統文化眾說紛紜，但總的看來人們比較一致地認爲它有以下三個特點：其一是中國大陸的自然地理環境和民族交融演進所形成的封閉性、內向性、凝聚性的特點；其二是自給自足的小農經濟幾千年形成的農業經濟基礎和相適應的農業社會特點；其三是以儒學爲代表的歷史文化所積澱的思想基礎和倫理道德觀念特點。簡言之可以概括爲大陸文化、農業文化和儒家文化三方面。史學，是織成這五彩斑斕長卷的經線。

中國古代史學主要是通過儒家文化來體現的，其功能主要是爲統治集團提供一面鏡子以「鑑戒資治，使當權者了解歷代聖賢的治國安邦之道；同時，宣傳儒家的「天道」與「人道」以教化萬民，按照前人的「忠孝仁義」倫理來爲人處事，避免「犯上作亂」、「作奸犯科」而身敗名裂；此外，史學的「經世致用」思想在傳統文化中也占有重要地位，隨著歷史的推進而顯得越來越有意義。

史學在傳統文化中的功能是不斷發展的。

商周時期，是史學產生的初步階段，文字不夠發達，典籍很少。卜辭和金文是中國歷史上目前所知最早的官方文書，記載了當時的農事、戎事、祭祀和王室慶賞、貴族糾紛、財產分配等各方面的情況。在許多青銅器銘文的末尾，都有「子子孫孫永寶用」的話，反映出一種傳之後世的自覺的歷史記載意識，這是史學在傳統文化中的表現之一。左史記言，右史記事。大事書之於策，小事記之於簡牘。史學從一開始出現就把中華民族的文化意識世代傳襲和發展下來。《尙書》和部分《詩經》中的作品，即是文學經典，也是史學文獻，是傳統文化之源的閃光浪花。

春秋戰國時期，各諸侯國都有了更具史書性質的史冊，均屬國史，統稱爲「春秋」。這批「書之竹帛」的文獻，具備了時間、地點、人物、事件的連續性記載，成爲眞正的「史」。這些史冊既消失了《詩經》那樣的文字修飾和誇張，也不像卜辭、金文和《尙書》那樣突出占卜和冊祝，而是突出了德、刑、禮、義這些世俗化、社會化的內容。孔子的《春秋》已具有編年史的特點，其核心則是尊「王道」和重「人事」。歷代先哲都推崇《春秋》在史學和傳統文化中的重要影響，強調「孔子成《春秋》而亂臣賊子懼」（《孟子·滕文公下》），由此可見孔子撰史的社會目的、社會意義。與此同時，《左傳》、《戰國策》、《竹書紀年》、《世本》等史書的出現，奠定了史學在傳統文化中的重要地位和治國安邦的作用。

史學全面發揮鑑戒作用和教化作用的時代是從秦漢之後儒學占統治地位開始的。劉邦作爲楚漢戰爭的勝利者，在建立西漢王朝之後，起初並未意識到總結歷史經驗的重要性。不過，這位以知人善用聞名的帝王高明之處，是他及時地接受了陸賈的「馬上得之，寧可以馬上治之乎」的啓發，命陸賈「粗述存亡之徵，凡著十二篇，每奏一篇，高帝未嘗不稱善」（《史記·酈生陸賈列傳》）。陸賈所述之書《新語》，成爲漢初統治者總結歷史經驗的第一部史論和政論相結合的文化典籍。在陸賈之後的賈誼和晁錯，都是善於總結歷史經驗的政治家、思想家，他們的建議常被皇帝所採納，正因爲有了這種文化背景，才產生了漢武帝時期傑出的史學家司馬遷和彪炳千秋的《史記》。

司馬遷總結先秦史學成果，繼承漢初的歷史思想傾向，秉承先人的遺志，在史學上首倡「究天人之際，通古今之變，成一家之言」的宏圖大略，使史學在傳統文化中進一步發揮了重要功能。由於它是反映中國社會從三皇五帝到漢初的經濟、政治、軍事、民族、思想、文化、社會風貌及各階層人物群像的百科全書，所以不僅在史學領域樹起了一塊豐碑，而且成爲中國古代傳統文化的碩大基石。在《史記》之後，中國出現了撰寫皇朝史的高潮，從班固的《漢書》、荀悅的《漢紀》到三國兩晉南北朝的《後漢書》、《三國志》、《宋書》、《齊書》、《魏書》等，反映了史學的興旺發展和統治者對史學安邦治國作用的重視。

史學在傳統文化中的功能除了給統治者提供鑑戒之外，還有對百姓實施教化的作用，這種作用在歷史發展進程中愈來愈明顯。從孔子著《春秋》而「亂臣賊子懼」到兩漢魏晉佛教的傳入，儒學吸收了外來宗教思想而變成了更具教化作用的「儒教」，同時改造了佛教，使其具有了中國傳統文化的仁、義、禮、信的色彩。唐高祖在《修六代史詔》中說：「司典序言，史官紀事，考論得失，究盡變通，所以裁成義類，懲惡勸善，多識前古，貽鑑將來。」魏徵則爲國家的長治久安反復強調君爲舟，民爲水，「水所以載舟，亦所以履舟」的古訓。兩宋時期，史家更自覺地擔當起安邦治國的責任，司馬光在進奉《資治通鑑》時明確指出是爲了「監前世之興衰，考當今之得失」（《進書表》）。朱熹在論讀書、讀史時提出一個鮮明的見解：「讀史當觀大倫理、大機會、大治亂得失」（《朱子語類》卷十一）。可見歷代大儒都十分重視史學對政治統治和百姓教化的作用。「讀史當觀大倫理」，歷代史家在著作中無不貫穿這種道德觀念，幾乎一切史書都把明君、忠臣、孝子、貞婦做爲褒揚的典範，同時把不忠不孝、不仁、不義之徒列爲貶斥的對象。史學在維護統治者的倫理綱常、對民衆實行教化方面起著獨特的作用。

由於中國傳統文化中還有大陸文化和農業文化的特點，所以史學領域在新史學產生之前還竭力宣傳中國的「中心」說，使統治集團長期形成唯我爲大、唯我獨尊的思想方法；同時史書中大都貫徹「重農抑商」、「農爲本、工商爲末」的思想，使積極的「經世致用」觀念不能順利地發展。不過，對傳統文化中的「大陸文化」和「農業文化」的影響作用，從史學本身來說，其意義不如對治國安邦、教化生民那樣重要，那樣明顯。此外，史學在傳統文化中的功能尚有民族思想、救亡圖強思想等等，就不能一一而論了。（馬洪路）

三〇、歷代先哲如何論述史家的修養？

中國古代的史學產生於先秦時期，在秦漢以後迅速發展起來。隨著史學逐漸由宮廷走向民間，史家的修養也越來越受到歷代先哲的重視，認爲良史的修養可以直接影響到帝王以史爲鑑，史家對事件的秉筆直書、人物的善惡曲直眞實表述不僅是史家的基本品德，也是對後人的警示。

歷代先哲對史家修養的認識，是不斷加強和不斷深化的。

最早論及史學意識和史家修養的是孔子。他在《禮記．經解》中：「屬辭比事，《春秋》教也。」主張史家「屬辭比事而不亂」。屬辭，是指在記述史事時講究遣詞造句，即注重文辭的錘煉；比事，是按照年、時、月、日的時間順序排比史事，即編年紀事的概括性說法。春秋時期，諸侯並立，史事紛繁，孔子修《春秋》記述了二百四十二年史事，逐年編次，處理周到，又很注意言辭和文采，對編年體史書的著述上做出了開創性的貢獻。

在提倡「屬辭比事」的同時，孔子還特別強調「書法不隱」，即良史之「直書」。《左傳》宣公二年（前六〇七），趙穿殺晉靈公於桃園；《左傳》襄公二十五年（前五四八）齊國崔杼派人殺死國君莊公，太史董狐、南史氏等幾位史家都能直書不隱，孔子稱讚他們是「古之良史」，這種精神始終為後世史家所遵循崇尚。

經過戰國時代百家爭鳴和秦王朝的興衰，司馬遷在史學發展的基礎上進一步對史家的修養提出了更高的要求，這就是「究天人之際，通古今之變，成一家之言」。戰國諸子百家而無史家，司馬遷提出史學要「成一家之言」，要求史家去探討歷史發展的內在規律，形成自己的見解，而不僅僅是記述史實。

魏晉南北朝時期，先哲對史家的修養要求更加具體。南朝梁人劉勰在《文心雕龍·史傳》篇中說，史書具有使人們「居今識古」、「彰善癉惡，樹之風聲」的作用，因此史家的著作應該「貫乎百氏，被之千載；表徵盛衰，殷鑑興廢；使一代之制，共日月而長存；王霸之跡，並天地而久大。」可見史家的責任何等重大。不過，這一時期史家雖多，有突出成就者卻寥寥無幾，僅范曄《後漢書》、陳壽《三國志》和沈約《宋書》尚有一定價值，其餘大都湮沒無聞。一些史家常有曲筆，為後世所譏。

隋唐時期，史學繼續發展，史學理論更加豐富了。唐高祖李淵《修六代史詔》說：「司典序言，史官紀事，考論得失，究盡變通，所以裁成義類，懲惡勸善，多識前古，貽鑑將來。」唐太宗要求史家「彰善癉惡，激一代之清芬；褒吉懲凶，備百王之令典」（《唐大詔令集》）唐高宗下詔選擇史官時，對史家的德行、學識等要求是「操履貞白、業量該通，讜正有聞，方堪此任」。在此基礎上，劉知幾在《史通》中對史家的修養提出了著名的史才、史學、史識「三長」之說，成為史家安身立命的準則。與劉知幾同時代的著名學者徐堅曾說：「居史職者，宜置此書於座右。」（《舊唐書・劉子玄傳》）。直至宋遼金元各代，先哲們對史家修養的要求與評論無出其右。

明清時期，中國古代史已經歷數千年積澱，史著浩繁，良莠不齊，除正史外，野史、地方史志和論史之作層出不窮，章學誠著《文史通義・史德》篇提出了「史德」這個史家修養的最高要求，也是中國史學理論發展的新進展。他在劉知幾的史才、史學、史識「三長」的基礎上進一步強調史家要講「史德」，有「心術」，才能眞正成為「良史」。所謂「心術」，是指《管子・七法》稱「實也，誠也，厚也，施也，度也，恕也，謂之心術。」章學誠認為：

能具史識者，必知史德；德者何？謂著書者之心術也。夫穢史者所以自穢，謗書者所以自謗，素行為人所羞，文辭何足取重！……而文史之儒，競言才、學、識而不知辨心術，以議史德，烏乎可哉！（《文史通義・史德》）

在這裏，章學誠強調的史德是在才、學、識之上的最重要的史家修養。他進而指出良史雖然「莫不工文」，也掌握「得失是非」、「盛衰消息」，但卻往往不能正確處理客觀史事與主觀認識之間的關係與調適，所以為良史者必須「氣平」、「情正」才能達到「文立」，只有「愼辨於天人之際」才能克服「氣勝」、「情偏」的弊病，而做到這一切，即「心術」端正，則「貴平日有所養也」。

章學誠所強調的平日所「養」，一方面是內省的功夫，另一方面更重要的是「必通六義比興之旨」，也就是深得《詩經》風、賦、比、興、雅、頌六義的精髓。有了這種功夫，才能具備眞正的「史德」。

中國史學歷來推重信史，所以歷代先哲往往從史家或史書對歷史文獻的處理當否、對歷史事件和人物的認識來考察史家的修養。孔子讚董狐、《南史》氏「書法不隱」，班彪論司馬遷「文質相稱」（《後漢書・班彪傳》），唐代思想家、政治家李翺、李德裕等強調史料的公開性和可考查性以避免史家的偏聽偏信（《唐會要》卷六十四）。裴松之、錢大昕、趙翼、王鳴盛等大批史家投身於史學批評事業，補闕辨失，祛疑指瑕，爲恢復歷史的本來面貌做出了巨大貢獻，這種求實的精神，也是史家的根本修養。

綜上所述，可知歷代先哲對史家的修養有很高的要求和多方面的分析，概括起來就是史家必須有史德、史才、史學、史識，敢於對史事如人物秉筆直書。（馬洪路）

三一、什麼是紀傳體？二十六史的特點有哪些？

紀傳體，是史書的一種主要體裁，以寫人物傳記爲中心內容，亦簡稱爲史傳。紀傳體的史書所記述的歷史人物，必須以翔實的史事爲主，文字大多樸實而生動，連貫而暢達，富有文學色彩，使人物躍然紙上，各有特色。在人物的紀傳中，作者的褒貶極少且愼重，寓於人物的言行之中。紀傳體史書創始於司馬遷所著的《史記》，並爲後世史官或文人承襲仿效。

紀傳體之「紀」，即本紀，專記帝王的歷史事跡及一代大事概要，如《史記·高祖本紀》、《後漢書·光武帝紀》、《舊唐書·玄宗本紀》等；「傳」則主要指各個領域歷史人物的生平事跡記錄，既包括公侯將相、文人學士，也有宦者、遊俠、烈女和奸佞之徒等等。

在《史記》之前，中國古史的記錄形式主要是編年體，即以史官記錄帝王起居注爲主的宮廷史；此外也有一些同一時代的國別史；少量個人和群體活動事跡的傳紀史；也出現過各種形式組合而成的史書雛型，即《世本》。司馬遷綜合了以往歷史編纂學的成就，將以上各類史學形式有機地組合，開創了紀傳體這種新形式。紀傳體的《史記》由五類著作組成，其中「本紀」採用編年史的形式，記載漢代以前王權更迭的系統大事，又分別撰述一姓諸王的王朝史實，單獨記錄在位君主的帝王紀；「表」，是以簡明的表格概括排列歷代重要的人物和事件，分別反映統治集團重要人物的生平和所涉及的重要軍事、政治活動；「書」則專門記敘制度史，分述禮儀、音樂、兵制、曆法、天文、宗教、水利、貨幣等領域的發展演變；「世家」原是古籍《世本》所立周代封國諸侯宗譜的名稱，司馬遷用來對先秦各獨立諸侯國的宗族史進行鋪敘，同時也把先秦和漢初作爲國君輔弼的大貴族以人名篇作了介紹；「列傳」則依次敘述歷史人物的事跡。以上《史記》的重要特色，以寫人物傳記爲紀傳體史書的主要內容。

自司馬遷的《史記》至清代所修《明史》，歷代官修史書，世稱二十四史。北洋軍閥時期曾將《新元史》納入，合稱「二十五史」，後來又將《清史稿》收進，稱「二十六史」，從而形成從遠古社會到封建社會末期的中國全史。這一系列紀傳體的「正史」，與編年體、紀事本末體史書等構成中國古代史學的主體。

《史記》是第一部記傳體的通史，《漢書》則是第一部紀傳體的斷代史。《漢書》的特點在二十六史中十分突出，它取法司馬遷的《史記》，又比《史記》有了進步。《漢書》改「書」爲「志」，改「世家」爲「列傳」，整齊了紀傳體的體裁，從此奠定了斷代史紀傳體史書的基本特徵；其次，《漢書》的「十志」內容十分豐富，以溝洫志系統敘述秦漢的水利建設，以藝文志精心概括劉向劉歆的七略成果，食貨志、地理志也各具特色，成爲後人纂寫書志體的基礎；另外，對少數民族和鄰國歷史的記載方面，《漢書》也比《史記》有所發展，爲後人研究古代民族和中亞、西南亞古代民族史提供了可貴資料；最後，《漢書》的文學性也很突出，所寫人物事件，皆栩栩如生，不少人物傳紀都是史傳文學的佳作。

陳壽所撰《三國志》，記述了二二〇年至二八〇年魏、蜀、吳三國鼎立時期的歷史。作者以個人的力量撰寫這一段錯綜複雜的歷史，花費了大量心血，由於在戰亂中史料收集極難，蜀國沒立史官而無現成的史書，所以《三國志》的重要史料價值更爲珍貴，南朝宋文帝命裴松之爲《三國志》補寫了「志」，也是功不可沒的。總的看來，陳壽寫史的態度有時不夠嚴肅和正直，尤其對魏、晉統治者隱惡溢美是比較明顯的，對一些歷史人物的好惡褒貶不時流露有失史家的風範。

在二十六史中，有十部史書是記述南北朝史事的，其中《宋書》、《南齊書》、《梁書》、《陳書》和《南史》五書記南朝歷史；《魏書》、《北齊書》、《周書》、《隋書》和《北史》五書記述北朝興亡。以上「八書二史」，修成於南北朝和唐初，都是紀傳體史書，經過當時皇帝的批准而爲正史，是研究南北朝時期歷史的主要文獻資料。

南北朝時期的「八書二史」，其中南朝四書的斷限依次銜接，清晰可見；北朝四書的斷限稍爲複雜，由於《魏書》以東魏爲正統，西魏史事便多闕如，《周書》撰著者彌補了這個不足，所以要了解西魏史事，主要應閱讀《周書》。南朝四書與北朝四書所記的史事存在著縱橫交叉的聯繫，《北史》、《南史》多取材於「八書」，但在著述思想、材料取捨和文字繁簡等方面又不完全同於「八書」，而是長短互見，相輔相成，形成了一個系列。它們共同的特點是反映了南北朝時期推重門閥、崇尚佛教的社會風貌。在「八書」中，《魏書》、《宋書》、《南齊書》、《隋書》均各有志，從中可以了解這一時期的主要典章制度及其對隋唐典章制度的影響。

《舊唐書》、《新唐書》、《舊五代史》、《新五代史》幾部史書，都是史官奉敕修撰的正史。然而《舊唐書》和《舊五代史》的編撰都比較粗疏，存在著不少錯訛和遺漏。鑑於此，後代學者又分別編撰了《新唐書》和《新五代史》，使舊史得到了補正。不過，舊史的原始資料比較豐富，仍有重要價值，所以舊史與新史並存，同樣爲史學家所推重。

《宋史》全書共四百九十六卷，在前二十四史中是最龐大的一部官修史書。元順帝至正三年（一三四三）三月，下令修遼、金、宋三史，《宋史》僅用兩年半即修成，在現存的宋代重要史料中，唯有《宋史》貫通北宋與南宋，保存了三百二十年間的大量歷史記錄，雖未免蕪雜，然其敘述之詳則爲諸史所少見。在列傳中單列道學傳，反映了宋代歷史的一些特點。

與《宋史》相比，同時修撰的《金史》質量更高，而《遼史》卻錯誤百出，近代以來，根據文獻和考古發現對《遼史》補正的研究成果很多。《明史》是清代康乾時期積六十年之功而修成的，體例嚴謹，敘事清晰，編排得當，文字簡明，但礙於當時文網密布，所記常有語焉不詳和失實之處。《清史稿》爲民國時修撰，其中《交通志》、《邦交志》爲前史所無；而《疇人》、《藩部》、《屬國》三傳爲新創。編纂者多爲清朝遺老，對清朝統治者大加褒揚，而對反清人物及史事則一概貶乏；編纂者無力直接利用清宮中的大量檔案，致使該書價值有所降低；參與撰寫者前後百餘人，未經復核審定便倉促成書，錯漏亦較多。因此，當時官方未承認此書爲正史。

（馬洪路）

三一、什麼是編年體？何謂九通？

編年體是史書的一種類別。這種史書按照年、時、月、日的順序記載史事，即以時間爲中心，敘述有關史實的發生和發展過程，可以追述往事，也可以附敘來事。文中有人物的言行和事件的始末，但因按時間來敘述，所以比較分散。其中也包含著者的分析和評論。編年體亦非完全流水帳那樣機械地排年紀事，比較注意對人物和事件相對集中的描述。這種體裁源出於中國傳世最早的一部按年月日順序記錄的編年體史書《春秋》，它原是魯國的國史，全書一萬八千餘字，出自魯國史官之手，經過孔子的整理而成書。此後，相繼出現了一些敘述春秋戰國時期史事的典籍，體裁不同，各有特色，其中《左傳》、《公羊傳》、《穀梁傳》略具編年體特色，而尤以《左傳》敘事詳備，文筆生動，是中國最早的一部史學名著，也是先秦史學中編年體史書的最高成就。

西漢以後，由於司馬遷創作了《史記》，使紀傳體成為古代史書的主要體裁，編年體落到無足輕重的地位。自宋代司馬光主編成大型編年體史書《資治通鑑》之後，這種體裁才重新被史家所重視，隨之產生了不少編年體著作。為了彌補編年體記人記事相對分散的不足之處，由此發展出來綱目體和紀事本末體，並導致了其它幾種新的史書體裁的產生，在史書編纂學上有重大意義。

史家所謂「九通」，乃指自唐代杜佑著作典制通史《通典》之後的九部通史性質的史書。杜佑的《通典》、宋人鄭樵的《通志》和宋末元初馬端臨撰寫的《文獻通考》，是史學界經常提及的「三通」，都是有關典章制度的史學專著；後來又有清代乾隆年間陸續撰成的《續文獻通考》、《續通典》、《續通志》，稱為「續三通」；同時又有《清文獻通考》（又稱《皇朝文獻通考》）、《清通典》（又稱《皇朝通典》）和《清通志》（又稱《皇朝通志》）為「清三通」。以上即史家所說的「九通」。後來又加上清人劉錦藻的《清朝續文獻通考》，合稱「十通」。明代史家王圻撰《續文獻通考》，繼馬端臨之後補續了遼金典制，也是一部典制體史書的巨製名作，但未列入「十通」之內。

杜佑著《通典》，旨在「徵諸大事，將施有政」，強調人事應當適應時勢，「隨時立制，遇弊則變」。全書二百卷，分為《食貨》、》選舉《、《職官》、《禮》、《樂》、《兵》、《刑》、《州郡》、《邊防》八門，自上古敘述到唐代中葉，是中國第一部典制通史。

鄭樵所撰《通志》二百卷，是一部紀傳體通史。其中二十略占全書四分之一，是全書的精華。鄭樵主張「會通」之說，即「融匯」和集納各種學術文化，「通」古今之變。他提倡「實學」，強調對史事的「核實」，反對任情褒貶，指斥五行相應說。

馬端臨所撰的《文獻通考》，是繼《通典》之後又一部典制通史，全書三百四十八卷，分爲二十四考，自上古敘至宋朝嘉定之末，分類詳細，內容豐富。但馬端臨主張通古今的典制而不涉時政，對傳統的成說採取了愼重的態度，使《文獻通考》更突出了史料價值。因此書以彙集考核典制爲特點，故以後凡與此同類之書均稱爲通考。

「續三通」是乾隆年間的官修史書，由許多學者共同編撰而成。其中乾嘉學派的著名史家錢大昕在《續文獻通考》中分工修訂的《田賦》、《戶口》、《五禮》諸考頗爲突出。

「清三通」是記述清朝典章制度的史籍。《清文獻通考》三百卷，除仍《通考》二十四門分類外，又加群廟，群祀兩考共二十六門，子目中則刪去《均輸》、《和買》、《和糴》、《童子科》、《車戰等，另增《八旗四制》、《銀色》、《銀直》及《回部普兒》、《外藩》、《八旗官學》、《安奉聖容》、《蒙古王公》等；而《清通典》一百卷原分九門仍舊，刪去通史中所有的榷酤、算緡、封禪》等目；清《通志》一百二十六卷，刪去本紀、列傳、年譜，除《氏族》、《六書》、《七音》、《校讎》、《圖譜》、《金石》、《昆蟲》、《草木》諸略外，大致與《清通典》相同。「清三通」在乾隆五十一年至五十二年（西元一七八六～一七八七）間定稿，敘事斷限大致以乾隆五十年爲止。這幾部史書雖然體例、詳略不等，但因取材相同，不少篇目又相近似，所以雷同或互相牴牾之處在所不免。儘管如此，「清三通」仍各有其獨自的參考價值。

（馬洪路）

三三、什麼是紀事本末？紀事本末的史書有哪些？

紀事本末，是歷史著作的一種體例，爲紀傳體、編年體兩種主要體例的補充、說明和創新形式。這種體例肇始於南宋袁樞，嗣後沿襲者頗多，成爲史書的一種重要體例。

紀傳體因人立傳而成史，突出歷史人物在各朝代中的重要活動，即以人物的活動表現歷史的面貌和歷史事件產生與發展變化，表現當時的政治風雲、經濟形態、軍事衝突以及各階級、各階層人們的社會生活；編年體以歷史發展的時間順序爲線索，體例嚴謹，順理成章，歷史人物的活動和歷史事件的演變在時序上脈絡清晰，使讀者對歷史的時空一覽無餘。紀事本末體則兼有紀傳、編年之長，既按時間順序鋪敘歷史，又有主要人物和重要事件爲主幹和綱目。同時，紀事本末在記史的過程中對許多人物、事件、時間和地點都做了必要的考證和注釋，便於讀者對歷史的了解。

與紀傳體、編年體二者相比較，紀事本末體具有顯著的特點。就整體結構而言，它以事件爲中心，將在歷史上有重大影響和重要意義的事件更集中、更突出地編纂起來，保存了歷史的主幹，既能清楚地反映歷史的概貌，又比紀傳、編年體簡明扼要；以局部層面而言，紀事本末體以事名篇，在每一篇章中綜合了與這件事有關的全部史料，對這個歷史事件按時序排比，首尾完備，結構嚴謹，使讀者對每一事件的來龍去脈整體把握，縱覽無餘，既避免了紀傳體一事在數篇重見之煩，又避免了編年體一事隔越數卷之弊。從史學發展來看，這種體例的出現確是一大進步。紀事本末對重大曆史事件的所有考證，都引經據典，有案可查，得失勸懲蘊含其中，亦為史書之特色。章學誠曾稱讚這種體裁「文省於紀傳，事豁於編年，決斷去取，體圜用神」；梁啓超也說「紀事本末體於吾儕之理想的新史最為相近，抑亦舊史界進化之極規也。」

南宋袁樞所撰《通鑑紀事本末》，是我國第一本紀事本末體史書，全書四十二卷，成於宋孝宗趙昚淳熙元年（一一七四）。史學家袁樞對司馬光的《資治通鑑》有精深的研究，考慮到該書廣博宏大，難以尋查一些歷史事件的起迄，於是自創新意，將《資治通鑑》中提煉出二百三十九件史事，另有附錄六十六件史事，計三百〇五件，從西元前四〇三年韓、趙、魏三家分晉起，至九五九年五代十國周世宗征淮南止，每件事依照發生的年代順序整理抄錄成篇，使讀者一目慎了然。此後，模仿者越來越多，形成了史書著作中一種很有影響的流派。

紀事本末體與現代史書的體裁已很接近，繼《通鑑紀事本末》之後，較為著名的有：南宋楊仲良編纂的《皇宋通鑑長編紀事本末》；明代陳邦瞻的《宋史紀事本末》、《元史紀事本末》；清代有高士奇的《左傳紀事本末》，馬驌的《左傳事緯》，李有棠的《遼史紀事本末》、《金史紀事本末》，張鑑的《西夏紀事本末》，谷應泰的《明史紀事本末》，楊陸榮的《三藩紀事本末》；還有近人黃鴻壽編撰的《清史紀事本末》，等等。這樣，紀事本末體便貫穿古今，自成系統，構成了一個從遠古至清末的新的史學體系。

紀事本末體自袁樞首創之後，不斷有所發展。《通鑑紀事本末》僅僅抄自《資治通鑑》一書，史料價值不高，局限明顯，剪裁安排也不盡妥善，文化方面則無記述。此後繼起的諸書，擺脫了光抄一部書的局限，廣泛地採編其它正史、野史、傳紀、文集等史料，有的還增加了考辨史實、按語等形式，使史學研究達到新的水平。如高士奇的《左傳紀事本末》就有「補逸」、「考異」、「辨誤」、「考證」、「發明」等欄目，穿插於各個專題之中；張鑑的《西夏紀事本末》還間有按語；谷應泰《明史紀事本末》更綜合多種明代史料編纂而成，其成書甚至比官修《明史》要早八十多年，這就極大地增強了它的學術作用。

在史學的發展過程中，紀事本末體起到了十分重要的作用。各種史學體裁總是互相滲透、互相補充，在發展中不斷完善和提高的。紀事本末體吸收了編年體、紀傳體的長處而自成體系，反過來又推動了編年和紀傳體等史書編撰形式的變化與發展。此後，編年體史書更加注意了對歷史事件的集中敘述，紀傳體也注意了對重大事件的前因後果的交待。近現代的史書，大多採用章節體，兼取了古代上述三種主要體裁之長，其主幹則以紀事本末體爲綱，可見紀事本末體對後世史學的深遠影響。

（馬洪路）

三四、什麼是政書？政書的史書主要有哪些？

政書是中國古代史書的門類之一，專門記述一代或幾代典章制度的沿革、變化，是由紀傳體正史中的「志」發展而成的。《史記》中的「書」和其後正史中的「志」，都具有政書的性質。因其材料分散，有些內容亦不夠詳備，唐代開始由一些史家廣採博收歷代書志而獨立撰成政書。

政書作爲一種史書，大體可分爲通史性的和斷代史性的兩類，其編寫體例一般是分門別類，同時又按時間順序排列鋪敘而成，很便於查閱，是研究一代或歷代典章制度的重要參考書籍，也是讀史的重要工具書。

中國最早的政書，是唐代官修的《唐六典》。開元十年（七二二）唐玄宗李隆基召起居舍人陸堅修《六典》，並親自制定理、教、禮、政、刑、事六條爲編寫綱目，由麗正書院（後更名爲集賢院）總其事。在中書令張說、蕭嵩、張九齡等人的先後主持下，由徐堅、韋述、劉鄭蘭、盧善經等十餘人參與修撰。開元二十六年（七三八）撰成並注釋後，於次年由宰相李林甫奏呈皇帝，因此書題爲唐玄宗御撰、李林甫奉敕注。《唐六典》始撰時，原擬仿照周禮六官安排體例，但後來實際上是以唐代諸司及各級官佐爲綱目。首卷爲三師、三公、尚書都省；以下依次分卷敘述吏、戶、禮、兵、刑、工六部；然後再敘門下、中書、祕書、殿中、內侍等五省，以及御史臺、九寺、五監、十二衛和東宮官屬；末卷爲地方職官，分敘三府，都督、都護、州縣等行政機構組織。全書共三十卷，近三十萬字。由於正文記敘唐朝中央、地方各級官府的組織規模、官員編制及職權範圍多直接取自當時頒行的令、式，均屬第一手資料；注文所敘職官的沿革亦多取自先代典籍，這些資料和典籍至今多有亡佚，所以《唐六典》具有很高的文獻價值。後來《通典》、《舊唐書》和《新唐書》的作者都採用《唐六典》的材料而撰成傳世之作。

與《唐六典》同時，開元末年劉秩仿周禮六官所職，根據經史百家文獻資料，撰寫了中國最早的政書之一《政典》，該書三十五卷，自黃帝迄唐代天寶末，以典志體記敘歷代典章制度的沿革，議論得失，惜早已亡佚，僅從杜佑的《通典》中略知此書的一些情況。

繼《唐六典》、《政典》之後，歷代的政書主要有唐代的《隋官序錄》、《隋朝儀禮》、《大唐儀禮》、《開元禮》、《太宗政要》、《通典》、《唐會要》、《唐大詔令集》、《五代會要》；宋代的《宋大詔令集》、《宋會要輯稿》、《文獻通考》、《通志》；元代的《經世大典》、《通制條格》、《元典章》；明代的《大明會典》、《皇明制書》；清代的《三國會要》、《明會典》和《明會要》等。此外，還有南宋徐天麟撰寫的《西漢會要》和《東漢會要》；清代康熙、乾隆、嘉慶和光緒四朝不斷重修的《清會典》；以及《皇朝文獻通考》和清末民初劉錦藻撰的《皇朝續文獻通考》；還有清代雍正、乾隆年間集多種政書而成的資料彙編《八旗通志》等等。

在上述歷代政書中，以《通典》、《文獻通考》、《通志》、《經世大典》、《大明會典》、《清會典》幾種更為著名。

唐代杜佑撰寫的《通典》三百卷，於唐德宗貞元十七年（八〇一）問世，內容自上古乃至唐玄宗天寶年間，議論亦及天寶之後。全書分為食貨、選舉、職官、《禮》、《樂》、《兵刑》、《州郡》、《邊防》八門，幾乎包括了經濟、政治、軍事等所有的典章制度。由於杜佑學識淵博，並歷任青苗使、江淮水陸轉運使和德宗、順宗、憲宗三朝的宰相，所以《通典》能廣採歷代經史，精選先哲時論，內容十分豐富翔實，保存了不少今已亡佚的書籍片段和文章、表奏、詔敕等。

宋鄭樵著述的《通志》雖然是一部以人物為中心的紀傳體通史，但其中的精華「二十略」則屬頗有水平的政書。其中《氏族略》、《都邑略》、《昆蟲草木略》是對唐代劉知幾增加三志主張的發展；《六書略》、《七音略》是他的創造；《藝文略》、《校讎略》、《圖譜略》、《金石略》均對正史《藝文志》有所創新；除《禮》、《》器服、《》選舉、《》刑等略外，其餘各略也有不少新意。鄭樵彌補了杜佑《通典》的某些不足之處，如《兵門》不記兵制沿革及不設《經籍門》等。特別在《校讎略》中注意到了碑文銘刻這類實物史料對研究歷史的作用，都是對史學研究的重要貢獻。

《文獻通考》是中國古代十分重要的一部政書，宋元之際馬端臨撰寫，全書三百四十八卷，歷時二十餘年寫成，在元大德十一年（一三〇七）問世。該書以杜佑《通典》爲藍本，在此基礎上加以考訂和補充，門類比《通典》分得更爲詳細，計有《田賦》、《錢幣》、《戶口》、《職役》、《徵榷》、《市糴》、《土貢》、《國用》、《選舉》、《學校》、《職官》、《郊社》、《宗廟》、《王禮》、《樂》、《兵》、《刑》、《經籍》、《帝系》、《封建》、《象緯》、《物異》、《輿地》、《四裔》二十四門，其中《經籍》、《帝系》、《封建》、《象緯》、《物異》幾門爲馬端臨所新創。《文獻通考》的資料比《通典》更爲豐富，於宋代典章尤其詳備，是了解宋代以前典章制度沿革的重要工具書。

元代官修政書《經世大典》，又名《皇朝經世大典》，於元文宗至順二年（一三三一）修成。該書體例參考了唐、宋會要而有所創新，全書分爲君事的《帝號》、《帝訓》、《帝制》、《帝系》四篇如臣事的《治典》、《賦典》、《禮典》、《政典》、《憲典》、《工典》六篇。其中僅工典便分爲二十二目，多爲唐、宋會要所無。該書在明初修《元史》時多有引用。

《大明會典》又名《明會典》，是明代官修的政書，始撰於弘治十年（一四九七），經正德、嘉靖、萬曆各朝增補、修訂，成書二百二十八卷。該書輯錄明代的法令和章程，對研究明代中央和地方政府的機構與職掌、官吏的任免、文書制度、民族地區管理、行政管理與監督、農業、商業和土地制度、賦稅、戶役、財政等經濟政策，以及天文、曆法、習俗、文教等都提供了比較集中的材料，是研究明代典章制度的重要文獻。

記述清朝典章制度的官修政書《大清會典》，通稱《清會典》，於康熙年間修成，後經雍正、乾隆、嘉慶和光緒朝四次重修，形式上仿照明代的《大明會典》，但具體類目多有增損。至光緒二十五年（一八九九）以前的清朝典章制度在《大清會典》中刊載極爲詳盡，全書除漢文本外，還有滿文本，總計一千五百九十卷，凡光緒二十二年以前的典禮一律纂入，蔚爲壯觀。

上述政書，是中國史書中非常重要的一類，文獻價值超過一般的紀傳體、編年體史書，是史學研究的必需工具書。

（馬洪路）

三五、子學的基本涵義有哪些？

按照傳統國學的分類體系，諸子百家之學，皆可稱為子學。「子」本來是古代社會對男人的通稱，後來則被引申為對人的尊稱，如對道德高尚的人稱為「君子」，對士大夫稱為「士子」，弟子對老師稱為「夫子」等等。先秦時期，諸子百家的著作，多是由弟子記述、編纂而成，後人相沿尊師之習，仍以某子命名其書，故而有了子書。據清代《四庫全書》總纂官紀昀說：「自六經以外立說者，皆子書也。」（《四庫全書・子部總敘》）「六經」指《易》、《詩》、《書》、《春秋》、《孝經》等儒家經典，大多傳說為堯、舜、禹、湯、文、武等聖賢所作。春秋末年，孔子刪削繁複，將其整理成書。後來由於儒學地位上升，孔子、孟子的著作也成為經典。經的特點是以記述古代聖王的史實為主，後代傳經者，也多遵循孔子「述而不作」的遺訓，以注疏為主，形成了經學體系。而諸子之書則多以發揮議論為主，所以有一貫系統，而可以成一家之說的，則稱為「子學」。

「諸子」之名，始見於《莊子・天下》和《荀子・非十二子》。司馬遷的《史記・太史公自序》

記其父司馬炎的《論六家要指》，將諸子分爲陰陽、儒、墨、名、法、道德六家。兩漢之際，劉向、劉歆父子，受命整理諸子之書。書成，劉歆作七略，將天下圖書分爲六藝、諸子、詩賦、兵書、術數、方技六類。此書後世失傳，但班固作《漢書・藝文志》，繼承了《七略》的分類方法。「六藝」即「六經」，屬於經學系統。諸子包括：儒、道、陰陽、法、名、墨、縱橫、雜、農、小說等十家。《隋書・經籍志》，開創了經、史、子、集的分類系統，將《七略》中兵書、術數、方技以及後來形成的佛、道二教，統統歸入子學體系。其後，中國圖書分類系統大致定型，淸代修定《四庫全書》，將這個分類系統發揮到了最完善的水平。其中，子學共分儒、兵、法、農、醫、天文算法、術數、藝術、雜家、譜錄、類書、小說、佛、道等十四家，基本囊括了子學的內容。

在國學體系中，子學占有很重要的地位。「儒家……助人君順陰陽明教化者也。遊文於六經之中，留意於仁義之際，祖述堯舜，憲章文武，宗師仲尼，以重其言，於道最爲高。」（《漢書・藝文志》）在春秋戰國時代，孔子開創的儒家只是諸子中之一家，戰國下分爲八派，孟子、荀子都是其中大家。漢武帝採納了董仲舒的建議，「罷黜百家，獨尊儒術」，儒家上升爲唯一的官學，從此成爲中國文化的主流。「儒」也成爲知識分子的統稱，凡研究道德教化、國家興衰學問的思想家，都可歸入此列。「道」包括春秋戰國時期老莊創立的道家和兩漢以後形成的道教。道家主張：「淸虛以自守，卑弱以自持，此君人南面之術也。」（同上書）道家提倡無爲主義，以柔克剛，與儒家提倡的積極進取，剛強有爲恰成互補之勢，相得益彰。「儒道互補」構成中國政治及中國人精神生活的主要模式。道教創立後，鑽研「長生久視」之術，有各種養生延命的仙方，也爲子學中的一家。

法家產生在戰國時期，李悝、商鞅、愼到、申不害、韓非是其代表人物。主張通過積極的變法富國強兵。他們強調以法治國就必須「信賞必罰」，要作到「法不阿貴，賞的遺賤」，反對儒家提倡的禮儀教化，認爲對人民就是應「以法爲教，以吏爲師」，通過嚴刑峻法使其不敢反抗君主專制統治。法家學說在秦始皇統一六國的過程中發揮了很大作用，但其刻薄寡恩的暴政也激起了人民的強烈反抗。漢代知識分子對法家學說進行了批判的繼承，取其「以刑輔禮」，棄其蔑視教化。此後獨立的法家不再存在，可法家思想卻爲歷代統治者所重視。認爲它「然其正君臣上下之分，不可改也。」（司馬談《論六家要指》）墨家是出現在戰國初期的一個反映下層勞動者利益的學術團體，創始人爲墨翟，主張「兼愛」、「節用」、「尙賢」、「非攻」。墨家對中國古代的自然科學和邏輯學都有重要的發展。後期墨家組成了嚴密的宗派，從事遊俠活動，秦漢時期遭到統治者嚴厲的禁絕而中斷。不過墨家思想「然其強本而節用，不可廢也。」（同上書）名家是戰國時期出現的一個以研究「名實」關係爲己任的學術派別，主要代表人是有惠施和公孫龍，其「離堅白」、「合同異」、「白馬非馬」諸論，極大地深化了中國古代人的理論思維，對邏輯學的發展做出了重要貢獻。所以司馬談說：「然其正名實，不可不察也。」（同上書）。不過很可惜，像名家這種以研究純邏輯觀念的學術派別，在中國古代極端強調政治實用的文化環境中，被視爲「不法先王，不是禮義，而好治怪說，玩奇詞，甚察而不惠，辨而無用」（《荀子・非十二子》），秦漢以後便失傳了。陰陽家是戰國時期鄒衍開創的一個學術派別，以陰陽、五行學說爲依據，提出了「五德終始」說。他們以此解釋歷代王朝的興衰得失，預言未來社會的變化，很受爭霸天下的列國諸侯的重視。不過陰陽家「則牽於禁忌，泥於小數，捨人事而任鬼神」（《漢書·藝文志》），成爲社會上讖緯迷信的理論基礎。兵家形成於春秋戰國，孫武、吳起、孫臏等人，是一批職業的軍事家和軍事理論家。他們研究戰爭的戰略戰術問題，是政治家克敵致勝之道，歷來爲統治者所重視。縱橫家是職業外交家，蘇秦、張儀是其中的佼佼者。他們以三寸不爛之舌游說於列國諸侯之間，試圖完成合縱、連橫，稱霸天下的歷史使命。雜家「兼儒、墨，合名、法，知國體之有此，見王治之無不貫」（同上書），試圖從諸家的理論體系中綜合出一套治國之方術。秦朝宰相呂不韋編寫的《呂氏春秋》，漢代淮南王劉安編寫的《淮南子》是雜家的代表作。農家「播百穀，勸農桑，以足衣足食」（同上書），本爲農業技術專家。後世將農學專門著作收集在農家之下。戰國時有農家代表人物許行，提出了「君臣並耕」，人人自食其力，否定君主專制制度的主張，遭到了孟子的激烈批判。小說家代表人物不詳，據說是一些專門收集「街談巷議，道聽途說」（同上書）的人，後世將《山海經》、《穆天子傳》等一些傳奇故事放到小說家名下。天文算法家專門觀測天象，編制曆法。「方技者，皆生生之具」（同上書），是古代的工藝技術專家。漢代時醫學包括在方術之中，後世將醫學獨立立爲一個門類。術數則是龜卜、占蓍之類的巫術。古代科學技術落後，人在自然界面前能力低下，因而迷信各種神靈、災異實所難免。唐代以後，將佛教的一些著作也收入了子學範疇。由於佛教本身有卷帙浩繁的經典，所以子學所集主要是有關佛教史、僧傳、論文一類。

以上，大致羅列了子學的主要內容，班固認爲：「《易》曰：『天下同歸而殊途，一致而百慮。』今異家者各推所長，窮知究慮，以明其指，雖有蔽短，合其要歸，亦六經之支與流裔。」（同上書）

「子學」記述了諸子百家對社會人生問題的不同探討，各有短長，可以起到補充經學的作用。今人研究國學，則擺脫了以儒家經典爲正統的陳舊見解，將「子學」視爲中國傳統文化中必不可少的組成部分，包含著古代文明的精華。（張踐）

三六、諸子與王官的關係如何？

「諸子」指先秦時期爭鳴於世的諸子百家，「王官」則指周天子冊封的王朝之官。後人研究春秋戰國時期的百家爭鳴，有「諸子出自王官」之說。要搞清兩者的關係，需對春秋戰國百家爭鳴的歷史背景有所說明。

諸子學產生的時代，正是從西周的宗法分封制度向秦漢的君主專制制度過渡的時期，社會政治、經濟急劇動盪。在西周的宗法分封制度下，貴族分成等級，占有全國的土地和農奴。他們在自己的封地內，實行「世卿世祿」制度，諸侯之子恆爲諸侯，卿相之子恆爲卿相，世世代代把持著國家的政治、經濟大權。當時的社會生產水平極爲低下，只有少數貴族掌握文化知識，形成了所謂「學在官府」的局面。如西周的「明堂」，就是集政治、宗法、宗教、教育於一體的機構。清人阮元的《明堂論》說：「明堂者，天子所居之初名也。是故祀上帝則於此；祭祖先則於此；朝諸侯則於此；養老尊賢教國子則於此。」清人章學誠則指出：「學在王官」，「官師不分」。進入春秋時代，由於鐵器和牛耕的普遍應用，社會生產力大幅度提高，宗法奴隸制的基礎「井田」遭到了破壞。昔日被束縛在井田中的奴隸們遊離了出來，獲得了受教育的機會。而一些古老的貴族則沒落下去，靠開設「私學」爲生，把文化知識帶到了社會下層，出現了學術下移的局面。即所謂「天子失官，學在四夷」。儒家的創始人孔子，其祖先就是宋國的貴族，後世遷魯，逐漸沒落。孔子開設「私學」，以「弟子三千，賢人七十二」而聞名於世。與孔子同時開設「私學」的還有多家，在他們的推動下，掌握文化知識的「士」多了起來，爲諸子百家的爭鳴奠定了基礎。當時各諸侯國攻城略地，爭霸天下，都需要一批具有政治、外交才能的人才，社會上養士之風甚盛。孟嘗君、春申君、平原君、信陵君等人是其中突出者，門下食客數千人。這些士爲著自己所代表的人群利益，競相著書立說，游說諸侯，出謀獻策，互相攻擊，培養門徒，正如孟子所說：「聖王不作，諸侯放姿，處士橫議」（《孟子·藤文公下》），形成了百家爭鳴的局面。從此，由王官壟斷文化的狀況結束了，代之以諸子學的勃興。

最早闡明諸子與王官聯繫的是班固的《漢書·藝文志》，他爲先秦諸子從王官中一一找到了出處。他指出：「儒家者流，蓋出於司徒之官，助人君順陰陽明教化也。」按照《周禮·地官》的說法，司徒是掌管民事的官員，「使帥其屬而掌邦敎，以佐王安撫邦國。」儒是其下之官員，《周禮·天官》又說：「儒以道得民」，鄭玄注曰：「儒，諸侯保氏有六藝以教民者」。孔子青年時代即以儒爲業，所以他所創學派也被後人稱爲儒家。「道家者流，蓋出於史官。」此說大約是因爲《史記·老莊申韓列傳》說道家創始人老聃，曾當過周守藏史，屬於史官之列。「陰陽家者流，蓋出於羲和之官。」羲和是傳說中的人物，據《史記·曆書》「索隱」說：「黃帝命羲和占日」，所以古代將王朝中主觀天文曆法的官員稱爲「羲和之官」。班固說陰陽家出自羲和之官，可能是因爲陰陽家的學說多以陰陽五行，天地曆象立論。「法家者流，蓋出於理官」。理官是傳說中古代的刑名之官，大約是由於法家重視法治而有此說。「名家者流，蓋出於禮官。古者名位不同，禮亦異數。」根據《周禮》，天官大宗伯是禮官，「治神人，和上下」。說名家出自禮官，大約是由於他們善於辨析名相。而當時的社會，古禮是最名不符實的，名家於此亦多有見樹。「墨家者流，蓋出於清廟之守。」據《詩經·周頌》說，清廟是祀文王之廟。班固認爲由於清廟「茅屋採椽，是以貴儉；養三老五更，是以兼愛；選士大射，是以上賢；宗廟嚴父，是以右鬼。」以清廟之功能與陳設，聯繫墨家學說，證明墨家由此而出。「縱橫家者流，蓋出於行人之官。」《周禮·秋官》說，大司寇下設大、小行人，「掌朝覲聘問」，杜佑注曰：「行人，通史之官。」行人相當於今日之外交家，縱橫家專門游說於諸侯之間，與之活動方式相近。「雜家者流，蓋出於議官。」《周禮·地官》說，司徒以下有司諫一職，專門負責議論朝政，監督官員，爲議官。說雜家出於議官，根據在於他們「兼儒、墨，合名、法」，有涵括諸家，議論諸子的傾向。「農家者流，蓋出於農稷之官。」《周禮》說管農業的官員叫司稼，農家重視農業生產，大約與之有關。「小說家者流，蓋出於稗官。」《九章》稱：「細米爲稗」，顏師古注曰：「稗官，小官」，是周朝專門負責收集街談巷議的低級官吏，恰與小說家的寫作內容相合。「兵家者，蓋出古司馬之職，王官之武備也。」司馬是周朝官吏中武官的最高職務，兵家專門研究戰爭的戰略、戰術問題，說其出於司馬之官是可以理解的。「術數者，皆明堂羲和史卜之職也。」班固所列術數包括天文、曆法、雜占、五行、蓍龜等方面，與古明堂中宗、祝、巫、卜之官有聯繫是很可能的。「方技者，皆生生之具，王官之一守也。」方技之士，是精通醫學、藥學、房中術、神仙方術之人，乃王官中末技之人，故稱其爲「王官之一守」也。

對於班固所舉諸子與王官之關係，近、現代學者多有爭議。胡適作《諸子不出於王官》，力辨《藝文志》之非，章炳麟、胡先驌則爲班固辯護。籠統而論，說諸子出於王官並不錯，在當時學術下移的大氛圍下，諸子的學術和周朝王官所積累的文化知識有某種聯繫是可信的。但爲了要說明諸子出自王官，非要將其一一對應，則又難免牽強附會。由於當時史料保留不多，很難具體考證諸家的確切出處。與其從功能的相似上判斷諸子出於王官中的哪一家，不如研究諸子學說創立的社會條件和文化背景。

（張踐）

三七、諸子的流派和發展脈絡如何？

儒家由孔子在春秋末年開創，到戰國時已成顯學之一。韓非作《顯學》一文說：「世之顯學，儒、墨也。儒之所聖，孔丘也；……自孔子之死也，有子張之儒，有子思之儒，有顏氏之儒，有孟氏之儒，有漆雕氏之儒，有仲良氏之儒，有孫氏之儒，有樂正氏之儒。」這就是所謂孔子身後，儒分爲八之說。其中所列人物，或爲孔門弟子，或在孔學發展史上作出重要貢獻的思想家，但真正留下著作，在中國思想史上產生重大影響的，是「孟氏之儒」孟軻和「孫氏之儒」荀況（在漢代爲避漢宣帝劉詢之諱，曾將荀子改稱孫卿）。儒家學說在春秋戰國並未見重於諸侯，被視爲「迂遠而闊於事情」，但封建社會鞏固以後，其有利於維持宗法等級社會的特點才被統治者認識。漢代「罷黜百家，獨尊儒術」後，國家只立儒學博士，只以儒家經典作爲開科取士的標準，所以儒者實際成爲知識分子的統稱。不過由於社會形勢的變化，儒家的發展大致可分幾個階段。秦始皇結束了戰國時代的分裂，統一六國。爲了確保君主專制統治，他採納了李斯的意見，「焚書坑儒」。兩漢時期爲了恢復受到嚴重摧殘的文化事業，首先必須收集、整理文化典籍。故兩漢之儒以收集、整理經典爲主，經學活躍是其特點。魏晉之際，社會再度陷入混亂，門閥氏族把持了國家政治、經濟大權，儒家「學而優則仕」，「經世致用」的社會理想無法實現，迫使許多儒者轉向老莊，尋求精神的解脫，因而社會上流行「以道注儒」的玄學。玄學的興盛表面上看是儒家統治地位受到了挑戰，但實質卻是儒家與道家的一次深層結合。隋唐時代，中國政治再度走向統一，相應地，隋唐儒學也將精力放到了經學的統一上，陸德明《經典釋文》和孔穎達《五經通義》的編寫，是其代表。鑑於當時佛教、道教的蓬勃發展，儒學大師韓愈提出了「道統」說，與佛教的「法統」相抗衡，並呼籲恢復中國傳統文化在思想領域內的主導地位。宋明理學家完成了融匯佛老，三教合一的任務，周（敦頤）、程（程顥、程頤）、張（載）、朱（熹）諸子，各有貢獻，使中國的傳統哲學發展到了一個空前的高度。又有陸（九淵）、王（守仁）側重發揮儒家的「心性之學」，構成了宋明理學的支流。明清之際，儒學再發展出「實學」體系。先是王夫之、顧炎武、黃宗羲等大儒，反思明亡清興的教訓，反對宋明理學家的空談性理，主張學問應「經世致用」。繼而，由於清廷的「文字獄」，致使許多學者不敢研究時政，他們便在「實學」的旗號下埋頭考據古代傳統文獻，取得了超過漢代經學的成就。

同時，清儒重視「實用」的態度，也爲中國知識分子接受西方新文化奠定了基礎。

道家的創始人是老子，他通過對自然界萬物生長及人類歷史變遷的觀察，提出了「清虛以自守，無爲以自持」（《漢書・藝文志》）的無爲之道。老子看到，事物發展都有一個由弱而強，由強變老，最終滅亡的過程，因此爲了保持生命的長久，主張不要向強者的一面轉化。在老子的思想中，「守柔弱」並不是無所作爲，而是以柔克剛，以弱勝強的一種策略。老子身後，道家在戰國中期到西漢初期，產生了許多流派，主要可分爲老莊之學和黃老之學。老莊之學的主要代表是莊周和楊朱、列御寇等隱士類人物。他們的共同特點是繼承並發揮了老子關於道和變的思想，在人生理論方面有所見樹。莊子以道爲萬物之本源，認爲人生與道相比是短暫而又虛幻的，並不能達到對道的體認。故他主張「齊萬物」，「齊物我」，「心齋」、「坐忘」，超越生死，在精神上實現絕對的自由。楊朱其人著名，但著作亡佚，僅留下「拔一毛而利天下，不爲也」（《孟子・盡心上》），「不以天下大利易其一脛毛」（《韓非子・顯學》）等片短論述，成爲「貴生主義」的代表。黃老之學產生於齊國稷下學宮的文化環境中，宋鈃、尹文、田駢、愼到、接子、環淵等人是其代表。這些人的著作早已亡佚，僅在先秦其它諸子著作中有一些零星的記載。另外，《管子》一書中《心術》、《白心》、《內業》、《樞言》四篇，集中反映的黃老道家的觀點。由於他們和社會政治的關係較爲緊密，所以他們更多地發揮了老子「無爲而治」的政治思想。到了西漢初年，黃老之學受到統治者的重視，一度成爲統治思想。《文子》、《黃老帛書》、《淮南子》等書，系統總結了黃老道家的觀點。西漢中期以後，道家逐漸演化爲道教，道士們重在運用老莊的思想研究、探討修命養生之道。

墨家的創始人爲戰國初年的墨翟，他站在下層勞動者的立場上，呼籲「兼相愛，交相利」，因而得到了出身於社會下層的士的歡迎，也成爲「顯學」之一，孟子曾有「天下之言不歸楊，則歸墨」（《孟子・藤文公》上）之說。「自墨子之死也，有相里氏之墨，有相夫氏之墨，有鄧陵氏之墨。」（《韓非子・顯學》）墨家弟子組成了龐大的社會團體，號稱「墨者」。他們有嚴格的紀律，絕對服從首領「巨子」指揮，類似於以後的宗教教團。「墨子服役者百八十人，皆可使赴湯蹈火，死不還踵」（《淮南子・泰族訓》）墨門後學的思想，保存在《墨子》一書的《經》上、下，《經說》上、下，《大取》、《小取》等六篇中，對古代邏輯思想，科技思想有較大貢獻。漢代以後，墨學失傳。

法家是春秋戰國時代出現的一批政治思想家，以齊國宰相管仲爲其思想先驅，中經子產、商鞅、申不害、愼到、吳起等人的發展，到戰國末年由韓非集其大成。法家主張「以法治國」（《韓非子・有度》），反對儒家的倫理教化。他們針對當時由於社會轉型而出現的混亂，主張堅決進行變法，通過「開阡陌封疆」，廢除「世卿傾祿」制度，「獎勵耕戰」而達到富國強兵。秦始皇將法家思想用於治國，掃滅群雄，完成了中國的統一。不過，法家否定禮儀教化的作用，對民眾及群臣一味實行「嚴刑竣法」，只能加劇矛盾，導致王朝的崩潰。漢代以後，法家不再作爲一個獨立的學派傳播，但法家思想「信賞必罰，以輔禮制」（《漢書・藝文志》），被認爲是不可缺少的。

陰陽家實際由戰國末年齊國人鄒衍所創，他以陰陽五行之理，推論歷代王朝的興衰之由，有「五德終始」說。按照此說，每一朝代主一種德行，崇尚一種顏色，實行一種曆法。陰陽家的學說爲王朝統治披上了一層神祕色彩，所以歷代統治者都很相信鄒衍的說教，齊王封他爲大夫。戰國以後，不知陰陽家的確切傳人，不過帝王每逢改朝換代，都忙於請士人推算本朝應何運，易服色，改正朔，所修德行往往倒是被忽略了。

名家的代表人物是惠施和公孫龍。戰國時期，由於社會的急劇變化，傳統的禮儀規範和人們的實際行爲發生了很大的差距，所謂「名、實相怨久矣。」（《管子・宙合》）爲了正名，諸子中許多人都對名實關係發表了自己的見解，其中一些思想家專門研究名實關係，形成了名家。惠施是宋國人，作過魏國的宰相，知識淵博。他名辨思想的核心是講「合同異」。其著作不存，僅在他人書中保留了十個命題，如：「天與地卑，山與澤平」，「日方中方睨，物方生方死」等等，通過抹殺事物的差異來強調矛盾事物的同一性。公孫龍思想的核心是「離堅白」，有《公孫龍子》一書傳世。其典型命題是「白馬非馬」，通過論證白馬概念不同於馬的概念，強調一個判斷雙方概念必須相等。名家的論題反映了中國思想家思維水平的深化，對邏輯學的發展做出了貢獻。但其中也有混淆辯證矛盾和邏輯矛盾，陷入詭辨論之處，受到了諸子中其他學派的攻擊，秦漢之後失傳。

縱橫家以蘇秦、張儀爲代表。蘇秦是戰國時洛陽人，師從鬼谷子，習游說諸侯之術。學成後先去說服秦惠王而不見用，轉而動員秦國的敵國燕、趙、韓、魏、齊、楚，形成反秦統一戰線。秦國當時在中國西部，六國聯合，恰成一縱線。蘇秦由於完成了這一大業而掛六國相印。張儀是戰國時魏人，與蘇秦同師鬼谷子。說服秦惠王成功，爲秦國宰相。爲破蘇秦的合縱之術，他游說列國諸侯，鼓吹聯合抗擊南蠻楚國。楚在中國南方，六國形成一條橫線。縱橫家沒有固定的思想，一切以現實政治利益爲重。

雜家以「兼儒、墨，合名、法」爲宗旨，代表人物是戰國末期秦國宰相呂不韋和西漢初年淮南王劉安。呂不韋掌握秦國大權的時代，秦國力強盛，兼併六國之勢已經顯示出來。呂不韋組織人編寫《呂氏春秋》一書，就是爲了融合諸子百家的思想，爲統一天下進行輿論方面的準備。不過由於呂氏本人沒有足夠的理論修養，所以該書只是將諸家思想搜羅在一起，並沒有超越諸家，形成自己的理論。淮南王劉安的情況大體類似。

農家作爲一個思想流派，僅知一位代表人物——許行。許行大體與孟子同時，號稱「自爲神農之言者」，主張通過取消分工，「賢者與民並耕而食，饔飧而治」（《孟子·藤文公》上），最終達到消滅剝削和壓迫。這顯然是反映了廣大被壓迫勞動人民利益的呼聲，但在當時並不具有現實性，只是一種空想。

兵家是軍事理論家，春秋戰國戰爭頻繁，軍事家人才輩出。《漢書·藝文志》收集兵書五十三家，七九〇篇，數目相當可觀。但後世所傳，僅《孫子兵法》、《孫臏兵法》、《尉繚子》、《司馬法》等數本，其中《孫子兵法》被尊爲中國的兵家聖經。此書爲春秋末年吳國大將孫武所作，共十三篇。孫武精闢分析了戰爭與政治的關係，戰爭中的戰略、戰術問題，充滿了軍事辯證法思想。

小說、方技、術數等幾家，或資料失傳不得詳考，或與思想文化史關係不大，介紹從略。

（張踐）

三八、何爲儒家？由何人所創？

儒家是由春秋末期孔子所創的一個學派。這個學派皆崇奉孔子學說，以孔子爲聖人，經弟子後學的發展，至戰國時已成爲最主要學術派別之一。韓非曾說：「世之顯學，儒墨也」（《韓非子・顯學》）。西漢司馬談《論六家之要指》最早將儒家與其他學派區別開來，列儒爲先秦陰陽、儒、墨、名、法、道德等「六家」之一。東漢班固在《漢書・藝文志》中將儒與道、陰陽、法、名、墨、縱橫、雜、農、小說等並稱爲「十家」。

「儒家」之名得於後世。「儒」本爲古代巫、史、祝、卜一類專爲貴族從事典禮服務的人。這種人在古時曾有專門的官職，有一定的社會地位。春秋時期，儒賴以生存的社會秩序遭到破壞，社會地位大大下降。由於儒無其他實際技能，便多利用自己熟悉貴族典章禮儀的優勢，以「相禮」謀生。這使得他們有接觸、學習和傳播貴族文化的機會。因儒家的創始人孔子早年曾以「儒」爲業，儒家便由此得名。

儒家從者甚眾，孔子在世時既已「三千弟子，七十二賢人」。自孔子以下，其內部思想觀點並不一致，曾分爲子張之儒、子思之儒、顏氏之儒、孟氏之儒、漆雕氏之儒、仲良氏之儒、孫氏之儒、樂正氏之儒等八派。故戰國百家爭鳴時，不唯有儒、道、墨等不同學派之爭，儒家內部各派間的爭論也非常激烈。漢以後，隨時代變化，儒家思想漸與道、法、陰陽等家融合，對孔子思想多有演繹。

儒術遂成爲以孔、孟思想爲主體，融會百家的學術。儒也演變爲一般知識分子的統稱，與先秦之儒多有不同。但作爲一個學派，歷代諸儒之間又有共同特徵。司馬談論先秦之儒時說：「夫儒者以六藝爲法。六藝經傳以千萬數，累世不能通其學，當年不能究其禮」；「若夫列君臣父子之禮，序夫婦長幼之別，雖百家不能易也」（《論六家之要指》）。班固說先秦儒者「遊文於六經之中，留意於仁義之際，祖述堯舜，憲章文武，宗師仲尼，以重其言」（《漢書・藝文志》）。上述兩說可以概括爲，儒家一般都宗師孔子，以古之堯舜聖賢時代爲理想社會，效法周文王、武王之道；以《詩》、《書》、《禮》、《樂》、《易》、《春秋》等古籍爲經典；倡仁義，重禮治，強調道德教化，維護君臣、父子、夫婦、兄弟等倫常關係。此外，儒家還提倡「忠恕」、「中庸」、「德治」、「仁政」等等。

儒家爲孔子所創。孔子，名丘，字仲尼，生活於春秋末期。先世爲宋國貴族，爲避宋國內亂而移居魯國，家道中落。魯國爲周公之子伯禽的封地，因而在別國已遭到破壞的周朝禮樂傳統，在這裏仍保存完好。這對孔子一生及其思想的形成影響極大。魯襄公二十二年（前五五一），孔子生於魯國陬邑（今山東曲阜），三歲喪父，十七歲喪母，生活頗爲困窘，早年曾以「儒」爲業。但與當時一般儒者不同的是，孔子除通曉養生送死的常用禮儀外，還具有相當豐富的文化知識，精通禮、樂、射、御、書、數「六藝」，胸懷恢復周禮的遠大抱負。三十四歲時魯大夫孟僖子之嗣孟懿子及南宮敬叔向他學禮，孔子由此開創私人講學的傳統。此後學生逐年增多，竟以千計。《史記・孔子世家》記載：「孔子以詩書禮樂教，弟子蓋三千焉，身通六藝者七十有二人。」由此形成了一個以孔子爲核心的學派，後世稱「儒家」。魯哀公十六年（前四七九）孔子病逝，享年七十三歲。

孔子雖大半生都在從事教育事業，但「述而不作」。他的弟子及再傳弟子將他的言行輯錄爲《論語》。內容爲孔子談話、答弟子問及弟子間的談話，涉及廣泛，多爲如何立身處世之類。《論語》成書於戰國時期，東漢列爲「七經」之一，南宋朱熹將其與《大學》、《中庸》、《孟子》合爲《四書》，至「五·四」之前，一直爲中國學者必讀之書，對中國傳統文化的形成影響極大，爲儒家主要經典之一。

孔子在世時並不甚得志。戰國時，儒家無論人數、影響，都已爲先秦諸子百家中之大者。秦「焚書坑儒」，推行法治，漢初崇尚黃老之學，儒家一度消沈。西漢武帝採納董仲舒「罷黜百家，獨尊儒術」之策，儒家始爲正統。此後，直至本世紀初「五四運動」之前二千年間，儒家思想的正統地位一直相當穩固，成爲中國傳統文化中的主流。其影響之大，延續之久，在諸子百家中都是絕無僅有的。

（王國元）

三九、先秦儒家的分化與主脈如何？

儒家爲春秋末期時孔子所創的一個學派，其在先秦諸子百家中規模和影響都是比較大的，其在中國傳統文化形成與發展中的地位更是其他學派所不能望其項背的。

孔子死後至秦之前的戰國時期數百年間，孔門弟子分化爲八個派別，或曰「八儒」。據《韓非子・顯學》記載，八儒「有子張之儒、有子思之儒、有顏氏之儒、有孟氏之儒、有漆雕氏之儒、有仲良氏之儒、有孫氏之儒、有樂正氏之儒」。八儒皆本孔子學說，但各執一端，相互攻擊，其激烈程度並不亞於儒家與其他學派之間的鬥爭。若考其主脈，則非孟軻（有謂孟氏之儒）、荀況（有謂孫氏之儒）莫屬。

孟軻是戰國中期人，約生於孔子死後百年左右，受業於孔子之孫子思（孔伋）的學生，頗得孔學嫡傳，被後世尊爲地位僅次於「至聖」孔子的「亞聖」。孟軻極爲推崇孔子，說孔子「之謂集大成者，自有生民以來未有孔子也」，是「聖之時者也」（《孟子・萬章下》，下引此書僅注篇名）。他不僅立志學孔，說：「乃所願，則學孔子也」（《公孫丑上》），而且效法孔子率弟子周遊列國，游說諸侯。因主張不見用，晚年退而與弟子萬章等著書立說，有《孟子》七篇傳世。

孟軻以孔子思想的繼承者自任，但並不囿於孔子，而是適應時代的變化對孔子思想有所發展。在社會政治觀點上，孟軻將孔子的「仁」與「德政」結合起來，提出了「仁政」的主張。在孔子，「仁」本來主要是一個規範人際關係的道德範疇，「德政」則來自古時「敬德保民」的政治理想。但在諸侯爭霸的情況下，孔子要求統治者克己以復禮，通過復古達到社會秩序的穩定是不現實的。孟軻將仁推廣到政治上，作爲政治的原則和依據。他解釋說：「親親，仁也；敬長，義也」（《盡心上》），「人人親其親，長其長，而天下平」（《離婁上》）。如此，將仁作爲平天下的一種手段和途徑，使道德教化與諸侯的政治願望結合起來，自然比空洞的說教要更有說服力。孟軻的仁政是包括政治、經濟、道德教化、統一方略等在內的一整套理論，而「民爲貴，社稷次之，君爲輕」

的民本思想則是一以貫之的基本線索。在倫理思想上，孟軻提出了仁、義、禮、智等四項道德規範。他認爲，這四項道德規範發端於惻隱之心、羞惡之心、辭讓之心、是非之心等人人皆生而有之的善心，因此「仁、義、禮、智，非由外鑠我也，我固有之也」（《告子上》）。孟軻因將這些道德規範歸結爲人的善良本性，稱其爲「不慮而知」、「不學而能」的「良知」、「良能」，遂成爲中國思想史中第一個系統提出性善論的思想家。孟軻進一步將這些道德規範擴而充之到社會政治生活中就成爲仁政，因而仁政也是上天的意志。不過這裏的天已不是孔子人格化的天命，而是道德化的精神實體了。這也是後來儒家「天人合一」思想的由來。這一過程孟軻謂之「盡心」、「知性」、「知天」。「盡心」是盡其善心，「知性」是保持善性。善心、善性是天賦的良知、良能，因此盡心、知性也就是「知天」。孟軻將孔子規範個人、家庭倫理關係的仁，擴充爲國家天下治理原則的思想，後來被儒家發展爲一套「正心、誠意、修身、齊家、治國、平天下」的人生理論。孟軻堅持孔子重義輕利的思想，主張大丈夫要養成「浩然之氣」（《公孫丑上》），做到「富貴不能淫，貧賤不能移，威武不能屈」（《滕文公下》），關鍵時刻要「捨生而取義」（《告子上》）。這些後來都成爲了是中國文化傳統中備受推崇的美德。

荀況，字卿，又稱孫卿。戰國末期思想家，教育家。在學術上，荀況以仲尼、子弓的繼承者自任，是先秦儒家最後一位大師。他以儒爲本，廣採名、墨、法、道諸家之長，遂爲先秦諸子百家之集大成者。春秋末期，天下大亂，孔子主張克己復禮，用復古的辦法恢復社會秩序。戰國中期，諸侯爭霸，追求統一已成大勢，孟子順應潮流，主張以德統一天下的王道，反對以力統一天下的霸道，但他法先王的觀點仍有復古傾向。戰國末期，統一已成定局，荀況也主張統一，但他不滿於孟子法先王的復古主義和單純依靠道德力量的迂腐，公開主張法後王和王道、霸道相結合。周以神化的天爲萬物的主宰。春秋末孔子講「天命」，戰國初墨子講「天志」，已有了將天人格化的傾向。戰國中期孟子的「天」則進一步成爲與人的「心」、「性」相同一的道德化的精神實體。荀況也承認天的存在，但他認爲天就是「列星隨旋，日月遞炤，四時代御，陰陽大化，風雨博施」（《荀子・天論》，下引此書僅注篇名）的自然界。自然界的運行是有自身規律的，不以人事爲轉移，所謂「天行有常，不爲堯存，不爲桀亡」（《天論》）。針對儒家傳統的「畏天命」的思想，荀況明確提出了「大天而思之，孰與物畜而制之！從天而頌之，孰與制天命而用之！」（《天論》）等積極進取的觀點。在認識論上，荀況繼承並完善了孔子重視學習的觀點，反對孟子只重內省的片面性，認爲「天官」（即感覺器官）的作用在於「當薄其類」（《正名》），即與不同事物及其不同方面接觸，以形成不同感覺，從而形成人的認識。在人性問題上，他反對孟子的性善說，提出了「人之性惡」（《性惡》）的觀點。他認爲，物質慾望是人的本性，放任本性會導致社會混亂，故而性惡。因此必須重視環境和教育，「注錯習俗」（《榮辱》），「化性起僞」（《性惡》），使人性得以改善。改善的具體方法是儒家的禮義與法家的法治相結合，「明禮義以化之，起法正以治之」（《性惡》）。只要改善得法，「塗之人皆可以爲禹」（《性惡》）。這之中我們可以明顯地看到法家的影響。荀況學識深厚，精通儒家「六藝」，又畢生從事教育活動，對漢初儒學的發展起了重要作用。

戰國時，孟、荀雖有相當影響，但也不過各爲儒家中的一個派別。秦「焚書坑儒」，儒家幾乎滅頂。漢初，兩人地位大體相當，至三國時還有人並稱孟、荀為「亞聖」。但大一統的封建社會秩序確立後，統治者需要的是社會的穩定，荀況不敬天地、不信鬼神、積極進取的精神很難見悅於統治者，而孟軻倫理與政治高度統一的思想則更適合長治久安的需要，孟軻的地位也就愈來愈高。唐以後，《孟子》被奉為經典，孟軻成為儒家正統的繼承者，儒家思想也被稱為「孔孟之道」。

孔子死後儒家的分化大致有孔子本人和社會環境兩方面的原因。就孔子本人而言，一是他的學說本身就有矛盾之處，二是他有時根據不同情況對同一問題有不同解釋，這就造成了其學說的多面性，使其弟子後學有可能從不同角度闡發其觀點。就社會環境而言，一是戰國時代社會發展迅速，儒學也要順應時代潮流才能生存，二是百家爭鳴中各家觀點間既有鬥爭，也有融合，從而導致了儒家學說傳承中的演變與分化。（王國元）

四〇、《荀子》一書有何價值？

《荀子》書是中國戰國末期思想家、教育家荀況的著作。荀況，字卿，漢人避宣帝劉詢之諱，又稱孫卿。約於西元前三二五年至二三八年在世，但具體生卒已不可詳考。

荀況生於趙國，長期在齊國、楚國從事學術與政治活動，其間還到過趙、秦等國。他學識淵博，除精於儒家六藝外，又廣於遊歷，且多年活動於齊國學術中心稷下學宮，因而有機會廣泛接觸名、墨、法、道及儒家各派的學術，比較諸子百家之短長。更由於他感於時事，有總結百家爭鳴經驗教訓，自成一家的抱負，遂使他成爲先秦諸子百家學術的集大成者。《史記・孟軻荀卿列傳》說：「荀卿嫉濁世之政，亡國亂君相屬，不遂大道，而營於巫祝，信禨祥，鄙儒小拘如莊周等，又滑稽亂俗，於是推儒墨道德之行事興壞，序列數萬言而卒。」可見這部著作是荀況晚年針貶時弊流俗，總結百家爭鳴和自己學術思想的成熟之作。

《荀子》成書後廣爲傳抄，雖經秦之焚書而不絕，曾以《孫卿書》之名藏於漢祕府。西漢劉向校讎時，該書共有三百餘篇，但多有重複，當爲不同渠道搜集而來的同一篇章的不同抄本。劉向《敘錄》說：「所校讎中《孫卿書》凡三百二十二篇，以相校，除複重二百九十篇，定著三十二篇。」經劉向校讎的《孫卿書》易名爲《孫卿新書》，使《荀子》書規模初定。漢以後，荀況的著作一直不被重視。至唐時，這部書已「編簡爛脫，傳寫謬誤」，由楊倞訂正作注，分三十二篇爲二十卷，復易名爲《荀卿子》，簡稱《荀子》，是爲《荀子》書的第一個注本，亦即今本《荀子》。遲至清代，荀況思想開始受到重視，《荀子》書也陸續有了一些注釋本。

《荀子》一書依《論語》體例，始於《勸學》，終於《堯問》，凡三十二篇，涉獵廣泛，說理透闢，結構嚴謹，有較強的思想性和系統性。《非十二子》對先秦墨、名、道、法諸家及儒家思孟學派進行了批判與總結。《解蔽》針對「諸侯異政」、「百家異說」造成的「心術之公患」進行剖析，通過解百家之「蔽」，全面總結了先秦百家爭鳴中包括認識論在內的一些重要哲學問題。《天論》中總結百家爭鳴中的天人關係問題，否定儒家「天命」、墨家「天志」等人格化的天及道家「無爲」的消極態度，倡導「制天命而用之」的積極進取精神。《正名》、《解蔽》、《非相》歸納出宋鈃、惠施諸家「以名亂名」、「以實亂名」、「以名亂實」等「三惑」，提出「正名」中要「制名以指實」等邏輯思想。《性惡》反對孟子的性善論，提出「人之性惡」，主張禮、法結合，「化性起僞」，改造人性，謂「塗之人皆可以爲禹」。《富國》不假天命神權，而以「明分使群」解釋國家起源。《非相》、《儒效》反對「法先王」，主張「法後王」。《王制》、《王霸》、《議兵》提出實現國家統一要王、霸結合，「以不敵之威，輔服人之道」。成相、賦篇以民歌、散文等藝術形式宣傳其爲君治國之道。其中《賦篇》首創賦之名之體，對漢賦的產生、發展有重要影響。班固在《漢書·藝文志》中將荀況與屈原並爲漢賦之祖，可證其在文學史上是占有一定地位的。

與先秦諸子鮮有本人親作，多由弟子後學輯錄轉述，因而良莠難辨，魚龍混雜的情況不同，《荀子》書大部分爲荀況自著，是先秦古籍中爭議較少的一部。《大略》、《宥坐》、《子道》、《法行》、《哀公》、《堯問》等六篇內容、口吻與其他諸篇不同，疑爲弟子記述及雜錄傳記，皆附於書後，頗爲明了。其餘《儒效》、《議兵》、《強國》等篇皆稱「孫卿子」，或爲弟子記述。《仲尼》言爲臣「持寵」、「擅寵」之術，與《臣道》強調「諫爭輔拂」的原則及荀況生平爲人等多有不合，應非本人所作。

《荀子》一書就時代而言，成於百家爭鳴即將結束的戰國末期，就個人而言，成於荀況晚年學術成熟之際，因而能夠比較全面地總結中國學術發展史上第一個大繁榮時期——百家爭鳴的優秀成果。道、法、名、墨、陰陽及儒家各派等諸子百家的學術觀點，禮法之爭、天人之辨、名實之辨、古今之爭、人性善惡之爭及義利之辨等百家爭鳴的主要問題，都在《荀子》書中得到了集中的反映和超越前人的回答。因此,《荀子》書實際上是一座包容先秦諸子百家學術精華的寶庫。這正是《荀子》一書價值之所在。

(王國元)

四一、孟子與荀子在人性論上有何異同?

中國古代在戰國中期以後出現了幾種彼此不同的人性論,由此人性論成為中國古代學術中的一項重要內容。在這些人性論最有代表性的,對後世影響最大的是孟子的「性善論」和荀子的「性惡論」。二者針鋒相對,但又有相通之處。二者之異主要表現在:

一,什麼是人性?人本性是善還是惡?

孟子認為,並非所有人與生俱來的東西都是人性。比如說食、色這種東西就不是人性。如果將這些動物也有的東西說成是人性,那不就等於說「犬之性猶牛之性,牛之性猶人之性」(《孟子・告子上》)了嗎?人性只能是使「人之所以異於禽獸」(《孟子・離婁》)的善良的道德觀念,而最基本的道德觀念就是仁、義、禮、智「四德」。所以人性是善的。

荀子則說:「性者,本始材樸也;偽者,文理隆盛也。無性則偽之無所加;無偽則性不能自美」(《荀子・禮論》)。注:偽即人為,不作虛偽解)。在這裏,荀子對過去籠統地稱為人性的東西以「天人之分」的觀點進行了「性偽之分」(《荀子・性惡》)。「性」指人天然生成的素質,「偽」指後天的禮義道德。由於尊君、孝親、守法、循禮之類善的品質是偽不是性,性就是「目好色,耳好聲，口好味，心好利，骨體膚理好愉佚」（《荀子・性惡》），就是「飢而欲食，寒而欲暖，勞而欲息，好利而惡害」（《荀子・榮辱》），而這些與封建禮義是違背的，因而人性是惡的。

二，人性從何而來？人之善性從何而來？

孟子認爲，善良的人性，即仁、義、禮、智是人先天就有的，所謂：「仁、義、禮、智，非由外鑠我也，我固有之也」（《孟子・告子上》）。例如，人看到小孩爬到井邊有掉下去的危險，立刻會產生一種驚恐、同情的心理，這就是「惻隱之心」。類似的還有「羞惡之心」、「辭讓之心」、「是非之心」等。它們都是人自然而然的本性，可見「仁義禮智根於心」（《孟子・盡心上》）。

荀子則認爲與生俱來的只能是惡，善的品質只能靠後天的教化，所謂「人之性惡，其善者僞也」（《荀子・性惡》）。他舉例說：「枸木必將待檃栝矯然後直，鈍金必將待礱厲然後利。今人之性惡，必將待師法然後正，得禮義然後治」（《荀子・性惡》）。

三，人性的理想境界如何形成？修養與教化是什麼關係？

孟子將人生而有之的「惻隱之心」、「羞惡之心」、「辭讓之心」、「是非之心」稱爲「善端」，即善的開端、萌芽，所謂「惻隱之心，仁之端也；羞惡之心，義之端也；辭讓之心，禮之端也；是非之心，智之端也」（《孟子・告子上》）。因此，只要不斷地將它們「擴而充之」（《孟子・公孫丑上》），人就一定能夠成長爲具有完善美德的君子，所謂「人皆可以爲堯舜」（《孟子・告子下》）。從這個意義上說，孟子更重視個人的道德修養。

荀子認爲，由於人既有惡的本性，又可以接受善的教化，所以既要注意背棄本性，又要重視教化改造，即所謂「化性起僞」（《荀子・性惡》）。因此只要「化性」與「起僞」都盡力去做，人就一定能改造爲具有完善美德的君子，所謂「塗之人可以爲禹」（《荀子・性惡》）。從這個意義上，荀子更重視環境對人的道德教化。

二者的相同之處主要是：他們都將儒家的道德觀念作爲區分人性善惡的標準；都認爲人性中有與生俱來的內容；都相信環境與道德教育對人性向善的重要作用；都認爲人人皆可成爲道德完善的君子。

（王國元）

四二、什麼是道家？

道家是中國古代主要學術派別之一。因其以「道」爲宇宙萬物之本原，故稱爲道家。道家之名始見於漢。西漢司馬談《論六家之要指》並稱先秦諸子百家中陰陽、儒、墨、名、法、道德等爲「六家」。東漢班固在《漢書・藝文志》中並稱儒、道、陰陽、法、名、墨、縱橫、雜、農、小說等爲「十家」。道家創始於春秋末期的老子，其後關尹、莊周、彭蒙、田駢等都對道家思想有所發展。成書於戰國時期的《老子》、《莊子》是道家主要經典。此外，《管子》中的《心術》上下、《白心》、《內業》諸篇，漢初的《淮南子》，晉人的《列子》及一九七三年長沙馬王堆漢墓出土的《經法》、《道原》、《稱》、《十六經》等也反映了道家思想。

道家學術在老子主要是兩個方面，一是以道爲本，二是貴柔無爲。

以道爲本是道家思想的理論基礎。道家認爲，道是宇宙萬事萬物的本原，萬事萬物都是從道化生而來，又復歸於道的。所謂道爲「萬物之宗」（《老子》四章，下引此書僅注篇名），「道生一，一生二，二生三，三生萬物」，萬物「復歸於無物」（四十二章）。萬事萬物都是變動不居的，都會向自己的反面轉化，而道雖然不停運行卻是是永恆存在的。所謂「反者道之動」（四十章），「獨立而不改，周行而不殆」（二十五章），「天地尚不能久」（二十三章），「道乃久」（十六章）。

貴柔無爲是道家思想的實際應用。一方面，道本身雖是無，但卻可以化生萬物，爲天下母，另方面，道所化生的萬物，無不向自己的反面轉化。因此，有、剛強等不是根本，不是道的本性，意味著走向失敗、死亡，而無、柔弱等才是道的本性，反而會勝過有和剛強。從這點出發，道家主張貴柔不爭，清靜無爲，以柔弱勝剛強，並以此作爲普遍原則，廣泛運用於個人的處世方法、認識方法及國家的軍事、政治等社會生活的各個方面。所謂「夫唯不爭，故天下莫能與之爭」（六十六章），所謂「無爲故無敗，無執故無失」（六十四章）等講的都是這個道理。

到了戰國中期，由於對道及貴柔無爲思想的不同理解和側重，道家內部開始分化，逐步形成了老莊之學與黃老之學兩個派別。《老子》、《莊子》、《列子》等爲老莊一派的代表作。《管子》中的《心術》上下、《白心》、《內業》諸篇，《淮南子》，以及《經法》、《道原》、《稱》、《十六經》等是黃老一派的代表作。

老莊之學即老子、莊子之學。莊周是老莊之學的主要代表人物。他主要繼承了老子關於道和變的學說，並將其推向極端，如他進一步強調道不可以感覺經驗的虛無性質，認爲老子所說可以相互轉化的長短、大小、美醜、成毀、是非等等之間根本沒有一定界限，是所謂「萬物皆一」（《莊子·齊物論》）。莊周思想中最具特色就是他「安時而處順」（《莊子·逍遙遊》）的人生哲學。他認爲，既然大道本質就是一種虛無，那麼人生在世就應該不爲世俗所累，去追求那些看起來好的、美的、善的、有用的東西，而應該遊心於物外，達到逍遙人生。人生的最高境界是所謂「坐忘」，即不僅不去追求那些身外之物，就連自己的肉體、精神等等也都要忘掉，所謂「墮肢體，黜聰明，離形去知，同於大同」（《莊子·大宗師》）。

黃老之學中的黃指黃帝，老指老子。這一得名與戰國時百家託古之習有關。齊國稷下先生中的田駢、接子、愼到、環淵等人是黃老之學的主要代表人物。這派學者除繼承道的學說，並進一步將其解釋爲「精氣」（如《管子·內業》）、「陰陽二氣」（如《淮南子·原道訓》）等更爲具體的本原外，主要繼承和發展了老子關於貴柔無爲的思想，並將其與儒家的禮義仁愛、名家的形名、法家的法治等學說融合在一起，推崇無爲而治。這種無爲而治與老子純然消極的無爲而治已有很大不同，不是無所作爲，而是去掉機詐巧僞，因循自然，薄稅輕賦，與民生息等。司馬談在《論六家之要指》中論黃老道學之要時說其「因陰陽之大順，採儒墨之善，撮名法之要」。儘管司馬談本人即推崇黃老之術，其說有溢美之嫌，但確在一定程度上概括了黃老之學的特點。

老莊、黃老之名始於漢。如司馬遷《史記》中有《老莊申韓列傳》，並屢以黃老並稱。但考其實，則始於戰國中期的齊宣王（前三二〇～前三〇二在位）前後。道家老莊一派在莊周在世時影響並不很大。魏晉時代，玄學興起，玄學家把莊周說成玄學祖師，莊周地位開始上升。隋唐時期，儒、釋、道三教並立，莊周與老子並稱道教祖師，《莊子》書被奉爲《南華眞經》。更因老子李耳與李唐同姓，道家與道教的地位達到鼎盛時期。宋明理學興起後，老莊被作爲異端受到攻擊。黃老之學初創之時，受齊國學術自由之惠，境遇比老莊要好得多，但也不過爲諸家之一，影響有限。經秦之暴政及楚漢連年戰爭，人民渴望休養生息，黃老無爲而治的學說受到漢初統治者的重視，被西漢文、景等帝奉爲治國之道，是爲黃老之學最盛時期。東漢時，本爲經世之學的黃老之學蛻變爲「自然長生之道」。一些術士將其與神仙長生、鬼神、讖緯、符籙等方術雜糅在一起，奉黃帝、老子爲神仙，形成了原始道教。

道家始於先秦，盛於隋唐，但由於自身理論上的不斷豐富和發展，由於其與儒學、佛學的之間的相互滲透，由於其作爲道教的理論基礎，由於歷代帝王的好惡，對整個中國古代學術思想的發展，都產生過極爲重要的影響。（王國元）

四三、《老子》一書的主旨何在？

《老子》，又名《道德經》、《老子五千文》，向爲道家主要經典，共八十一章，五千餘言，分上下篇，上篇言道，下篇言德，傳爲老子所作。但據學者們考證，《老子》當成書於孔、墨之後的戰國中前期。究竟《老子》書是否爲老子所作，或是後人根據老子思想編定，已很難詳考。一般認爲，《老子》書基本上保留了老子本人的主要思想，是研究老子思想的基本依據。

關於《老子》書，歷代學者研討與考釋以千百計。《老子》書本已玄妙費解，諸家又多以自己觀點釋說，因而關於《老子》書的主旨，可謂人言人殊。這裏試以司馬談在《論六家之要指》中對道家學說的概括，「其術以虛無爲本，以因循爲用」，說明這一問題。

所謂「以虛無爲本」是說《老子》以虛無縹緲的道作爲立論的根本。「道」在《老子》中是一種恍恍惚惚、無形無狀、迷離不定的「無」，如「道之爲物，唯恍唯惚」（《老子》二十一章，下引此書僅注篇名），又如「無狀之狀，無象之象，是謂惚恍」（十四章），再如「天下萬物生於有，有生於無」（四十章）等。這一思想被認爲是一種虛無主義，後在《莊子》中得到進一步發揮。《老子》書中以道爲宇宙萬物的根本和歸宿，認爲一切皆由道化生而來又復歸於道。所謂「道生一，一生二，二生三，三生萬物」，萬物「復歸於無物」（四十二章），所謂道爲「萬物之宗」（四章），「爲天下母」（二十五章）等等講的都是這個道理。

在《老子》書中，道不僅是永恆的、絕對的、獨立自在的萬物本原，而且其本性是運動不息的，所謂「獨立而不改，周行而不殆」（二十五章），因而道所化生的萬物也是變動不居的，「天地尙不能久而況於人乎」（二十三章）。並且由於世界上的萬事萬物無不存在著相反相成的情況，如「有無相生，難易相成，長短相形，高下相傾，聲音相和，前後相隨」（二章）等等，萬物的變化也就往往是走向自己的反面，如「禍兮福之所倚，福兮禍之所伏」（五十八章）等等。這也就是所謂「反者道之動」（四十章）。進而，由於萬物的這種運動是效法、遵從道的結果，道也就是運動的原因和法則，所謂「人法地，地法天，天法道，道法自然」（二十五章）。

所謂「以因循爲用」是說《老子》書以因循自然，清靜無爲爲基本主張。《老子》認爲既然道決定了事物總是向自己反面轉化的，「物壯則老」（三十章），「兵強則滅，木強則折」（七十六章），「強梁者不得其死」（三十章），那麼爲人處事就不應該刻意追求那些現在看起來雄強、完美的東西，而應該順應自然，貴柔不爭，知足無爲，這樣反而會「曲則全，枉則直，洼則盈，敝則新，少則得」（二十二章）。例如「天下莫柔於水，而攻堅強者莫之能勝」（七十八章）。由於「水善利萬物而不爭」（八章），「夫唯不爭，故天下莫能與之爭」（六十六章），所以「上善若水」（八章）。從上述認識出發，《老子》主張無爲而治，所謂「道常無爲而不爲」（三十七章），「爲無爲，則無不治」（三章）。這種無爲而治體現在生活中就是委曲求全，知足常樂，所謂「知其雄，守其雌」，「知其榮，守其辱」，「知其白，守其黑」（二十八章），因爲「禍莫大於不知足」，「知足之足，常足矣」（四十六章）；體現在認識中就是他反對經驗，提倡直覺，所謂「不出戶，知天下，不窺牖，見天道」，「是以聖人不行而知，不見而名，不爲而成」，因爲「其出彌遠，其知彌少」（四十七章），「爲學日益，爲道日損」（四十八章）；體現在國家關係中就是反對以戰爭解決爭端，擴大疆域，所謂「兵者不祥之器」（三十一章），因爲「兵強則滅，」（七十六章），「強梁者不得其死」（三十章）；體現在統治術上就是實行愚民政策，所謂「絕聖棄智」、「絕學無憂」（十九章），因爲「民之難治，以其智多」（六十五章）；體現在社會政治中，就是清靜無爲，回到所謂「小國寡民」（八十章）的上古時代，因爲「無爲故無敗，無執故無失」（六十四章）。

「道」本指具體的道路、坦途，如《易經》中的「履道坦坦」，「反復其道，七日來復」等等，以後逐漸抽象化，衍生出道理、秩序、規則、規律等涵義。《尚書·洪範》中的「無偏無黨，王道湯湯；無黨無偏，王道平平」，已指坦盪正直的政令、法度。《左傳》中的「所謂道，忠於民而信於神也」和「王祿盡矣，盈而盪，天之道也」，更有了哲學上規律的意味。而《老子》書則第一次將道上升、抽象爲宇宙本原和運行秩序。在《老子》以前，中國人對萬物生成的本原只上溯到天。無論個人的命運，自然的變化，還是國家的興衰，均以天爲根本。只是到《老子》，人們才開始思考決定世界興替演化的根本究竟是什麼。因而《老子》的關於「道」的學說不僅標志了道家學說的產生，也標志了人類認識水平和認識能力的一個重要發展階段。道論由此成爲中國傳統思想中的一個不可或缺的領域。其對後世的影響是極爲深遠的，並不限於道家一派。（王國元）

四四、《莊子》一書有何特色？

《莊子》一書爲戰國時期著名思想家、文學家莊周及其後學所作。《漢書·藝文志》著錄五十二篇。晉時曾有司馬彪、向秀、郭象等數種注本，多佚，今僅存西晉郭象注本。其中內篇七，外篇十五，雜篇十一，計三十三篇。關於內、外、雜篇的異同、眞僞、年代及郭象注的眞實作者，自宋蘇軾以後學界爭議頗多。一般多認爲，內篇爲莊周所著，是研究莊周思想的主要依據，外、雜諸篇文采稍遜，筆意膚淺，有些語言和史實當晚至戰國末期甚至漢初，思想內容也與內篇不盡吻合，或爲莊周門人後學及道家其他派別的作品，但其中某些篇章也反映了莊周的思想，對了解莊周思想亦具一定價值。

先秦諸子書中，《莊子》一書風格獨具，特色鮮明，在中國古代思想史、文學史上占有非常突出的位置。

在思想內容上，《莊子》一書的特色在於集中反映了道家老莊一派對社會、人生的觀點。它宗於老子關於道爲萬物之本的思想，主張「道者，萬物之所由也，庶物失之者死，得之者生，爲事逆之則敗，順之則成」（《莊子・漁父》，以下凡引此書只注篇名），但又在以道爲本的基礎上，比老子更多地將目光投向了社會與人生，通過極端的相對主義和安時處順的人生哲學，表達出一種憤世疾俗又只能消極避世的人生態度。《莊子》一書認爲，道作爲萬物的根本，是充塞天地而又瞬息萬變的，萬物是道的表現形式，也是易變的，因此「以道觀物」，則宇宙間的長短、大小、美醜、成毀、是非等等這些看起來完全相反的事物、性質其實並無根本區別。「自其異者視之，肝膽楚越也；自其同者視之，萬物皆一也」（《德充符》）。從這種相對主義立場出發，莊周對世間一切關於眞知、永恆、聖賢、禮教、功名利祿等等的追求都表現出極度輕蔑和懷疑，認爲那些都是不存在的，沒有價值，沒有意義的。《莊子》一書認爲，一切自然的都是好的，一切人爲的都是對自然、對道的違背，都是不好的。人應該通過「坐忘」，即忘掉自身的肉體、精神、智慧、是非、榮辱、毀譽、利害等等，學會「安時而處順」（《養生主》），達到一種「天地與我並生，萬物與我爲一」（《齊物論》）的境界。那才是一種不受任何條件限制的絕對自由的境界，是「至人」、「聖人」、「神人」的境界。

司馬遷說莊子「著書十萬餘言，大抵率寓言也」（《史記・老子韓非列傳》），非常準確地道出了《莊子》一書在文體上的特色。表達玄奧的思想，闡述深刻的哲理，是先秦諸子書的共同特點，而大量地、純熟地運用寓言，以眾多生動的事、有趣的物和個性鮮明的人爲載體或論據，令思想玄奧而不費解，哲理深刻卻不乏味，則是《莊子》一書獨具的特色。《莊子》書中的事、物、人大多假託或杜撰，雖於史料上不可信，科學上不可考，卻是文學藝術上的瑰寶奇葩。《莊子》書多用寓言一是由於作者認爲寓言比引經據典更能讓人接受深刻的思想，所謂「寓言十九，重言十七」（《寓言》），二是因爲作者認爲「天下爲沈濁，不可與莊語」（《天下》）。換言之，寓言既是作者認爲最合適的一種文體、一種表達方式，又是作者對社會、人生的認識和態度。從後一種意義上說，寓言本身就是《莊子》思想的一個直接的、內在的、有機的組成部分。

立意高厚深遠，每出愈奇；行文跌宕起伏，變幻莫測；譬喻浪漫多彩，生動形象；想像瑰麗奇特，恣意汪洋；遣詞造句揮灑不羈，妙趣橫生，嬉笑怒罵皆成華章是《莊子》一書在文學上特色。唐陸德明概括《莊子》的特色時說它「言多詭誕，或似《山海經》，或類占夢書」（《經典釋文・序錄》）。近人魯迅對《莊子》評價甚高，認爲它「汪洋闢闔，儀態萬方，晚周諸子之作，莫能先之」（《漢文學史綱要》）。

《莊子》一書的影響是多方面、多層次的。它是道家思想和道教的主要典籍，它對社會和人生的看法影響了中國一代又一代的知識分子，它是中國文學史上散文與寓言等文學形式的典範，它的成語和寓言故事兩千年來一直活躍於中國人民的語言之中。這種影響我們可以言其深遠，卻很難用

「積極」或「消極」來概括，這或許是《莊子》書的又一個特色。（王國元）

四五、墨家的基本特徵有哪些？

墨家是中國戰國時期的一個重要學派，因創始人墨翟而得名。一般將墨家分爲前後兩期。墨翟在世時稱前期墨家。墨翟死後，弟子分爲三派，「有相里氏之墨，有相夫氏之墨，有鄧陵氏之墨」（《韓非子・顯學》），並稱後期墨家。

墨家思想除散見於某些古代文獻中外，主要保存於《墨子》書中。《墨子》書不是墨翟個人的作品，而是由墨翟的弟子及後學在不同時期根據墨翟言行及對墨翟思想的發揮，記述、編纂而成的，是一部反映整個墨家學派思想的著作集成。據《漢書・藝文志》記載，《墨子》原有七十一篇，已佚十八篇，今僅存五十三篇。從體裁和內容上看，這五十三篇大體可分爲四個部分、兩個時期。《耕柱》、《貴義》等五篇是記載墨翟本人活動的。《備城門》、《雜守》等十一篇是記載墨家研究的防禦工具及戰術的。《天志》、《明鬼》等三十一篇是墨翟弟子對墨翟思想觀點的記錄。以上三部分計四十七篇，特別是第三部分的三十一篇，主要反映了前期墨家的思想，是今人研究墨翟思想最重要的資料。《經上》、《經下》、《經說上》、《經說下》、《大取》、《小取》等六篇主要是關於邏輯學、認識論和自然科學的知識，習稱《墨辯》或《墨經》，通常被認爲是後期墨家的作品。

與先秦其他學派相比，墨家的一個顯著特徵是形成了一個組織嚴密的團體。墨家學派的成員稱

「墨者」，首領稱「鉅子」。除墨翟自任第一代鉅子外，以後皆由上一代鉅子指定，代代相傳。鉅子在團體內有極高的權威，徒眾皆以鉅子爲聖人，願意爲其獻身，希望成爲鉅子的傳人。鉅子可以派門徒到各國做官。做了官的門徒除必須將所得俸祿的一部分捐獻給團體外，還必須推行團體的政治主張。如果不能推行團體的政治主張，就必須辭職。如果不肯辭職，則團體會採取種種措施使其被斥退。學派紀律非常嚴格。鉅子腹䵍的獨子殺了人，雖然已經得到秦惠王的赦免，但腹䵍仍然堅持對他行「殺人者死」的「墨者之法」。學派提倡苦行。參加這個團體的人要穿粗衣草鞋，日夜勞作不休，不能吃得太飽，還要自覺地與下層社會的「賤者」爲伍。學派的徒眾多有捨命行道、以死盡忠的獻身精神。所謂「墨門多勇士」（《新語・思務》）。據說爲墨子服役者有一百八十人，個個都可以「赴火蹈刃，死不還踵」（《淮南子・泰族訓》）。鉅子孟勝爲楚國陽城君守城戰死時，弟子至死相從者竟達一百八十三人（《呂氏春秋・上德》）。這些事實說明墨家學派既是一個弘揚墨翟觀點的學術團體，又是一個實踐墨翟主張的政治團體。有些學者說墨者有宗教狂熱，鉅子類似宗教的教主，是有一定道理的。

墨家的另一個顯著特徵是其功利主義。在先秦諸子百家中，儒家將「義」與「利」對立起來，並堅決反對言利。孔子明確講過「君子喻於義，小人喻於利」（《論語・里仁》）。而墨家不僅認爲「義」與「利」是統一的，所謂「義，利也」（《墨子・經上》），而且公開主張追求能使上層貴族「富且貴」，下層勞動者「暖衣飽食」的物質實利。但墨家追求的利不是爲儒者所否定的一己私利，而是「上利天，中利鬼，下利人」的「天下之利」（《墨子・天志下》）。墨家不僅以利作爲「尚賢」、「尚同」、「節用」、「節葬」、「非樂」、「非命」、「天志」、「明鬼」、「非攻」、「兼愛」等十項基本政治主張的理論根據，而且從利的角度對儒家的仁、義、忠、孝作了重新解釋，將這些道德範疇統統歸結爲追求利的具體方式或以利爲最終目的的手段。可以說，利是墨翟考慮一切問題的出發點和歸宿。

注重邏輯是墨家的又一個基本特徵。墨翟是中國古代邏輯思想的主要開拓者之一。他在中國邏輯思想史上最早提出名實必須相符的觀點，最早使用了辯、類、故等邏輯概念，最早要求將「辯」作爲一種專門知識來學習，概括並熟練地運用「三表」等推理和論證方法。由於墨翟的啓蒙、示範和倡導，墨家學派形成了重邏輯的傳統。後期墨家不僅繼承和發展了墨翟以來的這一傳統，而且吸收了名、儒等家的邏輯思想，在《墨辯》中系統闡述了墨辯邏輯，從而使中國古代邏輯無論在理論上，還是在體系上都達到了較爲完整的程度。《墨辯》是中國古代爲數不多的邏輯專著中的傑作。

注重實際知識也是墨家的基本特徵之一。《墨子》書中有不少關於自然科學、守城防禦工具與技術等方面的內容，這在先秦諸子中是不多見的。這與墨翟及其弟子們從事實際勞動的經歷、與墨家注重物質實利、反對戰爭等政治主張有著直接關係。

墨家在先秦百家爭鳴中獨樹一幟，影響很大，曾與儒家並稱「世之顯學」（《韓非子·顯學》）。但秦漢以後很快走向衰落。漢武帝「罷黜百家，獨尊儒術」，其學遂絕。

（王國元）

四六、法家的主要代表人物和主要觀點有哪些？

法家是中國春秋戰國時代的主要學派之一，因強調法治而得名。西漢司馬談《論六家之要指》列法家爲先秦陰陽、儒、墨、名、法、道「六家」之一。《漢書・藝文志》中將法家與儒、道、陰陽、名、墨、縱橫、雜、農、小說等並稱爲「十家」。

法家的基本主張是「以法治國」（《韓非子・有度》）。他們強調「各當時而立法，因事而制禮；禮法以時而定，制令各順其宜」（《商君書・更法》）；要求鞏固封建土地私有制，建立統一的君主國家，提出重農抑工商的觀點，提倡耕戰政策，以農致富，以戰求強；厲行嚴刑峻法，監察官吏職守，建立官僚制度。以上述主張界定法家，則法家思想的起源可上溯至春秋時代。春秋時齊國的管仲「嚴刑罰」、「信慶賞」，鄭國的子產作刑書，晉國的范宣子鑄刑鼎，均可稱爲法家思想的先驅。戰國初魏國的李悝（約前四四五～前三九五）著《法經》；戰國中期商鞅（約前三九〇～前三三八）在秦國變法，趙國愼到（約前三九五～約前三一五）由道入法；鄭國申不害（約前三八五～約前三三七）主張君主獨斷專行等，在理論與實踐上都使法家有了很大發展，他們是法家的實際創始人。戰國末期的韓非綜合各家觀點，並吸收道家思想，著書立說，建立了完整的法治理論體系，是法家思想的集大成者。法家的理論與政治實踐在春秋戰國之際的封建化改革以及秦統一六國，建立中央集權的封建國家的過程中起了重大作用，成爲秦王朝的統治思想。隨著秦因暴政而亡，西漢以後，獨立的法家學派不復存在，但法家的一些重要思想被補充和吸收到了儒學正統思想中。在漫長的中國封建社會中，統治者往往德刑並用，法禮並重，因而法家思想並沒有完全退出中國的社會生活。商鞅的《商君書》、韓非的《韓非子》等法家著作還對後來法學思想的發展產生了很大影響。

「法」、「術」、「勢」是法家思想的三個基本內容。「法」指公開頒布的政策、成文法令及實施法治的刑罰制度。「術」指任免、考核、賞罰各級官吏的方法，手段及駕馭臣民的政治權術。「勢」指君主的君臨一切地位和權勢。在法家的主要代表人物中，商鞅重「法」，申不害重「術」，慎到重「勢」，韓非則將法、術、勢加以綜合，主張抱法處勢用術。韓非認爲「法治」就是要規定明確的法律，並公布於眾；法律要統一、穩定，並隨社會情況的變化加以修訂；獎勵耕戰，嚴格執行賞罰制度，「賞厚而信，刑重而必」（《韓非子·定法》，下引此書僅注篇名）；廢除世襲貴族分封制、世襲制，實行「宰相必起於州部，猛將必發於卒伍」（《顯學》）的官吏選拔制度；並要求用法律統一人們的思想，主張「以法爲教」，「以吏爲師」，使「境內之民，其言談者必軌於法」（《五蠹》）。韓非認爲，「術治」是保證法實施必不可少的條件。他認爲春秋以來許多諸侯亡國教訓就在於君主「無術」，大臣權勢太重，以至弑君弑父的事層出不窮。所以「術治」的中心是「因任而授官，循名而責實，操殺生之柄，課群臣之能」（《定法》）。他認爲法是公開的，術是藏於君主心中、暗自運用的。君主掌握這種統治術就可使「群臣守職，百官有常」，鞏固統治階級內部的秩序。在《內儲》篇中，韓非還總結了歷史上很多諸如「詐問」、「詭使」之類的陰謀手段，供統治者採用。韓非認爲，「勢治」即君主要依靠至高無上的權勢實行其統治，否則就不能保證法治實施。他認爲「勢者，勝眾之資也」（《八經》），「萬乘之主、千乘之君所以制天下而徵諸侯，以其威勢也」（《人主》），「夫有材而無勢，雖賢不能制不肖」（《功名》）。他舉例說，堯舜雖然是賢能的君主，但如果沒有統治者的權勢，他連三個人也治理不了；反之，如果能「抱法處勢」，統治者不一定是賢者也可以治理好國家。

春秋戰國時期，特別是戰國末期的法家學說與儒家學說是尖銳對立的。他們激烈抨擊儒家的仁義之道是只講私利而不顧國家，甚至將儒與破壞法律的俠客、害怕打仗的膽小鬼等並列危害國家的「五蠹」。法家中的不少人雖受到道家思想的一定影響，但對道家清靜無爲的思想也持反對態度，稱其爲「天下之惑術」、「亂世絕嗣之道」。

歷史上法家多爲一些富於改革精神的政治家。他們明確反對法先王一類觀點，提出「治世不一道，便國不必法古」（《商君書·更法》），其中一些人因此而付出了沈重的代價。如商鞅在逃亡中被捉回，並被處以車裂之刑，韓非遭陷害入獄，最後被迫服毒自殺。法家的政治理論與實踐一方面因銳意進取、富國強兵，成就了春秋時齊、晉的霸業，保證了戰國時秦統一六國的成功，導致了中國歷史上第一個統一的封建國家——秦的建立，另方面也因法治的暴虐無道、術治的詭詐傾軋、勢治的獨裁專斷使秦二世而亡。因此歷史上對法家的政治家、政治理論和政治實踐一向多有爭議。

（王國元）

四七、《韓非子》一書提出哪些重要的觀點？

《韓非子》一書是中國戰國末期著名法家思想家韓非的著作集，在先秦諸子的著作中占有非常重要的地位。

《韓非子》一書是漢武帝時劉向首先結集成書的。《漢書・藝文志》著錄《韓非子》五十五篇，與今本篇數相同，但從具體內容看，有些篇章未必是韓非本人之作。如《初見秦》篇中直言滅韓，與韓非勸秦王存韓的政見及韓非作爲韓國使臣的身分不合。又如《存韓》篇實際上是在韓非的《上秦王書》後面混入了李斯的文章。但總的來說，在先秦古籍中，《韓非子》還是竄亂得比較少的，以《五蠹》、《六反》、《顯學》、《揚權》、《孤憤》、《說難》、《飾邪》、《亡徵》、《南面》、《喻老》、《解老》等篇爲代表的大部分篇章爲韓非所著是可信的。

法、術、勢相結合是《韓非子》一書中所提出的最重要的觀點之一。法、術、勢是法家社會政治理論中的基本概念。法，即國家法令及其制定、公布和執行。韓非認爲，「法者，憲令著於官府，刑罰必於民心，賞存乎慎法，而罰加乎奸令者也，此臣之所師也」（《韓非子・定法》，以下凡引此書只注篇名）。對於法，韓非特別強調不分親疏貴賤，賞罰嚴明。術，即統治者駕馭群臣的權術。韓非認爲，「術者，因任而授官，循名而責實，操生殺之柄，課群臣之能者也，此人主之所執也」（《定法》）。對於術，韓非除將其解釋爲君主對群臣的控制、考核、防範，總結了「疑詔詭使」、

「挾知而問」、「倒言反事」（《內儲說上》）等一系列陰謀手段外，還特別強調法是公開的，可以「編著之圖籍，設立於官府，而布之於百姓」，而術只能「藏之於胸中，以偶眾端而潛御群臣」（《難三》）。勢，即統治者君臨天下的權勢和地位。韓非認爲，「勢者，勝眾之資也」（《八經》），「主之所以尊者，權也」（《心度》）。韓非認爲，在早期法家那裏，商鞅重法，申不害重術，愼到重勢，他們都不懂得將三個方面結合起來，因此商鞅在秦國、申不害在韓國執政多年都不能取得更大的成就。在此基礎上，韓非兼採三家，融會貫通，自成一說，即所謂「抱法處勢用術」，從而成爲先秦法家的集大成者。韓非的法、術、勢理論，是爲絕對的君主獨裁服務的，所謂「事在中央，要在四方，聖人執要，四方來效」（《揚權》）。

《韓非子》一書的另一個重要觀點是將傳說中的古代歷史分爲「上古之世」、「中古之世」、「近古之世」三個發展階段，並將社會歷史解釋爲從低級到高級的進化過程。這種進化論的歷史觀是爲其「世異則事異，事異則備變」（《五蠹》）的社會政治觀點服務的。韓非認爲，不同的歷史發展階段有不同的具體問題，「上古競於道德，中世逐於智謀，當今爭於氣力」（《五蠹》）。所謂聖人就是能夠順應歷史發展，爲人民解決當時最爲迫切問題的人，同時，他們也因此而取悅於民，得以稱王於天下。他認爲既然事過境遷，每個時代有每個時代的具體情況，那麼盲目頌揚和效法過去時代的聖人及其做法，即所謂「法先王」，就是愚蠢的，無異於「守株待兔」、「鄭人買履」，必然受到「後王」，即當代新聖的恥笑，「是以聖人不期修古，不法常可」（《五蠹》）。這與商鞅「治世不一道，便國不必法古」（《商君書·更法》）的觀點可說如出一轍。

《韓非子》一書中還提出了推行學術統一的觀點。「夫冰炭不同器而久，寒暑不兼時而至，雜反之學不兩立而治。今兼聽雜學繆行同異之辭，安得無亂乎」（《顯學》）。在《顯學》篇中，他集中抨擊儒墨顯學，認爲儒墨學說是「愚誣之學」，必須嚴禁。在《五蠹》篇中，他將儒（「學者」）、縱橫家（「言談者」）、俠（「帶劍者」）與逃避兵役者（「患御者」）、工商業者（「商工之民」）等並稱國之「五蠹」，認爲他們都是「亂法」、「犯禁」之徒，是「世之所以亂」的根由，必須「離法者罪」，「犯禁者誅」。「明主之國，無書簡之文，以法爲教；無先王之語，以吏爲師」（《五蠹》）。本來，隨著國家統一和中央集權封建專制制度的確立，結束百家爭鳴，統一學術，以強化思想控制也是歷史的必然。秦「焚書坑儒」，漢「罷黜百家，獨尊儒術」即是明證。韓非在這一時代將到未到之時就已看到這種必然，應該說是一種先見之明。但他主張用處罪、誅殺、毀滅文化、否定教育等方式來統一學術，不能不說是野蠻的、落後的，是爲後來秦始皇大規模摧殘文化的政治實踐作了理論先驅。（王國元）

四八、《管子》一書是否爲管仲所作？

管仲的思想言行除散見於《國語·齊語》及《左傳》、《公羊傳》、《穀梁傳》等書外，主要保存於《管子》書中。今本《管子》爲西漢劉向編定，原爲八十六篇，今實存《經言》九篇，《外言》八篇，《內言》七篇，《短語》十七篇，《區言》五篇，《雜篇》十篇，《管子解》四篇，《管子》輕重十六篇，共計七十六篇，其餘十篇僅存目錄。關於《管子》一書，學術界一向爭議頗多。主要有《管子》究竟是否爲管仲所作？如果不是，那麼其中哪些篇章能夠反映管仲本人的思想，以作爲我們研究管仲的依據？等等。

第一個問題比較簡單，學術界觀點也較爲一致。一般認爲，儘管這部書名爲「管子」，一些篇章也以管仲與齊桓公對話的形式寫成，但其內容及思想傾向均頗爲駁雜，有些顯然涉及到了管仲以後的時代，有些則反映了陰陽家、道家、法家、儒家的思想。因此，《管子》當非管仲一人一時的作品，而是經過後人彙集編纂的一本著述集成。

第二個問題則比較複雜。既然劉向只是編定《管子》，相信他應當有一個進行編輯的底本。也就是說，可能有兩本《管子》，一爲古本《管子》，但今已無傳，一爲今本《管子》，是爲劉向編定。這並不是臆測。韓非、賈誼、司馬遷等都在劉向之前，而他們都記述過《管子》書。如韓非說：「今境內之民皆言治，藏商、管之法者家有之」（《韓非子·五蠹》）。這就是說，至晚在韓非之前，《管子》已廣爲流傳了。賈誼援引過《管子·牧民》中的「禮義廉恥，是謂四維，四維不張，國乃滅亡」等觀點。司馬遷不僅引過《管子·牧民》中的「倉廩實而知禮節，衣食足而知榮辱，上服度則六親固。四維不張，國乃滅亡。下令如流水之源，令順民心」等原話，甚至還列舉了《管子》書中若干有代表性的篇目。「吾讀管氏《牧民》、《山高》、《乘馬》、《輕重》、《九府》，及《晏子春秋》，詳哉其言之也。既見其著書，欲觀其行事，故次其傳。至其書，世多有之」（《史記·管晏列傳》）。韓非、賈誼、司馬遷等人不僅記述自己看到過《管子》，而且他們所引《管子》

篇章及對管仲思想的概括也頗爲一致,特別是他們都沒有提到過今天我們認爲是反映陰陽家、道家、法家、儒家的思想的那些篇章,也沒有對《管子》中諸家雜陳的現象提出過質疑。而以他們的學識和治學態度,如果他們看到的《管子》確有這種諸家雜陳的現象,是不可能不有所表示的。這意味著他們看到的《管子》可能根本就不是今天我們所看到的諸家雜陳的《管子》。諸家雜陳是劉向編定今本《管子》時攙雜進去了一些他認爲與管仲有關,但實際上是其它學派的東西所造成的。

如果上述推論成立,那麼我們就可以將劉向所編《管子》一書至今仍存的七十六篇大體分爲三類。第一類是《牧民》、《山高》、《乘馬》、《輕重》等篇。這些篇章思想觀點基本一致,內容、篇名也可以從劉向以前的典籍中得到印證,當爲管仲遺說,是我們研究管仲思想最可靠的資料。但當時尚無學者本人獨立完成著作之例,如一向不受懷疑的《論語》也是弟子及後學輯錄而成,因此我們無法斷定《管子》是否爲管仲本人所作。其成書或與管仲同時,爲管仲本人或弟子所作,或略晚於管仲,爲管仲弟子及後學所作。第二類是《立政》、《幼宮》、《樞言》、《大匡》、《中匡》、《小匡》、《水地》等篇。這些篇章基本上是對管仲言行的記述。其思想觀點與第一類基本一致,也是我們研究管仲思想比較可靠的資料。其成書當晚於管仲,當爲管仲弟子及後學所作。第三類是《心術》上下、《白心》、《內業》等篇。這幾篇另成體系,成書晚於管仲,思想觀點與管仲有一定出入。它們究竟是管仲學派、齊法家對管仲思想的發揮和發展,或爲稷下先生宋鈃、尹文遺著,學術界尚有不同看法。所謂今本《管子》書中諸家雜陳主要指的就是這幾篇,應爲劉向編定《管子》時所補入。

至於劉向爲什麼會將一些本非管仲本人或管仲學派的東西編入《管子》書，當與齊國稷下學宮有關。稷下學宮是戰國時齊國的學術中心。因設在齊都臨淄（今山東淄博）稷門附近，故名稷下。稷下的學術活動始於齊桓公在位之時，經齊威王，至齊宣王時最盛，常有數千學者聚集在那裏自由講學、辯論、著書、授徒。這些學者被稱爲「稷下先生」。騶衍、淳于髡、田駢、接予、愼到、環淵、荀況等都曾爲稷下先生。由於稷下的學術自由，稷下先生中道、儒、法、名、陰陽等都有，形成了一種百家爭鳴的局面。他們的著作或保留於齊國官方文獻中，或流散於齊國民間，爲劉向編定《管子》書時所用，由是形成了今本《管子》諸家雜陳的複雜情況。當然，這只是我們的推論，是否如此還有待詳考。

綜上所述，我們可以大致地說，《管子》一書不是管仲一人一時的作品。它原爲管仲及管仲學派的著述集成，約成書於戰國時代。今本《管子》是經西漢劉向編定的，其中混入了一些戰國時齊國其他思想家的作品，但全書主要反映的仍是管仲及管仲學派的思想，其大部分篇章仍可作爲是我們研究管仲思想的基本依據。

（王國元）

四九、什麼是名家？

名家是戰國時期形成的一個專門研究名實關係以及名詞、概念、命題的邏輯關係的學術流派。戰國時代是中國從宗法分封制向君主專制制度的過渡時期，社會的急劇轉型，使傳統的禮儀規範（名）與人們的實際行爲（行）發生了嚴重背離。一方面，反映舊制度的「名」阻礙新制度之「實」的發展；另一方面，代表新制度的「名」又遇到了舊事物之「實」的激烈反抗，出現了「名實相怨久矣」（《管子・宙合》）的情況。於是，代表各個社會利益集團的「士」，紛紛出來「正名」，要求社會的現實符合自己階級的「名」，形成了一股所謂的「名辨思潮」，出現了大批「辨者」。在「名辨思潮」中，儒、墨、道、法諸家多是從政治角度談名實關係，但有一批人則把談論的側重點放到了名詞、概念本身的推敲上，試圖通過改善人們的主觀認識能力，使名詞更加嚴謹，判斷更加準確，推理更加合理，並最終達到解決社會上存在的「名實」之爭。後人稱這批思想家爲「名家」。

名家以鄧析爲始祖，《漢書・藝文志》首先錄「《鄧析》二篇」。不過鄧析的著作早已失傳，僅知他是鄭國人，與子產同時，《呂氏春秋・離謂》載：「子產治鄭，鄧析務難之。與民有獄者約，大獄一衣，小獄襦褲。民之獻衣襦褲而學訟者，不可勝數。」可見鄧析大約是當時的訟師，助民從事法律訴訟活動，利用推敲法律條文名詞、概念的方法獲得法庭上的勝利。結果搞得執政的子產十分爲難，終於殺了鄧析。不過鄧析「以非爲是，以是爲非」的思辯本領，受到了後世辨者的崇拜。名家眞正留下了觀點或著作的人物是惠施和公孫龍。前者主張「合同異」，後者主張「離堅白」。

惠施（約前三七〇～前三一八）是宋國人，曾在魏國執政十五年。《漢書・藝文志》錄「《惠子》一篇」，但已亡佚，僅在《莊子・天下篇》保存了他的十個觀點。其中，「至大無外，謂之大一；至小無內，謂之小一」，是講宇宙從宏觀上看是無限大的，從微觀上看是無限可分的，這是惠子的宇宙觀。「大同而於小同異，此之謂小同異；萬物畢同畢異，此之謂大同異」，集中闡述了惠施相對主義的思想方法。在他看來，具體事物的同或異不過是「小同異」，而從天地萬物的角度看，這些差異又算不了什麼，這才是「大同異」，也就是他所主張的「合同異」。「無厚不可積也，其大千里」，「天與地卑，山與澤平」，「南方無窮而有窮」，「我知天下之中央，燕之北，越之南是也」等數條，是從空間上說明「萬物畢同畢異」。從純粹幾何學的角度講，面積就沒有厚度，但可以其大千里。一般講天和山高，地和澤低，但在特殊的地區和特殊的觀察視角下，兩者又可以是同高的。例如，高原上的湖泊就可能高出平原上的山峰，遙望遠方的地平線，天地相合而同高。從理論上講南方是無窮的，但具體到中國，南方是大海，國土又是有限的。從中國範圍看，天地的中心在燕之南，越之北，但如果超出中國的範圍，天地之中央就可能在燕之北、越之南，一切都是相對的。「日方中方睨，物方死方生」，「今日適越而昔來」兩條，是從時間角度說明萬物差異的相對性。太陽在天空不停地運動，剛到正中就又開始偏西了。一切生物也是在生命中就包含著死亡，生死變化無常。今日到達越國的一剎那，立即變成了過去，所以也可以說是「昔來」。因而時間的差異也都是相對的。從「合同異」的哲學立場出發，惠施得出了他的政治結論：「泛愛萬物，天地一體」，主張各諸侯國「去尊」、「偃兵」，和平相處。由於惠施只留下了這十個命題，並沒有論證及推演，所以很難窺其理論全貌。但如果把這些命題普遍化，完全否認事物間存在的差異，也難免成為詭辨。

公孫龍（約前三二〇～前二五〇）是趙國人，曾為平原君的門客，游說於趙王。他曾經利用辯論術取得了一場外交鬥爭的勝利。秦國與趙國曾有條約：「秦之所欲為，趙助之；趙之所欲為，秦助之。」（《呂氏春秋・淫辭》）後來秦國發動了侵魏戰爭，趙國發兵救之。秦國派使臣來責問趙國為何違約，趙王讓平原君出面回答，平原君求教於公孫龍，他便利用合約的條文指出：「趙欲救之，今秦獨不助趙，此非約也」，駁倒秦使。公孫龍名辨思想的核心觀念是「離堅白」，即強調名詞、概念的差異性。他認為一塊石頭的堅固和白色兩種屬性可以分離，因為「視不得其所堅而得其所白者，無堅也；拊不得其所白而得其所堅者，無白也。」（《公孫龍子・堅白論》）從感覺的專一性上講，各類感官各有專能，不相替代。看一塊石頭只能發現其白，撫摸它則知其堅固。但看時不知其堅，撫時不知其白，所以他認為石頭的「堅」性和「白」性是獨立存在的，堅、白可離。從事物與概念差異的角度，他提出了著名的論題「白馬非馬」。「馬者，所以命形也；白者，所以命色也。命色者非命形也，故曰白馬非馬。」（《公孫龍子・白馬論》）馬是說明某種動物形狀的，而白馬的概念則加進了顏色的規定。此處，他從馬和白馬概念的內涵上證明，白馬不等於馬。「求馬。黃、黑馬皆可致；求白馬，黃、黑馬不可致。」（同上書）又從概念的外延上說明，馬的概念大於白馬的概念，還包括了黃馬和黑馬，兩者不相等。「白馬非馬」的論題，從判斷的主詞和賓詞的關係出發，揭示了判斷繫詞兩邊的關係必須相等。同時指出屬概念和種概念存在著差異，使中國人的邏輯思維有所深化。不過，他的這個命題也有誇大屬概念和種概念的差異，否定其一致性的傾向，進而否定了一般包含個別的思維辯證發展過程，最終導致詭辯。按照他的邏輯，也可以說：公孫龍非人。

黑格爾在評價古希臘詭辨論流派時指出：他們的共同特徵「是盡力量以任何一種方式使感覺到的東西和思維到的東西對立起來」（《哲學史講演錄》第三卷第一二一頁），是人類思維深化的一種標志。司馬談也說：「名家使儉而善失眞；然其正名實，不可不察也」（《論六家要指》見《史記・太史公自序》），充分說明了名家的思想價值。

（張踐）

五〇、什麼是陰陽家？

陰陽家是戰國末期齊國人鄒衍創建了一個學術流派，他們運用陰陽五行之理，推演社會歷史發展的規律，頗具神祕色彩，爲秦漢的天人感應學說提供了理論依據。《史記》記載鄒衍曾作《主運》、《終始》、《大聖》等篇十餘萬言。《漢書・藝文志》著錄《鄒子》四十九篇，皆已亡佚。陰陽家其他人物的著作今已不存，僅可於其他人的著作中見到一些有關鄒衍活動的史料，轉述一些他的觀點。

鄒衍的生卒年月不詳，《史記・孟軻荀卿列傳》記載了一些有關他的材料。他曾活動於齊、趙、魏、燕諸國，頗受當權者的禮遇。據說他具有豐富的天文、地理、歷史方面的知識，時人稱之爲「談天衍」。他提出了「大九州」、「中九州」和「小九州」說。他說大禹所劃中國的九州，只是小九州。中國本身又稱「赤縣神州」，只是中九州之一，外有裨海圍之。「有大瀛海環之，天地之際」，還有大九州，包含九個中九州。所以中國僅是天下八十一分之一。鄒衍的思想有助於開闊人們的思想，鼓勵開疆拓土。他提出大、中、小九州之說，有賴於當時人們的航海活動，更得力於他「其語閎大不經，必先驗於小物，推而遠之，至於無限」（《史記・孟軻荀卿列傳》）的思想方法。司馬遷又說：「鄒衍睹有國者益淫侈，不能尙德，……乃探陰陽之消息而作怪迂之變，……然其要歸必止乎仁義節儉，君臣上下六親之施。」（同上書）他把以小推大的方法運用於社會領域，從陰陽五行學說建立了「五德終始」說。

古代經典《周易》提出陰陽相對，相感相生的思想。《尙書・洪範》則提出：「五行，一曰水，二曰火，三曰木，四曰金，五曰土。水曰潤下，火曰炎上，木曰曲直，金曰從革，土爰稼穡。潤下作鹹，炎上作苦，曲直作酸，從革作辛，稼穡作甘。」中國古典哲學的五行說，不是側重於對五種基本元素的結構探討，而是注重對其的功能研究。後人進一步從五行推出「五色」、「五季」、「五方」。他們認爲：「木」代表植物，逢春發生，具有東方和青的顏色，具備生長的性能；「火」代表著南方和紅的顏色，具有熱的性能，象徵夏天；「金」可以製造兵器，具有砍伐的作用，如同秋天大風西來，使大地金黃，萬物肅殺；「水」具有寒冷的性能，就形成了冬天、北方和黑色；「土」具有生養萬物的德性，在五行中居於主導地位，象徵著中央、季夏和黃的顏色。（參見《史記・天官書》）鄒衍繼承了前人的研究成果，又提出了「五德」說。他把「五行」、「五色」、「五德」和歷代王朝的興衰結合起來：「凡帝王之將興也，天必先降祥於下民。」（《呂氏春秋・應同》）英明的君主應根據上天的啓示，決定本朝的服色及所主德行。如黃帝時天現大螾大螻，黃帝說：現在土氣盛，所以朝廷尙黃色，行土德。到大禹時，秋冬之時草木不枯，大禹說：現在木氣盛。故夏朝尙青色，主木德。商湯之時，見金生於水。湯說：現在金氣盛。故商朝尙白色，主金德。至周文王，見火赤鳥銜丹書集於周朝的社稷壇上，文王說：現在火氣盛。故周朝尙紅色，主火德。按照五行相生相克的原理，將來代替周朝者，必將主水德，尙黑色。在人類的社會歷史發展過程中，每逢發生王朝的更替興衰，政治策略總會發生重大變更，似是在相克，這就是鄒衍提出「五德循環」的依據。不過水德在政治上有何表現，火德在政治上有何表現，鄒衍沒有說，也根本沒法說。因爲社會運行有和自然界不同的規律，用五行套五德，只能是牽強附會，製造神祕主義。秦始皇得天下後，按照鄒衍之說，尙黑色，人們都戴著黑色的帽子，故稱百姓爲「黔首」。

漢代以後，陰陽家不再以獨立學派所形式繼續傳播，但其思想爲儒生們所繼承，將其融化在自己的思想體系之中。不過思想家中也有人不信這一套，如司馬談指出：「大祥而衆忌諱，使人拘而多所畏。」（《論六家要指》）班固則說：「及拘者爲之，則牽於禁忌，泥於小數，捨人事而任鬼神。」（《漢書・藝文志》）歷史上一些腐朽的統治者則對鄒衍這套神祕主義的東西最感興趣，他們得天下、保天下不求修德，而是專在推時運，易服色，造祥瑞上下功夫。每逢開國，都要找儒生爲其推算當主何德，尚何色。歷代皇帝所發詔書，開頭都寫著「奉天承運皇帝詔曰」，其中的承運，也就是五德終始之運。在這裏，我們仍可以看到陰陽家思想的影響。（張踐）

五一、縱橫家和雜家有何作爲？

縱橫家是戰國時期出現的一個專以游說諸侯爲己任的政治家派別。《漢書・藝文志》稱：「縱橫家者流，蓋出於行人之官。」大約是從他們的活動方式，把他們看成是一批職業的外交家。縱橫家前有蘇秦、張儀，後有蘇代、蘇厲、蒯通、鄒陽，尤以蘇秦、張儀聞名於後世。《藝文志》著錄了他們著作的篇名，但今已失傳，僅《史記》的《蘇秦列傳》、《張儀列傳》記載了他們的事跡。

蘇秦是戰國時洛陽人，生卒年月不詳，青年時代曾師從鬼谷子，習縱橫之術。學成後游說數載，一無所成，歸家後爲兄弟嫂妹妻妾所恥笑。蘇秦不爲所動，閉於密室，潛心鑽研《陰符經》，頭懸梁，錐刺骨，揣摩其術，認爲：「此可以說當世之君矣！」（《史記・蘇秦列傳》）先游說於秦惠王，不爲所用，轉而游說燕、趙、韓、魏、齊、楚六國，結成反秦聯盟。蘇秦反復向六國諸侯宣傳：「安民之本，在於擇交。擇交而得則民安，擇交而不得民移身不安」（同上書），強調了外交活動的重要性。蘇秦以其能言善辨打動了六國之主，得以佩六國相印，統一協調六國的行動，使「秦兵不敢窺函谷關十五年。」（同上書）由於山東六國聯合對付西方的秦國，在地圖上看形成了一條縱線，所以蘇秦是縱横家中的「合縱」派。蘇秦晚年長期住在燕國，與燕易王母私通，爲王所妒，只得出走齊國。齊宣王時，重用蘇秦爲相。宣王卒，湣王繼位，蘇秦勸說厚葬久喪，並大興土木以爲宮殿，以便削弱齊國國力而有利於燕。蘇秦的反間計被齊人識破後，被刺身亡。

張儀是戰國時魏國人，與蘇秦同師事鬼谷先生，蘇秦自愧學術不及張儀。張儀年輕時曾去游說楚王，遭楚人痛毆。被送回家後，他讓其妻先看看舌頭還在不在。「其妻笑曰：『舌在也。』儀曰：『足矣。』」（《史記·張儀列傳》）其後張儀繼續以游說諸侯爲己任。當時蘇秦已佩六國相印，名顯於世，可就擔心秦國有能人出面破壞六國聯盟。蘇秦先智激張儀出山，到秦國謀職，又暗中派人資助張儀，同張儀達成默契：在蘇秦在任時不破壞合縱之術。後張儀游說諸國，拆散六國聯盟。他先離間六國中力量最強的齊、楚兩國，以許地六百里的利益，誘使楚懷王與齊斷交。但齊、楚斷交後，他又推說僅以自己的封地六里相許，使楚懷王怒而興兵伐秦，大敗而回。以後，他又分別游說齊、燕、韓、趙、魏等國，結成了反楚聯合戰線。從地圖上看，這是一條自西向東的横線，所以他被認爲是縱横家中的「連横」派。秦惠王卒，武王繼位，張儀不見悅於武王，只得出走魏國爲相，六國又回復了合縱聯盟。到魏國一年後，張儀去世。

縱横家在先秦諸子中，以沒有固定的政治見解，不受傳統道德束縛而著名。司馬遷詳細記述了蘇秦、張儀游說列國的言詞，但除了陳說利害關係，我們看不到什麼明顯、一貫的政治主張，這和儒、墨諸家的游說是明顯不同的。同時他們也不受當時社會上流行的忠、孝、信、義等道德信條的約束，沒有愛國、賣國之類的國家觀念，哪裏的君主重用他，他就爲誰賣力氣。「人有毀蘇秦者曰：

『左右賣國反復之臣也，將作亂。』」（《史記·蘇秦列傳》）蘇秦卻直言不諱地向燕王解釋說：當今孝如曾參，廉如伯夷，信如尾生，被人們視爲楷模。但如果臣子都如曾參之孝，誰捨家爲君主奔波於千里之外？人人如伯夷之廉，誰爲王千里之外進取於齊？如果像尾生一樣迂腐而死守信用，又怎麼能上陣作戰，卻齊之強兵呢？這倒是坦率地說出了政治家們「言不必信，行不必果」的處世哲學。由於縱橫家有上述兩個特點，所以受到後世儒生的恥笑。司馬遷對此頗爲不平，指出：「夫蘇秦者起閭閻，連六國縱親，此其智有過人者。吾故列其行事，次其時序，毋令獨蒙惡聲焉。」（同上書）

雜家以秦國宰相呂不韋的《呂氏春秋》和西漢初年淮南王劉安的《淮南子》爲代表。《漢書·藝文志》指出他們的特點是：「兼儒、墨，合名、法，知國體之有此，見王治之無不貫。」雜家產生在戰國末期至西漢初期，當時中國經歷了數百年的戰亂，正在通過兼併戰爭走向政治統一。相應地，思想文化也在百家爭鳴中加強了彼此間的滲透融合。這種文化的融合既是政治統一的產物，又爲秦漢中央集權大帝國的建立創造了思想條件。文化的統一是通過兩種方式實現的：一是以一家學說爲主，兼容吸納其它諸家，如荀子作《非十二子》，莊子作《天下篇》；另一種則是跳出學派的圈子，對各家學說進行綜合的概括、整理，雜家走的就是後一條路。概括諸子百家，需要有一種合適的文化環境，即各派學者雲集，實行兼容並收的政策。呂不韋是秦國的宰相，秦始皇稱其爲「仲父」，執政十幾年，權傾朝野，門下食客三千人，形成了當時一個學術中心。淮南王劉安廣攬天下人才，招致賓客方術之士數千人，在江淮間形成了一個很大的學術中心。因此，他們有能力編寫出宏篇巨著《呂氏春秋》和《淮南子》。

據《史記》說，在寫《呂氏春秋》時，「呂不韋乃使其客人人著所聞，集論以爲八覽、六論、十二紀，二十餘萬言」。當時他門下所養之士，屬於諸子中哪一家的都有，所以最後所成之書，就是一部雜家著作。不過，呂不韋並不僅僅是個掛名主編，他爲此書設計了一個完整的系統。全書分成紀、覽、論三個大的部分，在每一部分中又各統子目，形式上整齊劃一。如紀中包括春、夏、秋、冬四季，每一季又分成孟、仲、季三紀，以象天時十二個月。每一季中包含五篇文章，分別講述與季節天象有關的內容。春季生育萬物，故講養生；夏季萬物繁榮，長養壯大，聯繫到樹人，故探討教育、教化、音樂；秋季萬物肅殺，所屬文章多談對外用兵，對內用刑；冬季草木枯槁，人息糧藏，因而聯想到死亡、喪葬、忠臣、節士。在這裏，明顯地可以看到陰陽家的影響。不過就指導思想來說，《呂氏春秋》則是採用了道家的「清靜無爲之道」，把「道」看成是宇宙的本源和萬物運動的普遍規律。同時，《呂氏春秋》的《不二》篇又指出：「老聃貴柔、孔子貴仁，墨翟貴廉，關尹貴清，子列子貴虛，陳駢貴齊，陽生貴己，孫臏貴勢，王廖貴先，兒良貴後。此十人者，皆天下之豪士也。」努力做到兼取百家之所長，內容涉及政治、經濟、思想、軍事、法律、教育、養生、音樂等方面，是古代一部難得的百科全書。

《史記》的《淮南衡山列傳》說「淮南王劉安爲人好讀書鼓琴，不喜弋獵狗馬馳騁，亦欲行陰德以拊循百姓，流譽天下。」所以他在自己的封地內「招致賓客方術之士數千人」（《漢書・淮南衡山濟北王傳》），講論諸子百家之學，在江淮間形成了一個大的學術中心，「天下方術之士，多往歸焉。」(高誘:《淮南子·敘目》)劉安作此書的個人目的是爲了在「八王之亂」後的中央、地方緊張局勢中避禍求福，養生保眞，得到一個安身立命的精神支柱。如他所說:「欲一言而寤，則尊天而保眞;欲再言而通，則賤物而貴生;欲參言而究，則外物而反情」(《淮南子·要略》)，從中可以看到道家對他的重要影響。但是中國的士人總是難忘憂國憂民之情，作者「紀綱道德，經緯人事，上考之天，下揆之地，中通諸理」(同上書)，都是爲帝王探索治國治民之道。《淮南子》全書包括正文二十篇，由不同學派的學者分頭撰寫，最後有人加以貫通，並歸納出《要略》一篇。二十一篇文章各有主題，分別講述作爲宇宙本源之道如何演化運動;天文、地理、四時運行的規則;生命與養生之學問;爲人處世的道德;爲君治國的方略;歷史興衰的教訓;人性修養的箴言……。總之，《淮南子》是《呂氏春秋》之後又一部試圖概括、總結先秦諸子的百科全書式的著作。建元二年(前一四〇)，劉安將此書獻給了漢武帝，希望能爲最高統治者採納。但是漢武帝在元光元年(前一三四)卻採納了董仲舒「罷黜百家，獨尊儒術」的建議，將此書束之高閣。以後，劉安因莫須有的謀反罪名被迫自殺。

《呂氏春秋》和《淮南子》雖然是經過了系統的加工，建立了自身的體系，但畢竟出自多家學者，多人之手，內容難免有重複、繁雜，自相矛盾之處。其弊端正如《漢書》·藝文志所說:「則漫羨而無所歸心」，主導思想不夠突出。因此中國文化從春秋戰國的百家爭鳴走向大一統，不是雜家的「百家殊方」，而「殊途同歸」於儒。(張踐)

五二、農家和兵家的文化貢獻有哪些？

子學中的農家和兵家，是諸子中的農業專家和軍事家，他們留下了大批農學和兵學著作，對中國的古代科技和軍事理論的發展做出了重要貢獻。除此之外，他們對社會生活的其它方面也曾發表過自己的見解，對中國文化思想史有所貢獻。

《漢書・藝文志》收集農家著作，有《神農》二十篇。其注曰：「六國時，諸子疾時，於農業道耕農事，託之神農。」戰國時的農家，都以神農氏爲其始祖。可惜，班固所輯錄的農家著作多僅剩篇名，後世子學中收集的農家著作又多是農業技術著作，與文化思想史有關者，僅孟子書中提到的許行。《孟子・藤文公上》載：「有爲神農之言者許行」，他主張君臣「並耕而食，饔飧而治」，反對統治階級利用國家機器對廣大農民實行的剝削和壓迫。爲了避免商人的中間盤剝，許行主張物價應當整齊劃一，「布帛長短同，則賈相若；痳縷絲絮輕重同，則賈相若。」他認爲這樣「則市賈不二，國中無僞，雖使五尺之童適市，莫之或欺。」許行的思想，反應了當時農民反對剝削和壓迫的合理要求，對社會改良有所助益。不過，許行所設想的絕對平均主義的大同空想，消滅分工和交換的改良方案，又反應了農民的狹隘性和落後性。孟子對此有所批評，他利用許行種田但不能同時織布、冶鐵的事實，說明社會管理與生產的分工也不能取消。「百工之事，固不可耕且爲也」，「然則治天下獨可耕且爲與？」《漢書・藝文志》則說：「欲使君臣並耕，悖上下之序。」

春秋戰國是一個戰爭頻繁的年代，湧現了大量的傑出軍事統帥和軍事理論家，兵學空前發達。《漢書・藝文志》收集先秦、兩漢軍事著作「凡兵書五十三家，七百九十篇，圖四十三卷」，分爲「兵權謀」、「權謀」、「兵形勢」、「陰陽」、「兵技巧」等五大類。除了談論軍事的戰略、戰術問題，還廣泛涉及社會政治、文化和哲學等方面，成爲中國文化思想史的重要組成部分。

首先，中國的軍事理論家都不是簡單地就戰爭說戰爭，而是將戰爭放到具體的政治、經濟環境中。《孫子兵法》開篇就講：「兵者，國之大事，死生之地，存亡之道，不可不察也。」（《計篇》）所以他主張「安國全軍」的慎戰觀，反對輕易發動戰爭，「主不可以怒而興師，將不可以慍而致戰。」（《火攻篇》）戰國時的軍事家尉繚將戰爭區分爲「挾義而戰」與「爭私結怨」兩種，支持「誅暴亂，禁不義」的正義戰爭，反對「殺人之父兄，利人之財貨，臣妾人之子女」的非正義戰爭（參見《尉繚子・攻權》）。因此中國著名的軍事家無不反對窮兵黷武，提倡「不戰而屈人之兵，善之善者也。」（《孫子兵法・謀攻》）

其次，提倡實事求是，反對鬼神迷信。孫武講：「先知者，不可取於鬼神，不可象於事，不可驗於度，必取於人，知敵之情者也。」（《用間篇》）尉繚則反對「考孤虛，占鹹池，合龜兆，視凶吉，觀星辰風雲之變。」（《武議》）在當時宗教迷信十分流行的時代，能提出這樣深刻的見解，對於政治家解放思想，哲學家探討天地之奧祕，都是有所啓示的。血火無情的戰場要求軍事家們，非常客觀地研究敵我雙方的情況，不能有半點虛假和主觀。孫武說：「知彼知己者，百戰不殆；不知彼而知己，一勝一負；不知彼不知己，每戰必殆。」（《謀攻》）這話中所包含的哲理，已經成爲普遍的人生格言。

最後，兵家思想中蘊含著豐富的軍事辯證法，是中國傳統哲學中的重要組成部分。孫武、吳起、孫臏等軍事家，在烽火連天的戰場上，看到了普遍存在的矛盾，如勝負、強弱、安危、治亂、勇怯、正奇……，他們認爲這些矛盾都是會相互轉化的。孫武說：「亂生於治，怯生於勇，弱生於強。」（《勢篇》）「投之死地然後存，陷之死地然後生。」（《九地篇》）他認爲善戰的將帥應當靈活地把握戰場上的形勢，創造條件，使矛盾向有利於己的方向轉化。「凡戰者，以正合，以奇勝。故善出奇者，無窮如天地，不竭如江河。」（《勢篇》）兵家的軍事辯證法思想，其意義已經超出了中國以及軍事指揮的範圍，可以應用到人們政治、經濟、文化等其它領域，當今日本企業家將《孫子兵法》用於商戰，就是最典型的例證。（張踐）

五三、漢初黃老之學的基本內容是什麼？

黃老之學是西漢初期的官方社會政治哲學。其中黃指黃帝，老指老子。老子，春秋時實有其人，並有《老子》書傳世，但黃帝只是傳說中的華夏始祖，不可能留下什麼學說或典籍。取名黃老完全是出於戰國時百家託古之習。

黃老之學從學術淵源上可上溯春秋時的老子，但作爲一個學派或一種學術思潮則發端於戰國中期，興盛於西漢初年。漢武帝「罷黜百家，獨尊儒術」，經學社會地位上升，黃老之學開始走下坡路。東漢時，本爲經世之學的黃老之學蛻變爲「自然長生之道」，與神仙長生、鬼神、讖緯、符籙等方術雜糅在一起，奉黃帝、老子爲神仙，形成了原始道教，逐步失去其積極的社會意義。

黃老之學在漢初的興起有著特定的背景。秦之暴政及秦漢之際的連年戰爭導致社會經濟的大破壞，人口銳減，民生凋蔽，人民渴望休養生息；皇室和主要政治家的大力提倡，身體力行；思想領域的相對寬鬆和諸子學術的復甦等等都爲黃老之學的興起提供了社會需要和條件。

漢初黃老之學最基本的內容就是「無爲而治」，所謂「載其淸靜，民以寧一」（《史記·曹相國世家》）。這種「無爲」是對秦代法家以嚴刑峻法、繁役重賦、仗威用力等爲特徵的「有爲」政治的否定。秦以戰國七雄中一個貧弱邊遠的落後國家竟能滅掉六國，成就一統天下的千秋大業，力不可謂不強，卻又二世而亡。這不能不令剛剛坐定江山的漢初統治者和政治家們認眞總結經驗教訓。漢初著名政治家、思想家陸賈認爲，「秦始皇帝設爲車裂之誅，以斂奸邪；築長城於戎境，以備胡越。征大吞小，威震天下，將帥橫行，以服外國。蒙恬討亂於外，李斯法治於內」，不能不說是大大地有爲了。然而「事逾煩天下逾亂，法逾滋而奸逾熾，兵馬益設而敵人逾多」。這是爲什麼呢？結論是，「秦非不欲爲治，然失之者，乃舉措暴衆而用刑太極故也」。因此，必須否定「有爲」而行「無爲」。「夫道莫大於無爲，行莫大於謹敬」。「寂若無治國之意，漠若無憂民之心，然天下治」（以上均見《新語·無爲》）。陸賈不是漢初「無爲而治」的最早的策劃者和最大的實踐者，但他的這些話確實道出了漢初實行「無爲而治」的初衷和黃老之學盛行的歷史必然性。

僅就崇尙無爲、反對恃力等觀點來看，漢初黃老之學確實與老子「無爲而無不爲，取天下常以無事，及其有事，不足以取天下」（《老子．四十八章》）的觀點相似，與老子「我無爲而民自化，我好靜而民自正，我無事而自富，我無慾而民自樸」（《老子．五十七章》）的願望相似。秦的滅亡似乎驗證了老子「爲者敗之，執者失之」（《老子．二十九章》）的預言。漢初無爲對秦有爲的否定也似乎體現了老子「反者道之動」（《老子．第四十章》）的思想。從這個意義上，黃老之學確實淵源於老子，黃老之學的倡導者們也樂得通過託古以提高身價和說服力。但畢竟漢與春秋時代不同了，作爲天下一統的大漢統治者和位高權重的政治家與作爲學者的老子看問題的角度和方式也不會完全一樣，至少老子「絕聖棄智」的辦法在當代行不通，「小國寡民」的政治理想大漢皇帝更無法接受。爲此，黃老之學採取了兼容百家的辦法，在繼承和發展老子貴柔無爲思想的基礎上，將道家的無爲與儒家的德政、法家的法治以及陰陽家的陰陽學說、名家的形名學說等等融合在一起，推行於社會生活之中。司馬談在《論六家之要指》中說黃老之學「因陰陽之大順，採儒墨之善，撮名法之要」。儘管司馬談本人即推崇黃老，其說有溢美之嫌，但確在一定程度上概括了黃老之學的特點。

漢初黃老之學本質上是一種經世之學，而不是一種純粹的學術。因此黃老之學對老子道學的改造完全是以爲現實服務爲目的和標準的。經過這種改造，黃老之學無爲而治與老子純然消極的無爲而治已有很大不同，「非謂其凝滯而不動也」（《淮南子．主術訓》），而是「因其自然而推之」（《淮南子．原道訓》）。老子無爲反對法治，劉邦則立足未穩就「約法三章」，以後又讓蕭何定律令，韓信定軍法，張蒼定曆法及度量衡程式，叔孫通定禮儀。老子無爲反對禮義敎化，開啓民智，陸賈則將「興辟雍庠序而教誨之」，「在朝者忠於君，在家者孝於親」（《新語‧至德》）也列入「無為」。老子無為絕聖棄智，絕仁棄義，《淮南子》則說：「何謂無為？智者，不以位為事；仁者，不以位為惠；勇者，不以位為暴；可謂無為矣」（《淮南子‧詮言訓》）。最根本的是，無為而治在老子是一種政治理想，在漢初統治者和政治家們則是一種鞏固政權的手段。了解了這一點，我們也容易理解為什麼黃老之學在漢初有那麼多的皇室貴族、名相重臣、大政治家、大思想家倡揚，又取得了「文景之治」那麼好的成效，卻只時興了六七十年就被經學取而代之了。

漢初的文帝、竇太后、景帝及名相重臣蓋公、曹參、陳平，學者司馬談等都是黃老之學中的重要人物。陸賈是漢初黃老之學最重要的理論家。陸賈的《新語》、淮南王劉安組織編撰的《淮南子》等則是漢初黃老之學的主要著作。（王國元）

五四、賈誼的《新書》中提出了哪些政治思想？

賈誼（前二〇〇～前一六八），河南洛陽人，是漢初著名的政治思想家。他青少年時便聰穎過人，「年十八，以能誦詩書屬文稱於郡中。」（《漢書》本傳）賈誼的才華很受河南郡守吳公的欣賞，將他推薦給漢文帝，召為博士，從此步入政治舞臺。一年後遷為中大夫，銳意改革朝政，但受到了周勃等舊臣的排擠，被貶為長沙王太傅，後又改任梁懷王太傅。但是賈誼並沒有放棄自己的遠大志向，勤奮著述，積極向漢文帝獻策。前元七年（前一七三），文帝又將賈誼召進京城，在未央宮祭祀神靈的宣室與之晤談。當談及鬼神問題時，文帝非常感興趣，不覺移席向前，談至深夜。可賈誼關於政治改革的建議，卻並未引起足夠的重視，唐朝詩人李商隱作詠史詩不無嘲諷地說：「宣室求賢訪諸臣，賈生才調更無倫。可憐夜半虛前席，不問倉生問鬼神。」（《唐詩三百首》）賈誼只得又回到了外地。後梁懷王不愼墜馬摔死，賈誼認爲是自己沒有盡到太傅的職責，終日痛哭，一年後在三十三歲時英年早逝。賈誼在他不長的一生中，留下了論文五十八篇，經劉向整理成《新書》，又稱《賈子》。賈誼的《新書》主要討論的是政治問題，也涉及某些哲學方面的內容。賈誼的基本傾向是儒家的，他抨擊了秦朝單純崇尚法家的暴政，同時對黃老之學的「淸靜無爲」也提出了批評，是漢初儒學復興的代表人物之一。不過，他的思想中又融合了部分法家和黃老的內容，反映了漢初諸子百家思想融合的大趨勢。

賈誼的名著是《過秦論》，對秦王朝掃蕩六國，但又二世而亡的歷史經驗進行了全面的總結。他指出：「秦以區區之地致萬乘之勢，序八州而朝同列，百有年矣。然後以六合爲家，崤函爲宮。一夫作難而七廟墮，身死人手，爲天下笑者，何也？仁心不施而攻守之勢異也。」（《新書·過秦上》以下引本書僅注篇名）秦王朝亡國的根本教訓就是盲目相信「禮義之不如法令，教化之不如刑罰」（《治安策》），對人民一味的嚴刑峻法，殘酷鎭壓，終於導致陳勝、吳廣揭杆而起。所以他認爲對人民還是要以禮義教化爲重，指出：「湯、武置天下於仁義禮樂，而德澤洽，禽獸草木廣裕，德被蠻貊四夷，累祖孫數十世，此天下之所共聞。秦王置天下於法令刑罰，……禍幾及身，子孫誅絕，此天下之所共見也。」（同上）相比之下，還是儒家的禮義要高於法家的刑罰。但是賈誼也不是絕對否定刑罰的作用，在列國兼併戰爭激烈之時，法家所搞的那套法、術、勢也是有用的。他說：「夫兼併者高詐力，安危者貴權順，推此言之，取與守不同術也。」（《過秦中》）「取守不同術」就是賈誼政治思想的主要根據，奪天下和守天下應用不同的方法。他建議漢代統治者馬上放棄秦朝的法家之術，改用儒家的仁德之道。

漢初數代行黃老之術，與民休息，有其積極的社會意義。但一段時間之後，也積累的嚴重的社會問題。如經濟上富商豪門的崛起，政治上分封貴族的割據叛亂，民族關係上匈奴的不斷入侵等等，都不是黃老「無爲」之道所能夠解決的。賈誼建議應立即轉而採用儒家的「有爲」之術。針對漢初尊卑等級制度受到經濟自由放任政策的衝擊，地方勢力過大的危險，他力主健全儒家禮教。他說：「道德仁義，非禮不成；教訓正俗，非禮不備；分爭辨訟，非禮不決；君臣、上下、父子、兄弟，非禮不定。」（《禮》）離開了儒家的宗法禮義，封建國家將無以立本。爲了削弱地方割據勢力，賈誼向皇帝建議「眾建諸侯，而少其力。」（《藩強》）也就是多分封而少其地，使每一個王侯勢力不致過大，從而減少對中央政權的威脅。「力少則易使以義，國小則無邪心。」（同上）後來平定「八王之亂」的歷史說明賈誼還是很有遠見的。

爲了加強中央集權，賈誼建議實行銅禁，由國家控制錢幣的鑄造。他說：「上收銅勿令布下，則民不鑄錢，鯨罪不積。」（《銅布》）爲了抑制富商大賈屯積居奇，擾亂國家經濟，他指出：「今背本而趨末，食者甚重，是天下之大殘也。」（《論積貯疏》）他提議「今驅民而歸之農，皆著於本，則天下各食於力，……行恭儉蓄積而人樂其所矣。」（《瑰瑋》）這些建議，在以後漢王朝制

定政策時產生了很大作用。（張踐）

五五、《淮南子》是怎樣一本書？

《淮南子》又名《淮南鴻烈》，由西漢淮南王劉安組織門客集體編寫，是一本集先秦諸子百家之大成的雜家著作。劉安（前一七九～前一二二）爲漢高祖劉邦的孫子，襲承父職而爲淮南王。劉安是一位好學博洽的封建貴族，頗有文采，《漢書》本傳稱他「好書、鼓琴，不喜弋獵狗馬馳騁」，以「辨博善爲文辭」著稱。劉安曾招致方術之士數千人，在江淮間形成了一個大的學術中心。正是在這個基礎上，他們共同完成了《淮南子》這部二十餘萬《內篇》，新出，上愛祕之。」這說明在劉安獻書之時，漢武帝還是尊重他的。不過書藏之於祕府，並沒有流行。武帝元狩元年（前一二二），伍被告發劉安欲謀反，劉安被迫自殺，《淮南子》一書也被打入了冷宮。由於劉安的特殊經歷，所以後人對此書的寫作目的也作了不同的推斷。有人認爲這是一本與漢武帝「獨尊儒術」唱對臺戲，爲封建割據製造輿論的書。也有人認爲書成之時漢武帝剛剛執政，尚未提出「獨尊儒術」的問題，沒有唱對臺戲的可能。而且劉安謀反本身就是一個冤獄。因時代久遠，材料不充分，故一時難以定論。

劉安組織人寫《淮南子》，總的原則是：「紀綱道德，經緯人事，上考之天，下揆之地，中通諸人。」「故著書二十篇，則天地之理究矣，人間之事接矣，帝王之道備矣。」（《淮南子・要略》）

以下引本書只注篇名）也就是說，本書是爲了究天人之理，通古今之事，爲漢室帝王獻上的治國之道。

從書的內容看，《淮南子》包融了先秦儒、墨、道、法、陰陽諸家的思想，但在各家之間，又有所側重。就指導思想而言，應當說該書是以道家爲主的。漢人高誘注《淮南子》時便指出：「其旨近老子，淡泊無爲，蹈虛守靜，出入經道。」此論應該說是基本準確的。在漢初以黃老之學爲治國指導思想的大形式下，劉安等人的思想向道家有所傾斜是完全合理的。全書採擷老子思想最多，不過又有所發揮。《淮南子》說：「夫太上之道，生萬物而不有，成化象而弗宰。」（《原道訓》）道是宇宙萬物的派生者，所以它又無所不在。「道者一立而萬物生矣，是故一之理，施四海；一之解，際天地。」（同上）宇宙間萬物都按照道的原則運行，人也應該師法自然，依道而行。《淮南子》一書的內容涉及政治、經濟、倫理、教育等諸多方面，但其中貫穿的基本精神，就是依道而行。「夫道有經紀條貫，得一之道，連千枝萬葉。」（俶眞訓）

《淮南子》又大量吸取了儒家思想，多篇稱頌三皇武帝等古聖王之德，以堯、舜、禹、湯、文、武爲聖賢，讚美孔子的人格和事業。針對秦始皇的「以吏爲師，義法爲敎」，輕視道德教育的偏失，《淮南子》指出：「民不知禮義，法弗能正也」，「法能殺不孝者，而不能使人爲孔曾之行。」（《泰族訓》）故他們重視儒家教化對人心靈的熏陶，《泰族訓》甚至開出教育所需的書目，「溫惠柔良者，《詩》之風也；淳龐敦厚者，《書》之敎也；淸明條達者，《易》之義也；恭儉尊讓者，《禮》之爲也；寬裕簡易者，《樂》之化也；刺幾辨義者，《春秋》之靡也。」這和當時儒者的學習範圍已經大同小異了。不過《淮南子》又講：「仁義之不能大於道德也，仁義在道德之包。」（《說山訓》）仍是以道家爲本，儒家爲末。

因秦始皇的暴政，法家在漢初雖受到一定程度的批評，但在政治思想領域中仍然有重要的影響。《淮南子》在談到君道如何循名責實，因材授官；群臣守職，百官有常時，仍大談以法治國。「太上神化，其次使不得爲非，其次賞賢而罰暴。」（《主術訓》）「治國太上養化，其次正法。」（《泰族訓》）受道家影響，《淮南子》將遠古的混沌未開之世視爲無上美好的道德之世，但他們也敢於面對現實，承認在現實道德喪失的情況下，治國不可離開名法。他們還強調：「法籍於時變，禮義與俗易」（《氾論訓》），不可拘泥於古禮古法，從中可以看到商鞅、韓非的影子。鑑於秦朝的教訓，《淮南子》講法治時特別注意強調法不避貴，不以君意行賞罰，不以私意入公道。如他們講：「法籍禮義者，所以禁君使無擅斷也」（《主術訓》），提到了法對君主的限制，反對個人專斷獨裁，這是對先秦法家思想的發揮。

《淮南子》書中多處提倡節儉和薄葬，顯然與墨子的思想有關。《主術訓》中瞽師有以言白黑，無以知白黑之取，其文字無疑出自《墨子・貴義》。《說山訓》關於利之中取其大，害之中取其小的觀念，則採自墨經。

陰陽家的思想，在《淮南子》一書中也有反映。《時則訓》將《呂氏春秋》以陰陽五行爲骨架搭起的世界圖式，作了更進一步的發展。《本經訓》講陰陽氣化，天人感應。《泰族訓》則將陰陽五行的思想與儒家的三綱五常結合了起來，處處體現了雜家融合諸家的特色。

《淮南子》在漢初，可以說是一部內容極其豐富的百科全書式著作。其成在於兼融百家，博採眾長；但其短也在於雜駁重複，有體系的內在矛盾，故後世學者多有批評。（張踐）

五六、董仲舒的《春秋繁露》如何論述天人感應學說？

《春秋繁露》是中國漢代著名思想家、政治家、經學大師董仲舒（前一七九～前一〇四）的主要學術著作。漢景帝時，董仲舒任博士，專門講授《公羊春秋》，曾作《玉杯》、《舉要》、《蕃露》等數十篇以說春秋。蕃、繁通，《蕃露》篇即今《春秋繁露》一書。「蕃露」本為古時冠冕的飾物，綴玉而下垂。唐賈公彥說：「前漢董仲舒作《春秋繁露》。繁：多；露：潤。為《春秋》作義，潤益處多」（《十三經注疏·周禮義疏》），認為《春秋繁露》是對《春秋》大義的引申和發揮。這個觀點是比較符合實際的。今本《春秋繁露》共十七卷，八十二篇，但篇名與《漢書·藝文志》所記不盡相同，或疑曾經後人附益修改。

天人感應學說是《春秋繁露》一書的主要內容之一。所謂「天人感應」是中國古代學術思想中一種認為天人之間可以交相感應，互為因果的神祕主義的學說。天人感應的思想在先秦時已露端倪。《尚書·洪範》中就談到過君主的施政態度可以影響天氣的變化。春秋時的占星術則是這種思想的實際運用。戰國時陰陽家鄒衍的「五德終始」說使這種思想開始成為系統化的學說。董仲舒的《春秋繁露》以論證「春秋大一統」為根本宗旨，以融合了「陰陽」、「五行」學說的「天人感應」學說爲論證工具與理論核心，提出了包括「性三品」的人性論、「三綱」「五常」的倫理學說、「三統」循環的社會政治歷史觀等在內的一整套有利於中央集權封建政治統治的理論。這不僅使天人感應學說具有了空前成熟、完備的形式，而且使其爲漢代統治者接納爲官方思想，漢代也因而成爲天人感應學說的主要流行時期。

在《春秋繁露》的天人感應學說中，董仲舒直接繼承了周以來以天爲本的傳統觀念，認爲：「天者，萬物之祖，萬物非天不生」（《春秋繁露・順命》，以下凡引此書只注篇名）。他還進一步將天奉爲至高無上的神。所謂「天者，百神之君也，王者之所最尊也」（《郊義》）。「天者，百神之大君也，事天不備，雖百神猶無益也」（《郊祭》）。與傳統的、較爲簡陋的天的觀念不同的是，董仲舒藉助陰陽家關於「陰陽」、「五行」的學說創造了一個天生萬物的完整模式，即所謂「天地之氣，合而爲一，判爲四時，列爲五行」（《五行相生》）。在這裏，由天而陰陽而五行而四時萬物，陰、五行相勝是天在表現自己的刑罰，陽、五行相生，是天在表現自己的恩德，春夏秋冬四時更替是天在表現自己的喜（春育）怒（秋殺）哀（冬藏）樂（夏養）。可見，世上萬物的生長變化無不是天的意志。

董仲舒認爲不僅四時萬物是天創造的，人類也是天創造的，所謂「爲人者天也。人之人，本於天，天亦人之曾祖父也」（《爲人者天》）。既然人是天創造的，所以天與人本是相通的。例如「天以終歲之數，成人之身，故小節三百六十六，副日數也；大節十二分，副月數也；內有五臟，副五行數也；外有四肢，副四時數也；乍視乍瞑，副晝夜也；乍剛乍柔，副冬夏也；乍哀乍樂，副陰陽也」（《人副天數》）。又如「人之形體，化天數而成；人之血氣，化天志而仁；人之德行，化天理而義；人之好惡，化天之暖清；人之喜怒，化天之寒暑；人之受命，化天之四時；人生有喜怒哀樂之答，春夏秋冬之類也」（《爲人者天》）。可見，人無論是身體血氣，還是道德性情，都是來自天的，這就是所謂「人副天數」。「人副天數」說明「天人同類」。既然天人同類，那麼天人之間就會像動物中「馬鳴則馬應之，牛鳴則牛應之」，醫學上「天將陰雨，人之病故爲之先動」，「病者至夜而疾益甚」等等那樣，存在著所謂「同類相動」的關係（《同類相動》）。因此，統治者如果按照天意行事，所謂「聖人法天而立道」（《天人三策》），天就會降下祥瑞。反之，統治者如果逆天行事，天爲了愛護他就會降下災害怪異，以譴告之，警懼之。統治者見到災異須自省改過，以免招致更嚴重的後果。這就是所謂「天人感應」。

天人感應學說在董仲舒有兩方面的意義：一是爲統治者進行論證。天人感應學說是一種典型的君權神授論。既然君主的統治及以三綱五常爲代表的封建秩序皆出自天意，而天意是任何人都不能違背的，所以天下人應該像對待自己的父母一樣歸順封建君主的統治。二是對統治者進行約束與警告。一國之君當然在萬人之上，但國君之上還有天。國君如果不能按天意行事，同樣會自取大禍的。

天人感應學說開兩漢讖緯迷信之先河，爲君權神授論提供了系統的理論依據，使儒學神學化、宗教化等是其消極的一面。但在當時的社會歷史條件下，它又是一種雖然曲折，卻較爲現實的諫諍方式，對君主有一定的約束勸誡作用，因而也有一定的積極意義。

（王國元）

五七、《鹽鐵論》中討論了什麼問題？

《鹽鐵論》一書由漢宣帝時汝南人桓寬，集漢昭帝時鹽鐵會議的論稿而成，全書共十卷，六十篇。

漢武帝時，爲了反擊匈奴的侵略，開拓邊疆，連年與匈奴進行戰爭，財政、經濟發生了很大困難。他採納了桑弘羊等人的建議，實行鹽鐵官營、均輸、平準、榷酤、統一鑄幣等一系列措施，打擊了一部分工商業主和豪強勢力，保證了反侵略戰爭的進行，是有歷史功績的。但事物的發展往往是物極必反，反侵略的勝利助長了地主階級中的大漢族主義，窮兵黷武。鹽鐵官營也養肥了一群官商，他們「攘公法，申私利，跨山澤，擅官市」（《鹽鐵論·刺權》以下引此書僅注篇名）操縱國計民生，牟取暴利。其最終結果，就是加重了人民的苦難，使農民的反抗鬥爭一波未平，一波又起，漢王朝面臨著嚴重的危機。漢武帝晚年，已經開始認識到問題的嚴重性，停止了對匈奴的戰爭，但是整個統治階級尚未從思想上解決如何繼續延續統治的問題。漢昭帝始元六年（前八一），執政的大臣霍光召集並主持了鹽鐵會議，從討論鹽鐵官營問題入手，全面反思了漢代統治思想中儒法兩家的關係。當時與會的一方是以御史大夫桑弘羊爲代表的大官僚，另一方則是以汝南朱生、茂陵唐生、魯國萬生、中山劉子推、九江祝生等人爲代表的賢良、文學之士。《鹽鐵論》一書把他們簡稱爲「大夫」、「文學」，主要討論了如下問題：

第一、義利之辨。這是儒法兩家在治國思想上根本的對立之點。文學說：「古者貴德而賤利，重義而輕財」（《錯幣》），而桑弘羊「崇利而簡義，高力而尙功」，是「開利孔爲民罪悌也」（《毀學》），結果是人人求利，搞得國家不寧。桑弘羊則直言不諱地說：「商君相秦也，內立法度，……外設百倍之利，收山澤之稅，國富民強」（《非鞅》），法家的重利政策是富國之道。在辯論中，文學爲了突出禮義的重要性，不惜將義、利對立起來，顯得有些迂腐。但在漢中葉國家政權已經穩固後，要求國家及時將統治思想轉向注重教化，也不失其合理性。

第二，本末之爭。這是本次論戰的直接主題。文學要求「罷鹽鐵，退權利，分土地，趣本業，養桑麻，盡地力也。」（《水旱》）強調「理民之道，在於節用尙本，分土井田而已。」（《力耕》）這是符合小農經濟以農爲本，以工商爲末的傳統觀念的。而大夫則說：「富國何必本農？足民何必井田也？」（《力耕》）桑弘羊等實際執政的大夫，從切身經驗感受到，從工商業國家可以找到更多的財政來源。不過，他們的意見並不代表工商業主的利益。他們所說的重工商，是壟斷更多的國營工商業，其實對工商業的發展並不起促進作用。文學主張：國家放棄鹽鐵官營，讓利於民，「下藏於民，遠浮利，務民之義。」（《禁耕》）儒家這種藏富於民，先富民而後富國的主張，實際上更符合統治階級的長遠利益。

第三，刑德之選。針對當時社會矛盾不斷激化的情況，大夫認爲應當加強法治，「令者所以教民也，法者所以督奸也。令嚴而民愼，法設而奸禁。網疏則獸失，法疏則罪漏。」（《刑德》）因此他們堅持先秦法家的觀點，主張實行嚴刑峻法。而文學則充分利用秦王朝亡國的歷史教訓，說這是由於採用了商鞅的峭法盛刑，使「秦人不聊生」。是「棄道而用權，……以虐戾爲俗」（《非鞅》）的亡國之道。因爲「法能刑人而不能使人廉，能殺人而不能使人仁。」（《申韓》）最根本的辦法是「王者設庠序，明教化，以防道其民，及政教之治，性仁而喻善。」（《授時》）歷朝歷代的統治者，無不具備教育與刑罰兩手，在一般情況下，應當是以教化爲主。從春秋戰國的幾百年戰亂，經漢初百餘年的鞏固，國家已經走上的正軌，統治之術應及時將以鎮壓爲主的法家，換上以教化爲主的儒家。文學的意見，就反映了這種歷史的呼聲。

以上，是《鹽鐵論》中所記載桑弘羊和賢良、文學之士爭論的主要問題。在爭論中，雙方都有言過其詞，思想偏激之處。不過總體而言，桑弘羊所代表的一方，反映了在漢武帝積極推進抗匈奴戰爭期間興起的，依靠皇權的大官僚階層的利益，而文學們反映的，則是普通地主階級的利益。當國家的總政策發生根本轉變後，統治思想也要發生相應的變化。文學的主張，正是變化的先聲。鹽鐵會議爭論的結果，執政大臣霍光在相當程度上採納了文學的建議，停止了對匈奴的戰爭，部分取消了鹽鐵官營，淸除了官吏中「嚴刑峻法」的高壓政策，對農民作了讓步，「輕徭薄賦，與民休息」（《漢書・昭帝紀》），緩和了社會矛盾，穩固了統治。從思想上看，終止了漢初的儒、法合流，恢復了先秦的孔孟傳統。

（張踐）

五八、揚雄的《法言》與《太玄》的基本思想是什麼？

揚雄（前五三～一八），字子雲，蜀郡成都人。《漢書》本傳說他「家產不過十金，乏無儋石之儲，晏如也」，一生過著清貧的生活。但他「不汲汲於富貴，不戚戚於貧賤」，勵志於學。青年時他一度爲司馬車騎大將軍王音門客，向成帝奏《羽獵賦》，「除爲郎，給事黃門」，與劉歆、王莽爲同事。後王莽等人遷爲三公，「而雄三世不徙官」。王莽篡位後，他不去趨炎附勢，「轉爲大夫」。《漢書》作者讚他「恬於勢力乃如是」。

揚雄的代表作是《法言》和《太玄》，都是他針對當時的社會現實之作。西漢末年，社會危機日趨嚴重，封建君主及大小官吏橫徵暴斂，徭役無度，人民生活困苦不堪，一場大的革命即將到來。揚雄主張改革但又深感力量不足，便託聖言以議時政，假天道以明人事。《法言》仿《論語》而作，評論古人古事，其中蘊含著對現實人物的褒貶。《太玄》仿《周易》而作，講「陰陽消息之計」，在談論天道時對社會問題進行批評。

《法言》主要是針對西漢今文經學中的神學目的論及其讖緯迷信而發的。董仲舒的《春秋繁露》，爲了論證儒家的綱常倫理是天地間永恆的眞理，大量吸收了古代宗教有關天神崇拜的內容。其後出現的讖緯之書，更是迷信泛濫，不僅違背了儒家創始人的本意，而且也脫離了常識，失去了爲政權進行論證的作用。揚雄作《法言》，就是爲了驅散讖緯學者加在儒學頭上的天神鬼巫，恢復儒學的本來面貌。「或問：『趙世多神，何也？』曰：『神怪茫茫，若存若亡，聖人曼云』。」（《重黎》）神怪之事，本不可信，即使聖人本身，也是人而不是神。「或問：『人言仙者有諸乎？』『吁，吾聞伏羲神農歿，黃帝堯舜殂落而死，文王畢，孔子魯城之北。獨子愛其死乎？非人之所及也！』」（《君子》）這些思想，對於打破漢代對聖人及聖人所傳經書的迷信，解放思想極有益處。「或問：『經可損益與？』曰：『《易》始八卦，而文王六十四，其益可知也。《詩》、《書》、《禮》、《春秋》或因或作，而成於仲尼，其益可知也。故夫道非天然，應時而造，損益可知也』。」（問神）他本人就是本著這種損益經典的精神寫作《法言》和《太玄》的。特別是《太玄》，將《周易》的六十四卦發展爲八十一卦，在當時迷信經典的時代實爲驚世駭俗之舉。爲了反對董仲舒「王道之三綱可求於天」的神學目的論解釋，揚雄從人們的生活常識對仁義禮智等範疇進行了實在的說明，「或問：『仁、義、禮、智、信之用』。曰：『仁，宅也。義，路也，禮，服也。智，燭也。信，符也。處宅由路，正服明燭，執信』。」（《修身》）另外，在人性論上，揚雄也有重要發展。他說：「人之性也善惡混，修其善則爲善人，修其惡則爲惡人。」（同上）董仲舒講「性三品」，把人性的善惡主要歸結爲先天的秉賦，而揚雄講善惡混，則突出強調了人性的後天修養，更具有現實意義。

揚雄寫作《太玄》一書，是爲了建構一個龐大完整的哲學體系。從結構上講，《太玄》是仿效《周易》而來。《周易》每卦有六爻，《太玄》每首有九讚；《周易》有六十四卦，《太玄》作八十一首；《周易》有《彖傳》、《爻辭》，《太玄》有《首辭》、《讚辭》；《周易》六十四卦，每卦六爻，共有三百八十四爻，《太玄》的排列分爲三方、九州、二十七部、八十一家。每家一首，每首四重。一玄三方，一方三州，一州三部，一部三家。每首九讚，共有七百二十九讚，可以說處處模仿《周易》。從思想上看，《太玄》以儒家爲主，也融入了部分道家思想。揚雄講：「觀大《易》之損益，覽老氏之倚伏；省憂喜之共門，察吉凶之同域。」（《太玄賦》）他繼承了老子「道法自然」的思想，說：「夫作者貴其有循而體自然也。其所循也大，則其體也壯；其所循也小，則其體也瘠。」（《玄瑩》）同時他又從《周易》「一陰一陽之謂道」中，發展出了關於陰陽轉化的思想。他講：「陽不極則陰不萌，陰不極則陽不牙。極寒生熱，極熱生寒，信道致詘，詘道致信。」（《左摛》）《太玄》中這些辯證法思想，對後世哲學家有所啓發，不過《太玄》一書揚雄所精心構築的龐大體系，卻沒有引起多大反應。《漢書・揚雄傳》講：「自雄之歿，今四十餘年，其《法言》大行，而《太玄》終不顯，然篇籍具存。」造成這種現象的原因，一方面是由於《太玄》有脫離現實生活，爲了體系而建構體系的傾向，各玄、方、州、部之間的邏輯關係並沒有反映客觀事物的關係，純粹是頭腦想像的產物。另一方面，《周易》早已被政府定爲官學，得到了社會各階層的共識，另起爐灶，很難被人接受。

（張踐）

五九、桓譚的《新論》有何創見？

桓譚（前四〇～三十二），字君山，沛國相（今安徽宿縣西北）人，是兩漢之際著名的哲學家、天文學家和音樂家。桓譚一生耿介剛直，不阿附權貴。哀平之際，董賢專權，桓譚「不與通」。後王莽篡權，「天下之士，莫不競褒德美，作符命以求容媚，譚獨自守，默默無言。」（《後漢書》本傳）綠林、赤眉起義發生後，桓譚參加了起義，作了更始帝的太中大夫。東漢政權建立後，光武帝詔桓譚爲給事中。桓譚的主要著作是《新論》一書，重在反對當時社會上流行的讖緯迷信和長生不死方術。

桓譚認爲：「聖王治國，崇禮讓，顯仁義，以尊賢愛民爲務。是爲卜筮維寡，祭祀用稀。」（《新論・言體》以下用此書僅注篇名）賢明的帝王統治國家，主要靠政治清明，崇尙道德，愛護民衆，而不迷信鬼神。他指出王莽「好卜筮，信時日，而篤於事鬼神，多作廟兆，潔齋祀祭。犧牲淆膳之費，吏卒辦治之苦，不可稱道。爲政不善，見叛天下。」（同上）漢光武帝也是靠圖讖製造政治輿論起家的，掌權後對此仍然深信不疑。桓譚敢於犯顏直諫，指出王莽前車之鑑不遠，應當牢牢記取。同時，桓譚又運用當時他所具備的自然科學知識，對神學家們製造圖讖符命的怪異現象進行了解釋。他講：「夫異變怪者，天下所常有，無世而不然。逢明主賢臣志士仁人，則修德善政，省職愼行以應之，故咎殃消亡而禍轉爲福焉。」（《譴非》）相反，如果君臣生活驕奢淫逸，從政多失，又不能自省，則敗亡之日不遠矣。所以他得出結論，讖緯是「奇怪虛誕之事」，而非「仁義正道」。「今諸巧慧小才伎數之人，曾益圖書，驕稱讖記，以欺惑貪邪，詿誤人主。」（《後漢書》本傳）但是漢光武帝劉秀迷信讖緯極深，不僅不聽良言，反而聞過則怒，要殺桓譚。桓譚叩頭流血，許久方得免。最後被貶爲外官，中道病死。這實在是一代英主的瑕疵，也是著名思想家的悲劇。

桓譚還反對漢代極爲流行的神仙方術和長生不死迷信，對形神問題作了新的詳細論證。他藉用燭、火來比喻形、神，指出：「精神居形體，猶火之然燭矣」，「燭無，火亦不能獨行於虛空。」（《怯蔽》）精神就像火焰一樣，需要有一定的物質載體。當物質的形體燃燒完之後，精神之火也就熄滅了。「炧（燭之剩餘）猶人之耆老，齒落髮白，肌肉枯臘，而精神弗爲之能潤澤周遍，則氣索而死，如火燭之俱盡矣。」（同上）死亡對於人是一種自然現象，是不可避免的過程。桓譚不否定道教中某些修養之法可以達到延年益壽的目的，他說：「今人之養性，或能使墮齒復生，白髮更黑，肌顏光澤，如彼促脂轉燭者，至極壽亦獨死耳。」（同上）可是修身養性的鍛煉並不能使人長生不老，「生之有長，長之有老，老之有死，若四時之代謝矣。而欲變易其性，求爲異道，惑之不解者也。」（同上）人有生就必然有死，這如同天氣四時之代謝，是不可抗拒的自然規律。在帝王貴族，世族豪門中流行的尋不死之仙方，不過是迷惑者的糊塗行爲。針對某些方術之士散布的「人誠能抑嗜慾，闔耳目」，就可不衰老的說法，桓譚指著庭前的大樹說：「彼樹無情慾可忍，無耳目可闔，然猶枯槁朽蠹。人雖慾愛養，何能使之不衰？」（《辨惑》）神仙方術之士所宣揚的禁慾主義，也並非達到長生的路途。桓譚的這些思想，對後世的無神論思想家有很大的啓發。

在社會政治理論方面，桓譚的思想也多有見樹。結合漢代儒法合流的實際，他總結爲「王霸二盛」的主張。他認爲，「王道之治」就是要「先除人害而足衣食，然後敎以禮儀而威以刑誅。」（《王霸》）在這裏應當以儒家的仁政爲根本，他反對秦始皇嚴刑峻法的暴政，抨擊當時是「皆務酷虐過度」。（《譴非》）不過他也不主張敎化萬能論，對許多儒者尖刻攻擊的法家之術給予了肯定。他說：「霸功之大者，尊君卑臣，權統由一，政不二門，賞罰必信，法令著明，百官修理，威令必行。」（同上）法家的政治主張，對於鞏固中央集權統治也是必不可少的。所以他心目中的理想政治應該是「唯王霸二盛之美，以定古今之理焉。」（同上）從一定意義上講，桓譚說出了中國封建政治儒法互補的眞諦。

（張踐）

六〇、王充的《論衡》如何以「疾虛妄」爲宗旨？

王充（二十七～約一〇〇）是東漢時期著名的思想家，他只有一本著作《論衡》，共八十五篇。《論衡》一書的根本宗旨是「疾虛妄」，所涉及的內容，都是圍繞著這個主題展開。王充所說的「虛妄」，就是當時社會上廣泛流行的讖緯神學。「讖」是「詭爲隱語，預決吉凶」的宗教預言，它以神啓的方式爲某些社會集團製造輿論。如秦朝末年，社會上就曾流行「亡秦者胡也」的讖語。「緯」是用宗教迷信的觀點對儒家經典的神祕解釋，其中既包括一些社會生活常識和自然科學知識，但更多的則是神學家對時政的藉題發揮。如《春秋緯・文耀鉤》針對漢代后妃專權的情況，編造緯書說：

「慧入門，辰守房，天庫虛，狼弧張，期八年，王伯起，帝產亡。后黨嬉。」董仲舒的今文經學重《公羊》，明天人感應，更是為讖緯神學提供了理論依據，促其迅猛發展。到了兩漢之際，儒生們編造的緯書已經鋪天蓋地，荒誕不經；圖讖滿天飛，搞得人心慌慌。東漢政權在建立的過程中，也廣泛地利用的讖語，如「劉秀發兵捕不道，四夷雲集龍鬥野，四七之際火為主」（《後漢書・光武帝紀》）等等，東漢統治者對之仍然迷信甚深。漢章帝建初四年（七九），皇帝親自主持了「白虎觀會議」，重新編定五經，統一天下圖讖。最後由班固整理為《白虎通》一書，使讖緯迷信獲得了欽定法典的地位。在讖緯迷信的歪曲解釋下，儒學已經嚴重偏離了孔子時代對「怪力亂神」存而不論的理性主義方向，越來越向宗教化的形式發展。王充對之疾惡如仇，故作《論衡》一書以糾其偏。

《論衡》一書反「虛妄」，其思想方法是「證驗以效實然」（《論衡・知實》以下引本書僅注篇名）的實在論。他說：「凡論事者，違實不引效驗，則雖有甘義繁說，眾不見信」（《知實》），只有能用客觀事物證明的理論才是正確的。故他重視感覺器官直接感知，「如無聞見，則無所狀」，「須任耳目以定情實」（《實知》）。但是他又反對單純迷信感知，因為人的感覺中往往會包含某些錯覺，「信聞見於外，不詮定於內，……猶為失實。」（《薄葬》）所以他認為還需要「留精澄意」，「以心原物」，開動理性思維，剔除虛假表象，把握事物的本質。

《論衡》反對在「天」的問題上神學家所散布的「虛妄」。董仲舒認為：「天者，百神之君也。」（《春秋繁露・郊義》）天有意志，有情感，有作為，是萬物及人類的創造者和主宰者，可以與人世相感應。王充則把天還原為自然界，他指出：「天去人高遠，其氣莽倉無端末。」（《變動》）

天地間萬物的生長變化，不過是一種自然現象，並沒有誰在背後支配。他說：「天地合氣，萬物生焉。猶夫婦合氣，子自生矣。」（《自然》）這完全是氣運動的結果，而不是神有意的安派。

災異符瑞是神學家們製造讖緯的最好論據，王充重點加以批判。緯書上說：堯之母與赤龍交而生堯，劉邦之母夢與龍通而生劉邦。王充根據萬物「因氣相生，種類相產」的原理，說明人與龍是異類，不能相交而得子，駁斥了各種君權神授的神話。緯書上還說：聖君受天命時，必有祥瑞出現。如文王時有朱雀之瑞，武王時有白魚之瑞。王充指出：「自然無爲，天之道也。」「文王當興，赤雀適來，魚躍鳥飛，武王偶見，非天使雀至白魚來也。」（《初稟》）各種祥瑞，不過是些偶然的巧合而已。自然災害是神學家最喜歡利用來證明天人感應的證據，說是天神對人君的「譴告」。王充指出：「末世衰微，上下相非，災異時至，則造譴告之言矣。」（《自然》）在王充看來，自然界有其自身的運行規律，與人世無涉，譴告之言都是別有用心的人利用朝代末世編造出來的。

讖緯神學在尊儒的幌子編造宗教預言，自然也要神化孔子本人。如緯書《春秋演孔圖》說孔子：首類尼丘山，長十尺，大九圍。《孝經·鉤命訣》說：仲尼海口、牛脣、舌理七重、虎掌、龜背，儼然是一個半人半神的怪物，以此證明他有神性。他們說孔子生前就預言：秦始皇要登孔子之堂，上孔子之床，至沙丘而亡。又說孔子已經預見到「董仲舒，亂（整理之意）我書」。王充認爲這也是「虛妄」，他說：「前知千歲，後知萬歲，有獨知之明，獨聽之聰，事來則名，不學自知，不問自曉，故稱聖。……此皆虛也。」（《實知》）因爲「天地之間，含血之類，無生知者。」（同上）任何人都必須經過學習才能獲得知識，「所謂聖者，須學以聖」（同上），他們不過比平常人善於思維，「溫故以知新」，「能類推以見方來」而已。

東漢時代鬼神迷信非常流行，王充認爲這也是一種「虛妄」。他認爲：「然則人生於天地也，猶魚之於淵，蟣蝨之於人也，因氣而生，種類相產。」（《物勢》）人也是自然中的一物，「物死不爲鬼，人死何能獨爲鬼？」（《論死》）根據當時的醫學知識，王充分析了死的生理現象，他說：「人之所以生者，精氣也；……能爲精氣者，血脈也。」（同上）「人死血脈竭，竭而精氣滅，滅而形體朽，朽而成灰土，何用爲鬼？」（同上）在現實生活中並不存在鬼，人們關於鬼的觀念，是疾病、恐怖之時，精神混亂，頭腦中出現的一些幻像。「凡人不病則不畏懼，故得病寢衽，畏懼鬼至。畏懼則存想，存想則目見虛。」（《訂鬼》）在二千年前的漢代，中國哲人能對各種迷信觀念作這樣深刻的心理分析，實在是難能可貴。

王充的《論衡》激烈地抨擊各種「虛妄」理論，對糾正讖緯的偏失，促使古文經學的興起有直接的促進作用。同時，他堅定的無神論立場，對後世思想家反對宗教迷信，則產生了深遠的歷史影響。

（張踐）

六一、王符的《潛夫論》主要思想有哪些？

《潛夫論》是中國東漢末年思想家王符的社會政治哲學著作。王符，字節信，東漢安定臨涇（今甘肅省鎮原縣）人。生平事跡已不可詳考。約生於和帝、安帝之間，約卒於桓帝、靈帝之際，活動年代當在東漢末年的黃巾起義（一八四）之前。關於其人其書，《後漢書・王符傳》載：「安定俗鄙庶孽，而符無外家，爲鄉人所賤。自和、安之後，世務遊宦，當途者更相薦引，符獨耿介不同於俗，以此遂不得升進。志意蘊憤。乃隱居著書三十餘篇，以諷當時失得，不欲章顯其名，故號曰《潛夫論》。其指訐時短，討謫物情，足以觀見當時風政」。《潛夫論》十卷，計三十六篇，六萬餘言，大多是對漢末社會、政治、風俗等腐朽黑暗狀況的揭露和批評，對治國安民之術的討論，亦有部分哲學內容。

王符所生活的東漢末年是一個危機四起、腐朽黑暗的時代。外有豪強兼併，民不聊生，自安帝至靈帝不過七八十年，農民因破產流亡而暴動竟達六七十次。內有宦官、外戚輪流把持朝政，「黨人」謀奪中央政權，一個又一個十幾歲的皇帝成了權力鬥爭中的傀儡，在位長者不過十幾年，短者僅數月而已。

面對社會上的種種黑暗與醜惡，王符在《潛夫論》中進行了無情的揭露和批判。對王侯貴族的奢靡，《潛夫論》中說，他們生前「一饗之所費，破終身之本業」，死後「一棺之成，功將千萬夫，既其終用重且萬斤，非大眾不能舉，非大車不能挽」（《潛夫論・浮侈》，以下凡引此書只注篇名），只知享樂，不問國事，「虛食重祿，素餐尸位，而但事淫侈，坐作驕奢」（《思賢》），「驕贏負責，欺枉小民，淫恣酒色」（《三式》）。對朝廷官吏的腐敗，《潛夫論》中說，他們是「奸宄繁多」「浮食者多」、「治本者少」（《浮侈》），「衰世群臣，誠少賢也。其官益大者罪益重，位益高者罪益深爾」（《本正》）。對政治的昏亂虛僞，《潛夫論》中說，「群僚舉士者，或以頑魯應茂才，以桀逆應至孝，以貪饕應廉吏，以狡猾應方正，以諛諂應直言，以輕薄應敦厚，以空虛應有道，以黑暗應明經，以殘酷應寬博，以怯弱應武猛，以愚頑應治劇，名實不相副，求貢不相稱。富者乘其材力，貴者阻其勢要，以錢多爲賢，以剛強不上」（《考績》）。對於世事民風的衰敗浮侈，《潛夫論》中說，「今民奢衣服，侈飲食，事口舌而調炊，以相詐給，比肩皆是也」，「今察洛陽，浮末什於農夫，虛僞遊手者什於浮末」，「天下百郡千縣，市邑萬數，類皆如此，本末何足相供」（《浮侈》）？。

針對上述種種嚴重的社會問題，《潛夫論》直言「衰世」，提出了一系列改革措施。主要是：一，崇本抑末、愛惜民力。《潛夫論》指出：「明君蒞國，必崇本抑末，以遏亂危之萌」（《務本》）。關於什麼是崇本抑末，王符一方面繼承了傳統的以農爲本的思想，強調「夫土地者民之本也」（《實邊》），另方面又順應歷史的進步，不排斥工商業的健康發展，「夫富民者以農桑爲本，以遊業爲末；百工者以致用爲本，以巧飾爲末；商賈者以通貨爲本，以鬻奇爲末（《務本》）。二，改革吏治，選拔賢能。《潛夫論》認爲，革除弊政，確立太平之基，必須「明愼貢選」（《班祿》），「以選爲本」，「苟得其人，不患貧賤；苟得其材，不嫌名跡」（《本政》）。三，注重德化，整頓朝綱。針對中央集權的削弱，《潛夫論》強調必須「尊君重令」，因爲「行賞罰而齊萬民者，治國也；君立法而下不行者，亂國也；臣作政而君不制者，亡國也」（《衰制》）。在具體政策上，《潛夫論》主張將法家的法、術、勢與儒家的道德教化結合起來。只重教化會「賞不隆則善不勸，罰不重則惡不懲」（《三式》）；只重法治又不能做到「務治民心」（《德化》），「未足以興大化而升太平也」（《本訓》）。但兩相比較，《潛夫論》更重敎化，強調「順其心而理其行。心精苟正，則奸匿無所生，邪意無所載矣」（《德化》）。

王符在《潛夫論》中對當時社會上廣泛流行的鬼神、卜筮、巫祝、占夢、骨相及性三品等觀念也表達了自己的觀點。他一方面承認有鬼神的存在和卜筮、巫祝的必要，一方面又說「聖人不煩卜巫，敬鬼神而遠之」（《卜列》），反對「多忌妄畏」（《巫列》）。他一方面認爲占夢會得到「神靈之所告」，一方面又強調自己「亦不專信以斷事」（《夢列》）。他一方面相信人的性命貴賤會表現爲骨相，一方面又突出人事的作用，「故凡相者，能期之所極，不能使之必至」，「十種之地，膏壤雖肥，弗耕不獲；千里之馬，骨法雖具，弗策不致」（《相列》）。他一方面繼承董仲舒以來的性三品人性論，一方面又重視後天的敎化與學習，否認生而知之，「雖有至聖，不生而知；雖有至材，不生而能」，「人不可以不就師矣」（《讚學》）。《潛夫論》中這種隨處可見的自相矛盾現象既表現出王符的思考，也表現出了他困惑和局限性。

《潛夫論》的哲學思想集中表達於《本訓》篇中。王符將元氣論與陰陽學說結合在一起，提出了一個宇宙萬物生成的模式。在這個模式中，天地萬物的根源是元氣，「上古之世，太素之時，元氣窈冥，未有形兆，萬精合併，混而爲一，莫制莫禦。若斯久之，翻然自化，淸濁分別，變成陰陽。陰陽有體，實生兩儀，天地壹鬱，萬物化淳，和氣生人，以統理之」（《本訓》）。《潛夫論》中的元氣論是對兩漢幾百年來元氣論發展的一個系統槪括與昇華，對此後中國哲學的發展也發生了深刻而久遠的影響。

（王國元）

六二、劉劭的《人物志》所代表的「名理派」有何特色？

「名理派」是漢魏時期產生的一個以「綜核名實」，「辨官論才」爲主要宗旨的學術流派，大致相當於今日人才學的範疇。中國封建社會從秦漢到魏晉，社會結構發生了很大變化。由於門閥士族的崛起，莊園經濟的膨脹，豪強士族壟斷了國家的政治、經濟命脈。掌握政權的統治者，無論是要實現地區性統一，還是完成全國性統一，都必須處理好與當地門閥士族的關係。此時的門閥士族，不同於秦漢時的封建官吏，政治統治符合他們的莊園利益，他們便與之合作；反之，他們便以相對獨立的地主莊園作爲據點製造分裂。所以漢魏兩晉南北朝，社會動亂不定，政變、戰爭頻繁。在這種特定的歷史條件下，就必須改變秦漢以來的那種絕對專制的統治，探索處理國家與豪右、大姓之間關係的新方法。探索活動首先表現在人才的識別與選拔方面，綜核名實就是指考校官員的言論與行動是否統一，以便推行名法之治。在漢末產生的魏、蜀、吳三國中，曹魏政權講究以權術馭群臣，故綜核名實的「名理」學派在這裏最發達。徐幹的《中論》、劉廙的《政論》、曹操的《求賢令》等，都談了這方面的問題，而劉劭的《人物志》則是一部概括性的著作。

劉劭，字孔才，三國魏廣平邯鄲（今河北邯鄲）人，生卒年月不詳。初爲計吏，歷仕武、文、明諸帝，屢遷祕書郎、散騎常侍，封關內侯。他學問通博，舉凡文學、名理、法律、制度、策謀、思辯諸科，無所不究，深受朝廷器重。他一生著作頗多，而《人物志》則是其代表作。該書共三卷，十一篇，全面討論的人才的種類及其使用。《人物志》的《流業篇》把人才分成十二類：「有清節家，有法家，有術家，有國體，有器能，有臧否，有伎倆，有智意，有文章，有儒學，有口辨，有雄傑。」他分別列舉了各類人才的特點及其在歷史上的代表者，如清節家，「德行高妙，容止可法」，適宜師氏之任，春秋時齊國宰相晏嬰就是代表者。法家「建法立制，強國富人」，適宜司寇之任，春秋齊國的管仲屬於這一類。術家「思通道化，策謀奇妙」，西漢的張良屬於這種類型。國體家「德醇風俗，法正天下」，宜於三公之任，周朝的伊尹屬於這一類。器能家「法正鄉邑，術權事宜」，適宜冢宰之任，春秋時鄭國子產是這種類型。臧否家是清節家的支流，「好尙譏訶，能察是非」，適宜擔任師氏之徒，爲司察之官，孔子的弟子子夏屬這個類型。伎倆家是法家的支流，「錯意施巧，伎藝傳奇」，宜爲司空之職。西漢張敞是其代表。智意家是術家的支流，「具有權勢，頗通人事」，宜爲冢宰之佐，西漢陳平是也。文章家「善於著述，卓有文采」，宜於國史之任，西漢司馬遷是其中的佼佼者。儒學家「能傳聖人之業，而不能幹事施政」，宜於安民之任，西漢毛公是其代表。口辨家「應答迎送，隨即應變」，宜於行人之職，戰國樂毅是其代表。雄傑「膽略絕衆，威猛過人」，宜於將帥之任，漢初開國大將韓信屬於這一類。

劉劭又認爲，十二類人才各有所長，但又各有所短，關鍵在於英明的帝王善於駕御和利用。而君主之德則不包括在其中。他說：「凡此十二材，皆人臣之任也，主德不預焉。主德者，聰明平淡，總達衆材，而不以事自任也。」（《流業篇》）也就是說，人主要跳出具體才能的範疇，以無爲馭有爲，以無名率有名，這才是大智慧，大道德，他將其稱之爲中庸。「夫中庸之德，其質無名」（《體別篇》），這裏他實際上已經提出了後來魏晉玄學所論證的「以無爲本」，「以靜制躁」等問題，不過尚未上升到哲學的高度。

劉劭又進一步探討了名後邊的理。他說：「夫建事立義，莫不須理而定。……若夫天地氣化，盈虛損益，道之理也；法制正事，事之理也；禮教宜適，義之理也；人情樞機，情之理也。其理不同，其於才也，須明而章，明待質而行。」（《材理篇》）爲了將就人才學上的分類，劉劭將理也分成了幾種，從而缺乏一個最高的哲學範疇來統帥，建立起一個有機聯繫的系統結構。而這恰好由日後的何晏、王弼所完成。因此，後世學者將以劉劭《人物志》爲代表的「名理派」視爲魏晉玄學的先聲。

（張踐）

六三、何晏與王弼代表的「玄論派」有何理論貢獻？

何晏（一九〇～二四九），字平叔，魏國南陽（今河南省南陽縣）人。他是東漢末年靈帝時的國舅，大將軍何進之孫，少年以才秀知名，在魏國尚曹魏公主，官至尚書，賜爵爲列侯。何晏生活孟浪，動靜粉白不離手，有「敷粉何郎」之名。曹魏政權末年，司馬氏集團勢力膨脹，何晏因與曹氏的姻親關係，亦被殺害。王弼（二二六～二四九），字輔嗣，魏國山陽（今河南修武縣）人。《三國志》稱他「幼而察慧，年十餘好老氏，通辨能言」。他所作《老子注》一書，何晏看後大加讚賞，說：「仲尼稱後生可畏，若斯人者，可以言天人之際乎？」以後何晏將王弼推薦給執政的大將軍曹爽，官至尚書。在曹爽、何晏被殺的同一年，王弼受牽連入獄，出獄後不久就去世了。

何晏、王弼是魏晉玄學的首倡者，他們的學派以其內容被稱爲「玄論派」。玄學家多以注疏《周易》、《老子》和《莊子》這三本精巧玄妙的哲學著作的形式闡發自己的觀點，三書又稱「三玄」，玄學由此而得名。表面看來，玄學家們談論的問題虛玄古奧，與世無涉，但是實質上，玄學家們是在以源於生活，高於生活的方式參與現實的政治爭論。三國時期迫切需要解決的問題是如何處理中央政權與門閥士族關係。孫權的「施德緩刑」具有黃老道家色彩，諸葛亮傾向於儒法合流，而曹操則以法家的刑名之學爲主導。曹魏政權的方法雖然取得了很大成就，但也造成了上下離心，政局不穩的弊端。當時的有識之士都提出了自己的見解，有人主張刑德並用，儒法合流；有人主張純用儒家，任德不任刑；有人主張淸靜無爲，奉行黃老。何、王二人則要站得高一點，他們認爲這種談論不應是就事論事，僅僅局限於政策的方面，而應當上升到哲學的層面。王弼說：「夫以道治國，崇本以息末；以正（政）治國，立闢以攻末。」（《老子注》五十七章）那麼，究竟什麼是治國之本呢？限於當時的思想資料，何、王二人也只能是歸本於黃老。

何晏的著作有《道德二論》，《無名論》和《論語集解》，但大多已經亡佚，僅可從其他人的著作中見到一些轉引。如張湛《列子》注引何晏的話說：「有之爲有，恃無以生，事而爲事，由無而成。夫道之而無語，名之而無名，視之而無形，聽之而無聲，則道之全焉。」可見何晏已經確立了「以無爲本」的思想，所以他才會如此看重並提攜對老子之學有深刻研究的年輕後生王弼。王弼的代表作是《老子注》、《周易注》、《周易指略》、《論語釋疑》等書，全面闡述了「以無爲本」

的玄學思想。他說：「凡有皆始於無，故未形無名之時，則爲萬物之始。」（《老子注》一章）這裏他所說的「無」也就是「道」，「道者，無之稱也，無不通也，無不由也，況之曰道，寂然無體，不可爲象。」（《論語釋疑》）他的理由則在於，具體有形的事物只能生出另一個有形的事物，而只有無形之物，才能生出萬物。王弼如果僅僅是到此爲止，那他並沒有比老子前進多少。他的重要貢獻恰恰在於，他用「本末」、「體用」、「一多」、「動靜」等一系列哲學範疇進一步說明了「以無爲本」。他說：「母本也，子末也。得本以知末，不捨本以逐末。」（《老子注》五十二章）道生萬物就如同母生子，把握了道就可以把握具體事物的規律，不能捨本以逐末，光著力於政治的細微末節。他又用「體用」範疇一來說明有和無，「夫無不了以無明，必因於有」，「必有之用極而無之功顯。」（《周易·繫辭傳》韓伯康注引王弼《大衍義》）作爲本體的「無」，也不能離開具體事物的「有」而存在，無之體必在有之用中體現出來。王弼進一步用「一多」範疇對有無關係進行說明，他講：「萬物萬形，其歸一也。何由致一？由無乃一，一可謂無。」（《老子注》四十二章）由於代表具體事物的「多」是由代表道的「一」生出來的，所以，「夫衆不能治衆，治衆者至寡也。」（《周易略例·明象》）「以一治多」，「以寡治衆」就是王弼所要說明的「治道」。最後，王弼還講到了「動靜」關係。《老子》中就有「歸根曰靜」的命題，因爲萬物是運動的，而道則是靜止的。以一治多，以道御萬物，就是以靜治躁。他說：「夫靜爲躁君，安爲動主。故安者，止之所處也；靜者，可久之道也。」（《周易注》恆卦）王弼的「貴無」論哲學，通過這套複雜的論證，爲中國古代哲學引入了一系列新範疇，使之上升到了一個新的水平。

王弼「以無爲本」的玄論，最終還是要回到現實中來。他先說：「老子之書，其幾乎可一言以蔽之。噫！崇本息末而已矣。」（《老子指略》）「崇本息末」是要人們放棄對政治策略上的爭執，回歸政治的根本──道。但在把握了「以無統有」，「以寡治衆」，「以靜治動」之道後，還要「守母以存子，崇本以舉末，則刑名俱有而邪不生。」（《老子注》三十八章）那麼如何崇本舉末呢？王弼雖然重視老莊的「無爲」之學，但是無爲是爲了「無不爲」。玄論哲學是爲了說明「名教出於自然」。他說：「始制，謂樸散始爲官長之時也。始制官長，不可不立名分以定尊卑。」（《老子注》三十三章）「樸」即是老子所說萬物的原始狀態，脫離了本源「道」，還是得有儒家的名教作爲治國的依據。不過在他看來，道家爲本，儒家爲末，道家哲學是儒家綱常的理論根據，這也就是玄學家「以道注儒」的特色。

（張踐）

六四、阮籍與嵇康代表的「曠達派」爲何名垂千古？

阮籍（二一〇～二六三），字嗣宗，陳留尉氏（今河南尉縣）人。阮籍生當魏晉興代之際，曾官至散騎常侍，轉步兵校尉。他是一位詩人，也是思想家，一生著作宏富。嵇康（二二三～二六二），字叔夜，譙國銍（今安徽宿縣西南）人。他自幼博覽群書，長好老莊，曾與曹魏通婚，官拜中散大夫。司馬氏篡權後，因拒絕與之合作而被殺。他是一位文學家，音樂家，又是一位思想家。

阮籍和嵇康生當曹魏與西晉禪代之時，社會動亂不定。青年時代，他們都有濟世報國之志，《晉書·阮籍傳》載：「籍本有濟世之志，屬魏晉之際，天下多故，名士少有全者。籍由是不與世事，遂酣飲爲常。」他們的早期作品與何晏、王弼等玄學主流派一樣，也是在努力探索如何使名教與自然相結合，以期框正曹魏政權之失。司馬氏篡權以後，高揚起名教的旗號，實則羅織罪名，誅除異己，把名教變成了政治鬥爭的工具。殘酷的現實粉碎了魏晉名士們的夢想，現實與理想的巨大反差把許多人逼上了「越名教而任自然」（嵇康《釋私論》）之路。阮籍、嵇康與山濤、向秀、王戎、劉伶、阮咸結成了所謂的「竹林七賢」，他們隱遁山林，撫琴賦詩，嗜酒長嘯，不拘禮節，不事王侯，任性放達，形成了玄學中的「曠達派」。

阮籍、嵇康等人不是一般的閒人隱士，而是具有深刻頭腦的思想家，他們不僅以自己的實際行動對社會的黑暗表示抗議，而且爲自己的行爲建立了一套理論。嵇康講：「六經以抑引爲主，人性以從慾爲歡。抑引則違其願，從慾則得自然。」（《難自然好學論》）他尖銳地指出，儒家的六經都是違反人的本性的，不過是統治者爲了一己之私利壓迫人民思想的工具。嵇康用極爲苛薄的語言諷刺了統治者所提倡的尊儒誦經，他說：「以明堂爲丙（病）舍，以諷誦爲鬼語，以六經爲蕪穢，以仁義爲腐臭，睹文籍則目瞧，修揖讓則變傴，襲章服則轉筋，譚禮典則齒齲。」（同上書）阮籍則諷刺迷信儒家禮教的人說：「且獨不見夫蝨之處於褌中乎？逃於深縫，匿乎壞絮，自以爲吉宅也。行不敢離縫際，動不敢出褌襠，自以爲得繩墨也。……汝君子之處寰區之內，亦何異夫蝨之處褌中乎？」（《達莊論》）嵇康甚至自稱：「輕賤唐虞而笑禹」（《卜疑》），「非湯武而薄周孔」（《與山巨源絕交書》），實乃驚世駭俗。

在中國古代社會，名教並不是指儒家思想，也不是某一統治集團的治國方略，而是一種不以人的意志爲轉移的社會政治倫理實體。阮籍等人提出了超越名教的破壞性括號，但他們受當時歷史條件的限制卻找不到名教的替代物，唯有逃避現實，尋找個人精神上的「桃花園」。嵇康說：「心無所矜，而情無所繫，體淸而神正，而是非允當。……寄胸懷於八荒，垂坦盪於永宙。斯非賢人君子高行之美異者乎？」（《釋私論》）他又賦詩云：「採薇山阿，散發崖岫，永嘯長吟，頤性養壽。」（《幽憤詩》）他們希望能夠遨遊於山林之間，放盪於形骸之外，作一個神仙般的隱士。然而現實生活的規律是殘酷的，在司馬氏政權的嚴密統治下，容不得有人逃遁於名教之外，「竹林七賢」小集團很快瓦解了。嵇康因與曹氏的姻親關係，不到四十二歲便被司馬昭殺害。阮籍爲了避免司馬氏的求婚，曾「醉六十日，不得言而止」，但最終仍不得不出山作個閒官。王戎、向秀，經不住利祿的引誘，自動作了晉朝的高官。阮咸、劉伶成了縱慾放盪，玩世不恭的頹廢派。劉伶以好飮酒而著名，「常乘鹿車，攜一壺酒，使人荷鋤而隨之，謂曰：『死便埋我』。」（《晉書・劉伶傳》）《世說新語・放誕篇》說他終日裸體喝酒，客人來了，也不隱避，還笑著說：我以天地爲屋，以屋爲衣，「諸君爲何入我褌」，在後世竟成爲笑柄。

玄學中的「曠達派」所以能名垂千古，一方面是由於他們對封建禮教的尖銳批判。他們當時雖然還提不出可以取而代之的新型社會制度，但其犀利的筆鋒，尖刻的言詞，對於後世批判現實的思想家有所啓迪。另一方面，他們「寄胸懷於八荒，垂坦盪於永宙」的瀟灑的情懷，恢宏的氣度，符合中國士大夫階層儒道互補的心理結構。在漫長的封建社會中，「不如意事常八九」，碰到了仕途的挫折，小人的讒言，讀一讀阮籍、嵇康的著作，可以起到開闊心胸，緩釋心靈壓力的作用。因此儘管他們書中多有非毀聖人的言語，但仍保存了下來。另外，阮籍有大量精美的詩詞傳世，嵇康的「聲無哀樂論」在文學理論上有較大影響，二人在文學史上也具有很高地位。（張踐）

六五、魏伯陽的《參同契》在道教史上有何重要影響？

《參同契》是東漢末年魏伯陽的著作，因其書主要藉助《周易》之理，演說道教煉丹祕法，所以也稱爲《周易》《參同契》。

魏伯陽其人於正史無考，在古籍中較早記載魏伯陽的是葛洪的《神仙傳》。其書說：「魏伯陽，上虞人。貫通詩律，文辭贍博，修眞養志。約《周易》作《參同契》。桓帝時，以授同郡淳于叔通。」以後諸家的說法，大致相差不多，可見葛洪之說大體是可信的。

關於《參同契》一書的得名，宋人朱熹作《周易參同契考異》指出：「參，雜也；同，通也；契，合也，謂與《周易》理通而義合也。」也就是說，該書是一部融滙貫通之作，主要包括「大易」、「黃老」、「爐火」，「三道由一，具出徑路」（《參同契》）。魏伯陽從《周易》中取陰陽和合之道，從黃老道家取順應自然之法，合而講解爐中煉丹之事，是道教史上第一部丹經。至於魏伯陽所說的丹是內丹還是外丹，道教門徒和史家一直存有爭議，皆因《參同契》書中有矛盾之處。一方面書中有大段講解內丹氣功的文字，另一方面，又有獨讚外丹，貶斥其它修養之術的地方。對此，有些現代學者認爲：《參同契》一書上、中、下三卷，內容有明顯的差異，故造成了上述歧見。據此推論，此書原始作者未必是一人，最後由魏伯陽總纂其成。所以在後代，此書既是外丹派的丹經，也是內丹派的丹經。

關於外丹道，《參同契》系統論證了金丹使人長生的道理。「巨勝尚延年，還丹可入口。金性不敗朽，故爲萬物寶。術士服食之，壽命得長久。……金砂入五內，霧散若風雨。熏蒸達四肢，顏色悅澤好。髮白更生黑，齒落出舊所。老翁返丁壯，耆嫗成姹女。改形免世厄，號之曰眞人。」道教的煉丹術，是從古代的煉金術發展而來，道士們驚異於黃金耐高溫和耐腐蝕的化學穩定性，想像服中藥一樣，直接將黃金中的某種神性移入人身，從而達到長生不老的目的。但是黃金、丹砂都是有劇毒的物質，不能直接服用，所以道士們又設想運用陰陽五行相生相克之理，在爐鼎中鍛煉，轉化成無毒而有益的金丹。《參同契》還提到朱砂、鉛汞、水銀等等藥物，「金以砂爲主，稟和於水銀」，「白虎（鉛）爲熬樞，汞日爲流珠，青龍（汞）與之共」。這些藥物的配合要非常注意分量，同時還要嚴格遵守鍛煉的火候，「二八應一斤，易道正不傾。銖有三百八十四，以應火候爻象之計」。只要遵陰陽相推之道，順四時變化之節，合五行相關之序，應晦朔隱顯之律，就可煉出使人服後成仙的金丹。

關於內丹道，《參同契》認爲：人體與宇宙相一致，也是一個陰陽協調的整體。要想長生，必須努力維持體內的陰陽平衡。同時，萬物的生化，皆是陰陽交媾，使精氣得以發舒的結果。人如果根據陰陽變化的規律，掌握《周易》六十四卦的運行路線，便可依此修煉。《參同契》說：「二氣玄且遠，感化尙相通。何況近存身，切在於心胸。陰陽配日月，水火爲效徵。耳目口三寶，固塞勿發揚。眞人潛深淵，浮遊守規中。……三者旣關鍵，緩體處空房。委志歸虛無，無念以爲常。」這裏講的眞人，是指人身中的眞氣，「守規中」，指意存丹田，再加之精神上意存虛無，即可在體內煉出金丹。如宋代朱熹所說：「以神運精氣，結而成丹」（《周易參同契考異》）。不過有一點需要提醒讀者，「內丹」這個詞出現較晚，大約是隋唐年間。在此以前，道敎的「服氣」、「導引」之術，稱內煉而不稱內丹。

朱熹在《周易參同契考異》一書中指出：此書文字古奧，多恍惚之辭，類比之喻，使人感到「無下手處，不敢輕議」。正因爲如此，所以給了後代學者詮釋發揮以很大的餘地，推演出許多丹鼎學說。其中，旣有外丹派，也有內丹派，兩派皆將《參同契》視爲丹經之王。如宋代著名道士張伯端所言：「叔通受學魏伯陽，留爲萬古丹經王。」（《悟眞篇》）元代陳致虛作詩讚《參同契》說：「端是長生不死方，常人緣淺豈承當。鉛銀砂汞分斤兩，德厚恩深魏伯陽。」不過從時間上看，從魏晉至隋唐，道士們多從外丹的角度研究、發揮《參同契》，而宋元之後，則多是從內丹的角度闡發《參同契》。顯然，這是和道敎自身發展的歷史有關。早期道敎之中旣有「服食」之術，也有「導引」之術。秦漢至隋唐的帝王、貴族們急於成仙，不惜重金請道士煉製金丹。然而殘酷的事實是，服金丹者不但沒有長生成仙，反而中毒暴死，迫使道敎從外向內轉化，注重內功的修煉。但不管從哪個方向研究，《參同契》皆可以給人們以啓示。

（張踐）

六六、葛洪的《抱朴子》提出了哪些重要觀念？

葛洪（二八三～三六三），字雅川，號抱朴子，丹陽句容（今江蘇江寧）人，是晉朝著名的道教思想家。他出身於江南名門，祖、父兩代在東吳歷任要職。葛洪十三歲時家道衰落，他躬耕稼穡，刻苦自學，博覽經史百家，後跟其從祖葛玄學道。葛洪還精通武略，晉惠帝太安三年（西元三〇三年），揚州發生了石冰起義，葛洪為將兵都尉，因破石冰有功，升伏波將軍。但他無意於功名，棄甲歸田，銳意修道學仙。遇「八王之亂」，避居廣州，專心著述，《抱朴子》就是這個時期寫成的。東晉時，朝廷念其前功，賜爵關內侯。因聽說交趾產丹砂，遂求為句漏（今廣西北流縣）令。路過廣州時，為刺史所留，遂止於羅浮山修道，至八十一歲仙逝。

葛洪一生著作宏富，而《抱朴子》則是其代表作。《抱朴子》一書包括內篇二十卷，外篇五十卷。他自稱：「其內篇言神仙方藥，鬼怪變化，養生延年，禳邪卻禍之事，屬道家；其外篇言人間得失，世間臧否，屬儒家」（《抱朴子・自序》）。這本書包括了道教的宇宙觀、人生哲學、政治思想、宗教理論、煉丹術和養生學，可以概括為如下幾點：

第一、對道教「長生久視」理論的系統證明。首先，他用經驗歸納的方法證明世界上確有神仙存在。有人用直接經驗否認神仙的存在，而葛洪則指出：除直接經驗以外，還有間接經驗，「邃古之事，何可親見？皆賴記籍，傳聞於往耳。」神仙雖未必親見，但典籍多載，必非虛言。其次，他論證了神仙可學而至。有人問：神仙是天生而成的，還是刻苦修煉而成？他回答：「彼莫不負笈隨師，積其功勤，蒙霜冒險，櫛風沐雨，……性篤行貞，心無怨忒，乃得升堂入室。」此論等於爲全體信仰者打開了長生不老，肉體成仙的大門。再次，葛洪認爲人通過「行氣導引」，變化氣質，可致長生。因爲「人在氣中，氣在人中，自天地以至萬物，無不賴氣以生。」氣是生命的根源，所以「寶精行氣」可以袪病延年。最後，他論證了金丹大藥使人長生的原理。「夫金丹之爲物，燒之愈久，變化愈妙。黃金入火，百煉不消；埋之，畢天不朽。服此二物，煉人身體，故能令人不死不老。」他設想藉助黃金和丹砂耐高溫、耐腐蝕的化學穩定性，使人經得起歲月的消磨。他得出一個結論：「我命在我不在天，還丹成金億萬年」。

第二、葛洪系統研究了道教的長生修仙之術。一曰「積善立功」，修道者必須遵從封建禮教。「覽諸道戒，無不云欲求長生者，必欲積善立功，慈心於物。」二曰「草木藥餌」，先須除去身體疾病，方可爲進一步修道打下基礎。他說：「古之初爲道者，莫不兼修醫術，以救近禍。」三曰「屈申導引」。這是修道所必須的身體鍛煉，「朝夕導引，以宣動營衛，使無輟閡。」四曰「寶精行氣」。他受古代房中術的影響，認爲：「欲成神仙，唯當得其至要，至要者在於寶精行氣。」寶精者，即清心寡慾，使人不爲色慾所傷，行氣者，即用呼吸吐納之法，使入氣多，出氣少，最後達到胎息狀態。五曰「金丹大藥」，這是成仙的根本。「服神丹令人壽無窮，與天地相畢，乘雲駕龍，上下太清。」從葛洪所列的修習次第看，他還是屬於外丹派，把鍛煉金丹視爲根本。在《抱朴子》中，他對煉丹所用藥物，丹爐的尺寸，煉丹時的火候，各種藥物的變化都進行了詳細的觀察與記錄，成爲世界史上最早的化學家。

第三、「玄道合一」的宗教哲學。成仙不僅追求肉體的長生不朽，而且必須在精神上與天地合一。他藉助老莊及玄學的範疇，論證「玄」、「道」爲宇宙的本體。「玄者，自然之始祖，而萬物之大宗也。」「道者涵乾括坤，其本無名。論其無，則影響猶爲有焉；論其有，則萬物尚爲無焉。」「玄道」是天地萬物的派生者，所以是永恆的存在。修道者所追求的終極目標，就是與道同一，「其爲玄道，可與爲永」，「玄之所在，其樂無窮；玄之所去，器弊神逝。」修道者通過「守一存眞」，心通玄道，這樣就能突破有限個體的束縛，在精神上實現永恆。

第四、葛洪創立了爲封建統治者所認可的道教政治哲學。道教初創時，是以「太平道」、「五斗米教」等民間宗教、農民起義的形式出現的，所以在漢魏之際受到朝廷的嚴厲罷禁。葛洪的《抱朴子》外篇，將道教與儒學相彙通。他認爲：「道者，儒之本也；儒者，道之末也」，儒道兩家是本末關係。但是，兩者卻同等重要，「若儒道果有先後，則仲尼未可專信，而老氏未可孤用」，儒道互補，才是良好的政治，完善的人生。他抨擊了張角等早期道教中的農民起義軍領袖，反對鮑敬言的「無君論」，大力弘揚儒家的：「三綱五常」，主張「刑德並舉」，舉賢任能，恢復封建社會的法制。

總之，由於葛洪的概括提煉，道教理論趨於完善，促進的道教的普及發展。《抱朴子》一書，在道教史上具有奠基意義。

（張踐）

六七、什麼是「格義」之學？

「格義」是佛教初傳中國之時，中國僧俗信衆用來解釋佛教觀念的一種方法。據南北朝高僧慧叡所撰《喻疑論》講：「漢末魏初，……尋味之賢始有講次，而恢之以格義，迂之以配說」（《出三藏記集》卷五）。也就是說，「格義」之法始於漢代末年。當時佛教作爲一種全新的觀念傳入中國，有自己一套獨特的概念範疇體系，與中國原有的諸子百家之學很不相同。可是來華弘教的僧人以及最早信教的人們又希望周圍的民衆能夠接受佛教，於是便用中國傳統的觀念和語彙來解釋佛教範疇的內涵，這就是「格義」之學。如用秦漢時期社會上流行的神仙方術來說明佛之萬能：「天竺有得道者，號曰佛，輕舉能飛，殆將其神也。」（《四十二章經序》）「阿羅漢者，能飛行變化，曠劫壽命，住動天地」（《四十二章經》）。西域高僧安世高等人，用道家的最高範疇「無」，對譯佛教的最高範疇「空」，把「眞如」譯成「本無」，把「涅槃」譯成「無爲」，把「五戒」稱爲「五常」等等。康僧會把「安般守意」四字，解釋成「安爲清，般爲淨，守爲無，意爲名，是清淨無爲也」（《大安般守意經注》）。

東晉時，和道安同爲佛圖澄弟子的竺法雅，正式使用「格義」的概念。「竺法雅……少善外學，長通佛義。衣冠士子，或附諮稟。時依雅門徒，並世典有功，未善佛理。雅乃與康法朗等，以經中事數，擬配外書，爲生解之例，謂之『格義』」（《高僧傳・竺法雅傳》）。據《高僧傳》載：竺法雅是河間（今河北獻縣東南）人，幼年時擅長儒家等世俗學問，出家後精通佛教義理，當時許多士人向他求學。針對那些人熟悉儒家、道家經典的情況，竺法雅與康法朗商議，用中土人習用的名詞、概念和義理，去比附佛經中的概念。另據《高僧傳・慧遠傳》記載：「遠年二十四，便就講說。嘗有客聽講，難實相義，往復多時，彌增疑昧。遠乃引《莊子》爲連類，於是惑者曉然。」應當承認，在兩種文化交流之初，這種簡單的、外在的相互比附，儘管有可能導致對外來文化的誤解，但又是一個必不可少的過程。

隨著佛教傳播的普及和中國僧人對佛經理解的深入，漸有一些高僧對「格義」方法提出了詰難。《高僧傳・僧光傳》引道安的話說：「先舊格義，於理多違。」因爲佛教與儒家、道教畢竟是兩個東西，無論在價值取向還是修養方法上，都存在著本質差異。魏晉南北朝時期佛教內部出現的「六家七宗」之爭，從根本上講就是由於以道家之「無」解佛教之「空」引起的。「本無宗」、「本無異宗」、「心無宗」等，都是把「空」理解成了一無所有，陷入了另一種「執」，而未體會到「空」「非有非無」的本質。不過道安雖對「格義」學有所批評，但他本人解經時也未能完全避免「格義」的方法。例如上引慧遠之事，他就非常讚賞，「是後安公特聽慧遠不廢俗書」（《高僧傳・慧遠傳》）。

眞正使「格義」方法被淘汰的是西域高僧鳩摩羅什。羅什是龜茲人，自幼出家，不僅精通大小乘佛學，而且熟悉梵文和西域諸國文字。前秦苻堅曾派大將呂光率兵到西域迎請羅什，但呂光在得到羅什後，卻在涼州自立爲王，羅什因此也在涼州滯留了十七年。在這十七年中，他刻苦學習中國文化，精通漢文典籍。所以當他在後秦弘治三年（四〇一）到達長安後，可以建立龐大譯場，高質量地譯出多部佛經。羅什譯經時，佛教已經傳播了相當長的時間，中國人對其已有較多的理解，因此他不再簡單地用儒、道兩家的現成概念去與佛經比附，而是用中國人可以明了的語詞直接說明佛理本身。實在無法意譯的概念，則堅持用音譯，如「般若」、「涅槃」等，使中國人能更接近佛經的原意。羅什的弟子慧叡作《喻疑論》，將「格義」之學斥之爲「迂而乖本」，此後佛學界無人再用。「格義」法被淘汰，說明中國僧人對佛經的理解又上了一個新的水平。（張踐）

六八、成實師的主旨是什麼？

成實師是南北朝至唐初在我國佛學界流行的一個主要傳承、研習佛教《成實論》的學派，亦稱「成實宗」、「成論師」、「成宗」「假名宗」、「成論大乘師」、「訶梨門人」等。

《成實論》爲中印度訶梨跋摩所著，姚秦鳩摩羅什譯，共十六卷。訶梨跋摩出生在一個婆羅門家庭，出家後跟隨小乘有部學者鳩摩羅陀學習《發智論》。後他不滿足於小乘拘泥名相，繁瑣支離，乃四出遊學，博學三藏各部經典，由此而接觸到大乘思想。他考核諸部，旁究異說，自成一體，著成本書。《成實論》的思想在印度並無多大影響，但鳩摩羅什在向中國信眾介紹大乘空宗的思想時，感到《成實論》對理解龍樹的《大智度論》有益，因此也將其譯出。《成實論》原書共有二〇二品，問答論爭，回環往復，結構鬆散，義理難明。羅什的弟子曇影根據其文意，將其編爲「五聚」（即五個部分）。第一聚爲《發聚》，是全書的緒論，講佛法僧三寶、四諦大要、論門種類及對教內十種重要異說進行批判。第二聚爲《苦諦聚》，分別講述色論、識論、想論、受論、行論等「五陰」之事，認爲「五陰」是人生諸苦的根源。第三聚爲《集諦聚》，主要講業論和煩惱論，宣揚業力決定論。認爲人不僅今生是苦，而且今世的思想、行爲皆要轉化爲業力，決定來世輪迴的苦樂。第四聚爲《滅諦聚》，詳論如何斷滅「假名心」、「實法心」和「空心」。也就是說不僅要破除對「我執」的「假名心」，而且要破除認萬物爲實有的「實法心」，最後，連以空爲空的「空心」也要破斥，達到空亦復空的境界。第五聚爲《道諦聚》，主要講修行的所謂「八正道」，分屬於正定和正智兩類，即通過正確的禪定和般若智慧，獲得涅槃覺悟。湯用彤先生指出：「羅什晚年譯成《成實》，……一則此論名相分析，條理井然，可爲初學佛學者之一助。二則什公向斥《毗曇》，此論常破《毗曇》，其持義復受般若影響」。也就是說，《成實論》既具有小乘佛學著作注重名相分析，內涵明晰的特點，把佛教「四諦」、「五陰」、「二諦」等基本觀念都講清楚了，可以作爲初學者的入門教科書。同時它又批評了小乘堅持「人空法有」的錯誤觀點，與大乘空宗的思想近似，後世學者將其判爲從小乘向大乘過渡性質的著作，認爲剛入門的人學習它不至於造成太大的錯誤。

《成實論》一經譯出，立即受到全國佛教學者的重視，形成了研習的熱潮，而羅什的弟子則是骨幹。其中僧導和僧嵩二人影響最大，在南北朝時期建立了成實宗的南北兩大派系——壽春系和彭城系。

僧嵩從羅什學習《成實論》以後，到彭城（今江蘇徐州）建白塔寺，傳授《成實》之學，成爲彭城系的開拓者。僧嵩門下著名弟子有：僧淵、曇度、慧記、道登、慧球等人。他們宣揚《成實論》，受到北魏統治者的重視，據《魏書・釋老志》記載，孝文帝拓跋宏在承明十九年（九四五）遊幸彭城白塔寺，他說：「朕每玩《成實論》，可以釋人染情，故至此寺焉。」這反映了北方佛教重視禁慾、苦行，強調宗教實踐的特點。

僧導是成實宗壽春（今安徽壽縣）派的創始人，他著有《成實論義疏》，宣揚成實論的觀點。劉宋時期，武帝劉裕西征長安，留太子劉義真鎮守關中。西元四一八年，太子為赫連勃勃所追擊，僧導率徒眾數百人相救，武帝感念其德，命子姪拜其為師，大大抬高了僧導的身價。後建寺於壽春，關中避難沙門多來投奔，「受業千有餘人」。劉宋時南派成實宗重要人物是僧導的弟子曇濟、道猛、僧鍾、道慧、法寵、慧開、慧勇等人，形成了強大的陣容，成實學在江南成為佛門顯學。到了南齊時，成實師的代表人物是慧次和僧柔。當時的宰相蕭子良，佛學造詣很深，他擔心人們過分熱衷於《成實論》，反而耽誤了對大乘般若學的研習，「令柔、次等諸論師，抄比《成實》，簡繁存要，略為九卷，使辭約理舉，易所研尋」（僧祐：《出三藏記集》卷十一）。到了梁代，《成實論》仍然受到沙門的歡迎，出現了僧祐、法雲、智藏三位大師。這三位高僧的思想，一方面調和佛教與儒學的關係，一方面強調《成實論》為三乘指歸，調和大小乘的矛盾。與他們同時較有名氣的還有寶海、慧韶、警韶、道超、寶淵、僧喬、僧綽、烏瓊、白瓊等人。不過，梁武帝卻不喜歡《成實論》，認為它畢竟是小乘作品，故推崇大乘的《三論》之學，成實師開始減少。到了陳代，成實師的代表人物是智嚼，他以倡導「新成實論」而聞名江南，但是現代已很難搞清楚其「新」在何處。有學者推測，大約是由於成實師受到三論師的攻擊，進一部修正自己的理論，使之更向大乘靠攏。智嚼門下，智脫、慧暅較有名氣，到隋朝仍然受到社會的重視，到了唐代，北方還有保恭、慧乘、道岳，南方有智琰、慧旻、智周、道慶等人傳習《成實論》，不過影響已經不大了，漸爲其它大乘佛教宗派淹沒。

（張踐）

六九、何謂地論師？

地論師是北魏至唐初在我國北方流行的一個以傳習《十地經論》爲主要內容的佛教學派。《十地經論》由印度大乘有宗創始人之一的世親撰寫，內容是解釋《華嚴經》中的《十地品》。世親本是小乘學者，後在阿瑜陀國聽人講《十地經》而改信大乘，投入其兄無著門下，共同創立了大乘有宗。《十地經論》講得是修行到菩薩境界後，繼續修習「佛界」的十個次地，也就是十種境界。全書共十二卷，分別講述了歡喜地、離垢地、明地、焰地、難勝地、現前地、遠行地、不動地、善慧地和法雲地。《十地經論》這本書，主要闡明了「三界虛妄，但是一心作」的基本觀點，用阿黎耶識（即阿賴耶識）的大乘有宗思想，重新解釋傳統佛教中的「十二因緣」說。世親講：「是菩薩作是念：三界虛妄，但是一心作。如來所說十二因緣分，皆依一心。」（《十地經論》卷八）具體說來，有隨事貪慾共生心，即有了「識」、「行」，「行」欺騙心故有「無明」，「無明」使心產生「名色」，「名色」引發「六入」，「六入」導致「觸」、「受」、「愛」、「取」，由「取」而「有」，「有」而出「生」，有「生」即有「老」、「死」。所以人生諸苦之因，關鍵還在心靈之中。心的本質，又在於阿黎耶識，爲破除心中的「無明」，只有在阿黎耶識中求解脫。「是凡夫如是愚痴顛倒，常應於阿黎耶識中求解脫，乃於餘處我，我所中求解脫。」《十地經論》的傳播，爲日後大乘瑜迦行派的流布作了理論的準備。

《十地經論》傳入中國後，很快引起了僧俗各界以及北魏帝室的注意，北魏宣武帝於永平元年（五〇八），命三藏法師菩提流支和勒那摩提將其譯出。關於此書的譯本，有兩種說法：一說由菩提流支和勒那摩提主譯，佛陀扇多助譯；另一說是宣武帝要試試菩提流支、勒那多提和佛陀扇多三人的本領，讓他們分頭翻譯，結果譯出的文字僅差一字，因此合成一本發行。《十地經論》譯出後，沿相州至洛陽的南北兩條大路傳播，從而形成了地論師的相州南道和相州北道兩大派。

相州南道由勒那摩提傳出，他的中國傳法弟子爲慧光。據說當時勒那摩提在譯經時就與菩提流支有意見分歧，慧光作爲筆授，善於調和矛盾，折衷爲一本，使之流傳。慧光門下弟子衆多，其中法上最爲著名，他曾擔任魏、齊兩朝的僧統（國家任命的最高僧官），轄衆二百萬，管寺四萬所，並著有《十地論義疏》、《大乘義章》等。法上的弟子慧遠，詳細講解了《大乘義章》，當北周武帝滅佛時，包括大僧統法上在內的五百僧衆都緘口不言，只有慧遠據理力争，竟使帝王一時爲之語塞。後慧遠避禍潛隱山林，至隋朝解禁後復出，任洛陽沙門統，整頓僧紀，名聲大振。南派其它名僧還有道憑、曇遵、僧範等。

相州北派由菩提流支所傳，其中國的得法弟子爲道寵，道寵俗名張賓，原是儒學大師熊安生的弟子，後改入佛門，從菩提流支學習《十地經論》，學成後在鄴下傳教，弟子多達千人，著名者爲僧休、法繼、誕禮、牢宜、儒果等人，但皆無多少著述。

地論師的南、北兩大派，在理論上的分歧主要可歸結爲兩點：（一）佛性「本有說」和「始有說」，或稱「當常」、「現常」之爭。北派認爲：阿黎耶識爲衆法所依持，與如來藏無別，但並不具備一切功德，功德必待新熏而後生，衆生佛性須成佛後始得，當果而現，屬於後天所有，這就是「當常說」。南派則認爲：阿黎耶識即眞如佛性，本來具足一切功德，衆生的佛性於生具有，證佛而現，此乃「現常說」。這裏似乎包含了一種「漸」、「頓」之爭的意味，但由於史料較少，難知其詳。（二）「四宗」、「五宗」之爭，起源於南派與北派在判教上的差異。判教是中國佛教宗派根據自己對佛教及佛教史的理解，將佛教經典及中外宗派系統排列的方法，藉以抬高自身，貶低其他流派。地論南派的判教系統爲「四宗說」，即「因緣宗」（《毗曇經》，小乘「有宗」論典），「假名宗」（《成實論》，小乘「空宗」論典），「不眞宗」（《般若經》，大乘「空宗」經典），「眞宗」（《華嚴經》、《涅槃經》，大乘「有宗」經典）。地論北派則將《華嚴經》從「眞宗」中分出來，獨立爲「法界宗」，藉以抬高《華嚴經》的地位。

入唐以後，地論師漸趨冷落，北派逐漸併入唯識宗，南派則併入華嚴宗。 （張踐）

七〇、什麼是攝論師？

攝論師是南北朝至唐初在我國南方流行的一個傳習《攝大乘經》的佛學流派。

《攝大乘經》簡稱《攝論》，由印度大乘有宗創始人無著撰寫，世親曾爲之作注，是瑜迦行派的重要著作之一。此經有三個漢譯本，一爲佛陀扇多的二卷本，一爲眞諦的三卷本，一爲玄奘的三卷本。其中，眞諦在陳朝譯出的《攝論》，在社會上產生了較大影響，形成了攝論師。

眞諦（四九九～五六九），原籍天竺（印度古稱），梁代從扶南（今柬埔寨）來到中國，是中國佛教史上「四大譯師」之一。據《續僧傳·眞諦傳》載：他在華二十三年，「所出經、論、記傳六十四部，合二百七十八卷」，爲中國佛教的發展做出了重大的貢獻。梁大同元年（五六四），眞諦來華後，受到梁武帝的禮敬。但不久發生了侯景之亂，眞諦避難於廣州，應廣州刺史歐陽紇之請，在陳天嘉四年（五六三），譯出《攝大乘經》。在玄奘創立唯識宗以前，眞諦所譯《攝論》，是傳播大乘有宗思想的主要著作。在眞諦逝世前一年，他的弟子法準、智敫、道尼等十二人發誓，要弘傳《攝論》的思想，勿使斷絕，攝論師由此形成。

僧宗、慧愷在眞諦在世時便協助他譯經，對《攝論》的翻譯有很大貢獻，《續僧傳·眞諦傳》說：「初，諦傳度《攝論》，宗、愷歸心，窮括教源，銓題義旨，遊心既久，歃懷相承」，他們是眞諦的得力助手。不過慧愷早卒，比眞諦還早逝一年。僧宗則在眞諦去世後，同法準、慧曠等人回廬山弘傳《攝論》。智敫爲循州人，也曾參加眞諦譯經工作，後曾任廣、循二州僧正，在地方上宣講《攝論》十餘遍，並爲眞諦撰寫《翻譯曆》。道尼是江西九江人，曾在眞諦門下參與譯經。隋文帝開皇十年（五九〇），到長安宣講《攝論》，使攝論師的勢力在北方得到發展。道尼門下弟子衆多，較知名者有道岳、慧休、智光等。玄奘年輕時，曾在慧休門下學習《攝論》。在北方，弘傳《攝論》還有一大家，即曇遷（五四二～六〇七），俗姓王，博陵饒陽人。出家後先從慧光學習《地論》，周武帝滅佛時到南方避難，在桂林刺史家中見到《攝論》，如獲至寶。隋開皇年間當選爲「大德」，回到北方，在長安、洛陽一帶傳播《攝論》思想，弟子衆多。曇遷還著有《攝論疏》十卷，影響很大。在南方弘傳《攝論》思想最力者，當推法泰。他也曾經參加過眞諦的譯場，親聆教誨。眞諦逝世後，「至陳太建三年，泰還建業（今南京），並賫新翻經論，創開義旨，驚異當時！」（續僧傳·法泰傳）由此可見，法泰是有相當社會影響的人物。法泰的弟子中，靜嵩最爲有名。靜嵩是一個廣博的學者，就學於法泰之前便學通《涅槃》、《地論》，跟隨法泰學習《攝論》、《俱舍》，後去北方傳播《攝論》的思想，「不測其終」。

《攝大乘經》主要傳播瑜迦行派關於法相唯識的思想，但與以後唯識宗所宣揚的學說，局部有些差異。（一）關於阿黎耶識，眞諦的譯本認爲，在阿黎耶識中還有妄識和純淨識之分。此純淨識便構成了第九識——阿摩羅識，即無垢識，亦稱眞如佛性。修行者要對治心中的妄識，通過證悟阿摩羅識而達到成佛的境界。由於人人心中皆有純淨識，所以攝論師承認人人皆可成佛。（二）關於「三性」中的依他起性，攝論師重在強調它的污染性質上，認爲也是空，必須斷滅。這些觀點和後來玄奘的新譯本皆不相同，遭到玄奘的破斥。特別是玄奘從印度取回大量瑜迦行派的經典，以「六經十一論」爲根本，《攝大乘經》僅是其中一論，所以不再特尊，南北方的攝論師紛紛轉入唯識宗。

（張踐）

七一、什麼是俱舍師？

俱舍師是中國南北朝至唐朝中葉，以研習《俱舍論》爲主要內容的佛學學派。

《俱舍論》全稱爲《阿毗達磨俱舍論》，爲印度大乘有宗創始人世親所著，卻是一部小乘教典，相傳是世親早年的作品。他先從小乘說一切有部出家，研習《雜阿毗曇心論》，很有心得。他在克什米爾和犍陀羅爲信眾講解《大毗婆沙論》時，每講完一節，便作一頌加以總結，前後共得六百頌，即形成了《俱舍論本頌》。以後，世親又親自爲之作注，與《本頌》合爲後世所傳的《俱舍論》。《俱舍論》理論上以《雜阿毗曇心論》爲基礎，圍繞著「四諦」等佛教基本原理，破除凡夫所執的人我見，闡明一切色心諸法皆因緣而生的道理。《俱舍論》將佛教極爲複雜的宇宙觀概括爲「五位七十五法」，即色法十一種，心法一種，心所法四十六種，心不相應行法十四種，無爲法三種。進而又將色心諸法的世界概括爲五蘊、十二處、十八界三科。由於《俱舍論》言簡意賅，條理分明，便於後學者把握佛學的基本原理，所以深受歡迎，廣泛流傳。

在中國，《俱舍論》有「舊論」和「新論」兩個體系。「舊論」由中國佛教四大譯師之一的眞諦在陳天嘉四年（五六三）譯出，慧愷筆受，共二十二卷。當時眞諦因避侯景之亂，留居廣州，應刺史歐陽紇之請翻譯了《俱舍論》。他在譯經的同時，還向弟子們講解經文意義，由弟子筆錄成《義疏》五十三卷。眞諦的弟子慧愷、智敫、法泰（由於這些人既弘傳《俱舍》，也弘傳《攝論》，其事跡可參見「什麼是攝論師」一條）等人，皆傳《俱舍》之學，從而形成了俱舍師學派。在《俱舍論》譯出之前，南朝的宋、齊、梁諸朝流行小乘的《毗曇》學，因《俱舍》與之近似，且更淸晰，所以許多毗曇師轉入了俱舍之中。慧愷的私淑弟子道岳（五六八～六三六）就是走的這樣一條道路，從《雜阿毗曇心論》入手，轉而從道尼受《攝論》。道尼圓寂後，到長安覺明寺專心研究俱舍五年，後到廣州見到了慧愷的《俱舍論義疏》，心私淑之。隋大業八年（六一二），應詔住持大禪定道場，弘傳俱舍，影響巨大。

唐朝著名的僧人玄奘，就曾在道岳門下受學《俱舍》。後玄奘赴印度西行求法，遇到了許多高僧大德，玄奘向他們請教有關《俱舍》的疑義，獲益非淺。特別是印度那爛陀寺的主持戒賢，是大乘有宗的著名傳人，對《俱舍論》有精到的研究，給了玄奘很大的幫助。玄奘回國後，因眞諦的舊譯本「方言未融，時有舛錯」，故於唐永徽二年（六五一）開始重譯此論，至永徽五年（六五四）完成，由沙門元瑜筆受，共三十卷。此爲《俱舍論》的新譯本，稱爲「新論」。玄奘在譯《俱舍論》時，將與之有關的《大毗婆沙論》及後來批評《俱舍論》的《順正理論》、《阿毗達磨顯宗論》等也翻譯出來，意在對《俱舍論》的某些缺陷進行修正。玄奘門下弟子神泰作《俱舍論疏》，普光作《俱舍論記》，法寶作《俱舍了疏》，各有三十卷之多，世稱爲「俱舍三大家」。玄奘的「新論」

及三大注疏的出現，在佛學界代替了眞諦的「舊論」系統，「舊論」有關的大量注疏相繼失傳。

在唐代，日本派出了許多學僧到中國求法，其中智通、智達等人到長安慈恩寺向玄奘、窺基學習，並把俱舍師的思想帶回了日本，開創了日本的俱舍宗，成爲所謂「奈良六宗」之一。（張踐）

七一、什麼是涅槃師？

涅槃師是南北朝至唐初，以研習《涅槃經》爲主要內容的佛教流派，亦稱涅槃宗。

《涅槃經》的全名爲《大般涅槃經》，是印度大乘佛教的重要經典，主要闡述佛身常住不滅，涅槃常樂我淨，一切眾生皆有佛性，一闡提、聲聞、辟支佛均可成佛的大乘思想。《涅槃經》在印度影響並不大，但由於符合了中國的國情和人性論，因而得到普遍的傳揚。東晉高僧法顯西行印度求法，在華氏城寫得《大般涅槃經》初分本。回國後於義熙十三年（四一七），與佛陀跋陀羅共同譯出，此爲六卷本《涅槃經》。西域僧人曇無讖，在北涼玄始十年（四二一），譯出了包括初分、中分和後分的四十卷本《涅槃經》，稱爲《北本涅槃》。四十卷本《涅槃經》傳入江南後，南朝宋文帝命令義學名僧慧嚴、慧觀及文學家謝靈運，參照六卷本的品目，修定爲三十六卷本，世稱《南本涅槃》。

在四十卷本《涅槃經》尙未到達南朝時，此地流行六卷本，其中雖然提到「一切眾生，皆有佛性」，但又講「如一闡提，懈怠懶惰，屍臥終日，言當成佛，若成佛者，無有是處」。鳩摩羅什四大弟子之一的道生，根據自己對大乘佛教的深刻理解，不拘泥於佛經的文字，認爲一定是傳譯未盡。他指出：「稟氣二儀者，皆是涅槃正因，闡提含生，何無佛性事？」（《高僧傳》卷十）道生的離經叛道之舉，受到了守舊之徒的攻擊，被逐出建業（今南京）。但是不久，「北本」傳入江南，其中果然有「一闡提皆得成佛」的字句，道生因其「孤明先發」而受到僧俗信衆的崇拜，《涅槃經》也因此廣爲流行。道生門下的學生們形成了江南涅槃師的一個系統，包括寶林、法寶、道猷、道慈、僧瑾、法瑗、僧宗、法朗等人。與道生同爲羅什弟子的慧觀，因參與《涅槃經》的修訂，對其亦有較深的研究，他的身後形成了南方涅槃師的另一大派系。慧觀在佛性問題上持「漸悟」說，與道生的「頓悟」說對立。另外，慧觀在中國佛教史上最早從事判教的工作，他把佛教的衆多流派和經典分成「二教五時」。《華嚴經》爲頓教，其餘統爲漸教。漸教又分爲五時，第一時爲三乘別教，指小乘各部經典；第二時爲三乘通教，以《般若經》爲主；第三時爲抑揚教，以《維摩經》、《思益經》爲主；第四時爲同歸教，以《法華經》爲主；第五時爲常住教，以《涅槃經》爲主。判教的方法，在中國佛教史上產生了很大影響。

南方的涅槃師，還有受北方之學影響者，主要人物有：慧靜、法瑤、曇斌、僧鏡、超進、僧鍾、法安、寶亮、法雲、僧遷等。另有不明學歷者僧含、法會、智藏、慧皎、慧勇、敬韶、寶瓊等人。他們都寫過注疏《涅槃經》的著作，在各地宣講《涅槃經》。當然，其中一些人也參加其它經典的研習。在北方，直接從曇無讖門下形成的涅槃師有：慧嵩、道朗、慧靜、道憑、曇準、道登、曇度、曇無最、圓通、寶彖、僧妙、道安、曇延、慧藏、慧海等，他們的情況與南方涅槃師的情況近似，除研習、注疏、宣講《涅槃經》外，也學習其它經籍。

《涅槃經》以討論佛性問題爲主，因與中國哲學中的人性問題暗合，故引起了學僧的強烈呼應。據吉藏的《大乘玄義》統計，當時圍繞著對佛性的不同理解，涅槃師中產生了十一家不同觀點。（一）以眾生爲正因佛性，以僧旻爲代表。（二）以六法（五陰及假名之人）爲佛性，梁代智藏是其代表。（三）以心爲佛性，因爲六法縮小即爲心，也是以智藏爲代表。（四）以冥傳不朽爲佛性，認爲人的識神不朽，爲輪迴主體，即爲佛性，以法安爲代表。（五）以避苦求樂爲佛性，認爲識神在流轉的過程中有避苦求樂的本能，以法雲爲代表。（六）以眞神爲佛性，眞神是識神的本體，以梁武帝爲代表。（七）以阿黎耶識自性清靜心爲佛性，似屬於地論師的觀點。（八）從當果上講佛性，這是道生的觀點，認爲眾生將來皆有成佛的可能性。（九）從得佛之理講佛性，認爲眾生本有得佛之理，以慧令爲代表。（十）以眞如爲佛性。（十一）從第一義空講佛性，是北方涅槃師的主張。（十二）以中道講佛性，以道朗爲代表。這後兩家比較接近三論宗所觀點，吉藏本人也是同意這種觀點的（參見呂澂《中國佛學源流略講》第六講）。涅槃師關於佛性的研究，主要是爲了說明成佛的依據，各家的觀點在經文上都可以找到根據。不過，涅槃師已經將成佛的根據從對外境的追求，拉向了對心識的探索，爲日後天台宗、華嚴宗、禪宗等中國化佛教流派的創立找到了方向。佛性問題以後幾乎成了中國佛教的中心問題。同時涅槃師的探討，深化了中國哲學對人性問題的研究，使哲學的重心從天人問題轉向了心性問題。

（張踐）

七三、三論宗以何爲本？

三論宗是中國佛教的一個宗派，因其以宣揚大乘空宗的《中論》、《百論》和《十二門論》爲主旨，故此得名。三論宗的統緒爲：龍樹、提婆、羅睺羅、青目、須利耶蘇摩、鳩摩羅什、僧肇、僧朗、僧詮、法朗、吉藏。龍樹等印度高僧是三論宗的思想先驅，龍樹著《中論》和《十二門論》，發揮大乘佛教緣起性空的學說，是空宗的締造者。龍樹傳法給提婆，提婆著《百論》等書，將空宗的學說發揚光大。經羅睺羅、青目等人，將其學說傳至西域諸國。鳩摩羅什（三四四～四一三）是龜茲人，早年出家學習小乘佛法，後在須利耶蘇摩門下學習般若性空之教，轉入大乘。羅什於後秦弘始三年（四〇一）來到長安，被姚興封爲國師，組織了龐大的譯經場，翻譯了七十餘部，三百餘卷佛教經典，也是中國佛教史上四大譯師之一。他在譯經的同時，特別注意弘傳大乘空宗之學。僧肇（三八四～四一四）是羅什門下「四哲」之一，先協助羅什譯經，後獨立著書闡發大乘空宗般若性空之理，被羅什譽爲「秦人解空第一」。他的著作《肇論》也成爲三論宗的傳世之作。羅什和僧肇死後，長安發生了戰亂，譯場散夥，三論之學由僧朗傳入南方。僧朗長期在攝山棲霞寺傳法，被尊爲「攝山大師」。當時江南盛行成實之學，三論玄綱幾乎斷絕。僧朗破斥《成實》，使三論學風重盛，深得梁武帝的賞識。僧朗的弟子僧詮，終生只在攝山止觀寺傳法，有「山中師」、「止觀詮」的雅號。他一生只講三論和《摩訶般若》，門徒數百，三論已成爲一個學派。僧詮門下法朗（五〇七～五八一），在陳武帝永定二年（五五八）奉旨進京，二十年間，講《法華》、《華嚴》及三論二十餘遍，對大乘空宗的教義理解精闢透徹，影響遍及全國。法朗弟子達千人，其中佼佼者「二十五哲」，吉藏便是其中之一。吉藏（五四九～六二三）生於金陵，隨父結識眞諦法師，眞諦爲其取此名。他從法朗學習，對三論之學有獨到的見解。陳隋之際，江南寺院荒蕪，他曾在各寺中收集文疏，流覽涉獵，見解大進。隋平定百越後住浙江會稽嘉祥寺傳法，聽者千餘，被世人呼爲「嘉祥大師」。唐初被請入長安弘法。高祖設「十大德」管理佛教事務，他也是其中之一。吉藏平生講三論百餘遍，著有《大乘玄論》、《二諦義》、《三論玄義》、《中觀論疏》、《十二門論疏》、《百論疏》等二十六部書籍，完成了三論宗的創立大業。此後三論宗成爲一個宗派，吉藏是其眞正的創始人。

三論宗以大乘空宗的諸法性空實相論爲核心理論，認爲世間萬法皆是由眾多因緣合和而成，緣起即有，緣散即無，離開了因緣、條件就沒有事物獨立不變的實體。因此他們說萬物無自性，故「性空」。爲了說明空宗這個理論，吉藏立破邪顯正、眞俗二諦、八不中道三種法義。

（一）破邪顯正。即破有所得，顯無所得。吉藏主張破而不立，除去一切離情別見，便顯現了言詮不及，意路不到的無名之道，即是對中道的體悟。三論宗要破除的邪見有四：（一）外道人不明人法兩空，執著諸法爲實有，故起種種邪念。（二）小乘《毗曇》雖已達人空，而執著法有。（三）《成實》雖已達人法兩空，但還沒有除去偏空的情見。（四）墮於有所見的大乘，雖除偏空，但仍執著涅槃有得。可以說，三論宗將大乘空宗的「畢竟空」思想發揮到了極至。

（二）眞俗二諦論。爲立「畢竟空」的思想，就需要用眞、俗二諦的言教來詮顯它。佛說「二諦」均爲引導衆生的言教，爲執著空者依「俗諦」明有，爲執著有者依「眞諦」明無，令其體會超越有、無，忘言絕慮的諸法實相。二諦皆是說教上的方便，不是實際存在的兩種境界。

（三）八不中道。三論宗依《中論》所列不生、不滅、不一、不異、不常、不斷、不來、不去的「八不法門」說明二諦義。生、滅、斷、常是人們在時間上的計執，一、異、來、去是人們在空間上的計執。三論宗都冠以不的否定詞，使衆生體會緣起性空，不生不滅，不常不斷，不一不異，不來不去的中道實相，不要在任何方向上有所偏執。

三論宗認爲衆生皆有佛果覺體，因被客塵所蔽，所以生死流轉，不得解脫。只要依法修習，拂去客塵，湛然寂靜的佛果本體宛爾顯現，即可成佛。吉藏以後，三論宗雖有一些弟子傳人，但勢力很快衰弱下去。這主要是由於大乘有宗的傳播所致。有宗對空宗一味偏空的傾向進行了批評，認爲屬於「執著虛妄法」，使人們對三論宗興趣大減。不過吉藏門下有高麗僧慧灌，傳三論宗於日本，使三論宗在日本奈良時代相當流行。

（張踐）

七四、天台宗在理論上有何特色？

天台宗是隋朝初年創立的一個中國佛教宗派，因其祖庭在浙江天台山而得名。其教義特重《妙法蓮華經》，故也稱「法華宗」。

天台宗以印度大乘空宗的龍樹爲其始祖，說明其思想受空宗影響較大，但並無史實根據。二祖慧文和三祖慧思是天台宗的思想先驅，而眞正的創始人則是陳隋之際的高僧智顗。北齊慧文最初主修禪觀，後讀龍樹的《大智度論》，始悟「一心三觀」之要。《大智度論》中講到：人有「道種智」、「一切智」和「一切種智」這三種超乎尋常的神祕智慧，慧文悟解到三智「一心中得」的道理。慧思（五一五～五七七）俗姓李，十五歲出家，雲遊四方，後依止於北齊慧文，受「一心三觀」之要。學成後進光州（今河南光山縣）大蘇山傳法。他不僅重視宗教理論，而且也重視宗教實踐，「晝談義理，夜便思擇」，「定慧雙開」，啓天台宗「止觀並重」的學風。智顗（五三六～五九七），俗姓陳，出身在南朝一個大官僚家庭中，父母死於侯景之亂，十八歲出家，到大蘇山慧思門下求法，體悟法華三昧，這便是所謂的「大蘇開悟」。陳光大元年（五六七），智顗到金陵開講《法華經》，博得僧俗信眾的尊敬。陳太建七年（五七五），智顗率徒眾到天台山修頭陀行，天台宗由此創立。陳宣帝敕割始豐縣（今浙江天台）之「調」供給寺用，尊智顗爲天台大師，天台宗的影響迅速擴大。隋開皇十一年（五九一），智顗爲晉王楊廣主持受「菩薩戒」儀式，楊廣尊其爲「智者大師」。智顗一生著作宏富，其中《法華玄義》、《法華文句》、《摩訶止觀》各二十卷，被後人尊爲「天台三大部」，奠定了天台宗的理論基礎。

天台宗理論的最大特色，在於宣揚「止觀並重」，調和南北宗風。從漢代佛法初傳之時，南北方佛教流派便形成了不同的風格。北方重禪定，南方重義理，南北朝的政治分裂更加重了這種學風的對立。隋朝的統一爲佛教南北風格的會同，形成全國性宗派創造了條件。智顗正是適應了這個形勢，系統論證了止觀不可偏廢的原則。他指出：「泥洹（涅槃之舊譯）之法，入乃多途，論其要不過止觀二法。所以然者，止乃伏結之初門，觀是斷惑之正要；止是愛養心識之善源，觀是測發神解之妙術；止是禪定之勝因，觀是智慧之由借。」（《修習止觀坐禪之法要》）他比喻說，止觀二法如車之兩輪，鳥之雙翼，「若偏修習，即墮邪倒」。所以天台宗把「止觀並重」看成宗教修行的最重要原則。

在世界觀上，天台宗宣揚「一念三千」說，即「世界無別法，唯是一心作」（《法華玄義》卷二十）。萬法起於一心，「夫一心具十法界，一法界又具十法界，百法界。一法界具三十種世間，百法界即具三千種世間。此三千在一念心，若無心而已，介而有心，即具三千」（《摩訶止觀》卷五上）。十法界指地獄、餓鬼、畜生、阿修羅、人間、天上、聲聞、緣覺、菩薩、佛。十法界一一互具，即成百法界，每一法界又具有五陰、眾生、國王三種世間。十法界就具有三十種世間，百法界便具有三千世間。三千世間包括了佛教時空觀上的一切存在，天台宗將其統統歸結爲心中的幻相。智顗將「一念三千」說與慧文的「一心三觀」說相結合，又提出了「三諦圓融」說。大乘空宗認爲萬法皆由因緣而起，故無自性，本質是空。但空並不等於無，而是一種虛假不實的存在，亦名假。如果認識了萬法的虛假不實，非有非無，即爲中道。智顗發展了空宗的中觀思想，認爲了知一切諸法皆由心生，空、假、中道互影不離，即達到了「三諦圓融」的境界。他把這稱爲「一念三千空假中」，見空爲道種智，見假爲一切智，見中爲一切種智，所以「三諦圓融」也稱「三智圓融」。通過圓融三諦，達到圓證三智，斷滅三惑，即可獲得涅槃的覺悟。

智顗以後，其天台宗的弟子灌頂得其眞傳，在天台山建國淸寺，並發揮師說，著《涅槃玄義》、《涅槃經疏》和《天台八教大意》、《官心論疏》等書。其四傳弟子湛然稱爲天台宗的「中興大師」，著有《法華玄義釋籤》、《法華文句記》和《止觀輔行傳弘訣》等書，對智顗的「天台三大部」進行了權威性解釋，統一歧見。同時，他提出了「無情有性」說，將佛性論推及於草木磚瓦等非生命物質，極力擴大佛教的影響範圍。湛然的弟子爲道邃、行滿，日本「傳教大師」最橙向道邃學習，將天台宗遠播東瀛。唐武宗「會昌滅佛」，對天台宗的影響很大，幾成絕學。五代時羲寂，通過信奉佛教的吳越王錢俶，派人到高麗、日本尋回大批天台經典，史稱「去珠復還」，使天台宗於北宋一度中興。羲寂的再傳弟子知禮，著有《金光明經文句記》、《金光明經文義拾遺記》等書。特別是他與同門的悟恩因對智顗的《金光明經玄義》的理解不同，發生了「山家」與「山外」之爭，社會影響廣泛。此後天台宗影響減弱，雖代有傳人，但法系衰微。（張踐）

七五、華嚴宗有哪些重要理論？

華嚴宗是中國的一個佛教宗派，因其以《大方廣佛華嚴經》爲宗經而得名。它的實際創始人法藏被唐朝女皇武則天賜名「賢首」，故也稱賢首宗。另外，該宗以發揮「法界緣起論」爲旨趣，所以也叫「法界宗」。

《華嚴經》是印度大乘佛教的一部經典，東漢時就有譯本，東晉時由佛陀跋陀羅再譯出六十卷本，影響漸大。華嚴宗以南北朝時高僧杜順（五五七～六四〇）爲始祖。杜順原名法順，十八歲出家，隱居終南山，宣講《華嚴經》，著有《華嚴法界觀門》、《華嚴五教止觀》等書，開華嚴宗的思想先河。二祖智儼（六〇二～六六八）是甘肅天水人，十二歲出家，從杜順處受具戒，學習《華嚴經》，很有心得。著有《華嚴經搜玄記》、《華嚴宗一乘十玄門》、《華嚴五十問答》等書，華嚴宗理論至此初具雛形。三祖法藏是華嚴宗的實際組織者，其祖先是康居國人，十七歲入太白山求法，聽智儼講《華嚴經》，二十八歲時武后請他到長安太原寺講《華嚴經》，後獲悉地婆訶羅從中印度帶來了《華嚴經》・《入法界品》，法藏又參加了八十卷本的翻譯工作，書成，武后親自爲之作序。法藏經常入宮爲武后講經，他曾指宮門金獅子作喻，其講義就是有名的《華嚴金獅子章》。他的著作還有《華嚴經探玄記》、《華嚴教義分齊章》、《華嚴經旨歸》等，使華嚴宗的理論基本完成。中唐時期由於武后的推崇，華嚴宗盛極一時。法藏傳慧苑、慧苑傳法銑、法銑傳澄觀（西元七三六～八三九）。此時華嚴宗雖然發達，但也生出許多歧義，澄觀著《華嚴經疏》、《三聖圓融觀》、《法界玄鏡》等書，糾正歧義，社會影響很大，被譽爲「清涼國師」。澄觀傳宗密（七八〇～八四一），宗密以誦經、修禪爲業，提倡華嚴宗與禪宗的融合，所以他也被稱爲「圭峰禪師」。宗密死後四年，發生了唐武宗滅佛事件，華嚴宗從此一蹶不振。五代及宋明雖代有傳人，但社會影響不大。

華嚴宗的基本理論是「法界緣起論」。他們認爲世間一切存在，都可囊括在「一眞法界」之中，而法界又是「唯心緣起」。「塵是心緣，心是塵因，因緣合和，幻相方生」（《華嚴義海百門》）。

宇宙萬法皆是心中幻相，故無自性。爲了說明這個命題，華嚴宗又提出了「六相圓融」的相對主義命題。「六相」是總相、別相、同相、異相、成相、壞相。以總別爲例，總相是全體，別相是部分，華嚴宗用房屋和建材的關係說明之。「何者是總相？答：『舍是。』『此但椽等諸緣，何者是舍耶？』『椽即是舍。』『何以故？』『爲椽全自獨能作舍故，若離於椽，舍即不成，若得椽時，即得舍矣』」（《華嚴一乘教義分齊章》卷四）。也就是說，房屋由椽、瓦等諸種建材共同構成，建材不全，也就沒有房屋，有了建材，也就有了房屋，所以他們認爲建材即等於房屋，局部等於全體，總相等於別相。華嚴宗「六相圓融」的觀法，就是要人們看淡社會上的矛盾和差異，「是故大小隨心迴轉，即入無礙」（《華嚴義海百門》），看破紅塵即可獲得解脫。

華嚴宗又用「十玄門」來描述這種沒有矛盾，圓滿無缺，諸方協調的境界。（一）同時俱足相應門，（二）一多相容不同門，（三）諸法相即自在門，（四）因陀羅網鏡門，（五）微細相容安立門，（六）祕密隱顯俱成門，（七）諸藏純雜俱德門，（八）十界隔法異成門，（九）唯心回轉變成門，（十）託事顯法生解門。「十玄門」是華嚴宗追求的最高境界。

否定現實世界，把人們的精神引向彼岸天國，這是佛教諸宗派的共同點。但是華嚴宗與唯識宗又有不同，唯識宗把彼岸設置在現實世界之外，必須經過對阿黎耶識種子的累世熏習方可達到，使人感到縹緲不可及。華嚴宗則通過「四法界」理論，將天國就安置的現實世界之中，大大增加了對信徒的吸引力。「四法界」是：（一）事法界，「界是分義，一一差別，有分齊故」（《法界觀門注》）。這是現實的世界，存在著無盡的矛盾和煩惱。（二）理法界，「界是性義，無盡事法，同一性故」（同上書）。在眞如佛性之中，一切事物皆圓融無礙，同一相即。（三）理事無礙法界，「具性、分義，性分無礙故」（同上書）。理在事中，事界的矛盾無礙理界的同一，互不干擾，平安相得。（四）事事無礙法界，「一切分齊事法，一一如性通融，重重無盡故」（同上書）。在獲得了佛性圓融無礙的眞理以後，再反觀現實的事法界，諸種矛盾也就圓融無礙，不再干擾我們的生活了。由於理在事中，所以成佛不在於離境它求，只要通過誦經、坐禪，轉換思想方法，即可捨迷入眞，流入菩提若海，獲得涅槃。顯然，華嚴宗較多地吸收了中國文化的因素，將佛教的宗教義理和中國式的天人合一，體用無間的思維模式相結合，成爲一種中國化的佛教流派。同時，他們提出的「理在事中」的思想，也對宋明理學產生了很大的影響。（張踐）

七六、爲什麼禪宗稱爲「教外別傳」？

禪宗是一個徹底中國化的佛教宗派，因其創始人主張修習禪定而得名。同時，由於該宗在參究方法上以「直指人心」，「徹悟心源」爲宗旨，所以又稱佛心宗。

按照禪宗自己的說法，它與佛教其他宗派不同，屬於佛祖「教外別傳」。據說一日靈山法會上，佛祖拈一枝金婆羅花示眾，門徒皆不得要領，默然不語。獨大迦葉尊者破顏微笑，世尊曰：「吾有正法眼藏，涅槃妙心，實相無相，微妙法門，不立文字，教外別傳，咐囑摩訶迦葉。」（契嵩：《傳法正宗記》）這就是「釋迦拈花，迦葉微笑」的著名公案，在拈花微笑之間形成了禪宗特殊的宗風。禪宗自稱在西土共有二十八位祖師，於史無考，不過是為了強調自己區別於其他宗派的特性。

西土第二十八祖，也是東土初祖的菩提達摩，卻是實在的歷史人物。他於梁武帝普通年間（五二〇～五二六）到達中國，先在洛陽弘傳佛法，但並未得到僧眾的認可，於是入嵩山少林寺，面壁七年，創造出了以「二入四行」為主要內容的新禪法，流行於世。慧可和尚投入達摩門下，達摩授以《楞伽經》四卷，是為禪宗二祖。慧可隱居於舒州皖公山，傳法於僧璨，是為三祖。僧璨得法後隱居於舒州司空山，密不傳法，唯道信追隨九年，得其衣缽，是為四祖。由於禪宗當時都以《楞伽經》傳心，所以在社會上也被稱為楞伽師。道信得法後到湖北黃梅的雙峰山傳法三十餘年，弘忍得其衣缽，是為五祖。弘忍得法後到黃梅山東山寺傳法，門徒日眾，形成了所謂的「東山法門」。弘忍常勸弟子修持《金剛經》，於傳統稍有變化。弘忍晚年欲傳法時，命門下弟子各作一偈以明心意。上座弟子神秀曰：「身是菩提樹，心如明鏡臺，時時勤拂拭，莫使惹塵埃」（《壇經‧行由品》），表達了他重視宗教修習的漸悟傾向。當時僅為伙頭僧的慧能並不識字，請人帶寫一偈曰：「菩提本非樹，明鏡亦無臺，本來無一物，何處染塵埃？」（同上書）弘忍覺得慧能的見識更高，便將衣缽傳給了慧能。但慧能因懼怕上座神秀勢力巨大，加以迫害，便連夜逃回廣東家鄉隱藏山中。從此禪宗分化成南、北兩支。

北宗神秀（六〇六～七〇六），俗姓李，少年出家，投於弘忍門下，為七百眾之首。武后聞其高名，請到長安傳法，在內道場供養。中宗對其更為敬重，時人稱其為「兩京法主」，「三帝國師」。但是由於北宗在思想理論，修習方法等方面都缺少發展，故數傳而亡。倒是不識字的慧能，將禪宗發揚光大。慧能（六三八～七一三），俗姓盧，廣東新會人，出身貧苦，靠打柴養母渡日。一日聽人念誦《金剛經》，似有所悟，出家投入弘忍門下。得衣缽後在深山隱居十五年，創造了一套「直證本心」，「頓悟成佛」的思想體系。長期在社會下層的生活經歷，使他十分不滿佛教諸派日益脫離廣大平民的貴族化傾向。他出山後相繼在廣東韶關大梵寺、曹溪寶林寺傳法，宣揚「見性成佛」的簡單法門。

禪宗的禪字是由梵文 Dhyāna 音譯而來，意譯則爲「思維修」，「棄惡」，「靜慮」，是佛教的「六度」之一。印度和中國的佛教徒都很重視，藉助禪定的修養方法，思慮自身的佛性，盡掃塵迷，與眞如合一。慧能繼承前代禪師注重參禪的傾向，但又拋棄了他們所設定的諸種繁瑣儀規，提倡不拘形式，單刀直入，直示心中佛性。他說：「本性是佛，離性無別佛。」（《壇經・般若品》）「汝今當信，佛知見者，只汝自心，更無別佛」（《壇經・機緣品》）。既然眞如就在心中，成佛就是一件極簡單的事。「萬法盡在自心，何不從心中頓見眞如？」（同上書）慧能反對大量讀經念佛，「菩提只向心覓，何勞向外求玄，所說依此修行，西方就在眼前」（《壇經・疑問品》）。他更反對出家苦行，西行求法，「東方人造罪，念佛求生西方，西方人造罪，念佛求生何國？凡愚不了自性，不識身中淨土，願東願西。悟人在處一般，所以佛言隨住處恆安樂」（同上書）。甚至名爲禪宗，他連坐禪也反對，「生來坐不臥，死去臥不坐，一付臭骨頭，何爲立功課？」（《壇經・頓漸品》）覺悟只在反身內照的一瞬間，「前念迷，即凡夫，後念悟即佛。前念著境即煩惱，後念離境即菩提」（《壇經・疑問品》）。這些發聵震聾般的語言，一掃千百年來佛教徒大量譯經、讀經，大搞宗教儀式，長時間坐禪修煉的方法，在僧俗中間產生了極大的震動，實爲一次猛烈的宗教改革。慧能的宗教改革，才是中國禪宗的眞正創源。

慧能門下，分出南岳懷讓、靑原行思和菏澤神會三大支系。菏澤神會（?～七六〇）在慧能門下學成後，到北方去傳法，在河南滑臺大雲寺無遮大會上宣揚南宗宗旨，著有《南宗定是非論》，論證了慧能在禪宗中的正統地位。唐德宗時被定爲禪宗七祖，但其法系不長。南岳懷讓（六七七～七四四）在慧能門下修習十五年，問答契機。得法後在南岳般若寺觀音臺傳法三十餘年，弟子中以馬祖道一（七〇九～七八八）最爲著名。道一門下，有百丈懷海、西堂智藏，南泉普願等高僧一百二十九人，到全國各地建立叢林，禪宗從此大盛。從懷海門下，又分出了潙仰宗和臨濟宗。靑原行思（?～七四〇）出家受戒後投於慧能門下，爲上座弟子。得法後回到家鄉靑原山靜居寺弘法，從他的門下，分出了曹洞宗，雲門宗和法眼宗。

唐末武宗會昌滅佛，佛教受到了很大的打擊，其他依靠大量讀經、拜佛、舉行法事爲生在宗派從此一蹶不振，只有禪宗提倡「不立文字」，「不讀經」、「不拜佛」，「運水搬柴，即是般若」的世俗化佛教才能迅速恢復起來。入宋之後，禪宗弟子遍天下，禪與佛幾乎成了同義語。禪宗的臨濟門下，又分出了楊岐和黃龍兩個小的支系，與原來的五家，有「五家七宗」之稱。禪門五宗雖然宗派不同，但「直證人心」的宗旨卻是一致的，只是接引學人的方法略有差異。如「機鋒」、「棒喝」、「四賓主」、「四照用」、「五位君臣」等等。這些獨特的教學方法，皆是印度佛教中所未見到過的，「教外別傳」之說，也就在此時出現。

北宋初年，由於有的僧人過分強調「師心自用」，戒律廢弛，所以法眼宗的延壽集佛經及歷代祖師語錄，編成《宗鏡錄》一百卷，提倡「禪、教合一」，即禪宗與其它佛教流派相調和。雲門高僧契嵩，著《輔教編》，倡導「儒佛合流」，使佛教理論與占支配地位的儒學更加協調。楊岐宗人佛果克勤，編寫《碧岩集》，《擊節錄》，使禪宗從傳統的「內證禪」向「文字禪」方向發展。克勤的弟子宗杲反對其師「文字禪」的傾向，焚其書，而倡導「看話頭」。宋中葉以後，禪宗唯臨濟宗和曹洞宗得以傳播，臨濟勢力尤其壯大，有「臨天下，曹一角」之說。元代臨濟有海雲印簡、雲峰妙高等。曹洞宗則出了高僧萬松行秀，元朝開國重臣耶律楚材曾向他求法。明朝臨濟宗名僧有楚石梵琦，笑岩德寶、密雲圓悟、漢月法藏等。曹洞宗有無明慧經、博山元來、鼓山元賢等。到了清初，由於帝王的推崇，禪宗一度又相當興盛，臨濟宗的木陳道忞，玉林通琇出入宮廷，聲名顯赫。同時在江南形成了金山、高旻、天童、天寧「四大名刹」。不過由於雍正皇帝著《揀魔辨異錄》干預僧爭，強行取締在江南最有勢力分法藏一系，使禪宗受到很大打擊。清後期由於社會動亂，禪宗逐步衰落。

禪宗八世紀傳入朝鮮，十二世紀傳入日本，在那些東亞國家都有很大發展。（張踐）

七七、律宗在佛教發展中的地位如何？

律宗是中國佛教史上以研習和傳持戒律為主的宗派，故因此而得名。又因中國律宗以《四分律》為主要依據，所以又稱「四分律宗」。

律是佛教徒的行為規範，有了統一的規範，教團組織才能團結有力，教徒行為才能整齊劃一，在群眾中產生較大影響，故佛教一向重視戒律的作用。從典籍上說，律是經、律、論三藏之一；從教義上講，律是戒、定、慧三學之首。律宗特別強調：「金科玉律，唯佛能制」，戒律出自佛祖之手，神聖不可違背。但是實際上，釋迦牟尼在世的原始佛教時期，只有「五戒」、「十戒」等一些簡單的禁條。後世汗牛充棟的「律藏」，大多出於印度的部派佛教時期。曹魏正元二年（二五五），印度僧人曇柯迦羅來到我國，他見中國僧人只是剃髮，但並未眞正受戒。便譯出《僧祇戒心》，並正式剃度中國僧人，此乃中國傳戒之首，所以中國律宗尊他為始祖。此後一段時間，又陸續譯出曇無德部的《四分律》，薩婆多（一切有）部的《十誦律》，彌沙塞部的《五分律》，上座、大眾部的《摩訶僧祇律》。

在一段時間內，中國僧人遵照各部律典行事，規範並不統一。但其中以宣揚《四分律》的四分律師最為有名。法聰、道覆、慧光、道雲、道洪、道首等人師徒傳承，作了許多注疏《四分律》的工作。到唐代，道首的弟子道宣（五九六～六六七），潛心研究《四分律》，著《四的律含注戒本疏》、《四分律刪補隨機羯摩疏》、《四分律拾毗尼義鈔》，被後世學者稱爲律學三大部，對四分律進行了定於一尊的解釋，律宗從此創立。由於他長期在終南山隱居傳道，故其宗派也被稱爲南山律宗。與道宣同時併弘《四分律》的還有相州日光寺的法勵（五六九～六三五），開創了相部宗。法勵的弟子懷素（六二五～六九八），在西太原寺東塔開創了東塔宗。唐代律宗三宗並立，互有爭論，繁盛一時。但不久相部、東塔後繼乏人，唯南山一系獨承法系，綿延不絕。

律宗將佛教的全部戒律歸納爲「止持」和「作持」兩類。比丘、比丘尼二衆制止身、口、意作惡的「別解脫戒」爲「止持戒」，《四分律》的前半部分是講「止持戒」的。僧人安居、說戒、悔過及衣食坐臥等生活規範，稱爲「作持戒」，是《四分律》後半部的內容。律宗又將教理分成了戒法、戒體、戒相、戒行四科。戒法是佛祖制度的各種戒律；戒體是弟子受戒時領受在心的法體，即在心理上形成的制止作惡的能力；戒行是受戒後隨順戒體，防止三業罪惡的諸種如法行爲；戒相是由於戒行堅固而表現於外，可作軌範的相狀。四者之中，戒體是問題的核心，唐代律宗三派對此存在著爭議，主要討論戒體屬於精神性的「心法」，還是物質性的「色法」。東塔懷素從《俱舍論》，倡「色法戒體論」。相部宗的法勵從《成實論》，倡「非色非心戒體論」。南山道宣曾參加過玄奘的譯場，受唯識宗影響，以阿賴耶識種子爲戒體，倡「心法戒體論」。這一爭論的實質是道德源泉來自外界還是來自內心，最後道宣一系取得了勝利。

道宣以後，律宗內部未再產生出派別，發生激烈的爭論，但由於傳戒行律的需要，律宗始終也未斷流。道宣下傳周秀、道恆、省躬、慧正。唐代律宗門人鑑眞，東渡日本傳法，爲日本律宗之祖，受到了天皇的歡迎。他還把中國建築、醫藥等方面的著作帶來日本，成爲中日兩國人民友好交往的使者。宋代律宗有允堪、元照，寫過許多律學著作，使律宗受到社會的重視。律宗僧人贊寧，撰寫《宋高僧傳》，名揚朝野。明代有律宗傳人如馨在南京古林寺建立了著名的道場。清初，寂光從古林寺分出，在寶華山弘揚律學，其門人瀆體、戒潤最爲有名。瀆體的弟子甚多，以德基、書玉貢獻最大。書玉的四傳弟子福聚，奉雍正皇帝之詔入京，主持法源寺，並著《南山宗統》十卷，詳細記載了律宗發展的歷史。（張踐）

七八、爲什麼說淨土宗是佛教中的「方便法門」？

淨土宗是中國佛教中專修往生阿彌陀佛西方淨土的法門。淨土信仰在中國流行很早，東晉慧遠就曾和弟子一百二十三人結百蓮社，在廬山精舍阿彌陀佛像前宣誓，共期往生西方淨土，所以淨土宗也稱爲「蓮宗」。淨土宗後世將慧遠尊爲始祖，以後代有傳習者。東魏曇鸞（四七六～五四二），早年向道士陶弘景學過長生術，後得菩提流支所譯《觀無量壽經》，改信淨土。他著有《安樂淨土義》、《讚阿彌陀佛偈》。其後，靈佑、智顗、吉藏等人也提倡淨土信仰，但淨土宗的眞正創始人還是隋唐之際的道綽和善道。

道綽（五六二～六四五），原是涅槃學者，後見到曇鸞的碑文而改信淨土。他專念阿彌陀佛名號，日限七萬遍。唐貞觀年間，講《觀無量壽經》二百遍，著有《安樂集》。他廣勸念佛，教人以小豆記念佛次數，當時積豆竟達「數百萬斛」。又教人以念珠計數，「人各掐珠，口同佛號，每時散席，響彌山林」（《續高僧傳‧道綽傳》）。善道（六一七～六八一），初學《法華》、《維摩》，後在山西玄中寺聽道綽宣講淨土宗旨，改持淨土信仰。他一生抄《阿彌陀經》幾十萬卷，畫淨土變相圖三百幅，著有《觀無量壽經疏》、《轉經行願往生淨土法事讚》、《觀念阿彌陀佛相海三昧功德法門》、《往生禮讚偈》等書籍。至此，淨土宗的理論和行儀趨於完備，正式成爲一個流派，一直傳至現代。

淨土宗屬於重信仰，輕理論的佛教流派，他們以「三經一論」爲典籍。三經是《無量壽經》，敘說阿彌陀佛因位的願行和果上的功德；《觀無量壽經》，說往生西方淨土的行業；《阿彌陀經》，說淨土的莊嚴和執念名號誠證護念的利益。一論是世親所作《往生論》，總攝三經往生淨土的宗旨。《無量壽經》向人們描述了西方淨土世界的極樂圖景：「其佛國土，自然七寶——金、銀、琉璃、珊瑚、琥珀、硨磲、瑪瑙合爲地，光赫焜耀，微妙奇麗」。「七寶諸樹，周遍世界，……行行相植，莖莖相望」。「講堂、精舍、樓觀皆七寶莊嚴，自然化成」。「若食時，七寶應器，自然現前，……百味飲食，自然盈滿。……事已，化去；時至，復現。」如此美好的彼岸世界，在現實苦難中煎熬的芸芸眾生孰不嚮往之？而且，到達西方淨土世界的方法又及其簡單，傳說阿彌陀佛是主持西方世界之佛，在他成佛之前，曾發有弘願大誓，只要世人稱念他的名號，他便會來接引。淨土宗主張以念經行業爲內因，以彌陀願力爲外緣，內外相應，往生西方極樂淨土。在道綽和善道以前，淨土宗修習方法稍繁，念佛還有稱名念佛，觀想念佛，實相念佛之分，他們將其統統簡化，只存稱名念佛這一種簡單法門，所以得到廣大沒有文化的貧苦農民的歡迎。宋明以後，淨土宗成為天下共宗，各宗僧人都有修習淨土信仰者。而且，淨土信仰還因其簡便易行，得到了封建士大夫的歡迎，居士中結社念佛的風氣也很盛。在淨土宗傳人中有「七祖」、「九祖」、「十二祖」之說，但皆非確切的傳承譜系，而只是淨土宗在各個朝代的著名人物。因為淨土宗從來也沒有形成過嚴密的組織。在唐代，善道以後有承遠、懷感、法照、少康等人繼續弘揚淨土信仰。至宋代，天台宗、禪宗中皆有倡導淨土信仰的著名僧人。天台宗的四明知禮，禪宗的永明延壽，皆因虔誠信仰淨土而聞名。專修淨土的則有省常和宗賾。元代有普度、明本、懷則等人。明末「佛教四大家」中，袾宏、德清、智旭都是弘揚淨土的大家。清代，則有實賢、際醒等人弘傳。近代則有印光繼承前輩事業。而且愈是後期，淨土宗愈是與其他宗派，甚至一些民間信仰相混合，成為高度世俗化的宗教。（張踐）

七九、何為法相宗？

法相宗又稱唯識宗，是中國佛教的一個宗派，以傳播印度佛教大乘有宗的法相唯識說而得名。其實際創始人是唐代高僧玄奘，玄奘西行取經回國後，唐太宗令其在長安慈恩寺譯經、傳法，所以該宗亦稱慈恩宗。

玄奘（六〇〇～六六四），俗姓陳，幼年出家，投身佛門義海。他曾經遊學於洛陽、四川等地，向許多高僧問難，但感到經典中仍有很多疑難未能解決，所以決心赴印度求法。他於貞觀二年（六二八）離開長安，途經新疆及中亞諸國，歷盡艱辛，終於到達了中印度摩揭陀國的王舍城，在那爛陀寺向大乘有宗的傳人戒賢學習瑜迦行一系的學說，同時也研習佛教其它各部以及俗典（如吠陀、因明、聲明等）。玄奘在印度時，也因博學多識，擅長辯論而「聲震五竺」，被尊為「三藏法師」。貞觀十九年（六四五），玄奘攜帶六百五十七部梵本佛經回到長安，受到朝廷極高的禮遇。在此後的十九年中，他與弟子們高質量地翻譯了七十五部，一三三五卷佛教經論，成為我國最偉大的佛教翻譯家。在譯經的同時，玄奘不斷向弟子們介紹大乘有宗的思想，開創了法相宗。窺基（六三二～六八二），俗姓尉遲，是玄奘的上座弟子，也是法相宗所創始人之一。他十七歲投入玄奘門下，二十八歲在譯《成唯識論》時擔任筆受，並寫有《述記》、《樞要》，發揮精義。另外，他還著有《瑜迦論略纂》、《百法論疏》、《因明大疏》、《彌勒上經疏》、《法華玄讚》等著作，有「百部論主」的美譽。玄奘一生忙於譯經，著述較少，法相宗的思想主要通過窺基的著作得以闡發。

法相宗思想的核心是萬法唯識說，窺基說：「唯謂簡別，遮無外境；識謂能了，詮有內心。……識性識相，皆不離心。心所心王，以識為主。歸心泯相，總言唯識」（《成唯識論述記》卷一）。客觀世界的一些存在，都是心識的變現。為了說明這個命題，法相宗對人的認識進行的複雜的分析。他們把人的主觀意識分成「八識」，前六識為眼、耳、鼻、舌、身、意，分別對外境起「了別」作用。第七識稱為「末那識」，是聯結前六識與根本識的橋梁，亦稱「轉識」。第八識稱「阿黎耶識」，是一切諸識活動的根源。進一步，法相宗把人的認識活動分成了「見分」和「相分」兩類，認識主體是「見分」，客體是「相分」。他們認爲人所以能獲得對外部世界的感覺，就是因爲「見分」對「相分」有所觀照。但不論「見分」還是「相分」，都不能離開心而存在，所以說：「三界唯心之言，即顯三界唯識。」（同上書）

在阿黎耶識之中，還有一種永恆的實體，即「阿黎耶識種子」。其實質有「淨」、「染」之分，又稱「有漏種子」和「無漏種子」。前者是世間諸法之因，後者是無世間諸法之因。人要想擺脫現世的苦海，就必須經過累世善行的熏習，使有漏種子逐漸轉化爲無漏種子，證得佛果。法相宗嚴守從印度取回的「眞經」，不承認人人皆可成佛。他們持「五種姓說」，認爲「聲聞乘種姓」屬於小乘，只可修成阿羅漢；「獨覺乘種姓」也屬小乘，只可修成「辟支佛」；「菩薩乘種姓」可以修得佛果；「不定乘種姓」可上可下；「無種姓」即一闡提人，心中沒有佛性，無論如何修行也不能成佛。

法相宗還向中國介紹了印度的古邏輯學「因明」。古印度因明學者，用宗、因、喻「三支」構成一個邏輯三段論，宗是論題，因是論據，喻是例論。印度學者還研究了邏輯推理的規則以及可能出現的錯誤，因而用因明的方法討論哲學、宗教問題可以更加清晰、準確。玄奘翻譯了《因明入正理論》、《因明正理門論》等著作，對中國邏輯學的發展起了促進作用。

隋唐時代，門閥士族制度衰落，法相宗仍堅持在印度種姓制度上產生的佛教學說，與中國國情不合。而且「八識」學說也過於繁瑣，不合中國人的思維習慣，所以法相宗數傳之後便衰落了。不過窺基傳慧周，慧周傳智紹，在智紹門下有新羅僧人智鳳、智鸞、智雄，日本僧人玄昉，他們將法

相宗傳到日本，使之成爲日本奈良六宗之一。在朝鮮，也有法相宗流傳。（張踐）

八〇、密宗有哪些主張？

密宗是在中國弘傳印度瑜迦密教的佛教宗派。密教是印度佛教發展後期出現的一個教派，既保留了大乘佛教的基本信仰，又從傳統的印度教中吸收了祭祀、供奉、拜火等儀式而形成。密宗認爲佛教的最高眞理稱爲「眞言」、「祕密號」，不可見諸文字，只能對受過灌頂禮的弟子祕密傳教，以此與其他「顯宗」教派相區別。密宗也稱「密教」、「瑜迦密教」、「眞言宗」。

密教經典早在三國時期就開始在我國流傳，但唐以前都屬於「雜密」。系統性的「純密」則由「開元三大士」——善無畏、金剛智、不空傳入中國。善無畏（六三七～七三五）出身於南印度貴族家庭，出家後在那爛陀寺學習密教。開元四年（七一六）到達長安，受到唐玄宗的禮遇，被尊爲國師，設內道場，爲皇族授灌頂禮。他在長安傳播「胎藏界」密法，譯出《大日經》（全稱《大毗盧遮那成佛變加持經》）。金剛智（六六九～七四一），南印度人，出家後先習律藏，後攻密教，開元八年（七二〇）從海上來到中國，到長安後亦被尊爲國師，主傳「金剛界」密法，譯出《金剛頂瑜迦中略出念誦法》等軌儀四部，七卷。不空（七〇七～七七四），師子國（今斯里蘭卡）人，自幼出家，十五歲時投入金剛智門下，到長安協助譯經。開元元年（七四二）秉承其師遺命，到印度和師子國尋求密教經典。天寶五年（七四六），不空攜帶一二〇〇卷密教經籍回到長安。據《開元釋教錄》載，不空共譯出密教經典一一一部，一四三卷，也是我國佛教四大翻譯家之一。他又在皇宮中設內道場，爲玄宗、肅宗、代宗三帝授灌頂禮，成爲「三代國師」。他所譯《金剛頂經》（全稱《金剛頂一切如來眞實攝大乘現證大教王經》），是密教「金剛界」的主要經典。

在中國密宗僧人中，以一行、惠果兩人最爲著名。一行（六三七～七二七），他學識淵博，初學禪、律、天台，後投入善無畏門下，協助譯經，並作《大日經疏》二十卷，對密宗的發展起了推動作用。另外，他也是當時著名的天文學家。惠果（？～八○五），先從善無畏學胎藏界密法，後從金剛智學金剛界密法，成爲密宗的主要傳人。曾爲代宗、德宗、順宗授灌頂禮，也是三代國師。門下弟子衆多，日本僧人空海曾向他求法，回國後創立日本的密宗教派，稱爲「東密」。

密宗認爲，其祕密法由法身佛大日如來所傳，大日如來初傳金剛薩埵，次傳龍樹，再傳龍智，龍智活了七○○多歲，等金剛智出世後傳於他，由他將祕密眞言帶到中國。密宗的世界觀稱，宇宙萬物、佛、衆生皆由地、水、火、風、空、識等「六大」所構成，所以佛與衆生本性相同。衆生依法修習，與佛身、口、意三密相應，便可即身成佛。所謂的「三密相應」又稱「三密加持」，即「身密」（手結契印），「語密」（口誦眞言），「意密」（心觀佛尊）。在修行「三密加持」時，還必須有禮拜、供養、念誦等儀軌相隨。如「修曼荼羅」，「曼荼羅」也譯爲壇，或「圓輪俱足」，在壇上懸掛諸佛活菩薩像，供衆人膜拜。「護摩」是一種拜火儀式，在祭壇上設置火爐，焚燒乳香木、供物，以求本尊用智慧之火，燒煩惱之薪，保佑息災增福。另外，受婆羅門教祭祀萬能觀念的影響，密宗特重供養，主張向寺院大量布施。

密宗「無上瑜迦部」的修習儀軌中還有一種很特殊的方式，即「男女雙修」。受古婆羅門教「性力崇拜」的影響，印度的密教從傳統佛教逃避慾望求解脫，轉而在慾望之中尋求解脫。他們說：「隨諸眾生種種慾望，令得歡喜」（《大日經》）。「主宰者能調，大染慾大樂」（《金剛頂經》）。「一切佛菩薩，盡為染愛妻」（《金剛峰樓閣一切瑜迦瑜祇經》）。為此他們還製造了一套理論，說：「女是禪定，男是智慧」（《大日經疏》卷四），如同「鳥之雙翼，車之兩輪」，不可偏廢。男女雙修，通過一系列儀軌，最後在性交中體悟空的感受，密宗將其視為修習的最高境界。他們把陪同修習的女性稱為「明妃」、「佛母」、「天女」，在殿堂中供奉男女裸體相抱的「歡喜佛」，這些都與漢族傳統的儒家倫理強烈抵觸。唐代中後期的帝王生活荒淫，將密宗引入內廷，實為學習「房中術」，但在社會上卻無法廣泛傳播。唐武宗滅佛後，密宗在中原基本絕跡。宋初國家組織了龐大的譯經場，但譯出的佛經多為印度後期密教作品。宋朝儒學的社會地位上升，君主命令擔任譯經官的儒家官員嚴格檢查所出經文，發現文辭邪僻、淫穢者，立即舉報銷毀。這說明中國對外來文化的輸入，是有很強的選擇性的。

在我國的西藏地區，由於沒有強烈的宗法家族觀念，密教得以廣泛傳播，形成了世界上最為完整的「西密」系統。

（張踐）

八一、道教在唐宋時期有哪些重要發展？

唐宋時代，傳統道教的天師、上清、靈寶諸派，由於帝王的崇拜和推崇，都繼續流行。此外，唐宋道教也出現了一些顯著的變化，即淸修無爲理論和內丹道形成派別，獲得了長足的發展，並成爲道教內的主流。

唐代道教中出現了一批文化素養較高的學者，他們隱遁山林，潛心經典，自修自悟，對道教理論的發展做出了重要的貢獻。這些人物有：

成玄英，唐初道教學者，陝州人。注《老子》、《莊子》，影響很大。他提出了「重玄之道」，對傳統道教的修習理論和方法進行了根本性的扭轉，從重視肉體成仙轉而重視心性修煉。他認爲長生久視之方不是金丹、符籙，而是通過忘情，了悟「夫森羅萬象悉皆虛幻」，從而使精神「與道歸一」。道乃世界的本體，得道的方法是排遣「滯於有」和「滯於無」的俗見。這種「遣之又遣」，「玄之又玄」的道，就是「重玄之道」。

王玄覽（六二六～六七九），廣漢綿竹人。他在援佛入道方面，表現十分突出。他的主要著作《玄珠錄》說：「心生諸法生，心滅諸法滅，若證無心定，無生亦無滅」，這是運用法相宗的「萬法唯識」論來解釋世界和人生，其內在超越的方向和方式，與大體同時創生的禪宗有異曲同工之妙。

司馬承禎（六四六～七三五）字子微，河南溫縣人。他上承茅山宗陶弘景，是著名的道教理論家。他的學說以老莊爲主體，兼收儒、釋，闡發的「主靜」和「坐忘」的修眞方法。此理論首先肯定人心「以道爲本」，不過在現實生活中「心神被染」，「遂與道隔」，所以修眞之要在於淸除心垢，「使與道相守」。具體方法就是「坐忘」，「安坐收心離境，住無所有，不著一物，自入虛無，心乃合道」。這種靜心坐忘理論後世被道教淸修派所發揚，成爲道教中的主流。

隋唐之時的帝王推崇道教，意在個人長生，統治者爲此不惜耗資巨萬。加之前代的積累，外丹道在隋唐進入了一個鼎盛時期。但歷代服丹者都是中毒身亡，有唐一代崇道最盛，帝王、重臣中毒身亡者也最多，太宗、憲宗、穆宗、敬宗、武宗、宣宗之死，都與服食道士進貢的金丹有關。殘酷的現實不能不引起人們的冷靜思考，懷疑和否定外丹的思潮遍布朝野，教外之士紛起抨擊，外丹道遇到了嚴重的危機。

外丹道的屢屢失敗，迫使道教內部的有識之士另闢蹊徑。道教求「長生久視」，除了煉金丹外，自古還存在著導引、行氣、胎息等道術，到隋唐時期無論在理論上還是實踐上都積累了豐富的成果，爲外丹向內丹的轉化準備了條件。一般道教史著作都把隋代道士蘇元朗看作內丹道的實際開拓者。據《羅浮山志》載：其弟子論服靈芝得仙，元朗曰：「靈芝在汝八景中，盍向黃房求諸？」於是他藉外丹術語說明內丹，「身爲爐鼎，心爲黃室，津爲華池」，天鉛、嬰兒喻「身中坎」，砂汞、姹女喻「身中離」，黃婆喻「身中意」，以修煉自身之精神謂之「還丹」。總之，他用外丹的術語對傳統的氣功修煉方法作了新的解釋，開內丹之先河。

唐末及五代，內丹道從理論到實踐都獲得了長足的發展，道士們多將其成果託於鍾離權和呂洞賓。在道教神仙譜中，鍾離權是漢朝人，故又稱漢鍾離，以明其長壽。可今人考據他是五代後漢人，呂洞賓是其弟子，號華陽子，世稱呂祖或純陽祖師。這兩人都是「八仙」中的仙人，事跡不可詳考，著作也多僅存篇名。洞賓弟子中施肩吾作《鍾呂傳道集》流傳了下來，基本反映了五代時期的內丹道的主要成果。《傳道集》認爲：「天道以乾爲體」，故能長久堅固。人若效法天道，便要使腎水與心火相交，心爲離，名曰陽龍，腎爲坎，名曰陰虎，心腎交態，即爲龍虎交媾，便出黃芽，即金丹大藥。「保送黃庭」爲採藥，且配合以水火，而養胎仙。至胎圓神足，則可成爲神仙。鍾、呂的思想，爲日後內丹道的發展奠定了基礎。

鍾、呂內丹道門下四傳，至宋初的陳摶（八七一～九八九），字圖南，亳州眞源（今安徽亳縣）人。他是個比較可信的歷史人物，據《宋史·陳摶傳》載：他自幼習儒，通經史，唐末舉進士不第，遂隱居華山，修習道術。後移於少華山石室，每覺可百日不起，世人目爲異人。陳摶在道教史上的主要理論貢獻是根據道教經典及自身體驗，畫出了一符《無極圖》，包括「玄牝之門」，「煉精化氣，煉氣化神」，「五氣朝元」，「取坎塡離」，「乃成聖胎」，「煉神還虛，復歸無極」等內容。陳摶《無極圖》雖對內丹功法的說明尙嫌簡單，但描述了內丹修煉的幾個主要階段，爲日後內丹道的進一步發展奠定了基礎。

張伯端（九八七～一〇八二），字平叔，浙江天台人。少年時曾爲太學士，舉進士不第，屈居幕僚。後「坐累謫嶺南兵籍」，遂絕仕途，潛心道教。八十二歲時遊蜀，遇劉海蟾，得金丹還液火候之訣，修煉成功，著《悟眞篇》闡揚內丹學。他以《道德經》和《陰符經》爲祖經，吸收「三才相盜」和「虛心實腹」的觀念，又融攝禪宗和儒學，形成了獨特的「先命後性」的內丹修養理論。他繼承了道教追求肉體長生的傳統，認為：「命之不存，性將焉附？」，主張宗教修養當從鍛煉身體入手，「先以修命之術順其所欲，漸次導之於道。修命之要，在乎金丹。」他用八十一首詩詞，對內丹功法作了詳細的描述，這個修煉過程，基本和當代氣功家練習氣功的方法類同，其健身強體的功效被實踐所證明。在「修命」的基礎上，張伯端又藉用佛教禪宗的思想，大談「修性」之功，這是傳統道教所沒有的。他認為：「既性命之功未修，則運心不普，又焉能究竟圓通，迥超三界？」身體鍛煉得再好，也只是健康長壽，精神上還不能達到無限，成為神仙。所以，「丹是色身至寶，煉成變化無窮。更能性上究眞宗，決了無生妙用？」張伯端從道教的角度，吸收大量禪宗思想來「修性」，把三教融合推向了一個高潮。

（張踐）

八二、金元之際的「新道教」包括哪些主要派別？

河北新道教包括全眞、太一和大道三個流派，尤以全眞在後世影響最大。由於全眞道領袖們的發展，使道教從理論到活動方式都發生了重大變化，所以被稱為道教史上的「鼎革」。河北新道教異軍突起，與當時中國北方淪為異民族統治區的現實有關，許多漢族士人不甘心於「亡國奴」的地位，但南宋小朝廷偏安一隅，無心收復中原，使他們徹底失望。因此他們需要一種具有正宗華夏文化色彩的思想作為精神的慰藉，道教恰恰符合了人們的心理需要。金、元統治者及時加以利用，結果使新道教反而成了他們輔助統治的工具。

全眞道的創始人是王喆（一一一三～一一六九），字重陽，陝西咸陽人。他幼習儒業，長入府學，本希望以儒術經世。青年時代恰逢宋金戰爭，報國之望破滅。在金代他也曾幾次試圖從科舉出身，但皆未能如願，心灰意冷，遁入教門。王喆出家修道經歷了一番痛苦的磨練，他掘地穴居，內修丹道，外佯瘋狂，人稱「王害瘋」。後他雲遊到山東半島，打出了全眞旗號，發展門徒，先後收留了馬鈺（一一二三～一一八三）、孫不二（一一一九～一一八二）、譚處瑞（一一二三～一一八五）、劉處玄（一一四七～一二〇三）、丘處機（一一四八～一二二七）、王處一（一一四二～一二一七）、郝大通（一一四〇～一二一二）七大弟子。他們長期追隨王喆從事創教活動，成爲全眞道的骨幹。傳統道教講究個人修煉，因而組織鬆散，全眞道借鑑佛教的叢林制度，在山東建立了「三教七寶會」、「三教金蓮會」、「三教玉華會」、「三教平等會」、「三教三光會」五個教團組織，道風樸素，紀律嚴明，在民眾中獲得了好評。王喆死後，相繼由馬鈺、王處一、丘處機掌教，教團隊伍不斷擴大。金廷也轉而從壓制改爲拉攏。金、元之際，南宋、金和元三派政治勢力都派使者來邀請丘處機，他以一個政治家的遠見作了一番權衡，最終決定接受元太祖成吉思汗之邀，不顧七十高齡，遠赴雪山絕域，到蒙古軍隊的大營所在地和林拜謁太祖，因而得到了蒙古貴族的支持，爲全眞道在元代在大發展創造了良好條件。元代全眞道有了很大發展，成爲與南方正一道相對峙的兩大教派之一。丘處機得意地對弟子說：「千年以來，道門開闢，未有如今日之盛。」（《北遊語錄》卷一）

全眞道的主要特點是倡導三教合一，順應了當時的社會大潮流。他們以內丹道為基礎，但是宣揚「先性後命」，以此與金丹南宗相區別。他們更多地接受了禪宗的「直證本心」和理學的「主靜立誠」，認為：「人之修行，先識取性命宗祖，然後眞以保命修行。」（《晉眞人語錄》）修性功夫就是要在反觀內省上著力，因為人之眞心圓滿自足，清淨不染，只要反身識取，「全其眞性」，即可獲得一個圓滿的人生。王喆將新道教命名為「全眞」，就是取「全本無虧，眞元無妄」之意。從全眞哲理出發，他們對「成仙悟眞」進行了新的證明。王喆認為傳統道教所宣稱的肉體成仙是根本不可能的，因為「唯一靈是眞，肉身四大是假」（《立教十五論》），「欲永不死而離凡，大愚不達道理也」（《金關玉鎖訣》）。眞正的長生，乃是對眞性的識取，精神的超越，丘處機說：「所以不言長生，非不長生，超之也。……眞性不亂，萬緣不掛，不去不來，此是長生不死也」（《重陽受丹二十四訣》）。這樣的「長生不老」，和佛教的「頓悟涅槃」，儒家的「存誠立性」已經相去不遠了。

太一道創始人蕭抱珍（?～一一六六），生當宋金交兵激烈之時，擺脫異民族統治的強烈願望和南宋王朝的腐敗無能恰成反照，對現實的無望使他轉向宗教，欲效法漢代道祖張陵，創教以號召人心，積蓄力量，以圖將來。太一教以崇拜太一神而得名。太一本是先秦古籍中對天地開闢之前宇宙混沌狀態的描述，漢武帝時才上升為人格神，具有主宰四方之神的至上意義。蕭抱珍的用意是十分明顯的，可是創教之後，金廷迅速召見了他，並賜以觀額，使之在維持現行統治的軌道上發展。蕭抱珍去世以後，其徒韓道熙（一一五六～一一八九）成為第二代祖師，並按照本教規則改姓教主之姓。三祖蕭志沖（一一五一～一二一六）、四祖蕭輔道（一一九一～一二五二）、五祖蕭居壽（？～一二八〇）、六祖蕭全佑、七祖蕭天佑，以下傳承世系不詳。總體來講，太一道在金代還是保持了相當的規模，在元初曾興盛一時，不過由於其自身理論缺乏創新，道徒文化素質不高，數傳之後便難以爲繼了。

大道教入元以後又稱眞大道，由劉德仁（一一二二～一一八〇）創於金初。他本是一名舉人，適逢靖康之變，不願仕金爲官，但也無力組織抗金，唯有創教以慰藉心靈，以教團聯絡自保。大道教以重視宗教倫理而著名，他們吸收儒、釋而訂九條戒法，在社會上很有影響。劉德仁又以祈禳治病稱名於世，據記載他「治病不用藥，仰面視天，病無不癒」，所以在朝野很有名氣，吸引了大批教徒。大道教的快速發展引起了金廷的注意，金世宗曾召見過劉德仁，賜號「東岳先生」。劉德仁以後下傳二祖陳師正、三祖張信眞、四祖毛希琮、五祖酈希誠、六祖孫德福、七祖李德和、八祖岳德文、九祖張清志等。在酈希誠時，正逢金元之交，由於他的傑出活動，大道教曾興盛一時，至元末逐漸衰落，教徒併入全眞。大道教衰落的主要原因也是未能建立起獨特的宗教理論體系，僅僅依靠宗教領袖的個人品質和魅力，終難流傳久遠。

（張踐）

八三、道教在明清時代有哪些重要派別？

道教在明清時代主要分成正一和全眞兩大派系，分別在大江南北流傳。在這兩個大派系中，又有一些小的宗派產生、變化，以下分述之。

正一道在明代比較受到皇帝的重視，因此地位顯赫。從明洪武初年起，正一道天師即掌管全國道教事務，其地位超過全眞。從第四十二代天師張正常，到第五十一代天師張顯庸，代代襲封爲大眞人，賜銀印，官秩二品，爲全國性宗教領袖。尤其是明世宗朝，寵幸道教，正一天師邵元節以術媚君，顯貴一時。但是由於正一道在理論上缺少發展，所以至清代以後逐漸走上了下坡路。其間較有作爲者是張宇初、趙宜眞和婁近垣。

張宇初（？～一四〇一）是第四十三代天師，博學能文，道貫儒釋。針對正一教門內戒律廢弛的狀況，他寫《道門十規》，力圖駁正宗風，並且闡發了一些重要思想。由於道教史上仙人混雜，所以模糊不清。他強調老子才是道教眞正的始祖，「雖有道經師三寶之分，而始自太上授道德五千言於關令尹」。同時他又吸收了全眞南北二宗的內丹功法，以性命雙修爲一切教門修習之旨。「凡符籙經教齋品道法之傳，雖傳世之久，各尊所聞，增減去取或有不同，而原委爲一，內而修之，則有內外丹之傳。」他還引入全眞戒律，提倡遠離塵俗，草衣木食，磨勵身心，以求正果。

趙宜眞（？～一三八二）是元明間道士，上承全眞、清微、淨明忠孝教法，又受到正一派的禮遇，正一道士多師事之。著有《原陽子法語》、《靈寶歸空訣》等書。他的丹法與全眞派略同，以「自性法身」爲本，以「攝情歸性」、「攝性還元」爲修行之要，以「粉碎虛空」爲最高境界。同時他又相信外丹，認爲日月精華煉成丹藥，可以點化肉身，使之脫胎換骨，白日飛升。他的雷法主張內煉，「天地大天地，人身小天地」，兩者可以相互感通，將內功發爲雷電。

婁近垣（一六八九～？）是清代正一道士，曾被雍正皇帝封爲四品龍虎山提點，被乾隆皇帝封爲通議大夫。他的重要貢獻在於，重新整理、刻印《黃籙科儀》十卷，集清初以來道教齋醮科儀、牒文、符籙之大成。經他的整理，使道教門徒作法事有所遵循。

全眞道在元初曾因蒙古統治者的推崇而盛極一時，但其後因與佛教的兩次辯論敗北而轉入山野，潛心鑽研內丹功法，仍保存了相當的實力。入明後反倒在功法上創出了一些新的派別。

明初最先出現的是張三豐所創的「武當派」。張三豐的生卒年月不可詳考，大約爲元明之際人，據其自述，在元代曾爲中山博陵縣令，後棄官入道，爲全眞道士。雲遊終南山時遇火龍道人，傳以丹訣，赴湖北均縣武當山修煉。明初太祖、成祖聞其高名，派人往武當山尋之不遇，遂於此建立了龐大的道觀，武當派從此創立。張三豐留有《金丹直指》、《金丹祕訣》各一卷，後人又附以其它文字，編爲《三豐全書》。武當派除傳全眞性命雙修的內丹功法外，突出特點是崇祀「眞武大帝」，傳武當拳法。眞武大帝又稱玄武大帝，是主宰北方的天神。武當山世代爲祭祀玄武大帝之所，因此武當派繼承了這一傳統。武當拳法傳說爲張三豐所創，特點是以靜制動，以柔克剛，與雄勁豪放的少林拳南北對應。

全眞道本有南北宗之分。南宗張伯端是宋代內丹大師，下傳石泰、薛道光、白玉蟾等人，形成了清修派。另傳弟子劉永年、翁葆光，形成了雙修派。元代以後，清修派因方法一致，與北宗全眞道合流。清修與雙修的分野在於，清修派主張禁慾苦行，貶斥房中術，而雙修派則提倡男女同修。入明以後，雙修派有所發展，又分出了東、西兩派。東派創始人是陸西星（一五二〇～一六〇六），揚州化縣人，自稱得呂洞賓祕傳。著有《賓翁自記》、《道緣彙錄》等書。他的丹法主張從性功入手，但在築基煉己，攝心修性之後，取坎塡離，煉精化氣則需男女雙修，方可得眞藥。因爲坎中眞陽藏於同類「彼體」之中。西派創始人是清代的李涵虛（一八〇六～一八五六），四川樂山人，託言得呂祖及張三豐丹道祕要，著《太上十三經注解》、《三車祕旨》等書。其功法也是從清靜立基入手，然後事陰陽雙修。

其餘全眞道士理論上基本屬於清修派，做出突出貢獻者有：王常月（一六二二～一六八〇），全眞龍門派（丘處機派）第七代律師，以重振律法，整頓教團組織而聞名，被稱爲全眞道的「中興之祖」。全眞創教時本以戒律嚴明而享譽天下，但元、明兩代隨著寺觀經濟的發展，教團首領的生活開始腐化，道眾戒律鬆弛。王常月作《龍門心法》，闡明修道之要，特別突出戒律的重要作用，「唯有一法，能制此身，須是行持戒律」。他在北京的白雲觀六次開壇講戒，「聖祖皇帝聞之，賜號『抱一高士』」。在他的帶動下，全眞道恢復了昔日清修的好名聲，重振教團。劉一明（一七三四～一八二一）爲龍門派第十一代道士，號悟元子，山西曲沃人。他勤修苦煉，成爲一代內丹大師。其著作後人刻爲《道書十二種》，在理論上融儒、釋入道，另創新詞。他把修道丹功分爲：勘破世事、積德修行、盡心窮理、訪求眞師、練己築基、和合陰陽、審明火候、外藥了命、內藥了性等九個步驟，最後以「粉碎虛空」爲了當。（張踐）

八四、什麼是理學？

理學是儒家學說的哲學形態。它起於北宋中期，成於南宋朱熹，終於明清之際。

理學的名稱有一個演變過程，初稱道學，後來才稱理學。中國古代學者要使自己的思想和門派在社會上爭得一席之地，大多要有一個區別他人思想和門派的名稱；或者後人爲前人記史立傳，也要給各家各門派一個獨具特色的稱號，以別各家殊異。道學一名，北宋初已出現。程頤於宋元祐二年（一〇八七）《又上太皇太后書》中說：「陛下聖慮高明，不喜淺近，亦將勉思義理，不敢任其卑俗之見，懼獲鄙於聖鑑矣。誠如是，則將道學日明，至言日進，弊風日革。」（《河南程氏文集》卷第六，《二程集》）此是說道學鄙棄淺近之論，窮究義理，且能草除弊風的。程頤又在給孫叔曼書中論及其兄程顥的功業，說：「其功業不得施於時，道學不及傳之書。」是將道學與程顥的名字連在一起的。朱熹稱二程爲道學的唱明者：「夫以二先生唱明道學於孔孟既沒千載不傳之後。」而道學的實質則是孔孟學說。在朱熹，合於孔孟的是道學，否則不得稱爲道學。後來，有人編排了一道學的師承道統，羅列周敦頤、張載、二程、邵雍、朱熹及程朱門人爲道學大家。

南宋有理學名稱，範圍比道學廣。陸九淵曾說：「秦漢以來，學絕道喪，也不復有師。……唯本朝理學，遠過漢唐，始復有師道。」《周子金書》卷二十一上記有南宋嘉定時吏部考功郎中樓觀的話：「理學之說，隱然於唐虞三代之躬行，開端於孔門洙泗設教，推廣於子思、孟軻之講明，駁雜於漢唐諸儒之議論，而復恢於我宋濂溪先生周公敦頤。……春秋之際，三綱淪，九法斁，邪誕妖異之說竟起塗民生之耳目，溺天下之污濁，理學亦幾乎息矣！」這裏，理學的範圍很廣，幾乎與儒學合。往窄處說，也是包括宋代儒學。到明代，理學一名便用於稱程朱的道學和陸王的心學，已是約定俗成。在中國哲學史和經學史上，一般說宋代思想的特色就是變古，對漢唐死守注疏的傳統不以爲然，由疑經到刪經改經，藉經文以闡發自已的見解，不拘泥於經書文字，重在說明經書的義理。在這種學術風氣中形成的儒學學說可以都是理學，如關學、濂學、洛學、閩學、蜀學、新學、心學等等。後者是從學派的創始人上說的，標識的是師門；理學則是就基本精神，治學目的、思想內容的特點上說的。現代學者一般將理學分爲三大部分，即程朱道學，陸王心學，張載的「氣」一元論。

在儒家經典中，理學尤爲推崇《大學》、《中庸》、《論語》、《孟子》。朱熹作《四書集注》，爲以後歷朝立爲育才取士的教科書。朱熹《大學章句序》說：《大學》是古之大學所以教人之法，孟子以後，其基本精神幾於泯滅。二程出，接孟子之傳，「實始尊信此篇而表章之，……發其歸趣，然後古者大學教人之法、聖經賢傳之指，燦然復明於世」。朱熹認爲，《大學》一書對於國家化民成俗，學者修己治人，都有重大作用。《中庸》相傳爲子思所作，傳孟子。孟子後繼統絕。二程續千載不傳之傳，力倡讀《中庸》。至於《論語》、《孟子》，理學家則視其爲成就聖人之道必讀書。程頤說：「學者當以《論語》、《孟子》爲本。《論語》、《孟子》既治，則六經可不治而明矣。」

理學家重視《四書》，因爲這四本書確實能反映理學的治學宗旨和學術特色。理學是反古、變古的，即對漢唐以來經學的僵化不滿，尤其是魏晉玄學，以道家思想解說儒經，唐又倡佛，以佛說玷污儒學，至使社會風氣腐敗。理學的興起，在於拯救儒學，恢復儒學的純潔性，將其運用於國家化民俗和學者修己治人上去。《大學》上說：「大學之道，在明明德，在親民，在止於至善。」「物格而後知至，知至而後意誠，意誠而後心正，心正而後身修，身修而後家齊，家齊而後國治，國治而後天下平。」理學是將此作爲治學綱領的。

與以前的儒學相比，理學有較強的理論性、思辨性。儒家諸經，《禮》、《詩》、《書》、《春秋》的重點是踐行，要在指明在不同環境、針對不同的具體事物，人們應該怎樣做，是規範具體行爲的，可算作「經訓」。至於爲什麼如此做，有什麼道理，則不必追究。漢初立經，特別是今文經一統天下的時候，經學的學術重點是名物訓詁，目的是讀懂經文；是傳述師說，固守家法。知先師怎樣說，經上怎樣說，於是在日常生活中怎樣做，這就可以了。這時的經學沒什麼思想性，經學的地位是靠國家的強制力量，師門家法的宗法傳統力量維繫的，人們對於經典用不著、也不允許用腦思考。古文經出，打破今文經學獨霸地位，人們在不同經典面前如何依從，必有取捨問題，這只靠信仰和外在的強制力量已不能解決，合乎邏輯地應當引發思考，形成理性的判斷能力。但是，東漢後的經學大家，包括鄭玄和王肅，仍然未能擺脫尊經、崇聖、法古的習慣勢力，力圖確立新的絕對權威，經學仍是建立在信仰和外在強制力基礎上的。玄學重義理，但用道家思想解經，又爲儒學正統所不容。

理學則要闡述儒家思想的理論和哲學基礎，使儒學的經學地位建立在人們的理性思考基礎上。而諸經之中，《論語》、《孟子》是思想理論性較強的。這恐怕是理學推崇四書的原因之一。理學既是儒學，它不能違背儒學的基本精神。但它又不能重複前人，而要說明經所以經、聖所以聖的道理，理學建立起一套以理、道、氣、器爲基礎範疇的宇宙結構論和宇宙生成論，用以解釋世界萬物及人類的生活，從而說明儒學確立的政治、倫理規範的合理性。全部理學就是圍繞這一中心任務展開的。

（湯澤林）

八五、周敦頤爲代表的「濂學」如何強調「誠」的意義？

周敦頤依據《太極圖》建立一個由無極到太極，由太極到陰陽，由陰陽而五行，由五行而萬物的宇宙生成論，說明了宇宙萬物由無到有的產生過程。更重要的，他是要依此說明社會歷史現象，解釋人類行爲所以然的根據。周敦頤說，陰陽五行之精華妙合凝聚，乾道成男，坤道成女，二氣交感化生萬物。而人是陰陽五行中最優秀的成分，因而是萬物之靈。人有肉身形體，又有精神而能產生心知。因爲人有心知，所以五性感動而有善惡之分，於是便有人世中的諸多事變。可以看出，人性是周敦頤解說人類行爲的基礎概念，也是他由一般的宇宙萬物生成進入社會歷史現象的中介。

周敦頤解說宇宙萬物生成，不是就萬物的形體、構成成分上說的，而是在萬物的運動變化規則，在人就是行爲特點的意義說的。也就是說，他解釋人類社會，不是要說明生物學意義上的人是怎樣產生的，人體由何而來，人的心知由何來，即不是體質人類學意義上的人類生成。他的重點是說明人的行爲特點，特別是文化行爲的特點的生成，可以是在文化人類學的意義解說人的本源和生成。萬物本源是無極，由無極到太極。太極的構成是什麼？周敦頤沒有明確，只說它的「性」，是一動一靜。陰陽是什麼？他也不是從物質構成上說的，例如，他未明確說陰氣陽氣。陰陽是運動的特點，陽爲剛健，爲動；陰爲柔順，爲靜。《太極圖說》中說：「五行；一陰陽也。陰陽，一太極也。太極本無極也。五行之生也，各一其性。無極之眞，二五之精，妙合而凝。乾道成男，坤道成女。二氣交感，化生萬物。萬物生生，而變化無窮焉。唯人得其性而最靈。」太極即一動一靜運動著的存在。太極動而生陽，陽也是一動一靜；靜而陰，陰亦一動一靜，所謂陰陽，一太極也。陰的一動一靜與陽的一動一靜就有區別了。陽的動靜呈乾道，即剛健；陰的動靜呈坤道，即柔順。剛健成男，柔順成女。男女不是指男人、女人，而指一般雌雄牝牡之類。也不是雌雄的形成構成，而是指行爲運動特性。至於人類與一般動植物的區別，周敦頤沒有明確講，只是說人類得「二氣交感，萬生化物」過程之優秀者，因而有心知。這優秀者，因爲周敦頤無明確的「氣一元論」，因而並非如者指明的是清氣。

萬物是「二五之精，妙合而凝」形成的。因爲「五行，一陰陽也。」即水、火、木、金、土各有一陰陽，而五行又各有自己的運動特性。這樣，陰陽五行交互作用，使萬物，包括人類，形成五種基本的行爲特性，即「剛善」、「剛惡」、「柔善」、「柔惡」、「中」。周敦頤說：「性者，剛柔、善惡、中而已矣。不達，曰剛善，爲義、爲直、爲斷、爲嚴毅、爲乾固；惡，爲猛、爲隘、爲強梁。柔善，爲慈、爲順、爲巽；惡，爲懦弱、爲無斷、爲邪佞。唯中也者，和也，中節也。」（《師第七》，《周子全書》卷八）他把善惡又作了剛柔之分，或者說把剛柔又作善惡之分，此四者都不是好的品性，只有「中」才是好的。這是周敦頤對萬物及人類品性的客觀上的描述。

就人類行爲來說，當然是要摒棄不好的品性，宏揚好的品性。於是，周敦頤就確立了一個完人的標準，他稱作「立人極」，即規定人類行爲的最高準則。《太極圖說》寫道：人類「形既生矣，神發知矣，五性感動而善惡分，萬事出矣。聖人定之以中正仁義（自注：聖人之道，仁義中正而已矣。）而主靜（自注：無慾故靜），立人極。故聖人與天地合其德，日月合其明，四時合其序，鬼神合其吉凶。君子修之吉，小人悖之凶。」聖人所立人的行爲準則合於天地、日月、鬼神，即合於宇宙萬物運動生成的最根本規則，所以是最完美的。按此規範行事則吉，反之則凶。

那麼，如何使人們的行爲合於天地運行的根本規則，修身以達到人極的品格呢？周敦頤提出「誠」的概念以解決這個問題。

聖人之品性是中正仁義。然而就人性生成上說，本來有可能生成五性的。爲何聖人能摒棄剛善、剛惡、柔善、柔惡等四個「不達」之性呢？因爲君子乾乾不息於誠。所謂聖，就是誠。「誠者，聖人之本。」（《誠上第一》，《周子全書》卷七）對這句話，有不同的解釋。朱熹說，所謂「聖人之本」的「本」字，是本領的意思，聖人能至誠不息，所以成聖人之性。有說這個「本」字，是「聖的根本」的意思，即「誠」就是「聖」的根本標準。仔細看來，所謂「誠者，聖人之本。」還是說「誠」是聖人所以成爲聖人的根本原因。中正仁義，是從已經是聖人的行爲規範上說聖人之性；

「誠」是從至聖的根源上說聖人之性。「誠」，乃是至聖的根本。

「誠」是什麼?周敦頤之前，孟子講過「誠」，《大學》、《中庸》中也講「誠」。《中庸》說：「誠者自成也，……誠者物之終始，不誠無物，是故君子誠之爲貴。誠者非自成己而已也，所以成物也。」周敦頤講「誠無爲」，含《中庸》中對「誠」的解說。在周敦頤看來，宇宙萬物的生成過程本身就是「誠」，非人爲的。聖人能使自己的行爲合於天地、日月、鬼神，就是合於「誠」。由此說來，能合於天地萬物生成規則就能成爲聖人，就是聖人。如果行爲中有人爲的成分，就是不誠，就有四種「不達」性。這人爲成分，就是「慾」。周敦頤講修身的功夫，主要就是「無慾」。無慾而動就是靜，靜既無爲就是誠。有慾而動，就可能有惡善之舉，形成四種「不達」之性。所以，周敦頤又把「誠」作爲「五常之本，百行之源」的。「誠」的概念是周敦頤社會倫理思想的基礎。

（湯澤林）

八六、張載所代表的「關學」有哪些特點?

「關學」是北宋時理學的一支，代表人物是張載，因流行於陝西關中地區而得名。

由於當時社會環境，「關學」對社會政治問題傾注了很多心血。張載從事政治活動的時候，正值王安石變法。他對變法的基本主張是支持的，希望藉此機會革除北宋朝廷的腐敗現象，增強國力，抵禦外族入侵。但對王安石變法的方法和實施步驟，張載又有不同意見。張載認爲，所謂變法就是

「通其變而使民不倦」。即變法的目的是減輕民人負擔，達到既利民又利國的目的。他之所以這樣說，是因爲在他看來，王安石變法並沒有達到上述效果。另外，張載反對王安石自上而下的急進的變法策略，而主張漸進，以教化爲先導，讓百姓在不知不覺中接受新法，認爲這樣不至於引起過多的人反對變法，新法容易施行。

在具體的變法內容上，張載堅持孟子的「仁政必自經界始」的思想，在土地制度上主張實行井田制，由朝廷下令，收天下田爲國有，按古井田的形式分配給國人，使無田者知足，原來有田者又不失其富，照顧到他們的利益。賦稅勞役也按井田分攤。張載認爲，實行這種井田制的好處是，國家不失賦役，私家有相對穩定的田產，可保證生活供給。在此基礎上分宅里，立斂法，廣儲蓄，興學校，成禮欲，救災恤患，敦本抑末，即可再現三代國治天下平的局面。

在行政管理體制上，張載主張實行古代的分封制。他認爲秦以後實行的郡縣制使國家行政設置繁瑣，徒增加了許多官員，沒什麼好處。張載說，行分封法，以血緣宗法關係鞏固家族，可以使朝廷保有一批世臣，即世代爲官者。這樣，官僚家族的地位世代有保障，自然會忠心於朝廷。如不然，爲官者一世爲官，驟得富貴，也只是得計於三四十年，死後子孫分裂，不知其所出，家族不存，又如何能報效國家？張載還認爲，家庭是社會的基礎，國家又是個大家族，家庭環境中培養起來的孝親思想，見之於國家，自然能增強國家的維繫力量。

另外，張載還主張恢復古代的「肉刑」。墨、劓、剕、宮等肉刑，自漢文帝和隋文帝時已相繼廢除。張載說，有些死罪犯人，其實可用肉刑代替，不能什麼罪都用死刑，這樣一來，反倒使人不懼死了，不能減少犯罪現象，如把一些罪犯改爲肉刑，既可使其免死，體現朝廷的仁政，又可起到示警作用。

張載的「關學」在中國思想史上的重大貢獻是建立「氣一元論」的理論體系。這一理論是直接用於批判佛、老的空無思想的。

魏晉以來，佛家、道家思想盛行，大有壓過儒家之勢。尤其是佛、道有精緻的理論體系。是儒家經學所不能比的。漢代經學只重訓詁名物，恪守家法師說，窒息了人們的思維。今文經學又好引讖緯災異說，顯得粗俗淺薄，很難敵得住佛、道學說的邏輯力量。先前的儒家學者批判佛、道，多只是給予道德上、政治上的指責，未能拿出足以取而代之的理論體系，張載的「氣一元論」哲學可以說填補了這方面的空白。

張載認爲，佛教理論的錯誤集中在三個方面：一是「一切唯心」，以意識爲天地萬物生滅的根源；二是「以空爲眞」，視天地萬物爲虛幻。三是主生死輪迴，靈魂不滅說。道家的理論錯誤是以「無」爲萬物之本，有生於無。張載把世界萬物的本源歸結爲「氣」，用「氣」的不同形態解釋虛實、有無問題。

張載認爲，世界萬物是實有，而不是虛幻的空無，這個實有的本體就是「氣」。所謂「氣」，不僅指呼吸吐納之氣，也指看不到摸不著的東西。「氣」的存在和運動有聚和散兩種基本形式。聚則爲各種具體事物，散則又回歸於「氣」。「氣」的虛實存在，即可感和不可感，以及它的聚散運動，是「氣」的本性。

「氣」的本來存在是「太虛」。「太虛」無形，又是「氣」的本體。「氣」與「太虛」是同一東西，「太虛」就是「氣」。「氣」有聚散。聚，即爲萬物；散，即爲太虛。不過，張載雖然把「太虛」和「萬物」都看作同一「氣」的不同形態，還是認爲兩者有本質區別。具體事物有各自型制，也就有大小精粗的分別，這是因爲具體事物礙於形的限制。而「太虛」是「氣」的本然形態，其特點是「清」。「清」則無礙，無礙則神。具體事物是「濁」氣，所以受制於形。那麼，「太虛」與具體事物相比，就是清與濁、神與有礙的關係，兩者地位懸殊，具體事物只是神的糟粕。這種看法在張載解釋人性時有重要影響。

「太虛」如何演化生成萬物？張載提出一個「太和」概念。「太和」是「氣」的「絪緼」未氣狀態，但其中含動靜、虛實、陰陽、剛柔。正是「氣」的這種絪緼相盪，「氣」才由「太虛」演化爲天地萬物。由此看來，天也是「氣」，所以，天並沒有意志，只有人類才有意識。天人相異，根本也不存在天能獎懲人世的事。張載連中國古代天命、天志的思想也否定了。接著，張載就用他的「氣」說解釋風、雨、雷、電等自然現象。最後，由於「氣」的陰陽兩性的相互作用，生成人類。

關於人性問題，張載也是用他的「氣一元論」來解釋的。他說，所謂人性，即人之所以爲人的根據，這是立人之本。人也是「氣」的一種存在形式，「氣」的本然存在是「太虛」，這是最純粹的「氣」。「氣」之陰陽相盪形成人的形體。所以，人性有兩重性，一是基於形體的「氣質之性」，它有善有惡，一是基於「太虛」的天地之性。「天地」之性是純善。雖然人類及萬物都由「氣」生成，但由於「氣」的清濁及稟受「氣」的厚薄不同，所以，人各有性，物各有性，濁氣成物，清氣成人，薄氣成愚人，厚氣成智者。然而，既然人都是「氣」由「太虛」形態凝聚而成形體，所以，每個人都有「氣質之性」和「天地之性」。「天地之性」並非聖人專有。任何人，只要他肯於學習，就可以使「氣質之性」改造爲「天地之性」，則每個人都有可能成爲聖人，關鍵是要虛心學習。要不爲私慾物欲所迷惑。

張載的「關學」在實踐層面上所堅持的，都是儒家一貫的基本原則。他的貢獻是用「氣」說爲這些原則確立了宇宙本體論的根據，儒學終於有了一個可以與佛、道理論相抗衡的哲學體系。

（湯澤林）

八七、程顥、程頤所代表的「洛學」是怎樣論述「性即理」的學說的？

程顥、程頤的「洛學」爲程、朱道學打下了理論基礎，這個理論體系的主旨是政治性，即說明儒家主張的政治制度、禮法、道德綱常的絕對權威性。這個問題在「洛學」之前沒有理論性、思辨性的解決。孔子只是主張恢復周禮，行仁義。至於爲什麼要這樣，他沒有更多的說明，只說那是古代聖人的慣例，社會就應當那樣生活；人爲什麼必須行仁義？他只說作爲人就應當如此，否則就不是眞正的人。孟子堅持孔子的治世主張，爲什麼必須如孔子說的那樣做呢？他有點現實的功利性味道，說只有行聖人之道，有國者才能保國王天下，士人才可以得福免禍。漢代的董仲舒的論證更爲粗俗，他以血緣宗法關係爲模本，搞個人副天數論，說天是人的祖宗，天道就是仁、義、禮、智、信。所以人道也只能如此。張載的「氣一元論」主要是針對佛、道的空無說的，主要任務是在說明世界的本體是「實」，而非「虛」，實的基礎是「氣」，重點是說明世界本源是什麼，而不是回答世界萬物應該怎樣運動，以及爲什麼應該那樣運動。這樣，就仍然不能充分說明社會生活爲什麼必須遵行儒家確立的禮法及倫理規範。二程開創的「道學」向解答這個問題的方向邁進了一步。他們的理論的主題大體有三個，第一，說明爲什麼必須要遵循儒家提倡的政治制度、禮法、道德規範；第二，爲什麼社會上會存在不符合儒家說教的惡的行爲；第三，怎樣去掉惡的現象，實現儒家的理想社會和人生。所以，二程理論的出發點和歸宿都是人的行爲問題。

人的行爲是人性的表現，所以，人性問題就成了「洛學」的核心。人性問題，先秦思想家就提出來了。那時，有人性本善說，有人性本惡說，有不善不惡說，但都沒能回答人性爲什麼善，爲什麼惡。二程要解答這個問題，方法是爲人性找到一個第一的、終極的、絕對的根據，爲此，他建立起一個系統的宇宙結構論。

二程理論的邏輯起點是「理」。「理」就內容上說，規定很簡單，「禮即是理也」。聖人是人倫之至，這人倫就是理。「理」就形式上說就是萬事萬物的最終依據，決定者。「理」是唯一的，萬事萬物的最終決定者就這一個「理」，沒有第二個；「理是永恆的」，「不爲堯存，不爲桀亡」；「理」無形，是形上的，但又是實有，它體現在萬事萬物的運動過程中。

「理」如何決定萬事萬物的具體行爲呢？二程說，「理」本身就含動靜，動靜生陰陽，或者說動靜本身就是陰陽，「動靜是陰陽之本」。陰陽絪縕相盪，決定諸事物的變化運動，這種「決定」的過程叫「氣化」，不同具體事物新陳代謝，例如動植物的種的繁衍，叫「神化」。「氣」這個概念在二程那裏更多是指一種運動形式，而非物理學意義上的構成事物的元素，與張載的規定不同。二程後來講到人的善惡，說是因爲由氣的偏正決定的，「偏正」一語顯然指陰陽的關係、勢力是否協調，他們雖然也提到「氣」的清濁，但也主要從運動形式上用的，非指構成元素。到此，二程算是層層剝離了萬事萬物運動變化、人的行爲的最終決定者：事物的不同運動形式取決於陰陽，陰陽本於動靜，動靜就是「理」自身的規定性。所以，萬物運動的第一因是「理」。

「理」在人就是「性」。「理」與「性」是同一個東西，只是名不同。就萬事萬物共同的最終決定者，稱爲「理」，就是諸事物的具體個體上說，就稱「性」。所以，「性」這個概念也不只是用於人類，凡物都有「性」，如牛性、馬性、犬性、草性、木性等等。其實，這萬事萬物的「性」還是那唯一，永恆、絕對的理。「性」也是唯一的，並非每物各有一「性」。這就是「性即理」命題的本意。不能在那終極「理」之外去看具體事物的「性」；也不能在具體事物的「性」之外再去找什麼其他的最終規定者，如果這樣，就把那個「理」架空了，成爲非實有。

但是，萬物的具體運動有不同形式，人的行爲也各不相同，而人以及萬物的行爲又由「性」決定，唯一的「性」爲何表現不同的行爲？這是因爲「理」（即是「性」）本身不是僵死不動的。「理」有動靜，動靜的陰陽相盪就可有無數的平衡點。作爲「人倫之至」即儒家提倡的那個禮法、道德規範，是陰陽的中正狀態的表現。陰陽相盪有偏倚，就是不正，在具體行爲上就不能呈現綱常、禮法的純粹狀態，就是「濁」，聖人的行爲才是「淸」，即綱常禮法的純淨的形式。

二程又說過「性即氣，氣即性」。這是從人的生理意義上說的。這裏，二程吸收了張載的「氣」的觀點。人性有「氣質之性」和「天命之性」就是那萬物唯一的「性」，即「理」。這是二程爲了說明人的愚智、賢不孝等行爲的差別引進的概念，與他的「理」爲萬物終極原因的邏輯已不那麼協調了。在這裏，二程既然認爲「氣即性」，所以每人稟氣不同，就有善惡、愚智之分了。

二程分性爲「天命之性」和「氣質之性」，但又不能將二者拉得太遠，若完全割裂開二者，就成了「性」二元論，果如此，他們的道學理論就失敗了。幸虧二程把握了這一點，沒有在「氣質之性」上走得太遠，還得回歸到「性即理」的大前提上來。

「理」在人就是「性」，如果它是實有，就得在人身上有個處所，這就是「心」。「心」是人性之所主。「心」不是生理學意義上的心臟，而是意識，精神。心能思慮。二程說「心即性」，心性本善。但是，心既能思慮，這思慮就是心動。它與「理」動靜、陰陽相盪是一致的。心動就有可能形成陰陽不中正，所以，說心性本善，是從心寂然不動，從心的陰陽中正上說的。這是心的「未發」狀態。但心的特點又是感物而動。心感物而動的表現是「情」，這是心的「已發」形態。感物而發就打破了心之本性的陰陽中正的平衡，就有喜、怒、哀、樂、愛、惡、慾七情。心感物而生情，這是心，即性的必然，所以，能生七情也是性的表現，生情沒有善不善的分別，任何人，包括聖人，也生七情。但是，人的行爲的善惡又確是由七情引發的。二程特別提出七情中的「慾」作爲鞭笞對象，認爲凡惡行都出自「慾」，所以，他們提出要「滅人慾」，以「存天理」。這裏的關鍵是能否使七情保持中正狀態，七情中正就是善行，反之即爲惡。

至此，二程就從「理」出發，說明人的行爲。

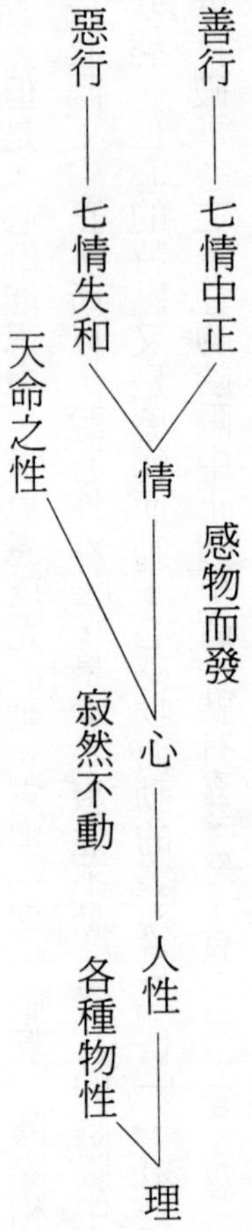

這個關於人的行爲、人性的理論模式一出來，也就能回答能否改變人的惡行爲善行，以及怎樣達到這個目標了。人性本善，心寂然不動，就是保持「性」的本來面貌，即爲善。所以，行善要能「居敬」，即心「主一」，而不爲外物所誘。心「已發」時，要能「滅人慾」，使七情中正，即能行善。

（湯澤林）

八八、朱熹所代表的「閩學」的主旨是什麼？

朱熹爲代表的「閩學」是「道學」的一支，大的原則都是申明儒學的政治和道德倫理主張。從政治上說，閩學的主旨也是說明儒家確定的政治制度、禮法、道德規範的絕對權威性，因而必須實行這一套治世治人的根本原則。這與二程的「洛學」是一致的。作爲理論上的任務，也必得說明儒家的社會人生運行模式的唯一性、永恆性、普遍性，它作爲萬事萬物終極原因的神聖地位；解釋現實中生活違反儒家訓條的行爲是如何產生的；回答如何消除這些反儒家的惡現象，使社會人生都納入儒家的理想模式，這也是宋明理學的共同課題。思想家活動的目標就這麼確定了，但眞要在理論上完成這些任務，又非易事。二程「洛學」的重點是在形式上，說明人們的行爲遵循儒家訓條是當然的，必然的，還要說明所以應當如此的終極原因。這是從事物運動的規則，人的行爲規範上說的，回答人應當如何行以及爲什麼必須這樣行，至於行爲的主體是誰，二程並未過分注意。張載是在二程忽略的另一極在下功夫，他針對佛、道的空無說，全力回答世界上實存的是什麼。實存的主體是誰，在二程可能是不言自明的前提，而張載從佛、道那裏看到，這並非是爲不言自明的。

實存的主體與主體的運動形式，這是兩個問題。將兩者截然分開，說明不了人們爲什麼得遵行儒家的主張；將兩混爲一，或忽略一個方面，儘管口頭上說那「理」是實的，也仍有虛幻之嫌。朱熹「閩學」理論上的主旨就是解說此兩者的關係，他兼採張載和二程的思想，以「理」與「氣」，

「道」與「器」、「體」與「用」、「本與末」、「形上」與「形下」等範疇，力圖回答形式與質料的關係。

朱熹與二程一樣，也將「理」視爲宇宙萬物的第一因，它是唯一、永恆、絕對的。他說，這「理」要是實理而「非理」，就得有個安頓處。「氣」便是「理」的安頓處。朱熹比二程重視「氣」這個概念，並用張載的思想，把「氣」描述爲構成事物的元素那樣的東西。「氣」概念對朱熹的理論體系至關重要，捨此，就會流於佛、道的空無。他說：「佛氏偏處只是虛其理，理是實理，他卻虛了，故於大本不立也。」（《朱子語類》卷一二六）爲什麼會如此，就是因爲不講事物實體的構成要素，空說「理」，如「終日吃飯，不曾咬破一粒米，終日著衣，不曾掛著一條絲。」（同上）所以，尋求決定事物的終極原因，要從兩方面入手，一是構成事物的材料，這是「氣」；一個是事物的運動形式，這是「理」。「天地之間，有理有氣。理也者，形而上之道也，生物之本也；氣也者，形而下之器，生物之具也。」（《答黃道夫》，《文集》卷五十八）「理」、「氣」截然分明，不能混淆。「理」在「氣」中，如明珠在水裏。「理」只有一個，水卻有清濁，所以，同一個「理」在不同事物的顯現方式就不一樣了。

朱熹強調「理」在「氣」中，不能到「氣」之外去尋「理」，「理」外也再無「氣」。果若這樣看，那脫離「氣」的「理」就是虛理，那脫離「理」的「氣」，也就不受「理」的制約了。關於「理」「氣」的相互地位，兩者不可分離，還有以「氣」爲主或以「理」爲主兩種可能。如果以「氣」爲主，把「理」只看成具體事物的條理，運行規則，「理」的絕對權威性地位就失去了。如此，朱熹理論活動的政治主旨就會流產。所以，朱熹只能從另一可能上發揮，他說，「理」是本，「氣」是末，「理」在先，「氣」在後。這先與後不是時間上的順序，而是邏輯上的順序，有因果關係的含涵義，即一物之所以能成一物，之所以能有特定的運動規則，是由「理」規定的。沒有這個前提條件，就沒有特定的事物及其運動規則。當然，運動形式和運動主體間的關係還有另一面：沒有運動主體，就沒有什麼運動形式。運動總是某一主體的運動。此種說法，就把「氣」當作「本」，「理」當作「末」了。朱熹沒有看到這一面，或者即使看到了，也不願承認，同樣在於，如果從這一面發揮開去，便無從論證儒家禮法、道德規範的絕對權威性。

「理」與「氣」判然有別，又共處於各具體事物之中，要說明「理」爲萬物的第一因，就有兩條線了：一是形式的，一是質料的。朱熹理論比二程就多了一個要解決的麻煩。朱熹把動靜陰陽從「理」的概念中分離出來，說動靜陰陽是「氣」的特徵，是形而下的，只有「理」是形而上的。萬物的生成是陰陽二氣動靜運動的結果。天地初間，只是陰陽之氣，這一個氣運行，磨來磨去，就產生天地、日月星辰以及萬物。「理」作爲形而上之道，是宇宙萬物的太極，太極能生動靜，但不就是動靜本身。太極動而生陽，靜而生陰；動極至靜，靜極復動，這樣，作爲規定萬物「所以然」的道，就隨動靜、陰陽之氣的相磨運動而始終伴隨萬物的質料方面的生成運動。所以，萬物作爲實體雖是「氣」的運動，卻無時無地離開那形而上的「理」。「理」就像月映萬川一樣「分殊」到各個具體事物之中。如此說，無論何時何地的何種事物，任何人的行爲，便都是由那唯一的「理」規定的。

說到人的行爲，乃是人性的表現，朱熹堅持「天命之性」和「氣質之性」的觀點。「性即理」。天命之性是就是「理」的純粹形式。氣質之性是從人的生理上說的，人由「氣」構成，「氣」有清濁，所以，不同的生來稟受不同的「氣」，就有善惡、愚智之分，這是就形而下意義上說的。但就形而上上看，既然「理」存在於任何事物當中，所以任何人都有「天命之性」的善的種子，只是得去掉渾濁的「氣質之性」的污染，才能顯出善的本性。這個過程，朱熹強調學習的作用，通過格物致知——窮盡天下事物的「理」，從而達到唯一的天理，便能成爲至善的聖人。如此，朱熹完成了理論上給自己規定的任務，他的理論比二程就顯得精緻周全得多了。（湯澤林）

八九、曾有「鵝湖之會」的陸九淵與朱熹的思想有何不同？

陸九淵與朱熹個人私交不錯，但他的「心學」與朱熹的「道學」在理論上有矛盾。宋孝宗淳熙二年（一一七五），呂祖謙約陸、朱兩派人士在江西鵝湖寺搞個學術討論會，意在彌合兩家的分歧，結果卻使分歧更爲明晰化了。

陸九淵「心學」在政治的主旨與朱熹一致，但在如何使人思想上達到「理」的境界，成就聖賢的道路上，與朱熹有很大分歧。《陸九淵集》第三十六卷上記載：「鵝湖之會，論及教人，元晦之意，欲令人泛觀博覽，而後歸之約。二陸之意，欲先發明人之本心，而後使之博覽。朱以陸之教人爲太簡，陸以朱之教人爲支離。此頗不合。」黃宗羲在《宋元學案》的《象山學案》中說，陸九淵之學」「以尊德性爲宗」，主張成就聖賢之道，應「先立乎其大」，不然的話，「本體不明，而徒致功於外索，是無源之水也」。而朱熹以道問學爲主，認爲格物窮理是「入至之階梯，夫苟信心自是，而唯從事於覃思，是師心之田也」。則達到「理」的境界，陸九淵以「盡心」爲先，朱熹以「格物」爲先。

陸九淵所以把「盡心」當作修身之始，因爲他對「理」與個人的行爲的關係與朱熹有不同看法。

陸九淵關於「理」的內容和形式的規定與朱熹沒有什麼不同，他也把「理」視爲萬事萬物的運行規則及終極原因，是儒家提倡的政治制度、禮法、道德規範。既然宋明理學的主要目標都是在政治、倫理方面，力圖說明人的行爲與那絕對神聖的禮法和道德規範的關係，那麼，與其繞很大彎子去解說「理」與人之外的萬物的關係。不如單刀直入，簡捷明快地回答人的行爲與「理」的關係。朱熹爲了強調「理」的普遍性、絕對性，把「理」看作是不依賴任何個人，不依賴於整個人類，也不依賴於任何個別事物的先在的條件。陸九淵則說，「宇宙便是吾心，吾心即是宇宙。」那麼，作爲宇宙萬物第一因的「理」，也就在心中。心就是理，「滿心而發，充塞宇宙，無非此理。」（《語錄上》，《陸九淵集》卷三十四）宇宙萬物與心的關係，猶如鏡中觀花，心是鏡，花是萬物。關於心，陸九淵的規定是，它首先是思維的器官，人與木石不同，都有心；五官之中，心的功能最重要，心主思慮，思慮才聰明，聰明才能成聖人。心是人與動物的根本區別，仁、義、禮、智等四端就是心的表現，是天生就有的，人的行爲有善惡，是後天的，聖人存有心的先天就有的四端，爲善；小人捨棄這四端，為惡。陸九淵還反對「人心」「道心」說，在他看來，人心是唯一的，不可能有二心。

陸九淵如此規定了萬物與心的關係，在如何認識「理」的道路問題上，就提出了與朱熹正相反對的觀點。在朱熹，因為「理」是個不依賴人類，當然也就不依賴人心的終極存在，它隨「氣」的運動，演化生成萬物，便也與萬物同在。人心只是萬物之一，隨著心「氣化」過程中的生成，儘管也含理，卻只是心作為生理器官運動的「理」，而不是宇宙終極原因的全理。所以，人要達到「理」的境界，就要一個個去格物，通過物而認識「理」，這就是陸九淵所批評的「支離」。在陸九淵看來，既然「理」，譬如仁、義、禮、智、孝、悌等（這些都是「理」，道學家講「理」，主要內容也是這些），都在心中，是心天然就存在的，當然就不必向心外去尋求「理」了。只要盡己心，就能知己性，就能知天，即知「理」了。

「理」在心中，那麼人的惡念惡行從何而來？來源於心與物交之初。心與物交，不良的念頭滋長不剔除，久而久之，陋習難改，就壓倒了心之本善。這在心與物之初埋下惡念的種子就是「慾」。「慾」是「害吾心」者。人人都得與物交，所以，人人都有產生「慾」的可能。任何人都處在「慾」與本心之「理」、善與惡的旋渦中，這就是「人心唯危」的意思。那麼，任何人就都有修養「吾心」的必要。但這個過程不是去「格物」，只在盡自己的「本心」。「保吾心之良」，「去吾心之害」。「吾心之良，吾所固有」，如若不能保，其害即「慾」必多，「慾之多，則心知存者必寡；慾之寡，則心知存者必多。故君子不患夫心之不存，而患夫慾之不寡。慾去，則心自存矣。」（《養心莫善

於寡慾》，《陸九淵集》卷三十二）

如何去慾存心？不必去「格外物」，而是反省內求。陸九淵說，人耳自聰，目自明，事父自成孝，事兄自能悌，本無缺少，不必他求，關鍵在於自立，即自立本心，去掉物慾。有物慾不怕，要能「剝落」，時時處處能剔除物慾，本心即越來越清明。去慾存心也要學習、讀書，但讀書不是讀傳注之類。讀傳注讓人勞心費力，精神疲憊。所謂學習，在陸九淵看來，主要知曉人們相互間的社會地位、角色關係。知父子關係，爲父，自能慈；爲子，自能孝。知君臣關係，爲君，自能仁；爲臣，自能忠。知人們的角色關係，能激發本心之善，又能不斷地「剝落」「慾」，就是「保吾心之良」，就能成爲聖賢君子。陸九淵的這一思想，後來被王陽明繼承發揚起來。（湯澤林）

九〇、王陽明如何把心性之學推至登峰造極？

儒家治學論道，根本宗旨是說治世作人必須遵行古代聖人定下的禮法制度，三綱五常、道德規範。關鍵是「實行」，而不只是知「道」，能議論「道」。但這個問題從來沒有解決過。春秋戰國時期，儒學只是與諸子地位平等的一家，其言論主張並沒有權威性、神聖性，人們可公開反對它，倒也少心口不一，言行不一問題。漢初立儒學爲經，政治上受保護，其意識形態上的主宰地位是確立了。但是，實際生活環境卻又必然生出私慾，儒家的禮法和道德規範實行上於個人與生存又行不通（當然，它於社會整體上說，是協調社會關係，處理各種社會矛盾的可行方案。）所以，就有口頭上能論「道」，而不能行「道」，理性上知「道」，而不能行「道」的事。心口不一，知行不一，身心不一，在王陽明看來，就成了禮法、道德綱常崩壞淪喪的根本原因，他針對此類實事提出自己理論活動的課題。

必須解決「道」的實行問題。王守仁發現，人的行爲是由意識支配的，所行與所想（意）是一致的，怎樣想，便怎樣做；有什麼樣的想法，便有怎樣的行爲。這個看法應該說是合理的。基於此種認識，王陽明提出「知行合一」說，這便是他全部理論的核心。

王守仁批評時人說：「今人學問，只因知行分作兩件，故有一念發動雖有不善，然卻未曾行，便不去禁止。」（《傳習錄下》，《王文成公全書》卷三）如此長久積惡念，怎麼會有善行？王陽明認爲，從理論上說，上述不良傾向實是受了朱熹的分「心」「理」爲二說的影響，「外心以求理，此知行之所以二也」。心外求理，可能知「理」，可能會論「理」，但「理」卻不一定能入我心，在心中扎根，如此，實際行爲上怎麼能夠合於「理」？「理」必須納入「心」，與心合一，行爲上才能處處時時合於禮法道德。這便是知行合一，知便行，行便是知。「一念發動之外，便是行。發動之外有不善，就將這不善克倒了，須要徹根徹底，不使一念不善潛伏在胸中。」（《傳習錄下》，《王文成公全書》卷三）王陽明說，人們口頭上知曉得對父當孝，對兄當悌，實際行爲上卻不能孝，不能悌，這不是眞知，眞知被私慾遮蔽了。若是眞知，便不會有知行不一的現象。譬如好好色，見好色屬知，好好色屬行。一見好色，便自好之，不是見了好色之後，再立個心去好那好色。可見知與行是同一個過程。

為了進一步論證知行合一，王陽明提出「心」、「事」、「物」的關係。王陽明不否認心外有物。如這樣看王陽明，不免把他看得過愚了。但心外物不與「我」接觸，便與「我」沒有絲毫關係，於「我」沒有任何意義。如若一與「我」接觸，發生關係，便成了「為我」之物，是「我」對待的對象。由於，那外物便由「我」，即由己心了。王陽明舉例說，譬如山中一花，人不接觸它，作為心外之物它當然存在。當人們一看此花，則花的顏色便明白起來，可知花不在心外。譬如天地、神鬼、萬物等是千古常在的，但若人死了，心靈不存在了，這個人的天地鬼神萬物還有嗎？所以，只有靈明，即心，是充塞天地萬物的。「我的靈明，便是天地鬼神的主宰。沒有我的靈明，誰去仰他高；地沒有我的靈明，誰去俯他深；鬼神沒有我的靈明，誰去辨他吉凶災祥。」（《傳習錄下》，《王文成公全書》卷三），再譬如對待聖賢的言論，也是以「我心」為判斷標準的。「夫學貴得之心，求之於心而非也，雖其言之出於孔子，不敢以是也，而況其未及孔子者乎？求之於心而是也，雖其言之出於庸常，不敢以非也，而況其出於孔子者乎？」（《答羅整庵少宰書》，《王文成公全書》卷二）這樣見解乃是王陽明理論體系邏輯上的必然，但不會為統治者和經學家們喜歡，因為它把天地鬼神聖賢的地位都變成依賴「我心」的東西了，少了神聖色彩。當然，王陽明的本意也並非如此。萬物雖然依於「我心」，但「我心」也不是自由飄盪，還有「理」規範著「心」呢。

「理」即聖人的禮法制度、道德綱常，是儒學不可逾越的界線。但王陽明把「理」在心外移到在「心」內。「理」在「心」中，「心」就是理。「心」的內容是禮法綱常，「心」運作的節文條理就是「理」，「心」與物接，不是無規則的，待什麼物，就有特定的規範，如對父則孝，對君則忠，這是必然的，這「心」之運作的必然就是「理」，所以，王陽明改程子「在物爲理」一語爲「心在物爲理」。如此，「理」就不在「心」外，「理」就是「心」固有的動作條理了。以這樣的「心」去接觸外物，中間環節是「事」，「事」就是行，就是對待外物的方式。「事」由「心」發，「心」通過「事」接物。則物也在我心中。爲了強調外物與我心爲一，王陽明進一步說，「事」就是物。「心」之節文條理就是「理」，而講人性，實即人心，則「理」就是人的本性。但人仍有不良行爲，是違反人的本性的，這源於私慾。那麼，要成就聖人，就是去掉私慾，恢復本心之性。這便是「致良知」。「致良心」是王陽明理論的最高範疇，這個理論所論課題的答案所在。王陽明自己對「致良知」評價極高。他說，他的理論，除了「致良知」就再沒有什麼要說的了，「吾平生講學，只是致良知三字。」

如何「致良知」？王陽明也講「格物致知」，但內容與朱熹卻完全不同。朱熹說要一件件去窮盡個別事物的「理」，經過積累逐漸達到宇宙的終極之「理」。王陽明認爲，「格」是「正」的意思，「物」是「事」的意思。「格物」是正事，即規範人們的行爲。他說：「物者，事也。凡意之所發必有其事，意之所在之事謂之物。格者，正也。正其不正以歸於正之謂也。正其不正者，去惡之謂也；歸於正者，爲善之謂也。」（《大學問》，《王文成公全書》卷二十六）王陽明從「知行合一」說上發揮「格物致知」，「格物」是規範行爲，去掉惡行，也即去掉惡念。這是「致知」過程，也是「修身」，道德修養與「致知」是同一的。王陽明這樣便能解決言行不一、心口不一、知行不一的問題了。

王陽明完善了陸九淵的「心學」，是「心學」的集大成者。他把萬物歸於「我心」，卻算不上唯我主義者。因爲他講的「心」不是自由馳騁的，完全隨我意的。「心」有「理」規範它，這「理」卻是普遍的、絕對的、不依賴於「我心」的。雖然他把「理」說成是「心」之本性，形式把「理」主觀化了，實際上，「理」還是客觀的。後來的統治者貶斥王學，大概是沒有看出這一特點，實是看輕了王陽明的一片苦心。

（湯澤林）

九一、何謂樸學，有何重要成果？

「樸學」二字始見於《漢書・儒林傳》，倪寬初見漢武帝，述說經學。漢武帝說：「吾始以《尚書》爲樸學，弗好，及聞寬說，可觀。」樸學是指上古質樸之學。後稱漢代古文經學爲樸學。清代漢學宗漢古文經，更崇尚鄭玄、許愼的訓詁、文字、音韻學，也稱後者爲樸學。乾嘉考據學派的文字音韻學自認爲繼承許、鄭傳統，也被稱爲樸學。本條目講的樸學，就指清代乾嘉考據學而言。

乾嘉考據學發端於顧炎武。顧炎武提出「讀《九經》自考文始，考文自知音始。」於是著《音學五書》、《唐韻正》、《韻補正》，明三代以上之音，據古音以正唐韻之誤。繼顧炎武之後，閻若璩、胡謂發揚了顧炎武的學術風格，專門致力於學術，不像顧炎武那樣干預政事。閻若璩用數十年功夫撰《古文尙書疏證》，證明東晉梅頤的《古文尙書》和《孔安國尙書傳》爲僞書。梁啓超對此書評價極高，說是開了疑經之先，進而研究問題的風氣，改變了在聖人經書面前唯唯諾諾的迷信態度，對近代學術發展起了解放思想的作用。胡謂作《易圖明辨》，論證所謂河圖、洛書說，「太極」、「無極」說，都是宋代道士陳摶的僞造，並非《易經》應有之意。閻、胡二人是爲乾嘉考據學派奠了基的。

乾嘉考據學最主要的學派有兩支，一個是吳學派，起於惠周惕（惠棟祖父），經惠士奇（惠棟父），到惠棟集大成。惠棟弟子有江聲、余蕭客、王鳴盛、錢大昕、王昶等。惠棟的主要著作有：《九經古義》十六卷，《周易述》二十二卷，《易漢學》八卷，《易例》二卷，《明堂大道錄》八卷，《古文尚書考》二卷，《後漢書補注》十五卷。考據學的另一主要支派是皖學派，以戴震爲代表，繼其後的有段玉裁、王念孫和王引之。戴震的主要著作有：《原善》、《原象》、《聲韻考》、《聲類表》、《方言疏證》、《孟子字義疏證》，戴自己最看重《孟子字義疏證》。段玉裁的著作主要有：《古文尚書撰異》、《詩經小學》、《周禮漢讀考》、《儀禮漢讀考》、《毛詩故訓傳定本》、《經韻樓集》，流傳最廣的是《說文解字注》、《六書音韻表》。王念孫的主要著作是《廣雅疏證》，另有《古韻譜》、《讀書雜誌》等。王引之撰有《經傳釋詞》、《經義述聞》，是閱讀經書的重要工具書。

名物的訓詁，古代文字、音韻的考證，是件極艱苦細緻的工作，要占有大量的資料，相互比較，分門別類，又要有綜合概括的能力，才能在各種不同的見解中，明辨眞僞。完成這樣的任務，確實要埋頭於古文獻之中，不爲世事所干擾。所以，考據學家爲自己規定的治學宗旨都是「爲學術而學術」。他們認爲，像宋儒那樣就時政而議論，所謂闡發聖賢經書義理，不過是主觀臆說而已，無實事求是精神。抱有政治傾向很強的思想家，像清代的今文經學派，認爲考據學埋頭故紙堆，不關心時政，爲不可取。從儒家經學的角度看，這種批評可能是對的，但從學術角度看，卻有偏頗。考據學澄清了經學史上諸多疑惑不清的問題。考據學家的大量著作對於後人研究經學歷史是不可缺少的材料，這批遺產的歷史價值，今天也不可忽略。

考據學的意義又不僅在於它的既定成果，更在於它成就這些成果的治學態度、治學方法。考據學家在辨証古字古音的過程中，已經提出了某些接近於近代科學方法的東西。譬如，如何確定對聖賢經典的信從態度，漢儒的習慣是凡經就應該信，凡師說就不可違背。宋儒以義理爲準，凡合於義理的就信從。但所謂義理又都是自己闡發的，所謂信義理也就是自己了。考據學中的吳學派仍有漢儒的習慣，吳學派以漢儒的注疏爲判斷經說是非的標準，凡漢儒說的，就信從，反之則排斥。戴震則捨棄人爲設定的權威，講究實事求是，以實事爲是非取捨的標準，而如何做到實事求是，必須有一套科學的邏輯方法。梁啓超曾將戴震的學術方法歸納十條（見《經學家・戴震》條目），其中已含有近代科學思維方法的成分了。這是乾嘉考據學留給後人的最有價值的貢獻。　（湯澤林）

文學

九二、中國文學的基本涵義和文體分類有哪些？

中國文學有悠久的歷史，有豐富的內容，在上下三千多年有文字記載的文學遺產中有許多珍品，它在中國全部文化遺產中是一個重要組成部分。而且也是世界文學中的不可分割的組成部分。

中國文學，是由漢民族文學爲主體的各民族文學的合稱。意即中華民族的文學。它有自己的獨有的內容、形式和風格；有自己的審美理想和追求；有自己的起支配作用的文化傳統和思想，有自己的理論批評體系。它從時間上劃分，可分爲古代、近代、現代、當代文學。

中國文學的特色，是與它所使用的漢語言文字的特點密切相連的。漢語言文字的特徵爲：以表意爲主；漢字的單文獨義；一字一音；繁富的單音詞；區分「四聲」；言文分離。上述特點，在文學中就構成了所獨具的美學特徵。

中國文學是著重於表現的藝術，在表現形式上偏重於抒情，如在整個詩歌史上，中國抒情詩洋洋大觀，而敘事詩則爲數不多。在創作方法上，不重寫實而重寫意。如古詩中常講的「情景交融」，其意在借景抒情，宣泄內心的情感。

中國文學在自身的發展基礎上，形成了一整套不同於西方的理論批評體系和範疇。它反過來又規範和影響了文學的審美理想和追求，並關涉到文學發展的進程。

中國文學除了因漢字語言具有自己的特徵以外，還有自己的文學觀念體系。這個體系又受到中國傳統思想體系的支配。儒家正統思想的影響，就形成了以詩文爲教化的文學功用說，它在中國文學中是一個最爲重要的文學觀念。表現在創作內容上，偏於政治主題和倫理道德主題。由此而來的是文學常成爲政治的附庸，並帶有說教的傾向，它在中國文學的不同歷史時期，有著不同程度的表現。儒學的入世哲學和教化觀念，又使中國文學在內容表現上，呈現出高亢的政治熱情，積極進取的精神，強烈的社會責任感。但同時又相應存在著對人個體自我的開掘不足。儒家的「中庸」思想，使得中國文學在美學追求上，講求中和之美。它是中國文學的一個很重要的美學思想。另外，道、釋，以及儒道釋的合流，都影響著中國文學的總體風格。

中國文學歷史悠久，文學種類和各種文學形式也十分繁富多樣。

詩歌，是中國文學中產生的最早的藝術形式之一，也是中國文學中得到最爲充分發展的體裁。《詩經》是中國最早的一部詩歌總集。四言爲主的句式、重疊反復的章法，是《詩經》時代詩體的主要特色。作品中有抒情詩，也有敘事的詩。從原始型的二言詩體，發展到《詩經》的四言體，是一很大的進步，反映了社會生活的變化和語言的變化。緊接著，在中國的南方的楚地又興起一種新詩體——楚辭。它的開創者和代表作家是楚詩人屈原。「楚辭」是一種具有濃鬱地方色彩的詩體。它打破了《詩經》作品的以四言爲主的句式，而代之以五言、六言、七言等長句。在詩的節拍上出現了三字頓，構成了有偶、有奇、奇偶相配。同時詩體的篇章結構，或抒情兼敘事，或抒情、詠物兼議論，極大地增強了詩歌的藝術表現力。它對後來的賦體文學的產生和發展，後世五、七言古體詩的產生，都有過顯著的影響和啓發。

隨著楚辭逐漸向接近於散文的賦體演變，另一種詩體——樂府，以民間的清新、剛健步入漢魏六朝（前二〇〇～五八一）的詩壇。它是中國詩歌繼《詩經》、楚辭之後的第三個重要發展階段。在樂府詩的發展過程中，漢樂府以雜言體爲主，五、七言的句式漸爲人注重。到了漢末佚名詩人作的《古詩十九首》出現，五言古詩的藝術已基本成熟了。至齊梁時，「五言居文詞之要」（鍾嶸《詩品》）。七言古詩的產生稍後於五言古詩。其流行大約於晉宋之際。漢樂府的雜言體，到唐代則發展爲「歌行體」。從詩歌種類上說，樂府民歌還開創和發展了中國敘事詩體。其現實主義精神直接影響了後來的「樂府古題」。

經過齊梁間「永明體」詩歌在聲律方面的充分準備，至唐，詩歌進入了全盛的時期。也是中國古代詩歌的黃金時代。從古體詩到近體律詩的出現，是中國古代詩體的一大變化，而這一變化，正以齊梁時代的「永明體」詩的產生爲重要轉機。唐代詩歌各種格律因素均定型下來，律詩（包括五律、七律、排律、絕句）；古體詩（包括五古、七古、樂府、樂府歌行），各體競盛、百花齊放。

宋、元時期的詞、曲，是衝破傳統詩體而出現的兩種新體制。中國詩歌同音樂有著非常密切的關係，二者關係的變化經歷了「以樂從詩」、「採詩入樂」至「倚聲塡詞」三個階段。詞和散曲都是沿著「倚聲塡詞」的途徑發展起來的。詞，最初稱曲子詞，又稱長短句，它和散曲同爲配樂文學。

詞和曲原都是隨民間歌曲的發展和外族「新聲」的輸入，而產生的新興的歌詞俚曲，後被引入文壇而爲新興的音樂文學。詞萌發於中、晚唐和五代而光大於宋代；曲萌發於金代，而昌盛於元代。從講求平仄聲律、篇有定句、句有定字上說，它們都屬格律詩範疇，但它們又與近體律詩不同，各有獨立的體制、風格特點。從詞曲的篇章句式上看，詞以長短句間出、韻位疏密相間爲特點；曲在用韻、字數等方面有一定靈活性而與詞不同（雖然它也是按曲調寫出的長短句）。在文體的表現風格上，詩抒情敘事貴含蓄，以典雅凝重爲上，注重意在言外；詞多爲尙委婉、重情致；曲貴自然曉暢、語言不避俚俗，以能莊能諧及淸新活潑爲長。宋詞、元曲在文壇上居主導地位之後，傳統詩歌仍然綿延不斷地出現，雖然詩的數量巨大並有自身的特色和成就，但總成就未超過唐代。

中國文學中，與詩詞並列爲文學正宗的，還有另一重要文體——散文。「散文」相對於「韻文」說，泛指一切無韻的文字；「散文」相對「駢文」說，即指那些單行散句，不拘形式工整的語體文（唐宋後稱「古文」）；現代「散文」，是與詩歌、小說、劇本相並列的一種文學體載（包括記敘、抒情散文、雜文等樣式）。從廣義上看，中國文學史上第一部記敘文和論說文的散文集子是《尙書》，它是中國散文的萌芽之作。戰國時（前四八一～前二二一），首先得到較大發展的是歷史散文和諸子散文。歷史散文以《左傳》、《國語》、《戰國策》爲代表。它們在記敘歷史事件和歷史人物時，都能對某些歷史場面作出具體描寫，對人物的形象也很注意刻畫。不少篇章情節生動，很有故事性。人物言談的記述也無不曲盡筆墨，有聲有色。它們對後世的「古文」及小說、戲劇的發展都有深遠的影響。諸子散文以《論語》、《孟子》、《老子》、《莊子》爲代表。主要爲說理文，最初爲語錄體，而後才向有組織有結構的論說文形式發展。它們風格各異，其文宏麗，辭藻華美，感情激越，富有哲理，論辨性強，多用寓言和比喻。到這時，散文的基本形式已經確定。漢散文更講究文采，而且各類雜體散文充分發展，各類文體已逐漸齊備，一些文人以善寫某類文體著稱。但有偶句增多及辭賦化的傾向。司馬遷的《史記》，不僅被目爲史書的傑作，其中大量的傳記文字也是傳記文學的典範。唐宋散文（古文）基本上直承先秦兩漢的傳統，但在雜記文、書信、序文等方面有了長足的發展和創新，尤其起於唐代的遊記散文，清新雋逸、生動活潑。明清的小品文是純文學散文的一個重要時期。它吸收了唐以來遊記散文的精髓，又融入了魏晉南北朝筆記文的諧趣和雋永，具有獨特的藝術魅力。

中國文學中還有兩種介乎詩歌和散文之間的文學樣式：賦與駢文。賦源於楚辭體，流行於兩漢。它有詩的韻腳，尙鋪張揚厲。後來隨著時代和文學的發展，演變爲駢賦、律賦、文賦等多種形體。駢文，又稱駢儷文，它是在詩歌、辭賦等慣用的修辭手法——排比、對偶的基礎上，經文人加工創造而成的新文體。它追求句式整煉、詞語對仗，講求文采、音律的和諧，不要求押韻。它產生於魏晉，鼎盛於南北朝，並幾經起伏，至清末餘緒猶存。

中國文學中，小說、戲曲，有很長一段歷史時期不被重視，被當作街談巷議之言，不登大雅之堂的東西，被視爲民間俗文學而爲封建文人所鄙薄。元、明、清時，小說戲曲得到了充分發展，出現了偉大的作家和作品。戲曲如元雜劇、明清傳奇中的關漢卿的《竇娥冤》、王實甫的《西廂記》、湯顯祖的《牡丹亭》、孔尙任的《桃花扇》等戲劇。小說中的有施耐庵的《水滸傳》、羅貫中的《三國演義》、吳承恩的《西遊記》、蒲松齡的《聊齋志異》、吳敬梓的《儒林外史》、曹雪芹的《紅樓夢》。

中國文學發展到現代，產生了不同於傳統文學的新的詩歌、散文、小說和戲劇，還引進和創造了散文詩、報告文學、電影文學等新的文學體裁。而過去傳統文學中存在的抒情勝於敘事、表現多於再現的特點，有了很大的變化。此外，文學理論由於接受外來影響已出現了許多有別於古文論的新範疇、新概念。語言結構也發生了巨大變化，這些不同已往的大變化構成了新的民族文學的特徵。

（馬勝利）

九三、《詩經》中的風、雅、頌有何異同？

《詩經》，是中國古代第一部詩歌總集。它收集了中國西周初年到春秋中葉（前十一世紀～前六世紀）約五百年間的三〇五篇詩。先秦時稱爲《詩》，取其整數又稱《詩三百》。西漢時立於學官，被奉爲儒家經典，故稱《詩經》，並沿用至今。

據秦漢時古籍載，《詩經》的來源一是朝廷派「行人」到民間「採詩」得來的；二是公卿大夫的「獻詩」。這些從不同途徑得來的作品經朝廷的樂師刪削、整理、加工，約在西元前六世紀中葉編定。

《詩經》中的詩在當時都是配樂的歌詞，保留著古代詩歌、音樂、舞蹈三者結合的形式，後樂譜和舞姿失傳，只剩下歌詞，即今所見到的這部詩集。

《詩經》的句式是以四言爲主，比較整齊，又時有雜言，靈活多變，使用二字至八字一句的形式，亦間有一字句和九字句。並大量運用章句的重疊，使用了疊字、雙聲疊韻等修辭手法。這些多樣的句型，後來就成爲各種詩體發展的濫觴。

根據古人對《詩經》的編排分類，有「六詩」、「六義」、「四始」的說法。這些區別在《周禮·春官·大師》中，將風、賦、比、興、雅、頌，稱爲六詩。在《毛詩序》裏，把「六詩」稱做「六義」。孔穎達在《毛詩正義》裏的詮釋，認爲風、雅、頌是詩的不同體制，賦、比、興是詩的不同表現手法。這種觀點被沿用至今。其中將風、大小雅、頌說成王道興衰的「四始」，則是曲解。在種種解說中，南宋人鄭樵的說法最簡明：「風土之音曰風，朝廷之音曰雅，宗廟之音曰頌。」《六經奧論》）他認爲風、雅、頌，都是「音」，是從樂調上來區分的。詩就是唱的歌辭。因古時是歌詩不分的。

風土之音，就是各地的民歌。「風者，民俗歌謠之詩也。」（朱熹《詩集傳》）《詩經》中的風共一百六十篇，分十五國風，它包括有「周南」、「召南」、「邶」、「鄘」、「衛」、「王」、「鄭」、「齊」、「魏」、「唐」、「秦」、「陳」、「檜」、「曹」、「豳」。其產生的地域，即今陝西、河南、山東、山西、湖北，而多集中於河南。詩中有很多各地風俗習尙的反映。如鄭、衛兩國的情歌；秦國的車馬田狩之盛和尙武風氣；陳國的迎神祭祀、載歌載舞等。作爲先民的集體創作，作品中表達了對和平與幸福生活的渴望，反映了沈重徭役壓榨下的痛苦呼號，揭露了統治者醜陋行徑。這些作品有《豳風・七月》、《魏風・伐檀》、《魏風・碩鼠》、《唐風・鴇羽》、《王風・君子於役》、《周南・芣苜》、《魏風・十畝之間》、《秦風・無衣》、《陳風・株林》、《周南・關睢》、《召南・摽有梅》、《邶風・靜女》等。這些詩篇感受眞切，不加粉飾。運用了賦、比、興的藝術手法，歌詠景物，抒寫情思，託物諷喻，通俗易懂。

雅是在朝廷裏演奏的官樂，它相對於各地民歌俗樂。作者主要爲貴族、官吏，內容主要是歌功頌德，宴飲遊獵。其中也有不少詩篇是諷刺、規勸的諷喻詩。雅共有一百零五篇，大雅三十一篇，小雅七十四篇，合稱「二雅」。「大略《小雅》多燕京贈答、感事述懷之作；《大雅》多受釐陳戒，天人奧藴之旨。」（方玉潤：《詩經原始》）小雅的大部分作品出自官吏、貴族之手，其中也有一部分是民間歌謠，大雅幾乎全是貴族作品。

雅詩大部分作爲貴族們進行各種典禮、宴飲時演唱的樂歌，從中比較眞實地反映了周代社會某些生活的面貌。大雅中的《生民》、《公劉》、《綿》、《皇矣》、《大明》等詩篇，比較完整地描述了周人的起源以及發展和建國史。它們是中國的最早的史詩，歷來受到人們的重視。大、小雅中，還有不少諷諭詩。又稱爲「變雅」。在規勸示警中反映了統治者的內部種種矛盾。故後世「風雅」並稱。如《大雅・桑柔》、《大雅・瞻卬》、《小雅・正月》、《小雅・巷伯》、《小雅・小旻》、等。雅詩中也有些反映先民的生活的民間歌謠。其中有反映民間呼聲的，如《小雅・苕之華》、《小雅・何草不黃》；戀怨之辭，如《小雅・隰桑》、《小雅・采綠》、《小雅・谷風》。一些詩篇作爲農耕社會的生產、生活反映，描寫了五穀豐登，畜牧興旺，如《小雅・甫田》、《小雅・楚茨》、《小雅・無羊》等。當然反映貴族豪華奢侈生活場景的篇幅也不少，如《小雅・魚麗》、《小雅・賓之初筵》、《小雅・庭燎》等，都極寫宴樂的場面。總的說，雅詩不如風詩通俗易懂，篇幅較長，用韻整齊，布局謹嚴，多議論。呈現出莊重舒緩、典重文雅的風格。

頌，作爲宗廟樂歌，有《周頌》三十一篇，《魯頌》四篇，《商頌》五篇，共計四十篇，合稱「三頌」。「頌者，美盛德之形容，以其成功告於神明者也。」（《詩・大序》）載歌載舞，可說是宗廟樂歌的特點。作爲周王和諸侯用於祭祀、典禮的樂歌，主要內容多爲宣揚天命，讚頌先祖的功德。頌詩也有一些春夏祈穀，秋冬報賽的祭歌，反映了當時農牧漁的生產情況。還有些篇章描寫了古時的樂器；有的涉及到中國早期的神話傳說和歷史。

總的來說，頌詩大多爲空洞的說教，缺少形象性和韻律美，也少用比興手法。

根據上述，可以清楚地看到風、雅、頌在樂調、作者、內容、表現手法、藝術風格等方面都是不一樣的，有著各自的特色。

（馬勝利）

九四、《楚辭》是怎樣一部書？

楚辭，一是詩體名，一是詩集名。作爲詩體的楚辭，它的創始者是屈原。而屈原最重要的作品是《離騷》，故又稱「騷體」。作爲作品總稱的楚辭，約形成於西漢前期。《史記》、《漢書》在記述西漢事時，都有所提及。《楚辭》正式編定成書，是由著名學者劉向，在西漢末成帝河平三年

（前二六）完成的。

楚辭，是戰國時期以屈原爲代表的楚人創作的新體詩歌。它發源於中國江淮流域楚地的民歌。如《詩經》中的《漢廣》、《江有汜》就是西周初年的楚地民歌。《說苑》也保存了《越人歌》、《楚人歌》。《論語》裏記載過孔子聽到《接輿歌》，《孟子·離婁篇》裏也記有《孺子歌》。楚辭也受著《詩經》的某些影響，但它和《詩經》中的北方民歌有著明顯的不同，它不是整齊的四言句式，而是每隔一句末尾都用一個語助詞「兮」，聲調舒緩、抑揚。楚辭是在楚民歌高度發達的基礎上產生的。另外，楚辭還受著楚地的巫風的影響。民間祭祀時的歌舞娛神，很像戲劇，充滿了原始宗教氣氛和浪漫情調。因而《楚辭》中的很多篇章都帶有巫風的痕跡。還有戰國後期，南北文化的融合，也是楚辭產生的重要條件。長詩《離騷》，體式宏闊，氣勢雄偉，句式靈活，和當時蔚然勃興的散文不無聯繫。

對於楚辭的稱謂，宋代黃伯思在《校定楚辭序》中說：「蓋屈宋諸騷，皆書楚語，作楚聲，記楚地，名楚物，故可謂之『楚辭』」。（《宋文鑑》卷九十二）由此也可看出楚辭所具有的特徵。《楚辭》，共收入屈原所作《離騷》、《九歌》十一篇，《天問》、《九章》九篇、《遠遊》、《卜居》、《漁父》，宋玉的《九辨》、《招魂》，舊題景差所作《大招》，舊題賈誼所作《惜誓》，淮南小山所作《招隱士》，東方朔所作《七諫》，莊忌所作《哀時命》，王褒所作《九懷》，劉向所作《九嘆》。其中如《遠遊》、《卜居》、《漁父》等篇，其作者都有異說。楚辭的作者，據《史記》載，有宋玉、唐勒、景差等人。現存的《楚辭》總集中，主要是屈原及宋玉的作品；唐勒和景差的作品，大都未能流傳下來。至於西漢人賈誼、淮南小山、東方朔、莊忌、王褒等人的作品，多是仿屈之作。今存東漢王逸的十七卷本《楚辭章句》（《楚辭》注本），從中可略窺《楚辭》原本的大概。因劉向編定的《楚辭》十六卷久已亡佚。

《楚辭》在中國詩史上占有重要的地位。它的產生標志著古代詩歌發展到了一個新階段。與《詩經》多數篇章是民間的集體口頭創作，具有濃鬱的民歌特色相比，《楚辭》則是詩人的獨立創作，具有個性色彩。特別是屈原的詩歌，塑造了具有崇高理想和人格的抒情主人公形象，具有鮮明的個人風格，從而結束了古代詩歌集體口頭創作的階段，開始了文人創作的新時代。其次，與《詩經》的四言相比，「騷體」是一種嶄新的詩歌形式，爲中國的詩歌發展開闢了道路。屈原早期作品，如《橘頌》也是四言體，可看到他承襲《詩經》痕跡，後來有很大變化和很高的創造，從四言變爲六言、七言，參差錯落，靈活變化，且富有地方色彩的語言，宏大的結構，塑造了豐富的藝術形象，抒寫了複雜的思想感情，表現了理想與現實間的尖銳衝突。它不但完成了中國詩歌語言的第一次解放，推進了詩體的發展，也顯示了在藝術構思上的進步，形成了獨特的藝術風格。這些特點，是與《詩經》的四字基本句式，較短小的篇幅，形象的單純、所反映的多是生活的片斷不相同的。再有，楚辭以豐富的想像、華美的文辭，抒發詩人的主觀激情，開創了古代詩歌的浪漫主義創作道路。屈原在他的詩中，巧妙地運用了神話傳說，大膽地展開想像的翅膀。他的作品經常以虛構的情節和人物，構成奇異的意境。這就不但加重了作品的浪漫色彩，增強了詩歌的表現力，而且深刻地揭示了詩人崇高的精神境界，深化了詩歌的主題。與此同時，它的比興寄託手法，不僅運用在遣詞造句上，而且能開拓到篇章構思方面。它對後來的賦體、駢文、五七言的形成，都發生了深遠的影響。這些特色，也是與《詩經》中的民歌側重於反映現實生活，干預生活，風格自然樸素所不同的。

《楚辭》是《詩經》問世後最優秀的詩作，它的出現標志著作家文學的產生，屈原則是中國文學史上第一位詩人。它實現了詩歌語言和體式的開拓，創造了具有鮮明個性的抒情形象，開闢了詩歌的浪漫主義道路，所以後世將《詩》、《騷》並稱，從而成爲中國古典詩歌的兩大源頭，對後世的文學創作產生了深遠的影響。

（馬勝利）

九五、何謂先秦短賦？

在源遠流長的中國文學史上，賦體文學占有獨特的地位。雖然這種文體在今天已不爲人所用，但是它的表現手法及文體特點，卻對當時和後來的文學有著深刻的影響。

賦是一種獨立的文體，它以鋪陳的手法狀物寫情，講究押韻、對仗，是介於詩與散文之間的一種文體。它是由先秦時代的《詩經》、《楚辭》的表現手法和春秋戰國時辯士的言辭藝術綜合衍化而成的。「古之賦家者流，原本《詩》、《騷》，出入戰國諸子。」（章學誠：《文史通義·詩教》）何謂先秦短賦呢？

賦體文學萌始於戰國時代的荀況、宋玉等人。劉勰論賦體形成時指出：「然賦也者，受命於詩人，拓宇於《楚辭》也。於是荀況《禮》、《智》，宋玉《風》、《釣》，爰錫名號，與詩畫境，六義附庸，蔚成大國。述客主以首引，極聲貌以窮文，斯蓋別詩之原始，命賦之厥初也。」（《文心雕龍．詮賦》）賦用作文體的名稱，最早見於戰國後期荀況的《賦篇》，其中分別鋪寫了雲、蠶、禮、知、箴五種事物。它是《詩經》中的「賦」的手法走向賦體獨立的通道；而宋玉的《風賦》等作品則是《楚辭》體文學衍變為賦體文學的橋梁。

荀況是繼孔、孟之後的一位儒學大師，其文風雄健綿密，質樸渾厚。荀況的賦，「體物寫志」繼承了「詩言志」的傳統，但這種「體物」還相當的粗樸。他的賦基本上是儒家之言，訓誡意味很濃。風格類似古時的箴銘。其體式受戰國時隱語、問答體和楚騷的影響。從《賦篇》中的《禮》、《智》、《雲》、《蠶》、《箴》五篇賦來看，其形式相同，篇幅都較短小，都是先問後答，前半段以四字句形容某種事物狀態，後半段採取反詰句或直陳句解釋說明。通篇用韻而略有變化，句子整齊而間有錯落，對所詠物的形體和作用，以誇張而委婉的筆法摹寫，處處採取擬人法或喻以他物，句句雙關，引人思量，最後才點破題面，猶如猜謎。這五篇賦開後世詠物賦之先河。如他的《蠶》賦：

有物於此，㒤㒤兮其狀，屢化如神，功被天下，為萬世文。禮樂以成，貴賤以分。養老長幼，待之而後存。名號不美，與暴為鄰。功立而身廢，事成而家敗。棄其耆老，收其後世。人屬所利，飛鳥所害，臣愚而不識，請占之五泰。五泰占之曰：此夫身女好而頭馬首者與？屢化而不壽者與？善壯而拙老者與？有父母而無牝牡者與？冬伏而夏遊，食桑而吐絲，前亂而後治，夏生而惡暑，喜濕而惡雨。蛹以為母，蛾以為父。三俯三起，事乃大已。夫是之謂蠶理。

蠶。

從中可以淸晰地看到，賦在創作手法上繼承了《詩經》的鋪陳手法，適應張大情事，敷演物理的需要，可說是一篇詠物抒情的小賦。荀賦質樸無華，同其散文風格是一致的。但也還有想像豐富，比喻奇妙的特點。這些早期作品，儘管無論在內容方面還是形式方面都與後來的賦有很大的不同，尤其他在形式方面比較質樸，不像散體大賦那樣鋪排張揚，語多誇誕，但它對賦的影響卻是不容置疑的。

戰國末期的宋玉是楚騷向漢賦轉變的承前啓後的重要作家，是賦體文學的眞正奠基者。宋玉生卒年及生平事跡皆眾說紛紜。大體上說，宋玉出身寒微，曾做過小官，後被讒去職，一生抑鬱不得志。作爲屈原詩的藝術繼承者，司馬遷在《史記·屈原列傳》中論屈原和宋玉之徒不同時說：「屈原既死之後，楚有宋玉、唐勒、景差之徒者，皆好辭而以賦見稱」，很顯然，是把辭與賦作爲兩種文體而加以嚴格區別的。《漢書·藝文志·詩賦略》記「宋玉賦十六篇」，它包括「辭」、「賦」兩類。現今相傳爲他所作的賦，載於蕭統《文選》的《風賦》、《高唐賦》、《神女賦》、《登徒子賦》、《對楚王問》五篇；見於章樵《古文苑》的《笛賦》、《大言賦》、《小言賦》、《諷賦》、《舞賦》、《釣賦》等。這些作品歷來存在爭議，眞僞相雜。比較可靠的是《文選》中的篇章。較之荀賦，宋賦在手法、體制、語言諸方面都有了很大的變化和提高。如他的著名的《風賦》。全賦寫風，從風的發生發展，「大王之風」、「庶王之風」幾個方面來鋪排描寫，而在每個方面之中，又展開鋪排。楚辭鋪排的是情和志，而賦鋪排的是理和物，一個是側重抒情敘志，一個是側重說理詠物。而賦的鋪排程度又甚於楚辭。這也和戰國縱橫家為說服對方，對一個問題從多方面加以說明，極盡設比連類，鋪陳誇張之能事的影響，不無關係。此賦就有這種鋪張揚厲的特點。從整個構思說，它上繼荀賦，還未完全脫盡「隱語」性質，但從篇幅上擴張了賦體的規模。其次，此賦以君臣問答的方式，藉風為喻進行諷刺。通過假設人物對話來鋪排事物是漢以後賦在形式上的特點。而這種特點，在荀子的《賦篇》與宋賦中就形成了。《風賦》就是通過宋玉與楚王的四問四答來寫的。但宋賦在結構上把對問與賦的正文區別開來，使對問既充當引子，引出賦的正文，又充當序言，說明作賦的緣由。從而為未來漢賦的體制與創作奠定了基礎。再有，此賦的句式是散中有整，整散相間的。楚辭是詩歌，句式整齊，而諸子散文、縱橫家的說辭則無整齊的句式。荀賦與宋賦則把二者揉合起來。宋賦既用四言，也兼用五言、六言、七言乃至八言，又多用楚辭句式。並將荀賦的遁詞隱意、巧言狀物引向了窮形盡相的正面描寫。從而使賦成為一種非詩非文，又有詩有文，半詩半文的體制。並成為後來文人手中的雅體。

從司馬遷所言來看，與宋玉一道寫賦的景差、唐勒等也都是楚國的作家，可見賦體文學在戰國末年楚國已興起。

總起來說，以荀子的《賦篇》和宋玉的《風賦》等為代表的先秦短賦，一方面吸收了《詩經》、《楚辭》作品中語言整齊、押韻的特點；另一方面進一步發展了《楚辭》中的鋪排的寫法，同時，又融合了縱橫家說辭主客問答鋪排議論的手法，並以「賦」名篇，從而形成了一種「述客主以首引，極聲貌以窮文」（《文心雕龍・詮賦》）的新文體——賦。至兩漢時，賦體文學才形成主潮，確立了它的體制：表現爲鴻篇巨制，文辭富麗，氣象壯闊等等特色。

（馬勝利）

九六、爲什麼說漢賦的成就較高？

漢代，由荀、宋開創的賦體成爲文人們普遍愛好的文學體裁。他們廣泛借鑑了文學創作的歷史經驗，使賦體文學進入了成熟、發達的漢賦階段。後世往往把它看成是漢代文學的代表；同唐詩、宋詞、元曲各領一代風騷。

作爲兩漢最流行的文體——賦，它的作家，人才輩出，作品繁富，風格各異，蔚爲大觀。據《漢書・藝文志》著錄的漢賦有一千零四篇，賦有七十八家；而《昭明文選》作爲中國現存的編選最早的一部文學總集，它的主編者南朝梁蕭統，則將賦列於所收作品的最前面，並分爲京都、郊祀、耕籍、畋獵、紀行、遊覽、宮殿、江海、物色、鳥獸、志、哀傷、論文、音樂、情共十五類。從這些典籍中可以窺知西漢賦作家作品的繁盛，題材的多樣化。另據范曄《後漢書・文苑傳》所載，東漢文人凡有著述者，也幾乎無人不有辭賦作品。

從漢賦的形成和發展來看，可分爲三個階段：即漢賦的形成期、發展鼎盛期、轉變期，從中可考察諸種因素釀成了賦的發達、流變。

第一階段，是漢初至武帝初年，爲形成期。這一時期的作品，以寫志爲主，多帶諷諫和怨誹的情意，形式上也近似屈原的作品，所以通稱爲騷體賦。代表性的作家是賈誼，還有淮南小山、枚乘等人。代表作有賈誼的《弔屈原賦》、《鵩鳥賦》，淮南小山的《招隱士》，枚乘的《七發》。但《七發》與賈誼、淮南小山等人的賦已有明顯不同。《七發》寫楚太子有病，吳客用七件事情來啓發誘導他。《七發》設主客問答形式來構成賦的主體部分，已完全形成了漢賦的體制，而且成爲固定格式，「七」已經成爲一種專體。楚辭的痕跡越來越少，初步具備了散體大賦的特點。賦中鋪陳了音樂的美妙，飲食的甘美，車馬的名貴，出遊的歡樂，田獵的盛況和江濤的壯觀。賦的結構宏闊，辭藻富麗。這是一篇承前啓後的重要作品。

第二階段，是西漢武帝初年至東漢中期。它是漢賦發展、鼎盛期。流行的是散體大賦。這類作品極力摹寫各種物事，鴻篇巨制，結構嚴密，氣象壯闊，辭藻華麗，喜用典故難字，多以問難對答爲章法，韻、散相雜，呈現出典雅堂皇、肅穆凝重的風格。被視爲漢賦的正宗。漢賦鼎盛是漢武帝劉徹到宣帝劉洵的九十年間，即人們所說的西漢中葉。這一時期是漢帝國最爲強盛的時期。作爲值得頌揚的盛世，無疑需「興廢繼絕，潤色鴻業」（班固《兩都賦序》）。加之皇帝好大喜功，雅好文藝，提倡辭賦，從而產生了一大批「言語侍從之臣」和作品。他們的作品多鋪寫帝國的威勢，都邑的繁榮，物產的豐饒，宮室園囿的富麗和田獵歌舞時的壯觀場面。與此同時，也有些作品反映出文士們對類似俳優的地位不滿，對皇帝的揮霍和耽迷於奢侈享樂的憂心忡忡，這就使得漢大賦呈現出既有歌頌誇耀，又有感慨諷戒的現象。這些代表作家有司馬相如、東方朔、枚皋、王褒等人。其中司馬相如是漢大賦的奠基者和成就最高的代表作家。他的《子虛賦》、《上林賦》的出現，標志著漢賦的發展已進入成熟階段。從而確定了一種鋪張揚厲的大賦體制和所謂「勸百諷一」的傳統。

《子虛賦》寫楚國的子虛先生與齊國的烏有先生互誇本國田獵的盛況。《上林賦》是承續《子虛賦》，寫亡是公盛讚天子的上林苑的宏大豪華與天子出獵場面的威武雄壯。在賦的末尾委婉地表達了作者懲奢勸儉的用意。兩賦結構宏偉、場面壯觀、想像奇特、文采富麗、描寫細緻，在寫法上對後代影響很大。據史載漢武帝即位後讀《子虛賦》，頗爲讚賞地說：「朕獨不得與此人同時哉！」（《史記・司馬相如列傳》）後經薦舉成其朝中的「言語侍從之臣」。其後的作家、東方朔的《答客難》、《非有先生論》，兩篇散體賦對後來的述志賦有一定影響。王褒的《洞簫賦》，對後世的詠物賦也產生過影響。

在司馬相如之後，有代表性的作家是揚雄、班固。揚雄作爲西漢末年最著名的賦家，以他的《甘泉》、《河東》、《羽獵》、《長楊》等顯示著自己的實績，藝術水平有了進一步提高，諷諫成分明顯增加，顯出了一些自己的特色。後世常以「揚、馬」並稱。另外，他的《解嘲》、《逐貧賦》、《酒賦》也各具特色。班固作爲東漢前期著名賦家，以其《兩都賦》爲人看重。它的描寫範圍更加擴展了，也更爲現實，鋪敘了漢東、西兩大都的規模和城市生活。後來張衡、左思的「京都大賦」都受其影響。

第三階段，東漢中葉至東漢末年，爲轉變期。東漢中葉以後，政治日趨腐敗，動亂頻仍，民生凋敝。文人憂國憂民的情緒成爲他們思想的基調。大賦逐漸減少，抒情詠物的小賦開始流行。從大賦向抒情小賦的轉化，是以張衡爲標志。他的《歸田賦》抒寫了不願同流合污，退隱歸田的心願。作品有了個性，並且篇幅短小，風格也由雕琢堆砌趨於平易流暢。以後趙壹的《刺世疾邪賦》、蔡邕的《述行賦》、禰衡的《鸚鵡賦》都走這條路，是東漢的優秀抒情小賦。這些作品爲數不多，卻爲建安以至南北朝抒情言志，寫景詠物賦的發展開闢了道路。漢末建安年間，以曹氏父子爲代表的詩人，掀起了詩歌創作高潮，漢賦作爲一代文學的「正宗」也就退出了文學舞臺。（馬勝利）

九七、古賦、俳賦、律賦、文賦各有哪些特點？

賦的文體樣式，按明代徐師曾《體明辨》的劃分，可以分爲古賦、俳賦、律賦、文賦四大類。古賦，主要指產生於兩漢時期的辭賦。其一是指產生的年代早；其二是與後來講求對仗、聲律的俳賦、律賦相區別而言的。而且凡後世仿效兩漢時賦作，不求對仗、聲律的也稱古體賦。古賦的基本體制爲兩類：騷體賦與散體大賦。另外，還有小賦（包括抒情、詠物兩體）。再細分還可分雜賦（包括設論體、七體）等。

先於散體賦產生的是騷體賦。這一類作品大都以賦命名，並融合了漢大賦和荀卿賦的表現方法，從屈原的作品中汲取精神養料。仿效《楚辭》中的審美意境和體制，抒發哀怨的情思，施以綺麗的文采。如司馬相如的《長門賦》。賦以自述的口吻，傾述了女主人公被遺棄幽居的不幸命運，藉此宣泄作者個人的幽怨。從《長門賦》的體制與境界來看，既與特定的宮怨相結合，又講究詞藻的華麗、意境的烘托、並施以反復鋪排的漢賦筆法。再如賈誼的《弔屈原賦》，情致沈痛凄惻。抒發了作者怨憤時俗，追慕潔身自好的人格的思想情感。賦中語言錯落，長短相間，幾乎每句都帶有「兮」

字。它還採用了比擬手法，並把一系列比喻加以對比，反復鋪陳，使這種抒情言志具有鮮明的形象性和生動性。另外像王褒的《九嘆》、劉向的《九嘆》、王逸的《九思》等，則多從體式上仿效《楚辭》，屬機械摹古。

散體大賦，又稱漢大賦。它是古賦的最主要的文體形式。如司馬相如的《子虛賦》、《上林賦》、揚雄的《長楊賦》、班固的《兩都賦》、張衡的《兩京賦》等。它們在內容上謳歌帝王的功業，追求「勸百諷一」的效果，在體制上則以鋪張揚厲、窮形盡相、誇張類比、排比對偶、詞藻繁麗為特徵。其結構完備，格式固定，與《楚辭》體迥異。散體大賦的形成標志著賦的獨立與成熟。漢大賦多採用主客對話的方式構成賦文。賦文前往往有專門的序言，點明寫作的緣故和主旨。賦文本身分為「首、中、尾」三部分。「首」起的是「引子」作用。賦的中間一般由假設的「主」或「客」的高談闊論構成。它是賦的主要內容。有的則以主、客的誇飾自成單篇，後合為一賦。或以其邊談邊問的方式進行，賦完所述之事。漢大賦的結尾，在主、客對話中，以一方向另一方的誠服而告結束。有的則加一上些詩。也有的則不取主客對話方式，開篇為序，結尾則以《楚辭》的「禮曰」或「辭曰」作結。漢代大賦語言，以韻散構成。韻文以四言、六言為主，雜以三言、五言、七言，以及更長的句子。常使用「兮」字，連接詞則使用如「於是乎」、「若夫」、「況乎」、「豈必」等。

與大賦相對而言，篇幅較短的賦，習慣上稱為小賦。小賦依體類來說，可分詠物、抒情兩類。詠物小賦產生於西漢，抒情小賦產生於東漢。小賦一般不取大賦那種設為問答、韻散間出的結構。而為通篇押韻的韻文。其句式或是單一的四言；或以四言為主，雜以三、六、七言；或以《楚辭》

句式加四言的方式。詠物小賦較有代表性的是枚乘的《柳賦》、班固的《團扇賦》、羊勝的《屛風賦》、趙壹的《窮鳥賦》、禰衡的《鸚鵡賦》、王褒的《洞簫賦》等。它們一般經歷了由比喻到寄興的歷程。抒情小賦的代表性作品有張衡的《歸田賦》、趙壹的《刺世疾邪賦》、蔡邕的《述行賦》等。它們具有濃烈的抒情性，語言淸峻明麗，趨於對偶齊整。較之漢大賦，它更具藝術性。就賦體演變來看，騷體賦是漢大賦的前導，抒情小賦則是漢大賦的演變。

俳賦，又稱駢賦。它是繼古賦之後發展變化的一種新賦體。這種賦始於漢魏之際，流行於兩晉南北朝。俳，是俳偶；駢，是駢拇，都是指字句對仗的意思。賦從古到駢的演變，可說：「左（思）、陸（機）以下，漸趨整煉，齊梁而降，益事硏華，古賦一變而爲駢賦。江（淹）、鮑（照）虎步於前，金聲玉潤；徐（陵）、庾（信）鴻騫於後，繡錯綺交；固非古音之洋洋，亦未如律體之靡靡也。」（孫梅《四六叢話》）俳賦的主要特點，是追求字句的對仗工整、駢四驪六、講究音節的輕重協調，並依內容轉韻，詞藻華麗妍美，用典繁巧，再加上情感的哀怨纏綿，篇幅一般較短小。如南北朝時期的代表作家作品：鮑照的《蕪城賦》、江淹的《恨賦》、《別賦》、沈約的《麗人賦》、謝莊的《月賦》、庾信的《哀江南賦》、《春賦》、《燈賦》、《對燭賦》等，無一不是俳體，並成了一般賦作的主要體式。其中庾信爲俳賦集大成者。俳賦描寫內容，多爲抒發個人的遭際，詠懷寫志，進而反映時代的動亂。再有就是描寫宮閨怨情或詠物。俳賦與古賦相比，題材不重體物而重緣情。在結構上較之古賦一般比較簡單，通常是直抒其情，先聲奪人。而假設的對話，也是爲了渲染感情。賦序多用自序的形式，且對仗整齊、押韻，與正文融爲一體。其結尾一般用「乃歌曰」、「歌曰」

等辭句來昇華主題，加深寓意。或用急促激越的感嘆來加重抒情色彩。

律賦，它在六朝駢賦的基礎上更注重對仗與聲律的工整嚴密，並對全篇字句數和韻式作了嚴格的規範。它的產生不像其他文體那樣，由作家在創作實踐中，逐漸自然形成，而是隋唐科舉制度的產物。律賦的產生，標明了賦體文學的衰變。從文學角度看，律賦，唐賦中盛行並相異於歷代賦的新變體，與宋代文賦的新變也不同，它是把漢魏以來賦體文學中講究駢麗聲韻的形式美推向極致，從而淡化了賦的抒情性和個性特徵。明人徐師曾在《文體明辯》中說過：「三國、兩晉以及六朝，再變而爲俳，唐人又再變爲律……至於律賦，其變愈下，始於沈約『四聲八病』之拘，中於徐（陵）、庾（信）『隔句作對』之陋，終於隋、唐、宋『取士限韻』之制，但以音律諧協、對偶精切爲工，而情與辭皆置弗論。」自唐以後，律賦隨科舉制歷朝不衰，爲人視如八股文。它與俳賦相比，除更注重平仄協和、限韻，並加限字外，作爲應試文體，很看重破題，即要求開端能扣住題目，詞旨既顯豁又不可淺露。並且收尾也能緊扣主題。它在內容上多爲頌揚君主，闡釋經義，描摹物狀，成爲士子干名求祿的工具，或爲奉制作賦的一類文字游戲。而文學中抒發性靈的內容消失，恢復了兩漢應制、博取功名的功能。但個別唐宋律賦，如王棨的《江南春賦》、林滋的《小雪賦》，多少展露了其性靈、才華。

文賦，是受唐宋古文運動的影響而產生的，它是賦的流變中出現的最後一種賦體。文賦在形式上即以散代駢，句式參差，時夾散句，押韻既不限以段換韻，韻腳用字也更靈活。與漢賦以來的傳統相反，並不著意鋪排雕琢，語句清新流暢，更像帶韻的散文，而且很注意在賦中構成一定的意境。

具有議論、抒情的特色。就俳賦和文賦相比，前者就偏重抒情與辭采、聲律，接近於詩；而後者就結構鬆散，句式靈活，更近於散文。與漢賦的虛擬性相比，文賦更多的是紀實性。文賦作爲宋賦的代表賦體，其內容大多爲文人的懷古嘆今，抒發人生感喟。唐宋文賦的代表作家有杜牧的《阿房宮賦》、歐陽修的《秋聲賦》、蘇軾的《赤壁賦》等。

總之，賦作爲中國古代文學中較特殊的文體，它一直保持著半詩半文的性質，只不過在不同時期而有所偏重。

（馬勝利）

九八、什麼是樂府詩？

樂府，本意就是音樂機關。「樂」即音樂，「府」即官署。漢承秦制，它的主要任務是訓練樂工、譜曲、組織歌舞表演。漢代人把當時由樂府機關所編錄的和演奏的詩篇稱爲「歌詩」，魏晉六朝時人稱這些歌詩爲「樂府」或「樂府詩」。作爲古代詩歌的一種體裁，它有廣義和狹義之分：狹義是指漢樂府官署搜集的民歌俗曲和歌辭；廣義則包括兩漢特別是魏晉以後歷代文人仿製而不入樂的諷誦吟詠的詩歌。作爲仿製的方法有：依照樂府舊譜，重創新辭入樂的詩；沿用樂府舊題，承續舊樂府的思想內涵、藝術風格，而不入樂的詩；自立新題、新意的，並且不入樂的（新樂府）詩。

從古代典籍中可知，樂府作爲詩體名最早見於沈約的《宋書》卷五十、卷一百中的記載。作爲門類劃分，梁代劉勰的《文心雕龍》，立出《樂府》一篇；梁太子蕭統的《昭明文選》則劃立了「樂府」一門。

樂府的最早分類，始於東漢明帝，「漢明帝定樂有四品」（吳兢《樂府古題要解》）。它是按照樂調和所用場合的不同來劃分的。其後不斷增擴門類。到宋代，郭茂倩對自漢至唐的樂府詩廣採博收，編爲一百卷。作爲集大成性質的總集類著作，他按照來源和用途的不同，將歷代樂府詩劃分爲十二類：

（一）郊廟歌辭、（二）燕射歌辭、（三）鼓吹曲辭、（四）橫吹曲辭、（五）相和歌辭、（六）清商曲辭、（七）舞曲歌辭、（八）琴曲歌辭、（九）雜曲歌辭、（一〇）近代曲辭、（一一）雜歌謠辭、（一二）新樂府辭。

其中郊廟、燕射、鼓吹、橫吹、舞曲屬於「官樂」，多爲廟堂文學作品；相和、清商、琴曲、雜曲，爲民間無名氏的作品。它們都是入樂的。而近代曲、新樂府、雜歌謠辭，則不一定是入樂的。而鼓吹曲、橫吹曲中也有不少是民間作品。總起來看，鼓吹、橫吹、雜曲、相和、清商、雜歌謠辭，都有些民間優秀之作。現今文學史，一般習慣將樂府詩分爲樂府民歌與文人樂府詩兩大類。

今存兩漢樂府歌辭中最有價值的作品是五十餘首民歌，部分謠諺和少量有主名或無名氏文人詩歌。它們相當廣泛地反映了漢代社會的現實生活，如抨擊、諷刺了統治集團的淫侈、腐敗的作品《淮南民歌》、《衛皇后歌》、《五侯歌》、《長安有狹斜行》等；反映民不聊生的痛苦遭遇和生活，如《東門行》、《婦病行》、《上留田行》、《孤兒行》、《戰城南》、《十五從軍征》等。還有些作品則是熱情讚美婦女對堅貞的愛情、幸福婚姻的追求；歌唱她們的美麗善良、機智勇敢和不屈的反抗。如《上邪》、《有所思》、《白頭吟》、《陌上桑》、《隴西行》等。最傑出的是長篇敘事詩《孔雀東南飛》。另外，還有些作品則是反映下層文人的抱負、苦悶、譏時憤世，如《驅車上東門行》、《青青陵上柏》、《飲馬長城窟行》、《長歌行》、《枯魚過河泣》等。兩漢樂府「感於哀樂，緣事而發」（見《漢書・藝文志》）。與《詩經・國風》相比，多敘事詩。即使是在抒情作品中也常帶有敘事成分。喜用第一人稱自述的結構，表述如說家常話，娓娓動人。在抒情時多用比興，含蓄有味。敘事則通過對話、自述，鋪張排比，交待情事，渲染人物性格和氣氛。推動情節發展，完成人物刻畫。兩漢樂府詩的體裁以五言爲主，兼有七言及雜言。句式較靈活，語言通俗流暢，生活氣息濃厚。與先秦的詩歌四言形式相比，西漢樂府歌辭的五言爲主的形式是一種新體。其間文人的加工和創作顯然促進了五言詩體的成熟。兩漢樂府開創了古代敘事詩的傳統，並發展成爲一種專門的詩體，即樂府體。漢樂府詩在中國古代詩體的發展中，起到了承前啓後的巨大作用。

南北朝時期，繼漢樂府後又一次出現了民間詩歌創作的高潮。

現存南朝樂府歌辭約近五百首。大部分收在宋代郭茂倩《樂府詩集》的「清商曲辭」一類中，並分爲「吳聲歌」、「神弦曲」、「西歌曲」三部分。僅《西洲曲》、《東飛伯勞歌》「蘇小小歌」等不足十首（不包括民謠），分別歸入「雜曲歌辭」、「雜歌謠辭」中。「吳聲歌」是當時流傳在江南一帶的歌謠；「神弦曲」是江南一帶民間祭神歌曲；「西曲歌」又名「荊楚西聲」，是江漢流域一帶的民歌。從題材上說，大都以寫男女戀情的內容爲多。其風格委婉纏綿、本色自然。代表作有《西洲曲》、《子夜吳歌》等。它們以五言四句的短章爲主，間或也有四言、七言、雜言體。它對於後世文人創製的「絕句」體小詩的興起有著影響。詩中有些也以男女唱和、一問一答的形式出現，有著民歌風格的本色。歌辭中還廣泛運用了雙關隱語的表達方式。

與漢樂府的質樸，南朝樂府的清新婉轉、本色自然相比，北朝樂府則顯得剛健。北朝樂府見載於《樂府詩集》的「梁鼓角橫吹曲」。今存六十多首。它們在題材、語言風格同南朝樂府有著明顯的差別。但在詩體形式上卻與南朝樂府接近，以五言四句為主體。但也出現了幾種不同體式，如七言四句體、七言二句體。長篇雜言體《木蘭詩》，更為南樂府所無。北朝樂府歌辭，又稱「胡吹舊曲」或「北歌」。在題材上，除歌詠男女愛情以外，還有反映民間疾苦、戰亂、邊塞風光、歌頌英雄人物等。代表作有《木蘭詩》、《敕勒歌》等。

作為「樂府詩體」，它還包括文人擬作在內，早期的有張衡的《同聲歌》、辛延年的《羽林郎》、宋子侯的《董嬌嬈》等，都是較為成功的作品，至建安時風氣大開，在文學史上出現了許多名家名作。如「三曹」，「建安七子」以樂府舊題詠時事，鮑照的擬樂府歌行；而杜甫的「即事名篇」的樂府詩，李白、高適、張籍等也參與其中。它是一種用新題寫時事的樂府式的詩。中唐以後，元稹、白居易等倡導「新樂府」，遂成為「樂府體」詩的一種。樂府詩體，也就成為中國文學史上流行詩體之一。

總的說來，樂府詩本是一種音樂文學，民間作品是它的主體。後來既已失樂，其後的樂府體作品，主要是表現在創作精神上、語言風格上對漢樂府有某些繼承而已。另外，前人以從入樂不入樂來規定「樂府詩」的範圍，把後來的詞曲也納入此範圍之中，名為「樂府」，這顯然是不科學的，

它混淆了不同文體的界限，爲後世所不取。（馬勝利）

九九、何謂「敦煌曲子詞」？

敦煌曲子詞是唐五代的民間詞，是現在所能見到的最早的詞的寫本。一九〇〇年，在中國的敦煌有一項重要的發現，這就是一個姓王的道士在莫高窟藏經洞偶然發現了一批稀世文獻。它的內容包括宋代之前中國社會有關宗教、哲學、文學、藝術、歷史等各方面，其中尤其珍貴的是數百首曲辭，它勾畫出詞的早期輪廓，展現了詞在民間流傳的初期形態。這些敦煌文獻中的「敦煌曲」、「曲子調」、「俗曲」、「小曲」、「曲子」、「詞」等，符合倚聲定文，由樂定辭，而且可用於演唱，所以統稱爲敦煌歌詞（辭）或敦煌曲子詞（辭）。

敦煌曲子詞的作者，只有極少數能考證出是出自文人之手，如溫庭筠的一首《更漏子》、唐昭宗李曄的兩首《菩薩蠻》、歐陽炯的《更漏子》、《菩薩蠻》，以及岑參等人的作品。絕大多數的作品無作者名姓。這些詞，大部分都附在寫本正文的後面或背面，有的則是隨手抄在寫本夾縫中。從其內容、風格、體式上看，當屬民間作品。

敦煌曲子詞的創作時代，根據推測大約在唐至五代的三百四十多年間。尤以晚唐五代最多。《雲謠集雜曲子》是晚唐時編選的詞集，也是敦煌曲子詞中最主要的寫本，共收有三十首詞作。這些作品的作者並非一人，其結集年代要早於《花間集》、《尊前集》。可說是詞史上的第一部詞的選本。

已經對敦煌曲子辭整理彙校、結集成書的有王重民的《敦煌曲子詞集》，收詞一百六十四首；饒宗頤的《敦煌曲》，收詞三百一十八首；任二北的《敦煌曲校錄》，收詞五百四十五首，以及任二北將敦煌寫本中全部能入樂的輯爲《敦煌歌辭集》，共收一千二百多首（其中有的集子包含有能入樂的詩）。

敦煌曲子詞作者面廣，人數眾多，作品題材廣泛，風格多樣。可說無事無意不可入詞的。敦煌曲子詞，比較眞切地反映了社會現實生活，其中有描寫征戰給人造成的痛苦災難；也有歌頌邊塞將士的勇武精神；還有反映了商賈、行旅客、工匠、漁夫、儒生、豪俠、僧徒、道士等各式人物的思想感情和形象。以及頌馬、頌劍、譏刺戲謔、宣揚佛教理義、抒情寫景等一類內容。在這些詞中，對婦女生活和男女愛情的描寫是其主要內容。它們或直抒胸臆，或觸景傷情，傾訴征夫怨女的情思和對惡運的抗爭，表達了對幸福美滿生活的嚮往和追求。如《菩薩蠻》：「**枕前發盡千般願，要休且待青山爛。水面上秤錘浮，直待黃河徹底枯。白日參辰現，北斗回南面。休即未能休，且待三更見日頭。**」

敦煌曲子詞，在形式上有小令、中調、長調；有隻曲，有聯章，已具備了長歌和短歌的各種形式。

小令在敦煌曲子詞中數量最多，成就也較高。這是與它體制短小，便於配合民間俚曲的小調流傳有關。它在形式上又可分爲單片、雙調。前者如《望江南》：「**天上月，遙望似一團銀。夜久更闌風漸緊，爲奴吹散月邊雲，照見負心人。**」又如《喜秋天》：「**潘郎妄語多，夜夜多來過。賺妾**

更深獨弄琴，彈盡相思破。」這些詞基本上還沿襲律詩絕句的體格，與樂相合，可說是詞的初始形態。單片詞在敦煌曲子詞中並不多見，更常見的是雙調小令，如《浣溪沙》：「卷卻詩書上釣船，身披蓑笠執魚竿。棹向碧波深處去，幾重灘。不是從前爲釣者，蓋緣時世掩良賢。所以將身岩藪下，不朝天。」像這類雙調詞屬已初步定型化了的詞作，在敦煌曲子詞中有相當一批。雙調詞與單片詞相比，顯然是詞體的獨具之處。

與小令相比，中調詞在敦煌曲子詞中要少得多。它的篇幅在五十八字至九十字左右。如《別仙子》：「此時模樣，算來似，秋天月。無一事，堪惆悵，須圓闕。穿窗牖，人寂靜，滿面蟾光如雪。照淚痕何似，兩眉雙結。曉樓鐘動，執纖手，看看別。移銀燭，偎身泣，聲哽噎。家私事，頻付囑，上馬臨行說。長思憶，莫負少年時節。」

敦煌曲子詞中的長調只有幾首。如《傾杯樂》（憶昔笄年），詞中運用了鋪敘手法，並有一定的故事情節。全詞一百一十字，是篇幅最長的詞作之一。儘管這些長調詞作還不成熟，但可說是宋人大力創作長調的先聲。

敦煌曲子詞中的聯章體也不少。也可說是其體式的創始者。它共有二十七組，八十三首。如《搗練子》（四首），描寫孟姜女送寒衣的故事。四首詞交待四段情節，合成一個故事，來適應表演的需要。有的聯章體還以問答形式，應歌而唱，如《南歌子》（二首）。

敦煌曲子詞，作爲由漢魏六朝樂府至宋元詞曲間的橋梁。文人詞的先導，本身還帶有過渡性的特點。如詞調名大都與詞的內容相關，起著替代詞題的作用；臨時加以襯字襯句；字數、平仄、押韻尚未完全格式定型化；大量使用方言俗語等。它與後來的文人詞相比，還顯得粗糙、不成熟。但它在詞體的發展史上，卻具有不可替代的獨特價值。

總起來說，敦煌曲子詞出語自然，著意寫景抒情，想像豐富，比較貼切，造意新穎。它的被發現，證明詞同詩一樣，也是肇源於民間。這一新體音樂文學，是配合樂曲首先在民間製作、流傳的。而後世人們對詩與詞的分工，只是文人改造的結果。

（馬勝利）

一〇〇、什麼是新樂府？

新樂府是指唐人自立新題而作的樂府詩。它是與古題樂府相對而言的。古人指出：「新樂府者，皆唐世之新歌也。以其辭實樂府，而未嘗被於聲，故曰新樂府也。」（郭茂倩：《樂府詩集》）「樂府內又有往題新題之別。往題者，漢魏以下，陳隋以上樂府古題，唐人所擬作也。新題者，古樂府所無，唐人新製爲樂府題者也」（胡震《唐音癸籤》）。

新樂府，其實即是「新題樂府」，一種用新題寫時事的樂府詩。它的出現是適應了詩歌必須反映現實生活這一根本需要的結果。由於古題樂府在反映現實生活時，受其古題題材與本事的束縛，而古題又畢竟有限，難以應付。面對這種局限性，初唐詩人在寫樂府詩時，已有少數另立新題了。這類新題樂府至杜甫有了進一步發展。杜甫從生活出發，大膽地甩掉了古題的累贅，自立新題（因事命題），自敘時事，自創己格。爲樂府詩反映現實提供了便捷形式，同時也使詩題和內容相一致。

如他的《兵車行》、《麗人行》、《哀王孫》、《哀江頭》、《悲陳陶》、《悲青板》、《三吏》、《三別》等。杜甫繼承了漢樂府以來的優良傳統，但不再是去沿襲古題，把樂府詩和社會現實緊密結合起來，成爲反映現實、批判現實的銳利武器。它開始擺脫樂府舊題傳統內容的束縛，去歌詠新事物、針貶社會時弊，是一種新體詩。爾後元結、韋應物、戴叔倫、顧況等人，也都有新題樂府之作。到白居易、元稹、張籍、王建等人，便形成了一個有意識的新樂府詩寫作運動。正式標舉「新樂府」的名稱，是白居易。他系統而明確地提出了新樂府創作的原則，在新樂府體制的創建上貢獻最大。他寫有《新樂府》五十首，在當時不僅數量多，而且藝術上也是最成功的。從白居易的新樂府詩來看，它有以下的特點：（一）新樂府的詩題都是因事而立，而且均在詩中頭一句中標明，即首句標其目。此外《新樂府》五十首有總序，每一首有小序。這些都是取法《詩經》。（二）新樂府篇無定句，句無定字，可長可短。篇幅大小視敘事需要而定。（三）新樂府的句子，以七字句爲常用格式。有時則夾入很多三字句，與七字句相結合。或作「三三七」言，或作「三七」言。如「上陽人，上陽人，紅顏暗老白髮新」（《上陽白髮人》）。「陵園妾，顏色如花命如葉」（《陵園妾》）。（四）新樂府詩，有不少具有很強的音樂性。它們受到當時傳唱的樂調的影響，係模擬其韻逗曲折而創作，易於廣泛的傳播。（五）新樂府具有通俗性的特色。如《賣炭翁》以質樸的口語，敘寫了一個伐木燒炭的貧窮老翁的遭遇。從中揭露了中唐時期「宮市」制度的強買強奪的霸行。白居易在《新樂府序》中說：「其辭質而徑，欲見者易諭也」，「其體順而律，可以播於樂章歌曲也。」正因如此，他的詩在當時就受到廣泛的歡迎，「禁省、觀寺、郵候、牆壁之上無不書，王公、妾婦、牛童、馬走之口無不道」（元稹《白氏長慶集序》）。（六）新樂府詩不以入樂與否爲衡量標準，而是以反映現實、諷諭時事爲精神宗旨。

總起來說，新樂府，參用了《詩經》、樂府古詩、杜甫新題樂府的體制，改進當時民間歌謠而成的一種新形式。它在思想內容上仍承繼了古樂府民間歌辭的大膽反映社會時事的現實主義精神，強調詩歌的社會功能和諷諭作用。新樂府作爲具有中國民族形式的一種新體詩，爲中國詩歌大眾化、口語化奠定了基礎，在中國文學史上留下了不可磨滅的印跡，並對後世的詩人產生了深遠的影響。

（馬勝利）

一〇一、什麼是古體詩？什麼是近體詩？

中國古典詩歌源遠流長，歷史悠久，在發展過程中，形式、體制幾經變化。

古體詩簡稱古詩，也稱古風、古體、往體。它是與「近體」相對而言的詩體。中國早期的詩歌，是沒有嚴密的格律限制的。格律詩醞釀於齊梁時代，但直到唐代以前並未成熟。無論篇章字數、對偶應用、聲律結構都無固定格式，呈不規則性。人所說的新體詩，介於古體詩與格律詩之間。它是一種過渡性詩體。至唐代初年，格律詩才最後定型。所以，古體詩與近體詩的區別，並不只是就產生的時代說的，而是從格律的角度說的。從廣義上把唐代以前，沒有嚴密的格律限制的詩體，稱做古體詩。從狹義上劃分，僅指五、七言古詩，而不包括四言詩、樂府詩、楚辭、雜言古詩。但對有些不遵「近體」格律、仿效古體形式而寫的詩作，在文體分類上也稱爲「古體詩」。

古體詩，在句式、平仄、對仗、用韻等方面，都比近體詩自由得多。由於古體詩形式靈活，限制少，便於敘事、抒情、寫景、說理，所以即使到了唐代以後，近體詩的創作進入高潮，而用古體詩進行創作的詩人仍大有人在。也可以說古體詩是古代的「自由詩」。另外從唐代人的眼光來看，唐以前詩歌不受格律限制，而且時代離唐朝較古遠，自然就把唐以前的「古代」詩歌稱之爲「古體詩」，而律詩，是距唐朝的「近代」隋朝時才開始日益完善起來，爾後才成熟的新體詩。自然就稱做「近體詩」、「今體詩」。而後世的人們爲區別現當代自由詩，將古代的詩歌統稱爲古典詩歌，或舊體詩。

具體說，古體詩按詩中的每一個句子字數的多寡，可以劃分爲四言、五言、七言以及雜言等幾種形式。四言體詩，主要產生和發達在先秦時代，以《詩經》爲代表。兩漢魏晉時還有人從事四言詩的寫作。曹操、嵇康的四言詩就很有名。五言古詩簡稱五古，它的出現比四言詩晚。較早出現的是民間的五言詩，文人們以此進行創作，大致在東漢末年。南北朝時以五言詩爲主，唐代以後五言詩仍是詩歌的主要形式之一。七言古詩，簡稱七古，出現的時間與五古相似。七言古詩在魏晉南北朝時並不多見，至唐時才大量湧現。雜言詩與四言詩一樣，是古體詩所獨有的形式。凡字句長短不齊的詩都可稱爲「雜言」，這在《詩經》、楚辭、樂府及民間歌謠中都有。後世習慣上所稱的雜言古詩，是指受樂府詩影響而產生的「歌行體」作品。（對「歌行體」的認識，歷來不一，有時將它與「樂府」相聯，稱「樂府歌行」，包括擬樂府詩〈用古題〉；有時又將它從屬於七言古詩之內；

有時又把它「即事命篇」，諷諭時事的作品，視為「新樂府」。）另外，唐以前即有以四句為單位的絕句，又稱「古絕句」，唐時也有人以此寫作，也屬古體詩。

古體詩每首的句數是沒有限定的。詩人可根據內容的需要來任意安排。唐以後的律詩則限定為八句（此指律詩正格而言）。再有，古體詩一般不對仗。對仗也不受格律限制，不避重字，不求工整。第三，古體詩是不講求平仄的。尤其在漢魏六朝時，更無任何限制。唐以後，由於受近體詩影響，古體詩在平仄格式上出現了兩種情況：（一）為與近體詩有所區別，避免使用律句，而多用拗句，結果使古體詩在平仄格式上有了特點。即「三字尾」，指古體詩每句最後三個字的平仄（即仄平仄、仄仄仄、平仄平、平平平）。上述指一般古詩。（二）有些詩人將律句入古體詩，稱入律古風。它的句數仍不受限制，篇幅可長可短。另外在用韻、對仗，也與近體詩有所區別。第四，古體詩用韻，比較自由。韻腳不受平仄限制。可以一句一押韻，兩句一押韻，也可三句或四句一押韻，多數情況是隔句押韻。在一篇詩中可一韻到底，也可中途換幾次韻。一首詩用多少韻，是無具體規定的。它可以從一個韻中選擇用作韻腳的字，也可從相鄰的幾個韻中選擇用作韻腳的字，鄰韻相通。允許出現重複的韻腳。

總的來說，古體詩基本上沒有格律限制，句式整齊，講求音頓。即使雜言體，但它基本上是四、五、七言的句式構成和發展而來的，即使用「雜言」，往往也以大體整齊的句式為主。由於它形式上限制較少和自由靈活的特點，便於表現比較複雜的內容，所以一直為詩人所喜愛。

近體詩，也叫今體詩，或叫格律詩（唐代有「格詩」、「律詩」之分，「格詩」，即講究骨格、風骨的詩，指古體詩；「律詩」，指唐以後講究嚴密聲律的詩。此處是就現在一般的理解說的）。作爲與「古體」相對而言的詩體，是指唐代形成的格律詩體。它是由南朝齊永明時，沈約等講求四聲、八病等聲律、對偶的新體詩（齊梁體或永明體）發展而來。到唐初的沈佺期、宋之問時才發展完備並定型下來。後世檢閱一首詩是否合律，都是以唐代律詩爲標準。

近體詩分絕句和律詩兩大類。律詩有五言與七言兩種，簡稱五律與七律。它們每首詩都是八句。個別超過八句的，被稱爲排律。六句三韻的稱爲三韻律詩或小律。絕句又稱律絕，以此與古體絕句相別。它是格律詩中最短小的一種。每首只有四句，分爲五言與七言兩種（六言較少見），簡稱五絕和七絕。它又被稱爲截句或斷句。有人認爲是截取律詩而成，這是一種形式上的臆斷。「絕句」之名，最早見之於南北朝劉宋時期。它產生於律詩之前。而律詩，是五律出現於前，七律形成於後。它們在字數、句數、平仄、對仗、押韻等方面都有嚴格的規定。

它們在句式上是詩有定句、句有定字。五言絕句是每首四句，每句五字，全詩二十個字。七言絕句是每首四句，每句七字，全詩二十八個字。五言律詩是每首八句，每句五字，全詩四十個字。七言律詩是每首八句，每句七字，全詩是五十六個字。

近體詩的句中的每一個字是用平聲還是仄聲，都有具體規定，不能隨意更換。五絕、七絕，五律、七律平仄格式基本上都有四種（略）。不講平仄，就不成爲格律詩了。

律詩要求必須對仗。對仗的位置必須固定。律詩共八句，分爲首聯（一、二句）、頷聯（三、四句）、頸聯（五、六句）、尾聯（七、八句）四部分。每一聯中前一句稱爲出句，後一句稱爲對句。所謂對仗，是指對句與出句的對稱。律詩中間兩聯（即頷聯和頸聯）必須對仗。首尾聯可對可不對。另外，還要求句型一致；詞性相同或相近；出句與對句相對的字要避重複。絕句的對仗要比律詩自由得多。在對仗位置上也不作限制，不要求一律對仗。

律詩、絕句，在詩中必須一韻到底，且只押一個韻；一般是兩句一押韻，韻腳都在雙句的末尾，也有詩歌首句就押韻；韻腳一般為平聲韻，偶用仄聲；用作韻腳的字不能重複（用韻，就是押韻，也稱協韻或叶韻。押韻的部位都是在句子的末尾，在句子相同的位置上重複出現的相同韻母，稱為韻腳）。

中國古代詩歌，經歷了由不講求格律到講求格律的過程，有了古、近體之分。爾後出現了並行發展的局面。它反映了古代詩歌從低級到高級，從簡單到複雜，從樸實到華美的變化。（馬勝利）

一〇二、何謂建安詩？

在中國詩歌史上，三國兩晉時期的詩歌，曾出現了幾次創作高潮。它們是三國前期的建安，三國後期的正始，西晉的太康及西晉和東晉之交。其中尤以建安時為最盛，成就最大。

建安，是漢獻帝劉協的年號，自西元一百九十六年至二百一十九年。從文學角度看，建安時期，並不限於建安年間，而是指漢末至魏初的一段時間。

建安文學的主要成就是繼承和發揚了漢樂府的現實主義傳統，掀起了一個現實主義詩歌創作的高潮，形成了「建安風骨」的傳統，五言詩從這時開始興盛，七言詩也在這時奠定了基礎。建安詩歌的崛起，打破了漢代辭賦獨盛，文人詩歌沈寂的局面，湧現了大量作家，代表人物是「三曹」（曹操、曹丕、曹植）、「七子」（孔融、陳琳、王粲、徐幹、阮瑀、應瑒、劉楨）、女詩人蔡琰，其作品形成了慷慨悲壯的時代風格。

建安前後，是一個十分動亂的時代。建安前爆發了黃巾農民起義，接著是軍閥混戰，後是三國鼎立。戰火不停，百姓塗炭。而建安文學的主要作者，都飽嘗了動亂的苦楚，不少人還經歷了一段戎馬生涯，目睹了「白骨遍野」的現實。在詩中他們都眞切地表現了自己的遭遇與感受。建安詩的作者雖然出身和政見不盡一致，但從總的趨向說，有統一天下、建功立業的理想，對人民疾苦寄予了同情，深刻地反映了戰亂的現實。如曹操的《蒿里行》、曹植的《送應氏》、王粲的《七哀詩》、陳琳的《飲馬長城窟》、蔡琰的《悲憤詩》等，這些詩篇猶如一幅幅的歷史畫卷，反映了漢末的社會動亂、民不聊生的苦難現實。而曹操的《短歌行》、《步出夏門行》、曹植的《白馬篇》、《雜詩》等詩篇，則抒發了詩人建功立業的壯志和積極進取的人生態度。其中如曹操的《步出夏門行・觀滄海》：

> 東臨碣石，以觀滄海。水何澹澹，山島竦峙。樹木叢生，百草豐茂。秋風蕭瑟，洪波湧起。日月之行，若出其中；星漢燦爛，若出其裏。

此詩作爲借景詠懷之作，謳歌了大海那吞吐宇宙，包容一切的景象，同時也反映了詩人以滄海自比，抒發意欲叱吒風雲、籠蓋一世的宏偉抱負，體現了一個雄心勃勃的政治家的襟懷。

再如《步出夏門行・龜雖壽》：

神龜雖壽，猶有竟時。騰蛇乘霧，終爲土灰。老驥伏櫪，志在千里。烈士暮年，壯心不已。盈縮之期，不但在天；養怡之福，可得永年。幸甚至哉，歌以詠志。

全詩充滿了積極進取的樂觀精神。以至晉朝的王敦每當酒後，就要吟詠「老驥伏櫪」四句，並用如意敲唾壺打拍子，結果壺嘴都被敲碎了。可見其詩的藝術力量。

另外，在建安詩的創作中，值得特別一提的是曹植、蔡琰的詩。

曹植作爲建安文學最傑出、最有代表性的作家，他的詩雖與父兄一樣脫胎於漢樂府、古詩，但更講究錘字煉句和音韻對仗，表現技巧更爲豐富而嫻熟。除了描寫當時社會動亂、百姓不幸、渴望建功立業的詩篇外，還有抨擊政治黑暗和抒發對現實的強烈憤懣的詩作。寓意深刻的《野田黃雀行》和抒情長詩《贈白馬王彪》都是代表作。這類詩思想深刻、複雜，感情強烈、深沈，憤激不平之中含著無限的悲涼。

蔡琰是建安時期著名的女詩人。她的五言《悲憤詩》是中國文學史上第一篇文人創作的長篇敘事詩，也是建安文人詩中最長的一首。可謂反映現實哀憫亂離的壓卷之作。全詩共一百零八句，五百四十字，生動細緻地自敘了於漢末戰亂中的悲慘遭遇，眞實地再現了漢末戰亂中的現實，表現了老百姓特別是婦女的不幸命運。這首詩藝術成就也很高。它是敘事詩，但抒情味道很濃，使人過目難忘。

總起來說，建安詩歌作爲「一代文學」的代表，打破了漢代文人詩歌長期沈悶的局面，第一次掀起了文人詩歌的創作高潮。詩歌體裁多樣，如曹操的四言詩，是自《詩經》以來少有的佳作。五言詩的寫作空前，其中尤以曹植的作品「骨氣奇高，詞采華茂」（鍾嶸《詩品》卷上）。曹丕的《燕歌行》，通體七言，是詩歌史上較早且較完整而成熟的作品。

建安作爲文人樂府詩的發達時期，承繼了漢樂府民歌和漢末古詩敘事、抒情的長處，「感傷亂離，追懷悲憤」（范曄《後漢書・董祀妻傳》），產生了一些「詩史」式的作品。他們或用漢樂府的舊調舊題，寫新的時代內容；或另創新題，敘寫現實；或把樂府舊題的四言、雜言，改爲五言。並且加強了詩句的修飾和潤色，在對偶、煉字和聲韻上都進行了成功的探索。在藝術風格上，漸趨多樣，表現出抒情化、個性化的傾向，並在創作中體現了自覺追求藝術美的意識。總體呈現一種悲涼慷慨、剛健有力的風格。正如《文心雕龍・時序》中所說：「觀其時文，雅好慷慨，良由世積亂離，風衰俗怨，並志深而筆長，故梗槪而多氣也。」後人稱之爲「建安風骨」。

建安詩歌的傑出成就表明，文學創作開始進入自覺的時代，它對後世詩歌發展產生了很大的推動作用。

（馬勝利）

一〇三、正始詩歌有何特色？

建安文學，是三國前期文學，經過文帝、明帝兩朝，發展而爲後期文學，即正始文學。正始（二四〇～二四九），是齊王曹芳即位的年號。當時朝政大權實際上掌握在司馬懿父子手中。曹魏集團與司馬氏集團便展開了激烈的奪權鬥爭。司馬氏一方面以禮教相標榜，通過收買、拉攏樹立自己的黨羽；一方面以殘酷的屠殺剪除曹魏集團的力量，造成正始時期黑暗、恐怖的政治局面。人人自危的恐怖氣氛使不少士人逃避現實，崇尚老莊、高談玄理，當時又推行等級森嚴的門閥制度，大人先生們裝模作樣，開口門第，閉口禮教。但他們的行爲本身已把傳統的禮教糟踐得斯文掃地了。因而使得不少原來相信禮教的人產生了信仰危機，從而拋棄了禮教，去揭露禮教虛僞與統治者唱著對臺戲。消極遁世的道家思想迅速蔓延與當時恐怖的政治氣氛，對作家的思想與創作產生了巨大影響，這時文壇上產生了「竹林七賢」：阮籍、嵇康、山濤、向秀、阮咸、王戎、劉伶等。他們「相與友善，遊於竹林，號爲七賢」（《三國志・魏志・嵇康傳》裴松之注引《魏氏春秋》）。但仔細分析，他們的政治態度和人生觀並不是一樣的；阮籍、嵇康、劉伶、向秀都是反對禮教，不滿司馬氏統治的；阮咸則純粹是縱慾主義；山濤、王戎終於成了司馬氏的擁護者，只是口頭上談談虛無而已。「竹林七賢」中的代表作家是嵇康、阮籍。也可以說是正始詩歌的主要代表。正如劉勰所說：「正始明道，詩雜仙心。何晏之徒，率多浮淺。唯嵇志清峻，阮旨遙深，故能稱焉。」（《文心雕龍・明詩篇》）玄學之風也影響到詩歌創作。

阮籍（二一〇～二六三），字嗣宗，陳留尉氏（今河南尉氏縣）人，「建安七子」之一阮瑀的兒子。阮籍寫有《詠懷詩》五言八十二首，四言十三首。可以說，他是文學史上第一個以組詩形式抒發複雜多樣的思想感情，並第一個全力寫作五言組詩的詩人。詩中運用了比興、寄託、象徵手法。這種曲折的筆觸，表達了憤世嫉俗和懼禍避世的思想感情。具有婉而多諷的風格。

如第一首《夜中不能寐》：

夜中不能寐，起坐彈鳴琴。薄帷鑑明月，清風吹我襟。孤鴻號外野，翔鳥鳴北林。徘徊將何見，憂思獨傷心。

詩中通過寫景，寓意著對黑暗現實的強烈不滿和看不到希望的內心苦悶。另外，在他的詩中還有抒發早年抱負、借古諷今、表現人生無常、企慕神仙等內容。而關於遊仙、招隱的內容，在阮籍和嵇康的詩中甚多，且往往與玄言說理相結合。正始詩歌中開始出現的玄理，當時雖不居主流，但卻成爲後世玄言詩的濫觴。

阮籍詩中的遊仙、招隱、玄言內容，是以玄學作爲安身立命的指導思想。因而其詩帶有玄理色彩。所謂遊仙不過是寄託道家的理想。由此去啓發人們如何從精神上擺脫世路之悲苦，嚮往歸隱和追求精神上的虛玄。這也是道家消極應世的一種態度。如他的《詠懷詩》其五十、其三十六等詩，寄託了其超世理想和無可牽掛而得到的慰藉。可謂「阮旨遙深」的一種體現。

嵇康（二二三～二六三），字叔夜，譙郡銍（今安徽宿縣西）人。他崇尚老、莊，喜養生服食之事。他反對虛僞的禮教和禮法之士，公開發表離經叛道、非薄「聖人」的言論。雖然他的政治地位不高，但因其與曹魏有姻親，加之才學名聲大，對司馬氏纂魏構成威脅，並觸犯其利益，後被誣陷處死。

嵇康的詩，多是四言。《文心雕龍·明詩篇》稱「嵇志清峻」，《詩品》說他的詩「過爲峻切」。「峻」是說他的詩有稜角。這是與他以老、莊爲師，爲他不拘禮法，抨擊名教尋找精神支柱分不開的。他把對司馬氏的不滿及其高潔的志趣、憤世嫉俗之情，寄寓於詩歌藝術之中，從而形成了一種獨特的風格。

當他通過詩的藝術表達他對「道」的嚮往時，玄言詩便出現了。《贈秀才入軍》組詩（《古詩紀》把此題十八首四言體和一首五言體合爲一組。但歷來爲人所異議。魯迅認爲五言一首別爲《古意》，餘下十八首四言仍從原題）。此組詩是嵇康送其兄嵇喜從軍的詩。詩道：

琴詩自樂，遠遊可珍，含道獨往，棄智遺身，寂乎無累，何求於人，長寄岳靈，怡志養神。

詩中以離世隱居修養精神爲歸宿。即是嚮往歸隱。而歸隱往往又與遊仙的理想相聯。如他的《遊仙詩》、《答二郭》詩，嚮往遊仙，實爲逃禍避害。這是與屠殺異己，使士人畏懼名位，接受玄學、寄情於虛靜無爲分不開的。「人能虛己以遊世，其孰能害之」（《莊子．山木》）。因此「目送歸鴻，手揮五弦。俯仰自得，遊必太玄。」的隱士形象（《贈秀才入軍》），便揮之不去了。阮、嵇雖同爲憤世嫉俗，但由於他們性格有別，而表現出風格不同，故「嵇志淸峻」而「阮旨遙深」。但二者皆繫於老莊玄學之下。因此，他們的詩就將遊仙、招隱、玄言融爲一體。

以阮籍、嵇康爲代表的正始詩歌，與建安詩歌相比，雖上距只一、二十年時間，但兩者無論是作家的思想，作品內容、風格都發生了明顯的變化。建安詩歌中反映百姓疾苦、追求建立功業的內容在正始詩歌中衰歇了，代替它們的是對黑暗恐怖的政治的隱曲的反映，與對死亡禍患隨時來臨的憂嘆；建安詩中所具有的慷慨向上的進取精神消失了，代替它的是否定現世、韜晦遺世的消極抵制；正始詩中的玄學色彩，這是建安詩中所無的；正始詩風曲折婉諷也同建安詩的明朗剛健的風格有別。

正始詩歌雖承續建安詩歌之後，在內容、風格等方面卻發生了變化，但正始詩歌的對黑暗現實的反抗與揭露，在其基本精神上仍與建安詩歌是相通的。（馬勝利）

一○四、太康詩人的代表作有哪些？

太康時代是西晉文壇比較繁榮的時期，詩人迭出，詩作不斷湧現，產生了一批格律工整、辭藻華美的詩歌作品，這對促進詩歌由古體向近體的衍化起了促進的作用。但也出現了一味追求辭藻的華美和對偶的形式主義傾向，它對詩人的創作產生了一定的消極影響。

太康（二八○～二八九）是西晉武帝司馬炎的年號。二六五年，司馬炎取代曹魏，建立了西晉，不久統一了全國。由於晉初爲穩定政權採取了一些積極措施，促進了生產的發展。加之晉朝雖是以武力平定吳、蜀而統一中國，但那二次戰役是在極短的時間內順利完成，整個中國社會並未受到戰爭的嚴重破壞，而士大夫們的經濟地位也未受到損害，所以盡可以在安定的環境裏，去從事文學的創作。正如鍾嶸在《詩品》中說：「太康中，三張二陸兩潘一左，勃爾復興，踵武前王，風流未沫，亦文章之中興也。」

「三張」，即張載與其弟張協、張亢兄弟三人的並稱。「二陸」，即陸機與兄弟陸雲的並稱。「兩潘」，即潘岳與其姪潘尼的並稱。「一左」，即指左思。這些詩人是這一時期的主要代表。

「三張」中，張協是其佼佼者，他的詩才不但超過他的弟兄，也超過張華、潘岳、陸機等其他太康詩人。鍾嶸《詩品》說他：「雄於潘岳，靡於太沖，風流調達，實曠代之高手。詞采葱蒨，音韻鏗鏘，使人味之，亹亹不倦。」代表作是《雜詩》十首。詩中或抒遠宦思鄉之感，或傷懷才不遇，或嘆世路多艱，或寫閨中懷人之情。在語言表現上，辭采華淨，對句工整，景物描寫較多並且生動。「二陸」中，以陸機成就較高。有人又將陸機與潘岳並稱爲「潘陸」。「降及元康，潘陸特秀。」（《宋書·謝靈運傳》）二人文學風格相近。在藝術表現上，追求辭藻的華美，開詩歌雕琢堆砌風氣之先的集大成者。人稱陸機詩「才高詞贍，舉體華美」，「陸才爲海，潘才如江」（鍾嶸《詩品》）。陸機的詩愛模擬前人，並愛用典，辭藻華美。但內容貧弱。也有個別之作較優秀，如《猛虎行》，一反常調，寫壯士情懷，筆力雄健，風格奇峭。還有《門有車馬客行》、《赴洛道中作》也有可取之處。人稱潘岳詩是「潘詩爛若舒錦，無處不佳」（鍾嶸《詩品》引）。他的詩以表現哀傷著稱，代表作有《悼亡詩》三首，委曲深婉，具有一定的藝術價值。作爲西晉詩壇上最傑出的詩人，當屬左思。人稱「宋徵士陶潛，其源出於應璩，又協左思風力」（《詩品》）。他的詩才力充沛，風骨兼備，故有此說。又有人評「左思奇才，業深覃思，盡銳於《三都》、拔萃於《詠史》」。左思僅存詩十四首，其《詠史詩》八首，代表了晉代詩歌最高成就。其詩託古詠懷，表現詩人建功立業的抱負，揭示了寒門士子與士族豪門的矛盾，抨擊了門閥制度。在這一組詩中，詩人承續了建安文學的傳統，以高昂的情調，充實的內容，形成了鍾嶸所稱的「左思風力」。這組詩改變了班固以來詠史詩局限於歷史事實的格套，將史實與抒發情懷相結合，對後來的詠史詩產生了一定的影響。正如所評：「太沖《詠史》，不必專詠一人，專詠一事。承古人而已之性情俱見。此千秋絕唱也。」（沈德潛《古詩源》)。

另外,太康詩人中還有值得一提的是傅玄、張華。傅玄是太康詩人中年輩最長者,現存詩一百餘篇。大部分爲樂府體。其中較有價值的詩篇,如《豫章行·苦相篇》、《牆上難爲趨》等。或寫男女不平等的社會現實,或諷刺貴族的驕奢生活。張華的詩作如《情詩》五首、《遊獵篇》、《輕薄篇》也可一讀。或揭時弊,或敘衷腸。

總的來說,這一時期的詩歌總體顯著特徵是作品思想內容與藝術形式呈現較大的差距。「採縟於正始,力柔於建安。」(劉勰《文心雕龍·明詩篇》)一是機械地模擬前人作品,與社會現實相隔;二是在語言上追求華美,使用典故、成語,在句法上講究對偶整齊,以其精美的藝術形式與前人爭勝。這主要是與當時的士族制度確立分不開的。文人們不是出身於士族,就是依附於士族。士族顯貴仗恃其各種特權高高在上,視文學創作爲粉飾太平、點綴風雅的玩物,只求其藻飾華麗,輕視文學有補於世的社會功用。文人們爲迎合士族顯貴的這種欣賞趣味而趨時奉迎。他們既缺乏建安詩人那種建功立業的雄心壯志,也缺乏正始詩人那種憂憤深廣的思想境界。只是在時節景物的變易上抒寫些輕淡的哀愁,或偶爾流露一點在政治道路上的進退取捨之間的矛盾心情。

倘若說代表太康時代文學主要傾向的是陸機、潘岳的話,那麼代表當時文學最高成就則首推左思,從而使西晉詩壇灼灼生輝。

(馬勝利)

一〇五、田園詩與田園文學爲何以陶淵明爲創始人？

在中國詩歌史上，除了《詩經》中有少數農事詩外，陶淵明是第一個大量創作以田園勞動生活爲題材的詩歌的人。文學家的生活經歷和思想情趣不同，反映生活的方式也千差萬別。陶淵明生活於東晉末年社會動盪、政治黑暗的年代。東晉末期，統治集團的腐朽已至極點。青年時期就懷有「大濟蒼生」之志的陶淵明，由於家世的衰微，直到二十九歲才得以出任微末之職。而瀕臨末世的東晉王朝，使他根本無法實現往昔的政治理想，所以在時仕時隱的十三年中，他始終在「進」與「退」間徘徊，最後在赴任彭澤令不足三月之際，懷著對從政的徹底絕望和不肯「爲五斗米折腰」的志向，長期歸田了。

《詩品》評陶淵明爲「古今隱逸詩人之宗」。陶淵明的思想淵源於老莊。蕭統在談到讀陶淵明詩文的體會時說：「夫自衒自媒者，士女之醜行；不忮不求者，明達之用心。是以聖人韜光，賢人遁世，其故何也？含德之至，莫踰於道；親己之切，無重於身。故道存而身安，道亡而身害。處百齡之內，居一世之中，倏忽比之白駒，寄寓謂之逆旅，宜乎與大塊而盈虛，隨中和而任放，豈能戚戚勞於憂畏，汲汲役於人間哉！」（《陶淵明集序》）這種淵源於老莊，傾向於調和儒、道，可說是陶淵明的思想傾向之所在。沒有老莊的抱樸守靜，則不會有陶隱士，亦不會有田園詩。陶淵明在《歸田園居》自述道：「少無適俗韻，性本愛丘山，誤落塵網中，一去三十年。」表明自幼便與塵俗格格不入，出仕是不得已，是誤落塵網。這使他的詩絕少憂憤情緒，帶有樂天知命的色彩。他沒有隱跡山林，而是遁入田園。在他的田園詩中，見不到使人陶醉的山水，見不到對遊仙的仰慕，也沒有標榜名士清高，是眞正擺脫了「樊籠」的「自然」。只要心性潔白，不受功名利祿纏擾，雖結廬人境，亦是遠離樊籠，超越世俗之外。而且他絕無身在田園心懷魏闕之意，故他的精神能融化於田園景物之中。「論懷抱則曠而且眞」（蕭統《陶淵明集序》）。陶詩之感人心腑，全憑一個「眞」字，而此所謂「眞」字，即老莊之「自然」，其藝術境界屬於老莊，可謂是借田園抒發其情懷，以田園詩的藝術形式再造人間新天地。

陶淵明的田園詩與後世一些士大夫的田園詩相比，還有一點顯著的不同，就是他寫出了自己參加勞動的實際體驗，表達了對勞動生活的熱愛，與勞動者結成了休戚與共的眞誠感情。他在隱居躬耕中，飽嘗了勞動的艱辛，了解了他們的甘苦，親眼看到並親身經歷了亂世之民的生活，在對現實不滿和失望的思想基礎上，一個烏托邦式的社會理想便逐漸形成，具體表現在他的《桃花源詩並記》中。這實際上表明這是一個與秦漢、魏晉等封建社會相對立的田園牧歌式的理想世界。而對理想王國的謳歌則反襯現實之黑暗和悖理，表現了作者對當時現實的否定和批判。

陶淵明的詩對於後世影響之巨大，在中古詩人中是無可與之比擬的。從當時看，在玄言詩充斥的東晉詩壇上，陶淵明的出現具有特殊的意義。他開創了田園詩派，爲詩歌創作開闢了一個新的領域。他第一次把春種秋收的田園生活、桑麻雞狗等日常生活寫進詩中，並帶有獨特的個性特徵，令人耳目一新。他以其藝術地描寫農村生活，在詩歌領域中揭示出一種鮮美的創作典範，建立起以田園生活爲文學描寫對象的傳統。然而詩人在生前是很寂寞的，即使在死後的一二百年中，也鮮爲人重視。這是與當時他身分卑微、貧寒和文學作品從思想內容到藝術風格與這一時期的文學主流格格不入相關。至鍾嶸《詩品》始，才開始注意到陶淵明文學作品的藝術特色，稱其爲「古今隱逸詩人之宗」。而眞正認識到其文學價值的是蕭統，他稱其作品「辭采精拔，跌宕昭彰，獨超衆類，抑揚爽朗，莫之與宗。橫素波而傍流，干青雲而直上。語時事則指而可想，論懷抱則曠而且眞」（《陶淵明集序》）。陶淵明文學作品的價值，到了唐朝受到重視。唐代詩人王維、孟浩然、儲光羲、韋應物、柳宗元等，都是他的這一傳統的直接繼承者。正如清人沈德潛說：「陶詩胸次浩然，其中有一段淵深樸茂不可到處。唐人祖述者，王右丞（維）有其清腴，孟山人（浩然）有其閒遠，儲太祝（光羲）有其樸實，韋左司（應物）有其衝和，柳儀曹（宗元）有其峻潔，皆學焉而得其性之所近。」（《說詩晬語》）李白、杜甫、白居易、韓愈、高適等也都給陶詩以高度評價。宋朝的范成大以及與陶詩風並不一致的蘇東坡、陸遊、辛棄疾，也都或仿效或竭力的推崇。宋、金的一些詩人在反對文學上的形式主義時也以陶詩爲榜樣。至清末黃遵憲還將自己的詩集命名爲《人境盧詩草》，主張詩風平淡自然。「五四」後，陶淵明被人冠之以「歌詠自然的詩豪」、「田園詩人的開山祖」等名號。由此足以見其文學作品對後世文人們的深遠影響。

（馬勝利）

一〇六、哪些人對山水詩和山水散文的產生起了重要作用？

中國的山水文學，是以描寫山川勝景、自然風物為題材的文學作品。而魏、晉以前，自然景物只是附庸於抒情詩文和一些鋪敘苑林的辭賦作品中。

在詩歌創作上，《詩經》、《楚辭》，漢魏、兩晉民歌和一些詩人作品中，就有不少描寫自然山水的詩句，但大多作為起興的藝術手法，或以景抒情，營造氣氛，未成為詩的主要內容。

魏、晉時，雖有曹操的《步出夏門行·觀滄海》、陸機的《赴道中作》、左思的《招隱詩》、謝混的《遊西池》等，只不過是閃現在詩人作品中的山水蹤影。但在玄言詩中卻開了山水詩的兆端。玄言詩的作者就喜借用山水景物的具體形象來表現抽象的哲理。而隱逸、遊仙亦與山水相關。「宋初文詠，體有因革，莊、老告退，而山水方滋。儷採百字之偶，爭價一句之奇；情必極貌以寫物，辭必窮力而追新，此近世之所競也。」（劉勰《文心雕龍·明詩》）這段話劉勰敘述山水詩是由玄言詩過渡來的，或說是從玄言詩脫穎而出的。在對山水詩作的評價中，是指謝靈運等人所寫的山水詩，重視雕琢及刻畫景物逼真，辭釆亦竭力標新。說明了山水詩形成於南朝劉宋時期及其變化和初期特徵。其代表人物就是謝靈運。

謝靈運（三八五～四三三），開創了山水詩流派，開闢了詩歌新的境界。謝靈運生活的這一時期，江南經濟有了較大的發展，士族文人生活安閒優裕，自然以清談玄理、登臨山水為樂，山水的恬靜與玄理的虛寂正可互為表裏，加之明媚的江南山水景色的陶冶，也影響到詩歌創作上。尤其當玄言詩發展到枯燥無味的境地時，詩人便會從描寫山水中尋求詩歌的新出路。於是山水詩逐漸擴大，成為詩歌創作的一個主要對象。謝靈運作為第一個以山水為題材的詩人，他用典麗精工的詞藻表現了大自然的本來面貌：「野曠沙岸淨，天高秋月明」（《初去郡》）。「春晚綠野秀，岩高白雲屯」（《入彭蠡湖口》）。「池塘生春草，園柳變鳴禽」（《登池上樓》）。這些名句都給人以清新潔淨的感覺，確實自然可愛。在詩中，他還講究對偶和辭采，但流於雕琢和堆砌，並常在詩中空談玄理，所以他的詩往往有佳句無佳篇。可是相對於枯燥乏味的玄言詩，他的清新的寫景和艷麗的辭采，畢竟是一個不小的進步。謝靈運詩擴大了詩的領域，提高了詩的表現技巧，使晉宋詩壇產生轉向，這個功勞是不可抹殺的。在謝靈運的開拓與影響下，南朝不少詩人都寫出了優美的山水詩，如吳均的《山中雜詩》：「山際見來煙，竹中窺落日；鳥向檐上飛，雲從窗裏出。」孔稚珪的《遊太平山》：「石險天貌分，林交日容缺；陰澗落春榮，寒岩留夏雪。」沈約的《石塘瀨聽猿》：「噭噭夜猿鳴，溶溶晨霧合。不知山遠近，唯見山垂沓。」陰鏗的《和傅郎歲暮還湘州》：「大江靜猶浪，扁舟獨且征。棠枯絳葉盡，蘆凍白花輕。」但為謝靈運開拓的山水詩派奠定更穩固基礎的是南齊的謝朓。

謝朓（四六四～四九九），是繼謝靈運之後寫作山水詩，對山水詩的發展作出較大貢獻的人。在藝術上，他吸收了謝靈運詩作那種觀察細緻，描寫逼眞的長處，避免了謝靈運晦澀平板的弊病。較少繁蕪詞句和玄言成分，情景協調，詩風清新流麗，與謝靈運詩的富艷精工、典麗厚重的風格頗不相同。李白說：「蓬萊文章建安骨，中間小謝又清發」（《宣城謝樓餞別校書叔雲》）。清發就是指他的詩淸麗俊逸，少雕琢板澀和玄言習氣。還有他講究對偶聲韻，不少辭句已近似唐人近體了；這些都是比大謝（謝靈運、謝朓，史稱大小謝）進步的地方。如「餘霞散成綺，澄江靜如練」（《晚登三山還望京邑》）、「遠樹曖阡阡，生煙紛漠漠。魚戲新荷動，鳥散餘花落」（《遊東田》）。「朔風吹飛雨，蕭條江上來」（《觀朝雨》），正如嚴羽所說：「謝朓之詩，已有全篇似唐人者」（《滄浪詩話》）。山水詩的傳統正是由他而向唐人過渡的，並且其「新體詩」還開了唐朝格律詩的先路。

在山水散文創作上，魏晉南北朝時期出現了一些記寫山川勝景的書信。如鮑照（四一二前後～四六六）的《登大雷岸與妹書》，吳均（四六九～五二〇）的《與宋元思書》，陶宏景（四五二～五三六）的《答謝中書》。

其中鮑照的《登大雷岸與妹書》，可謂是具有開創性的描寫山水的記敘文。作爲南朝最早描寫山水風景的名篇，句法以四言爲主，主要的篇幅是對旅途中自然景色的描繪。在作者的筆下，山水、雲霞、鳥獸、草木，無不生氣勃勃，色彩瑰麗，儀態萬千，在對山的描寫中，以移情入景和以人擬物的手法，把靜穆的山寫得活躍飛動。這篇文章對南朝陶宏景、吳均的寫景書札和北魏的酈道元的《水經注》產生了一定的影響。

《水經注》，雖是一部系統完整的學術著作，但也是一部藝術豐美的文學作品。它的作者酈道元（？～五二七），字善長，范陽涿鹿（今河北）人。仕魏至御史中尉，因奉使關中，爲叛將所殺。這部作品的價値，主要在於對山水風景的描寫，且各具姿貌。它對後世文學創作也是很有影響的，在唐代大散文家柳宗元的《永州八記》中，就可見到《水經注》對他的影響，而柳宗元以峻潔的筆法，刻畫出幽深奇峭的山水景象，也是酈道元所具有的藝術特點。可以說山水散文創作，肇始於魏晉，成熟於唐、宋，至明、清就成爲文學散文中重要的一體了。

（馬勝利）

一〇七、上官體與沈宋體對唐詩有何貢獻？

初唐，從高祖武德元年至玄宗開元初年（六一八～七一三）是唐詩興盛的準備階段。它的前期詩壇上，六朝形式主義餘習仍風靡當世，宮體詩充斥詩壇。代表詩人是上官儀（六〇八～六六四）。上官體就是以初唐詩人上官儀爲代表的一種詩風。《舊唐書・上官儀傳》：「工於五言詩，好以綺錯婉媚爲本。儀既貴顯，故當時多有學其體者，時人謂之上官體。」作爲宮廷詩人，他的詩歌內容多爲奉和應詔之作，點綴昇平，綺靡浮艷，以華麗的詞藻表現婉轉嫵媚的情意爲其本色，如《八詠應制》。

如果說他對唐詩的發展也有一定貢獻的話，主要在形式技巧方面。他將六朝以來詩歌的對偶方法，加以程式化，歸納爲「六對」、「八對」，各以名物、聲韻、造句、寓意等類相對。如「天」對「地」，叫作「正名對」；「花葉」對「草芽」，叫作「同類對」等。《詩人玉屑》卷七、《文鏡祕府論》曾列出他的屬對之法。這種屬對的程式化的方法，對律詩的逐漸定型，起過一些推動作用。代表作有《入朝洛堤・步月》。

初唐後五十年，先有「初唐四傑」突破了「宮體」的內容，詩壇出現新的轉機。繼有沈佺期、宋之問確立了律詩這種新的形式。

沈佺期與宋之問齊名，並稱「沈宋」。沈、宋詩最講音律，當時稱他二人的詩爲「沈宋體」。他們二人的五、七言近體詩歌作品標志著五、七言律詩的定型。「五言至沈、宋始可稱律。律爲音律法律，天下無嚴於是者。知虛實平仄不得任情，而法度明矣」（王世貞《藝苑巵言》卷四）。「律詩始於初唐，至沈、宋而其格始備」（錢良擇《唐音審體》）。

沈佺期（六五六～七一四或七一五？）、宋之問（六五〇或六五六？～七一二或七一三？）二人都做過武則天宮廷的侍臣，寫作了大量的點綴昇平的應制詩，宋之問甚至因應制詩寫得好，還得到過武則天「奪袍以賜」的恩寵。由於當時的應制詩都須運用律詩體制，促使沈、宋很重視總結過去及當時的人應用格律形式的各種經驗，把已成熟的形式肯定下來，形成定制，以便在寫作時去遵循。追根溯源這也是與唐初以來詩歌聲律化及講究駢對的發展趨勢分不開的。這種完整的律詩，它是以沈約、謝朓等爲代表的永明體基礎上，從原來的講求四聲發展到只辨平仄，從「回忌聲病」發展到講求平仄規律，又由只是一句一聯的音節，發展爲全篇的平仄的黏對，及中間二聯的必須上下句屬對。如沈佺期的《夜宿七盤嶺》、《興慶池侍宴應制》，宋之問的《陸渾山莊》、《三陽宮石淙侍宴應制》。正如《新唐書・宋之問傳》所說：「魏建安迄江左，詩律屢變。至沈約、庾信，以音韻相婉附，屬對精密。及之問、沈佺期，又加靡麗，回忌聲病，約句準篇，如錦繡成文。學者宗之，號爲『沈、宋』。」沈、宋二人的作品中，也有些情感眞摯，形象鮮明，而且對仗嚴整、音律和諧的律詩、絕句：

聞道黃龍戍，頻年不解兵。可憐閨裏月，長在漢家營。少婦今春意，良人昨夜情。誰能將旗鼓，一爲取龍城。（沈銓期《雜詩》其三）

盧家少婦鬱金堂，海燕雙棲玳瑁梁。九月寒砧催木葉，十年征戍憶遼陽。白狼河北音書斷，丹鳳城南秋夜長。誰爲含愁獨不見，更教明月照流黃。（沈銓期《古意》）

陽月南飛雁，傳聞至此回。我行殊未已，何日復歸來。江靜潮初落，林昏瘴不開。明朝望鄉處，應見嶺頭梅。（宋之問《題大庾嶺北驛》）

嶺外音書斷，經冬復歷春。近鄉情更怯，不敢問來人。（宋之問《渡雙江》）

另外，與沈、宋同時的一些詩人，如號稱「文章四友」的李嶠、蘇味道、崔融、杜審言與上官婉兒等人也都爲律詩的定型做出了貢獻。特別是杜甫的祖父杜審言貢獻更大，「近體，梁陳已有，至杜審言而始叶於度」（王夫之《姜齋詩話》）。他的作品雖不多，然而每一首在格律上嚴謹精細，無一處失黏，也可視作唐律詩的奠定者。

繼沈宋之後的代表詩人陳子昂，在痛斥齊梁詩風，倡導「漢魏風骨」中，爲唐詩的健康發展開闢了道路，初唐詩歌的發展告一段落。而律詩定型以後，唐人爲了將律詩與形式相對自由的古體詩區別開來，便把律詩（五、七言律詩，長律，五、七言絕句）稱作「近體詩」或「今體詩」了。這一名稱一直沿用至今。

（馬勝利）

一○八、律詩的基本結構如何？

格律詩是中國詩歌發展過程中經過長期醞釀的結果，也是詩人們不斷實踐的結果。到了唐代初年才正式形成。它在中國詩歌史上，占有重要地位。

格律詩（近體詩）主要包括律詩和絕句兩種。

律詩有五言與七言兩種，簡稱五律與七律。不論是五言律詩與七言律詩，每首詩都是八句。（律詩中也有個別超過八句的，實際上句數是沒有限制的，被稱爲排律。）五言律詩是每首八句，每句五字，全詩四十個字。七言律詩是每首八句，每句七字，全詩是五十六個字。

五律、七律的平仄格式基本上有四種：（「平」表示用平聲字，「仄」表示用仄聲字。標明平或仄的部位，在平仄方面就比較自由了，可以用平聲字，也可以用仄聲字。格律詩中的平聲包括陰平與陽平兩個聲調，仄聲則除上聲與去聲外，還包括入聲。帶有△號標志的地方是詩歌用韻的部位。）

五言律詩的平仄格式

第一種格式

仄仄仄平平　太乙近天都，
▲　　　△
平平仄仄平　連山到海隅。
　　　　△

平平平仄仄　白雲迴望合，

▲仄仄仄平平△　青靄入看無。

▲仄仄平平仄　分野中峰變，

平平仄仄平△　陰晴眾壑殊。

▲平平平仄仄　欲投入宿處，

▲仄仄仄平平△　隔水問樵夫。（王維《終南山》）

第二種格式

▲仄仄平平仄　國破山河在，

平平仄仄平△　城春草木深。

▲平平平仄仄　感時花濺淚，

▲仄仄仄平平△　恨別鳥驚心。

仄仄平平仄 ▲　烽火連三月，
平平仄仄平 △　家書抵萬金。
平平平仄仄 ▲　白髮搔更短，
仄仄仄平平 ▲ △　渾欲不勝簪。（杜甫《春望》）

第三種格式

平平仄仄平 △　蟬聲未發前，
仄仄仄平平 ▲ △　已自感流年。
仄仄平平仄 ▲　一入淒涼耳，
平平仄仄平 △　如聞斷續弦。
平平平仄仄 ▲　晴清衣露葉，
仄仄仄平平 ▲ △　晚急畏霞天。

仄仄平平仄　何事秋卿詠，

▲平平仄仄平△　逢時亦悄然。（劉禹錫《答白刑部聞新蟬》）

第四種格式

平平平仄仄　青山橫北郭，

▲仄仄仄平平△　白水繞東城。

▲仄仄平平仄　此地一爲別，

▲平平仄仄平△　孤蓬萬里征。

平平平仄仄　浮雲遊子意，

▲仄仄仄平平▲　落日故人情。

▲仄仄平平仄　揮手自茲去，

▲平平仄仄平△　蕭蕭班馬鳴。（李白《送友人》）

七言律詩的平仄格式

第一種格式

平平仄仄仄平平　一封朝奏九重天，
▲▲　　　　△
仄仄平平仄仄平　夕貶潮陽路八千。
▲　　　　　△
仄仄平平平仄仄　欲爲聖明除弊事，
▲▲
平平仄仄仄平平　肯將衰朽惜殘年。
▲▲　　　　△
平平仄仄平平仄　雲橫秦嶺家何在，
▲▲
仄仄平平仄仄平　雪擁藍關馬不前。
▲　　　　　△
仄仄平平平仄仄　知汝遠來應有意，
▲▲
平平仄仄仄平平　好收吾骨瘴江邊。（韓愈《左遷至藍關示姪孫湘》）
▲▲　　　　△

第二種格式

平平仄仄平平仄　舍南舍北皆春水，
▲▲

仄仄平平仄仄平　　但見群鷗日日來。
▲　　　　　　△

仄仄平平平仄仄　　花徑不曾緣客掃，
▲　▲

平平仄仄仄平平　　蓬門今始爲君開。
▲　▲　　　　△

平平仄仄平平仄　　盤飧市遠無兼味，
▲　▲

仄仄平平仄仄平　　樽酒家貧只舊醅。
▲　　　　　　△

仄仄平平平仄仄　　肯與鄰翁相對飲，
▲　▲

平平仄仄仄平平　　隔籬呼取盡餘杯。（杜甫《客至》）
▲　▲　　　　△

第三種格式

仄仄平平仄仄平　　風急天高猿嘯哀，
▲　　　　　　△

平平仄仄仄平平　　渚清沙白鳥飛回。
▲　▲　　　　△

平平仄仄平平仄　無邊落木蕭蕭下。
▲▲
仄仄平平仄仄平　不盡長江滾滾來。
▲▲　　　△
仄仄平平平仄仄　萬里悲秋常作客，
▲▲
平平仄仄仄平平　百年多病獨登臺。
▲▲　　　△
平平仄仄平平仄　艱難苦恨繁霜鬢，
▲▲
仄仄平平仄仄平　潦倒新停濁酒杯。（杜甫《登高》）
▲▲　　　△

第四種格式

仄仄平平平仄仄　劍外忽傳收薊北，
▲▲
平平仄仄仄平平　初聞涕淚滿衣裳。
▲▲　　　△

平平仄仄平平仄　卻看妻子愁何在？
▲　▲
仄仄平平平仄仄　漫卷詩書喜欲狂。
▲　▲　△
仄仄平平平仄仄　白日放歌須縱酒，
▲　▲
平平仄仄仄平平　青春作伴好還鄉。
▲　▲　△
平平仄仄平平仄　即從巴峽穿巫峽，
▲　▲
仄仄平平仄仄平　便下襄陽向洛陽。（杜甫《聞官軍收河南河北》）
▲　△

講究平仄，是近體詩區別於古體詩的一個重要標志，不講平仄就不是格律詩了。上述是其基本格式。另外，律詩還要求必須對仗，而且對仗的位置也是固定的。律詩共八句，分爲首聯（一、二句）、頷聯（三、四句）、頸聯（五、六句）、尾聯（七、八句）四個部分。每一聯中的前一句稱爲出句，後一句稱爲對句。對仗就是指對句與出句的對稱。律詩的頷聯、頸聯必須對仗。除位置一定外，對仗還要求句法結構相同；詞性相同或相近；出句與對句相對的字避免重複。還有就是押韻。

其要求是必須一韻到底；一般爲兩句一押韻，押平聲韻；用作韻腳的字不能重複。

總之，律詩在句數、字數、平仄、對仗、用韻等方面，都有嚴格的格律規定，當人們在閱讀或進行創作時都要加以注意。

（馬勝利）

一〇九、盛唐浪漫派、寫實派代表詩人有哪些？

盛唐詩壇最傑出的代表，是偉大的浪漫主義詩人李白和偉大的現實主義詩人杜甫。「李杜文章在，光焰萬丈長」（韓愈《調張籍》）。他們二人的詩歌代表了中國古典詩歌的最高成就。

盛唐，指唐玄宗開元、天寶年間至唐代宗大曆以前（七一三～七六六）。作爲中國古典詩歌發展中浪漫主義和現實主義兩大流派最傑出的代表；李白主要生活在安史之亂以前，是從開元、天寶盛世中走過來的人物，最後又經歷了安史之亂。他的詩歌作品既反映了發展中的盛唐氣象和風貌，也揭示了在表面繁榮後面所隱藏的社會矛盾和腐敗現象，既表達了追求光明、嚮往自由的強烈願望，也表現出鄙棄權貴、抨擊現實的反抗精神。杜甫比李白略晚，他雖然生當開元伊始，但在盛世之年他還年輕。主要經歷還是在天寶年間及以後的戰亂歲月，他是唐代社會由盛而衰的親歷者，詩作全面、深刻地反映了當時社會的各種矛盾和生活情景，一向有「詩史」之稱。李白和杜甫，以其不同的創作方法，建立了各自的獨特藝術風格。嚴羽在《滄浪詩話》中曾指出：「子美不能爲太白之飄逸，太白不能爲子美之沈鬱。太白《夢遊天姥吟留別》、《遠別離》等，子美不能道，子美《北征》、

《兵車行》、《垂老別》等，太白不能作。」可謂是公允之論。

李白是繼屈原之後又一位偉大的浪漫主義詩人。他繼承了前代浪漫主義詩歌創作的成就，極大地開拓了詩歌的藝術境界，豐富了詩歌的藝術技巧，並在一定程度上體現了浪漫和寫實的結合。他以其詩歌創作的理論和實踐，掃清了六朝華艷柔靡的詩風，完成了陳子昂詩歌革新的業績。他認爲「自從建安來，綺麗不足珍」（《古風》其一），主張「清水出芙蓉，天然去雕飾」的詩風。他善於向樂府民歌和前代優秀詩人學習，採用過幾乎所有的樂府古題，並達到情深詞顯的境界；還常自立新題，另創新意，在古樂府的基礎上推陳出新。他的五、七言絕句既有民歌風味又具個性特色。他的歌行體詩飄逸、奔放、雄奇、壯麗，獨具特色。賀知章驚賞李白是「謫仙」，後人沿用而稱李白爲「詩仙」。他的詩用蔑視世俗、飄逸灑脫來表現他對現實的不滿，給人一種絕世超凡、如置仙界的印象。李白是以「無爲」爲思想指導的，排斥功名富貴的誘惑，不肯摧眉折腰，服侍權貴；同時又以「有爲」思想爲安慰，在悲憤孤寂之時追求成仙得道，求得精神一時的寄託。而「超脫」的思想，又助長他在不能施展抱負時拂手而去，毫不惋惜。至於俠士的豪爽輕生，某些縱橫家的建功立業、功成退隱也成了心嚮往之的豪舉。李白詩中那種想落天外的意境給人一種飄飄欲仙的感覺。尤其是描寫山水風景更具浪漫色彩。他喜用誇張、渲染、烘托、擬人等手法；當現實事物還不足以表達噴薄而出的激情時，就藉助於非現實的幻想來創造天馬行空的意境來表現。這一點在《蜀道難》、《夢遊天姥吟留別》等名詩中表現得尤其突出。

作爲中國文學史上第一個偉大的現實主義詩人杜甫，他的詩歌繼承和發揚了自《詩經》以來的現實主義傳統，是中國古典詩歌史上思想性和藝術性高度統一的典範。杜詩不管是敘事詩，還是占他創作絕大部分的抒情詩，都包含著豐富的社會內容，深刻地表現了當時的人民生活和願望，具有濃厚的現實生活氣息。應該指出的是杜甫寫的是詩，而不是史。杜甫之所以成爲偉大的現實主義詩人，是在於他是通過詩歌這一藝術形式反映了當時的社會生活和歷史。「甫又善陳時事，律切精深，至千言不少衰，世號詩史」（《新唐書・杜甫傳讚》）。杜甫善於對現實生活作高度的藝術概括。這種概括，有時是選取具有典型意義的事物和人物，通過客觀的描寫，反映社會生活；有時又是通過人物對話對典型事件作介紹。杜甫對雄渾壯闊的藝術境界的營造往往是通過刻畫眼前具體、細微的景、物和表現內心情感的細微波動來達到的。這是杜甫不同於浪漫主義詩人李白，而又超出一般現實主義詩人的地方。如《春望》、《茅屋爲秋風所破歌》等。杜詩的詩風以沈鬱頓挫爲主，在這種風格的基調上，詩人的創作又呈現出多種多樣的風采，或質樸、或瑰麗、或清新明快、或樸簡拙重、或雄渾悲壯、或細膩委婉。杜詩的語言特點是蒼勁凝煉，典雅的文學語言，質樸的民間口語，都被加以恰當的使用，語言的性格化、詩化程度很高。在詩歌體裁方面，他各體兼善，尤擅律詩，「晚歲漸於詩律細」（《遣悶戲呈路十九曹長》）。他的律詩是唐代律詩成就的高峰。他的樂府詩，即事命題，是曹操的以舊題寫時事的樂府詩的一個新發展，對白居易等人的新樂府運動有直接的啓迪。有人稱杜甫爲「詩聖」，就是著眼他的愛國與儒家的忠君相連的。但只要把杜甫放在一定歷史條件下來考察，就不覺得被當作「詩聖」加以歌頌有何不對。

李白、杜甫對當時和後代文人的影響是巨大的、深遠的。唐朝的很多詩人都從不同方面受到這兩位大詩人的影響。李白對中唐孟郊、韓愈、李賀，晚唐杜牧；宋代蘇軾、陸遊；明清高啓、楊愼、黃景仁、龔自珍等都產生了程度不同的影響。至於富有傳奇色彩的傳說，更是長期在民間流傳，甚至被寫進小說戲曲之中。而對杜甫，首先是愛國者們，如宋代愛國詩人陸遊、文天祥及明末清初的愛國學者顧炎武等人，都從其爲人和詩作中接受教育、吸取營養。杜甫的現實主義創作精神，不僅直接推動和影響中、晚唐詩歌的發展，並成爲歷代詩人效法的榜樣。中唐元稹、白居易等倡導的「新樂府運動」，晚唐皮日休、聶夷中等人。及至其後宋、元、明、清各朝有成就的詩人以杜爲師代有人在，而且範圍不限於詩歌一隅。在藝術上取法杜詩的也是歷久不衰。有名的如唐韓愈、李商隱，宋王安石、黃庭堅、陳與義、陸遊，金元好問，明李夢陽、屈大均及清沈德潛、黃遵憲等人，都在不同方面、不同程度上受到杜詩的藝術影響。自唐以來，僅就選杜、注杜或專攻杜詩者就不下數百家，甚至號稱「千家」，由此可見其影響的深遠和巨大。李、杜二人的詩作，不僅爲文人所喜愛，也受到了歷代廣大民眾的喜愛和傳誦，成爲中華民族悠久的文化傳統的一個組成部分。（馬勝利）

一一〇、盛唐山水田園派的代表詩人有哪些？

山水田園詩在晉宋時期陶淵明、謝靈運的手中正式形成，其後又經過謝朓等人的創作，不斷發展，到盛唐時就出現了一個以孟浩然、王維爲代表的山水田園詩派。

盛唐的田園山水詩人，繼承了陶、謝以來的田園山水詩的傳統，並在此基礎上有所發展，藝術上日趨精工，摹景狀物更加細膩。他們往往通過對自然景色的描繪，流露出對怡靜的田園生活的留戀和對大自然秀麗風光的熱愛，同時也表現出對污濁官場的厭惡。這些詩人大都屬於社會中上層，雖然隱居田園，熱戀山水，但卻時刻不忘功名，很想通過「終南捷徑」走上飛黃騰達的道路，因此在他們的詩中常常流露出「欲濟無舟楫，端居恥聖明」（孟浩然《臨洞庭湖贈張丞相》）的感嘆，只是在仕途無望的時候，才表現出對官場的厭惡，藉以抒發懷才不遇的鬱悶之情。

孟浩然是唐代第一個大量寫作田園山水詩的詩人。他的詩歌以五律居多，主要反映隱逸生活和自然景物，表現了他在隱居與漫遊中的種種閒情逸致和宦途失意的幽寂愁懷。其詩風格以自然沖淡爲主要特色。孟詩對王維及其他詩人都產生了一定影響。大詩人杜甫稱讚他：「賦詩何必多，往往凌鮑謝」（《遣興》）。「清詩句句盡堪傳」（《解悶》），可謂中肯之言。

王維山水田園詩中，滲透著他避世隱居的生活情趣，有的甚至還寄寓了幽玄苦空的佛理。所以他的田園詩既沒有陶淵明田園詩對現實的批判意義，其山水詩又缺乏同時代詩人李白山水詩的樂觀情調和闊大境界。但他的這些詩在藝術技巧上對於唐詩藝術的臻於完美作出了自己的貢獻。蘇軾就讚其詩是「詩中有畫」。他的詩總的說來情調是靜謐、安祥的。他筆下的高山大河的崇峻和浩渺往往成了幽靜、淡遠的背景，山光、水色、樹影、風雲，變化有致，被用來陪襯野老、牧童、村姑和作者的閒雅、恬靜的生活。而山鳥草蟲的天籟，浣女、船夫的聲息更增加了作品的詩情畫意。詩作語言洗煉、清新，樸素中富有光彩，而且音韻和協。山水田園詩在王維手中發展到新的高峰，他既繼承了陶淵明的渾融完整，又吸取謝靈運的細緻刻畫，並兼有謝朓的秀麗清新，是詩、畫、樂最完美的結合。這一派的其他詩人還有儲光羲，但他的作品不多，可成就頗高，以《釣魚灣》一首，最爲人傳誦，語言清新，格調天然，詩情畫意，渾然一體。常建以《題破山寺後禪院》最爲著名，其中「曲徑通幽處，禪房花木深」兩句，是膾炙人口的名句。再有像祖詠、裴迪、綦毋潛、丘爲、劉愼虛等人也是山水田園詩派的詩人。而王維、孟浩然則是這一詩派的代表，他們的詩作體現了這一流派的最高水平。

總之，盛唐山水田園詩的繁榮和發展，是與社會的安定，經濟的繁榮，佛老思想的提倡，隱逸思想的流行，詩人們的漫遊成風分不開的。這些詩人大多採用五言古體和五言律絕的形式進行創作，作品風格清淡，意境深幽。在發掘自然美方面，把六朝以來的山水詩向前大大推進了一步，其中尤以王維藝術成就爲高，於李、杜之外別立一宗，對後世產生了不小的影響。（馬勝利）

一一一、盛唐邊塞派的代表詩人有哪些？

中國古代詩人寫邊塞生活的，六朝時就有，北齊的盧思道的詩，開唐代邊塞詩的先聲。隋代與唐初，邊塞詩有了較大發展，特別是「四傑」與陳子昂，使邊塞詩向前跨進了一步。盛唐時期，唐王朝的國勢強大，疆域遼闊，同邊遠地區少數民族政權在政治、軍事、經濟和文化方面的交往密切，邊事增多，駐軍增多，文人多有到塞外出使、任職的機會，再有盛唐詩人在時代風氣的影響下，意氣風發，志在四方，嚮往從軍邊塞建功立業，嚮往邊疆景物、生活的新奇；還有些仕途失意文人把立功邊塞當作求取功名的出路。在各種原因想法的驅使下，邊塞生活在盛唐時成爲詩人們所矚目的主題，邊塞詩也由此得以盛行。

邊塞詩的代表作家是高適、岑參、王昌齡，另外，還有李頎、王之渙、王翰、崔顥、張謂、劉灣等詩人。

高適（七〇二～七六五）與岑參（七一五～七七〇）都以寫作邊塞詩著稱，由於生活經歷和思想性格的差異，他們的邊塞詩作在內容與風格上也就各具特色。從內容上說，高、岑二詩人的詩作都描寫和歌頌了戍守邊塞的將士慷慨報國的英雄氣慨和不畏困苦的樂觀精神，反映了久戍不歸、懷土思親的情感。但高、岑二人詩作相比，前者不如後者的作品豐富多樣，後者筆下的奇異瑰麗的邊疆風光和豐富多彩的邊疆風俗、邊塞生活，在前者的詩作中很少出現。這與後者曾在西北邊塞長期任職，有著豐富的見聞分不開。可是前者邊塞詩作的思想深刻性超過前者。主要是深刻揭示邊防上的弊病，表達了對戰爭的意見，諷刺了軍中的醜惡現象。風格上，二人的區別更爲顯著。其共同點是「高、岑之詩悲壯，讀之使人感慨」（嚴羽《滄浪詩話》）。但高適的邊塞詩作多寫實，風格雄厚渾樸，筆勢豪健。岑參則富於浪漫色彩，想像豐富，誇張比喻很新巧，常出人意料。給人以色彩瑰麗、奇俏灑脫的感受。呈現出奇情異彩的藝術特色。

王昌齡（六九八～七五七）是可與高、岑並列而三的邊塞詩派的重要詩人，在當時就頗負盛名。他擅長七絕，不僅數量多，而且成就高，《從軍行》、《塞下曲》歷來被推爲邊塞詩的名篇。其《出塞》詩曾被推爲唐人七絕的壓卷之作。他的閨怨、宮怨、贈別詩中的七絕作品，其成就也只有像李白這樣的少數大家可以與之媲美。王昌齡沒有邊地的親身感受，然而憑他的一貶再貶的仕途遭遇和低微官職的處境，他對於從征士卒的思想感情有某些共鳴之處，是完全可能的。他的詩不同高適和岑參那樣鋪寫邊地生活的各種景象，而是善於抓住從征將士複雜矛盾的感情加以逼真自然的描繪，收到感人肺腑的效果。所以他寫將士殺敵衛國，充滿了積極昂揚的精神；寫士卒思鄉，又具有悲苦婉曲的情味。王昌齡以語近情遙、含而不露的風格使之在邊塞詩派中與高、岑齊名。另外還有一些詩人的作品被人長期傳誦和稱讚，如王之渙（六八八～七四二）的《登鸛雀樓》、《涼州詞》詩，以充滿詩的語言，將人們從眼前的景物引向更高遠更深長的境界中，短短的篇幅中，既寫出了如此壯觀的景色，又概括出如此豐富的感情，情景交融、渾然一體。和高適、王昌齡同時的李頎（生卒年不詳），作品不多，成就較高。他的《古從軍行》，是唐代邊塞詩中的傑出作品，結尾兩句「年年戰骨埋荒外，空見葡萄入漢家」，深刻表達了戍邊戍卒的憤懣之情。詩以古題寫時事，意在託古諷今。

總的來說，邊塞詩派的詩人們結合壯麗遼闊的邊境景象，表現馳騁沙場、建功立業的壯志豪情，抒發慷慨從戎、抗敵禦侮的愛國思想，反映征夫思婦的幽怨以及邊塞的荒涼艱苦生活。同時也客觀地反映了唐帝國內部的各種矛盾。特別要說明的是所謂邊塞詩派，並不是說這些詩人只寫邊塞詩、戰爭詩，而是說這一派詩人擅寫此類詩，並很有特色而已。盛唐邊塞詩多採用樂府歌行和七言絕句的形式，他們的詩歌不僅為盛唐詩壇增添了異彩，還在詩史上開闢了一個新的境界，提供了新的技巧。

（馬勝利）

一一二、中唐詩風如何？有哪些重要的詩人？

中唐時期，是指代宗元年至文宗太和九年（七六六～八三五）。延續八年之久的安史之亂是唐代社會由盛而衰的轉折點，也是由盛唐到中唐的過渡。這次動亂雖最後被平定，但舊有的社會矛盾未從根本上得到解決，新矛盾又不斷產生、加劇，國勢衰微、民生凋敝，外患頻仍，藩鎮稱雄。尤其藩鎮割據勢力與朝廷的對立成爲這一時期的主要矛盾。憲宗時雖有過「中興」，但好景不長，到穆宗時各種矛盾有增無已，在此複雜的社會背景下，中唐詩壇出現了詩人輩出（約五百七十人），詩歌繁富（約一萬九千餘首），流派眾多，各具特色的局面。現實主義是中唐詩歌的普遍的、主要的特徵。以白居易爲代表的新樂府運動貫穿整個中唐，貢獻巨大，影響深遠。元結、顧況等人是這一運動的先驅者，他們用詩歌反映現實，可謂杜甫的同調，其作品有深刻的思想內容，但對藝術性重視不夠，在詩壇上沒有產生重大影響。中唐前期詩壇上出現了名噪一時的「大曆十才子」。《新唐書·盧綸傳》：「綸與吉中孚、韓翃、錢起、司空曙、苗發、崔峒、耿湋、夏侯審、李端皆能詩，號大曆十才子。」據計有功《唐詩記事》和嚴羽的《滄浪詩話》等所載，十人姓名略有出入。他們雖都親身經歷安史之亂，但其詩歌很少反映社會動亂和黎民疾苦，多唱和、應制之作。歌頌昇平、吟詠山水、稱道隱逸，是其詩的基本內容。他們多工五言律體，語言精緻妥貼，韻度嫺整秀潤，有較高的藝術素養。他們中成就較大的是李益和盧綸。其中一些色調蒼涼、意境雄渾的邊塞絕句，可視為盛唐的高適、岑參邊塞詩的繼續。劉長卿、韋應物等主要以田園山水詩見長，很明顯是受到王維、孟浩然的影響。人稱韋詩「高雅、閒淡，自成一家之體」，他的《滁州西澗》頗有新意，擬之陶潛稱為「陶韋」。樂府歌行則又與杜甫、元結接近「才麗之外，頗近興諷」（白居易《與元九書》）。劉長卿詩作則稱之為「五言長城」（《新唐書·秦系傳》），他的五言律詩講究聲韻對偶，注重詞語精工。寫景抒情，凝煉自然。如《穆陵關北逢人歸漁陽》。其五絕《逢雪宿芙蓉山主人》也是膾炙人口的佳作。

以順宗永貞（八〇五）革新和憲宗元和（八〇六）削藩為標志的政治改革的興起，一度顯現出中興之兆。這時在理論主張和創作實踐兩方面全面繼承陳子昂、杜甫等現實主義詩歌傳統的，是以白居易、元稹、李紳、張籍、王建等人為代表的新樂府運動。其中最為傑出的是白居易。這時有大量的諷諭詩出現。如白居易的《新樂府》、《秦中吟》等。元、白發展了詩的敘事技巧，情節曲折，描寫細緻。如白居易的取得很高藝術成就的敘事長詩《長恨歌》、《琵琶行》及元稹的《連昌宮詞》。與元、白平易曉暢詩風不同的是以韓愈、孟郊為代表的「韓孟詩派」。他們以橫放傑出的詩筆，開創了奇崛險怪的新詩派。他們以杜甫「語不驚人死不休」的精神，標新立異。孟郊、賈島等人則寫詩刻意求工，從險、從寒、從瘦。人謂之「郊寒島瘦」，形成清奇僻苦的詩風。韓愈詩有散文化的傾向，鬥險爭奇，流於怪誕僻澀。對於宋詩有著重大的影響。直接受到韓、孟的影響而又能大膽創新的李賀詩，更以其激越險怪的藝術風格獨樹一幟，放出異彩，人稱之為「鬼才」，又叫「詩鬼」。其詩作影響所及孕育了晚唐溫、李一派的詩風。其他如盧仝等人，都以奇崛見長，並有名篇傳世。

此外，劉禹錫則以他清新明麗的民歌體創作和沈鬱蒼涼的懷古詩，在中唐詩歌史上占有重要的地位。如他的《竹枝詞》、《石頭城》、《烏衣巷》等都是傳世的名篇。而他的一些抒情寫景小詩，則常帶有一些哲理，它對宋詩的講求「理趣」有一定影響。又因其才力雄健，被白居易稱譽爲「詩豪」。柳宗元的一部分寫田園山水的詩，則是以巧借景物的描繪抒仕途幽憤之情，其風格近似陶淵明，「發纖穠於簡古，寄至味於澹泊」（蘇軾《書黃子思詩集後》），與韋應物並稱爲韋柳。

總之，繼盛唐之後，詩歌創作又出現了一個高潮。雖在總的成就上不如盛唐，風格流派的多樣卻超過了盛唐。另外，這一時期的詩壇上所呈現出的創新精神，所表現出的個性特色，是異常突出的。

（馬勝利）

一一三、晚唐時期的詩人有何佳作？

晚唐時期，是指文宗開成元年至昭宗天祐三年（八三六～九〇六）。這一時期，宦官專權，藩鎮跋扈，朋黨傾軋，國勢日趨衰微，農民起義接連不斷，這個動盪不安的時代在詩歌創作中得到了不同的反映。杜牧、李商隱憫亂傷世、感時憂己的詩歌創作及其對詩歌藝術的豐富和發展，使他們成爲這個時代最有成就的詩人。人稱「小李杜」。

杜牧的詩繼承了盛唐詩的優點，在晚唐詩歌綺麗浮艷的傾向中，顯得豪放疏朗，清新俊逸。在形式上，他擅長七律、五古、七絕，而以七絕成就最高。他能夠用七言絕句這樣的小詩作最大的概括，詠史、感懷、抒情、寫景，無所不曉。其名篇繁盛，佳句迭出。如《過華清宮絕句》三首之一：

長安回望繡成堆，山頂千門次第開。一騎紅塵妃子笑，無人知是荔枝來。

詩歌描寫的是唐明皇爲了貴妃所做出的荒唐行徑，但矛頭卻是針對晚唐帝王奢侈荒淫的生活。再如《泊秦淮》、《江南春絕句》：

煙籠寒水月籠沙，夜泊秦淮近酒家。商女不知亡國恨，隔江猶唱《後庭花》。

千里鶯啼綠映紅，水村山郭酒旗風。南朝四百八十寺，多少樓臺煙雨中。

前首詩借秦淮歌妓猶唱亡國之音，諷刺晚唐社會風氣的糜爛，寓示唐統治者正走向衰亡。後首詩在對江南春色描繪中，含蓄地揭露了晚唐時的宗教狂熱。其他如《赤壁》等，破舊論、立新論，令人嘆服。他的寫景抒情詩也很有特色，如《清明》、《山行》：

清明時節雨紛紛，路上行人欲斷魂，借問酒家何處有？牧童遙指杏花村。

遠上寒山石徑斜，白雲生處有人家。停車坐愛楓林晚，霜葉紅於二月花。

這二首詩以簡潔凝煉的語言，獨具特色的景物和形象，爲人所喜愛。杜牧詩雖不求文字的奇麗，卻善於以委婉之語表現深遠之意，使詩意含蓄蘊籍，耐人品味。

李商隱的詩在晚唐詩歌中占有重要地位。其中成就最大的是詠史詩和愛情詩。在他的詠史詩中，以含蓄的手法、典雅的語言，將那些具有典型意義的歷史事件或人物作依託，來影射現實，抒發心底的憤惋之情。李商隱認爲「歷覽前賢國與家，成由勤儉敗由奢。」（《詠史》）以此作爲現實的借鑑。如《北齊詩》：「小憐玉體橫陳夜，已報周師入晉陽」；《隋宮》：「乘輿南遊不戒嚴，九重誰省諫書函？春風舉國裁宮錦，半作障泥半作帆。」；《賈生》：「宣室求賢訪逐臣，賈生才調更無倫。可憐夜半虛前席，不問蒼生問鬼神。」這些詩有諷刺有慨嘆，新警含蓄。其藝術特色是常以細小卻很有代表性的形象，來反映重大事件；不發議論卻以典雅含蓄的語言來表達情感，且富有韻味。而他更具代表性的是那些「無題」的愛情詩。如《無題‧相見時難別亦難》：

相見時難別亦難，東風無力百花殘。春蠶到死絲方盡，蠟炬成灰淚始乾。曉鏡但愁雲鬢改，夜吟應覺月光寒。蓬山此去無多路，青鳥殷情爲探看。

這首詩借整體的藝術形象來託寓某種抽象的情感和意緒，意境含蓄，情味雋永。語言清麗精工。另外像《夜雨寄北》：「君問歸期未有期，巴山夜雨漲秋池。何當共剪西窗燭，卻話巴山夜雨時。」詩句平白如水，情感如火。又如像《錦瑟》一詩，以清麗的語言，表達了淒婉的情思，使人進入到惝恍迷離的藝術境界中去。李商隱作爲一位風格獨特的詩人，接受了漢魏古詩、樂府歌辭及梁陳宮體詩的影響。形成了包蘊密緻、深情綿邈、綺麗精工、富於象徵暗示的獨特風格。在各體詩中，成就最高的是近體，尤其是七律。

李、杜二人對詩歌藝術的技巧作出了獨特貢獻，尤以李詩影響更大，成爲唐代詩壇的殿軍。他的一些唯美詩篇，成爲宋西崑體的濫觴。與李商隱齊名的溫庭筠，才思清綺、詞采穠麗，但其詩很難嗅到時代氣息，多是脂粉氣。但在寫景上有獨到之處。如《商山早行》：「晨起動征鐸，客行悲故鄉。雞聲茅店月，人跡板橋霜。槲葉暗山路，枳花明驛牆。因思杜陵夢，鳧雁滿回塘。」其後的一些詩人也各有佳篇秀句流傳於世，但「風容色澤，輕淺纖微，無復渾涵氣象。求如中葉三全盛，李、杜、元、白之瑰奇，長章大篇之雄偉，或歌或行之豪放，則無此力量矣」（俞文豹《吹劍錄》）。這時的一些詩人多爲前代的追風者，或學溫、李的華美，或學賈島、姚合的淸苦；或學張籍的雅正；或學元結、孟郊的簡古；或學韓愈的博奧；或學元、白的平易通俗。其中以皮日休、聶夷中、杜荀鶴爲代表的一些詩人，承續了白居易的新樂府運動，反映民生疾苦，取得一定成就，但影響不大。另有陸龜蒙、羅隱、韓偓等，爲唐末社會留下了寫照。

總的說來，晚唐詩壇，比起初、盛唐時期，甚至比起中唐時期都要沈寂得多。「夕陽無限好，只是近黃昏」（李商隱《登樂遊原》），唐詩就在這夢幻般的色彩中結束了它的輝煌的歷程。

（馬勝利）

一一四、什麼是詞？

詞是中國文學中一種富有民族風格和民族特點的詩歌體裁。它最早是合樂的歌詞，後衍變爲律化的長短句。它的產生晚於古體詩和近體詩，在體制上有許多不同於其他詩體的特點。詞，這一詩體，和「國風」、「樂府」一樣，是由民間發展起來的。它在中唐以後，逐漸被文人注意；到了宋代，逐漸脫離音樂，成爲一種新型的詩體，並繁衍於明、淸，影響迄於現代。詞從它作爲一種獨特文體後，就有各樣稱呼。

詞，這一文體專稱是後起的。在唐五代時，被稱爲曲詞或曲子詞。宋時則稱「歌詞」、「小歌詞」、「曲」或「曲子」、「今曲子」、「俗曲」、「琴趣」。這是與它當初和音樂相連分不開的。由於和配樂歌詩「樂府詩」相似，宋時又稱「樂府」。為與古樂府相別，則稱「近體樂府」。又有人稱詞為「樂章」。從詞的句式特點出發，則稱「長短句」。詞又被稱作「詩餘」（一說是詩的剩歌餘緒；一說是詩歌的一種「變體」）。

詞，在一定意義上，可說是詩的解放。它是由詩的五、七言的句式發展為參差不齊的長短句；同時突破了黏對的束縛；用韻也比詩寬一些。但同時，同律詩一樣，詞仍要受一定的格律的限制。在這裏需注意的是古代的詩、樂府也入樂，即先有詩篇後譜樂調；而詞則先有樂譜樂調，然後倚聲填詞。即詞為樂而寫。將詞和近體詩相比較，大致有五個特點：

一、詞必須依據詞譜規定的每一個具體詞牌的格式來填寫。須先標出詞牌名，然後再加本詞的題目（也可不加），然後依照這一詞牌對字數、句數、平仄、聲韻的具體要求來填寫。

二、多數詞牌分為數段，兩段居多，一、三段較少，四段最少。段是相對獨立單位。

三、詞在對仗上沒有明確要求。相連的兩句字數相同可對，也可不對仗。即使對仗，相對的字數也不一定平仄都要相對，還可重字相對。與近體詩相比自由得多。

四、近體詩的平仄格式基本為四種，押平聲韻。詞則不同，平仄格式無規律可遵循，每一個詞牌都有不同的平仄格式。

五、近體詩的聲調只分平仄，但有助詞牌在個別地方的用字、押韻，要求區分四聲。詞的押韻間疏不等，不一定像近體詩那樣隔句押韻，而且中間還可換韻，韻腳可重複，用韻較寬，可用鄰近韻部。

下面按詞調與詞牌、詞體式和類別、詞律的要求分別簡述如下：

詞是爲了配樂的，因此每一首詞都有一個與其相配合的曲調，這個曲調就稱爲詞調。它是寫詞時所依據的樂譜、樂調。詞調的來源不一，有來自民歌的曲調；有源於外來音樂（如西域的胡樂）；有些是來自樂工、歌女之手製作；有些是文人自製的。在詞前面標示的名稱是樂調的名稱，而不是詞的題目。這是詞與詩的不同。

詞調數目繁多，每種詞調都有特定的名稱，這就是詞牌，如《破陣子》、《浪淘沙》等。在詞的起初階段，調名和詞的內容是有關的，因此調名也就是詞名、詞的題目。這種「緣題生詠」、以調爲題稱做「本意」（劉師培《論文雜記》十六）是無需另有題目的。至五代、宋代初始，絕大部分詞的內容和調名不相一致了。這樣爲了點明詞旨，說明詞的內容，在詞牌下另標題目，如「京口北固亭懷古」（辛棄疾《永遇樂》）。也有詞前加序文的。它是用以說明作詞的緣由。還有用詞題名篇，而把所用詞牌附注在題下的。值得注意的是詞調數目浩繁，存在著同調異名；調異名同，同調異體的現象。

根據曲調的需要，詞必須分段。詞的一段叫做一片，即表示演奏一遍的意思。音樂終止叫闋，所以一片或一遍也可稱一闋。按詞譜規定一首詞只有一段的，是單片詞，稱爲單調。一首詞包括兩段的，是雙片詞，稱雙調。雙調的前一段稱上片或上闋，後一段稱下片或下闋。一首詞中也有分爲三段、四段的，稱爲三疊、四疊。

依據詞調的長短，可把詞分爲令、引、近、慢四種。令，也稱小令。這是詞中最早定型的一種形式。它樂調短，字數少。大多只有一段。引，屬中調，字數、樂調長於令詞。引本是樂府詩的一種，詞中的引多數是截取大曲中前段部分製成。近，也叫近拍。近與引在樂調長短與字數多少相差不大。慢，是慢曲子的簡稱。屬長調。鑑於引與近區別不大，有人將此四類按字數區分爲小令、中調、長調三種。規定五十八字以內爲小令，五十九至九十字爲中調，九十一字以上爲長調。也有依詞牌段數來劃分的，獨段爲小令，雙段爲中調，三段以上爲長調。有些詞牌末尾綴有「令」、「引」、「近」、「慢」等字，一般都可表明本詞是小令、中調、或是長調。

詞調或詞牌種類繁多，每一個詞調，都具一定的格式，這種根據音樂的需要，在字數、句數、聲韻、平仄等方面所形成的格律規定，就叫詞譜。明張南湖編製了中國最早的一部詞譜，但收詞調數量有限。清萬澍編的《詞律》，收有六百六十調，一千一百八十餘體，後王奕淸等編《詞譜》，列八百二十六調，二千三百零六體。經人不斷補輯達一千調以上，常用的大約一百多個。

詞的格律，即詞律，它的基本要求是：（一）每一詞調字數一定。（二）講究平仄。它表現在一個句子裏，有時不僅規定平聲、仄聲，甚至在仄聲中還要區別上、去、入三聲，後由於詞與音樂逐漸分離，其要求也無形被放鬆或忽略。大致說來，其要求小令最嚴，中調稍寬，長調則更寬。（三）詞的押韻，據《詞林正韻》載，全部詞韻分十九個韻部，平、上、去聲韻共十四部，入聲韻五部。其押韻方式大致有：一首一韻的；一首多韻的；以一韻爲主間押它韻的；同一韻部平、仄韻通押的。（四）詞的對仗。詞作爲長短句，必須相鄰兩句字數相等，才有可能對仗，並隨著詞調的不同而不同，而且不受平仄嚴格相對的限制。

南宋沈義父在《樂府指迷》中說：「前輩好詞甚多，往往不協律腔（音律、樂調），所以無人唱。」這種無人唱的詞，作爲抒情作品，不兼合樂功用，但按格律塡詞遂成爲一種單純的詩歌形式了。也就是說衍變爲一種律化的長短句。

（馬勝利）

一一五、什麼是令詞？

詞是經過民間流傳演唱階段，然後才進入文人領域的。到唐五代時，民間最盛行的小令小曲，已日臻完美。從詞體的發展角度看，文人詞對民間詞最根本的改造，就在於由詞體的不定型實現了定型化，這從其流變中就可有一個了解。

令詞，也稱小令。這是詞中最早定型的一種形式。中唐詩人韋應物、白居易、劉禹錫等，他們的詞多數爲令詞。曾經有一種說法：令詞的名稱起源於酒令。唐人飲酒必行令，唱曲以侑酒，這些曲子即名爲令曲。當時的酒令很多，《唐語林》卷八說：

唐人酒令，白樂天詩：「**鞍馬呼敎住，骰槃喝遣輸。長驅波卷白，連擲采盛盧。**」（原注：骰槃卷白波莫走鞍馬，皆爲當時酒令。）予按皇甫松所著《醉鄉日月》三卷，載骰子令云……骰子令中改易不過三章，次改鞍馬令不過一章。又有旗幡令、閃𡑻令、拋打令，今人不復曉其法矣。唯優伶家，猶用手打令以爲戲云（此文系引洪邁《容齋隨筆》）。

大約一切酒令中以「拋打令」爲最流行，所以當時侑酒的小令，名爲拋打曲。至到現在的曲名如《調笑令》、《轉應曲》、《三臺令》、《拋球樂》、《紅娘子》等類，凡是筵前吟唱的小令都屬拋打曲。由於唐人在宴席上即席塡詞的時候，往往利用時調小曲當酒令，這種酒令就稱爲「令曲」，或「小令」。因爲「小令」和近體詩形式很接近，所以文人筆下較早定型的詞，大多是小令而不是長調；有的詞甚至就是一首近體詩，或稍加變動。至宋時編詞集，只把詞分兩類，長的叫「慢」，較爲短小的叫「令」。明人顧重敬重刊南宋人武陵逸史編的詞選集《草堂詩餘》時，把集中的詞分爲小令、中調和長調，各自成卷。自此，便把短小的詞稱爲小令。

「令」本來是早期詞調的通稱，因此，許多詞調都可加上「令」字，而詞的格式無任何變化，如《調笑》又名《調笑令》、《浪淘沙》、又名《浪淘沙令》等。一般說來，令詞大多是字少而調短的，如字數最少的《十六字令》，此調只有十六個字。《三臺令》是六言四句，也只有二十四字。按照清代毛先舒《塡詞名解說》分法，「五十八字以內爲小令」。這種分類主要是以樂調爲根據。但後世樂調已失傳，就易單從字數上看，對此，了解爲大致上的分類就可以了。因爲有些詞調，從字數上看遠遠超過一般小令，如《六幺令》，令調共有九十六字。可見單從詞調名稱上有無「令」字來區別詞的長短，有時會出人意外的。

小令這種形式，可分爲全詞不分段的和由兩段組成的兩種格式。全詞不分段的稱爲單調，由兩段組成的稱爲雙調（雙調在中長調中也都有）。

初期文人小令詞因局限於絕句範圍內，從字數上說，唐人寫得最多的《楊柳枝》、《竹枝》、

《浪淘沙》全是四句二十八字，即使有變化，大多也在三十字以下，爲單調形式。如白居易的《憶江南》：「江南好，風景舊曾諳。日出江花紅勝火，春來江水綠如藍，能不憶江南？」又如張志和的《漁父》：「西塞山前白鷺飛，桃花流水鱖魚肥。青箬笠，綠蓑衣，斜風細雨不須歸。」再如韋應物的《調笑令》：「胡馬，胡馬，遠放燕支山下。跑沙跑雪獨嘶，東望西望路迷。迷路，迷路，邊草無窮日暮。」拿這首詞與前二首詞相比，是以二字句、六字句組合成篇，並以仄聲韻、平聲韻交互使用，再加上疊句，倒句穿插，出現了起伏跳躍的節奏，已不同於前二首詞了。而溫庭筠的詞則是由單調到雙調的轉折點，自他之後，小令的創製便進入了不同於詩的結構特點的時期。如他的代表作《菩薩蠻》：「小山重疊金明滅，鬢雲欲度香腮雪，懶起畫蛾眉，弄妝梳洗遲。照花前後鏡，花面交相映。新貼繡羅襦，雙雙金鷓鴣。」再如他的《更漏子》：「背江樓，臨海月，城上角聲嗚咽。柳堤動，島煙昏，兩行征雁分。京口路，歸帆渡，正是芳菲欲度。銀燭盡，玉繩低，一聲村落雞。」雙調顯然在抒情和藝術表現上都比單調詞更爲優越。後來不少原來單調的詞都通過改變句式，加一疊等辦法，成爲雙調的形式，如《浪淘沙》、《南鄉子》、《憶江南》、《漁歌子》、《楊柳枝》、《河滿子》等詞調。這就是爲什麼在詞譜上許多詞調不僅有單調而且還有雙調兩種結構形式的原因，另外同民間詞相比，文人小令詞已經注意到在同一詞調名之下，盡可能將句式、字數、格式基本定型。如溫庭筠的十四首《菩薩蠻》，猶如一個模子脫胎而來，句式、字數、平仄全然相同。這雖不是普遍現象，但這時的詞已根據樂曲的需要，建立起各種不同的體式。從這個意義上說，晚唐五代文人定型化了的小令詞無異成了宋人的詞譜，爲後人填詞提供了文辭聲律的格式。它包括詞調格式定型、講究聲律平仄、押韻既規律化而且又形式多樣；詞句長短變化鮮明、審美特徵突出及體式上的創造。如李煜詞中第一次大量使用九字句式，並將《浪淘沙》發展爲雙調長短句，就被後來宋代詞人所接受。此外，藉助詞的格律與抒情配合，形成繁音促節，抑揚婉轉的情調，達到了聲情與文情的很好配合。後來的宋代小令詞雖說在技巧、手法、題材上比唐五代詞更爲完善，但令詞的體式上卻無突破性成就。（馬勝利）

一一六、什麼是慢詞？

唐五代文人詞所用的詞調基本上都是小令。他們喜歡用一小段美妙動人的小詞表現自己的一種情緒，一個心意或一點感受。民間詞萌芽出的長調慢曲，則到北宋時才達到極度繁榮。可見文學體式的發展總是受著內容的制約的。

從詞在文壇上的演化和發展上看，最早出現的是大量的令詞，稍後才出現了大量的中調慢曲。清人宋翔鳳《樂府餘論》上說：

詞至南唐以來，但有小令，其慢詞起自仁宗朝。中原息兵，汴京繁庶，歌臺舞榭，競試新聲。耆卿（柳永）失意無聊，流連坊曲，遂盡收俚俗言語編入詞中，以便使人傳唱，一時動聽，散布四方。其後東坡（蘇軾）、少遊（秦觀）、山谷（黃庭堅）輩，相繼有作，慢詞遂盛。

這裏說的並不準確，唐民間詞已有百字以上的長調，如《內家嬌》一百零四字，《傾杯樂》則長達一百一十個字。唐五代文人詞中也有個別長調詞作。大量創作「長調」，即慢詞，並有傑出貢獻的詞人，當屬柳永。

依據詞調的長短，可把詞分爲令、引、近。慢，又可區分爲小令、中調、長調。「慢」是「慢曲子」的簡稱。這是和「急曲子」相對而說的。慢曲子大部分是長調。因爲聲調延長，所以字句也就相應加長。因此，慢詞的特徵就是字數增多。清人毛先舒《塡詞名解》說「九十一字以外爲長調」。這個特點表現得最爲明顯。詞調的繁簡長短，影響到詞的篇幅字數，其間的差別是很大的，如最短的令詞只有十四個字、十六個字，而最長的慢詞則在二百字以上。如長調中的《稍遍》、《戚氏》、《鶯啼序》，則分別爲二百零三字、二百十二字、二百四十字。詞牌中加上「慢」字的不少，如《聲聲慢》、《拜星月慢》等，其中一種是擴大小令的字數而成的，如《浣溪沙》是四十二字，而《浣溪沙慢》則是九十三字；《卜算子》是四十四字，而《卜算子慢》則是八十九字；《木蘭花》是五十六字，而《木蘭花慢》增加爲一百零一字；《浪淘沙》是五十四字，而《浪淘沙慢》增加爲一百三十三字；《雨中花》是五十字，而《雨中花慢》增加爲一百字。慢詞一般都在百字上下，最短的是《卜算子慢》。在宋人書中，有的加慢字，有的不加。大概同名令曲還在流行的，那麼慢詞的調名，就必須加一個慢字。同名令曲已不流行，或根本沒有令曲的，就不必加慢字了。

張炎在《詞源》中說：「慢曲不過百餘字，中間抑揚高下，丁抗掣拽，有大頓、小頓、大柱、小柱、打、指等字，眞所謂上如抗，下如墜，曲如折，止如槁木，倨中矩，句中鉤，累累乎端如貫珠之語，斯爲難矣。」

由此可以了解慢曲之所以慢，就因爲有種種延長引申的唱法，而且慢詞字句長，韻少，節奏較爲舒緩。在宋人那裏談詞總說令、引、近、慢，或簡稱令、慢。令即明人所說的小令，引、近相當於中調，慢即是長調。另外，還有稱大詞、小詞的。小詞即小令（含有引、近），大詞即慢詞（長調）。

宋代長調的繁興，爲詞體的發展注入了新的活力。其篇章結構、風格情調、表現手法都與小令迥異其趣。可說是縱寫橫寫，左右逢源，極盡辭賦鋪排之能事。長調中鋪敘手法的運用，和長調篇幅宏大的體式的產生，是與所描寫的宋代城市生活的繁榮奢華相適應的。龍榆生在《詞曲概論》中說得好：「如果不是柳永大開風氣於前，說不定蘇軾、辛棄疾這一派豪放作家，還只是在小令裏面打圈子，找不出一片可以縱橫馳騁的場地來呢！」這全得力於柳永對長調新聲的全力開創和在參差變化的結構、恢張宏大的格局上的努力。如柳永《望海潮》所鋪敘的「煙柳畫橋，風帘翠幕，參差十萬人家」、「市列珠璣，戶盈羅綺，競豪奢」的繁華場面，都可看出宋代城市的繁華奢侈遠勝前代。其審美趣味已逐漸爲獵奇求新，享受逸樂所取代。詞壇上，一時巷陌歌臺競歌新聲。柳永充分發揮慢曲的優勢，適應慢曲節奏舒緩、節拍繁多、旋律複雜的特點，創製出大量不同於小令的新詞調，把詞的表現領地由狹窄的花間月下，深閨庭院，淺斟低唱擴展到繁華的都市生活，從手法上一反小令的含蓄蘊藉，而代之以鋪敘，語言也從典雅回到俚俗，這些都給詞體的發展帶來了新鮮氣息。李清照詞論中指出柳永詞調的特點是「變舊聲作新聲」，即將唐五代舊調舊曲敷衍爲長調「新聲」；再有就是將唐代教坊曲中大量前人不曾用爲詞調的樂曲，變爲新的詞調。如《雨霖鈴》（寒蟬淒切）即是。詞史上，溫庭筠發展了小令，柳永發展了長調，從他們的性格、遭際、對詞的看法，該不會是偶然的巧合吧！

長調與小令相比，在配合新聲，表達更複雜的情感內容上顯然更勝一籌。首先，慢詞在體式上，節奏明顯舒緩，聲調顯得悠長，句式上多爲敘述體長句，韻位稀疏。不僅有雙調，還出現了三疊，爲柳永所創。如他的《夜半樂》（凍雲黯淡天氣）。四疊的出現爲吳文英首創。如他的《鶯啼序》（殘寒正欺病酒）。其次，在結構句法上，更多地追求參差之美，句式明顯地比小令更複雜多變。其最大的不同，則是領字句的出現和定型。它徹底打破了近體詩的句法，使詞的氣韻更加流轉，句法更富彈性，如柳永的《八聲甘州》（對瀟瀟暮雨灑江天）。再有長調在審音用字上，更加注意平仄四聲，講究詞的聲律與音樂的配合，如柳永的《雨霖鈴》。另外柳永還在用韻上首創句中韻，這也可謂長調所獨有的。繼柳永之後，「創調之才多」（王國維《人間詞話》）的周邦彥爲長調的格律化作出了不小的貢獻。他整理詞調、審音制律，使其所用的詞調成爲後世塡詞的格律樣板。這種精嚴的格律的特別意義，表現在以嚴格的平上去入之分塡詞，而且平仄四聲都有精嚴的格律規定。使之逐漸脫離了近體詩兩平兩仄間用規則，以一平一仄相間，並注意去聲字的作用，從而確立了詞的平仄格式（如周詞《蘭陵王》、《柳》），使得詞離開音樂，也具聲調美、節奏美。後人也可依調塡詞了。

（馬勝利）

一一七、中唐時期有哪些重要的詞家和作品？

文人填詞之風始於唐代中期。在這之前，相傳李白作有十餘首詞。其中《菩薩蠻》（平林漠漠煙如織）、《憶秦娥》（簫聲咽），宋人黃升曾稱這兩首詞是「百代詞曲之祖」（《唐宋諸賢絕妙詞選》）儘管有人懷疑是僞作，但卻有很高的藝術價值，並在中國詞史上發生了很大影響。作爲中唐文人詞的前奏曲，現將二詞恭錄如下：

平林漠漠煙如織，寒山一帶傷心碧。暝色入高樓，有人樓上愁。　玉階空佇立，宿鳥歸飛急。何處是歸程，長亭更短亭。（《菩薩蠻》）

簫聲咽，秦娥夢斷秦樓月。秦樓月，年年柳色，灞陵傷別。樂遊原上清秋節，咸陽古道音塵絕。音塵絕，西風殘照，漢家陵闕。（《憶秦娥》）

兩首詞感情深沈渾厚，意境闊大高遠。

中唐時期，由於民間詞的影響和流傳，文人仿民間曲調從事詞的創作屢見不鮮，文人小令大量出現。這一時期有代表性的作家爲張志和、戴叔倫、韋應物、王建、劉禹錫、白居易等。這一時期的文人詞作，多從民間曲子汲取營養來進行詞的創作。由於他們以主要精力從事詩的創作，寫詞爲輔，詞的數量並不是很多。這些詞作不管在辭句形式、意境風格還未脫去詩的痕跡。這些都是詞在形成過程中的現象。

張志和的詞作《漁歌子》（又作《漁父詞》），描寫了漁釣生活和自然風光，與盛唐山水詩有異曲同工之妙：

西塞山前白鷺飛，桃花流水鱖魚肥。青箬笠，綠蓑衣，斜風細雨不須歸。

其詞調源於漁民中流行的「里巷」之曲。唱和者甚多，並流傳到海外（日本平安朝弘仁十四年〔八二三〕有仿張詞作）。此詞的第三句由七言句分解爲兩個三言句，其餘皆爲律絕句式，由此也可見出它和近體詩的關係。戴叔倫、韋應物各作有《調笑令》，戴詞爲：

邊草，邊草，邊草盡來兵老。山南山北雪晴，千里萬里月明。明月，明月，胡笳一聲愁絕。

韋詞是：

胡馬，胡馬，遠放燕支山下。跑沙跑雪獨嘶，東望西望路迷。迷路，迷路，邊草無窮日暮。

詞中邊塞生活與離愁別恨，都在蒼涼的景色中襯托出來。這二首詞的聲律急促，當是出自「胡馬」之樂。王建描寫怨女的《宮中調笑》詞：

團扇，團扇，美人並來遮面。玉顏憔悴三年，誰復商量管弦？弦管，弦管，春草昭陽路斷。

白居易、劉禹錫寫詞較多，他們新翻的《楊柳枝詞》及劉禹錫改造的《竹枝詞》，似於七絕，類同於詞。「竹枝」爲蜀地民歌，「楊柳枝」是洛陽謠曲。白、劉詞作大抵是抒寫他們對自然景物的眷戀，對美好事物的追求，雖也寫過離情別緒，但其詞意境清新，形象鮮明，語言活潑自然，可看出仿效民間詞的語言和情調。如劉禹錫的《瀟湘神》二首：

湘水流，湘水流，九疑雲物至今愁。若問二妃何處所，零陵芳草露中秋。

斑竹枝，斑竹枝，淚痕點點寄相思。楚客欲聽瑤瑟怨，瀟湘深夜月明時。

白居易的《憶江南》，還帶有詩的味道，但已逐步遠離民間曲子詞了：

江南好，風景舊曾諳。日出江花紅勝火，春來江水綠如藍。能不憶江南！

他的《花非花》、《長相思》，更是情景相生：

花非花，霧非霧；夜半來，天明去。來如春夢幾多時，去似朝雲無覓處。

汴水流，泗水流，流到瓜洲古渡頭，吳山點點愁。思悠悠，恨悠悠，恨到歸時方始休，月明人倚樓。

這些描寫愛情題材的詞，發展到後代就成爲詞的主要題材了。

另外，這一時期也有自創曲調的，相傳「大曆十子」之一韓翃和柳氏寄答之詞，調名《章臺柳》，是長短句形式。

從上述作品來看，唐早期文人詞題材比較廣泛，與晚唐限於男女愛情及離愁別恨者不同。其風格、語言、意境也與樂府民歌和敦煌曲子詞極相似，證明了它們之間的淵源承繼關係。

總之，詞這一新興體音樂文學，經過民間的流行，又經過盛、中唐詩人的試作，很快就在文壇上流行起來了。到晚唐五代時，出現了詞的專門作者和專門的詞集，如溫庭筠和他的《金荃集》，以及後蜀趙承祚將唐五代的詞編成的詞集《花間集》，而且詞牌也逐漸增多，形式更見多樣。詞由此成爲獨立的一體，與詩並行發展。

（馬勝利）

一一八、何謂「花間詞人」？

詞至晚唐五代，文人寫詞的逐漸增多，這些文人詞與民間詞有了很大的差別，開始形成了它的題材和藝術風格方面的特色。

五代時後蜀趙崇祚輯錄晚唐五代詞人溫庭筠、皇甫松、韋莊、牛嶠、牛希濟、和凝、鹿虔扆、李珣等十八家五百首詞，編爲《花間集》十卷。它是中國第一部詞作專集。由於這些文人在詞風上相近，故後世稱之爲花間詞派。《花間集》詞作者十八人，其中溫庭筠、皇甫松爲晚唐曲子詞詞人，列於卷首，表示西蜀詞派的淵源所在。和凝是北漢宰相，時人稱之爲「曲子相公」，張泌爲南唐詞人（有爭議），此外，從韋莊到李珣十四人，都是蜀中文人。

花間派詞人，奉溫庭筠爲鼻祖。溫庭筠（八一二？～八七〇？），通音律，諳詞調，又了解秦樓楚館生活，其詞濃艷華美。如《菩薩蠻》：

> 小山重疊金明滅，鬢雲欲度香腮雪。懶起畫蛾眉，弄妝梳洗遲。　照花前後鏡，花面交相映；新貼繡羅襦，雙雙金鷓鴣。

但他的有些表現離愁別恨的閨情詞，卻寫得比較樸實流暢，眞摯感人。如他的《夢江南》：

> 梳洗罷，獨倚望江樓。過盡千帆皆不是，斜暉脈脈水悠悠，腸斷白蘋洲。

又如《更漏子》：

玉樓香，紅蠟淚，偏照畫堂秋思。眉翠薄，鬢雲殘，夜長衾枕寒。　梧桐樹，三更雨，不道離情正苦！一葉葉，一聲聲，空階滴到明。

這兩首詞雖寫男女離情，卻無脂粉氣。他的詞長於刻畫人物心理，注意開拓詞的意境，在煉辭、聲律等表現技巧方面都取得了不小的成就。在溫庭筠的影響下，約半個世紀後，五代西蜀出現了一批詞人。

花間派詞人多數是西蜀詞人。在當時由於西蜀地處西南，依持山川之險，所蒙受的戰禍較少，君臣上下皆好縱情聲色，沈湎於歌舞伎樂，曲子詞也因之盛行。相傳前蜀後主王衍曾使「宮伎多衣道服，簪蓮花冠，施脂夾粉，名曰醉妝，自製《醉妝詞》云云。又曾宴於怡神亭，自執板，歌《後庭花》、《思越人》曲」（《詞林紀事》引《北夢瑣言》）。後蜀後主孟昶「嘗夜同花蕊夫人避暑摩訶池上，作《洞仙歌》詞」（《漫叟詩話》）。花間派詞人有不少是王氏或孟氏的文學侍從之臣。他們爲適應西蜀統治者偏安一隅的享樂生活需要，創作了大量專以華麗詞藻描寫女人的作品。這些詞內容上比溫詞更爲狹窄空虛，有的甚至像六朝時的宮體詩一樣帶有色情的描寫，或多流於輕薄。宋代陸遊《跋花間集》說：「《花間集》皆唐末五代時人作。方斯時，天下岌岌，生民救死不暇，士大夫乃流宕如此，可嘆也哉！或者亦出於無聊故邪？」又說「唐自大中後，詩家日趨淺薄。其間傑出者，亦不復有前輩閎妙渾厚之作，久而自厭，然梏於俗尚，不能拔出。會有倚聲作詞者，本欲酒間易曉，頗擺落故態，適與六朝跌宕意氣差近，此集所載是也。故歷唐季五代，詩愈卑而倚聲者輒簡古可愛。」所評可謂一語中的。他們中的一些個別人，雖沒能離開「花間」另闢蹊徑，但卻有些別開生面之作。如李珣《巫山一段雲》：「古廟依青嶂，行宮枕碧流。水光山色鎖妝樓，往事思悠悠。　雲雨朝還暮，煙花春復秋。啼猿何必近孤舟，行客自多愁。」詞中描寫了孤舟行客憑弔神女廟。又如鹿虔扆的《臨江仙》：「金鎖重門荒苑靜，綺窗愁對秋空。翠華一去寂無蹤，玉樓歌吹，聲斷已隨風。　細月不知人事改，夜闌還照深宮。藕花相向野塘中，暗傷亡國，清淚泣香紅。」詞中表達了亡國之痛。此外，像歐陽炯、孫光憲的一些詞，描寫南國自然風光，或涉及民情民俗，語言也較樸素。而孫光憲的個別詞，在反映邊塞生活上，可謂筆力雄放。是邊塞詩詞的承上啓下之作。

花間派詞人中，成就較高的是晚唐詩人韋莊（八三六？～九一〇）。他前期仕唐，後期仕蜀。韋莊詞與溫庭筠齊名。同是花間派的代表作家。與溫詞濃艷華美不同，韋詞疏淡明秀，代表了《花間集》中的兩種風格之一種。他們二人在內容上並無多大差別。除風格有差別外，韋詞與其不同處在於注重作家感情的抒發，詞作中吸收了不少晚唐五代民間詞的養料，富有民歌風味，詞作語言質樸天然。人評其詞「能運密入疏，寓濃於淡」（《歷代詞人考略》），「語淡而悲，不堪多讀」（許昂霄《詞綜偶評》），「似直而紆，似達而鬱，最爲詞中勝境」（陳廷焯《白雨齋詞話》）。王國維《人間詞話》認爲韋詞高於溫詞，「端己詞情深語秀」，「要在飛卿之上」，「溫飛卿之詞，句秀也。韋端己之詞，骨秀也」。如韋詞《菩薩蠻》：「人人盡說江南好，遊人只合江南老。春水碧於天，畫船聽雨眠。爐邊人似月，皓腕凝雙雪。未老莫還鄉，還鄉須斷腸。」又如《清平樂》：「春愁南陌，故國音書隔。細雨霏霏梨花白，燕拂畫簾金額。　盡日相望王孫，塵滿衣上淚痕。誰向橋邊吹笛，駐馬西望銷魂。」

花間詞的字句雕琢，詞藻的華美，講究音律的和諧及表達的委婉曲折，對宋代婉約派的形成有直接的影響，並一直影響到清代的常州詞派。

（馬勝利）

一一九、北宋詞風如何？有哪些代表人物？

詞至宋代，開始進入繁榮鼎盛時期。北宋開國以後，經過休養生息，出現了「百年無事」相對安定局面。經濟、文化得以發展，城市也恢復了繁榮。當時皇室、貴族和官僚、士大夫，標榜文治，沈溺於酣歌醉舞之中，以求歡娛。而市民階層的文化娛樂的要求也日益增強。「新聲巧笑於柳陌花衢，按管調弦於茶坊酒肆。」（孟元老《東京夢華錄》）朝野上下，對詞迷戀成風。

宋代初始，除了幾位前代詞人，降王降臣如李煜等哀吟絕代之歌外，宋人王禹偁、冠準、潘閬、林逋等，不過是偶爾塡詞，非爲專工名家，作品主要是秀美清新的小令。爾後出現於詞壇的，都是以達官貴人爲主的詞人，如宋初范仲淹、晏殊、歐陽修等。他們的詞作大都還未脫出晚唐五代詞的範圍，題材比較狹窄，形式也多爲小令，風格婉約。但畢竟出現了一些新氣象。如范仲淹的個別詞，其詞沈雄開闊的意境，蒼涼悲壯的氣象，與詞的傳統風格形成了鮮明對照。而張先的慢詞則與范仲淹的描寫邊塞風光的詞不同，對詞的形式和內容有所開拓和發展。晏、歐雖未脫艷科，但已不同於花間派的濃艷、南唐的哀婉，寫得淸麗婉轉，含蓄典雅。晏幾道的詞，作爲宋代婉約詞派中出類拔萃者，比晏殊更工於言情，追摹花間而別具沈鬱的哀婉之風致，將小令推向了藝術頂峰。與晏殊、歐陽修同時的柳永，使北宋詞爲之一變。

柳永與承續唐五代餘緒，反映貴族階層雍容享樂的生活，大作文人雅詞，詞風婉麗蘊藉的代表作家晏、歐不同。他追步唐代民間詞風，以淺近平直的語言，反映市民階層生活情趣，表達都市生活感受，將詞引向了新的發展方向。他以慢詞爲主要體式，來進行抒情、敘事、寫景、狀物，將這種文學樣式發展成爲與小令雙峰並峙的新局面，並對後來的通俗文學的發展產生了一定的影響。柳永以他自己對宋詞的突出貢獻和影響，成爲宋代詞史上的一座里程碑。

北宋時期，眞正開一代詞風的是蘇軾，他打破了「詩莊詞媚」的觀念，擴大了詞的題材和境界，開創了豪放詞派，使詞衝破了艷科的藩籬。他還用寫詩寫文的手法寫詞，革新了詞的語言，而且不拘音律，使詞初步與音樂分離，成爲一種可以單獨吟詠的抒情詩體，對於詞的發展作出了重要貢獻。後來的不少詞人都程度不同地受到蘇軾的影響。但另一些詞人囿於婉約爲正宗的傳統觀念，並沒有沿著蘇軾之路走下去。蘇軾門人秦觀承續婉約詞風，以創作婉美妍麗、語言工緻、音律協和的詞而被稱之爲「婉約之宗」。賀鑄作詞善用健筆，帶有一些豪放之氣，但仍以婉約詞風爲主。以周邦彥爲代表的大晟詞人，精通樂律，能自度曲，注重詞的格律、典雅、鋪敘曲折多變，言情體物更加工巧。在提高詞的總體藝術水平的同時，推進了詞的聲律藝術的發展。作爲婉約派和詞的形式格律化的集大成者，傑出的文人詞的代表，由於他在詞的藝術形式上所起的繼往開來的作用，使得詞壇上一個新的詞派——格律詞派出現了。南宋的姜夔、史達祖、吳文英、王沂孫、張炎、周密諸人，都沿著他所開拓的道路前行，注重形式的風氣因而大盛。

（馬勝利）

一二〇、南宋詞有何發展？

詞到了南宋，進入了新的發展時期。宋欽宗靖康元年（一一二六），金人再度發動進攻，長驅直入，占據中原，直指京師。次年，宋徽、欽二帝等被擄而去，北宋亡，史稱「靖康之難」。徽宗之子康王趙構在南京（今河南商丘）稱帝，建立南宋政權，改元建炎。金兵繼續南侵，南宋小朝廷最後定都臨安，納幣稱臣，偏安江南半壁江山。隨著時事的劇烈動盪，文學創作發生了巨大變化，愛國主義成了這一時期的文學主題。國破家亡的變故，顛沛流離的生活，使許多人寫出了不少感時傷亂，抒發愛國情思的作品，一改以往貪歡逐醉的調子。

作爲婉約派的代表之一，以協音律而又典重高雅爲當行本色的李清照，由愛情閨思、離愁別恨，而一抒國破家亡、顛沛流離之苦，流露出深沈的愛國情思。她善用白描，並以其生動的形象描繪來表達抽象的思想感情。語言自然清新，具有獨特的藝術風格。對詞的發展作出了一定的貢獻。在國難當頭的特定歷史條件下，不少人以詞爲武器，發出了抗戰復國的呼聲。其中有主戰派的大臣、將領，如李綱、岳飛，而代表作家爲張元幹、張孝祥等。他們上承蘇軾豪放詞風，下開辛棄疾愛國詞派的先河，爲南宋前期的詞風變化揭開了序幕。

辛棄疾是南宋最傑出的愛國詞人。他在上承蘇軾豪放詞風和南宋初愛國詞的基礎上，抒發了更爲激越的抗戰復國的豪情，壯志難酬的勃鬱之氣。並創造性地融會多種文學形式之長，形成了辛詞的多樣化的藝術風格，將詞這一藝術形式的發展，推上了一個新的高峰。爲此，在詞史上他和蘇軾並稱爲「蘇辛」，成爲豪放詞派的主要代表。辛詞給當時和後起的大批詞人以深刻的影響。與辛棄疾同時的陳亮、劉過和南宋後期的劉克莊、劉辰翁等一批詞人，因此被稱爲辛派詞人。他們的成就與風格固然不盡相同，但作品多撫時感事，充溢豪邁悲壯激越之氣，與辛詞基本上是一脈相承的。南宋後期，另一派詞人是以姜夔、張炎、吳文英等爲代表的格律派，他們受周邦彥詞風的影響，作詞追求格律精嚴，造語精工，意境淸幽。其中姜夔作爲南宋傑出的詞家，和辛棄疾、吳文英分別鼎立於詞壇。他們在北宋末期大晟樂府舊譜散失，音律不嚴的時候，精研音律，自度新腔，細琢詞句，力求醇雅。從藝術角度看，他們是異曲同工，各有創新，在詞的藝術上作出了重大貢獻。他們在藝術上雖各有所長，而題材卻很狹窄。其中雖有一些作品寄託了家國之恨，但情緒低沈，反映了當時出現的一些消極悲觀的思想情緒。格律派詞對後世有相當的影響，直到淸朝，朱彝尊，仍將姜夔等人奉爲宗主。

（馬勝利）

一二一、元曲興盛的原因何在？元曲的樣式主要有哪些？

元曲是元代文學的光輝代表。它是繼唐詩、宋詞之後，在中國文藝百花園中又一簇奇葩。元曲，實際上是指元代兩種不同的文學體裁而言。一種是散曲，另一種是雜劇。

散曲今存小令三千八百多首，套數四百五十多套。由於散曲是在北方金代的俗謠俚曲的基礎上逐漸發展起來的，所以絕大多數是北曲。作家留下名姓的有二百多人。不少雜劇作家也參與了散曲的創作，並取得很高的成就。散曲前期創作有代表性的作家有關漢卿、馬致遠、白樸、盧摯、貫公石等，語言風格樸實本色；後期代表性作家有喬吉、張可久、睢景臣、張養浩、劉時中等人，其作品語言風格爲辭藻淸麗。散曲是繼宋詞而興起的流行於元代的新體詩，可合樂淸唱。優伶樂意唱它，市民也喜歡聽。它在元代日漸盛行，究其原因，一方面是詞到了南宋後期，詞人忽視內容，過於注重字句的工巧和韻律，逐漸脫離現實生活，成爲文人案頭的書面文學。自姜白石始，接著是吳文英、史達祖等詞人，在詞的創作上，更加追求形式的華美，音調的和諧，終於使詞走上了僵化之路，喪失了它原有的活力，而日趨衰落，使得一些文人不得不另外尋求革新之途。另一方面，民間不曾停止歌唱的俗謠、俚曲，也自中晚唐以後，繼續醞釀發展著，到宋、金對立時期，又吸收了南北各種民間曲調與部分外來民族樂曲歌辭，逐漸在民間形成了一種新的詩歌形式。徐渭在《南詞敘錄》中說：「今之北曲，蓋僚、金北鄙殺伐之音，壯偉狠戾，武夫馬上之歌，流入中原，遂爲民間之日用。」這種認識是正確的，明確地指出了散曲形成的一個重要歷史原因。但是散曲繁榮的原因，也是和當時文人的不斷實踐有關。經過長期醞釀而發展起來的新體詩，到金末元初時，一些接近民間的文人開始採取這種形式進行寫作，很快就被更多的文人，特別是戲曲家所靑睞，用來進行文學創作。在文人的實踐和潤色下，終於成爲當時文學創作的主要形式之一，從而代替了傳統的詩詞。散曲，包括小令、套曲（散套）、帶過曲等三種主要形式。由於散曲是產生於民間，文人們又極力向民間的俗謠、俚曲汲取營養，所以就具有別於詩詞的特色。它只是文人文學的新形式，並不是眞正的民間文學。

雜劇，是元代興起的歌舞劇。它包括元、明之際無名氏作品。見於記載的計有七百三十七種，今尚存二百一十八種。它最初流行於山西、河北一帶，元初發展到其他地區，元滅南宋後，又流入杭州等地。元雜劇是在宋雜劇、金院本及諸宮調等前代戲劇、曲藝基礎上發展起來的。劇本的科白部分承襲院本形式，曲辭的組合則主要受諸宮調的影響。

元雜劇作爲時代的產物，其形成不僅有社會原因，同時也是中國戲曲藝術長期發展的結果。它興盛的主要原因是元代激烈的民族矛盾和社會矛盾的現實，促進了元雜劇的迅猛發展。面對蒙古貴族對北中國的侵略和民族壓迫政策，迫使民眾起而抗爭，戲劇就成爲最適宜表現矛盾衝突的文學樣式，成爲民眾反抗民族壓迫、揭露社會黑暗，表達感情和思想的方式之一。如元雜劇的傑出代表關漢卿的雜劇，就其思想內容來說，不管是反映當時尖銳的社會矛盾、揭露統治者的殘暴、歌頌老百姓的反抗鬥爭的公案戲，如《竇娥冤》、《蝴蝶夢》、《魯齋郎》等；或是歌頌英雄人物的歷史戲，如《單刀會》、《西蜀夢》等；還是描寫婦女尤其是下層婦女的生活和鬥爭，表現她們的勇敢和機智，如《救風塵》、《金線池》、《謝天香》、《詐妮子》、《望江亭》、《拜月亭》等，都有一個共同點，就是對壓迫者和侵略者深惡痛絕，對被壓迫者深切同情，並通過他們之間的矛盾鬥爭，呈現了正面人物的堅強性格和反抗精神。

其次，城市的繁榮爲元雜劇的興盛準備了條件。元代都市經濟發展，工商業特別繁榮，市民生活相對安定，人口集中，爲適應統治者宴樂和廣大市民文化生活的需要，出現了大批伎藝表演人員和集中演出的瓦肆勾欄。而各處藝人紛紛集中到此，使雜劇在這裏獲得了互相交流，進一步提高發展的機會。當時的北方的大都（今北京）、中部的汴京（今開封）、南方的杭州，就是這樣的都市，而雜劇也在這些地方特別興盛。

第三，元代統治者輕視文人，當時有所謂「九儒十丐」的說法。加之強制推行民族等級歧視政策，以及中斷科舉達數十年之久，使文人的進身之階被堵塞，於是大多數文人淪於社會下層。他們有些人滿懷不平之氣，與民間藝人結合，組成書會，從事雜劇創作。由於文人劇本創作增多，對於雜劇的繁榮自然有很大的推進作用。

第四，元朝疆域的廣大，交通發達，國際間和各民族間的文化交流，特別是北方各民族樂曲的傳播，給雜劇的發展繁榮，提供了借鑑與營養，使之更完美而興盛起來。

第五，元雜劇的興盛，是中國戲曲藝術長期發展的結果，同時也是受前代文學藝術的影響。早期一些反映農牧生產等內容的歌舞便是戲劇的萌芽。後來出現了從事祭祀舞樂的巫和專供人娛樂的俳優。至漢，「百戲」盛行，南北朝時出現了「撥頭」、「代面」、「參軍」等具有一定故事內容的表演藝術形式。到了唐宋，各種藝術獲得了高度發展。傀儡戲、影戲給戲曲的舞蹈動作和臉譜以啓示，各種表演形式的隊舞使戲曲舞蹈身段和扮相更加美化。金院本爲元雜劇奠定了基礎；諸宮調的樂曲組織，曲白的結合形式，影響其體裁結構；唐宋變文、傳奇小說、話本小說，爲元雜劇提供豐富的素材；詩詞、繪畫等爲其提供了有益的經驗。這些都是元雜劇能發展繁榮起來不應忽視的重要原因。

（馬勝利）

一二二、散曲的基本特徵有哪些？

元代，傳統形式的文學樣式，詩、詞、散文都沒有很高的成就，但另一種新的文學形式——散曲，卻在這一時期爲文人們大量創作，並形成了一種新的詩歌形式。它是在宋、金時的民謠俚歌的音樂基礎上，與當時已很發達的說唱藝術的影響下才逐漸形成發展起來的。金末著名詩人元好問開始創作散曲，這是散曲成爲當時新興的重要詩歌形式的重要標志。

散曲是繼詞而起的一種可唱的新詩體。作爲元曲（又稱北曲，因元曲在當時是用北方口音演唱的）中的一種，與之同屬元曲的雜劇，有某些相同或類似的地方，但從本質上來看，二者之間卻是截然不同的兩種文體，雜劇（劇曲）是戲曲，是綜合性的舞臺藝術；散曲是新詩體。曲同詞一樣，原來也是配樂歌唱的長短句，由於後來逐漸跟音樂脫離，它也就作爲一種獨特的新詩體的名稱，於是「曲」也不是從前的舊意義了。爲了與戲曲中可唱的部分相區別，前者稱散曲，屬自抒胸臆，純是「詩」的形式，它雖也可歌唱，但沒有動作和說白，僅不過是淸唱而已，所以散曲又名「淸曲」（又稱樂府一）。作爲戲曲中可唱的則別稱爲「劇曲」，是其中歌唱的一部門。其唱詞是由劇中人演唱的，作曲只是代人立言。

散曲最早流行的是北曲。自金末至元，直到明初，文人所寫的散曲幾乎全是北曲。南散曲流行較晚，元代前期幾乎沒有，直到元末明初才有專寫南散曲的作家出現。金、元散曲大致可說是專指北散曲而言。北曲格律較嚴，與詞區別較大，而南曲則更近於詞。金、元散曲，幾乎全部是文人作品，大多爲吟誦山林隱逸和男女風情、懷古嘆世、抒情寫景。也有一些諷世喻俗，指摘時弊的揶揄之作。

散曲包括小令、套曲（散套）、帶過曲三種。小令又叫葉兒。詞中的小令往往分爲前後兩闋，散曲的小令則都是單支的曲子，是曲的最小單位。但有的詞、曲則很近似。如元人張可久的曲《一半兒・野橋》：

海棠香雨污吟袍，薜荔空牆間酒瓢，楊柳曉風涼野橋。放詩豪，一半兒行書，一半兒草。

宋人秦觀詞《憶王孫・香閨》：

萋萋芳草憶王孫，柳外高樓空斷魂，杜宇聲聲不忍聞。欲黃昏，雨打梨花深閉門。

這一曲一詞，如果去掉曲的末行襯字「兒」，那麼二者的平仄、句式、用韻幾乎完全相同。由此可見，在某種意義上，詞和曲稱得上是一對孿生兄弟。它們最早都發源於民間樂曲和樂府民歌，都和音樂相聯繫。小令成就高於套曲，帶過曲。

套曲和帶過曲也都是由小令組成的。套曲也叫散套或套數，是由兩首以上同宮調的曲子相聯而成的。套曲出現的時間要比小令爲晚，套曲的各調要求詞韻，一韻到底，而且一般要有尾聲。它可以根據內容的需要來選用調數，適宜表達豐富複雜的內容。套曲的淵源，從它的「遠祖」來看，它融合並發展了唐、宋以來的大曲、鼓子詞、傳踏、諸宮調和賺詞的聯綴方式，從「近祖」來看，它是由宋、金時期的諸宮調演變而來的。套曲是若干個同一宮調的曲子的綴合。因此，同套的套曲要求用同一個宮調的曲牌，而且必須一韻到底。如馬致遠的套曲《秋思》，所用的七個曲牌，都屬「反調」這個宮調。全調所押的韻是車遮韻。雜劇由於某種需要，可以「借宮」，即宮調相近的曲牌可以相互借用，但套曲則不允許。

帶過曲，也是一種組曲，是由兩個或三個（不能超過三個）音律相通而相互銜接的曲子聯綴而成的。它的體制介於小令和套曲之間。這是作者爲了彌補小令過於短小而言猶未盡的缺憾，再續以一調或二調，這就成了帶過曲。如薛昂夫的《楚天遙帶過清江引》：

有意送春歸，無計留春住；明年又著來，何似休歸去！桃花也解愁，點點飄紅雨。目斷楚天遙，不見春歸路。春若有情春更苦，暗裏韶光度。夕陽山外山，春水渡旁渡。不知那搭兒是春住處？

散曲作爲一種新的文學樣式，與詞相比在形式上主要有以下幾個特點：一、詞調的名稱叫詞牌，曲調的名稱叫曲牌，個別曲牌有與某一詞牌同名。如點絳脣、太常引、憶王孫、南召子、鵲踏枝等，名稱和字句全同的；青玉案、憶帝京等，名稱相同而字句大致相同；搗練子、調笑令等，名稱相同而字句不同。詞有單調、雙調、三疊、四疊等幾種形式，曲則都是單支的曲子。元曲共有六宮十一調，每一種曲調都分屬於六宮十一調中的一個。常用的只有五宮四調，即正宮、中呂宮、南呂宮、仙呂宮、黃鐘宮、大石調、雙調、商調、越調。如《一枝花》、《夜行船》、《天淨沙》、《蝶戀花》等幾個曲牌，就分屬於南召宮、雙調、越調、商調、這四個宮調。這種情況在詩詞中是不存在的。二、曲同詞一樣，也有固定格式。但與詞不同的是可以在正格之外加襯字。它可以使句子靈活、語言生動，語意更連貫。襯字一般用在句首，其多少依據需要而定；如句中用襯字，一般只能用虛字，數量不宜過多。爲此，曲的句式長短更是參差，一句中少的有一、二字，長的可達二、三十字。且更適宜使用口語。三、曲韻與詩韻、詞韻不同，用的是當時北方話音韻。協韻方法爲通押一韻，不換韻。但四聲通協，韻字可復用。由於曲的韻腳是由曲調規定的，一般每句都押韻，因此用韻要比詩詞爲密。另外，散曲在聲調上只有平聲、上聲和去聲，入聲字已消失，原來讀入聲的那些字，分別劃入平、上、去三聲。上、去聲都屬仄聲，在用於韻腳的時候，上、去聲不能混雜。由此可見，散曲的平仄要比詩詞更加講究。四、散曲與詩詞不同處，還在於不忌重複字，也不忌重複句，而且往往有意爲之，以此爲勝，襯字更是頻頻出現。五、散曲對仗形式，除詩、詞的偶句作對外，三句、四句皆可對。還有隔句對、聯珠對等名目。六、曲與詞相比，雅俗都宜，莊諧雜出，悲喜皆可，無所不有，顯得很活潑。（馬勝利）

一二三、中國古代戲曲的演變脈絡如何？

中國戲曲的發展源遠流長，從孕育它的遠古直到蓬勃發展的宋、元、明、淸四代，中國古代戲劇逐漸形成了自己民族的獨特的完整體系，並一直延續到今天。

中國戲曲的發展，大致可劃分爲準備、形成、完善、提高、變化五個階段。從先秦至隋唐、五代，可以說是從萌芽到雛形的發展階段；而至宋代則是戲曲的形成階段；到元代戲曲則趨於完善階段；在明代戲曲水準則是得以提高階段；進入清代，戲曲則起了不小的變化，臻於集大成階段。

先秦至隋唐五代這一階段，從現存的資料看，戲曲文學並無作品出現，而只有一些演出實況的記錄。從藝術因素的構成來看，戲曲的來源有三個：歌舞、滑稽戲、說唱。中國青海大通縣孫家寨出土的一個新石器時代的陶盆上，繪有三組舞蹈人像，每組五人，連臂踏歌。似在扮演《尙書》中載原始部落「百獸率舞」的場面。孔子再傳弟子公孫尼子，在春秋末年寫過一本闡述儒家音樂理論的書，名叫《樂記》，其中說到「詩，言其志也；歌，詠其聲也；舞，動其容也。」即詩是用來述說思想的，歌則是表達思想的聲音，舞蹈則是詩歌的外形。《呂氏春秋》一書還記載古代傳說中的「葛天氏之樂」：「三人操牛尾，投足而歌八闋。」這種原始形態的藝術，人物表演和故事情節都極爲簡樸粗略，還遠不是戲劇，但可以看作是最早的演出。

在中國古代戲劇中，經常出現的大鵬展翅、烏龍攪柱、前撲虎、雙飛燕等很多舞姿，往往就是從這些古人模仿鳥獸形體動作的舞蹈中逐漸發展而來。從傳說中夏啓上天宮偷來的樂舞《九韶》、商代甲骨文記錄的卜辭中爲求雨而祭祀上天時所跳的《雲舞》，到西周時歌頌武王伐紂的著名武舞《大武》，直至楚詩人屈原在其楚辭《九歌》中所描寫的楚國巫舞，都屬上層統治者所有，這種古代的儺舞表演、裝扮及臉譜，都存留於後世的戲曲舞臺演出中；而另一些則盛行於下層民眾間，成爲自娛性歌舞。如《詩經・陳風・東門之枌》中，就有描寫陳國民間歌舞的歡快場面。這種描寫男歡女愛的民間歌舞代代相沿，如中國最早的正式戲劇——宋元南戲，就是在民間歌舞基礎上轉化成歌舞後逐漸發展起來，從中也可看到早期所記述的民間祭典巫舞的蹤影。

西周末年，出現了「俳優」。所謂「俳優」也稱「優」（「倡優」），他們是以滑稽的表演供貴族娛樂，並進行諷諫的職業藝人。當時優人分兩種，「倡優」是由女性擔任，大致以表演歌舞爲主；「俳優」是由男性擔任，大致以調笑、滑稽、諷刺的表演爲主。後來這兩個名稱混用，泛指藝人。最早見於記載的優人是晉獻公時叫伏施的人。最有名的優人叫優孟。《史記·滑稽列傳》裏就記載了一個被稱爲「優孟衣冠」的故事。優是早期嘲笑滑稽藝術的創造者。他們開始注意表演人物的語言動作特點；或是作即興的獨自表演，或是模擬別人形象，通過找對方的行動中不合理之處，加以誇張，來取得詼諧與諷刺的效果。其語言準確生動，有很高的語言技巧。優人與非優人的區分並不嚴格，其表演區與非表演區並不明顯。他們所運用的一些表現手法爲後來的戲曲所繼承。但優人所表演的還不是故事，只能說具有一些戲劇因素。

到了漢代，漢武帝時又設立了「樂府」官署。由於與西域各民族之間的經濟和文藝的交流，西域的一些民間技巧陸續傳到了中原，出現了「百戲」繁盛的局面。「百戲」即「散樂」。「百戲」的名稱，在漢時是包括各種技藝歌舞的一種總稱。由於它散在民間各地，故又名爲「散樂」（「散樂」的另一意思是與宮廷「雅樂」對稱）。這時的朝廷一面將民間樂曲收集到樂府裏來，一面又把盛行於民間的角抵戲和民間多種伎藝集合起來，進行演出。《史記·樂書》、《述異記》都記載了「蚩尤戲」的表演，即一群頭戴牛角與假面的男人在進行角抵戲的演出。「角抵」戲是「百戲」中的一種。在東漢張衡的《西京賦》中，有關於漢代的「角抵百戲」的描繪和歌舞表演的熱鬧場面。即名爲「總會仙倡」。《西京賦》與東晉葛洪的《西京雜記》中，還有一段「東海黃公」的記載。

民間把這個故事作爲戲來演，皇帝又把它作爲角抵戲的一個節目。這個「東海黃公」的表演，已開始具有一定的故事性。其中還加入了幻術成分。兩個演員也都有了特定的服裝與化裝，並按故事的預定情節完成表演。故事雖簡單，但對於中國戲曲的形成來說，可說是戲曲的胚胎，並已進入到扮演人物、敷演故事的新的藝術領域。漢代「百戲」對於中國古代戲曲藝術的形成起著關鍵作用。可以說戲曲藝術的唱、做、念、打、舞，是在「百戲」中孕育形成的。

到魏晉時，表演中出現了男扮女的現象。據《魏書・齊王紀》裴注中引司馬師上廢帝曹芳的奏章中的記載，曾有魏國的廢帝曹芳讓小優郭懷、袁信等在廣望觀下表演「遼東妖婦」。隋朝統一南北之後，朝廷將各地及外域的樂舞集中起來，統歸爲「九部伎」，它對中國戲曲音樂的形成有很大的影響。而每年的正月，舉行的百戲大會演，則是繼承了數百年來歌舞百戲發展的成果。

至唐代，戲曲的各種要素在此期間得到很大發展。音樂上二十八調的運用，直接孕育著後來南北曲的宮調；前代所流行的歌舞表演，到了唐代就形成了小型的歌舞戲，如「代面」、「鉢頭」、「踏搖娘」與「參軍戲」。他們繼承了漢代以來的表演藝術，這時不僅有了故事情節和人物扮演角色，而且有歌唱，有舞蹈，有說白；不僅有面部化裝、服飾、而且還有了簡單的舞臺裝置與布景；不僅有音樂伴奏，而且還有人聲「幫腔」等。這些演出形式一直保留在後世戲曲舞臺上。

宋代時，中國戲曲就臻於成熟了。宋代說話藝術的興盛，對戲曲的成熟起著積極作用。而傀儡戲、影戲也很發達。這些都促進了戲曲由敘事體向代言體的過渡。在唐代參軍戲的基礎上，糅合了其他伎藝的表演形式，便形成了宋代的雜劇。宋雜劇大約可分爲兩大類：第一類即以對話爲主，所謂滑稽戲的雜劇；第二類以歌舞爲主的進行演唱的歌舞戲。宋雜劇腳色的人數，已由參軍戲的兩人發展到五人，故事情節也更完整了。這些雜劇的演出，分爲艷段、正雜劇和雜扮三部分。雜劇藝術，在南宋稱做「官本雜劇」，據《武林舊事》載，共有二百八十種；在金朝，雜劇稱爲「院本」，在《輟耕錄》裏，記載金院本共有六百九十種之多，可以想見當時雜劇演出的盛況。院本，就是在行院（倡伎的住處）中一些伎藝人演出的節目。從院本的體制、內容、規格來看，它與宋雜劇基本相同。只是因地理上的關係，帶有地方色彩。一個在北方，稱金院本；一個在南方稱宋雜劇。可是這些劇本都沒有流傳下來。宋代存留下來的只有南戲作品。

南戲，又稱「戲文」。它於北宋末葉，在浙、閩一帶地區形成。後發展到南宋王朝首都臨安。南戲是在宋雜劇成就的基礎上形成的。它汲取了大曲、唱賺、諸宮調、歌舞、滑稽戲等表現手段；也受到平話、說唱藝術、傀儡戲的影響。南戲的形成不但確立了中國戲劇的獨特藝術形式，綜合了各種表現手段，還開創了中國戲曲舞臺藝術獨有的表現方式。

中國戲曲藝術，到了元代，出現了一個繁榮興盛的局面。元代戲曲，包括雜劇和南戲兩個戲曲種類。元雜劇的代表作家有關漢卿、王實甫等。元雜劇是在宋雜劇、金院本的基礎上，進一步融合其他表演藝術而發展起來的。它專指元代在北方流行的戲劇。劇本是由唱曲、道白、表演三部分組成。唱詞講究叶宮調，唱套曲，在音樂上有嚴格的要求。元雜劇一般是一本四折（也有五折、六折或多本戲），演出一個完整的故事。與前相比，其腳色分工也比較細。元雜劇反映的內容主要有公案戲、愛情戲、水滸戲、歷史戲、神道戲等。現存完整的劇本只有一百多種，有姓名可考的作家只有一百多人。所存劇目只有六七百種。南戲，（南曲戲文簡稱，又叫戲文，也有稱傳奇的），到了元代，與北雜劇並行於南北的劇壇上。元代的南戲劇本上都注有「元傳奇」字樣。元滅南宋，北雜劇流傳到南方，南戲從北雜劇中吸取長處來豐富和發展自己，在聲腔上，南戲採用了北雜劇的若干曲調，出現了「南北合套」的形式，在戲劇的內容和結構的嚴謹上，吸取其長處，到元末明初，逐漸形成了與雜劇相別的特殊體制。

至明代，雜劇開始出現了南曲化的趨向，有的打破了四折一楔子和一人主唱的規格，有的則變成了一折一故事的短劇。這時元雜劇的舊有形式在戲劇舞臺上逐漸消失了。其盟主地位，也逐漸爲在南戲基礎上演變而來的傳奇戲所代替。這一時期的代表作家有湯顯祖、梁辰魚、沈璟等。傳奇戲的特點，與元末南戲大體相同。它的結構自由，篇幅比元雜劇長得多。音樂上，它每齣不限一個宮調，也不限韻，或全唱南曲，或南北合套，視劇情需要而定。它是南戲系統各劇種劇本的總稱。從明初到淸中葉的三百五十多年，是傳奇繁榮鼎盛的時期。它是繼元雜劇之後，中國古代戲劇的第二個高峰。

明末淸初，傳奇得到了新的發展，創作了一些優秀劇目。它們是由李玉、洪昇、孔尚任等爲代表的作家所創作。但昆腔傳奇到了淸乾隆年間，開始走下坡路。淸雜劇創作形式仍繼承了元雜劇的傳統。作者除士大夫和文人外，其中還有下層人士。値得一提的有楊潮觀、尤侗等。

從淸康熙末葉至乾隆中葉（即一七〇〇左右～一七七四），是地方戲興起醞釀時期。全國各地地方劇種，逐漸進入城市，形成了所謂「雅部」（昆曲）與「花部」（又稱「亂彈」，地方劇種）

對立局面。乾隆五十五年（一七九〇），安徽藝人高朗亭攜徽調三慶班進京。（徽調，是在弋陽腔和秦腔基礎上發展起來的二黃戲）後三慶與另外三個徽班四喜、和春、春臺，被人稱爲「四大徽班」。從此二黃戲風行京師達數十年之久，並在各種聲腔的互相競逐、取長補短中，形成了一個新的劇種——京劇。它以徽劇二黃調爲主，吸收了漢劇的西皮調、昆曲、秦腔等劇種的聲腔和表演藝術，兼採眾劇之長而形成的。京劇的誕生，標志著古代戲劇的終結，近現代戲曲的開始。（馬勝利）

一二四、元雜劇與明清傳奇有何異同？

元雜劇是融合了各種藝術形式而形成的一種具有獨特民族風格的戲曲藝術形式。它產生於中國北方，是在宋雜劇、金院本、諸宮調的直接影響下，融合各種表演藝術形式而成的一種新型文學樣式。

元雜劇的結構一般是由一本四折表演一個完整的故事，一折大致相當於現在的一幕。一折又可分幾場，分場的標準是演員全都退至後臺、出現空場。折，是故事情節發展的自然段落，也是音樂組織的單元。每一折用一套曲子，這些曲子可多可少，但都屬同一宮調。有的雜劇還有「楔子」，它是元雜劇四折之外，增加的短小獨立的段落。楔子不用套曲，只用一支或兩支單曲。楔子一般放在第一折之前演出，用來簡介劇情；也有放在折與折之間演出，類似過場戲。

元雜劇劇本由曲詞、賓白、科範三部分組成。曲詞是元雜劇的主體，主要用來抒情，同時也可起到渲染氣氛，貫穿情節的作用。戲中四折的曲詞，一般由一個主要演員歌唱，其他角色只有說白。賓白，即劇中人物的說白、道白。因戲以唱爲主，以說爲輔，故把說的部分叫賓白。它主要是起交待情節的作用，帶有敘述性質。另外，它還以逗笑、諷刺來調節氣氛。科範，簡稱科，它是對演員的主要動作、表演和舞臺效果的提示、規範。如「做悲科」、「舞科」等。

元雜劇的主要角色有四種：末、旦、淨、雜。末，劇中的男主角爲正末，此外還有副末，沖末、小末等，扮演配角。「末」，約相當於京劇裏的「生」的角色。旦，女主角爲正旦，此外還有貼旦、外旦、老旦、小旦等，扮演配角。淨，扮演剛強、兇惡或滑稽人物，有男有女，還有丑淨、副淨。雜，指末、旦、淨之外的雜角，爲其他次要角色。其中有孤，扮官員；細酸，扮窮書生、秀才；孛老，扮老頭；卜兒，扮老婦；徠兒，扮小孩，等等。正末、正旦，是劇中兩種主唱的角色，正末主唱的劇本叫「末本」，正旦主唱的劇本叫「旦本」。元雜劇的形成是中國戲曲藝術長期發展的結果。元代末年，曾盛極一時的元雜劇開始走向衰微，而由南方溫州一帶的地方戲發展起來的南戲，則逐漸興起。這種趨勢，在明王朝建立之後繼續發展，北雜劇的統治地位，逐漸爲在南戲基礎上演變而來的傳奇戲所代替。傳奇戲具有典雅工麗的特色。

在明代，傳奇則是戲曲通稱，同時也是爲區別雜劇而言的。「傳奇」一詞，在歷史的發展中，其涵義也有所不同。唐代把文言小說稱爲傳奇，到了宋、金、元代，人們把宋雜劇、金院本、元雜劇、及南方戲文、說書一類曲本統稱爲傳奇。今日所言的「明清傳奇」，則是指明、清時代，在南戲基礎上演變而來的長篇戲曲。

明、清傳奇與元雜劇相比，首先，傳奇具有靈活處理舞臺時間與空間的分場的劇本結構形式。而且各齣之間，講究生旦、長短、冷熱場子的合理安排，使演出富於變化。它揚棄了雜劇以音樂為中心，以套曲構撰劇情的結構，增加淨、末、丑的戲，加強賓白和科渾，使之靈活多變，豐富活潑。其次，傳奇的故事情節曲折、離奇，因而具有長篇巨帙的特點。一般傳奇本通常在二十齣以上，如《牡丹亭》達五十五齣、《長生殿》有五十齣之多。至於《目連救母戲文》長至百齣。由於篇幅長，情節較為複雜，刻畫人物也更加細緻。非奇不傳，是不少文人創作的一個傾向。他們在選取題材，安排故事時，總是要以悲歡離合，曲折複雜，以求得引人入勝的劇場效果。其題材多以愛情故事及家庭糾紛為主。第三，傳奇戲在音樂上，以南曲為主，並採用管樂伴奏為主，樂曲較為輕柔婉麗，有的兼用少量北曲，開南北曲混用新例。而且它有隸屬於各個宮調的曲牌聯套的嚴格的音樂結構。另外在音韻上，有入聲、平聲，無陰陽之分。第四，傳奇戲在角色行當和表演方面，都較元雜劇更加豐富自由，不再受元雜劇一人主唱的限制，能夠表現更多的人物形象和更加豐富的社會生活。它在唱、做、念、舞幾種戲曲藝術表現手段方面有所發展，得到綜合提高，行當的分工逐漸細密，刻畫人物形象的能力加強了。給劇作者提供了塑造人物、表達主題的有利條件。

傳奇體戲劇結構形式是：一、在全本戲的開頭，一般多用一首詞或兩首詞，來介紹這本戲的劇情大意與主旨。沒有元雜劇的「楔子」，但有「家門始末」，由「副末開場」來介紹。二、第二齣則由劇中的男主角（即生角）登場，先唱引子，再繼以詩詞，然後是四六排句。稱之為「定場白」。三、第三齣是由劇中女主角登場；或在第二齣由生、旦為主的正面人物登場。四、第一、二、三齣視劇情分由淨、丑等人物上場。各種人物的出場方式，也往往形成了定式。五、每一齣戲爲一個小單元，並有自己的小標題（小劇名），「齣」類似於雜劇的「折」。如《長生殿》的第二齣《定情》。同時每一齣裏還可以用各種不同的角色作主體。《定情》就是由生角扮演唐明皇爲主。這種行當的分工，既不喧賓奪主，又能使其他角色發揮特長。六、許多傳奇作品情節相當類同，經常出現遊春、慶壽、別親、閨思等，結尾多以大團圓結局。而且每齣全部角色下場，有「下場詩」，結局有「散場詩」或「曲尾」作結。以上所述，使得傳奇體成爲一個時代的戲曲文學的基本形式，並有別於其他戲曲形式。傳奇戲的出現，使中國古典戲曲進入了一個新的發展階段。特別是明中葉以後，陸續出現了大批優秀的劇作家和戲曲作品，形成了中國戲曲發展史上的第二個高峰。至清乾隆時，傳奇這一藝術形式才逐漸被地方戲所取代。

總之，元雜劇與明、清傳奇雖在聲腔上、語言上、結構上、風格上、規模上有所變易而不同，但戲曲文學的代言體敘事結構，表演的綜合性、程式性、虛擬性等，都是一脈相承的。（馬勝利）

一二五、什麼是明代「五大傳奇」？

明代戲劇以傳奇爲最繁榮，它的地位有如元代的雜劇。戲曲中的「傳奇」是一種特指，它是一個與「雜劇」相對應的概念。元代就有人把南戲稱爲「傳奇」，以區別於北雜劇，但比較普遍地把南戲稱爲「傳奇」是明代的事。當「南戲」與「傳奇」的說法並存時，一種說法認爲明代南戲可統稱爲「傳奇」，另一種說法認爲「傳奇」只是指昆山腔興起以後的劇作，在此之前的都應稱爲「南戲」。現大多採用前一種說法，認爲無須如此拘泥。

明代傳奇創作大約可分爲前後兩個階段，前期（洪武至嘉靖前，即一三六八～一五二一），後期（嘉靖至崇禎，即一五二二～一六四四）。明初，由元末湧現的《琵琶記》、《荊釵記》、《白兔記》、《拜月亭》、《殺狗記》等五種南戲，已經通過改編在民間廣泛流傳。這五大傳奇有一個一致的特點，就是都從不同方面讚揚與歌頌了中國古代婦女的高尚品德，這些形象都具有不同程度的典型意義和說服力。它們都有著樸素、抒情的藝術風格，在它們的長期流傳中，無論是創作或表演都得到不斷的豐富與發展，對後世戲劇影響很大。

這五大傳奇中，成就較大、影響最深的是《琵琶記》。它被後來的戲曲家們稱爲傳奇的鼻祖。《琵琶記》的作者高明（約一三〇五～一三五九），字則誠，號菜根道人，溫州瑞安人。元末進士，在浙江、江西、福建等處作官，很有文名。後棄官退隱，閉門謝客，以詞曲自娛，專心寫《琵》劇。元亡，明太祖即位，曾徵召他去，但他以老病不出，不久病卒。高明的《琵》劇，是根據最早的南戲《趙貞女蔡二郎》的故事改編的。此故事取材於歷史人物，但以民間傳說爲素材。改編中最重要之處是將男主角蔡伯喈由一個拋棄雙親、背棄妻子，最後遭雷擊死的反面人物，改寫成一個全忠全孝的正面人物，使劇的主題由譴責背親棄妻變成了歌頌貞烈忠孝。在宣揚禮教的同時，此劇對社會生活和人物又作了不少眞實的描繪。如蔡伯喈的軟弱忍讓、庸俗和功名心重，反映了在禮教影響和壓抑下的許多士子的共同性格。又如趙五娘，並不是概念化的人物，作爲封建禮教的犧牲品，其行爲很有個性特點，概括了古代社會許多婦女的共同命運，顯示了一個下層婦女所具有的自我犧牲、堅韌不拔等可貴品質，是劇中塑造的最爲成功的人物。另外，此劇也暴露了封建社會的一些黑暗現象，如牛丞相的專橫無理，地方官吏的貪贓枉法。對遭受饑荒的農村也有比較眞實的描繪。這部戲在藝術上有較高的成就，從關目安排上，以趙五娘在家和蔡伯喈在京各爲一條主線，交互敘寫，形成對照，使故事曲折而不亂，情節起伏而有序。寫趙五娘的主要情節，肩荷家庭重擔，在苦難中掙扎，盼望外出趕考的夫君，愁恨無窮，其曲詞本色動人，保留了較多的民間戲曲的優點。寫蔡伯喈一步步陷入功名高貴網，在錦衣玉食中，憂念父母妻子。蔡在相府裏的曲詞華美典雅，都符合人物的性格。兩種境遇的鮮明對比，加強了悲劇性的戲劇衝突。相府的榮華富貴與鄉村貧寒生活兩相對照，則暴露了貧富懸殊、苦樂不均的社會矛盾。戲中的不少曲文、賓白爲後人所稱讚，既富於文采，又接近口語。如《吃糠》、《嘗藥》、《剪髮》、《描容》、《掃松》等。在運用口語剖露人物心曲隱微，委婉盡致。後人往往把這部劇同王實甫的《西廂記》相提並論。後來不少劇作家，還把《琵琶記》當作學習創作的範本，對於其劇的結構、布局、語言等視爲瑰寶。此劇在南戲發展中的重要意義在於，它是南戲從民間轉到文人手上的代表作品，是南戲從岑寂到復興的開端，是南戲發展史上的第一個里程碑。此劇刊刻的版本之多，戲曲選本中入選的齣目比例之大（清代著名的戲曲選本《綴白裘》中收錄了二十六齣）遠遠超過任何一部劇作，說明文人們的重視程度。從昆山腔到地方各劇種的搬演，代代相傳，成爲許多劇種的保留劇目。

元末明初，出現了各方面非常成熟的南戲劇本，除《琵琶記》之外，以「荆、劉、拜、殺」最聞名。現所見到已不是元末時的古本，而是明代文人改過的本子。

《荊釵記》，其前身是徐渭在《南詞敘錄•宋元舊篇》中提到的無名氏所作的《王十朋荊釵記》。明初有李景雲的改編本。明代的呂天成、淸代的張大復認爲是柯丹丘作。王國維認爲是朱元璋十七子寧獻王朱權所寫。現有一些專家經考證，認爲柯丹丘確有其人，他名九思，號敬仲，浙江仙居人，是元時知名文人，工書善畫，官至奎章閣學士。現一般都定其作者爲元人柯丹丘。此劇藉歷史人物王十朋之名而編撰的故事。寫的是王十朋和錢玉蓮的愛情婚姻故事。劇中抨擊了爲富不仁，爲官不正的黑暗現實，歌頌了錢、王二人堅貞不渝的愛情，對買賣婚姻作了有力的諷刺，譴責了嫌貧愛富的勢利之人。從藝術性來看，《荊》劇以一枚荊釵爲線索，結構巧妙，情節曲折，曲文本色而寫情逼眞。《祭江》、《見母》、《時祀》、《夜香》等齣戲抒發了劇中人物的深切之情，耐人尋味。今昆曲、湘劇、川劇、滇劇、莆仙戲、梨園戲等劇種中仍有這個劇目。

《白兔記》，又稱《劉知遠》。永嘉書會才人作。此劇是在宋元時《新編五代史平話》和《劉知遠諸宮調》基礎上改編創作的。現存明富春堂刊本《劉知遠白兔記》、汲古閣刊本《白兔記》、成化刊本《劉知遠還鄉白兔記》，都經明人修改潤色。其中成化刊本與早期演出本較接近。此劇取材歷史人物劉知遠，並帶有濃鬱的民間傳說色彩。寫劉知遠窮困從軍，後建功立業，「變泰發跡」；其妻李三娘在家，十六年如一日，受盡殘酷、貪婪的兄嫂李洪一夫婦折磨，在磨房生下兒子「咬臍郎」，託人送到軍中撫養。十六年後，咬臍郎出外打獵，追蹤白兔，在井邊與母親相會，全家才得團圓。劇中反映了中國封建社會農村婦女的悲慘命運，成功地塑造了李三娘這樣一個動人的藝術形象。並諷刺了負心忘舊的劉知遠，譴責了兇殘狠毒的李洪一夫婦，歌頌了急公好義的長工。此劇體現出了封建社會的世態炎涼、人情冷暖。寫出了小生產者盼望發跡的心理。《白》劇，在藝術上富有民間文藝的特色。它的唱詞通俗淺顯得如同說話一樣，卻能做到自然成韻，語義深遠。「磨房產子」中一曲《鎖南枝》尤爲膾炙人口。它在注意人物性格的深入刻畫，與在那些衝突集中、矛盾尖銳的場面中充分地展示不同人物的不同性格和心理特徵上，頗具特色。劇中的一些藝術描寫，都很有古代農村生活氣息。情節和細節的設計安排，道具的使用，都頗具匠心。它的許多精彩場面，如《瓜園分別》、《磨房產子》、《竇公送子》、《出獵回朝》、《磨房相會》等，曾被不少戲曲選本收錄。淸代戲曲班社有所謂「江湖十八本」，《白》劇即是其中之一。不少劇種至今還在上演此劇的精彩折子戲或全本劇。全本又名《紅袍記》。

《拜月亭記》，又名《幽閨記》、《拜月亭》。此劇作者，歷代爭論很多。有人認爲是元代無名氏的作品。也有人認爲是元代施惠（字君美）所作。明徐渭《南詞敘錄》中題作《蔣世隆拜月亭》。一般認爲《拜月亭》是據關漢卿的《閨怨佳人拜月亭》雜劇改寫的。此劇流傳版本較多，多經明人加工修改。此劇作者著力寫了蔣世隆和王瑞蘭間的忠貞愛情與反對封建禮教的不屈精神。全部情節是在一次重大的歷史事變中展開的，並針對現實進行了揭露。從而與一般才子佳人戲不同。從戲劇結構上看，此劇以喜劇爲基調，採用了悲喜劇交錯結合的方法。並充分運用巧合來加強戲劇性效果，從而使人物性格得到了充分的表現。這個戲的語言在許多地方，也達到了爐火純靑的地步，往往在平易而不加雕飾之中充溢著令人讚嘆的文采。《走雨錯認》（又名《搶傘》、《踏傘》）、《招商成親》、《幽閨拜月》等折，洋溢著幽默風趣的喜劇色彩。許多人將此劇評為南戲中之上品，「天然本色之句，往往見寶，遂開臨川玉茗之派」（呂天成《曲品》）。明代何良俊、王世貞等人將《琵琶記》與此劇進行品評，成為明代戲曲評論中一個爭議的話題。此劇在後來的地方戲劇種中流行極廣，並作為傳統劇目，拍成了電影。

《殺狗記》，全名《楊德賢婦殺狗勸夫》。清朱彝尊在《靜志居詩話》中說到此戲是明初洪武年間的秀才徐畛編寫的。在《六十種曲》本中，有署有「龍子猶訂定」五個字，龍子猶是馮夢龍的別名，說明此劇到晚明時還經過馮夢龍的修訂。但此劇在徐畛之前就已有流傳。元後期，元雜劇作家蕭德祥有過一本《王翛然斷殺狗勸夫》的雜劇。元中葉的南戲《宦門子弟錯立身》中，提過一本《殺狗勸夫婿》，此劇很可能是據此改編而成的。

此戲通過一個家庭中兄弟、夫妻和叔嫂之間的關係的描寫，宣揚了「孝友為先」、「親睦為本」、「妻賢夫禍少」等思想觀念。劇中塑造了賢婦義弟的形象。從側面暴露了封建宗法制家庭內部的矛盾和封建家長的專橫暴虐，反映了封建社會的生活面貌。劇中的主人公楊月眞的形象，是一個賢惠聰明、符合封建倫理道德的婦女，其殺狗勸夫的行為是為兄弟和好。弟弟孫榮對兄長逆來順受，也近似於嫂子楊氏所為。作為男主公孫華本應是受譴責的浪盪之人，可作者卻為他開脫，歸結為一時糊塗，並讓他受到褒封，做了官。劇中的反面人物柳龍卿、胡子傳刻畫是成功的。對他們的無賴相及酒肉朋友間的種種欺詐行徑，描繪得頗為傳神。此劇詞曲自然、質樸、通俗易懂，帶有民間文學色彩。在刻畫人物性格上，語言個性化的特點也很突出。情節頗為曲折，故事也較完整。

一二六、何謂「臨川四夢」？

（馬勝利）

明代萬曆年間（一五七三～一六二〇），戲曲藝術得到了空前的繁榮，大批優秀的劇作家紛紛出現，使得當時劇壇呈現了群星燦爛的局面。而在這些璀璨的群星中，最爲明亮的要算是偉大的浪漫主義劇作家湯顯祖。他創造性地繼承了唐人小說和元人雜劇的優良傳統，寫出了「臨川四夢」傳奇，對當時的戲曲作出了傑出的貢獻，並成爲後世的珍貴文化遺產。

湯顯祖（一五五〇～一六一六），字義仍，號若士、海若、海若士，自稱清遠道人。晚年自號「繭翁」，江西臨川（撫州市）人。早年受泰州學派影響。萬曆年間進士，官禮部主事。因上《論輔臣科臣疏》忤怒神宗皇帝，被貶爲廣東雷州半島徐聞縣典史。後改調爲浙江遂昌知縣。後因統治者內部矛盾，政治形勢日益艱險，他的政治理想無法實現，遂於萬曆二十六年（一五九八），辭官返回臨川。返回故里後，自建玉茗堂，清遠樓，潛心戲曲創作，先後寫出了《牡丹亭還魂記》、《南柯記》、《邯鄲記》、加之先前所寫《紫釵記》（在其早年所寫《紫蕭記》基礎上改編的），合稱「臨川四夢」（因湯爲臨川人而得名）或「玉茗堂四夢」（因其書齋而得名）。加上因其四種傳奇，又都有神靈感夢的內容，故稱之。

在思想上，王艮、李贄等對程朱理學的猛烈抨擊和個性解放的主張，對湯顯祖產生了深遠影響。

爲此，他提出了「貴生說」，以「情」來反對道學家的「理」。在反對當時黑暗的朝政上，湯顯祖與他的好朋友、東林黨人顧憲成等，有著一致的意見。湯顯祖還深受思想豁達、反對程朱理學的佛學大師達觀和尚的影響。這些思想影響，無疑都給湯顯祖的作品打上了印跡。在文學上，湯顯祖推崇徐渭的浪漫精神以及李贄的「童心說」，講究意、趣、神、色，反對戲曲文學上的形式主義傾向。《牡丹亭》（又名《還魂記》），在「玉茗堂四夢」中最爲膾炙人口。此劇合唐人小說《李仲文》、《馮孝將》、《談生》三事，以明話本小說《杜麗娘慕色還魂》爲藍本所寫。戲中有些情節還受魏晉志怪小說的影響。但湯顯祖並未爲這些題材所限，大膽地進行了創造性的寫作，結合晚明社會許多反對封建禮法、追求個性解放的生活事實，著重塑造了杜麗娘這個封建社會裏千金小姐的叛逆形象，完成了一部思想光輝遠遠勝過歷代愛情劇的傑作。《牡丹亭》一共五十五齣，篇幅較長，但自始至終都貫串著情與理的衝突。作品通過杜麗娘、柳夢梅生死離合的愛情故事，揭露了封建禮教和男女青年的愛情生活的矛盾，暴露了封建統治階級家庭關係的冷酷和虛僞。《牡丹亭》的主題，從某種意義上說，是當時社會要求變革，渴望新時代到來的憧憬，是明中葉以後資本主義萌芽在文藝領域中的反映，它與當時進步的思想家反對程朱理學的思想彼此合拍，從而使這一作品有了更高的思想境界和深遠的歷史意義。此劇擺脫了許多戲曲小說中，一見傾心、互通慇情和後花園私訂終身的手法，安排了杜麗娘遊園之後與情人在夢中幽會。主人公美好的理想受到現實的束縛，於是採用非人間的方式來實現，這正是他超越前人之處。劇中杜麗娘沒有死於父母或其他什麼小人的破壞，而是死於對愛情的無望的渴求，從而將批判矛頭直指封建禮教。女主人公這種由病致死，後又由死到生，構成了離奇的幻想色彩，把人間還未能實現的事情，以幻當眞，藉舞臺現身說法，更激發人心。《牡丹亭》的語言「掇拾本色，參錯麗語，境往神來，巧妙湊合，又視元人別一蹊徑。技出天縱，匪由人造。……其才情在淺深、濃淡，雅俗之間，爲獨得三昧。」（王驥德《曲律・雜論》）如《遊園》中的《步步橋》、《皀羅袍》兩段曲詞最爲膾炙人口，情景交融，深婉曲折。此劇可說是集元雜劇的本色、六朝辭賦的華美、五代詞的綺麗於一體，自然眞切中蘊涵著含蓄空靈。

「臨川四夢」中寫愛情題材的還有《紫釵記》，這是湯顯祖的早期作品。它的故事取材於唐人蔣防的傳奇小說《霍小玉傳》，但與原著有很大出入。此劇以霍小玉喜愛的紫玉釵爲線索，歌頌了霍小玉在愛情上的鍾情堅貞，揭露了統治者盧太尉的專橫和李益的軟弱。劇中霍小玉的情痴和李益的情之不深、不堅有著強烈的對照，另一方面「眞情」在同邪惡勢力進行鬥爭時，作者明顯地寫出了「眞情」的勝利。全劇情節比較曲折，心理描寫也還細膩，曲文時有佳句，尖新俊逸，近於小詞。該劇的《怨撒金錢》、《邊愁寫意》、《折柳陽關》是昆曲和地方戲中經常上演的保留劇目。

《邯鄲記》、《南柯記》，寫的是士人迍邅，宦海浮沈。描寫的是兩個在夢中歷盡榮華富貴的人，到頭一場空的故事。表現了作者人生無常的思想和對宦海風波的感慨，曲折地反映出統治者內部的鉤心鬥爭與荒淫無恥等內幕，具有批判的鋒芒。《南柯記》據唐人小說《南柯太守傳》改編，寫淳于棼爲槐安國南柯太守二十年，醒後發覺槐安國原是庭前槐樹下的蟻穴。《邯鄲記》據唐人小說《枕中記》改編的，寫盧生在旅途小店中枕道士呂洞賓給他的磁枕睡覺，夢中做高官，享富貴，醒後店中黃粱飯尚未煮熟。前者，作者試圖通過這一個淳于棼的人物經歷，來塑造一個在官場中墮落者的典型，並藉此劇來描繪社會人情世態。後者，則塑造了盧生這樣一個追求功名利祿，一心只向上爬的書生而後至權臣的典型形象。劇中對於封建的科舉制的種種弊端予以揭露。並且也揭露了封建社會的功名榮譽、高貴尊榮的虛僞和荒謬。作者寫這本戲的目的，在於藉盧生的遭遇，寫出「寵辱、得失、生死之情」（《邯鄲記・題詞》）。此劇雖說是一場大夢，但按這場夢境的所有情節細察，卻全是當時權貴們的現形醜劇。「把人情世故都高談盡，則要你世上人夢回時心自忖」（《邯鄲記・合仙》）。其中的《掃花》、《三醉》、《番兒》都是爲人稱道的曲目。

明代王思任在《批點玉茗堂牡丹亭敘》中說：「其立言神指：《邯鄲》仙也，《南柯》佛也，《紫釵》俠也，《牡丹亭》情也。」仙、佛、道、俠，四字合在一起，最能說明湯顯祖思想的特點及複雜性。在當時的歷史條件下，湯顯祖不可能找到眞正醫治封建社會痼疾的藥方，他只有去與仙、佛、道、俠結合到一處去，並從中尋求解脫。

湯顯祖一生留下二千二百首以上的詩和文賦。他的作品《紅泉逸草》、《問棘郵草》、《玉茗堂全集》以及《紫簫記》、「四夢」都有傳世本。　（馬勝利）

一二七、清代重要的傳奇作家有哪些？

清代是由少數民族建立起來的封建王朝，也是中國歷史上最後一個封建王朝。戲劇，從明末清初到清代中葉的鴉片戰爭前夕，正處於大演變的時期。舊的傳統戲劇形式，如雜劇、傳奇，在經過繁盛之後，已不能適應廣大市民和資本主義萌芽時期的一切中下層民眾的要求，戲劇變革是這個時代的必然趨勢。在這將變未變之際，傳統形式的戲曲，主要是傳奇曾有過一度的繁榮。昆山腔傳奇作家，到了明末清初，除了一些士大夫之外，又有一些未得功名的布衣之士的下層文人參加。他們與下層百姓有著比較密切的精神聯繫，他們所描寫的題材也逐漸擴大到反對封建強權的鬥爭，尤其是入清以後，不少作品充滿了同仇敵愾的愛國激情，充滿了對於亡明的懷念和對奸臣逆賊的批判。值得注意的是下層市井人物形象登上了戲劇舞臺，成為被歌頌的正面人物。

這一時期有代表性的作家和作品有：

明末清初，以李玉為中心的蘇州派劇作家出現，他們以質樸的現實主義劇作，為日益沒落的傳奇戲帶來了生機。

李玉（約一五九一～約一六七一），字玄玉（一作元玉），別號蘇門嘯侶，又號一笠庵主人，吳縣（江蘇蘇州）人。他是明末清初昆山腔傳奇的主要作家之一，也是「蘇州昆山腔傳奇作家群」的首領。所著傳奇約四十種。現存十八種，即《清忠譜》、《一捧雪》、《人獸關》、《永團圓》、

《占花魁》、《千鍾祿》、《麒麟閣》、《太平錢》、《兩鬚眉》、《萬里園》等。殘本有《連城璧》、《埋輪亭》、《洛陽橋》等。其他如《萬民安》、《雙龍珮》等僅存名目與提要。過去的評論家總以「一」、「人」、「永」、「占」四劇作爲李玉的代表作，合稱「一笠庵四種曲」。現在人比較看重《清忠譜》與《萬民安》。他有許多作品多取材於時事或近代的歷史故事，或借古喻今，或斥罵奸讒，抒胸中不平之氣。如《清忠譜》、《萬民安》，就是反映明代蘇州兩次大規模的市民運動；《雙龍珮》、《兩鬚眉》、《武當山》等，則是以土木之變或明末農民起義爲背景的；《千鍾祿》（又名《千忠戮》）、《琉璃塔》，寫明代燕王攻破南京後，建文帝和程濟化裝僧、道，流亡於湖廣、雲南的故事（《麒麟閣》寫隋末群雄起義，《昊天塔》寫楊家將的故事）。他的代表作《清忠譜》（與人合著），揭露了明天啓年間閹黨魏忠賢等人的專權橫暴、禍國殃民的罪惡，歌頌了以周順昌爲代表的東林黨人的正義之舉，描繪了下層市井人物反抗強暴的優秀品質。其中最突出的代表是顏佩韋。顏等五人，爲正義而犧牲的事跡，流傳至今，蘇州百姓還特意修建了五人墓。除此揭露了官場的醜態和當時社會的黑暗與冷酷。《人獸關》寫一對夫婦忘恩負義，其妻受罰、轉生人家做狗的故事。對「貪賤二觀、炎涼異勢」的世態和黑暗的官場進行了揭露和諷刺。《永團圓》寫的是嫌貧愛富的故事。《占花魁》，通過對王美娘因戰亂而淪爲妓女的描寫，揭示出妓女的悲慘命運。李玉還精於曲律之學，編定《北詞廣正譜》十八卷，爲北曲曲譜最完備之作。《清》劇外，他《一捧雪》，寫莫懷古因不肯獻出家傳之寶玉杯，而遭奸佞嚴世藩迫害的故事。由

除李玉外，蘇州派劇作家還有朱佐朝（字良卿），寫過三十種傳奇，保存下十三種，以《漁家

樂》最出名。該劇講東漢外戚梁冀專權的故事。劇中有強烈的反權奸的傾向。葉時章（字稚斐），所寫八種傳奇，以《琥珀匙》較突出，劇中揭露了封建統治者的橫暴貪鄙，讚頌了反抗官府的草莽英雄。張大復（字心其），寫過不下三十種傳奇，其中《天下樂》寫鍾馗嫁妹故事，影響很大。另有《如是觀》也很有名，是寫岳飛的故事。編寫有《寒山堂南曲譜》。朱皠（字素臣），著有傳奇約十九種，其中《十五貫》（又名《雙熊夢》）作爲他的一系列冤案戲中最優秀的一部，已成爲家喻戶曉的保留劇目。該劇是寫況鍾踏勘私訪，平反了熊友蘭冤獄的故事。這一派作家還有畢魏、丘園、陳二白、朱雲從、薛既揚等。蘇州派戲曲創作，扭轉了明代中葉以後戲曲創作上片面追求聲律、注重文采、脫離民眾、脫離現實生活的不良影響。他們在創作方法上，嚴格遵循現實主義方法，在語言表現上風格平易質樸，不去追求一字之奇或一曲之麗，特別重視戲劇的舞臺效果。由於他們大多出身下層，屬平民劇作家，比較了解下層百姓的生活，因而他們的劇作，大都富有濃鬱的生活氣息，具有平民文學的特色。

除了以上劇作家外，這一階段還有一個著名的戲曲家李漁，著有傳奇十種，合稱《笠翁十種曲》。還寫有《閒情偶寄》，總結了昆曲傳奇創作和演出的很多經驗，是一部很有價值的古典戲曲理論著作。

這一時期，爲中國戲曲史上生色的是「南洪北孔」。一個是洪昇，一個是孔尚任。可說是清代著名的兩大戲曲家。

洪昇（一六四五～一七〇四），字昉思，號稗畦、稗村，又號南屏樵者，浙江錢塘（今杭州）

人。出身於仕宦之家，由於家庭的變故和功名不遂，長期遠離家鄉，流寓北京，自謀生路，賣文度日。在這困頓、潦倒的日子裏，經過十餘年的反復構思，三易其稿，寫了《長生殿》一劇。此劇一出，「愛文者喜其詞，知音者賞其律，以是傳聞益遠。蓄家樂者攢筆競寫，轉相教習，優伶能是，升價什佰」（《長生殿·吳舒鳧序》）。後因此劇洪昇遭難，只爲「國服未除」而上演《長》劇，被國子監除名，朋友多少被牽連，「可憐一齣《長生殿》，斷送功名到白頭」（李天馥《送洪昉思歸里》），結束了寄居北方的生活，回到杭州，寄情山水以求解脫。在一次乘船訪友的歸途中，因酒後失愼，墮水而死。他寫有傳奇九種，雜劇一種，今存《長生殿》、《四嬋娟》（雜劇）。存的詩集有《嘯月樓集》、《稗畦集》、《稗畦續集》。

《長生殿》是洪昇的代表作。作品取材於歷代相傳的唐明皇和楊貴妃的愛情故事。在清代初年，在要求探索明朝滅亡的原因，吸取歷史教訓的思想背景下，作者在傳統題材中進一步增加了政治和社會生活方面的內容。全劇共五十齣，分上下兩卷，各二十五齣。作品著重描寫了唐天寶年間，唐明皇寄情聲色，荒淫奢侈，使朝政腐敗，外戚專權，最後被迫縊死楊貴妃，使李楊愛情成爲悲劇。在描寫唐明皇對亡妃的哀思中，抒發了亡國之痛，塑造了郭子儀等忠臣義士的形象。但是從歌頌李楊愛情這一基本主題來看，既要歌頌，又有批判，勢必造成戲劇主旨的混亂，儘管下卷著力描寫李楊的懺悔，可是這種解決方法違背了歷史眞實，更加深了戲劇主旨的矛盾和混亂。而於劇無補。此劇在表現手法上，繼承了《梧桐雨》、《浣沙記》等通過愛情故事反映一代興亡的手法，又吸取了《牡丹亭》運用幻想情節把人物理想化的特點。劇中語言清婉流麗，富有詩意和韻律美。如《聞鈴》

一齣中李隆基的唱詞《武陵花》，創造出了「夜雨聞鈴腸斷聲」（白居易《長恨歌》）的意境，把秋雨、鈴聲和李對楊的刻骨相思，情景交融地表現出來。至今，《長》劇中的《定情》、《驚變》、《罵賊》、《彈詞》、《聞鈴》等齣戲，仍為經常上演的保留劇目。

孔尚任（一六四八～一七一八）字聘之，又字季重，號東塘，別號岸堂，自署雲亭山人。山東曲阜人。孔子六十四代孫。著有《石門山集》、《湖海集》、《人瑞錄》、《岸堂稿》、《長留集》（合著）、《鱣堂集》、《岸堂文集》、《綽約詞》、《畫林雁塔》、《享金簿》、《會心錄》、《節序同風錄》、《傳奇小忽雷》（合撰）、《桃花扇》等。他曾任國子監博士、戶部主事、戶部廣東司員外郎等。這期間曾因被派往淮陽疏浚黃河海口，多次往來於南京、揚州等地，結識了冒襄等明末遺老，憑弔了史可法的衣冠冢，拜謁了明故宮、明孝陵，使他增長了不少南明興亡的實際知識，為他日後創作《桃花扇》提供了豐富的素材。康熙三十八年（一六九九），《桃花扇》問世。這部經過十多年的嘔心瀝血，三易其稿而編寫出的傳奇劇作，立即引起轟動，可是「命薄忽遭文字憎，緘口金人受誹謗」（《放歌贈劉雨峰》），被罷官後，在京逗留了二年，便返回了家鄉。康熙五十七年（一七一八），卒於石門山舊居。

《桃花扇》也是昆腔傳奇盛極趨衰時期的重要作品之一。此劇是描寫南明王朝覆亡過程的歷史劇。它以復社文人侯方域和秦淮名妓李香君的愛情故事為中心線索，描寫了明末的重大事件，總結了南明覆亡的歷史教訓，表現了作者的亡國之痛。一把「桃花扇」作為侯、李定情的信物，正如作者在《桃花扇小識》中所言，「其不奇而奇者，扇面之桃花也；桃花者，美人之血痕也；血痕者，守貞待字，碎首淋漓，不肯辱於權奸者也；權奸者，魏閹之餘孽也；餘孽者，進聲色，羅貨利，結黨復仇，墮之百年之帝基者也。」作者跳出一般傳奇劇的俗套，沒有用主要篇幅寫男女愛情生活，而是通過愛情故事把觀眾引導到廣闊的政治生活中去，使紛繁的歷史，在此線索下攏合得有條有理。全劇的結尾也突破了以往傳奇劇大團圓的結局，安排侯、李各自拜師入道。這種結構方式，更有利於表現作者「借離合之情，寫興亡之感」的創作主旨。眞可說「南朝興亡，遂繫之桃花扇底」（《桃花扇凡例》）。從而達到了歷史眞實和藝術眞實的較好結合。在劇中眾多的人物形象中，李香君的形象塑造得最爲突出。李香君的性格中，對愛情堅貞，與對強暴的反抗是不可分割地聯繫在一起的。對侯的愛，必然導致對權奸的恨；對阮大鋮等人的反抗本身就是對侯方域的忠誠。這統一的兩個方面，構成了李香君性格的主要特徵，使其成爲明、淸戲曲中的巾幗英雄。全劇曲詞、賓白安排妥帖合度，寫兒女風情，語言綺麗纏綿；敘述政治事件，慷慨激昂。使得曲詞風格與劇情、人物性格相合。「說白詳備，不容再添一字」，「一首成一首之文章，一句成一句之文章」（《桃花扇凡例》），寧不通俗，不肯傷雅。存在典雅有餘，當行不足，謹嚴有餘，生動不足。

在洪昇、孔尚任前、後較有名氣劇作家、作品還有吳偉業的《秣陵春》、尤侗的《鈞天樂》、嵇永仁的《揚州夢》、萬樹的《空青石》、萬成培的《雷峰塔傳奇》（改編本）、蔣士銓的《冬青樹》和《臨川夢》。

傳奇至淸中葉，開始衰落，其主要原因在於劇本遠離現實，劇中人物眾多，頭緒紛繁，情節過於巧合，篇幅冗長，而且曲律過於嚴格，加之忽視舞臺演出的需要，使傳奇日益成爲脫離舞臺的「案頭戲曲」。與此同時，各地方戲種（特別是長江流域的一些工商業比較繁榮的地區的地方戲）大發展起來了，並向首都北京傳播，逐漸形成了具有全國戲的「京戲」，從而代替了傳奇。

（馬勝利）

一一八、先秦兩漢散文有哪些重要作品？

中國的散文，在先秦時期，只能說是與韻文相對的一種文體。當時文學與非文學的界限還不分明。它基本上是哲學、政治、倫理、歷史方面的論說文和記敘文，具有較強的文學性，因而被視爲先秦文學的重要部分。

眞正標志著中國古代散文已經形成的，是《尙書》。《尙書》中的商周詔誥文，如《商書》的「盤庚」、「說命」，《周書》的「洪範」、「無逸」等都是比較傑出的議論散文。《尙書》之後，散文分別向著偏重於論說的諸子散文和偏重於記述的歷史散文兩方面發展。

諸子散文的空前發展是春秋末和戰國時期。重要的散文作品有儒家的《論語》、《孟子》、《荀子》；道家有《老子》、《莊子》；法家有《商君書》、《韓非子》；墨家有《墨子》；雜家有《呂氏春秋》；兵家的有《孫子兵法》、《孫臏兵法》等。諸子散文的發展經歷了語錄體階段，其主要特點是用記述人物隻言片語的方法來闡明道理，篇章中沒有一個議論中心，如《論語》、《孟子》。爾後向純議論文階段過渡。與前相比，還留有一定的語錄形式，但人物議論見長，每篇初步形成的一個議論中心，結構還處於鬆散狀態，記敘成分也較多，如《墨子》、《莊子》等。發展到成爲純議論文時，語錄記敘成分已很少見，文章中心突出，結構縝密，邏輯謹嚴，已能將歸納、演繹的推理方法運用到文章中去。如《荀子》、《韓非子》等。總起來看它們風格各異，其文宏麗，辭藻華美，感情激越，富有哲理，論辨性強，多用寓言、歷史故事和比喻來闡明道理。講究文學修辭方法等等。

歷史散文，昌盛於戰國時代，它是由較早的尙《書》、《春秋》發展到戰國時期的《左傳》、《國語》、《戰國策》。從史學體例上可分爲編年體（《左傳》）、國別體（《國語》）、國別兼編年（《戰國策》），此外還出現了專史（《晏子春秋》）等。其中《左傳》、《戰國策》尤爲後代散文家所重視，成爲學習散文的典範之作。他們表現在寫作精神上，爲後世樹立了眞實地描述歷史事實的典範。《國語》中的記言，《左傳》中的行人辭令，他們援引歷史掌故、現實事件和名言作爲說理辯論的論據方式，是其作品的優長處。其中《左傳》的敘寫戰爭頗有特色，他將頭緒紛繁、錯綜複雜的大小戰役表現得條理井然，脈絡連貫。從《左傳》、《戰國策》的文章富於故事情節和戲劇衝突，以及他們置人物於矛盾衝突之中，到選擇典型的細節和個性化的語言來描寫人物的表現手法，不僅爲後世史傳文學所繼承，而且對後世小說、戲劇的創作也產生了深刻的影響。特別是《戰國策》對細節描寫的誇張虛構的特點，對人物肖像的描寫，著重對人物內心活動、表情及動作的刻畫，或藉渲染環境氣氛來烘托，或以寫旁的人物來陪襯等，影響尤大。《左傳》的行人辭令，發展爲《戰國策》的策士語言，而策士語言的鋪張排比，對漢代說理散文的出現和漢賦的產生起過促進作用。唐、宋以來的古文家也都程度不同地受其影響。《晏子春秋》則體現了歷史著作從一國之史轉變到一人之史的新趨向。全書從各方面表現了賢良正直的忠臣齊相晏嬰的形象。不少篇章都寫得生動逼眞富有戲劇性。

總之，先秦散文雖不是純文學作品，但其影響是巨大的。後世許多文體的濫觴，多見於此。先秦各家的散文風格，也熏陶著後代作家。在表現手法上，「《春秋》筆法」，「《左傳》筆法」，曾被奉爲爲文之準繩。先秦散文與《詩經》、《楚辭》一起成爲中國文學的基石。

秦代以其短暫的歷史載於史書。在文學上有影響的只是秦代的唯一作家李斯寫的《諫逐客書》。文章是爲諫阻秦王擬驅逐六國來客而作。他批駁了逐客的錯誤主張，從正反兩個方面反復論證，對比鮮明；文辭鋪陳排比，有戰國縱橫家說辭的氣勢；而在文辭的修飾整齊，音節的和諧流暢等方面，又是漢政論文和辭賦的先聲。

兩漢散文中最先發展起來的是政論文。它是先秦散文的繼續和發展。先秦諸子散文重在建立思想體系，是哲學家的論著；漢代政論散文重在研討現實社會問題，是政治家的策論。代表作品有西漢賈誼的《過秦論》、《陳政事疏》、《治安策》、《論積貯疏》，晁錯的《論貴粟疏》、《賢良對策》、《守邊勸農疏》、《言兵事疏》，桓寬的《鹽鐵論》，王褒的《諫營昌陵書》、揚雄的《解嘲》，劉向的《戰國策敘錄》；東漢王符的《潛夫論》、崔寔的《政論》，仲長統的《昌言》等。其中賈誼、晁錯的散文是西漢政論散文的代表，「皆疏直激切，盡所欲言」（魯迅《漢文學史綱要》）。

其他的散文名篇還有司馬遷的《報任安書》、鄒陽的《上吳王書》、《獄中上梁王書》；楊惲

《報孫會宗書》；枚乘的《諫吳王書》、《重諫吳王書》；司馬相如的《諭巴蜀檄》、《難蜀父老》；東方朔的《非有先生論》等。另外，像淮南王劉安門客集體編著的《淮南子》、王充的《論衡》等不少篇章，都具有哲理性，偏重於思想學說的論述。尤其是王充的《論衡》，對當時統治者所宣揚的神學迷信進行了有力的揭露和抨擊。並對傳統的思想提出了大膽懷疑。漢代還有記敘體散文，專寫歷史故事如劉向的《新序》、《說苑》，韓嬰的《韓詩外傳》等。

漢代散文中的史傳文成就突出，在中國古代文學發展史上占有重要的地位。司馬遷的《史記》、班固的《漢書》爲後世史傳散文的典範之作。

《史記》是偉大的歷史著作，也是傑出的文學作品。它在中國文學史上起著承前啓後的作用。《史記》全書貫穿著「不虛美，不隱惡」（《漢書·司馬遷傳》）的思想。從史學角度看，它創造了紀傳體；從文學角度看，《史記》中的人物傳記，則是在繼承了先秦歷史散文傳統的基礎上，創立的傳記文學。書中因人立傳，集傳成史，大膽地運用文學手段表現歷史人物。它善於把具體歷史事件和細節描寫結合，運用對比襯托手法，突出人物性格特徵。在情節安排上，結構嚴謹而富於變化。語言精練暢達，豐富多彩，有創造性。其內容綜括古今，思想博大精深，風格雄深雅健。這種新的文學體式，影響著唐、宋以後的傳奇小說，促進了古典小說的形成與發展。它的整部作品對後世都產生著巨大和深遠的影響。

《漢書》是繼《史記》之後又一創造和發展。它是中國第一部紀傳體斷代史。《後漢書》的作者曾稱讚班固的《漢書》是「文贍而事詳」，說它「不激詭，不抑抗，贍而不穢，詳而有體」（《後漢書・班固傳》）。它的有些人物傳記，可與《史記》媲美。但作爲傳記文學，《漢書》寫得不如《史記》生動活潑，但它結構嚴謹、語言凝煉，有其特色。另外，《漢書》受辭賦影響，句多排偶，文辭富麗。

（馬勝利）

一二九、魏晉南北朝時期有哪些膾炙人口的單篇散文？

魏晉南北朝（一九〇～五八九）文學創作的主要成就在詩歌方面。但散文也應給予高度重視。這一時期也產生了不少膾炙人口的散文名篇。

建安時期（一九六～二二〇），是文學發展的重要時期。建安文學，在中國文學發展史上占有崇高地位。文人的社會地位有了空前的提高，呈現出文學創作的自覺。當時，北方政局相對穩定，曹操父子篤好文學，延攬文士，在他們的周圍聚集了一大批有如「七子」的優秀作家，形成了鄴下文人集團。他們不滿社會的亂離，同情百姓的疾苦，渴望國家的統一，大都具有拯世濟物、重整乾坤的抱負。其散文作品多爲清峻通脫之作，具有革新氣象。這一時期的散文代表作品有曹操的《讓縣自明本質令》；曹丕的《與朝歌令吳質書》、《又與吳質書》、《典論・自敘》、曹植的《與吳季重書》、《與楊德祖書》、《求自試表》；孔融的《論盛孝章書》、《難曹公表制酒禁書》、《薦禰衡表》；陳琳的《》爲袁紹檄豫州；阮瑀的《爲曹公作書與孫權》等。這些散文與其詩歌一樣，具有鮮明的時代特色，「志深而筆長」、「梗慨而多氣」（劉勰《文心雕龍》）。

正始時期（二四〇～二四八），文學創作呈現低潮。正始文學雖上距建安文學只有一二十年時間，但無論是作家的思想，還是作品內容與風格都發生了明顯的變化，這是與魏末的特定的政治環境分不開的。魏國在明帝曹睿死後，曹魏集團與司馬氏集團展開了激烈的奪權鬥爭。由於司馬氏一面用滅族的酷刑消滅異己，一面以禮教相標榜來收買、拉攏培植自己的黨羽，造成正始時期黑暗、恐怖的政治局面。對此，一些正直的文人不滿司馬氏在禮教幌子下的作爲，於是極力崇尚道家放任自然的一面，與虛僞禮教相對抗，他們憤慨司馬氏的殘暴政治，就用道家否定一切現存制度與秩序的精神來否定現實。由於處於黑暗政治之中，他們有話不能直說，於是散文的創作多表現爲旁敲側擊。代表作品爲阮籍的《大人先生傳》、嵇康的《與山巨源絕交書》等。《文心雕龍・才略篇》說：「嵇康師心以遣論，阮籍使氣以命詩。」這話是互文見義，是說嵇、阮二人遣論命詩都是師心使氣的。這點嵇康尤爲明顯，阮籍與嵇康相比，畢竟要隱晦的多。他們的作品內蘊，是不滿現實，反抗黑暗統治，抨擊禮教虛僞的。其基本精神還是現實主義，並繼承建安文學的優良傳統的。這就是後世所言的「正始之音」。

兩晉之際、晉宋之際，社會雖動盪不寧，卻也不乏名篇佳作。代表作品有陸機的《弔魏武帝文》、《辨亡論》；王羲之的《蘭亭集序》；陶淵明的《桃花源記》、《五柳先生傳》、《自祭文》、《與子儼等疏》、《歸去來兮辭・序》等。其中尤以陶淵明文名最盛。晉代以來，文章趨向於談玄和侫佛，偶儷和繁縟，而陶淵明所作則歸一於眞淳和淡泊。這樣的文章當然不同於建安和正始。其中沒有絲毫慷慨激昂的言語，也無「師心使氣」，當然更無藻飾、雕琢。從文風的平淡看，在古人也有過類似之文，如揚雄的《自敘傳》，雖其以淡泊自居，但著意於解嘲，字縫裏透著生不逢時之感。而陶淵明則一任自然平淡，人言「到東晉，風氣變了，社會思想平靜得多，各處都夾入了佛教的思想。再至晉末，亂也看慣了，篡也看慣了，文章便更和平。代表平和的文章的人有陶潛」（魯迅《魏晉風度及文章與藥及酒之關係》）。陶文雖是平淡，但其中眞情實感，尤爲深至。「天然對雕飾，眞贗殊相懸」（元好問《繼愚軒和黨承旨雪詩四首》），人評其詩之言也可釋文。

南北朝時期，南朝（指宋、齊、梁、陳四朝）這一時期的文，除一部分論議奏疏之外，幾乎都是語句偶儷，聲調鏗鏘的駢文。北朝（魏、齊、周），除酈道元的《水經注》、楊衒之的洛陽伽藍記、顏之推的《顏氏家訓》等著作中的篇章可作散文讀外，無可讀的散文名篇佳作。（馬勝利）

一三〇、晚唐小品文的代表作家是誰？

唐代後期，古文運動並沒有得到良好的發展，古文創作萎靡不振，使得形式華麗、內容空虛的駢文又重新興起。在古文運動衰落中，晚唐小品文卻放出奇異的光彩。其代表作家是皮日休、羅隱、陸龜蒙。

魯迅曾言：「唐末詩風衰落，而小品放了光輝。但羅隱的《讒書》，幾乎全部是抗爭和憤激之談；皮日休和陸龜蒙自以爲隱士，別人也稱之爲隱士，而看他們在《皮子文藪》和《笠澤叢書》中的小品文，並沒有忘記天下。正是一塌胡塗的泥塘裏的光彩和鋒芒。」（《小品文的危機》）可謂是這個歷史時期雜文小品的時代特徵，也可說是以文學針砭現實的結果。

皮日休（八三四？～八八三？），字襲美，一字逸少。居鹿門山，自號鹿門子，又號間氣布衣、醉吟先生。襄陽（今屬湖北）人。著有《皮子文藪》十卷。皮日休早年隱居襄陽的鹿門山，與陸龜蒙有唱和之誼。咸通八年（八六七），中進士，官至太常博士。後出任毗陵副使，爲黃巢等所得。黃巢稱帝，皮日休任翰林學士。中和三年（八八三），黃巢兵敗而死，皮日休不知所終。其生平事跡散見於野史雜史中。皮日休是中國文學史上參加農民起義軍的唯一文人作家。

皮日休曾在《桃花賦序》中說：「日休於文，尙矣，狀花卉，體風物，非有所諷，輒抑而不發。」通觀他的作品，除少數應酬之作外，幾乎都是有所諷諭的。其旨歸諷諭，近似於白居易「爲時」、「爲事」而作的傳統。皮日休的小品文多取託古諷今的手法抨擊現實，感情憤激，言詞直切，頗露鋒芒。如在《鹿門隱書》中，他寫道：「古之置吏也，將以逐盜；今之置吏也，將以爲盜」、「古之官人也，以天下爲己累，今之官人也，以己爲天下累。」又如《讀司馬法》「古之取天下也，以民心；今之取天下也，以民命。」再如《原謗》中說：「嗚呼！堯舜大聖也，民且謗之，後之王天者，有不爲堯舜之行者，則民扼其吭，捽其首，辱而逐之，折而族之，不爲甚矣。」這種不平的反叛思想，正是唐末社會矛盾鬥爭激烈的寫照。

羅隱（八三九？～九〇九），原名橫，字昭諫，號江東生。杭州新城（今浙江桐廬）人。早年即有文名，但在多次應舉未中的憤激之下，改名爲羅隱。後來雖做了小官，但終生鬱鬱不得志。從而養成憤世嫉俗的思想性格，好爲諧謔諷刺。據載其人「恃才忽睨，衆頗憎忌」，「詩文凡以諷刺爲主，雖荒祠木偶，莫能免者」（《唐才子傳》）。羅隱的著作，見於記載的曾有多種，現存的有《兩同書》、《羅昭諫集》、《讒書》。

《讒書》乃羅隱自編並題名，他自己對此書很是自負的。「君子有其位則勢大柄以定是非，無其位則著私書而疏善惡，斯所以警當世而誡將來也」（《讒書後序》）。他的雜文小品在表現形式上有直接發議論的，有藉寓言託諷的，有的用散體，有的用賦體，不拘一格，皆能嬉笑怒罵涉筆成趣，而且一針見血。如《丹商非不肖》讚揚堯舜的不搞家天下；《越婦言》譏諷官僚一旦富貴就安於尸位素餐；《秋蟲賦》揭露封建法網「繩其小而不繩其大」；《迷樓賦》告誡人們隋亡的教訓是「迷於人」而非「迷於樓」；《英雄之言》揭發那些以「救彼塗炭」爲名，行盜竊國家之實的人；《漢武山呼》論述漢武「勞師弊俗」，以致「百姓困窮」，都由「東山萬歲之聲」，而後代昏君，在千口萬舌的萬歲聲中，百姓更爲貧窮也就毫不足怪；《說天雞》則以寓言的形式，隱晦地揭露統治者任人不看眞才實學，而在位的達官貴人則不過是一些「峨冠高步，飲啄而已」的無能雞輩等等。這樣的文章，在羅文中可稱壓卷之作，在唐代小品文中也可稱爲壓卷之作。

陸龜蒙，字魯望，蘇州（今屬江蘇）人。生卒年不詳。自稱江湖散人、天隨子、甫里先生。著有《笠澤叢書》四卷等。陸龜蒙也是屢次應舉落第的文人，也做過小官，最後隱居。皮、羅、陸三人都是好朋友。陸文的風格多是藉題發揮，抨擊現實，長於諷刺，深刻犀利。如《野廟碑》藉土偶來諷刺官吏。說他們「平居無事，指爲賢良，一旦有大夫之憂，當報國之日，則佪撓脆怯，顚躓竄踣，乞爲囚虜之不暇，此乃纓弁言語之土木耳！」《記稻鼠》則揭示了統治者官逼民反的道理。

《田舍賦》、《後蝨賦》、《登高文》、《招野龍對》等，也都是辛辣而深刻的優秀小品文。

總起來說，他們三人的小品文都具有強烈的現實批判性和辛辣的諷刺性。在他們的文中除直言不忌的議論外，更多的是通過寓言故事、藉古諷今，旁敲側擊地對於醜惡現實表示不滿。從文章的發展變遷來看，這個時期可說是中國歷史上第一個雜文時代。這時的文章不僅指責朝政之失，而且抨擊君權之害。比之以前，作者多，作品多。就形式而言，多爲精悍的短論；就體裁而言，其嘻笑怒罵的筆法，不僅見之於雜談雜感，就連辭賦、碑誌、銘讚等，也都染上了雜文色彩。他們所寫的文章，帶有更多的不平之氣，「正是一塲胡塗的泥塘裏的光彩和鋒芒」（魯迅《小品文的危機》）。

（馬勝利）

一三一、《昭明文選》是怎樣一部書？

《昭明文選》是中國現存最早的詩文總集。它的編撰者蕭統（五〇一～五三一），字德施，南蘭陵（今江蘇武進縣）人。他是南朝梁武帝蕭衍的長子。梁武帝天監元年（五〇二），立爲太子，卒年三十一歲，謚昭明，世稱「昭明太子」。故後人也習稱《文選》爲《昭明文選》。蕭統自小喜愛文學，博覽群書。當了太子以後，住在東宮，延集了一批文人學士，討論古今，著述文章。《南史》卷五十三稱：「於時東宮有書幾三萬卷，名才並集。文學之盛，晉宋以來未之有也。」他著有文集二十卷（殘存六卷），又編撰有古今典誥文章爲《正序》十卷，選五言詩爲《古今詩苑英華》

十九卷（《南史》作《英華集》二十卷），均失傳或散失，現存的僅有《昭明文選》，距今已有一千四百五十多年的歷史了。

東漢以後，文人別集多了起來，讀書人翻檢有困難，選本於是應運而興。如晉杜預的《善文》、摯虞的《文章流別集》等書出現了，只是後來都失傳了。「總集自晉有之，而無以選名者，梁昭明太子採自周訖梁百三十餘家之文爲《文選》，至唐而盛行。」自此以後，文選、詩選、詞選、曲選之類就多起來了。

《昭明文選》的編纂，約在梁武帝普通三年至大通元年間（五二二～五二七）。這部書的選錄，從時代說，上起先秦，下迄於梁普通七年（五二六）以前的各體文章。共分三十八類文體，計有賦、詩、騷、七、詔、冊、令、教、策文、表、上書、啓、彈事、牋、奏記、書、移、檄、對問、設論、辭、序、頌、贊、符命、史論、史述贊、論、連珠、箴、銘、誄、哀、碑、墓誌、行狀、弔文、祭文，（有些類又分小類，並以時間先後爲序。）大致可概括爲詩歌、辭賦、雜文三大類。《文選》的「文」是廣義的。合計詩歌四百三十四篇，辭賦九十九篇，雜文二百一十九篇，共有七百五十二篇。《文選》所選作家，除無名氏外，共選一百二十九家，都是各個時代有代表性的人物，如屈原、宋玉、司馬相如、司馬遷、揚雄、班固、張衡、曹操父子、劉楨、王粲、陸機、潘岳、任昉、沈約等和他們的作品。在作品選擇上又詳近略遠，以晉以後爲多。並精選約取，如一類中僅選一、二作家或一、二篇作品。賦、詩所占比重最多，又按內容把賦分爲京都、郊祀、耕籍等十五門，把詩分爲補亡、述德、勸勵等二十三門，它體現了對文體分類及源流認識、文學發展的觀點。

蕭統曾為《文選》寫了一篇有名的序文。序文指出《文選》選錄文章的標準是：「事出於沈思，義歸乎翰藻。」意在說明文章的立意謀篇，要出於精心思索；文章的思想內容，要用有文采的語言表達出來。應當文質並重，形式、內容都好。比較具體的講：「本書經書不選；諸子不選；繁博的記言文不選；記事的傳記不選；取捨從嚴；史書裏可選的只是贊、論、序、述。由此可以看出當時人對文學的看法，把文和經、史、子相區別；文質相稱，以完整的選本作標本示範等。其局限在於把子、史中許多有文藝性的作品加以排斥；兩漢、南北朝樂府民歌及一些優秀的文人作品沒有入選；分類過多、繁瑣。再有就是書中入選了一些偽作。如李陵《答蘇武書》、孔安國的《尚書序》。還有不少誤標序文、誤標題目；前者如漢武帝《秋風辭》、劉歆《移書讓太常博士》，序文係史傳文字；後者如劉峻《重答劉秣陵詔書》並非答書的原文。另外，割裂前人文字、篇章次序安排失當等，也是其不足之處。

《文選》在流傳過程中受到文人士子的普遍重視，它對後人研究這七、八百年的文學發展提供了很大便利，並成為誦習的文本。杜甫告誡他的兒子要「熟精《文選》理」（《宗武生日》），宋人諺語也有「《文選》爛，秀才半」（陸遊《老學庵筆記》）之說。從隋代起，研究《文選》就成為專門學問，號稱「文選學」。唐代以詩賦取士，《文選》就成學習詩賦的範本。後來人不僅把它當做範文讀，而且當做字書、類書看；《文選》的詩歌做為典範，被稱為「選體」。現存最早的、影響最大的研究著作是唐高宗時的李善的《文選李善注》。他注釋《文選》，引書近一千七百種。其注釋偏重於說明語源和典故，但對文義的疏通則疏略，後世學者往往以它作為考正、輯佚的淵藪。

被認爲是總結前人研究成果的集大成著作。另一有名的唐人注本是玄宗時的《五臣注文選》。「五臣」爲由工部侍郎呂延祚所組織的撰注者呂延濟、劉良、張銑、呂向、李周翰五人。南宋時，又有人將李善注、五臣注合刻，稱爲「六臣」注《文選》。除此之外，歷代研究《文選》的書還有很多，比較重要的有：清胡克家《文選考異》十卷，汪師韓《文選理學權輿》八卷，孫志祖《文選理學權輿補》一卷，梁章鉅《文選旁證》四十六卷，胡紹瑛《文選箋證》三十卷，朱珔《文選》集釋二十四卷，及近人丁福保《文選類詁》、駱鴻凱《文選學》等。研究李注的書，有孫志祖《文選李注補正》四卷及今人高步瀛《文選李注義疏》八卷等。

（馬勝利）

一三二、鍾嶸的《詩品》有何價值？

鍾嶸的《詩品》是繼《文心雕龍》之後，出現於齊、梁時代的文藝批評的重要著作，它是中國現存最早品評詩歌的理論名著。這部書爲文學研究開闢了新的領域，對後世詩論有很大影響。

鍾嶸（約四六八～約五一八），字偉長，潁川長社（今河南許昌）人。齊代時任過司徒行參軍。入梁，歷任中軍臨川王行參軍、西中郎將、晉安王記室。所著的《詩品》，約在梁武帝天監十五年（五六六）寫成，比劉勰《文心雕龍》成書稍後。他寫此書的動機，是有感於當時永明體詩風的泛濫。所謂「膏腴子弟」的創作，不過是平庸雜亂的東西，「王公縉紳之士」的批評，不過是各隨愛好、毫無標準的輿論。對此，他提出了自己的精闢見解。在對歷代作家的藝術特點、風格進行品評的同時，還在序言中對詩歌創作中的一些理論性問題，提出了自己評詩的獨特理論。

《詩品》以五言詩爲主，將自漢至梁有成就的詩歌作家，區別等第，分爲上中下三品，故稱爲《詩品》。《隋書·經籍志》著錄此書，書名爲《詩評》，這是因爲除品第外，還就作品評論其優劣。後以《詩品》定名。全書分上中下三卷，所論列的詩人共一百二十二人，所分的三品中，上品十一人，有李陵、班捷妤、曹植、劉楨、王粲、阮籍、陸機、潘岳、張協、左思、謝靈運；中品有三十九人，其中有嵇康、張華、劉琨、郭璞、陶潛、鮑照、謝朓、江淹、任昉、沈約等；下品有七十二人，其中有班固、趙壹、魏武帝、張載、杜預、范曄、謝莊、范縝等。每品中的人物，「略以時代爲先後，不以優劣爲詮次。」通過上述摘錄來看，顯然有品評失當之處。但在分析作家藝術風格和歷史淵源時，多數能抓住要害，批評中肯（少數失當），對後人了解齊梁以前的詩歌發展史很有幫助。

鍾嶸的這種分法，是根據這些作家的不同成就，仿照班固《漢書·古今人表》九品論人，劉歆《七略》剖析條流、究極根本之法，分別等第，顯其優劣。並且在每品之首，又加上一篇序文，說明著書的理論和根據。

本書的卓越之處在於，首先針對當時詩歌發展中所存在的堆砌典故和由四聲八病之說盛行而帶來的刻意追求聲律的兩種弊病，提出了尖銳批評。他指出詩的產生是由於客觀的感召和刺激。闡述了自然現象、社會現象對文學創作的關係。著重提出了「群」和「怨」，特別是「怨」的作用。雖然這裏所說的社會生活還多指個人遭際、哀樂，然而他畢竟揭示了詩歌創作本源於現實生活。這一見解出現在作詩偏重形式的齊、梁時代是有著歷史的進步意義。第二，他認爲文學遺產的繼承，在於精神上，而不在於形式上的模擬。他從作家和作品的風格特點著眼，對歷代詩人之間的繼承和發展關係及不同藝術流派之間進行區分，並提出了比較系統的看法。他不僅爲風格流變的研究開創了一個新途徑，而且對具體作家、作品也有些言簡意賅、頗有見地的評論。他論詩只錄五言，論述各家淵源，向上推到《國風》、《小雅》和《楚辭》，這是風格的繼承，即是詩的精神面貌，並不是指某一體式。在對曹植、阮籍、嵇康等人詩作的評價中，雖採用了不同的語言，但「託詩以怨」卻是其共同點。作爲詩歌的優良傳統，要加以繼承，而不僅限於作者所創造的優美藝術形式。在此，爲五言詩的出現從理論上作了說明，批評了重四言輕五言的傾向。提出四言的形式過時了，「每苦文繁而意少，故世罕習焉」，而五言詩方興未艾，「居文詞之要」在「指事造形，窮情寫物」這些根本方面「最爲詳切」。第三，他繼《文賦》、《文心雕龍》之後，更明確地提出了詩的「滋味」問題。爲此，鼓吹「建安風力」，批判「平典似道德論」的玄言詩。詩怎樣才算有滋味呢？根據他的論述，可概括爲三點：一要有內容，有眞情實感；二要形象可感，富有文采，而且思想內容與藝術形式結合得好才能「驚心動魄」；三要含蓄，做到「文已盡而意有餘」，甚至做到「味之者無極」。第四，他認爲詩是「吟詠性情」的，用不著典故裝飾，文章用典不是不可以，要看清場合，不能「掉書袋」，寫詩要講究韻律，讀之自然上口就行，四聲八病的清規戒律是用不著的。提出使用詞語要「自然」，語音運用要「口吻調利」，不然會「文多拘忌，傷其眞美」。

當然《詩品》受歷史的局限，也存在著品評不當、批評有失偏頗之處，如忽視了講求聲律之美是詩歌藝術發展到一定階段的必然要求；評品作品時往往偏重詞采，少論內容，存在把陶潛詩列爲中品、曹操詩列爲下品等諸如此類問題；在風格源流上，對作家思想藝術方面的多樣性和複雜性的考慮不夠周密，只著眼不同作家在某一方面某些相似點上的詩風的同異，評論上有很多牽強附會之處。

《詩品》雖存在種種不足之處和歷史的局限性，卻仍然是中國文學理論批評史上的一部重要而有影響的著作。它的不少理論觀點以及評論作品的方法，對後來的許多文學家的詩話和文學理論著作有很大的影響。如唐代的司空圖；宋代的嚴羽、敖陶孫；明代的胡應麟；清代的王士禛、袁枚、洪亮吉等人都不同程度地接受了《詩品》的啓發和影響。它爲文論開闢了一條新路，與《文心雕龍》被稱爲中國古代文論的雙壁，是不無道理的。

（馬勝利）

一三三、劉勰的《文心雕龍》爲何被視爲文學批評的巨著？

南朝梁代劉勰的《文心雕龍》，是南北朝時期一部集大成的理論巨著。它在中國古代文學批評史上具有空前絕後的歷史地位。文心，指寫文章的用心；雕龍，意即雕刻成龍，此書名是用雕龍來比喻寫文章的用心。

《文心雕龍》的作者劉勰（約四六五～約五三九），字彥和。曾任東宮通事舍人，世稱劉舍人。祖籍東莞郡莒縣（今山東莒縣）人。世居京口（今江蘇鎮江）。劉勰幼年喪父，篤志好學，因家貧無力婚娶，依靠沙門名僧僧佑，與之相處十餘年。這一時期，劉勰經過五、六年的努力。於齊和帝中興元、二年（五〇一～五〇二）間，寫成了《文心雕龍》，並將它送給沈約。沈約對此很重視，逐漸流傳開來。梁武帝時代，劉勰先後曾任奉朝請、記室、東騎倉曹參軍、太末令、步兵校尉、東宮通事舍人等職。在任東宮通事舍人期間，與昭明太子蕭統交好，其《文選》與《文心雕龍》選文定篇有相合之處。僧佑卒，劉勰奉命回定林寺整理佛經，後削髮出家，改名慧地，一年左右的光景即去世了。

從曹丕的《典論・論文》開始，其後有曹植的《與楊德祖書》、應瑒的《文質論》、陸機的《文賦》、摯虞的《文章流別論》、李充的《翰林論》等文學理論和批評的著作，但都只是從某個方面進行論述，而劉勰則在批判繼承前人的基礎上做了創造性的集大成的工作，寫成了這部文藝理論巨著。

《文心雕龍》是中國文學理論批評史上第一部有嚴密體系的，「體大而慮周」（章學誠《文史通義・詩話篇》）的文學理論專著。全書十卷分上、下兩編，各二十五篇，篇又各繫以贊。最後一篇是《序志》，古人寫書都願把序言放在全書的後面，說明寫書的目的，介紹全書的內容。此書第一至五篇是全書的總綱，有《原道》、《徵聖》、《宗經》、《正緯》、《辨騷》，作爲「文之樞紐」，提出「文源於道」，論述文學的本源和準則，前三篇爲核心。第六至二十五篇是文體論。其中第六至十五篇是屬於「文」的，即《明詩》、《樂府》、《詮賦》、《頌贊》、《祝盟》、《銘箴》、《誄碑》、《哀弔》、《雜文》、《諧隱》等篇爲有韻之文。第十六篇至二十五篇是屬於「筆」

的，即《史傳》、《諸子》、《論說》、《詔策》、《檄移》、《封禪》、《章表》、《奏啓》、《議對》、《書記》等篇爲無韻之文。它們具體詳細地論述了各種文體的特點及歷史發展，其系統和周密，勝過前人。第二十六至四十四篇是創作論。即《神思》、《體性》、《風骨》、《養氣》、《附會》、《通變》、《事類》、《定勢》、《情采》、《熔裁》、《聲律》、《練字》、《章句》、《麗辭》、《比興》、《誇飾》、《物色》、《隱秀》、《指瑕》。它們對藝術構思、風格與個性、寫作技巧、內容與形式的關係等進行分析論述。這些都對文學創作及文學批評有很大的指導意義。第四十五至四十九篇是批評論。即《總術》、《時序》、《才略》、《知音》、《程器》。這些篇章包括有文學史論、情景論、作家論、鑑賞論、品德論，初步建立了文學批評的方法和標準。

《文心雕龍》涉及的內容雖很廣，但都是圍繞「爲文之用心」來寫的。劉勰說：「夫『文心』者，言爲文之用心也。」他認爲，「爲文」必須「用心」，這種用心有如雕刻龍紋，須細加修飾，講究文采。這就叫做「文心雕龍」。他從糾正當時形式主義文風，提倡寫有益於封建政教的文章出發，站在儒家的立場上，指斥當時文壇是「去聖久遠，文體解散，辭人愛奇，言貴浮詭。飾羽尙畫，文繡鞶帨。離本彌甚，將逐訛濫」（《序志》）。而且認爲魏晉以來的文學批評論著，都是「各照隅隙，鮮觀衢路」；「未能振葉以尋根，觀瀾而溯源」（同上），因此他要用自己的理論來糾正其根本性的偏失。

縱觀全書，顯得思緒周密，條理井然，精警的議論比比皆是，遠遠超出了同時學者的論著，其所建樹的文論的理論體系，呈現出不少特色：

首先，是發展的文學史觀的初步建立。所謂「時運交移，質文代變，……歌謠文理，與世推移」，「文變染乎世情，興廢繫乎時序」（《時序》）劉勰認爲文學是發展的。在《時序》、《通變》、《才略》等名篇裏，專從上古到兩晉的政治、風尚的發展過程，結合時代特點，系統地分析了文學興盛的原因，同時對歷代文風先後繼承變革的關係也有所注意。而各種文體歷史的發展，在《明詩》、《書記》等篇章中也有所反映。並且在《麗辭》、《比興》、《誇飾》、《事類》、《》練字等篇中，闡述了文學語言修辭的歷史變遷。注重文學中的「通變」法則，是他的重要思想。第二，是從各個角度對內容與形式並重的理論作了闡發。主張「爲情而造文」，反對「爲文而造情」，這在《情采》篇中論述更爲集中。《風骨》中講了風和骨的關係，這對《詩式》、《二十四詩品》都有影響。《定勢》則闡述了「因情立體，即體成勢」的道理。第三，從創作的各個環節總結了經驗。在創作論的各篇中有不少自己的創見。如《神思》中提出積累學識，加強修養來提高創作水平。論述了物與我、情與景的關係，以及形象思維和藝術想像的重要性，強調情感在文學創作中全過程中的作用。這在《詮賦》、《物色》、《神思》、《情采》、《總術》、《鎔裁》等篇中都有所論及，同時還涉及了不少寫作方法。第四，是初步建立了文學批評方法論。其中《知音》篇是中國文學理論批評史上探討批評問題的較早的專篇文獻。文中批評了賤今貴古，文人相輕的不良風尚，並對批評的態度、修養、方法等作了全面論述。並且提出了「六觀」的評價標準。

《文心雕龍》一書，全用駢文寫成，不免有因辭害義、讓人費解之處，雖說是受時代風氣使然，但不能不說是一個缺點。儘管它還存有不少缺失之處，但它作爲文學理論遺產中一向被人視爲文學批評的巨著，對於後世文人學子具有著深遠的影響，如陳子昂、杜甫、白居易、韓愈、劉知幾、黃庭堅、謝榛、胡應麟、章學誠、葉燮、劉熙載等等，難以一一列舉。由於它的巨大影響，以致很多古今學者爲之注釋、評點，這對我們今天去閱讀、研究是很有幫助的。（馬勝利）

一三四、《水經注》與《世說新語》爲何人所作？有何特色？

中國文學發展至南北朝時，在散文方面，這一非主導性的文學體裁，南朝出現了王羲之《蘭亭詩序》、陶淵明《五柳先生傳》等膾炙人口的名篇；北朝則有酈道元的《水經注》、楊衒之的《洛陽伽藍記》，都是足以標榜的散文巨著。小說可說是當時的文學的重要形式。無論是「稱道靈異」的志怪小說，如干寶的《搜神記》；還是品藻人物的軼事小說，如劉義慶的《世說新語》，在其長足的發展中，都有超越前人的成就。

其中散文的名著、北魏時期的地理著作《水經注》頗有特色，引人注目。

《水經注》的作者，是南北朝北魏地理學家、著名文學家酈道元（？～五二七），字善長，范陽涿鹿（今河北涿縣）人。他出身於仕宦之家，父親酈范在北魏初年封侯，道元襲父爵爲永寧伯。歷任尚書主客郎、治書侍御史、魯陽太守、御史中尉等職。他爲官素有嚴猛之稱，富有正義感，後得罪權貴，被排擠到關右，於孝昌三年（五二七），被雍州刺史蕭寶夤所害。清人劉熙載曾評其文說：「酈道元敘山水，峻潔層深，奄有《楚辭·山鬼》、《招隱士》勝境。柳《柳州遊記》，此其先導耶。」

作爲富有文學價値的地理志，全書分爲四十卷。它是在《水經》基礎上擴充成書的。《水經》作者不明，舊題漢桑欽作。自晉以來爲之作注的有兩家：一家是晉文學家郭璞（二七六～三二四），作注三卷，其書早佚；另一家就是酈道元作注的這本書。他以《水經》爲綱，作了二十倍於原書的補充和發展，約三十萬字，實際已另成專著。其書所記水道一千三百八十九條，引用書籍多達四百三十七種。「因水以證地」，「即地以存古」，其中以敘述北方水系最爲精詳，對前人訛誤多所釐正。南方個別水流，由於歷史原因，不免有些疏誤。酈道元注經與一般注疏家只注章句不同。他以簡潔精美的文筆描繪了山川景物並敘述了神話故事、歷史傳說，記載了大量的民歌、民謠、方言、風習。在注經中，他還寄寓了本人的心志。全書行文以散體爲主，寫景狀物有時也採用駢文修辭手法，顯然受到當時南朝山水詩文的啓發，這對後世山水散文有巨大影響。

《水經注》中文學筆法多樣，或實錄，或誇張，或採用白描，或施以彩筆，不拘一格。山川景物，自然風光，人物風習，都寫得雋永傳神，生動感人。並兼有駢文的精細特色。最爲膾炙人口的如《江水注》中描寫三峽中巫峽的段落，以簡潔精煉的文字寫出了巫峽一年四季的各種景色和雄偉面貌。再如《河水注》中描寫黃河下龍門，「崩浪萬尋，懸流千丈，渾洪贔怒，鼓若山騰」，驚心動魄，氣若長虹。又如《滱水注》中，寫陽城渚的幼童，「或單舟採菱，或疊舸折芰，長歌陽春，愛深綠水」。好一幅水鄉田園的秀麗景象。其他如《濟水注》中的大明湖上「目對魚鳥，水木明瑟」的湖光山色、以及火山、溫泉、神話、掌故，難以一一列舉，都不乏生動精彩的描寫。蘇軾曾言「嗟我樂何深，《水經》也屢讀」。（《寄周安孺茶詩》）這是他對《水經注》藝術感染的激賞。本書對後代作家有深廣的影響。李白、杜甫在他們的詩篇裏從中有所吸取。柳宗元、蘇軾、袁枚、姚鼐等人也都曾效法，以致逐漸形成了所謂「《水經注》體」。《水經注》至清時，已成爲一門專門的學問。《水經注》在流傳中訛誤較多，「經」文與「注」文常相混淆，明清學者朱謀瑋、戴震、趙一清等曾詳校，成績不小。王先謙《合校水經注》、楊守敬等的《水經注疏》較完備。

作爲小說，《世說新語》是志人小說（記述人物的軼聞瑣事、言談舉止），又叫軼事小說。所記多爲眞人實事，編著者劉義慶（四〇三～四四四），彭城（今江蘇徐州）人，是南朝宋宗室。作爲長沙王的第二子，因臨川王道規無子，以劉義慶爲嗣，故襲封臨川王。曾任荆州刺史、江州刺史等職。《宋書·臨川烈武王道規傳》說他：「爲性簡素，寡嗜慾，愛好文義，文辭雖不多，然足爲宗室之表。……招聚文學之士，近遠必至。」此「《世說新語》書或成於眾手，未可知也」（魯迅《中國小說史略》）。梁時，劉孝標爲《世說新語》作注，徵引浩繁，所用古書四百餘種，豐富了此書內容。此書唐時叫《世說新書》，五代、宋改稱《世說新語》，簡稱《世說》。《東觀餘論》說劉向曾有一部叫《世說》的書（已佚），後世爲區別才稱此書爲《世說新語》。除此書外，劉義慶還著有《徐州先賢傳贊》、《典敘》、《幽明錄》、《宣驗記》、文集等，多已佚。

軼事類小說有邯鄲淳的笑林、裴啓的《語林》、袁宏的《名士傳》、郭頒的《魏晉世語》、郭澄之的《郭子》等。但無論從內容到形式，劉義慶的《世說新語》都可說是這類小說的代表作。《世說新語》是軼事小說中的一類，即以西京雜記爲代表的「逸事」體；以《世說新語》爲代表的「瑣言」體；以笑林爲代表的「排調」體。「世說」體（「瑣言」體）的興盛與魏晉名士息息相關。同時它也和上流社會品評人物的清談風尚緊密相連。其內容是注意人物的言談舉止、風采神韻。於是記錄士族名流的清談雋語、軼事傳聞的作品應運而生。

《世說新語》通行本爲六卷，三十六篇。分德行、語言、政事、文學、方正、雅量、識鑑、賞譽、品藻、規箴等三十六門。每門多者數十條，少者幾條。從取材和宗旨來看，它以名士爲對象，以「玄韻爲宗」。「玄韻」的涵義就是玄學的生活情調。它記載了東漢後期到晉宋間一些名士的言行與軼事。所載人物均爲歷史上實有之人。但其言論或故事則有的屬於傳聞。此書很多篇幅係雜採眾書而成。大體來說，作者對漢末一些名士，都持歌頌或讚賞的態度；對魏晉的清談人物則既有肯定也有否定，它是以世族士大夫的道德標準來進行評價的。

書中大量描寫了「魏晉風度」、「名士風流」，體現了士大夫的狂、逸、怪、俠等基本行爲方式，及崇尚清談，辨難玄理的習尚。這種風尚的核心是深情、直率和強烈的叛逆傾向。與此同時，暴露了豪門士族的殘酷爭鬥、貪婪慳吝、兇殘暴虐和窮奢極慾的生活。讚頌了那些具有優良品行的好人好事。在藝術上，善於抓住富有特徵性的細節勾畫人物性格，並在故事情節的發展過程中，完成對人物性格的刻畫。文中善用對比來突出人物性格，而且情節頗具戲劇性，曲折風趣。此書雖說記載人物言行往往是零星的片斷，篇幅短小，但它善於把記言與記事結合起來寫，並如實地記載了不少當時的口語，其語言精煉含蓄，雋永傳神。其中不少故事成了詩詞中常用的典故。

《世說新語》開中國古代志人軼事小說的先河，也是記敘軼聞雋語的筆記小說的先驅，並成爲後世記人記事小品文的典範。雖說它還處於小說體裁的雛形階段，但對後世文學影響深遠。書中不少事例成爲後來戲曲和小說的題材。步趨它的體例而寫出的作品，唐宋明淸直至近世也有不少部。正如後人所評：「記言則玄遠冷峻，記行則高簡瑰奇」（魯迅），「讀其語言，晉人面目氣韻，恍然生動，而簡約玄澹，眞致不窮，古今絕唱也。」（胡應麟《少室山房筆叢》）（馬勝利）

一三五、唐代古文運動的主要人物和主要觀點有哪些？

在中國文學發展史上，唐代文學中，散文的成就僅次於詩歌。韓愈、柳宗元是散文成就最突出的代表。而唐代散文成就的取得，又首先是和韓、柳所倡導的古文運動的開展分不開的。

唐代古文運動的形成主要是在貞元（德宗李適年號）、元和（憲宗李純年號）之際（七八五～八二〇）。「古文」是和魏晉以來流行已久的「駢文」相對立的概念，其特點是奇句單行，不拘格式，不像駢文那樣講究排偶、辭藻、音律和典故。在文體上取法先秦、兩漢的散文，故稱之爲「古文」。唐朝德宗貞元年間，韓愈大力提倡這種文體，以反對六朝以來浮艷頹靡、注重形式的文風。稍後，又得到柳宗元的支持。他們彼此呼應，積極從事古文的宣傳和寫作，並逐漸形成一種文學思潮，這就是人們所說的「古文運動」。

古文運動的產生有其深刻的社會原因和文學本身的原因。貞元前後的唐王朝，不僅階級矛盾尖銳、藩鎮割據嚴重，而且佛、道二教的發展也嚴重的危害了中央政權的經濟利益，唐王朝危機深重；

另一方面貞元時期一度出現了「中興」希望。正是爲適應當時唐王朝統治的需要，出現了以韓、柳爲代表的主張恢復孔孟儒家思想正統地位，反對佛、道二教，以整飭社會風尙的儒學復古思潮，企圖從意識形態領域推動「中興」局面的出現。儒學復古得到了文人士大夫的熱烈響應而形成一種廣泛的社會思想運動。從文學本身發展來看，先秦、兩漢時期的那種質樸自由的散體文，到六朝時被片面地追求整齊儷偶、詞藻華美的駢文所代替。這種文體對於眞實地反映現實、表達思想，無疑是一個嚴重的束縛。因此，對文體改革的要求也就日益迫切。這種改革的願望和要求，早在南北朝時就被提出來了，但不少文人成就都不顯著。直至到陳子昂時，局面才有所改觀。他大張文學復古旗幟，提倡「漢魏風骨」，反對「採麗競繁」的六朝餘風，並第一個用古文進行寫作。其後，蕭穎士、李華、元結、賈至、獨孤及、梁肅、柳冕等人，也都先後出來提倡散文革新，反對駢化。可說是古文運動的先驅。韓愈、柳宗元則進一步提出了一套完整的古文理論，並身體力行寫出了相當數量的優秀古文作品。當時有一批人，如李觀、樊宗師、李漢、李翺、皇甫湜、沈亞之、孫樵等積極支持響應，在文壇上形成了頗有聲勢的古文運動。

古文運動的理論主張，主要見於韓、柳等人的論著中。首先，在文學的內容與形式上，主張文道合一而以道爲主的主張。認爲道是目的、是內容，而文則是手段和形式。要用「道」來充實「文」。不過韓愈特別強調儒家的仁義和道統，柳宗元則主張「以輔時及物爲道」（《答吳武陵論非國語書》）。爲此他們強調提高道德修養，認爲「根之茂者其實遂，膏之沃者其光曄」（韓愈《答李翊書》），主張「養氣」，「氣盛則言之短長與聲之高下者皆宜」（《答李翊書》）。文道合一的重要之處在於言之有物，勿發空論。提出「大凡物不得其平則鳴」（韓愈《送孟東野序》）觀點。

其次，重視學習前人的創作經驗，豐富自己的創作。主張「非三代兩漢之書不敢觀」（《答李翊書》）。不僅重視經史，也吸取屈原、司馬相如、揚雄等人的藝術創作經驗。但反對盲目地厚古薄今，認爲「古人亦人耳，夫何遠哉」（柳宗元《與楊京兆憑書》）。要求寫作必須有認眞的態度，不可出以輕心、怠心、昏氣、矜氣（柳宗元《答韋中立論師道書》）。對古人文要「師其意，不師其辭」（韓愈《答劉正夫書》）。

再有，明確提出文體改革主張，這是古文革新理論的精華。一是要求語言自創新意新詞，不避「怪怪奇奇」（韓愈《送窮文》），反對因襲陳言、模擬古語，即「唯陳言之務去」（《答李翊書》）；一是要求文句妥貼，通達流暢，不流於艱深難解，即所謂「文從字順各識職」（韓愈《南陽樊紹述墓誌銘》），文應「無難易，唯其是爾」（韓愈《答劉正夫書》），力求創造出一種既能融會貫通地運用古人的詞彙語法，又能適合於表達思想反映現實的文學語言，並能用這樣的語言寫出不拘格式、通順流暢的新型散文。

總之，唐代古文運動，開創了散文的新傳統，是中國散文發展的一個轉折點。它開創了一種擺脫陳言俗套、自由抒寫的文風，擴大了散文的應用範圍，使散文在傳統的著書立說之外，在日常生活中找到了表達寫景、抒情、言志的廣闊天地，它的影響是巨大的。當時的張籍、元稹、白居易和晚唐皮日休、陸龜蒙等人在文章和小品文的寫作中，都受到韓、柳古文的影響。古文運動解放了文體，使傳奇作家得到一種更自由的表現形式，促進了傳奇小說的發展。至宋再一次掀起了古文運動。

開創了以唐宋八大家爲代表的古文傳統。明代以唐順之、王愼中、歸有光爲代表的「唐宋派」和清代以方苞、劉大櫆、姚鼐爲代表的「桐城派」古文，都是以韓柳爲首的唐宋古文新傳統的繼承和發展。直至「五四」新文學運動才爲語體散文所代替。

（馬勝利）

一三六、北宋古文運動的主要倡導者是誰？

北宋繼唐代古文運動而起的文學革新運動，是宋代文學史上的一個重要文學現象。它是在北宋時期醞釀、發展和完成的。這是一次承繼唐代韓、柳的古文運動精神的大規模的文學復古運動。它是以「復古」爲旗幟，來配合北宋政治變法形勢的一次全面的文風革新。反對駢文，提倡古文。它對於整個宋代文學，不但有理論上的指導意義，而且還有創作上的示範意義，並由此開創了北宋文壇上新的局面。

這次文學革新運動的主要倡導者是歐陽修、蘇軾。作爲這次文學革新運動的領袖歐陽修、蘇軾，以其理論建樹和創作實踐兩方面的實績，爲後人留下了一分寶貴遺產。

歐陽修在文學上，主張「道勝者，文不難而自至」。反對文士溺於文辭，「棄百事，不關於心」。（《答吳充秀才書》）。反對「務高言而鮮事實」（《與張秀才第二書》）的那種空談道德性命的風氣，認爲這是與古道利世澤民的宗旨相悖的。其復古明道應以憂天下爲務，而不是只求個人「光榮而飽」（《讀李翺文》）。這是與柳開、石介在明道動機上的主要分歧，也是貫穿宋以後士大夫人生觀中的一個核心問題。歐陽修正是以此作爲復古的根本目的。關心「百事」，憂念天下，以反映民瘼和憤世忌邪作爲文學的主要職能，確定風騷在詩道中的正統地位，反對虛美的雅詩賦頌，這是歐陽修倡導文學革新的基本思想。其針貶對象不僅包括楊億、劉筠等人的時文及石介等人，而且也指向了晏殊、宋祁等的詩酒酬唱、歌頌昇平之作。重視文學「憂治世危明主」的作用，這比唐人強調世治而頌，世亂而怨的觀念大大前進了一步。這是與唐時古文運動所不同的。其革新時風與文風的最終目的，還是要培養一代士大夫憂國憂民的思想，鯁直清正的品格，以及合於時用的才能。如果以通經學古來反對文章華麗反到造就了一批迂闊誕漫，以道求祿的文人，那就比文章華麗更糟，何況儷偶聲病，只是藝術形式問題，也可爲古道所用，而不能採用簡單化的辦法來排斥駢偶。因此，對楊、劉時文，歐陽修採取了一種通達的態度，與石介過激的言論完全不同。儘管他也反對「侈此麗彼，以爲浮薄的風氣」（《與荊南樂秀才書》），但又認爲「偶儷之文，苟合於理，未必爲非」（《論尹師魯墓誌》）。他還在《歸田錄》中稱楊億「眞一代之文豪也」。肯定了其才學、工力、有長處可汲取。

在文學創作上，他認爲道可以充實文，而不能代替文。主張作文，須簡而有法，流暢自然，反對模擬與古奧，重視觸事感物在詩歌創作中的作用，提出了詩歌創作「愈窮則愈工」的著名論點（《梅聖俞詩集序》），將憂思感憤興於怨刺，強調作者的生活遭遇對於創作的重要作用。他推崇杜甫、讚賞李白。他首創了「詩話」這一評論的新體式。在他的《六一詩話》中有不少精闢的詩論、文論見解。他的這些詩文理論主張，對於詩文的革新和文人們的創作無疑有著不小的影響。不僅如此，歐陽修還以自己的詩文成就爲一代文風的變革作出表率。他與蘇、梅等人，將反映民瘼、諷刺時弊的古調歌詩與感遇興寄相結合，使對「百事」關心處，形於吟詠情性之中。儘管以詩論政的做法使本來就說理過多的宋詩更趨散文化，但在北宋前期文壇上一片優遊閒雅的酬唱和頌聖明道的說教中，卻以其深刻敏銳的洞察力，產生了警時鼓眾的巨大影響。與詩歌相比，歐陽修的散文更能體現革新成果。其文各體皆工，又富於變化和創新，因而能成爲一代文章宗師。其「紆徐委備」、「容與閒易」的藝術個性，不但爲宋代散文形成平易簡潔，委婉流暢的基本風貌樹立了典範，改變了中晚唐以來因循韓、柳之文的舊習，開北宋六大散文家並峙的局面。另外，還積極針對科場積弊，應考文體進行改革，對那種險怪奇澀號稱「太學體」的時文，則堅決加以貶抑排斥。在努力提舉後進的同時，將一批新老文人團結在他周圍。特別是他所推重的王安石、曾鞏和蘇氏父子等人，對於後來文學創作的繁榮起到了重要的作用。

繼歐陽修之後的文壇領袖蘇軾，在批判地繼承前人的理論同時，將文學理論提升到了一個新的高度。他提出詩文應「有爲而作」，「言必中當世之過」（《鳧繹先生詩集敘》）。強調文必立意，提出「述意」說：「天下之事，散在經史之中，不可徒得，必有一物以攝之然後爲己用。所謂一物者，『意』是也。」（葛立芳《韻語陽秋》卷三引）其內涵的廣闊性超出了道學家所言的孔孟之道，政治家所言的禮教政治的範圍。蘇軾很重視文學的藝術形式，一再指出文學本身猶如精金美玉，自有定價。在表現形式上，強調「辭達」，「使是物了然於心」，「了然於口於手」，這是蘇軾對於散文表現技巧的要求，也是對艱澀、浮華兩種文風的批判。主張平易自然的文風，有意即言，意盡輒止，不要使人同己。他的許多著名論點，如「大略如行雲流水，初無定質，但常行於所當行，常止於不可不止。文理自然，姿態橫生」（《答謝民師書》），「吾文如萬斛泉源，不擇地而出」，「與山石曲折，隨物賦形」；另外像「胸有成竹」、「傳神寫意」、「詩中有畫」等，都對當時和後來的創作有著很深的影響。與柳開、石介的傳道，王安石、曾鞏的重世用相比，在文道關係上，蘇軾更看重文。他在歐陽修「事信矣，須文」（《代人上王樞密求先集序書》）的基礎上，指出「有道而不藝，則物雖形於心，不形於手。」（《書李伯時山莊圖後》）由重道轉向重文，探求文學自身規律，這是蘇軾對文學理論的一大貢獻。他的詩、文、詞、賦，都體現了宋代文學的最高成就。他培植的文學新人，「蘇門四學士」以及陳師道等人，都成了北宋後期的著名文學家。

歐、蘇等人，在唐代古文運動關於文道、文風、語言等方面改革的基礎上，比較正確地解決了文、道關係，肯定了平易暢達的文風和易道易曉的語言風格。他們以其表現手法的多樣化和所建立起來的平易自然、流暢婉轉的風格，使得綺靡浮艷風氣掃地以盡，並使奇句單行的散文占據了文壇的主導地位，最終完成了唐代韓、柳所倡導的古文革新。使得後人尊之爲「唐宋八大家」。另外在詞、詩、賦等領域也都取得了不小的成績。

（馬勝利）

一三七、何謂「唐宋八大家」？

唐宋八大家，是指唐、宋兩代八個散文作家，即唐代的韓愈、柳宗元與宋代的歐陽修、蘇洵、蘇軾、蘇轍、王安石、曾鞏八個人的合稱。

在宋代，八家說尚未定型。宋代呂祖謙的《古文關鍵》，取韓、柳、歐、曾、蘇洵、蘇軾、張耒七家爲一編，而無蘇轍、王安石。眞德秀評論文章，在韓愈後，稱歐、王、曾、蘇爲「以大手筆追懷古作」，不提柳宗元（《跋彭忠肅文集》）。到明初，朱右採錄韓、柳、歐、三蘇、曾、王八家文章爲《八先生文集》。而「唐宋八大家」之稱始見於後來明人茅坤所編《唐宋八大家文鈔》。此書編纂的目的，在爲初學散文者提供精良的選本，「以爲操觚者三劵」（茅坤《原敘》）此書對後世影響極大，「唐宋八大家」之稱即由此書而起。此後學習散文大都以八家爲宗。清桐城派方苞選古文約選、姚鼐選《古文辭類纂》，皆以八大家文章爲主。儲欣在八家之外，另增李翺、孫樵爲十家。愛新覺羅、弘曆曾選十家文爲《唐宋文醇》，作爲清代「欽定」的學習課本。其影響由此可見一斑。

韓、柳、歐、三蘇、王安石、曾鞏，散文創作成就很高，但就其個體來看，其內容有別，文風各異。韓愈的文章氣勢磅礴，雄奇姿肆，其行文駢散互見，長短兼施，排比鋪陳、波瀾起伏，於論說、雜感、傳記、碑誌、書信等形式上皆有實績。只是有時失之古奧艱澀。柳宗元的論說文以思想犀利、精深細密見長。他的山水遊記，文筆清新秀美，富有詩情畫意，在描繪出自然山水優美動人的同時，又常在寫景中寓以身世遭際之感。其語言簡括、生動。歐陽修的文章，平易流暢，紆徐曲折，無論是敘事懷人，狀物寫景，還是議論說理，各體皆工，而且又富於變化和創新。其作品語言圓融輕快，聲韻和諧優美。蘇軾爲文，才華橫溢，無所拘束，文中縱橫捭闔，揮灑自如，能「出新意於法度之中，寄妙理於豪放之外。」（《書吳道子畫後》）波瀾疊出，變化無窮。王安石的文章法度謹嚴，筆力簡峻。論證說理思想深刻，析理精微，有極強的說服力。這種長於議論的特點，在他的記遊、記人、記事中也有鮮明的體現。由於只注重說服力而不注重摹寫物象、醞釀氣氛，因而很多文章缺少文采和形象性。有枯燥單薄之感，缺少韻味。蘇洵爲文，「侈能盡之約，遠能見之近，大能使之微，小能使之著。」（曾鞏《蘇明允哀辭》），不抄襲陳說，敢於發表自己的獨到見解。作品以雄奇爲主又有曲折多變，紆徐婉轉的特色。蘇轍的散文，秀傑深醇，汪洋澹泊，一波三折，在宋代自成一家。曾鞏爲文含蓄典重，紆徐委備，醇厚平正，但不重文采。

總之，他們作爲唐宋古文運動的代表作家，在文學創作上，其共同傾向是提倡散文，反對駢體文，主張文以載道，明道適用，形式爲內容服務。語言上要求去陳言，詞必己出，自然流暢。他們還注重作家的個人修養，講究文章的氣勢與力量，提倡內容充實，清新流暢的文風，由此確立了中國古代散文創作的新典範。

（馬勝利）

一三八、明代古文的前七子和後七子是誰？

明代前期，統治文壇的是「臺閣體」。「臺閣體」的代表人物是楊士奇、楊榮、楊溥。因爲三楊都是位至宰輔，幾朝受寵的大臣，所以稱他們的作品爲「臺閣體」。臺：是御史臺；閣：是內閣。他們的作品多爲點綴昇平、歌功頌德、應酬捧場之作，形式華靡。「臺閣體」長期統治文壇，給文學帶來了嚴重的危機。這引起了一些文士的不滿。希望改變現狀，尋找出路。前後七子的文學復古運動，就是在這種情況下產生和發展起來的。

弘治、正德年間（一四八八～一五〇八），以李夢陽和何景明爲首，包括徐禎卿、邊貢、康海、王九思、王廷相等人的「前七子」結成一個文學集團，他們針對當時虛飾、萎弱的文風，提倡復古，但鄙棄自西漢以下所有的散文及自中唐以下的所有詩歌。強調文章學習秦漢，古詩推崇漢魏，近體宗法盛唐。爲把他們與後來出現的李攀龍、王世貞等七人相區別，世稱「前七子」。其文學主張的進步意義在於消除臺閣體、八股文的惡劣影響，廓清萎靡不振的詩風，有一定功績。「前七子」在總體思想上雖說一致，但在一些具體的文學見解上仍存有一些分歧。李夢陽的擬古，提倡句模字擬；而何景明則主張擬古要領會神情，不仿形跡，意即不露模擬的痕跡，但並未達到復古求創新的高度。李夢陽晚年曾自我反省，在其《詩集自序》裏，對過分強調「刻意古範」有追悔之意。

前七子在文學創作上成就不等，比較有代表性的作品有李夢陽的《與何子書》、《遊廬山記》

等；何景明的《上冢宰許公書》、《上楊邃庵書》、《與何粹夫書》、《與李中丞書》、《說琴》等。他們的這些文章並不擬古，而且不同流俗，敢於直陳時弊，不避貴戚和權閹，直繼唐宋以來文人干預朝政的傳統，即便是寫景狀物，發為議論，也是有慨而言，頗似唐宋人風格。當然，他們也有不少刻意求古而不見精采的文章。這類文章，模擬古人，形跡顯然，而無新意。如果就這類文字而言，世人譏評其復古流於形式，不無根據。

前七子是後七子的前導，使文學復古運動在明代長達百年之久。

以李攀龍、王世貞為首的七子，包括有謝榛、宗臣、梁有譽、徐中行、吳國倫，世稱「後七子」。他們是嘉靖、隆慶年間（一五二五～一五六九）詩文復古的又一大派。其詩文復古主張，基本上是前七子的繼續，而影響且又過之。他們結詩社，主文盟，評論詩文，從事寫作。在他們看來，「西京之文實，東京之文弱，猶未離實也。六朝之文浮，離實也。唐之文庸，猶未離浮也。宋之文陋，離浮矣，愈下矣。元無文。」（王世貞《藝苑卮言》卷三）否定了漢以後的全部文章。還認為古文已有成法，今人作文只要「琢字成辭，屬辭成篇，以求當於古之作者而已」（王世貞《李於麟先生傳》）。在後七子中，文學主張也存在著不同的發展變化。後來王世貞也曾自悔四十歲前所作的《藝苑卮言》，認識到「代不能廢人，人不能廢篇，篇不能廢句」（《宋詩選序》）的道理。

李攀龍的成就主要在詩，王世貞詩文兼擅，文備眾體，就散文而言，自是後七子的代表作家。能與之並稱的人還有宗臣。

王世貞最有特色的文章，是那些序跋題記。如《仲宣樓記》、《復青容軒記》、《題海天落照圖後》等。這些作品論證古今，體現出「博綜典籍，諳習掌故」（《四庫全書總目・弇州山人四部稿提要》）的特色。宗臣文章在後七子中最有特色。它突出的表現在諷刺權奸與禦倭記事的作品中。前者如《報劉一丈書》，作爲一篇書信，文中採用了漫畫式的手法，對那些乾謁求進者晨昏求乞、白晝驕人的醜態，作了辛辣的諷刺和無情的鞭撻。可說是嘉靖年間官場黑幕的眞實寫照。其文語言形象、凝煉，筆鋒犀利。穿插的諷世文字，雖是借題發揮，卻充分表達了作者不同流俗的耿介胸懷。還有《送許簿之海寧序》，從中可見出明代後期的朝野吏治，而且對人物的居心行事也是刻畫入微的。後者如《報子與書》、《西門記》等，記述史實，指陳時弊，語言生動，在前後七子諸作中別具一格。另外像《平遠臺記》，雖說是登山臨水之文，卻展現了憂念天下蒼生的胸懷。

總起來說，前後七子的復古是針對「臺閣體」和八股時文的弊病而發的。但同時也是出於對現實的不滿，而且多半都是反對宦官專政的。這在當時起了一定的進步作用。但他們一味地強調模擬古人，以形式上的模擬代替自己的創作，因此，他們的作品大多成就不高。使得復古成爲只是以一種新的形式代替另一種形式而已，未能推動文學向前發展，相反卻把文學發展引向另一條錯誤之路。雖說李夢陽、王世貞晚年有自悔之意，但風氣已成，流弊已無法挽回。正因如此，所以當前後七子的復古文風風靡文壇時，就有歸有光等唐宋派作家起來反對。最後，以袁宗道、袁宏道、袁中道爲代表的「公安派」，提出了自己反復古的理論主張，並以其清新的文筆，掃除了前後七子散布的古奧、板滯的迷霧，對解放文體、扭轉文風作出了貢獻。

（馬勝利）

一三九、什麼是公安派？

明代散文眞能別開生面，是從思想上突破程朱理學開始。而李贄、公安派的袁宏道則是突出的代表。他們從突破理學傳統到獨抒性靈，這是明代散文發展的一個新的趨向。

「公安派」是指以袁宗道、袁宏道、袁中道爲首的猛烈抨擊前後七子擬古主義，把李贄的文學主張貫徹於文學創作中去的文學流派。因他們兄弟三人其籍貫爲湖廣公安（今屬湖北），故世稱「公安派」。其重要成員還有江盈科、陶望齡、黃輝、雷思霈等人。

作爲反復古的先驅李贄，在陽明之學、或王學左派的影響之下，對於當代的統治思想——程朱理學進行了尖銳的批評。打破了官方儒學的傳統，而發揚了一個與之對立的傳統，即先秦以來的放言無憚、發憤著書的傳統。寫出了許多「毀聖叛道」的文章。李贄著《童心說》，就是追求「眞」的，也即袁中道所說「黜虛文，求實用；捨皮毛，見神骨；去浮理，揣人情」（《李溫陵傳》）。在文學上，他提出了「童心說」，即注重眞實的思想感情。批評了「唐宋派」文以載道的觀點。認爲「童心」是爲文的根本。即去僞存眞。他的思想、文學見解、創作實踐以及敢於擺脫古文傳統格局束縛的精神，無疑給了公安派中人以深刻直接的影響。

繼李贄之後，袁宗道（字伯修，一五六〇～一六〇〇）、袁宏道（字中郎，一五六八～一六一〇）、袁中道（字小修，一五七五～一六三〇），成了反復古的主將。他們的文學主張深受李贄影響，和「前後七子」針鋒相對。其文學主張，主要是「眞」和「變」二字。由於重視「變」，故反對盲目崇古，主張文隨時變。由於重視「眞」，便反對模擬抄襲，要求存眞去僞，抒寫性靈。袁宗道就曾一針見血地指出復古人士的病根「不在模擬，而在無識」（《論文》）。他們認爲「代有升降，而法不相沿，各極其變，各窮其趣」（袁宏道《敘小修詩》），「世道改變，文亦因之；今之不必摹古者，亦勢也」（袁宏道《與江進之》）。這是因爲「性情之發，無所不吐，其勢必互異而趨俚，趨於俚又變矣」（袁中道《花雪賦引》）。因此，「古何必高？今何必卑？」，「古人之法顧安可概哉！」（袁宏道《雪濤閣集序》）即不應厚古薄今。在創作上，強調獨抒性靈，不拘格套。認爲好的詩文是任性而發，從胸中流出的。後人稱之爲「性靈說」。其觀點接近於李贄的「童心說」。主張「出自性靈者爲眞詩」，而「性之所安，殆不可強，率性所行，是謂眞人」（袁宏道《識張幼於箴銘後》），「眞者精誠之至。不精不誠，不能動人」，應當「言人之所欲言，言人之所不能言，言人之所不敢言」（雷思霈《瀟碧堂集序》）。

寫作是「靈竅於心，寓於境。境有所觸，心能攝之；心欲所吐，腕能運之」，「以心攝境，以腕運心，則性靈無不畢達」（江盈科《敝篋集序》）。他們以通俗平淺的語言寫作詩文，採用俗語，不用什麼典故。在文體的解放上頗有功績。遊記、尺牘、小品，或秀逸清新，或活潑詼諧，很有特色。

公安派三袁中，袁宏道最有代表性。他的作品在強調「獨抒性靈，不拘格套」（《敘小修詩》），同時，注重文章的「趣」和「韻」。「世人所難得者唯趣。趣如山上之色，水中之味，花中之光，女中之態，雖善說者，不能下一語，唯會心者知之」，「夫趣，得之自然者深，得之學問者淺」（《敘陳正甫會心集》）。講究變粉飾爲本色，變程式爲率眞。今存有尺牘二百八十餘封；各類隨筆二百餘篇。前者如《致聶化南》一札，精煉活脫，間以詼諧：「敗卻鐵網，打破銅枷，走出刀山劍樹，跳入清涼佛土，快活不可言，不可言！投冠數日，愈覺無官之妙。弟已安排頭戴青笠，手捉牛尾，永作逍遙纏外人矣！朝文焚香，唯願兄不日開府楚中，爲弟刻袁先生三十集一部，爾時毋作大貴人，哭窮套子也。不誑語者，兄牢記之。」後者，寫作的題材多樣，情趣盎然。如《鬥蛛》、《畜促織》、《時尚》等。他的遊記文有九十餘篇，如《虎丘》、《天目一》、《晚遊六橋待月記》、《觀第五泄記》、《滿井遊記》等，文筆優美，韻味深遠。其詩成就不及散文。著作今有《袁宏道集》。

袁中道的文學成就僅次於宏道。晚年有感於模仿公安派文人而形成的「爲俚語、爲纖巧、爲莽盪」（《中郎先生全集序》）的流弊，在重性靈的同時兼重格調。散文成就大於詩。他的日記《遊居柿錄》（二十卷），對後世日記體散文有一定影響。遊記文代表作有《玉泉澗遊記》、《金粟園記》、《遊鳴風山記》、《遊石首繡村山記》等。尺牘的代表作有《與曾太史長石》、《寄蘊璞上人》、《答潘景升》等。著作有《珂雪齋集》（二十卷）。

袁宗道的文學作品內容多以士大夫的閒情逸興、說理談禪爲主。與其弟宏道比，略有不同，認爲「理（思想和學問）充於腹而文隨之」（《論文》），比較看重思想和學問。他的代表作有遊記，如《上方山》、《小西天》、《戒壇山》；簡牘如《答友人》、《寄三弟之二》；論說文，如《讀論語》、《讀大學》等。其詩遜於文。著有《白蘇齋類集》（二十二卷）。

總之，公安三袁對當時朝政腐敗，社會黑暗是深惡痛絕的，作品中也時見憤懣之語。然而，由於其自身的歷史局限性，使得他們退守田園，忘情山水，超脫是非之外，從而存在著作品思想內涵貧弱、題材狹窄的不足。但同時也應看到他們在文學創作上，豐富了散文的表現的方式，開拓了小品文的領域。並對清代鄭燮的散文，袁枚的詩和詩論，均有一定影響。他們的文學理論主張，對中國文學的理論發展，也做出了自己不小的貢獻。（馬勝利）

一四〇、桐城派如何強調爲文需重義法？

清代最有影響的散文流派，是以安徽桐城人爲中心的桐城古文派。桐城派的先導是康熙時的戴名世（一六五三～一七一三），他是翰林院編修，參加編《明史》，著《南山集》，因《南》一書中用明桂王永曆而不用清帝年號，被誣處斬。他的文章開桐城古文的先聲。他曾提出：「文之爲文，必有出於語言文字之外，而居乎行墨蹊徑之先」的東西，叫「精、神、氣」（《答伍、張兩生書》），影響後世甚大。乾隆時出現了桐城派代表作家方苞、劉大櫆、姚鼐。

方苞（一六六八～一七四九），字鳳九，一字靈皋，晚號望溪。他曾爲戴名世《南山集》作序，險些被斬。他一生努力於古文復興，開始建立了桐城派的古文理論。他提出了桐城派古文綱領「義（有物，即思想內容）、法（有序，即表現方法）」。「義法」一詞始見於《史記、十二諸侯表序》。方苞取之爲己所用，「義即《易》之的所謂『言有物』也，法即《易》之所謂『言有序』也。義以爲經而法緯之，然後爲成體之文」（《又書貨殖傳後》）。其義經法緯說，是要求內容和形式相統一。並認爲形式決定內容，「法之變，蓋其義有不得不然者」（《書五代史安重海傳後》）。爲文崇尙雅潔，反對俚俗和繁蕪。

繼起者劉大櫆（一六九八～一七八〇），字耕南，又字才甫，號海峰。他是方苞的學生，姚鼐的老師，是桐城派承上啓下的人物。他著重發展了方苞關於「法」的理論。提出了「因聲求氣」說。認爲「行文之道，神爲主，氣輔之。」「神氣者，文之最精處也，音節者，文之稍粗處也；字句者，文之最粗處也……神氣不可見，於音節見之；音節無可準，以字句準之。」（《論文偶記》）他認爲「義理」固然是文章的根本，而藝術形式也很重要。在他看來，只強調「法」還不夠完備，因此以「神氣音節」以補充其說。著有《海峰文集》。

再後爲姚鼐（一七三二～一八一五），字姬傳，一字夢谷，人稱惜抱先生，曾跟從劉大櫆學古文，最後確立了「桐城義法」，是桐城派的集大成者。著有《惜抱軒全集》。他明確地提出寫古文要具備義理、考證、文章三個方面的統一。「義理」，指程朱理學，封建儒道；「考證」，指清代考據之學，即具有淵博的學問；「文章」，指桐城派古文之學。三者之間，以「義理」爲主。（《惜抱軒文集·述庵文鈔序》）。認爲「所以爲文者」有八，即：神、理、氣、味、格、律、聲、色，前四者是「文之精」，後四者是「文之粗」（《古文辭類纂序》），發展了「神氣說」。他把眾多不同的文章風格，歸納爲「陽剛」、「陰柔」兩大類，認爲「文之雄偉而勁直者，必貴於溫深而徐婉」（《海愚詩鈔序》）。

桐城派的古文，在選取素材，運用語言上，只求簡明達意，條理清晰，不重羅列材料、堆砌辭藻，不用詩詞、駢句，力求淸眞雅正。其代表作品有，方苞的《獄中雜記》、《左忠毅公逸事》，姚鼐的《登泰山記》等。它們這些頗具代表性的散文，在寫法上較好地體現了桐城派提倡的理論主張。它們以選材的眞實性和典型性取信於人，不在文字上過分雕琢、修飾，都以作者耳聞目見的事實爲線索，把材料組織得井井有條，環環相接，記敘得淸晰、通達，文字洗煉、流暢。

桐城派的古文理論，從方苞經劉大櫆到姚鼐，建立起一個比較完整的體系。這個理論體系的核心內容，是強調以「義」（或「義理」）爲主，「義理」與「文章」相統一。另外，他們在矯正明末淸初「辭繁而蕪，句佻且雅」的文風，（方苞《書柳文後》），促進散文的發展也起了一定作用。由於其「載道」思想，「文法」理論適應了淸統治者提倡程朱理學的需要，故能長盛不衰，影響頗廣。桐城派實際上影響了整個淸代後期文壇，地域上也超出了桐城範圍，遍及國內。除方、劉、姚三人外，追隨的門人有數十人，較有名的有號稱「姚門四弟子」的管同、梅曾亮、方東樹、姚瑩。晚淸時，曾國藩曾鼓吹中興桐城派，形成爲「湘鄉派」。

桐城派的文學主張，固然是要使古文更有效地服務於封建統治者，但由於他們概括了歷代古文家寫作古文的技巧和成就，便於今天學習、了解古文的寫作方法，對提高人們對古典散文的鑑賞力還有一定作用，故還有可取之處。

（馬勝利）

一四一、什麼是駢文？駢文與散文有何不同？

駢文，也稱駢體文、駢儷文、四六文，是中國特有的一種文體。它產生於魏晉，南北朝是其全盛時期。作爲中國文學中的一種體類，它是從古代文學中的一種修辭手法逐漸發展形成的。駢的本義是兩馬並駕一車（見《說文解字》），引申爲對偶的意思。所謂駢偶、駢儷，都是平常說的對仗。偶的常用義是兩個人在一起，引申爲成雙成對之稱。儷也是這個意思。仗是古代帝王出行時走在前面的儀仗。儀仗總是兩兩相對的，所以也用來做辭句整齊對稱的名稱。排偶或對仗，本是適應中國漢語言的單音詞比較多，容易構成配對的現象而產生的一種修辭手法。它源於對事物的聯想，可以使事類相從，還可以取得語句上的整齊、對稱之美。這種排比對偶的修辭手法，在先秦散體文中已採用，如「學而不思則罔，思而不學則殆」（《論語・爲政》）。「以此眾戰，誰能禦之；以此攻城，何城不克！」（《左傳・僖公四年》）至兩漢時，漢賦促使散體文中的對偶句增多。作家更爲自覺地使用對偶這一修辭手段。在賈誼、司馬相如、鄒陽、枚乘、司馬遷、揚雄等人的文章中對偶句已屢見不鮮，並使用了大量典故，這可看作是駢體文的先聲。經過魏晉，至南北朝時，形成與散體文互相區別的獨立文體。六朝駢文的句式，這時多以四、六句爲主，但常常夾有雜言。唐代開始，駢文的句式更趨規整，出現了通篇四、六句的駢文，因而在宋代一般又稱駢文爲「四六文」。

駢文這一名稱是與散體文相比較而提出的。在中國的文章中，除韻、散之分外，還有駢、散的區分，這是中國文學史上所獨有的現象。

駢文要求通篇文章句法結構相互對稱，詞語對偶。在聲韻上，駢文講究運用平仄，音律和諧。修辭上注重藻飾和用典。而散體文，句子可長可短，不要求對仗，不講究聲律，不強調用典。但對駢文的這些表現手法和修辭手段，散體文也並不完全排斥。可駢文則在這些方面特別的講求，以至成為必備，典型的駢文又是專以此來取勝的。下面就駢文的這幾個方面加以簡要說明：

（一）駢偶。這是駢體文最突出的特徵。駢文要求通篇句式都兩兩相對；詞語要相互對偶。即主語對主語、謂語對謂語、賓語對賓語等等；名詞對名詞、動詞對動詞、形容詞對形容詞、虛詞對虛詞等等。詞義上還有言對、事對、反對、正對等區別。「故麗辭之體，凡有四對：言對為易，事對為難；反對為優，正對為劣」（《文心雕龍・麗辭》）。所謂言對，是就一般的語詞相對，不含典故、故事。事對，指在對偶句中典故對典故。所選的既要貼切，上下句所用又要同類，互為補充，字數還要相等。如「毛嬙障袂，不足程式；西施掩面，比之無色」（宋玉《神女賦》）。以兩位美女形容高唐神女的美麗。反對，指把兩個相反狀況的事情形成對仗，來說明同一個道理。如「鍾儀幽而楚奏，莊舄顯而越吟」（王粲《登樓賦》）。作者以一個窮迫為囚，一個身居顯要兩個不同境況，說明思念故土是人之常情。正對，是指把相同的兩件事對舉出來，來表述同一個意思。關於駢偶，《文鏡祕府論》羅列對法，名目繁多，達三十九種之多。

（二）四、六句式。與駢偶有極密切關係的，是對每句字數的要求。魏晉時代駢體文，每句的字數不定。多為四字句，也有五字句、六字句，還雜有散句。宋齊以後，特別是唐宋以後，「四六」

（「四六」有廣狹兩種涵義。狹義專指起於齊梁成熟於唐的更爲嚴格的駢體文；廣義的是作爲一般的駢體文的別名。）格式就定型化了。在駢體文中，關聯詞語、語氣詞一般是不計算在句子字數之內的（有時句子中的虛詞也不算）。根據對仗來決定，「四六」的基本格式有五種：其一，四字句與字句組成爲上、下聯相對，如「輕如遊霧，重似崩雲」（鮑照《飛白書勢銘》）。其二，六字句與六字句組成爲上、下兩聯相對，如「窺地門之絕景，望天際之孤雲」（鮑照《登大雷岸與妹書》）。其三，上四、下四與另一上四下四組成爲上、下兩個長聯相對，如「北海雖賒，扶搖可接；東隅已逝，桑榆非晚」（王勃《秋日登洪府滕王閣餞別序》）。其四，上四下六與上四下六組成上、下兩個長聯相對，如「漁舟唱晚，響窮彭蠡之濱；雁陣驚寒，聲斷衡陽之浦」（王勃《滕王閣序》）。其五，上六、下四與上六、下四組成兩個長聯相對，如「屈賈誼於長沙，非無聖主；竄梁鴻於海曲，豈乏明時。」（王勃《滕王閣序》）一般說來，駢體文的其他句式，三、五、七字句也有，但以四、六句式爲常。其他句式多起輔助作用。

（三）用典與藻飾。使用典故、崇尚文采也是駢體文的一個重要特徵。所謂用典，是援引古人古事和古人的話來加強論據，證明自己所敘觀點、事情是古已有之，來增強文章的說服力。並啓人聯想，發人之幽思，藉以抒發懷抱。使文章達到詞語簡煉、委婉含蓄的作用。用典，大致分爲兩類：一是歷史故事，一是前人詩文。在具體運用中又有正、反、明、暗用等多種手法。魏晉以前的用典，一般爲直接引述，意在以此爲據，重在說理；魏晉以後的駢體文，用典則要求剪裁熔化，藉以達到比喻影射、襯托對比及含蓄委婉、典雅精煉的效果。駢體文崇尚文采，除主張煉字、煉意外，還喜用色彩濃鬱、富麗典雅的辭句。

（四）聲律。駢體文十分注意運用平仄加強文章的音樂性。駢體文講究平仄，是從齊、梁開始的，而形成於初、盛唐。駢體文可以分爲有韻駢文和無韻駢文兩類。凡用駢體寫的賦、箴、銘、贊、頌、誄詞等，一般都是有韻的，其他體裁一般是不用韻的。駢體文運用平仄的規律，跟「律詩」中的律句大致差不多，即要求在一句之中，平節和仄節交替。四字句式，第二和第四個字是節奏點；六字句式如是二四式，則第二、第四、第六爲節奏點；如果是三三式，則第三、第六字爲節奏點，節奏點的平仄是最嚴格的。而駢文中的上、下兩聯之間，則要求平節與仄節相反，即以平對仄，以仄對平。追求句式整煉，而又講求聲律諧調，這是後期駢文的特點。

駢體文在對偶、字數、用典、平仄文采等等方面的要求，集中體現了漢民族語言的特色，有助於表達作者的思想。狀難寫之情，含不盡之意，實有散體文所不及處。但當駢體文過分追求形式的整齊華美時，其形式就成爲一種束縛。自唐宋以來，駢體文多次受到掃蕩，但它對中國文學的發展還是起到了不可忽視的影響。它不僅爲律詩的產生準備了條件，而且也促成了後代許多駢散兼行的好作品的出現。

（馬勝利）

一四二、隋唐以來有哪些重要的駢文家？

魏晉南北朝時期的駢體文創作是一座高峰，高峰過後仍有連綿不斷的山脈在延伸。根據隋唐文學史中駢體文的演變發展來看，在駢文創作上有代表性的作家有：隋代盧思道及薛道衡；初唐四傑（王勃、楊炯、盧照鄰、駱賓王）；盛唐的「燕許大手筆」張說、蘇頲；中唐的陸贄；晚唐的李商隱。

有隋一代駢體文壇可觀者，當推盧思道及薛道衡。盧思道（約五三一～五八二），字子行。范陽（今河北涿縣）人。北齊時，爲給事黃門侍郎。北周間，官至儀同三司，遷武陽太守。入隋後，官至散騎侍郎。他今存之文，以《勞生論》最爲著名。文中揭露了北齊、北周官場中趨炎附勢者的醜態，可謂是傳神之照。另有《北齊興亡論》、《後周興亡論》等史論之作，「陽秋之筆，殆云無隱」（張溥《盧武陽集題辭》），頗具識見。薛道衡（五四〇～六〇九），字玄卿。河東汾陰（今山西萬榮）人。歷仕北齊、北周。入隋後，任內史侍郎，加開府儀同三司。煬帝時，出爲番州刺史，改任司隸大夫。後爲煬帝所殺。其《祭江文》、《祭淮文》較有名氣。薛文語言樸素，語句短小，少用典事，直接論事說理。

初、盛唐時期，在文章領域，還是駢文居首位的時代，一些作家寫了值得稱道的文章。如初唐四傑的王、楊、盧、駱，盛唐張說、蘇頲。其中初唐的王勃、盧照鄰、駱賓王三人的文章更爲後人所推崇。

王勃（六四九或六五〇～六七五或六七六），字子安。絳州龍門（今山西河津）人。他是隋末大儒文中子王通之孫，王績的姪孫。幼有神童之名，十四歲對策高第，授朝散郎，後因往海南交趾省父，渡海溺水，驚悸而卒，年僅二十八歲。王勃的駢文，最多的是序，達四十四篇，其次是碑和書啓。最有名的當是《滕王閣序》。作者用生動的文筆，即景生情，抒發了他的抱負和懷才不遇的憤慨心情，其後半篇勸勉友人應老當益壯、達人知命的一段和自敘胸懷的一段，均寫得慷慨多氣，豪邁動人。由此文也可以看出，唐初駢文雖仍承襲六朝餘習，但能夠襲舊逾新，題材有所擴大，創作上追求闊大的氣象和宏博瑰麗的詞采，以及剛健充沛的氣勢。

楊炯（六五〇～？），華陰（今陝西華陰縣）人。少以神童授校書郎，爲崇文館學士，累遷詹事司直。武則天時，任梓州司法參軍，後遷盈川令，卒於任上。在「四傑」中，自視甚高。就其存文而論，較有可取者，唯《王勃集序》。

盧照鄰（約六三七～六九五後），字昇之，自號幽憂子，幽州范陽（今河北涿縣）人。初授鄧王府典簽，調新都尉。因風痺症去官，久之，足攣，一手又廢，不堪其苦，乃投潁水而死。其病廢後所著《五悲文》，就其所反映的社會現實，人情冷暖，世態炎涼，及表現手法和語言文字，都是前人所少有的。另外《釋疾文》並序，也與此風格相同，都是駢文中的上品。還有《益州至眞觀主黎君碑》，不僅以瑰麗之詞形容道觀，還聯繫到道觀外的人與事關涉到王朝的興衰。這正是「務恢而張之」（《唐宋文舉要》）的特點。

駱賓王（約六二六或六二七～六八四後），婺州義烏（今浙江）人。他七歲能詩，有「神童」之譽。初爲道王李元慶府屬。後拜奉禮郎。爲東臺詳正學士。曾因事被謫，久戍邊疆。後入蜀參與平定蠻族叛亂，文檄多出其手。後由長安主簿入朝爲侍御史，曾被誣下獄。後出獄，再度投身戎幕。曾出任臨海縣丞。後隨徐敬業（即李敬業）起兵討伐武則天，軍中書檄，都爲駱賓王所撰。兵敗後，下落不明。代徐敬業作的《討武曌檄》，最爲有名。作爲一篇文氣充沛、剛健的駢體文，以其濃烈的激憤之情貫串始終，所以它有一種奪人魂魄的震撼力量：「一抔之土未乾，六尺之孤何託！倘能轉禍爲福，送往事居，共立勤王之勛，無廢舊君之命，凡諸爵賞，同指山河。若其眷戀窮城，徘徊歧路，坐昧先幾之兆，必貽後至之誅。請看今日之域中，竟是誰家之天下！」可謂是咄咄逼人。武則天讀此，初「但嘻笑，至『一抔之土未乾，六尺之孤何託！』矍然曰：『誰爲之？』或以賓王對。后曰：『宰相安得失此人』！」（《新唐書・文藝列傳》）足見其文才連目空一切的武后也爲之折服。

「初唐四傑」的駢文，在才華橫溢、辭采贍富之中，寓有一種清新俊逸的氣息。無論抒情、說理或敘事，都可說是揮灑自如，使唐代駢文有了新的特徵。與六朝後期堆花儷葉，一味追求形式之美的文風，有明顯的不同。另外像李華的《弔古戰場文》，也是一篇鏗鏘可讀的文字。與「四傑」同時代的駢文家還有「文章四友」（李嶠、崔融、杜審言、蘇味道），但其文不足以見性情，不爲論列。

在初唐四傑等人的努力下，至玄宗時期，出現了號稱「燕、許大手筆」張說、蘇頲的駢文。因張說封燕國公；蘇頲襲封許國公，故稱燕、許（《新唐書・蘇頲》）。與初唐四傑相比，「燕許」二公則是官高位顯的人物。張說（六六七～七三〇），字道濟，一字說之。原籍范陽（今河北涿縣），世居河東（今山西永濟），徙家洛陽。張說年才弱冠，對策第一，授太子校書。他曾前後三次爲相，爲開元前期一代文宗。多承帝旨撰述，尤長於碑文墓誌。蘇頲（六七〇～七二七），字廷碩。京兆武功（今陝西）人。武則天時進士及第，襲封許國公。玄宗李隆基時，喜愛其文，擢其與宋璟同爲宰相，張說、蘇頲都以文辭見長，自中宗景龍（七〇七）後，朝廷重要文件多出其二人之手。「燕許」二公的文章，作爲應制之作，漸趨凝重自然。「及燕許以氣格爲主，而風氣一變。於是漸厭齊梁，而崇漢魏矣。然古文之體格未成，駢儷之宗風亦墜，雖見雅傷，殊乏情采」（高步瀛《唐宋文舉要》）。二人一改六朝至唐初應制類駢體文浮靡而失實的傾向，其大部文章離文學性遠了，失去了齊梁以來駢體文對藝術美的追求，失去了初唐四傑詞采瑰麗的特長，而距實用性近了，自然樸素，並具有「臺閣」之氣。他們的駢體文，現在看來還算較好的作品有張說的《故開封儀同三司上柱國贈揚州刺史大都督梁國公姚文貞公神道碑》、《大唐西域記序》、《洛州張司馬集序》；蘇頲的太清觀鐘銘等。蘇文「斂典麗爲肅括，易鋪排爲包掃，擺落一切，直趣深微」，張文是「不事鋪張馳驟，而氣象萬千」（高步瀛《唐宋文舉要》）。二人相比，張說之文爲長。從其二人實用化的寫作傾向來看，顯示出駢體文的發展趨向。

　　追隨張、蘇這一趨勢的，是陸贄。陸贄（七五三～八〇五），字敬與。嘉興（今浙江嘉興）人。及進士第後，曾先後任華州鄭縣尉、渭南縣主簿、監察御史。德宗李適爲太子時，召爲翰林學士，轉禮部員外郎等職。貞元八年（七九二）拜相。後為人構陷貶忠州別駕。十年後死於忠州。世稱陸宣公。他以其極眞摯而曲暢的駢體奏論為當代所稱譽。他的《翰苑集》（二十四卷），作為一部制誥奏議集，可說是陸贄以文章成相之作。它是其駢體文實用化最充分的體現者。其代表作有《奉天改元大赦制》。文中緊扣皇帝自身過錯而落筆，悔過引咎，發自肺腑，切合人情事理。詔書一下，「武人悍卒，無不揮涕激發」（權德輿《翰苑集序》）。他的剖析事理精當的駢文，還有《請釋趙貴先罪狀》、《收河中後請罷兵狀》等，「紆餘委備」，「氣愈平婉，愈可將其意之沈切。故後世進言多學宣公一路」（劉熙載《藝概》）。陸贄通過那種不用典、少雕飾的駢體文形式，表達人情事理，使之在駢體文體發展史上占有一席之地。另外，他採用散文風格寫駢文，既保持了駢文排比鋪張、句式整煉的特點，又有一種明白曉暢的新氣象。體現了當時駢文向散文轉化的趨勢。中唐柳宗元的駢文名篇《乞巧文》，是人們所熟識的。「駢四儷六，錦心繡口」，可說是最早提出四六之名的。而直接名其文為四六的，為晚唐李商隱的《樊南四六》。

與燕、許二公和陸贄相比，李商隱的駢文具有較強的藝術性。他除了應用性駢體文之外，還創作了不少能抒發自我感情和具有理性思考的駢體祭文、書啓等。李商隱（約八一三～八五八），字義山，號玉谿生，又號樊南生。原籍懷州河內（今河南沁陽），自祖父起，遷居鄭州榮陽（今河南）。他曾為人作幕多年，並處於黨爭之中，長期被人排擠，以致仕途偃蹇，潦倒終身。他的駢文在當時相當出名。其代表作有《奠相國令狐公文》、《重祭外舅司徒公文》、《祭裴氏姐文》、《祭小姪女寄寄文》、《上河東公啓》等。他創作的駢文，淵源於六朝文及近學令狐楚，其駢文隸事、用典精切工巧，呈現出表達的多樣性，注意語言的工麗，表現出詞章的典雅，並巧妙地運用散句穿插在其文中，疏密相間，有別於晚唐一般四六文章。

爾後，駢體文至宋歐陽修、蘇軾，以古文體改變駢體文，遂使這種駢體文的體格影響了有宋一代。宋駢文數量雖不少，但文體風格卻無大變化。元、明時駢文創作是衰敗下去了，但至清駢文又有所復興，駢文作者多且文章量大，重使駢文創作走向多樣化，有的方面還有所拓展和創造。湧現出了一批較有成就的作家，如陳維崧、章藻功、袁枚、洪亮吉、汪中等佼佼者。清駢文復興過後，就逐漸趨於消逝。但其中不少頗具藝術性的地方：如獨特的表情述義、敘事說理的方式，及抑揚的節奏、華美典雅的文采，都不失爲今天可資借鑑的修辭方法。

（馬勝利）

一四三、筆記小說演變脈絡如何？

在中國文學發展史上，所謂筆記，首先是指一種文體。「筆記」二字，原本指執筆記敘而言。如《南齊書・丘巨源傳》中「筆記賤伎，非殺活所待」的「筆記」係指此。筆記，可敘事、議論、抒情，不拘體例，形式短小，題材廣泛，語言簡潔而又往往較有風趣。如果把數十百條筆記彙編起來，就組成爲筆記專集，於是，筆記又成了一種著述體制的名稱。北宋的宋祁，首次以「筆記」一詞爲其隨筆雜錄之書命名，後泛指同類著作。

古代筆記取材極廣，可分爲幾類呢？這要先從古代「小說」這一名稱概念說起。「小說」二字首見於《莊子・外物篇》。這裏所指是遠離大道的淺薄言論，與後來講故事的小說無關。漢班固《漢書・藝文志・諸子略》內所列小說十五家，包含內容相當雜亂，將「街談巷語，道聽途說者之所造」的都歸入小說一類；後世文人承襲這一觀點，把不本經典的論述、稱之爲小說，把瑣聞、雜誌、考證、辨訂等無類可歸者，也一律歸爲小說。足見前人並未注意區分何爲小說，何爲筆記。在古人那裏，「筆記」並不都是小說；古代「小說」也不限於「筆記」一體。明胡應麟曾把小說分爲六類：志怪；傳奇；雜錄；叢談；辨訂；箴規（《少室山房筆叢・九流緒論》）。六類中，除傳奇、箴規類，都爲筆記體。《四庫全書總目提要》將小說分列爲敘述雜事、記錄軼聞、綴輯瑣語三派。根據筆記取材及歸納魏晉至明清的筆記來看基本上可分爲三大類：一是故事傳說類。主要包括志怪和志人（軼聞瑣語），寓言及笑話是它們的支流。這一類一般以人物或鬼怪爲中心，有簡單的情節，志怪純屬虛構，志人也不免攙雜想像誇飾成分，具有小說的味道。其簡樸的樣式，仍爲後世所沿用。其早期之作是唐宋文言短篇小說的前身。爲區別於近代小說，人稱爲「筆記小說」。後兩類，一是歷史瑣聞類的筆記，這類筆記或掇拾歷史的舊聞；或記述見聞時事，包羅萬象。此類關涉人物事跡的瑣記，與前類志人小說界限不易劃清。再一類爲考辨類筆記。關涉文史哲等多學科的治學或讀書札記的考辨品評。而這三者雜糅也屢見不鮮。

由此看來，筆記小說，作爲古代文言短篇小說一種，它既屬於筆記文體的一種，也是文言短篇小說的分支。

中國小說故事類的筆記，淵源於先秦而形成於魏晉。魏晉南北朝志怪體的筆記小說，即繼承了古代神話傳說的系統，又受其本身的時代社會的影響演變而成。許多這類故事散見於先秦古籍中。其中《山海經》、《穆天子傳》對後來的志怪小說有較大影響。前者是記山川異物，言祭祀神祇的神話集；後者爲周穆王駕八駿馬西征，會見西王母的故事。這兩部書可算是最早的志怪體筆記小說。軼事體筆記小說，則可在先秦諸子、史傳，如《莊子》、《論語》、《國語》、《戰國策》等及兩漢史書與子書如《史記》、《吳越春秋》、《新序》、《說苑》等書中見其淵源和影響。

筆記小說，從魏晉到明淸，每一朝代都有不少可取的作品。魏晉南北朝時的筆記小說，有雜談鬼怪神仙的志怪體；與記敘人物言行片斷的軼事體，其中尤以志怪體筆記小說爲最多，這是與「中國本信巫，秦漢以來，神仙之說盛行……會小乘佛教亦入中土，漸見流傳」等因素分不開的（魯迅《中國小說史略》）。這一類作品有，《列異傳》、《博物志》、《搜神記》、《搜神後記》等。其中《博物志》、《搜神記》可爲此類書的代表。《博物志》，晉張華撰。這是繼《山海經》發展而來，記地理博物的瑣聞一類。以宣揚神仙、方術爲主要內容。其中的一些故事，多抄自古書。只在此類小說中聊備一格。《搜神記》，晉干寶撰，以記錄神仙鬼怪故事爲重要內容。也包括一些無故事內容的瑣記。它受《山海經》、《穆天子傳》兩書影響，是魏晉志怪小說的一種主要類型。它記錄了兩漢的傳說故事和魏晉民間傳說，也採選了史傳及早出志怪書的材料，如《宋定伯捉鬼》、《幹將莫邪》、《嫦娥奔月》等。南北朝志怪小說，較著名的有《異苑》、《幽明錄》、《續齊諧記》等，還是屬《搜神記》類的作品。另有一部《拾遺記》，不同上述諸書，記古時異聞爲重點。涉及人物較多。其他還有《冥祥記》、《宣驗記》、《冤魂志》等，是宣講天堂地獄、因果報應的志怪小說。除此還有《神異經》、《十洲記》、《漢武故事》、《漢武帝內傳》、《洞冥記》等，或記異物；或敘怪異物產；或假託歷史人物，雜談神仙怪異之事；或記鬼魂復仇。與魏晉志怪小說相比，這一時期的作品，故事性增強了，記敘上不是那樣的蕪雜瑣碎。有些故事描寫得還很生動、細膩，如《續齊諧記》（梁吳均）裏的記「清溪廟神」、「陽羨書生」等。《拾遺記》（梁蕭綺託名於晉王嘉），大量的爲古帝王的傳說，並涉及上古和魏晉人物，其故事常借一點歷史因由來鋪演，情節曲折，辭采可觀，如其記三國吳呂蒙夢中讀《易》等條。有些篇章已粗似後來唐人傳奇的模樣。

魏晉南北朝軼事筆記小說，當推《世說新語》（瑣語體小說），作者爲南朝宋臨川王劉義慶和手下文士所撰。它是在晉代輯錄文士言行片斷的軼事筆記基礎上完成的。其書記載了漢末至東晉的軼聞，以魏晉名流的言行爲多：由此可多方面地了解魏晉士大夫言行舉止、思想及當時社會的一些面貌。其文字言約旨遠，很爲後人推崇。此作其後有《俗說》、《小說》、《笑林》、《西京雜記》等，大多散佚。其中《笑林》（邯鄲淳）、《西京雜記》（葛洪）作爲軼事小說的門類，一個開「笑林」（排調）體小說，一個開「雜記」（逸事）體小說的先河。前者以詼諧諷刺爲主；後者以瑣事逸聞爲主。

唐代的筆記小說，繼承魏晉南北朝的傳統，變志怪爲傳奇、軼事爲雜錄。而唐歷史瑣聞筆記類，有不少仍是傳奇的支流，不可一律當作史料來看，須加仔細辨別。從發展上看，傳奇爲筆記小說的一支，是在唐代商業經濟和都市生活發達的基礎上誕生的。它是文人寄意抒情之作。其作品大都情節曲折，結構完整，辭藻華美；反映市民思想意識和中上層士人的識見和情感。傳奇小說，有單篇，也有專集。如《玄怪錄》、《甘澤謠》、《傳奇》、《三水小牘》、《劇談錄》等。都是較著名的專集。其中《玄怪錄》（牛僧孺撰。避「玄」諱，改「幽」字）可謂代表之作。繼起之作有《續玄怪錄》、《宣寶志》、《博異記》，近似《玄怪錄》。至於唐傳奇的單篇，如枕中記、《南柯太守傳》、《柳毅》，屬神怪故事類，《霍小玉傳》、《李娃傳》、《鶯鶯傳》、《離魂記》等，屬愛情故事類；《虯髯客傳》、《謝小娥傳》等屬俠義故事類。佳作甚多，不勝枚舉。這些單篇作品已與筆記小說有所區別了，可視作比較成熟的短篇小說。另外志怪類的集子還有《》獨異志、《集異志》，都屬雜輯古事，兼及唐代傳說瑣聞。擬《語林》與《世說新語》的有《續世說新書》。但此類筆記並未興盛。比較引人注目的是將志怪、傳奇、雜錄、瑣聞、考證等彙爲一處，稱作雜俎的集子：《酉陽雜俎》（段成式撰）。全書雖內容複雜，但分類繫事無所不包，涉及仙佛鬼怪、人事、動物等等，範圍很廣，所輯材料很多。集中內容雖屬荒誕，但還常被後人所取用。

至宋，筆記小說類的傳奇，偏重述古、摹古，少寫近事；雜採瑣語的一類小說，爲數寥寥。志怪未脫前人窠臼。這一時期較著名的志怪集有，《稽神錄》（徐鉉）、《江淮異人傳》（吳淑，專記異人）、《夷堅志》（洪邁）、《茅亭客話》（黃休復，專敘蜀事）等。傳奇小說有《大業拾遺記》（託名唐顏師古）、《綠珠傳》（樂史）、《楊太眞外傳》、《趙飛燕傳》（秦醇）、《醉翁談錄》（羅燁撰，兼載瑣事）等。這些單篇作品同唐傳奇作品一樣，可算做短篇小說。彙集各種瑣語的雜俎集有《清異錄》（陶谷）。總的來說，宋人筆記小說成就不高，水平不如唐人。

遼金元之際，筆記小說可一提的有《續夷堅志》（金人元好問），內容和體例都仿宋洪邁《夷堅志》。《誠齋雜記》（元人林坤），所輯古代至唐宋小說占全書大多數。《瑯嬛記》（舊題元伊世珍撰），此書是彙輯不少書中的異聞瑣事的小說類筆記。這一時期的作品，除摹仿和雜採諸書瑣事，已無可稱述之處。

明時，軼事小說，皆沿襲《世說新語》體例，內容無新奇之處，只是採輯範圍擴大。志怪一類，比唐宋志怪更不像小說，演變爲陳禍福、寓勸懲的工具，如《涉異志》（閔文振）。傳奇小說，明初曾被禁，嘉靖之後，雖有寫者，佳著不多。明代傳奇集，以《剪燈新話》（瞿佑）、《剪燈餘話》（李昌祺）、《覓燈因話》（邵景詹）爲代表作品。與唐傳奇相比，它專寫煙粉靈怪故事。這些作品雖說題材多襲前人，文筆冗弱，但卻兼具志怪、傳奇兩體；已開清《聊齋志異》文體之先河。

清代是筆記集大成的時代。筆記小說，在繼承魏晉志怪、唐宋傳奇傳統，又受明傳奇和市民文學影響，取得了很高的成就。其中兼志怪、傳奇兩體之長的《聊齋志異》（蒲松齡）成就爲最高。但它已是成熟的短篇小說，只是其中一些「殘叢小語式的短篇還不離筆記本色。此書藉神仙狐鬼、木魅花妖等，藉以反映現實，表現愛憎。體現了作者對封建社會的黑暗、世態人情的險詐種種現象的深刻認識，此小說在某種程度上，可說是用筆記小說文體寫傳奇小說。另一有代表性的作品，是摹擬魏晉志怪、偏重議論的《閱微草堂筆記》（紀昀）。此書多方面的表現了作者對人情世態的見解和學識。敘事委曲周至，說理明暢透闢。「雍容淡雅，天趣盎然」（魯迅《中國小說史略》）。值得一提的是《子不語》（又名《新齊諧》），作者袁枚在此部志怪小說中，涉筆成趣，融入人生智慧，洞明世事。其他的，如《今世說》（王晫）則是仿《世說新語》的軼事小說，反映了淸士大夫的思想和生活面貌。文字技巧也有一定水平。只是有些篇章不免矯揉造作，標榜聲名，更盛於明人。還有一些兼載時事的筆記小說集，其價值在於能從瑣聞、時事中窺見當時的社會面貌。如《伊園漫錄》、《墨餘錄》（毛祥麟）、《壺天錄》（淮陰百一居士）、《趼廛隨筆》（吳沃堯）等。

（馬勝利）

一四四、傳奇小說有何特色？

在中國文學史上，眞正符合現代「小說」一詞概念的作品，可以說到唐代才漸漸發展形成，那就是後世稱之爲「傳奇」的唐人小說。傳奇，這個名稱始見於唐代。晚唐裴鉶把他的文言短篇小說集定名爲《傳奇》，後人就把唐、宋文人及後來用文言寫的傳奇體短篇小說一律稱爲「傳奇」。宋洪邁說：「唐人小說，不可不熟。小小情事，淒惋欲絕，洵有神遇而不自知者。與詩律可稱一代之奇。」（《唐人說薈》例言引）他把唐傳奇與唐詩相提並論，給予了很高的評價。

傳奇即是無實之意，因爲當時把文章看作載道之作，而寫這些傳示奇異駁雜之說，被看成是無稽之談，從輕蔑的角度稱之爲「傳奇」。「傳奇」這種獨立的新的文學體裁，正如魯迅在《中國小說史略》中說：「小說亦如詩，至唐代而一變，雖尚不離於搜奇記逸，然敘述宛轉，文辭華艷，與六朝之粗陳梗概者較，演進之跡甚明，而尤顯者乃在是時則始有意爲小說。」它是繼承過去魏、晉、六朝的志怪小說傳統，在長期以來民間變文等說唱文學的影響下，運用古文運動所提倡的散體文章的寫作技巧，逐漸形成起來的一種較爲完整成熟的小說體裁。

傳奇小說都是用文言寫的，一律是短篇，具有完整的故事情節，並且是以人物爲中心來展開故事情節的，而且塑造了生動的人物形象。傳奇小說中的人物和事件，並不一定是存在的眞人眞事，這是藝術創造的結果。傳奇小說的結尾，形式不同。常見的是在篇尾，由作者直接出面發議論，或說明寫作緣起。唐傳奇與魏、晉、六朝志怪小說相比，其不同之處和表現出的特色是：

（一）在題材內容上，志怪主要記鬼神怪異之事，傳奇雖也傳寫奇聞，卻大多取材於現實生活。如唐早期傳奇小說，張鷟的《遊仙窟》、張說的《綠衣使者傳》等，都描寫了市民生活，已在題材內容上擺脫了六朝志怪小說傳統，著重表現人情世態，向新的領域擴展。

（二）在寫作態度上，志怪小說把怪異作爲事來記載，並不是有意識的創作小說，唐人寫傳奇才開始了有意識的小說創作。

（三）傳奇小說結構完整，情節曲折動人。六朝志怪與軼事小說往往只是「叢殘小語」，大都是截取某一生活片斷來描寫人物的某一方面的特徵。唐傳奇則比較全面地採用了史傳文學的手法，描繪人物比較完整的生活經歷。加之唐代文人有意運用想像來虛構，使之見「奇」而引人，所以又具有情節變幻離奇、曲折生動的特點。如中唐傳奇作品《霍小玉傳》。作者蔣防通過歌伎霍小玉與書生李益的愛情悲劇，反映了唐代社會淪落風塵的婦女被侮辱、被迫害的痛苦生涯。其情節由主人公霍小玉從愛到恨的轉化，演繹出了一系列的曲折故事，從相思成疾到化爲厲鬼，揭示了下層婦女的悲慘命運，從中反映了比較廣泛的社會生活。《李娃傳》、《柳毅傳》、《南柯太守傳》等無不以曲折的情節引人入勝。

（四）傳奇小說注意人物性格的刻畫和典型形象的塑造。在傳奇作品中出現了一系列個性鮮明的人物形象。如熱情潑辣、性格剛強的霍小玉，正直善良、不屈服於暴力的任氏，粗豪坦率的錢塘君，以及龍女、倩娘等一個個栩栩如生的藝術形象，都給人極深的印象。作家在塑造這些人物形象時，注意運用細節來表現人物的內心活動和個性特點。如《霍小玉傳》中，寫霍小玉和李益的最後會面：「玉沈綿日久，轉側須人。忽聞生來，欻然自起，更衣而出，恍若有神。遂與生相見，含怒凝視，不復有言。羸質嬌姿，如不勝質，時復掩袂，返顧李生。感物傷人，坐皆欷歔。」文中通過一系列神態、舉止的細節描寫，既表現霍小玉性格剛烈，至死不願在負心的李益面前示弱，又顯出對李益負心的卑劣行徑的無比憤怒。細節描寫運用恰當，往往可增強故事的眞實感。這也是從唐傳奇才逐漸多起來的。

（五）傳奇小說的語言十分講究，往往兼具散文和詩賦的長處。凝煉流暢，生動傳神。其作品句式多爲四字句，句法較整齊；不少作品雖夾雜駢句，基本上仍是散體。語句頗爲華艷。有些作品還吸收了不少生動活潑、富於表現力的口語。無論是描摹人物、記敘事件、渲染環境都達到了傳神的地步。如《柳毅傳》中，寫錢塘君得知龍女受虐待，十分憤怒，破柱騰空而去的文字描寫：「語未畢，而大聲忽發，天拆地裂，宮殿擺簸，雲煙沸湧。俄而有赤龍長千餘尺，電目血舌，朱鱗火鬣，項掣金鎖，鎖牽玉柱，千雷萬霆，激繞其身，霰雪雨雹，一時皆下，乃擘青天而飛去」。

唐傳奇對後世文學影響很大，並在中國小說發展史上占有重要地位。唐人開始有意識地創作小說，賦於小說以新的內容和更完美的形式，改變了以往將小說視爲街談巷議的搜集、神怪故事的記敘，或對人物軼事進行加工整理的看法，而當成反映生活的一種重要藝術形式。後來的宋代傳奇小說的形式，宋、元以後話本小說的取材，明、清短篇小說家的創作，都跟唐傳奇有一脈相承的關係。它對後來的詩詞、戲曲等也有著不小的影響。（馬勝利）

一四五、什麼是擬話本小說？

擬話本是文人模擬話本形式而寫的白話短篇小說。它是專供閱讀的，與說話人用的腳本不同，話本是說話人用的底本，是爲演出使用的。其名最初見於魯迅的《中國小說史略》，本用以稱宋元間受話本影響而產生的作品，如《大唐三藏法師取經記》、《大宋宣和遺事》等作品。它們是由話本向後代文人小說過渡的一種形態。其體裁與話本相似，首尾有詩，中間以詩詞爲點綴，多俚俗言語。與話本不太同的地方，「近講史而非口談，似小說而無捏合」，「故形式僅存，而精采遂遜」（《中國小說史略》）。今則多指明代文人模擬宋元話本而寫的白話短篇小說，即魯迅所言：「明之說話人亦大率以講史事得名，間亦說經渾經，而講小說者殊希有。唯至明末，則宋市人小說之流復起，或存舊文，或出新制，頓又廣行世間，但舊名湮昧，不復稱市人小說也」（《中國小說史略》）。

擬話本在藝術上比話本更進了一步。其中的佳作在思想內容的深度和廣度上比宋元話本更強，創作態度也更嚴肅，篇幅也比較長，但其中封建說教、不健康的描寫也比較突出。

擬話本中著名作品有馮夢龍的《三言》即《喻世明言》、《警世通言》、《醒世恆言》，它是宋、元、明三代短篇話本和「擬話本」的最有代表性的選集。其中明代擬話本約占三分之二，這裏包括馮夢龍自己的創作。接著有凌蒙初的《二拍》（即《初刻拍案驚奇》、《二刻拍案驚奇》）完全是個人創作的擬話本。相繼出現的，還有明代的《石點頭》、《醉醒石》和清代的《照世杯》、《幻影》、《豆棚閒話》，以及《西湖二集》、《娛目醒心編》等白話短篇小說集。除了專集外，還有不少選集。最受歡迎的是《今古奇觀》，它爲明人抱甕老人所編輯。全書四十篇小說，均是收《三言》、《二拍》的佳作。清代有《今古奇聞》（二十二卷），大半選自《娛目醒心編》。又有《續今古奇觀》（三十卷），所收均是《今古奇觀》選剩的《拍案驚奇》二十九篇，又收《今古奇聞》（一卷）。兩個選本價值遠不及《今古奇觀》。這些小說集，廣泛地反映了當時的社會面貌，塑造了一些成功的人物形象，在一定程度上反映了當時的老百姓的願望和要求。在客觀上，也暴露了當時社會的黑暗面，畫出了一些統治者的嘴臉。在保留宋話本的本色基礎上，其表現手法和語言技巧都有所進步。其中《三言》，無論在思想上和藝術上，都是白話短篇小說的高峰。其題材，有的出自失傳或魏晉至唐宋的文言小說，有的直接採用民間傳說的故事。它超過前代之處在於：細緻地刻畫了人物的內心活動，運用環境氣氛烘托人物情緒以揭示其性格；人物的語言行動更眞實，更具個性；善於採取正反對比的手法，使人物形象更加典型化。《三言》中不乏優秀之作，如《杜十娘怒沈百寶箱》（《警世通言》），作者讚美主人公杜十娘是「千古女俠」，可惜「明珠美玉，投於盲人」，對她表示無限的惋惜和同情。這篇擬話本小說的指向是相當深刻的，杜十娘的死，無疑是對封建制度和金錢勢力的控訴和抗議！小說人物性格突出，形象鮮明，當情節發展到高潮時，出現了一個富有戲劇性的場面，從而使杜十娘這一悲劇形象得到完美的表現：

十娘取鑰開鎖，內皆抽替小箱。十娘叫公子抽第一層來看，只見翠羽明璫，瑤簪寶珥，充牣於中，約值數百金。十娘遽投之江中。李甲與孫富及兩船之人，無不驚詫。又命公子再抽一箱，乃玉簫金管；又抽一箱，盡古玉紫金玩器，約值數千金。十娘盡投之於大江中。岸上之人，觀者如堵，齊聲道：「可惜，可惜！」正不知什麼緣故。最後又抽一箱，箱中復有一匣。開匣視之，夜明之珠，約有盈把。其他祖母綠，貓兒眼，諸般異寶，目所未睹，莫能定其價之多少。眾人齊聲喝采，喧聲如雷。十娘又欲投之於江。李甲不覺大悔，抱持十娘慟哭。那孫富也來勸解。十娘推開公子在一邊，向孫富罵道：「我與李郎備嘗艱苦，不是容易到此，汝以姦淫之意，巧為讒說，一旦破人姻緣，斷人恩愛，乃我之仇人。我死而有知，必當訴之神明，尚妄想枕席之歡乎！」又對李甲道：「妾風塵數年，私有所積，本為終身之計。自遇郎君，山盟海誓，白首不渝。前出都之際，假託眾姊妹相贈，箱中韞藏百寶，不下萬金，將潤色郎君之裝，歸見父母，或憐妾有心，收佐中饋，得終委託，生死無憾。誰知郎君相信不深，惑於浮議，中道見棄，負妾一片眞心。」……於是眾聚觀者，無不流涕，都唾罵李公子負心薄幸。公子又羞又愧，且悔且泣，方欲向十娘謝罪。十娘抱持寶匣，向江心一跳……

小說中所描寫的紈袴公子李甲，在富商孫富的誘惑下，卻又以千金再次將十娘賣給了孫富。在殘酷的現實面前，十娘強忍住對自己追求的毀滅的悲哀，用冷笑和冷語表現出對李甲的輕蔑，對孫富的憎恨。這時，她展示了飽含自己辛酸和曾寄予希望的「百寶箱」，此舉反映出她從良並不是單純的嫁人，而是對人格的平等、尊嚴和自由幸福生活的追求；是希望以一顆誠心換取眞摯的愛情，而不是以金錢作愛情的紐帶的明証。其人物結局再一次展現了「寧爲玉碎，不爲瓦全」的性格特徵。這是明代後期，以「情」反「理」爭取個性解放要求的生動反映。以上節選之例和分析可大致對擬話本小說的特徵有了一個初步的了解和認識，進一步的了解和品評，有待人們大量閱讀和研究。

（馬勝利）

一四六、最早的話本有哪些？

「話本」在中國小說史中的重大作用，正如魯迅先生所言：它的出現是中國「小說史上的一大變遷」（《中國小說史略》）。

話本，就是說話藝人用的底本。人們又稱爲話本小說。說話，也就是講故事的意思。最早出現「話本」之名的是南宋灌圃耐得翁《都城紀勝》「瓦舍眾伎」條。其中，傀儡戲、影戲以及雜劇、崖詞的底本，都可稱做「話本」。當時「話本」一語十分流行，同時運用也含混，一些腳本、唱本也被稱爲「話本」，正像「傳奇」，唐時用以指小說，元時用以指雜劇，明清時才用以專指昆曲劇本一樣。後來，由於約定俗成，「話本」才用以專指說話藝人講說故事的底本了。「說話之事，雖在說話人各運匠心，隨時生發，而仍有底本以作憑依，是爲『話本』」（《中國小說史略》)。

《都城紀勝》等書中，都有「說話四家」的記載。「小說」，一家的底本，即是話本中的小說，「講史」，一家的底本稱「平話」(「評話」或「演義」)。「講史」話本篇幅較長，「小說」話本篇幅較短。另二家爲「說經」、「說鐵騎兒」。

由此可見，話本與小說本是兩個概念，話本是說話的底本，小說則是說話分類中的一種。話本的產生並不是由於人們閱讀的需要，只是供說話人的比較詳細的提綱。但最早被加工成文學讀物的那些話本，主要是因爲它的情節比較曲折，故事性強，在說話的分類中屬於小說的那一部分。因此，人們習稱話本爲小說或話本小說(嚴格而論，話本小說是指經過加工而成爲文學讀物的小說家的話本)。

話本小說，作爲書面文學，現存最早的一些作品是敦煌話本小說。它是於一九〇〇年，在甘肅敦煌莫高窟藏經洞中，在一批湮沒千年的敦煌遺書中發現的。這些話本以散文講話爲主，有時夾雜少量韻文，或者全無韻文，顯現出話本小說的初期風貌。由於受習見的觀念的影響，這些唐五代的敦煌話本小說在被發現後的很長時間裏，都被歸爲「變文」一類，並被收入《敦煌變文集》(王重民等編)中。

現存的敦煌話本小說，主要有《廬山遠公話》、《韓擒虎話本》、《葉淨能詩(話)》、《唐太宗入冥記》、《秋胡變文》等。在內容上，它們較多地從神怪故事、歷史故事、民間傳說中取材，並較多地受到佛道思想的影響，其情節結構雖大體完整，但組織還較鬆散，不夠集中。其結構形式仍很駁雜。人物刻畫雖也有鮮明的，但粗線條描寫的人物多，缺乏個性塑造。語言上雖較爲通俗，但仍以淺近文言爲主，夾雜有口語，由此觀之，它們還只是話本小說的雛形。但它們預示著「小說上的一大變遷」即將出現，符合下層市民口味的大眾文學，將要登上文化舞臺。雖然這一變化是要到宋代才能清楚地顯現出來。但這一變化則是由敦煌話本小說開始的。

敦煌話本小說已初具的話本體制雛形，到宋人話本小說中，其體制才眞正成熟、定型了。作爲眞正意義上的話本，這種由入話、頭回、正話、篇尾等部分組成的體制，不僅成了話本小說的標志，也爲後來的擬話本小說所模仿，從而形成了中國古代白話短篇小說的獨特體制。它既不同於文言小說，也不同於近現代小說，更不同於國外的短篇小說。根據前人的考定，宋人的話本作品，見於《清平山堂話本》中的《風月瑞仙亭》、《楊溫攔路虎傳》、《藍橋記》、《西湖三塔記》、《洛陽三怪記》、《合同文字記》、《陳巡檢梅嶺失妻記》、《五戒禪師私紅蓮記》、《花燈轎蓮女成佛記》、《董永遇仙傳》。見於《熊龍峰刊小說四種》之一的《蘇長公章臺柳傳》。見於《喻世明言》中的《趙伯昇茶肆遇仁宗》、《史弘肇龍虎君臣會》、《楊思溫燕山逢故人》、《張古老種瓜娶文女》、《朱四公大鬧禁魂張》。見於《警世通言》的《陳可常端陽仙化》、《崔待詔生死冤家》、《錢舍人題詩燕子樓》、《三現身包龍圖斷案》、《一窟鬼癩道人除怪》、《小夫人金錢贈少年》、《崔衙內白鷂招妖》、《計押番金鰻產禍》、《皂角林大王假形》、《萬秀娘仇報山亭兒》、《福祿壽三星度世》。見於《醒世恆言》的有《鬧樊樓多情周勝仙》、《鄭節使立功神臂弓》、《十五貫戲言成巧禍》。見於其他著作的有《錢塘夢》、《王魁》、《李亞仙》、《燈花婆婆》、《綠珠墜樓記》。

宋代的話本小說揭開了中國小說史的新篇章。話本小說是市民文學，作者不是「說話」藝人，就是淪爲下層書會才子。其描寫主角，也主要是下層小人物。即使寫到上層人物，也依然是下層市民的觀照視角。這是中國文學從面向上層到面向下層的最具歷史意義的顯著轉變。考慮到服務於市民，自然取材於市民感興趣的日常現實生活。作爲娛人之作，不僅要使故事有頭有尾、條理清楚、脈絡分明，容易理解接受，而且要以故事的豐富生動、情節的緊張曲折、強烈的氣氛、巧妙的懸念、鮮明的人物形象及其活動，牢牢地吸引觀衆（聽衆），並且把環境描寫、人物心理刻畫，與情節的發展和人物的行動密切結合起來，共同爲塑造人物和表達主旨服務，而很少孤立靜止地描寫環境和刻畫心理。宋人話本所使用的白話，是在民間口語的基礎上提煉成的新的文學語言，具有生動、靈活、潑辣、粗獷的特色，敘述故事，明快有力，表現人物，聲口畢肖，大大增強了小說的表現力。「後來的小說，十之八九是本於話本的」（《中國小說史略》）。從宋人話本以後，白話小說就逐漸代替文言小說，成爲古代小說的主流。（馬勝利）

一四七、什麼是明清章回小說的「四大部」？

中國古典長篇小說都採取章回體的形式，這種形式是由宋元講史話本發展而來的。宋元話本繼承發展了歷代講唱文學的成果，確立了白話小說這樣一種嶄新的文體，爲後來的通俗小說繁榮打下了良好基礎。《全相平話五種》和《五代史平話》就是章回本小說的原型。

中國長篇章回體小說其特點是分回標目，段落整齊，首尾完具。明清時，羅貫中的《三國志通俗演義》（簡稱《三國演義》）、施耐庵的《水滸傳》、吳承恩的《西遊記》、曹雪芹的《紅樓夢》，被世人稱爲中國章回小說的四大名著。章回小說除了在形式上採用章回體之外，還有幾個明顯的特點：一、在基本上依據歷史的前提下，允許作家有虛構的自由。二、章回小說所用的語言是白話散文。它在用白話散文寫人、敘事、狀物的同時，往往在其中又攙雜一些韻文，但它只是用來對人或景物進行描寫或表示稱讚，並不展開情節，並作爲促進故事發展的必不可少的部分。三、爲保持長篇章回小說的情節具有連貫性，脈絡清楚，當出現兩組以上矛盾衝突時，採取了說書人經常用的「花開兩朵，各表一枝」的交待方法。四、在中國古代章回小說中，爲使情節緊湊，結構嚴謹，有吸引力，一般地對景物和人物心理不進行過多的描寫，而主要是通過人物對話和行動來完成人物性格的刻畫與推進故事情節的發展。

中國長篇章回小說，從元末明初至清末這段時間，其內容是極其豐富多彩的，歸納起來，不外是歷史小說、俠義小說、神魔小說、社會小說、諷刺小說、譴責小說幾大類。

《三國演義》是歷史小說中最爲傑出的作品。它代表了中國古典歷史小說的最高成就，也是中國第一部長篇章回小說。它成書約在元末明初。據記載，關於三國的故事，至遲在晚唐就在民間講唱。到宋代，隨著「說話」藝術的發展，三國故事更爲流行，北宋時出現了說「三分」故事的專家。當時里巷小兒聽「說話」藝人講三國故事，「聞劉玄德敗，頻蹙眉，有出涕者；聞曹操敗，即喜唱快」（蘇軾《東坡志林》）可見宋時民間說唱的三國故事已表現出「擁劉反曹」的傾向。宋元時三國故事還被大量搬上舞臺。金元演出的三國故事劇本至少有三十多種。三國故事的平話小說，現存的有元代刊行的《全相三國志平話》，它是民間傳說中的三國故事的寫定本，內容和結構上已初具規模，但描寫簡略，文詞也很粗糙。明初，羅貫中在民間傳說的三國故事及民間藝人創作的話本、戲曲的基礎上，集中充實了精彩的內容，淘汰了一些荒誕離奇的情節，增加了陳壽《三國志》和裴松之注的正史材料，擴充了篇幅，寫成了這部影響深遠的《三國志通俗演義》。現存最早的刊本是明嘉靖壬午（一五二二）刊刻的本子。清康熙年間，毛宗崗對此部小說的回目、情節、文字、史實等作了一些修改加工，其修改本就成為後來最流行的本子（百二十回本）。這部長篇小說，演述了東漢靈帝中平元年（一八四）至西晉武帝太康元年（二八〇）近百年間的歷史故事。集中描寫了魏、蜀、吳三國鼎立時各統治集團之間軍事上、政治上、外交上的尖銳複雜的矛盾鬥爭，又以蜀漢和曹魏兩個集團的鬥爭為主，開篇描寫在鎮壓黃巾起義之後，統治集團內部展開了軍閥混戰。十七鎮諸侯聯合聲討董卓，董被殺，曹操當權，統一了北方。孫權與劉備在南方聯合抗曹，赤壁之戰後，形成了三國鼎立的局面。最後，司馬氏取代曹魏，滅蜀滅吳，三國統一於晉。《三國演義》的藝術結構既宏偉壯闊，又嚴密精巧。它尤善於描寫各種驚心動魄的戰爭場面。它的語言吸收了史傳文學的語言成就，並加以適當的通俗化，以粗筆勾勒見長，塑造了一系列鮮明生動的人物形象，而且把歷史上各種鬥爭的經驗和智慧生動地表現出來。它在藝術上的成就是多方面的。作為一部歷史小說，又與歷史記載有很大的不同，其中的故事和人物都應與史書的記載區別開來。

《水滸傳》，是中國第一部長篇章回體俠義小說。它產生的時間基本上與《三國演義》同時，在小說史上與《三國演義》具有同等重要的地位。據南宋人羅燁《醉翁談錄》所載，關於水滸故事的說話就有公案類、朴刀類等多種，涉及到人物有青面獸、花和尚等多人。現存最早而又較完整的水滸話本，是宋末元初的《大宋宣和遺事》中的水滸故事部分，內容雖然簡單，但展示了《水滸傳》的原始面貌。元雜劇取材水滸故事的有二十餘種，現能見到的還有五種。這些戲中水滸英雄已由三十六人發展到七十二人，又發展到一百單八人。施耐庵在宋元以來廣泛流傳的民間故事、話本、戲曲的基礎上，進行加工創造，寫成了長篇巨著《水滸傳》。《水滸傳》的本子很多，最早的本子出於元末明初，題爲「施耐庵的本，羅貫中編次」，名爲《忠義水滸傳一百卷》。明嘉靖年間郭勛的一百回本《忠義水滸傳》問世後，又有楊定見刊的一百二十回本《水滸忠義全書》。明末清初金聖嘆刪《水滸傳》爲七十回，另加楔子，實爲七十一回，成了淸以來流行本，名爲《第五才子書施耐庵水滸傳》。水滸故事本源於北宋末年，發生在中國北方的一次以宋江爲首的農民大起義。此書表現了農民起義發生、發展直至失敗的整個過程。寫出了農民起義的社會根源，揭露了統治集團的罪惡。成功地塑造了眾多的起義英雄群像，並使之帶有濃烈的浪漫、傳奇色彩。其情節的高度傳奇性與人物的高度理想化達到了和諧統一。它的藝術結構完整而富於變化。整部作品以單線發展的結構手法，使每組故事都有其獨自的中心人物，各組故事間既有相對的獨立性，又環環相扣。整個情節結構的發展，都有著精心的設計與安排，既符合生活發展的邏輯，又與整個故事的發生、發展和結局的整個過程相一致。其書語言也取得了突出成就。它繼承了話本小說的優良傳統，以當時的北方口語為基礎，經過藝術加工，達到了通俗流暢、生動傳神的藝術效果。其人物語言的個性化也達到了很高的程度。全書在藝術上體現了鮮明的民族風格。它自問世以來，為廣大民眾所歡迎，尤其是農民起義者。而統治者則視如洪水猛獸，明令嚴禁。但其強大的生命力，是任何力量也扼殺不了的。至今仍流傳不衰，就是明証。它為後世文學創作提供了許多寶貴的經驗和借鑑，直至今天仍是如此。

《西遊記》，是中國神魔小說之祖。這是一部具有濃厚浪漫色彩的神話長篇章回體小說。故事先在民間長期流傳，最後由作家吳承恩加以藝術創造而寫定。《西遊記》主要是寫孫悟空保護唐僧西天取經的故事。唐僧玄奘隻身赴天竺（印度）取經是歷史上的一個眞實事件。他的弟子據其口述寫就《大唐西域記》；後門徒又寫了一部《大唐慈恩寺三藏法師傳》。至宋，取經故事為藝人搬上「說話」講臺。宋末元初的《大唐三藏取經詩話》（藝術說講取經故事的底本），已可見《西遊記》中孫悟空的影子，及沙僧的前身浮河神的形象。元時出現了《西遊記話本》，這部失傳的話本很可能是吳承恩創作的一個重要依據。其故事還被搬上戲劇舞臺，有金院本《唐三藏》、元雜劇《唐三藏西天取經》（失傳）。現可見的是元末明初楊納《西遊記》雜劇。作者吳承恩就是在這些傳說、話本、雜劇的基礎上寫成的。《西遊記》通過神奇幻想的形式，生動地描繪了一個完整的神話世界，創造了許多優美動人的神奇故事，塑造了一個光彩奪目的、理想化的孫悟空的英雄形象，曲折地反映了中國民眾的生活和鬥爭。作品的語言流利明快，刻畫人物時寥寥幾筆便神采煥發。它還具有幽默詼諧的特點，許多章節把善意的嘲笑、辛辣的諷刺和嚴峻的批判融合在一起，妙趣橫生。具有別具一格的藝術特色。作者用游戲的筆墨，通過神話故事，寄託了他對現實的激憤。

《紅樓夢》，是產生在清代的長篇章回體小說，它是社會小說的最傑出的代表。它總結和吸取了《金瓶梅》的創作經驗，從看起來似乎很平凡的日常生活描寫入手，表現了極其豐富的社會生活畫面。可以說中國古典小說最輝煌的時期在明清兩代，明清小說最高的巔峰是曹雪芹的《紅樓夢》。這部偉大的巨著凝聚了自《詩經》以來古典文學的精華和氣派，以空前的文學成就在全世界爲民族文學贏得了極高的榮譽。

《紅樓夢》初名《石頭記》，又名《金玉緣》。曹雪芹逝世時，前八十回已撰寫完備，以下的手稿不及整理而散失。乾隆五十六年（一七九一），由程偉元、高鶚活字排印《紅樓夢》，題《新鐫全部繡像紅樓夢》，百二十回。稱「程甲本」。第二年程、高對「程甲本」修訂後的排印本稱「程乙本」，合稱「程高本」。《紅樓夢》又有多種帶有評注的抄本，其中以脂硯齋的評本最具權威性。「程高本」的印行，迅速擴大了《紅樓夢》的流傳和社會影響。後四十回盡力揣摹前八十回的暗示和意圖，使《紅樓夢》成爲有頭有尾的作品。但其總傾向、風格和原著有很大距離。《紅樓夢》以賈寶玉和林黛玉的戀愛悲劇爲主要線索，描寫一個具有典型意義的封建貴族家庭——賈府的沒落過程，向讀者展示了封建社會的全面圖景，成爲那個社會的一部百科全書。此書在藝術上的獨特之處在於它並不依靠起伏多變的情節和聳人視聽的故事去贏取人，而是將許多日常小事聯綴成篇，同時把一些重大事件天衣無縫地融合其中。作品所包容大小不一的許多故事，都不是簡單的拼合，它們在情節中都有或遠或近的前因後果，往往前有伏筆、徵兆，後有交待、應驗。在細針密線的安排中，整個作品渾然一體。至於續書，它大體完成了全書的悲劇結局。此書的語言在古典白話小說中是最優美自然的。簡潔純淨、準確傳神。在中國文學史上，從來沒有一部小說曾像《紅樓夢》這樣持久地激發人們探索的熱情。兩百多年來，國內外對它的研究工作從未間斷，專門著作大批產生，以至專門形成一種專門的學問——紅學。一九八〇年六月，由美國威斯康星大學教授周策縱發起，在該校開了首屆國際紅學會。這標志著《紅樓夢》已成爲世界矚目的文學名著，紅學也已成爲世界文學研究中的重要課題。

（馬勝利）

一四八、漢語的基本特徵主要有哪些？

漢語是世界上使用人口較多的語言之一。漢語屬漢藏語系，是這個語系裏使用人口最多的語言。世界上以漢語爲母語的人共有十多億。漢語是聯合國的五種工作語言之一。漢語的標準語是十四世紀宋元以來在北方話的基礎上逐漸發展形成的。漢語的標準語在中國大陸稱爲普通話，在中國臺灣省稱爲國語，在新加坡、馬來西亞稱爲華語。

同其他民族的語言（特別是印歐語）相比較，漢語在語音、詞彙、語法各方面都有自己顯著的特點，現分述如下。

一、語音方面

漢語的音節可以分析爲聲母、韻母、聲調三個部分。聲母是指處在音節開頭的輔音。如果一個音節的開頭沒有聲母，就是零聲母音節。韻母指音節中聲母後面的部分。韻母有的只有一個元音，有的是由兩個或三個元音組合而成，有的是由一個或兩個元音後面再加一個輔音組合而成。韻母又可分析爲韻頭、韻腹和韻尾三部分。韻腹是韻母中開口度較大、舌位較低、發音較響亮的元音，韻腹前面的元音是韻頭，韻頭由元音ㄧ、ㄨ、ㄩ充當，韻腹後面的部分是韻尾，韻尾由元音ㄧ、ㄛ、ㄨ和輔音ㄋ、ㄥ充當。只有一個元音構成的韻母，該元音就是韻腹。聲調是指一個音節發音的高低升降。

根據上面的分析，可以看出漢語音節有下列五個特點：（一）音節結構比較簡單。一個音節最少只有一個音素，最多有四個音素。（二）漢語音節裏沒有複輔音。漢語音節裏輔音只在音節開頭聲母和韻尾的位置上出現，漢語音節裏的輔音每次只能出現一個音素，不能出現兩三個輔音相連接在一起的複輔音。而印歐語的一個音節裏可以有複輔音，如英語裏的 and（和）、strict（嚴格的）裏的 nd、str、ct 等。（三）漢語音節結構裏元音占優勢。一個元音可以構成一個音節。一個音節裏至少有一個元音，多的可以有兩個或三個元音，而一個音節裏可以沒有輔音，多數音節只在聲母處有一個輔音，至多只能在聲母和韻尾處各有一個輔音。（四）漢語每個音節都有聲調。聲調是漢語音節結構中不可缺少的成分。漢語的每個音節大都是有意義的，聲調不同，意義也不同。（五）漢語的絕大多數音節就是一個語素。漢語的音節大都是有意義的，是語言中最小的語音語義結合體。漢語的這一特點也和印歐語有顯著的差別。

二、詞彙方面

（一）詞根豐富，構詞法靈活。漢語的語素大都是單音節的，一個音節一般就是一個語素。漢語的語素絕大部分是詞根，只有少量的詞綴。漢語詞彙中絕大多數的詞是由詞根複合而成。詞根和詞根複合成詞的方式是多種多樣的。例如「語」和「言」是兩個詞根，它們並列在一起就可以構成

「語言」和「言語」兩個詞，用「語」和其他詞根還可以構成「語法、語氣、語境、漢語、口語、成語、俗語」等詞，用「言」還可以構成「言論、言辭、言談、言笑、流言、謊言、寓言」等詞。

(二) 雙音節詞占絕大多數。漢語詞彙中，雙音節詞占大多數。漢語詞彙發展的趨勢是傾向於雙音節。古代漢語裏的單音節詞現在都擴展爲雙音節詞了。如「目↓眼睛、日↓太陽、月↓月亮、脣↓嘴脣、壁↓牆壁、習↓學習、麗↓美麗、明↓明亮」等。有一些三音節詞、四音節詞在使用過程中也逐漸縮減爲雙音節詞了。如「落花生↓花生、機關槍↓機槍、川貝母↓川貝、高級中學↓高中、化學肥料↓化肥、彩色電視↓彩電」等。

此外，漢語詞彙中還有數量相當多的四字成語。這些成語多數是從古代漢語流傳下來的，它們的內部結構大多是雙音節奏，像兩個雙音節詞的組合。它們具有獨特的表達作用，被人們廣泛應用。漢語詞彙裏還有一定數量的疊音詞和聯綿詞。前者如「熊熊、潺潺、孜孜」等，後者如「伶俐、玲瓏、迷離」等。

語法方面

在語法方面，漢語和印歐語相比較有下列幾個主要特點。

(一) 漢語沒有嚴格意義的詞的形態變化。漢語的動詞、形容詞中有一部分可以重疊，如漂亮↓漂漂亮亮、研究↓研究研究」，但不是普遍規律。名詞加「們」表示多數，但只限於表人的名詞，而且可以加在詞組後邊，如「大哥哥大姐姐們」。漢語中的「著、了、過」是詞，不是詞綴。

(二) 語序和虛詞是漢語的重要語法手段。漢語的句法成分的次序一般是固定的，即主語在前，謂語在後；述語在前，賓語在後。只有在為了適應語用的需要時，才有時改變這種語序。在漢語裏，同樣的詞順序不同，組成的短語和句子的結構關係也不同，表達的意思當然也不同。如「技術革新」和「革新技術」，「態度正確」和「正確態度」，「不一定都是好人」和「都不一定是好人」等。虛詞的使用也是漢語的重要語法手段。如「說話」、「說的話」和「說了話」，「小紅姐姐」和「小紅的姐姐」等。「我的書」不能說成「我書」。

（三）漢語裏有豐富的量詞和語氣詞。在漢語裏，數詞和名詞一般不能直接組合，名詞前必須有恰當的量詞。如「一張桌子、兩把椅子、一部電話、三匹馬、一輛車、一堂家具」等。漢語裏還有許多語氣詞表達各種各樣的語氣。

（趙培庠）

一四九、漢語語音系統的基本結構如何？

漢語的標準語是以北京語音為標準音的，因此，這裏說的漢語音系也就是北京話的語音系統。

漢語的音節結構可分析為聲母、韻母和聲調三個部分。聲母是指處在一個音節開頭的輔音，如ㄅㄚ（八）、ㄍㄡˇ（狗）、ㄉㄢˋ（但）、ㄇㄧㄠˋ（妙）、ㄙㄨㄣˇ（損）中的ㄅ、ㄍ、ㄉ、ㄇ、ㄙ等都是聲母；一個音節的開頭如果沒有聲母，就是零聲母音節，如ㄞˋ（愛）、ㄡ（歐）、ㄨㄟˋ（為）等都是零聲母音節。韻母是指音節中聲母後面的部分，可以只是一個元音，如ㄅㄧˋ（必）中的ㄧ，也可以是兩個或三個元音的組合，如ㄆㄟˊ（培）、ㄐㄧㄠ（交）中的ㄟ、ㄧㄠ，也可以由一個或兩音元音，後面再加一個輔音組合而成，如ㄅㄢˋ（辦）、ㄍㄨㄤˇ（廣）。韻母還可以進一步分析爲韻頭、韻腹和韻尾三個部分。韻腹是韻母中開口度較大、舌位較低、發音較響亮的元音。韻腹前面的元音叫韻頭，韻頭由元音ㄧ、ㄨ、ㄩ充當。韻腹後面的部分叫韻尾，韻尾由元音ㄧ、ㄛ、ㄨ或輔音ㄋ、ㄥ充當。只由一個元音構成的韻母，該元音就是韻腹。如ㄆㄧ（批）中的ㄧ是韻腹，ㄐㄧㄚ（夾）中的ㄚ是韻腹，ㄧ是韻頭。ㄎㄞ（開）、ㄍㄠ（告）中的ㄚ是韻腹，ㄧ、ㄛ是韻尾。在韻母中，韻腹是不可缺少的成分，也就是說，每個音節都必須有韻母，每個韻母都必須有韻腹，而韻頭和韻尾就不是每個韻母都必須具備的。聲調是指一個音節發音的高低升降。漢語的音節結構可以用下面的音節結構表說明。

音節結構表

例字	聲母	韻母			聲調
		韻頭	韻腹	韻尾	
語			ㄩ		上聲
壓		ㄧ	ㄚ		陰平
院		ㄩ	ㄚ	ㄋ	去聲
印			ㄧ	ㄋ	去聲
瓜	ㄍ	ㄨ	ㄚ		陰平
模	ㄇ		ㄛ		陽平
等	ㄉ			ㄥ	上聲
跳	ㄊ	ㄧ	ㄚ	ㄛ	去聲

從上表可以看出：「語」只有韻腹，「壓」有韻頭、韻腹，「院」有韻頭、韻腹、韻尾，「印」有韻腹、韻尾，「瓜」有聲母、韻頭、韻腹，「模」有聲母、韻腹，「等」有聲母、韻腹、韻尾，「跳」有聲母、韻頭、韻腹、韻尾，每個字都有聲調。

漢語的聲母共有二十一個輔音。下面的聲母表中橫行的各聲母發音的部位相同或相近，豎行的各聲母發音方法相同或相近。

聲　母　表

發音部位＼發音方法	塞音	擦音	塞擦音	鼻音	邊音
雙脣音	ㄅㄆ	ㄈ		ㄇ	
舌尖前音		ㄙ	ㄗㄘ		
舌尖中音	ㄉㄊ			ㄋ	ㄌ
舌尖後音		ㄕㄖ	ㄓㄔ		
舌面音		ㄒ	ㄐㄑ		
舌根音	ㄍㄎ	ㄏ			

從上表可以看出，根據發音方法，可以把聲母分爲塞音、擦音、塞擦音、鼻音和邊音等五類，根據發音部位，可以把聲母分爲雙脣音、舌尖前音、舌尖中音、舌尖後音、舌面音和舌根音等六類。

韻母共有三十九個。按照韻母的構成情況，可以把韻母分爲單元音韻母、複元音韻母、帶鼻音韻母等三類，按照我國傳統音韻學的「四呼」還可以把韻母分爲開口呼、齊齒呼、合口呼、撮口呼等四類。從下面的韻母表可以看出兩種分類的關係。

韻　母　表

四呼／韻母	呼開口	齊齒呼	合口呼	撮口呼
單元音韻母		ㄧ	ㄨ	ㄩ
	ㄚ	ㄧㄚ	ㄨㄚ	
	ㄛ	ㄧㄛ	ㄨㄛ	
	ㄜ			
	ㄝ	ㄧㄝ		ㄩㄝ
	ㄧ			
	ㄦ			
複元音韻母	ㄞ		ㄨㄞ	
	ㄟ		ㄨㄟ	
	ㄠ	ㄧㄠ		
	ㄡ	ㄧㄡ		
帶鼻音韻母	ㄢ	ㄧㄢ	ㄨㄢ	ㄩㄢ
	ㄣ	ㄧㄣ	ㄨㄣ	ㄩㄣ
	ㄤ	ㄧㄤ	ㄨㄤ	
	ㄥ	ㄧㄥ	ㄨㄥ	
	ㄨㄥ	ㄩㄥ		

開口呼韻母是沒有韻頭而韻腹又不是一、ㄨ、ㄩ的韻母，齊齒呼韻母是韻頭或韻腹是一的韻母，合口呼的韻母是韻頭或韻腹是ㄨ的韻母，撮口呼的韻母是韻頭或韻腹是ㄩ的韻母。

除了上述聲母和韻母內部的系統性外，聲母和韻母之間還有著相當嚴謹的拼合規律。如開口呼韻母不能同ㄐ、ㄑ、ㄒ相拼，齊齒呼韻母不能同、ㄍ、ㄎ、ㄏ、ㄗ、ㄘ、ㄙ、ㄓ、ㄔ、ㄕ、ㄖ、相拼，合口呼韻母不能同ㄐ、ㄑ、ㄒ相拼，撮口呼韻只能和ㄋ、ㄌ、ㄐ、ㄑ、ㄒ相拼。

漢語的聲調共有四個，傳統的名稱是陰平、陽平、上聲和去聲。漢語裏還有輕聲音節，發音短而輕，輕聲音節有區別詞義的作用。如ㄉ一　ㄉㄠ（地道）和ㄉ一　ㄉㄠ（地道）是意義不同的兩個詞。漢語裏兩個或兩個以上的音節連讀時，音節的聲調往往發生變化。如兩個上聲音節連讀時，前面的音節變成近乎陽平。「水果」讀成「誰果」。

漢語語音中還有兒化韻的現象。當元音ㄦ附加在別的韻母後面時，使這個韻母變成一個帶卷舌動作的韻母，這種現象叫兒化韻。兒化韻有區別詞性、區別詞義等作用。

（趙培庠）

一五〇、漢字的基本特徵有哪些？

漢族人民從古至今用來記錄漢語、交流思想的工具是漢字。漢字和現在世界上多數民族使用的表音文字不同，它有自己的特點。

（一）漢字是表意性質的文字。文字是記錄語言的，語言是用語音來表達意義。表音文字是用字母記錄語言的聲音，有的記錄音素，如英語；有的記錄音節，如日語。表音文字只要掌握了二三十個字母的發音，就可以把每個詞都讀出來。漢字的情況則不同。漢字不是用表音的字母組合成的，一個個的漢字本身不表示語言的聲音，而是和每個字所表示的意義緊密聯繫著的。比如「日」這個字，古代原來是寫成「⊙」，讓人一看就知道是太陽。「休」這個字是一個人背靠著一棵大樹在休息。「刃」字上的這個點兒，指示刀的這個部位就是刀的刃兒。即使是占漢字比重極大的形聲字，每個字的形旁都表示的是字的意義類屬，聲旁大都已不能準確地表示出字的讀音。秀才識字讀半邊，十有八九是要讀錯的。表音文字見到一個詞就可以拼讀出來，聽到一個詞就可以拼寫出來。表音文字是先讀出音來進而理解意義，漢字則是先理解字義進而讀出字音。比如見到「苗」字，首先理解了它表示的是田地裏長出來的草一類的東西，進而讀出「ㄇㄧㄠˊ」來；見到「掰」字，首先懂得它的意思是用兩隻手把東西分開，進而讀出「ㄅㄞ」來。當然，由於漢字字體經過幾千年的演變，有很多字已不能這樣容易地由解義到讀音了，只能機械地記住字義和字音，例如「我、實、發、這」

等字。

從漢字造字的方法也可以明顯地看出漢字的表意性質。漢字的創製，有的是用象形的方法，如（月）、（人）；有的是用指事的方法，如（上）、（本）；有的是用會意的方法，如（明）、（从）；有的是用形聲的方法，如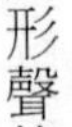（切）、（江）。虛詞的意思沒辦法表示，就借用同音字，如，原義是面頰上的毛，借來作虛詞的「而」。上述的象形字是把圖畫簡化成文字符號，指事字是在象形字上加個提示符號，會意字和形聲字往往是用兩個象形字組合而成。

綜上所述，我們可以很清楚地看出漢字是表意性質的文字。

（二）漢字是記錄漢語語素的文字。漢字是表意文字，一般地說，每個字都是有意義的。一個漢字就是語言中一個最小的意義單位，也就是語素。因爲在古代漢語中，單音節詞占多數，用表意的方法造出來的字，一個字就是一個詞。在現代漢語中，雙音節詞占多數了，有的字可以獨立成詞，有的字同別的字組合成詞。絕大多數的漢字就是一個語素，只有極少數漢字單獨沒有意義，如「琵、葡、嶇、旖」等，但這不反映漢字的本質。所以說，漢字是記錄漢語語素的文字。

（三）漢字的結構比較複雜。表音文字只須用二三十個字母就可以了，而語言中的語素數量是很多的，所以漢字的數量也是很多的，《漢語大字典》共收字五萬多。《辭海》（一九八九版）收字一六〇〇〇多。由於漢字的數量很多，漢字的結構就比較複雜。漢字最小的結構單位是筆畫，漢字的筆畫可細分爲三十二種，用三十二種筆畫構成結構各異的一六〇〇〇多個漢字，其結構必然是比較複雜的。表音文字是用幾個字母作橫向的線性排列，如英語的 china ，漢字裏的「中」字是用四種筆畫由左到右、由上到下，橫向和縱向結合的平面排列，「國」字就更複雜一些了。不這樣就造不出數以萬計形態各異的漢字來。

（四）漢字具有超時空性。由於漢字不是表音的，而是和意義密切聯繫著的，這就使漢字在一定程度上具有超時空性。表音文字如果語音發生了變化，其拼式也就隨之改變。後世的人要想認讀幾百年前的用表音文字寫的作品，不經過專門學習是不行的。漢字則不然，古今漢語在語音方面變化很大，但由於兩千年來，字形相當穩定，字義也變化不大，所以具有中等文化程度的人對古書能部分讀懂，或能了解大意。這說明漢字可以超越時間。再從空間方面看，我國地域遼闊，方言分歧很大。漢語的方言分歧主要表現在語音上。因爲漢字不是表音的，所以，同樣一篇作品，各地的人用不同的方音來讀它，都能讀懂，這就表明漢字具有超越空間的性質。

最後，有一個問題應該認識清楚。那就是有的人承認漢字是表意文字，但因爲看到漢字一個字就是一個音節，所以又說漢字是音節文字，這是很不恰當的。因爲音節文字是表音文字裏的一種。說漢字既是表意文字又是音節文字，豈不自相矛盾？漢字和音節的關係不是直接發生的，中間還隔著語素在起中介作用。因爲漢字記錄的是漢語的語素，而漢語的語素大都是單音節的，所以每個漢字也就都是一個音節了，決不能因此而把漢字說成是音節文字。

（趙培庠）

一五一、漢字產生與演變的基本軌跡是什麼？

文字是記錄語言的符號體系，是輔助語言進行交際的工具。文字是在有聲語言的基礎上產生的，是依附於語言而存在的。文字比起人類的語言來，歷史要短得多。語言要受時間和空間的限制。人們在用語言進行交際的時候，交談的雙方，必須是當面說當面聽，距離太遠就聽不到，話說完了再想聽也就聽不到了。爲了突破這種限制，人類在發展到一定階段時，就逐漸創造出可以用來把語言記錄下來的文字。用文字把語言記錄下來，沒有當面聽到或者當時未曾聽到，就都可以在異地或者異時看到了。有了文字，語言的交際作用就擴大了，人類的文化就得以不斷積累和保存下來，文字的產生是人類進入文明時代的標志。

漢字和古埃及的聖書字、古美索不達米亞的楔形文字同是世界上最古老的文字。但聖書字和楔形文字早已不再使用了，而漢字則作爲漢語的輔助交際工具一直沿用到今天。

漢字產生的確切年代現在還不能斷定，從近年考古研究的資料來看，漢字大約已有五六千年的歷史了。在陝西省長安靈臺、郃陽莘野村、西安半坡和臨潼姜寨等處發掘的原始社會晚期的仰韶文化遺址裏，都曾發現過刻在陶器上的符號。其中西安半坡發現的陶器上刻畫的符號，全都刻在同一種陶器的同一部位。那些符號可能就具有文字的性質。半坡遺址的年代，據中國科學院考古研究所測定，距今有五六千年。

在漢字產生之前，我們的祖先曾經想過一些辦法幫助記憶。根據傳說，我國古代用過結繩和刻契兩種辦法，用繩子打一個結或在木板、竹片上刻一個記號來表示需要記住的什麼事情。但這不是文字，只表明了人們對文字的需要。

古代人類還曾經用畫圖畫的方法來幫助記事或者交流思想，比較複雜的事情還用連續的幾幅畫表現出來。這些圖畫，文字學家們稱之爲文字畫或圖畫文字。這種圖畫被認爲是文字的起源。後來，人們進一步改進，把這些文字畫簡化定形變成能表示語言中一個單位的符號，文字畫就演變成原始的文字了。西安半坡仰韶文化遺址出土的陶器上刻畫的記號和山東省莒縣大汶口文化的陵陽河遺址發現的陶器上刻畫的象形符號都和甲骨文、金文非常相似。陵陽河遺址的年代，據推測距今約五〇〇〇多年。

現在能夠看到的最古的成批的漢字資料，是距今三〇〇〇多年前商代後期的甲骨卜辭和器物銘文中的文字，數目達到三五〇〇個左右。從文字的結構看，象形、指事、會意、形聲、假借等方法都已經運用，應視爲基本成熟的文字了。

我國古代有倉頡造字的傳說，這是不符合實際的。文字應該是人民群衆在勞動和生活過程中集體創造出來的，不可能由某一個聰明人獨自完成。倉頡是否實有其人，還無定論。舊傳爲黃帝時的史官，史官要經常用到文字，他對人們創造的文字，有可能作了一番整理統一的工作。

漢字從甲骨文算起，到現在有三〇〇〇多年的歷史了，在這個過程中，漢字的字體發生了很大的變化。字體就是文字符號的體式。由於書寫工具的不同和書寫便利的需要等原因，漢字的字體發生很大的變化。漢字字體的演變主要經歷了甲骨文、金文、小篆、隸書、楷書、草書、行書等幾個發展階段。

甲骨文是商朝的文字，現在看到的大部是刻在龜甲獸骨上的占卜的記錄，故稱甲骨文。因爲甲骨很堅硬，用刀子在上面刻字，筆畫一般是瘦硬的細線，轉彎處多是尖角，外形大小不一，偏旁部位不固定，字的方向可左可右。字形結構還沒有定型。

金文是鑄在鐘鼎等青銅器上的文字，故稱金文，也叫鐘鼎文。因是鑄在青銅器上，筆形較肥，有些字的筆畫塡實，轉彎處由方折逐漸趨向圓轉，字形比甲骨文方正、齊整。

篆書又分大篆和小篆兩種字體。大篆是先秦使用的文字，字形結構大體保持了西周的寫法，只是變得更加勻稱整齊了。大篆字體以石鼓文爲代表。小篆是秦滅六國以後通行的文字。秦統一全國後，丞相李斯倡議統一文字，廢除了六國文字中和秦不同的文字，對大篆作了整理和簡化，於是有了小篆。小篆的筆畫大都是圓轉的弧形線條，勻稱整齊。小篆簡化了筆畫，固定了字形。小篆統一了偏旁的形體和位置。小篆使漢字象形性減弱，增強了符號性。小篆字體的這種變化是和當時已經有了竹簡絲帛，能用毛筆書寫有很大關係的。

隸書有秦隸和漢隸之別。秦隸是在小篆的基礎上演變而成，又叫古隸。小篆用於官方隆重場合，隸書則是下級人員用於一般文件和日常生活。秦隸把圓轉弧形線條變成了方折平直的筆畫，筆畫進一步簡化了，隸書基本上擺脫了象形性，實現了符號化。漢隸是漢代通行的字體，又叫今隸、八分。漢隸的撇、捺和長橫有波磔，已很少有小篆的痕跡了。

楷書又叫眞書、正書。楷就是楷模的意思。楷書由隸書演變而來，盛行於魏晉，沿用至今。楷書的撇捺和長橫沒有波磔。楷書有尖鉤，由隸書扁平四方形變爲正方或長方形。楷書更便於書寫了。

草書是一種快速書寫的字體。草書又分章草、今草、狂草三種。東漢章帝時流行的快速書寫的隸書叫章草。今草是楷書的快寫體。狂草是今草的草率寫法。今草和狂草都很難辨認。

行書是介於今草和楷書之間的一種字體。行書大約是在漢末魏晉時和楷草盛行時產生的。行書兼有楷書和草書的優點，書寫快速便利，又易於認讀，成爲楷書的重要手寫字體。（趙培庠）

一五二、漢字的基本構造如何？

漢字的構造應該對古代漢字和現代漢字分別進行分析，這是因爲漢字字體在甲骨文以後發生了很大的變化。古今漢字的字體不同了，字的結構也隨之不同了。

古代漢字主要是指甲骨、金文和小篆。古代漢字的結構，一般採用「六書」的說法。東漢許愼的《說文解字》對六書作了具體解說。六書包括象形、指事、會意、形聲、假借、轉注六種造字的方法。下面分別舉例說明。

（一）象形。象形字就是把字形畫成和實物相像的形狀。例如：

火  像火焰向上冒的樣子。

貝  像張開的貝殼的樣子。

禾  像一棵莊稼，上面是穀穗。

門  像兩扇門。

文字和圖畫不一樣，不需要畫得很細緻，只要把事物的特徵表現出來就可以了。但語言中的詞表示的意思並不可能都畫出來。

（二）指事。指事字，有的純用抽象符號表示字義，有的是在象形字上加提示性的記號。例如：

上  用下面的弧線表示基準，用上面的短橫表示在基準的上面。

三  用三橫表示數目。

寸  是手，在手掌下面加一點，表示這裏是寸脈所在。

末  在木字上部加一短橫，表示這裏是樹的末梢。

指示字數量很少，因爲用抽象符號表示語言中某個詞的意義，局限性很大。

（三）會意。會意是把兩個或三個字合並在一起表示出字的涵義。例如：

武  上面是戈，下面是止，止就是趾，人拿著武器走，就是打仗去。

明  日月合在一起都是光明的東西。

莫  日落草中，天快黑了，這本來是「暮」字，後借用作虛詞，才又造了個「暮」字。

从  一個人跟在另一個後面。

會意字在《說文》裏數量稍多一點。象形、指事、會意三種字加起來達不到百分之十八，它們都是純表意字，造起來局限性很大。

（四）形聲字。用兩個或三個字合在一起，其中一個字表示字的義類，叫形旁，另一字表示字的讀音，叫聲旁。例如：

江（江）　河（河）　問（問）　切（切）

形聲字比較容易造，《說文解字》裏有七六九七個形聲字，占總數的百分之八十二。

（五）假借。意義抽象的字，特別是虛詞，不能用上述方法造出，就借用同音字使用。例如：

而　而　原義是面頰上的毛，後借用作虛詞「而」。

莫　莫　原義是晚上，後借用作虛詞「莫」。

（六）轉注。關於轉注，眾說紛紜，至今無定論。

現代漢字雖說是由古漢字演變而來，但由於字體發生了很大的變化，其結構不能再用六書來解釋了。

構成現代漢字的最小單位是筆畫。筆畫除「橫」可以獨立構成「一」字外，其餘全都不能獨立成字，必須同其他筆畫組合在一起才能構成一個字。筆畫按照形狀可以分爲單筆畫和複合筆畫兩種。單筆畫有橫、豎、撇、點、捺、提六種，複合筆畫是兩種以上的單筆畫連在一起構成的，如橫折（㇕）、橫鉤（㇖）、豎提（㇙）、橫折彎鉤（乙）等。對筆畫的分類，各家意見不盡相同。

筆畫和筆畫的組合方式，有以下三種：

（一）相接　人、工、上、丁

（二）相離　儿、川、三、六

(三)相交 又、九、十、丰

有的漢字是由筆畫直接組合而成的，這種字叫獨體字。獨體字的字形是一個整體，從結構上不能再進行分析。如：中、大、丸、央、目、手、天等。由較小的結構單位組合而成的字叫合體字，合體字的字形可以再分析出若干組成單位來。如江、相、和、明、針、國、家、吾、意、湘等。現代漢字中合體字占大多數。

合體字的結構單位叫部件。部件是由筆畫組成的。部件是構成合體字的大於筆畫的單位。例如：「國」可以分解爲「囗」和「或」兩個部件。「筆」可以分解爲「竹」和「聿」兩個部件。有的部件還可以再分析出更小的部件。如「愁」可以分解爲「秋」、「心」，而「秋」又可以分解爲「禾」、「火」。這表明用部件組成合體字是有層次性的。因此，對合體字進行分析時，要按照組合的層次，由大到小逐層分析，直到最小的部件爲止。分解出來的部件，按照它所屬的層次分別稱爲一級部件、二級部件……等。例如：「慰」的一級部件是「尉」和「心」，二級部件是「𡰥」和「寸」，三級部件是「尸」和「示」。

部件與部件的組合方式有以下六種：(一)左右結構，如「相、江」。(二)左中右結構，如「淋、樹」。(三)上下結構，如「音、灸」。(四)上中下結構，如「章、蔑」。(五)半包圍結構，如「凶、匡」。(六)全包圍結構，如「固、圍」。也有兩種結構結合在一起的，如「贏」，整體是上中下結構，下部又是左中右結構。

合體字的一級部件，漢字研究傳統上叫偏旁，也叫字符。其中和字義有關的叫義符，因爲字典上用來作一部的首字，也叫部首，如「草」字的「艹」。其中和字音有關的叫聲符，如「草」字的「早」。和字的音義都沒有關係的叫符號。根據字符在字中的作用可以把合體字分爲三類：（Ⅰ）形聲字，字中有形符和聲符。這類字數量最多。（Ⅱ）會意字，字中的兩個字符合起來表示字義，如「苗、休、尖、囚」等。（Ⅲ）符號字，字中的字符和字的音義都無關，如「特、給、短、章」等。獨體字一般都是符號字，比如「日、火」在古漢字中都是表意的象形字，但變成楷書就只是一個符號。

（趙培庠）

一五三、漢語中詞的構成要素有哪些？

漢語中詞的構成要素是語素。語素是最小的語言單位，是最小的語音語義結合體。如「學習」、「努力」這兩個詞中的四個音節，每個音節都有意義，是四個語音語義的結合體，也就是四個語素。如果把其中的任何一個音節，如「學」，再分析爲ㄒ、ㄩ、ㄝ三個音素，每個音素就都沒有意義了，只是一個最小的語音單位而不是語素了。又如「崎嶇」、「葡萄」這兩個詞中的每個音節都是沒有意義的，不是語素，「崎嶇」、「葡萄」各是一個語素。漢語中大部分語素，在口頭上是一個音節，在書面上是一個字。也有的語素在口頭上是兩個或兩個以上的音節，在書面上是兩個或兩個以上的字。

語素的類別，可以從不同的角度，根據不同的標準來劃分。

(二)根據包含音節的多少可以劃分出以下三種：

(Ⅰ)單音節語素。這是漢語中語素的基本形式。如「學、習、努、力、人、民、語、言、音、節、優、美、設、建、溫、暖、柔」等。

(Ⅱ)雙音節語素。這種語素中的兩個音節，如拆開來每個音節都沒有意義，必須合在一起才有意義。雙音節語素主要有下列兩種：

第一、從古代漢語繼承下來的聯綿詞。從兩個音節的構造來看，又可以分成：(1)雙聲聯綿詞，如「鞦韆、流連、玲瓏、坎坷、含胡、吩咐」等。(2)疊韻聯綿詞，如「荒唐、徘徊、玫瑰、腼腆、氤氳、彷徨」等。(3)非雙聲疊韻聯綿詞，如「逶迤、嘀咕、珊瑚、囫圇」等。

第二、音譯的外來詞。如「沙發、休克、石榴、咖啡、葡萄、安培」等。

(Ⅲ)多音節語素。這種語素大都是音譯的外來詞。如「巧克力、白蘭地、法西斯、木乃伊、奧林匹克、歇斯底里、可口可樂、布爾什維克等」。

單音節語素，有的既能獨立成詞，又能同其他語素構成合成詞，如「人、學、平、素」等；有的不能獨立成詞，只能同其他語素構成合成詞，如「習、民」等，只能構成「練習、民族」等。雙音節和多音節語素都能獨立成詞，有的也能和其他語素構成合成詞，如「沙發椅、葡萄酒、朦朧詩、巧克力餅乾」等。

(二)根據意義和構詞的作用不同，可以劃分爲詞根和詞綴兩種。有的語素意義比較實在，能提供給所構成的詞的詞彙意義，如「建、築、歷、掛、日、揚、飄、擊」等，這類語素叫詞根。有的語素沒有實在的意義，只有語法意義，如「子、兒、們、頭」等，這類語素叫詞綴。有的詞綴，孤立地看有實在的意義，但把它放在合成詞裏則只有語法意義了，如「老虎」中的「老」，不是年老的意思，「石頭」中的「頭」，不是頭部的意思。「老虎」、「石頭」中的「老、頭」就是詞綴。詞綴中有的只能加在詞根前面，叫做前綴，有的只能加在詞根的後面，叫做後綴，有的嵌在詞根與詞根之間，叫做中綴。

（三）根據語素能不能單獨成詞和構詞時在詞中的位置給語素分類。能單獨成詞的語素叫自由語素，不能單獨成詞的叫不自由語素。構詞時，位置固定的叫定位語素，位置不固定的叫不定位語素。分別舉例如下：

（Ⅰ）自由的不定位語素

敵　敵對　敵後　敵意　敵人　敵手　敵情　敵軍　敵寇
　　仇敵　政敵　情敵　強敵　勁敵　天敵　頑敵　死敵

動　動詞　動態　動靜　動亂　動力　動機　主動　被動
　　勞動　驚動　變動　舉動　生動　運動

（Ⅱ）不自由的不定位語素

習　習慣　習氣　習俗　習作　習題　習性
　　學習　補習　復習　練習　實習　演習　自習　預習

疾　疾病　疾苦　疾患　疾駛　疾步　疾恨　疾馳

殘疾　瘧疾　痼疾　痢疾　暗疾　隱疾　迅疾

（Ⅲ）不自由的定位語素

位置在前的，如：

阿　阿姨　阿哥　阿Q

第　第一　第二

老　老師　老板　老鼠　老虎　老婆　老百姓　老天爺

位置在後的，如：

子　桌子　椅子　杯子　面子　包子　幌子　墊子　帽子

兒　花兒　話兒　活兒　蓋兒　眼兒　頭兒　亮兒　天兒

頭　石頭　木頭　骨頭　指頭　吃頭　看頭　奔頭

化　綠化　美化　醜化　現代化　簡化　強化　淡化　自由化

然　油然　斷然　宛然　誠然

位置在中間的，如：

裏　糊裏糊塗　晃裏晃盪　古裏古怪

得　吃得消　管得著　悶得慌

不　吃不消　管不著

（趙培庠）

一五四、詞組的類型和成分有哪些？

詞和詞按照一定的方式組合在一起，稱爲詞組。詞組是比詞高一級的語法單位。詞組可以直接形成句子，也可以是句子的一個組成部分。這是漢語語法的一個特點。按照詞組內部的結構關係，可以把詞組分爲以下八類。

（一）主謂詞組。由兩部分組成，前面被陳述的部分叫主語，後面是陳述的部分，叫謂語。例如：鳥叫、你出來、春光明媚、意志堅強、大家討論。主語和謂語在意義上的關係可分下列三種：（Ⅰ）主語是施事，謂語的動作是主語發出的。例如：「鴿子飛了、太陽出來了、奶奶說。」（Ⅱ）主語是受事，主語是謂語的動作關涉的對象。例如：「問題解決了、什麼都看、信寫好了」。（Ⅲ）主語無所謂施事受事。例如：「今天星期六、這是收音機」。

（二）述賓詞組。由兩部分組成。前面的部分表示動作或行爲，叫述語，後面的部分是動作行爲關涉的對象，叫賓語。如：「關心別人、寫文章、討論問題、看電影」。述語和賓語在意義上的關係是多種多樣的，常見的有下列幾種：

（Ⅰ）賓語是述語動作的對象，叫受事賓語，例如「洗衣服、修理桌椅、看電視」。

（Ⅱ）賓語是述語動作產生的結果，叫結果賓語，例如「挖洞、蓋大樓、寫文章」。

（Ⅲ）賓語是述語動作所憑藉的工具，叫工具賓語，例如「抽煙斗、吃大碗、照鏡子、照×光」。

(Ⅳ)賓語是述語動作的方位或處所，叫處所賓語，例如「逛公園、去上海、下飯館、坐椅子」。

(Ⅴ)賓語是述語動作的主動者，叫施事賓語，例如「住人、曬太陽、走出一個人來、響了一槍」。

(三)偏正詞組。由兩部分組成，前一部分起修飾限制作用，後一部分是被修飾限制的中心。這一類詞組又分兩種情況。一種是定中詞組，前面起修飾限制作用的成分叫定語，後面的部分叫中心語，中心語一般是名詞，如「新衣服、英雄氣概、好人」。另一類是狀中詞組，前面是狀語，後面是中心語，如「十分熱烈、快走、非常關心、很好」。

(四)後補詞組。由兩部分組成，前一部分表示某種動作行爲或性質狀態，叫中心語，後一部分補充說明前一部分，叫補語，如「說清楚、幹得好、好得很、高興極了」。

(五)聯合詞組。由兩個或兩個以上的部分組成，各部分之間的關係是並列的，如「聰明伶俐、機智勇敢、花草樹木、筆墨紙硯」。

(六)同位詞組。由兩部分或兩個以上的部分組成，各部分從不同角度指稱同一事物，如「你們倆、首都北京、駕駛員李中林他自己」。

(七)連謂詞組。兩個或兩個以上的動詞連用，組合起來表示連續的幾個動作行爲，如「上街買菜、提筆寫字、開門走進去坐在沙發上」。

(八)兼語詞組。一個述賓詞組和一個主謂詞組套在一起，述賓詞組的賓語兼做主謂詞組的主語，如「讓他走、使人信服、叫祕書起草」。

除上述八種外，還有數量詞組，如「五個、八張」。方位詞組，如「桌子上、院子裏」。介詞詞組，如「往上海、按照合同」。助詞詞組，如「賣藥的、圓月似的、所想。」

按照詞組內部結構層次的多少，可以把詞組分爲簡單詞組和複雜詞組兩類。簡單詞組，指的是只有一層結構的詞組，一般是由兩個詞構成的，如「花兒紅、非常鮮艷、糟得很、你和他」等。複雜詞組是指有兩個以上的結構層次的詞組。如「張工寫的論文」這個詞組，第一層結構是偏正關係，「張工寫」是定語，「論文」是中心語，而「張工寫」又是一個主謂詞組，是第一層結構關係。又如「進行了嚴肅認眞的批評」這個詞組，第一層結構是述賓關係，「進行」是述語，「嚴肅認眞的批評」是賓語。第二層結構是偏正關係，「嚴肅認眞」是定語，「批評」是中心語。第三層是聯合關係。下面的圖解可以顯示出複雜詞組的結構層次關係。

張工寫的論文
偏（定）　正（中）
主　謂

進行嚴肅認眞的批評
述　賓
偏（定）　正（中）
聯　合

按照詞組的句法功能，可以把詞組分爲名詞性詞組、動詞性詞組、形容詞性詞組等三類。

名詞性詞組的句法功能和名詞基本相同。如「學生食堂、他的到來、老張和小王、你們幾個、桌子上面、長城內外、四千克、送貨的」等。

動詞性詞組的句法功能和動詞基本相同。如「快進來、爲人民服務、討論並通過、看戲、給你書、唱得好、說淸楚、兩趟、一陣、進城賣菜、炒著吃、叫他走、我看電影」等。

形容詞性詞組的句法功能和形容詞基本相同。如「很好、十分滿意、漂亮極了、機智勇敢、樸素大方、又高又大、歷史悠久」等。

此外，還有介詞詞組，在句子裏經常作狀語或補語，例如「從北京、關於這個問題、在教室裏」。

（趙培庠）

一五五、句子的類型主要有哪些？

句子可以從不同的角度，按不同的標準進行分類。

一、按照句子的表達功能，可以把句子分爲以下四類：

（Ⅰ）陳述句，如：

（一）這是一篇很好的文章。

（二）今天很涼快。

（Ⅱ）祈使句，如：

（一）你快去吧！
（二）請勿吸煙！
（Ⅲ）疑問句，如：
（一）這是你寫的嗎？
（二）他是哪兒的人？
（Ⅳ）感嘆句，如：
（一）我們的祖國多麼遼闊廣大啊！
（二）這個人太壞了！
二、按照句子的結構，可以把句子分爲單句和複句兩大類。
（Ⅰ）單句。單句又可分非主謂句和主謂句兩類。
（一）非主謂句。這類單句分析不出主語和謂語來。非主謂句又可分名詞性、動詞性、形容詞性等幾類。如：
（1）銀子！（名詞性非主謂句）
（2）井崗山的翠竹啊！（同上）
（3）下去吧！（動詞性非主謂句）
（4）慢慢兒走啊！（同上）
（5）小心玻璃！（同上）

（6）好！（形容詞性非主謂句）

（7）多熱鬧啊！（同上）

（二）主謂句。主謂句是由主語和謂語兩部分構成的句子。根據謂語的結構可以把主謂句分爲以下幾類：

A名詞謂語句：謂語是名詞或名詞性詞組。例如：

（1）明天星期日。

（2）一組八個工人。

（3）你呀，機靈鬼。

B動詞謂語句：謂語是動詞或動詞性詞組。例如：

（1）宴會結束了。

（2）雨不停地下著。

（3）咱們得快點想個辦法。

（4）敏兒笑得直不起腰來。

（5）她便走到遠一點的地方坐下來等著。

（6）河面上有幾條小船開過來了。

C形容詞謂語句：謂語是形容詞或形容詞性詞組。例如：

（1）屋子裏亮堂堂的。

（2）那顏色眞紅得可愛。

D主謂謂語句：謂語是一個主謂詞組。例如：

（1）這孩子個兒眞高。

（2）千斤的擔子你先擔吧。

（3）這個問題我早考慮過了。

（4）他一眼都沒看。

E「把」字句和「被」字句：「把」字句是用介詞「把」加上動詞支配的對象作狀語的句子。「被」字句是用表示被動的介詞「被、叫、讓」等加上動作的施事（主動者）作狀語的句子。例如：

（1）爺爺很快就把畫畫好了。

（2）敵人被我們都消滅光了。

（3）孩子被嚇得哇哇地哭了起來。

（Ⅱ）複句：由兩個或兩個以上意義密切聯繫、結構互不包含的分句組成的句子叫複句。按照分句與分句之間的意義關係，複句可分爲聯合複句和偏正複句兩大類。

（一）聯合複句：各分句之間的關係不分主次的複句叫聯合複句，又分以下幾類：

A並列複句，例如：

（1）虛心使人進步，驕傲使人落後。

（2）從來就沒有什麼救世主，也不靠神仙和皇帝。

（3）分子並不是靜止地存在的，而總是在不斷地運動著的。

B承接複句，例如：

（1）揪著草，攀著亂石，小心探身下去，又鞠躬過了一個石穹門，便到了汪汪一碧的潭邊了。

（2）他先把桌子收拾乾淨，接著就端茶。

C選擇複句，例如：

（1）寧可將可作小說的材料縮成速寫，決不將速寫的材料拉成小說。

（2）寫仿宋字，還是美術字？

（3）不是魚死，就是網破。

D遞進複句，例如：

（1）見面尚且怕，更不必說有所託付了。

（2）這套衣服不但物美，而且價廉。

E解說複句，例如：

（1）他會一手絕活兒：大變活人。

（2）你瞧不起我，我瞧不起你，這是一種很壞的作風。

（二）偏正複句：偏正複句的兩個分句的關係不是平等的，有主次之分。表達主要意思的是正句，一般在後面；另一分句是偏句；一般在前面。又分以下幾類：

A因果複句，例如：
（1）因爲情況不明，所以一直不敢作決定。
（2）知識的海洋是無邊無際的，因此，學習是無止境的。
（3）既然後退無路，那就只有勇往直前了。
B轉折複句，例如：
（1）雖然你說這麼好那麼好，他卻不認賬。
（2）儘管只有半里路，可是他卻走了近一個小時。
C條件複句，例如：
（1）只要肯努力，就能取得一定的成績。
（2）無論天多麼冷，他都不戴帽子。
（3）除非你去請他，他才會來。
D假設複句，例如：
（1）如果你們有不同的見解，就寫信寄來。
（2）要是讓我們自己定價錢，那就好了。
（3）即使是已經討論通過的東西，也允許提意見。
除上述分類外，還有一種多重複句，就是分句的本身又是複句。例如：
因爲我們是爲人民服務的（1），所以，我們如果有缺點（2），就不怕別人批評指出（3）。

這個複句共有三個分句。（1）分句同（2）、（3）分句是因果關係，這是第一層；（2）分句同（3）分句是假設關係，這是第二層。

（趙培庠）

一五六、何謂修辭？

修辭是針對所要表達的內容，根據情境，選用恰當的語言材料，以收到理想的表達效果的語言活動。修辭是有規律的，修辭學就是研究修辭規律的科學。

語言的要素是語音、詞彙和語法。語音學、詞彙學、語法學是以語言的某一個組成部分爲研究對象的。修辭學研究的不是語言的某一個組成部分，而是要研究語音、詞彙和語法的運用，研究如何運用語言的聲音、各種詞語、各種句法成分、各種句式以提高語言的表達效果。因爲離開了語音、詞彙、語法這些語言材料，語言也就不存在了，而表達效果也就無從談起了。

修辭首先要針對所表達的內容來進行。表達內容就是你要說什麼或寫什麼，就是你要說或寫出來的思想。人們所以要進行修辭，是因爲有了某些思想要傳達給別人，而修辭則是爲了把要傳達給別人的這些思想的語句說好或寫好。那麼，脫離開語句所表達的思想，修辭從何處著手呢？當你高興地看到幾個人合作關係很好時，你會說：「他們很團結。」當你看見幾個壞人總湊在一塊幹壞事時，你就會說：「他們幾個整天勾結在一起狼狽爲奸。」你是針對著說話的思想內容而分別選擇了褒義的「團結」和貶義的「勾結」這兩個詞的。由此可見，修辭要針對所要表達的思想內容來進行。

修辭要根據情境。情境一般認爲包括說話的人、時間、地點、社會環境和自然環境、上下文、聽話的對象等。說話的人的年齡、文化程度、職業、精神狀態等等都與修辭有關。比如，食品店取名稻香村，這很恰當。有家餃子館，取名鴻毛餃子城，誰還想去嘗嘗滿嘴鴻毛是何味道呢？一個學生讀完老師的著作寫信說「大作拜讀完畢，今奉還。」這話就不是做學生的所應說的。「孔乙己……直起身又看一看豆，自己搖頭說，『不多不多！多乎哉？不多也。』」這話就非常切合這位迂腐可笑的窮讀書人的身分。

說話的時間、地點、社會環境和自然環境等，這些都是說話的客觀因素。修辭和說話的時間有關。比如「北平解放以後，進了城我才又見到了她。」顯然，句中的「北平」是絕不能說成「北京」的，因爲解放前的北京叫北平。在普通話和方言之間有時選用方言詞則是爲了表明交際的地域特點。周立波的《暴風驟雨》反映的是我國東北地區的生活，所以選用了一些東北地區的方言。京味作家老舍、鄧友梅等寫的反映北京人生活的作品則選用了一些北京的土語方言。比如：「她的男人死得早，一家的嚼穀全靠她的兩隻手給人縫窮；現在兩孩子都能掙錢了，她總算熬出來了。」一看「嚼穀」、「縫窮」就知道這說的是解放前北京的窮苦人。再比如：「一出屯子，他們就哭起來。」一看「屯子」，就知道這是東北人說的話。

社會環境也是修辭要考慮的因素。把妻子叫「家裏的」是舊中國的普通百姓，把妻子叫「賤內」的是舊中國中上層的某些人，把妻子叫「愛人」的是中國大陸一九四九年以後的事。在《阿Q正傳》裏，辛亥革命前，趙太爺對阿Q大聲呵斥：「阿Q，你這渾小子。」辛亥革命後，趙太爺則是「怯怯的迎著」阿Q低聲叫「老Q」。

二十世紀的二三十年代，魯迅處在黑暗勢力統治下面沒有言論自由，所以用冷嘲熱諷的雜文形勢作戰。而在四十年代的陝甘寧邊區和各抗日根據地就可以大聲疾呼地尖銳地嘲笑法西斯、中國的反動派和一切危害人民的事物。不用像魯迅那樣隱晦曲折，使人民大眾不易看懂。這也說明了修辭和社會環境的關係。

修辭還要看上下文。上下文就是前言後語。如果說，社會環境是語言的外部環境，那麼，上下文則是語言本身的、內部的環境。比如：「湖南隊這回出線的可能性不大，他們在第二輪比賽中以三比一戰勝了雲南隊，但遼寧隊卻以二比零打敗了他們。」這句話前兩個分句都是以湖南隊作主語，第三個分句卻換了遼寧隊作主語，讀著不順暢。若把第三個分句改爲「但卻以零比二敗給了遼寧隊」，語氣就貫通了。再比如「那熱烈的期望，那誠懇的握手，誠懇的祝福，那同志的信託！」這個句子，作者後來把「那誠懇的握手」改爲「緊緊的握手」了。避免了「誠懇」一詞的重複，構成了結構整齊的排比句。

修辭還要看語體。語體首先分口頭語體和書面語體兩大類。比如「媽媽早晨起來吃了點飯就上早市購物去了。」全句是口頭語體，「購物」應改爲「買東西」。再如「屆時敬請光臨」這句書面語，如果寫成「到時候敬請光臨」，就讓人覺得不倫不類了。

最後，還有個對象問題，就是說修辭還要看對象。對象指的是聽者或讀者。對呀呀學語的幼兒要說「上街街，坐嘀嘀，買果果」。對工農群眾講話就要用他們熟悉的詞語和句式。不能滿口的專名術語。在《娜拉走後怎樣?》一文中,魯迅說:「他除了覺醒的心以外,還帶走了什麼去?倘只有一條像諸君一樣的紫紅的絨繩的圍巾,那可無論寬到二尺三尺,也完全是不中用的。」因爲在魯迅面前聽他講演的是當時(一九二三冬)的北京女子高等師範學校的大學生。脖子上大都圍著一條紫紅的毛線圍巾,所以就用來作比,這就使聽者感到非常親切易懂。

選擇恰當的語言材料是修辭活動的操作環節,也是關鍵的環節。只有語言材料選擇得當,才能達到修辭的目的。比如該選用單音詞,還是雙音詞,該選用哪個詞語,該選用哪種句式,該選用什麼辭格等等。語言材料是異常豐富的,多種多樣的,掌握的語言材料越豐富,可供選擇的範圍越廣泛,修辭的成效也就會越高。

修辭是爲了提高語言的表達效果。語言的表達效果怎樣才算高呢?一般認爲:基本的要求是確切、明白、簡練,高級的要求是生動、形象、動聽。基本的要求是每一種語體都要達到的要求。公文語體,例如法律條文,只要做到確切、明白、簡練就夠了,不需要生動。而文藝語體,例如詩歌、散文,則不僅要確切,明白、簡練,而且在這個基礎上,還要進一步做到生動、形象、動聽。

(趙培庠)

一五七、修辭的基本方法主要有哪些？

修辭的基本方法主要是：（一）詞語的錘煉，（二）句式的選擇，（三）辭格的運用三個方面。

（一）詞語的錘煉。錘煉詞語主要從以下三個方面進行：

一、表義準確、簡潔、生動。例如：

（Ⅰ）從此就看見許多陌生（新）的先生，聽到許多新鮮的講義。

（Ⅱ）他從破衣袋裏摸出（掏出）四文大錢，放在我手裏……

例（Ⅰ）「陌生」是「生疏、不認識」，比初稿中用的「新」準確。「新鮮」是「不陳腐、沒聽到過」，也比初稿中用的「新」準確。例（Ⅱ）用「摸出」，不用「拿出、掏出」，準確而形象地表現出「他」的破衣袋裏沒有幾文大錢的拮据相。

二、音調和諧。例如：

（Ⅰ）蜜蜂是在釀蜜，又是在釀造生活；不是爲自己，而是爲人類釀造最甜的生活。

（Ⅱ）嚴以律己，寬以待人；把榮譽歸於別人，把重擔加於自己。

例（Ⅰ）用「釀」和「蜜」兩個單音詞搭配，用「釀造」和「生活」兩個雙音詞搭配，音調和諧。例（Ⅱ）前面用單音詞「己」和「人」，後面用雙音詞「別人」和「自己」也是爲了音調和諧。

例（Ⅲ）慘象，已使我目不忍視了，流言，尤使我耳不忍聞。……沈默呵，沈默呵！不在沈默中爆發，就在沈默中滅亡。

例（Ⅲ）中的「慘象」、「目」、「視」都是仄聲，「流言」、「聞」都是平聲，「沈默」兩字一平一仄，「爆發」、「滅亡」每個詞都一仄一平，這樣的平聲與仄聲相對，抑揚頓挫，鏗鏘有力。

三、色彩協調。例如：

（Ⅰ）那時，洋貨充斥市場，洋人發了大財。

（Ⅱ）「明天晚上（明晚）有一個學生的會，影，你一定參加吧。」慧在影的耳邊說。

例（Ⅰ）用貶義詞「充斥」表現出作者的憎惡感情。例（Ⅱ）原來用書面語「明晚」，不得體，後改爲口頭語體的「明天晚上」，上下文就協調一致了。

（二）句式的選擇

一、長句和短句。長句是詞語多、結構複雜的句子。長句中往往定語、狀語和聯合成分用得比較多。長句表意周密、精確、細緻。短句是詞語較少，結構較簡單的句子。短句表意簡潔、明快、有力。公文語體、政論語體用長句較多。口語語體、文藝語體用短句較多。

二、主動句和被動句。在主謂句中，主語是施事的叫主動句，主語是受事的叫被動句。如果以主動者爲陳述對象則採用主動句，如以被動者爲陳述對象則採用被動句。被動句可以隱去主動者，被動句可以表示遭受的意思，被動句還可以使上下文的主語保持一致。

三、肯定句和否定句。對事物作出肯定判斷的句子叫肯定句，對事物作出否定判斷的句子叫否定句。同義的肯定句和否定句比較，否定句語氣比較弱。「不是……而是……」的句式，用否定句襯托肯定句則肯定句的意思更鮮明。「不是不好」這種雙重否定句式比肯定句的意思更強烈。

（三）辭格的運用。常用的辭格有如下幾種：

一、比喻。比喻由本體，即被比喻的物，喻體，即用來打比喻的事物和喻詞，即聯繫二者的詞語構成。比喻可分三類：甲（本體）像乙（喻體），叫明喻。甲是乙，叫暗喻。用乙代替甲進行陳述，叫借喻。比喻的作用是：（一）生動形象地描繪事物。（二）深入淺出的說明事理。

二、比擬。根據想像把物當作人寫，或把人當作物寫，或把甲物當作乙物寫，這種辭格叫作比擬。比擬可分爲擬人和擬物兩類。比擬的作用是可以使人展開聯想，寓情於景。

三、借代。藉用和本體密切相關的事物來代替本體進行陳述的辭格叫借代。例如：用「紅領巾」代替「少先隊員」，用「諸葛亮」代替特別聰明的人，用「一針一線」代替「一切財物」等。借代的作用是特點鮮明，生動形象。

四、誇張。故意對人或事物作擴大或縮小的描述的辭格叫誇張。誇張常用的有兩種：（一）直接誇張，如「白髮三千丈」。（二）間接誇張，如「揮汗如雨」。誇張的作用是突出特點，給人以強烈的感受。

五、對偶。結構相同或相似，字數相同，意義密切聯繫的兩個詞組或句子相連在一起，這種辭格叫對偶。上下文的意思相互補充的叫正對，如「學習很努力，工作更積極。」上下文的意思相反或相對的叫反對，如「護短長變短，揭短短變長。」上下文的意思互相承接的叫串對，如「一著不慎，滿盤皆輸」。對偶的作用是形式整齊，節奏鮮明，表意深刻。

六、排比。三個或更多的結構相同，字數相近，意思相關的詞組或句子連續排列在一起的辭格叫排比。排比的作用是可以增強語言的氣勢和感染力。

七、反復。爲了突出某個意思，強調某種感情而特意重複某個詞語或句子的辭格叫反復。反復可以分連續反復和間隔反復兩種。前者如：「起來吧！起來吧！祖國的孩子們。」後者如：「起來！飢寒交迫的奴隸，起來！全世界受苦的人。」反復的作用是可以突出並強調重點，抒發強烈的感情。

八、反語。使用與本來意思相反的詞語來表達本意的辭格叫反語。例如「有幾個『慈祥』的老板到菜場去收集一些菜葉，用鹽一浸，這就是他們難得的佳肴。」句中說的那幾個老板其實並不慈祥，而是非常殘忍吝嗇。反語的作用是可以表達強烈的諷刺意味，比正說更有力。

九、雙關。利用詞語的多義或同音的條件，有意使語句兼有兩方面的意思，這種辭格叫雙關。雙關可分爲多義雙關和諧音雙關兩種。前者如「夜正常，路也正常，我不如忘卻，不說的好吧。」句中的「夜」實際上是指人們常用來比喻的黑暗社會，「路」實際上是指革命的路程。後者如民諺中的「羅鍋上山——前（錢）短。」句中的「前」實際是指「錢」。雙關的作用是可以增加語言幽默感，使語言富有情趣。

（趙培庠）

經學家

一五八、孔子

孔子姓孔名丘，字仲尼，魯襄公二十二年（前五五一）生於春秋魯國昌平鄉陬邑，魯哀公十六年（前四七九）卒於魯，年七十三歲。

孔子先人是宋國（殷商之後）貴族，後衰落而徙居魯國。孔子父親名叔梁紇，母親顏氏名徵在，史稱孔子是父母野合而生。野合，《史記·孔子世家》索隱稱是「不合禮儀」，叔梁紇老而徵在少，非當壯室初笄之禮。《史記·孔子世家》正義稱男過六十四歲，女過四十九歲而結婚，爲野合。孔子母十幾歲，父過六十四歲，所以是野合而生。

孔子青少年時期境遇不佳，生而喪父（也有說是三歲喪父），由母親撫養長大。又因「貧且賤」，常受人辱。年歲稍長，孔子曾做過季氏的委吏，還曾爲人管過畜牧事。

孔子被後人尊聖人，但他自己並不認爲自己是生而知之者。孔子的長處是勤問好學。他對子路說：「好仁不好學，其蔽也愚；好知不好學，其蔽也盪；好信不好學，其蔽也賊；好直不好學，其蔽也絞；好勇不好學，其蔽也亂；好剛不好學，其蔽也狂。」（《論語·陽貨第十七》）孔子把「學而時習之」當作一件樂事。孔子學無常師，他曾向老子問禮，向萇弘學樂，向師襄學琴。他認爲人人可以爲師，關鍵在於自己留心學習。孔子認爲自己的才能是多方面的，這得益於自己少時的經歷。「吾少也賤，故多能鄙事。」（《論語・子罕第九》）又因爲他不爲世所用，所以得以習藝並有所成。但孔子的知識還是有局限，並非萬事通，種菜種莊稼他就不會，衛靈公問他軍旅事，他說：「俎豆之事，則嘗聞之矣；軍旅之事，未之學也。」（《論語・衛靈公第十五》）有人說，孔子所以答衛靈公未學軍旅事，是因爲衛靈公無道，欲興征伐。這似乎是說孔子並非眞的不懂軍旅事，而是不想爲衛靈公這樣的人服務。這與事實可能有出入。孔子急於求仕，周遊列國，苦於沒有用他的，他答子貢問：「有美玉於斯，韞櫝而藏諸？求善賈而沽諸？」說：「沽之哉！沽之哉！我待賈者也。」（《論語・子罕第九》）佛肸是晉大夫趙簡子的中牟邑宰，以中牟叛趙簡子，派人召孔子前往，子路勸止孔子，孔子說：「不曰堅乎，磨而不磷；不曰白乎，涅而不緇。我豈匏瓜也哉，焉能繫而不食？」（《論語・陽貨第十七》）由此看來，衛靈公想用孔子，孔子不會拒絕的。

孔子有豐富的古代禮法知識和歷史知識。《史記・孔子世家》記有三件事，一是孔子四十二歲時，魯大夫季桓子鑿井時得一狀如土缶的東西，裏面有一物像隻怪羊，對孔子說是得物如狗。想以此測知孔子是否眞的博學。孔子馬上說，此怪物是羊而不是狗。第二件事是吳國伐越，毀會稽城，得一很長的大骨節。吳國專門派使節去問孔子這大骨節是誰的，孔子答是防風氏的，防風氏被禹殺於會稽山。吳國使者很佩服孔子的解答。第三件事，孔子遊於陳國時，有一隻帶著箭的鶚鳥落宮庭中死掉了，陳湣公派人去問孔子此鳥的來歷。孔子答，鶚鳥飛自肅愼國，因爲只有肅愼國才有鳥身上帶的那種箭，周武王克商後，肅愼曾把這種箭當作方物獻給武王，武王又將此箭給了他的大女兒帶到陳國。陳湣公派人到庫府中查找，果然發現了這支箭。

孔子時代，士人以自己的特長周遊諸侯，謀求入仕，是很普遍的。孔子的求仕之路很坎坷，他先後到過齊國、衛國、宋國、楚國、陳國、蔡國，輾轉十多年，終不能被人所用，最後不得不返回魯國。孔子求仕屢次失敗的原因是多方面。孔子五十六歲時，曾官至魯國大司寇，治理魯國很有成就，齊國懼怕魯國強大，選送八十名姣好的女子到魯國，飾彩衣起舞，季恆子慫恿魯君多日觀看，不問政事，孔子由此覺得魯國興國無望，憤而出走。這是孔子主動不仕，因爲不能實現自己的抱負。在衛國，衛靈公本已留用孔子，給予俸祿。一日，衛靈公與夫人同車，讓孔子隨著他招搖過市，孔子說，衛靈公是個好色盛於好德的人，離開衛國。這是因爲孔子覺得自己不受重視，衛靈公不是眞用他，孔子離開衛國，本來想去晉國見趙簡子，半路上聽到趙簡子殺了竇鳴犢和舜華。這兩個人是晉國賢大夫，趙簡子未得志時曾重用他們倆人，可一旦得志便將他們殺了，孔子認爲這樣的人是不能與之謀事，有遭殺身的危險。楚國曾想用孔子，楚國盟友陳、蔡的大夫們反對，說孔子是個賢德的人，常能譏刺諸侯們的要害，現在大夫們的所作所爲，沒有合孔子意的，若用孔子，現在的這些大夫們地位就危險了。楚昭王也曾想用孔子，並要給他封地，被楚令君子西勸止。他說，楚國將相官尹沒有能比得上孔子那些弟子的，並且孔子治國講先聖之法，這會有礙於楚國的霸業，留用孔子是楚國一禍。齊景公也曾想用孔子。晏嬰勸阻說：「夫儒者滑稽而不可軌法；倨傲自順，不可以爲下；崇喪遂哀，破產厚葬，不可以爲俗；游說乞貸，不可以爲國。自大賢之息，周室既衰，禮樂缺

有閒，令孔子盛容飾，繁登降之禮，趨詳之節，累世不能殫其學，當年不能究其禮。」（《史記・孔子世家》）

孔子對自己屢不能入仕也早有思慮，他同子路、子貢、顏回議論這事。子路說，夫子仁且智，但這仁與智不爲世人信任。孔子不滿意子路的說法。他說，如果仁而必能爲人信任，就不會有伯夷、叔齊了；如果智必能爲人所行，就不會有箕子比干了。子貢認爲孔子不能仕，是因爲孔子之道至大，天下不能容。孔子認爲，不能因爲爲了天下不容己而放棄修道。顏回的回答孔子最滿意。他說，夫子之道確實之大，天下不能容，但這是有國者的恥辱。正因爲道大不能，才顯出君子本色。這是孔子的眞心想法，還是自慰？總之，孔子確爲自己不能爲天下用而苦惱。孔子西入周問禮於老子時，老子曾送他兩句話：「聰明深察而近於死者，好議人者也；博辯廣大危其身者，發人之惡者也。」這可能是點出了孔子的悲劇所在。

孔子晚年返回故鄉，專心於授徒講學，今經學家認爲《六經》就是孔子這時所作。（湯澤林）

一五九、孟子

孟子，姓孟，名軻，字子輿，生於約西元前三七二年，卒於西元前二八九年，是戰國時期鄒國人，被後世稱作「亞聖」。關於孟子的生平，史籍記載不多。《史記・孟子荀卿列傳》只說他「受業子思之門人。道既通，遊事齊宣王，宣王不能用。適梁，梁惠王不果所言，則見以爲迂遠而闊於事情。當是之時，秦用商鞅，富國強兵；楚、魏用吳起，戰勝弱敵；齊威王、宣王用孫子、田忌之徒，而諸侯東面朝齊。天下方務於合縱連衡，以攻伐為賢，而孟軻乃述唐、虞、三代之德，是以所如者不合。退而與萬章之徒序詩書，述仲尼之意，作《孟子》七篇。」民間廣泛流傳孟母擇宅的故事，從一個側面反映了孟子兒時的狀況。孟母開始的宅所近在墓地旁，孟軻常在墓地間玩耍游戲，見此，孟母以為這絕不是一個單純的孩子該住的地方，便遷住一個靠近市場的居所。在這裏，孟軻成天在市場中玩耍，以買賣事為游戲。孟母又覺得這對孟軻的成長不利，又遷居到一學宮傍，從此，孟軻做的游戲都是一些有關禮法的事。孟母見了很高興。及至上學，孟母對孟軻的學業督促很嚴。一次，孟母問起孟軻的學業，孟軻顯出無所謂的樣子，孟母用刀劈了自己的織機，對孟軻說，你要荒廢了學業，就如同這被砍斷的織機。從此，孟軻發奮學習。

唐宋經學家都說孟子在思想上繼承了堯、舜、禹、湯、文、武、周公、孔子的眞傳正統。細究起來，孔、孟兩位大思想家由於所處時代不同，還是有所區別的。

「仁」是儒家思想的重要概念。在孔子，仁字更多的是道德倫理和人格範疇上使用。孔子首先把仁與人聯繫在一起，提出眞正的人的人格標準是仁人。所謂仁人，從思想意識上說就是要有推己及人之人，懷「忠恕」之情，「己所不欲，勿施於人」。「己欲立則立人，己欲達則達人」。「仁」在道德上的集中表現是「禮」，克己復禮就是仁，克服自己的私欲，自覺做到「非禮勿視，非禮勿聽，非禮勿言，非禮勿動。」就是仁人，就能成為仁人。

孟子則把「仁」與政治連在一起，講「仁政」，仁是施政綱領，治國策略。治國不能講「利」，不能把治國方略放在獲利的基礎上，這個大目標必須堅持，否則，君王講獲利，卿大夫講獲利，上下左右交相爭利，國家就會陷於動亂之中，人人地位不保。君主要能推行仁政，必須有「不忍人之心」，君王是人，卿大夫是人，百姓也是人，人對人就應有惻隱之心，否則，就不是與人同類，就不是人。有國者將此惻隱之心用於治國，便是仁政，就能與民同憂樂。所謂與民同憂樂，即我有，也要使民有；我生，也要讓民能生。生存就要有生存的基本條件，使百姓能夠少有所養，老有所安，荒年不危。所以，仁政的首要措施是從經界始，使民有恆產。對於君子來說，有沒有恆產無所謂，如一般百姓，無恆產則無恆心，邪亂事端就會滋生。

孔子講「仁」，多是對他的學生從育人的角度講的，在於使受教育者具有「仁」的人格。孟子講「仁政」是對有國有家者講的，教以保國保家的策略。施仁政是一種保國保家之道，對個人則是保身之道。孟子勸梁惠王不必「曰利」，可他自己勸人行仁政，都是以曉以利害為先。他勸梁惠王「曰仁義」，否則會有殺身之禍。他教人行仁政，是因為只有行仁政，國才可以由小變大，由弱變強，由民少到民多。施仁政於民，民便可以「制梃以撻秦楚之堅甲利兵」，行仁政又叫王道，使國變為強大，有王道霸道兩途。依靠霸道，本身就要有實力做基礎；行王道，則弱小之國也可以變強大而王天下。孟子講「仁則榮，不仁則辱」，「禍福無不自己求之者」（《孟子·公孫丑章句上》）。在孟子那裏，是否能行「仁」，關係到福禍榮辱問題。

孟子講仁政，有政治上的現實主義色彩；孔子講「仁」，則有強烈的道德理想主義色彩。孔子教導人做仁人，培養「仁」的人格，不再有其他目的，作仁人本身就是目的。孔子到列國求仕，希望輔佐有志君王治理國家，只是要以周禮治國家，從某一諸侯國開始，恢復周禮於天下。孔子很少顧及諸侯國君的利害要求，並不是要輔佐某一個諸侯國強大起來，統一天下，他是在實現自己以周禮為基礎的理想國的願望。所以孔子周遊列國的態度是，容我行周禮，就入仕，不然，就離開。孟子就不同。他同周遊各國的名、法、墨、兵各家人士一樣，是要成為某一國君的謀士、輔臣，助其實現富強國家，統一天下的目的，區別只在崇尚不同的治國之道。譬如，梁惠王就曾明確向孟子道出自己的動機，即「欲闢土地，朝秦、楚，蒞中國而撫四夷。」於是，孟子就對梁惠王說，要達到這個目的，只有行仁政，「使天下之仕者皆欲立於王之朝，耕者皆欲耕於王之野，商賈皆欲藏於王之市，行旅皆欲出於王之途，天下之欲疾其君者皆欲赴愬於王，其若是，孰能御之。」（《孟子・梁惠王章句上》）否則，後必有災。

關於成就聖賢人格的通路，孟子也有不同於孔子的見解。孔子強調學習、實行的作用。要「學而不厭」，「學而時習之」。「仁」不是一種空泛的理論，而是實踐上的規範。能不能行「仁」，不在是否知其道理，而在願不願實行。孟子更強調心性修養。仁、義、禮、智本是人的四端，天性中就具備。養「浩然之氣」，發起四端，就能成為聖賢。

孟子在新的形勢下闡發孔子思想，確實把儒學向前推進了一步，不過也畢竟與孔子思想顯出了差異。

（湯澤林）

一六〇、鄭玄

鄭玄（一二七～二〇〇）字康成，是經學史有關鍵性影響的經學家，東漢後期人，祖上家世顯赫，到鄭玄時衰落。鄭玄年輕時被迫中斷學業，曾任低等鄉吏，但又不甘心荒廢學業，勤奮好學，終有成就，招入太學學習今文《易》和《春秋》《公羊傳》，兼通《三統歷》、《九章算術》，又從張恭祖學習《周官》、《禮記》、《左氏春秋》、《韓詩》、《古文尚書》，又經盧植引見，追隨馬融學習古文經，很受馬融賞識。馬融弟子甚眾，曾委託鄭玄代其向弟子講學。東漢黨錮禍殃及鄭玄，曾受禁錮，獲釋後潛心學問，不問政事，聚眾講學，有弟子數百人。鄭玄曾與何休激烈辯論，信《周禮》爲眞，揚《左氏春秋》。他遍注諸經，計有《周易注》，《尚書注》，《毛詩箋》、《儀禮注》、《禮記注》、《論語注》、《孝經》注等，又著《天文七政論》、《魯禮禘祫義》、《六藝論》、《毛詩譜》、《答臨孝存周禮難》等，洋洋百萬餘言，獨樹一幟，被稱爲「鄭學」。

鄭玄注經，以古文經爲主，兼採今文經，綜合今古文經，成一新的體系，皮錫瑞說，經學到鄭玄。爲之一變。

西漢初立經，都是今文經學，古文經學後出，不立學官，但實際影響不斷增強，對今文經學大有取而代之之勢。今文經學是出於政治上的實用目的被奉爲統治地位的。它不是純學術，與國家的意識形態控制和施政政策的實施有密切聯繫，朝廷論政，都要引經據典，以今文經爲依據。這對今文經學來說，是長處，也是短處，大大限制了它學術上的活力。今文經學又極重家法，師徒授受，弟子只許講述師尊的思想，不許妄加增删變更，不許依自己的見解對經傳妄加評論。那麼，今文經就成了准教條，而不是學問的對象。古文經出，打破了今文經一統天下的死寂局面，開闢了人們的思路。今古文經的相互比較、論爭，迫使雙方在學術本身方面都必須有所突破、發展，今文經學的家法顯門也有所鬆動，注經言論不斷膨脹，至有經中一句話，注則數萬、數十萬言的。並且各種注說紛雜不齊，使人莫衷一是。鄭玄綜合今古文經，爲經學開闢了一條新的生路。所以，鄭學一出，影響迅速擴大。後世研習經學，多從鄭學，今文經由此似有逐漸被忘記的趨勢，古文經的思想在鄭學的旗號下倒被宏揚起來。皮錫瑞說，鄭玄注經，意欲參合今古文，自成一家之言，「雖以古學爲宗，亦兼採今學以附其義。……於是鄭易注行而施、孟、梁丘、京之《易》不行矣；鄭《書》注行而歐陽、大小夏侯之《書》不行矣；鄭《詩》箋行而魯、齊、韓之《詩》不行矣；鄭《禮》注行而大小戴之禮不行矣；鄭注《論語》注行而齊、魯《論語》不行矣。」所謂鄭玄的兼採今古文，是或從今文，或從古文，今古文經的分別界限在鄭玄那裏還是明晰的，並不是使今古經完全融彙爲一。他的作用只是打破今文經學的家法顯門傳統，不主一家。看來，鄭玄注經已經有他自己的取捨標準。按今文經的風氣，講經者不問經文眞不眞，只看是不是師說，師說是講經道的唯一準則。鄭玄在諸經中尤其重《周禮》。他認爲《周禮》是周公時眞實的史實，所以注《春秋》、《書》，就多用《周禮》做是非標準。這在學風上說，較今文經學的重法家應是一種進步。

（湯澤林）

一六一、陸德明

陸德明（生卒年月不詳），南北朝至唐初著名的經學家，本名元朗，字德明，蘇州吳（今江蘇省蘇州市）人，以字名世。年輕時曾師從南朝經學家周弘正，並兼通玄學，以善言玄理飲譽江南。陳太建（五六九～五八二）中太子召集天下名儒講經於承光殿。國子監祭酒徐克開講，依仗其名望和地位，無人敢與之爭辯。當時陸德明年方弱冠，也參與聽講，以初生牛犢不怕虎的氣勢，起而與之爭論，引起滿朝士人的讚嘆和注意。陸德明在陳朝初爲始興王國左常侍，後爲國子助教。陳亡潛歸故里，閉門著述，其傳世名著《經典釋文》即成於此時。入隋後爲祕書學士，國子助教。大業（六〇五～六一六）中，隋煬帝廣召集天下明經之士，陸德明與魯達、孔褒共同在門下省辯論經義，學者無出其右。王世充之亂，曾遣其子到陸德明門下受教，德明自服巴豆散稱病，拒不接收。唐平隋季之亂，太宗徵德明爲秦王館學士，命中山王承乾從其受業。後補國子博士，封吳縣男，貞觀初年病逝。陸德明一生撰寫了《經典釋文》三十卷，《老子疏》十五卷，《易疏》二十卷，其中《經典釋文》甚受唐太宗的嘉獎，後世成爲經學名著。

《經典釋文》包括《序錄》一卷，《周易》一卷，《古文尚書》二卷，《毛詩》三卷，《周禮》二卷，《儀禮》一卷，《禮記》四卷，《春秋左氏》六卷，《公羊》一卷，《穀梁》一卷，《孝經》一卷，《論語》一卷，《老子》一卷，《莊子》三卷，《爾雅》一卷。在唐初，《孟子》尚不爲經，而受魏晉玄學遺風的影響，將老、莊收入經典，這也反映了當時社會的一種傾向。同時，陸德明本人在學風上也受南學熏染，有談玄之習，所以視道家爲經典亦在情理之中。所謂「釋文」，包括釋義和注音，十四部經書分別注解，都叫做「音義」，如《周易音義》、《禮記音義》等。諸經皆摘字爲音，唯《孝經》、《老子》各摘全句。注音時採用漢魏六朝音切，凡二百三十多家。又兼載諸家的訓詁，考證各本異同。他在《自序》中說：「癸卯之歲，承上之庠，因撰集《五典》、《孝經》、《論語》、及《老》、《莊》、《爾雅》等音，古今並錄，經注畢詳，訓義兼辨，示一家之學。」這段話基本闡明了他著書的態度和方法，即不分學派和門戶，古文、今文並錄，南學、北學兼容，向經學的統一邁進了一大步。如清代經學家皮錫瑞所指出：「前乎唐人義疏（指孔穎達《五經正義》），經學家所實貴者，有陸德明《經典釋文》。」陸德明此書在注釋儒家經典方面，有較高的價值，爲後代所重，宋人將其散於諸經之注中，稱爲「德明音義」。同時由於該書保留了魏晉南北朝時期較多的古音，是研究漢語語音變化的重要著作。（張踐）

一六二、孔穎達

孔穎達，唐代經學家，生活於隋唐之際（五七四～六四八），冀州衡水（今河北省冀縣）人。他出生在一個官宦世家，八歲入學，日誦千餘言。及其年長，通曉經學，尤其擅長《左傳》、《尙書》、《易》、《毛詩》、《禮記》，兼通曆算、天文、歷史。因其在經學方面卓有見識，受到了同郡大儒，經學大師劉焯的賞識。隋大業（六〇五～六一八）初，舉明經第，受河內博士，補太學助教。入唐後得到秦王李世民的重視，引為秦府文學館學士。武德九年（六二六）授國子學博士，貞觀初年封曲阜縣男，轉給事中，累除國子司業，遷太子右庶子。貞觀七年（六三三），與宰相魏徵撰寫成《隋史》。又受詔與顏師古共同撰成《五經正義》，成為國家開科取士的統一教材。貞觀十七年（六四三）告老致仕，次年圖形於凌雲閣，二十二年病故，陪葬昭陵。

經學在發展過程中，兩漢之際曾產生過今文與古文的鬥爭，魏晉時代又有鄭（玄）學與王（肅）學的糾紛，南北朝時則明確分成了南學和北學，門戶各立，諸家異說，諸家雜陳。唐代實現了政治的統一之後，也需要在思想上實現統一。當時儒學處於官學的至高無上地位，要統一儒學，首先必須整頓經學。於是太宗在貞觀元年（六二七）下詔，命顏師古考定《五經》文字，孔穎達核定義疏文字，以便作為官方欽定的標準教材。他們歷時三十年，共得一八〇卷，其中《周易正義》十四卷，《尚書正義》二十卷，《毛詩正義》四十卷，《禮記正義》七十卷，《春秋正義》三十六卷。由於孔穎達在經學界名高位尊，所以《五經正義》署名時只留他一人。唐太宗稱讚其書說：「博綜古今，義理該洽，考前儒之異說，符聖人之幽旨，實為不朽。」（《舊唐書·孔穎達傳》）

清代經學家皮錫瑞在總結孔穎達注經的特點時說：「案著書之例，注不駁經，疏不駁注；不取異義，專宗一家。」各經所採正注，《易經》用魏晉王弼注，《尚書》用孔安國傳，《詩經》用毛亨傳，鄭玄箋，《禮記》用鄭玄注，《左傳》用晉杜預注。從其取材來看，打破門戶，不存歧見，兼容並蓄，為隋唐經學的統一奠定了基礎。但是每經「專宗一家」的作法，又難免遷就一家之說，存矛盾之處。皮錫瑞指出：「議孔疏之失者，曰彼此互異，曰曲徇注文，曰雜引讖緯。」其書一出，便有太學博士馬嘉運撰文：「駁正其失，至相譏詆。」（《舊唐書·孔穎達傳》）皇帝下令進行修改，文稿未成，孔穎達病故，永徽二年（五五一）詔令門下與國子三館博士進一步修訂，最終於永徽四年（五五三）向全國頒行，在唐代一直是儒生學習經典的範本。孔穎達考定《五經正義》，統一了儒學歧見，在儒學發展史上是一件有重要意義的大事。（張踐）

一六三、顧炎武

顧炎武（一六一三～一六八二），江蘇昆山人，原名絳，明朝滅亡後改名炎武，字寧人，學者尊稱亭林先生。顧炎武十四歲爲諸生，十六歲到二十七歲，屢次在科場角逐，累試不第，後來決心棄絕科舉應試，退而讀書，開始撰寫《天下郡國利病書》、《肇域志》。一六四四年明亡後曾參加抗清武裝，一六五七年離家北上，在河北、河南、山東、山西、陝西各地奔波歷二十多年，至死不入清廷爲官。

顧炎武一生著述頗豐，計有《日知錄》三十二卷、《音學五書》三十八卷、《天下郡國利病書》一百二十卷、《左傳杜解補正》三卷、《九經誤字》一卷、《石經考》一卷、《歷代帝王京宅記》二卷、《營平二州地名記》一卷、《昌平山水記》二卷、《山東考古象》一卷、《京東考古錄》一卷、《金石文字記》六卷、《譎觚十事》一卷、《求古錄》一卷、《菰中隨筆》三卷、《韻洲正》

一卷、《亭林文集》六卷、《亭林詩集》五卷、《亭林餘集》一卷、《亭林佚詩》一卷、《亭林佚文輯補》一卷、《蔣山傭殘稿》三卷、《明季實錄》等。

顧炎武是清代「漢學」的開拓者。漢學是清代的古文經學，主張儒學應該回歸到漢代經學的傳統上去。這是針對宋明理學而發的。宋明理學，特別是其中的王陽明心學的末流，將全部功夫用至個人的心性修養上，全然不講儒者經世濟民的歷史大任，以至「今之講學者，恁地天崩地陷，他也不管，只管講學耳。」。世間人士，「在縉紳只明哲保身一句，在布衣只傳食諸侯一句。」（黃宗羲：《明儒學案》卷六十《東林學案三》）顧炎武等漢學家們視此為明亡的基本原因，因而決心消除宋明理學的流弊。顧炎武認為宋明理學華而不實，空言心性，背離了孔孟學說的本義，學者應摒棄理學，直接從先聖那裏汲取營養。顧炎武視東漢經學闡說先聖思想最為純正，西漢時「師儒雖盛而大義未明，故新莽居攝，頌德獻符者遍於天下。興武有鑒於此，故尊崇節義，敦勵名實，所舉用者莫非經明行修之人，而風俗為之一變。」（顧炎武《日知錄》卷十三《西漢風俗》）東漢末以後，經學本義就慢慢被歪曲了。

顧炎武主張，要把握儒學的精髓，必須認眞讀經書，不能像近世學者那樣，抓住經書上的只言片語，就主觀臆斷地推衍所謂義理。他認為經學就是讓這種風氣給搞壞了。所以，他提出「博學於文」的口號。他說：「古之所謂理學，經學也，非數十年不能通也。故曰：『君子之於春秋，沒身而已矣。』」（《亭林文集》卷三《與施愚山書》）為直接回到古代純樸的經學去，就要知古音，識古字，所以他作《音學五書》。

顧炎武治經學有強烈的政治責任感，反對爲學術而學術。在他看來，學經就是爲了治世，爲了拯救漢民族。必須致畢生精力研讀經書，但讀經若不能濟世，則毫無益處。「人苟遍讀五經，略通史鑑，天下之事，自可洞然，患在爲聲利所迷而不悟耳。」（《亭林文集》卷六《與楊雪臣》）所以，「博學於文」必須與「行己有恥」結合起來，所謂恥，不是恥於惡衣惡食，「而恥匹夫匹婦之不被其澤。」如能既懷有爲國家民族的強烈責任感，又能好古多聞，就能成爲一個有用之才。反之，若不先言恥，又善談空虛之學，則與聖人之道越來越遠。

顧炎武雖然一再強調讀經一定要重實用，但經學又非數十年不能通，就爲後來考據學的脫離現實政治生活開了一個口子。不過他在中國經學史上的地位終是不能抹殺的。（湯澤林）

一六四、戴震

戴震（一七二四～一七七七），字慎修，又字東原，安徽休寧人，是乾嘉考據學中皖學派的代表，也有說他是考據學派的集大成者。戴震博學多思，對天文、算學、歷史、地理等都有研究。尤其精通語言文字學，在古字古音研究上有很深造詣。戴震自少年時代起就好深思勤問。十歲時，他讀朱熹《四書集注中大學章句》，其中「古一經」後有朱熹注：「蓋孔子之言，而曾子述之。其傳十章，則曾子之意而門人記之也。」戴震就問他的塾師：此何以知爲孔子之言而曾子述之？又何以知曾子之言而門人記之？」塾師答：「此先儒朱子所注云爾。」又問：「朱子何時人？」答：「南宋。」再問：「周去宋幾何時？」答：「幾兩千年。」再問：「然則朱子何以知其然？」塾師竟無以答對。

戴震一生著述頗豐，計有《原善》、《原象》、《聲韻考》、《聲類考》、《方言疏正》、《孟子字義疏正》等，其中，他自己最看重的是《孟子字義疏正》。戴東原治學不像顧炎武那樣有濃厚的政治色彩。在他，學問就是學問，爲學問而作學問。他的全部學術活動的針芒直指宋明理學，是反理學的擎旗者。戴震認爲宋明理學的最大弊端是「空疏義理」，捨棄經典原文，任憑自己主觀臆測。要克服這一惡劣風氣，必須回到古經上去，直接研讀經典原文，才能把握聖賢作經的本義。戴震指出，理學末流的鑿空之弊有二：「其一，緣詞生訓也；其二，守僞傳謬也。緣詞生訓者，所釋之義，非本義也；守僞傳謬者，所據之經，並非本經。」（《東原集》卷十《古經解鉤沈序》）所以，他提倡實事求是之學，士人讀書，不應只讀理學，應先讀儒家古聖賢的經典，而研究經典，又應避開宋明理學的迷惑，先讀漢儒注疏。爲此，就要先從訓詁開始，而要明訓詁，又應自聲韻文字始。戴震在《古字音辨正》上下了極大功夫，原因也就在這裏。他也強調，他治文字聲韻本身不是目的，而在於讀懂古聖賢經典的義理。

難能可貴的是，戴震雖然也主張研讀漢儒經注，但又不迷信漢代經學，在這一點上，他同考據學中的吳學派也有區別。吳學派的惠棟崇尚漢儒，以漢儒經注爲是非標準，對於經學本義的正誤取捨，不問眞不眞，只問漢不漢。合於漢儒議論的就對，否則就是錯誤。而戴震治學追求一個眞字，凡議論，必要弄清眞不眞。爲此，他總結了一套求眞的方法。梁啓超將戴震的治學特色歸納爲十點。

一、凡定一義，必憑證據，無證據而以臆度者，在所必擯；二、選擇證據，必以古爲尙，以經證經；三、孤證不爲定說，無反證者存疑，得續證則漸信，遇有力反証則棄之；四、隱匿證據或曲解證據都是不道德的；五、重視比較研究，從同類事項中抽象一般；六、採用舊說，必明引之，剿說被認爲是大不德；七、所見不合，應相辯詰，雖弟子駁難本師，也不應看作是忤逆；八、辯詰只以本問題爲範圍，態度要平和，不枉己，又要尊重別人；九、治學要專一業，務求深透；十、文體樸實簡潔，反對華而不實。戴震在思想內容上的貢獻也不容忽視，他對理學的學說體系給予了較爲系統的批判。

戴震發揮氣一元論思想，批判以理爲基礎的客觀唯心主義。他認爲，氣是宇宙萬物的本體，「萬物皆氣化之自然。」氣是實體之名。理是氣及具體萬物的運行規則，理和氣是不能分割的。戴震依據這種觀點觀察人性問題，反對割裂所謂天理和人欲。他認爲，也是氣的表現形態，氣血心知就是人的本性，如同五行是道的實體一樣。人的本性表現爲知、情、欲、聲、色、嗅、味是欲的對象，喜、怒、哀、樂是情的表現，知是判斷是非善惡的能力，三者都是人的本性的自然表現，缺一不可。由此，他認爲理學的「存天理，滅人欲」的主張是沒有根據的。他還對這個口號從道德上進行了激烈的抨擊：「理欲之分，人人能言之。故今之治人者，視古賢聖體民之情，遂民之欲，多出於鄙細隱曲，不指諸意，不足爲怪；而及其責以理也，不難舉曠世之高節，著於義而罪之。尊者以理責卑，長者以理責幼，貴者以理責賤，雖失，謂之順；卑者、幼者、賤者以理爭之，雖得，謂之逆。於是，下之人不能以天下之同情，天下所同欲達之於上，上以理責下，而在下之罪，人人不勝指數。人死於法，猶有憐之者；死於理，其誰憐之？」（《孟子字義疏正》）戴震對理學的這一道義的譴責，對後世有深刻影響。

（湯澤林）

一六五、阮元

阮元（一七六四～一八四九），字伯元，號芸台，江蘇儀徵人，乾隆進士，曾官至湖廣、兩廣、雲貴總督，體仁閣大學士，又在杭州創立過詁經精舍，在廣州創立過學海堂。

阮元在經學典籍的整理、訓詁、刊定等方面有重大貢獻。他受命重刻宋本《十三經注疏》，並作《十三經注疏校刊記》。此外，他還主編《經籍纂詁》一六〇卷，將唐代以前經籍正文及注解中的訓詁搜集在一起，爲讀解古經做了工具性的工作；又彙刻《皇清經解》，將明末清初學者關於經學的著作整理彙集；撰《疇人傳》、《積古齋鐘鼎彝器款識》、《山左金石志》、《兩浙金石志》等天文曆算及古文字學方面的著作。

在學術思想上，阮元是乾嘉考據學揚州學派的主要人物。揚州學派本源於吳、皖學派，尤重皖學派，對戴震很是推崇。阮元的學術方向與戴震也多有相似之處。

阮元也痛切感到宋明理學對中國學術的浸害，決心摒棄空疏義理的學風。他說，理學家們是「自遁於虛而爭是非於不可究詰之境。」阮元稱自己立說，只是「推明古訓，實是求是而已，非敢自立異。」所謂推明古訓，就是要直接研讀古聖賢之書。阮元說：「士人讀書，當從經學開始，經學當從注疏開始。」，但不能像空疏之士那樣「徒讀注疏不終卷而思臥者，……不知有聖賢諸儒經傳之學。」所謂實事求是，就是不要迷信。「儒者之於經，但求其是而已矣。是之所在，從注可，非之所在，違注亦可。」不必定非漢儒注說是從。

要做到實事求是地研讀聖賢經書，就必須能識古書字音字義，所以，考據訓詁是必須的，而訓詁又必須從聲音文字入手。阮元說，聖賢之道存於經書之中，而經書又非訓詁不明，「捨經而文，其文不質；捨詁求經，其經不實。」故此，阮元才在古文字學研究上傾注了極大精力。

阮元對宋明理學的思想內容也做了深刻批判。他曾撰《太極乾坤說》，反對「太極即理」的觀點，將太極歸結爲經驗可感覺到的實體—北極星，認爲北辰即天地所共之極，捨此再別無所謂的太極。關於道器，他說，夏商周三代之道存於今者，就是《九經》；所謂器，就是銅器鐘鼎之類。關於理慾，阮元說，慾生於情，在性之內，不能說性內無慾。所謂性，就是人的氣血心知，這是人天生就有的。人不能無氣血心知，則不能無性，則不能無慾。人有惡行，但惡不是源於慾，善惡不取決於慾。人生而有慾，但慾又不縱，要以禮節制，這禮就是理。理必依附於禮，捨禮談理，必使理說成爲荒誕之論。阮元反對理學主張的禪學式的主觀修養論。他說，孟子講良知即心端，良能即實事，捨棄實事而專言心，並非孟子本意。像王陽明講的那樣，不資於外求，只反觀內省，實是佛家主張，並非儒家聖賢之道，聖賢之道，無非就是實踐。這樣，阮元就從哲學上劃清了與宋明理學的界限。

（湯澤林）

一六六、劉逢祿

劉逢祿（一七七六～一八二九），江蘇武進（今常州市）人，祖父劉綸仕至文淵閣大學士、軍機大臣、太子少傅。母親莊氏是莊存與的女兒。莊存與是清代今文經學派的開拓者，對劉逢祿很賞識，見到十一歲的劉逢祿就說，這個外孫定能傳其學。劉逢祿十三歲得董仲舒《春秋繁露》，發憤研讀，並及《春秋公羊傳》、何休的《公羊解話》，不數月竟能通其條例。劉逢祿後來從他的舅舅莊述祖問學，莊述祖誇他將來能爲人師。三十歲時，劉逢祿中進士，後授禮部主事，補儀制司主事，因之也有稱他爲劉禮部。

劉逢祿是清代今文經學的主要代表人物，遵從莊存與、莊述祖的家學。清今文經學是繼乾嘉考據學之後另一有重大影響的經學派別。當年顧炎武開漢學之先，本是主張博學於文與經世濟用相結合的。乾嘉時期，文字獄酷烈，人口被箝制，知識分子多埋頭學問，經學史上也確有諸多學術問題有待整理總結。再加上這一時期社會相對穩定，社會矛盾平緩，學者埋頭書房也有一定的社會條件。乾嘉之後，社會矛盾有激化趨勢，大清朝康乾盛勢已成過去，諸多時弊不斷突出，儒家知識分子歷來的治世責任感再也不能使他們靜坐書房。並且，經學本身政治色彩很濃，可說是一種政治思想，即使潛心於學問，作來作去也必然要走向社會，涉足政治。再者，考據學大師的努力之後，拿不出什麼新的研究課題和成果，作爲學術，其生命力也就削弱了，此時，積極干預社會政治生活的今文經學的影響力必然上升。劉逢祿的學術活動主要是宏揚漢代今文經學，他的著述多與此有關。關於《易經》，他有《易虞氏變動表》、《六爻發揮旁通表》、《卦象陰陽大義》、《虞氏易言補》，並補充張惠言撰《易言》。漢虞翻治《易主象數派》，劉逢祿對此很讚賞，認爲學《易》就應從象數入手，反對義理派的解《易》方法。治《書經》，劉逢祿作《書序述聞》、《尙書今古文集解》。他給自己規定的治《書經》原則是：正文字；徵古義；祛門戶；崇正義；述師說，是針對考據學派的。他認爲考據學派於《書經》是「支離博雜」，未能闡發先聖的精深本義。關於《詩經》，劉逢祿開始硏究《毛詩》，後推崇齊、魯、韓三家《詩》，認爲這才是詩經的本義。關於《禮》，他說《周禮》乃後出，應以《公羊傳》爲基礎闡發《禮》，才是正路。

五經中，劉逢祿尤其重視《春秋》，認爲《春秋》是爲世立教的，是禮義之大宗，能禁暴除亂，救萬世之亂，因而可垂法萬世。《春秋》三傳，劉逢祿只看重《公羊傳》，認爲聖人之道，具在五經之中，而《春秋公羊傳》又是把握五經要義的鑰匙，所以，他作《公羊春秋何氏釋例》並《答難》二卷。劉逢祿作《左氏春秋考證》，他認爲《春秋左氏制》是經劉歆等僞飾的。但他並不全盤否定《左傳》，承認《左傳》在史學上的價値。他認爲，《左傳》是史，不是《春秋經》，強《左傳》以爲經，浸害了經，也貶損了《左傳》良史的形象。應該辨眞僞，使《左傳》、《春秋》經各復其位。他認爲眞正發明《春秋》經眞義的只是《公羊傳》。所以，劉逢祿這一淸代今文經學派又常被稱爲「公羊學派」，又因爲他們都是常州人，也稱「常州學派」。

劉逢祿等所以極力推崇《春秋公羊傳》，因爲《公羊傳》的「通三統」、「張三世」、「大一統」說適合了當時朝廷政治上的需要。淸今文經學與政治有密切聯繫。在劉逢祿，還有一些學術色彩，到後來龔自珍，魏源，特別是康有爲，則主要是藉今文經學從事政治活動了。（湯澤林）

史學家

一六七、左丘明

左丘明（約前五世紀），春秋時期魯國人，生卒年不詳。據近代學者考證，其生活的時代在春秋末年至戰國早期階段，即周敬王至考王時期（前五一九～前四二六）。他是先秦時期著名的史學家，曾爲孔子所刪定的經典著作《春秋》作傳，稱《左氏春秋》，後世稱《左氏傳》或《春秋左氏傳》，簡稱《左傳》。

關於左丘明作《左傳》，歷史上尚存爭議。認爲《左傳》的作者是左丘明的，最早當推司馬遷。《史記・十二諸侯年表序》說：

孔子……西觀周室，論史記舊聞，興於魯而次《春秋》，上記隱，下至哀之獲麟；約其辭文，去其煩重，以制義法，王道備，人事浹，七十子之徒，口授其傳指，爲有所刺譏褒諱挹損之文辭，不可以書見也。魯君子左丘明懼弟子人人異端，各安其意，失其眞，故因孔子史記，具論其語，成左氏《春秋》。

這就明確記述了是孔子同時代的魯國人左丘明著作了《左氏春秋》。隨之《漢書》中的《藝文志》和《劉歆傳》都進一步指明《左傳》爲曾經親自拜見過孔子的左丘明所寫。這種意見至西漢末年會有人提出疑義，但僅限於《左傳》「不祖於孔子」，尚未否認其爲左丘明所作；至唐、宋兩代，則出現了幾個學者考辨認爲《左傳》非魯君子左丘明，此後則衆說紛紜。淸代乾隆年間，紀昀等修《四庫全書總目提要》仍定《左傳》爲左丘明作以祛衆惑」，目前學術界一般取此說。

《左傳》是我國古代最早的編年體史書之一，材料十分豐富，其所記載的時代，從魯隱公元年（前七二二）至哀公二十七年（前四六八），末又附魯悼公四年（前四六三）韓魏滅智伯一事，前後二百四十年間的諸侯征戰、列國爭雄的歷史。據統計，這期間各諸侯國之間的軍事行動四百八十三次，朝聘盟會四百五十次。這上千次的戰爭與盟會，無不與政權得失、財物聚斂有關。春秋中晚期到戰國時代，中國社會不斷發生巨大的動盪和變革。奴隸制的經濟結構、政治體制和意識形態都出現了除舊布新的局面。經濟上變革的實質是宗法領主制向封建地主制的轉換，使社會的經濟結構逐漸由宗族單位演變爲家族單位，並產生了越來越多的家庭獨立、自給自足的經濟實體，公田制變爲稅畝制，土地自由買賣和兼併現象日益嚴重，新的地主階級在這一階段產生，逐漸崛起的手工業者和商人形成了社會上不可忽視的力量，要求參與政治。政治結構則由奴隸主專制變爲地主階級專政的封建君主制。在意識形態領域，逐漸從西周時的「禮制」發展到戰國時期的「法制」。許多思想家在這種社會變革中應運而生，到了戰國中期，百家爭鳴的學術氣氛空前活躍了。

作爲古代偉大的史學作品和文學作品，左丘明的《左傳》爲後人留下了極爲可貴的歷史遺產。在當時的條件下，左丘明盡最大努力掌握了相當豐富的史料，以此敘述了周王室及魯、晉、齊、宋、楚、鄭諸國的大量史實，也記錄了其他許多諸侯王朝的治亂興衰。其中關於戰爭、歷史事件和許多歷史人物的描述，表現出作者廣博的學識和非凡的文學才能。

《左傳》的創作水平為歷代學者所稱道，其中清代劉熙載的《藝概》論《左傳》諸條，概括得很完備，作者指出：「左氏敘事紛者整之，孤者輔之，板者活之，直者婉之，俗者雅之，枯者腴之。裁剪運化之方斯為大備。」可見《左傳》深受歷代學者們的重視。

《左傳》中體現了作者在社會變革時期中的進步的民本思想和愛國主義思想。但由於時代的限制，書中也反映出作者相信超自然的神力，相信占卜和預言，以及提倡愚忠的思想。作為一部傑出的編年體史書，《左傳》為後世史家提供了學習的榜樣。（馬洪路）

一六八、司馬遷

司馬遷（約前一四五～？），字子長，大約在漢景帝中元五年（前一四五）生於左馮翊夏陽縣（陝西韓城縣）的一個村莊。他的高祖司馬昌在秦始皇時曾做過主鐵官；曾祖父司馬無譯漢初在長安管理過市肆；祖父司馬喜一生無仕，但有世襲的第九等爵位，身為「五大夫」；父親司馬談是一個有廣泛修養的讀書人，漢武帝建元年間（前一四〇～一三五）官拜太史令，通稱為太史公，主管天時星曆、祭祀禮儀、收編典藏文獻等。司馬談的職務和思想，對司馬遷有重大的影響。

大約在十歲的時候，司馬遷隨父親到了長安，有了更多的學習機會，經常誦讀各種古代文獻。

到元光、元朔年間，司馬遷十七八歲時得以系統地學習董仲舒的《春秋繁露》和孔安國的古文《尙書》，他們的講授使司馬遷進一步受到儒家思想的薰陶。父親的道家思想和大儒的理論在他的頭腦中交織融彙，成爲他後來撰寫《史記》的指導思想。

漢武帝元朔三年（前一二六），司馬遷奉父命出門遠遊，遍訪名山大川，實地考察古代和近代的歷史，熟悉各地的風土人情，這次遠遊成爲他後來創作的重要動力。他從京師長安出發，出武關（今陝西商縣東），經南陽（今河南南陽縣），至南郡（今湖北江陵縣）而渡過長江。他「浮於沅湘」，在長沙國的羅縣汨羅江畔弔訪了屈原自沈的地方，考察了古史傳說中帝舜南巡死葬的九嶷山（湖南寧遠縣境內）；他「南登廬山」，考察大禹治水的遺跡，然後順江而下，在會稽山上探查「禹穴」；又到江蘇吳縣，參觀楚國貴族春申君黃歇的故城及宏大的宮室；此後北上遍遊齊魯大地，拜訪孔子故里和齊、魯都城，遊覽了秦始皇東巡駐驛的嶧山，學習了古代飲酒、射箭的禮儀，並順便訪問了一些名人故里；到達江蘇沛縣一帶，他廣泛地調查漢初開國功臣的業績，然後返回長安。這一次長途漫遊，是他向社會學習的極好實踐，飽覽了祖國的錦繡山河，接觸了社會各界群眾，開闊了胸襟和眼界，對《史記》的著述無疑有極大的幫助。

司馬遷在二十五歲至三十歲之間開始登上仕途，成爲宮廷內部龐大郎官系統中的一個「郎中」，即皇帝的侍從。從此他多次隨武帝出巡各郡縣，先後周遊於河洛之間、狩獵於新秦中（今內蒙鄂爾多斯一帶），並兩次登臨崆峒山。元鼎六年（前一一一），司馬遷奉命出使巴蜀以南，代表漢王朝去視察和安撫西南少數民族地區，對邊疆各族的民情風俗、自然物產有了直接的認識，對創作《貨殖列傳》等篇章很有幫助。

元封元年（前一一〇）春正月，當漢武帝東行齊魯準備封禪的時候，司馬遷匆匆從西南返回洛陽見到了病危的父親，在病榻前接受了父親讓他繼承太史令、撰寫史書的遺言。父親病故後，他簡單地料理了一下喪事，即趕往山東隨侍武帝。這次東巡，他經歷了碣石山（河北昌黎縣境內）、遼西郡（河北盧龍縣東）、九原郡（內蒙古五原縣）而於五月回到甘泉。對長城內外的參觀遊歷，進一步充實了他對祖國北方的了解。第二年，武帝再次東巡祭祀泰山，而後親臨濮陽指揮瓠子河口的水利工程，司馬遷在工程中曾親自負薪勞動，體會到勞動人民生活的艱辛。

元封三年（前一〇八），司馬遷做了太史令，有機會讀到更多的皇家藏書祕笈，開始了著作《史記》的基本工作。在剛剛上任的三四年裏，他除了幾次隨武帝出巡外，很重要的一件事就是以太史令的身分倡議並主持了改革曆法的工作。西漢初期，曆法仍沿襲秦代的《顓頊曆》，常與天象不符，許多人早已提出改正朔的要求。司馬遷於元封七年和太中大夫公孫卿、壺遂等上書請求改革曆法，被漢武帝批准，命司馬遷與唐都、落下閎等一些官員及曆法家二十餘人共同努力研究，精密推算，終於確定了以正月爲歲首的《太初曆》，這是對古代曆法的一項重大改革。漢武帝遂詔令改元封七年爲太初元年，並下令制定了相應的一系列改革措施。

由於掌握了豐富的文獻資料，又親身經歷了廣泛地社會調查實踐，司馬遷的著史工作進行得很順利，一直工作了六年。在第七年裏，一件意外的事情幾乎中斷了他的創作乃至生命，這就是漢將李陵兵敗投降匈奴的事，司馬遷表示了同情，因此觸怒了武帝而被關進了監獄。這是一種「誣上」

的死罪，只有兩個條件可以免死，一是用重金來贖罪，一是受宮刑。司馬遷無錢贖罪，為了平生的理想，他又不甘就死。在獄中他反復考慮了歷史上一系列人物遭苦難而成大業的經歷，決定忍受恥辱而受刑，於天漢三年（前九十八）接受了宮刑。太始元年（前九十六）夏六月，漢武帝大赦天下，司馬遷出獄，此後成了宦官身分的中書令。他隱忍苟活，發憤寫作，終於在太始四年（前九十三）完成了五十二萬多字的《太史公書》，即偉大的歷史著作《史記》。這時，司馬遷已經五十三歲，此後他的事跡便無可詳考了。據研究，他大約卒於武帝末年（前八十七）左右，一生與功名顯赫的漢武帝相始終。

《史記》以「究天人之際，通古今之變，成一家之言」為目的，以本紀、表、書、世家、列傳等五種體例為形式，嚴密組織、精心設計地敘述了西元前一世紀以前中華民族從古史傳說中的黃帝到漢武帝太初年間的歷史，是三千年各族人民政治、經濟、文化開拓發展的宏偉記錄，為我們留下了一份極其寶貴的文化遺產。全書的中心是「十二本紀」、「三十世家」和「七十列傳」，以「不虛美」和「不隱惡」的實錄精神闡述了歷代帝王的政績與興衰，記錄了秦代以前各地諸侯和割據勢力的歷史演變，描繪出從帝王后妃到政治家、軍事家、思想家、文學家、科學家、策士、隱士、說客、刺客、遊俠、土豪、醫生、卜者、商賈、俳優、幸臣等等不同階層、不同類型人物的形象，文史併茂，語言鮮明生動，是中國和世界史傳文學的典範，不僅有重要的史料價值，而且具有極高的文學價值，美學價值，對後世的歷史學、文學創作均有極大影響。

除了《史記》外，司馬遷還寫下了《報任安（少卿）書》、《感（悲）士不遇賦》等散文，是

研究他生平的重要資料。（馬洪路）

一六九、班固

班固（三二～九二）字孟堅，扶風安陵（今陝西咸陽）人，生於東漢光武帝建武八年（三十二）卒於和帝永元四年（九二），是漢代著名的歷史學家和文學家。

班固出身於仕宦之家，曾祖父班況，西漢成帝時爲越騎校尉；祖父班稚於哀帝時任西河屬國都尉，後遷廣平相；父班彪及堂伯父班嗣都是西漢末年的著名學者。西元二十五年，漢更始帝被殺，長安大亂，班彪攜家避難河西，投靠河西大將軍竇融，爲其出謀劃策，竇融所上之奏章大多出於班彪之手，因此被漢光武帝召見並任命爲望都長。班彪十分推崇當時流傳的司馬遷所著《史記》，續作《後傳》數十篇，對班固的思想及其《漢書》的寫作產生重大的影響。

班固是班彪的長子，自幼聰明好學，九歲時即能誦讀《詩經》，揮筆作賦；十六歲時入洛陽太學，博覽群書，先秦及漢初百家之書皆潛心研讀，「所學無常師，不爲章句，舉大義而已。性寬和容眾，不以才能高人」，因此深爲當時儒家學者所稱讚。二十三歲時，父班彪卒於官，班固還歸鄉里，感其父平生所願，其著述的若干《後傳》尚未完備，乃「潛精研思，欲就其業」。漢明帝永平元年（五八），班固入東平王劉蒼的幕府，開始在《後傳》的基礎上撰寫《漢書》，歷時四載，初具規模，不料有人竟上書皇帝，控告班固私自改作國史，使他被捕而關進京兆獄中。他的弟弟班超這時正在軍中，怕他被繫獄中無法自鳴其冤，乃親自趕到長安向明帝陳述了班固的著述意圖。同時，郡守也把班固尚未寫完的書稿獻上。明帝閱後很讚賞班固的才能，遂召至校書部任爲蘭臺令史，又轉遷爲郎，典校祕書。從此班固奉明帝的旨意繼續完成《漢書》的寫作，至章帝建初七年（八二）基本完成，前後共經歷二十餘年。有些尚未完成的表、志，則是在班固死後漢和帝詔由其妹班昭和同郡人馬續分別續成。

班固自爲郎後，得以有更多機會接近皇帝，以才幹而越來越受到器重。當時京城正在大興土木修造宮室城隍，經過戰亂後的關中父老希望仍把都城建於長安。班固則主張以洛邑爲重，於是寫出了膾炙人口的散文《兩都賦》，盛讚洛邑制度之美，對東漢定都洛陽起了重要作用。至章帝時，班固愈得信任，皇帝每行巡狩，則獻上賦頌；朝廷有重要事情需討論，在眾臣的廷辯中皇帝經常採納班固的意見，賞賜十分豐厚。建初三年（七八）升爲玄武司馬。第二年，章帝親自在白虎觀主持討論五經異同的會議，許多著名學者參加了論辯。班固以史官的身分參與其事並兼作記錄之職，據此撰寫成《白虎通德論》，把西漢末年興起的緯書、讖記之學抬高到與傳統經學同等的地位，從而使董仲舒以來的今文經學唯心主義和神祕主義哲學思想成爲正統儒家思想，亦使儒家經典進一步宗教神學化，成爲加強封建專制統治的有力工具。

章帝末年，班固之母病逝，他因之去官。和帝永元元年（八十九），大將軍竇憲出征匈奴，班固以中護軍的職務隨軍前往。漢軍大破匈奴，登燕然山刻石勒功，由班固作《封燕然山銘》鐫於石上以紀其事。

永元四年（九二），居功自傲、總攬朝政的竇憲因陰謀弒逆被漢和帝迫令自殺，株連了大批官員，班固也因而免官，後被仇家洛陽令鍾競逮捕入獄，死於獄中，終年六十一歲。

班固的《漢書》是繼司馬遷《史記》之後的又一部偉大著作。班固有意識地採取了《史記》記述漢初的一部分史實，再補敘昭、宣至哀帝時代的歷史事實，寫成了一部完備的斷代史，是對我國史學的重大貢獻。《漢書》記事始於漢高祖元年（前二〇六）終於王莽地皇四年（二十三），共記錄了二百二十九年間的歷史進程。全書包括本紀十二篇、表八篇、志十篇、列傳七十篇，共一百篇，由後人劃分為一百卷。《漢書》在《史記》的基礎上進一步擴大了史料來源，一些篇章比《史記》顯得更完整、更豐富。

在《漢書》的寫作中，班固重視客觀的歷史事實，一方面比較全面地反映了西漢的歷史，另一方面也在許多人物傳記中暴露了統治集團的黑暗和封建宮廷的腐朽醜惡，揭示出一些官僚權貴的專橫暴虐；與此同時，書中也描述了一系列愛國愛民、堅持民族氣節、剛正廉明的人物。這種嚴肅的治學治史態度為後世學者所充分肯定。但是，由於班固生活在儒家倫理觀念上升和完全定型的東漢時期，歷史觀受到儒家忠君思想的嚴重束縛，對國體和皇權也難免缺乏批判性，這方面的成就比起《史記》來則黯然遜色。對此，更有人批評《漢書》粉飾君主的缺點而貶抑忠臣，對一些歷史事件和人物的記敘尚存「略事實」和「貴取容」的毛病，並非良史（唐、馬總意林卷五）。

班固是著名的文學家，在《漢書》中他運用了漢賦的風格，追求語言的富麗典雅，所以在文學性方面《漢書》不像《史記》那樣更接近口語而生動活潑，但行文比《史記》更簡煉嚴密，這種風格很爲後世文人所喜愛。由於他多用古字，講究駢化，所以比較難讀，東漢末年至唐代多有學者爲之注疏。

除了《漢書》和前面提到的作品外，他還寫下了許多流傳千古的散文，其中以抒發自己「專篤志於儒學，以著述爲業」志趣的《答賓戲》和模仿屈原《楚辭》的《幽通賦》最著名。據《後漢書》本傳所說，他的詩文有四十一篇。《隋書．經籍志》曾載《班固集》十七卷，現已亡佚。現存世有明代所輯的《班蘭公集》。

（馬洪路）

一七〇、范曄

范曄（三九八～四四五），南朝宋代史學家、散文家。字蔚宗，順陽山陰（今河南淅川）人。曾祖范汪，晉安北將軍、徐、兗二州刺史；祖父范寧，晉豫章太守；父范泰，爲宋車騎將軍。范曄生於晉安帝隆安二年（三九八），爲范泰的庶子，出繼給堂伯范弘之。他少年時即十分好學，博涉經史，善爲文章，又能隸書，通曉音律。十七歲時襲封武興縣侯進入仕途，後任彭城王劉義康府中參軍，補尚書外兵郎，出爲荊州別駕從事史，又召爲祕書丞。在父親病逝服終之後爲征南大將軍檀道濟的司馬，領新蔡太守。隨檀道濟北征，軍還爲司徒從事中郎。不久任尚書吏部郎，又因得罪劉義康而貶爲宣城太守，在太守任上寫下了著名的《後漢書》。

宋文帝元嘉年間（四二四～四五二），社會生產有所恢復和發展，國勢比較強盛。宋文帝很欣賞范曄的才幹，幾次升遷他爲左衛將軍、太子詹事，掌管禁旅，參與國家機要。史載范曄「身長不滿七尺，肥黑，禿眉鬚，善彈琵琶，能爲新聲」。他平時喜歡聚飲和攜妓遊娛，因此朝野頗有微詞。元嘉二十二年（四四五），因參與謀立彭城王劉義康爲帝，事洩被誅，其子范藹同時被殺。

在范曄以前，已經有不少人用紀傳體編撰後漢一朝的歷史。除屬於官史性質的《東觀漢記》外，私人編撰而著錄於《隋書·經籍志》的，有三國吳謝承的《後漢書》、晉代薛瑩的《後漢記》、晉代司馬彪的《續漢書》、晉代華嶠的《後漢書》、晉代謝沈的《後漢書》、晉代張瑩的《後漢南記》、晉代袁山松的《後漢書》等等。范曄以東觀漢記爲基礎，參考各家的著作，廣集學徒，自定體例，訂僞考異，刪繁補略，修成我國史學名著《後漢書》。由於他能夠擷取眾家之長，所以其他關於後漢的史書便逐漸被淘汰，終於使他的《後漢書》作爲「正史」，與《史記》、《漢書》、《三國志》合稱當時的「四史」。范曄平生恃史才自負，曾謂「詳觀古今著述及評論，殆少可意者。」又稱自己的《後漢書》「吾文之傑思，殆無一字空設，奇變不窮，自古體大而思精，未有此也」。當時學者，的確對此書頗多好評。唐代的劉知幾亦稱讚它「簡而且周，疏而不漏」（劉知幾《史通·補注篇》）。

范曄的原書只完成紀傳九十篇，即遭變故而死去，沒有完成計劃。梁代劉昭在注《後漢書》時，將司馬彪著述的《續漢書》八十三卷中留傳下來的八志三十卷補入其中，成爲今本《後漢書》。這部史學名著以文辭精美爲世人稱道，論贊部分尤爲突出。其中《班超傳》、《張衡傳》等篇筆勢縱放，形象生動，不失爲六朝散文傑作。

《後漢書》記事上起東漢開國的建武元年（二五），下迄東漢建安二十五年（二二〇）曹丕稱帝，是研究東漢歷史的最重要資料。紀傳中兼收政論、辭賦，故又具有一代重要文章總集的性質。范曄敘事喜以事類相從，不十分講究年代先後，新創立了黨錮、文苑、獨行、方術、逸民、列女等傳，開創了紀傳體史書爲婦女立傳的先例，爲以後紀傳體史書所沿襲。此書在元嘉初年動筆，元嘉十六年（四三九）時已完成，大概用了近十年的功夫。

范曄的《後漢書》歷代通行注釋本，紀傳部分有唐代章懷太子李賢注，各志有梁代劉昭注。宋朝人劉攽著有《東漢書刊誤》四卷，對范曄的《後漢書》多所刊正。清代惠棟撰《後漢書補注》，又由王先謙加以增補爲後《漢書》集解，所搜資料較完備。現存最早版本爲百衲本所用的宋代紹興本。中華書局出版的標點後《漢書》，採用有李賢、劉昭注的本子。

除《後漢書》之外，范曄還有文集十五卷，今存文僅五篇，詩二首。其中《獄中與諸甥姪書》有一定文學見地，主張文「當以意爲至」，反對「事盡於形，情急於藻」的形式主義。（馬洪路）

一七一、陳壽

陳壽（二三三～三〇〇？），西晉史學家、散文家。字承祚，巴西安漢（今四川南充）人。年少好學，受業於蜀中名士譙周，研究《尚書》、《春秋三傳》、《史記》、《漢書》等頗有所得。在蜀漢時曾任觀閣令史、散騎黃門侍郎等職，因不附宦官黃皓，屢遭貶黜。三國歸晉後，中書監荀勖、司空張華等愛其才幹出眾，舉爲孝廉，除佐著作郎，並出補陽平縣令，編撰了《蜀相諸葛亮集》，因此被正式任命爲著作郎。

西晉太康年間（二八〇～二八九），陳壽彙集三國時的官私著作，撰成《三國志》六十五篇，這部史書脈絡分明，文筆精練，當時廣爲傳閱，人們「稱其善敘事，有良史之才」。相傳夏侯湛著有《魏書》，見到《三國志》後，自感遜色，愧而自焚其書稿。

不久，由鎮南將軍杜預舉薦，晉武帝詔命陳壽爲侍御史。在此任上，他寫出了《官司論》七篇，依據前人典故，歷數各代因革，爲時人所稱道。又向皇帝進獻了《釋諱》、《廣國論》等，朝野多爲傳揚。中書令張華爲此召其兼中書郎。由於《三國志》中的《魏志》不大合於中書監荀勖的想法，荀勖產生不滿，打算把陳壽逐出京城，於是表奏他爲長廣（今山東萊陽即墨一帶）太守。數年後，在張華的力爭下陳壽除太子中庶子、太子傅從，接著又兼散騎常侍。執政不久的晉惠帝對司空張華說：陳壽的才能夠格，應該正式任命散騎常侍，不要再兼職了。張華因而具表請求此事，不料統治集團發生內亂，趙王司馬倫於永康元年（三〇〇）發動政變謀篡帝位，張華爲司馬倫所殺，第二年司馬倫又廢晉惠帝而自立，天下大亂。陳壽不久亦病逝於洛下（今山西聞喜縣）。許多人聞訊皆爲其未能受到重用而深感惋惜。

陳壽所著《三國志》，是我國著名的紀傳體史書之一，包括《魏志》三十卷、《蜀志》十五卷和《吳志》二十卷。各志分別記敘了三國歷史屬紀傳體分國史，在斷代史中別創一格。其中只有紀傳而無表志，以魏爲正統，魏志前四卷稱紀，蜀、吳兩志有傳無紀。對魏君稱帝，敘入紀中，吳、蜀則稱王不稱帝，敘入傳中。但在蜀、吳二書中，對國君的紀載仍用本紀的方法，全書善於紀事，文筆簡潔，剪裁得當，記事亦較眞實。在二十四史中，《三國志》的成就略遜於《史記》、《漢書》、和《後漢書》。

在西晉的短暫統治中（二六五～三一六），執掌政權的高級士族集團以司馬氏爲代表，無力扭轉因八王戰亂而造成的百業荒廢、民不聊生的社會衰敗局面。門閥制度和宦官外戚干涉朝政成爲社會衝突的根源；北方各族的不斷征伐也使初步統一的國家始終不能得到穩定發展。因此政局動盪、官僚離亂使得史料難於搜集齊全，《三國志》的記載便顯得過於簡略了，對一些重要史事和人物的事跡，往往語而不詳，甚至多有遺漏。作者死後百餘年，三國時期的史料大量出現，南朝宋人裴松之看到《三國志》雖然爲「近世之嘉史，然失在於略，時有所脫漏，乃爲《三國志》作注。他採取不同於過去作注重在訓釋文字的作法，以補缺、備異、懲妄和論辯爲宗旨，「上搜舊聞，傍摭遺逸」，從史實方面對《三國志》加以增補和考訂，引書二百多種，寫成字數三倍於原書的《三國志注》，豐富了三國歷史的記載，開闢了作注的新路。另外，近人盧弼亦著有《三國志集解》，可供研究《三國志》之參考。

史載陳壽的心胸比較偏狹，在官僚集團的爾虞我詐中多存私念，因此在著作中不免常有個人恩怨夾雜，這是他寫史的很大缺點。魏國著名的人物丁儀、丁廙本應在《三國志》中入傳，陳壽故意對丁氏子弟說：「你們給我送來一千斛米，我便給尊公作成佳傳。」丁家子弟不甘於此，未送米給他，陳壽竟然沒有爲丁儀和丁廙立傳。陳壽的父親爲蜀將馬謖的參軍，馬謖因失守街亭而被諸葛亮所誅，陳壽的父親亦因而被罰爲奴，另外諸葛瞻也很蔑視陳壽的人品，於是在寫諸葛亮傳時陳壽說：「亮將略非長，無應敵之才」，「瞻唯工書，名過其實」，這種不顧史實的曲筆，被人們所恥笑。陳壽在朝中恃才傲物，得罪了不少人，其中包括曾舉薦過他的中書監荀勖，由此可知陳壽最終未得重用，除了政局大勢外，他的個人因素也是不容忽視的。

除了《三國志》和前述一些著述，陳壽還著有《古國志》、《益都耆舊傳》等。（馬洪路）

一七一、劉知幾

劉知幾（六六一～七二一），字子玄，彭城（今江蘇省徐州市）人。生於唐高宗龍朔元年。他的父親劉藏器在唐高宗時任侍御史，爲人耿直而不徇私，敢於直諫。劉知幾自幼受到薰陶，養成了剛直不屈、嫉惡如仇的性格。劉藏器還善於學習，文史造詣很深，少年時代的劉知幾在父親的影響下熟讀《左傳》、《史記》、《漢書》、《三國志》等史學名著，喜好探究古今沿革和社會發展趨勢，並隨手寫成大量札記，爲日後著作《史通》打下了良好的基礎。

唐高宗永隆元年（六八〇），劉知幾二十歲時一舉考中進士，隨即被任命爲獲嘉縣（今河南獲嘉）主簿，協助縣令處理文書典籍，參與政事機要，增長了社會知識和才幹。這時，他和哥哥劉知柔在海內已有文名。如果憑藉已有的聲名繼續發展詞章之學，同時致力於仕途，極可能名利雙收。但他毅然把主要精力投向史學，在京城長安和東都洛陽廣泛閱覽史書，較其長短，心得日益增多。

武則天當政時期，劉知幾曾多次上書，對吏治中的弊端提出批評，但因身微言輕，沒有受到朝廷的重視。由於他不善於在官場上逢迎，遇事則直言不諱，所以在獲嘉縣主簿任上十九年而未能升遷。

武則天聖曆二年（六九九），劉知幾終被調任定王府倉曹，負責後勤供應諸事。朝廷命張昌宗、李嶠、徐彥伯等二十餘人編修大型類書《三教珠英》，在唐初高士廉等編著的《文思博要》一千二百卷類目之外新增加佛教、道教、親屬、姓名、方域等部。參加編寫的人多數是天下有文名的學者，劉知幾被挑選參與了這項工作。在修書過程中，他與眾多學者共同商討許多重大問題，開闊了眼界，同時也使學者們對他的學識有了更多地了解。在《三教珠英》修成之後，劉知幾於長安二年（七〇二）被任命爲著作佐郎，兼修國史，不久又正式擢升爲左史，撰寫起居注，成爲一名宮廷史官，這是他已四十二歲。從此，他才有了眞正施展史學抱負的機會。

劉知幾在史館參加了本朝史書《唐書》的編修工作，和李嶠、朱敬則、徐彥伯、吳兢等合編了《唐書》八十卷、還有《高宗實錄》二十卷、《中宗實錄》二十卷、《則天皇后實錄》三十卷。「實錄」是記錄皇帝政治生活實際內容的一種史書體裁，一種定例，在南北朝時期首創，到唐代貞觀年間成爲定例的，唐代每個皇帝都有《實錄》，主要根據起居注和參考政府檔案文件所載事件寫成，也是編寫國史的基礎。官修史書，史官要受到皇帝和監修大臣的嚴格監督。武則天時，史館監修是不學無術、剛愎自用的權臣武三思，所以劉知幾在史學方面的獨創性見解不能正常闡述，無法充分發揮自己的才能，於是萌發了自己著作史書的想法，他幾易寒暑下筆不休，終於寫成了爲後人稱道的重要史學名著《史通》。

唐玄宗開元九年（七二一），劉知幾的大兒子劉貺因罪流放，劉知幾感到不平，上書辯解，唐玄宗怒貶劉知幾爲安州（今湖北安陸縣）都督府別駕。時年六十一歲的劉知幾禁不住長途跋涉，又心情悲憤，不久便病逝了。

劉知幾在中國史學的發展過程中起到了承上啓下的重要作用。在他之前，只有東漢的班彪、南朝的劉勰等少數人對史學做過初步總結，都極其簡略籠統。劉知幾則第一次對中國史學做了系統的研究和具體的評論，從而奠定了歷史編纂學、史學史研究和史學評論的基礎，促進了中國古代史學研究水平的不斷提高。

《史通》一書對以往歷代史書的體例、編纂方法、內容及特點進行了認眞的比較和評論；對歷代的史官制度、源流和演變做了簡明扼要的闡述，指出官修史書的「五弊」，即人多觀望、資料不足、權貴干涉、監修牽制、職責不淸等五個方面的不足；《史通》中還大膽地評論了一些古代「聖賢」和「經典」的傳統說法使人們受到啓迪和鼓舞；劉知幾還在書中評論了史家應具備的標準，在《史通》中強調史學人才應有「三長」，即史才、史學、史識，對此他在許多篇章裏反復論述。所謂史識，即正確的觀點、獨到的見解和秉筆直書的無畏精神，這是最可寶貴的；其次是史才，也就是編纂史書、敘述歷史事件和歷史人物的文字表達能力；第三是史學，即掌握豐富的史料，學問淵博。這「三長」是史學家標準的形象概括，得到後世史家的公認。

《史通》的問世，表明了中國古代史學家在史學研究領域裏有了新的開拓。劉知幾的一些合理見解，如在紀傳體史書中可以增加方志的敘述，對都邑、氏族和方物有所記載等，即爲宋代史學家鄭樵所採納。在鄭樵所著《通志》的二十略中，就有《氏族略》、《都邑略》和《草木昆蟲略》等。《史通》由於是根據許多札記所編成，統稿不十分細緻，書中尙有一些前後說法不一的失誤；同時，劉知幾對前代史家的評論常常用詞欠妥，或輕易貶斥，亦成爲這部著作的難掩之瑕。總的看來，劉知幾不愧爲中國封建社會鼎盛時期的傑出歷史學家，他的《史通》是中國第一部系統的史學評論著作，爲後世的史學研究提供了楷模。（馬洪路）

一七三、杜佑

杜佑（七三五～八一二），字尹卿，唐代京兆府萬年縣杜曲鎭（今陝西西安長安縣杜曲鎭）人。出生於仕宦人家，曾祖杜行敏，任荆、益二州都督府長史、南陽郡公；祖父杜慤，右司員外郎、詳正學士；父親杜希望，玄宗朝歷任安陵令、鄯州都督、鴻臚卿、恆州刺史、西河太守等職，贈右仆射。杜佑以父功，十八歲時蔭補濟南郡參軍、剡縣丞，後入潤州刺史韋元甫幕府爲司法參軍。他很快以辦事幹練而升爲工部郎中、充江淮青苗史，轉撫州刺史，改御史中丞、容管經略史、金部郎中、永陸轉運使、度支郎中兼和糴使等。

盧杞當國時，與杜佑有隙，出杜佑爲蘇州刺史，改饒州刺史，不久又遷嶺南節度使。因開發嶺南有功，於德宗貞元三年（七八七）召拜尙書右丞，又出爲淮南節度使。貞元十六年（八〇〇），徐州節度使轄軍發生內亂，命杜佑爲檢校尙書左僕射、同中書門下平章事，節度徐泗，發兵征討徐州兵變，不勝而還。史稱杜佑「於出師應變非所長」，亦反映出朝政的混亂與腐敗。不過杜佑在山東地區大興水利，開墾海濱荒地爲良田，積米漸豐，兵馬整飭較好，爲時人所稱道。

貞元十九年（八〇三），杜佑入朝拜檢校司空、同中書門下平章事，充太清宮使，全面參與朝政。不久，德宗駕崩，杜佑主持喪禮，又進爲檢校司徒，兼度支鹽鐵使，並加弘文館大學士。他一生所任職多與國家和地方的財賦收支有關，深知各項制度的利弊得失。他善於經營理財，精簡機構，使各行各業盡守其職，取得了較大成績。唐憲宗元和元年（八〇六）拜司徒，封爲岐國公。

唐憲宗是個勵精圖治、英明幹練的政治家，執政期間竭力挽回每況愈下的頹敗局勢，曾使唐代晚期出現短暫的「中興」。這時杜佑已年過七旬，多次請求致仕，未被獲準。憲宗特許他三五日一入中書，商討國家大事。杜佑每次進見，憲宗都對他很尊重。又過了幾年，杜佑年老體衰，堅決請求退職還家，憲宗不得已而應之，仍拜光祿大夫、守太保致仕。元和十七年（八一二）病逝，終年七十八歲，冊贈太傅，謚曰安簡。

杜佑一生參與政事，雖然官至宰相，位極人臣，但仍酷愛讀書，常至深夜不眠。他看到開元末劉佚編撰的《政典》有許多缺失，於是大量參閱新禮，擴《政典》三十五篇爲二百篇，自名之爲《通典》。貞元十七年，書成奏上，深爲皇帝讚賞，儒者皆服其博大精深、詳略得當。他爲人平易近人，和藹謙順，人們都很尊敬他。

杜佑所處的時代，正是唐帝國由盛而衰的歷史階段。安史之亂後，君主專制的中央集權被越來越嚴重的藩鎮割據局面所代替，朝廷內部派系鬥爭激烈，宦官專權跋扈，甚至與藩鎮互相勾結以威脅君王，完全打亂了統治集團內部的秩序，政局十分不穩。在這種動盪的形勢下，經濟基礎也受到了一定程度地破壞，均田制崩潰，大地主莊園遍布全國，土地兼併十分嚴重，農民大量背井離鄉，過去曾行之有效的租庸調制也很難執行了，賦稅制度呈現空前混亂的局面。在這種狀況下，杜佑協助宰相楊炎推行了新的賦稅制度「兩稅法」，使經濟生產有所恢復，由此得到朝廷的重視。由於他一生從政，有豐富的閱歷和勤於學習思索，研究古今社會問題，爲《通典》的編撰提供了條件。《通典》使杜佑以史學家而著名。

在《通典》的自序中，杜佑說：「夫理道之先，在乎行教化；教化之本，在乎足衣食。」本著這個原則，他的《通典》以食貨爲之首，然後是選舉、職官、禮、樂、刑和州郡、邊防各卷。內容上起遠古、下迄唐玄宗天寶年間，議論亦及天寶之後。

《通典》區別於《史記》以來各種史書的最大特色，是其強調經濟基礎、經濟生產與發展的重要性。杜佑一反歷代史書的慣例，以食貨列爲全書之首篇，並將田制放在食貨門之先極其明確地指出了土地、農民和賦稅三者之間的密切聯繫以及經濟與政治的利害關係。這樣寫，一方面是因爲杜佑一生從事經濟方面的管理工作，深知經濟對政治的影響巨大；另一方面是因爲他比較清醒地看到了土地兼併及農民賦稅問題已成爲唐代中期以後最突出的社會問題，是中央政權與各地藩鎮勢力互相爭奪牽制的焦點。正是在《通典》中，杜佑詳細記載了開元十五年（七三七）頒布的均田令，使我們對封建社會這項重要的土地制度和經濟政策有了全面地了解，從而對唐代社會的發展演變有了更深刻的認識。

杜佑在《通典》的選舉典中，用大量篇幅記載各種議論，直言不諱地批評選舉制度中的弊病，旨在希望唐王朝引以爲鑑，認眞選賢任能；禮典長達百卷，幾占全書之半，目的在於端正風俗、確立秩序重振紀綱，可謂用心良苦，但卷帙浩繁，顯得繁冗；在兵典中，敘兵制少而說兵術多，對《孫子兵法》進行全面闡述，顯得與全書格調不一，表現出杜佑不是從單純的敘史目的出發，而是從現實的角度看問題的，意在「披卷足見成敗」。這種寫法雖遭史家批評，但亦見杜佑寫史不拘形式，自成一格。

《通典》的州郡門十四卷，以《禹貢》的九州爲綱，敘各州郡地理沿革、山河形勝、風俗人情，略似正史之地理志。但其每敘一州，必在卷末單設一「風俗」子目，並明確指出其軍事地位及該地官吏應注意的事項，顯然是直接爲統治者出謀劃策的，有重要現實意義。在邊防中，杜佑認爲唐王朝與周邊民族在經濟、政治、文化等方面的差異僅僅是發展水平的不同和發展先後的區別。同時不僅記載了周邊各族，還記載了許多東南亞和中亞一些民族和國家的情況，反映了唐帝國的外交情況，是《通典》的一大長處。

杜佑自司馬遷的紀傳體通史和班固等斷代史之後，首創系統性的制度通史，豐富了我國的歷史學著述。《通典》是我國史籍寶庫中的優秀代表作品之一。書中所反映的杜佑一系列進步思想和獨到見解，都體現出他是一位有遠見卓識的歷史學家。

（馬洪路）

一七四、鄭樵

鄭樵（一一〇三～一一六二），南宋史學家，字漁仲，福建路興化軍興化縣（今福建省莆田縣）人。平生喜歡著書立說，不應科舉考試，亦不輕易寫具體的文章。鄭樵爲人很自負，認爲自己的才幹不亞於西漢學者劉向、揚雄。他長時間隱居在夾際山中，不願與時人交往。後來，他出山遠遊，遍歷名山大川，搜奇訪古，最喜讀各類雜書。每遇藏書豐厚的人家，就借居留讀，讀盡乃去，因此逐漸結識了一些名士，有不少士大夫十分器重他。

鄭樵天性聰明，學識廣博。初學經旨，繼而禮樂、文字、天文、地理、蟲魚、草木乃至方術之學，都能發表一些高明獨到的見解。紹興十九年（一一四九），他的文集被呈上朝廷，有詔藏於祕府。後在家鄉設館教書，從其學者有二十多人。

不久，由侍講王綸、賀允中推薦，鄭樵被高宗召見。他向皇帝慷慨陳詞，歷數自東漢班固以來歷代爲史之非，深受高宗嘉許，授爲右迪功郎、禮兵部架閣之職。後因御史之諫而改授爲監潭州南岳廟，責承他全力抄寫已草成的史學著作《通志》。紹興三十一年（一一六一），《通志》書成，鄭樵奉命進京，官拜樞密院編修官，不久又兼攝檢詳諸房文字之職。

高宗到建康之後，命以《通志》進獻，不料鄭樵剛剛病故，終年五十九歲。由於他曾長期隱居夾際山中，學者大都稱他爲夾際先生。

鄭樵一生好爲考據之學，雖然當世著書較多，但因內容駁雜，有成就的著作極少，只有《通志》是其傳世成名之作。他在平時仍習慣於離群索居的隱逸生活，不善交際，但樂於施惠於人。進入仕途後，一反常態，很計較功名進取，人們對此頗有非議。

鄭樵編撰的《通志》，共二百卷，是一部大型的綜合歷代史料而寫成的中國通史，分爲本紀、年譜、略、世家、列傳等部分。紀傳自三皇至隋代，依各時期的史書刪錄；年譜仿照《史記》諸表之作。其中最重要的精華是二十略，起自上古，迄至宋代，計有《氏族》、《六書》、《七音》、《天文》、《地理》、《都邑》、《禮》、《諡》、《器服》、《樂》、《職官》、《選舉》、《刑法》、《食貨》、《藝文》、《校讎》、《圖譜》、《金石》、《災祥》、《昆蟲》草木等類，爲鄭樵嘔心瀝血之力作，亦是《通志》中最爲出色的部分。《通志》一書多襲用唐《通典》舊文，唯《氏族》、《六書》、《七音》、《都邑》、《昆蟲》草木等五略爲舊史所無，表現出鄭樵的獨創精神和對地方鄉土文化的高度重視。在《通志》的略中，鄭樵提出不少精闢的見解，不但具有一定學術價值，而且擴大了史學研究的範圍。在二十略中，著名的《校讎略》是《藝文略》、《圖譜略》、《金石略》等篇的說明。《校讎略》集中地反映了鄭樵所開創的比較系統的目錄學思想，體現了實事求是、融匯貫通的科學研究精神。鄭樵在校讎略中首創了圖書分類法，如所編《藝文略》八卷，通錄古今，兼記歷代缺佚，突破了《隋志》分類的傳統，將藝文分爲十二大類，其下再分爲一百五十五小類，各小類之下又分成二百八十四個子目，使圖書分類和歸屬都更加細緻合理，便於學術研究和參考引用。

鄭樵認爲，通錄古今，兼記有無，完備詳實，分類明確的書目，直接關係到學術研究的發展和大量珍貴書籍的存佚，從而在《通志》中綜合古人的意見歸納並創造了圖書資料搜集的各種途徑，這些經驗至今仍有重要的參考價值。《校讎略》是中國目錄學史上的第一部理論著作，爲目錄學的發展建設做出了極大的貢獻，也爲《通志》增添了光彩。

在《通志》中，鄭樵繼承了劉知幾的史學觀點，對宣揚災異的迷信思想加以批判，對一些人隨意褒貶《春秋》進行了駁論。鄭樵的史學思想還體現出一種將歷史作爲一個整體來考慮的社會發展演進的思想，這種先進思想對後代史學的著作與研究起了一定的積極作用。不過，他的《通志》並沒有完全突破紀傳體正史的格式，在考訂史料上也有一些主觀片面的缺點，同時他對斷代史沒有給予應有的重視。其後的史學家馬端臨對鄭樵《通志》的缺點，進行了直接了當地批評，指出在《禮》、《職官》、《選舉》、《刑罰》、《食貨》五志上，「天寶以前，則盡寫《通典》全文，略無增損；天寶以後，則竟不復陸續」（《文獻通考·經籍考二十八》）。認爲鄭樵的《通志》既有當續未續，更有當增損而未及增損的。不過，鄭樵在《通志》中所闡述的「會通」的思想，即強調歷史記載的連續性和「書以類事」的編纂方法，則對馬端臨及後世學者影響很大。鄭樵不愧是我國封建社會不可多得的歷史學家。

（馬洪路）

一七五、司馬光

司馬光（一〇一九～一〇八六），字君實，陝州夏縣（今山西夏縣）人。父司馬池任天章閣待制，司馬光是一個自幼便聞名鄉里的聰慧兒童，七歲時喜歡讀《左氏春秋》，知其大略而常誦於家人。每學輒手不釋卷「至不知飢渴寒暑」。最有影響的一件事是當他與一群兒童在園中玩耍時，一個小孩子登上水缸的口沿，不小心滑入缸中，在水裏哭叫，群兒都不知如何是好，大驚而跑散。獨司馬光急中生智，勇敢地舉起一塊大石頭擊破水缸，水流泄而落，兒童得救。這件事很快傳開，在開封、洛陽等地並被畫成圖像宣揚，人們紛紛稱讚他的機智果敢。

宋仁宗寶元初年，司馬光考中進士甲科，當時還是一個不諳世事的少年，不喜歡講闊氣抖威風。聽說要參加宮廷慶賀的喜宴，不肯佩帶紅花。同試的學子告訴他：「這是皇帝賞賜的，不可違背聖意」，他才勉強戴上。後來，他被任命爲奉禮郎，請求到蘇州任判官，以便經常照看居住在杭州的父親。父喪後，他被改任爲武成軍判官，又改爲大理評事，補國子直講，不久由當朝樞密副使龐籍舉薦爲館閣校勘，同知禮院，因爲能秉禮直言，加任集賢校理。

龐籍出京到幷州任職，司馬光隨行爲幷州通判。當地駐軍中有一名將官因恃勇無謀，在一場戰鬥中指揮失誤，被西夏軍隊消滅，龐籍也因此受牽連而獲罪，被削職流放。在這種情況下，司馬光拜龐籍的夫人爲義母，悉心照料龐籍留下的家小，時人皆稱其賢。後來，司馬光改直祕閣、開封府推官。此間他曾修起居注，判禮郎，同知諫院，保護了敢於直言的年輕學子蘇轍，並由他聯合一些官員，冊立鉅鹿郡公趙曙爲皇嗣，即後來的英宗。

由於司馬光敢於多次面諫仁宗，得到信任，升遷他爲知制誥，又改天章閣待制兼侍講，知諫院。英宗即位之初，朝政一度混亂，西北地區的党項族和東北的契丹族經常侵擾邊郡。司馬光經常向英宗提出選賢任能、改革吏治的方案，並對邊防戰略出謀劃策，頗有先見之明。數年後，神宗趙頊即位，司馬光由到任不久的龍圖閣直學士擢升爲翰林學士。

在龍圖閣任職時，司馬光深患歷代典籍浩繁，史料冗雜，皇帝無法遍覽，於是主編了簡明的《通志》八卷以獻英宗，英宗十分欣賞。命他繼續組織人員續編，神宗時此書編成，名之曰《資治通鑑》，由神宗自序，每日閱覽。

宋神宗時期（一〇六八～一〇八五），政局多變。主張變法的王安石、韓絳、呂惠卿等人與司馬光政見不合。司馬光以三朝元老的地位反對王安石變法，認爲「祖宗之法不可變」，被神宗疏遠，先由樞密副使卸任，以端明殿學士知永興軍，後徙知許州。他自己又執意請判西京御史臺而居於洛陽，從此「絕口不論事」。在洛陽居住的十五年間，司馬光潛心著述《資治通鑑》，終於完成了這部光輝的史冊。書成後，神宗加其爲資政殿學士，天下父老婦孺皆稱其爲司馬相公，所過之處，百姓常遮道聚觀，乃至有時馬不得行。

神宗去世後，哲宗趙煦年幼，由太皇太后高氏臨政。高氏遣使到洛陽問詢司馬光，何謂當務之急，司馬光說第一件事是「開言路」，於是朝廷乃詔榜於朝堂之上，百官公卿上言者數以千計。司馬光被召進京，拜門下侍郎，主持國政，即著手重新推行舊法制，罷保甲團教，廢市易法，並多次欲除青苗法、免役法、將官法，爲恢復舊措施而處心積慮，不捨晝夜，終於成疾，在相位僅八個月，於元祐元年（一〇八六）九月病逝於府第，終年六十八歲。死後被贈爲太師、溫國公，謚文正。

司馬光一生中最大的成就，是他主撰了流傳千古的中國最大的編年體通史《資治通鑑》，助撰的有劉攽、劉恕和范祖禹等。這部歷史長卷共二百九十四卷，另有考異、目錄各三十卷，計三百餘萬字。從宋英宗治平三年（一〇六六）開始編撰，歷時十九年，是宋代史學的重大成果。這部書上起周威烈王二十三年（前四〇三），下至後周顯德六年（九五九）。全書以年爲經，以事爲緯，紀錄了一千三百六十二年間中國歷史的進程。取材除了歷代十七史之外，還有大量野史、文集、譜錄、民間傳說等二百多種。史料極其豐富，內容十分充實，取材嚴謹，考證詳實，夾敘夾議，文字樸實生動而又流暢，全書結構相當完整，布局頗具匠心，是繼《史記》之後最優秀的歷史學巨著。司馬光在《資治通鑑》中以史爲鑑，提出了許多值得肯定的思想和主張，如選賢任能、信賞必罰、反對陰陽術數及鬼神迷信等。不少篇章的描寫很精彩，富有文學價值。

歷代爲《資治通鑑》注釋的有宋末元初的胡之省《資治通鑑音注》、清初嚴衍的《資治通鑑補正》等。對這本書的研究，近現代已成爲一項專門學問，稱爲「通鑑學」。二十世紀中葉中華書局出版的標點本《資治通鑑》，是目前最佳版本。清代乾隆年間畢沅主編的《續資治通鑑》與司馬光的《資治通鑑》相銜接，將這部通史沿續至元順帝至正三十年（一三七〇），補記了宋太祖建國後四百一十年史事，成爲與《資治通鑑》互相映照的宏篇巨著。

除了《資治通鑑》外，司馬光還著有《切韻指掌圖》、《稽古錄》、《涑水紀聞》及詩文集《司馬文正公集》等。（馬洪路）

一七六、趙翼

趙翼（一七二七～一八一四），清代學者，字雲松（亦稱雲嵩），又字耘松，號甌北。江蘇陽湖（今常州市）人，乾隆二十七年（一七六二）時中進士，年已三十五歲，從此步入仕途，官至貴西道。但他一生愛好文史，四十六歲便辭官還鄉，專事著述，文學方面留下的著述有《甌北詩鈔》（又名《甌北詩話》），史學方面的有《二十二史札記》、《陔餘叢考》、《皇朝武功紀盛》等代表作品則是著名的《二十二史札記》。

趙翼生活在乾隆、嘉慶年間，當時封建社會末期的衰敗景象已觸目皆是，但做爲建立剛剛百年的清帝國則正處於盛世。康熙、乾隆的文治武功威震海內外，十分顯赫。乾隆皇帝（清高宗弘曆）非常重視文化事業，一方面籠絡知識分子，鼓勵著書立說，於乾隆三十八年（一七七三）開館編纂《四庫全書》，大量保存了古代典籍；另一方面又因滿族入主中原，對前代古籍忌諱甚多，對許多不利其統治的記載多所禁毀，造成文化上的重大損失。爲此，乾隆、嘉慶時期迭興文字獄，刑戮甚殘，使人們的思想受到鉗制；同時考據之風大盛，對學術研究也有一定促進。就是在這種複雜的文化背景下，趙翼撰寫了《二十二史札記》。

當時的學者多考證古史，崇尚辨誤，趙翼治史則考與論並重。《二十二史札記》雖然也有一些考證，但其主要內容卻是論史。考證並不精到，論述卻頗有見地，故而在史學領域產生了一定影響。《二十二史札記》所涉名爲「二十二史」，實際上《唐書》與《五代史》都包括新舊二史，所以乃是「二十四史」的札記。他治史的態度是嚴謹的，能在考證校核的基礎上發現問題，提出自己的看法，也善於對史事進行完全分析，發表史論。他比較注重正史而輕視其他史籍，但亦不全信正史，書中所引用的雜史、碑文與私家筆記多達四十餘種。全書有對正史「審訂曲直」的札記一百六十多條，考論史事的札記四百餘條。其考史之作注意到在古代史之取材、體例、文筆、史家品德等方面加以評論；論史之作涉及的範圍很廣，包括歷代的政治、經濟、文化、風俗等，重點則在評論歷代政治方面。

趙翼考史首先注意史之取材，他強調精審而反對博採異聞，更反對「以奇動人」，主張「取之博而擇之精」才能稱得上「良史」（卷三十六《明祖本紀》條）。其次在史之體例方面，他主張規整而又靈活的方法，對諸史的體例異同，紀、表、志、傳的有無多寡，表與志的增刪詳略乃至列傳的分合、類別等都作了比較，並認眞評論其得失。對於史書的文筆，趙翼強調簡潔，讚揚《金史》「行文雅潔，敘事簡括」，認爲《明史》編撰最爲得法和完善。對於史家修史的態度和品德方面，他主要是考辨直書與曲筆、實錄與諱飾的問題，有不少條札記列舉了《三國志》的弊病以及《齊書》、《陳書》作者的不實之處。趙翼因此還就正史的失實，推究到一些史傳、家傳、碑銘的曲筆，表達了對迴護、諱飾的厭惡。

趙翼的文史知識相當淵博，他竭力搜尋自漢初至明末一千八百年間各代政治制度的特點與得失資料，綜合分析，縱横捭闔，對於漢代的外戚干政、宦官專權、黨禁之禍與經學之爭都作了評論；對魏晉南北朝時期的禪代、世族、選舉之制和清談之風也作了評説；對唐代之「女禍」以及宦官亂政、藩鎮割據、雜税害民進行了考論；還對五代之武人、濫刑，宋代之弊政，遼金元之制度風習，明代之刑獄、朋黨、吏治與「流賊」等等都有所論述。其中有許多看法不蹈襲前人，不拘泥史書，有獨自的見解。

在文網密布，文字獄凶殘的時代，趙翼在書中明確寫出了《秦檜文字之禍》和《明初文字之禍》等條札記，可謂用心良苦。談歷史上的文字獄，實際上揭示了文化專制主義的暴虐，但他不敢鮮明地借古而刺今，相反卻常唱頌今的高調，這種矛盾的思想，正是特定歷史條件下知識分子的觀念局限性的反映。

趙翼對歷代外戚、宦官、藩鎮、權臣的禍害與奸佞深惡痛絶，對苛捐雜税、濫刑酷法也作了許多抨擊。《二十二史札記》對各王朝的興亡成敗評論較多，重點在政策與吏治方面進行了分析。他指出宋代恩賞官吏太濫，冗官多而冗費大，對百姓「竭澤而漁」終於亡國。他還將政治的成敗與民心的向背聯繫起來考察，但其評論仍表現出膽識與思想並未觸及本質。

趙翼做爲乾嘉時期的學者，不以考核見長，而以史論著名，他的治史方法至今仍是值得借鑑的。他的文史著述後來合編成《甌北全集》，（亦稱《甌北集》）傳於世，成爲文史學者珍視的寶貴資料。

（馬洪路）

一七七、章學誠

章學誠（一七三八～一八〇一）字實齋，號少岩，浙江會稽（今紹興市）人。清乾隆三年（一七三八）生於中小地主家庭。祖父章如璋是候選經歷；父親章鑣為乾隆年間進士，先以教書為業，後任湖北應城知縣。由於為人正直，為官清廉，上任五年便遭免官，窮困而未歸故里，在天門、應城等書院授課，病逝於應城。章學誠少年時體弱多病，不喜經書，十五六歲時始愛史學，二十歲以後開始縱覽群書，夙夜攻讀，此後兩次到北京應試，均沒考中鄉試，在國子監讀書數載。乾隆二十八年（一七六三）夏天，他去湖北省親，其父正主天門縣講習，天門知縣議修縣志，章學誠為其作《修志十議》，首次對方志的編纂提出系統的看法，此前還曾寫《答甄秀才論修志》，這些文章實際上為後來的修志理論奠定了基礎。《天門縣志》經由其父修成，年僅二十七歲的章學誠為該志撰寫了序文。

乾隆三十年（一七六五）章學誠再應順天鄉試未錄取，同考官沈既堂惋惜之餘請他到家中教育自己的子弟，由此認識了著名學者、翰林院編修朱筠，於是向朱筠學習古文，深得其賞識。乾隆三十三年，章學誠在鄉試中得副榜，是年其父卒於應城，他竟因貧困而未能奔喪。乾隆三十六年（一七七一），朱筠奉命提督安徽學政，章學誠與好友邵晉涵隨行離京。第二年，經朱筠介紹，章學誠應和州知州劉長城之聘為其編修《和州志》，生平第一次實踐了自己的方志理論，書中《紀》、

《表》、《圖》、《書》、《傳》一應俱全。不料書稿剛成，朱筠失官別任，修志一事受到影響，他只好將志稿刪存爲二十篇，取名《志隅》，這部書體現了章學誠的方志理論和史學思想。

乾隆四十二年（一七七七）春，章學誠於定州武定書院主講，不久又主修《永清縣志》。這年秋天再入京應試，次年方成進士，他已經是四十一歲的中年人了。由於深感於時好不合，無意仕途，仍返永清續修縣志，乾隆四十四年書成，凡六體計二十五篇，另有《文徵》五卷。同時，他還完成了著名的《校讎通義》四卷，書中許多見解由當年草擬的《文史通義》闡發而成。令人扼腕而嘆的是兩年後他去河南時途中遇盜，四十四歲以前的著作文章全部遭劫，使其在精神上遭到巨大打擊。此後五年中，他極力收集在友人中傳抄的前三卷，親自重新鈔存更正，形成了現在通行的《校讎通義》三卷本。此間他先後在清漳、敬勝、蓮池等書院主講，過著動盪不安和清貧的生活。

乾隆五十二年（一七八七），章學誠的座師梁國治去世，他不得不辭去蓮池書院的講席。在走投無路的情況下，聞聽戊戌進士開選，只好往北京吏部投牒謀職，但未獲機遇，於是在一位朋友的介紹下前往河南見著名學者畢沅，希望得到資助編纂《史籍考》，在畢沅的同意下，第二年遂於開封主持其事，不料編纂未及半年，秋天荆州大水，畢沅調任湖廣總督，《史籍考》的撰寫工作遂告中斷。冬末，章學誠移家亳州，依知州裴振，爲其修成《亳州志》，可惜由於裴振去任，此書未及刊板，竟至散失。在畢沅的支持下，乾隆五十五年（一七九〇）他在武昌開館繼續編寫《史籍考》。在此期間，他還替畢沅主修《湖北通志》、並參與了畢沅主編的重要史書《續資治通鑑》。在武昌的幾年中，生活較爲安定，他還應朋友之邀修撰了湖北的幾種府縣志，如《常德府志》、《荆州府志》等。但是，由於精力分散，《史籍考》一書僅完成十之八九。不久畢沅去世，章學誠轉而向其他官僚求援，「沿途托鉢，往來青徐梁宋之間，惘惘待倘來之館穀，可謂憊矣」（章學誠《上朱中堂世敘書》）終於得不到支持。這位傑出的史學理論家和方志學家，晚年貧病交加，乃至雙目失明，致使其代表作《文史通義》直到逝世也未寫完，許多計劃中的文章未能寫成，一些寫成的書稿也散佚而不可復得了。嘉慶六年（一八〇一），章學誠病逝。

章學誠生前窮困坎坷，一生中絕大多數的筆墨文章都是爲人作嫁，在十分艱苦的境遇中仍始終堅持文史校讎之業，爲後人留下了《文史通義》和《校讎通義》兩部重要學術著作，以及若干地方史志、理論和書信。他生前對自己的全部著作未能編定，臨終前數月，將所著文稿委託好友王宗炎代爲校定。現今流傳的劉氏嘉業堂刻《章氏遺書》就是劉承干根據王宗炎所編的目錄加以補訂刊行的。章學誠次子華紱於道光十二年（一八三二）在開封另行編印了八卷本《文史通義》和《校讎通義》三卷。他的史學理論，主要在《文史通義》中進行了全面反映。

《文史通義》是一部縱論文史、品評古今學術的重要著作，章學誠積三十年之功尙未全部完成。在這部著作中，章氏主張史學要經世致用，反對空談義理或專務繁瑣考據，在乾嘉時期的學術領域堪稱獨樹一幟。他認爲史學是一門記人、記事、記社會發展的學問，不能離開社會實際；他還十分重視史學的教育作用，要求史學爲鞏固政權服務。章學誠提出「六經皆史」的看法，主張「道器合一」，即理論和史料相結合。他將史籍區分爲「撰述」和「記注」兩種形式，「記注」是掌握和編撰史料，「撰述」則是表明作者意向的「一家之言」。他在劉知幾「史才、史學、史識」的基礎上又進而提出「史德」的要求。章學誠較全面地闡明了方志的性質、內容和體例，提高了方志在史學中的地位。他的一些史學理論和研究方法，在我國史學發展方面占有重要的地位。（馬洪路）

一七八、梁啓超

梁啓超（一八七三～一九二九）字卓如，號任公，寫文章時用過十餘種筆名，是中國近代資產階級改良派的著名代表，傑出的政治家、思想家和文史學者。

梁啓超生於廣東新會縣熊子鄉茶坑村一個半耕半讀的家庭。祖父梁維清做過教諭；父親梁寶瑛也是鄉村教師。梁啓超自幼聰敏，才智超常。四歲起即在家中由祖父和粗知詩書的母親教讀四書五經，九歲時已能寫出千言八股文。光緒十年（一八八四），他離家到廣州應試，考中秀才，補博士弟子員，隨後入廣州著名的學海堂讀書，又兼做幾個書院的旁聽外生。光緒十五年（一八八九）他參加廣州鄉試，考中舉人，年僅十六歲，深受主考官禮部侍郎李端棻的讚賞，遂將自己待嫁的妹妹許配給他。第二年八月，他拜改良主義大師康有爲爲師，從此使他成長爲一個資產階級改良派的維新志士。

光緒二十年（一八九四）六月，梁啓超隨同康有爲到北京參加會試，開始投入維新變法運動。七月，甲午戰爭爆發，清政府的腐朽和錯誤外交政策使中國陸海軍遭到失敗，亡國危險在即。以慈禧太后爲首的清廷統治者卻依然粉飾現實，醉生夢死。梁啓超和一群愛國志士四處奔走，激勵民衆，呼籲社會各界一致抗擊外國侵略者。光緒二十一年五月，喪權辱國的《馬關條約》激起了愛國知識分子的強烈憤慨，康有爲、梁啓超等聯合在北京會試的一千多名舉人發動了著名的「公車上書」，向清政府和全國人民顯示了維新派在政治輿論上的力量。接著，宣傳變法的《中外紀聞》創刊，梁啓超是它的主要撰稿人。他同時又參加了維新團體強學會，任書記。不久《中外紀聞》被查封，梁啓超在會試中也名落孫山。但「公車上書」的巨大影響和梁啓超的名字已傳播海內外。

光緒二十二年（一八九六）之後，梁啓超在上海任維新派創辦的《時務報》主筆，又擔任湖南時務學堂的總教習。三年內他寫了六十多篇文章，以犀利的筆鋒、華美的文藻和感人的氣勢宣傳中華民族面臨的危機，宣傳變法革新的理論，要求「變官制」、「伸民權」、實行君主立憲。做爲維新運動最有影響的宣傳家，梁啓超的名字自通都大邑至窮鄉僻壤廣爲人知，嚴復稱讚他「自甲午以後，於報章文字，成績爲多，一紙風行，海內觀聽爲之一聳」。梁啓超的文章之所以令人耳目一新並引起共鳴，主要是因爲他的思想充滿了變革時代的風雲雷電，筆下有橫掃千軍之勢，站在了時代的前列。

光緒二十四年（一八九八）六月十一日至九月二十一日共一百〇三天的「百日維新」運動，即戊戌變法，是清末民族資產階級改良派領導的一場政治改革運動，也是挽救民族危亡、批判封建制度的愛國運動，具有重要的進步意義。這期間，梁啓超協助康有爲組織保國會，以六品銜辦京師大學堂、譯書局，運動聲勢很大。但由於他們把希望寄託在不掌實權的光緒皇帝身上，在封建頑固派的鎭壓下而失敗了。譚嗣同等六君子慷慨就義，梁啓超則在日本朋友的幫助下東渡扶桑，從此亡命國外十四年。

梁啓超在日本創辦了《清議報》，又改名爲《新民叢報》，繼續宣傳資產階級啓蒙思想，廣泛介紹歐美資產階級優秀代表人物以及政治、哲學、經濟、教育、法學、史學、文學、地理、新聞、生物等各方面的新理論和新學說；同時宣傳資產階級的自由、平等、博學、民族、民權、尙武精神，猛烈抨擊封建專制制度的黑暗和腐敗，批判封建倫理道德對人性的殘害，繼續對當時中國的知識界發揮重大影響。他還大力提倡「詩界革命」、「小說界革命」和「新史學」的改良主義文化運動。這一時期，他遊歷了夏威夷、澳大利亞、菲律賓、美國和加拿大，眼界更加開闊，所撰述的文章內容也更加廣泛而深刻了。不過，辛亥革命之後，他在政治上則日趨落後，與前清遺老和袁世凱的黨徒們混在一起，成爲反對革命的保皇派。雖然他最終爲維護民族資產階級的利益而與袁世凱分手，反對帝制，並參與了策動蔡鍔組織護國軍推翻袁世凱的運動，但轉而又把希望寄託在北洋軍閥身上，一九一七年與段琪瑞合作，任段政府的財政總長。最後，他官場失意，在政治上成爲時代的落伍者，直至亡故。

梁啓超在退出政治舞臺的十幾年間，潛心文史研究，在學術領域取得了巨大的進步。在一九二〇年以後，他與近代著名學者王國維、陳寅恪一起擔任清華研究院的導師，同時兼任南開等幾所大學的教授，講授歷史、文學、哲學等課程，以其淵博的學識和勤奮的學風吸引了大批青年學生。這一時期他的著作內容包括社會科學的許多領域，其中尤其在先秦和明清、近代歷史與學術思想研究方面，留下一批頗有見地的著作，從而成爲近代重要的史學家。

梁啓超對歷史的研究，注重思想史。主要著作有一九二〇年的《清代學術概論》、《老子哲學》、《孔子》、《墨經校釋》、《老孔墨以後學派概觀》等；一九二一年的《墨子學案》；一九二三年的《先秦政治思想史》；一九二四年的《中國近三百年學術史》；一九二七年的《儒家哲學》等。其中《清代學術概論》、《先秦政治思想史》、《中國近三百年學術史》是中國資產階級學者研究古代思想史的奠基性著作，在國內有很高的聲譽。此外，他在一九二二年寫的《中國歷史研究法》（一九二六年續出補編），基本上建立了近代中國資產階級的史學理論體系，其水平遠遠超過同時代的其他學者。他的一生著述頗豐，文筆流暢，語言優美，向爲學界所推重，其著作曾編爲《飲冰室合集》。

一九二八年九月，梁啓超因病在協和醫院就醫，手術後不等痊癒即攜所得新書《信州府志》返天津，埋頭伏案撰寫《辛稼軒先生年譜》，尋致病勢加劇，於一九二九年一月十九日病逝。消息傳開，北京、上海等城市同時舉行追悼會，紀念這位中國文化界的巨人。（馬洪路）

思想家

一七九、管仲

管仲（？～前六四五），春秋初期齊國的著名政治家、思想家。名夷吾，字仲，謚敬，故又稱管敬仲。穎上（今安徽穎縣）人。姬姓之後。他一度很窮，作過小商人，後來成爲齊國公子赳的家臣。公子糾與公子小白爭奪君位失利而死後，小白作了齊國之君，是爲齊桓公。管仲初由鮑叔牙推薦，被齊桓公任命爲卿，後深受齊桓公倚重，在齊爲相四十年，被尊稱「仲父」。他幫助齊桓公對內推行以「富國強兵」爲宗旨的政治經濟改革，對外進行以「尊王攘夷」爲號召的聯盟和征戰呑併，使齊國國力大振，成爲春秋時期最富強的大國和稱霸諸侯的第一個霸主。學術界對管仲思想傾向評價不一，一般認爲他是中國早期法家思想的先驅。

管仲在齊國大力推行政治經濟改革的宗旨是富國強兵。爲此，他一方面，突破了某些傳統觀念，如將農、工、商與士一起並列爲「四民」，稱他們爲「國之石民」（《管子·小匡》下引此書僅注篇名），即國家的柱石；另方面，也對分封、世襲等傳統制度進行了一系列實際的改革。

中國遠在商代已有分封制度，至周已相當完善。這一制度大體是天子將土地連同當地居民一起分賞給王室子弟及功臣，使之成爲諸侯。諸侯靠封地生活，在封地內有世襲的統治權，並對天子有服從命令、定期朝貢、提供軍賦和力役等責任。管仲則根據發展經濟的需要，將全國按行業分爲十五士鄉、六工商鄉，共二十一鄉，置官吏分類分級管理。工商鄉專事器具製造和貨物流通，免服兵役，以專心本業。士鄉專事農耕，適當徵發力役，交納稅賦。對士鄉的稅收，管仲實行「相地而衰其政」（《小匡》）、「案田而稅」（《大匡》）的制度，即按土地優劣分等徵稅，使農民能安心本地生產而不向有好地的地方遷移。如此，士農工商各安本業，對發展經濟自然是有利的。此外，由於國家有了稅賦收入，又可以對官吏實行「賦祿以粟」（《大匡》），即由國家對官吏按級別發放糧食作爲俸祿，促進了靠封地生活的世襲貴族向職業官僚的轉變。

齊國的士鄉組織非常嚴密，是一種平時與戰時、經濟與軍事、富國與強兵高度統一的管理體制。平時，它是行政組織，士「食田」，農夫耕田。五家爲軌，設軌長。十軌爲里，設里司。四里爲連，設連長。十連爲鄉，設良人。戰時，它則成爲組建軍隊的基礎，士作甲士和低級軍官，農夫當兵。每家出一兵，則每軌可出五人，稱伍，由軌長率領。每里可出五十人，稱小戎，由里司率領。每連可出二百人，稱卒，由連長率領。每鄉可出二千人，稱旅，由良人率領。每五旅一萬人爲一軍。一國共有三軍。齊君自率一軍，兩位上卿各率一軍。除征戰之外，每年春秋兩季，還以打獵的形式進行軍事訓練。

商周以來，國家的各級權力一直採取貴族世襲壟斷制度，不利於人才選育和職業官僚的形成。管仲則推行了一套「循名責實」的考核制度，即根據官吏的職位來考察其實際政績與能力是否相當，並以此作爲人才選拔和淘汰的根據。例如，士不再世襲，而是經過層層考核來決定提升還是處罰。經三次審選，成績最好的士可爲「上卿之佐」（《小匡》）。上卿之佐爲上卿的輔佐之官。上卿是在地位上僅次於君的高官。當時齊國只有國子、高子兩位世襲的上卿。所以上卿之佐的位置應是不低的。不僅如此，甚至「農」中有「秀才」者也可以爲士爲官。知賢而不舉，還被視爲犯罪。

此外，管仲還主張禁止掠奪家畜，以官府之力發展鹽鐵業，鑄造和管理貨幣，調劑物價等。這些改革措施在當時確實是相當進步的，在推動齊國成就霸業的過程中起了極爲重要的作用。

在與諸侯國的關係上，管仲推行「尊王攘夷」的外交政策，即打著尊周天子的旗號，聯合中原的諸侯國，以武力抗拒當時中原以外的民族，所謂「誅無道」、「屏周室」（《國語・齊語》）。爲此齊國曾九次召集諸侯國開會，制定互惠措施，訂立盟約。這些對確立齊國的霸主地位，進而對國家統一的實現都有著重要意義。

管仲不僅是個有大作爲的政治家，而且是個有大貢獻的思想家。他在《水地》篇中明確提出水是「萬物之本原」的命題，在時間上約與西方哲學史中的第一人泰利士相當。他主張法治與禮治結合，既相信「嚴刑罰」、「信慶賞」，又充分肯定道德教化的作用，將禮義廉恥規定爲「國之四維」（《管子・牧民》）。他重視民心向背，提出：「政之所興，在順民心，政之所廢，在逆民心」（《管子・牧民》）。他還指出：「凡治國之道，必先富民，民富則易治也，民貧則難治也」（《管子・治國》）等等。這些都是有積極意義的。

管仲是先秦法家的主要創始人之一，對後來的韓非、李斯等人影響很大。可以說他的學說成就

了齊桓公的霸業，也可以說，齊桓公的霸業爲他的學說作了最有力的注解。（王國元）

一八〇、李耳

李耳，即老子，先秦道家學派創始人，被後世奉爲道教教主，稱「太上老君」，生卒不詳，當爲春秋末期之人，約與孔子同時，或略長於孔子。司馬遷說：「老子姓李氏，名耳，字伯陽，謚曰聃」，並說他是「楚、苦縣（今河南鹿邑東）、厲鄉、曲仁里人」（《史記·老子韓非列傳》）。但同時他又記述了老萊子和太史儋兩個人。究竟這三人中哪一個是老子，抑或根本就是一個人，向無定論。老子之學有《老子》書流傳至今，傳爲老子所作。但據學者們考證，《老子》當成書於孔、墨之後的戰國中前期。究竟《老子》書是否爲老子所作，或是後人根據老子思想編定，已很難詳考。一般認爲，《老子》書基本上保留了老子本人的主要思想，是研究老子思想的基本依據。

「道」是老子思想的基礎。道家及後世之道教即得名於老子關於「道」的觀念。老子認爲道是萬物的根本，一切皆由道化生而來。所謂「道生一，一生二，二生三，三生萬物」（《老子》四十二章，下引此書僅注篇名），所謂：「有物混成，先天地生，寂兮寥兮，獨立而不改，周行而不殆，可以爲天下母」（二十五章），都是將道規定爲一種永恆的、絕對的、運動不息的、獨立自在的萬物本原。但關於道到底是什麼，老子語甚玄妙費解。歸納起來，大致有三方面涵義。其一，道本身是一種恍恍惚惚、無形無狀、迷離不定的「無」。如「道之爲物，唯恍唯惚」（二十一章），又如

「無狀之狀，無象之象，是謂惚恍」（十四章），再如「天下萬物生於有，有生於無」（四十章）等。其二，道是萬物之母和最終歸宿，是宇宙之混沌未分。如「無名天地之始，有名萬物之母」（一章），又如道「淵兮萬物之宗」（四章），再如「道生一，一生二，二生三，三生萬物」，萬物「復歸於無物」（四十二章）等。其三，道是天地萬物運行的法則。如「人法地，地法天，天法道，道法自然」（二十五章），又如「功成身退，天之道」（九章）等等。

老子認爲，世界上的萬事萬物無不存在著相反相成的情況，如「有無相生，難易相成，長短相形，高下相傾，聲音相和，前後相隨」（二章）等等。由於作爲世界本體的道是運動不息的，所謂「獨立而不改，周行而不殆」（二十五章），道所化生的世上萬事萬物也就無不處在永恆的變化之中，「天地尚不能久而況於人乎」（二十三章）？進而，由於事物總存在自己的反面，總是與自己的反面相反相成的，事物的這種運動變化也就總是表現爲向自己的反面轉化，如「禍兮福之所倚，福兮禍之所伏」（五十八章）。這也就是所謂「反者道之動」（四十章）。從道的這一本性出發，他主張爲人處世要貴柔不爭，知足無爲。他並不是不知道什麼是強壯，但他更知道「物壯則老」（三十章），「兵強則滅，木強則折」（七十六章），「強梁者不得其死」（三十章），反之，「曲則全，枉則直，窪則盈，敝則新，少則得，」（二十二章）。他以水爲例說：「天下莫柔於水，而攻堅強者莫之能勝」（七十八章）。由於「水善利萬物而不爭」（八章），「夫唯不爭，故天下莫能與之爭」（六十六章），所以「上善若水」（八章）。從這一原則出發，在日常生活中他提倡委曲求全，知足常樂，主張「知其雄，守其雌」，「知其榮，守其辱」，「知其白，守其黑」（二十八章），因爲「禍莫大於不知足」，「知足之足，常足矣」（四十六章）；在認識過程中他反對經驗，提倡直覺，主張「不出戶，知天下，不窺牖，見天道」，「是以聖人不行而知，不見而名，不爲而成」，因爲「其出彌遠，其知彌少」（四十七章），「爲學日益，爲道日損」（四十八章）；在政治生活中，他反對通過戰爭解決國家之間的爭端和擴大疆域，認爲「兵者不祥之器」（三十一章），主張回到上古「小國寡民」，「鄰國相望，雞犬之聲相聞，民至老死不相往來」（八十章）的時代；在社會管理中，他主張清靜無爲，因爲「無爲故無敗，無執故無失」（六十四章）。

在先秦諸子百家的統治術上，老子以其提倡愚民復古，主張無爲而治而獨樹一幟。他反對儒家以復周禮治天下，認爲「禮者，忠信之薄而亂之首也」（三十八章）。他也反對法家以嚴刑罰治天下，認爲「法令滋章，盜賊多有」（五十七章），「民不畏死，奈何以死懼之」（七十四章）。他還反對墨家以尚賢重利治天下，主張「不尚賢，使民不爭；不貴難得之貨，使民不爲盜；不見可欲，使民心不亂」（三章）。他更反對現實政治，認爲「民之飢，以其上食稅之多，是以飢」（七十五章），「朝甚除，田甚蕪，倉甚虛，服文彩，帶利劍，厭飲食，財貨有餘，是謂盜竽」（五十三章）。他認爲，最理想的辦法是政治上復古，思想上愚民，實現所謂「無爲而治」。復古不是孔子的恢復周禮，而是一直回到「小國寡民」的上古時代。「小國寡民，使有什伯之器而不用，使民重死而不遠徙。雖有舟輿，無所乘之。雖有甲兵，無所陳之。使人復結繩而用之。甘其食，美其服，安其居，樂其俗，鄰國相望，雞犬之聲相聞，民至老死不相往來」（八十章）。愚民就是「絕聖棄智」、「絕學無憂」，「古之善爲道者，非以明民，將以愚之。民之難治，以其智多」，「虛其心，實其腹，弱其志，強其骨，常使人無知無欲。使夫智者不敢為也。為無為，則無不治」（三章）。他認為無為從根本上說是道的本性，所謂「道常無為而不為」（三十七章），從而為他的社會政治觀點找到了哲學基礎。

老子雖是道家創始人，但其思想對後世的影響極為深遠而複雜，並不限於道家一派。就思想界而言，儘管他激烈反對儒家、法家，但許多著名的儒、法代表人物，如荀況、韓非反而深受其影響，竟至道論成為中國傳統思想中一個各派學說都不可或缺的部分。就社會政治而言，他無為而治的主張對被後世許多著名政治家所接受。就宗教而言，他不僅後來成了道教的祖師，還通過三教合流，對儒、釋產生了重要影響。

（王國元）

一八一、孫武

孫武，春秋末期大軍事家，中國軍事理論的奠基人。其生卒年已不可詳考，當生活於西元前五〇〇年前後。據《史記·孫子吳起列傳》記載，他本是齊國人，後入吳，以兵法十三篇見於吳王闔閭，為闔閭所賞識，用作吳將。吳國當時能「西破強楚」、「北威齊晉」、「顯名諸侯」是得力於孫子的。孫子是齊國將門田氏之後，與伍子胥同為吳將，曾有以三萬人破楚軍二十萬的輝煌戰績。

孫武既是一位戰功顯赫的著名將領，又是一位學問淵博的軍事理論家，留有《孫子》兵法十三篇至今。《孫子》十三篇是我們研究孫武思想的基本材料，但一般認為，它不是完全出自孫武一人之手，而是孫武一派兵家的著作。因爲各篇內容多有重複，體裁也不盡一致，而且有些戰爭規模相當大，而且有騎兵，似乎更像戰國時期的情況。大約是在孫武本人著作基礎上經後人，特別是戰國兵家的整理、補充而成。

孫武之所以是偉大的軍事家，不但在於他是一個能征善戰的將領，更爲主要的是他能從國家政治的高度去看待戰爭，將戰爭視爲關係國家生死存亡的大事，所謂「兵者，國之大事，死生之地，存亡之道，不可不察也」（《孫子・計篇》，下引此書僅注篇名）。他認爲，謀劃戰爭要考慮道、天、地、將、法等五個方面，即所謂「五事」；決定戰爭勝負要看「主孰有道？將孰有能？天地孰得？法令孰行？兵衆孰強？士卒孰練？賞罰孰明？」（《計篇》）等七條，即所謂「七計」。可見，無論「五事」、「七計」，「道」總是首位的。而「道者，令民與上同意也」，「上下同欲者勝」（《計篇》）。這些都表明，孫武主張戰爭勝負首先取決於是否得「道」，即政治是否修明，戰爭是否正義，而得道的實質又在於得民心。孫武認爲，政治才是最終的目的，而戰爭不過是實現政治目的的手段之一。他深知，戰爭會消耗大量的人力、物力，「凡興師十萬，出征千里，百姓之費，公家之奉，日費千金。內外騷動，怠於道路，不得操事者，七十萬家，相守數年，以爭一日之勝」（《用間篇》）。既然戰爭會給國家的經濟帶來沈重的負擔，一味好戰喜功，耗盡國力，就是捨本求末了。因此，只要能用非戰爭的手段實現政治目的，就不要用戰爭解決問題，所謂：「上兵伐謀，其次伐交，其次伐兵，其下攻城，攻城之法爲不得已」（《計篇》）。「用兵之法，全國爲上，破國次之；全軍爲上，破軍次之；……是故百戰百勝，非善之善者也；不戰而屈人之兵，善之善者也」

（《謀攻篇》）。

孫武認為：「知勝有五：知可以戰與不可以戰者勝，識眾寡之用者勝，上下同欲者勝，以虞待不虞者勝，將能而君不御者勝」（《謀攻篇》）。在這裏「知」，即對敵、我雙方作戰人員、作戰條件、作戰時間等實際情況的了解，被列為「五勝」之首。所謂「知彼知己者，百戰不殆；不知彼而知己，一勝一負；不知彼，不知己，每戰必殆」（《謀攻篇》）」。既然「知」是取勝的先決條件，那麼當然應當知在戰先，所謂「先知」。不過，這種「先知」並非通常人們所說的先知先覺及預兆占卜之類，而是將領們建立在對敵情認識基礎上的正確預測。「故明君賢將，所以動而勝人，成功出於眾者，先知也。先知者不可取於鬼神，不可象於事，不可驗於度，必取於人，知敵之情也」（《用間篇》）。先知基礎上還要周密謀劃。「夫未戰而廟算勝者，得算多也，未戰而廟算不勝者，得算少也。多算勝，少算不勝，而況於無算乎！吾以此觀之，勝負見矣」（《作戰篇》）。

孫武非常重視戰爭中的各種變化。既然「五行無常勝，四時無常位，日有短長，月有死生」（《虛實篇》），那麼戰爭也同樣是變化萬端的，所謂「兵者，詭道也」（《計篇》），「兵以詐立」（《軍爭篇》）。一方面，要善於隱蔽和變化自己，「兵無常勢，水無常形，能因敵變化而取勝者，謂之神」（《虛實篇》）。另方面，又要善於識破敵人的假象，「佯北勿從」，「餌兵勿食」（《軍爭篇》）。

作為軍事家，孫武非常強調將領的作用，認為將領主宰著人民的命運、國家的安危，所謂「將，民之司命，國家安危之主也」（《作戰篇》），「夫將者，國之輔也，輔周則國必強，輔隙則國必弱」（《謀攻篇》）。但他認爲只有智慧、勇武還不是好的將領。「將者，智、信、仁、勇、嚴也」（《計篇》）。「仁」就是要懂得愛護士兵，因爲「視卒如嬰兒，故可以與之赴溪；視卒如愛子，故可與之俱死」（《地形篇》）。但愛兵要與刑罰嚴明結合起來，否則「卒已親附而罰不行，則不可用也」，這也就是所謂「令之以文，齊之以武」（《行軍篇》）同時他又主張「愚士卒之耳目，使之無知」，將領指揮士兵「若驅群羊，驅而往，驅而來，莫知所之」（《九地篇》）。

作爲先秦兵家的主要代表人物，孫武在戰爭史及軍事理論發展史上占有著極爲重要的歷史地位。但同時，兵家又是先秦諸子百家中的一個重要派別，軍事理論也是傳統文化的重要組成部分，從這個意義上說，孫武及其軍事理論的價値又遠遠超出了戰爭這一特殊的社會現象和軍事家這一特殊的社會群體，在中國社會幾千年的發展中，對社會生活的各個領域都曾經產生過並仍在產生著廣泛而深遠的影響。

（王國元）

一八二、墨翟

墨翟，先秦著名思想家，墨家學派的創始人。由於史藉文獻的缺失，其生卒、籍貫及生平事跡等均已很難詳考。

關於墨翟的生卒，在司馬遷作《史記》時已有兩種說法：「或曰：並孔子時；或曰：在其後」（《史記·荀孟列傳》）。《後漢書·張衡傳》主在孔子後，並說其與公輸般（即魯般）及孔子之孫子思同時。近代學者一般認爲墨翟生活於西元前四七八年左右至前三九〇年左右，是戰國初期的思想家。

關於墨翟的籍貫，主要有魯人（《呂氏春秋・當染》）、宋人（《史記・荀孟列傳》）兩說，此外還有生於魯陽（楚地）、生於宋而久居於魯等不同說法。今人多認爲魯人之說較爲可信。

墨翟一生遊歷頗廣，除長期生活於魯外，還曾在宋爲官，屢遊楚國，游說衛、齊，並曾準備去越國。但他一生中除制止了一場楚對宋的侵略戰爭及在宋作過大夫之類不大的官外，政治上並無什麼顯赫之處，所以墨翟說自己「上無君王之事」（《墨子・貴義》，下引此書僅注篇名）。這與他每到一國不大計較封地和爵祿，而必以接受其政治主張爲做官的條件有直接關係。墨翟早年曾學儒者之業，受孔子之術，但後來因不喜歡周禮的煩瑣和厚葬久服等而背棄周禮，提出自己的主張，並授業收徒，自創學派。《墨子》書中對《詩經》、《書經》等古代典藉的廣徵博引，及有關墨翟到各地遊歷時車中常帶有很多書籍的記載，說明墨翟是個學識淵博的知識分子。但《墨子》書中關於生產技術及科學知識的豐富記載又說明墨翟不像當時大多數知識分子那樣輕視體力勞動。他早年曾從事體力勞動，據說技術與當時的著名工匠公輸般齊名，因此自稱「賤人」（貴義）。當然，他從事體力勞動並不是單純爲生計，而主要與實踐其政治主張有關。所以儘管他「日夜不休，以自苦爲極」（《莊子・天下》），但也還是承認自己「下無耕農之難」（《貴義》）。

墨翟思想中最具特色的是他的功利主義價值觀念。儒者對利是持否定態度的，所謂君子「罕言利」，而墨翟則公開主張追求能使上層貴族「富且貴」，下層勞動者「暖衣飽食」的物質實利。不過這種利不是爲儒者所否定的一己私利，而是「上利天，中利鬼，下利人」的「天下之利」（《天志下》）。「利」是墨翟考慮一切問題的出發點和歸宿。

墨翟的社會政治觀點集中表現在他的「尚賢」、「尚同」、「節用」、「節葬」、「非樂」、「非命」、「天志」、「明鬼」、「非攻」、「兼愛」等十項基本主張中。「尚賢」即主張將選賢任能以爲國家的統治者，當作政事的根本。因爲賢者能夠使「天下皆得其利」（《尚賢中》）。「尚同」是主張政治的統一，即由天子來「一同天下之義」，因爲這樣可以「爲萬民興利除害」（《尚同中》）。「節用」、「節葬」、「非樂」都是提倡節約，反對奢靡。提倡節用是因爲「去無用之費，聖王之道，天下之大利也」（《節用上》）。提倡節葬是因爲「衣食者，人之生利也，然尚有節。葬埋者，人之死利也，夫何獨無節於此乎」（《節葬下》）？反對音樂是因爲「上考之，不中聖人之事；下度之，不中萬民之利。」（《非樂上》）「非命」、「天志」、「明鬼」講的是命運、天意、鬼神之事。「非命」是否定命運的存在。因爲大家若相信了命運支配，則上層統治者不會盡力去治理國家，下層勞動者不會去盡力勞作，所以命定論「上不利於天，中不利於鬼，下不利於人」（《非命上》）。「天志」是說上天是有意志的，能賞善罰惡。「順天意者，兼相愛，交相利，必得賞；反天意者，別相惡，交相賊，必得罰」（《天志上》）。「明鬼」則進一步將鬼神請出來，在吏治官府不廉潔、百姓作暴寇盜賊以追求「自利」時，鬼神就會出現，施之以「鬼神之罰」（《明鬼下》）。「非攻」、「兼愛」講的是國與國的關係。「非攻」是因爲攻伐兼併「上不中天之利」，「中不中鬼之利」，「下不中人之利」，「實天下之巨害也」（非攻下）。「兼相愛」則更是與「交相利」兩位一體的，是「聖王之道，而萬民之大利也」（兼愛下）。可見，「利」是墨翟社會政治觀點中一以貫之的基本原則和最終目的。

墨翟的倫理道德思想同樣是以利爲核心的。他從「利」的角度對儒家的仁、義、忠、孝作了重新解釋，將這些道德範疇統統歸結爲追求利的具體方式或以利爲最終目的的手段。墨翟認爲所謂「仁」就是「務求天下之利，除天下之害」（《兼愛下》）；「義」之所以重要是因爲「義可以利民」（《耕柱》）；忠臣盡「忠」須做到「以美善在上，而怨仇在下；安樂在上，而憂戚在臣」（《魯問》）；孝子盡「孝」「即欲人愛利其親也」（《兼愛下》）。

墨翟在哲學上的主要貢獻是提出了一套經驗主義認識論。他認爲認識的唯一來源是「耳目之實」的直接感覺經驗，如果衆人「聞之見之，則必以爲有；莫聞莫見，則必以爲無」（《明鬼下》）。他還提出了三個判定認識眞僞的標準，即「上本於古者聖王之事」、「下原察百姓耳目之實」、「觀其中國家百姓人民之利」（《非命上》）的所謂「三表」。

墨翟是中國古代邏輯思想的主要開拓者之一。他不僅在中國邏輯思想史上最早提出名實必須相符的觀點，最早使用了辯、類、故等邏輯概念，最早要求將「辯」作爲一種專門知識來學習，而且自覺地、大量地、熟練地運用類推等邏輯方法揭露論敵的矛盾，建立和論證自己的觀點。由於墨翟的啓蒙、示範和倡導，墨家學派形成了重邏輯的傳統，並由後期墨家建立了第一個中國古代邏輯學體系。

墨翟的學說是春秋戰國時期「百家爭鳴」中最有影響的學說之一，是當時的所謂「顯學」。秦漢以後，隨著國家政治上的統一和思想上的「罷黜百家，獨尊儒術」，墨翟的學說逐漸淪爲「絕學」。但墨翟對中國古代學術思想發展的巨大貢獻是無法絕滅的。（王國元）

一八三、莊周

莊周，戰國時期著名思想家，道家中老莊一派的主要代表人物。

現存史料中關於莊周生平事跡的可信資料很少。我們只能大致地知道，莊周是戰國時宋國蒙（今河南商丘）人，約與梁惠王、齊宣王及孟軻、惠施等同時。莊周家貧，有時要靠打草鞋度日，即便是見魏王時，穿的也是補了又補的粗布衣服和斷了帶子又接起來的草鞋，困窘時甚至曾向監河侯借米度日。他早年曾在家鄉作過時間不長的漆園吏一類地方小官，以後便作了隱者，主要從事講學和著述。莊周對功名權貴表示了極大的輕蔑。據《史記》記載，楚威王曾派使者以重金迎聘莊周到楚國爲相，莊周卻對使者說：「千金，重利；卿相，尊位也。子獨不見郊祭之犧牛乎？養食之數歲，衣以文繡，以入大廟。當是之時，雖欲爲孤豚，豈可得乎？子亟去，無汙我。我寧游戲汙瀆中自快，無爲有國者所羈，終身不仕，以快吾志焉」（《史記·老子韓非列傳》）。

莊周的思想主要保存於《莊子》書中。史載《莊子》書有五十二篇。今僅存西晉郭象注《莊子》三十三篇，分內篇七篇、外篇十五篇、雜篇十一篇。學術界關於《莊子》書各種注本內、外、雜篇的異同、眞僞、年代及郭象注的眞實作者等爭論已久，多數學者傾向認爲，內篇爲莊周所作，外、雜篇可能摻雜了莊周門人後學及道家其他派別的作品，但其中某些篇章也反映了莊周的思想。

在學術上，莊周宗於老子而又有所發展。司馬遷在《史記》中說莊周「其學無所不窺，然其要本歸於老子之言」，是頗爲中肯的。莊周和老子一樣將道視爲天地萬物的根本及運行秩序，主張「道者，萬物之所由也，庶物失之者死，得之者生，爲事逆之則敗，順之則成」（《莊子·漁父》，以下凡引此書只注篇名）。但同時他又有自己的思想體系和學術風格。如果說老子的注意力在作爲世界本體的道，那麼莊周則更多地將目光投向了社會與人生。極端的相對主義和自然無爲的人生哲學是莊周思想體系中最具特色，同時也是對後世影響最大的方面。

莊周將相對主義推向極致。他認爲，作爲萬物本質的道是充塞天地，瞬息萬變的，因此「以道觀物」，世上萬物也無時無刻不在變化之中。那些看起來彼此完全相反的事物，其實並無根本區別。例如生與死就是可以相互過渡，相互轉化的，「生也死之徒，死也生之始」（知北遊）。既然生死相連，生不過是暫時的，那麼生當然也就是無足輕重的，「生者假借也，假之而生生者，塵垢也」（《至樂》）。反之，死倒是一種幸福，因爲「死，無君於上，無臣於下；亦無四時之事，從然以天地爲春秋，雖南面王樂不能過也」（《至樂》）。據說當妻子死去時，莊周不但不像常人那樣悲傷，反而「鼓盆而歌」，理由是妻子安睡於天地這個大房子裏得到了寧靜。其他如長短、大小、成毀、是非、美醜等，也無不如此。

從這種相對主義出發，莊周達到了徹底的懷疑主義。他認爲當時的諸子百家各講各的是非道理，其實不可能講出個究竟來。因爲「井蛙不可以語於海者，拘於虛也；夏蟲不可以語於冰者，篤於時也；曲士不可以語於道者，束於教也」（《秋水》）。是非不在事物，也無共同標準，只能取決於人，「自其異者視之，肝膽楚越也；自其同者視之，萬物皆一也」（《德充符》），而人又要受到空間（虛）、時間（時）和各自學術（教）等條件的約束，因而最終只能是「彼亦一是非，此亦一是非」（《齊物論》）。

通過懷疑主義，莊周又達於徹底的不可知論。他認爲，既然是非同異不在於事物自身，全在於人們怎樣去認識事物，而人的認識又要受到種種限制，所以眞理是不存在的，人也沒有獲得眞理的能力。他舉例說：人睡在潮濕之處會得腰痛病，泥鰍則不然；人爬到樹上會惴懼不安，猿猴則不然。這三者誰算知道正確的住處呢？可見感覺經驗是千差萬別的，不能作爲眞理的標準。他又舉例說：雙方辯論，各自是其所是，非其所非，因而無法評定是非。如果請第三方來評定，他要麼同意其中某一方的意見，這就沒有公正了，要麼自己另有主張，這又使自己也有是非問題了，還怎麼能去評定別人呢？可見理性的邏輯思維也是因人而異的，不能作爲標準。莊周進而懷疑人作爲認識主體的能力，認爲「吾生也有涯而知也無涯，以有涯隨無涯，殆矣」（《養生主》）。他甚至懷疑人作爲認識主體的存在。在莊周夢蝶的著名寓言中，究竟是莊周夢而爲蝶，還是蝶夢而爲莊周，都無法判斷，遑論是非。

自然無爲的人生觀是莊周思想對後世影響最爲深遠的一個方面。莊周認爲自然的一切都是好的，人爲的就是不好的，得失皆因自然，所以不應以有目的的活動去對抗自然，不應以得之自然的天性去殉功名，而應順應自然，反對人爲。他舉例說：「牛馬四足，是謂天；落馬首，穿牛鼻，是謂人。故曰：無以人滅天，無以故滅命，無以得殉名」（《秋水》）。他的結論是：「適來，夫子時也；適去，夫子順也。安時而處順，哀樂不能入也」（《養生主》）。

從這種自然無爲的人生觀出發，莊周認爲眞正自由就在於任其自然，無條件地與自然成爲一體。他說，大鵬能在天空中飛翔，人以爲它是自由的，其實它要依靠長翼和大風；列子能御風而行無須走路，比一般人是自由多了，但也要依靠風。這種自由都是有條件的，莊周謂之「有待」，因而還不是眞正的自由。眞正的自由應該是無條件的，即「無待」的。那是一種「乘天地之正而御六氣之辯，以遊無窮者」（《逍遙遊》）的絕對自由。莊周認爲，一般人所以不自由根本上是因爲「有己」，即忘不了自己的生死、壽夭、貧富、得失、毀譽等等。其實這些東西是自然而然的，並不是天地偏心，硬去追求不過是庸人自擾。「至人」、「神人」、「聖人」之所以能夠獲得眞正的自由，是因爲他們「無己」、「無功」、「無名」。那麼常人怎樣才能去「有待」而達於「無待」，去「有己」而達於「無己」呢？這就要「墮肢體，黜聰明，離形去知，同於大通。此謂坐忘」（《大宗師》）。

莊周在世時門徒不多，朋友也很少，學界同輩中只有惠施與他多有往來，時相辯論。百家爭鳴中，莊周的影響並不太大，先秦諸子書中只有《荀子・解蔽》言其「蔽於天而不知人」。朱熹曾說：「莊子當時亦無人宗之，他只在僻處自說」（《朱子語類》卷一二五）。魏晉玄學興起，玄學家們融合儒、道，「祖述老莊」，把莊周說成玄學祖師，並爲《莊子》作注，莊周地位開始上升。東晉南北朝時，莊周的思想與佛學研究互爲滲透。隋唐時期，儒、釋、道三教並立，莊周與老子並稱道教祖師，《莊子》書被奉爲《南華眞經》，莊周的地位達到巔峰時期。宋明理學興起後，道家被視爲異端，莊周的地位也開始下降，但理學還是吸收了不少道家思想。明清學者對莊周及其著作的研究成果甚豐。縱覽整個中國封建社會，莊周的思想，特別是他的人生觀對中國學術及知識界的影響之大是難有幾人可以與之比肩的。（王國元）

一八四、公孫龍

公孫龍，複姓公孫，名龍，字子秉，戰國末期趙國人，名家學派的主要代表人物。生卒已不可詳考，約生活於趙武靈王、惠文王至孝成王在位期間（約當於前三二〇～前二五〇），與荀況、鄒衍等同時。

公孫龍的生平事跡也已無從詳考。我們只能從史籍的零星記載中約略地知道，他曾長期在趙國平原君趙勝家作門客，爲平原君出謀劃策，受到平原君的厚待，並曾與趙惠文王論偃兵；曾出使燕國，說服燕昭王偃兵；曾到過魏國，偕魏王出獵，與魏公子牟論學。公孫龍擅長辯論，以「白馬非馬」、「離堅白」等異於常識的辯題著稱，並曾與孔子後裔儒家孔穿、陰陽家鄒衍等進行過辯論。公孫龍晚年被黜，不知所終。

公孫龍有學生綦母子等，並形成了一個當時被稱爲「辯者」、「辯士」、「察士」，後來被稱爲「名家」的學派。公孫龍有《公孫龍子》傳世，是先秦名家至今尚存的唯一著作。該書《漢書・藝文志》著錄十四篇，今本只有六篇。除首篇《跡府》爲弟子補錄外，其餘《白馬論》、《指物論》、

《通變論》、《堅白論》、《名實論》等五篇信為本人所作。

「白馬非馬」是公孫龍在《白馬論》中提出的一個重要辯題。公孫龍認為，「白」是用以稱呼顏色的，「馬」是用以稱呼形體的，「白」與「馬」結合而為「白馬」，其所強調的不是某物為馬，而是某馬顏色為白。既然顏色不同於形體，所以「白馬非馬」。在這一辯題中，「白馬」代表個別，「馬」代表一般，辯題涉及的是個別與一般的關係，這是學界共識。但對「非」的涵義則有兩種理解。一種以為，「白馬非馬」即「白馬不是馬」，辯題過分強調了個別與一般的區別；另一種觀點以為，「白馬非馬」是在承認白馬也還是一種馬的前提下，重點強調二者之間有異。

「離堅白」是公孫龍在《堅白論》中提出的又一重要辯題。公孫龍認為，一塊堅而白的石頭，在一般人看來，具有石質、堅性、白色三個要素，而且堅、白同在石中，不可分離。實際上，人看石頭時只能看到白石而不能同時看到堅，人觸摸石頭時只能觸摸到堅石而不能同時觸摸到白。既然人不能同時感覺到堅和白，說明堅與白本來就是各自分離的。不僅如此，堅、白也並不是只有與事物結合才存在的，而是本身獨立存在的，可見，堅、白、石是各自分離的。在這一辯題中公孫龍強調了事物及其屬性之間的區別，在人類認識發展史上有一定的積極意義，但由此認為它們之間可以完全分離，就難以服人了。

無論「白馬非馬」之辯，還是「離堅白」之辯，實際上都是在討論「名實」關係。在公孫龍看來，「名實」關係是至為重要的。他甚至認為古代君王所以賢明偉大也正在於他們能「審其名實，愼其所謂」（《公孫龍子·名實論》）。

爲什麼公孫龍如此熱衷「白馬非馬」這樣怪異的辯論，如此重視名實之間的關係呢？這與公孫龍所處的時代有著密切的關係。名實關係本是一個邏輯學問題，但在先秦諸子那裏卻更是一個重大的哲學問題、社會問題。中國的春秋戰國時期正是一個社會秩序急劇變革的時期。新事物、新勢力的出現，舊事物、舊勢力的衰退，使得原有社會秩序出現了混亂，即所謂名不副實。這樣，從孔子率先提出「正名」開始，幾乎諸子百家都以自己特定的角度和方式探討和回答了這一問題。名實關係遂與天人關係、義利關係等一起成了先秦學術的重要內容。到了戰國中、後期更出現了以公孫龍、惠施等爲代表的，專門討論名實關係的學派——名家。公孫龍的弟子們在談到公孫龍作「白馬非馬」之辯的動機與目的時曾說他是「疾名實之散亂，因資材之所長，爲『守白』之論」，希望通過將這一辯論推而廣之，「以求正名實而化天下焉」（《公孫龍子·跡府》）。

但畢竟「白馬非馬」從字面上看確實有悖於生活常識，許多人都無法理解或雖能理解卻不能接受這一「淫辭詭辯」。與他同時的荀況說他「惑於用名以亂實者也」（《荀子·正名》）。《莊子》書說他的辯論「能勝人之口，不能服人之心」（《莊子·天下》）。比他稍晚的西漢劉向、揚雄等大家也對他頗有微詞。

除上述學術觀點外，從有關史料中，我們還可以約略地知道，公孫龍的社會政治觀點有主張「偃兵」、「兼愛天下」、「賞罰得當」（《公孫龍子·跡府》）、「不逆有伎能之士」（《淮南子·道應》），反對統治者「無禮慢易」、「阿黨不公」、「煩召數變」、「暴戾貪得」（《呂氏春秋·審應覽》）等等。這些觀點與墨家頗爲相近，在當時是很有進步意義的。但這些主要是他人間接的記述，沒有

什麼直接的材料，僅供參考。（王國元）

一八五、荀況

荀況，字卿，漢人避宣帝劉詢之諱，又稱孫卿。戰國末期思想家、教育家，趙國人。生卒已不可詳考，約生於周顯王四十四年前後，卒於楚考烈王二十五年春申君死後不久（約當於前三二五年～前二三八）。

關於荀況的生平事跡，史籍記載較略，且頗多可疑之處。我們只能大致地知道，荀況在齊威王、宣王時曾到齊國稷下遊學，頗有「秀才」。齊敗於燕後，稷下學士各自分散，他也離齊去楚。齊襄王時，稷下恢復學術活動，荀況二次入齊。這時老一代稷下先生或死或散，「而荀卿最爲老師」（《史記・孟軻荀卿列傳》），遂爲稷下學者中的學術領袖，曾三爲稷下學宮祭酒，主要從事教學活動。齊王建時，荀況因受讒言所害而離開齊國，曾在秦論政、在趙論兵，最後他再次入楚。荀況在楚期間曾由春申君用爲蘭陵令。西元前二三八年春申君被殺，荀況也被免職，從此教學授徒，著書立說，終老此地。觀其一生，荀況主要從事儒學的教學和研究活動。韓非、李斯等著名學者和政治家皆出其門下。漢初《詩》、《書》、《禮》、《樂》、《春秋》、《易》等儒學經典的傳播均與他的傳授有密切關係。《史記》以孟軻荀況同傳，足證戰國時荀況與孟軻占有同等地位。

荀況學術思想主要保留於《荀子》書中。因荀況學術活動時間長，影響大，《荀子》書流傳抄錄的情況相當複雜。西漢劉向校定該書時曾見到三百二十二篇之多，但其中絕大部分是重複的。劉向去掉了這些重複的篇章，定爲三十二篇。這三十二篇大體爲荀況本人作品，但《大略》、《宥坐》、《子道》、《法行》、《哀公》、《堯問》等篇當係荀況弟子的記述。

在學術上，荀況以仲尼子弓的繼承者自任，是先秦儒家最後一位大師。但他先後活動於齊、楚、秦、趙等國，齊有管仲學派，秦有商鞅學派，楚有老、莊道家，燕趙多慷慨悲歌之士，對荀況不可能沒有影響。他以儒爲本，比較諸子百家之短長，廣採名、墨特別是法家、道家的思想，成一家之言，開一代新風，遂爲先秦諸子百家之集大成者。

先秦諸子囿於時代限制，多以天爲統治人間萬物的主宰。儒家講「天命」，墨家講「天志」，道家講精神性的「道」。荀況也承認天的存在，但他認爲天不是人格化的神，而是自然界，所謂「列星隨旋，日月遞炤，四時代御，陰陽大化，風雨博施，萬物各得其和以生，各得其養以成，不見其事而見其功，夫是之謂神。皆知其所以成，莫知其無形，夫是之謂天」（《荀子・天論》，下引此書只注篇名）。並且這種自然界的運行是有自身規律的，不以人事爲轉移，所謂「天行有常，不爲堯存，不爲桀亡」（《天論》）。進而，這種自然的天又決定著世上萬物的生成變化，所謂「天地合而萬物生，陰陽接而變化起」（《禮論》）。針對儒家「畏天命」和道家「無爲」的思想，他還明確提出了「大天而思之，孰與物畜而制之！從天而頌之，孰與制天命而用之！」（《天論》）等積極進取的觀點。

在認識論上，荀況繼承並完善了孔子重視學習的觀點。他批評孟子只重內心和墨子只重經驗的片面性，認爲「天官」（即感覺器官）的作用在於「當薄其類」（《正名》），即與不同事物及其不同方面接觸，以形成不同感覺。但有時感覺也會發生錯誤，這就要「天君」（即心）發揮「徵知」（《正名》）的作用，即對感覺經驗加以驗證，以求得正確認識。只有人心不帶偏見，「虛一而靜」（《解蔽》），才能獲得關於事物規律，即「道」的認識。他還反對道家的蒙昧主義和不可知論，主張「凡以知，人之性也；可以知，物之理也」（《解蔽》）。

在人性問題上他反對孟子的性善說，提出了「人之性惡」（《性惡》）的觀點。他認爲，物欲是人的本性，但放任本性會導致社會混亂，因此必須重視環境和教育，所謂「注錯習俗」（《榮辱》），「化性起僞」（《性惡》），使之得以改善。改善的具體方法是儒家的禮義與法家的法治相結合，「明禮義以化之，起法正以治之」（《性惡》）。只要改善得法，「塗之人皆可以爲禹」（《性惡》）。

荀況博學多才。他的「正名」學說中包含了豐富的邏輯理論，對名學發展作出了貢獻。他的散文說理透闢，結構嚴謹，其《賦篇》對漢賦興起有一定影響。他精通樂理，其《樂論》是我國先秦第一篇系統論述音樂理論的著作。他在齊、楚長期從事教學活動，成就斐然，學生韓非、李斯等後來都成了大有作爲的人。

荀況是先秦最後一位儒學大師。其學術不僅對當時及漢初儒學發展起了重要作用，後世王充、柳宗元、劉禹錫乃至近代的嚴復、章太炎等人也都不同程度地受到了他的影響。但荀況否認命運，積極進取，不敬天地，不信鬼神，法後王等思想，在宋明以後受到理學家的排斥，因而其人其學在後期儒學中未獲得正統地位。儘管他的弟子在《堯問》中對他有著極高的評價，但他在世時，其政治主張不僅不爲統治者所接受，還幾度因讒言迫害而出走，晚年甚至要「蒙佯狂之色」以避禍。直至唐代，《荀子》書才有了第一個注本，至於對其學術的系統研究更是晚至清代才開始。（王國元）

一八六、韓非

韓非（約前二八〇～前二三三），戰國時期著名思想家，法家學派的主要代表人物。據《史記·老子韓非列傳》記載，韓非出身於貴族世家，是韓國的公子，曾與後來成爲秦國重臣的李斯同學於荀況門下，雖因口吃而拙於言談但卻長於文章。在韓非所生活的戰國末期，韓國因戰爭迭遭失利及秦國的武力威脅，已有亡國之虞。爲此，他曾多次上書韓王，力陳變法圖強，但不爲韓王所採納，於是退而著書立說。他的著作流傳到秦國後，得到秦王嬴政的賞識。據說秦王嬴政讀了他的《孤憤》、《五蠹》等著作後曾感嘆說：「寡人得見此人與之遊，死不恨矣！」西元前二三三年秦國進攻韓國，本來得不到重用的韓非被韓王指派出使秦國，爲秦臣李斯、姚賈陷害下獄，被迫服毒自殺。他的著作保存於《韓非子》一書中。

社會政治歷史學說是韓非學術思想的主要內容，也是其對後世影響最大的方面。

在社會歷史觀上，韓非提出了一套社會進化的理論。他將傳說中的古代歷史理解爲從「上古之世」到「中古之世」再到「近古之世」的進化過程，認爲不同的歷史發展階段有不同的具體問題。所謂聖人就是能夠順應歷史發展，爲人民解決當時最爲迫切問題的人，同時，他們也因此而取悅於民，得以稱王於天下。韓非的社會進化論是爲他反對「法先王」，主張「法後王」的觀點作論據的。法後王本是荀況的觀點，但「後王」在荀況主要還是指文武周王，這與儒家孟軻一派的「先王」實際上是一致的。而韓非的後王則明指「新聖」，這比他的老師又大大前進了一步。他認爲既然事過境遷，每個時代有每個時代的具體情況，那麼盲目頌揚和效法過去時代的聖人及其做法，就是愚蠢的，無異於「鄭人買履」，必然受到當代新聖的恥笑，「是以聖人不期修古，不法常可」（《韓非子·五蠹》，下引此書僅注篇名）。這與商鞅「治世不一道，便國不必法古」（《商君書·更法》）的觀點可說如出一轍。

從上述歷史觀出發，韓非明確地堅持以「變法」爲核心的社會政治觀點。他認爲，是否變法，不能聽命於古代的聖人，而應完全取決於時事的更替與實際的需要。「不知治者，必曰：『無變古，毋易常』。變與不變，聖人不聽，正治而已。然則古之無變，常之毋易，在常古之可與不可。伊尹毋變殷，太公毋變周，則湯武不王矣，管仲毋易齊，郭偃毋更晉，則桓文不霸矣」（《南面》）。與儒家孟軻一派追求通過「禮治」而達於「王道」的觀點不同，荀況主張禮法兼行，王霸並用，所謂「隆禮尊賢而王，重法愛民而霸」（《荀子·天論》）。韓非則進而完全否定禮治，專以法治，甚至以法治取代禮治，所謂「以法爲教」。從這個意義上說，韓非已經完全出於儒而入於法了。但與前期法家不同的是，韓非的法家理論更爲完整，更具綜合性。在前期法家中，商鞅重法，即注重國家法令的制定、公布和嚴格執行；申不害重術，即注重統治者駕馭群臣的權術；慎到重勢，即注重統治者藉助君臨天下的威勢和地位實現統治。韓非認爲，他們都有各自的片面性，商鞅「徒法而無術」，申不害「徒術而無法」，「二子之於法術皆未盡善也」，因此商鞅在秦國、申不害在韓國執政多年都不能取得更大的成就。在此基礎上，韓非兼採三家，融會貫通，自成一說，即所謂「抱法處勢用術」，從而成爲先秦法家的集大成者。韓非的集大成並不是對三家的簡單綜合，而是有所批評，有所揚棄，有所增益。他將前期法家傳統的法、術、勢理論，建立在絕對的君主獨裁基礎上，所謂「事在中央，要在四方，聖人執要，四方來效」（《揚權》）。這種絕對的中央集權思想，在結束戰國末期群雄割據，連年戰爭的混亂局面，實現國家統一中雖有一定的積極意義，但同時也是使中國人民深受兩千年封建專制制度壓迫和封建極權主義統治的理論發端。中國封建社會制度的黑暗漫長、統治者對人民的殘酷暴虐、統治集團內部的陰謀詭詐，都與韓非的理論有著一定的關係。

在哲學觀點上，韓非主要受老聃道家和荀況儒家的影響。韓非繼承了老聃關於「道」是「萬物之宗」的思想，認爲「道者萬物之始，是非之紀也」（《主道》），「道者萬物之所然也」，「道者萬物之所以成也」（《解老》），但他與老聃將道理解爲縹渺恍惚的虛無不同，他認爲道「天得之以高，地得之以藏，維斗得之以常其位，列星得之以端其行，四時得之以御其變氣……而功成天地，和化雷霆，宇內之物，恃之以成」（《解老》），是某種物質性的本原或普遍規律。這裏我們不難看到荀況所謂「天行有常，不爲堯存，不爲桀亡」（《荀子・天論》）等思想的影響。韓非繼承了老聃關於道是按照自身規律不斷運動變化的，因而人應當順應自然，即所謂「無爲」的思想，但他同時又反對老聃一味消極的處世態度，主張對世界進行積極的改造。他認爲「夫必恃自直之箭，百世無矢；恃自圜之木，千世無輪矣。自直之箭、自圜之木，百世無有一，然而世皆乘車射禽者何也？隱括之道用也」（《顯學》）。在韓非看來，世上萬物都有自己的「規矩」和「道理」，所謂無為就是「隨規矩」、「緣道理」而不輕舉妄動。這與荀況「大天而思之，孰與物畜而制之！從天而頌之，孰與制天命而用之！」（《荀子・天論》）等積極進取的觀點在實質上是一致的。在對人性的看法上，荀況曾提出人性本惡的思想，認為既然人性本惡，就應該提倡道德教化。而韓非則將荀況的性惡論與早期法家關於人性自利自為的觀點結合起來，認為既然人性本惡，就必須專以嚴刑峻法，所謂仁義道德之類應當統統拋棄。顯然，對人性的認識是韓非法治學說的理論依據。

韓非雖終其一生，不曾為統治者所重用，但他的理論在秦王朝的建立及整個中國封建制度的發展中都起了極為重要的作用，因而了解韓非是了解中國封建社會的一個重要途徑。（王國元）

一八七、李斯

李斯（？～前二〇八）秦代著名政治家，戰國時楚國蔡（今河南上蔡西南）人。

李斯年少時曾為楚國郡之小吏，後為求得更高的政治地位，從當時的儒家大師荀況「學帝王之術」，曾與韓非同學。學成後，他看到楚王沒有多大作為，燕、趙、韓、魏等國又腐敗脆弱，遂於戰國末年西去入秦，一度為秦國丞相呂不韋門下的舍人，後得呂不韋之助，被秦王嬴政所器重，拜為客卿。李斯任客卿期間，韓國水工鄭國做客於秦，勸說秦王修築了一條灌溉渠。這個後來被稱為「鄭國渠」的水利工程雖對秦國農業發展有很大好處，但也給秦國進攻韓國造成不便。一些秦宗室貴族認爲這是爲韓國所騙，於是上書秦王說，外國人到秦國做事，實際上是爲了本國利益而專事挑撥離間的，因此秦王應該下令驅逐所有客卿。秦王政遂於西元前二三七年（秦王政十年），下逐客令。李斯是外國客卿，當然也在被逐之列。李斯聞訊後作《諫逐客書》，上書諫阻，爲秦王所採納，收回成命。李斯不僅免於被逐，還得以揚名，不久被任爲廷尉。秦王政即皇帝位後，李斯更被任爲丞相，成爲秦代重臣。

李斯在秦國爲官多年，政治上頗多作爲。秦統一六國前，他建議對六國採取各個擊破的方針，對統一六國的事業起了重要作用。秦王朝建立後，他盡棄舊日所學儒家學說，專以嚴刑峻法，積極爲專制皇權的鞏固出謀劃策。主要有：

反對分封制，力主郡縣制。西元前二二一年（秦始皇二十六年）秦統一了全國。以當時的丞相王綰爲首的群臣大多主張在離秦較遠的燕、齊、楚等地分封皇子爲王，唯獨當時還是廷尉的李斯反對恢復古代的分封制。秦始皇爲加強中央集權計，聽從李斯的建議，在全國實行了郡縣制。

反對以古非今，參與焚書坑儒。西元前二一三年（秦始皇三十四年），秦始皇大宴群臣，博士齊人淳于越倡言恢復古制，分封皇子功臣爲諸侯，反對封建中央集權的郡縣制。已身爲丞相的李斯痛加駁斥，說儒生不師今而學古，各尊私學，誹謗朝政，惑亂人心，並建議禁止儒生以古非今及借私學誹謗朝政。具體辦法是：除史官所藏官修《秦記》以外的各國史書一概焚毀；除博士官所藏圖書以外，民間私藏的《詩》、《書》等儒家經典及諸子書等一概送官府焚毀；下令三十天內不送所藏私書到官府者罰築長城四年；有敢聚談《詩》、《書》者處死，以古非今者滅族；禁私學，民間欲學者以吏爲師；唯醫藥、卜筮、農作之書不禁等。秦始皇接受了建議，遂下令焚書。次年，盧生、侯生等方士、儒生誹謗朝政，秦始皇派御史查究，又有方士求仙不得，畏罪逃走，秦始皇大怒，下令將儒生、方士四百六十餘人坑死於咸陽。

創製推廣「小篆」，支持「書同文」。周朝文字稱爲「大篆」或「籀文」，筆劃繁複，難寫難認。周以後，群雄割劇，各國文字音、形皆不統一。戰國時期，在文化較爲發達的齊、魯地方，通行一種相對簡便的字體，漢代稱爲「古文」、「蝌蚪文」或「孔壁古文」。秦始皇統一全國後，爲強化中央集權，推行「書同文、車同軌、行同倫」等政策。李斯在上述兩種文字的基礎上，訂定統一文字，力求筆劃簡省劃一，稱爲「小篆」或「秦篆」。他還用「小篆」寫成學童課本《蒼頡篇》，以利推廣，有力地促成了「書同文」的事業。秦統一全國之初，疆域遼闊，方音複雜，交往困難。文字的統一在一定程度上減少了方音不同所造成的種種問題，對政令的統一、經濟的往來、文化的交流與普及、民族的融合，進而對國家統一事業的鞏固等都有著深遠的積極意義。

秦始皇在世時，皇位繼承人長子扶蘇因政見不合而失寵，被迫到外地做監軍。西元前二一〇年（秦始皇三十七年）秦始皇病死在出巡的路上。李斯怕由自己當政時遭貶的扶蘇來繼位於己不利，便與宦官趙高合謀僞造遺詔，迫令太子扶蘇自殺，立十八子胡亥爲秦二世皇帝。不久，李斯爲趙高所忌，身被五刑而夷三族。

李斯工於書法，泰山、琅琊等刻石傳爲李斯手書，對中國書法的發展有一定影響。遺著有《諫逐客書》及《蒼頡篇》等，已佚，有輯本。其中《諫逐客書》並不直言水渠之事，而是廣徵博引，以事說理，善用比喻，形象生動，頗具說服力，又多用短句、排比，語調鏗鏘上口，極富感染力，向爲文家推崇。《蒼頡篇》既教字體，又教語法，與趙高的《爰歷篇》、胡母敬的《博學篇》同爲當時相當普及的啓蒙讀物。

（王國元）

一八八、董仲舒

董仲舒（前一七九～前一〇四），漢代著名思想家、政治家，廣川（今河北省棗強縣廣川鎮）人。少治《公羊春秋》，景帝時在太學中任博士，專門講授《公羊春秋》。武帝時以《舉賢良對策》受到統治者器重，官拜江都易王劉非的國相六年。後因言災異事觸怒武帝而下獄，幾乎被殺，不久赦免，重又執教十年。再任膠西王劉端的國相四年，恐久而獲罪，遂以老病爲由辭職回家。晚年仍受武帝敬重，朝廷每有大事還會派使者、官員就其家而問之。著作尙存有《春秋繁露》及《全漢文》中輯錄的文章兩卷等。

董仲舒是中國古代學術發展史上一個地位顯赫的重要人物。其主要作爲有：

確立儒學的正統地位。春秋戰國百家爭鳴，莫衷一是。儒雖稱「顯學」，但社會地位也只是一個學術派別而已。秦專以法家，焚書坑儒，儒學幾遭滅頂。漢初統治者鑑於秦因暴政二世而亡的教訓及秦漢之際的連年戰爭國力衰竭的社會狀況，公開倡揚無爲而治、與民休息的黃老之學，儒學的活動主要被限制在學術領域。武帝元光元年（前一三四），董仲舒在著名的《舉賢良對策》中提出，孔子修《春秋》，將一統作爲首要的大事，因爲這是天地的常道，古今的通義。現在學士們各持異說，朝廷無法一統，法制屢變，臣民不知所從。請將不屬於《六經》、不合於孔子的學術，一概廢絕不用，專用儒術。此即所謂「罷黜百家，獨尊儒術」。這與武帝準備結束無爲，轉向進取，以求進一步鞏固和發展統一局面，因而迫切需要一種大一統的社會政治理論的願望正相吻合，武帝遂採納了這一建議。師孔讀經從此成爲中國士人入仕的主要途徑。儒學也從此確立了在中國傳統文化中的正統地位。

創始今文經學。董仲舒以前的儒學還處於比較原始的階段，漢代人稱之爲「樸學」。樸學一方面仍拘泥於孔子恢復周禮的理想，不符合當代統治者的需要，另方面仍局限於百家爭鳴中的一個學派，不能融合各派於儒學一家，完成學術上的統一，以適應政治上的統一。董仲舒以儒家系統的《公羊春秋》爲主要依據，將先秦以來以天爲本的觀念與陰陽、五行學說結合起來，兼採法、道、陰陽各家，建立起來一個以論證「春秋大一統」爲宗旨的新的思想體系，使儒學成爲統一的漢代官方哲學。漢武帝時京師太學中設有「五經博士」，專門講授《詩》、《書》、《易》、《禮》、《春秋》等儒學經籍。由於官學中博士傳授弟子的經書都是用當時通行的隸書書寫的，故有「今文經學」之稱。與此相應，使用以篆文（戰國時的古文字及秦小篆）書寫的經書，主要由少數儒生私下傳授的經學則稱爲「古文經學」。由於今文經學更能適應當時統治者的需要，儒學便通過今文經學這種形式登上了官方學術的寶座。作爲漢代經學大師和今文經學的創始人，董仲舒在儒學傳承和發展史上地位是不言而喻的。

提出天人感應說。董仲舒學術思想中最具特色和對後世影響最大的便是其關於「天人感應」的學說。董仲舒認爲人是天創造的，天是人的曾祖父，所以天與人本是相通的。「人之形體，化天數而成；人之血氣，化天志而仁；人之德行，化天理而義；人之好惡，化天之暖淸；人之喜怒，化天之寒暑；人之受命，化天之四時；人生有喜怒哀樂之答，春夏秋冬之類也。」（《春秋繁露・爲人者天》，以下凡引此書只注篇名）。可見，人無論是身體血氣，還是道德性情，都是來自天的，這就是所謂「人副天數」、「天人同類」。既然天人同類，那麼天人之間就會像動物中「馬鳴則馬應之，牛鳴則牛應之」，醫學上「天將陰雨，人之病故爲之先動」，「病者至夜而疾益甚」等等那樣，存在著所謂「同類相動」的關係（《同類相動》）。因此，統治者如果按照天意行事，所謂「聖人法天而立道」（《天人三策》），天就會降下祥瑞。反之，統治者如果逆天，天就會降下種種災異，以示譴告。這就是所謂「天人感應」。這一學說在董仲舒有兩方面的意義：一是爲統治者進行論證。因爲君權神授，以三綱五常爲代表的封建秩序皆出自天意，天意自然是任何人都不能違背的。二是對統治者進行約束與警告。見到災異須自省改過，以免招致更嚴重的後果。

在天人感應說的基礎上，董仲舒還對先秦儒家的倫理思想進行理論化、系統化和神學化的改造，形成了一套以「三綱」、「五常」爲核心的道德體系；將先秦儒家「上智下愚」、「性近習遠」的人性論發展爲將人性分爲「聖人之性」、「中民之性」、「斗筲之性」，注重對「中民之性」道德教化的「性三品」人性論；根據道家「天之道終而復始」的原則、陰陽家「五德終始」的學說，提出了一套赤、黑、白「三統」循環的歷史觀。

董仲舒將儒學神學化，使之能夠適應當時社會制度的需要，這不僅使得他本人在政治上深受統治者的器重，而且也確立了他成爲漢代乃至整個中國封建社會的重要理論家，被尊爲群儒首的學術地位。

（王國元）

一八九、王充

王充，字仲任，會稽上虞（今浙江省上虞縣）人，生於東漢光武帝建武三年（二七），約卒於東漢和帝永元年間（一〇〇前後），一生歷光武、明、章、和四朝，享年約七十歲左右。

王充出身於「細族孤門」，年幼時曾入書館拜師學習《論語》、《尙書》等儒家經典。年輕時曾遊學於京師洛陽的太學，師從過名儒班彪，爲學好博覽而不守章句。因無錢購書，王充便常到書肆看書，靠博聞強記博通眾流百家之言。成年後，王充先後做過一些地方上的從屬小官，終因與上司意見不合而辭職歸鄉，教書爲生。其間經人力薦，漢章帝曾特詔公車徵，終因病未能成行。晚年生活潦倒，貧無供養。

王充一生仕途困頓，便將主要精力和大部分時間用以著書立說，先後寫過《譏俗》、《政務》、《論衡》、《養性》等書，但只有《論衡》一書流傳至今，其他均佚。《論衡》共三十卷，二十餘萬言，分八十五篇，其中《招致》篇有目無文，實存八十四篇。《論衡》是王充最主要的著作，自明帝永平年間至和帝初年歷時三十餘年始成，耗盡王充半生心血，也奠定了王充作爲兩漢乃至整個中國思想史上傑出思想家的地位。

在中國學術發展史上，王充是一位富於批判精神的學者。兩漢是一個神學充斥、迷信泛濫的時代。自董仲舒以下，將儒學神學化的經學及其天人感應、讖緯譴告等學說籠罩朝野與學術界，鬼神迷信更是肆虐於民間。東漢光武帝劉秀以圖讖起家，讖緯神學成了官方統治思想，凡國家大事皆以讖緯定奪。漢初曾對國力恢復起過重要積極作用的黃老道學，也與神仙方術合流，日益宗教化。正是在這樣一種特定的社會背景下，王充以「疾虛妄」（《論衡·佚文》，以下凡引此書只注篇名）為宗旨，以豐富的學識為利器，以極大的勇氣對這些進行了深刻的批判。對於天人感應說，王充指出，天與地一樣是自然的物體，「天地合氣，萬物自生」（《自然》）。萬物的產生完全是一個自然而然的過程，不可能是天有意的創造。「何以知天之自然也？以天無口目也」，「如謂天地為之，為之宜用手，天地安得萬萬千千手，並為萬萬千千物乎」（《自然》）？既然天地萬物都是自然的，不是有意識、有目的的，不是人的同類，當然也不存在相互感應。對於災異譴告說，王充指出，「夫天道自然也，無為；如譴告人，是有為，非自然也」（《譴告》）。各種所謂「災異」，如「雷者，太陽之激氣也」（《雷虛》），「風雨暴至，是陰陽之亂也」（《感虛》），完全是自然現象，與政治、人事無關。對於鬼神觀念，王充提出，「陰陽之氣，凝而為人；年終壽盡，死還為氣」，「人死不為鬼，無知，不能害人」（《論死》）。對於厚葬，王充指出，「聖人懼開不孝之源，故不明死人無知之實」，如果聖人「明死人無知」，就會知道「厚葬無益」（《薄葬》）。對於今文經學行穿鑿附會，談微言大義，王充指出，「儒者說五經多失其實。前儒不見本末，空生虛說；後儒信前師之言，隨舊述故，滑習辭語，苟名一師之學，趨爲師教授，及時蚤仕，汲汲競進，不暇留精用心，考實根核。故虛說傳而不絕，實事沒而不見，五經並失其實」（《正說》）。對於聖賢崇拜，王充指出，「賢聖者，道德智能之號」，因此「聖者不神」。如果「聖則神矣」（《實知》），那是「失實離本」（《藝增》）。對於神仙方術，王充指出，「夫人，物也，雖貴爲王侯，性不異於物。物無不死，人安能仙」（《道虛》）？對於世俗迷信，王充指出，「天道稱自然無爲，今人問天地，天地報應，是自然之有爲以應人也」（《卜筮》）。可以說，王充對當時社會上廣泛流行各種「虛妄之言」無不作出了有力的批判。也正是在這個意義上，許多學者稱王充的思想是「批判哲學」，梁啓超甚至稱《論衡》是「漢代批評哲學第一奇書」（《五十萬卷樓群書跋文・子部・論衡引》）。

王充爲學可以說無所顧忌、鋒芒畢露，但由於他抱定「疾虛妄」爲唯一宗旨，這就使得他的批判，是處說是，非處說非，絕無門戶之見。比如，王充自幼習儒，常常流露出對「鴻儒」的傾慕，但這並不妨礙他寫出《問孔》、《刺孟》之類批判儒家聖人的篇章。他批判今文經學的天人感應以及「說聖太隆」、「說五經多失其實」，但這並不妨礙他稱讚今文經學的領袖和天人感應學說的倡導者董仲舒「文王之文在孔子，孔子之文在仲舒」（《別通》）。他批判神仙長生，言詞不可謂不激烈，但並不妨礙他汲取道家天道無爲、道法自然等思想。這使王充的批判大大高出先秦諸子之間，兩漢今、古文經學之間以及黃老與經學之間的學派之爭。

王充的學識極爲淵博。這不僅表現在他廣採博收，兼容並蓄，「含百家之言，猶海懷百川之流」

（《別通》），而且表現在他對注重對生活經驗的總結和對最新科學知識的吸收、思考、運用上。他在動物、植物、天文、地理、曆法、醫學等方面的豐富學識不僅幫助他有力地批判了天人感應、圖讖、方術、鬼神迷信等反科學的東西，也爲我們保留了大量極爲寶貴的科學資料。英人李約瑟的巨著《中國科學技術史》有關兩漢時期的材料有些就直接出自《論衡》。這與同爲漢代學者的董仲舒治學三年不窺園，乘馬不覺牝牡，秦延君用十多萬字解釋「堯典」兩個字，經學弟子皓首窮經，學習那些除了仕進沒有任何實際價值的經書，形成了多麼鮮明的對照！

王充因出身微賤，社會地位低下，其學說在當時未能引起人們的重視。他的著作生前沒能傳入中原，死後多有散佚。直到東漢末年著名學者蔡邕等人入吳始得《論衡》，讀後學問大進，時人稱「不見異人，當得異書」，王充及其《論衡》才開始引起人們的關注。但歷代學者的評價見仁見智，毀譽互參，相去天壤。毀者如南宋黃震說王充的學說「盡廢天地百神之祀」（《黃氏日鈔》分類卷五十七《讀諸子·論衡》）；唐代史家劉知幾說王充不孝，「實三千之罪人也」（《史通·序傳》第三十二）；清乾隆帝說王充「犯非聖無法之誅」（《四庫全書·讀王充〈論衡〉》）。譽者如晉代葛洪稱王充是「冠倫大才」；唐代韓愈作《後漢三賢贊》，列王充爲三賢之一；近人章炳麟對王充評價極高，說「漢得一人焉，足以振恥」（《檢論·學變篇》）。

（王國元）

一九〇、周敦頤

周敦頤（一〇一七～一〇七三），理學的奠基者，字茂叔，號濂溪，原名惇實，道州營道縣（今湖南道縣）人。

周敦頤祖上世代爲儒，其父周輔成於大中祥符八年（一〇一五）特賜進士出身，授官爲桂嶺縣令。周敦頤父親去世後，他隨母親遷居開封，由其舅父龍圖閣直學士鄭向供養。二十歲，因鄭向爲官，按例應蔭子，周敦頤入仕，作監主簿。二十四歲時，吏部調任周敦頤爲洪州方寧縣主簿，在此顯示斷獄的才能，廣受當地人稱讚。二十八歲，周敦頤被吏部使者薦爲南安軍司理參軍；三十四歲調任郴州桂陽令，治績頗佳，受上司賞識。三十八歲改任大理寺丞，知洪州南昌縣。四十歲。周敦頤又任太子中舍簽書，署理合州判官；四十五歲，遷國子博士，通判虔州。四十七歲，升任虞部員外郎；五十一歲，遷朝奉郎，尚書駕部員外郎，攝邵州事；五十四歲，轉任虞部郎中，擢提點廣南東路刑獄；五十七歲時病逝於廬山。

周敦頤從二十歲起，爲官三十餘年，算得上是清正廉潔，秉公執法。據說他死時，家中無什麼遺產，「服御之物，止一敝篋，錢不滿百。」平時所得俸祿，多周濟貧困的宗族和親朋。

周敦頤年青時就勤於學問，以後雖常年爲官，終不荒廢學業。程顥、程頤的父親、大理寺丞程珦曾與三十歲時的周敦頤相識，覺得他氣貌非常人能比，交談中又知他是位「爲學知道者」，遂與周敦頤結爲好友，並令二程拜周爲師。一次，周敦頤與號爲通儒的王安石相遇，兩人交談起來，竟不能止。據說王安石很重視這次談話，對周敦頤的議論精思至廢寢忘食。在四川合州任上，周敦頤授業講學，很受當地士人稱道。在邵州任上，周敦頤興辦州學，親自爲學舍擇址，向學生講授《六經》。

周敦頤雖然自二十歲起就一直作官，但也流露過辭官隱居的念頭。宋仁宗嘉祐六年（一〇六一），周敦頤赴虔州通判任上，路經廬山，便在山麓建濂溪書堂，與其好友潘興嗣說：「此濂溪者，異時與子相依其上，歌詠先王之道，足矣。」（《年譜，周子全書》卷二十）他還作一《愛蓮說》，頌揚荷花的品格：「予獨愛蓮之出淤泥而不染，濯清漣而不妖。中通外直，不蔓不枝。香遠益淸，亭亭淨植，可遠觀而不可褻玩焉。」（《周子全書》卷十七）周敦頤是藉蓮花抒發自己的作人志向的。這種情緒也影響到他的學術活動，在他的思想理論體系中留有痕跡。

周敦頤的著作主要有《太極圖》、《太極圖說》、《通書》及詩文，後人彙成《周子全書》，是研究周敦頤思想的重要史料。

周敦頤思想的精華在《太極圖》一書，《通書》是闡釋《太極圖》的。在這裏，他建立了以無極爲本源的宇宙萬物生成論。無極寂然不動，是唯一的存在。由無極生成太極。太極有動靜的性質，動而生陽，動極則靜，靜而生陰，靜極又復動，陰陽稱兩儀。陰陽變化的交合，派生水、火、木、金、土五行。五行順布，有四時運行。陰陽五行之精華聚合凝結而生男女。陰陽二氣交感，化生萬物。以後，萬物生生不息，變化無窮，成五彩斑斕的世界。周敦頤的由無極而太極而陰陽而五行而萬物的宇宙生成模式，深受道家和佛教、道教思想的影響。據說，周敦頤的《太極圖》，就是華山道士陳摶經仲放，穆修傳到周敦頤的。以後，周又傳二程。有學者斷定，周敦頤的宇宙生成論是儒、釋、道三家合一的產物。

（湯澤林）

一九一、張載

張載（一〇二〇～一〇七八），「關學」派的代表人物，字子厚，因他在陝西鳳翔郿縣橫渠鎮講學，學者又稱其橫渠先生。

張載先世居住在大梁（今河南開封），祖父張復在宋眞宗朝做官，爲給事中，集賢院學士，贈司空。父親張迪在宋仁宗朝爲官，曾任四川涪州知事，殿中丞，贈尙書都官郎中，卒於任上。父親去世後，張載全家無力再回開封，遂在陝西郿縣定居下來。

張載的青年時代，西夏統治者屢屢發兵侵擾宋朝西北地區，陝西地方深受其害。北宋王朝腐敗軟弱，與西夏戰爭節節敗退。每年要向西夏進貢，數額巨大，加重了宋朝百姓的負擔。張載親身感受到西夏侵犯的災難，對北宋王朝的腐敗深爲不滿，決心反抗西夏統治者，拯救宋西北地區人民。這個時期的張載對軍事很感興趣，並曾企圖組織武裝，收復洮西地區。宋仁宗康定元年（一〇四〇），范仲淹被委任爲陝西經略安撫副使，兼延州知州。張載曾到延州，上書拜見范仲淹，范仲淹勸張載讀《中庸》。張載讀《中庸》，不滿足，又讀了許多佛教和道家書籍，盡心研究，感到不能盡宗之，於是又返回儒家，攻讀《六經》。這時，張載的治學風格漸趨形成，其思想體系也慢慢成熟起來。他從儒學出發，入佛、老，又出佛、老，最終歸向儒家，在批判佛、老思想的基礎上，建立起自己「氣一元論」的思想體系。

北宋道學都很重視《周易》，張載也是如此。他闡發《周易》，繼承王弼的義理派，並在京師授徒講《易》。這時（一〇五七，張載三十八歲）在京師遇二程，相互論《易》。他對二程很佩服，自謙說：「吾平日為諸公說者，皆亂道。有二程近到，深明《易》道，吾所弗及，汝輩可師之。」（《河南程氏外書》，見《二程集》）這一年，張載中進士，開始入仕為官。先在祁州（今河北安國縣）任司法參軍，後任丹州雲岩（今陝西宜川縣雲岩鎮）縣令，在從政實踐中開始顯示其政治社會思想。《橫渠先生行狀》記：「其在雲岩，政事大抵以敦本善俗為先，每以吉月具酒食，召鄉人高年會於縣庭，親為勸酬，使人知養長事長之義，因問民疾苦及告所以訓戒子弟之意。有所教告，常患文檄立出不能盡達於民，每召鄉長於庭，諄諄口諭，使往告其里閭。」張載治縣，很重視教化作用，每月親自講解聖人古道，以德教人。

宋英宗治平四年（一〇六七），張載四十八歲，升任著作佐郎，並渭州軍事判官。時陝西轉運副使蔡子政對張載很是敬仰，常與張載討教政事。張載也積極協助，提出自己的意見。譬如，張載發現邊民苦於霜旱，口糧不滿，便建議官府用軍儲糧救濟；他還建議招募當地民人當兵，補充戍兵的不足，可減少內地軍士，節約費用。

宋神宗熙寧二年（一〇六九），張載五十歲，由御史中丞呂公著推薦，升為崇文院校書。宋神宗親自召見張載，問治國之道，張載皆以漸復三代作答，神宗很滿意。張載所謂漸復三代，實際上是主張治國以《周禮》爲指導，具體實行是「自經界始」，講求法制。以爲行仁政從經界始，可解決貧富不均、教養無法的時弊。當時，宋神宗支持王安石主持變法。王安石曾與張載討論變法事，希望得到張載的支持。張載也主張以《周禮》爲基礎進行改革，但不盡同意王安石的變法內容和方法，便與王安石產生隔閡。後來，張載的弟弟張戩公開抨擊王安石變法，被貶官，張載擔心受牽連，便辭去崇文書院校書職，離開京師回故鄉，潛心於著書講學，熙寧九年（一〇七六）完成《正蒙》一書，標誌他的「氣一元論」哲學體系已成熟。熙寧十年（一〇七七），張載又經人推薦赴京師任職於太常禮院，又因爲與主管禮官有隙，辭職回陝西，路過洛陽再與二程論學，所說多有不合。此次旅行，張載已重病纏身，未及到家，便病死在臨潼。

張載一生不忘著書立說，著作有《正蒙》、《易說》、《文集》、《禮樂說》、《論語說》、《孟子說》、《春秋說》等，明萬曆年間有人搜集成《全書》。

（湯澤林）

一九二、程顥

程顥與程頤是親兄弟，長程頤一歲，生於宋仁宗明道元年（一〇三二），卒於宋神宗元豐八年（一〇八五），字伯淳，後人又稱明道先生。

二程家世顯赫，世代爲大官僚。高祖程羽受宋太祖趙匡胤器重，又是宋太宗爲晉王時的心腹幕僚，宋眞宗也曾受經訓於程羽。曾祖程希振任尙書虞部員外郎。祖父程遹受贈開府儀同三司吏部尙書。父程珦，蒙皇帝蔭恩得官，當過大理寺丞等官職，又承勳爲上柱國，受爵爲永年縣伯。在這樣的家中，二程自小就受到嚴格的儒學教育，青少年時期，二人經歷基本相同。

少年程顥熟讀詩書，十歲能賦詩，十五六歲時，父程珦以爲周敦頤氣度非凡，是知道者，令程顥兄弟拜周爲師。宋仁宗嘉祐二年（一〇五七），程顥中進士，遂被任爲鄠縣主簿，據說頗有治績。鄠縣南山僧舍有一石佛，當地人傳說石佛的頭能放光，遠近男女聚而觀看，晝夜雜處。程頤很是反感，決心治一治這事。他對寺僧說，佛首放光事，定要告訴他。到時如無其事，要取下石佛的頭。這麼一來，石佛放光事再無出現。三十歲時，程顥調任江寧府上元縣主簿，著力解決當地的田稅不均、訴訟不絕、農田水利諸事。上元縣田稅不均現象嚴重，富家大戶高價收買肥田，貧苦農民圖一時小利，將肥田賣給大戶，日後苦不堪言。程顥改變了這一狀況。一些大戶不滿，想鬧事，終不得不服就。上元縣令被罷，程顥接任。時縣訴訟每日不下二百，程顥接手，不到一個月就解決久積的問題。民心安定後，程顥又主持修整堤塘，以利稻田灌溉。三十三歲，程顥調任澤州晉城令。晉城縣風氣鄙陋，教化未興，幾百年也沒有一人能應試登科。程顥到這裏首先是辦教化事。他建造學舍，親自挑選優秀可教者，集中起來入學，並親自講課，嚴格督導，使教化成爲風氣。不久，應試者就有數百，竟有十餘人登科。在學校教育的基礎上，程顥又重視民間道德倫理的教化，用忠孝仁義等教育鄉民；組織鄉民訂立鄉約，提倡互助，懲惡揚善，穩定了社會秩序；又自籌資金，藉以周濟貧弱鄉民，很受當地人稱道。

宋神宗熙寧二年（一〇六九），程顥三十八歲，授任爲太子中允，權監察御史里行，相當於臨時見習諫官。當時，宋神宗支持王安石變法。程顥當皇帝面數說王安石的不是，並撰寫一系列文章批評時改。程顥說：「宋興百餘年，而教化未大醇，人情未盡美，士人微謙退之節，鄉閭無廉恥之行，刑雖繁而奸不止，官雖冗而材不足用。」他希望皇上能「稽聖人之訓，法先王之治，一心誠意，體乾剛健而力行之。」神宗皇帝對此不以爲然。程顥針鋒相對，直言「陛下此言，非天下之言也。」以後，程顥上書神宗，反對王安石新法，被王安石排擠。此後一段時間，程顥在洛陽專心讀書教學，從者甚眾，奠下「洛學」的基礎。王安石變法失敗，守舊派重新執政，程顥又曾被朝廷起用爲官，並可望受重用，卻於不久因病逝世，年五十四歲。

理學家對程顥的評價甚高，據說，上自公卿，下至閭巷士民，聞程顥死訊，莫不哀之。程頤頌揚其兄說：「周公沒，聖人之道不行；孟軻死，聖人之學不傳。道不行，百世無善治；學不傳，千載無眞儒。無善治士猶得以明夫善治之道，以淑諸人，以傳諸後；無眞儒，則貿貿焉莫知所之，人欲肆而天理滅矣。先生生於千四百年之後，得不傳之學於遺經，以興起斯文爲己任，辨異端，闢邪說，使聖人之道煥然復明於世，蓋自孟子之後，一人而已」（《宋史•程顥傳》卷四二七）。程顥、程頤是宋明理學的奠基人，而開其先的又是程顥。程顥說他的思想雖有所受，但「天理」二字卻是他自己體貼出來的。程頤又說自己的理論觀點與其兄相同。二程的思想基本是延同一路數發展的。

（湯澤林）

一九三、程頤

程頤（一〇三三～一一〇七），字正叔，後人稱伊川先生。程頤與程顥青少年時代受同樣的教育。宋仁宗嘉祐元年（一〇五六）程頤兄弟隨父親到京師入國子監讀書，準備來年考進士。第二年，程顥中進士，程頤卻未能如願，此後也未再應考。程頤一生不願作官，也可能與此有關。但他勤於學問，憂國憂民，對時政也有深刻見解。十八歲時，程頤就曾上書宋仁宗，陳述自己的治國之道，抱負不小。他認爲，治國應固本，固本之道在於安民，安民之道在足衣食。與孟子的仁政思想一個路數。如何實行仁政，程頤說關鍵在於得賢臣，而要能選取賢臣，又要改變當時的取士制度。他說當時的取士，所謂賢良方正，不過是博聞強記之士，明經科的，專會讀經，不曉經的義理，全是無用之人；進士科的，以詞賦試對，全不講治天下之道。這種取士制度是發現不了眞正的賢臣的。程頤一次應試未中，即不再考，與他的這種認識可能也有關係。既不願爲官，程頤就把傳播聖人之道，並以聖人之道自律修養，作爲自己一生的生活目標。

仁宗嘉祐四年（一〇五九），程頤因詔被賜予進士出身，本可蒙蔭恩，但程頤父親都推給同族人了。宋英宗治平三年（一〇六六），有人向英宗推薦程頤作官，認爲他洞明經術，有經世濟物之才，必可能成爲國家棟梁。程頤以學識不足推託了。宋神宗元豐五年（一〇八二），程頤在文彥博支持下在洛陽創建伊皋書院，此後二十多年間，他常在這裏著書講學。

宋神宗死後，反對王安石變法的守舊派上台，司馬光等向宋哲宗舉薦程頤作官，獲准。但程頤力辭不就。哲宗元祐元年（一〇八六），程頤應召赴京師，被任爲承奉郎，祕書省校書郎。程頤仍極力推辭。後因皇帝召他上殿面對，太皇太后又直接干預此事，推辭不得，才受命任西京國子監教授一職。不久，程頤又以通直郎充任崇政殿說書。開始，程頤不願赴任，推辭不掉，不得已而受命。程頤給皇帝講學也是有板有眼，嚴格要求。按慣例，夏天皇帝便不聽講學了，程頤說，爲皇帝講經，不只是講明經義，還要薰陶德性，暑天也要堅持講。一年春天，哲宗折下一新發柳枝，程頤對皇上說：「方春發生，不可無故摧折。」意在啓發哲宗仁愛之心。爲培養皇上尊儒重道之心，程頤還提出應允許講官坐著講課，哲宗對程頤的所作所爲多有不悅。程頤在朝廷中對時政及官僚們的行爲議論褒貶，無所顧忌，恪守經說，因而也遭到一些大臣們的誣陷。宋哲宗元祐二年（一〇八七）秋，程頤被免崇政殿說書，對此，他也倒坦然。

元祐八年（一〇九三），哲宗親政，表示要行神宗時的政綱，守舊派失勢，被稱爲奸黨。程頤因反對王安石變法，支持司馬光一派，也被貶到四川涪州由地方監管。在此期間，程頤完成《周易注》，但不曾傳授。當時朝廷嚴懲守舊派所謂奸黨，程頤一再受累，並要追查他自賜進士出身以來的所有著作，全部毀版，以後再寫書，也要經受檢查。有些忠誠弟子不顧程頤處境的險迫，仍登門求教。程頤怕牽連他們，多予以回絕。宋徽宗大觀六年（一一〇七），程頤在黨禍中病逝。弟子親朋擔心被入奸黨籍，入葬者寥寥。

程頤一生中大部分時間著書講學，弟子門人甚眾，擴大了理學的影響。他和程顥的著作主要有

《遺書》、《外書》、《文集》、《易傳》、《經說》、《粹言》等。（湯澤林）

一九四、朱熹

朱熹（一一七〇～一二〇〇），宋明理學的集大成者，「閩學」的代表人物，字元晦，後改爲仲晦，號晦菴，祖籍婺源（今江西婺源縣），父朱松曾在福建尤溪縣作官教書，朱熹便生在福建。

朱熹祖上世代爲官，以儒名家，是大戶。到父親朱松時，家勢已衰微。朱熹十四歲喪父，依託父友劉子羽生活，家境已算是清貧，要常靠借貸度日。

朱熹父親受二程影響很深。少年朱熹在父親直接教導下學習儒家經典，每日攻讀《大學》、《中庸》、《論語》、《孟子》不間斷，並立志作聖賢君子。但他這時讀書又不限於儒經，也廣泛瀏覽佛、道著作並楚詞、詩、兵法之類，無所不學，據說，他還曾持佛學應舉考試。

宋高宗紹興二十一年（一一五一），朱熹考取進士，被授予左迪功郎，出任泉州同安縣主簿，兩年後到任。在這裏，朱熹曾催逼民稅，鎮壓農民起義，顯示了他的從政風格。又加緊整治民俗，振興教化。同安縣有「結伴爲妻」的婚俗，朱熹認爲這是違背禮典的，嚴加禁止。又建立「經史閣」、「學宮」，以儒家經典教授學生。宋孝宗乾道三年（一一六七），福建崇安發生水災，朝廷遣派朱熹前往視察，並協助縣官主持賑恤事項。由於災情，又處青黃不接時節，崇安縣由於大饑荒而爆發農民起義，朱熹覺得對饑民不能嚴酷苛刻，勸說當地豪民開倉救濟災民，並請朝廷調撥糧食賑災，一時緩和矛盾。朱熹由此體會到對百姓不能竭澤而漁的道理，主張官府建立「社倉」。即官府糧倉每年一斂一散。新糧收穫，即將陳糧低息貸給百姓。這樣，既免得使陳糧霉腐，又接濟了貧民，可塞絕農民因饑荒發生的騷亂。

宋孝宗淳熙五年（一一七八），朱熹受人舉薦，被任命知南康軍（今江西星子縣）。南康軍地理環境不佳，人煙稀少，官府又節節增稅，當地百姓逃亡的很多，即使未出走的，也不思耕作，只是苟且偷安而已。朱熹兩次上疏，要求朝廷減南康軍的稅，並要求朝廷出資修築長江堤，僱傭饑民服勞役。朱熹認爲，這既解決了饑民的吃飯問題，且修堤可長久得利。他似改變了年輕初任時的盛氣凌人的態勢，治世更講究「軟」的一手。在南康軍任上，朱熹積極辦學，在廬山建白鹿洞書院，以儒家經典教授學生，力圖從根本上改變社會風氣。白鹿洞書院的教學宗旨及規章制度爲各地書院效法，以此爲基地，朱熹的「閩學」派也漸漸壯大起來。

宋光宗紹熙元年（一一九〇），朱熹受命知福建漳州。在這裏，他提出正經界的主張，企圖核實田畝，廓清稅制，遭官僚地主的反對。朱熹見自己的主張不能實行，憤而辭職。紹熙四年（一一九三），升任朱熹爲漳州荆湖南路安撫使。朱熹想推辭不赴任，正值湖南洞庭地區爆發農民起義，他便立即上任。朱熹是把鎮壓農民起義當作自己義不容辭的責任的。他在官場上推行自己的政見主張表現軟弱，對鎮壓農民起義卻毫不留情。宋寧宗初即位登基，朱熹怕行大赦，便在赦令到湖南之前匆忙從獄中提殺了十八名起義軍首領。

光宗紹熙五年（一一九四），朱熹經宰相趙汝愚推薦，任煥章閣侍講，爲宋寧宗趙擴講儒經。

朱熹在任上似不滿足於講經，還經常就時政向寧宗進言。寧宗對此很反感，罷免了朱熹的侍講職務。朱熹回福建從事著述並講學。寧宗慶元元年（一一九五），南宋朝廷出現一股反「道學」勢力。開始，這些人是想弄倒宰相趙汝愚，隨之殃及到不少人，包括朱熹。反道學的人稱道學爲僞學，說奉僞學者是以匹夫身分而竊人主之權柄，想毀除道學家的語錄著作，科舉取士，凡涉及道學，一律不取，「六經」、「四書」爲禁書。朱熹還被監察御史明列有數條罪狀。道學被朝廷列爲「逆黨」。慶元六年（一二〇〇），朱熹死，下葬期間，朝廷嚴加防範，怕他的弟子藉此聚會鬧事，「妄談時人短長，謬議時政得失」。

朱熹一生作官時間不長，大部分時間著書講學。他的學術思想直接淵源於程頤，由程頤到楊時，到羅從彥，到李侗，四傳到朱熹。朱熹於三十歲時正式受學於李侗。從此，朱熹從年輕時的「無所不學」，到專注於儒學經典，完成了他思想上的一次重大轉折。

朱熹一生著作很多，《太極圖說解》、《通書解》、《周易本義》、《易學啓蒙》以及《四書集注》是最具代表性的。特別是《四書集注》，自元朝至明、清，一直是官方教科書和開科取士的標準，被視爲聖書。後人將朱熹的著作彙集成《朱文公文集》、《朱子語類》。朱熹生時際遇不佳，在朝廷掀起的反道學風中離世，很有淒慘色彩。死後地位卻被抬到聖人地位，其牌位被列入孔廟，清康熙皇帝甚至說朱熹的話「一句一字莫有論其可更正者。」從孔、孟到程、朱，這些死後被捧上嚇人地位的聖人，活著的時候境況都不好。漢以後，各朝代幾乎都講要崇敬聖人，可聖人又都是死了後才成爲聖人，活著的聖人卻不招人喜歡。中國聖人的命運爲什麼成爲這個樣子呢？（湯澤林）

一九五、陸九淵

陸九淵（一一三九～一一九三），宋明理學中心學派的開創者，字子靜，後人稱象山先生。江西撫州金溪（今江西臨川縣）人。陸九淵的祖先可追溯到戰國齊宣王之後，自高祖起家中不再有官，家庭境況也不算好，無地產，靠賣藥維持生計。到陸九淵這代，逐漸買田置產，家業又重新興盛起來。

陸九淵青少年時代，正值金兵大舉南犯，南宋朝廷屈辱求和的時候，十六歲的陸九淵立志習武，以便報北宋兩位皇帝被虜之仇。他認爲，反抗金朝，收復宋失地，這是實功實事。如果不能憂國憂民，整天高談闊論，飽食終事，是可恥的。宋高宗紹興三十二年（一一六二），陸九淵以《周禮》參加鄉試中舉。十年後，宋孝宗乾道八年（一一七二），又以《易經》參加鄉試中舉，來年賜同進士出身。自此，以學問名世，登門求學者甚眾，便在自家闢一房舍作講學用。

宋孝宗淳熙元年（一一七四），陸九淵被授與迪功郎並隆興府清安縣主簿。第二年，由呂祖謙搭線與朱熹等會於江西上饒鵝湖寺，討論學術問題，兩家分歧很大，討論很激烈，但朱、陸之間的交往還很深，其後多次互訪。淳熙六年（一一七九），陸九淵調任建寧府崇安縣主簿，九年（一一八二）被薦舉爲國子正，赴國學講《春秋》；十三年，主管臺州崇道觀閒職，有暇回故鄉講學，聽講者老少貴賤常有一二百人；十五年，把江西貴溪應天山改名爲象山，設精舍講學。陸九淵在這裏每年二月上山講學，直到九月。宋光宗紹熙二年（一一九一）陸九淵奉調到湖北荊門抗金前線，組織荊門防務，在這裏，他施展自己的政治抱負，充分顯示了自己的治世思想。陸九淵主要作了三件事，一是強化邊防，主要是軍事方面的事務，如築城池，組織民間武裝，懲治逃兵；二是改革弊政，主要解決財政方面的問題；三是修郡學，教授儒家經典，以便從精神上鞏固宋王朝的統治。陸九淵治荊門政績很大，朝廷很是賞識，評價很高。說是「政行令修，民俗爲變」，可以作爲效法的榜樣。

陸九淵的政治思想與孟子的民貴說有淵源關係。他引述孟子的「民爲貴，社稷次之，君爲輕」，說「民爲邦本，得乎丘民爲天子」。批評地方官僚暴斂民衆，置民之日甚窮困而不顧。基於這種認識，他肯定王安石變法。當時，上自皇帝，下至一般大臣，都否定王安石變法，王安石變法爲一大罪過，似成了定論。陸九淵此時站出來申張王安石變法，確需一定勇氣。他說，反對王安石變法的人都只是極力詆毀，而不能平心靜氣地據理分析；只是說祖宗之法不可變，而不能就王安石新法本身的得失做評價，這是沒有道理的。在陸九淵看來，既然民爲邦本，就應以民心向背爲判斷是非的標準。凡事有不合天理，不順民心的，必有害於天下，此效驗明顯，不分智者愚者都能看得清的。他讚揚王安石變法，實是他自己主張當時也有改革的必要。陸九淵針對南宋王朝的具體情況，由他的民爲邦本的思想出發，提出不少在經濟上減輕農民負擔的改革措施。例如，他主張減輕農民的租稅。陸九淵認爲，各級官吏吞併農民土地，以國家的名義占有土地，增加農民租稅負擔，自己又不去交稅。這既傷了農民，又害了國家。

陸九淵一生講學活動頻繁，但不像道學家那樣熱心於注解經書，這與他的心學世界觀是一致的。

他的著作有《象山先生全集》是研究陸九淵心學的重要材料。（湯澤林）

一九六、王守仁

王守仁（一四七二～一五二九），明朝時人，宋明理學心學派的集大成者，字伯安，人又稱陽明先生，浙江餘姚人。

王守仁的先人世代爲官，他本人也是明王朝的大官僚，只是他以學問入仕，作官後又堅持做學問，成了一學派的領袖。小時候，王守仁曾問他的老師什麼是人生第一等事，老師說是讀書登第，他卻自有主張，說讀書學聖賢才是第一等大事。不過，兩者區別倒底有多大，也很難說清楚，儒家的聖賢也是積極謀求從政爲官的。只是要講究作什麼樣的官。

王守仁青少年時期受的也是朱子學的教育。元、明、清三朝都把朱熹捧爲聖人，他的思想是官方意識形態，他的書是考官的標準教材，要進入官僚階層，這個門坎是不能繞過的。但王守仁對朱熹的說教並不感興趣，反倒有心於佛、老說。明孝宗弘治三年（一四九〇），王守仁十九歲，父親王華督促他熟讀經書，準備應試，他似乎也不那麼專心，白天讀經，夜裏瀏覽諸子和史書，凡能找到的書，他都讀。兩年後，王守仁在浙江參加鄉試中舉，到京都北京他父親的任所，準備來年會試。一天，他按朱熹格物致知的說法，去「格」院子裏的竹子，希望能通過「格」此物而「窮理」。七天，「理」未窮及，卻病倒了，遂自嘆沒能力去格物窮理，作不成聖人了。懷有這樣的心態參加科舉考試，後果可想而知。第二年春參加會試，未及第，三年後又試，仍未成功。王守仁對此倒也泰然。他說，世人都以應試不第爲恥，實際上，不及第而心不安才是可恥。話是這麼說，王守仁的情緒實際上也是壓抑的，以至曾起過入佛、老一流的念頭，想學道士遺世入山，自養其身。弘治十二年（一四九九），王守仁二十八歲時終於中進士，有了入仕的資本，不久被任爲刑部雲南清吏司主事，並上書朝廷，申明自己的政見。王守仁對政局的看法是：「今之大患，在於大臣者，外託愼重老成之名，而內爲因祿希寵之計；爲左右者，內挾交燔蔽壅之資，而外肆招權納賄之惡。習以成俗，互相爲奸。」（《王文成公全書》卷九）官僚表裏不一，心裏想的一套，口說實行的又是一套。王守仁哲學重視「心」的作用，與他的這種認識可能有關係。王守仁作官三十年，基本經驗就是「破山中賊易，破心中賊難。」所以，他的「政績」也就是兩件事，一是鎭壓農民起義，叫「破山中賊」；二是辦學校，施教化，叫「破心中賊」。

初爲官時，王守仁思想上還是動搖不定，仍時常起出世念頭。三十二歲時，王守仁遊九華山、泰山，一路寫下不少詩句，都是讚美空、無遁世境界。後回到浙江，在紹興陽明洞中還行起神仙導引術來，但終不能捨棄現世生活。以後便逐漸放棄了入佛、老的想法，立志走儒家聖賢的人生道路，而佛、老的理論影響卻還是在他的潛意識中保留下來。

明武宗朱厚照昏庸無能，大宦官劉瑾擅權，引起一些朝臣不滿，上疏武宗重振朝綱。劉瑾大怒，將這些大臣治罪，王守仁上書爲他們申辯，也被劉瑾投入大獄。武宗正德二年（一五〇七），王守仁被發配貴州龍場驛作驛丞。龍場驛是個地處貴州深山叢中的小驛，環境惡劣，人員只有兩人，一個是驛丞王陽明，還一個驛吏，其他就是馬匹了。王守仁在這裏要自己種田打柴、燒飯，作爲一個世家子弟心境可想而知。淒慘的感覺是難免的，他自己寫詩說是「遊子望鄉國，淚下心如摧」。可是出路在哪兒呢？只能從心理自我寬解了。王守仁自己立誓：「唯俟命而已，日夜端居澄默，以求靜一」，以求置生死於度外。久而久之，王守仁似一下子覺悟了達於聖人之道的實質，實際上就是從自修心性上入手。此後，王守仁開始在貴州講學，信服者還不少，在此播下了心學的種子。

武宗正德五年（一五一〇），劉瑾被誅殺，王守仁又得以回京師爲官，逐漸受重用。正德十一年（一五一六），王守仁升任督察院左僉都御史，奉命到江西、福建一帶鎭壓農民起義。他大肆屠殺起義軍，撲滅了起義的烈火，同時大辦學校，施行道德教化。此後，王守仁又平息了寧王朱宸濠的反叛，爲武宗朝是立了功的。但由於他人誣陷，受到武宗猜疑，王守仁又發動「心」上的功夫，以一個「忍」字度過了險關。明武宗死後，世宗朱厚熜即位，王守仁又是升官，又是封爵，但因受人嫉妒排擠，實是明升暗降，他也有暇議論學問，使自己的「心學」更爲成熟，突出了「致良知」的觀點。他說，良知說是他自己從百死千難中得來的，足可以去患難，出生死。王守仁極爲珍視此說，並處處用於自己的生活實踐。

王守仁的著作有《傳習錄》、《文錄》、《別錄》、《外集》等，後人將其著作彙集成《王文成公全書》，是研究王守仁思想的主要材料。

（湯澤林）

文學家

一九七、屈原

中國文學史上，第一個偉大的愛國主義詩人是屈原。他是中國文學史上一種文學形式「楚辭」（騷體）的創立者和代表作者，也是中國文學史上運用浪漫主義創作方法寫作詩歌的奠基人。他是世界文化史上永遠值得人們紀念的偉大曆史名人之一。

屈原（約前三三九～約前二七八），名平，字原；又自稱名正則，字靈均。其故里傳說爲丹陽秭歸（今屬湖北）。屈原的作品，《漢書·藝文志》著錄二十五篇，但未標出具體篇目。王逸《楚辭章句》載有《離騷》、《九歌》（十一篇）、《天問》、《九章》（九篇）、《遠遊》、《卜居》、《漁父》篇數與《漢書·藝文志》相符，但王逸所列篇目，如《卜居》、《漁父》可能是後據屈原傳說敷衍而成。遠遊及九章中的惜往昔、悲回風等篇，也多異議。而《史記·屈原賈生列傳》所標明爲屈原的《招魂》，王逸卻歸於宋玉名下。現在公認的屈原作品有《離騷》、《天問》、《九歌》及《九章》中的大部分篇章。至於《招魂》，現多用《史記》說法，歸在屈原名下。

屈原出身於楚王同姓的貴族，是戰國時期楚國的重要政治家。他生活的年代，是諸侯國互相兼併，戰亂頻繁的戰國中後期。其一生是隨著楚國的變化而變化。據《史記・屈原賈生列傳》記載，屈原受過較好的貴族教育，有政治、歷史、文學的知識，兼收了先代和當代儒、法、道各家思想。在楚懷王時曾任左徒要職（相當於太傅），其職位僅次於令尹（楚國的相）。他熱切期望憑藉自己的地位和才幹實現其政治理想，使楚國富強起來。但由於他的革新主張、措施觸犯楚國貴族集團的利益，招致中傷打擊，並被楚懷王疏遠，不再參與國事。其間曾被派往齊國，以修舊好。不久後，楚懷王被秦國欺騙而扣留，三年後客死於異邦。屈原則被流放到漢北。楚頃襄王繼位，屈原受到更殘酷的迫害，又被流放到江南地區，輾轉於沅、湘一帶約九年之久。當楚國郢都被秦國攻陷之後，他看到楚國瀕於滅亡，理想破滅，於是懷著絕望的心情自沈於汨羅江中，以表明其對故國的忠貞之情。投江之日西元前二七八年、夏曆五月初五，世代相傳，這一天也就成了中國百姓紀念他的傳統節日「端午節」了。

屈原以其獨創的詩歌藝術形式，反映了這一歷史時期的變化，深刻地揭露了楚國政治的黑暗，憧憬著理想的美政，渴望政治修明的時代來臨。

《離騷》是屈原的代表作，它是中國詩歌史上最早的長篇抒情詩，全詩三百七十五句，二千四百九十字。「離騷」舊時解釋爲「離憂」，是遭遇憂愁；近人解釋爲「牢騷」。詩中表達了他愛國、愛民、追求理想和頑強不屈的精神。詩裏通過神遊天上，尋求出路和失敗以後要以身殉國的陳述，塑造了一個胸懷壯志、剛直不阿百折不撓的抒情主人公形象。詩中採用了美人芳草的比喻、大量的神話傳說和奇特的想像，形成絢爛的文采和宏偉的結構，體現了浪漫主義精神。

《天問》是屈原的「奇文」。它是屈原根據神話傳說材料創作的詩篇。全詩三百七十多句，就自然現象、古史陳跡和神話傳說發出了一系列問難質疑，體現了詩人大膽懷疑和勇於探索的精神。

屈原的《九歌》一共分十一章，除《禮魂》是全篇的尾聲外（送神曲），其餘按神鬼的性質分爲三類：（一）天神：東皇太一、雲中君、大司命、少司命、東君。（二）地祇：湘君、湘夫人、河伯、山鬼。（三）人鬼：《國殤》。這些作爲民間流傳下來的祭神歌曲創造的抒情詩，其中的藝術形象有神的氣質，又有人的性格。對諸神的形象的描寫則是以間接的方式來表達的。在環境的襯托下，從他們的態度，蘊蓄著的豐富的感情，表現了美麗的內心世界。並由此引動人的想像，在此背景下的一定是絕美的形象。湘君、湘夫人是「白沙若霜雪，赤岸若朝霞」的洞庭、湘水的精靈；而山鬼或許是神祕巫山十二峰的化身。有些篇章則注入了愛情內容，寫得清新淒艷。其中《國殤》場面描寫激烈，感情強烈眞摯，表達了對衛國英雄中的烈士的哀悼和歌頌。這組詩歌的寫作同楚國巫風有密切關係。在抒情方式上較多採用了「代言」形式，即以神鬼本身的語氣敘述，直接表現受祭者的思想情感及動作行爲。《離騷》、《九歌》，可以說是構成了屈原作品的基本風貌。《九章》所表現的主題同《離騷》一致，只是表現方法上紀實多，誇張少，直接傾訴多浪漫想像少。九篇作品中《橘頌》是較爲突出的一篇。以詠物來表達思想感情，開創了詠物詩的先例。《招魂》是據楚地招魂詞的形式創作的。它的鋪張風格對「賦」的產生有直接的影響。其題旨有屈原招楚懷王魂和自己招自己之魂說。

屈原作品無論內容和形式都與《詩經》有明顯的不同。他的作品與神話有密切關係。顯示了長江流域文化與黃河流域文化的差異。其想像豐富、大膽熱烈、形象瑰麗、氣象萬千，與質實、樸素的北方文學的特色迥然有別，獨具浪漫色彩。屈原獨創的「騷體」，爲中國文學留下了一種獨特的文學形式。他在詩中活用民間的語言聲調，從民間樂曲中吸取激昂的聲調，表達他澎湃的詩情。他的詩帶有濃厚的楚地民風色彩。屈原繼承了《詩經》的現實主義傳統，吸收了諸子散文的組織形式和語言成就，汲取了民歌的優點，使詩句發展成反映複雜事物的七言句式、靈活的多言句式；把短小的抒情篇章發展成抒情主線起伏、有情節的長篇；在中國文學史上第一個塑造了抒情主人公的藝術形象。他吸取了《詩經》的賦、比、興手法，詩作中象徵、譬喻等手法隨處可見。而且詩中還溶進了楚方言俗語，並有對話。由於屈原在內容與藝術形式的獨特貢獻，使之成爲中國文學史第一位偉大詩人。劉勰認爲：「其衣被詞人，非一代也。」（《文心雕龍》・辨騷）「其影響於後來之文章，乃甚或在『三百篇』以上。」（魯迅漢文學史綱要）他的作品不僅爲後世提供了新的抒情樣式，對五、七言詩產生及「賦」體的出現起了積極作用，開創了完全不同於《詩經》的創作方法，更重要的是他的愛國精神、高尚的人格對後世的深刻影響，使人從中獲益非淺。（馬勝利）

一九八、司馬相如

西漢時期的重要文學體裁之一是賦。據《漢書・藝文志》記載，整個西漢時期共有賦一千零四篇，其中單是漢武帝時期就有四百三十五篇。它客觀上反映了當時漢帝國的強大和統治者的生活豪華侈靡。其中的代表作家是司馬相如。他是在模仿楚辭的基礎上第一個奠定了漢賦的形式。其作品詞采富麗，結構宏大，藝術性較高。可說是「不師故轍，自擄妙才，廣博宏麗，卓絕漢代。」（魯迅《漢文學史綱要》）

司馬相如（前一七九～前一一八），字長卿。因仰慕藺相如的爲人，改名相如。蜀郡成都（今四川成都）人。《漢書・藝文志》著錄「司馬相如賦二十九篇」，現存《子虛賦》、《上林賦》、《大人賦》、《長門賦》、《美人賦》、《哀秦二世賦》六篇，另有《梨賦》、《魚葅賦》、《梓山賦》三篇僅存篇名。《隋書・經籍志》載有《司馬相如集》一卷，已佚。明人張溥輯有《司馬文園集》。收入《漢魏六朝百三家集》。

司馬相如年少時喜好讀書擊劍。漢景帝時曾作過武騎常侍。後去梁國遊歷，著子虛賦。梁孝王死，司馬相如在歸蜀途中經過臨邛，與富豪卓王孫之女卓文君結識，並用琴聲打動了新寡的卓文君，二人一同私奔成都。後因家貧又同返臨邛開酒店爲生。二人的故事被傳爲佳話，成爲後世的文學、藝術取材對象。漢武帝好辭賦，讀子虛賦時讚嘆道：「朕獨不得與此人同時哉！」（《史記・司馬相如列傳》）其時，由狗監楊得意將司馬相如推薦給漢武帝。後又因進獻《上林賦》被任命爲郎。在他做中郎將時，爲開發西南，溝通漢人與少數民族關係作過一定貢獻。這期間寫有《喻巴蜀檄》、《難蜀父老》等文。後因受謗被免官。晚年作過孝文園令（管理文帝陵園的閒職）。

司馬相如是西漢最重要的辭賦家。他在作賦理論上提出，「合綦組以成文，列錦繡而爲質」和「苞括宇宙，總覽人物」（葛洪《西京雜記》所引），重視資料的廣博、辭采的富麗。他的代表作品是《子虛賦》和《上林賦》。這兩篇作品爲漢代鋪張揚厲的散體大賦，確立了比較成熟的形式，後來的一些描寫帝都、宮苑、田獵、巡遊的大賦，無不受其影響。但與之相比，則在規模、氣魄上相去甚遠。

《子虛賦》、《上林賦》，兩篇同以遊獵爲題材（《史記》將兩者合爲一篇，《昭明文選》作兩篇）。《子虛賦》假設楚人子虛同齊人烏有各自讚美自己國君遊獵之盛。子虛向烏有誇耀楚國雲夢之大和楚王田獵的盛況，烏有批評他「奢言淫樂而顯侈靡」，接著烏有先生說以齊國之大，「吞若雲夢者八九，其於胸中曾不蒂芥」。至於其中的奇珍異寶、名禽怪獸更是不能一一列舉。烏有先生想以此折服楚使子虛。《子虛賦》分東、西、南、北、上、下幾段進行描寫，這種分段描寫方法，幾乎成了後來漢賦的一般性法則。《上林賦》是《子虛賦》的續篇，寫亡是公聽到子虛同烏有的對話，用誇說天子的上林來壓倒楚國和齊國，以反對奢侈和淫靡而同前面照應。以「二君之論，不務明君臣之義，正諸侯之禮」作結。作者正是以正面宣揚漢天子的聖德和無比聲威，來抨擊子虛，烏有所宣揚的齊、楚二王的奢侈淫靡生活和不加檢束的放縱行爲。從作者的願望說，是要對帝王貴族起諷諫作用，抑制他們對生活享受的過分追求，但其諷諫是委婉的，正如前人指出是勸百諷一，甚至是欲諷反諛，其作用是不足道。其賦也正是出於維護封建帝國的統一的明顯政治作用，才成爲漢武帝對該作品大加讚賞的主要原因。這兩篇如七發一樣，在藝術上的特色是鋪寫敘述上的誇張，但與《七發》相比，更爲厲害，也更爲程式化。如描寫雲夢的盛況，斑爛絢麗，華艷奪目。在賦中他喜用奇詞僻句，並運用排句、駢語、層層渲染，氣魄宏大，詞采富麗，但終因過分誇奇炫博，內容較空洞，而且僻字連篇，使人難於卒讀。正如後來人所評述的那樣：「夫假象過大，則與類相遠；逸辭過壯，則與事相違；辯言過理，則與義相失；麗靡過美，則與情相悖。」（摯虞《文章流別論》）可說是點到了漢賦的要害處。

司馬相如的《長門賦》、《美人賦》、《大人賦》、《哀秦二世》賦均爲騷體賦。其中對後世影響較大的賦是《長門賦》。這篇作品與司馬相如其他賦作不同，表現手法，藝術風格與《楚辭》相近，是一篇別具風格的抒情小賦。據敘中說是爲武帝陳皇后失寵而作。作品以一個失寵的后妃的口吻，細緻生動地抒寫了她那種望君不至的複雜心情。它同時也透射出帝宮中大多數女子可憐可悲的遭遇和痛苦心情。賦中文詞婉轉娟秀，具有一定的藝術表現力。它對後世宮怨題材類詩歌有很大影響。可是後人疑是僞作。

司馬相如的散文，有不少地方和他的辭賦有類似處，也是多用排偶句式，亦喜鋪張渲染，有的還採用主客問答方式。其中《喻巴蜀檄》、《難蜀中父老》，前者是爲政府寫的文告，後者爲說理辨難文，它們對後世政論和告諭文體有一定影響。其他散文還有《上書諫獵》、《封禪文》。詩歌僅存《琴歌》、《郊祀詩》。

總之，司馬相如的文學創作，豐富了漢賦的題材和描寫方法，使漢賦成爲一代鴻文。他的創作代表了漢大賦的最高成就，但也是他使漢賦定型，使漢賦走上了模仿因襲的道路。（馬勝利）

一九九、曹植

曹植爲「建安之傑」（鍾嶸《詩品》），是建安文學的集大成者。他的詩歌、散文、辭賦都取得了不小的成就。後來的謝靈運，作爲一個出名恃才傲物之人，他卻說：「天下才有一石，曹子建獨占八斗，我得一斗，天下共分一斗」（《釋常談》引）。當時向曹植學習的人，正如鍾嶸所形容的，「抱篇章而景慕，映餘輝以自燭。」（《詩品》）

曹植（一九二～二三二），字子建，曹操三子，曹丕之弟。沛國譙（今安徽亳縣）人。三國魏詩人。今存南宋嘉定六年刻本《曹子建集》十卷，輯錄詩，賦、文共二百零六篇。今人趙幼文有《曹植集校注》。他曾封陳王，死後諡思，世稱陳思王。

作爲三國魏傑出的詩人，自幼聰慧，小時便誦讀詩、文，辭賦數十萬言，出言爲論，下筆成章。在《三國志・魏書》他的傳中說：「生於亂，長於軍」，青年時期，懷抱建功立業的大志，深得曹操的寵愛，曾幾次想立他爲世子；後因其行爲放任，屢犯法禁，加之兄長曹丕善矯情自飾而失寵，並在爭奪王位中失敗。曹丕、曹叡父子，先後繼皇位，曹植受迫害，屢被貶爵，改換封地，由一個優遊宴樂生活的貴公子，成了一個處處受打擊的對象。名爲藩王，實同囚犯，多次上書請求任用，希望爲國家效力而不能如願，在困頓的處境中憂鬱而死。

曹植的一生，以曹丕即位爲界，形成了前後兩個時期。這一特點，在他的文學創作上有鮮明的反映。曹植的思想相當複雜，儒、道、陰陽、法家、讖緯、佛家雜糅，這種兼容並包的思想，顯得非常駁雜。他一生勤於著述，自述「所著繁多」（《前錄自序》），「自少至終，篇籍不離於手。誠難能也。」（《魏志·陳思王傳》）

曹植的詩歌，「骨氣奇高，詞采華茂，情兼雅怨，體被文質」（鍾嶸《詩品》上）。他的詩一方面表現出感情眞摯強烈，筆力雄健，體現了「雅好慷慨」的建安詩風；另一方面又呈現著色彩繁富、文采斐然的特色。誠如鍾嶸所說「粲溢今古，卓爾不群」（《詩品》）。

曹植前期詩歌，主要是歌唱他的理想與抱負，詩中大都激盪著積極進取的熱情，充滿開朗豪邁的情調，如《白馬篇》、《名都篇》，體現出曹植對成就功名的樂觀態度。但由於他這時比較年輕，又貴爲公子，詩歌情調樂觀豪邁有餘而沈著深厚不足。他還有些作品描寫到百姓的困苦生活、戰亂的景象，如《泰山梁甫行》、《送應氏》。再有一些就是描寫他自己優遊享樂的公子生活，如《鬥雞》、《侍太子坐》等，多爲浮泛空虛之作。

曹植後期詩歌，主要表達理想與現實矛盾所激起的悲憤，體現了不甘被棄置，希冀用世立功的願望。這一時期的作品反映現實的深度與廣度比前期進了一大步，藝術上更成熟。其代表作品有《野田黃雀行》、《贈白馬王彪》、《七哀詩》、《怨歌行》、《鰕䱇篇》、《雜詩》等。廣爲傳誦的《七步詩》：「煮豆燃豆萁，豆在釜中泣。本是同根生，相煎何太急？」語意淺顯，情感憤激。以其豆相煎比喻骨肉相殘，詩中不但表現了他當時的處境，而且從一個側面揭露了統治集團內部爲爭權奪利而自相殘殺的現實。（事見《世說新語・文學》）這類詩歌的代表作品當推《贈白馬王彪》。這是一首長歌當哭的詩篇。宋代劉克莊說：「子建此詩憂傷慷慨，有不可勝言之悲。」（《後村先生大全集》）此詩作於黃初四年（二二三），當時曹植和白馬王曹彪，任城王曹彰都去京師朝會。曹彰到洛陽後不久暴卒，曹植、曹彪返回封地同行時受阻，於是「憤而成篇」，寫詩贈給曹彪。全詩共分七章，層層深入，反復迴環，把敘事、寫景、抒情融爲一體，委婉曲折地表現了詩人內心痛苦及憤懣。

在中國詩歌史上，曹植被視爲五言詩的一代宗匠，對詩歌藝術作出了重要貢獻。首先，他不但繼承了漢樂府的現實主義精神，而且吸收了以《古詩十九首》爲代表的漢末文人詩歌創作的藝術成就，並加以發展創作。作爲文學史上第一個大力寫作五言詩的作家，他能靈活地運用五言詩的形式，敘事、詠史、寫志、抒懷，而且能把悲壯、憤慨、熱烈、哀怨各種不同的情感表現出來，具有鮮明的個性色彩。其次，他講求語言技巧，改變了漢樂府的古樸風格。他的詩摹寫細緻，語言華麗，呈現出「辭采華茂」的風格。他的詩歌善用比喻。如用鰕䱇、燕雀比世俗之士；用鴟梟、豺狼、蒼蠅比邪惡小人；甚至竟以全篇爲比，如《七步詩》以豆萁相煎比喻親骨肉的互相殘殺，《吁嗟篇》以「轉蓬」喻屢遷的流徙之苦，《野田黃雀行》以黃雀上遇鷂鷹，下逢羅網來喻好友被殺。他還注意煉字、對偶，如「鴟梟鳴衡阨，豺狼當路衢」（《贈白馬王彪》）「青樓臨大路，高門結重關」

（《美女篇》）。他還工於起調，善爲警句，如「高樹多悲風，海水揚其波」（《野田黃雀行》），「驚風飄白日，忽然歸西山」（《贈徐幹》）「丈夫志四海，萬里猶比鄰」（《贈白馬王彪》），「瓜田不納履，李下不整冠」（《君子行》），「捐軀赴國難，視死忽如歸」（《白馬篇》），「生存華屋處，零落歸山丘」（《箜篌引》）等，或在篇首，或在篇中，都使全詩生色不少。需要指出的是，其詩創作雖分前後兩期，但曹植拯世濟物的理想和恃才傲物的性格始終在他的作品中有所體現。只是前期詩作昂揚、豪邁的聲音在後期顯著地減弱了。

曹植的賦，今存四十餘篇，數量在漢魏作者中爲第一。其內容多爲紀事、述志、詠物。後二類數量更多些。他的賦作，取材廣泛多樣，形制短小，帶有強烈的主觀情感，最出色的賦作有《洛神賦》、《鷂雀賦》等。前者描寫細膩傳神，寄託了哀怨之情，在魏晉時期抒情小賦的發展中占有重要地位。後者全篇都是寓言寫法，在賦史上很特異，而且通篇是四言句，猶如四言敘事詩。他的散文，體裁多樣，著名的有《與楊祖德書》、《與吳季重書》、《辨道論》、《王仲宣誄》、《令禽惡鳥論》、《籍田說》、《髑髏論》、《求自試表》等。他的散文同樣也體現了「情兼雅怨，體被文質」（《詩品》）的特色。

（馬勝利）

二〇〇、阮籍

在魏晉交替之際，出現了以嵇康、阮籍爲代表的正始文學。雖然它與建安文學相距只有一、二十年時間，但與之相比，無論是作家的思想，還是作品的內容與風格都發生了明顯變化。阮籍在當時的黑暗統治與嚴酷迫害之下，始終不肯同流合汙，與統治者爲奸，他在作品中用比較隱晦的手法揭露現實，表現了譴責和反抗的意旨。但與此同時作品中也帶有頹廢隱遁的色彩。

阮籍（二一〇～二六三），字嗣宗，陳留尉氏（今屬河南）人。是建安七子之一阮瑀的兒子。三國魏詩人，「竹林七賢」的領袖人物。由於曾官步兵校尉，世稱阮步兵。著有《阮步兵集》。《晉書》卷四十九《列傳》第十九說阮籍是：「博覽群籍，尤好莊、老。嗜酒、能嘯、善彈琴……本有濟世之志，屬魏晉之際，天下多故，名士少有全者，籍有是不與世事。遂酣飲爲常。」其「任性不羈，而喜怒不形於色」。曾登廣武城，觀楚、漢古戰場，對劉邦得天下發出過「時無英雄，遂使豎子成名」的感嘆。《世說新語》中記載了他的許多軼事。如他常獨自隨意駕車外出，不走直路，每當途窮，總是痛哭而返。這是因他生當魏晉之際，司馬氏集團與曹氏集團明爭暗鬥很激烈，有很多名士都被司馬氏殺害。阮籍對當時的現實是不滿的，但無可奈何，加之其父與曹氏集團關係密切，使之處境艱難，只好以怪異的行動來掩飾那種憤世嫉俗的感情，遠禍全身。對此他採取了或閉門讀書，或登山臨水，或酣醉不醒，或緘口不言。司馬氏的心腹鍾會，多次探問阮籍對時事的看法，他都以酣醉的辦法獲免。司馬昭本人數次試探他的政見，他總以發言玄遠、口不臧否人物來虛衍。司馬昭還想與他聯姻，卻以大醉六十日無從進言而止。阮籍能作青白眼，見禮俗之士，以白眼對之，只有稽康來時，他作青眼相待。這也說明他不合流俗。但他也有委曲求全時，他曾被封過關內侯，先後做過司馬氏父子三人的從事中郎，當過散騎常侍，步兵校尉等。並被迫給司馬昭寫過「勸進文」。所以，儘管他放浪形骸，違背禮法，也能得以終其天年。

阮籍在思想上崇奉老莊。這一方面是鑑於當時險惡的政治情勢，所能採取的處世良方和可資依託的精神支柱。另一方面是當時盛行的玄學的影響。

阮籍的詩歌代表了他的主要文學成就。其主要作品是五言《詠懷詩》八十二首。此外還有四言《詠懷詩》，今存十三首。他的《詠懷詩》並非一時所作，所詠也非一事。內容大致可分自述、憂生、諷刺、傷感、隱居、遊仙六類。這八十二首詩是作者在險惡的政治環境中，「濟世之志」無法實現等種種人生痛苦的曲折寫照，情感積鬱，語言隱晦，比較全面地反映了他一生複雜的思想感情。如第一首「夜中不能寐」：

夜中不能寐，起坐彈鳴琴，薄帷鑑明月，清風吹我襟。孤鴻號外野，翔鳥鳴北林。徘徊將何見，憂思獨傷心。

再如第三首「嘉樹下成蹊」：

嘉樹下成蹊，東園桃與李。秋風吹飛藿，零落從此始。繁華有憔悴，堂上生荊杞。驅馬捨之去，去上西山趾。一身不自保，何況戀妻子。凝霜被野草，歲暮亦云已。

詩裏抒發了在黑暗的政局中看不到希望的憂憤心情，以及人生無常、生命難保的無限感慨。

阮籍是文學史上第一個以組詩形式抒發複雜多樣的思想感情的詩人。由於當時的政治環境，詩人不敢明白地表露心跡，所以多用比、興、象徵等手法，或以歷史、神話暗示，或以自然事物象徵，使詩意變得比較晦澀難懂；形成一種隱約曲折的藝術風格。這些藝術手法的運用，除使抒發描寫對象更加具體生動、形象，使之言近旨遠，言有盡而意無窮外，也起到了迂迴的作用，不易被人抓住「把柄」，成爲一種避禍的手段。爲此，《文心雕龍》說：「阮旨遙深」，《詩品》稱：「言在耳目之內，情寄八荒之表……頗多感慨之辭。厥旨淵放，歸趣難求。」《昭明文選》注言：「嗣宗身仕亂朝，常恐罹謗遇禍，因茲發詠，故每有憂生之嗟。雖志在刺譏，而文多隱避，百代之下，難以情測。」都可說是對他的詩作的藝術特色作了深刻的說明。但同時也應看到「嵇康師心以遣論，阮籍使氣以命詩」（《文心雕龍》），敢於「師心」，敢於「使氣」，不矯揉造作，不阿諛逢迎，這正可說是「竹林名士」的可貴之處。

阮籍還寫有賦、散文。今存賦九篇，都爲短篇小賦，或詠物，或述志。代表作品有《獼猴賦》、《鳩賦》、《首陽山賦》、《清思賦》。散文有九篇，其代表作品是《大人先生傳》，文章以採取辯難的方式展開，用辛辣的諷刺手法，把那些以禮法自居的僞君子，一門心思想升官發財的家伙，揭露得淋漓盡致。特別是「蝨處褌中」，寓理深刻，形象生動。文章語言音節整齊，大都用韻，對偶、鋪排較多，近似於賦。另外，阮籍還有些論說文，如《通老論》、《達莊論》、《通易論》、《樂論》等，都採以辯難寫法，體現了其哲學思辨。語言樸素凝重。

在中國文學史上，阮籍是個值得研究的有特色的人物。在同時代人中，嵇康戮，向秀降，而阮籍獨能「善終」。「世人皆醉我獨醒，世人皆濁我獨清」，其表面的酣醉，內心的清醒，反對禮教，蔑視利祿，超然物外，都是以遠見卓識作基礎，忍受極大的痛苦煎熬爲代價的。他的文學作品受到了後世的廣泛重視，不少文人墨客都從中汲取了營養，從而豐富了他們的文學創作。（馬勝利）

二〇一、太康三張

晉武帝太康（二八〇～二八九）前後，是西晉文壇比較繁榮的時期，出現了「三張二陸兩潘一左」等眾多作家。這一時期的文學創作正如劉勰所說：「採縟於正始，力柔於建安」，「體情之制日疏，逐文之篇愈盛」（《文心雕龍·明詩篇》）出現了單純追求形式華美的傾向。他們在創作中講究辭藻華美和對偶工整，「縟旨星稠，繁文綺合」（《宋書·謝靈運傳》）。其技巧雖更臻於精美，但往往失於雕琢，流於拙滯，筆力平弱。不過，每個作家仍有獨特之處。

「太康三張」，一說爲張載和其弟張協、張亢。其中張載、張協文學水平較高。另一說，是指張華與張載、張協三人。

張載，生卒年不詳。字孟陽，安平（今河北安平）人。其人性格閒雅，博學多聞。曾任佐著作郎、著作郎、記室督、中書侍郎等職。西晉末託病告歸。張載今存詩十餘首。代表性詩作有《七哀詩》。其中「北芒何壘壘」詩，通過漢帝王陵寢毀敗的景象，感慨世道的亂離和滄桑變遷。「秋風吐商氣」詩中「陽烏收和響，寒蟬無餘音」、「肅肅高桐枝，翩翩棲孤禽。仰聽離鴻鳴，俯聞蜻蛚吟。」通過對秋日滿目凄涼景色的描繪，表達了作者在黑暗的社會現實中孤獨和苦悶的心情。除詩外，還寫有幾篇賦頌和銘文。比較有名的是《劍閣銘》，人譽之爲「文章曲則」（張溥《張孟陽景陽集題辭》）晉武帝曾找人鐫刻於石上。《蒙汜賦》是張載的成名作。有《張孟陽景陽集》（收張載、張協作品）。

張協（?～三〇七?），字景陽。安平（今河北）人。曾任公府掾、祕書郎、華陽令等。後爲征北將軍司馬穎從事中郎，遷中書侍郎、轉河間內史。惠帝豐年時，辭官隱居。永嘉初，徵拜黃門侍郎，託病不就。後逝於家。

張協的詩今存十餘首。鍾嶸將張協列爲上品，認爲他的詩「雄於潘岳，靡於太沖，風流調達，實曠代之高手。詞采葱蒨，音韻鏗鏘，使人味之亹亹不倦。」（《詩品》）在「三張」中他也是很出色的。在他的詩中，多寫羈旅、遁世、閨中懷人之情思，抒發文人士大夫的多愁善感。他的詩境幽寂凄婉，語言清拔。有些詩寫的比較質樸，後來的陶淵明、謝靈運、鮑照等人的田園山水詩的景致、韻味，在張協詩中都可見其端倪。

張協的代表作是《雜詩》十首。寫景洗煉傳神。多採用白描手法，色彩素淡。與陸機、潘岳等人的富艷、鋪陳不同。「文體華淨，少病累，又巧構形似之言。」（《詩品》）語言上琢辭精美而不失其自然。「景陽詩開鮑明遠。明遠遒警絕人，然練不傷氣，必推景陽獨步。」（劉熙載《藝概》）如《雜詩》（其一）：

秋夜涼風起，清氣盪暄濁。
蜻蛚吟階下，飛蛾拂明燭。
君子從遠役，佳人守煢獨。
離居幾何時，鑽燧忽改木。
房櫳無行跡，庭草萋以綠。
青苔依空牆，蜘蛛網四屋。
感物多傷懷，沈憂結心曲。

《雜詩》（其四）：

朝霞迎白日，丹氣臨湯谷。
翳翳結繁雲，森森散雨足。
輕風吹勁草，凝霜竦高木。
密葉日夜疏，叢林森如束。
疇昔嘆時遲，晚節悲年促。
歲暮懷百憂，將以季主卜。

前首詩抒寫思婦懷遠之情，在荒涼的景物中，此中人的心境就可想而知了。後首詩在寫景中而暗含隱寓。他的詩中還有不少寫景佳句，如「騰雲似湧煙，密雨如散絲」《雜詩》（其三）「龍蟄暄氣凝，天高萬物肅」（其二）等。

張協除詩外，還寫賦。今存賦六篇，多爲殘篇，僅《七命》較完整。其篇章結構似枚乘的《七發》、曹植的《七啓》，辭藻更爲精美，反映了世風不淳，士子隱遁的隱衷。

張亢，生卒年不詳。字季陽，安平（今河北安平）人。通曉音樂，有著述，但才華不及二兄。先後擔任過散騎侍郎、佐著作郎、烏程令、散騎常侍。其作品已佚。

張華（二三二～三〇〇）字茂先。范陽方城（今河北固安縣）人。著有《張茂先集》、《博物志》十卷。《晉書・張華傳》稱：「華少孤貧，自牧羊」，「學業優博，辭藻溫麗，朗贍多通，圖緯方伎之書，莫不詳覽。」他曾著《鷦鷯賦》來抒發情懷。魏末，被薦爲太常博士。晉武帝時，曾任黃門侍郎、中書令，力主討伐吳國有功，進封廣武侯。惠帝時，任太子少傅，官至司空，進爵壯武郡公。後因拒絕與趙王司馬倫合作而被孫秀所殺。並且株連三族。陸機爲此做了一篇誄和《詠德賦》，表示哀悼。

張華詩今存三十二首。其中一些詩篇表達了他的志向和對豪門驕奢淫逸的不滿。如《壯士篇》、《輕薄篇》等。他的一些懷人念遠之作，如《情詩》（五首），「兒女情多，風雲氣少。」（《詩品》）他其中不少作品，單純追求形式，講究鋪排對仗、堆砌典故辭藻，「其體華艷，興託不奇。巧用文字，務爲妍冶」（《詩品》）可說是其詩風的主要特徵。（馬勝利）

二〇二、陸機與陸雲

西晉名士，多崇尚玄虛，詩文辭賦多辨析名理，表現玄風。駢儷文統攝一世，形成了刻意追求排偶辭藻、形式華美的文風。晉初的傅玄、張華已表露此種傾向，稍後潘岳、陸機的這種文風日趨明顯。陸機，作爲被譽爲「太康之英」的文學家，其詩歌「才高詞贍，舉體華美」（《詩品》）注重藝術形式技巧，代表了太康文學的主要傾向，他的《文賦》是中國文學理論發展史上第一篇系統的創作論，對後世的文學創作、理論產生了重要影響。

陸機（二六一～三〇三），字士衡，吳郡吳縣（今江蘇省蘇州）人。曾任平原內史，世稱「陸平原」。與其弟陸雲合稱「二陸」，與潘岳並稱「潘陸」。著有《陸士衡集》十卷。他出身世族地主家庭，祖父陸遜、父親陸抗都是吳國的重臣。他年少時曾作吳的牙門將。晉武帝滅吳，他曾十年不仕，與其弟陸雲閉門勤讀。太康末年，他同弟陸雲到洛陽，名動一時，有「二陸入洛，三張減價」之說。外戚賈謐當權時，文士雲集其門，其中著名的有「二十四友」，陸機、陸雲也恭爲其列。入晉，曾任國子祭酒、太子洗馬、著作郎、中書郎等。惠帝時，發生八王之亂，成都王舉兵伐長沙王，陸機爲前將軍前鋒都督。兵敗被怨家構陷，爲司馬穎下令所殺。夷三族。臨死時陸機曾嘆道：「欲聞華亭鶴唳，可復得乎？」（《世說新語》）

陸機的詩現存一〇四首，多於同時期名作家，其中以擬樂府和擬古之作最多。人評「束身奉古，亦步亦趨」（陳祚明《采菽堂古詩選》）比較有特色的是他感慨大志不遂、仕途蹭蹬、禍福無常的一些作品，如《君子行》、《長安有狹邪行》、《長歌行》等。另外，他還寫有一些紀行詩、贈答詩，如《赴洛道中作》（二首），是陸機五言詩的代表作。其中「行行遂已遠，野途曠無人。山澤紛紆餘，林薄杳阡眠」、「頓轡倚嵩岩，側聽悲風響。清露墜素輝，明月一何朗」等，都是情景交融的佳句。還有像《擬明月何皎皎》寫宦遊人的離思：「安寢北堂上，明月入我牖。照之有餘輝，攬之不盈手。涼風繞曲房，寒蟬鳴高柳。踟躕感節物，我行永已久。遊宦會無成，離思難常守。」詩中把環境氣氛的渲染和主人公的感情抒發結合起來，清新可誦。另外，四言詩《贈弟士龍》、《贈尚書郎顧彥先》（其二），前者寫邦家顛覆，親故離喪，後者表達對民瘼的同情，都是可取的詩篇。陸機詩還有表達隱逸思想的作品，如《招隱詩》、《百年歌》等。

總起來說，陸機詩講求形式的華美整飭，具有一種雍容華貴之美。然而由於以詞藻典雅見長，且刻煉太過，見出斧鑿之痕，反傷自然之美。再有大量使用排偶，「開出排偶一家」（沈德潛《古詩源》），使得詩缺乏空靈矯健的氣度。加之辭藻富贍，失於剪裁，導致繁蕪之累。這種藝術的追求，影響到西晉詩壇的藝術傾向，形成「采縟於正始，力柔於建安」（《文心雕龍·明詩》）的現象出現。

陸機的賦勝於詩，今存賦二十七篇。他的賦繼承了漢末以來產生的抒情小賦的傳統，不但篇幅短小，而且具有清新的特色。如《嘆逝賦》，以迴環往復的筆法，抒寫親故凋零的哀傷，曲折情深。陸機賦，以詠物見長。如《瓜賦》，三百字左右，詠物寄懷雖是寫瓜的形象和品種，卻讓人聯想到人的種種美德，體現了作者的審美觀。《漏刻賦》，將抽象的時間，在夾敘夾議、寫景兼以想像中，描寫得生動形象。其他還有《感時賦》、《思親賦》、《鼓吹賦》、《鱉賦》、《桑賦》、《豪士賦》等。但賦中最有名的是《文賦》。它不單是一篇系統的創作論，還是文學史上最早用「賦」體寫成的論文名作。它第一次提示了藝術的想像問題，並對此作了較為細緻而形象的描述，並指出作品結構、布局、剪裁、修辭的重要作用，提出「詩緣情而綺靡，賦體物而瀏亮」的觀點。其中還涉及到內容與形式、繼承與革新。文體的分類等諸多問題。這裏面既有以前作家的經驗，也有他自己個中體味。受其影響最深的，當屬梁代劉勰的《文心雕龍》。

陸機的文，較其賦更有氣魄，內容也比詩、賦更充實。代表作有《辯亡論》、《弔魏武帝文》、《漢高祖功臣頌》、《豪士賦序》、《嘆逝賦序》等。其中《辯》文，可說是西晉論文中最為博大的篇什。《漢》文，「褒貶雜居」（《文心雕龍·頌贊》）筆法，是對「頌贊」體裁的革新。《弔》、《豪》二文寫得最好。前者就曹操臨終受命抒情，情文並茂；後者諷諭齊王司馬冏，句式整飭、聲律協美，典故繁密，全文基本採用排偶句，開創了駢文的先河。可說是西晉駢體文的典型。另外他還寫有《演連珠》五十首，此體近似駢文。篇幅短小，關涉自然、人類社會，說理精深。讀之如弄珠運丸，晶瑩流利，備受劉勰推崇。陸機除文學外，在史學、藝術等方面也多有建樹，可謂多才多藝。可悲的是，這樣的人才雖有追求正義之思，但在統治者陣營中，卻無所謂正義可談，結果成了他們互相傾軋的犧牲品。

陸雲（二六二～三〇三），字士龍。陸機之弟。人稱「二陸」。世稱「陸清河」。曾任中書侍郎、清河內史、大將軍右司馬等，後與兄陸機同時遭害。《文心雕龍·才略》稱「士龍朗練，以識檢亂，故能布采鮮淨，敏於短篇」。他的作品與其兄巧思繁富不同，詞藻麗密，旨意深雅，代表詩作有《爲顧彥先贈婦》、《答張士然》，文辭清新明淨、結構嚴謹。賦存八篇，其代表作是《愁霖賦》。文的優秀作品有《與楊彥明書》、《與陸典書書》，或嘆時光流逝，或追悼亡人，感情眞摯，語言清新。此外，他的《與兄平原書》三十五篇，反映了陸雲的文學創作見解，並對其兄繁富矯飾的風格提出了委婉的批評。著有《陸士龍集》。（馬勝利）

二〇三、潘岳與潘尼

西晉時，出現了稱之爲「三張二陸兩潘一左」等眾多的作家。「兩潘」是指潘岳與潘尼。潘岳、潘尼進行文學創作活動的主要時期，正是文學史上繼建安之後又一個文學比較繁榮的時期。這些文人大都傾向於藝術形式的精美、講究語言的細緻雕琢及句法的對偶整齊，形成了「結藻清英，流韻綺靡」（《文心雕龍·時序》）的特色。潘岳在當時與「太康之英」陸機齊名，被並稱爲「潘陸」，同是太康文學的主要代表人物。梁代鍾嶸《詩品》將他列爲上品，並有「陸才如海，潘才如江」的讚語。劉勰稱「安仁輕敏，故鋒發而韻流」（《文心雕龍·體性》）。

潘岳（二四七～三〇〇），字安仁。祖籍滎陽中牟（今河南），後居於鞏縣。他出身官宦之家，年少時就以才智被稱爲「奇童」，「總角辯惠，摛藻清艷」，而稱道鄉里（《文選·籍田賦》李善注引）。入晉，招授司空椽。後因作《籍田賦》美飾晉武帝且才名冠世，爲人忌恨，「遂棲遲十年」（《晉書·潘岳傳》），才出爲河陽令。曾先後任懷縣令、尙書度支郎、廷尉評，太傅府主簿，這期間曾兩次被免職。後被選爲長安令。元康六年（二九六）前後回洛陽，歷任著作郎，給事黃門侍郎等職。這期間經常參與賈謐文人集團「二十四友」之遊，成爲其中首要人物。趙王司馬倫輔政時，爲其親信孫秀構陷，與石崇等同時遇害，並被夷三族，著有《潘黃門集》。

潘岳詩、賦、文都具有一定的藝術成就，在當時享有盛名。用精美的辭藻來進行描寫，是西晉文壇的一個重要特色；大量的鋪陳排比，造句工整的句式，是構成太康詩歌「縟旨星稠，繁文綺合」（《宋書·謝靈運傳》）的風貌重要因素，它充分體現了太康文學講求形式美的傾向。其詩今存十八首。《悼亡詩》三首是他的代表作。與陸機相比，潘岳的作品更見抒情特色，特別是善於抒寫哀思。《悼亡詩》（三首）其一：

荏苒冬春謝，寒暑忽流易。之子歸窮泉，重壤永幽隔。私懷誰克從，淹留亦何益。僶俛恭朝命，迴心反初役。望廬思其人，入室想所歷。帷屏無彷彿，翰墨有餘跡。流芳未及歇，遺掛猶在壁。悵怳如或存，周遑仲驚惕。如彼翰林鳥，雙棲一朝隻。如彼遊川魚，比目中路析。春風緣隙來，晨霤承檐滴。寢息何時忘，沈憂日盈積。庶幾有時衰，莊缶猶可擊。

詩中表現出失去了朝夕相處伴侶的精神痛苦，從中可見出眞摯深厚的伉儷之情。這三首詩寫景抒情，由物及人，通過對一系列日常事物、舉止的描寫，呈現出纏綿悱惻、委曲深婉的特色。後人寫哀亡妻詩以「悼亡」爲題，可說受此影響。《河陽縣作詩》（二首）、《在懷縣作詩》（二首）也是比較有名的作品。寫景抒情，達到水乳交融的境界。並且還寓有身世之感。如「川氣冒山嶺，驚湍激岩阿；歸雁映蘭時，遊魚動園波；鳴蟬厲寒音，時菊耀秋華。」（《河陽縣作詩》二首之一）辭藻華美，景句生動，色彩鮮明，從中可見其西晉寫景詩的特點。比較有特色的還有《關中詩》十六章。詩中描寫了戰亂給百姓帶來的災難，客觀上揭露了西晉統治集團的惡行。

潘岳的辭賦，在西晉文壇上獨樹一幟。蕭統《文選》入選潘岳辭賦八篇，是賦類入選最多的一人。可見其在當時影響之大。潘岳尤「善爲哀誄之文」（《晉書・潘岳傳》），辭藻哀艷之極。其總體風格爲悲而不壯，哀而不怒，華美明暢，清綺哀艷。

在辭賦上，他描寫的題材比較廣闊，表現方法靈活多樣。既有寫景抒情的，如《秋興賦》、《閒居賦》，前者藉秋景來抒愁懷，幻想能「逍遙乎山川之阿，放曠乎人間之世」，別具一種清麗風韻，而最爲人所稱道，體現了西晉文壇「采縟於正始，力柔於建安」的總體特色。後者造句工整，格調清淡。都可稱得上是西晉抒情小賦的翹楚。還有詠物的，如《射雉賦》、《河陽庭前安石榴賦》。前篇詳敘了捕獵的景況；後篇以物喻人，抒寫不平「處悴而榮，在幽彌顯；其華可玩，其實可珍；羞於王公，薦於鬼神。豈伊仄陋，用渝厥貞。果猶如之，而況於人。」再有就是抒寫哀婉之情的賦，如《寡婦賦》、《懷舊賦》。兩篇賦情意綿綿，筆觸細膩，文辭淒楚。而他的《西征賦》則是敘事紀行的代表作。可說是漢大賦體制推向極致之作。其形式與班彪的《北征賦》、班昭的《東征賦》類似。除左思《三都賦》外，很少有相匹敵的。賦中抒發了懷古之幽情，隱然寄託了對現實的感慨。

潘岳文今存有二十多篇，這些哀誄、祭文多是爲親朋故友而作。如《夏侯常侍誄》、《哀永逝文》、《楊荊州誄》。其中《馬汧督誄並序》，筆力剛健，明快有力，一反淒婉之常態，爲後人評價甚高。孫綽曾說：「潘文淺而淨，陸文深而蕪」（《世說新語·文學篇》）。可說中肯之言。

在西晉文人中，潘岳是有代表性的。他以依附權門始，爾後招殺身滅門之禍終。後人多以其爲「文人無行」之例，他的作品與其行爲是矛盾的。但從中可透視一代文人的思想狀況和政治對文學創作的影響。

潘尼（約二五〇～三一一），潘岳之姪。字正叔。少有清才，與潘岳俱以文學知名。爲人性格恬淡，不喜競逐，只以專心著述爲務。太康年間，舉秀才，爲太常博士。元康初拜太子舍人，後入補爲尚書郎，轉著作郎。永興末爲中書令。永嘉年間遷太常卿。劉聰率兵攻陷洛陽之前，攜家還鄉時，中途病卒。其詩被鍾嶸《詩品》列爲中品，將他和孫楚、王讚、張翰並列，稱「季鷹『黃華』之唱，正叔『綠繁』之章，雖不具美，而文采高麗，並得虯龍片甲，鳳凰一毛」。他的詩今存二十多首，多爲應酬奉和之作，無多少可觀之處。其中《迎大駕》較著名，對現實矛盾和戰亂都有所反映，詩中「南山鬱岑崟，洛川迅且急。青松蔭修嶺，綠蘩被廣隰」可說是寫景名句。他還有賦十幾篇，多殘缺。他的一篇《安身論》，對社會現實，「人人自私，家家有欲，衆欲並爭，群私交伐」進行了抨擊。文章立論明確，論述針對性強。原有集，已佚。明人輯有《潘太常集》。（馬勝利）

二〇四、左思

西晉五十餘年中，文壇前期以「太康詩人」為代表，代表太康文學主要傾向的是陸機、潘岳，而代表當時文學最高成就是左思。《詩品》評曰：「文典以怨，頗為精切，得諷諭之致」。其詩藝術特色是藉古諷今，精確深刻。「其源出於公幹（劉楨）」（《詩品》），又有「左思風力」之稱，可說是直接繼承了建安風骨的。

左思（約二五二～三〇六），字太沖，臨淄（今山東淄博）人他的作品收錄於嚴可均所輯《全上古三代秦漢三國六朝文》和逯欽立所輯《先秦漢魏晉南北朝詩》。他出身寒微，其父左熹（此據《左棻墓誌》、《晉書》誤作左雍）由小官吏做到殿中侍御史，左思小時曾學書法、鼓琴，都未學成。後在其父激勵下，學有所成。人稱其貌醜口訥，不好交遊，但以一年功力寫成《齊都賦》（散見於《水經注》及《太平御覽》）辭藻壯麗。其妹左棻入宮為晉武帝貴嬪。全家遷至京都洛陽後，左思官授祕書郎，曾追隨權貴賈謐，為「二十四友」之一，並且還給賈謐講解過《漢書》。元康末年，賈謐被殺，他隱退於宜春里，專門致力研究典籍。後齊王司馬冏召他為記室督，他以身有病推辭不就。晚年全家遷至冀州。數年後病故。

左思的詩和賦，留存下來的不多，僅有賦三篇，詩十四首，他的大多數作品，是靠《文選》、《玉臺新詠》得以保存下來。人評「左太沖詩，潘安仁詩，古今難比。」（鍾嶸《詩品》引謝靈運語），劉勰把左思的《詠史》詩當作出類拔萃的作品，鍾嶸將左思的《詠史》，當作「五言之警策」（《詩品》）。他的《詠史》詩八首，名爲詠史，實爲詠懷。左思打破了自班固以來傳統寫法：「即在一詩詠事的客觀復述中表達作者意圖，而不是呆衍古事，古人古事完全是他詠懷的工具，在融合古今，連類引喻，使之詠古人而已之性情俱見」（沈德潛《古詩源》）《詠史》作爲一組政治抒情詩，主要是反映寒門知識分子與世族門閥的矛盾。如《詠史》之二：

鬱鬱澗底松，離離山上苗。以彼經寸莖，蔭此百尺條。世冑躡高位，英俊沈下僚。地勢使之然，由來非一朝。金張借舊業，七葉珥漢貂。馮公豈不偉，白首不見招。

詩人以比興的手法，貼切的比喻，形象地揭露了「世冑躡高位，英俊沈下僚」的不合理現實。並以古喻今，抨擊門閥制度。《詠史》其五、其六，感情更是激昂「振衣千仞崗，濯足萬里流」（其五）只有這樣的形象才配得上他高傲的氣概，並且歌頌了那些高節之士：「荊軻飲燕市，酒酣氣益震。哀歌和漸離，謂若旁無人。雖無壯士節，與世亦殊倫。高眄邈四海，豪右何足陳。貴者雖自貴，視之若埃塵。賤者雖自賤，重之若千鈞。」（其六）在這些詩中，可以見出作者將深刻的現實內容給以藝術的表現。其詩講究煉字煉句而不失自然，而且多採用對偶句卻無呆滯之弊。詩的語言樸實，一氣貫注的詩篇中迴盪著壯志不已的悲涼，很近於建安文學的慷慨任氣。其《詠史》詩的風格，被鍾嶸稱爲「左思風力」。曾對陶潛詩產生過影響。其「澗底松」的藝術形象，曾被人藉來抒發懷才不遇的苦悶。從此之後，「詠史詩」爲之一變，它使「詠史詩」擺脫了原始的發展階段，使詩歌能更好地「吟詠情性」，抒情言志。這可說是前無古人的創舉。左思這一貢獻，猶如謝靈運對山水詩、陶淵明對田園詩所起的開路先鋒的作用，霑溉了後代詩人，如鮑照、李白、杜甫等。左思的變體「詠史」，至唐代已成「詠史詩」的正宗，唐人在此基礎上，又在情景交融的藝術境界上有所發展，從而創造出既新又美的藝術境界。 左思在文學史上的地位是與他的《詠史》詩分不開的。 除《詠史》詩外，還有《招隱》詩兩首。表達了超脫世俗的高雅情趣。其中「非必絲與竹，山水有清音」，爲後人所讚譽。他的《嬌女詩》（一首），寫得別有情趣，熔鑄了慈父的感情。此詩對陶淵明、杜甫、李商隱等人的一些詩都有一定的影響。《雜詩》（一首），以悲秋爲題，抒發已屆暮年無所建樹的感傷情緒。《悼離贈妹》（二首）爲四言詩，寫得典雅凝重。表達了對親人的思念和久別的痛苦。

劉勰曾稱讚左思說：「左思奇才，業深潭思。盡銳於《三都》，拔萃於《詠史》」（《文心雕龍・才略》）他的代表作《三都賦》，是其嘔心瀝血，歷經十年才完成的上萬字的長篇大賦。《晉書・左思傳》載，爲寫此賦「門庭藩溷皆著紙筆，遇得一句，即便疏之。」並拜見張載，「訪岷、邛之事」。寫作過程中曾遭陸機譏笑：「此間有傖父，欲作《三都賦》，須其成，當以覆酒甕耳。」但賦成陸機讀後遂罷筆。其賦爲「豪貴之家，競相傳寫，洛陽爲之紙貴」。左思因此而顯名。《三都賦》包括《蜀都賦》、《吳都賦》、《魏都賦》。其賦事類廣博，在一定程度上反映了三國時期的社會生活狀況。文學價值並不很高。但由於徵信求實的創作態度，卻有較高的史料價值。此賦的寫作手法及風格，走的是漢大賦的老路，宏麗巨衍，鋪張揚厲。它雖與班固的《兩都賦》、張衡的

《二京賦》相似，但卻不是傳統的「勸百諷一」，因而在後期大賦中具有重要地位。其賦的序，在文學批評上有值得注意之處。它對漢賦的誇張失實提出了批評，主張作賦要重視眞實性。使其賦雖克服了漢賦某些「虛而無徵」的缺失，但卻忽視了文學上的情眞、意眞之處，因而不能獲得較高的文學成就。左思還有一篇《白髮賦》，是一抒情小賦，表現手法奇巧，它採用頭髮與人對話的寓言體，這與《詠史》中的仕途坎坷不平之鳴、抨擊社會現實的思想是一脈相承的。（馬勝利）

二〇五、劉琨與郭璞

西晉五十餘年中，前期以「太康詩人」爲代表，後期以「永嘉詩人」（「永嘉」爲晉懷帝司馬熾的年號，時爲三〇七～三一二）爲代表，最有成就的是劉琨和郭璞。

永嘉時期相距太康時期不長，這一時期，政治上日趨混亂，不僅晉室有八王之亂，前後達十六年之久，連遭兵燹，國力不振，而且西北又有少數民族統治者的侵擾，造成了「五胡亂華」的局面，終至西晉衰亡，開東晉以後二百餘年南北分裂的局面。文學上這個永嘉時期，就是指西晉末年直到東晉初期的這一階段。

作爲永嘉詩人的傑出代表劉琨（二七一～三一八），字越石，中山魏昌（今河北無極）人。他出身於士族豪門，年輕時就有「雋朗」之譽，以雄豪著名。史書載有他和祖逖共被同寢，夜間聞雞起舞的事跡。（《晉書・祖逖傳》）但他也存在好老莊，有虛浮、放誕的一面。劉琨和石崇、陸機等有文才的人都依附過權貴賈謐，時稱「二十四友」。「八王內亂」時，他先依附趙王司馬倫，任從事中郎。齊王司馬冏輔政，曾先後任尚書左丞、司徒長史。後司馬冏敗，又做了范陽王司馬虓的司馬，因功封廣武侯。懷帝永嘉元年（三〇七），出任并州刺史，加封振威將軍，領匈奴中郎將。後敗於劉聰。愍帝建興三年（三一五），劉琨爲司空，都督并、冀、幽三州諸軍事，不久又敗於石勒。敗後投奔幽州刺史鮮卑人段匹磾。後爲段匹磾所殺。著有《劉越石集》。

劉琨雖志大才短，卻是一個富有愛國熱情的志士，與異族侵略者轉戰多年，其精神是値得稱道的。李清照、陸遊都有詩歌詠劉琨事跡，抨擊苟且偷安的統治者。

劉琨「善爲淒戾之詞，自有清拔之氣」（鍾嶸《詩品》），格調悲涼雄渾，人稱「雅壯而多風」（劉勰《文心雕龍・才略》），具有「建安風骨」。劉琨的詩僅存四首。如《扶風歌》，爲五言樂府，記敘了詩人自洛陽赴晉陽途中所見所感。其中「……烈烈悲風起，泠泠澗水流。揮手長相謝，哽咽不能言。浮雲爲我結，歸鳥爲我旋。……」在哽咽難言中，表達了對故國眷戀之情。此詩筆挾風雲，情調跌宕起伏，具有樂府民歌韻味。《重贈盧諶》，是詩人被段匹磾囚禁之作。詩中通過列舉史事，既有詩人爲晉室復興建功立業的願望，又有功業未建而身陷縲紲的感嘆：「時哉不我與，去乎若公浮。朱實隕勁風，繁英落素秋。狹路傾華蓋，駭駟摧雙輈。何意百煉鋼，化爲繞指柔。」悲涼慷慨之氣，千載之下，尙動人心魄。這是因「琨既體良才，又罹厄運，故善敘喪亂，多感恨之詞」（《詩品》）。他的這些詩寫國家民族的危機，洞見本源，而抒發自己救亡濟時之誠，尤爲深至。劉琨詩以其清剛之氣，振西晉詩壇頹風。對後世愛國詩人，如宋代陸遊等人都有所啓發。

繼劉琨之後，恰當晉室南渡之際的詩人，比較有成就的是郭璞。

郭璞（二七六～三二四），字景純。河東聞喜（今山西）人。他博學高才，精於卜筮之術，並以此隱晦表達對時局的看法。他曾在宣城太守殷佑幕下任參軍，後又任丹陽太守王導的參軍。晉元帝時，爲著作郎，明帝時爲大將軍王敦的記室參軍，因反對和阻止王敦謀反，被王敦殺死。追贈弘農太守。有《爾雅注》、《穆天子傳注》、《山海經注》等著述，均有重要的學術價值。還有明人所輯的《郭弘農集》（二卷）。

郭璞的詩，今存較完整的有十八首。鍾嶸在《詩品》中曾讚郭璞是「文體相輝，彪炳可玩，始變永嘉平淡之體，故稱中興第一。」雖有些過於溢美，但還是道出了郭詩的特色的。郭璞詩中最爲人傳誦的是《遊仙詩》（遊仙詩，濫觴於屈原的《離騷》。漢樂府中也有類似之作。建安、正始寫此詩人漸多。以「遊仙」作詩題始於曹植。《遊仙詩》的內容大致分爲兩類：一類爲信仙術，求仙界的長壽與享樂；另一類藉遊仙以詠懷，表達對現實的不滿與反抗。如曹植、阮籍某些作品。郭璞遊仙詩繼承了後一類的傳統。今存十四首，其中四首殘缺）。「詩多慷慨」，「非列仙之趣」（《詩品》），在這些詩中，多表現的是求仙者隱居深山的情趣，及其得道飛升的願望和孤高傲世、蔑視世俗的情感。從中也可見出企圖超越現實又不可能超脫的矛盾心境，並藉此抒發對現實不滿的苦悶。這與阮籍的某些《詠懷詩》有近似之處，但幻想的成分較多。《詩品序》中說：「永嘉時，貴黃老，稍尚虛談，於時篇什，理過其辭，淡乎寡味。」「故郭璞五言，始會合道家之言而韻之。」（《世說新語‧文學》注引檀道鸞《續晉陽秋》），郭璞的這些玄言詩，「能變創其體」，藉助形象闡述玄理，具有濃重的抒情成分，而與當時流行的玄言詩有很大的區別。如第三首詩中：「翡翠戲蘭苕，容色更相鮮，綠蘿結高林，蒙籠蓋一山。」「赤松臨上遊，駕鴻乘紫煙，左挹浮丘袖，右拍洪崖肩。」語言生動細緻地描繪了自然景色和幽寂環境；人物形象也神采飄逸，很有情采。給人一種瑰奇神妙的意境。另如第九首的「東海猶蹄涔，昆侖若蟻堆」的奇妙藝術想像和構思，對後來的李白、李賀等人的詩都產生過影響。

郭璞還寫有辭賦，今存有十篇。史載其「詞賦爲中興之冠」（《晉書・郭璞傳》），代表作爲《江賦》。此賦筆力雄健，氣象壯闊，極寫大江之浩瀚，地勢之險峻。但仍不脫排比羅列積習，古字僻典較多，行文給人艱澀之感。他的《井賦》起首四個三字句的形式，對後來的謝惠連的《雪賦》、杜牧的《阿房宮賦》等都有影響。此外，還有仿西漢東方朔《答客難》的《客傲》，從中可見其處世態度和哲學思想。《蚍蜉賦》、《蜜蜂賦》則藉物說事，暗隱寓意於其中。《流寓賦》、《登百尺樓賦》，反映了「八王之亂」給社會造成動亂的景況。

總之，西晉後期的「永嘉詩人」劉琨、郭璞，崛起於逃避現實，大作玄言詩的文壇衰微之時，二人以抒愛國之思、發慷慨悲涼之聲和以寫遊仙詩而「無列仙之趣」而著名。爾後直到晉、宋易代之際，才出現陶淵明，成爲建安以後到陳、隋間四百年文學史上一顆明星。可說是「永嘉詩人」既代表西晉後期，也代表東晉初期，甚至下延到東晉末年，而與陶淵明相接。

（馬勝利）

二〇六、陶淵明

在玄言詩充斥的東晉詩壇上，陶淵明的出現具有特殊的意義。他開創了田園詩派，爲詩歌創作開闢了一個新的領域，在中國詩歌史上有著重要的影響。他總結了東漢以來五言古詩的優秀傳統，並高度發展了民歌傳統上的白描手法；在數量上及詩歌的接觸面上都遠遠超過前代及當代的詩人。他不僅繼承過去的現實主義傳統，也以他自己的人格修養與文學修養，反映了時代精神，形成了自己的獨特藝術風格。並以此獨立肩負起與風靡一代的玄言詩和形式主義傾向相抗衡的使命。

陶淵明（三六五～四二七），一名潛，字元亮，私諡靖節，別號五柳先生。潯陽柴桑（今江西九江）人。著有《陶潛集》。陶淵明出生於一個沒落的仕宦家庭，少年時就博覽群書，「不戚戚於貧賤，不汲汲於富貴」（《五柳先生傳》），二十九歲起爲江州祭酒，但因不堪吏職，沒過多久就回家閒居。三十五歲，在荊州刺史桓玄屬下供職，不久，因與世不合棄官。三十九歲時，離家東下，入劉裕幕下，任鎮軍參軍。後轉任江州刺史劉敬宣的參軍。四十一歲做彭澤令，爲官僅八十餘日即辭官歸家。並寫了篇《歸去來兮辭》。晉安帝義熙四年（四〇八），他家遭大火，林室盡焚，宅無遺宇。此後生活日益困窘，躬耕未廢，飢寒不免。這期間他結識了不少朋友，其中既有共話桑麻的農民，也有共賦新詩的文人，如詩人顏延之。義熙末年，朝廷又徵他爲著作郎，被拒絕。晉恭帝元熙二年（四二〇），劉裕廢恭帝爲零陵王，改國號爲宋。東晉滅亡。宋文帝元嘉三年（四二六），江州刺史檀道濟曾前去陶家訪問，陶淵明病餓臥床，檀道濟勸他：「賢者處世，天下無道則隱，有道則至。今子生文明之世，奈何自苦如此？」他說：「潛也何敢望賢，志不及也。」檀道濟饋以粱肉，被他揮而去之（《南史‧陶潛傳》）。元嘉四年（四二七），因貧病而逝。陶淵明歸田後的二十多年是他創作最豐富的時期，這一時期著名的作品有《歸田園居》（五首）、《桃花源詩並記》、《詠荊軻》、《感士不遇賦》、《自祭文》等篇。

陶淵明的思想受儒家和道家影響較深。儒家積極進取的思想使他激起「大濟於蒼生」（《感士不遇賦》）的熱情，他多次出去做官，就有這種思想因素在起作用。他心目中的理想社會，是「春蠶收長絲，秋收靡王稅」「黃髮垂髫，並怡然自樂」的「不知有漢，無論魏晉」的空想社會（《桃花源詩並記》）。他在吸收儒家修身濟世的思想的同時，也吸收了儒家安貧樂道的精神。而他的隨順自然，委運任化的思想，如「人生似幻化，終當歸空無」（《歸田園居》）；「萬化相尋繹，人生豈不勞！從古皆有沒，念之中心焦，何以稱我情？濁酒且自陶。千載非所知，聊以永今朝」（《己酉歲九月九日》）。「甚念傷吾生，正宜委運去。縱浪大化中，不喜亦不懼；應盡便須盡，無復獨多慮！」（《神釋》）則是他受道家思想影響的反映。這種思想也是他最終歸隱田園的重要原因。陶淵明的歸隱，是與那些談玄說道，避世逃禪，專崇佛老，自鳴清高的虛偽文人士大夫不同的。他是從自己的親身體會而深刻地認識了當時政治社會的本質，在思想中產生了強烈的厭惡和反感，才決定予以擺脫，另找寄託的。

陶淵明現存詩歌共一百二十五首，四言詩有九首，五言詩一百一十六首。他的五言詩，大致可分兩類：一類是繼承漢魏以來抒情言志傳統，並加以發展的詠懷詩；一類是少有先例的田園詩。

陶淵明詠懷詩，既有他中年遊宦的行旅詩，也有晚年歸田以後寫的《雜詩》、《飲酒》、《詠貧士》、《擬古》、《讀山海經》、《挽歌詩》等抒情言志詩。他的宦遊行旅詩，多表現對家園的思念，如《辛丑歲七月赴假還江陵》等。對他著名的《飲酒》詩（二十首），人評「有疑陶淵明之詩，篇篇有酒，吾觀其意不在酒，亦寄酒爲跡也。」（蕭統《陶淵明集序》）可以說陶淵明是第一個大量寫飲酒詩的人。歷來爲人傳誦的有「結廬在人境」、「秋菊有佳色」。詩的意境是和平靜穆的，詩人是興致悠然，景與意會，淡然忘世的。《詠貧士》（七首）寄託了安貧守賤的抱負，爲被壓抑的人士鳴不平。他的《雜詩》（十二首），「白日淪西阿」、「憶我少壯時」，歷來被人矚目。詩人述及了一生壯志未酬的痛苦和早年「猛志逸四海」的遠大抱負。《讀山海經》（十三首），藉神話故事，抒發自己的感慨。「夸父誕宏志」歌頌了夸父堅韌不拔的勇氣。「精衛銜微木」，讚頌了精衛、刑天不向命運屈服的精神。《詠荊軻》則顯現了荊軻反抗暴秦的栩栩如生的英雄形象。他的這些詩，在平淡自然的詩風下，既有傲視權貴，拒絕徵召思想的流露；也有濟世爲民，除暴安良熱情的顯現。

陶淵明的田園詩，包括了中年學仕時的《懷古田舍》、《勸農》及晚年歸田的《歸田園居》、《戊申歲六月中遇火》、《西田穫早稻》、《》下潠田舍穫、《怨詩楚調示龐主簿鄧治中》、《桃花源詩並記》。這些詩或是展現鄉村風光；或是描寫田園勞動生活；或是敘寫百姓的貧困和不幸；或是抒發對美好社會的憧憬。其中《歸田園居》（五首）、《桃花源詩並記》是他最著名的代表作。

陶淵明的詩歌藝術成就很高。他的詩平淡之中有華采，質樸之中含豐韻，可說是平淡自然與深厚醇美的統一。在他的詩中，沒有華麗或艱澀的詞句，所有的語言都非常自然而平易近人，讀之又使人覺得意味豐厚。這是與他在對日常生活事物的敘寫中，所自然地流露其曠達的胸懷和情調，展示出的高遠的精神世界分不開的。在對大自然景物卓越的藝術描寫上，與一般詩人的不同之處，在於對自然的景物敘寫中，融注著自己的生活情感，使景物圖畫上了自己的主觀情調，加之不著意於形貌的刻畫，而是隨意於神貌的點染及將深刻的哲理融入詩的形象中，從而使平凡的素材表現出不平凡的意境，體現著詩人高潔的品格，滲透著豐富的人生經驗與生活哲理。其樸素明淨的語言風格，也是詩人淡遠情趣的體現。更須著重指出的，陶淵明所處的時代，正是文學的形式主義傾向進一步發展的時候，而陶淵明卻不為其籠罩，卓然標立樸素淡遠的風格，尤為難能可貴。而這種卓越的詩的風格，與其超乎流俗的情調是緊密相連的。他以其藝術地描寫鄉村生活的優美詩篇，在詩歌領域中揭示出一種鮮美的創作典範，建立起以田園生活為描寫對象的優秀傳統。由於他的詩篇的藝術力量，使其後世許多人士對其產生嚮往和崇敬，同時對自己所不滿的黑暗社會深致憎惡。可見他的詩的風格不是單一的，也有沈鬱豪放的一面。正如人所說：「陶淵明詩，人皆說是平淡，據某看他自豪放，但豪放得來不覺耳。」（朱熹《朱子語類》）他的詩歌對後世影響是巨大的，後世的文人們依其個性及生活條件，對陶詩各有所得。

陶淵明還寫有辭賦、韻文與散文。篇數不多，影響很大。其辭賦三篇：《閑情賦》、《感士不遇賦》、《歸去來兮辭》。其中《歸》篇，是尤為人所傳誦的名篇。作為與官場決絕的宣言，歐陽修曾讚道：「晉無文章，唯陶淵明《歸去來兮辭》一篇而已！」韻文有五篇，其中既有讚美歷史人物的《扇上畫贊》、《讀史述》；也有弔祭親人的《祭程氏妹文》、《祭從弟敬遠文》，可視爲陶淵明傳記的第一手資料；《自祭文》、《挽歌詩》（三首），則是作者臨終告別之作，曾語曰：「人生實難，死如之何！」可謂參透生死之語。他的散文有四篇：《五柳先生傳》、《桃花源記》、《晉故征西大將軍長史孟府君傳》、《與子儼等疏》。其中《五柳先生傳》、《桃花源記》最爲有名。《五》文，模仿《莊子》寓言，以簡潔的文筆，描述了他自己入仕前的個性風貌和樂觀自得的心情。《桃》文是桃花源《詩》的序言，但它的影響比詩大。自從《禮記・禮運篇》面世以來，《桃》文可說是古人對理想世界的第二件精心構築的藍圖。這種空想的理想國在人間也許是永遠無法實現的，然而卻代表中華民族的一代代人對更爲合理社會的探求。直到今天，陶淵明作品的全部深刻內蘊，仍然是展現在人們面前的一個十分廣闊的、有待進一步探索的領域。（馬勝利）

一〇七、謝靈運

晉宋之際，中國詩歌領域發生了重大變化，這就是山水詩的興起和玄言詩的消逝。「宋初文詠，體有因革，莊老告退，而山水方滋。儷採百字之偶，爭價一句之奇，情必極貌以寫物，辭必窮力而追新，此近世之所競也。」（《文心雕龍・明詩篇》）宋初謝靈運創山水詩流派，開闢了詩歌新的境界。雖然篇章上每有繁蕪雕琢之累，然而秀句迭出，具有自然之美，給詩界帶來清新氣息。後來齊詩人謝朓踵事增華，發展了山水詩流派，從而確立了山水詩在詩壇上的地位。世稱謝靈運、謝朓爲「大、小謝」。

謝靈運（三八五～四三三），小名客兒，後人也習稱他爲謝客。原籍陳郡陽夏（今河南太康）人。他是晉朝車騎將軍謝玄的孫子，襲爵封康樂公。後世人習稱爲謝康樂。謝靈運出生於會稽始寧（今浙江上虞），出生不久就寄養在錢塘杜家，十五歲時回到建康。謝靈運曾先後任過大司馬行參軍、記室參軍、太尉參軍、諮議參軍、中書侍郎，後因殺死門人被免官。永初元年（四二〇），劉裕代晉自立，國號宋，將謝靈運降爵爲侯，先後任散騎常侍、太子左衛率、永嘉太守。一年後稱疾辭官。元嘉三年（四二六），徵謝靈運爲祕書監，入京。不久，又辭官歸始寧與人往來吟詠，並出入於深山幽谷，探奇覓勝。後又出任臨川內史。元嘉九年（四三二），被人彈劾以叛逆罪，流徙廣州，後在廣州被殺。著有《謝康樂集》（四卷）。

謝靈運的文學創作成就，主要在詩。由他開始，山水詩才成爲中國文學史的一個流派。他基本上與陶淵明同時，爲晉宋之際的人物。世人有以他的山水詩與陶淵明的田園詩並列，代表晉宋時期詩歌成就，稱爲「陶、謝」。山水詩在這時興起，是有著多方面的因素。首先是魏晉時期社會動亂，政治黑暗，士大夫們懼亂畏禍，大都崇尚隱逸，於是山水園林就成了他們嚮往的樂土。他們的詩文創作在讚美隱逸生活的同時，也讚美山水美景。因而描寫山水的詩文逐漸增多。謝靈運就曾在辭官歸隱時，頭戴曲柄笠，腳登木屐（李白稱之爲「謝公屐」），嘯傲風月，徜徉山水，與文壇名士謝惠連、何長瑜、荀雍、羊璿之等「四友」，唱和酬應。另外，魏晉以來，崇尚清淡、玄學盛行。欣賞山水，崇尚自然，認爲只有在自然之中，才能保持個性的完美，這是玄學的一個重要內容。士人們將親近、欣賞山水視爲精神生活的重要組成部分。人視山水有「以形媚道」（宗炳《畫山水序》）的一面，並包孕著玄趣。因此玄言家大多藉山水言玄。於是東晉後期，玄言詩中描寫山水的成分越來越多。再者，晉室南遷之後，江南經濟得以發展，士族地主在山水秀美之地廣建園林宮苑，因此遊山玩水，吟詠風景成爲風氣。加之，空洞枯燥的玄言詩流行百年之久，已走向末路，詩歌到了不能不變的時候了。因而對山水的描寫逐漸由玄言詩中的點綴走向獨立成篇，出現了謝琨《遊西池》等以刻畫山水景物爲主的詩篇。而謝靈運的創作促使玄言詩向山水詩的轉變。

謝靈運作爲中國第一個大量寫山水詩的詩人，由於他對山水景物有獨到的觀察與體驗和較高的藝術修養，故他的山水詩對景物的描寫新穎入微，體現了在這一方面新的創造。鮑照曾評道：「謝五言如初發芙蓉，自然可愛。」（《南史·顏延之傳》）湯惠休讚曰：「謝詩如芙蓉出水。」（《詩品》中）他的詩呈現出鮮麗清新的特色。在對山水形象捕捉的準確上，可謂是「經營慘淡，鉤深索隱」（沈德潛《古詩源》）調動了多方面技巧，尤其注重聲色的描模，有極多爲人傳誦的佳句。如：「白雲抱幽石，綠篠媚清漣」（《過始寧墅》）、「野曠沙岸淨，天高秋月明」（《初去郡》）、「春晚綠野秀，岩高白雲屯」（《入彭蠡湖口》）、「雲日相輝映，空水共澄鮮」（《登江中孤嶼》）、「鳥鳴識夜棲，木落知風發」（《石門岩上宿》）、「時竟夕澄霽，雲歸日西馳。密林含餘清，遠峰隱半規」（《遊南亭》）。有些詩篇還由景涉理，發爲感慨，「近澗涓密石，遠山映疏木。空翠強難名，漁釣易爲曲」（《過白岸亭》）。不過，謝靈運詩中完整的佳篇不多，有代表性的，如《登池上樓》：

潛虯媚幽姿，飛鴻響遠音。薄霄愧雲浮，棲川怍淵沈。進德智所拙，退耕力不任。徇祿及窮海，臥痾退空林。衾枕昧節候，褰開暫窺臨。傾耳聆波瀾，舉目眺嶇嶔。初景革緒風，新陽改故陰。池塘生春草，園柳變鳴禽。祁祁傷豳歌，萋萋感楚吟。索居易永久，離群難處心。持操豈獨古，無悶徵在今。

《石壁精舍還湖中作》：

昏旦變氣候，山水含清暉。清暉能娛人，遊子憺忘歸。出谷日尚早，入舟陽已微。林壑斂暝色，雲霞收夕霏。芰荷迭映蔚，蒲稗相因依。披拂趨南徑，愉悅偃東扉。慮澹物自輕，意愜理無違。寄言攝生客，試用此道推。

其他代表詩作還有《入彭蠡湖口》、《歲暮》、《石門岩上宿》等。他的詩不足在於不少詩不能做到情景交融，並常在詩中空談玄理，令人生厭，所以往往有佳句無佳篇。另外，有時雕琢過分而流於堆砌。但相對於枯燥乏味的玄言詩，他的清新的寫景和艷麗的辭采，可說是別開生面。同時，在他的詩中，大量出現對偶句，這對唐代的五言詩有較大影響。由於謝靈運的開拓與影響，自然風光更加受到文人墨客的注意，後代不僅有更多的山水抒情詩出現，其他詩歌中的景物描寫也隨之日趨生動形象起來。他那刻意追求新的藝術實踐，也爲後來者提供了有益的經驗。後人曾稱其詩體爲「謝靈運體」。

謝靈運除寫詩外，還寫有賦，代表作有《山居賦》、《江妃賦》等。另外，他還通史學，奉詔撰《晉書》，並精研佛理，著有哲學論文《辯宗論》、注釋佛經；還工於書法，可謂是多才多藝之人。謝靈運以詩名世，在文學史上占有一席之地。（馬勝利）

二〇八、劉義慶

魏晉南北朝時，出現了中國早期小說的繁榮景象。考其內容，大致可分爲志怪、軼事兩類。軼事小說，是記敘人物遺聞軼事的小說作品，「漢末士林，已重品目。聲名成毀，決於片言。魏晉以來，乃彌以標格語言相尚，唯吐屬則流於玄虛，舉止則故爲疏放」，「世之所尚，因有撰集。或者掇拾舊聞，或者記述近事，雖不過叢殘小語，而具爲人間言動，遂脫志怪之牢籠也。」（魯迅《中國小說史略》）由於這一時期品評人物的風氣盛行，人們對士族名流的言談舉止、軼聞瑣事深感興趣，於是記錄清淡雋語、軼事傳聞的作品應運而生。南朝宋劉義慶的《世說新語》，是一部集大成性質的軼事小說。

劉義慶（四〇三～四四四），劉宋宗室，襲封臨川王，曾任荆州刺史、江州刺史等職。《宋書・宗室傳》說他「性簡素，寡嗜慾，愛好文義」，「召集文學之士，遠近必至。」著有《徐州先賢傳贊》（九卷）及《典敘》、志怪小說《幽明錄》等。

《世說新語》爲劉義慶與其門下文士集體輯纂成書的。它是六朝小說中規模宏偉，保存也比較完整的一部巨著。《世說新語》分德行、語言、政事、文學、方正、雅量、識鑒、賞譽、品藻、規箴等三十六門。從內容說，大致有兩大類題材；一大類是品評人物，即「人倫鑑識」；如《識鑑》、《賞譽》、《品藻》等篇內容多屬這一類；另一類是記敘魏晉南朝的玄談清言。其中有談哲理的、有辯駁應對的等內容。《世說新語》，善於用精煉雋永的語言，寫貌傳神，也善於以對比手法，刻畫人物的不同品行。「記言則玄遠冷峻，記事則高簡瑰奇」（魯迅《中國小說史略》）。「讀其語言，晉人面目氣韻恍然生動。而簡約玄談，眞致不窮。」（胡應麟《少室山房筆叢》）

作爲文學作品，《世說新語》書中每段文字簡煉，筆墨不多，但雋永生動，耐人尋味。如《言語》篇有一段記載簡文帝與桓溫的事：

簡文作撫軍時，嘗與桓宣武俱入朝，更相讓在前。宣武不得已而先之，因曰：「伯也執殳，爲王前驅」。簡文曰：「所謂『無小無大，從公於邁』」。

文中將司馬昱與桓溫當時政治上既相關又相敵對的緊張關係，通過兩人善於辭令而引用詩句表示謙遜的態度，暗示了兩人關係之微妙。

《任誕》篇中兩則故事；則通過人物言行，表現了魏晉人物不同類型的放誕不羈：

畢茂世云：「一手持蟹螯，一手持酒杯，拍浮酒池中，便足了一生」。

王子猷嘗暫寄人空宅住，便令種竹。或問：「暫住，何煩爾？」王嘯詠良久，直指竹曰：「何可一日無此君？」

《世說新語》有些篇章則稱頌了一些人士的嘉言懿行，如《言語》篇中記新亭對泣事：

過江諸人，每至美日輒相邀新亭借卉飲宴。周侯中座而嘆曰：「風景不殊，正自有河山之異。」皆相視流淚。唯王丞相愀然變色曰：「當共戮力王室，克復神州，何至作楚囚相對！」

文中通過對人物的生動刻畫，表達了東晉人士對中原土地淪陷的哀思，對收復失地的心願。

《世說新語》還有些篇章記述了豪門巨族窮奢極侈，荒淫兇殘。如《汰侈》篇中：

石崇每要客燕集，常令美人行酒，客飲酒不盡者，使黃門交斬美人。王丞相（導）與大將軍（王敦）嘗共詣崇。丞相素不能飲，輒自勉強，至於沈醉。每至大將軍，固不飲以觀其變。已斬三人，顏色如故，尚不肯飲。丞相讓之。大將軍曰：『自殺伊家人，何預卿事？』」

文中石崇的荒淫兇殘和王敦的冷酷無情，毫無人性形神畢現。此外，像本篇描寫石崇和王愷鬥富，可以率意擊碎王愷家的珊瑚寶樹；一個「作紫絲布步障碧綾四十里」，一個「作錦布障五十里」。王武子「以人乳飲㹠」，肥美異於常味，供給皇帝司馬炎（晉武帝）享用。這裏所舉之例只是《世說新語》全書中的一小部分，由此也可見其文學價值。

劉義慶以前或與他同時，有不少著作性質與《世說新語》有近似之處。但都已失傳。宋代以後，又出現一些模仿《世說新語》的著作，但都遠不能和它相比。《世說新語》對後世文學是有深遠影響的。它給後世的文學創作提供了豐富的素材和題旨。它的許多故事語言，成爲後世詩文的典故。在中國文學史上具有重要的地位。

（馬勝利）

二〇九、江淹

在中國南朝時，歷仕宋、齊、梁三個朝代的作家，江淹可算一個。他的詩在南朝詩人中顯得比較古奧遒勁，風格近於鮑照，所以人稱「江鮑」。他的文也爲人所稱道。尤其是賦，被人傳誦至今。

江淹（四四五～五〇五），字文通，祖籍濟陽考城（今河南蘭考東），「淹少孤貧」，「不事章句之學，留情於文章」（《南史・江淹傳》）他六歲能詩。十三歲喪父。因家境貧寒，曾採薪養母。成年後曾先後在宋始安王邢裏敎書，新安王處任幕僚。後轉入建平王劉景素幕下，曾一度被誣入獄。獲釋後曾舉南徐州秀才，對策上第，轉巴陵王國左常侍。不久回景素幕下，任主簿、參軍等職。後被貶建安吳興（福建蒲城）縣令。後依附蕭道成、蕭衍才逐漸官至顯位，曾先後任尙書駕部郎、遷中書侍郎、尙書左丞等職，官至金紫光祿大夫，封醴陵伯。著有《江文通集》，他的文學創作極大多數成於早中年的宋末齊初。晚年因生活優裕，處於高官厚祿的地位，脫離了社會生活，自然寫不出好作品了。《南史・江淹傳》說他「晚節才思微退，……時人謂之才盡」。

在詩歌創作上，江淹善於擬古，意在通過擬古，顯示各家特色。他的《雜體詩三十首》，全是摹擬前人的作品。他把從漢至南朝宋歷代名家，依其各自的風格特點一一加以仿制，其擬作常能大致得原作形似，幾可亂眞。其擬古之作還常有所寄託。如《效阮公詩十五首》，類似阮籍《詠懷》之作，確是作者從其政治處境中受激發而作，並非無意義的摹擬。在齊、梁諸家中，江淹有不少意趣深遠的詩，尤爲突出。如《遊黃蘗山》「殘杌千代木，廧崒萬古煙。禽鳴丹壁上，猿嘯青崖間」；《仙陽亭》「下視雄虹照，俯看彩霞明」；《渡泉嶠出諸山之頂》「萬壑共馳騖，百谷爭往來」、「崩壁迭枕臥，嶄石屢盤迴」等，給人以險絕之感。還有像《步桐臺》、《渡西塞望江上諸山》、《秋至懷歸》、《赤亭渚》，寫景清新，也多有佳句。《望荊山》、《還故園》等，則爲情調哀怨，抒仕途失意之不暢的詩篇。

江淹作爲一位著名的賦家，現存的賦將近三十篇，多屬抒情小賦。這些賦既受《楚辭》的影響也從鮑照等作家的作品中吸取了藝術技巧。其中以《別賦》、《恨賦》二篇最具獨創性。《恨賦》的基調感傷沈痛，有極強的撼動人心的藝術魅力。江淹曾遭誣陷入過獄，後又被貶謫，坎坷的經歷，屈辱的處境使他體味到了人生的痛苦，他把對困頓的怨恨、屈辱的不平都溶進了這篇賦作。此賦以人生有死爲致恨的總根源，取各時代具有代表性的帝王、名將、美人、高士等，撮舉其生平行爲，遭遇及志氣，終不免齎恨以歿，即因「自古皆有死」之故。其中如寫名將李陵之恨：

至如李君降北，名辱身冤，拔劍擊柱，弔影慚魂、情往上郡，心留雁門，裂帛繫書，誓還漢恩，朝露溘至，握手何言！

道出了李陵所遭受的深冤和無可彌補的遺恨。正如陳延焯在《白雨齋詩話》中所言：「意在筆先，神餘言外。寫怨夫思國之懷，寓孽子孤臣之感……匪獨體格之事，亦見情性之厚。」《恨賦》這種感傷沈痛的基調形成，也是作者審美情感的體現，這種「以悲爲美」的情感，感動了後世的人們，尤其是引起那些人生悲苦、遭遇不幸者的感情共鳴，對認識人生與社會有一定意義。《別賦》，則以事爲主，鋪寫出各類性質的離別，儘管事因不同，而令人「黯然銷魂」則是一致的。如其中寫義俠壯士的離別「割慈忍愛，離邦去里。瀝泣共訣，抆血相視。」一幅氣氛悲壯、催人淚下的義士一去不返的動人心魄的場景。在藝術表現上，成功地融入了《詩經》的抒情藝術，使所賦的景物無不帶有濃厚的感情色彩，從而形成獨特的創作風格。如「是以行子腸斷，百感淒惻，風蕭蕭而異響，雲漫漫而奇色，舟凝滯於水濱，車逶遲於山側。櫂容與而詎前，馬寒鳴而不息。掩金觴而誰御，橫玉柱而霑軾」。賦中通過細膩而生動的景物描寫來渲染「行子」上路的淒涼氣氛。在這兩篇賦中，作者把握住過去文人士大夫這兩類最普遍的人生感情，即面對生離死別之時的態度作爲賦的主題，以其精美的抒情筆觸，感慨深重地一一道出，使之讀後迴腸盪氣，傳爲千古名篇。此外，他還有《待罪江南思北歸賦》、《去故鄉賦》、《青苔賦》、《遂古篇》、《燈賦》等。這些賦或抒失意與思鄉之情，或表諷寓時人之意。他的不少賦近似後來唐人的律賦。

江淹的文基本上屬於駢體，多爲應用文字，但也有可讀的篇章，如他的申冤之作《獄中上建平王書》，筆法有似漢鄒陽《獄中上梁王書》，文學意味較濃。他的悼念友人的散文《袁友人傳》，情感眞摯。

總之，由其一生文學創作觀之，正如江淹自己所言「平生言止足之事，亦以備矣」（《梁書·江淹傳》）。晚年安富尊榮使其「才盡」，未免是個悲劇；但其早年窮愁困苦的文學作品得以名傳後世，又該是値得慶幸的事。

（馬勝利）

二一〇、鮑照

中國詩歌的發展，在陶淵明之後，至南朝劉宋之初，出現了號稱元嘉三大詩人：鮑照、謝靈運、顏延之。其中以鮑照成就最高。即在宋、齊詩壇上，他也是陶淵明後第一人，而爲南北朝最有成就的詩家。特別值得提出的是，他在七言樂府與歌行體的發展上作出了自己的貢獻，並開文人寫五言絕句的先聲。另外在賦、文等方面也有不小的成就。

鮑照（?～四六六），字明遠，祖籍東海（今山東郯城），一說上黨（今屬山西）。他的青少年時代是在京口（今江蘇鎮江）一帶度過的。他出身於寒門庶族。自稱是「負插下農」，執羈末皀（《謝秣陵令表》）。在劉宋時代，因獻詩得到臨川王劉義慶賞識，提拔爲國侍郎，後任秣陵令、中書舍人。鮑照後來在臨海王劉子頊做荊州刺史時，任參軍等職，因此世稱鮑參軍。孝武帝死後，明帝劉彧殺前廢帝子業自立，子頊響應了晉安王子勳反對劉彧的鬥爭。子勳戰敗，子頊因謀反被賜死，鮑照也被亂兵所殺。他曾有言：「才之多少，不如勢之多少遠矣。」（《瓜步山揭文》）著有《鮑參軍集》。

鮑照的文學成就是多方面的，在生前就頗負盛名，詩、賦、駢文都不乏名篇，而成就最高的是詩歌。他是大力學習和寫作樂府詩的人，他的約二百首詩中樂府占八十多首。最有名的是《擬行路難》十八首。這些詩非一時所作，也非詠一事。但具有「文甚遒麗」（《宋書・鮑照傳》）的特點。

鮑照這十八首詩，乃是「備言世路艱難及離別悲傷之意」（據《樂府詩集》引《樂府解題》）。這組詩的內容，既有寫男女離別的悲傷；也有表現貧賤士人對世路艱難的憤慨，由此而悲嘆人生的短促。如組詩其四：

瀉水置平地，各自東西南北流；人生亦有命，安能行嘆復坐愁！酌酒以自寬，舉杯斷絕歌路難，心非木石豈無感，吞聲躑躅不敢言。

此詩和左思《詠史詩》的「鬱鬱澗底松」抒發的感慨是一致的。其懷藏的被壓抑之情是多麼深重，表現吞聲不敢言且無奈的情狀。偏於哀怨，「妙在不曾說破，讀之自然生愁」（沈德潛《古詩源》）。另外像組詩其六「對案不能食，拔劍擊柱長嘆息」等，幾近於控訴，都是貧賤世人的世路艱難之悲憤的充分表現。這組詩中還有表現遊子思婦的詩歌，感情細膩，富有特色。像其三「寧作野中之雙鳧（野鴨），不願雲間之別鶴」，表達了嚮往愛情自由的強烈願望；其十二「朝悲慘慘遂成滴，暮思遶遶最傷心，膏沐芳餘久不御，蓬首亂鬢不設簪」，寫思婦想念遊子；其十三「流浪漸冉經三齡，忽有白髮素髭生。今暮臨水拔已盡，明日對鏡復已盈」，寫征夫思念妻子。這些詩都能抓住最富特徵的細節，來凸現他（她）們的情感世界。這類作品的形式，在當時是頗具特色的。詩人把五言句和七言句無規則的相互組合，有時還夾有九言句，用韻也多在篇中驟然更換，在增強表現力上，給人以新鮮不俗的感覺。在語言運用上，很有民歌特色，有的就如口頭俗語。這些正是鮑照在藝術形式上的獨創性的表現。另外，《梅花落》也是鮑照樂府詩的一首名作。詩中以比興手法，借物喻人，曲折地表達出對黑暗現實的不滿。鮑照的這些雜言體詩（也稱歌行體），對後來的詩人產生了很大影響。唐代李白、杜甫、高適、岑參等人的詩，都可看到鮑照這種詩體的影子。人言「明遠頗自振拔，《行路難》十八章欲汰去浮靡，返於渾樸，……後來長短句（七言歌行）實多出此，與玄暉（謝朓）五言，俱兆唐人軌轍矣。」（胡應麟《詩藪》）。

鮑照的許多五言體樂府詩，也都依據各個樂府題的本意，多方面地反映社會現實。如《代出自薊北門行》：「疾風沖塞起，沙礫自飄揚。馬毛縮如蝟，角弓不可張。時危見臣節，世亂識忠良。投軀報明主，身死爲國殤。」描寫了邊塞風光和將士衛國的壯志。這首詩和曹植的某些詩相近。這種近於建安詩人「慷慨多氣」的詩作，在南朝詩中是很少見的，並爲唐邊塞詩所宗。其藝術構思和煉字煉句都以奇險取勝。《代東武吟》、《代苦熱行》等詩則更多的是寫了戰爭給百姓帶來的不幸。《代白頭吟》詩則變其原題旨，對統治者含有譏刺，「人情賤恩舊，世議逐衰興。毫發一爲瑕，丘山不可勝」。

鮑照的《擬古》（八首）、《詠史》等，風格比較剛健，與樂府詩相似，描寫當時的社會現狀，指斥貴族生活的豪華奢靡，對百姓痛苦寄與同情，寄託報國之志。這都是在同時代其他文人詩中找不到的。他的一些與友人贈答詩句；如「松生隴阪上，百尺下無枝。東南望河尾，西北隱崑崖。野風振山籟，野鳥夜驚離。」（《贈故人馬子喬》六首之三），風格與阮籍《詠懷詩》近似，寫法別致。此組詩之六：「雙劍將別離，先在匣中鳴。煙雨交將文，從此遂分形」，用此雙劍喻友人的情誼。再有《贈溥都曹別》詩句「落日川渚寒，愁雲繞天起。短翮不能翔，徘徊煙霞裏」，以鳥來喻己和友人之情深。他的一些寫景詩，常以秋冬肅殺景致入詩，遣詞造句呈現出奇險生澀的特色。如

「飲泉凍馬骨，斲冰傷役疲」（《發長松遇雪》）。《上潯陽還都道中》寫旅途辛勞，對仗工整，下開齊梁詩的先河。「歸華先委露，別葉早辭風」等詩句（《玩月城西門廨中》），則近於謝朓詩風。

總之，鮑照在詩歌創作上，善用比興，格調高昂，骨氣遒勁，詞釆華麗，「發唱驚挺」，「傾炫心魂」（蕭子顯《南齊書・文學傳論》），是南北朝時期繼承建安傳統，學習民間樂府，而取得傑出成就的詩人。

宋齊以降，賦壇上有名賦作是謝惠連（三九七～四三三）的《雪賦》和謝莊（四二一～四六八）的《月賦》，是描寫自然景物頗見清麗鮮美的佳作。但這時獲得突出成就的應推鮑照。鮑照的賦現存不過十篇，都可一讀。其中《蕪城賦》最爲傑出。此賦用廣陵形勝和昔日繁華與眼前蕪城的荒涼氣氛對比，抒發懷古之情。這不僅是爲這一個城及其統治者的命運寫照，而且是概括了歷來所有統治者的命運，所營造的終不免盡成空幻，徒供後人憑弔而已。它在六朝抒情小賦中是很突出的。其他還有《舞鶴賦》、《觀漏賦》、《尺蠖賦》、《野鵝賦》等名篇。他的這些賦，無論鋪寫什麼題材，都能從中寓託他的人生實感，賦予一定的生活意義。因而成爲被後人傳誦的名作。

鮑照的文基本上屬駢文一類，其代表作爲《登大雷岸與妹書》。這是一篇具有創造性的寫景文。文以奇峭深刻的筆勢，駢整的句法，集中刻畫山水，這是前人所未有的創舉。此外，《石帆銘》、《瓜步山揭文》，也是值得讚道的篇章。前者寫景雄渾樸茂；後者實爲雜文，借寫景而嘲諷了竊取要職的權貴。

總之，鮑照以其在詩、賦、文上的藝術創造和所取得的成就，在文學史上占有重要的地位。

（馬勝利）

二二、謝朓和沈約

中國詩歌發展到了南朝齊時，產生了所謂「新體詩」（又稱「永明體」），經過齊永明（齊武帝蕭賾年號，四八三～四九三）文人的提倡，才固定下來，成爲「新體詩」。它是從比較自由的古體詩走向格律嚴整的近體詩的過渡階段的一種詩體。這種詩歌最突出的特點是講究對偶與音律。謝朓和沈約是開創「新體詩」的代表。其中謝朓就是運用這種新詩體進行山水詩創作的最成功的優秀詩人。

謝朓（四六四～四九九），字玄暉。陳郡陽夏（今河南太康）人。他和謝靈運同族，人稱「小謝」。謝朓出身於貴族世家，他少年好學，素有美名。他曾參與竟陵王蕭子良組織的文學活動，爲竟陵八友之一。多作詠物詩，開詠物詩先河。曾先後作南齊諸王幕下的參軍、功曹、文學等官職，並深得隨王蕭子隆的賞識。後爲明帝掌中書詔誥，並於明帝建武二年（四九五）任宣城太守，世稱「謝宣城」。後爲東南海太守，行南徐州事，不久，遷官尙書吏部郎。後受誣陷，下獄而死。有《謝宣城集》。

謝朓詩歌創作的主要成就是發展了山水詩。李白曾言：「蓬萊文章建安骨，中間小謝又清發」

（《宣州謝朓樓餞別校書叔雲》）評價他在詩歌發展中承上啓下的藝術成就。他的大部分詩作為山水詩。其詩承謝靈運山水詩的遺風，卻無過分雕鏤及過多玄言之弊。雖是二人都善模山範水，以山水詩見長，其詩境、詩味卻有別。謝朓的山水詩把描寫景物和抒發感情自然地結合起來，由於他目睹社會的險惡和現實的黑暗，因此常通過景物描寫抒發人生的感嘆。如《暫使下都夜發新林至京邑贈西府同僚》詩句「大江流日夜，客心悲未央。徒念關山近，終知復路長。秋河曙耿耿，寒渚夜蒼蒼。引領見京室，宮雉正相望。」「常恐鷹隼擊，時菊委嚴霜。寄言罻羅者，寥廓已高翔。」

他也寫有一些較成功的近體詩，如《入朝曲》詩句：「江南佳麗地，金陵帝王州。逶迤帶綠水，迢迢起朱樓。」詩的兩句間力求平仄諧調，對仗工整，聲律也大致同律相合，已近於唐人的律詩。謝朓學習南朝民歌寫了不少五言四句的小詩，如「佳期期未歸，望望下鳴機，徘徊東陌上，月出行人稀。」（《同王主簿有所思》），又如「綠草蔓如絲，雜樹紅英發。無論君不歸，君歸芳已歇。」（《王孫遊》）語言簡煉，精意含蓄，宛如唐人五絕。

謝朓詩中有不少清新雋永、流暢和諧、對仗工整的詩句，體現了「好詩流轉如彈丸」（《南史·王曇首傳附王筠傳》）的主張。這是同將講究平仄四聲的永明聲律運用詩中分不開的。如「餘霞散成綺，澄江靜如練，喧鳥覆春洲，雜英滿芳甸。」（《晚登三山還望京邑》）、「遠樹暖阡阡，生煙紛漠漠，魚戲新荷動，鳥散餘花落。」（《遊東田》）、「朔風吹飛雨，蕭條江上來」（《觀潮雨》）、「窗中列遠岫，庭際俯喬林。日出眾鳥散，山暝孤猿吟。」（《郡內高齋閒望答呂法曹》）、「餘雪映青山，寒霧開白日。暖暖江村見，離離海樹出。」（《高齋視事》）、「天際識歸舟，雲中辨江樹。」（《之宣城出新林浦向板橋》）對此，沈德潛曾評道：「玄暉靈心秀口，每誦名句，淵然冷然，覺筆墨之中，筆墨之外，別有一段深情妙理。」（《古詩源》）作爲永明詩人的代表，謝朓在當時就享有盛名。梁武帝蕭衍曾言：「三日不讀謝（朓）詩，便覺口臭」（《太平廣記》引《俠蔓》）。梁簡文帝則稱之爲：「文章之冠冕，述作之楷模」（《梁書·庾肩吾傳》）。他的詩其聲律對仗的技巧，對唐近體詩的形成和發展，有著很大的影響；其寫景狀物的藝術手法，也爲唐眾多的詩家所傾倒。淸王士禛說李白「一生低首謝宣城」（《論詩絶句》）。謝朓詩不僅影響了唐代詩人，而且影響了有唐一代詩風。

謝朓還寫有辭賦和散文。他的賦，如《思歸賦》、《高松賦》等，是寫物寓意，藉景抒情的小賦，體現了向駢賦過渡的特點。他的散文多爲表章牋啓一類。賦、散文成就均不及詩。

沈約是齊梁時的文壇領袖，他在文學史上的功績是注重詩歌的聲律，提出了「四聲」（平、上、去、入）；「八病」（平頭、上尾、蜂腰、鶴膝、大韻、小韻、旁紐、正紐）之說，用四聲和雙聲疊韻研究詩歌協調音節的方法，對詩歌韻律提出了具體要求，規定了詩歌的八種禁忌（即「八病」），促成「永明體」的出現，爲韻文的發展開拓了新的境界。

沈約（四四一～五一三），字休文，吳興武康（今浙江吳興）人。歷仕宋、齊、梁三朝。其父沈璞在宋時曾做淮南太守，後在皇族爭奪帝位中被殺。由此家境落入困頓。他少時博覽群書，晝夜不倦。先在宋做尚書度支郎，後在齊做太子家令、東陽太守、國子祭酒。後助梁武帝蕭衍爭得帝業，因有功被任爲尚書仆射，封建昌縣侯，後遷尚書令，領太子少傅。死後謚隱，故後人稱之爲「隱侯」。

曾名列「竟陵八友」之一。有《沈隱侯集》。還著有多種歷史著作如《晉書》、《宋書》等；以及《四聲譜》。

沈約現存詩一百七十多首，其中樂府詩四十七首，代表作爲《四時白紵歌》、《夜夜曲》等。作品中比較優秀的是描寫山水景物和離別哀傷的詩。山水詩中的代表作有《石塘瀨聽猿》、《宿東園》、《早發定山》、《新安江至清淺深見底貽京邑遊好》等。描寫離別之情的，如《別范安成》：「**生平少年日，分手易前期。及爾同衰暮，非復別離時，勿言一樽酒，明日難重持。夢中不識路，何以慰相思！**」感情深摯，表現了詩人胸有骨鯁的一面。他還有一組《懷舊詩》（九首），其中《傷謝朓》最好。率爾直言，給予了誠摯的評價。另一組《八詠詩》，體裁介於詩、賦之間，文體頗具特色。另外，他還寫了些宮體詩，內容主要以女人色相爲描寫對象，這是不可取的。

沈約的文、賦代表作品有《齊故安陸昭王碑文》、《與徐勉書》、《高松賦》、《麗人賦》。

總之，沈約等所提出的有關詩歌音律的理論，和詩歌中對偶形式的結合，就形成了和過去不完全相同的新體詩。聲律說的產生，使得文人在詩歌創作中自覺講究格律的風氣開始形成，促進了古體詩向律詩的發展。可以說，到唐朝時蔚爲大觀的近體詩，就是在南朝時大量新體詩的創作中打下了堅實的基礎。

（馬勝利）

二一二、徐陵和庾信

在南北朝二百年間，北朝文學很不發達，除民歌獨具異彩外，其他方面均不如南朝發達。一些作家大多仿效南朝，缺乏自己的特色。自庾信等人入北，被留在長安，北方文學才有所改觀。他們在詩、賦、文學方面，都卓有成就。庾信則是號稱集南北文學之大成的作家，深爲後世所推崇，當時南朝還有一個叫徐陵的文人，歷來的評論家常把他和庾信合稱爲「徐庾」。但其成就遠不如庾信。

徐陵（五〇七～五八三），字孝穆，祖籍東海郯（今山東郯城）。早年即以詩文聞名。徐陵之父徐摛是南朝梁時著名的宮廷文人，「宮體詩」的重要作者之一。徐陵歷仕梁、陳兩代，曾滯留北方七年。早年，他同其父及庾肩吾、庾信父子，一起出入於梁太子蕭綱門下，醉心於描寫宮廷生活，刻畫女性黛痕暈脂，纖手細腰，詩風浮艷。徐陵也是宮體詩的重要作者，並遵蕭綱旨意，將漢至梁的描寫或涉及女性的詩篇搜集起來，編出詩集玉臺新詠十卷。它是繼《詩經》、《楚辭》之後，出現的一部具有代表性的詩歌總集，其中五言詩八卷，七言詩一卷，五言一韻一卷。雖說此集在於大張艷詩之體，所選大都爲浮艷之作，但其中也保存了少數優秀之作，如《古詩爲焦仲卿妻作》、《木蘭詩》等。由於多數詩文詞纖艷，後人將此稱爲「玉臺體」。後人輯有《徐孝穆集》。

徐陵詩中，應制之作和艷體詩占多數。較爲可讀的有《長相思》、《山池應令》等詩。在他的詩中，有價值的是描寫北方邊塞的幾首詩，頗近唐人之作：「**關山三五月，客子憶秦川。思婦高樓**

上，當窗應未眠。星旗映疏勒，雲陳上祁連。戰氣今如此，從軍復幾年。」（《關山月》二首之一）。另一首出自薊北門行也是寫邊塞風光和征人愁思，表達征人建功立業的願望。《劉生》、《別毛永嘉》二詩，前者對懷才不遇者表示同情；後者則是晚年同朋友的訣別之語。情眞意切，氣格高勁，與其他詩不大相同。

徐陵善作駢體文，結構嚴密有致，辭藻華美，與庾信齊名，號「徐庾體」。歷來被視爲駢文典範之作。但其成就不及庾信。徐陵駢體文大都是詔令、奏議等公文。當時各派的政治勢力都想利用他的文筆爲自己服務。比較有名氣的是《玉臺新詠序》，內容和情調與宮體詩近似，其聲色麗辭被後世所讚美。徐陵駢體文中最受後人推崇的作品是他羈留北齊時所寫的一些書信。其中《與楊僕射書》寫得沈痛哀切：「歲月如流，平生何幾？晨看旅雁，心赴江淮；樂望牽牛，情馳揚越。朝千悲而掩泣，夜萬端而迴腸，不自知其爲生，不自知其爲死也。」此文未過分堆砌故實，也並非單求辭藻華靡，卻眞實動人，有很強的抒情性。另一封《在北齊與宗室書》則眞切地抒寫了羈旅苦悶的心聲。徐陵的詩文在當代享有盛名。入陳後，被稱之爲一代文宗（《陳書・徐陵傳》）。其作品廣泛地傳入北朝。

庾信（五一三～五八一），祖籍南陽新野（今屬河南）。庾信幼年時博覽群書，受到了文學熏陶。後來和徐陵同時寫了不少華艷的宮體詩，被稱爲「徐庾體」。他歷仕三朝，初在梁做御史中丞，轉右衛將軍，出使西魏，逢西魏滅梁而不得歸，又在魏做儀同三司；後在北周做驃騎大將軍、開府儀同三司，進爵義城縣侯，世稱「庾開府」。有《庾子山集》。

庾信的文學創作以四十二歲爲界分爲前後兩個時期。前期他過著宮廷文人的生活，所作大多是一些宮體詩和華而不實的文章。這一時期，比較講究形式和技巧。但也有些寫景的佳句「**水流浮磬動，山喧雙翟飛；夏餘花欲近，秋盡燕將稀**」（《入彭城館》）、「**荷風驚浴鳥，橋影聚行魚；日落含山氣，雲歸帶雨餘**」（《奉和山池》）這一時期的抒情小賦，如《對燭賦》、《春賦》等，辭藻華美，賦中用了大量五、七言句。這些小賦和初唐歌行相似。

後期，庾信飽經戰亂，受過顛沛流離之苦，嘗過亡國的滋味；又長期寄居北方，不得還鄉，不免有懷鄉戀土的感情。因此，多數作品從思想內容到藝術風格都和前期有所不同。但仍有喜用典故和注意對仗的特點。唐代大詩人杜甫曾言：「庾信文章老更成，凌雲健筆意縱橫。」（《戲爲六絕句》）又說「庾信平生最蕭瑟，暮年詩賦動江關」（《詠懷古跡》）。他的詩歌代表作《擬詠懷》二十七首。在詩中，語簡情長、含蓄蘊藉地反映了詩人故國淪亡的痛苦和鄉關之思的惆悵，感情真摯，如第二十六首：「**蕭條亭障遠，淒慘風塵多。關門臨白狄，城影入黃河。秋風蘇武別，寒水送荊軻。誰言氣蓋世，晨起帳中歌。**」這組詩用典雖多，仍感眞摯而不晦澀平板。他的樂府歌行，也常使用比興手法自悲身世。他的後期一部分詩作的蒼勁和沈鬱的風格，是與他經歷戰亂及對北方景物有較深的感受相關。如「寒關日欲暮，披雪渡河梁」（郊行値雪）的北方冬景，給人以悲涼之氣的感覺。他也有些清新可喜的詩句，如「山明疑有雪，岸白不關沙」（舟中望月）、「寒沙兩岸白，獵火一山紅」（上益州上柱國趙王）、「野戍孤煙起，春山百鳥啼」（至《老子》廟應詔）等，對唐人五律有較深的影響。「綺艷」、「清新」、「老成」、「此六字者，詩家難兼，子山備之。」

（張溥《漢魏六朝百三家集·庾開府集題辭》）

庾信的五言小詩也非常有特色，雖有時平仄不調，但已開五言絕句的先河。如：「陽關萬里道，不見一人歸。唯有河邊雁，秋來向南飛。」（《重別周尚書》）（二首之一）還有如《寄王琳》、《寄徐陵》等，這些寄贈友人的詩，雖只寥寥數語，卻深情畢現，詩風悲慨蒼涼。作爲南北朝詩歌集大成的詩人，他初步融合南北詩風，將南朝詩歌的表現技巧，如對偶、音韻、辭藻等與北方詩歌的樸實、清新、豪邁雄渾的特點結合起來，形成既秀麗細膩又富於清剛之氣的新風格。他在詩的格律上也有所發展，幾乎諸體皆備，「開唐初七古」、「唐七律」；「其他體爲唐五律，五絕、五排所本者，尤不可勝舉」（劉熙載《藝概·詩概》）。另外，他的詩用典多。但能靈活變化，貼切自然，富於創造性。他的詩歌創作直接啓迪了唐代作家。

庾信的賦同詩一樣，風格與前期截然不同。就他的辭賦而言，無論是在思想性或藝術形式的發展上，都達到前所未有的高度，標誌這一文體的最高成就。他後期的賦作有《哀江南賦》、《小園賦》、《竹杖賦》、《枯樹賦》、《傷心賦》諸篇，都是悲感身世、傷懷故國的血淚迸溢之作，而《哀江南賦》則是最充分和集中地抒寫他的身世故國之痛的宏篇巨制。此賦長達三千多字，是一篇感人至深的自傳體史詩。賦中除了感慨地陳述自己家世本末及一生不幸遭遇外，更著重地追溯故國梁朝由盛而衰的經過及因由，深刻地表達其對故國覆滅的痛定思痛的情懷。整篇賦的內容，都是借典故成語來表達，雖然所有的典故彼此毫不相涉，但並不妨礙它給人感受的完整性，並使之能委婉地表達其豐富深刻的思想感情。

庾信還是南北朝駢文大家，與徐陵齊名。《四庫提要》稱「自古迄今，屹然爲四六宗匠」。他的文風以講究對仗和幾乎處處用典爲特徵。其代表作有《哀江南賦序》、《擬連珠》、《思舊銘》等。這些作品也多是抒發故國淪亡、身世飄零之痛的。庾信晚年的作品之所以能感人，是生活使然。艱難玉成了作家，再加上那支凌雲健筆，使他寫出了驚天動地的藝術傑作。（馬勝利）

二一三、初唐四傑

自有唐開國至玄宗登基（六一八～七一三）這近百年的時間是唐代文學史上的初唐時期。這一時期的文風基本沿襲了齊梁宮體詩的餘脈，以淫靡浮艷的宮體詩和富麗呆板的應制詩爲創作主體。王績、杜審言等人雖創作了一些文風質樸的作品，但並未產生重大的影響。在這種文壇大氣候下，四位年青詩人脫穎而出，「以文章齊名天下」，開創了唐代詩歌「風骨兼備」的先聲。

所謂初唐四傑，是指唐太宗貞觀中年後至武后當政期間的王勃、楊炯、盧照鄰、駱賓王。聞一多在《唐詩雜論·四傑》中評論說：他們「年少才高，位小名大，行爲相當浪漫，遭遇尤其悲慘」。

王勃（六五〇～六七六），字子安，絳州龍門（今山西省河津縣）人，是王績的姪孫。十四歲應幽索科試及第，授朝散郎，爲沛王府修撰。後任虢州參軍，因故革職，並連累其父由雍州司功參軍貶爲交趾令。王勃在渡海探父途中溺水，驚悸而死，年僅二十八歲。

王勃自幼便具有強烈的反思與批判精神。據兩《唐書》的本傳記載，王勃九歲即寫了洋洋十卷之繁的《漢書指瑕》。其成年後的《上吏部裴侍郎啓》中，批判的態度更爲鮮明激烈：

夫文章之道，自古稱難……自微言既絕，斯文不振。屈、宋導澆源於前，枚、馬張淫風於後。談人主者，以宮室苑囿爲雄；敘名流者，以沈酗驕奢爲達。故魏文用之而中國衰，宋武貴之而江東亂。雖沈謝爭騖，適足兆齊、梁之危；徐、庾並馳，不能止周、陳之禍。

王勃在詩歌創作的實踐上，力求革新，積極開拓詩歌的題材，注意用作品來眞實反映社會的現實生活，樹立剛健清新的文風格調。另外，在詩歌的形式上，亦明顯地表現出古體詩向近體詩過渡的趨勢。如，五言四句的《山中》：

長江悲已滯，萬里念將歸。況屬高風晚，山山黃葉飛。

五言八句的《送杜少府之任蜀川》：

城闕輔三秦，風煙望五津。與君離別意，同是宦遊人。海内存知己，天涯若比鄰。無爲在岐路，兒女共沾巾。

七言八句的《滕王閣詩》：

滕王高閣臨江渚，珮玉鳴鸞罷歌舞。畫棟朝飛南浦雲，珠簾暮捲西山雨。閒雲潭影日悠悠，物換星移幾度秋。閣中帝子今何在，檻外長江空自流。

《送杜少府之任蜀川》將纏綿悱惻的離情別緒融入開朗壯闊的意境之中，變悲涼爲豪放，化感傷爲鼓舞。詩的平仄、押韻、對仗基本合乎近體詩的要求。

王勃原有詩文集傳世，已散佚不存，明人輯有《王子安集》。

楊炯（六五〇～六九三？），華陰（今陝西省）人。楊炯十歲即舉神童，上元三年應制舉及第，授校書郎，後官至盈川令，卒於任上。

楊炯在《王勃集序》中說：

（勃）嘗以龍朔初載（六六一左右），文章變體。爭構纖微，競爲雕刻。糅之以金玉龍鳳，亂之以朱紫青黃。影帶以循其功，假對以稱其美。骨氣都盡，剛健不聞。思革其弊，用光志業。……長風一振，衆萌自偃。遂使繁綜淺術，無藩籬之固；紛繪小才，失金湯之險。積年綺碎，一朝清廓。

雖爲對王勃的評價，但從中亦可知楊炯對當時文壇的批判態度及文學理想。

楊炯傳世作品數量不多，只有幾首以邊塞爲題材的五律較有特色。《從軍行》是其代表作：

烽火照西京，心中自不平。牙璋辭鳳闕，鐵騎繞龍城。雪暗凋旗畫，風多雜鼓聲。寧爲百夫長，勝作一書生。

全詩風格剛健雄渾，激昂豪放，反映了作者渴望以軍功建業的心情。同時，也折光地映射出作者經世治國之才不得施展的鬱鬱之情。

盧照鄰（六三六？～六九五？），字昇之，號幽憂子，幽州范陽（今河北省涿州市）人。盧照鄰是四傑中仕途與人生均最不如意的。其初任鄧王府典簽，後升至新都尉，不久即因病辭官。此後十餘年，一直受風痹症折磨，加之貧窮不堪，遂自投潁水。

盧照鄰的批判精神較爲溫和，他在《南陽公集序》中說：

自獲麟絕筆，一千三四百年。遊夏之門，時有荀卿、孟子；屈宋之後，直至賈誼、相如。兩班敘事，得丘明之風骨；二陸裁詩，含公幹之奇偉。鄴中新體，共許音韻天成；江左諸人，咸好瑰姿艷發。

盧照鄰最爲擅長七言歌行，不僅在當時就頗有影響，對其後唐代七言歌行這種詩體的發展亦具有較大的推動作用。其代表作品《長安古意》長達六十八句。詩的第一部分從長安的街景入手，描寫長安四通八達的大街小巷上，無數的香車寶馬川流不息。在此背景下，以權貴豪門家的歌兒舞女爲切入點，展開對長安權貴爭競豪奢、追逐享樂生活的描述。詩的第二部分，由日景轉入夜景，寫形形色色的人等自各處「共宿娼家桃李蹊」。第三部分將筆觸轉向上層社會的權力爭鬥。第四部分將「年年歲歲一床書」的楊雄與「自言歌舞長千載，自謂驕奢凌五公」，而不自知「節物風光不相待，桑田碧海須臾改。昔時金階白玉堂，即今唯見青松在」的權貴相比，在迥然不同的生活情趣描寫中，寄寓著作者對當時長安社會上各種人等驕奢庸俗生活的批判。此詩名爲古意，實爲今感。在藝術特徵上，基本上四句一轉意或一換景，詩韻亦隨之更迭轉換，形成了起伏流轉的節奏韻律。在場景描寫上，有「長安大道連狹斜」的壯闊，亦有「百尺遊絲爭繞樹」的細緻。在抒情方式上，有「得成比目何辭死，願作鴛鴦不羨仙」的直抒胸臆，亦有「生憎帳額繡孤鸞，好取門簾貼雙燕」的寓意象徵。《長安古意》從文學的源流上繼承了宮體詩，但從抒發的思想感情上變革了宮體詩。如此感情充沛，內容充實的長篇巨製，是初唐以前所未曾有過的。胡應麟在《詩藪·內編卷三》中極口稱讚說：「七言長體，極於此矣！」

駱賓王（六二六？～六八四？），婺州義烏（今浙江省義烏市）人。曾任長安縣主簿、臨海縣丞等職。後因參加徐敬業的揚州舉兵，寫了著名的《討武曌檄》，兵敗後下落不明。

駱賓王在文學觀點上，也是比較鮮明地反對浮靡文風。在《和學士閨情詩啓》中，他說：

唐歌虞詠，始載典謨；商頌周雅，方陳金石。其後言志緣情，二京斯盛；含毫瀝思，魏晉彌繁。……爰逮江左，謳謠不輟，非有神骨仙材，專事元風道意。顏謝特挺，戕伐典麗。自茲以降，聲律稍精。其間沿改，莫能正本。

駱賓王的詩歌創作，在四傑中是最爲豐富的。中宗復位後，下詔收集其文編次。《全唐詩》錄其詩文三卷，淸代陳熙晉箋注的《駱臨海集》收錄其詩文最爲詳備。

駱賓王少有文采，七歲時所作的《鵝》詩，爲歷來啓蒙讀物的必選之作。駱賓王精五律，對長篇歌行，也頗爲稔熟。

《獄中詠蟬》是駱賓王在侍御史任上，因言事觸怒武后，被誣下獄時所寫：

西陸蟬聲唱，南冠客思深。不堪玄鬢影，來對白頭吟。露重飛難進，風多響易沈。無人信高潔，誰爲表余心。

這首詩在比興當中寄託悲憤沈痛，由物及人，由人到物，達到了物我一體的境界。感情充沛，藝術純熟，是詠物詩中的名作。

四傑都是少年才高而仕途困頓，這和他們的人生理想與當時的政治環境有關。他們都有著建功立業的政治理想，但廣開仕路只不過是武后改變原有權力結構的權宜之計，其地位穩固後，便轉向宮廷的內部鬥爭。而四傑所從屬的分別是沛王、太子、鄧王和道王，均為武后排斥的異己力量。仕途困頓使得四傑從自身經歷出發對社會現實進行了一定的反映，雖然未能從根本上改變初唐文壇上的浮靡文風，但畢竟開啓了一個嶄新的文學時代。杜甫在《戲為六絕句》中說：「王楊盧駱當時體」，「不廢江河萬古流」。（張健）

二一四、陳子昂

初唐四傑王楊盧駱以激烈的批判精神進行了詩文革新，使得唐初的文壇呈現出生機，但六朝餘韻，並未終止。繼四傑之後，高舉詩文革新的旗幟，從理論和實踐兩個方面掃蕩形式主義文風殘餘的是陳子昂。

陳子昂（六六一～七〇二），字伯玉，梓州射洪（今四川省射洪縣）人。陳子昂年青時喜任俠及仙道，十七、八歲方專心讀書，這和早熟的初唐四傑截然不同。二十四歲舉光宅進士，其才識得到武后的重視。二十六歲後，因參加抵禦契丹的戰爭曾兩度至塞上。陳子昂一方面支持武后的政治改革，一方面又對武后專權時的弊政進行指責。三十八歲時解職還鄉，終為武三思指使縣令段簡羅織罪名，迫害至死。

陳子昂是滿懷政治理想踏入仕途的。他在《諫政理書》中寫道：

竊少好三皇五帝霸王之經，歷觀邱墳，旁覽代史，原其政理，察其興亡。自伏羲神龍之初，至於周隋之際，馳騁數百年，雖未得其詳，而略可知也。

為了實現自己的理想，陳子昂精心策劃了千緡市琴的活動，使其聲名「一日之內，聲華溢都」（事見《獨異志・補佚》）。但是武后只欣賞其政治上的才識而並不加以任用，這是陳子昂詩文中悲憤孤獨情緒的思想基礎。也正是由於此，陳子昂才能夠在文學上有所建樹，得到杜甫「有才繼騷雅，……名與日月懸」（《陳拾遺故宅》）的高度評價。

陳子昂的詩歌主張比較明確地反映在《修竹篇序》中：

文章道弊，五百年矣。漢魏風骨，晉宋莫傳，然而文獻有可徵者。僕嘗暇時觀齊梁間詩，彩麗競繁，而興寄都絕，每以永嘆，思古人，常恐逶迤頹靡，風雅不作，以耿耿也。一昨於解三處見明公《詠孤桐篇》，骨氣端翔，音情頓挫，光英朗練，有金石聲。遂用洗心飾視，發揮幽鬱。不圖正始之音，復睹於茲；可使建安作者，相視而笑。

陳子昂把「文章道弊」這一形式主義文風的要害指摘出來，就是要求文章應有充實的思想內容。齊梁文風彌漫文壇幾近二百年，其產生和發展有著文學演進的必然性。四聲的發現應用於詩歌，必然造成詩歌形式的重大變革。但是，齊、梁之後，聲韻對偶形式日趨嚴整，緣情的範圍日益狹窄，以至於形式主義占據了主導地位，文學的個性色彩逐漸淡化，詩歌甚至成為一種文字排列組合的遊戲。因此，從內容上來革新詩歌就成為必然。陳子昂並未像初唐四傑那樣絕對而激烈，他把復古的下限推至漢、魏之際和正始時代，並提出了「正始之音」和「建安風骨」兩個具體可感的學習楷模和遵循標準。「風骨」、「興寄」、「風雅」等亦曾散見於初唐四傑的文學主張中，但陳子昂將它們系統組織起來，賦予它們具體的特定涵義，成爲明確的理論。

陳子昂的詩歌創作是其理論主張的有力實踐，尤其是《感遇詩》三十八首，雖非一時一地之作，但大多具有深刻的社會現實內容。如第十九首抨擊武則天的佞佛行爲，第二十九首抨擊武則天擊生羌襲吐蕃的黷武行爲等。《感遇》第三首「漢甲三十萬，曾以事匈奴。但見沙場死，誰憐塞上孤？」不僅寫出了不合理的社會現實，並且嘗試著揭示其內在的實質。

陳子昂曾兩次至塞上軍中，領略了北國的風光，體驗了邊防將士的思想感情。因此，其描寫邊塞生活的作品尤爲引人注目。

前不見古人，後不見來者。念天地之悠悠，獨愴然而涕下。

這首《登幽州臺歌》寫於武則天萬歲通天元年（六九六年）。陳子昂隨武攸宜征討契丹，因意見不合而由參謀降爲軍曹。仕途上的接連受挫，使陳子昂意識到自己的政治理想已成泡影。面對戰國時燕昭王築黃金臺拜將的歷史遺跡，天地茫茫，古今悠悠，一種蒼涼悲壯的孤獨之感油然而發。失意的寂寞苦悶，理想的奔湧衝動交織在一起，在歷代仁人志士心中，激盪起壯志難酬的永久共鳴。在《喜馬參軍相遇醉歌》中，陳子昂亦曾嘆道：「時歲忽兮，孤憤遐吟，誰知我心。」詩人失意的寂寞是由政治造成的，因此，政治上的失意成爲陳子昂創作上最原始也是最強烈的動力。

陳子昂的思想較爲複雜，儒、道、五行、任俠等兼而有之，因而其詩歌在現實主義的主流之外，亦有一些較爲複雜的支脈。在詩歌的藝術形式上，由於過分注重對齊、梁文風的批評，矯枉過正，使一部分作品失之枯燥，詩味不濃，缺乏審美體驗。陳子昂的詩多爲五古，很少變化，在一百二十餘首存詩中，竟然沒有一首七言，這不能不說是缺憾。

陳子昂的散文大多寫得樸實暢達，這在唐代，也是開風氣之先的。

陳子昂的出現，使得齊、梁文風得以徹底清算，從而從理論和實踐兩個方面爲唐代詩歌走向繁榮奠定了基礎。《新唐書·陳子昂傳》說：「唐興，文章承徐、庾餘風，天下祖尚，子昂始變雅正。」韓愈《薦士》亦說：「國朝盛文章，子昂始高蹈。」（張健）

二一五、孟浩然

早在晉、宋之際，由於社會動盪、玄風盛行，以及山林川澤的私有化和封建田莊的園林化，山水田園成爲詩歌的一個獨立而突出的題材，稱爲山水田園詩。盛唐時期的政治、思想、經濟環境爲山水田園詩的滋長提供了豐沃的土壤，從而使得詩歌的這一支脈呈現出燦爛的氣象。

孟浩然（六八九～七四〇），襄陽（今湖北襄樊市）人。青年時代隱居於家鄉鹿門山，閉門讀書，以詩歌自娛。其間亦曾往吳越等地漫遊。四十歲時往長安求仕，得到張九齡、王維的讚賞，其詩才亦得到社會的承認。據《新唐書·孟浩然傳》載：「嘗與太學賦詩，一座嗟伏，無敢抗。」長安之行未使孟浩然在政治上得到實際的利益，只好重返家鄉繼續其山隱生活。縱觀唐代的文學史，孟浩然是少有的以布衣終老的一位著名詩人。

孟浩然一生的經歷較爲平淡，生活在太平歲月，又未經歷重大的人生挫折。四十歲求仕不果，亦未給他造成思想及心理的重大影響。所以，孟浩然詩歌的題材顯得較爲狹窄，缺乏社會內容。其代表作品山水田園詩，主要寫故鄉的山川風物，如鹿門山、萬山、峴山、魚梁州、高陽池等。《夜歸鹿門歌》、《秋登萬山寄張五》等詩大多寫得清淡自然。但孟浩然的內心世界仍是有矛盾的。《書懷貽京邑同好》、《歸故園作》、《留別王侍御維》等詩中都有明白的流露。《與諸子登峴山》是孟浩然隱居鹿門山時所作：

人事有代謝，往來成古今。江山留勝跡，我輩復登臨。水落魚梁淺，天寒夢澤深。羊公碑尚在，讀罷淚沾襟。

羊公，即晉武帝時都督荊州諸軍事的羊祜。其任職時，樂山水，修德政。羊祜登峴山時曾說：「由來賢達勝士登此遠望，如我與卿者多矣，皆湮沒無聞，使人悲傷。」（事見《晉書・羊祜傳》）。孟浩然名爲悲羊祜，實際上也是感慨自身。羊祜雖已作古，但名與山一同留傳至今。而自己默默無爲，仕進不舉，雖然亦於此山終老，但必將「湮沒無聞」。念及此，又怎能不「淚沾襟」呢。

孟浩然在漫遊秦中、吳越時，寫下了不少以行旅生活爲題的詩。如《宿建德江》：

移舟近煙渚，日暮客愁新。野曠天低樹，江清月近人。

具有一種風韻天成、含而不露的藝術美。

孟浩然長期生活在農村，對於農家生活場景較爲熟悉。這種生活經歷使他寫出了清新樸實，眞率自然的《過故人莊》：

故人具雞黍，邀我至田家。綠樹村邊合，青山郭外斜。開軒面場圃，把酒話桑麻。待到重陽日，還來就菊花。

這首詩「語淡而味終不薄」（沈德潛《唐詩別裁》語）。每一個詞似乎都是信手拈來的自然、平淡之詞，每一個句子也都那麼樸實，毫無修飾，但全詩的意境又是那麼地優美，散發著濃鬱的田家生活氣息。首聯寫故人的邀請，一個「雞黍」點出了田家特色；頷聯寫景，「郭外」和「村邊」畫出了田園風光；頸聯寫歡聚，「場圃」與「桑麻」烘托了農家的氣氛；尾聯的道別，「還來」道出了依戀與不捨。恬靜秀美的風光和眞摯誠懇的情誼交融在一起，不使奇，不弄巧，卻達到了高度的藝術境界。

孟浩然工於五言詩，五古、五絕、五律寫得都很出色。《臨洞庭上張丞相》是其西遊長安時寫給張九齡的干謁詩：

八月湖水平，涵虛混太清。氣蒸雲夢澤，波撼岳陽城。欲寄無舟楫，端居恥聖明。坐觀垂釣者，徒有羡魚情。

波瀾壯闊的洞庭氣象正是開元盛世的象徵，而自己的落魂與時代是多麼不合諧，由此自然引出本詩的主旨。全詩以比興爲體，寫得委婉含蓄而又目的明確，語言得體而又心情迫切。《春曉》是孟浩然經年歷久，傳唱不衰的一首五言絕句：

春眠不覺曉，處處聞啼鳥。夜來風雨聲，花落知多少。

蘇軾曾評論孟浩然的詩「韻高而才短，如造內法酒手，而無材料」（陳師道《後山詩話》引）。如果把「才短」「無材料」理解爲受經歷所限而導致的思想內容不夠豐厚，蘇軾的評論可以說是一語中的。如果理解爲以詞藻和修辭爲代表的文采，蘇軾的評論恰好從側面說明了孟浩然詩歌語淡味永的特點。在孟浩然今存二百六十餘首詩中，優秀的作品不是很多，篇幅也短。杜甫對此評價說：「賦詩向必多，往往凌鮑謝」（《遣興》）；「復憶襄陽孟浩然，清詩句句盡堪傳」（《解悶》）。

孟浩然基本生活於盛唐的前期，其死後十五年才爆發了安史之亂。他的作品中，還殘留著詩歌由初唐向盛唐過渡的痕跡。孟浩然是唐代第一位大量寫作山水田園詩的詩人，不僅引發出唐代山水田園詩的浩浩大河，而且其自身的創作也達到了相當高的藝術造詣，成爲和王維並駕齊驅的一代大師。（張健）

二一六、王維

在盛唐山水田園詩派中，成就最高的當屬王維。

王維（七〇一～七六一），字摩詰，原籍太原祁（今山西省祁縣），後遷居蒲州（今山西永濟縣）。王維自幼聰慧好學、通音律，善詩文。《洛陽女兒行》、《九月九日憶山東兄弟》都是他少年時的作品。二十一歲時中進士，任太樂丞，後因故貶爲濟州司功參軍。張九齡爲相後，王維積極支持其開明政績，被提拔爲右拾遺，轉監察御史。張九齡貶官後，王維亦被改任涼州河西節度使判官，出使塞上，有過一段邊塞經歷。回京後，王維過著半官半隱的生活。安史之亂時，王維被安祿山迫授僞官，但仍懷著「百官何日再朝天」（《凝碧詩》）的期望。兩京收復後，王維先是貶爲太子中允，後又升至尙書右丞，卒於任上。

王維早期的詩歌作品，如《少年行》：「出身仕漢羽林郎，初隨驃騎戰漁陽。孰知不向邊庭苦，縱死猶聞俠骨香」；《燕支行》：「麒麟錦帶佩吳鉤，颯沓青驪躍紫騮。拔劍已斷天驕臂，歸鞍共飲月支頭」等激盪著豪放的熱情，體現出盛唐蓬勃向上的生機和朝氣。但中年以後，仕途的動盪使其早年即信奉的佛教思想逐漸占了主導地位，他以「晚年唯好靜，萬事不關心」（《酬張少府》）的態度對待生活，宗教成爲他人生的寄託。在《嘆白髮》一詩中寫道：「一生幾許傷心事，不向空門何處銷。」這種消沈避世的人生態度，使其詩歌作品的現實內容逐漸淡化直至退出，連對其生活產生巨大影響的安史之亂，在作品中也未有積極的反映。但是，這種對世事無可無不可的漠然態度爲王維全身心地投入對大自然的體察創造了條件。他摈棄所有的慾望和雜念，以其全部的感知觸角去聆聽、感受大自然的眞諦，捕捉深藴其中的靈魂，並以藝術的表現手法將常人所看不到、聽不到、感受不到的意境之美形諸筆端，其意境的清奇俊麗達到了前無古人後無來者的境地。

王維在音樂和繪畫上的造詣並不遜色於詩歌，蘇軾在《書摩詰藍田煙雨圖》中說：「味摩詰之詩，詩中有畫；觀摩詰之畫，畫中有詩。」「詩中有畫」主要體現爲獨具匠心的構圖和色彩的映襯。如《終南山》：

太乙近天都，連山到海隅。白雲回望合，青靄入看無。分野中峰變，陰晴衆壑殊。欲投人處宿，隔水問樵夫。

詩人以寥寥數語將終南山的重巒迭嶂，雲霧繚繞、山體走勢以及陽光強弱濃淡組合爲一幅氣勢磅礴的山水巨軸。而詩的最後兩句，更是點睛之筆：深山空谷中的伐木聲爲畫面增添了回遠悠韻，人的形跡又爲曠大的意境增添了生機。如果沒有最後的一筆，前邊的筆墨無論如何細緻總是缺少一種神韻。《使至塞上》中的「大漠孤煙直，長河落日圓」一句更見王維得益於繪畫的構圖功底。

荊溪白石出，天寒紅葉稀。山路元無雨，空翠濕人衣。

這首題爲《山中》的小詩仿佛使用的不是語言而是繪畫的丹青，用色彩拼成一幅秋山行路圖，體現了作者強烈的色彩感受力。

王維入仕後的第一件工作即是擔任樂職，由此可見其在音樂上的造詣。在詩歌中，王維不僅出神入化地運用各種自然或非自然的音響來烘托氣氛、創造意境，如《鳥鳴澗》的「月出驚山鳥，時鳴春澗中」、《山居秋暝》的「清泉石上流」和「竹喧歸浣女」等，在整首詩的安排上，也往往體現了一種韻律之美。

《輞川集》中的五言絕句，是王維詩中歷來爲人稱道的珍品，較爲全面地代表著王維詩歌所達到的藝術境界。

空山不見人，但聞人語響。返景入深林，復照青苔上。（《鹿柴》）

王維作爲山水田園詩派的代表，其作品中亦有一些寫農家生活的篇目。如《渭川田家》「雉雊麥苗秀，蠶眠桑葉稀。田夫荷鋤至，相見語依依」，《春中田園作》「持斧伐遠楊，荷鋤覘泉脈」，《新晴野望》「農月無閒人，傾家事南畝」等。

王維詩歌的語言淺顯平易，如《雜詩》其二：「君自故鄉來，應知故鄉事。來日綺窗前，寒梅著花未？」以不假修飾，接近於生活自然的形式表現了濃厚的思鄉之情。

渭城朝雨浥輕塵，客舍青青柳色新。勸君更盡一杯酒，西出陽關無故人。

這首《送元二使安西》的前兩句交待送別的時間和地點。在萬千景物中獨取楊柳，是因為唐代有折柳相送的習俗，這青青的柳色正是離別的象徵。後兩句以白描的手法寫別宴上的勸酒細節。「更進」表示已喝了很多，正是酒逢知己千杯少的鋪墊。同時，最後再乾一杯，也表示了詩人的祝願與安慰。《送元二使安西》又名《渭城曲》、《陽關三疊》，自其問世以來即為人喜愛，傳唱不已。李商隱《飲席喜贈同舍》詩中竟言：「唱盡陽關無限疊。」

王維存詩四百餘首，有《王右丞集》。

（張健）

二一七、儲光羲

儲光羲是以質樸知名的盛唐山水田園派詩人。

儲光羲（七〇七～七六〇？），兗州（今山東省兗州市）人，一說為潤州（今江蘇省鎮江市）人。開元年間進士及第，官至監察御史。安史之亂時，曾於偽廷任職，後死於嶺南貶所。

儲光羲的詩反映現實生活的極少，他的一生，起落不可謂不大，但在詩中幾乎沒有反映。以《效古》為題的五言古風說明他對現實並非無所知、無所感：

晨登涼風臺，暮走邯鄲道。曜靈何赫烈，四野無青草。大軍北集燕，天子居西鎬。婦人役州縣，丁男事征討。老幼相別離，哭泣無昏早。稼穡既殄絕，川澤復枯槁。曠哉遠此憂，冥冥商山皓。

但他的詩，主要還是抒寫士大夫們的閒適情致，如《田家即事》：

蒲葉日已長，杏花日已滋。老農要看此，貴不違天時。迎晨起飯牛，雙駕耕東菑。蚯蚓土中出，田烏隨我飛。群合亂啄噪，嗷嗷如道飢。我心多惻隱，顧此兩傷悲。撥食與田烏，日暮空筐歸。親戚更相誚，我心終不移。

詩的前半部分情感質樸，後半部分稍嫌做作。相比之下，《田園雜興八首》更能體現其山水田園詩的風格。其八：

種桑百餘樹，種黍三十畝。衣食既有餘，時時會親友。夏來菰米飯，秋至菊花酒。孺人喜逢迎，稚子解趨走。日暮閒園裏，團團蔭榆柳。酩酊乘夜歸，涼風吹户牖。清淺望河漢，低昂看北斗。數甕猶未開，明朝能飲否。

儲光羲作爲山水田園詩人和王維、孟浩然相比，其不同是顯而易見的，他缺少對自然景物的細心體察和流連。王維先是半官半隱，而後更擲棄政事，全身心地投入自然之中，去體味眞諦，捕捉精髓；而孟浩然一生無官，山水即是其生活的主要內容。儲光羲在朝爲官，山水田園生活只是其官宦生活的調劑和補充。因此，他不可能寫得如王維那般靜，也不可能寫得如孟浩然那般眞。儲光羲的山水田園詩中多次寫到勞動，這是王維、孟浩然所未涉及的，後人也曾因此視儲光羲爲陶風一脈。陶淵明寫勞動，是帶著「久在樊籠裏，復得返自然」（《歸田園居》）的喜悅心情來寫的，字裏行間洋溢著對收穫的憧憬。而儲光羲對勞動，只不過是士大夫的一時之好，缺乏深刻的體驗，詩句中也就融不入動人的力量。

儲光羲的抒情小詩寫得較有特色。如《釣魚灣》：

垂釣綠灣春，春深杏花亂。潭清疑水淺，荷動知魚散。日暮待情人，維舟綠楊岸。

這是一首寫情人相約的詩。情人相約，卻以垂釣爲名，可見兩人情感的發展尚屬萌萌之際。先來的一方並不焦燥，觀察之細竟至「潭淸疑水淺，荷動知魚散」的地步，可見心境之淸爽。這首詩還可做另解，即垂釣者與候人者爲兩人，前四句寫垂釣者，後二句寫「月上柳稍頭，人約黃昏後」。小伙子劃著輕舟來到這僻靜的約會之處，垂釣者只好成人之美，打點而歸了。《詠山泉》是另一首淸新恬淡的小詩：

山中有流水，借問不知名。映地爲天色，飛空作雨聲。轉來深澗滿，分出小池平。恬淡無人見，年年長自淸。

儲光羲原有文集七十卷，至宋已不存。《全唐詩》錄其詩四卷二百二十四首。（張健）

二一八、高適

以邊塞生活入詩，其歷史可遠溯漢代的樂府。但在盛唐時期，邊塞生活成爲詩歌創作的普遍題材，出現了一批以此擅名的詩人，被稱爲邊塞詩人。高適即是其中最具代表性的詩人之一。

高適（七〇二？～七六五），字達夫，渤海蓨（今河北省景縣）人。幼時貧困，二十歲時曾去長安求仕，失敗後北上薊門，在燕趙一帶遊歷，渴望建立軍功，但也未找到出路。此後，他在梁、宋間過了十餘年「混跡漁樵」的貧困流浪生活，並與李白、杜甫有過一段交往。將近五十歲時，才得授封丘尉，不久即辭官。安史之亂爆發，高適佐哥舒翰守潼關。潼關失守，高適奔赴行在，向玄宗陳述軍事，由此得到器重。安史之亂後，高適歷任顯官，終於左散騎常侍。

高適在《塞下曲》中寫道：「**萬里不惜死，一朝得成功。畫圖麒麟閣，入朝明光宮。大笑向文士，一經何足窮。古人昧此道，往往成老翁。**」這裏刻畫的不僅是疆場凱旋的將士，字裏行間也流露出作者渴望以軍功立業的憧憬。由於長期生活在社會的下層，使得高適的詩歌具有較強的現實內容。「胡騎雖憑陵，漢兵不顧身」（《薊門五首》）歌頌了士卒的奮勇；「羌胡無盡日，征戰幾時歸」（《薊門五首》）表達了對久戍不歸的同情；「青海只今將飲馬，黃河不用更防秋」（九曲詞）抒發了對平息戰事實現和平的嚮往；「虜酒千鍾不醉人，胡兒十歲能騎馬」（《營州歌》）描寫邊疆少數民族的風情，等等。

《燕歌行》是高適邊塞詩作中最傑出的一篇，寫於漫遊梁、宋時的開元二十六年。

漢家煙塵在東北，漢將辭家破殘賊。男兒本自重橫行，天子非常賜顏色。摐金伐鼓下榆關，旌旆逶迤碣石間。校尉羽書飛瀚海，單于獵火照狼山。山川蕭條極邊土，胡騎憑陵雜風雨。戰士軍前半死生，美人帳下猶歌舞。大漠窮秋塞草腓，孤城落日鬥兵稀。身當恩遇恆輕敵，力盡關山未解圍。鐵衣遠戍辛勤久，玉筯應啼別離後。少婦城南欲斷腸，征人薊北空回首。邊風飄颻那可度，絶域蒼茫更何有。殺氣三時作陣雲，寒聲一夜傳刁斗。相看白刃血紛紛，死節從來豈顧勳。君不見沙場征戰苦，至今猶憶李將軍。

這首詩有感於幽州節度使張守珪「妄奏克獲之功」（事見《舊唐書·張守珪傳》）而發，但又不拘泥於此，而是從藝術概括的高度抒發了對戍邊士卒的同情。詩的前八句寫出師，中八句寫戰敗，後八句寫被圍，末四句寫死鬥，以濃縮的筆墨描寫了戰爭的全過程。出師這日是何等壯觀，戰鬥進行得是何等的艱苦。「戰士軍前半死生，美人帳下猶歌舞。」這強烈的對比直白無誤地揭示出戰爭失利的原因所在。「少婦城南欲斷腸，征人薊北空回首。」戰士也是人，他們有父母兄弟妻子兒女，每一位戰士的身後都有一雙含情幽怨的眼睛在凝視著。輕率的戰鬥舉動導致了無謂的犧牲，而這些犧牲者不僅僅是戰士，而且也是和我們一樣有情有意的人。「相看白刃血紛紛，死節從來豈顧勳。」戰士們是多麼地英勇無私，在短兵相接的生死之際，他們以命相搏，爲的哪裏是什麼個人的功勳。詩的最後，「君不見沙場征戰苦，至今猶憶李將軍。」將體恤士卒，以至士卒「咸樂爲之死」（事見《史記·李將軍列傳》）的漢將軍李廣樹爲榜樣，更增加了全詩的諷刺力量。

開元盛世，是唐代最爲輝煌的時期，但是，越是靠近繁榮的頂峰就越是顯露出跌落的危機。在所有的盛世詩人中，高適最先描寫了人民的苦難。《自淇涉黃河途中作》「園蔬空寥落，產業不足數」寫農民的貧困蕭條；《東平路中遇大水》「蟲蛇擁獨樹，麋鹿奔行舟。稼穡隨波瀾，西成不可求。室居相枕從籍，蛙黽聲啾啾。……農夫無倚著，野老生殷憂」寫水災帶給農民的災難。在這些詩作中，流露著高適對農民苦難的同情。也正是由於這一感情基礎，在他任封丘縣尉後，才寫出了「拜迎長官心欲碎，鞭撻黎庶令人悲。歸來向家問妻子，舉家盡笑今如此」（《封丘縣》）的名句。

高適是唐代著名詩人中官職最高的，隨著地位的升遷，他的詩越來越失去光彩，《舊唐書》稱其「年過五十始留意詩什」是不確切的。他早期的作品，尤其是邊塞詩，風格雄渾厚樸，筆力豪健，產生了很大的影響。殷璠《河嶽英靈集》中評論他的詩「多胸臆語，兼有氣骨」是較爲恰當的。

（張健）

二一九、岑參

唐開元、天寶年間，唐王朝憑藉強大的軍事實力與周邊地區的匈奴、吐蕃等進行了頻繁的戰爭，並取得了一系列的勝利。這種局面奠定了盛唐邊塞詩樂觀豪邁的基調，岑參即是傑出的代表。

岑參（七一五～七七〇），江陵（今湖北省江陵縣）人。岑參的曾祖父、伯祖父、伯父都官至宰輔，父親也曾兩任刺史。但由於父親早逝，家道衰落。他自幼從兄受書，能自砥礪，博覽史籍。

二十歲曾至長安獻書求仕，三十歲舉進士，授兵曹參軍。天寶八年，充安西四鎭節度使高仙芝幕府書記，兩年後回長安。天寶十三年，作爲安西北庭節度使封常淸的判官，再度出塞，安史之亂平定後才回朝。兩次至塞上共計六年。回長安後，曾任右拾遺，與擔任左拾遺的杜甫同朝共事。五十一歲時任嘉州刺史，大曆五年卒於成都。

岑參對邊塞生活和邊塞風光有著較爲深厚的體驗。在他的邊塞詩中，首先引人注目的是奇麗雄奇的塞外風光。如「火山突兀赤亭口，火山五月火雲厚。火雲滿山凝未開，飛鳥千里不敢來」（《火山雲歌送別》）、「天山有雪常不開，千峰萬嶺雪崔嵬。北風夜捲赤亭口，一夜天山雪更厚。」（《天山雪歌送蕭治歸京》）等。其次是對邊塞風習的描寫。如「琵琶長笛齊相和，羌兒胡雛齊唱歌。渾炙犁牛烹野駝，交河美酒金叵羅」（《酒泉太守席上酒後作》）等。

《白雪歌送武判官歸京》、《走馬川行奉送出師西征》、《輪臺歌奉送封大夫出師西征》是岑參邊塞詩作品中鼎足而三的傑作。

《白雪歌送武判官歸京》寫於天寶十三年，岑參再度至塞外時：

北風捲地百草折，胡天八月即飛雪。忽如一夜春風來，千樹萬樹梨花開。散入珠簾濕羅幕，狐裘不暖錦衾薄。將軍角弓不得控，都護鐵衣冷難著。瀚海闌干百丈冰，愁雲慘淡萬里凝。中軍置酒飲歸客，胡琴琵琶與羌笛。紛紛暮雪下轅門，風掣紅旗凍不翻。輪臺東門送君去，去時雪滿天山路。山迴路轉不見君，雪上空留馬行處。

這首充滿奇思異想的詠雪送人之作以壯美的意境、浪漫的筆觸描繪了邊地獨特的自然風光，充滿濃鬱的邊地生活氣息。「北風捲地百草折，胡天八月即飛雪。」詩的開篇由風起筆，寫雪不是靜靜地飄，而是趁著猛勁的風勢飛舞而至，這正是北地邊塞氣候的特徵。一個「即」字，既有詩人對邊塞氣候的感慨，又寓意著邊塞生活的艱苦。「忽如一夜春風來，千樹萬樹梨花開。」「忽如」一詞正說明氣候的多變無常，大雪來得急驟迅猛。梨花盛開的景象不是一朵一朵，而是團團錦簇，壓枝欲低。用梨花比雪，不僅在事理上相通，而且梨花開在春天，給人以浪漫、樂觀的精神，這和岑參當時的思想感情也是一致的。詩人並不以邊塞的艱苦生活爲苦，反而有點津津樂道，將北國的奇寒融入新奇有趣的意境中，使人讀來產生嚮往。這首詩雖然是詠雪送人之作，但詠雪的意味大大超過了送人，因此可視爲詠雪的名篇，而非送人的佳作。

《走馬川行奉送出師西征》的寫作年代比《白雪歌送武判官歸京》稍早，詩人將筆觸直接伸向軍旅生活，描寫了一次艱苦的行軍：

君不見走馬川，雪海邊，平沙莽莽黃入天。輪臺九月風夜吼，一川碎石大如斗，隨風滿地石亂走。匈奴草黃馬正肥，金山西見煙塵飛，漢家大將西出師。將軍金甲夜不脫，半夜軍行戈相搏，風頭如刀面如割。馬毛帶血汗氣蒸，五花連錢旋作冰，幕中草檄硯水凝。虜騎聞之應膽懾，料知短兵不敢接，車師西門佇獻捷。

這首詩運用反襯手法，通過對自然環境之惡劣的極力渲染，來突出唐朝將士不畏艱險爲國效力的崇高精神。

岑參的邊塞詩中沒有高適筆下的沈重，更多的是樂觀豪邁的精神、豐富瑰麗的想像、壯闊雄奇的意境等浪漫主義的特徵，這和岑參的家庭出身與個人經歷不無關係。同時，也是唐代國力強盛時期時代精神在詩人心中的映照。魯迅《墳・看鏡有感》中說：「漢唐雖然也有邊患，但魄力究竟雄大，人民具有不至於為異族奴隸的自信心。」

岑參的邊塞詩在場面的描摹、細節的刻畫上都是相當出色的，如上引二詩中對邊塞飛雪和唐軍出征的場面描寫，以及「紛紛暮雪下轅門，風掣紅旗凍不翻」和「馬毛帶雪汗氣蒸，五花連錢旋作冰」的細節刻畫等。《逢入京使》「故園東望路漫漫，雙袖龍鍾淚不乾。馬上相逢無紙筆，憑君傳語報平安」中的細節描寫更是歷來為人稱道。

岑參的五言歌行詩大量運用轉韻的手法，隨著場景的變化和思想情感的發展，或兩句一轉，或三句一轉，或四句一轉，使得詩歌的韻律婉轉流暢，節奏鮮明有力。《涼州館中與諸判官夜集》一詩，句句入韻兩句一轉，明顯地是受到民歌的影響。

（張健）

二一〇、王昌齡

王昌齡是以邊塞詩聞名的盛唐詩人。他的七絕作品言短意長，成就很高，後人稱他為「七絕聖手」。

王昌齡（六九八？～七五七？），字少伯，太原或京兆長安人。開元十五年（七二七）進士及第，開元二十二年（七三四）中博學宏辭科。王昌齡是唐代著名詩人中仕途極不得意的少數幾人之一。他初授祕書省校書郎，後又任汜水（今河南省滎陽縣）尉、江寧（今江蘇省南京市）丞、龍標（今湖南省黔陽縣）尉。《舊唐書・王昌齡傳》說他「屢見貶斥」，曾遠至嶺南，原因大概是個性太強，不拘小節。安史之亂時，王昌齡棄官回鄉，爲刺史閭丘曉所殺。

王昌齡的邊塞詩和盛唐其他邊塞詩人的作品一樣，充滿樂觀豪邁激昂向上的情調。《從軍行七首》是其代表作。

青海長雲暗雪山，孤城遙望玉門關。黃沙百戰穿金甲，不破樓蘭終不還。

這是七首中的第四首。詩的開篇描繪出一幅景象壯闊的塞外長卷。「黃沙百戰穿金甲」一句，不僅寫出了西北地區獨特的戰場環境，並且虛實結合，有力地概括出戰事的漫長、頻繁、艱苦。詩的最後以唐軍將士的誓言收束，從而使全篇具有了積極向上的樂觀主義基調。對於強大的正義之師來說，環境越是艱苦就越能激發將士的豪情壯志，這首詩可以說是一個生動的寫照。

《出塞二首》中的第一首曾爲後人推爲唐人七絕中的壓卷之作：

秦時明月漢時關，萬里長征人未還。但使龍城飛將在，不教胡馬度陰山。

王昌齡邊塞詩作中亦抒寫戍卒的離愁別緒，如《從軍行七首》中的第一首：「烽火城西百尺樓，黃昏獨坐海風秋。更吹羌笛關山月，無那金閨萬里愁。」第二首：「琵琶起舞換新聲，總是關山舊別情。撩亂邊愁聽不盡，高高秋月照長城。」但這種愁並非令人承負不起的無望和怨憤，而是遠離家鄉思念親人的自然流露。即使不在邊關而羈旅他鄉，這種情愁亦會時時產生纏繞。

《青樓曲二首》從一位征人家屬的角度來寫大軍凱旋和封侯拜將，反映出軍隊在人民心目中的地位。樓下是旌旗十萬秋毫無犯，樓上是紅妝少婦靜坐鳴箏。這種景象和杜甫筆下的「吏呼一何怒，婦啼一何苦」（《石壕吏》）形成了鮮明的對比。

王昌齡的邊塞詩往往借用樂府舊題，但詩的內容和感情都是全新的。形式上，王昌齡也選擇易於入樂的七絕。

王昌齡寫閨怨、宮女的作品素享盛譽。他善於體察並捕捉細微的情緒，表情宛轉，怨而不憤。《舊唐書・王昌齡傳》評價其詩文「緒微而思清」是很有道理的。

閨中少婦不曾愁，春日凝妝上翠樓。忽見陌頭楊柳色，悔教夫婿覓封侯。

這首詩題目就叫《閨怨》，但開頭卻故言「不曾愁」，反盪一筆，使詩意轉折有致。楊柳在唐代專門寓意別離，王維《送元二使安西》詩中營造離別情氛單選一物即楊柳。因此，閨中少婦登樓遠眺，望見陌頭楊柳色時，就自然地產生「只羨鴛鴦不羨仙」的情感了。《長信秋詞五首》從五個不同角度寫宮怨，其第三首和第四首尤爲出色：

奉帚平明金殿開，且將團扇共徘徊。玉顏不及寒鴉色，猶帶昭陽日影來。

眞成薄命久尋思，夢見君王覺後疑。火照西宮知夜飲，分明復道奉恩時。

前者的後二句既是寫景又是抒情。將美人與寒鴉類比，一美一醜對比鮮明，增加了抒情的力度。後者寫失寵宮女由思入夢，夢後生疑，疑無從解，遙望西宮，而西宮正是燈火輝煌，美人承歡之際。心理刻畫細緻入微、層次分明。另外如《春宮曲》、《西宮春怨》等也都是成就較高的作品。

王昌齡作品中寫與友人送別、留別的也不少。如《芙蓉樓送辛漸》：「寒雨連江夜入吳，平明送客楚山孤。洛陽親友如相問，一片冰心在玉壺。」借抒別情以明心志；《送柴侍御》：「流水通波接武岡，送君不覺有離傷。青山一道同雲雨，明月何曾是兩鄉。」超過一般寫別情的窠臼，獨創新意。

（張健）

二二一、王之渙

王之渙以詩作之少——《全唐詩》僅輯錄其詩六首，詩名之高——天寶間，名動一時而獨出唐代數千之眾的詩人群體。

王之渙（六八八～七四二），字季陵，晉陽（今山西省太原市）人。少有俠氣，好擊劍悲歌，從禽縱酒。曾官文安縣尉。

《全唐詩》二百五十三卷錄其詩文六首，如下。

《登鸛雀樓》：

白日依山盡，黃河入海流。欲窮千里目，更上一層樓。

《送別》：

楊柳東風樹，青青夾御河。近來攀折苦，應為別離多。

《涼州詞二首》：

黃河遠上白雲間，一片孤城萬仞山。羌笛何須怨楊柳，春風不度玉門關。

單于北望拂雲堆，殺馬登壇祭幾回。漢家天子今神武，不肯和親歸去來。

《躧詞》：長堤春水綠悠悠，畎入漳河一道流。莫聽聲聲催去棹，桃溪淺處不勝舟。

《九日送別》：

薊庭蕭瑟故人稀，何處登高且送歸。今日暫同芳菊酒，明朝應作斷蓬飛。

鸛雀樓在山西蒲州（今永濟縣）。《夢溪筆談》言其「樓三層，前瞻中條，下瞰大河」，可見氣勢之盛。王之渙寫登樓所望，景象壯闊遼遠，氣勢雄渾蒼茫。「白日依山盡」是仰望、遠望之景，「黃河入海流」是由近而遠之景；前者如景之縱軸，後者如景之橫軸，容括了上下、東西、遠近的大小景物，境界才顯得特別寬廣闊大。僅此尚餘不足，境界愈是闊大、愈少不得生機和靈動的點綴與貫穿。所以，作者用了兩個動詞，「盡」是緩緩地下落，「流」是滔滔地奔逝。夕陽西下沒山，是當前之景；大河西逝入海，半是當前之景半是意中之景，二者交融一體，增強了寫景抒情的力度，使人胸襟爲開、豪情迸生。詩意至此，仿佛情已抒盡，景已寫盡。但作者妙筆如椽，別翻新意：世界是廣闊無窮的，眼下的目之所見以及由此產生的意之所想，都不能脫開所處高度、位置的所限，登高一層，又會境界全新。這兩句平鋪直敘，卻含意深遠，給人無窮的啓迪。在近體詩的格律上，《登鸛雀樓》也堪稱典範之作。前二句用正名對，對句工整而又厚重有力；後二句用流水對，語意貫通自然天成。沈德潛選此詩入《唐詩別裁》時評價說：「四語皆對，讀來不嫌其排，骨高故也。」

《送別》是一首語意平淡卻又富含蘊籍的小詩。寫送別不寫別離之人，而是把筆觸落在象徵離別的楊柳上，以楊柳自苦的比擬手法寫別人之多，別情之重。

《涼州詞二首》的第一首是寫邊塞生活的名篇佳構，後人往往僅據此一篇而將王之渙納至邊塞詩人的名下，可見這首詩的巨大魅力。詩的第一句和「白日依山盡」相反，是逆觀黃河。不屬意其氣勢，而突出其迤邐蜿蜒的神韻飄飛。次句是畫面的主體部分，崇山峻嶺猶若大海之波濤起伏，一片孤城仿佛一葉孤舟般獨立無援。兩句景語爲下文抒寫戍邊者的思鄉之情做了充分的鋪墊。寫情濃至化解不開之際，就應該排開一筆，予以寬解，這樣不僅使詩意委婉，而且更能反襯情之深濃，「羌笛何須怨楊柳」一句正是如此。最後一句緊接上文的「怨」字，意爲邊地生活本來就是如此之苦呵，其中所包含的悲壯蒼涼和慷慨颯爽，正是盛唐邊塞詩所獨有的基調。

據唐人薛用弱的《集異記》載，王之渙與王昌齡、高適三人詩名相當。一日偶遇梨園伶官唱曲讌樂，於是王昌齡就提議以伶人所唱各人作品的多寡來定詩名。伶人首先唱的是王昌齡的《芙蓉樓送辛漸》「寒雨連江夜入吳，平明送客楚山孤。洛陽親友如相問，一片冰心在玉壺」。次唱高適的《哭單父梁九少府》「開篋淚沾臆，見君前日書。夜台何寂寞，猶是子雲居……」。第三唱的「奉帚平明金殿開，且將團扇共徘徊。玉顏不及寒鴉色，猶帶昭陽日影來」，是王昌齡《長信秋詞五首》中的第三首。王之渙「自以詩名已久，因謂曰：『此輩皆潦倒樂官，所唱皆邑人下俚之詞，豈陽春白雪之曲，俗物豈敢相近。』因指諸妓中之最佳者云：『待此子所唱如非我詩，吾即終身不敢與子爭衡矣。』」王之渙竟然言中，該女所唱即《涼州詞二首》中的第一首。此事傳爲佳話，名「旗亭畫壁」。

《讌詞》和《九日送別》都是寫別離之作。前者寫愁而通篇不著一個愁字，後者則直抒胸臆，深沈淒婉。

王之煥雖僅傳詩六首，除公推名作《登鸛雀樓》和《涼州詞二首》其一外，其他四篇亦各有可觀之處，無愧詩名。（張健）

二三二、李白

李白，以其詩歌創作中高度統一的浪漫主義精神和浪漫主義表現手法奠定了在盛唐詩壇上的崇高地位。同時，也使其成為中國古代數千年詩歌史上最偉大的詩人之一。

李白（七〇一～七六二），字太白，祖籍隴西成紀（今甘肅省天水縣），先世在隋末時因罪流徙中亞。李白生於安西都督府屬的碎葉城（今在哈薩克斯坦境內），五歲時隨父遷居蜀郡綿州彰明縣青蓮鄉（今四川省綿陽縣）。李白幼年起即「誦六甲」、「觀百家」、「好劍術」、「遊神仙」，受到儒、道，縱橫等各家思想的影響。二十至二十五歲，李白遊歷了蜀中的名山大川。二十六歲時，李白懷著「使寰區大定，海縣清一」（《代壽山答孟少府移文書》）的勃勃雄心，南遊洞庭，東遊金陵、揚州，北遊洛陽、太原，再東行至齊魯，遊跡所至，幾乎遍及半個中國。長期的漫遊生活，大大開闊了李白眼界，積累了豐富的創作素材，也培育了詩人的浪漫氣質。

天寶元年（七四二），李白四十二歲時，終因道士吳筠的推薦，唐玄宗下詔徵召李白赴京供奉翰林。李白第一次去長安，是開元十八年（七三〇）的事，當時除結識了賀知章等當朝名流，傳播了詩名以外，在仕途上並無進展。事隔十餘年，皇帝親自下詔書要其進京，使詩人豪興大發，寫下了「仰天大笑出門去，我輩豈是蓬蒿人」（《南陵別兒童入京》）的壯語。但是，當時正值奸相李林甫專權，貴妃楊玉環得寵，玄宗皇帝已失去了登基時的朝氣，耽於歡娛，朝綱敗壞。李白是懷抱著經邦治國的政治理想赴長安的，但事實告訴他，他只不過是一個唱讚歌的詩人。理想的破滅使李白心灰意懶，個性的狂放又招致了權貴的讒毀。終於，在天寶三年春，李白離開長安，再度開始了漫遊生活。夏初，李白在洛陽遇到了比他小十一歲的杜甫，在汴州又遇到了高適。三位詩人一同暢遊開封、濟南等地的名勝，李白與杜甫之間更結下了「醉眠秋共被，攜手日同行」（杜甫《與李十二同尋范十隱居》）的深厚情誼，二人盤桓至次年秋才分手。

天寶十四年（七五五），安史之亂爆發後，李白被永王李璘從隱居地廬山堅請至幕府。李璘因懷爭奪帝位之心而被消滅後，李白也因此獲罪，囚禁於潯陽獄中。出獄後，五十八歲高齡的詩人被判除長流夜郎（今貴州省桐梓），幸而途中遇大赦得歸。三年後，病逝於他的族叔當塗縣令李陽冰家中，初葬采石磯，後改葬青山。

「一百四十年，國容何赫然」。（《古風·四十六》）唐代開國一百餘年形成的繁榮景象造就了積極向上充滿熱情的一代詩人，李白的詩歌中就洋溢著這種對功名事業的嚮往和拯物濟世的雄心。「暫因蒼生起，談笑安黎元」（《贈蔡舍人》），「苟無濟代心，獨善亦何益」（《贈韋祕書子春》）。在長安失意之後，李白對自己的政治前途有了較爲清醒的認識。他一方面在山水神仙中逃避，一方面又唱出了「東山高臥時起來，欲濟蒼生未應晚」（《梁園吟》）的詩句。安史之亂爆發，李白接受永王的邀請，也是他面對「白骨成丘山，蒼生竟何罪」（《贈江夏韋太守良宰》）的殘酷現實欲有所作爲的表現。晚年流放夜郎行至巫山遇赦而歸後，聽說太尉李光弼率百萬兵征討逆賊史朝義，李白即由當塗北上，請纓殺敵，至金陵因病折返。這說明垂暮之年的李白仍不忘經邦治國建功立業的政治理想。雖然李白在中年以後，對政治有了一些認識，增強了其詩歌中的叛逆因素，但他對政治的不滿局限於「總爲浮雲能蔽日」（《登金陵鳳凰台》）。

求仙學道是李白詩歌中十分突出的內容。王安石曾這樣評價：「李白識見卑下，詩詞十句，九句言婦人酒耳。」李白對於求仙學道的熱情貫穿了他一生，這與其複雜的思想體系相關。他以儒家思想作爲入世和追求政治理想的切入點，又以道家的境界作爲失意後回旋的場所，二者的交融塑造了李白激昂慷慨的熱情和飄逸非凡的風骨。范傳正在李白的新墓碑上寫道：「好神仙，非慕其輕舉，將不可求之事求之，欲耗壯心遣餘年也。」求仙學道是李白在現實面前進行自我心理調節的廣闊天地。李白四十四歲由長安賜金放還後，在洛陽與三十三歲的杜甫相遇，兩人一同登泰山。杜甫寫了著名的《望嶽》，抒發了「會當凌絕頂，一覽眾山小」的雄心。而李白《登泰山六首》，其一說：「**玉女四五人，飄搖下九垓。含笑引素手，遺我流霞杯。**」其二說：「**山際逢羽人，方瞳好容顏。……遺我鳥跡書，飄然落岩間。**」其三、四、五、六也都是如此。兩人同登一山，而詩中的境遇是如此不同，迷亂荒誕的表象下是李白激盪不寧的心情。一千餘年來，李白一直被譽爲詩仙，如果把「仙」字理解爲超脫世俗，不問世事肯定是不符合李白眞實情況的。李白自視甚高，尤其喜歡「謫仙人」

一詞。他一生未參加科舉考試，總想以詩名和奇遇來獲得朝廷的任用。才氣浩大，自視甚高決定了詩人內心深處的孤獨感，也就是「高處不勝寒」的寂寞與冷清。《獨坐敬亭山》是李白天寶十二年（七五三）秋遊宣州（今安徽省宣城）時所作：

眾鳥高飛盡，孤雲獨去閒。相看兩不厭，只有敬亭山。

望斷飛鳥，看盡閒雲，該失去的都失去了，默默相對的，只有沈靜和深厚的大山。如此淒清冷寂意蘊豐富的作品在李白的全部詩作中並不多見，但它從一個側面反映出詩人內心世界中某些眞實的情感。

李白詩歌的藝術魅力感染了古往今來的無數人。

在詩中，詩人毫不掩飾、約束自己的情感。閘門一旦打開，就任其噴薄而出，表現出強烈的主觀色彩。「狂風吹我心，西掛咸陽樹」（《金鄉送韋八之西京》），「大道如青天，我獨不得出」（《行路難》），「黃河落天走東溟，萬里瀉入胸臆間」（《贈裴十四》）「天生我材必有用，千金散盡還復來」（《將進酒》）「我且爲君搥碎黃鶴樓，君亦爲吾倒卻鸚鵡洲」（《江夏贈韋南陵冰》），「我本楚狂人，鳳歌笑孔丘」（《廬山謠寄盧侍御虛舟》）、「安能摧眉折腰事權貴，使我不得開心顏」（《夢遊天姥吟留別》），「我有萬古宅，嵩陽玉女峰」（《送楊山人歸嵩山》），「剗卻君山好，平鋪湘水流」（《陪侍郎叔遊洞庭醉後三首》）「我醉欲眠卿且去，明朝有意抱琴來」（《山中與幽人對酌》）……這些以「我」爲中心，將胸中之情自由揮灑的詩句，是李白浪漫主義詩歌特徵的主要構成因素。其次，豐富的想像，藝術的誇張，新奇的意境是李白詩歌浪漫主義特徵的藝術體現。這在其作品中比比皆是，尤以《夢遊天姥吟留別》最爲突出。

李白詩歌的語言不假修飾，眞率自然，表現出高超的造詣。李白把「清水出芙蓉、天然去雕飾」（《贈江夏太守良宰》）作爲詩歌的語言要求，而他自己的創作，完美地實踐了這一主張。「兩人對酌山花開，一杯一杯復一杯。我醉欲眠卿且去，明朝有意抱琴來。」（《山中與幽人對酌》）這種明白如話卻又令人回味無窮的語言在唐代乃至整個中國古代詩歌史上恐無第二人可以寫出。

李白一生恃才自傲，不拘小節。這些人生個性反映在其作品上，就是近體詩寫得少，好的不多。五律《渡荆門送別》，七律《登金陵鳳凰台》，五絕《夜思》，七絕《送孟浩然之廣陵》和《早發白帝城》是其中的佼佼者。

李白是俠客，「笑盡一杯酒，殺人都市中」（《結客少年行》）；李白豪士，「東遊淮揚，不逾一年，散金三十餘萬」（《上安州裴長史書》）；李白是道人，「倘逢騎羊子，攜手凌白日」（《登峨眉山》）；李白是隱士，「少年早欲五湖去，見此彌將鐘鼎疏」（《答王十二寒夜獨酌有懷》）；李白是酒徒，「蟹螯即金液，糟丘是蓬萊。且須飮美酒，乘月醉高臺」（《月下獨酌》），但李白更是對「大道如青天，我獨不得出」滿懷鬱憤而又不失理想的豪儒。這一切，構成了李白豐富多彩的內心世界，造就了中國古代詩歌史上空前絕後的偉大浪漫主義詩人。

（張健）

二一三、杜甫

杜甫，以其詩歌創作中高度的現實主義精神，眞實、深刻地反映了安史之亂前後唐王朝由盛轉衰的歷史，從而奠定了在盛唐詩壇上的崇高地位。同時，也使其成爲中國古代數千年詩歌史上最偉大的詩人之一。

杜甫（七一二～七七〇），字子美，原籍襄陽（今湖北省襄樊市）。生於河南鞏縣。其曾祖父曾任鞏縣令，祖父杜審言，是唐初著名的詩人，做過膳部員外郎。其父杜閑，曾任兗州司馬和奉天縣令。杜甫自幼聰穎，七歲始作詩文，讀書十分刻苦。二十歲起，杜甫走出書齋，漫遊於吳越、齊趙一帶。天寶四載（七四六年），三十五歲的杜甫來到長安，次年應試落第。此後十年，雖多方營運，在仕途一直未有轉機。天寶十四載（七五五），杜甫因獻《三大禮賦》才得以被任命爲右衛率府兵曹參軍，是一個掌管兵器盔甲倉庫的小官。其後不久，安史之亂爆發，杜甫攜家人自奉先逃往鄜州。次年，聽說肅宗在靈武即位，即隻身前往，途中被叛軍俘至長安。至德二年（七五七）四月，杜甫由長安脫死逃出，徑往鳳翔行在，授任左拾遺。長安收復後，杜甫又因疏救罷相的房琯而被貶華州司功參軍。不久，決心辭官，攜家眷流落入川，定居成都。大曆三年（七六八），年將花甲的杜甫離川東下，轉徙鄂、湘之間，過著飄泊不定的生活。兩年後，病逝於湘江舟中。元和八年（八一三），也就是詩人去世後的第四十三年，杜甫的靈柩才由其孫杜嗣業由岳陽遷回偃師安葬。

杜甫的詩歌創作可以分爲四個時期。

讀書與壯遊時期。這一時期以三十五歲入長安求仕爲界，是杜甫創作的準備期。《望岳》較能代表這一時期杜甫的心境。

長安困守時期。這是杜甫開始關注社會現實，創作風格由浪漫主義向現實主義轉變的時期，時間大致從三十五歲至四十四歲。《自京赴奉先縣詠懷五百字》、《兵車行》、《麗人行》等都是這一時期的作品。

陷賊與爲官時期。四十五歲至四十八歲的短短數年，是國家岌岌可危，人民災難深重的時期，也是杜甫現實主義詩歌創作的高峰時期。《悲陳陶》、《悲青阪》、《塞蘆子》、《春望》、《述懷》、《北征》、《羌村》等關心時局，控訴叛軍罪行，同情人民疾苦的詩篇均創作於此時。乾元二年（七五九）三月，唐軍在鄴城潰敗後，爲補充兵員，濫用權威，兇暴程度不減於叛軍。杜甫在自洛陽回華州途中，耳聞目睹了這一情況，寫成了《新安吏》、《潼關吏》、《石壕吏》、《新婚別》、《垂老別》、《無家別》這一組千古絕唱，史稱「三吏」、「三別」。

飄泊西南時期。這一時期的詩歌創作，在保持現實主義的基調的同時，增強了抒情色彩，形式也變得多樣化。

杜甫出生在世代「奉儒守官」的家庭，儒家的入世思想是其一生中無論窮達的主導。早年抱守的「致君堯舜上，再使風俗淳」（《奉贈韋左丞丈》）、「再光中興業，一洗蒼生憂」（《鳳凰台》）的政治理想日行漸遠之後，杜甫並未轉尋另外的人生寄託，而是將這種政治上的理想和熱情化爲強烈的社會責任感，從而擺脫個人情感的波動，使自身與社會融爲一體。他的歡樂，他的痛苦，他的憤怒，他的失望，等等一切的情感都是因社會、因人民而發，這就使得其作品具有了亙古以來從未有過的鮮明的時代特徵。

關心時事，同情人民，是杜甫詩歌的突出特徵。杜甫在強烈的社會責任感的促使下，自覺主動地將天寶年間一系列重大的歷史事件納入自己的創作範圍，用「破膽遭前政，陰謀獨秉鈞」（《奉贈鮮于京兆二十韻》）斥責李林甫專權；用《麗人行》諷刺楊國忠兄妹亂政；用《兵車行》抨擊出征雲南的黷武喪師等。在對廣大人民的同情上，杜甫以前的詩人也屢有佳作，但在深度和廣度上，都遠不及杜甫。杜甫以「窮年憂黎元，嘆息腸內熱」（《自京赴奉先縣詠懷五百字》）的樸素感情來關注包括老婦、寡婦、負薪女子、士兵、老農等下層勞動人民的生活境遇，並直觀地捕捉到「朱門酒肉臭，路有凍死骨」（《自京赴奉先縣詠懷五百字》）這一階級對立的本質。

關注國家命運，無比熱愛祖國是杜甫詩歌的另一重要特徵。在國家危難存亡之際，杜甫寫下了「國破山河在，城春草木深。感時花濺淚，恨別鳥驚心。」的《春望》，當大亂初定時，杜甫又寫下了「劍外忽傳收薊北，初聞涕淚滿衣裳。卻看妻子愁何在，漫卷詩書喜欲狂」的《聞官軍收河南河北》。在「三吏」、「三別」爲代表的深刻同情人民的作品中，也無不充滿著悲壯的愛國主義熱情。如《新安吏》中，杜甫一方面對被強徵入伍的「中男」深表同情，對這一不合理的作法提出「縣小更無丁」的責問，但畢竟大敵當前，戰事危急，所以杜甫另一方面又以「掘壕不到水，牧馬役亦輕。況乃王師順，撫養甚分明。送行勿泣血，僕射如父兄」來寬慰和解釋。

杜甫對待創作極爲嚴肅認眞，他在《江上值水如海勢聊作短述》中說：「爲人性僻耽佳句，語不驚人死不休。」高度的藝術概括力是杜甫詩歌創作，尤其是敘事詩創作的重大成就。《兵車行》描寫的雖然僅僅是咸陽橋送別征人的一個場面和行人的一段對話，卻集中概括了兵役的繁重以及給人民帶來的痛苦。「三吏」、「三別」無不如是。在許多作品中，杜甫將自己的主觀思想、個人情感融化在客觀的具體敘述和描寫中，這種寓主觀於客觀的方法是杜甫敘事作品的最大特點。如《石壕吏》寫官吏的橫暴，人民的苦難和無奈，全詩五言二十四句，除「吏呼一何怒，婦啼一何苦」兩句微微顯露愛憎之情外，其餘都是對客觀事物的具體描寫。浦起龍《讀杜心解》評論《麗人行》說：「無一諷刺語，描摹處，語語諷刺；無一慨嘆聲，點逗處，聲聲慨嘆。」此外，細節描寫的精確傳神、人物對話的個性化、情景交融的抒情方法也都是杜甫詩歌十分鮮明的藝術特徵。

楊愼《杜詩詳注》中評價杜甫詩歌的語言功底說：「詩中疊字最難下，唯少陵獨工。」不僅「無邊落木蕭蕭下，不盡長江滾滾來」（《登高》）、「世亂鬱鬱久爲客，路難悠悠常傍人」（《九日》）中的疊字「唯少陵最工」，在煉字遣詞上，杜甫的語言功底也是十分深厚的。如以數字入詩，「烽火連三月，家書抵萬金」（《春望》）、「十室幾人在，千山空自多」（《征夫》）；以地名入詩，「即從巴峽穿巫峽，便下襄陽向洛陽」（《聞官軍收河南河北》）。在煉字方面，杜甫受到歷來詩評家的推崇備至。胡應麟《詩藪》中說：「意極精深，詞極簡易。前人思慮不及，後學沾溉無窮，眞化工不可爲矣。」「感時花濺淚，恨別鳥驚心」（《春望》）、「細雨魚兒出，微風燕子斜」（《水檻遣心二首》）、「星垂平野闊，月湧大江流」（《旅夜書懷》）、「吳楚東南坼，乾坤日夜浮」

（《登岳陽樓》）等句確是達到了詞和意的完美融和。

杜甫詩歌的體裁很雜，他對五言、七言、古體、近體都有獨到的運用。他的四百餘首古體詩繼承了先秦兩漢以來的現實主義傳統，成爲新樂府詩體的開路之作。他一百三十八首絕句不僅在題材上有所開拓，還創製了拗體絕句的獨特式樣。律詩是杜甫造詣最深的詩體。現存詩作中有五律六百三十首，七律一百五十一首，排律一百三十五首，共計一千零五十四首。不僅數量多，在思想性和藝術性上都達到了運用這種詩體創作的最高峰。

杜甫的別名很多，有自稱，也有後人的稱呼。如李白詩中屢稱「杜二」；杜甫因居住長安少陵，所以也自稱「少陵」，又自稱「杜陵野客」、「杜陵布衣」等；因官職後人稱杜甫爲「杜工部」、「杜拾遺」、「杜員外」；宋楊萬里稱杜甫爲「詩聖」，直至明代仍有沿襲；因杜甫曾於成都浣花溪畔自築草堂，所以又有「草堂先生」、「浣花老翁」之稱。

（張健）

二二四、張志和

張志和是唐代頗具傳奇色彩的文人，李德裕稱其「隱而有名，顯而無事，不窮不達，嚴光之比」。（語見《新唐書・張志和傳》）在文學史上，張志和是最早製作詞的文人之一。如果李白曾寫《菩薩蠻・平林漠漠煙如織》不足爲信的話，張志和的《漁歌子》無疑就是最早的文人詞。

張志和（七三〇？～八一〇？），字子同，婺州金華（今浙江省金華市）人。始名龜齡，現名傳爲肅宗所賜。張志和的父親張遊朝，研究莊子、列子的著作獨有心得，並撰寫過《象罔》、《白馬證》等書。張志和繼承家學，十六歲即以明經舉進士，曾待詔翰林，受到肅宗的賞識。後來因事貶爲南浦（今四川省萬縣市）尉，遇赦後即隱居不仕，自稱「煙波釣徒」。張志和隱居後的生活很具傳奇性。他自稱釣徒，但垂釣時不設魚餌；肅宗賜他男女家丁各一，他爲其婚配，號爲漁童、樵青；以嗜茶聞名的陸羽問他：你跟誰有來往？他回答說：「太虛爲室，明月爲燭，與四海諸公共處，未嘗少別也，何有往來？」有道有禪，雜爲一體；當地縣令徵集他去疏浚水渠，他一點都沒有不滿的神色；其嫂爲他織了一件大布裘，他套上後，天氣再熱也不肯脫下。由此可見，《新唐書》將他歸入「隱逸」一族是十分恰當的。

張志和的詩，《全唐詩》輯錄四首，《太寥歌》「化元靈哉，碧虛清哉，紅霞明哉。冥哉茫哉，唯化之工無疆哉」和《空洞歌》「無自而然，自然之元。無造而化，造化之端。廓然慤然，其形團圞。反爾之視，絕爾之思，可以觀」。與其說是詩，倒不如說是道家的唱念之詞。《上巳日憶江南禊事》：

黃河西繞郡城流，上巳應無祓禊遊。爲憶淥江春水色，更隨宵夢向吳洲。

和《漁父》：

八月九月蘆花飛，南谿老人垂釣歸。秋山入簾翠滴滴，野艇倚檻雲依依。卻把漁竿尋小徑，閒梳鶴髮對斜暉。翻嫌四皓曾多事，出爲儲皇定是非。

倒不乏可觀之處。可見其如用心於文，肯定會有所建樹。

張志和的作品中，尤爲引人注目的是《漁歌子》五首，其中如：

西塞山前白鷺飛，桃花流水鱖魚肥。青箬笠，綠蓑衣，斜風細雨不須歸。

青草湖中月正圓，巴陵漁父棹歌連。釣車子，橛頭船，樂在風波不用仙。

唐代的近體詩是可以合樂歌唱的，如《集異記》載「旗亭畫壁」事中王之渙、王昌齡的七絕和高適的五律都爲伶人樂工歌唱。（詳參本書「王之渙」條）但是，五七言詩體跟變化繁多的音律不容易和諧，只好增減詩的字句來解決這一矛盾，因而產生了長短句的歌詞。張志和的五首《漁歌子》，只是把每首的第三句由七言分解爲兩個三言句，其餘三句完全遵從律詩的要求，明顯地表現出七絕改版的痕跡。《全唐詩》將此五首以《漁父歌》爲題錄入，亦有其道理。《舊唐書·音樂志》載：「自開元以來，歌者雜用胡夷、里巷之曲。」里巷之曲即民間流行的俚曲小調，《漁歌子》就是其中之一。《漁歌子》是音樂的曲調，依調塡詞這一新型的文學創作，至遲在中唐就已被文人掌握了，張志和的五首《漁歌子》就是自覺地創作。有意思的是，張志和的哥哥張松齡擔心弟弟放浪山水，還寫了一首《漁歌子》的和詞：

樂在風波釣是閒，草堂松徑已勝攀。太湖水，洞庭山，狂風浪起且須還。

陸羽、顏眞卿、徐士衡、李成矩等人亦依《漁歌子》曲調與張志和互爲唱和。可見，中唐時，不僅產生了文人詞，並且塡詞已漸成風氣。

張志和的五首《漁歌子》從藝術角度來看，也是較爲成功的。尤其第一首，描繪水鄉春景，繪聲繪色，極具生活情趣。「斜風細雨不須歸」一句，不僅寫出了春風的吹面不寒、春雨的沾衣欲濕，

更流露著作者熱愛自然、痴情山水的美好情感。（張健）

二二五、劉長卿

劉長卿是以風格含蓄溫和，清雅洗煉聞名的中唐詩人。如以年齡論，劉長卿比杜甫仍長兩歲，但他的詩名，是在上元、寶應年間（七六〇～七六三）才傳播開的，因而歸入中唐詩人之列。

劉長卿（七〇九～七八〇）字文房，河間（今河北省河間縣）人。開元二十一年（七三三）進士，曾任轉運使判官。至德三年（七五八）春，因性格剛直獲罪權貴，下姑蘇獄，並貶爲潘州南巴（今廣東省茂名市）尉。大曆八年（七七三），在鄂岳轉運留後任上，被觀察使誣奏，貶爲睦州（今浙江省建德縣）司馬。終隨州（今湖北省安陸西北）刺史，有《劉隨州文集》，錄詩十卷，雜著文章六卷。

劉長卿作品多抒寫對飄流生活的感慨和山水閒情。後一部分詩從語言和意境上都與王維、孟浩然較爲接近，能做到凝煉自然，造意清新。如《尋南溪常山人山居》：

一路經行處，莓苔見屐痕。白雲依靜渚，芳草閉閒門。過雨看松色，隨山到水源。溪花與禪意，相對亦忘言。

這首詩寫作者尋訪隱居南溪常道士的途中所見。一路所經，莓苔上鞋痕鮮明，說明此處人跡罕至，環境自然清幽。「白雲依靜渚」是遠觀，「芳草閉閒門」是近察，一個「依」字將無情之景寫得生動有致，一個「閉」字將常道士孤高自賞，不與閒人往來的品格帶出，既寫景又表意。詩的頸聯不僅是寫景，而且寫了流連山水、自然無拘的心境。雖未深至王維的「行到水窮處，坐看雲起時」（《終南別業》）那種境界，但畢竟同屬一類，能夠在山水間捕捉到幽靜，體味道禪意。《湘中紀行十首・石圍峰》也是較能代表劉長卿山水詩風格的一篇作品。

劉長卿擅長近體詩，尤工五律，有「五言長城」之稱。用嚴格的律詩抒情寫景而做到韻調流暢，確屬不易。如《余干旅舍》：

搖落暮天迥，青楓霜葉稀。孤城向水閉，獨鳥背人飛。渡口月初上，鄰家漁未歸。鄉心正欲絕，何處擣寒衣。

時值初冬，最後的霜葉也凋零得差不多了，世界因此變得淸曠而疏朗。孤城已閉，是歸家的時候，但那隻鳥兒，卻背著人跡飛往暮雲深處。月亮升了起來，仍未有漁家歸渡，他們爲了生計還在辛苦，而我又何嘗不如是呢！由獨鳥喚起的相思之情，至漁未歸已烘托到欲絕的程度。而擣衣的砧聲更是令人情中疊情，痛中加痛。再如《送李中丞歸漢陽別業》和《秋日登吳公台上寺遠眺》：

流落征南將，曾驅十萬師。罷歸無舊業，老去戀明時。獨立三邊靜，輕生一劍知。茫茫江漢上，日暮欲何之。

古臺搖落後，秋日望鄉心。野寺來人少，雲峰隔水深。夕陽依舊壘，寒磬滿空林。惆悵南朝事，長江獨至今。

前者寫卓著邊功卻流落江漢的老將軍，後者抒發憑弔感懷之情，迥然不同的內容都被作者妥貼地安置在律詩這一嚴格的形式之中。「獨立三邊靜、輕生一劍知」，對仗工整卻又集中概括了老將軍的經歷；「野寺來人少，雲峰隔水深」，格律嚴整卻又摹景傳神。《逢雪宿芙蓉山主人》是一首膾炙人口傳誦不朽的五言絕句：

日暮蒼山遠，天寒白屋貧。柴門聞犬吠，風雪夜歸人。

短短四句二十字，卻神韻十足地畫出了一幅有情有景、有聲有色、有人有物，並有情節的寒山風雪投宿圖。

劉長卿的七言詩也有成功之作，如《長沙過賈誼宅》：

三年謫宦此棲遲，萬古唯留楚客悲。秋草獨尋人去後，寒林空見日斜時。漢文有道思猶薄，湘水無情弔豈知。寂寂江山搖落處，憐君何事到天涯。

託古寓今，以漢代賈誼被冷遇貶官來自比身世。詩的頷聯融匯賈誼《鵩鳥賦》中「庚子日斜兮，鵩集餘舍」，「野鳥入室兮，主人將去」的詞句和意境。頸聯的一個「猶」字，將漢代文帝與唐代代宗聯繫在一起，強化了抒寫不幸的力量；「弔豈知」概括了屈原徘徊湘水，賈誼臨江弔屈原以及作者又臨江弔賈誼的歷史過程，客觀上將封建時代文人的悲慘境遇上升爲普遍和永久的悲劇。詩的尾聯以「何事到天涯」的反詰收束全篇，既是對賈誼的感慨，又寓含著作者強烈的不滿。這種不滿在其他詩篇中也屢有流泄。如《送王司馬秩滿西歸》：「同官歲歲先辭滿，唯有青山伴老身」；《新年作》：「已似長沙傳，從今又幾年」等。

劉長卿反映實現生活的詩作不多，可觀者如《穆陵關北逢人歸漁陽》寫安史之亂後「耆舊幾家殘」和「處處蓬蒿遍」的荒涼凋敝，《疲兵篇》寫「十年征戰老胡塵」的戰士們得到的卻是「百戰殘兵功未論」，「赤心報國無片賞」這樣一種嚴酷、冷峻、不公的現實。

劉長卿的思想和生活經歷都較爲狹窄，其作品意境、語句重複的較多，僅上引諸詩中就有《佘干旅舍》、《長沙過賈誼宅》和《秋日登吳公台上寺遠眺》三首用「搖落」一詞來造境，《尋南溪常山人居》中「白雲依靜渚」和《秋日登吳公臺上寺遠眺》中「夕陽依舊壘」兩句中都用「依」字，缺少變化。高仲武《中興間氣集》中說其詩「大抵十首以上，語意稍同」，是較爲準確的。（張健）

二二六、韋應物

韋應物是效仿陶潛，以描寫田園風物著稱的中唐詩人。

韋應物（七三九～七九二），京兆長安人。年輕時崇尚豪俠之事，放浪不檢，以三衛郎事玄宗。玄宗去世後，折節讀書。永泰（七六五～七六六）時任洛陽丞、京兆功曹等職，建中年間（七八〇～七八三）起出任滁州（今安徽省滁縣）、江州（今江西省九江市）刺史，後轉左司郎中。貞元五年（七八九），任蘇州刺史，二年後卸任，閒居蘇州的永定寺，約於次年去世。《韋蘇州集》存其詩五百餘篇。

韋應物中年以後擔任的基本上都是地方職務，這使他親身接觸社會實際，了解民生疾苦，對國事朝政有了較爲具體的認識。在《寄李儋元錫》一詩中他寫道：「身多疾病思田里，邑有流亡愧俸錢。」可見，韋應物是富於同情心和正義感的。這樣的思想和經歷影響及他的創作，寫出了不少「才麗之外，頗近興諷」（白居易《與元九書》）的作品。如《採玉行》寫爲官府逼迫而在深山絕嶺中辛苦勞作的百姓：「官府徵白丁，言採藍谿玉。絕嶺夜無家，深榛雨中宿。獨婦餉糧還，哀哀舍南哭。」再如《夏冰歌》寫「咫尺炎涼變四時，出門焦灼君詎知」的背後，是「臘月深井汗如雨」的採冰人；《長安道》和《貴遊行》寫豪門貴族「山珍海錯棄藩籬，烹犢炰羔如折葵」，「平明擊鐘食，入夜樂未休」的奢華享樂和「歡樂若此何所苦，但苦白日西南馳」的醉生夢死；「斯民本樂生，逃逝竟何爲？」在《始至郡》中還表現了深沈的思考。

春羅雙鴛鴦，出自寒夜女。心精煙霧色，指歷千萬緒。長安豪富家，妖艷不可數。裁此百日工，唯將一朝舞。舞罷復裁新，豈思勞者苦。

在這首《雜體五首》其三中，貧家女子日夜辛勤勞作的果實，僅僅只是貴家姬妾舞女一夜的奢侈而已。「百日工」和「一朝舞」，對照鮮明，作者對「寒夜女」的深摯同情和對「豪富家」的尖銳諷刺盡在其中。

韋應物創作了大量的山水田園詩。他的田園詩上承陶淵明，風格接近王維、孟浩然，但又有其獨出的特點。

微雨眾卉新，一雷驚蟄始。田家幾日閒，耕種從此始。丁壯俱在野，場圃亦就理。歸來景常晏，飲犢西澗水。飢劬不自苦，膏澤且爲喜。倉廩無宿儲，徭役猶未已。方慚不耕者，祿食出閭里。

這首《觀田家》不僅看到了農家的辛苦勞作和樂觀精神，看到了農民的負擔之重，而且將心比心，將身比身，有所思，有所想。王維、孟浩然筆下的田園，基本上是小地主的田園，是「有客談名理，無人索地租」（王績《獨坐》）的閒適。顯然，韋應物筆下的田園生活更接近於眞實，更具生活氣息。他從中得到的，是不耕的慚愧和努力做一個清廉剛直的地方官吏的動力。

白居易在《與元九書》中評價韋應物的山水詩「高雅閒談，自成一家之體」。胡應麟《詩藪》中說：「中唐五言絕，蘇州最古，可繼王、孟。」沈德潛《說詩晬語》中的評價更高：「五言絕句，右丞之自然，太白之高妙，蘇州之古淡，並入化境。」三人的評論大致不差，可見古淡確是韋應物十分突出的風格。

今朝郡齋冷，忽念山中客。澗底束荆薪，歸來煮白石。欲持一瓢酒，遠慰風雨夕。落葉滿空山，何處尋行跡。

這首《寄全椒山中道士》是向來公認的韋詩名篇。「冷」是「忽念」的起因。既然有「念」自然就會聯想「山中客」眼下的行跡。「煮白石」既是修行的代言，又有清苦之意，所以才有了下句的「欲持一瓢酒」。但是，山中客是不易尋找得到的，更何況是在落葉紛紛、全無人跡的深山之中。由這首詩來看，「古」即意境的不俗，「淡」即文辭的平易。蘇東坡很欣賞此詩的尾聯，並用其韻寫了「寄語菴中人，飛空本無跡」。施補華《峴傭說詩》就此事說：「東坡刻意學之而終不似。蓋東坡用力，韋公不用力；東坡尙意，韋公不尙意。微妙之旨也。」《秋夜寄邱二十二員外》也是一首很能體現韋應物詩風的作品：

懷君屬秋夜，散步詠涼天。山空松子落，幽人應未眠。

詩的前兩句寫懷人之人，後兩句寫被懷之人。神思飛馳，在篇章上和《寄全椒山道士》有異曲同工之妙。「山空松子落」一句所刻畫出來的清幽寂靜，較之王維絲毫不差。全詩語淺情深，言簡意長，韻味悠遠，詩意無窮。

韋應物的七絕也時有佳作，如《滁州西澗》：

獨憐幽草澗邊生，上有黃鸝深樹鳴。春潮帶雨晚來急，野渡無人舟自橫。

細緻優美之中流露出淡淡的悵惘之情。

《唐才子傳》說韋應物「爲性高潔，鮮食寡欲，所居必焚香掃地而坐，冥心象外。」這條記載對於理解韋應物詩歌作品的思想內容和藝術風格都是很有幫助的。（張健）

二二七、沈既濟

沈既濟是以寫作傳奇名世的唐代文學家。

沈既濟（七五〇？～八〇〇），蘇州吳（今江蘇省吳縣）人，一說是吳興武康（今浙江省武康縣）人。沈既濟「博通群籍，史筆尤工」（《新唐書·沈傳師傳》）。吏部侍郎楊炎推薦他入朝。曾任左拾遺，史館修撰等職。楊炎獲罪被殺後，沈既濟也貶爲處州（今浙江省麗水縣）司戶參軍。其後又應召入朝，官至禮部員外郎。

沈既濟的著作除《建中實錄》十卷外，還有傳奇小說《枕中記》和《任氏傳》。雖僅此兩篇，但沈既濟作爲唐代著名文學家的地位已不容置疑。

《枕中記》寫少年盧生在邯鄲旅舍與道士呂翁談得十分投機，暢快之餘，突然起嘆：「士之生世，當建功樹名，出將入相；列鼎而食，選聲而聽；使族益昌而家益肥，然後可以言適乎。吾嘗志於學，富於遊藝，自唯當年青紫可拾。今已壯適，猶勤畎畝，非困而何？！」於是，道士呂翁將青瓷枕取出，說：「子枕吾枕，當令子榮適如志。」盧生夢中果然經歷了大起大落，榮辱走馬的官宦生活。先是娶富家女，解決了經濟上的困難。第二年中進士，踏上仕宦之途。政通人和，提升為京兆尹。又轉赴邊塞，大破戎虜，凱旋而歸。不幸，流言四起。回京後由戶部尚書貶為端州刺史。三年後復起，執政十餘年，號為賢相。但又以圖謀不軌的罪名險為死囚。數年後，帝知其蒙冤，起為中書令，封燕國公。盧生有五子，皆以才入仕，並婚配天下望族，生孫十餘人。盧生其家，良田、甲第、佳人、名馬，應有盡有。八十歲時，榮極而逝。好夢至此，「盧生欠伸而悟」，「憮然良久，謝曰：『夫寵辱之道，窮達之運，得喪之理，死生之情，盡知之矣。此先生所以窒吾欲也。敢不受教。』稽首再拜而去。」

《枕中記》可能是受到劉義慶《幽明錄》中「焦湖廟祝」的啓發寫成的。它通過盧生的一段奇遇，宣揚了「人生如夢」的主題，同時也反映了唐代官場的現實。《枕中記》情節完整，敘事流暢，尤其是兩段插敘，即盧生就枕時「主人方蒸黍」和醒來後「主人蒸黍未熟」，幽默風趣，為文章平添色彩。但從整體來說，《枕中記》的藝術成就遠不及他的另一篇傳奇作品《任氏傳》。

《任氏傳》寫的是人妖情，雖事涉怪異，但並不給人虛妄荒誕的印象。這主要是得益於把妖當作人來寫，賦予其人的品質和個性。故事的主角有三個：一是女妖任氏；二是韋使君；三是落魄而託身妻族的鄭六。鄭六在長安道中遇到了任氏，並爲其美貌所吸引，兩人於是結交成歡。第二天，鄭六從賣餅的胡人口中得知所遇艷婦乃是一狐，「並多誘男子偶宿」。雖未再赴約，但鄭六仍念念不忘。十幾天後，鄭六和任氏在街中再次相遇。鄭六明確表示了「雖知之，何患」的態度，任氏也表達了普通的妖異傷人，「某則不然。若公未見惡，願終己以奉巾櫛」的意願。韋使君得知鄭六新獲麗人後，「汲水澡頸，巾首膏脣而往」。一見而驚，「愛之發狂」，並「擁而凌之」。任氏捍禦力盡後，以大義曉韋使君，阻止了他的慾念。其後，「每相狎昵，無所不至，唯不及亂而已」。任氏也以引薦韋使君「悅而不得」的「殊麗」作爲報答。任氏還利用自己的神明特長爲鄭六謀取適當的財富。鄭六去外地赴任，力邀任氏同行。任氏雖知此去凶多吉少，但仍勉從而往，爲蒼犬斃於馬嵬。

《任氏傳》在敘事藝術上取得了相當高的成就。首先，情節完整，起伏有致。在敘事中，作者安排了若干懸念和高潮，人物的行爲也多有變化。其次，性格鮮明，栩栩如生。三個主人公，性格上各有特色，最突出的莫過於任氏。任氏的形象概括起來有以下四點。（一）有主見。任氏跟鄭六的結識是在鄭六與韋使君一同出遊的時候。任氏未選擇貴族之孫韋使君，卻選擇了貧無家的鄭六，是有其原因的。當任氏向鄭六表達「願終己以奉巾櫛」後，隨即向鄭六提出了完整的成家方案，而作爲堂堂男子的鄭六卻沒有任何可供參考的意見。（二）有節制。任氏本爲妖，因而具有常人所不具的神術。她爲鄭六謀劃「買馬賣馬」一事，馬值六萬，她只要鄭六索三萬，可見其不貪。此外，也未利用神術謀取其他。（三）守婦道。任氏本來的行徑是「多誘男子偶宿」，但她與鄭六定情後，竟守身如玉，韋使君數強都未得。（四）重情義。當韋使君「以力制之」，而她「力竭，汗若濡雨，自度不免」時，說出一番有情有義的話：「哀其（鄭六）窮餒，不能自立，衣公之衣，食公之食，故為公所繫耳。若糠糗可給，不當至是。」唐人重任俠，此語竟使韋使君再未思越軌之事。鄭六赴遠任，任氏知不可隨而隨之，也是重情義的表現之一。再次，細節典型，生動細緻。《任氏傳》的細節描寫對塑造人物形象起了很強的烘托作用。如韋使君聽說任氏美麗後一段：

使家僮之惠黠者，隨以覘之。俄而奔走返命，氣吁汗洽。……問曰：「孰與吳王家第六女美？」又曰：「非其倫也」。崟（韋使君）撫手大駭，曰：「天下豈有斯人乎？」遽命汲水澡頸，巾首膏脣而往。家僮奔跑而回，氣喘吁吁，不僅僅由於事出意料，而且也是素知主人秉性，急切欲相告知。韋崟聽後的反應是「大駭」，足見其自信心受到了多麼大的衝擊，因為他「多識美麗」，而竟無其倫者。「遽命」示其心情之迫切，「汲水澡頸，巾首膏脣」示其心情莊重肅穆。寥寥數語，人物呼之欲出。

中國的傳奇小說發展至傳奇，有了重大的突破。《任氏傳》是這一時期承先啓後的優秀作品，具有卓著的藝術價值。

（張健）

二二八、孟郊

孟郊是中唐著名詩人，其在世時，作品即已遠播海外，尤以抒寫苦情見長。

孟郊（七五一～八一四），字東野，湖州武康（今浙江省武康縣）人，《唐才子傳》稱洛陽人。孟郊早年在河南嵩山隱居，稱處士。他性格耿介寡和，但與比他小十七歲的韓愈一見如故，爲忘年交，詩酒唱和。孟郊曾屢試不第，直到四十六歲才舉進士，寫了《登科後》：

昔日齷齪不足誇，今朝放盪思無涯。春風得意馬蹄疾，一日看盡長安花。

但孟郊及第後數年才被任命爲溧陽（今江蘇省溧陽縣）縣尉。在任上，孟郊「賦詩終日，而曹務多廢」（《唐才子傳》），縣令只好分其半俸請人代勞，後來因事辭官歸家。元和初，李翺將孟郊推薦給河南尹鄭餘慶，任水陸轉運判官。元和九年（八一四），鄭餘慶出任興元（今陝西省南鄭縣）節度使，孟郊隨任，在途中得暴疾去世。

在有作品傳世的中唐詩人中，孟郊的一生是最爲貧苦的。《唐才子傳》稱他「拙於生事，一貧徹骨，裘褐懸結，未嘗俛眉爲可憐之色」。這種生活境況不僅成爲他「苦詩」的本源，同時，將己苦推及於人，也使他注意觀察社會民生，創作了一些揭露不平、同情民生的作品。如《長安早春》、《長安道》、《貧女詞》、《織婦詞》、《殺氣不在邊》、《弔國殤》、《傷春》、《邊城吟》、《羽林行》、《征婦怨》等，或諷刺豪門貴族生活的驕奢淫逸，或對勞動婦女的疾苦表示同情，或寫戰爭給人們帶來的苦難……

無火炙地眠，半夜皆立號。冷箭何處來，棘針風騷勞。霜吹破四壁，苦痛不可逃。高堂搥鐘飲，到曉聞烹炮。寒者願爲蛾，燒死彼華膏。華膏隔仙羅，虛繞千萬遭。到頭落地死，踏地爲遊遨。遊遨者誰子，君子爲鬱陶。

這首題爲《寒地百姓吟》的樂府詩將因天氣嚴寒而夜不能眠的普通人民同宴飲達旦的富貴人家進行了鮮明的對比，「寒者願爲蛾」一句更是令人讀來震憾。

孟郊的苦吟詩篇不勝枚舉。儘管他也曾寫過「貧賤亦有樂」的詩句（《感懷》其三），但他大多數的苦吟詩寫苦太眞，「有樂」只不過是一時的自慰和開脫之詞。即使這樣空來空去的自我排遣的詩句，在其作品中，亦是少之又少。孟郊的苦來自一個「貧」字，是窮愁之苦。這種愁苦和孟郊的生活如影隨形，無法排解。如《苦寒吟》：

天寒色青蒼，北風叫枯桑。厚冰無裂文，短日有冷光。敲石不得火，壯陰奪正陽。苦調竟何言，凍吟成此章。

再如《自嘆》：

秋與髮相形，一愁白數莖。有髮能幾多，禁愁日日生。……

這種貧困的生活現實和「惡詩皆得官，好詩空抱山」（《懊惱》）的社會不平深深刺激了詩人的心智，使其陷入「稚顏能幾日，壯志忽已殘」（《路病》）的極端消極困悶。在他眼中，春天是「誰言春物榮，獨見花上霜」（《落第》）；秋天是「寒雨傷飛草」（感懷）和「老去無涕洟，秋露爲滴瀝」（《秋懷》）。對淒清寂涼的虫鳴，他感同身受，倍覺親切；而對於青松，卻寫下了「松乃不臣木，青青獨何爲」的《罪松》詩，其近於偏執的孤憤想而可知。孟郊晚年藉佛道以解愁情，亦寫了一些沖淡自然的作品，如《山老吟》、《送蕭練師入四明山》、《新卜青羅幽居奉獻陸大夫》等。

韓愈稱孟郊寫詩「劌目鉥心，刃迎縷解。鉤章棘句，掐擢胃腎。神施鬼設，間見層出」。（《貞曜先生墓誌銘》）韓愈的評價，語詞雖稍峭僻，但議論不失公允，孟郊爲詩確是在構思上下了很大功夫。

這首《怨詩》構思之巧，抒情之烈確是非同尋常。他的另一首題爲《閨怨》的詩也很出色：

試妾與君淚，兩處滴池水。看取芙蓉花，今年爲誰死。

妾恨比斑竹，下盤煩冤根。有筍未出土，中已含淚痕。

《遊子吟》所代表的風格，雖不是孟詩的主流，但卻因其抒情眞摯自然不脛而走，傳唱至今。

慈母手中線，遊子身上衣。臨行密密縫，意恐遲遲歸。誰言寸草心，報得三春暉。

孟郊在題下自注「迎母溧上作」，可見是其五十歲以後的作品。據《路病》詩言，孟郊在「內火焦肺葉」，「欲醫囊用單」的窮極潦倒之日，仍能「人子不言苦，歸書但云安」，可見孝心之重。晚年得官後，雖僅半俸，仍不忘迎母溧上就是自然之事了。這種濃厚的親情是《遊子吟》深厚的抒情基礎，也是千百年來感動無數人心的力量所在。

孟郊詩爲追求奇警險硬的風格，往往多用冷僻的字眼。有的甚至令人無法卒讀，如《徵蜀聯句》。

「憂」、「愁」、「悲」、「苦」、「怨」、「貧」、「病」、「窮」、「孤」、「寒」，大量運用這些悲心苦情的詞語，使得他詩歌的基調消沈有餘。

孟郊的詩在當時就受到了廣泛的讚譽，對後來的詩人，如北宋時的江西詩派，也產生了很大的影響，歷來有「郊寒島瘦」、「孟詩韓筆」等說。宋人將孟詩編爲十卷共五百一十一篇。（張健）

一二九、韓愈

唐貞元到元和二、三十年間，質樸剛健的「古文」取代綺麗柔靡的「時文」成爲文壇的主要風尚，史稱唐代「古文運動」。韓愈是這場運動的首倡者和旗手。他「文起八代之衰」，對後世的散文創作產生了巨大的影響。

韓愈（七六八～八二四），字退之，原籍河陽（今河南省孟縣），自稱昌黎人。韓愈三歲喪父，依於長兄韓會。十三歲時，韓會死於嶺南韶州，其嫂鄭氏將韓愈帶回北方，住在宣城。從十九歲至二十四歲，韓愈在長安連續三次應考未中，生活拮据，「日求人以度時月」（《與李翺書》）。貞元八年（八〇二）韓愈終於進士及第，但其後三次參加博學宏辭科的考試未中，只好離京到地方去做幕僚。韓愈首得朝廷任命時已三十五歲，職務是國子監四門博士。次年升爲監察御史，當年又貶爲嶺南陽山（今廣東陽山縣）縣令。外貶三年後，韓愈回到京師，仕途順暢起來，一直做到刑部郎中。憲宗極重佛事，在元和十四年（八一九）將法門寺的釋迦牟尼指骨舍利迎入宮中供奉。韓愈就此事寫了《論佛骨表》，觸怒了憲宗，以五十二歲的高齡貶爲潮州（今廣東省潮陽縣）刺史。穆宗登基後，召韓愈回京任國子監祭酒。其後歷任兵部侍郎、吏部侍郎、京兆尹兼御史大夫，終於長安靜安里宅中，年五十七歲。

在文學理論上，韓愈首先主張文以明道，「學所以爲道，文所以爲理」（《送陳秀才彤序》）。這裏的道，即指從堯舜傳至孔孟的仁義之道。韓愈將道名指實，用以對抗社會上廣泛流傳的佛、老思想，從而具有了強大的號召力。因此，在韓愈的周圍團結了眾多的同好者，形成了古文運動的基本隊伍。韓愈把道置於首位，認爲道是內容，文是形式。在《題歐陽生哀辭後》中他說：「愈之爲古文，豈取其句讀不類於今者耶？思古人而不得見，學古道則欲兼通其辭；通其辭者，本志乎古道者也。」在《上宰相書》中他明確概括自己的創作爲「皆約六經之旨而成文」。其次，韓愈主張作家要有崇高的人格修養。在《答李翊書》中，他將修養概括爲「氣」，提出了「行之乎仁義之途，遊之乎詩書之源，無迷其途，無絕其源，終吾身而已矣」的養氣之法，並用水和浮物的關係來比喻氣和言的關係：「氣，水也；言，浮物也。水大而物之浮者大小畢浮。氣之與言猶是也，氣盛則言之短長與聲之高下者皆宜。」再次，主張「師其意不師其辭」（《答劉正夫書》），在繼承的基礎上應有所創新。

在正確的創作理論指導下，韓愈的散文創作取得了很高的成就。他的議論文多爲有感而發，針貶時弊，不尙空談，《原道》、《原毀》、《本政》、《守戒》、《師說》等，均是傳世的名篇。《原道》、《原毀》、《原人》、《原性》、《原鬼》被合稱爲「五原」，集中反映了他的哲學思想。《守戒》提醒當政者戒備藩鎮割據的政治局面。《師說》認爲「無貴無賤、無長無少」，「道之所存，師之所存」，提倡尋師求教。韓愈的敘事文包括傳記、行狀、碑銘、墓誌等，不乏文學性較強的名篇佳作。《張中丞傳後序》記述許遠等人的抗敵事跡，繪聲繪色。如描寫張巡和南霽雲就義一段：

城陷，賊以刃脅降巡，巡不屈，即牽去，將斬之。又降霽雲，雲未應。巡呼雲曰：「南八，男兒死耳！不可爲不義屈。」雲笑曰：「欲將以有爲也。公有言，雲敢不死？」即不屈。

韓愈寫了相當數量的墓誌碑銘，這些文章多屬應酬之作，但韓愈寫得靈活多樣，各有特色。李耆卿《文章精義》評論說：「退之諸墓誌，一人一樣，絕妙。」雜文也是韓愈所擅長的，以《雜說四首》爲代表。《雜說・馬說》以伯樂相馬來比喻人才際遇取決於當政者是否識才。文中說：「世有伯樂，然後有千里馬。千里馬常有，而伯樂不常有。」對千里馬，「策之不以其道，食之不能盡其材，鳴之而不能通其意，執策而臨之曰：『天下無馬！』嗚呼！其眞無馬邪？其眞不知馬也！」文章簡短明快，起伏有致，既慨嘆人才埋沒，又寄寓自己的不平。

韓愈的詩歌作品今傳三百餘首，有反映社會生活，關心政治得失，同情民間疾苦的作品，如《赴江陵途中寄贈三學士》，也有寫景詠物之作。韓愈的詩歌兼具雄奇和清淡兩種風格。除此之外，以文爲詩和以議入詩也是較爲突出的特點。如「忽忽乎，余未知生之爲樂也，願脫去而無因。」（《忽忽》）；「壽州屬縣有安豐，唐貞元時，縣人董邵南，隱居行義在其中。」（《嗟哉董生行》）將散文的句式搬入詩歌中雖是一種新的嘗試，但畢竟失去了詩味。詩歌本爲形象思維藝術，但韓愈恃才在詩中長篇宏論，幾乎等同於句式整齊的議論文章，如《薦士》、《馬厭谷》、《剝啄行》。以文入詩和以議入詩給宋代詩人以很大啓發，如王安石的詩作好發議論，蘇軾詩的散文化，都和韓愈有關。對於韓愈的散文成就，歷代公論，對於韓愈的詩歌則褒貶不一。如惠洪《冷齋詩話》說：「予嘗熟味退之詩，眞出自然，其用事深密，高出老杜之上。」陳師道《後山詩話》中說：「退之於詩，本無解處，以才高而好耳。」無論如何，韓愈的詩以前人未有的特徵自立於中唐，並影響了不少追隨者，史稱「韓孟（郊）詩派」。

（張健）

二三〇、李公佐

李公佐是以創作政治諷刺性傳奇《南柯太守傳》聞名的唐代文學家。

李公佐（七七〇？～八五〇？），字顓蒙，隴西（今甘肅省東南部）人。曾舉進士，憲宗時曾出任鍾陵從事等職。

《南柯太守傳》寫淳于棼醉後入夢，前往「大槐安國」，並被招爲駙馬。後聽從妻言，離京任南柯太守。在周弁和田子華的幫助下，「守郡二十載，風化廣被，百姓歌謠，建功德碑，立生祠宇。」後來官至台輔，「榮耀顯赫，一時之盛，代莫比之。」及年老，夫人去世，又受讒言誣陷，鬱鬱不樂。國王於是令從前接引他前來的二紫衣使者復送其出境。夢醒後，「見家之僮僕擁篲於庭，二客濯足於榻，斜日未隱於西垣，余樽尙湛於東牖。夢中倏忽，若度一世矣。」淳于棼帶人去大古槐下發掘驗証，一如夢中所見。「感南柯之浮虛，悟人世之倏忽，遂棲心道門，絕棄酒色」，終老於家。《南柯太守傳》和《枕中記》一樣也宣揚了人生如夢的思想。但《南柯太守傳》在寫夢境時，運用了現實的手法，不僅寫淳于棼的經歷，而且著意於人情冷暖，世態炎涼，使人感到濃厚的生活氣息。《枕中記》寫盧生爲帝重用只「帝思將帥之才，遂除生御史中丞，河西道節度使」數語，而《南柯太守傳》寫淳于棼初詣國王時的情景是：

行可百步，入朱門。矛戟斧鉞，布列左右；軍吏數百，闢易道側。生有平生酒徒周弁者，亦趨其中。生私心悅之，不敢前問。右相引生升廣殿，御衛嚴肅，若至尊所。見一人長大端嚴，居王位，衣素練服，簪朱華冠。生戰慄，不敢仰視。左右侍者令生拜。王曰：「前奉賢尊命，不棄小國，許令次女瑤芳，奉事君子。」生但俯伏而已，不敢致詞。

此番描寫，與人間毫無二致。夢，只不過是作者的一種假託，以便暢言其事而已。在結尾部分，作者寫道：

雖稽神語怪，事涉非經，而竊位著生，冀將爲戒。後之君子，幸以南柯爲偶然，無以名位驕於天壤間云。前華州參軍李肇讚曰：「貴極祿位，權傾國都，達人視此，蟻聚向殊！」

《南柯太守傳》中將權貴豪門喻爲「蟻聚」，並告誡「竊位」和「著生」者，不要憑借曇花一現的聲名地位耀武揚威，不可一世。這種否定功名利祿的思想喻含著作者對現實的批判態度。而旦夕榮辱、毀譽一時的複雜故事，顯然是作者有感而發的。

在情節構思安排上，作者匠心獨運。首先，他採用比喻象徵之法，把一群螞蟻的世界描繪爲「郛郭城堞，車輿人物，不絕於路」的泱泱大國。夢中的富貴豪華越細緻生動，其諷刺的意味就鮮明強烈。試想，如果淳于棼所去的不是「大槐安國」而是其他什麼長大威猛的動物王國，作品的諷刺力量還會如此強大嗎？其次，在情節的發展過程中，有眾多的穿插之筆，如寫周弁、田子華的仕宦經歷；寫華陽姑、青溪姑、上仙子、下仙子等諸姬的戲謔；寫淳于棼其父與槐安國王的書信往來，等等。這些插筆或長或短，或集中一處或分散其中，都對豐富故事內容有所作用，增強了現實感和眞實感。同時，以淳于棼爲主線的情節發展並未顯得蕪雜，足見作者對材料剪裁取捨的功力。最後，在結尾安排上，作者設計了一齣發槐驗証的佳構：

有大穴。根洞然明朗，可容一榻。上有積土壤，以爲城郭台殿之狀。有蟻數斛，隱聚其中。中有小台，其色若丹，二大蟻處之。素翼朱首，長可三寸。左右大蟻數十輔之，諸蟻不敢近。此其王矣。即槐安國都也。又窮一穴，直上南枝可四丈，宛轉方中。亦有土城小樓，群蟻亦處其中，即生所領南柯郡也。

把假的當成眞的，竟然夢醒後還可以再去回顧。這一精巧的安排，客觀上也起到了強化諷刺意味的作用。螞蟻畢竟只是螞蟻，以人的眼光來看，其國不過一榻，其國民不過「數斛」而已。世間人所看重的「盛名高位」，在「達人」眼裏，也正象「蟻聚」一般無二。餘韻悠遠，令人回味感慨不盡。《南柯太守》對後來的影響甚大，成語「南柯一夢」即源於此。湯顯祖、車任遠還分別改編爲戲曲，廣爲流播。

李公佐的傳奇作品還有《謝小娥傳》、《廬江馮媼》和《古岳瀆經》三篇，均收錄在《太平廣記》一書中，其中《謝小娥傳》較有特色。

《謝小娥傳》寫十四歲的少女謝小娥，父母為盜所殺，其僥倖逃出後，夢其父說：殺我者，車中猴，門東草，禾中走，一日夫。謝小娥思之不解。李公佐聽說後，為其破解：車中猴，即申字；門東草，即蘭字；禾中走，也是申字；一日夫，是春字。後謝小娥訪得申蘭、申春家，並男裝入佣，趁機告官，將賊人一舉擒獲。這篇小說主要寫謝小娥的孝道和機智，對以後的公案小說有一定的影響。

李公佐寫傳奇，往往假託己身參與其間。如《南柯太守傳》中說該事是聽淳于棼的兒子講的，不僅來源可靠，並親自「詢訪遺跡，翻覆再三，事皆摭實」，才「編錄成傳」的。《謝小娥傳》中，謝小娥自得父言，廣求智者辨之不果，最後還是作者本人親自解開此謎。是親歷之事，足見不誣。

（張健）

一三一、張籍

張籍是中唐時期的著名詩人，新樂府運動的積極參加者。

張籍（七六八～八三〇？），字文昌，原籍吳郡（今江蘇省蘇州市），後遷居和州烏江（今安徽省和縣烏江鎮）。張籍出身寒微，德宗貞元十四年（七九八）進士後，長期擔任品級較低的閒散官職，歷任太常寺太祝、國子博士、水部員外郎、主客郎中、國子司業等。

張籍是韓愈的學生，但他的主要成就是在詩歌方面。白居易《讀張籍古樂府》詩中說：「張君何爲者，業文三十春。尤工樂府詩，舉代少其倫。」張籍的樂府詩今存八十餘首，反映的社會層面相當廣泛。在藝術上也較注重含蓄，少直白的議論。如《野老歌》：

老農家貧在山住，耕種山田三四畝。苗疏稅多不得食，輸入官倉化爲土。歲暮鋤犁傍空室，呼兒登山收橡實。西江賈客珠百斛，船中養犬長食肉。

安史之亂後，唐王朝對農民的盤剝變本加厲，以至於極貧苦的深山之民亦無法幸免。家住深山，耕種「苗疏」的山田，是因爲家貧而在城鎮無法生存，但仍不能逃脫名目繁多的苛捐雜稅。如果辛勤勞動所得的果實能物盡其用倒也罷了，卻是「輸入官倉化爲土」。強烈的對比，揭示了封建王朝的殘酷無情。嚴冬之際，鋤犁都休閒了下來，但人仍不能有稍微的輕鬆。因爲家中空空如也，只好「呼兒登山收橡實」。詩的最後兩句，旁驚一筆，寫了一位「西江賈客」的奢靡生活，連他養的犬竟也是食不斷肉。辛苦一年的老農竟不如一條富家犬，這本身就構成了極其鮮明的對比。從深一層來看，賈客所販賣的並非和普通人相關的生活用品，而是珠寶玉飾，這些商品只有權貴們才能夠享用，賈客的奢靡源自權貴的奢靡。由此可見，張籍並非泛泛地指責商賈，他的目的在於通過這一特殊的商賈把批判的筆鋒指向當政的權貴。他的另一首詩，《估客樂》的結尾：「農夫稅多長辛苦，棄業寧爲販寶翁」亦可證明。

《猛虎行》以虎害爲題，象徵的卻是社會上各種惡勢力給人民帶來的災難：

南山北山樹冥冥，猛虎白日繞村行。向晚一身當道食，山中麋鹿盡無聲。年年養子在深谷，雌雄上下不相逐。谷中近窟有山村，長向村家取黃犢。五陵年少不敢射，空來林下看行跡。

這首詩通篇寄寓、語意雙關，「白日繞村行」和「一身當道食」象徵的是惡勢力的猖獗；「山中麋鹿盡無聲」象徵的是黑暗恐怖中人民敢怒不敢言；「年年養子」兩句是指惡勢力具有廣泛的社會關係，盤根錯節，根深蒂固；「取黃犢」是說惡勢力毫不體恤，極盡「殺雞取卵」、「竭澤而漁」之事；五陵年少是豪俠少年的代名詞，連他們都只是虛張聲勢，「空來林下看行跡」，隱指朝廷的姑息縱容。這首詩句句寫虎事，卻處處喻指人間。比喻貼切，描寫生動，寄寓深刻。

中唐時，邊患嚴重。張籍的一些作品反映了對收復失地的期望和對現實的失望。如《送秋將》：「逐虜招降遠，開邊舊壘移。重收隴外地，應似漢家時」；《出塞》：「征人皆白首，誰見滅胡時」等。他的寫征人之婦的詩也很出色，如《征婦怨》：

九月匈奴殺邊將，漢軍盡沒遼水上。萬里無人收白骨，家家城下招魂葬。婦人依倚子與夫，同居貧賤心亦舒。夫死戰場子在腹，妾身雖存如晝燭。

詩中所寫的怨情已不是盛唐時的泛泛而談，而具有了實在的內容。死者不能安葬，生者不能撫恤，不由人不產生對征戍的怨恨之情。

張籍向民歌學習的痕跡十分明顯突出。不僅在語言上做到了質樸流暢，在比興手法的運用上也很突出，如前引《猛虎行》。再如《節婦吟》：

君知妾有夫，贈妾雙明珠。感君纏綿意，繫在紅羅襦。妾家高樓連苑起，良人執戟明光里。知君用心如日月，事夫誓擬同生死。還君明珠雙淚垂，恨不相逢未嫁時。

這首《節婦吟》題下自注爲：「寄東平李司空師道」，李師道是當時炙手可熱的藩鎮將領，爲了鞏固自己的勢力，意欲拉張籍入府，張籍寫此詩以示回絕。知有夫而有贈，語意微諷。但贈畢竟是對方看重自己的好意，所以，將明珠暫繫紅襦以示對此情的珍重。接下來介紹自家的情況是良人爲皇室效力，我也自誓忠貞。這個矛盾如何解決呢？還是肯定要還的，但還的時候是情意纏綿的還，並且還表達了「恨不相逢未嫁時」的遺憾。全詩只寫節婦，如果沒有自注，就成爲一首單純抒發男女情事之作了。在人物描寫上，心理細膩，性格突出，委婉和堅決融爲一體。（張健）

二三二、白居易

中唐時期，現實主義成爲文壇的主體風格。在詩歌領域，也出現了以批判現實爲宗旨的新樂府運動，其積極倡導者和實踐者是白居易。

白居易（七七二～八四六），字樂天，晚年自號香山居士，祖籍太原，後遷至下邽（今陝西省渭南縣），白居易生於河南新鄭。少年時代，白居易隨家人避亂越中（今浙江省）一帶，備嘗流離之苦。十五、六歲時，白居易至長安，以《賦得古原草送別》一詩博得詩名。德宗貞元十六年（八〇〇），二十九歲的白居易考取進士，三十二歲授校書郎，三十五歲參加「才識兼茂明於體用科」考試以第四等入選，被任命爲陝西周至縣尉，後提升爲翰林學士，官拜左拾遺。元和十年（八一五年），宰相武元衡因朝廷內權力紛爭被刺客擊殺於途，白居易上書請求嚴緝兇手，觸怒了朝中權貴，以「越職言事」之罪貶為江州（今江西省九江市）司馬。元和十三年（八一八），白居易升任忠州（今四川省忠縣）刺史。在任兩年，應召入京任司門員外郎，後升中書舍人。在長安，白居易看到朝廷內黨爭日甚，便請求外任。長慶二年（八二二），白居易受命出任杭州刺史。隱居山林過於寂寞，在朝為官又過於喧煩，只有杭州刺史最適合白居易的性情。任上他為杭州人民做過不少好事，如蓄水灌田、浚治古井等。三年任滿，將多餘的俸祿移交官庫，作為後任公幹的補充，用後再行補足，延續了五十餘年（事見《唐語林・文學》）。由杭州刺史轉蘇州刺史，政務繁忙起來，於是白居易上書請求退休，閒居了一段時間。文宗登基後，白居易重出為官，至刑部侍郎。但白居易已倦於政事，終以太子賓客分司東都，在洛陽與裴度、劉禹錫等人詩酒宴樂，度過一段快樂時光。裴度死後，曲終人散，白居易在洛陽寂寞終老，終年七十五歲。

白居易的人生經歷和詩歌創作都以貶官江州為界分為前、後兩個時期。「丈夫貴兼濟，豈獨善一身。」（《新製布裘》）「我有鄙介性，好剛不好柔。」（《折劍頭》）這些詩句較能代表他前一時期的思想。其作品中最有積極意義的諷喻詩集中寫於此時，因為身為諫官，詩歌也是「言事」的工具的緣故。貶官江州，使白居易的思想陷入消沈，詩歌的基調也轉向閒適和感傷。白居易的消沈並不是從思想上出世，而只是以佛教為工具來逃避宮廷爭鬥的漩渦。白居易仍然比較注重政績，在任期間，做了許多有益於民的工作，並被杭州、蘇州等地人民所懷念。

白居易在《與元九書》、《新樂府序》中集中提出了系統、完整的現實主義文學創作理論。首先，他認為詩歌應服務於現實，負起「補察時政」、「泄導人情」的責任，「文章合為時而著，歌詩合爲事而作。」其次，強調內容與形式的統一，並以植物的根、苗、華、實來比喻詩歌的情、言、聲、義。白居易的詩歌理論是《詩經》、《樂府》以及杜甫現實主義創作經驗的空前總結，新樂府運動即是在此理論的指導下開展起來的。漢代的樂府詩本是「緣事而發」的，至曹操等人變爲「借古題寫時事」。杜甫不拘泥於成規，「因事立題」，創立了新樂府這一體制，但這一名稱自白居易才開始使用。所謂新樂府，即以新題寫時事的樂府詩，是不講究音律，「爲君爲臣爲民爲物爲事而作，不爲文而作」（《新樂府序》）的政治詩。

白居易把自己的作品分爲諷喻、閒適、感傷、雜律四類。其中諷喻詩主要是指《新樂府》五十首，《秦中吟》十首。白居易《與元九書》中回憶當時的創作情景說：「身是諫官，手請諫紙，啓奏之外，有可以救濟人病，裨補時闕，而難於指言者，輒歌詠之，欲稍稍遞進聞於上。」因此，白居易的諷喻詩具有極強的現實針對性和政治目的性，並使得「權豪貴近者相目而變色」（《與元九書》）。從《新樂府》的題下小注亦可略窺一斑：《七德舞》「美撥亂，陳王業也」；《法曲》「美列聖，正華聲也」；《海漫漫》「戒求仙也」；《杜陵叟》「傷農夫之困也」；《新豐折臂翁》「戒邊功也」；《賣炭翁》「苦宮市也」等。在這些作品中，白居易眞實客觀地反映了人民所遭受的痛苦不堪的壓榨，抨擊了權貴豪門的奢侈靡費，充滿了對下層勞動人民的深切同情。

《長恨歌》是白居易在周至縣尉任上所作。作者以優美的語言，曲折的情節，生動的形象，豐富的想像，虛實結合的文體敘述了唐玄宗和楊貴妃的愛情故事，取得了很高的藝術成就。

《琵琶行》是貶官江州時所作。詩人以低沈的筆調敘寫了在船上聽一位長安倡女彈奏琵琶訴說身世的情景。琵琶女的不幸身世激起了詩人的共鳴，發出了「同是天涯淪落人，相逢何必曾相識」的慨嘆。用身處社會底層的琵琶女來類比失意的文人，不僅前所未有，通過相互間的映襯和補充所揭示出來的社會意義也是相當深刻的。

語句平易，用詞通俗是白居易詩歌的一大特色。袁枚《續詩品》說：「意深詞淺，思苦言甘。」確實道出了白居易詩的語言特色。正因為如此，白居易的詩歌作品每一首出，就為人廣為傳誦，「禁省、觀寺、郵候、牆壁之上無不書，王公、妾婦、牛童、馬走之口無不道。……自篇章以來，未有如是流傳之廣者。」（元稹《白氏長慶集序》）白居易一生勤於寫作，傳詩三千餘首，為唐人之冠。

白居易以現實主義精神倡導了對詩歌的革新運動，其影響遠及宋明。以其通俗平易的詩歌作品為範本，還形成了一個「淺切」詩派。他的長篇敘事詩《長恨歌》、《琵琶行》不僅為人廣泛傳唱，還成為後來多種戲曲式樣的本事。

（張健）

二三三、劉禹錫

劉禹錫是中唐時優秀的詩人和散文家。在詩歌方面，以詠史詩和學習民歌創作的《竹枝詞》奠定了地位；在散文方面，以參加古文運動而著稱。

劉禹錫（七七二～八四二），字夢得，其祖匈奴人，魏孝文帝時遷居洛陽，祖父曾任洛陽主簿。安史之亂時，舉家南遷，劉禹錫即生於蘇州的嘉興縣。十九歲以前，劉禹錫一直生活在南方。此後赴長安求仕，於貞元九年（七九三）與柳宗元同登進士第。二年後，應吏部取士科合格，官授太子校書。中唐時深刻的政治危機醞釀了王叔文領導的永貞革新，劉禹錫是積極的參與者。革新失敗後，王叔文被殺，順宗退位，劉禹錫等八人被貶官，史稱八司馬。先是決定貶連州（今廣東省連縣），途中改貶朗州（今湖南省常德市）。《舊唐書·劉禹錫傳》載：「禹錫在朗州十年，唯以文章吟詠，陶冶性情。蠻俗好巫，每淫祠鼓舞，必歌俚辭。禹錫或從事於其間，乃依騷人之作，爲新辭，以教巫祝。故武陵谿洞間夷歌，率多禹錫之辭也。」元和十年（八一五），劉禹錫結束貶官生活回到長安。當時正值春季，唐人有踏青看花之俗。劉禹錫亦往玄都觀一遊，寫了《元和十年，自朗州承召至京，戲贈看花諸君子》一詩：「紫陌紅塵拂面來，無人不道看花回。玄都觀裏桃千樹，盡是劉郎去後栽。」此詩觸及到新朝權貴敏感的神經，以「語涉譏刺」（《舊唐書·劉禹錫傳》）再貶播州（今貴州省遵義），後由裴度陳情，改授連州，恰是初次貶官應赴之地。長慶元年冬（八二一），劉禹錫被任命爲夔州（今四川省奉節縣）刺史。在夔州，劉禹錫專心創作，並主動從民歌中汲取營養。大和二年（八二八），劉禹錫由和州任上應召赴京任主客郎中。至京後，寫了《再遊玄都觀絕句》：「百畝庭中半是苔，桃花淨盡菜花開。種桃道士歸何處，前度劉郎今又來。」此後，他又輾轉任蘇州刺史、汝州（今河南省臨汝縣）刺史、同州（今陝西省大荔縣）刺史，終老洛陽。

劉禹錫的詩歌創作可分爲三個時期，永貞革新前，貶官二十二年和最後十五年。

劉禹錫仕途坎坷，在貶官外任期間，寫了不少寄託身世和詠懷古跡詩。前者如《學阮公體三首》、《詠史二首》、《答楊八敬之絕句》等；後者如《西塞山懷古》、《金陵懷古》、《金陵五題》、

《蜀先主廟》、《觀八陣圖》等。在《金陵懷古》中，他明確指出「興廢由人事，山川空地形」。《烏衣巷》堪稱此中佳作：

朱雀橋邊野草花，烏衣巷口夕陽斜。舊時王謝堂前燕，飛入尋常百姓家。

詩人將尋常之景徐徐道來，寓含著世事變遷人事無常的深沈感慨。

劉禹錫貶官的夔州，是竹枝詞的發源地，這種「含思宛轉」的民歌式樣深深吸引了他。他不但認眞學習，並付諸實踐，寫了十一首作品。如：

楊柳青青江水平，聞郎江上踏歌聲。東邊日出西邊雨，道是無晴還有晴。

這些作品，詞語清新活潑，感情健康率直，爲中唐詩苑增添了新葩。

劉禹錫的某些詩歌作品過分詠吟風情，在詞藻上也過於講究，對晚唐穠艷詩風和詞風的形成有一定的影響。

劉禹錫的散文稍遜於詩歌，但也取得了相當的成就。他認爲「文之細大，視道之行止。故得其位者，文非空言」。（《唐故相國李公集紀》）這和韓愈、柳宗元倡導的古文運動的理論是一致的。他創作的大量散文，大多具有深刻的思想內容，如《華佗論》、《天論》、《明贄論》、《答饒州元使君書》等理論論文和《因論》、《觀博》、《口兵戒》、《救沈志》等雜文。

華佗論寫於貶官朗州時。「夫以佗之不宜殺，昭昭然不可言也。……吾觀自曹魏以來，執死生之柄者，用一恚而殺材者眾矣。又烏用書佗之事爲？」用華佗的事來表示對當朝權要殘暴輕殺的憤慨之情。

《答饒州元使君書》是一篇精采的政論文章。「蓋豐荒異政，繫乎時也。夷夏殊法，牽乎俗也。因時在乎善相，因俗在乎便安。」指出爲政之道應據民情以變。

劉禹錫的黃金時代是在坎坷中度過的，但他並不消沈，充滿了樂觀的精神。面對年齡上的衰老，他唱道「莫道桑榆晚，紅霞尙滿天」（《酬樂天詠老見示》）；面對白居易「舉眼風光長寂寞，滿朝官職獨蹉跎」的同情，他又唱出了「沈舟側畔千帆過，病樹前頭萬木春」。這種人格的魅力也是劉禹錫的作品經久不衰的原因之一。（張健）

二三四、柳宗元

柳宗元是唐代著名的哲學家、散文家和詩人。他積極參加韓愈倡導的古文運動，並在創作實踐上卓有建樹。

柳宗元（七七三～八一九），字子厚，蒲州解縣（今山西省運城市）人。柳姓始於春秋時魯國的柳下惠，柳宗元這一支是自北朝以來的門閥士族，唐高宗時，族人「並居尙書省二十二人」（《送澥序》）。柳宗元生於長安，當時其父柳鎮正在長安主簿任上。柳宗元幼年和少年時期，數經因藩鎮割據而帶來的動盪，留下了深刻的印象。青年時代，柳宗元曾三次參加科舉考試，都未及第。貞元九年（七九三）二月，柳宗元進士及第，同榜的還有其終生知交劉禹錫。二十六歲時，柳宗元被任命爲集賢殿書院正字，開始沿著「由進士出身授校書、正字，然後任畿縣尉，再登台、省爲郎官」

這樣一條理想的仕途捷徑步入政治生涯。柳宗元參加了太子支持的王叔文革新集團，並在王叔文執政時擔任禮部員外郎。永貞革新失敗後，三十三歲的柳宗元離開長安，貶官至永州（今湖南省零陵縣），頭銜是「永州司馬員外置同正員」，一個不得干預政事的閒員。在永州十年，柳宗元受詔命回京城。元和十年（八一五）二月，經過灞橋時，寫下了「十一年前南渡客，四千里外北歸人。詔書許逐陽和至，驛路開花處處新」（《詔追赴都二月至灞上亭》）的詩句，足見其興奮之情。但在長安停留不及一月，即被出爲柳州（今廣西柳州）刺史。職務上有升，而地界更遠，實際還是貶官。在柳州的任職時間雖不長，但爲當地人民做了不少善政。元和十四年（八一九）病逝於柳州，年四十七歲。

柳宗元的思想和創作在外貶前後發生了較大的變化。永、柳時期，是其政治上最爲失意的時期，卻是其創作最豐的時期，寫下了許多膾炙人口的名篇。

柳宗元是古文運動的積極參加者，並從創作實踐上將古文運動推向高峰。他也主張文以明道，但他的道，較之韓愈範圍更廣，與現實的關係更爲密切。在《捕蛇者說》的最後，他發出了「嗚呼！孰知賦斂之毒有甚是蛇者乎」的強烈感慨，這是韓愈囿於生活經歷所難以企及的。

柳宗元的論說文，題材多樣，形式靈活，歷來爲人矚目。《送薛存義序》中指出人民用賦稅來養活官吏，目的是爲了使官吏服務於民，而有些官吏卻「受其直怠其事」。柳宗元的出發點是儒家的民本思想，卻已體現出進步的唯物主義特徵。《答元饒州論政理書》試圖通過土地權利的平均來根本解決社會中的貧富對立。《封建論》否定君權神授，視社會由「家天下」向「公天下」的發展爲必然趨勢，表現出進步的歷史觀。

柳宗元的傳記文和寓言取得了相當高的成就。《童區寄傳》通過一位十一歲少年英勇自救的故事揭露了人口買賣的罪惡。《種樹郭橐駝傳》借郭橐駝的養樹經驗諷刺了政令煩苛，人民不勝其煩的地方官吏，等等。寓言在先秦曾大量出現在文章中，柳宗元將思想性和藝術性融爲一體來創作寓言，使其成爲一種獨特的文學式樣，這是前無古人的。《三戒》，即《臨江之麋》、《黔之驢》和《永某氏之鼠》，或諷刺其恃寵而驕、得意忘形；或嘲弄其色厲內荏、外強中乾；或比喻其無自知之明，終不脫滅頂之災。《蝜蝂傳》寫的是貪婪愚妄的小蟲，但作者的目的卻是「今世之嗜取者」。他們「遇貨不避，以厚其室」，「日思高其位，大其祿」，「雖其形魁然大者也，其名人也，而智則小蟲也，亦足哀夫！」柳宗元的寓言不僅寓意深刻，在藝術上也做到了形象生動、情節有趣，描摹傳神。如《黔之驢》中對老虎的描寫，先是「蔽林間窺之，稍出近之」，「覺無異能者」後「近出前後」，看看又無反應，就「稍近益狎，盪倚沖冒」，最後的結果是痛快淋漓地「跳踉大闞」。

在柳宗元的散文創作中影響最大的當屬山水遊記。永州十年，柳宗元寫下了大量的山水紀遊作品，「借石之瑰偉，以吐胸中之氣」（茅坤《唐大家柳柳州文抄》）。從總體來說，這些作品有幾個特徵。其一，寄意文字，景情一體。如「以其境過清，不可久居」的《至小丘西小石潭記》；「是山特立，不與培塿爲類」的《始得西山宴遊記》等。其二，細膩傳神，寫景如畫。《永州八記》中幾乎篇篇如此。其三，動靜結合，生機盎然。如《至小丘西小石潭記》中以水中遊魚之動來襯托潭水的平靜和環境的清幽。

柳宗元僅存詩一百四十餘首，數量不多，但成就也是不容置疑的，蘇軾《東坡續集》中說：「柳子厚詩在陶淵明下、韋蘇州上」，從藝術表現上進行了歸類。柳宗元詩的語言樸素無華，不求奇險華靡。如《與浩初上人同看山寄京華親故》：「海畔尖山似劍芒，秋來處處割愁腸。若爲化得身千億，散向峰頭望故鄉。」

（張健）

二三五、元稹

元稹是和白居易齊名的中唐著名詩人，被合稱爲「元白」，但元稹對後世影響更大的卻是他的悼亡詩。

元稹（七七九～八三一），字微之，河南（今河南省洛陽市）人。貞元九年（七九三）明經及第，授校書郎，年方十五歲。元稹自五歲喪父後由其母鄭氏親授詩書，不幸的家庭生活也促使他專心於科舉。貞元十九年（八〇三），元稹和年長七歲的白居易制舉登科，結下了深厚的情誼，並一直保持到去世，在文學史上傳爲佳話。元和五年（八一〇），元稹因彈劾事和宦官劉士元衝突，貶爲江陵府（今湖北省江陵）士曹參軍，後改授通州（今四川省達縣）司馬。穆宗即位後，元稹回京任祠部郎中，二年後拜相。元稹拜相是與內臣妥協的結果，在當時就引起了不少議論。元稹在任時間很短，不久就被出爲同州（今銅川市附近）刺史，轉越、鄂兩州，去世於武昌節度使任上。

元稹的詩歌主張和白居易是完全一致的，他甚至比白居易更早就注意到李紳的《新題樂府》並起而合之，他的《田家詞》、《織婦詞》、《估客樂》等作品相當廣泛地反映了當時的社會現實和民生疾苦。但是，元稹的新樂府創作遠不如白居易來得廣泛和深刻。

《連昌宮詞》寫於通州任上。通過連昌宮的興廢變遷，含蓄地揭露了玄宗及皇室驕奢淫佚的生活和外戚的飛揚跋扈，探求安史之亂前後唐代朝政治亂之由來，提出了聖君賢卿的政治理想。《連昌宮詞》是一首長篇敘事詩，其敘事的角度選擇了一位「宮邊老翁」，以歷史見証人的目光來回顧往事。爲了突破一人一地的局限性，元稹不拘泥於歷史而是服從主題表達的需要進行大膽的想像和移植，把不同時間、地點發生的典型事件集中到連昌宮內來寫，使得敘事情節緊湊，主題突出。從創作方法上看，《連昌宮詞》借鑑了傳奇小說的某些長處；從思想內容上看，《連昌宮詞》有監誡規諷之意，是和《長恨歌》比肩的風骨之作。

元稹在長安求仕期間，娶了太子少保韋夏卿的幼女韋叢爲妻。七年後，韋氏病逝，元稹寫了許多悼念之作，《遺悲懷三首》、《六年春遣懷八首》、《離思五首》等。

昔日戲言身後事，今朝都到眼前來。衣裳已施行看盡，針線猶存未忍開。尚想舊情憐婢僕，也曾因夢送錢財。誠知此恨人人有，貧賤夫妻百事哀。

這是《遣悲懷三首》中的第二首。作者落筆在「百事哀」上，選擇了幾個引起哀思的生活小事。將妻子穿過的衣服施捨出去，爲的是怕睹物思人，悲情難抑；將妻子生前所做的針線活封存起來，一直都不敢打開；看到曾服侍過妻子的婢僕，因感念往事而對他們平添一分哀憐；夢中回憶起「百事乖」的貧賤生活，醒來立刻「送錢財」。這些貌似普通的小事，形象地刻畫出作者中年喪妻後茫然失落的心境，寄寓著深摯的悲痛之情。悼亡詩本不屬一個單獨的門類，在元稹以前，不僅數量少，質量也不高。元稹將未亡人的心境描摹得如此誠摯感人，從而使悼亡之作引起歷代詩評家的注意，並在文學園地中取得了一席之地。韋氏的知書達禮、溫良敦厚構造了夫妻生活的牢固基礎，「顧我無衣搜盡篋，泥他沽酒拔金釵」（《遣悲懷三首》其一）；「自言並食尋常事，唯念山深驛路長」（《六年春遣懷八首》其二）。因此，元稹不僅發出了「曾經滄海難爲水，除卻巫山不是雲」（《離思五首》其四）的感慨和「唯將長夜終開眼，報答平生未展眉」（《遣悲懷三首》其三）的誓願，並且在韋氏死後很長一段時間仍然「醉裏時時錯問君」（《六年春遣懷八首》其五）。

元和十年（八一五），白居易貶江州司馬。時正在通州任上的元稹聞此不幸，寫了《聞樂天授江州司馬》：

殘燈無焰影幢幢，此夕聞君謫九江。垂死病中驚坐起，暗風吹雨入寒窗。

此詩的起句與結句均是寫景。起句之景形象地描繪出周圍景物的暗淡淒涼，從而爲全詩確定了抒情的基調，爲聞知不幸營造出烘托的氣氛。結句之景，融入作者的無限感懷。不幸消息使作者由垂死病中因驚而起坐，似欲有所爲，但是，同爲貶謫之人的元稹又能爲白居易做些什麼呢？驚起之後仍是默默，只聽見淒風冷雨吹打寒窗。元稹還有一首《得樂天書》描寫得到白居易書信時激動的情狀：

遠信入門先有淚，妻驚女哭問何如。尋常不省曾如此，應是江州司馬書。

《鶯鶯傳》是元稹結合自己的經歷撰寫的傳奇小說。雖不脫才子佳人、始亂終棄的模式，但在人物刻畫上十分成功。對張生醉心功名毫無責任感的行爲表現，儘管作者予以開脫，仍掩蓋不住客觀上的批判意味。崔鶯鶯的矛盾行爲正是追求愛情的人性和封建禮教的束縛混雜交織的體現。在矛盾中展示人物性格，使得人物性格細膩、生動、鮮明。《鶯鶯傳》對後來的傳奇和戲劇都有一定的影響。元代的《西廂記》雜劇即以此爲本事鋪排而成。（張健）

一三六、賈島

賈島是以「苦吟」著名的中唐詩人。他比新樂府運動的倡導者白居易年輕七歲，但他的詩風和白居易迥然不同。辛文房《唐才子傳》說：「元和中，元白變尙輕淺，島獨按格入僻，以矯浮艷。」從賈島和白居易遵從了不同的創作方法這一點來說，辛文房的話是有道理的。

賈島（七七九～八四三），字閬仙，范陽（今河北省涿縣）人。早年出家爲僧，法名無本。後受韓愈影響，還俗應舉，但屢試不第。晚年曾任長江主簿，景況淒涼，「臨死之日，家無一錢，唯病驢、古琴而已。」（《唐才子傳》）

「一日不作詩，心源如廢井」（《戲贈友人》），賈島是把寫詩當作生活的全部內容來對待的。他在《送無可上人》一詩中「獨行潭底影，數息樹邊身」句下自注絕句：「二句三年得，一吟雙淚流。知音如不賞，歸臥故山秋。」對自己的苦吟，賈島絲毫也不忌諱，他在不少篇章中都寫到了苦吟。如《秋暮》：「默默空朝夕，苦吟誰喜聞」；《三月晦日贈劉評事》：「三月正當三十日，風光別我苦吟身」等等。賈島屬於天賦不足但功夫到家的詩人。所以，過多地執著於字句的斟酌，而缺乏高屋建瓴、統率全篇的才氣，說他的詩「有句無篇」確是一語中的。

賈島詩歌的意境中充滿了淒清苦楚，這和他荒涼寂寞的生活經歷相關，也和他早年枯寂的禪房生活有關。

促織聲尖尖似針，更深刺著旅人心。獨言獨語月明裏，驚覺眠童與宿禽。

早起赴前程，鄰雞尚未鳴。主人燈下別，羸馬暗中行。蹋石新霜滑，穿林宿鳥驚。遠山鐘動後，曙色漸分明。

前一首題爲《客思》寫旅人的不眠之夜；後一首題爲《早行》，寫旅人淩晨上路。在《客思》中，作者選擇了秋天的蟋蟀。蟋蟀尖利而急促的叫聲使人難以入睡，「尖似針」是作者的主觀感受，說明了心情的煩亂。既然難以入睡只好起來散步。月色如水的深夜，作者的自言自語不僅驚擾了宿鳥，連眠童也都醒來了。如此又無眠又令人生厭，作者於是《早行》。雞尙未打鳴，天色尙黑。店家雖然燈下作別，想來面色是不好看的。黑暗中，孤寂冷淸的旅人，和那匹瘦弱的馬。漸漸地，從遠處傳來寺廟的晨鐘，天色也亮了起來，遠遠近近的景物映入眼簾。客思和《山行》雖不能斷定爲一時一地之作，但聯繫起來看，更能說明賈島的風格。《客思》的抒情基調是如此孤淒，意境是如此悲涼。《早行》的前半部分是如此壓抑，後半部雖寫了晨鐘和曙色，但並未爲全詩帶來生機，絲毫感覺不到新的一天開始時的那種激動不安，作者只是就事論事，似乎連心智都已麻木不省了。賈島的這種詩風和他的生活態度密切相關。他數次下第，但他並未有不吐不快的鬱壘；他一生蹭蹬，但他並未有「大道如靑天，我獨不得出」（李白《行路難》）的憤憤不平。他幾乎是冷靜地看待這一切，在《下第》詩中，他寫道：「下第只空囊，如何住帝鄉。……淚落故山遠，病來春草長。知音逢豈易，孤棹復三湘。」這裏只有輕微的嘆息和微茫的希冀。這種生活態度深刻地影響了他的創作，在他全部作品中，充滿了刻意的文字雕琢，而不見所處的社會和民生。

對文字的刻意雕琢直接產生了兩個結果，一是使得某些詩喪失了詩味，二是也吟出了不少佳句。在《題李凝幽居》一詩中，他對於「鳥宿池邊樹，僧敲月下門」的「敲」字拿捏不定，「推」與「敲」反復斟酌，神遊象外，以至衝撞了時任京兆尹的韓愈的車駕。推敲一詞即由此而來，二人的交往也傳爲文學歷史上的一段佳話。賈島字斟句酌的功夫在下列詩句中可見一斑。《憶江上吳處士》：「秋風吹渭水，落葉滿長安。」《南池》：「秋聲依樹色，月影在蒲根。」《偶作》：「獨樹依岡老，蓬峰出草微。」《南齋》：「有山來枕上，無事到心中。」《寄白閣默公》：「微雲分片滅，古木落薪幹。」《送姚杭州》：「人老江波釣，田侵海樹耕。」

賈島有兩首小詩値得注意。一是《訪隱者不遇》：

松下問童子，言師採藥去。只在此山中，雲深不知處。

這首詩寫得樸素凝煉，有句有篇，和他大部分的僧道唱和之作不同。松下問童子，境界何等清逸；言師採藥去，不免墜入失望；只在此山中，希冀之情復萌；雲深不知處，再次悵然無奈。短短二十字中，有問有答，一波三折。以雲深作結，不僅表達了尋者的惆悵，也表現了隱者的超乎世外，性情高潔。另一首是《劍客》：

十年磨一劍，霜刃未曾試。今日把示君，誰有不平事。

這首詩造語率直，直抒胸臆，寫得虎虎生威，在其全部作品中確是別具一格之作。

賈島生活在中唐新樂府運動蓬勃開展的時代，他獨具特色的詩風是以新樂府爲主流的中唐詩壇的有益補充，對晚唐詩人的影響較大。（張健）

二三七、李賀

李賀將浪漫主義詩歌的形式特徵發揮到了極致，形成了唐代，乃至整個古代詩歌史上獨樹一幟的風格。

李賀（七九〇～八一六），字長吉，河南昌谷（今宜陽）人。李賀是唐宗室鄭王的後裔，但到李賀父親時，已相當沒落了。十七歲時，李賀曾漫遊趙地。後來受韓愈鼓舞，赴京應試，但受到一些嫉妒者的攻擊，稱李賀父親名晉肅，李賀應避名諱，不參加進士試。韓愈爲此專門寫了《諱辯》爲李賀開脫，仍無濟於事。李賀在長安只得到了奉禮郎這樣一個職掌祭祀的九品小官，但其詩名已轟動京師。時至中唐，世俗已發生了巨變，文名已難以成爲入仕的敲門磚，李賀悲憤地唱出了「誰看青簡一編書，不遣花蟲粉空蠹。」（《秋來》）在長安過了三年，李賀終於辭官歸故里，過著清苦的隱居生活。二十七歲時，病逝於昌谷家中。

李賀在臨終之際，曾親自删定作品二百三十三首，加上後人的增補，存世之作亦不過二百四十餘首。在這些作品中，以現實生活爲題材的古樂府或新樂府占了一半，但影響並不大，如《官街鼓》、

《牡丹種曲》等。由於過分注重形式，使這些作品中的思想意義被沖淡了。李賀得名「鬼才」是由於他的神怪詩。這些詩的篇目雖然不多，卻是獨出心裁，令時人瞠目的佳作。如《蘇小小墓》：

幽蘭露，如啼眼。無物結同心，煙花不堪剪。草如茵，松如蓋。風為裳，水為佩。油壁車，夕相待。冷翠燭，勞光彩。西陵下，風吹雨。

蘇小小是南齊時的錢塘名妓，與李賀是隔代之人，但李賀站在蘇小小墓前，卻無處不感覺蘇小小的存在。蘭葉上凝集的水滴，是她哭泣的眼淚；細密的小草，是她柔軟的茵褥；亭亭青松，是她出行的傘蓋；軟和的風，像她飄曳的衣袂；叮咚的水聲，來自她身上的玉佩；熒熒的燐火，映照著她走向油壁香車，趕赴誰的艷約？

李賀在現實中的極度失意，使他轉向詩歌創作。李商隱在為其所作的傳記中寫道：「恆從小奚奴，騎瘦驢，背一古破錦囊。遇有所得，即書投囊中。及暮歸，太夫人使婢受囊出之。見所書多，輒曰：『是兒要當嘔出心血乃已爾。』上燈，與食。長吉從婢取書，研墨疊紙足成之，投他囊中。非大醉及弔喪日率如此。」簡單的生活經歷，貧乏的思想內容使李賀的詩歌創作刻意於文字的雕琢。先「遇有所得，即書投囊中」，然後再於靜夜「足成之」。這種創作方法和李白迥然不同。李白的浪漫主義是以強烈的自我表現為特徵的，但在李賀這裏，激盪的個人情感隱藏在變化莫測、詭奇怪麗的意象當中了。《浩歌》是激情難抑，奮而長歌之類，詩中寫道：「**南風吹山做平地，帝遣天吳移海水。王母桃花千遍紅，彭祖巫咸幾回死。**」這種強烈的主觀情感和李白是一脈相承的，但卻不露發此感慨的主體詩人自己。只有《致酒行》中「我有迷魂招不得，雄雞一唱天下白」一文說得較爲明朗、直接。

李賀的浪漫主義成就主要表現在其作品意境、修辭上的新而奇、麗而淸、美而怪的特徵。修辭是李賀所最爲擅長的，《新唐書・李賀傳》中說他「辭尙奇詭……當時無能效者」，指的就是修辭方面。《李憑箜篌引》是李賀親編詩集中的首篇，其中寫箜篌的聲音之美是「昆山玉碎鳳凰叫，芙蓉泣露香蘭笑」；寫箜篌的音響效果是「女媧煉石補天處，石破天驚逗秋雨」；寫箜篌的音樂魅力是「老魚跳波瘦蛟舞」。比喻的規則是以熟知比陌生，但李賀反而用之，用玉碎、鳳凰叫、花哭、草笑來比箜篌之聲。這些喩體都是美好的事物，由此而引發讀者美好的情感。因此，李賀所注重的不是比喻間實體的關聯，而是審美體驗的通感。其他的如「石脈水流泉滴沙，鬼燈如漆點松花」（《南山田中行》）；「蛇毒濃凝洞堂濕，江魚不食銜沙立」（《羅浮山人與葛篇》）；「向前敲瘦骨，猶自帶銅聲」（《馬詩》）；「衰蘭送客咸陽道，天若有情天亦老」（《金銅仙人辭漢歌》）；「羲和敲日玻璃聲，劫灰飛盡古今平」（《秦王飲酒》）等，在詞語修辭上，都達到了相當高的造詣。

李賀也有一些較爲豪邁和淸新自然的詩作。前者如《雁門太守行》：

黑雲壓城城欲摧，甲光向日金鱗開。角聲滿天秋色裏，塞上胭脂凝夜紫。半卷紅旗臨易水，霜重鼓寒聲不起。報君黃金臺上意，提攜玉龍爲君死。

後者如《南園十三首》其一：

花枝草蔓眼中開，小白長紅越女腮。可憐日暮嫣香落，嫁與春風不用媒。

李賀在短促的生命旅程中唱出了驚天動地的不朽詩篇。僅從年齡而論，在二十七歲以前，能取

得如此高的詩名，達到如此高的藝術境界，創作如此繁豐的詩人，不僅在唐代，在中外文學史上也是不多見的。（張健）

二三八、杜牧

杜牧是晚唐著名詩人，他的詠史詩及抒情絕句尤爲人稱道。

杜牧（八〇三～八五三），字牧之，京兆萬年（今陝西省西安市）人。其祖父杜佑曾歷任德、順、憲三朝宰相，其堂兄杜悰在武宗和懿宗時也官至宰相。杜牧門第顯赫，仕途卻頗爲坎坷。他二十六歲時舉進士，初任弘文館校書郎，因爲性情剛直被排擠出京，在江西觀察史、宣歙觀察史和淮南節度史幕府中當了八年幕僚。其後，在京官和外任間數次徘徊，曾任史館修撰，黃（今湖北省黃岡市）、池（今安徽省貴池）、睦（今浙江省建德縣）三州刺史，湖州（今浙江省吳興縣）刺史等職。四十九歲時升爲考功郎中，知制誥。五十歲拜中書舍人，一年後去世。杜牧所處的時期正是牛李黨爭激烈之時，兩派都欣賞他的文才，但由於他不肯隨人俯仰，仕途困頓就是自然的了。杜牧《上李中丞書》中寫道：「往往閉戶便經旬日，弔慶參請，亦多廢闕。至於俯仰進趨，隨意所在，希時徇勢，不能逐人。是以官途之間，比之輩流，亦多困躓。」

晚唐時期，唐王朝已顯衰勢，國家危急日重，民不聊生。杜牧在《郡齋獨酌》中抒發了這樣的人生理想：「**平生五色線，願補舜衣裳。弦歌教燕趙，蘭芷浴河湟。腥膻一掃灑，凶狠皆披攘。生**

人但眠食，奉域富農桑。」可見，杜牧的人生理想並非空泛的議論，而是包含著平定藩鎭和收復失地兩個核心內容。爲此，他留意「治亂興亡之跡，財賦兵甲之事，地形之險易遠近，古人之長短得失」（《上李中丞書》），不僅爲《孫子》做注，還寫了《原十六衛》、《戰論》、《守論》等軍事著作。因此，後人評價杜牧是唐代著名詩人中唯一一位「知兵事」者。由此不難理解杜牧的詠史詩向以具有獨特的魅力。

勝敗兵家事不期，包羞忍辱是男兒。江東子弟多才俊，卷土重來未可知。《題烏江亭》

折戟沈沙鐵未銷，自將磨洗認前朝。東風不與周郎便，銅雀春深鎖二喬。《赤壁》

這兩首詠史詩一寫項羽不肯一人渡江的事，一寫周瑜以火攻大破曹操事。但作者並非由舊史中尋找詩意，而是用「翻案法」反說其事，從而道出更爲深刻的道理。《江南春》和《過華淸宮絕句三首》其一是杜牧另外二首著名的詠史詩：

千里鶯啼綠映紅，水村山郭酒旗風。南朝四百八十寺，多少樓台煙雨中。

長安回望繡成堆，山頂千門次第開。一騎紅塵妃子笑，無人知是荔枝來。

前一首借詠南朝皇帝迷信佛教終不能保國事諷刺晚唐皇室崇佛的風習，後一首以荔枝小事來鞭撻皇室的驕奢淫逸。據《新唐書》載：「妃嗜荔枝，必欲生致之，乃置騎傳送，走數千里，味未變，已至京師。」杜牧的這兩首詩都以含蓄雋永見長。文字平易，不用典弄巧，卻於自然處見凝煉精深的詠史絕句，曾被後人譽爲「二十八字史論」（《許彥周詩話》）。

杜牧在《獻詩啓》中稱自己「苦心爲詩，本求高絕，不務奇麗，不涉習俗。」在晚唐詩風轉趨輕淺華靡的大氣候下，他的一些詞采清麗，俊爽秀逸的小詩格外引人注目，如《山行》：

遠上寒山石徑斜，白雲生處有人家。停車坐爱楓林晚，霜葉紅於二月花。

杜牧在唐代文學史上以「風流才子」聞名。懷才不遇的苦悶，再加上「十年爲幕府吏，每促束於簿書宴遊間」（《上刑部崔尙書狀》），使其流連於聲色場所。他自己在《追懷》中也說：「落拓江南載酒行，楚腰纖細掌中輕。十年一覺揚州夢，赢得青樓薄幸名。」但是杜牧的這類「風情之作」中有很多是較爲眞摯的，如《贈別二首》其二：

多情卻似總無情，唯覺樽前笑不成。蠟燭有心還惜別，替人垂淚到天明。

有些還寄予著深切的同情，如《杜秋娘詩》、《張好好詩》。杜牧的散文較多地承繼了韓愈散文的筆法，大多寫得清新質樸，如《答莊允書》、《李賀集序》、《竇列女傳》等。《阿房宮賦》作於二十三歲時，是爲諷喩唐敬宗營造宮室、沈湎聲色而寫的。作品的開頭寫「五步一樓，十步一閣」，「覆壓三百餘里，隔離天日」的建築外觀；次寫「取之盡錙銖，用之如泥沙」的重斂輕用，招致「天下之人，不敢言而敢怒」；最後，詩人點出題旨：「族秦者，秦也，非天下也。……秦人不暇自哀，而後人哀之。後人哀之而不鑑之，亦使後人而復哀後人也。」整篇文章將形象的描寫和充滿激情的議論結合起來，具有很強的表現力，是傳誦至今的名篇。

作爲晚唐詩人，杜牧無法擺脫時代賦予的感傷情調和缺乏理想與熱情的消沈情緒。但他運用七律和七絕來詠史抒情，達到了很高的藝術造詣，後人甚至將他稱爲「小杜」以區別於杜甫。雖然二人相差殊遠並不具可比性，但這一稱呼也在一定程度上說明了杜牧的文學地位和影響。（張健）

二三九、李商隱

李商隱是晚唐著名的詩人，他的詠懷詩、無題詩和愛情詩以及深情綿邈、綺麗精工的獨特詩風對後世產生了較大影響。

李商隱（八一二～八五八），字義山，號玉谿生，懷州河內（今河南省沁陽縣）人。其祖父、曾祖、高祖的官職都很低，沒有超過縣這一級。李商隱生於父親李嗣在獲嘉（今河南省新鄉市）縣令的任上。其後不久，李嗣罷官至南方做幕僚，李商隱就在紹興和鎮江一帶度過了童年。十歲時，李嗣去世，李商隱回北方從其堂叔就讀。李商隱有三個姐姐，五個弟妹，其父又早逝，一家人的生活狀況可想而知。李商隱作爲長子、充滿了對沒落家族的嗟嘆和對逝去親人的緬憶。這種經歷，使李商隱缺乏李白那樣浪漫豪爽的胸襟，也沒有好友杜牧那樣瀟脫挺拔的氣度。卑微的感傷情調一直延續到詩人去世，未有根本的改觀。李商隱在二十二歲和二十四歲時兩次應舉不中，後來由於令狐綯的作用於開成二年（八三七）登進士第。令狐綯的父親十分賞識李商隱的才學，曾讓兒子令狐綯與其同學。令狐綯的好友高鍇主考時，問令狐綯「『八郎之友，誰最善？』綯直進曰：『李商隱者。』三道而退」。也正由於和令狐一家的密切關係，使李商隱卷入了牛李黨爭，並影響了一生的經歷。李商隱在中舉的次年入涇原節度使王茂元府中作幕僚，並娶了王茂元的女兒。此舉被令狐綯等人視爲「背恩」，李商隱也因此兩赴吏部應博學宏辭科考試而未中。第三次通過後擔任了祕書省校書郎，不久又被排擠出京任弘農縣尉。武宗時李黨得勢，而李商隱卻因居母喪未能有所作爲。三年後回京，牛黨得勢，令狐綯爲相，雙方隔閡頗深，只好再去外地做幕僚。其間曾兩次回京任京兆尹掾曹和太學博士，時間都很短。大部分時間生活在桂州鄭亞、徐州盧弘止、梓州柳仲郢幕中，四十七歲病逝於鄭州。

李商隱早年關心政治，在他全部約六百首詩作中，以現實政治爲題材、以古鑑今、託古諷今的作品約百首，對晚唐政治上藩鎭割據、宦官擅權、朋黨傾軋這三大問題均有揭露。如《有感二首》和《重有感》都是針對甘露事變而發的。前者一講李訓志大謀淺，徒誤國事；一講文宗闇弱無主，可氣可憐。後者寫昭義軍節度使上表請求「淸君側」一事：

玉帳牙旗得上遊，安危須共主君憂。竇融表已來關右，陶侃君宜次石頭。豈有蛟龍愁失水，更無鷹隼與高秋。晝號夜哭兼幽顯，早晚星關雪涕收。

甘露事變誅殺宰相以下數千人，腥風血雨，人人自危。而李商隱能夠站出來呼籲誅討宦官，表現出非凡的膽量和勇氣，這在當時是絕無僅有的一位。詩中的虛詞運用頗見深意，「須」字以示國家大義，「已來」、「宜次」隱含敦促，「豈有」、「更無」意在督責，「早晚」二字透露熱望。《行次西郊作一百韻》是李商隱追溯有唐以來治亂興亡的歷史，集中表達政治思想的代表作品。詩的第一部分寫唐前期由於官吏得人而形成了繁榮安定的社會景象。第二、三部分寫安史之亂和甘露之變。最後一部分表達了對「使典做尙書，廝養爲將軍」的憤慨和下情不達的憂慮。

李商隱創作了大量的愛情詩。這些作品不像民歌那樣直率，又不像某些文人詩那般靡艷，如著名的《夜雨寄北》：

君問歸期未有期，巴山夜雨漲秋池。何當共剪西窗燭，卻話巴山夜雨時。

李商隱以「無題」爲名的詩歌共十七首，除少數有所寄託外，大部分是抒情對象模糊的愛情詩，有的也結合自己的身世抒發了些微的感慨，如：

相見時難別亦難，東風無力百花殘。春蠶到死絲方盡，蠟炬成灰淚始乾。曉鏡但愁雲鬢改，夜吟應覺月光寒。蓬山此去無多路，青鳥慇懃爲探看。

昨夜星辰昨夜風，畫樓西畔桂堂東。身無彩鳳雙飛翼，心有靈犀一點通。隔座送鉤春酒暖，分曹射覆蠟燈紅。嗟餘聽鼓應官去，走馬蘭台類轉蓬。

李商隱之所以寫出這樣各種情感複雜交織的作品，和他的經歷、地位不無關係。杜牧和李商隱同爲晚唐著名詩人，但杜牧的感傷更多是時代的烙印，李商隱的感傷更多源於其自身的卑微與軟弱。

靈活巧妙地運用典故來點染意境氣氛是李商隱詩的一大特色。如《馬嵬》的末句：「如何四紀爲天子，不及盧家有莫愁。」冷諷中寄意深遠。再如，「地下若逢陳後主，豈宜重問《後庭花》」（《隋宮》）以假想之辭活用典故；「休誇此地分天下，只得徐妃半面妝」（《南朝》）別出心裁，寓意嘲諷等。有的作品也因用典而語意晦澀，令人費解，如《碧城》、《錦瑟》。魏慶之《詩人玉屑》說：「李商隱詩好積故實。」胡應麟《詩藪》亦稱：「用事之僻，始見商隱諸篇。」李商隱詩歌的這一特點直接影響了晚唐五代及宋的許多作家。

（張健）

二四〇、溫庭筠

詞至中唐，文人開始介入，連白居易、劉禹錫、劉長卿、韋應物等大家也時有爲之。但眞正專心寫詞，並以篇目之豐、影響之大而聞名的是溫庭筠。

溫庭筠（八一二？～八六六），字飛卿，太原祁（今山西省祁縣）人。溫庭筠的祖輩曾官至台輔，晚唐時，雖已衰微，也算世家。幼年時，溫庭筠聰慧敏捷，悟性很高。但成年後「不修邊幅」，喜歡「逐弦吹之音，爲側艷之詞」（《舊唐書・溫庭筠傳》），與當朝權貴家的「無賴子弟」一起過著鬥雞走狗、狂飲縱歡的放盪生活。他的「狹邪醜跡」很爲當時一些士大夫所不屑。所以，累試不第，直到晚年才擔任了方城（今河南省）尉和國子監助教，仕途尤爲困頓。晚年又流落江湖，潦倒至死。

溫庭筠的詩在當時名聲很高，有「溫李」之稱，李即李商隱。感慨飄零淪落是溫庭筠詩的主要內容，如《商山早行》：

晨起動征鐸，客行悲故鄉。雞聲茅店月，人跡板橋霜。槲葉落山路，枳花明驛牆。因思杜陵夢，鳧雁滿回塘。

溫庭筠也有不少詩作語意輕淺，雖不及齊梁詩般穠艷綺麗，但也明顯地表現出一種風格上的相似之處。如《湘宮人歌》：

池塘芳草濕，夜半東風起。生綠畫羅屏，金壺貯春水。黃粉楚宮人，芳花玉刻鱗。娟娟照棋燭，不語兩含顰。

溫庭筠精通音律，熟悉詞調。《花間集》收錄其詞六十六首，詞調有《菩薩蠻》、《更漏子》、《歸國謠》、《酒泉子》、《定西番》、《楊柳枝》、《南歌子》、《河瀆神》、《女冠子》、《玉蝴蝶》、《清平樂》、《遐方怨》、《訴衷情》、《思帝鄉》、《夢江南》、《河傳》、《番女怨》、《荷葉杯》共十八種。其中依《菩薩蠻》調塡寫的詞最多，有十四首，其他各調均在六首以下。《菩薩蠻》屬從西域傳入的燕樂，樂器以琵琶爲主，在唐代尤爲流行。相傳宣宗尤愛《菩薩蠻》，溫庭筠所作之詞乃是爲令狐綯丞相捉刀。

小山重疊金明滅，鬢雲欲度香腮雪。懶起畫蛾眉，弄妝梳洗遲。照花前後鏡，花面交相映。新貼繡羅襦，雙雙金鷓鴣。

這首《菩薩蠻》極言女子服飾的華貴，神態舉止的嬌懶，是濃艷香軟詞風的代表作品。溫庭筠詞大多是從女子的角度來抒情，詞的內容離不開女子的怨與喜、悲與歡，如此細膩地展示城市女子的心理，溫庭筠是第一位。但在溫詞中，渲染鋪排女子的裝束髮式以及臥具，詞藻華麗，詞意輕靡的句子比比皆是。如寫女子的髮式，「春夢正關情，鏡中蟬鬢輕」（《菩薩蠻》其五）；「城上月，白如雪，蟬鬢美人愁絕」（《更漏子》其四）；「玉釵斜簪雲鬟髻，裙上金鏤鳳」（《歸國謠》其三）；「鬢墮低梳髻，連娟細掃眉」（《南歌子》其三）。寫臥具，「鳳帳鴛被徒熏，寂寞花鎖千門」（《清平樂》其一）；「鴛枕映屏山」（《南歌子》其五）；「錦帳繡帷斜掩」（《歸國謠》其二）；「山枕膩，錦衾寒，覺來更漏殘」（《更漏子》其三）；「垂翠幕，結同心，侍郎熏鏽衾」（《更漏子》其四）。這些句子，不僅意境上缺少變化，詞彙選擇餘地狹窄，在意義上，也過於靡艶，抒情的格調不高。在溫詞中，也有少數寫得清麗而富有詩意的作品，如《更漏子》其六：

玉爐香，紅蠟淚，偏照畫堂秋思。眉翠薄，鬢雲殘，夜長衾枕寒。梧桐樹，三更雨，不道離情正苦。一葉葉，一聲聲，空階滴到明。

再如《望江南》其二：

梳洗罷，獨倚望江樓。過盡千帆皆不是，斜暉脈脈水悠悠，腸斷白蘋洲。

前者寫雨夜思人，卻拿梧桐雨來襯托。本來就是離情正苦，寂寞難眠，滴滴噠噠的雨聲更增添了女子的煩亂。後者寫望遠思人。起片用「梳洗罷」，與下句的「獨倚」形成對照。女爲悅己者容，但所牽掛的人不在身邊，應是懶於梳洗的，可是，隨時回來的可能性並非沒有，那江中片片白帆難道就不會有一隻停在望江樓下，圓了離人心願？！千帆過盡，斜暉脈脈，流水悠悠……詞的結片，融情於景，回味悠長。

溫庭筠對詞的發展的貢獻是多方面的。在意境營造上，他善於選擇富於表現力的細節和景物；在抒情方式上，他更多地採取含蓄委婉的借景抒情；在言詞和聲律上，他重視修飾與和諧的統一。但是，溫庭筠詞作的狹窄題材和柔靡的文風，對以後的詞人，尤其是五代時的西蜀詞人產生了巨大的影響，以至產生了中國文學史上的第一個詞派——花間詞派。

（張健）

二四一、韋莊

韋莊是晚唐五代時著名的詩人和詞人。

韋莊（八三六？～九一〇），字端己，京兆長安（今陝西省西安市）人。少時才敏過人，成年後疏放曠達，不拘小節。僖宗廣明元年（八八〇），韋莊在長安應試，恰好趕上了黃巢率義軍入城。次年春，避亂洛陽。中和三年（八八三）春，又由洛陽南下，至越中（今浙江省杭州、金華一帶）避難，後來又去過江西、湖南、湖北等地。在《投寄舊知》詩中，他概括這一段的生活是「萬里有家留百越，十年無路到三秦」。乾寧元年（八九四），五十九歲的韋莊進士及第，授校書郎。二年後，長安地區又爆發軍閥間的混戰，朝廷也遷往華州。鑑於中原地區局勢動盪，韋莊於天復元年（九〇一）入川投奔王建，並參予了前蜀的開國事宜，負責制訂制度號令刑政禮樂等，因此而出任開國丞相。

韋莊入蜀後，定居在成都浣花溪杜甫草堂舊址上，可見其對杜甫還是較爲仰慕的。韋莊的經歷也可謂動盪。但是，韋莊的詩歌創作卻缺乏對現實生活的反映。寫於中和三年的《秦婦吟》是他對黃巢入長安時個人見聞的總結，詩中對官兵的腐敗和殘暴有所揭露，如下面一段：

千間倉兮萬斯箱，黃巢過後猶殘半。自從洛下屯師旅，日夜巡兵入村塢。匣中秋水拔青蛇，旗上高風吹白虎。入門下馬若旋風，罄室傾囊如捲土。家財既盡骨肉離，今日殘年一身苦。一身苦兮何足嗟，山中更有千萬家。朝飢山草尋蓬子，夜宿霜中臥荻花。

通過一位東皺老翁的哭訴，描繪出了官軍殘酷搜刮民財的醜行惡徑。但是，韋莊是站在封建君主的立場上來看待黃巢義軍的，因此，詩中不僅對「天街踏盡公卿骨」表示同情，而且將黃巢義軍斥爲「狂寇陷中國」。

韋莊經歷了極爲動盪的生活，多年飄零無著，親人離散，因而在其詩中，感嘆人生如夢，追憶逝去繁華的消極情調較爲濃厚。在《上元縣》一詩中竟有「有國有家皆是夢，爲龍爲虎亦成空」的句子。再如《過揚州》：

當年人未識兵戈，處處青樓夜夜歌。花發洞中春日永，月明衣上好風多。淮王去後無雞犬，煬帝歸來葬綺羅。二十四橋空寂寂，綠楊摧折舊官河。

詩中充滿了對往日繁華的依戀和對現實的感慨。韋莊寫羈旅的詩大都淒婉哀怨，情調低沈，有些也不乏眞情實感，如《冬夜》：

睡覺寒爐酒半消，客情鄉夢兩遙遙。無人爲我磨心劍，割斷愁腸一寸苗。

在韋莊詩中，有一首《送日本僧敬龍歸》寫得平易自然，眞率流暢：

扶桑已在渺茫中，家在扶桑東更東。此去與師誰共到，一船明月一帆風。

韋莊是花間詞派的重要詞人，與溫庭筠並稱「溫韋」。韋莊的詞在風格上比溫庭筠明朗清淡一些，也不似溫庭筠般過分描寫女子的髮飾、臥具等。如《思帝鄉》其二：

春日遊，杏花吹滿頭。陌上誰家年少足風流。妾擬將身嫁與，一生休。縱被無情棄，不能羞。

以白描的手法寫一個天眞爛漫的少女。溫庭筠的《南歌子》其一也是寫一位追求愛情的女子：「手裏金鸚鵡，胸前繡鳳凰。偷眼暗形相，不如從嫁與，作鴛鴦。」二者比較，可見韋莊的《思帝鄉》更有民歌直率自然的風味，格調上也較爲健康。《女冠子》其一寫別夢，語言十分樸素，和花間詞派通常的風格有所不同：

四月十七，正是去年今日，別君時。忍淚佯低面，含羞半斂眉。不知魂已斷，空有夢相隨。除卻天邊月，沒人知。

詞的上片寫夢中相見時的細節，下片寫幽怨之情。結片「除卻天邊月，沒人知」一句，寫出了女子別夢醒後，對月傷情，懷人憶舊，此情悠悠。韋莊在詞的題材上也稍有變化，如《菩薩蠻》其四由兒女之情轉向感嘆人生苦短，及時行樂，情緒消沈：

勸君今夜須沈醉，樽前莫話明朝事。珍重主人心，酒深情亦深。莫訴金杯滿，須但愁春漏短。遇酒且呵呵，人生能幾何。

韋莊詞中消極庸俗的成分較爲明顯，他不僅寫「綠雲傾，金枕膩」的「美人春睡」（《酒泉子》），寫「淚界蓮腮兩線紅」的恨極而泣（《天仙子》其四），寫「欲上鞦韆四體慵，擬教人送心又忪」的嬌柔做作，更有甚者，在《江城子》其一中竟有「朱脣未動，先覺口脂香。緩揭繡衾抽皓腕，移鳳枕，枕潘郎」這樣直白無忌的描寫。

韋莊的詞從內容上看沒有太多的意義，但在藝術表現上，無論是狀景達情、言辭篇章，都有可

取之處，對於提高詞的藝術表現力有一定的貢獻。（張健）

二四二、馮延巳

馮延巳是五代時南唐的著名詞人。

馮延巳（九〇三～九六〇），字正中，又名延嗣，廣陵（今江蘇省揚州市）人。馮延巳的父親曾任歙州（今安徽省歙縣）鹽鐵判官，他早年即隨父住在歙州。大約在五代時吳大和二年（九三〇），以布衣的身分求見李昪，授為祕書郎，並與李昪之子李璟遊處。李璟即帝位後，馮延巳升為宰相，但他並不以朝事為重，而是縱情聲色，並與其弟延魯等人結黨營私，侵損朝政，被稱為「五鬼」。保大五年（九四七），因用兵失敗而又包庇其事罷相。保大十年（九五二），又因處置朝政失當第二次罷相。保大十四年（九五六），後周兵南下，江北土地悉數丟失，馮延巳第三次罷相。中興元年（九五八），馮延巳以丞相身分前往揚州與後周議和。結果，不僅割地輸貢，而且連南唐的國號、帝號、年號均未能保留，只稱國主，臣服於後周。歸來後，最後一次罷相至死。馮延巳數次罷相，又數次復起，除了他和李璟的關係外，還由於他好說大話，善長辯言，巧於諂媚，實際上，他並無治國經邦的才能。

馮延巳年青時，才氣很高，長於作詩，尤其喜歡填詞。《全唐詩》輯存其詩僅一首，是歌功頌德之作，毫無成就可言。其詞編為《陽春集》，共一百餘首，基本上未脫離男歡女愛、離情別緒的範疇。跟花間詞人稍有不同的是描寫環境有所擴大，從抒情主人公的儀表容貌、妝飾身姿這樣一個狹窄的範圍擴大到目光所及的廣闊景物，語言上也變得較爲清新流轉。如下面兩首《鵲踏枝》：

誰道閒情抛擲久，每到春來，惆悵還依舊。日日花前常病酒，不辭鏡裏朱顏瘦。　河畔青蕪堤上柳，爲問新愁，何事年年有。獨立小橋風滿袖，平林新月人歸後。

幾日行雲何處去，忘了歸來，不道春將暮。百草千花寒食路，香車繫在誰家樹。　淚眼倚樓頻獨語，雙燕飛來，陌上相逢否。撩亂春愁如柳絮，悠悠夢裏無尋處。

第一首寫流連春景的內心惆悵。以反詰句起片，語意突兀，下句的春來依舊，點出此愁的季節性和反復性。花前病酒和鏡中朱顏瘦，是愁的外在形式也是愁的結果。下片第一層是對景發問：春天是大自然周而復始運作的結果，而愁呢，爲何也是年復一年總不能擺脫？春天的風景是嶄新的，由此，作者也聯想到愁也是嶄新的，和春天一同到來，一同生長，可見作者遣詞造句上具有相當深的功底。全詞抒寫的雖然是毫無內容的閒愁，但情緒上較爲飽滿，造境也有獨到之處。第二首寫離情相思。上片問起問結，加強了思念和推想的力度。下片「淚眼」寫思念之情深，「倚樓」寫盼歸之意切，「獨語」且「頻」寫爲情所迷不能自拔。由此就怪不得連望見遠處飛來的燕子，也要借問一聲「陌上相逢否」了。詞的最後將愁情喻作柳絮，不僅是以眼前之景狀眼下之情，而且，柳絮的飄飛無緒，正契合愁情的纏綿迷亂，也可稱是佳喻。

《謁金門》也是馮延巳較爲出色的代表作之一：

風乍起，吹皺一池春水。閒引鴛鴦香徑裏，手挼紅杏蕊。鬥鴨闌干獨倚，碧玉搔頭斜墜。

終日望君君不至，舉頭聞鵲喜。

這首詞的起片「風乍起，吹皺一池春水」，不僅是眼前之景，也是心中之情，據說傳誦一時。陸游《南唐書・馮延巳傳》中說：「元宗（李璟）嘗因曲宴內殿，從容謂曰：『吹皺一池春水，何干卿事？』延巳對曰：『安得如陛下『小樓吹徹玉笙寒』之句！』」馮延巳上承溫韋，下啓二晏，對婉約詞風的演進起到了一定的作用。（張健）

二四三、李煜

李煜是一位君主，但卻以詞知名。他的詞作雖稱不上豐富，卻把詞這種藝術形式帶到了一個新的境界和高度。

李煜（九三七～九七八），字重光，初名從嘉，號鍾隱。五代時南唐最後一任國主，也稱李後主。早在李煜的父親李璟時，南唐迫於後周的壓力，已取消帝號、年號，只稱國主，臣服於周。李煜即位時，趙匡胤已代周自立，建立了宋王朝，南唐更加岌岌可危。但李煜不思振作，爲求得苟安，向宋貢奉大量錢財，以致國庫空竭。在內政上，李煜不僅無所作爲，而且偏聽偏信，錯殺良才。李煜沈湎於宮中的享樂生活，他先娶能歌善舞的大周后，繼娶其妹小周后，驕奢侈靡，醉生夢死。宋太祖開寶七年（九七四），宋兵渡江南下，次年攻占金陵。李煜與群臣肉袒出降，被押往宋都汴京（今河南省開封市），受封違命侯。宋太祖即位後，知李煜思念故國，甚爲不滿，於是將他毒死。

李煜具有多方面的藝術才能，他工書善畫，精通音律，而以詞的成就爲最高。

以南唐亡國爲界，李煜詞分爲前後兩個時期。前期詞基本上不脫宮廷生活的範圍，如下面這首《浣溪沙》：

紅日已高三丈透，金爐次第添香獸，紅錦地衣隨步縐。佳人舞點金釵溜，酒惡時拈花蕊嗅，別殿遙聞簫鼓奏。

在危難之際、存亡之秋，李煜仍津津樂道於夜以繼日的酣歌狂舞，其治國的心力也就可想而知了。李煜前期的詞風不出花間一派，如《菩薩蠻》：「南堂畫畔見，一晌偎人顫。奴爲出來難，教郎恣意憐。」但也有少數較爲清新的作品，如這首《清平樂》在藝術上達到了較高的造詣，很能代表李煜的詞人才華。

別來春半，觸目愁腸斷。砌下落梅如雪亂，拂了一身還滿。雁來音信無憑，路遙歸路難成。離恨恰如春草，更行更遠還生。

李煜二十四歲登基，三十九歲亡國，過了十五年縱情聲色，侈陳宴樂的生活。一朝淪爲階下之囚，其心情之痛楚懊喪使其詞風轉而變爲痛徹凄惋。

四十年來家國，三千里地山河。鳳闕龍樓通宵漢，玉樹瓊枝煙蔓，幾曾識干戈。一旦歸爲臣虜，沈腰潘鬢銷磨。最是倉皇辭廟日，教坊猶奏別離歌，揮淚對宮娥。（《破陣子》）

簾外雨潺潺，春意闌珊，羅衾不耐五更寒。夢裏不知身是客，一晌貪歡。獨自莫憑欄，無限江山，別時容易見時難。流水落花春去也，天上人間。（《浪淘沙》）

《破陣子》是對被俘前生活的回憶，從中看不出反思的意味，一方面是由於所處環境的嚴酷，另一方面也是囿於李煜認識上的局限。《浪淘沙》寫了一個「貪歡」的春夢，夢與現實對比，更增加了作者的深哀巨痛，而這一切，用一句「天上人間」淋漓盡致地表達了出來。

李煜抒寫亡國之痛的詞作，最著名的當屬下面這首《虞美人》：

春花秋月何時了，往事知多少。小樓昨夜又東風，故國不堪回首月明中。　雕欄玉砌應猶在，只是朱顏改。問君能有幾多愁，恰似一江春水向東流。

杜甫在安史之亂中，面對「年年歲歲花相似」的春天之景，感慨時事，寫下了「感時花濺淚，恨別鳥驚心」的名句。李煜面對同樣的景物，卻發出了「何時了」的怨恨，因爲李煜畢竟擁有過天下，對於業已失去的東西，有一種盼其毀滅的忿忿然。同時，也是對自己屈辱生命的激憤之詞。上片已說「故國不堪回首」，下片卻仍寫「雕欄玉砌應猶在」，這是因爲明知回憶往事徒傷人心卻又抑制不住，控制不了。詞的結片以滔滔不絕的江水來比喻愁情，歷來爲人稱道。江水的浩大，是愁情的物化；江水的湧動，是愁情激盪；更重要的是，江水的亙古長流，滔滔不息正如作者那與生俱存，永無止境的亡國之痛，源源而來，滔滔而逝，無窮無盡，永無息止。愁情有可解脫之愁與不可解脫之愁，李煜的愁情只有復國才可解脫，而這是根本不可能的。以江水來比喻這無望的愁情不僅造意獨到，而且極爲貼切傳神。《相見歡》抒寫的也是亡國後的愁情，但情調較爲淡惘委婉：

無言獨上西樓，月如鉤。寂寞梧桐深院，鎖清秋。　剪不斷，理還亂，是離愁。別是一悉滋味，在心頭。

李煜對詞的貢獻，在於他突破了花間詞派寫艷情的窠臼，把詞從風花雪月、雕金鏤玉、剪紅刻翠的自我束縛中帶向一個廣大的抒情領域，使詞在向述志言懷的新詩體的發展上邁出了巨大的一步。（張健）

二四四、范仲淹

作爲北宋的著名政治家、文學家，范仲淹在詩、詞、文、賦等方面都有所成就，但尤以文、詞名世，並被後人傳誦。

范仲淹（九八九～一〇五二），字希文，蘇州吳縣（今江蘇）人。范仲淹出身於官宦之家，但到他出生時家境已衰落。後隨母改嫁他人。少時以勤奮學習著稱，並懷有遠大的政治抱負。真宗大中祥符八年（一〇一五）登進士第。仁宗慶曆元年（一〇四一）授以龍圖閣直學士，與韓琦同爲陝西經略安撫副使，使西夏不敢進犯。後授參知政事，提出政治改革的主張，但因受守舊勢力阻撓，未能實行。於是請求外任，歷知邠州、鄧州、杭州、青州，都有政績。後卒於徐州途中。謚文正，世稱范文正公。著有《范文正公集》等。

范仲淹的文、賦創作都取得了不小的實績。代表作品有《岳陽樓記》、《桐廬郡嚴先生祠堂記》、《清白堂記》、《東染院使种君墓誌銘》、《秋香亭賦》、《臨川羨魚賦》等。都是膾炙人口的名篇佳作。在這些篇章中，或是讚揚古人功成身退，不貪仕祿的高尚志節；或歌頌北宋邊將組織百姓，抗擊異族入侵的英雄業績；或寫景抒情；或深有寄託。其中《岳陽樓記》一文，尤爲人所稱道。據《澠水燕談錄》所記：「慶曆中，滕子京謫守巴陵，治最爲天下第一。政成，增修岳陽樓，屬范文正公爲記，蘇子美書石，邵餗篆額，亦皆一時精筆，世謂之『四絕』云。」此文在成百上千的關於岳陽樓的詩文中堪稱魁首。文章寫於范仲淹被貶之時，是應友人滕子京之約爲樓寫的記。言從樓起，但意在樓外，這就脫盡了前人窠臼，闢出了自家蹊徑。它不僅寫景狀物曲盡其妙，煉詞造句精警暢達，而且運思謀篇煞費匠心，新穎別致。作者緣物抒情，借情寫意。其中遷客騷人的兩種覽物之情，是作者著力渲染之處。前節寫雨季登樓覽物之情，後節寫春晴登樓覽物之情。遷客騷人的一悲一喜，儘管感情狀態不同，實際都爲以物之好壞而喜悲，其緣物生情是一致的。見晦而悲，想到的是去國懷鄉，憂饞畏譏，正是仕途失意、人生遭難者的思想感情的反應；見晴而喜，則是受辱失寵後的一種自我解脫。但作者寫岳陽樓的氣象萬千，敘遷客騷人的覽物之情，無不是爲了發表自己「不以物喜，不以己悲」的見解，敞露個人「先天下之憂而憂，後天下之樂而樂」的襟懷。人讚曰：「以聖賢憂國憂民心地，發而爲文章，非先生其孰能之。」（吳楚材、吳綢侯《古文觀止》批注）

范仲淹一生所作的詩歌數量雖不太多，但各種體裁都有。在范仲淹的古體詩中，有些詩篇好似民歌一般。如《玉女窗》：「窈窕玉女窗，想像玉女妝，皎皎月爲鑑，飄飄霓作裳，莫學陽台夢，無端惑楚王。」又如《和僧長吉湖居五題》之五：「武陵誰家子，波面雙雙渡，空積心中絲，未成機上素，似共織女期，秋宵苦霜露。」除此之外，他的近體詩也很見功力。如《依韻酬吳春卿二首》之二：

亭亭百尺棟梁身，寂寞雲根與澗濱，寒冒雪霜寧是病，靜期風月不須春。蕭蕭遠韻和於樂，密密清陰意在人，高節直心時勿伐，千秋爲石乃知神。

詩中由衷地讚美了松樹的高風亮節，使人由物及人，引發聯想。另外，他的絕句，如《江上漁者》：「江上往來人，但愛鱸魚美，君看一葉舟，出沒風波裏。」又如《越上聞子規》：「夜入翠煙啼，晝尋芳樹飛，春山無限好，猶道不如歸。」再如《寄林處士》：「片心高與月徘徊，豈爲千鐘下釣臺，猶笑白雲多事在，等閒爲雨出山來。」這些詩篇寫得明白如話，各有情意，且寓意深刻。

以詞即景抒懷，爲宋詞開闢新意境的除歐陽修之外，范仲淹是其中之一。他的詞作不多，但其詞沈雄開闊的意境，蒼涼悲壯的氣象，與詞的傳統風格形成了鮮明對照。如他的代表詞作《蘇幕遮》（碧雲天）、《漁家傲》（塞下秋來風景異）：

碧雲天，黃葉地，秋聲連波，波上寒煙翠。山映斜陽天接水，芳草無情，更在斜陽外。黯鄉魂，追旅思。夜夜除非，好夢留人睡。明月高樓休獨倚，酒入愁腸，化作相思淚。

塞下秋來風景異，衡陽雁去無留意，四面邊聲連角起，千嶂裏，長煙落日孤城閉。

濁酒一杯家萬里，燕然未勒歸無計，羌管悠悠霜滿地，人不寐，將軍白髮征夫淚。

前首詞色彩斑斕，意境闊遠。詞意由遠及近，層層展開，描繪了秋天闊大的景色，抒發了詞人離鄉去國之愁。「碧雲天」之句成爲詠秋名句。後首詞爲作者戍守西北邊塞的生活體驗之作。「羌管」一句，以景襯情，觸景感懷，潸然淚下，這既是思鄉念親的兒女之淚，更是功業無成、壯志難酬的英雄淚。這種將邊塞詩內容帶進詞的領域的作法，使其成爲北宋邊塞詞的先聲之人。他的這些或寫邊塞秋思，或述羈旅情懷，即景抒情，沈鬱蒼涼，意境闊大，於溫婉之中寓豪宕之氣的作品，使之在北宋詞壇上獨具風采。（馬勝利）

二四五、張先

在北宋詞人中，張先算不上大家，但是在當時卻很有名。人將其詞與柳永詞相提並論，實則張先在宋詞的發展上所起的作用，尚不能與柳永相比。晏、歐上承晚唐五代遺風，而柳永則下開北宋中後期詞壇的新路，張先的詞既不同於晏、歐，也不同於柳永，而是傳統與拓新二者之間轉變的橋梁。清人陳廷焯在《白雨齋詞話》中言道：「張子野詞，古今一大轉移也。」

張先（九九〇～一〇七八），字子野，烏程（今浙江湖州）人。著有《安陸集》、《張子野詞》。他少時即有文名，四十一歲時與二十四歲的歐陽修同榜中進士。爾後開始了他的中小官吏生活，官至尚書都官郎中，後致仕家居。此後常往來於吳興、杭州之間，過著垂釣和作詩賦詞的悠閒生活。並常與蘇軾等文人名士登山臨水，吟唱往還，直至逝世之年還有詞作問世。

張先以詞名，他的詞沿襲宋初婉約派詞風，其內容多爲反映士大夫的生活情趣和男女情愛，但卻別具一格。在詞的創作上，他不僅善寫小令，還是宋代一位較早寫有一定數量慢詞長調的作家。對宋詞的形式的發展有一定貢獻。但與稍後的柳永相比，就詞的題材、形式而言，不如柳詞，同時在長調的數量、質量上也有差距，缺乏鋪敘、組織結構的工力，寫長調「多用小令作法。」（夏敬

觀手批《子野詞》）

張先最爲人傳誦的詞，如《天仙子》（《時爲嘉禾小倅，以病眠，不赴府令》）：

水調數聲持酒聽，午醉醒來愁未醒。送春春去幾時回？臨晚鏡，傷流景，往事後期空記省。
沙上並禽池上暝，雲破月來花弄影。重重簾幕密遮燈，風不定，人初靜，明日落紅應滿徑。

此詞以工巧之筆表現了一種朦朧美。在朦朧飄忽的景物中可見幽冷寧謐的意境。

張先被人稱道的還有那些情調清新活潑和含蓄深婉的小詞。有寫歌女的，「心似雙絲網，中有千千結」（《千秋歲》），「纖指十三弦，細將幽恨傳」（《菩薩蠻》）；有寫閨怨的「沈恨細思，不如桃杏，猶解嫁東風」（《一叢花令》），由此獲「『桃杏嫁東風』郎中」之譽（《過庭錄》）。其中較有特色和代表性的如《菩薩蠻》：

牡丹含露眞珠顆，美人折向簾前過。含笑問檀郎：花強妾貌強？檀郎故相惱，剛道花枝好，
花若勝如奴，花還解話無？

詞中人物的音容笑貌、爽直潑辣的性格，寫的傳神且饒有風趣。又如《木蘭花》（乙卯吳興寒食），作爲張先的晚年之作，以其飽含情致的筆墨，描繪了一幅江南寒食節的風俗畫。其中末二句「中庭月色正清明，無數楊花過無影」，向來爲人所稱道，楊花之無影的神韻，正得自於作者所營造的那份空靈自然，迷離朦朧的美妙意境。張先對自己詞作中那些精工的「影」字句是頗爲得意的。宋祁很讚賞他的《天仙子》中的「雲破月來花弄影」，稱之爲「『雲破月來花弄影』郎中」（《苕溪漁隱叢話》前集卷三十七引），「有客謂子野曰：『人皆謂公張三中』，即『心中事』、『眼中

淚』、『意中人』也。公曰：何不目之爲『張三影』……余平生所得也」（《苕溪漁隱叢話》前集卷三七引）。因其詞裏「雲破月來花弄影」（《天仙子》）；「嬌柔懶起，簾壓卷花影」（《歸朝花》）；「柳徑無人，墮風絮無影」（《剪牡丹》）而自稱。不過也有人認爲他的「中庭月色正清明，無數楊花更無影」（《木蘭花》）；「樓頭畫角風吹醒，入夜重門靜。那堪更被明月，隔牆送過鞦韆影」（《青門引》）之句更佳。王國維曾在他的《人間詞話》中評論道：「『紅杏枝頭春意鬧』，著一『鬧』字而境界全出；『雲破月來花弄影』著一『弄』字而境界全出矣」。他的慢詞代表作是《謝池春慢》：

繚牆重院，時聞有，啼鶯到。繡被掩餘寒，畫幕明新曉。朱檻連空闊，飛絮知多少？徑莎平，池水渺。日長風靜，花影閒相照。塵香拂馬，逢謝女，城南道。秀艷過施粉，多媚生輕笑。鬥色鮮衣薄，碾玉雙蟬小。歡難偶，春過了。琵琶流怨，都入相思調。

詞作內容爲敘一時之遇，抒發愛慕而難以相偶的怨情。

張先詞在藝術上可取之處在於含蓄工巧，善於錘煉字句和營造意境。

張先也寫詩，在宋代詩壇上也有不小的名氣。蘇軾在爲張先詞集題的跋中說，「子野詩筆老妙，歌詞乃其餘波耳。……而世俗但稱其歌詞。」（《張子野詞》跋）《宋史・藝文志》也說「張先詩二十卷。」但其詩集久佚，現存不足十首，散見於《侯鯖錄》、《能改齋漫錄》等筆記、地方志中，不能得見全貌。

（馬勝利）

二四六、晏氏父子

在宋初詞壇上，被尊爲詞壇領袖之一的一個人，是保持晚唐五代婉約風格的晏殊。晏殊主要接受了南唐馮延巳雍容疏朗的詞風影響，而這正投合了當時官僚士大夫的口味。

晏殊（九九一～一〇五五），字同叔，諡元獻，撫州臨川（今江西撫州）人。著有《珠玉詞》。晏殊幼年聰穎，七歲能文，被鄉里譽爲神童。十四歲時以神童召試，賜同進士出身。仁宗時，成爲北宋一代太平宰相。政治上雖無建樹，卻以汲引賢才著稱。作爲朝廷重臣，詩文近於西昆派，典雅華麗。其詩名作有《無題》（又名《寓意》）。

作爲揭開宋詞發展序幕的先行者的晏殊，身爲太平宰相，一生富貴優遊，基本上是在順境中度過的，雖然很是看重馮延巳的詞作，並身體力行進行創作，但與馮延巳身爲亂世之相，生當南唐衰落之際不同，因而詞作呈現出舒徐沈靜、雍容華貴、溫潤秀潔、婉麗蘊藉的風格。他的詞作多表現男女情愛，離愁別恨，詠物寫景，歌舞昇平的內容。他的詞作內容雖狹窄，卻能以清麗的語言，表現眞情實感。尤善於用精煉語句，將捕捉到的一刹那情景、微妙細膩的感受表達得委婉而有韻致。這在晏殊爲數不少的感傷之作中，如《採桑子》（時光只解催人老）、《清平樂》（春去秋來）、《浣溪沙》（一曲新詞酒一杯）；謳歌青春，吟詠大自然的如《破陣子》（燕子來時新社），征人思鄉的《清商怨》（關河愁思望處滿）等詞，都有頗具特色的體現。

晏殊詞中除反映雍容享樂、歌舞昇平之作外，也有寫實之作。如《山亭柳》（贈歌者），抒發了對朝廷不辨賢愚、不識忠奸，輕遣大臣的悲怨之氣。

由於晏殊在詞的創作上，既有繼承又有發展，並形成了自己的特色，因而對當時和後來的詞的創作都產生了不小的影響。

作爲宋代婉約詞派中出類拔萃者晏幾道，比晏殊更工於言情，追摹花間而別具沈鬱哀婉的風致。

晏幾道（一〇三〇？～一一〇六？），字叔原，號小山。晏殊第七子，世稱小晏，與其父合稱「二晏」。存世有《小山詞》。晏幾道雖出身顯宦之家，卻一生落拓不遇。宋人黃庭堅在其《小山集序》中稱他有「四痴」，從中反映出他的耿介自守，獨持清節，不爲時流所動的磊落尙氣的思想性格。他不僅人品出衆，而且學識超群，早露才華，在當時的上層社會中聲名遠播。面對時間變化迭起，黨爭紛亂，幸進者因緣升騰，知機者鉗口避禍。他既不趨從舊派，也不攀附新黨，超然旁觀，不願捲入其中。雖有救時濟世之策，當權者既不能用，他也不願爲其所用，而陸沈下位，淪爲風塵小吏，遠官外州別郡。累官監潁昌許田鎭、通判乾寧軍、開封府推官。由於其仕途蹇仄，生活流徙不定，家境日趨窘困，晚年頗爲淒涼。由於身經盛衰榮辱不同的環境，因而頗多感傷惆悵之作，以寄託情懷。所以對現實的不滿與憤懣，也就成爲晏幾道後半生的主要思想特徵。

晏幾道作詞，繼承了溫庭筠、韋莊、馮延巳的風格，同時又受其父晏殊的影響。但二人道路迥殊，詞作自然有別。小晏詞對昨夢前塵的回首，使他的詞風更近李煜。

小晏詞基調淒婉低徊，感情哀傷濃鬱，語言自然清新，在抒情深度和藝術表現手法上，獨具一格。他的言情詞，最大特點是一「純」字，充滿了痴氣，毫無雕琢藻繪，因而與李煜、秦觀並稱爲三大純情詞人，在中國詞史上有很大影響。

小晏詞大多爲五、七言的小令，造語精煉工巧，加之善於融化前人詩句詞意，來抒發情懷，所以又是宋代詞壇上以小令獨擅勝場的高手名家。

小晏的詞篇，大多產生在歌舞酒筵中，所以男女情愛，悲歡離合，四時景物等傳統題材，是其主要內容。而繁華遽逝，景境頓殊，在浮沈歌酒，排遣內心幽憤的同時，無窮的別情離愁和追懷眷念，就在他的詞裏有著強烈和集中的體現。如《思遠人》（紅葉黃花秋意晚）等。

由於現實不如意的緣故，小晏特別善於作「夢」詞，其言「夢」之詞多達四十餘首。如《鷓鴣天》（小令尊前見玉簫）一詞，相傳道學家程頤聞此亦笑而讚道：「鬼語也」。在這些詞中，閃爍著迷離飄忽的神祕氛圍，浮現出虛幻多變的境界，有著一種特殊的藝術效果。又如《鷓鴣天》詞，將詞人過去以夢爲眞，將夢似眞；今天卻是以眞疑夢，將眞似夢的複雜心理變化，描寫得細膩傳神。它再現了舊日通宵歌舞歡宴的典型場面。此詞曾被列爲宋金十大曲之一，傳唱甚廣。

人們看他的詞集，確實多數也是酒邊花間之作，並不比前人開拓得更遠；但是，就在這種尋常慣見的題材中，小晏卻是把自己全部眞純深摯的感情傾注進去的，就像那些作品已嵌進了詞人的生命。詞人力圖追求一種純美潔淨的境界，把眞、善、美的理想寄望於他身邊的人。一部《小山詞》好似他一生淒惋的回憶錄。其「眞」和「痴」，在兩宋詞人中是罕有其匹的。（馬勝利）

二四七、柳永

柳永是北宋第一個專力寫詞的詞人。作爲一個才華橫溢、精曉音律的文人士大夫，由於遭到封建統治者的白眼，才學得不到施展，故而致力於詞的創作。由此倒因禍得福，成就了一代傑出詞人。

柳永（九八七？～一〇五二？），福建崇安（一作樂安）人。原名三變。字耆卿，一字景莊。因排行第七，又稱柳七。官至屯田員外郎，故世稱柳屯田。著有《樂章集》。柳永出身於官宦之家。少時聰穎，諳識音律。柳永爲人風流倜儻，不拘禮法，有浪子作風。早年在汴京與狂怪不羈之人，過著暮宴朝飲的生活，好作淫冶之曲詞。而這些詞，不爲正統觀念所容，雖有才氣，兩次應試皆不中，仕途極不得意。據宋人筆記載，一次柳永參加汴京考試，因其《鶴沖天》「忍把浮名，換了淺斟低唱」，爲宋仁宗所不喜，批道「此人風前月下，好去『淺斟低唱』何要『浮名』？且塡詞去！」由此，自稱「奉旨塡詞柳三變」，浪跡於汴京，蘇杭等地。（此事在吳曾《能改齋漫錄》與胡仔《苕溪漁隱叢話》後集卷三十引《藝苑雌黃》中都有記述。兩書所記各有出入，但早年不得志可證。）當時城市經濟繁榮，市民階層迅速增長，出現了很多舞榭歌樓，朝野上下竟爲新聲。在柳永長期浪遊生涯中，他常出入煙花柳巷，與歌伎們相往來，應教坊樂工、歌伎之請，用當時的俚俗口語爲他們創作了大量適合於歌唱的慢詞。大約中年以後，困頓潦倒，爲謀求生活出路，改名柳永，又參加進士考試，中進士後，做過睦州推官、定海曉峰鹽場鹽官等。官至屯田員外郎。後窮困而卒於潤州

（今江蘇鎮江）。相傳他死後還是由群妓合金安葬的（一說爲王和甫出錢葬埋）。以後她們每年還多載酒餚，飲於柳永墓側，爲他舉行「弔柳會」。作爲一個頗具傳奇色彩的詞人，柳永本人也成了後來文人創作的一個題材。

柳永的《樂章集》裏有詞二百一十多首，其詞不僅可吟誦，而且還是唱本，故名爲《樂章》。柳永作爲長調（慢詞）的倡導者，是北宋諸大家集子中，保存長調最多的一個。他改變了詞的體制，並使其有所發展，使詞能夠容納更多的內容。在詞體的創造上，柳永敢於變舊曲和作新聲。他常常取同一詞調的小令，大大增加其字數，使之成爲中調和長調。如《長相思》本三十六字，柳永則變爲一百零三字；《拋球樂》本四十字則變爲一百八十八字；《浪淘沙》本雙調五十四字，柳永則變爲三疊一百四十四字；其最長的《戚氏》（三疊）多至二百一十二字，這是前所未有的。由於柳永大量製作慢詞，創製長調，使其新聲廣爲流傳。此後新興的慢詞受到社會重視，多篇佳構蔚爲大觀，宋詞進入了以慢詞爲主體的新階段。

從柳詞的源流來看，他擷取當時民間廣爲流傳的市井新聲，其特徵是通俗淺近，更近於敦煌詞一路，並在此基礎上加工提高成旖旎多多彩的新曲。雖一些詞評家認爲其詞不能登大雅之堂，但卻受到大眾的喜愛，人言凡有飲井水的地方，都能吟唱柳詞。並且遠播異域。

柳永詞作中，寫得最爲成功，並且影響較大的是描寫羈旅行役、離愁別恨之作。柳永的這類題材的詞作，是與他所處的生活時代，及其獨特的生活遭際分不開的。仕途的不得志，及其流浪生涯，使他在很多詞中表露了懷才不遇的思想和流落江湖的離情別緒。如他的《八聲甘州》（對瀟瀟暮雨灑江天)、《雨霖鈴》(寒蟬淒切)詞。

柳永的詞作中,有不少是描繪都市風光與繁華,以及佳節慶賀的盛況,反映了都市生活的各種側面。這類詞作約四十首,近於全部詞作的五分之一。在他的筆下,都市旖旎的風光,繁榮富庶的景象都被形容曲盡。如寫蘇州的《瑞鷓鴣》(其二),寫成都的《一寸金》;寫得最多的還是開封,如《迎新春》但描寫都市繁榮,山川勝景,最爲人傳誦的詞是詠杭州的《望海潮》(東南形勝)。如果說把短小纖巧的小令發展成爲繁音縟節及局面開張的慢詞,是柳永的一大貢獻的話,那麼這首詞是它的第一支先曲。此詞一問世,不脛而走,無怪乎當時「金主亮聞歌,欣然有慕於『三秋桂子,十里荷花』,遂起投鞭渡江之志。」(羅大經:《鶴林玉露》,卷十三)雖是傳說,但由此也可見其影響。

柳永詞中反映婦女生活、願望、情感的詞作,占他全部詞作的大半。而描寫受污辱的歌妓又居大多數。詞人在詞中有對她們願望的深深理解與不幸遭遇的同情。如寫應承王孫公子《迷仙引》詞、寫心心相印《集賢賓》詞等。有些詞還表現了詞人在她們中間尋覓知音和慰藉所表現出的一往情深,如《憶帝京》「繫我一生心,負你千行淚」、《蝶戀花》「衣帶漸寬終不悔,爲伊消得人憔悴」等詞。另一些詞作則表現了詞人對自己因萍蹤不定,而有背信棄盟的悔恨。正因如此,這些柳詞被廣泛傳唱於宋元時期歌妓之口。還有詞則是描寫勞動婦女生活的,如《河傳》(淮岸)等,則充滿了詩情畫意。

柳永詞作中也有詠物、詠史、遊仙的作品。他的詠物詞,如詠鶯的《黃鶯兒》,詠菊的《受恩深》等，寫物工致，純用白描而不假故實，既不同於韋、溫小詞，也有別於其後的周、姜等人，堆砌典故，化用唐人詩句的詠物詞。其詠史、遊仙詞，或發思古之幽情，以史鑑人；或表達詞人對幸福的愛情和自由的生活嚮往之情。

柳永的詞作中，涉及時事政治與大衆疾苦者甚少。但從他抒寫身世遭遇，與對功名利祿的感慨中，詞人的懷才不遇後的玩世不恭，對遊宦生涯的厭倦等種種複雜心緒，在他的一些詞中都有深切的表露。如《鶴沖天》「自封白衣卿相」、《風歸雲》「一船風雲，會須歸去老漁樵」等詞。這些都反映出了詞人對這個時代，壓抑、埋沒人才的不滿與憤悶不平之氣。

柳永以他自己對宋詞的突出貢獻和影響，成爲宋代詞史上的一座里程碑。（馬勝利）

二四八、歐陽修

在北宋文學史上，歐陽修無疑是一個舉足輕重的人物。他曾官居顯要，爲人有氣節，忠直敢言，廉正愛民，爲時人所敬重。他不僅倡導了對於當時和以後相當長的時期對文學都具有積極影響的詩文革新運動，還在散文、詩詞、史傳等方面也都取得了引人注目的成就，成爲一代文學宗師。

歐陽修（一〇〇七～一〇七二），字永叔，四十歲自號醉翁，晚年更號六一居士。吉州永豐（今江西）人。因吉州原屬廬陵郡，又自稱廬陵人。卒謚文忠，世稱「歐陽文忠公」。他一生爲後世留下了一筆豐富的文學遺產，計有《居士集》五十卷，外集二十五卷，雜著十九卷。還有史書《新唐書》、《新五代史》等。

歐陽修出生於一個清寒的小官吏家庭，但到其祖、父輩卻家道中落。他幼年喪父，寡母鄭氏對他的成長產生了深刻的影響。在母親的教導下，他學習刻苦，常借書抄誦，尤愛韓愈的文章。希望通過努力能夠與「文起八代之衰」的韓愈相比並。他二十歲時中進士，累官西京留守推官、館閣校勘、夷陵縣令、太常丞知諫院、滁州知州、禮部侍郎、參知政事等。《宋史・歐陽修》稱他「天資剛進，見義勇為，雖機阱在前觸之不顧」。因他為范仲淹上章批評時政而辯護和參與「慶曆新政」的革新，仕途之中屢有貶遷。王安石行新法時，因政見不合，六十五歲時以太子少師之職辭官退隱。

歐陽修自入仕途後，宦海沈浮四十餘年，在他的散文中，議論文所占比重最大，包括政論、史論、書序、書簡等。這些文章有的是針對時弊抒論，有的是借古喻今，有的是因事寄慨，縱橫議論，切直抒暢，卻又不乏委婉變化之妙，都具有很強的現實性。如《與高司諫書》、《朋黨論》、《縱囚論》等。歐陽修的散文中有不少是為人寫的墓誌、祭文，這些多是很好的人物傳記。如《祭嚴師魯文》、《祭石曼卿文》、《祭蘇子美文》、《梅聖俞堯臣墓誌銘》、《徂徠先生墓誌銘》、《黃夢升墓誌銘》、《瀧岡阡表》等。歐陽修散文中另一類有突出成績的，是寫景敘事散文。這類散文或記亭堂，或寫山水，或詠園林，取材廣泛，其中有些篇幅重在抒發作者情懷，或在其中寓有較多的理趣。作者常從尋常習見的事物中翻出新意，發人思索，或由遠處落墨，逶迤寫來，突起轉折，得出精警之論。如《峽州至喜亭記》、《峴山亭記》、《眞州東園記》、《相州晝錦堂記》、《有美堂記》、《畫舫齋記》、《菱溪石記》、《豐樂亭記》、《醉翁亭記》等。

作爲開宋代筆記文創作先河的歐陽修，此類散文的代表作是《歸田錄》。這些隨筆瑣記寫得不拘一格，並常能描摹細節，刻畫人物，且富有情趣。

歐陽修的賦，寫得也很出色。作爲以駢偶和鋪排以及聲律爲形式特色的賦到了宋代以後，由於內容的空泛和形式上的矯揉造作，已走向沒落，當歐陽修散文革新取得成功之後，又回過頭來爲賦開闢了一條新路。其代表作有《鳴蟬賦》、《秋聲賦》等。

歐陽修的詩歌創作，影響雖不及散文，但也很有特色，今存詩作八百六十餘首。他的詩在當時被推爲大家之作。在詩歌創作上，旁搜遠紹，對宋詩的發展起到了承前啓後的作用。他的詩深受李白、韓愈、孟郊的影響，同時又受到蘇舜欽、梅堯臣的啓發，在有意矯正「西昆體」的流弊中，逐漸形成自己的風格特徵。他的詩不用僻典，不堆砌華麗詞藻，不講求奇巧對仗，語言淺明易懂，有一種自然流暢的風格。這是與當時流行的「西昆體」詩所不同的。他的詩歌另一重要特色是在詩中發議論。此舉雖不始於歐陽修，但當把議論同抒情、記事結合起來，無疑擴大了詩歌表現領域，具有一定的現實意義。這對於五代以來的浮艷詩風是一有力衝擊。然而由於說理的成分過度，對詩歌的形象性和抒情無疑是一損害。

在歐陽修的詩中，既有反映國計民生，抨擊時弊，反對異族侵略的詩篇，如《食糟民》、《明妃曲和王介甫作》、《再和明妃曲》、《唐崇徽公主手痕》；也有大量篇幅描寫山水風光、親朋之間的贈答的詩篇，以及描寫個人生活中行役謫宦的作品。如《晚泊岳陽》、《戲答元珍》、《黃溪夜泊》、《下牢溪》、《勞亭驛》、《題滁州醉翁亭》等。在他的詩中還有論詩詩，這些詩開創了宋代以詩論詩的風氣。如《讀蟠桃詩寄子美》等，表現出了他對詩歌藝術的很多精闢見解。可以說，宋詩至歐陽修時已漸趨成熟，形成了自己的特色。

歐陽修除了散文、詩的創作以外，還擅長寫詞，在宋代文壇上是一頗受人重視的詞家。今存詞二百多首，從數量上說超過了他以前的作家。不過與其散文、詩歌相比，作品內容要狹小的多。但論影響不在詩之下。南宋曾慥選《樂府雅詞》，認爲歐詞爲宋之冠。在詞的創作上，民間俚曲對歐陽修影響不小。他的詞作風格以清疏雋永、蘊藉深厚爲特色。他的詞主要內容雖仍是戀情相思，酣飲醉歌，惜春賞花等，但已擺脫了五代花間派的脂粉氣，將詞風從浮艷引向了淸麗一路。其代表詞作有《踏莎行》、《侯門殘館》、《生查子·元夕》。除此之外，歐陽修還善於以清新疏淡的筆觸寫景，如《玉樓春》「杏花紅處青山缺，山畔行人山下歇」；《浣溪沙》「堤上遊人逐畫船，拍堤春水四垂天。綠楊樓外出鞦韆」；《漁家傲》「迷俯仰，月輪正在泉中漾」；《採桑子》「無風水面琉璃滑，不覺船移」等。另外感嘆遭際，傷時嘆老，也都納入了詞的描寫範圍，如《臨江仙》「十年岐路，空負曲江花」；《玉樓春》「春色無情容易去」等。歐陽修在詞的創作上，多以小令見長。既有韋莊詞的清麗俊雅，又有馮延巳的深沈委婉。他不僅拓寬了詞的題材領域，還在嘗試慢詞的創作以及口語化、俚俗辭語入詞等方面，起了拓展性的積極作用。這些都表明詞在宋初已逐步擺脫花間、南唐詞的影響，向社會生活的廣闊領域和風格多樣化發展。

（馬勝利）

二四九、曾鞏

北宋中期，散文創作最爲繁盛。作爲唐宋八大家之一的曾鞏，其成就雖不及韓、柳、歐、蘇，但在當代與後世也深有影響。他的文章寫得含蓄典重，紆徐委備，醇厚平正，與王安石勁峭鋒健的風格相比，迥然而異。

曾鞏（一〇一九～一〇八三），字子固，建昌南豐（今江西南豐）人。人稱「南豐先生」。謚文定，後世又尊稱「曾文定公」。著有《元豐類稿》等。曾鞏出身於世代爲官之家，二十歲之後，因其文才出眾，受到歐陽修的讚譽獎引而身登仕籍。歷任太平州司法參軍、館閣校勘、越州通判、福州知州、史館修撰、中書舍人等。元豐六年（一〇八三）四月，卒於江寧府（今江蘇南京）。

作爲歐陽修詩文革新運動的積極追隨者和支持者，他主張先道後文，繼承了中國古代散文「重道」的傳統。他的文章大多「本原六經」（《宋史・曾鞏傳》），積極宣揚儒家的民本思想，重視民生疾苦，研討治國之道，關心吏治，砥礪臣節，以修身爲中心，以濟世爲目的。所以行文言不及道者很少。但其文並非板著面孔說教，常通過事實，闡明道理。爲文自然淳樸，不注重文采，「紆徐而不煩，簡奧而不晦，卓然自成一家。」（《宋史・曾鞏傳》）他也常以古文自負。其議論文寫得紆徐委備，近似於歐陽修的風格。曾鞏行文多由遠而近，由此及彼，由虛及實，層層鋪墊，曲徑通幽。如《寄歐陽舍人書》、《上蔡學士書》等。其中寄文最具代表性。此文是對歐陽修爲自己已故祖父撰寫的碑文的謝簡。雖是書簡，卻具列了很多深刻而且具有社會意義的議論內容。在短短的篇幅內，使所議之題得以拓展昇華，堪稱是小題目下面的一篇大文章、大手筆。後人言：「在南豐集中，應推爲千古絕調。」（元珙《古文評注》卷十二）「紆徐」、「簡奧」，曾文的兩大特色，在此文中有著鮮明的體現。

曾鞏的散文中，有不少是雜記類文章。如《宜黃縣學記》、《擬硯臺記》、《墨池記》、《齊州北水門記》，都是很有名的「記」類文章。議論部分往往在這類文體中也有喧賓奪主之勢。這同曾鞏「本原六經」的創作思想是一致的。《墨池記》是此類文章的代表作。本篇作品就其思想立意而言，屬道德文章，但全無古板的、強加於人的氣色，而是從容溫雅、循循善誘，使人們在追求審美愉悅的同時，從中受到深刻的道德熏陶。後世人們從文學審美角度對它的欣賞，大於對它的道德主題的重視，這也許是曾鞏本人所始料不及的。然而審美是一種超越，對於文學藝術來說，有意味的形式正是一種最高的價值。凡此都可作如是觀。和《墨池記》醇厚的風格不同的是《鵝湖院佛殿記》。此文一改曾文的文風，借題發揮，顯露了鋒芒，變頌揚之題意爲辟佛之論。

曾鞏的記敘文中寫風景的極少，而《道山亭記》卻是難得的寫景篇什，不僅在曾鞏散文中，而且在唐宋遊記散文中，也不愧爲傑作。全文由景及人，既不寓情於景，也不發掘深意。與歐陽修《醉翁亭記》那千迴百折，層層遞進，騰挪跌宕，愈轉愈深相比，此文平直自然，娓娓而談，有柳宗元山水遊記風格。

曾鞏一生寫了不少序文。尤以在館閣中編校古書時所作的目錄序，如《戰國策目錄序》、《列女傳目錄序》、《新序目錄序》等縱論古今，感慨深切之文，爲人所稱道。這類序文，風格上模仿劉向，寫得醇實簡潔，尤善於布置，能以簡馭繁，從容深涵。其中《戰國策目錄序》是此類文章的代表作。作爲儒家學者，曾鞏有很好的論風，當與該書原整理者意見相左時，能充分肯定其長處。議論時遣詞相當委婉，充分表達了對前代學者的尊重。通篇沒有自以爲是的傲氣，也無放言高論的慷慨，只是娓娓而談，事理俱在，論理清晰。

曾鞏的文章，自樹一幟，在歷史上備受推崇，爲人師法。南宋的朱熹，明代唐宋派的王慎中、唐順之、歸有光，及至清代桐城派方苞、劉大櫆、姚鼐等人，都曾師法曾鞏，且譽揚甚隆。明代茅坤編《唐宋八大家文抄》時，將曾鞏正式列爲散文八大家之一，這更奠定了曾鞏在散文史上的重要地位。但是，在宋代六大散文家中，由於曾鞏作爲宋王朝的循吏，過於恪守儒道，使其不少文章缺乏強烈的時代感和創新精神。有時雖抒發點感慨，但多爲持平之論，文采、情韻均不及歐、蘇，也無王安石文章的精警之思和剛勁之氣。

曾鞏的主要成就在文，但也能詩。由於爲文所掩，因而不受重視。他的詩以七絕的成就最高，精密工深，頗得唐人神韻而別有風致。他的一些寫景狀物、清新可讀的小詩，比較眞實地流露出個人思想感情，如《城南》（二首）之一：

雨過橫塘水滿堤，亂山高下路東西。一番桃李花開盡，唯有青青草色齊。

再如他的寓有深意的詠物詩《詠柳》：

亂條猶未變初黃，倚得東風勢便狂。解把飛花蒙日月，不知天地有清霜。

他的這些詩，都可稱得上宋代近體詩中，寫景抒情的佳作。曾詩成就雖不及歐陽修、王安石、蘇軾，但強於蘇洵、蘇轍。

（馬勝利）

二五〇、王安石

王安石在宋代不僅是一位傑出的政治家、思想家，也是一位著名的文學家。他的詩、詞、文都有很高的成就。王安石的文學創作體現了他的經世致用的思想，多服務於他革新政治的事業。他是繼歐陽修、梅堯臣、蘇舜欽之後，使詩文革新運動更爲深入，成果更爲輝煌的一人。

王安石（一〇二一～一〇八六），字介甫，晚號半山，撫州臨川（今江西臨川）人。封荆國公，世稱王荆公。謚文，又稱王文公。著有《臨川集》。王安石出身於中下層官吏之家，自幼隨父轉徙於各地。早年的播遷生活，使他較早接觸到下層社會，埋下了「矯世變俗之志」的種子（《宋史·王安石傳》）。他少好讀書，博聞強記，爲他日後的文學創作打下了堅實的基礎。仁宗慶曆二年（一〇四二）中進士，歷任簽書淮南判官、鄞縣知縣、群牧判官、常州知州、知制浩、參知政事等，並被召爲翰林學士兼侍講。神宗時拜相，實行革新變法。因遭反變法派的猛烈攻擊，兩度離開相位。後退居江寧鍾山（今江蘇南京），築半山園，潛心於藝術研究和詩歌創作。元祐元年（一〇八六）司馬光執政，盡廢新法，王安石憂憤病死。

作爲文學家的王安石，取得很高成就的是詩。他的詩歌不僅量大，有一千五百餘首，而且很有特色，並自成一家。歐陽修曾以「翰林風月三千首，吏部文章二百年」（《歐陽文忠公文集》卷五十七《贈王介甫》）的詩句來讚美他。他的詩歌創作，以熙寧七年（一〇七四），退居江寧爲界，分爲前後兩期。前期詩作多屬於政治題材類詩，這是與王安石的政治生涯分不開的。他把自己長期對社會觀察、體驗和感受，與渴望濟世匡俗的抱負寫進了詩中。這一時期他以杜甫現實主義精神爲宗，在藝術上，近體多仿杜詩句法，古體則吸取韓愈詩健拔雄奇，多用議論的特點。主要作品有《感事》、《河北民》、《促織》、《出塞》、《陰山畫虎圖》等。他的前期詠史、懷古爲題材的詩作，也有很強的政治性。它們大都有感而發，寓意深刻，如《范增》、《烏江亭》、《杜甫畫像》等。其中《明妃曲》二首，堪稱代表作，歷來膾炙人口。這一時期，王安石還寫了大量的羈旅、登臨、贈別、悼友、詠物之作。如《孤桐》、《登飛來峰》、《葛溪驛》、《示長安君》、《題西太一宮壁》等。王安石在藝術上爲詩歌史作出較大貢獻的是他的這些詠物抒情、述懷感舊、登山臨水、酬答贈別的近體詩和他後期的一些抒情寫景小詩。

王安石的後期詩作，在藝術上是以杜甫「老去漸於律詩細」爲工，在對仗、典故、格律上精益求精，並且吸收了王維詩歌的取境之長。人評「遣情世外，其悲壯即寓閒澹之中。」（《宋詩鈔·臨川詩鈔序》）嚴羽將此期詩歌稱爲「王荊公體」（《滄浪詩話》）。這一時期的主要作品有《北陂杏花》、《梅花》、《鍾山晚步》、《書湖陰先生壁》、《泊船瓜洲》、《江上》等。這些詩篇，構思新穎別致，字句千錘百煉，體物細膩，善用色彩，備受後人推崇。雖然詩的現實內容減弱，但在藝術上，更臻於爐火純青的境地。

作爲唐宋八大家之一的王安石，他的散文雄健峭拔，簡勁明快。包括書、表、啓、傳、記、序、雜著、碑銘、祭文、墓誌等。大體可分爲論說和記敘兩大類。王安石文章的長處在於說理，即使在他的記敘文中，也含有較多的議論成分。可見他要求文章直接爲政治服務的良苦用心。他的散文以論說文的成就最爲突出。在論說文中，直陳己見，揭露時弊，議政說理，論辨駁難，無不寫得遊刃有餘，得心應手，有極強的說服力。如他的奏議《上仁宗皇帝言事書》，雜文《原過》、《知人》，史評、人物論的《伯夷》、《讀孟嘗君傳》等，駁難的《答司馬諫議書》等。

在王安石的散文中，記敘文占有較大比重。此類文章不重寫景狀物，鋪陳點染，而屬意於藉端說理，載道見志。其記人、記事、記遊散文各具特色。如記人敘事的《傷仲永》、在碑誌中藉文生議，放言高論的《處士徵君墓表》、《葛興祖墓誌銘》、《王逢原墓誌銘》等。用雜言韻文寫的《祭歐陽文忠公》，是王安石少有的美文。

王安石長於議論的特點，在記遊的散文中也有鮮明的體現。這與歐陽修、蘇軾抒情議論並重，文字充滿情韻的「記體文」有所不同。作爲記遊的代表作《遊褒禪山記》，文章通過記遊來言志，表達了他的理想、探求、富有哲理思辨色彩。

王安石的文章強調直抒胸臆，注重文學功用和論辯說理，文字力求簡古。由於只注重其說服力而不注重摹寫物象、醞釀氣氛，增強感染力，因而許多文章缺少文采和形象性。有枯燥單薄之感，缺少韻味。

王安石詞作數量不多，但藝術性較高。在詞的創作上，爲宋詞開闢新意境的除歐陽修、范仲淹外，還有王安石。他的代表作是《桂枝香・金陵懷古》。詞弔古喻今，以陳後主舊事警勸北宋統治者。詞在捕捉形象、創造意境方面，都新穎而有氣派，一掃花間習氣。（馬勝利）

二五一、蘇洵

唐宋兩朝六百餘年篩選出八位文章大師，而眉山蘇氏一門就占了三位。其中父親蘇洵，兒子蘇軾、蘇轍合稱「三蘇」。宋人曾鞏曾評道：「三人之文章盛傳於世。得而讀之者皆爲驚，或嘆不可及，或慕而效之。」（《蘇明允哀辭》）

蘇洵（一〇〇九～一〇六六），字明允，號老泉。眉州眉山（今屬四川）人。著有《嘉祐集》。蘇洵早年不學，二十七歲時才下決心讀書。一年多以後，舉進士及茂才異等皆不中。後盡毀其文，閉門苦讀多年，學業大進，下筆爲文，頃刻千言。仁宗嘉祐元年（一〇五六），攜帶二個兒子進京，晉謁翰林學士歐陽修。歐陽修對他的《權書》等二十二篇文章大爲讚賞，認爲即使賈誼、劉向的文章，也並不比蘇文好。於是向朝廷推薦。一時公卿士大夫爭相傳誦、仿效，其文名大盛。當朝廷宣召他參加舍人院考試時，他託病未參加考試。後授祕書省校書郎、霸州文安縣主簿，參與撰修禮書《太常因革禮》，書成而卒。

蘇洵是懷有政治抱負的人，在他的不少議論文中，反映著希圖振興宋王朝的心願和革新政治的主張。在他的文章中，儘管有迂闊偏頗之論，但不少觀點還是切中時弊的。如《兵制》、《審敵》

等。蘇洵爲文深受《孟子》、《戰國策》的影響，他曾說過：「龍逄、比干，吾取其心，不取其術；蘇秦、張儀，吾取其術，不取其心。」（《諫論・上》）這種博採眾長的作法，使得蘇洵的史論、政論大多具有論點鮮明、論據有力，善於用比，縱橫恣肆，筆帶鋒芒的特點。

蘇洵的《權書》中的第八篇《六國論》，最見其筆力雄健多變的風格。《六國論》一文，原題無「論」字，爲後世選文者所增補。此文藉助秦併六國的歷史題材，諷諫了北宋王朝妥協投降是自取滅亡之道，並指出戰則存，賂則亡的深刻道理。他的文章全部鋒芒幾乎無不處處對準現實。文章話說得十分含蓄婉轉，同時又暗示得十分明確尖銳。除《六國論》外，《仲兄字文甫說》，作爲一篇著名的文論，文中的鋪陳排比，形象生動的妙喻，尤爲精彩。文章在描述風水相交的自然景觀時，融進了作者對文章寫作過程的看法。充分體現了作者崇尚自然，反對雕飾的思想。它是一篇在輕鬆自然中，用生動形象的語言來展示作者文章理論的佳作。

蘇洵爲文，不抄襲陳說，敢於發表自己的獨到見解，這正是蘇洵能夠取得成就的原因之一。與《六國論》的縱橫捭闔、馳說雲湧的風格不同，另一類文章的代表《木假山記》，則顯得婉轉曲折，言近旨遠，充滿理趣。文中隱寓了人在社會生活中的坎坷和艱難，勉勵人要像凜然不屈、獨立不阿的木假山一樣，具有這樣的品格。

蘇洵的抒情散文不多，但《送石昌言使北引》、《張益州畫像記》堪稱這方面的代表作。前者通過「間接記敘」的手法，深深寄託作者的殷切期望和愛國主義情感。後者通過蜀地百姓爲淸廉官吏畫像事，歌頌了勤政愛民的精神，另外，如《上歐陽內翰第一書》，評文述志，希望歐陽修薦引的內心隱情，通過婉轉曲折的文字，得以展現。其中評述孟、韓、歐諸人的文章風格不同的文字，很富有文學批評的意味。與唐文縱橫開闔、奇峭突兀相比，此文從從容容，流暢婉轉，極富宋人文章風味。蘇洵散文中最短的一篇是《名二子說》。其文構思別出新意。文中通過闡釋為二子命名的深義，來表達他對愛子勸勉的殷殷深情。字裏行間閃爍著思辨和哲理的光彩。後人評道：「文共八十一言耳，讀之如有濤瀾動盪，不可遏抑之勢，大奇。」（沈德潛：《唐宋八大家文讀本・名二子說評》）

蘇洵文以雄奇為主，縱橫捭闔，老辣簡奧，同時又有曲折多變，紆徐宛轉之長。他是繼歐陽修之後，為宋代文壇別開生面中突出的一個散文大家。

蘇洵詩不多，擅寫五古，質樸蒼勁。其成就遠遜於散文。

（馬勝利）

二五二、蘇軾

蘇軾在三蘇之中，堪稱為一代文學、藝術大師。作為北宋文壇的領袖人物之一，他建樹了多方面的文學業績；散文與歐陽修並稱「歐蘇」，又是唐宋八大家之一；詩歌與黃庭堅並稱「蘇黃」，開宋一代詩歌新貌；詞與辛棄疾並稱「蘇辛」，是豪放詞派創始人；還是詩文革新的中堅和領袖。另外在書畫藝術方面也是名家高手；書法與黃庭堅、米芾、蔡襄並稱「四大家」；繪畫是「文湖州竹派」的重要人物，宋代文人畫的重要代表。

蘇軾（一〇三七～一一〇一），字子瞻，一字和仲，號東坡居士。著有《蘇軾詩集》五十卷；《蘇軾文集》七十三卷；《東坡樂府》三卷等。蘇軾幼承家訓，涉獵極廣。「學通經史，屬文日數千言。」（蘇轍《東坡先生墓誌銘》）嘉祐二年（一〇五七），中進士，深受主考官歐陽修的賞識。四年後授大理評事，簽書風翔府判官。並歷任判官告院、開封府推官。熙寧四年（一〇七一），因與變法派政見不合，請求外調，出任杭州通判，歷知密、徐、湖三州。元豐二年（一〇七九），被人羅織罪狀彈劾作詩反對新法，訕謗朝廷，從湖州逮捕下獄，史稱「烏台詩案」。後被釋謫貶黃州、汝州等地。元祐元年（一〇八六），舊黨司馬光執政，調回京都任中書舍人、翰林學士，知制誥等職。次年兼侍讀。因與舊黨政見不合，遭疑忌，於元祐四年（一〇八九），自請出知杭州。後又被賈易等人尋隙誣告，歷知潁、揚、定等州。紹聖元年（一〇九四），哲宗起用新黨，貶逐元祐舊臣，又被一貶再貶，由英州（今廣東英德）、惠州（今廣東惠陽）遠貶到儋州（今海南儋縣）。元符三年（一一〇〇），徽宗即位才赦還。建中靖國元年（一一〇一），病卒於常州。

蘇軾濡染儒、佛、老，既有儒家輔君治國、經世濟民的理想；又有佛老的超然物外的曠達襟懷，「君子可以寓意於物，而不可以留意於物。」（《王君寶繪堂記》）這些思想在他的作品中都有鮮明的反映。其一生經歷的巨大的政治磨難，反到成就了一代文學大師。

蘇軾重視文學的社會功能，強調文學家要有充實的生活感受，要敢於創新。並且重視文藝技巧探討和運用。

蘇軾一生留下了二千七百多首詩、三百多首詞和卷帙繁富的散文作品。

他的不少敢於揭露社會民族矛盾，關心百姓生活、生產的詩，大都寫得情眞意摯，犀利尖銳。如《荔枝嘆》、《正月十八日，蔡州道上遇雪，次子由韻二首》之二、《和子由苦寒見寄》、《秧馬歌》等。而作爲「一肚皮不入時宜」的政治失意者（毛晉輯《東坡筆記》卷上《是中何物》），「我本不違世，而世與我殊」（《送岑著作》），自然就會有嚮往山水，厭棄官場生涯的流露。他的不少寫景抒懷詩，藝術價值最高，也最爲膾炙人口。如《遊金山寺》、《新城道中》、《題西林壁》、《琴詩》、《入峽》、《百步洪》、《和陶歸園田居》、《東坡》、《泛潁》、《惠崇春江晚景》等等。這些詩中，既有蜀中的奇絕、長江的夜色、江南的晴雨、西湖勝景、江北風物、嶺外風光等景物，令人欣喜愛悅；也有從日常生活和自然小景中悟出的新意妙理，引人深思。它們即景寄意，因物寓理，意在言外，餘味不盡。另外他還寫過不少品評書畫的詩歌，如《讀孟郊詩》、《石蒼舒醉墨堂》等，表達了其審美情趣和見解。

蘇軾長於古體和七言詩，七古奇氣橫溢，如《雪浪石》、《法惠寺橫翠閣》等。五古則詞清味腴，如《寒食雨》等。七律近於劉禹錫、白居易，如《汲江煎茶》、《初到黄州》等。五律五絕少見，七絕則有不少是被人傳誦的名篇佳作。其詩有以文、才學、議論爲詩的特點。

讀蘇詩可感其「有必達之隱，無難顯之情」（《甌北詩話》）。詩人的才情是奔放的，藝術想像是豐富的，他熟練地駕馭各種藝術手法，以爭取自由表達的最高境界。但也可看到一些詩篇存在著議論化影響詩的形象性、韻律美，以及用典過多、粗率冗長、近於文學游戲之弊。

蘇軾作爲豪放詞派的開創人，創作了一批風貌一新的詞章。在他的詞中，記遊、懷古、贈答、送別、說理，「無意不可入，無事不可言」（劉熙載：《藝概》卷四），「一洗綺羅香澤之態，擺脫綢繆宛轉之度」（胡寅：《題酒邊詞》），抒報國志，繪農家景，寫謫居思等，擴大了詞境。如《江城子》（老夫聊發少年狂）寄託立功報國豪情壯志；如《沁園春》（孤館燈青）抒遠大的政治抱負；如《滿江紅》（江漢西來）即景懷古，暗寓憤懣不平；如《卜算子》（缺月掛疏桐），寫遭貶後的孤芳自賞；如《定風波》（莫聽穿林打葉聲）表現不畏坎坷，泰然自若的人生態度；如《浣溪沙》（五首）描繪了具有濃鬱生活氣息的農村風俗畫。這些詞都突破了詞爲艷科的藩籬，新天下耳目。尤其《念奴嬌·赤壁懷古》、《水調歌頭·丙辰中秋》，更具代表性。

蘇詞頗具浪漫情懷，逸興遄飛。這些篇章上承屈原、李白，下開辛棄疾。如《水調歌頭》（明月幾時有）、《念奴嬌》（憑高眺遠）、《滿庭芳》（歸去來兮）等，浮想聯翩，或是不甘心天闕的清寂；或是飛上玉宇瓊樓；或是巧遇仙女，直覺有仙氣縹緲於毫端。在蘇詞的多樣化詞風中，除大江東去之類豪放詞風外，還表現出或清曠奇逸；或清新雋秀；或婉轉纏綿，各有風騷。如悼亡妻的《江城子》、詠楊花的《水龍吟》、寫佳人風情的《蝶戀花》，等等。

蘇詞在體制、語言、音律上也都體現了創新精神。詞人以詩文句法入詞，始於蘇軾。在詞體的創製上，如《哨遍》是由《歸去來辭》改寫，《水調歌頭》是由《聽穎師琴詩》剪裁而成。還有不少詞始用標題，有的還採用小序。他既重視音律，但不拘泥於音律。其創新不僅在打破詩詞題材、內容上的嚴格界限，還使詞脫離了音樂而成獨立抒情手段，擴大了詞的表現力。

蘇軾的散文，發展了歐陽修平易舒緩的文風。在蘇文中藝術價值最高的是那些書札、雜記、遊記、小賦等。或披露胸襟、或即事即景議論風生，體現了他在《文說》的觀點。如記人物的《方山子傳》、《書劉庭式事》；記樓臺亭榭的《喜雨亭記》、《超然臺記》、《石鐘山記》；品評書畫、述治學心得的《文與可篔簹谷偃竹記》、《日喻》。另外還有著名的前、後《赤壁賦》，也都寫得意趣盎然。此外，還有流傳較廣的筆記文，《東坡志林》（此書後人所輯）。其中不少隨筆、雜感、瑣記，寫人記事，頗有情致。如《記承天寺夜遊》、《記遊松風亭》等。隨手拈來，即見意境和性情。

蘇軾的文學創作代表著北宋文學的最高成就，並影響著後世。蘇詩影響有宋一代的詩歌面貌，並受到金、明公安派、清宗宋的詩人們的推崇。蘇詞的影響以至形成了豪放詞派，直至清代仍爲詞家所效法。蘇文中的小品、隨筆，開明清小品、隨筆的先聲。在明公安派、清袁枚、鄭板橋等人的散文中，都可找到承續的線索。他的影響至今仍未消失，各地還流傳著他的不少傳說，人們還在吟誦他的作品，就可說是一個明證。

（馬勝利）

一五三、蘇轍

蘇轍是北宋散文家，「唐宋古文八大家」之一。蘇洵之子，蘇軾之弟。蘇轍對自己的文章曾評說爲「子瞻文奇，余文但穩耳」（《欒城遺言》）。即爲文表現爲立意平穩，結構謹嚴，邏輯嚴密，行文紆徐曲折，語言樸實淡雅。

蘇轍（一〇三九～一一一二），字子由，又字同敘。號潁濱遺老，又號欒城，亦稱小蘇。謚文定。著有《欒城集》等。仁宗嘉祐二年（一〇五七），與蘇軾同科進士及第，累官尚書右丞，門下侍郎。爲官之時，由於政治態度傾向於蘇軾，不贊成王安石變法，以及後來統治集團內部的互相傾軋的波及，曾屢遭貶謫。後隱居許州潁濱，築室名爲「遺老齋」，以讀書著述，默坐參禪爲事。卒後追復端明殿學士。

蘇轍平生深受其父兄的影響，以儒學爲主，最爲仰慕孟子，而又遍觀百家之說。其文學成就雖不及父兄，但也能獨立自樹而成一家。「其汪洋澹泊，深醇溫粹，似其爲人。」（劉大漠：《欒城集序》）

他在散文創作上的主張，與孟子、曹丕、劉勰、韓愈的「養氣」說和「文氣」說是不謀而合的。特別強調生活體驗對一個作家的重要性。

作爲書信體中的代表作《上樞密韓太尉書》，前述主張在這裏有著充分的闡述。作者認爲文章是「氣」的表現。孟子充溢天地之間的「浩然之氣」，即博大剛正之氣是與他的文章的內容寬厚宏博大小相稱的。「養氣」所言的既在於內在氣質的修養，但更重要的是依靠豐富的生活閱歷。由此他讚揚了司馬遷「行天下，周覽四海名山大川」的舉動。這是把傳統的側重主觀內在修養和從聖賢之籍中得到陶冶的「養氣」說，同人生閱歷相聯結，論述頗爲精到。其文勢流暢婉轉，駿發蹈厲，才氣縱橫。

蘇轍擅長政論和史論，如縱談天下大事的《新論·上》、《上皇帝書》、《北狄論》，在分析時局時，都能切中肯綮。《六國論》、《三國論》等，都能針對時弊，以古鑑今。其中《三國論》，故作驚人之論，其意在譏刺現實。文章感時傷世的情調，溢於字裏行間。此文雖無蘇軾之文那樣雄奇，卻也有用心良苦、運筆巧妙之長。

蘇轍的傳記散文，寫得比較出色的是《孟德傳》、《巢谷傳》。這些篇章頌揚了重義篤志、無私無畏的磊落人格。蘇轍的散文中，還有些雜記文，語言沖雅淡泊。如《東軒記》、《廬山棲賢堂記》、《武昌九曲亭記》、《黃州快哉亭記》。而《武》、《黃》兩文最爲有名，堪稱姐妹篇。它們融敘事、議論、抒情爲一爐，於汪洋淡泊中貫注著一股不平之氣。兩文都表現出了一種清高自潔，超然物外的意味，表現了當時在政治上不得意文人的一種樂觀人生態度，一種超脫感。也可視作對當時政治的不滿和不屑。

蘇轍的有些賦也寫得相當出色。《墨竹賦》是其賦中的代表作。此篇小賦，繼承了漢賦體物寫志的傳統，而又揚棄其鋪陳過繁之弊。語言簡潔凝煉，寓意深邃，堪稱宋代賦中的佳作。

蘇轍在詩歌創作上，也力追其兄長，但與之相比要遜色的多。他的一些評詩主張，與對前代的諸位大詩人的看法，在當時有一定的代表性。

（馬勝利）

二五四、黃庭堅

北宋後期文壇的作家中影響很大，並作爲江西詩派的創始人，與蘇軾齊名的是黃庭堅。

黃庭堅是個具有多方面才能的作家，他的書法，與蘇軾、米芾、蔡襄並稱爲宋代四大家。他的詞與秦觀的詞，被人相提並論。他的文在蘇門諸子中也是有較高成就的。但他的成就主要是詩。

黃庭堅（一〇四五～一一〇五），字魯直，號山谷道人，又號涪翁，洪州分寧（今江西修水）人。著有《黃山谷集》。治平四年（一〇六七）考取進士，歷任汝州葉縣尉、國子監教授、太和縣令、祕書省校書郎，遷著作佐郎、起居舍人。他以詩受知於蘇軾，又因此受牽連，後因對王安石新法有微辭，被貶而卒於宜州（今廣西宜山）。

嚴羽在評論蘇軾、黃庭堅的詩時說：「宋詩至東坡、山谷，始出己意以爲詩，唐人之風變矣。」（《滄浪詩話》）後來就形成了宗蘇、宗黃的宋詩兩大派。

黃庭堅作詩以杜甫爲宗，強調詩歌的內容與社會功用，認爲「文章功用不經世，何異絲窠綴露珠。」（《戲呈孔毅夫》）但他鑑於黨禍，特別是蘇軾烏台詩案的教訓，使詩歌創作走向了脫離現實，以才學相高，以議論相尙的路子。黃詩是宋詩中最具代表性的。同王安石、蘇軾相比，在這一點上有很大的不同。除遠禍全身之外，他以儒家傳統的「詩教說」來確立詩歌的創作原則和風格規範。並與當時正在勃興的理學思潮形成共鳴。同時，在宋詩已具特色後，繼續致力於詩歌形式、表現方法的開拓創新。因此，他提出了「無一字無來處」，「點鐵成金」、「脫胎換骨法」等主張。尤有影響的是大作「拗體詩」。這是繼宋初詩壇，先前流行的平易流暢的詩體和屬對精工的昆體之後，在律詩形式上的別開生面之舉。它有意打破律詩原有的平仄規範，運古入律，於不和諧中求得抑揚頓挫變化的節奏美感。此「體」詩在當時引起極大反響。由於黃庭堅在創作理論和實踐上，意在師法前人的基礎上翻進一層，力求有所創新，因此其論一出，即廣受歡迎。被「江西詩派」奉爲創作綱領。

作爲以「不踐前人舊行跡，獨驚斯世擅風流」（張耒：《讀黃魯直詩》）的精神進行創作的著名詩人、一派宗師，儘管存在種種不足和失誤，但由於生活中坎坷遭遇所帶來的種種不幸的感受，與高度的藝術修養，使他能自覺衝破束縛，寫出了不少有特色的好詩。他的這些詩，立意高深，富有韻致，耐人尋味；且章法細密，線索深藏，起結無端，出人意表。他講究烹煉句法，下語奇警，只字半句不輕出；在語言上，「洗盡鉛華，獨標雋旨」（《辨疑》）。並將杜、韓偶一爲之的拗句、拗律加以發展，使其詩歌形成瘦硬崎拔的風格，卓然獨立於宋代詩壇。另外，他的避熟就生、翻新出奇的詩法，也對矯正晚唐、西昆的熟滑麗靡之弊，起到了一定的積極作用。

在黃庭堅的詩歌中，既有反映憂慮國計民生之作，也有寫景、寄識、遣懷、贈答、題畫等類抒情詩。而後者則是歷來深受人讚賞的作品，也是最見其藝術匠心和獨創個性的作品。其中一些篇章，還深蘊有社會的風雲變化，只不過，或是借題發揮來表現；或是通過詩人對心靈深處感情的刻畫和人生遭遇的感嘆而折射出來的。如他的古體題畫詩《題竹石牧牛》，此詩命意新穎，筆力奇崛，不限於畫面情趣的渲染，而是借題發揮，從中寓意著對現實政治的觀感。而這一切又托之於戲詠中。詩中採用了散文化拗體句式，不用典、不加藻飾，有一種古樸的風味。寫友情的《寄黃幾復》詩，作者不平之鳴、憐才之意也都蘊含其中。詩中首聯二句，使事用語都有來歷，出自《左傳》、《漢書》，並以經、傳中散文語言入詩。這是黃詩避熟就生，脫棄凡近的方法之一。寧使詩句律不諧，不使句子弱的主張，在此詩五六句中有著突出的體現。這種用拗體寫七律之法創自杜甫，黃庭堅用得更多，也是他以古拙救圓熟的詩法之一。其兀傲的句法與奇特的音節，使友人廉潔幹練，剛正不阿的性格凸現了出來。全詩從立意、句法到用字都力戒平庸，刻意於難處、拗處表現功力。他的不少寫景抒懷之作，都是很精彩的篇章。如《登快閣》，詩中用了不少的典故、常用字，經過運化，即能點鐵成金，可見其用典煉字之法。其中詩人的兀傲神情，灑脫的襟懷，形神畢現。作為黃庭堅七絕中的冠冕之作《雨中登岳陽樓望君山》（二首），境界雄奇，前首詩雄奇偏於動；後一首則偏於奇，都是不可多得的傑作。另外像《書摩崖碑後》、《次韻子瞻寄眉山王宣義》、《病起荊江亭即事》、《過平輿懷李子先》、《清明》等篇，或詠時事，或抒發思歸情懷，或寄託世事人生感慨，大都思致幽遠，情趣深濃，也都是名篇佳作。

黃庭堅的創作成就雖不及蘇軾，但他在北宋後期詩壇影響卻很大。他的詩歌更加突出地體現了宋詩的藝術特徵。在黃庭堅的影響下，北宋後期逐漸形成了一個以黃庭堅為中心的「江西詩派」。這些詩人在藝術上都有相近的見解和主張，因而得以形成這一有宋以來最大的詩派，並在中國詩歌史上產生過重大影響。

（馬勝利）

二五五、秦觀

北宋後期文壇作家，不少人和蘇軾有著密切的關係，並從中受到他的影響。作爲「蘇門四學士」之一的秦觀，主要以詞見稱，是典型的婉約詞派的大家。

秦觀（一〇四九～一一〇〇），字少游，一字太虛，號邗溝居士，人稱淮海先生，揚州高郵（今江蘇）人。著有《淮海集》。秦觀少時喪父，侍母家居，幾乎不與世人相通。平時唯借書苦讀，研習文詞，由此養成了他比較柔弱的性格。這種性格特點，對於他後來的生活和文學創作，都產生了不小的影響。神宗熙寧十年（一〇七七），往謁蘇軾於徐州，嘗讀其《黃樓賦》，譽稱有屈、宋之才。神宗元豐八年（一〇八五）中進士，後經蘇軾薦舉，任祕書省正字，兼國史院編修官。新黨重新執政後，因其與蘇軾交往而獲罪，先後被削職貶官於郴州（今湖南郴縣）、雷州（今廣東海康縣）等地。徽宗即位，受命復職北還，途中死於藤州（今廣西藤縣）。

秦觀作爲蘇門四學士之一，最受蘇軾愛重。詩、詞、文、賦皆工，而以詞名。其詞風遠承西蜀、南唐，更近於柳永等人。蘇軾稱其詞「猶以氣格爲病」，戲曰：「山抹微雲秦學士，露花倒影柳屯田」（葉夢得《避暑錄話》），意指其詞風纖弱，但又與柳永的俚俗、白描、講求鋪敘曼衍不同，主要以秀麗含蓄取勝。其自樹一幟爲世人所賞愛，足以與蘇詞分庭抗禮，是北宋以後幾百年被視爲詞壇第一流的正宗婉約詞家。人譽之爲「當代詞手」（陳師道：《後山詩話》）。

秦觀作詞特別注意意境的創造，融情入景，善於通過淒迷暗淡的景色烘托憂鬱悵惘的感傷情緒，詞境淒婉，音律和美。秦觀早年所寫詞作，多爲愛情題材，他將男女戀情同個人身世的坎坷際遇結合在一起，以含蓄、淡雅的語言抒發出來。他的著名慢詞《滿庭芳》（山抹微雲），全詞狀滿目淒涼景，抒黯然傷別情，描繪了離別的全過程。將離別時的感傷情緒和秋晚日暮的悲涼景象融成一片，寫出了一個潦倒失意文人的無限淒楚。此詞煉詞鑄句，新奇別致，形象生動。從中可見出婉約派視爲正宗的風格特色。另外，這種以抒情色彩很濃的感慨之語，繪出精巧工緻、情韻兼勝之作，表現感舊傷今、離愁別緒的還有《望海潮》（梅英疏淡）、《八六子》（倚危亭）。前首詞有似「陳隋小賦」之稱。詞中打破了上下片的界限，運用了強烈的對比手法，通過追懷昔遊的美景勝跡，展現了令人難忘的生活趣事與舊日盛況。他的詞中見其空靈之境的有《浣溪沙》（漠漠輕寒上小樓）。詞中以極其細膩的筆觸，抒寫了悠長的愁緒。花謝花飛，隨風飄揚，給人以閒散而無牽掛的印象，而飛花的飄盪無定又使人聯想起那虛幻的迷夢，令人難以捉摸；而小雨如絲，迷離景象，又正如閒愁無邊無際。末尾以景作結，點出簾外之愁境與簾內之愁人。

秦觀後期詞作，主要是抒寫貶謫中的遭際和心緒，情調更加淒苦、低沈而哀傷。如抒寫謫官羈旅的《如夢令》（遙夜月明如水），詞中所描述的那種長夜難熬的苦楚心境，與破敗荒涼、薄衾寒人的景況，使得詞人無數坎坷之感、身世之悲都湧上心頭。正如人言：「秦詞專主情致，而少故實」（李清照：《詞論》），卻自多憂苦之音。與他前期詞比，詞中離愁別恨更爲深重。如《江城子》（西城楊柳弄春柔），詞中抒發了詞人比春水還多的離愁。這種既大且深的「愁」，在不少詞中都有鮮明的體現。

作爲代表秦觀後期詞作風格的，是他的《踏莎行》詞：

霧失樓台，月迷津渡，桃源望斷無尋處。可堪孤館閉春寒，杜鵑聲裏斜陽暮。驛寄梅花，魚傳尺素，砌成此恨無重數，郴江幸自繞郴山，爲誰流下瀟湘去？

詞以比興手法，抒發了詞人在特定環境裏的迷茫失望和愁恨怨悵的心情。曲折而又盡情，婉轉而又深沈。結句以痴語表激情，暗示對生離死別的無奈、赦歸的無望。對此二句，秦觀卒後，蘇軾曾書於扇，並題曰：「少遊已矣，雖萬人何贖。」（胡仔《苕溪漁隱叢話》引）其讚美之情由此可見一斑。

在秦詞中，也有少數寫得爽健開朗，精高意深之作。如後期所作的《鵲橋仙》（纖雲弄巧）。此詞以牛郎織女傳說爲題材，卻自具機杼，獨領風騷。其構思巧，不落俗套，感情起伏連綿、跌宕多姿，將寫景、抒情、述理一爐而冶，寄託了詞人的愛情理想，並使之昇華，尤其詞的末句，成爲人們廣爲傳誦的佳句。

秦觀有些詞還受民間曲子影響，以俚俗語入詞，有似後來的曲。有的還在詞前冠之於詩，這些都使詞在形式上有所變革而帶有新意。

關於秦觀的事跡，在民間不斷流傳，宋、元雜劇《長沙義娼傳》、《王妙妙死哭秦少遊》，明《今古傳奇》的小說，清《眉山秀》傳奇等，都對秦觀有所描寫和渲染。它們雖與歷史人物並不相符，但卻從中反映出老百姓對這位詞人的喜愛。

（馬勝利）

二五六、李清照

李清照是中國古代文學史上少有的傑出女作家。她多才多藝，在詩、詞、文上都取得了很高的成就，還工書、善畫兼通音樂。

李清照（一〇八四～一一五七？），自號易安居士，濟南章丘（今山東濟南市）人。著有《漱玉集》、《漱玉詞》等。

李清照生長於一個文學氣氛很濃厚的官宦之家，父母皆善文，其父李格非尤有文名。她資質聰慧，少識音律，很早就有詩名。十八歲時與宰相趙挺之之子、太學生趙明誠結婚。婚後兩人除詩詞唱和外，還致力於收集和研究金石書畫。「靖康之變」，被迫渡淮南奔，所攜圖書文物，在亂離中散失殆盡。趙明誠也在移知湖州途中病故。此後她隻身一人，孤苦無依，飄泊不定。後又受小人誣陷，晚景淒涼，在亂離和貧困中度過了悲慘的晚年。

李清照在詩歌創作上，所遺留下來的詩歌，大都是南渡以後的作品。與其以婉約爲主的詞風迥異，呈現出高昂、豪邁、剛健之氣。愛國感情表現得顯著而強烈，「南來尙怯吳江冷，北狩應悲易水寒」，「南渡衣冠少王導，北來消息欠劉琨。」（莊季裕《雞肋編》引）等詩句譏刺了南宋朝廷的苟且偷安。最有名的是五言詩《夏日絕句》：

生當作人傑，死亦爲鬼雄。至今思項羽，不肯過江東。

一詩：此詩借古諷今，慷慨沈雄，一洗兒女氣。在她詩中，還有些極具宏大氣魄之作，其中題八詠樓

千古風流八詠樓，江山留與後人愁。水通南國三千里，氣壓江城十四洲。

此詩作爲李清照的晚年避難詩作，寫得豪氣充溢，是其少有的佳作。另外，她還有些頗具浪漫色彩的作品，如《晚夢》詩，以夢寫其對理想生活的追求和嚮往，也具有豪邁灑脫的特色。

李清照還擅長散文。南宋趙彥衛說她「有才思，文章落紙，人爭傳之」，可惜與其詩詞一樣，流傳下來的很少。南渡後所作的《金石錄後序》是她散文的代表作。此篇序文可視作一篇頗佳的傳記性散文。它詳略有致地記敘了李清照夫婦顚沛流離的一生。文中那沈哀入骨的情思，卻以平實的敘述風格出之，更增撼人心魄的力量。

李清照的詞，從藝術成就上看，超過了詩文。從詞的理論上看，她的《詞論》，作爲宋代第一篇系統的詞論之作，在總結詞的發展過程中，明確提出了對詞的要求，並主張「詞別是一家」之說。但這種觀點，在一定程度上限制了她的創作。其中《詞論》的有些要求，由於其生活境遇的變化，使得她突破了自己早期的「典重」、「鋪敘」的理論，形成了以善用白描手法，淺俗清新風格見長的「易安體」。詞人善於通過富有特徵的事物和動態描寫形象，使所要表達的抽象感情有了具體的感性力量，再加之疊字、俗語的運用，更增其藝術感染力。

李清照的詞以南渡爲界，分爲前後兩期。前期作品，主要是對閨中歡娛生活、自然風光、離別相思的描繪和抒發。有些詞，表達了對美好事物和自由生活的嚮往之情。在客觀上有的還具有一定

反對封建禮教束縛的意義。如《如夢令》（常記溪亭日暮）、《點絳唇》（蹴罷鞦韆）、《一剪梅》（紅藕香殘玉簟秋）、《醉花陰》（薄霧濃雲愁永晝）等詞，都給人留下了一幕幕難忘的印象。另外像她的《鳳凰臺上憶吹簫》（香冷金猊）、《如夢令》（昨夜雨疏風驟）、《蝶戀花》（淚濕羅衣脂粉滿）等詞，或即景抒情；或借物抒懷，也都寫得語新意雋，宛轉曲折，深沈細膩。

南渡，對李清照來說，是一極大不幸，但這不幸又促使她成爲歷史上最傑出的女詞人。由於她經久而深切地承受了時代的巨變、生活的坎坷和精神的磨難，使她所抒寫的憂愁煩惱，已不再是個人一己之悲辛、閨閣庭院這一狹小範圍，而是融入了家國之恨，展示了那個時代的苦難在詞人心中的印跡，直至後世仍具有打動人心的力量。她這一時期的詞作，大致分爲感傷時事、悲今悼昔、詠物自傷之類。如她的感時傷世之作《武陵春》（風住塵香花已盡），其中兩個「舟」的使用，既與「愁」情之生相關，又是「愁」情極度深重的具體體現。其詞具有立意新穎，設想奇特，語言淺顯而又凝煉，含蓄而不艱深，凄婉而又勁直等特色。她的悲今惜昔之作最爲著名的是《永遇樂》（落日熔金）、《聲聲慢》（尋尋覓覓）。前首詞撫今追昔，抒發了詞人飽經憂患的苦楚與自甘寂寞的情緒，並從中透出對朝廷偏安的不滿、對故國的眷念。百年之後，南宋末著名詞人劉辰翁對此詞讀之又讀，爲之涕下。後一首詞，表現了詞人飽經國破、家亡、夫死的亂離之苦的憂患和哀愁。它是李清照詞中特別講究聲調的一首名作。是自歐、秦以來的大詞人所未曾有過的一首富有創造性的詞作，其詞中語言，與北宋末華貴典雅的詞語形成了鮮明對照。詠物自傷類的詞，較有名的是《清平樂》（年年雪裏）。這些詠物詞同其他類詞一樣也都成功地傳達出其憂國思鄉懷人之深情。

李清照雖也是沿著婉約派的道路發展，但她又不完全受婉約派的束縛，在她的某些詞中，還具有想像大膽、感情奔放的豪放派詞風的某些特色。如《漁家傲》一詞，就寫出了「九萬里風鵬正舉，風休住。蓬舟吹取三山去」的豪邁詞句，無一絲釵粉氣。李清照作爲繼秦觀之后的另一個婉約派的大家，對後代產生了很大的影響。後人曾評價道：「兩宋詞人能詞者不少，無出其右矣。」（陳廷焯：《雲韶集》卷十）由此可見李清照詞在文學史上的地位和影響。

（馬勝利）

二五七、陸游

陸游是中國歷史上傑出的愛國詩人，他一生處於北宋的末年和南宋的前半期。對於宋王朝來說，這將近一個世紀的歷史階段，正是階級、民族矛盾異常尖銳的時代。在這一歷史時期，陸游以其顯著的文學成就，奠定了他在中國文學史上的崇高地位。

陸游（一一二五～一二一〇），字務觀，號放翁。越州山陰（今浙江紹興）人。陸游出身於一個世宦家庭，當他誕生的第二年，金兵就攻陷了宋都汴京（今河南開封），隨父逃亡，歷經了艱辛。喪亂的生活，父輩師友的愛國情操，使他自幼立下了抗敵復國的壯志。紹興二十三年（一一五三），應禮部試，名在前列。次年復試，因居秦檜孫子名前，並不忘國恥、談論國事，爲秦檜忌恨而被除名。秦檜死後，出任福州寧德縣主簿。孝宗即位，賜進士出身，歷官鎮江、隆興通判。不久，以力說張浚用兵等罪名，罷黜還鄉。鄉居四年後，起用任夔州通判。乾道八年（一一七二），入四川宣撫使幕中襄理軍務。後因王炎被朝廷召回並罷免，陸游改任成都府安撫司參議官。此後，又任蜀、嘉、榮州代理通判、知州等職。淳熙二年（一一七五），范成大任四川制置使時，邀陸游到其幕中任參議官。二人素有文字之交，且友誼很深。因不拘官場禮法，被人譏責為「頹放」。於是索性自號「放翁」。陸游的九年川陝生活，使其精神境界大開，是他創作上收穫最多的時期。為此，將全部詩作題名為《劍南詩稿》。淳熙五年（一一七八），受孝宗召見，派赴福州、江西做了兩任提舉常平茶鹽公事。後因觸犯當道，以「擅權」罷職還鄉。家居六年後，被起用為嚴州（今浙江建德）知州，深受百姓愛戴，立碑、立祠，紀念其祖孫二人。後召赴臨安任軍器少監。光宗即位，改任朝議大夫禮部郎中，並再度被罷官。此後，長期蟄居農村有十二年之久。以坐擁書城為樂，並將書室名為「老學菴」。嘉泰二年（一二〇二），入朝參加修撰孝宗、光宗兩朝實錄，次年修畢，辭官返鄉，賦詩作文不輟。嘉定二年（一二〇九）十二月二十九日，年屆八十五歲高齡的老詩人，帶著國土未復的遺恨病逝。

陸游一生坎坷，政治上屢遭排擠打擊；婚姻上也很不幸，二十歲初婚唐婉，兩情篤厚，婚後三年為母所迫而離異。隱痛鬱結，遂成就了情感深摯的詩詞。

陸游才氣超群，詩、詞、文等皆卓有成就，著有《陸放翁全集》，其中有《劍南詩稿》八十五卷，《渭南文集》五十卷（計有詞兩卷、《入蜀記》六卷），《放翁逸稿》二卷，《南唐書》十八卷，《老學菴筆記》十卷等。其他尚有《放翁家訓》、《家世舊聞》等。

陸游的諸方面成就，以詩歌創作為最。現存詩共約九千三百多首。陸游早年學詩曾師從江西派詩人曾幾，受到不少啓發，並在屈原、陶淵明、李白、杜甫、岑參等人詩作中汲取了不少營養。作爲最能體現陸游創作精神的作品，是那些或傾訴收復失地的雄心；或抨擊賣國求安的投降派；或抒發壯心難酬的憤懣情懷的作品。如《書憤》、《金錯刀行》、《送七兄赴揚州帥幕》、《胡無人》、《病起書懷》、《關山月》、《出塞曲》、《夜泊水村》、《秋夜將曉出籬門迎涼有感》、《十一月四日風雨大作》、《縱筆》、《隴頭水》、《夜讀兵書》、《老馬行》、《示兒》等等。無不激昂慷慨，悲壯豪邁而又託興深微。陸游在詩中還痛斥了那些不恤國難、唯知奢靡享樂的統治者，表達了對下層百姓痛苦生活的關懷和深深的同情，如《追感往事》、《客從城中來》、《醉歌》、《秋賽》、《農家嘆》等。此外，描繪自然風光、抒寫淳樸民風、詠史懷古、詠物言志等也有不少的佳作。呈現著自然流暢，清新俊逸的風格。有些作品還將詩情和哲理相交融，名篇佳句迭出。如《遊山西村》、《臨安春雨初霽》、《春曉》、《劍門道中遇微雨》、《黃州》、《夜泊水村》、《枕上作》、《渡浮橋至南臺》、《枕上》、《衡門獨立》、《楚城》等等。陸游詩在反映現實生活時，許多詩又具有豐富而瑰麗的想像，擅長運用奇特的誇張，並用夢境寄託自己的理想，構成氣魂壯觀的意境。如《醉歌》、《出塞曲》、《神君歌》等。

陸游詩各體兼備，其中尤以七律寫得又多又好。有人稱他和杜甫、李商隱完成七律創作上的「三變」（舒位：《瓶水齋詩話》）。除七律外，當推絕詩，可說直追唐音。對他的詩作，既有譽之爲「可稱詩史」，將他和杜甫媲美；又有稱他爲「小太白」的。誠如前人所說：「無意不搜而不落纖巧，無語不新而不事塗澤，實古來詩家所未見（趙翼：《甌北詩話》）。但陸詩也有不足，就是句法和意思有時重複，在他晚年詩中，這種情況更多。另外也有個別詩篇結構上也顯得堆砌拼湊，有時不免率爾成章，含蓄不足。但這些終歸是小疵。

陸游專力於詩，以餘力爲詞。現存詞共有一百三十首。前人評其詞「纖麗處似淮海（秦觀），雄慨處似東坡（蘇軾）」（楊愼：《詞品》）。作爲一位著名的詞人，能在蘇軾、秦觀、辛棄疾諸大家之外自立一格，獨樹新態。他的詞作中一些詞與婉約派詞風相近。如《釵頭鳳》（紅酥手）、《鷓鴣天》（南浦舟中兩玉人）、《臨江仙》（鳩雨催成新綠）、《蝶戀花》（陌上蕭聲寒食近）、《水龍吟》（樽前花底尋春處）等，都可見其情致深婉的筆觸。還有的詞作則寄託著作者的人生感受和襟懷，如《卜算子》（驛外斷橋邊）、《南鄉子》（早歲入皇州）等。有的詞則近似蘇軾，如《雙蓮頭》（華鬢星星）、《漁家傲》（東望山陰何處是）等，給人蒼涼曠遠之感，並包孕深意。最能見其特色和個性特徵的，當推慷慨雄渾的愛國激情之作，「超爽處更似稼軒（辛棄疾）」，如《訴衷情》（當年萬里覓封侯）、《謝池春》（壯歲從戎）、《漢宮春》（羽箭雕弓）等。

陸游散文師法曾鞏。其散文修辭洗煉，結構整飭明晰，語言平易如話。議論、抒情、敘事，以至敘寫生活瑣事，不時的都體現著他的愛國情懷。如《靜鎮堂記》、《銅壺閣書》、《書渭橋事》、《傅給事外制集序》等。還有些作品在敘寫鄉居生活中，呈現出淡雅雋永的特色，如《書巢記》、《居室記》、《艇記》等，別具一格。陸游的《入蜀記》、《老學菴筆記》的文字也很優美。前者作爲一部旅行日記，筆致簡潔，描述了山川風土，有助考訂古跡和地理沿革。後者作爲隨手雜錄的筆記，大多關涉軼聞舊典的記敘，也有當時的時政、文學評論。從中可見作者的敏銳見識。文筆雅潔，既有寄託，也很風趣。

陸游的文學創作對當時和後代的文壇都產生了深刻的影響。如南宋後期的著名詩人劉克莊，宋亡之際的不少愛國詩人都與之發生了強烈的共鳴。陸游作品強烈的愛國精神和卓越的藝術成就，使他在中國文學史上獲得了重要地位。

（馬勝利）

二五八、辛棄疾

在宋代文壇上，辛棄疾的詞和陸游的詩並稱，標誌著南宋文學愛國主義的主流。其詞作被譽為「慷慨縱橫，有不可一世之慨」（《四庫全書總目提要》），可說是在詞史上異軍突起，於剪紅刻翠之外，屹然建立了足以領袖一代，雄視百家的獨特詞風，堪稱中國文學史上一座瑰奇多彩的藝術峰巒。

辛棄疾（一一四〇～一二〇七）原字坦夫，改字幼安，別號稼軒居士。歷城（在山東濟南）人。他出生在山東濟南一個世代仕宦的家庭。這時正是岳飛被趙構一夥殺害的前二年；北宋的汴京（今河南開封）已淪陷十四年。其父早卒，由祖父辛贊撫育成人。幼年師從亳州詩人劉瞻。在其門下最優秀者有辛棄疾與党懷英，二人才華相當，並稱「辛党」。後二人分道揚鑣，一個仕金，一個走上抗金之路。紹興三十一年（一一六一），辛棄疾二十二歲時，聚眾二千人，起事抗金。後加入農民耿京起義隊伍，任掌書記，共謀恢復大業。南歸後，歷任湖北、湖南、江西、福建等地安撫使等職。

其間寫成《美芹十論》、《九議》，提出抗金復國的方略，不被採納。在任地方官期間，政績頗佳，引來權臣的忌恨。淳熙八年（一一八一），受革職處分而退隱。閒居於江西上饒、鉛山一帶，自號稼軒居士。此後二十餘年間，除短期赴福建、鎮江、浙東任職外，主要時間都是閒居鄉間。嘉泰三年（一二〇三）被起用，先後知紹興府兼浙東安撫使、知鎮江府。終因言罷職，齎志以歿於鉛山。

作為南宋最傑出的詞人，辛詞存有六百二十九首，是宋人詞集中最豐富的一家。有《稼軒長短句》（十二卷）、《稼軒詞》（四卷）兩種刊本。其詞質量、數量都堪稱兩宋詞人之冠。

辛棄疾的詞，在文學史上歷來是與北宋蘇軾並稱的。辛棄疾繼承了蘇軾的豪放風格。他的門人范開曾評說：「世言稼軒居士辛公之詞似東坡，非有意於學坡也。自其發於所蓄者言之，則不能不坡若（似）也。」（《稼軒詞序》）。可說是辛詞成就自有其特定的歷史背景和個人的境況的。

在辛詞中，構成主旋律的詞作是他那些歌唱抗金、恢復中原，抒發理想抱負的詞篇。如《聲聲慢》（徵埃成陳）、《水調歌頭》（千里渥窪種）、《滿江紅》（漢水東流）、《水龍吟》（渡江天馬南來）等。其中《破陣子》詞，以浪漫的筆調，描寫一位意氣昂揚的將軍：

醉裏挑燈看劍，夢回吹角連營。八百里分麾下炙，五十弦翻塞外聲，沙場秋點兵。

馬作的盧飛快，弓如霹靂弦驚。了卻君王天下事，贏得生前身後名。可憐白髮生！

只可惜報國無路白了頭，成為一片空想。

有些詞為免禍則將「弓刀事業」隱藏於「詩酒功名」之中，以婉轉的方式表達了被壓抑的苦悶和被閒置的不滿，並以借景抒情，借古諷今的手段針砭現實。如《木蘭花慢》（老來情味減）、《水調歌頭》（寄我五雲字）、《水龍吟》（舉頭西北浮雲）、《水調歌頭》（日月如磨蟻）、《木蘭花慢》（漢中開漢業）、《念奴嬌》（倘來軒冕）、《摸魚兒》（更能消幾番風雨）、《菩薩蠻》（鬱孤臺下清江水）等。其中《永遇樂．京口北固亭懷古》、《水龍吟．登建康賞心亭》、《南鄉子》（何處望神州）都是膾炙人口的名篇，如《水龍吟．登建康賞心亭》：

楚天千里清秋，水隨天去秋無際。遙岑遠目，獻愁供恨，玉簪螺髻。落日樓頭，斷鴻聲裏，江南遊子，把吳鉤看了，欄干拍遍，無人會，登臨意。休說鱸魚堪鱠，盡西風，季鷹歸來？求田問舍，怕應羞見，劉郎才氣。可惜流年，憂愁風雨，樹猶如此！倩何人，喚取紅巾翠袖，搵英雄淚！

這種無人了解的孤憤，顯然是代表了那個時代愛國者的心聲。另外，青玉案（東風夜放花千樹）也可看作詞人的自我寫照。

在辛詞中，還有描寫田園風光，農家風俗習尚、以及愛情詞。如清平《樂》．村居：

茅檐低小，溪上青青草。醉裏吳音相媚好，白髮誰家翁媼？大兒鋤豆溪頭，中兒正織雞籠。最喜小兒無賴，溪頭臥剝蓮蓬。

詞用自然閒淡的語言，描寫了村居自然的田園景色和率眞質樸的形象。其他如《西江月．夜行黃沙道中》的上片「明月別枝驚鵲，清風半夜聽蟬；稻花香里說豐年，聽取蛙聲一片」、《鵲橋仙．己酉山行所見》下片「東家娶婦，西家歸女，燈火門前笑語。釀成千頃稻花香，夜夜費一風露」、《鷓鴣天》（陌上柔桑破嫩芽）下片「山遠近，路橫斜，青旗沽酒有人家。城中桃李愁風雨，春在溪頭薺菜花」等也都是頗有情趣的詞篇。辛詞中的愛情詞，抒寫情事，十分眞切、生動。如《清平樂》（春宵睡重）等。這些詞無疑是繼蘇軾之後，擴大了詞的題材範圍。

總之，辛棄疾在爲民族、國家發出慷慨激昂的正義呼號，或低徊往復訴說自己不平遭遇的幽憤時，兩種情緒，交流雜糅，成爲他豪放而又沈鬱婉約的文學風格。這是與當時現實複雜的矛盾分不開的。

辛詞取得了很高的藝術成就，它承南渡初年抗戰詞的餘緒，發揚蘇軾變革詞風的傳統，把豪放詞的創作推向了藝術高峰，從而完成了詞體、詞風的大變革。其影響使南宋詞壇形成了一個創作傾向大體相同的愛國詞派。他的詞創造出了雄奇闊大意境。在詞中，寫景、抒情、狀物、記事、寄感慨、發議論，融匯了詩、賦、文的長處，豐富了詞的表現手法。並大量運用比興寄託，典故，託古喻今，來增強詞的感染力；還吸收了近體詩句、散文句、民間口語、經史、諸子、楚辭、李杜詩、韓柳文入詞，使其詞語豐富多采。人稱其詞爲「稼軒體」，可謂獨樹一幟。它既增強了詞的體質，又不變其「本色」。

他的詞以豪放爲主，又才兼眾體，能剛能柔，有的濃纖似「花間體」；有的明白通俗如「白樂天體」；有的仿效李清照的輕巧尖新；有的則情致纏綿，詞意婉約如秦觀、晏幾道。在不同題材下，表現了不同的風格和情調。辛詞的影響涉及到後世的很多文人。如同時的陳亮、劉過，後來的劉克莊、元好問、劉辰翁，直至清代的陳維崧、文廷式以及近代的梁啓超等人。

辛棄疾除詞作外，其詩文也名揚一時。其存文十餘篇，詩一百三十餘首。其文《美芹十論》、

《九議》等，切中時弊，氣勢凌厲，有《權書》、《衡論》之風，較爲深刻地反映了社會現實。其詩風格俊逸，它從各個側面，反映了作者的生活和思想感情，可與詞相互印証。詩中有寫政治遭遇的憤慨，如《送別湖南部曲》；有借詠物來表達政治牢騷的如《送劍與傅岩叟》；也有借詠古來諷今的，如《江行弔宋齊邱》；還有寫生活情趣而頗有寓意的，如《和揚民瞻》；言外帶點哲理意味的，如《移竹》等。他的詩文雖不名世，但其成就卻不可忽視。

（馬勝利）

二五九、姜夔

南宋後期，詞壇上出現了一批被稱爲「格律派」的詞人。他們在創作上追求辭句的雅正工麗，音律的和協精密。承繼了北宋周邦彥注重形式的詞風。就其詞的藝術形式而言，進入到更嚴謹、圓熟的階段。這一派的代表人物之一，當推姜夔。他與辛棄疾、吳文英分鼎詞壇，自成一大家。並且精於詩，深於樂，通鑑賞，工翰墨。

姜夔（約一一五五～約一二一二），字堯章，自號白石道人。饒州鄱陽（今屬江西）人。著有《白石道人詩集》、《白石道人歌曲》、《白石詩說》等。存詩一百八十餘首、詞八十多首。

他自幼隨父宦遊於長江中下遊及江淮之間。後受詩人蕭德藻的賞識，將其姪女嫁給了他。經蕭德藻的推薦，先後結識了名重一時的詩人楊萬里、范成大等人。不斷往來於湖州、杭州、蘇州、金陵、合肥等地。中年長住杭州，晚年到過處州、溫州，多在太湖流域，依居范成大、張鑑門下。雖懷有用世之志，但困躓場屋，不能一展其才。他曾向朝廷上《大樂議》、《琴瑟考古圖》，建議整理國樂，不受重視。其後又上過《聖宋鐃歌鼓吹》詔試禮部，未第。當辛棄疾被起用籌措北伐時，姜夔曾寫詞激勵，其詞深得辛棄疾的讚賞。姜夔布衣終身，爲人狷潔清高。晚年貧困不能自給，卒於杭州。死後不能殯殮，得友人之助，才得安葬於錢塘門外。姜夔一生雖是過著湖海漂零，充作權門清客的角色，但卻與趨炎附勢的江湖遊士有所不同。人言：「白石道人氣貌若不勝衣，而筆力足以扛百斛之鼎；家無立錐，而一飲未嘗無食客。圖史翰墨之藏，汗牛充棟。襟期灑落，如晉、宋間人。」（陳鬱：《藏一話腴》）可是這種不大正視現實的態度，表現在文學上，自然只會寫「晉宋雅士」放懷山水、怡情歌酒的作品。與蘇、辛的銅琶鐵板、鏜鞳笳鼓聲的境界相比，變爲西風殘蟬、暗雨冷蛩的氣息，這種文學傾向的發展、南宋末年的士氣頹落，到了王沂孫、張炎諸人的作品裏，就成爲像螢火、孤雁那樣的聲色之物。

不過，在南宋詞壇上，白石詞的影響，不應忽視和低估。清周濟說他「變雄健爲清剛，變馳驟爲疏宕」（《宋四家詞選》）。姜夔在婉約、豪放兩派之外，另樹「清剛」一幟，以江西詩瘦硬之筆救周邦彥一派的軟媚，又以晚唐的綿邈氣質救蘇、辛派粗獷的流弊。

雖然姜夔詞的情調不免低沈，而且多從個人的身世遭遇著眼，但他那些傷時憂世的作品，同只知醉生夢死者終不相同。如他的《揚州慢》（淮左名都）：

淮左名都，竹西佳處，解鞍少駐初程。過春風十里，盡薺麥青青。自胡馬窺江去後，廢池喬木，猶厭言兵。漸黃昏，清角吹寒，都在空城。杜郎俊賞，算而今重到須驚。縱豆蔻詞工，青樓夢好，難賦深情。二十四橋仍在，波心盪冷月無聲。念橋邊紅藥，年年知爲誰生。

詞中的感時傷亂，令人迴腸盪氣。作爲當年最爲繁華的名都揚州，與現時的荒涼景象進行今昔對比，拿物襯人其意不言自明。

他的詞作中，記遊、送別、懷歸、感遇、詠物的內容爲數不少。

如他描寫飄流天涯，不得歸去而悵惘的詞如《霓裳中序第一》，尤其沈鬱悲涼：

亭皋正望極，亂落江蓮歸未得，多病卻無氣力。況紈扇漸疏，羅衣初索。流光過隙，嘆杏梁、雙燕如客。人何在？一簾淡月，仿佛照顏色。幽寂，亂蛩吟壁，動庾信清愁似織。沈思年少浪跡，笛裏關山，柳下坊陌。墜紅無信息，漫暗水涓涓流碧。漂零久，而今何意，醉臥酒壚側。

他的詠梅詞《暗香》、《疏影》，可謂傳世名作。如《暗香》：

舊時月色，算幾番照我，梅邊吹笛。喚起玉人，不管清寒與攀摘。何遜而今漸老，都忘卻春風詞筆。但怪得竹外疏花，香冷入瑤席。江國，正寂寂。嘆寄與路遙，夜雪初積。翠尊易泣，紅萼無言耿相憶。長記曾攜手處，千樹壓西湖寒碧。又片片、吹盡也，幾時見得。

詞中寫梅而暗有寄託，喻指君國，感嘆今昔。在他詠物詞中，詠梅詞數量算是不少的。

姜夔詞中今有十七首自注工尺旁譜的詞。是唯一流傳下來的宋代詞樂文獻，有重大價值。

總起來說，姜詞流露了對現實的不滿和對時事的感慨。突出反映的是其身世飄零和失意；不求聞達、浪跡江湖的意緒時常顯現。他的詞很少受到原詞譜的音韻限制，且自制曲較多。在詞的表現上不同流俗，具有清幽自然的意境，重含蓄，意趣高遠。而且採用暗喻、聯想等手法描情繪事。語言上辭采精美，句意深遠，多用單行散句、拗句拗調。其藝術風格醇雅峭拔，空淡深遠。其詞風很受南宋末騷雅派、清浙派人士推崇。

姜夔的詩，初學黃庭堅，後學晚唐陸龜蒙，在南宋江湖詩人中是突出的一個。他作詩講「詩法」、「活法」，但更強調「吟詠情性」、「自然高妙」、「以文而工，不以文而妙」（《白石道人詩說》）。楊萬里稱其詩「有裁雲縫月之妙思，敲金戛玉之奇聲」。（《直齋書錄解題》引）他的七言近體比五、七言古體好。如《除夜自石湖歸苕溪》其一：

細草穿沙雪半銷，吳宮煙冷水迢迢；梅花竹裏無人見，一夜吹香過石橋。

詩寫的清新別致，饒有韻味。具有清妙秀遠的特色。但由於藝術獨創性不夠，加之爲詞名所掩，影響不如詞大。

（馬勝利）

二六〇、元好問

元代文學是沿續宋、金的傳統而發展下來的。金、元更替之際，作爲文學上的傑出代表，當推元好問。元好問才氣橫溢，在詩、詞曲、小說、散文等諸多領域，都取得不小的成就。尤其是在詩、詞方面，更是表現不凡。《金史・元好問》稱：「爲文有繩尺，備眾體。其詩奇崛而絕雕劌，巧縟而謝綺麗。五言高古沈鬱。七言樂府不用古題，特出新意。歌謠慷慨挾幽、幷之氣。其長短句，揄揚新聲，以寫恩怨者又數百篇。兵後，故老盡矣，好問蔚爲一代宗工，四方碑板銘志盡趨其門。」話雖是元人所說，但由此也可見一斑。

元好問（一一九〇～一二五七）字裕之，號遺山。太原秀容（今山西忻縣）人。著有《元遺山先生全集》等。

元好問的先人爲北朝魏代鮮卑貴族拓跋氏，是唐詩人元結的後裔。他誕生時恰逢金代盛世，有「小堯舜」之稱的金章宗的統治時期。其父累試不第，浪跡山水間，喜愛杜詩，推崇蘇、黃，以及老師郝天挺傳學，做人都對元好問的成長產生了不小的影響。金宣宗貞祐四年（一二一六），蒙古軍南侵，二十七歲的元好問由家鄉逃往河南。兵退家居讀書，輯前人詩文評論，名爲《綿機》（已佚）。哀宗正大元年（一二二四），考試及第。後還居嵩山，撰有《杜詩學》（已佚）。曾歷官鎮平、南鄉南陽縣令。撰成《東坡雅詩引》（已佚）。後奉調任尚書省掾、左司都事。金哀宗天興元年（一二三二）、二年，蒙古軍兩次圍攻汴京破城後，元好問被俘，囚拘聊城（今屬山東）。天興三年，蒙古滅金，元好問回鄉從事著述，終生不仕。先後編成《東坡樂府集選》（已佚）、《唐詩鼓吹》（今存）、金詩總集《中州集》十卷（以詩存史，開斷代史詩新體例）、金詞總集《中州樂府》、《壬辰雜編》（已佚）、《詩文自警》十卷（已佚）、《續夷堅志》四卷（今存）等。元憲宗七年（一二五七）九月，卒於獲鹿（今河北），歸葬故鄉舟山下山村（今忻縣韓岩村）。

元好問在文學上，標舉建安文學傳統，批評綺靡纖麗的詩風，反對模擬因襲，重視「溫柔敦厚，藹然仁義之言」（《楊叔能小亨集引》）的詩教作用。他的文藝評論涉及詩、詞、古文等文學門類。

有《杜詩學引》、《東坡詩雅》、《新軒樂府引》、《錦機引》等。其中最具代表性的是仿杜甫《戲爲六絕句》的體例，寫的《論詩絕句三十首》，歷來爲人傳誦。以詩論詩尤爲其所長，他將漢魏至北宋的一些有名的詩家，作了概括性的述評。表彰了一些變革詩風的作家。他認爲詩歌美學的核心是一「誠」字，「唐詩所以絕出於三百篇之後者，知本焉爾矣。何謂本？誠是也。」（《楊叔能小亨集引》）在於表現作家的眞情實感：「一語天然萬古新，豪華落盡見眞淳」（《論詩絕句三十首》之四）。

元好問詩今存一千三百六十餘首，題材多樣，內容豐富。他有不少頗具特色的寫景詩，如「懸流千丈忽當眼，芥蔕一洗平生胸」（《遊黃華山》）、「山雲吞吐翠微中，淡綠深青一萬重」（《台山雜詠》）、「寒波淡淡起，白鳥悠悠下」（《穎亭留別》），境界優美，膾炙人口。而奠定元好問在文學史上地位的，則是反映金元交替時期社會急劇變化和百姓痛苦生活的「喪亂詩」。「國家不幸詩家幸，賦到滄桑句便工。」（趙翼《題遺山詩》）。如《岐陽三首》詩之二：「百二關河草不横，十年戎馬暗秦京。岐陽西望無來信，隴水東流聞哭聲。野蔓有情縈戰骨，殘陽何意照空城。從誰細向蒼蒼問，爭遣蚩尤作五兵？」控訴了蒙軍的殺戮暴行。詩人在詩中還抒發了自己的深切悲痛：「慘淡龍蛇日鬥爭，干戈直欲盡生靈！高原水出山河改，戰地風來草木腥。精衛有寃塡瀚海，包胥無淚哭秦庭。幷州豪傑知誰在，莫擬分兵下井陘。」（《壬辰十二月車駕東狩後即事五首》之二）描寫了戰爭造成的「道旁僵臥滿纍囚，過去旃車似水流。紅粉哭隨回鶻馬，爲誰一步一回頭」、「只知河朔生靈盡，破屋疏煙卻數家」（《癸巳五月三日北渡三首》）的淒涼景象。可以說字字是的血淚。元好問工於七古、七律和絕句。七律尤見工力。「唐以來，律詩之可歌可泣者，少陵十數聯外，絕無嗣響，遺山則往往有之」（《甌北詩話》）。元好問共寫詩五千六百多首。數量僅次於陸遊（今存四分之一）。其詩氣勢豪放，不見雕琢痕跡，具有自己的獨特風格。「當德陵之末，獨以詩鳴，上薄風雅，中規李杜，粹然一出於正，直配蘇黃氏」（郝經《遺山先生墓銘》）

元好問詞，今存三百七十七首詞。藝術上亦足冠冕一代。可與兩宋詞家並比。人評：「樂府之雅麗，情致之幽婉，足以追稼軒」（郝經《祭遺山先生文》），「深於用事，精於煉句；風流蘊藉處，不減周秦」（張炎《詞源》）。他的詞題材廣泛，風格多樣。有堪稱「喪亂詞」的，如《木蘭花慢》（擁都門冠蓋）等，「神州陸沈之痛，銅駝荊棘之傷，往往寄託於詞」（況周頤《惠風詞話》），還有近於秦觀、周邦彥詞風的，如《江梅引》（牆頭紅杏粉光均）、《小重山》（酒冷燈青夜不眠）；描摹風景的，如《水調歌頭》（黃河九天上）等。再有像詠懷、送別、詠物、弔古、邊塞等，涉及到諸多種題材。

此外，他還寫有散曲、小說、散文等。他的散曲今存九首。如《驟雨打新荷》曾在當時頗為流行。一些散曲常為歌女所傳唱。其文代表作有《張萱四景宮女》、《題閒書赤壁賦後》、《答聰上人書》、《希顏墓銘》、《兩山行記》、《杜詩學引》等。眾體皆備，或論文，或記遊，或敘事，或評書畫，或碑銘表志，語言平易，風格清新自然。其筆記小說集《續夷堅志》，所記為金時的神怪故事，如《戴十妻梁氏》、《包女得嫁》、《狐鋸村》等，都是優秀的短篇小說。他的賦，如《秋望賦》、《新齋賦》等，也別具情致。

元好問的文學創作，較好地實踐了自己的理論主張，藝術上取得了突出的成就，堪稱十三世紀的北中國第一個大作家。（馬勝利）

二六一、關漢卿

中國的戲曲藝術，經過漫長的發展道路，到了元代，終於出現了一個繁榮興盛的局面。元代的戲曲，包括雜劇和南戲兩個戲曲種類。元代戲曲（主要是雜劇）所取得的偉大成就，遠遠超過了同時代的其他文學樣式。元代的雜劇是在宋雜劇、金院本的基礎上，進一步融合其他表演藝術而發展起來的。其中最有成就的作家是關漢卿。他是中國戲曲史與中國文學史上最偉大的戲劇家和文學家。他的生平事跡不詳，只能從零星記載中窺其大略。

關漢卿（約一二一〇～約一三〇〇），名不詳，號已齋叟。關漢卿的籍貫，歷來說法不一。《元史類篇》說是山西解州（今解縣）人。清乾隆間《祁州志》說是河北祁州（今安國縣）人。《析津志》則說他是「燕人」。有關的解釋是：解州是他的祖籍，實爲河北安國縣人。舊稱蒲陽，宋屬祁州，元屬中書省。中書省所屬，即可稱爲大都。故一般都稱其爲大都人。他曾當過醫生，作過太醫院尹。曾遊歷過杭州、揚州。《析津志》說他「生而倜儻博學能文，滑稽多智，蘊藉風流，爲一時之冠。」而且他還「躬踐排場，面敷粉墨。以爲我家生活，偶倡優而不辭」（臧晉叔《元曲選・序》）。《錄鬼簿》中賈仲明弔詞說他是「驅梨園領袖，總編修師首，捻雜劇班頭」，「姓名香四大神物」。

從元至近代，都將他列爲「元曲四大家」之首。他和不少雜劇作家、散曲作家及演員有著親密的交往。他在套曲《南呂一枝花・不伏老》中說：「我是個普天下郎君領袖，蓋世界浪子班頭」，「分茶攧竹，打馬藏鬮，通五音六律滑熟」，可見他風流倜儻，高才博學；但又有其倔強不屈的一面：「我是個蒸不爛、煮不熟、捶不扁、炒不爆、響噹噹一粒銅豌豆，……你便是落了我牙、歪了我口、瘸了我腿、折了我手，天賜與我這幾般兒歹癥候，尚兀自不肯休。則除是閻王親自喚，神鬼自來勾，三魂歸地府，七魄喪冥幽，天哪，那其間才不向煙花路兒走。」從中體現了從事戲劇而百折不撓的意志，與憤世嫉俗的精神。

關漢卿一生創作了六十三個雜劇，流傳到現在的，只有十八種（其中有幾本是否爲關所作還有爭論）。在已知的元人雜劇五百多種中，佔全數的十分之一強。可謂是個多產的劇作家。現存的雜劇作品十八種是：《關大王單刀會》、《關張雙赴西蜀夢》、《閨怨佳人拜月亭》、《詐妮子調風月》、《感天動地竇娥冤》、《杜蕊娘智賞金線池》、《望江亭中秋切鱠旦》、《溫太眞玉鏡臺》、《趙盼兒風月救風塵》、《錢大尹智勘緋衣夢》、《錢大尹智寵謝天香》、《包待制三勘蝴蝶夢》、《包待制智斬魯齋郎》、《狀元堂陳母教子》、《劉夫人慶賞五侯宴》、《山神廟裴度還帶》、《鄧夫人苦痛哭存孝》、《崔鶯鶯待月西廂記》第五本。僅見佚文的三種，即：《唐明皇啓瘞哭香囊》、《風流孔目春衫記》、《孟良盜骨。其中魯齋郎》、《裴度還帶》、《五侯宴》、《西廂記》第五本，尚有爭議。有今人編校的《關漢卿戲曲集》。

關漢卿從民間傳說、歷史資料和元代社會生活中選取具有典型意義的人物和事件，從而在雜劇中塑造了許多栩栩如生的人物形象，來反映百姓的疾苦 表現他們的抗爭精神，寄寓人們的希望和作者的理想，對元代現實社會作了深刻的揭露和無情的抨擊。在創作中，注意到了人物的社會屬性和人物個性的刻畫，人物具有血肉飽滿，形象鮮明的特色；能夠依據主旨和人物性格的必然發展安排劇情和場次，把人物放在戲劇衝突中展現，在戲劇的發生、發展、高潮、結局的不同階段完成典型人物塑造；其雜劇文詞素來被稱做是「本色當行」（本色：指語言樸實、眞切，當行，指符合演出的特殊要求），達到了雅俗共賞。

關漢卿所創作的雜劇內容大致有以下幾類：一是揭露當時社會黑暗和統治者殘暴昏庸的作品，有《竇娥冤》、《魯齋郎》、《蝴蝶夢》等。其中《竇娥冤》是關劇的代表作。當時的社會，到處都是貪贓枉法的官吏，到處是冤獄，這就是產生《竇娥冤》的社會基礎。劇作者通過竇娥這樣一個具有善良溫柔品格和自我犧牲精神的女子，被官府無辜斬殺了這一現實悲劇，來揭露和控訴官府的腐敗和社會的黑暗。在劇中，竇娥同時又是有著堅強性格的女性，劇作者通過竇娥的覺醒過程，由相信官府到否定官府，看到了是非顛倒的黑暗社會。劇中第三摺，是全劇的高潮，竇娥的反抗性格得到了充分體現。她在否定統治者的代表人物太守的同時，進一步將封建社會世俗觀念中以爲最公平、無私的日月、鬼神、天地全都否定了。此劇的悲劇意義還在於，這個社會既造就了女主人公這樣安分守己、信奉禮教、與世無爭的小人物，卻又不給予保護，可見這個社會是不合理的。此劇可說是「置之世界大悲劇之林亦無愧色」（王國維《宋元戲曲史》）。二是描寫婦女的悲慘生活命運，與她們的機智勇敢和反抗精神。在關漢卿現存的雜劇中，大部分以婦女爲主人公，尤以描寫下層婦女形象最爲突出，如《調風月》、《拜月亭》、《謝天香》、《金線池》等，最有名的則是《救風塵》、《望江亭》。兩劇以喜劇形式，前者寓莊於諧，後者活潑輕鬆，表現了關漢卿對婦女命運的同情，對她們爲掌握自己命運所進行的鬥爭的支持。關劇中的婦女形象，在整個中國文學史上都是極爲突出的。三是歌頌歷史英雄人物的作品。代表作是《單刀會》、《西蜀夢》。前者文詞豪壯，情調昂揚；後者入情入理，淒楚動人。兩劇都取材於三國，劇作者通過對關羽、張飛等人物的塑造，歌頌了敢於反抗強暴的大無畏精神和必勝的信念，這無疑是凝結著廣大老百姓的理想和願望的。關劇是中國古典戲曲藝術的一個高峰。關漢卿以其嫻熟地運用元代雜劇這一藝術形式，在塑造人物形象、處理戲劇衝突、運用戲曲語言等各個方面，均取得了傑出的成就。

關漢卿還是一位散曲作家。今散曲，計套曲十四套、小令五十七首（一說三十五首），其內容有描繪都市盛景與藝人生活；述志遣興；羈旅行役和離愁別緒。代表作品有《南呂一枝花・杭州景》、《南呂一枝花・贈朱簾秀》、《南呂一枝花・不伏老》、《別情》等。這些作品都是淺而不俗、深而不晦，雅俗共賞之作。

關漢卿的作品是一個豐富多采的寶庫，早在一百多年前，其《竇娥冤》等作品已被翻譯介紹到歐洲。一九五八年，關漢卿被世界和平理事會提名爲「世界文化名人」。他的作品已成爲中國人民和世界人民共同的精神財富。

（馬勝利）

二六二、白樸

元雜劇前期，除關漢卿、王實甫外，還有一大批重要的作家。號稱元曲四大家的「關、馬、鄭、白」，其中的「白」就是指白樸。白樸的作品在元雜劇的四大愛情劇中，占據其一（《牆頭馬上》）。以寫愛情戲著稱。

白樸（一二二六～一三〇六），字太素，號蘭谷，初名恆，字仁甫。隩州（今山西河曲附近）人。金亡後，遷居眞定（今河北正定縣）。他出生於一官宦之家。幼年隨父在金朝都城南京（今河南開封）任職。其家與元好問爲通家世交，對白樸的聰明過人，倍加讚賞。金哀宗天興元年（一二三二），蒙古軍攻陷金都南京，母親被蒙軍擄掠，他隨元好問流亡，並受業於元好問。元世祖中統二年（一二六一），謝絕中書右丞相史天澤的薦舉。宋朝滅亡後，徙家遷居金陵（今江蘇南京）。「從諸遺老放情山水間，日以詩酒優遊，用文雅志，以忘天下」（孫大明《天籟集序》）遊歷的足跡遍及大半個中國。曾一度加入過大都玉京書會。他甚至放浪形骸，「贏得靑樓薄倖名」（《錄鬼簿》弔詞）。

白樸作雜劇十六種：《絕纓會》、《趕江記》、《東牆記》、《梁山伯》、《賺蘭亭》、《銀筝怨》、《斬白蛇》、《梧桐雨》、《幸月宮》、《崔護謁漿》、《錢塘夢》、《高祖歸莊》、《鳳皇船》、《牆頭馬上》、《流紅葉》、《箭射雙雕》。今存只有三個全本《唐明皇秋夜梧桐雨》（《梧桐雨》）、《裴少俊牆頭馬上》（《牆頭馬上》）和《董秀英花月東牆記》（《東牆記》），一說不是白樸原作）。此外還有《流紅葉》、《箭射雙雕》二劇殘曲。有《天籟集》詞二卷（散曲附於集後名《摭遺》）。

白樸的雜劇代表作是《牆頭馬上》、《梧桐雨》，有人把《牆頭馬上》與關漢卿的《拜月亭》、王實甫的《西廂記》、鄭光祖的《倩女離魂》，並稱元曲四大愛情劇。

白樸的《牆頭馬上》這個戲，是根據唐代大詩人白居易的新樂府《井底引銀瓶》改編的，在這個戲裏，作者通過裴少俊和李千金的戀愛故事，歌頌這對青年男女對愛情的追求，肯定了自由戀愛的合理性，表現了一定的反對封建壓迫、追求婚姻自主的民主思想傾向。女主人公李千金雖出身名門貴宦之家，卻不容封建禮教的拘鉗，對於她一見傾心的意中人，她敢於主動地去愛，爲了婚姻的美滿去抗爭，更可以不顧一切地以私奔來實現婚姻自主。她與《西廂記》裏的崔鶯鶯、《拜月亭》裏的王瑞蘭、《倩女離魂》的張倩女相比，李千金的反叛精神更爲強烈，雖此劇結局，以叛逆者的「門當戶對」終結，但不失爲一部好戲。此戲作爲一部喜劇，它的喜劇性衝突是通過人物思想性格尖銳對立，以及在對立中寓有諷刺意味的言行矛盾來加以體現的。而且戲的容量不多，但結構安排巧妙。沒有一點閒筆。人物性格是在環境緊扣的矛盾展現和推進中完成的：如裴少俊的軟弱和李千金的剛強，裴行儉的蠻橫和李千金的潑辣，都有鮮明的對比。在語言上，有些曲詞本色通俗，且性格化。

《梧桐雨》一劇，取材於唐人陳鴻《長恨歌傳》，劇目取自白居易《長恨歌》「秋雨梧桐落葉時」詩句。此劇寫的是唐玄宗與楊玉環的愛情悲劇。劇本的基本傾向是把他們寫成一對忠於愛情的情侶，並以哀怨、惋惜的筆調，描寫他們的愛情悲劇。這種態度和杜甫在《哀江頭》裏、白居易在《長恨歌》裏對唐玄宗的態度是一致的。雖然戲中不乏描寫唐玄宗的昏庸，揭露他和楊玉環的奢侈、淫樂的生活。但這在戲中並不占主導地位。從藝術角度來看，《梧桐雨》更像一首長篇抒情詩。如第四摺寫唐玄宗在秋夜思念楊貴妃，作者借景抒情，雨聲和愁思交織在一起，達到了較高的悲劇的藝術境界。並從中細膩地揭示了人物的心理活動。

〔黃鐘煞〕順西風低把紗窗哨，送寒氣頻將繡户敲，莫不是天故將人愁頭攪！度鈴聲響棧道，似花奴羯鼓調，如伯牙水仙操。洗黃花、潤籬落，漬蒼苔，倒牆角，渲湖山，漱石竅，浸枯荷，溢池沼。沾殘蝶粉漸消，灑流螢焰不著，綠窗前促織叫，聲相近雁影高。催鄰砧處處擣，助新涼分外早。斟量來這一宵，雨和人緊廝熬，伴銅壺點點敲，雨更多，淚不少，雨濕寒梢，淚染龍袍，不肯相饒，共隔著一樹梧桐直滴到曉。

全劇以李、楊愛情爲主線反映了安史之亂這一重大曆史事件及唐王朝由盛至衰的過程。全劇結構層次井然，曲詞華美雋雅，詩意濃鬱。此劇對清洪昇的傳奇戲曲《長生殿》影響很大。

白樸的詞流傳至今一百餘首，大多爲寫景、詠物、懷古等。他的懷古詞《水調歌頭•初至金陵》：「長江不管興亡，漫流盡英雄淚萬行。問烏衣舊宅，誰家作主？白頭老子，今日還鄉……。」寄故國之思，感慨良深。其詞風受宋豪放詞風影響。他的散曲僅存小令三十七首、套曲四首。也多是寫故國之思，描山川景色，歌男女戀情。藝術以清麗見長，是當時有成就作家之一。代表作有《沈醉東風・漁夫》、《天淨沙・春夏秋冬》為「嘆世」寫景之作。描寫閨情的代表作為仙呂・點絳脣（散套）。他的一些小令則具民歌風味，清新活潑。

（馬勝利）

二六三、馬致遠

在元代的雜劇、散曲藝術上能兩擅其美的作家，當推馬致遠。元人周德清在一三二四年寫成的《中原音韻》一書中，就稱「關（漢卿）、馬（致遠）、鄭（光祖）、白（樸）」為元曲四大家。明初，賈仲明撰《續錄鬼簿》，在《凌波仙》弔詞中說：「萬花叢裏馬神仙，百世集中說致遠，四方海內皆談羨。戰文場，曲狀元，姓名香貫滿梨園。」

馬致元（約一二五〇～一三二一或一三二四），號東籬，一說字千里。大都（今北京）人。有關他的生平材料不多，根據一些筆記上的片言隻語，他的散曲和零星材料的記載，他早年曾在大都生活過一段時期，嚮往功名，「且念鯫生，自年幼，寫詩曾獻上龍樓」（《黃鐘尾》）。後曾任江浙省務提舉（一作江浙行省務官）。年至五十歲左右，看破紅塵，退居林下。元貞、大德年間（一二九五～一三〇七），他在杭州參加了「元貞書會」，並與書會藝人合編過雜劇《黃粱夢》。

馬致遠著有雜劇十五種，今存有《破幽夢孤雁漢宮秋》、《江州司馬青衫淚》、《西華山陳摶高臥》、《呂洞賓三醉岳陽樓》、《馬丹陽三度任風子》、《半夜雷轟薦福碑》六種，及與人合著的《邯鄲道省悟黃粱夢》（馬著第一摺）等。曾有明呂天成、清張大復說馬致遠作過南戲《蘇武持節北海牧羊記》等。

《漢宮秋》是馬致遠成就最高的雜劇作品，也是元代雜劇中的名篇。臧懋循的《元曲選》把它列爲「元劇之冠」，置於百篇的首位。

此劇是寫漢元帝及王昭君去匈奴和親的故事。關於昭君和親的記載，見於正史的，有《漢書》裏的《元帝記》和《匈奴傳》、《後漢書》裏的《南匈奴傳》，這些記載說，在漢強匈奴弱的情況下，呼韓邪單于求親，昭君請行，在匈奴爲閼氏，生有子女。這本是一件有利民族和睦的好事。到東晉葛洪寫的《西京雜記》中，出現了畫工毛延壽由於王嬙（昭君）不肯賄賂，就在她的畫像上點了一粒傷夫落淚痣。王嬙結果落選；直到自請和番時，這第一次也是最後一次與漢元帝見面。二千年來，關於王昭君的傳說一直在民間廣泛流傳。魏晉以後，歷代詩人用詩詞來歌詠她，有同情她紅顏命薄，有譴責畫工的貪財誤國，有指責漢元帝的昏庸，有藉此抒發人生感喟。

馬致遠在戲裏並不拘泥於史實，是在流傳的民間傳說基礎上，參考很多文人的創作，結合元時民族壓迫比較突出這一事實，對這一題材進行了再創造。馬致遠戲中的再創造，不是爲了表現昭君和親的歷史眞實，而是要借這個歷史故事來表現現實生活的內容。戲裏的漢元帝，是一個昏庸、軟弱而又執著於愛情的悲劇形象。劇作家對他既有譴責，也有同情，這在一定程度上反映了民族矛盾上升的時代，民眾的矛盾心理。戲中對王昭君的愛國思想用讚美的筆墨來給以描寫。「漢明妃」的形象由此基本定型。《漢宮秋》在藝術上有很高的成就，特別在心理描寫方面，眞摯深切。尤其是它的曲詞藝術，流暢優美，傳神達意，其中第三摺《梅花酒》、《收江南》等曲調，第四摺《蔓青菜》、《白鶴子》、《滿庭芳》等曲詞得到人們的普遍讚賞。從抒情這一點來看，馬致遠更擅長悲劇性的抒情。馬致遠的雜劇，情調總是淒涼的、愴傷的、悲憤的，這是抒情的技巧與感傷、厭世的人生觀結合的產物。綜觀他的全部雜劇，「其詞典雅清麗」（朱權《太和正音譜》），有別於關漢卿爲代表的本色派。列於文采派中，也不同於王實甫、白樸的綺麗纖穠，獨成一家。可說是外枯而中膏，似淡而實美。如《青衫淚》第二摺，裴興奴受茶商欺騙，準備改嫁以前唱的幾支曲子：

〔叨叨令〕我這兩日上西樓盼望三十遍，空存得故人書，不見離人面。聽的行雁來也我立盡吹簫院，聞得聲馬嘶也目斷垂楊線。相公呵你元來死了也麼哥，你元來死了也麼哥，從今後越思量越想的冤魂兒現。

〔二煞〕少不的聽那驚回客夢黃昏犬，聒碎人心落日蟬。止不過臨萬頃蒼波，落幾雙白鷺，對千里青山，聞兩岸啼猿。愁的是三秋雁字，一夏蚊雷，二月蘆煙。不見他青燈黃卷，卻索共漁火對愁眠。

曲詞不飾藻繪，純用白描，寫出她對白居易的眞摯感情、悲悼、懷念。

馬致遠還有些作品屬「神仙道化」劇，「隱居樂道」劇，如《岳陽樓》、《黃粱夢》、《陳摶高臥》等。它們吻合了一部分失意士子對現實悲觀失望而放情於山林的思想傾向有密切關係。同時也與受北方的全眞教影響有關。這類劇在元明雜劇中有不小的影響。他的雜劇作品見於明《古今雜劇》、《元曲選》。

馬致遠的散曲也很有名。今存有一百多首小令和近二十個套曲，其表現內容爲感嘆世事、吟詠景物、男女戀情。他的套曲《雙調夜行船・秋思》，對污濁現實「密匝匝蟻排兵，亂紛紛蜂釀蜜，鬧穰穰蠅爭血」的憤慨；對塵世間功名利祿的厭惡；對人生如夢的喟嘆，都有明顯的體現。其藝術技巧也很精湛，「無一字不妥」，「萬中無一」（周德清《中原音韻》）。他的散曲中，有不少詠景名篇，如天淨沙：

枯藤老樹昏鴉，小橋流水人家，古道西風瘦馬。夕陽西下，斷腸人在天涯。

它以詩意的圖景，烘托出天涯遊子的淒涼心情。人譽之爲「秋思之祖」。另外，還有《雙調壽陽曲》（遠浦歸帆）、（山市晴嵐）等。馬致遠的散曲吸取了詩詞、民歌的長處，開闢了不同於詩詞的意境，以其眞率醇厚，提升了曲的品味。他還另闢了以曲敘事諷物之途，如其套曲《般涉調耍孩兒・借馬》，一改散曲言情詠景的模式，爲散曲的發展與提高作出了自己的貢獻。有今人所輯的散曲集《東籬樂府》。

（馬勝利）

二六四、鄭光祖

元滅宋之後，北方的文化包括雜劇在內開始南移。前期的繁榮以大都爲中心，劇作家大都是北人；後期則以杭州爲中心，劇作家多是南人。過去的北籍作家也大半移居到江南了。這個時期的劇作家和作品，成就遠遜於前期。在後期雜劇衰微的總情勢下，也有少數著名劇作家寫下一些可傳世的劇本。鄭光祖是被人與前期關漢卿、白樸、馬致遠並列而稱爲「元曲四大家」的重要劇作家。

鄭光祖（約一二六〇～約一三二〇），字德輝，平陽襄陵（今山西臨汾）人。《錄鬼簿》說他「以儒補杭州路吏，爲人方直，不妄與人交。」又說他「名香天下，聲震閨閣，伶倫輩稱『鄭老先生』，皆知其爲德輝也」。

鄭光祖所作雜劇共十八種，今存八種：《伊尹耕莘》、《三戰呂布》、《無鹽破壞》、《王粲登樓》、《周公攝政》、《老君堂》、《翰林風月》、《倩女離魂》（其中《無鹽破壞》、《老君堂》、《伊尹耕莘》，是否爲鄭作尚存疑問）。另有《月夜聞箏》存殘曲。

對於他的雜劇創作，《錄鬼簿》弔詞說：「乾坤膏馥潤肌膚，錦繡文章滿肺腑，筆端寫出驚人句。解翻騰，今共古。占詞壇，老將伏輸。」《太和正音譜》說：「其詞出語不凡，若咳唾落乎九天，臨風而生珠玉，誠傑作也。」其曲辭典雅工整，「清麗芊綿，自成馨逸」（王國維《宋元戲曲考》），風格與王實甫相似。

鄭光祖的雜劇代表作是《倩女離魂》。此劇是根據唐代陳玄祐的傳奇小說《離魂記》的情節改編而成的。劇本描寫張倩女因思念未婚夫王文舉而致病，終至靈魂脫離身軀而得成夫妻的傳奇故事，表現了她在封建禮教禁錮下精神負擔的沈重和對自由美好生活的強烈追求。全劇抒情氣氛濃厚，劇作家以浪漫主義的創作手法，成功地塑造了一個敢於反抗封建禮教，大膽追求個人理想愛情的張倩女的形象。劇本通過「離魂」的幻想奇異的情節來表現倩女的愛情追求，這一表現手法，在元雜劇中是比較少見的。它對後來的戲劇影響很大。明代湯顯祖的《牡丹亭》就採用了這一藝術手法。《倩女離魂》的曲詞婉約幽深，抒情氛圍濃厚，前人的詩文詞曲，信手拈來，頗具妙趣！

〈禿廝兒〉你覷遠浦孤鶩落霞，枯藤老樹昏鴉，聽長笛一聲何處發，歌欸乃，櫓咿啞。

〈聖藥王〉近蓼洼，纜釣槎，有折蒲衰柳老蒹葭；傍水凹，折藕芽，見煙籠寒水月籠沙。茅舍兩三家。

寫出了從黃昏到夜晚這段時間優美動人的景物。再如寫倩女靈魂在月下秋江中追趕王文舉：

〈小桃紅〉我聽得馬嘶人語鬧喧嘩，掩映在垂楊下，唬的我心頭那驚怕，原來是響璫璫鳴榔板捕魚蝦。我這裏順西風悄悄聽沈罷，趁著這厭厭露華，對著這澄澄月下，驚的那呀呀呀寒雁起平沙。

〈調笑令〉向沙堤款踏，莎草帶霜滑；掠濕湖裙翡翠紗，抵多少蒼苔露冷凌波襪。看江上晚來堪畫，玩冰壺瀲灩天上下，似一片碧玉無瑕。

寫景抒情，富於詩意。揭示人物內心世界，細緻逼真。劇作家遵循「理之所無，情之所有」的美學思想，追求一種人情可以理解的「奇」。倩女愛情的強烈，造成了魂魄離開肉體，看似荒謬，但由於其情專一眞摯，這種魂魄出殼就合乎痴情幻覺的情理。而且把靈魂趕路那種飄飄盪盪的情調也傳達出來了。《倩女離魂》在不少地方都借鑑了《西廂記》的成功經驗。受《倩女離魂》的影響，明傳奇有《青瑣記》、《離魂記》，寫的是相同的故事。清人梁廷枏在《曲話》中稱讚《倩女離魂》是：「靈心慧舌，其妙無對」。王國維則稱：「如彈丸脫手，後人無能爲役」（《宋元戲曲史》）。

《翰林風月》也是鄭光祖作的一部戀愛劇。人稱「一本小《西廂》」（梁廷枏《曲話》）。可是在思想內容與藝術手法，都與《西廂記》相去甚遠。只是有不少曲辭寫得意趣盎然，情意獨至。《王粲登樓》是鄭光祖根據王粲的《登樓賦》虛構而成的。此劇對後世的文人軼事劇有較大影響。劇中所用的「誤會法」，即王粲岳父蔡邕故意辱婿，逼令進取，最後經別人點明，終至團圓。這對後來的一些戲劇都有影響。此戲在抒發落魄飄零、懷才不遇的文人士子的感慨，情緒憤激上，曾引起不少失意文人的共鳴：

〈普天樂〉楚天秋，山疊翠。對無窮景色，總是傷悲。好教我動旅懷，難成醉，枉了也壯志如虹英雄輩，都做助江天景物淒其。……氣呵做了江風淅淅；……愁呵做了江聲瀝瀝；……淚呵彈做了江雨霏霏。

鄭光祖的散曲今存小令六首，套曲兩首，講究詞藻，風格典麗。大部分爲寫景之作。

總的來講，鄭光祖的劇作在元代還有一定地位，在元代雜劇中心南移以後，其創作產生過較大的影響。作爲後期的元雜劇代表作家，受到前期大師的不小影響，他的一些作品，多少帶有模擬的痕跡，創新不足。所以他的作品，不論是思想內容和藝術性，都無法和關漢卿、馬致遠、白樸相比。但在後期二十多位雜劇作家中，成就最高的要算鄭光祖了。

（馬勝利）

二六五、張可久

元代散曲發展到後期，開始進入脫離現實，專講格律辭藻的階段，在風格上也逐漸喪失前期的樸素自然的特色。代表後期散曲風格的主要作家爲張可久。他是元代散曲「清麗派」的代表作家。被譽之爲「詞林宗匠」（朱權《太和正音譜》）。其「儷辭追樂府之工，散句擷宋唐之秀。」（許光治《江山風月譜・自序》）。可稱作是一代曲風轉變的關鍵人物。

張可久（約一二八〇～一三四八），一說名久可，字小山；一說字伯遠，號小山。慶元（今浙江寧波）人。他一生曾擔任過一些小官吏，「以路吏轉首領官」（《錄鬼簿》）或「路吏轉升民務領官」（天一閣本）。還擔任過桐廬典史，後爲崑山幕僚。晚年爲「監稅松源」。由於他久沈下僚，便以山水之樂來消磨一生。曾慨嘆道：「罷手，去休，已落在淵明後。百年心事付沙鷗，更誰是忘機友？洞口漁舟，橋邊春酒，這清閒何處有？樹頭錦鳩，花外啼春晝」（《朝天子》）。他時官時隱，足跡遍及江、浙、皖、閩、湘、贛等地，一生奔波，尤對蘇杭二地名山勝水，多所題詠。他還把自己的散曲集定名爲《蘇堤漁唱》、《鹽》等。有《小山樂府》。

張可久今存小令八五五首，套曲九首。作爲專寫散曲的作家，其畢生精力，致力於散曲創作。在元代散曲作家中，作品數量是最多的。他的散曲創作，題材範圍較廣，既有身世抑鬱感傷的抒發及世道險惡的感慨，如《慶東原》（和馬致遠先輩韻）（九首）、《賣花聲》（懷古）、《醉太平》

（感懷）等；也有嚮往歸隱，渴望田園生活的作品，如「二十五點秋更鼓聲，千三百里水館郵程。青山去路長，紅樹西風冷，百年人半紙虛名」（《沈醉東風》、《秋夜旅思》）、「依松澗，結草廬，讀書聲翠微深處。人間自晴還自雨，戀青山白雲不去」（《落梅風》（碧雲峰書堂）。張可久作品中，描寫最多的還是山水景物，並從中抒發了作者的生活感受。如：

《折桂令》（次韻海棠）

喚西施伴我西遊，客路依依，煙水悠悠，翠樹啼鵑，青天旅雁，白雪盟鷗。人倚梨花病酒，月明楊柳維舟。試上層樓，綠滿江南，紅褪春愁。

《黃鐘・人月圓》（春日湖上）

小樓還被青山礙，隔斷楚天遙。昨宵入夢，那人如玉，何處吹簫？門前朝暮，無情秋月；有信春潮。看看憔悴，飛花心事，殘柳眉梢。

由此可見，與前期元散曲的風格情趣已有異，追求詞句的典雅，避俚言俗語。最有名的當屬《一枝花》（湖上晚歸）：

長天落彩霞，遠水涵秋鏡；花如人面紅，山似佛頭青。生色圍屏，翠冷松雲徑，嫣然眉黛橫。但攜將旖旎濃香，何必賦橫斜瘦影。

人譽之千古絕唱，寫出西湖恬靜清雅的境界。他的不少散曲講究格律音韻，著力於煉字煉句，對仗工整，字句和美，並以詩詞手法，進行散曲的寫作，而且為求典雅還融入詩詞名句。作為元散曲中清麗的一種風格，他的不少散曲寫景篇句為人傳誦，如「青苔古木蕭蕭，蒼雲秋水迢迢，紅葉山齋小小。有誰曾到，探梅人過溪橋」《天淨沙》（魯卿庵中）、「雲冉冉，草纖纖，誰家隱居山半掩？水煙寒，溪路險，半幅青簾，五里桃花居」《迎仙客》（括山道中）、「長橋臥柳枕蒼煙，遠水揉藍洗暮天，畫圖千古西施面」（《雙調・水仙子》）（孤山宴集）、「湖光靜，山影孤，載斜陽小舟橫渡」《雙調・落梅風》（西湖）、「江村路，水墨圖，不知名野花無數」《雙調・落梅風》（江上寄越中諸友）。

張可久的散曲作品，在元散曲後期被人視爲典範之作，他以自己的創作，爲曲風由前期的崇尚自然眞率，變爲追求清麗雅正，起了重要作用。（馬勝利）

二六六、歸有光

明嘉靖中後期，文壇上流行的是「後七子」厚古薄今的文學主張。這顯然是一種不利於文學發展的主張。這時起來向文壇的復古派進行宣戰，並以「唐宋派」魁首著稱的是個名叫歸有光的人。而在「唐宋派」中，文學成就最爲突出的也是歸有光。

歸有光（一五〇六～一五七一），字熙甫，號項脊生，又號震川。崑山（今屬江蘇）人。他著有《震川先生全集》，共計正集三十卷、別集十卷。內收各種體裁的散文七百七十四篇，詩歌一百一十三首。

歸有光出身於一個累世不第的寒儒家庭，九歲就能寫文章。二十歲成秀才，盡通六經三史及唐宋八大家文。三十五歲時，參加南京鄉試，考取第二名舉人。主考官張治對歸有光有知遇之恩，以後他回憶起張治事來，總要爲之哭泣。其後八次會試不第。他就移居嘉定安亭江畔，讀書講學，學生常達數十百人。人敬稱他爲震川先生。嘉靖四十四年（一五六五），歸有光年已六十，才中進士，授浙江長興縣令。他爲政清廉，終因得罪當地豪門和上級官吏，被調爲順德府通判，專管馬政。後經大學士高拱、趙貞吉薦舉擔任南京太仆寺丞，參加《世宗實錄》的撰寫，終因勞瘁過度，在任職僅一年後，病突發而卒。

歸有光在文學上，提倡唐宋古文，推崇唐宋古文的自然流暢，文從字順，被稱爲「唐宋派」的中堅。他對明前、後「七子」的盲目擬古傾向不滿，斥責當時的文壇盟主、擬古傾向的代表人物王世貞，認爲一味泥古的流弊，必然將文學引入歧途。他以自已的散文創作對抗復古派，發生了較爲深遠的影響。「自明季以來，學者知由韓、柳、歐、蘇，沿回以溯秦漢者，有光實有力焉。」（《四庫全書總目提要》）歸有光的散文，是對唐宋散文的優良傳統的繼承和發展。

人評歸有光的散文，「無意於感人，而歡愉慘惻之思，溢於言語之外。」（王錫爵《歸公墓誌銘》）其敘述日常生活的篇章，筆致疏淡而一往情深，極富人情味。這些作品大都是他敘家庭瑣事和親朋聚散，如《項脊軒志》、《先妣事略》、《思子亭記》、《女如蘭塘志》、《畏壘亭記》、《寒花葬志》等。他的這些作品篇幅短小，言簡意賅，不避俚俗，善於捕捉生活中最能代表人物思想感情的瞬間，用樸素簡煉的文筆描繪出來，並寄託他的感情和理想，寫來如敘家常，如《寒花葬志》：

婢，魏孺人媵也。嘉靖丁酉五月四日死，葬虛丘。事我而不卒，命也夫！婢初媵時，年十歲，垂雙鬟，曳深綠布裳。一日，天寒，爇火煮荸薺熟，婢削之盈甌。予入自外，取食之，婢持去，不與。魏孺人笑之。孺人每令婢倚几旁飯，即飯，目眶冉冉動。孺人又指予以為笑。

回思是時，奄忽便已十年。吁，可悲也已！

其全文共一百一十二字，極為凝煉。此文是作者紀念亡妻的婢女之作。作為一個封建時代的文人，能將自己的筆墨付之於文字，去下功夫來為一個陪嫁的丫環作墓誌，這也不是尋常的事。文中僅寫了三件小事，就使一個天真活潑的小女孩形象活生生地呈現在人們面前，進而對她的不幸早逝表示哀嘆。文貌似瑣屑，實為簡潔。

歸有光的散文藝術特色還表現出敘事抒情中的結構精巧，波折多變。如《項脊軒志》，文中通過「百年老屋」項脊軒的幾經興廢，穿插了對祖母、母親、妻子的回憶，並抒發了人亡物在，世事滄桑的感嘆。文內有寫景，有敘事，也有議論。一切都圍繞著項脊軒而展開，互有內在聯繫，條理清晰，沒有給人以雜亂無章的印象。另外像《寶界山居記》、《蓟窗記》由風景寫到古人，夾敘夾議，跌宕多姿。

歸有光散文除多寫身邊瑣事之外，還有些作品表現了對當時的政治不滿、對人民的同情。如《備倭事略》、《崑山縣倭寇始末書》、《蠲貸呈子》、《書張貞女死事》、《乞休申文》等，或是反映倭寇入侵後的慘狀；或是揭露現實的腐敗；或是坦露為民請命的心懷。另有些作品，如《可茶小傳》、《鹿野翁傳》、《己未會試雜記》、《壬戌紀行》等，或給小人物描形繪情；或記錄民情世態。在一定程度上反映了明代社會的現實。

不可否認的是歸有光的散文，還存在著題材比較狹窄，酬贈之作較多；同時，作爲應試文的製藝名家，文章中也留有八股文的痕跡。這同他在反對擬古中，多從形式上著眼，並未達到內容上的眞正革新有關。也是與他的生活條件、時代環境分不開的。儘管如此，從歷史上看，對於歸有光在散文方面的成就，後七子中的領袖、晚年王世貞曾表示心服，將他與韓愈、歐陽修相提並論。清代的桐城派的一些散文作家，也特別推崇歸有光的散文，並把它看作從唐宋散文到桐城派散文的一個發展階段。

歸有光在中國古代散文的發展史上，以其創作獨樹一幟和獨具的風格，啓迪了後來的文學家，並豐富了我國古代文學的寶庫。（馬勝利）

二六七、張岱

在晚明散文作家中，張岱是一個很有特色的作家。他汲取公安、竟陵兩家之所長，棄其所短，主張反擬古，抒性靈，擴大了小品散文的題材，凡風景名勝、世情民俗、戲曲技巧，乃至品茶賞花、古董玩具，都可以成爲他描寫的對象。這些小品既記錄了他的生活實際，也反映了明末現實社會的某些側面。

張岱（一五九七～約一六七六），字宗子，改字石公，號陶庵，又自號蝶庵居士，山陰（今浙江紹興）人，寓居於杭州。張岱一生著述極多，有《石匱書》、《石匱書後集》、《瑯嬛文集》、《西湖夢尋》、《陶庵夢憶》、《冰雪文》、《義烈傳》、《明易》、《大易用》、《史闕》、《四書遇》、《說鈴》、《昌谷解》、《快園道古》等多種。但現存的僅有《石匱後集》、《瑯嬛文集》、《西湖夢尋》、《陶庵夢憶》等。其中《瑯嬛文集》是他的詩文別集。《西湖夢尋》、《陶庵夢憶》是兩部筆記。

張岱出身一個世代顯宦的家庭。高祖、曾祖均為進士，在嘉靖、萬曆時都有煊赫的事功。曾祖張元忭還是著名的王派理學家，並以詩文聞名於時。父親曾任藩王魯王府的長史。由於張岱出身世家，家中頗有資財，他一直過著富貴公子的豪華生活。但與一般紈絝子弟不同的是有志於文藝，喜歡詩文書畫、音樂戲劇。在諸多方面，如飲茶、飲膳等，還是著名品評、鑑賞家。他雖考取秀才，但不樂仕進，立志著書。明、清易代之際，他個人生活發生了很大變化，帶著文稿隱於剡溪山中，披髮著述，以示不同清統治者合作。採取了消極避世的方式來表現他的民族氣節。他既沒有像殉國志士那樣從容就義，也不像變節者那樣諂事新朝。他終生不仕，保持了自己高傲的品質。

他的散文小品，新穎可喜，清新活潑，別開生面。其文學代表作是《陶庵夢憶》、《西湖夢尋》。這兩部作品是清兵入關後，他披髮入山後的作品。在國破家亡之際，回首二十年前的繁華靡麗生活，寫成的這兩部書中，抒發了他對故國鄉土的追戀之情。

《陶庵夢憶》，主要是通過自己親歷生活的回憶，抒寫了時代的滄桑。所記大多是經歷過的雜事，種種世相，輳集筆底，描聲繪影，讀之如同目睹。並且敘事中常帶感情，喜怒哀樂，無不動人。在這裏他不僅出色的描寫了山水勝景、晚明風俗，而且也可以看出作者入清前的生活及其本人的性格特點。如《湖心亭看雪》、《西湖七月半》、《虎丘中秋夜》、《金山競渡》、《金山夜戲》、《揚州瘦馬》等已成爲人們早已熟知的散文小品。其中《湖心亭看雪》、《西湖七月半》、《柳敬亭說書》堪稱代表作。前者寫湖中雪景，形象眞切，語言自然明快，敘述幽默動聽，剪裁別致地描繪出一幅西湖雪景圖；後者敘寫西湖勝會的盛事，把在西湖看七月半的人分成五類，描寫遊人情態栩栩如生，詼諧明達，體現了其細緻觀察生活的能力，顯示了他鄙視官場的清高性格。在《柳敬亭說書》中，體現出了作者刻畫人物的藝術功力。文中有概括敘述，有具體描寫，有正面介紹，有側面評論，生動傳神，輕鬆活潑地描寫了柳敬亭說書繪聲繪色的情景，刻畫了柳敬亭的性格。

西湖夢尋，是一部杭州兵燹之後，追記舊遊的著作。此書編爲總記、北路、西路、南路、中路、外景等，分別記述了其地的勝景。張岱由於寓居杭州頗久，加之喜愛山水，因而西湖美景，湖上人物，常常縈繞夢魂。在追記往日西湖勝景的同時，也寄託了亡明遺老故國的哀思。但這種情緒是藏而不露的，可是有時睹物思人，悲從中來，也就會形諸筆墨。如《柳洲亭》一文，當可說是長歌當哭的篇章之一：

……今當兵燹之後，半椽不剩，瓦礫齊肩，蓬蒿滿目。李文叔作《洛陽名園記》，謂以名園之興廢，卜洛陽之盛衰，以洛陽之盛衰，卜天下之治亂。誠哉斯言也。余於甲午年，偶涉於此，故宮離黍，荊棘銅駝，感慨悲傷，幾效桑苧翁之遊苕溪，夜必慟哭而返。

正如人言：「……意緒蒼涼，語及少壯穠華，自謂夢境。著書十餘種，率以『夢』名（《紹興府志·張岱傳》）。

另外，《西湖夢尋》在擇取、撰寫西湖勝景時，獨具慧眼，凡涉精粹，無不盡收筆底。並在每篇文章記事之後，常錄有先賢及時人的詩文若干，使山水增輝，文章增色。張岱的朋友祁豸佳曾評道：「余友張陶庵，筆具化工，其所記遊，有酈道元之博奧，有劉同人之生辣，有袁中郎之倩麗，有王季重之詼諧，無所不有其一種空靈晶映之氣。尋其筆墨，又一無所有。爲西湖傳神寫照，政在阿堵矣」（《西湖夢尋·祁豸佳序》）。

綜觀張岱的小品散文，其文筆清新活潑，時雜詼諧，不論寫景抒情，敘文論理，繪人狀物，俱趣味盎然，意境極佳。他在散文創作方面的成就，高出晚明各家之上。被認爲是晚明小品文的代表作家。他的散文小品的影響，波及到近代和現代的許多作家，直到今天仍被人們所津津樂道。

（馬勝利）

二六八、施耐庵

明代前期，在小說創作上，出現了兩部傑出的長篇章回小說，其中之一的《水滸傳》，是英雄傳奇小說的傑出代表。它們的出現標誌中國古典小說創作已進入成熟階段，是中國古典長篇小說發展過程中的第一個高峰。關於此部小說作者，明人記載不一。大致有三種說法：施耐庵作，羅貫中作，施、羅合作。現在學術界大都傾向爲施耐庵作。

有關施耐庵生平事跡的材料極少，搜集到的一些材料頗多牴牾之處。據《江蘇興化縣續志》卷十三補遺載有《施耐庵傳》一篇，卷十四補遺載有明初王道生撰《施耐庵墓誌》一篇（及《施氏族譜》、《施氏長門譜》等）的有關材料記載的大致情形是：施耐庵（約一二九六～約一三七〇），名子安，一說名耳。興化（今江蘇興化縣）人，原籍蘇州。他曾中過進士，在錢塘（今浙江杭州）做過官，後回到蘇州。曾與元末農民起義軍有過聯繫，後避居於江蘇興化縣白駒鎮（今江蘇大豐縣），閉門著述。入明後曾多次被徵召，都被他拒絕。

《水滸傳》是一部描寫北宋末年農民起義的長篇章回體小說。它是在民間創作的基礎上，由施耐庵寫定成書的。

據有關的史書記載（《宋史》）中的《徽宗本紀》、《侯蒙傳》、《張叔夜傳》），宋江等人的起義大約在北宋宣和元年（一一一九）至宣和三年（一一二一）。這支起義軍有很強的戰鬥力，曾給宋王朝造成一定的威脅，並在老百姓中影響不小。不同的史書所述雖有出入，但都有一定的傳奇色彩。宋末元初龔開的宋江《三十六人畫贊・序》中說：「宋江事見於街談巷語」，可見宋江故事已在民間流傳，並引起了文人注意。宋、元期間，出現了以水滸故事爲題材的話本和戲劇。南宋時，已有講說魯智深、武松、楊志、孫立故事的平話。元雜劇中有以李逵、燕青、武松爲主角的戲。首次把水滸故事聯綴起來的是元刊《大宋宣和遺事》。它記敘了從楊志押送花石綱，到征方臘爲止的比較完整的水滸故事。元末明初的施耐庵，在宋、元以來民間故事、話本、戲劇的基礎上，進行了藝術創造，寫成了中國第一部反映農民起義的長篇章回小說《水滸傳》。

《水滸傳》集中地、多方面地反映了中國古代社會裏一次農民起義從發生、發展到最後失敗的全過程。從而形象地展示了亂自上作、官逼民反這一眞理。小說熱情地歌頌了農民起義英雄的大無畏的精神和社會理想。小說描寫的梁山義軍的悲劇結局眞實地反映了農民起義的歷史命運。

《水滸傳》在藝術上取得的巨大成就，主要是因爲它成功地塑造了人物衆多的、個性鮮明的典型形象，在人物描寫上發展了古代小說的藝術傳統，表現出作家自己的風格特色。作家善於把握人物的身世、經歷、社會地位、生活環境等，從社會關係的各個方面來刻畫人物的性格，這樣就不僅能寫出衆多不同的性格特徵，揭示出造就這些不同性格特徵的社會根源和依據；而且還能隨著矛盾衝突的變化與發展，進一步寫出他們性格的變化與發展。如魯智深、楊智、林沖三人，雖都是軍官出身，同樣都武藝高強，最後也都上了梁山，但由於其各自身世、經歷和生活環境的不同，上梁山的道路也就不同，性格也各不相同。作家對此寫得有根有據，眞實可信，使人物的性格充分發展顯示出合理性、必然性。其中對宋江的描寫尤爲突出。宋江是《水滸傳》梁山義軍的領袖，同時也是瓦解梁山大業的關鍵人物。他的一生，是複雜、矛盾的一生。在他的性格中一直貫穿著封建正統觀念和正義感、反抗性的矛盾，並在他生活的不同階段互有消長。小說就是在一系列的矛盾衝突中展現其複雜性格的。宋江的悲劇是他複雜性格的必然，但他的悲劇不僅是性格的悲劇，更重要的是中國古代社會農民起義的悲劇。就這個意義上講，宋江的複雜性格符合歷史眞實。小說在描寫人物上，還常常在對比中突出人物性格。作家不是把每個人物孤立起來進行描寫，而是把不同人物放在同一環境、同一矛盾糾葛之中，使之互相聯繫，互相映襯。如宋江和李逵在招安問題上，二人的矛盾爭執，從中進行對比，宋、李二人各自的性格特點由此更加鮮明，從而也更眞實地揭示了社會生活的複雜性。這種對比的手法，有時還表現爲同中見異。如魯智深與李逵，即表現性格大致相同的人物所各有不同的內涵。

《水滸傳》中的英雄人物形象，常常具有一種濃烈的浪漫、傳奇色彩。這是與作家不爲人物的現實條件所局限，在現實生活的基礎上把人物高度理想化的結果。作家常將人物置身於生死存亡的關鍵時刻，著力渲染和誇張人物的非凡才能和英雄行爲。從而使人物形象具有一種強大的震撼人心的力量。如武松景陽崗打虎，鬥殺西門慶，醉打蔣門神，大鬧飛雲浦，血濺鴛鴦樓；魯智深三拳打死鎭關西；石秀法場救盧俊義等，使情節的高度傳奇性與人物的高度理想化達到了和諧統一。作家在形象塑造方面，繼承了傳記文學和宋元平話的傳統，表現出了卓越的才華，取得了傑出的成就。

《水滸傳》的藝術結構完整而富於變化。全書總的結構特點是：單線發展，即以梁山英雄和統治者的矛盾鬥爭爲主線，通過人物之間的聯繫展開情節，有如山巒起伏，逶迤不斷，形成一個有機的整體。這種結構方式還殘存著話本集中講述某一人物故事的痕跡。每組故事都有其獨自的中心人物，而且人物之間互相勾連，前一人物引出後一人物；各組故事間既有相對的獨立性，又一環緊扣一環，由前一故事引出後一故事，相互勾連，總的形成一個有機整體。整個情節結構的發展，都有著精心的設計與安排，開端、高潮、結局，既符合生活發展的邏輯，又與故事的發生、發展和結局的整個故事相一致。

《水滸傳》的語言，繼承了平話的口語化特點，經過加工提煉，成爲優秀的文學語言。小說的敘述語言非常形象，如描寫魯智深打鎭關西的三拳，通過人們熟知的事物，貼切而又生動地傳達出來了，字裏行間滲透著作者的愛憎。再有就是人物語言的個性化。「有些地方，是能使讀者由說話看出人來的。」（魯迅《看書瑣記》），李逵、魯智深，同爲梁山好漢，個性不同，語言各異；西門慶、鎭關西、牛二，同是市井惡霸，但身分有別，其語言也不相同。在作家筆下，只寥寥幾筆，就達到了繪聲繪色，唯妙唯肖的境地。這些都反映出《水滸傳》在語言上所取得的卓越成就。

《水滸傳》的出現，使古典小說的藝術傳統得到總結提高。特別是在宋元話本的基礎上，加以革新，使小說從民間口頭文學形式，發展到書面文學。它與《三國演義》共同促成了章回體長篇小說的定型。它以其思想上和藝術上的卓越成就，深遠地影響著明清以來的小說創作。如在它的題材影響下，產生了《水滸後傳》、《後水滸》；由它的人物作開端出現了《金瓶梅》；在結構上，《儒林外史》明顯地受到了《水滸傳》的啓發。而且明清以來的不少戲曲的情節、人物也都源出此部小說。從此，小說登上了中國文學的大雅之堂，開始了以小說爲主要標誌的新階段。《水滸傳》曾陸續整理出版過七十回本及一百二十回本、一百回本等繁本。現知和現存《水滸傳》較早刻本都係明刊本。一般認爲，嘉靖時郭勛刊刻的武定版《水滸傳》比較接近於原本，但已無存。今天所能見到的比較早而又較完整的是一百回本的天都外臣序本。還有萬曆時楊定見的百二十回本、明末的金聖嘆的七十回刪改本。簡本有明刊《新刊京本全像插增田虎王慶忠義水滸全傳》、《忠義水滸傳評林》，但爲殘本。清刊本十卷一百一十五回《忠義水滸傳》是今存較全的簡本（《水滸傳》存在著繁、簡本問題。繁本與簡本區別在於，繁本描寫細膩生動，文學性強於簡本。無平田虎、王慶的故事。繁、簡本先後問題，歷來有爭議，迄無定論）。（馬勝利）

二六九、羅貫中

明代的文學成就是輝煌的，特別是小說和戲劇創作，在中國文學史上占有重要地位。《三國演義》作爲長篇章回體歷史演義小說，以其體式上的創新，藝術上的成就和語言上的特色，標誌著中國古典小說發展到了一個新的階段。此部小說的作家是元末明初的羅貫中。

羅貫中（約一三三〇～約一四〇〇），名本，一說名貫，字貫中，別號湖海散人。太原（今山西太原）人，一說錢塘（今浙江杭州）人。羅貫中的生平事跡多不可考。只是古書上有些零星的記載。明初賈仲明在《錄鬼簿續編》中稱羅貫中與他是「忘年交」，元順帝至正二十四年（一三六四），曾與賈仲明又一次見面。別後將近六十年，直到明永樂二十年（一四二二），賈仲明編寫《錄鬼簿續編》時，「遭時多故，天各一方」，「竟不知其所終」。《錄鬼簿續編》中，稱他「與人寡合」。明王圻《稗史類編》中，說他是一個「有志圖王者」，是具有遠大抱負，希望創建一番事業的不凡之士。後專心致力於「傳神稗史」的小說創作。清代徐渭仁《徐炳所繪水滸一百單八將圖題跋》中，說「羅貫中客僞吳，欲諷士誠」，即指他與張士誠的元末農民起義軍有過聯繫。雖係傳言，但亦不排除有其可能。

羅貫中的文學創作包括兩方面：戲曲和小說。《錄鬼簿續編》說他「樂府隱語，極爲清新」，寫過雜劇三種，《宋太祖龍虎風雲會》、《三平章死哭蜚虎子》、《忠正孝子連環諫》。其中僅《趙太祖龍虎風雲會》流傳了下來。此劇描寫了趙匡胤、趙普憂國憂民的聖君賢相的形象。劇中寫了趙匡胤陳橋驛登基，雪夜訪趙普，直至掃滅群雄。其主旨意在「正三綱，謹五常」來平息「奸雄爭霸」所造成的「屍骸遍野」的景況。這種要求結束戰亂，實現統一的思想，與《三國演義》中的政治觀點是相同的。

羅貫中的文學成就，主要是小說。《西湖遊覽志餘》說他「編撰小說數十種」，相傳他有《十七史演義》。今存署名由他編著的小說有《三國志通俗演義》、《隋唐兩朝志傳》、《殘唐五代史演義》、《三遂平妖傳》和《粉妝樓》。

在他所創作的小說中，以《三國志通俗演義》的成就最高。這是中國古代歷史小說中最爲傑出的一部。羅貫中根據有關三國的歷史、雜記、遺聞軼事、小說講史等豐富資料，加工寫成了這樣一部「七實三虛」的文學名著。

《三國演義》主要寫魏、蜀、吳三國之間的政治鬥爭和軍事鬥爭，描寫了眾多的人物，反映了廣闊的社會生活，其思想內容是豐富的。全書以魏、蜀之間的矛盾爲主線。魏方代表是曹操，蜀方代表是劉備、諸葛亮，矛盾的主要方面是蜀漢。此部小說的主題就是通過矛盾雙方的代表人物，特別是蜀漢一方的代表人物體現出來的。全書在描繪魏、蜀、吳三國的尖銳複雜鬥爭、塑造各種典型人物中，揭露了統治者的殘暴與醜惡，表達了對聖君賢相的歌頌和對仁政理想的追求。但其中明顯地存在著「擁劉反曹」傾向。這種傾向，一方面表現在選材與結構上，把劉備集團作爲全書的主要方面，把曹操集團作爲劉備的對立面；貶曹頌劉。實際上這種描寫同歷史的實際情況並不相符。這種明顯的傾向，反映了作者的封建正統觀念，寄託了古代社會民眾反對戰亂，厭惡欺詐暴虐，贊成寬厚仁義，渴望安定統一的願望。這種傾向也同漢民族意識有關。

《三國演義》描寫了四百多個人物，雖有類型化的傾向，但主要人物，卻形象鮮明。作家在對這些人物描寫時，總是從生活的複雜性和性格的多層次方面入手，從不把人物簡單化，從而寫出人物多方面性格。如對曹操的描寫，在歷史人物原型的基礎上，經過藝術再創造，集中了歷代封建統治者的惡劣品質。作家沒有把曹操寫成平庸、昏聵的暴君，而是把「奸」和「雄」，醜惡品質和雄才大略結合在一起表現。煮酒論英雄，寫出了他的胸襟，也表現了他的野心；剪除袁紹、呂布、劉表等群雄，表現了他政治、軍事方面的傑出才能，也寫出了他的奸狡和欺詐；他手下猛將如雲，謀臣似雨，說明他愛才；同時又寫他借黃祖之手殺禰衡，恨楊修而加以死罪，說明他愛才還有籠絡、控制的險惡用心。這些都使讀者既看到曹操的正面，又看到他的反面，具有立體感。再有，小說在塑造人物時，很善於抓人物的基本性格特徵，運用誇張、烘托、對比的藝術方法，來突現人物性格，展現人物形象。如寫張飛的勇猛，長板橋三聲大喝，使「夏侯傑驚得肝膽破裂，倒撞於馬下」。有力地表現了張飛的武勇威猛。又如寫典韋死有餘威，當其死了一個時辰，敵兵尚不敢近前。再如關羽「溫酒斬華雄」，寫他的武勇，這些例子都可說是上述藝術手法運用的極好例証。這樣的例子在小說中是屢見不鮮的。

《三國演義》擅長戰爭描寫，全書共寫了大小四十餘次戰爭，這些戰爭寫得千變萬化，各具特色。作家能抓住每次戰爭的特殊性，寫出戰爭的特點。如官渡之戰、赤壁之戰、彝陵之戰都是以少勝多的大戰役，又都是用火攻，但寫來毫不重複。小說的描寫戰爭突出之處，是把著眼點放在最富戲劇衝突的事件和最能展示人物思想性格的情節上，不使複雜的情節掩蓋人物性格。如赤壁之戰，作家抓住孫、劉與曹操之間的主要矛盾，以及孫、劉之間的次要矛盾，通過一系列或公開、或隱蔽的政治、軍事、外交等鬥爭情節，展現了曹操、周瑜、諸葛亮三個足智多謀的軍事家的性格和才能。其中的諸葛亮形象尤爲突出。如對「舌戰群儒」、「智激周瑜」、「借箭祭風」等情節的正面描寫，與周、曹隔江鬥智等情節的側面烘托，使其性格特徵得以凸現。在戰爭中表現人物，以人物爲中心描寫戰爭，表現了戰爭的複雜性和多樣性。

《三國演義》的結構，既宏偉壯闊而又嚴密精巧。全書儘管所寫時間漫長，事多人眾，頭緒紛繁，卻自成一體。作家以歷史的發展變遷爲經線，以蜀、魏之爭爲重點，以蜀漢爲中心來展開情節，結構全書。其情節連貫，主次分明，首尾呼應，環環相扣，表現出作家高超的才能和獨到的匠心。

《三國演義》的語言文白間半，既是「文不甚深，言不甚俗」的淺近文言；又是白話，明白流暢，接近口語。它的敘述描寫語言不以工筆重彩細膩刻畫見長，而以粗筆勾勒見工。其人物語言個性鮮明，有聲有色。

從《三國演義》開始，歷史演義小說開始大量興起，中國各歷史時代在演義小說中都有反映。《三國演義》的豐富多彩，引人入勝的故事，爲以後的詩詞、戲劇、說唱文學提供了題材。清顧家相在《五餘讀書廛隨筆》中說：「蓋自《三國演義》盛行，又復演爲戲劇，而婦人孺子，牧豎販夫，無不知曹操之爲奸，關、張、孔明三爲忠，其潛移默化之功，關係世道人心，實非淺鮮。」由此可見其影響之深遠和巨大。

至於這部小說藝術上的缺點，最明顯的是：一是人物性格缺少發展；二是誇張過分，適得其反，以致「欲顯劉備之長厚而似僞，狀諸葛之多智而近妖」（魯迅《中國小說史略》）。（馬勝利）

二七〇、馮夢龍

明代後期文學的突出成就，表現在小說、戲曲等通俗文學的創作上。小說、戲曲方面頗有一些大作家，但在小說、戲曲、民間歌曲等三方面都作出傑出貢獻的，在明一代只有馮夢龍。

馮夢龍（一五七四～一六四六），字猶龍，又字子猶，別號龍子猶、墨憨齋主人、顧曲散人、姑蘇詞奴等。長州（今江蘇蘇州）人。出身士大夫家庭，其兄善畫，其弟善詩，當時人稱三兄弟爲「吳下三馮」。馮夢龍爲人曠達，治學不拘一格，行動也不爲名教所束縛。曾與錢謙益等人結社作文。但他自早年進學之後，科舉考試屢考不中，曾以坐館教書爲生。由於多次應考不中，內心抑鬱，促使他去歌場酒樓去尋求精神寄託。這種生活使他有機會接近下層百姓，熟悉市民生活，這對他編著通俗文學作品起了積極作用。明崇禎三年（一六三〇），取得貢生資格，任丹徒縣訓導，七年後升任福建壽寧知縣。六十六歲離任歸隱鄉里，繼續從事通俗文學的撰述。明亡後，曾參加南明唐王政權，宣傳抗淸，不久憂憤而死（一說爲淸兵所殺）。有道是「早歲才華眾所驚，名場若個不稱兄。一時名士推盟主，千古風流引後生。桃李兼栽花露濕，宓琴流響訟堂淸。歸來結束牆東隱，翰繪機傳手自烹」（文並簡《馮猶龍》）可謂其一生的寫照。今人編有《馮夢龍全集》。

馮夢龍是一個有多方面文學才能而又多產的通俗文學作家、戲曲家。

馮夢龍在思想上深受李贄、公安派三袁的影響，在文學上有許多獨到的見解。他明確指出「世儒但知理爲情之範，孰知情爲理之維乎？」（《情史》卷一）主張文學要出乎眞，發乎情，「鄉國天下，藹然以情相與」（《情史序》），認爲人的性情是最爲活躍的，它是推動文學發展變化的力量，某種文學一旦成了說敎工具，就會變得僵化，會被另一種足以表達性情的文學所取代。他這種崇尙自然，提倡表達人的性情的文學思想，對以封建道德爲品評文學的原則及御用、消遣、幫閒文學，無疑是一種批判。

馮夢龍幾乎是畢生致力於民間通俗文學的創作。他把小說與《孝經》、《論語》相提並論。認爲小說能夠使「怯者勇、淫者貞、薄者敦、頑鈍者汗下」（《古今小說》序），他把自己所編撰的三部小說，題名爲《喩世明言》、《警世通言》、《醒世恆言》，意思是想以此勸喩、警戒、喚醒世人。他強調作品的通俗化，要能爲老百姓看得懂。在小說方面，除「三言」外，他還編撰或增補過《平妖傳》、《新列國志》等。在民間歌謠方面，整理編輯了《掛枝兒》、《山歌》，收錄了盛行於吳中的民間歌曲八百多首。認爲它們是「借男女之眞情，發名敎之僞藥」、「民間性情之響」、「天地間自然之文」（《山歌序》）。在戲曲整理及創作上，馮夢龍的傳奇，傳世的有《雙雄記》、

《萬事足》。爲了糾正傳奇存在的「人翻窠臼，家畫葫蘆，傳奇不奇，散套成套」（《曲律序》）的弊端，主張修訂詞譜，制訂曲律，提出「詞學三法」，強調調、韻、詞三者不可偏廢。並提出了一系列創作和表演上的主張。馮夢龍更訂了許多作品，可考的有十七種，其中有《牡丹亭》、《邯鄲夢》、《西樓記》、《一捧雪》、《人獸關》、《永團圓》、《占花魁》、《精忠旗》等。這對於糾正創作脫離舞臺的案頭化的傾向，起了一定的積極作用。他還寫有散曲集《宛轉歌》，詩集《七樂齋稿》（均已失傳）。另外，他還曾參與校對精刻《水滸全傳》，評纂《古今譚概》、《太平廣記鈔》、《智囊》、《情史》、《太霞新奏》、《笑府》、《廣笑府》等。

馮夢龍的文學成就最大的是他的小說「三言」。「三言」中《喻世明言》（又名《古今小說》），成書最早，大約於天啓元年（一六二一），左右刊行，《警世通言》刊於天啓四年，《醒世恆言》刊於天啓七年。三部書各收小說四十篇，共計一百二十篇。其中包括宋、元、明話本。明代文人擬話本和馮夢龍自己的創作。

「三言」是一個時代的文學，它的刊行，不僅使許多宋元舊篇免於湮沒，而且推動了短篇白話小說的發展和繁榮。正如《今古奇觀序》中所言：「極摹人情世態之歧，備寫悲歡離合之致，可謂欽異技新，洞心駴目。」這標誌著中國短篇白話小說的民族風格和特點已經形成。

「三言」的內容十分豐富，涉及了當時社會生活的各個層面，反映了市民階層的逐漸興起和封建社會的日趨衰落。其反映的內容大致有以下幾個方面：

一、表現了市民階層新的思想意識和愛情觀念，抨擊封建制度對婦女的迫害，揭露封建禮教和封建婚姻制度的虛僞和兇殘，主張婚姻自主、自擇夫婿，歌頌眞摯的愛情和對美好生活的追求。其中《杜十娘怒沈百寶箱》、《賣油郎獨占花魁》、《蔣興哥重會珍珠衫》、《玉堂春落難尋夫》、《金玉奴棒打薄情郞》等都是名篇。這類作品在「三言」中所占數量最多。

二、描寫商人販夫，倡優遊民、手工業者、落魄文士等市民階層的和衷共濟、生死不渝的友誼，表彰講求信義，扶危濟困，誠篤不欺的精神。如《呂大郎還金完骨肉》、《劉小官雌雄兄弟》、《施潤澤灘闕遇友》等。

三、從不同程度上揭露了封建官僚地主的昏聵、無能、貪婪、殘暴，批判了摧殘人材的科舉制度和一些假道學的虛僞面目。如《老門生三世報恩》、《木綿庵鄭虎臣報冤》、《十五貫戲言成巧禍》、《沈小霞相會出師表》、《灌園叟晚逢仙女》、《滕大尹鬼斷家私》等。

「三言」在藝術上，與宋元話本相比，在保存宋元話本的基本特色的同時又有新的發展。它表現在篇幅加長，情節曲折；形象豐滿，主題集中；描寫細膩，刻畫精深。

「三言」中也有一些糟粕，這是與明末社會習俗的日趨靡爛，市民階層庸俗落後的一面，以及編撰者的種種局限相關，因而表現出色情、宿命、因果輪迴等不健康的地方。（馬勝利）

二七一、凌蒙初

明末的短篇白話小說，繼馮夢龍的「三言」之後，凌蒙初的「二拍」是最有代表性的白話短篇小說集。人稱「三言二拍」。在其影響下，明末清初出現了大批的擬話本小說，如由馮夢龍作序、天然痴叟著的《石點頭》、車魯古狂生編輯的《醉醒石》、周清源輯著的《西湖二集》及《鼓掌絕塵》、《歡喜冤家》、《清夜鐘》等。

凌蒙初（一五八〇～一六四四），字玄房，號初成，別號即空觀主人。浙江烏程（今湖州）人。他出身於官僚家庭，十八歲補廩生，三十歲寓居南京，直到五十五歲時，才以副貢生授上海縣丞。六十三歲時升任徐州通判，分署房村。明末農民軍起，被徵入幕，因獻《剿寇十策》、單騎勸降有功，授楚中監軍僉事，未赴，仍留任房村。後農民義軍兵圍房村，與之對抗，以致勞累嘔血而死。

凌蒙初除「二拍」外，還寫有戲曲《虬髯翁》、《顛倒姻緣》、《北紅拂》、《喬合衫襟記》、《驀忽姻緣》等。此外還著有《雞講齋詩文》、《燕築謳》、《南音之籟》等。在凌蒙初所有的著作中，以「二拍」影響最大。

《初刻拍案驚奇》脫稿於天啓七年（一六二七），崇禎元年（一六二八）刊出。《二刻拍案驚奇》刊行於崇禎五年（一六三二）。每集四十篇。其中《初刻》卷二十三《大姊魂遊完宿願》，《小姨病起續前緣》與《二刻》卷二十三相重複，又因《二刻》卷四十係《宋公明鬧元宵》雜劇，所以

「二拍」實際共有短篇話本小說七十八篇。

凌蒙初在他的《拍案驚奇序》裏談到，他撰寫「二拍」，是直接受了馮夢龍編撰「三言」的影響而成。由於馮夢龍的「三言」已將宋、元以來的話本小說搜羅殆盡，所以，凌蒙初的「二拍」大多是根據文言筆記小說及戲曲故事推衍而成的。一方面是滿足書商的需求，同時也「聊殊胸中磊塊」（《二刻小引》），寓有「勸戒」。與「三言」相比，無論在思想內容、藝術上都遠爲遜色。

「二拍」的近八十篇小說，在一定程度上反映了城市市民的生活和思想，帶有明末的時代氣息。在不少篇章裏，作者把城市中的商人、手工業者作爲小說的主人公，反映了資本主義經濟因素的萌芽和成長，它們是「二拍」中寫得最有特色的篇章。如《轉運漢巧遇洞庭紅》，描繪了明中葉以後，商業貿易發展的某些時代特徵。小說描寫了商人文若虛的發財經歷，表現了商人去海外冒險的理想，由一個不走運的商人，一躍而成爲擁有百萬家產的閩中大富商。在這個人物身上，商人們不惜投機冒險、渴求橫財暴富的心理狀態和性格特徵有著鮮明的體現。《迭居奇程客得助》，寫的也是商人的生活。他由破產後替人管帳，到由神示而採取囤積居奇的手段，暴發爲大商賈。在上述兩篇中，反映的是商人那種不願辛勤勞動，只憑僥倖來獲取財富的發財幻想。《衛朝奉狠心盤貴產》，則勾出了一個重利盤剝的高利貸者的兇惡面目。

「二拍」中也有一些作品反映男女愛情，斥責了世態炎涼，對門第婚姻給以明確的否定。歌頌了生死不渝的愛情，讚揚了下層婦女追求眞摯愛情的願望。如《宣徽院隱仕女鞦韆會》、《趙司戶千里遺音》、《莽兒郎驚散新鶯燕》、《李將軍錯認舅》等。

「二拍」中還有些作品，暴露了封建統治者的貪婪兇殘、荒淫好色；針砭他們道貌岸然的假道學面孔。如《硬勘案大儒爭閒氣》、《青樓市探人蹤》、《進香客莽看金剛經》、《王漁翁捨鏡崇三寶》、《錢多處白丁橫帶》等。

「三言」「二拍」問世後，明末有抱甕老人將其中四十篇進行適當增刪潤飾，輯爲《今古奇觀》。其中，選「三言」二十九篇，選「二拍」十一篇。所選作品以明代爲限，不收宋、元舊作，選錄極精，是一部較好的明人擬話本選集。（馬勝利）

二七二、曹雪芹

清代小說和戲曲仍然是文學發展中取得主要成就的文學形式。乾隆年間（一七三六～一七九五），出現曹雪芹的《紅樓夢》，把中國古典現實主義文學推向最高峰。成爲中國封建社會的一面鏡子。「自有《紅樓夢》出來以後，傳統的思想和寫法都打破了。」（魯迅《中國小說的歷史的變遷》）

曹雪芹（一七一五～一七六三），名霑，字夢阮，雪芹是其號，又號芹圃、芹溪。祖籍遼陽，先世原是漢族，後爲滿洲正白旗「包衣」人（滿語奴僕的意思）。曾祖曹璽任江寧織造，祖父曹寅，伯父曹顒，父親曹頫相繼襲任此職，先後達六十年之久。曹璽之妻是康熙玄燁的保姆，曹寅又作過康熙的伴讀和侍從。後任兩淮巡鹽監察御史。康熙六次南巡，有四次住在曹寅任內的江寧織造署。

雍正五年（一七二七），因政治鬥爭的牽連，曹頫被罷官、抄家，下獄治罪。曹雪芹隨全家遷回北京居住，此後曹家一蹶不振，徹底敗落。

曹雪芹學識淵博，工詩善畫，其深厚的文藝素養和高超的寫作才能，是與這個特殊的家庭環境的薰陶、培養分不開的。由於生活中的重大變故，曹雪芹深感世態炎涼，對封建社會有了更清醒的認識，所以過著遠離官場、貧困如洗的日子。尤其是晚年生活在北京西郊的日子相當淒涼。後終因幼子的夭折的打擊，及貧病無醫而溘然長逝了。

《紅樓夢》是曹雪芹「披閱十載，增刪五次」，「字字看來皆是血，十年辛苦不尋常」的心血結晶。曹雪芹寫定的八十回，原名《石頭記》。可惜在他生前，全書沒有完稿。今傳《紅樓夢》一百二十回本，其中前八十回的絕大部分出於他的手筆，後四十回則爲他人所續。一般定爲高鶚（此說尚有爭議）。但其續書成就大爲不足。

《紅樓夢》以賈寶玉和林黛玉的愛情悲劇爲中心，描寫了賈府衰亡的過程，廣闊而深刻地反映了封建末世的社會生活，有力地批判了封建制度的腐朽與罪惡，形象地揭示了封建社會必然滅亡的歷史趨勢，表現了作者初步民主主義的社會理想。

《紅樓夢》中寶黛愛情的描寫繼承了前代文學反封建的傳統，並把愛情描寫提高到一個新的層次。小說中熱情地讚美了寶黛愛情的反封建的思想基礎。共同的叛逆思想使他們之間產生了純眞愛情；純眞的愛情又加強了他們的叛逆精神。這就突破了已往作品中那種花前艷約、月下歡聚；金榜題名，夫貴妻榮的陳腐描寫。小說深刻地揭示了寶黛愛情悲劇的社會根源。把愛情問題和整個社會、歷史時代緊密地聯繫起來，這就突破了已往作品那種單純暴露婚姻制度的膚淺描寫。

《紅樓夢》中描寫了四百多個人物，賈寶玉、林黛玉、薛寶釵、劉姥姥、王熙鳳、晴雯、焦大等幾十個人物，性格鮮明，形象飽滿。成爲膾炙人口的人物典型。在小說中，不僅出身、教養相同的人物性格有很大差異，就連性格相近的人物也有著細微的差別。對此，作家成功地進行了對襯的人物設計，使相反的性格形成對照，相近的性格互爲襯托。如薛寶釵的正統與林黛玉的叛逆；襲人柔順中含有奸險，晴雯尖刻中帶有天眞爽直，她們又各自作爲寶釵和黛玉的陪襯，活動在大觀園中。妙玉和黛玉都孤高傲世，但妙玉是對現實的冷漠，從而烘托出黛玉的內在人生理想追求。小說中作家不僅善於在日常生活的衝突中表現性格的某些側面，而且善於在大事件、大衝突中表現對立的人物的主要性格。寶玉挨打這一情節描寫就凸現了賈政和寶玉之間的根本對立的性格特徵。同時，他還善於在矛盾衝突中揭示眾多人物的不同性格。抄檢大觀園這一事件就同時表現了晴雯、探春、惜春的性格的不同。而小說人物性格的豐富內涵，又是與廣闊的社會生活相連的。如鳳姐在鐵檻寺的仗勢貪財。另外，在刻畫人物中，其白描手法的運用，對心理、環境的描寫也都有很多獨到之處。而且在《紅樓夢》中，尤其突出的是以對日常家庭生活爲主的描寫，它改變了古典小說以奇取勝的傳統寫法，以深入挖掘瑣細生活中的不平常的美學意義，來表現其主題。因而取得了小中見大，平中見奇的藝術效果。這是作家對中國小說史上的新貢獻。

《紅樓夢》的小說結構，以其卓越而獨特的方式，打破了已往的小說對社會生活的平鋪直敘的寫法，以神話、幻境穿插其間。並在結構上都起著提綱挈領、統攝全局的作用。它同以往小說單線結構的形式不同，創造了網狀的結構形式，使包羅萬象的生活場景，互爲因果地次第展現，此起彼伏，互相貫通，不可分割。而這些無不同寶黛悲劇、賈府衰敗有著或直接或間接的關聯。這樣，全書主線、支線交錯發展，既呈現出現實生活錯綜繁紜、氣象萬千的複雜面貌，又提綱挈領，有條不紊。

《紅樓夢》有很高的語言藝術。小說在北方口語的基礎上，又吸收了古典詩文語言方面的優秀傳統，創造了通俗而又典雅、簡潔而又含蓄、優美、純淨、極富表現力的文學語言。尤其是小說人物的對話多有弦外之音、言外之意。而且只用簡短的文字把它們連貫起來，很少用輔助描寫和大段的敘述，卻把在場人物的個性鮮明地表現出來。另外，小說中的敘述、描寫語言非常精確，常常非常逼眞地刻畫出人物的神情舉止和心理狀態。

《紅樓夢》繼承發展了中國古典文學的寫實傳統，不僅按照生活的本來樣式精確地描繪生活，而且把社會生活納入到一個有機的、完整的藝術結構之中，從而表現出現實生活的複雜性。它塑造人物不僅是細膩地描繪人物的聲容笑貌，而是深入到人物的精神世界，延伸到人物的日常生活環境，眞實地再現了典型環境中的典型性格。

《紅樓夢》是中國封建社會最後一部同時也是中國文學史上最偉大的現實主義巨著。

（馬勝利）

二七三、吳敬梓

在中國小說史上，諷刺藝術有悠久的傳統，它的淵源可以追溯到先秦寓言和晉唐小說中的諷刺成分。至明代以後，諷刺手法得到了較廣泛的運用，如《西遊記》、《聊齋志異》等，都有寓意深長的諷刺之作。吳敬梓的《儒林外史》吸收了前代的諷刺藝術的成功之處，並加以許多新的創造，成爲中國古典諷刺小說的高峰。

吳敬梓（一七〇一～一七五四）字敏軒，一字粒民，晚年自號文木老人，因自故居安徽全椒移居南京，故又自稱秦淮寓客。他的祖上定居安徽全椒縣以前，原居江蘇六合。他的祖輩有不少人由科舉博取功名，至他父輩時，家道中落。吳敬梓的生父名雯延，吳敬梓是他三個兒子中最小的一個，他被過繼給長房吳霖起爲嗣。吳霖起是拔貢出身，做過江蘇贛楡縣教諭，爲人正直，不羨功名，是個講究學問品德的士子。對吳敬梓的思想有過影響。吳敬梓二十三歲考取秀才時的那一年，父親去世。隨之發生了爭產糾紛。這使他認清了那些衣冠楚楚的縉紳人物的「孝悌慈愛」的虛僞面目。由此，「田廬盡賣，鄉里傳爲子弟誡」（《文木山房集．減字木蘭花》）。三十三歲時被迫移家南京，賣文度日。三十六歲時，曾被薦應博學鴻詞之試，只參加了省裏預試，即託病而回。最後客死於揚州旅次。吳敬梓一生除《儒林外史》，還寫了不少詩、詞、文、賦，部分結集在今存的《文木山房集》中。還有《金陵景物圖》等詩文。但都不能和《儒林外史》成就相比。

《儒林外史》現存最早刻本是嘉慶八年（一八〇三）的臥閒草堂本。爲五十六回本（歷來存有五十回，五十五回，五十六回等歧說）。臥閒草堂本所附的評語說：「愼勿讀《儒林外史》，讀竟乃覺日用酬酢之間，無往而非《儒林外史》。」

《儒林外史》表面上是寫明代生活，但實際上所描繪的是十八世紀淸王朝的所謂「康乾盛世」，這是作家爲免遭文字獄的迫害，而作的假託。小說是以揭露八股取士科舉制度爲中心內容的，從中展現了士大夫們的生活和精神狀態，由此來揭露科舉制度以及在這個制度奴役下的士人醜惡的靈魂，進而諷刺官吏的昏瞶無能、地主豪紳的貪吝刻薄、名士附庸風雅的虛僞卑劣，對整個封建禮教制度的腐朽和不堪救藥、以及這種社會制度下民眾扭曲的靈魂給以了猛烈的抨擊和辛辣的嘲笑。這種辛辣的諷刺是通過具有說服力的藝術形象來實現的。正如人所指出的那樣「『諷刺』的生命是眞實的，……它所寫的事情是公然的，也是常見的，平時是誰都不以爲奇的，而且自然是誰都毫不注意的。不過這事情在那時卻已經是不合理，可笑，可鄙，甚而至於可惡。但這麼行下來了，習慣了，雖在大庭廣眾之間，誰也不覺得奇怪；現在給它特別一提，就動人。」（魯迅《且介亭雜文二集・什麼是「諷刺」》）

《儒林外史》的諷刺藝術，是以眞實爲生命，秉持公心，如實描寫，略加誇張，擊中要害。小說所諷刺的對象是鮮明的。它諷刺的鋒芒所向不是針對某一個人，而是針對毒害和滋生這種人的科舉制度和封建禮教。因此，針對不同的人有不同的諷刺態度，既使同一個人由於他的生活環境和社會地位發生了變化，其諷刺對象也隨之變化。作家的這種諷刺分寸的準確把握，使得在喜劇性的外形下，深刻地暴露了悲劇性的社會本質。揭示人性被毀滅的社會大悲劇。如范進中舉而發瘋等。

《儒林外史》寫了三百多個人物，沒有一個人物是貫穿全書的。在人物描寫上，作家善於通過諷刺藝術塑造性格迥異的典型人物，並能使人物於共性之中又各自顯出獨特的個性。如嚴貢生的臉皮老厚，嫻於世故；嚴監生的貪婪吝嗇等。在作家的筆下不是以主觀偏見去閹割對象的豐富內容，不會因去顯露描寫對象的喜劇性特徵、突出它們的可笑的一面，而忽視對象的客觀整體內容。不作主觀說明，無一貶詞，而眞僞畢露。它讓人物用自己的行動去否定自己的謊言，使冠冕堂皇的言辭與卑鄙齷齪的行爲，成鮮明的對照，從而將深藏於人物心靈深處的卑污揭示出來，造成強烈的諷刺效果。如匡超人吹噓自己，說已出過九十五本書，每回出，定要賣掉一萬部，北方五省的讀書人，家家供著「先儒匡子之神位」。牛布衣當場揭穿說，「所謂先儒者，乃已經去世之儒者，今先生尙在，何得如此稱呼？」幾句簡短的對話，就暴露了僞君子、吹牛家的眞面目。小說中，作家往往讓同一個人在不同的情況下對待同一對象採取不同的、甚至完全矛盾的態度，造成強烈對比，來產生喜劇效果。如胡屠戶在范進中舉前後的行爲變化，暴露了人物的市儈心理，揭露了人情冷暖、世態炎涼的世俗習氣。作家善於對人物的最富特徵的細節進行誇張描寫。如范進因母喪守制，不用銀鑲杯箸，也不用磁杯象牙箸，但卻用一雙竹筷「在燕窩碗裏揀了一個大蝦元子送在嘴裏」，大吃大嚼。「無一貶詞，而情僞畢露，誠微詞之妙選，亦狙擊之辣手矣！」（魯迅《中國小說史略》）這也是中國古典小說中所說的「微言大義，皮裏陽秋」。

《儒林外史》，在古典長篇小說中，其結構是獨樹一幟的。全書是由楔子、主體、尾聲三部分組成。「雖雲長篇，頗同短制」（《中國小說史略》）。它的表現形式是，全書無主幹，無貫穿全書的中心人物和中心事件，這一事件的主要人物在另一事件中退居次要地位。通過場面的轉變引出人物，連結故事，前後銜接，逐個傳遞，形成長幅生活畫卷。小說雖無中心人物和中心事件，卻以作家所要表達的主旨爲線索貫穿全書。在此統攝下，全書脈絡清楚，層次分明。另外，小說前有楔子，後有尾聲，是作家的首創。楔子中的王冕是理想人物，是此書主旨的形象概括；尾聲中的市井人物，則寄託作家的理想。這種結構「如集諸碎錦，合爲帖子，雖非巨幅，而時見珍異」（《中國小說史略》）。

《儒林外史》的文學語言，是在南方民間口語的基礎上提煉加工而成的。爲適應書中對話者的身分，也溶合了不少文言成分、不同職業的行話。其語言特色是樸素、精確、明快和幽默。

《儒林外史》，是中國敘事文學中諷刺藝術的高峰，它開創了以小說直接評價現實生活的範例。它完全擺脫了傳統小說才子佳人的香艷俗套，只依靠對生活和人物性格的眞實的藝術塑造，取得長久的生命力。《儒林外史》既是古代諷刺小說的開創之作，又是譴責小說的淵源。對晚清小說產生了重大影響，並形成了小說流派，開一代小說的創作風氣。如受其影響的《海上花列傳》、《官場現形記》、《二十年目睹之怪現狀》、《孽海花》、《老殘遊記》等，都可視爲它的餘脈。

（馬勝利）

二七四、李漁

清代是古代戲曲發展的新的繁榮時期，元明以來興盛的雜劇和傳奇，這時仍然擁有許多作家，並湧現了一批優秀作品。戲曲理論和戲曲批評也進一步成熟，產生了許多有影響的戲曲理論家、批評家和戲曲理論專著。明末清初的李漁就是這一時期的戲曲作家、戲曲理論家的著名代表。

李漁（一六一一～約一六七九）字笠鴻，一字謫凡，後字笠翁。號湖上笠翁。又號覺世稗官；別署笠道人、新亭樵客、隨庵主人、澹慧居士。原籍蘭谿（今屬浙江），生於雉皋（今江蘇如皋）。他出身於一個富饒之家，自幼聰明好學，以才子自負，所寫文章不盡合時文規範，雖多次鄉試，未得頭榜。入清之後，曾剃髮以示抗議。戰爭動亂中個人的不幸，百姓的不幸，使之成爲他一再抒寫的題材，寫下了不少悲憤的詩篇，「故交只剩雙溪月，幻泡猶存一片墟」（《婺城亂後感懷》），而且還影響到他後來的戲曲創作，「笠翁之曲，工部之詩，俱得力於兵火喪亂。可見文人遭遇，無境不可，不必定如太史公以名山大川爲有益之地也。」（莫愁釣客、睡鄉祭酒爲《巧團圓》第四齣所寫的批語）。由於故居遭到破壞，後移家杭州，以著述爲業，開始了戲曲創作活動。後又移居南京，開芥子園書坊，編著過《芥子園畫譜》、《笠翁詩韻》、《笠翁詞韻》等畫譜韻書。又組織以姬妾爲主的家庭演劇團，北抵燕秦，南行浙閩，在達官貴人府上演出自編自導的戲曲。他還結交了不少名人雅士，如王士禎、周亮工、尤侗、吳偉業等人。後再遷杭州，終老於此。李漁是不太講究讀書人的情操的，他從早年的才子，一變而成浪子，被士林所不齒。說他「善逢迎，遊縉紳間，喜作詞曲小說，極淫褻，常挾小妓三四人，子弟過遊，使隔度曲，或使之奉觴行酒，並縱談房中，誘賺重價。其行甚穢」（袁于令《娜如山房說尤》卷下）。李漁的這種浪子作風和生活態度，不可能不對他的創作有所影響。

李漁有傳奇劇本十種，即《笠翁十種曲》：爲《奈何天》、《比目魚》、《蜃中樓》、《憐香伴》、《風箏誤》、《慎鸞交》、《巧團圓》、《凰求鳳》、《意中緣》、《玉搔頭》。另有爭議，尚未定論爲其所作的《偷甲記》、《四元記》、《雙錘記》、《魚籃記》、《萬全記》、《十醋記》、《補天記》、《雙瑞記》等八種。小說有《無聲戲》（又名《連城壁》）、《十二樓》、《迴文傳》、《肉蒲團》。雜著《閒情偶寄》和詩文集《笠翁一家言》。

李漁的戲曲劇作，多爲滑稽劇和風情劇。他曾說過：「唯我塡詞不賣愁，一夫不笑是我憂；舉世盡成彌勒佛，度人禿筆始堪投。」（《風箏誤》第三十齣）他視戲曲創作，以引人發笑爲創作目的。可說是戲曲史上第一個專門從事滑稽劇創作的劇作家。這在認爲作傳奇「樂人易，動人難」（《琵琶記》第一齣），輕視喜劇的時代，是非常可貴的。自清代以來，通常認爲《風箏誤》是李漁的代表作。劇本寫韓世勛、戚友先與詹淑娟、詹愛娟姊妹的婚姻故事。此劇取材於家常事，透過荒唐可笑的滑稽情節和喜劇人物，其寓意爲對當時社會上存在的美醜被顚倒，以假亂眞，以醜充美的現象加以揭露，並給以辛辣的諷刺。在這裏寄託了作家的社會理想。此劇的藝術上最大特點是構思精巧，情節新奇。全劇以風箏爲線索，通過巧合、誤會編織情節，具有強烈的喜劇效果。再有就是此劇結構嚴謹，主線突出，不蔓不枝。劇本以兩對青年爲主線，以征服掀天大王的戰爭爲副線，以副線所連結的故事，促進主要情節的發展。無明人傳奇頭緒繁多，枝蔓側出的毛病。另外劇中的賓白既通俗又有機趣，並合乎人物身分。一改明人傳奇重曲輕白，及賓白駢四儷六、典雅工麗的模式。除此劇外，《蜃中樓》、《奈何天》、《比目魚》成就較高。《蜃中樓》把「柳毅傳書」與「張羽煮海」兩個傳說故事，翻空出奇，歌頌了男女主角爲了維護愛情的反抗精神和行爲。《奈何天》，借題發揮，表示對婦女不幸命運的同情。《比目魚》，刻畫了男女主人公對愛情的忠貞。總起來說，李漁劇作題材狹窄，格調不高。在藝術上突出的特點是「水到渠成，天機自露」（《閒情偶寄·貴自然》）。並且善於運用誤會和巧合來組織情節，推動劇情發展，使人既感新奇，又在情理之中。

李漁在戲曲理論上的貢獻要比戲曲創作上的貢獻大的多。他在繼承前人成果的基礎上，提出了許多新經驗。李漁的戲曲理論存於他的《閒情偶寄》一書中。其中《詞曲部》、《演習部》實爲戲曲理論專著。後人錄出單印，名《李笠翁曲話》或《笠翁劇論》。《詞曲部》論戲曲創作，含結構、詞采、音律、賓白、科諢、格局六項；《演習部》論戲曲表演。李漁的戲曲理論，和以前的劇論家只重辭藻的鑑賞不同，而是把戲劇當成一種獨特的文學形式而進行整體研究。同時，又把戲劇當作舞臺藝術而注重其演出特點。其基本內容是，一、注重戲曲的舞臺效果。「詞壇之設，專爲登場」。要求作家「手則握筆，口卻登場，全身以代梨園」，精通「優人搬弄之三昧」。二、重視作品的主題和結構安排，提出「立主腦」、「減頭緒」、「密針線」、「脫窠臼」、「戒荒唐」等。「立主腦」，他鑑於前人戲曲多事鋪陳，如散金碎玉沒有主旨，因此提出「立主腦」。「主腦非他，即作者立意之本也。」這就是說，劇本要有明確的主題，為了突出主題，要有中心人物、中心事件，以免喧賓奪主，頭緒紛雜。為此，他又提出「減頭緒」、「密針線」，使情節明晰、結構嚴整，來突出主題。三、「脫窠臼」。他痛感有些戲曲因襲前人，缺乏新意。為此，要求在題材和立意上求新，在日常生活中發掘戲曲題材，見前人未見之事；深入地感受生活的意義，寫前人未寫盡之情。須「令人揣摩下文」且「自然而然，水到渠成」。四、在戲曲語言上，提出「貴淺顯」、「重機趣」、「戒浮泛」。要求淺顯、通俗，符合人物個性。他認為戲曲不同於詩文，戲曲的觀眾有不讀書的人。故「貴淺而不貴深」。強調賓白的個性化，「語求肖似」，「欲代此一人立言，先以代此一人立心」，「說一人，肖一人」，人物的語言不相雷同，才能真實地傳達出內心感情；語言描寫不浮泛，才能夠準確地表現出事物的具體特徵。五、在表演上，提出昆劇如何培養演員和進行訓練的問題，也涉及到導演藝術。

（馬勝利）

二七五、袁枚

清代中葉，是指從康熙晚年到鴉片戰爭前的一百餘年的歷史。這一時期的盛世之景況，反映到詩壇上，詩人眾多，風格、流派呈現出「百花齊放」的景象。這期間，主要代表者之一袁枚，與趙翼、蔣士銓並稱為乾隆時的三大家。其文也有不凡的成績，尤為引人注目的是他的詩論「性靈說」。

袁枚（一七一六～一七九七），字子才，號簡齋。浙江錢塘（今杭州市）人。乾隆元年（一七三六），薦博學鴻詞科，乾隆四年（一七三九），授進士。曾任溧水、江浦、沭陽、江寧等地知縣，有政聲。其人性愛山水田園，三十三歲辭官，定居於江寧（今江蘇南京），築室小倉山隋氏廢園，改名隨園，世稱隨園先生。又號倉山居士、隨園老人。著有《小倉山房集》八十卷、《隨園詩話》十六卷、《子不語》（又名《新齊諧》）二十四卷及續編十卷、《隨園隨筆》二十八卷等。

袁枚作爲乾、嘉時期的主要詩論家之一，繼明代公安派、竟陵派而持性靈說。他的性靈說，是與他對人的「情慾」的強調，「人慾當處即是天理」（《再答彭尺木進士書》）的觀點相連，跟晚明李贄的思想是一脈相承的，與其同時的進步思想家戴震的肯定「慾」而反對「以理殺人」也相合。在一定程度上表現出反道學、反禮教、要求個性自由的傾向。其所謂「性靈」首先是指寫詩者的眞性情。「詩人者，不失其赤子之心者也。」（《詩話》卷三）、「作詩，不可以無我」（《詩話》卷七）、「天自得之性情，於詩之本旨已失矣。」（《答施蘭垞詩書》）他所言的「性靈」，不僅指性情，而且這種眞性情必是以高度的藝術成就表現出來的，使人動心奪目，適口悅耳。這一點爲李贄「童心說」所未言及。袁枚的「性靈說」與沈德潛的「格調」說、翁方綱的「肌理說」是針鋒相對的，反對他們以儒家思想來桎梏詩歌創作、反對復古和泥古。這些主張都是把詩歌創作與個性自由的要求相聯繫，而具進步意義。「夫詩者由情生者也，有必不可解之情，而後有必不可朽之詩。」（《答蕺園論詩書》）。他的這些主張對破除當時流行的擬古主義、形式主義詩風起到了一定作用，使詩歌創作得到一定的解放。

袁枚活躍詩壇六十餘年，存詩四千餘首，基本上體現了他所主張的「性靈說」。袁枚的詩主要表現個人生活遭際中眞實的感受、情趣和識見；在藝術追求上，不拘一格，體現了眞率自然、清新靈巧的風格。他的即景抒情的行旅詩和嘆古諷今的詠史詩都寫得不錯。即景抒情的詩如他的《沙溝》：「沙溝日影漸曚曨，隱隱黃河出樹中。剛捲車簾還放下，太陽力薄不勝風。」又如《過洞庭》：「秋老一峰晴，巴船過洞庭。水搖天地白，山入混茫青。雲氣飛篷背，霜花落雁翎。今朝吟不得，窗外有龍聽。」再如《起早》：「起早殘燈在，門關落日遲。雨小蟬聲歇，風到柳先知。借病常辭客，知非又改詩。蜻蜓無賴甚，飛滿藕花枝。」這些詩寫得明白曉暢，清新自然，富有情致。嘆古諷今的詠史詩如七律《秦中雜感八首》之一（百戰風雲一望收），寫遠望秦中山川秋色，融歷史感慨、寄託於詩「旌旗影沒南山在，歌舞臺空渭水流，天近易回三輔雁，地高先得九州秋。」又如七絕《馬嵬》四首之一：「莫唱當年長恨歌，人間亦自有銀河。石壕村裏夫妻別，淚比長生殿上多。」另外，像他的《隴上作》，抒發個人情性，情致惋惻，一字一淚表達了對祖母哺育自己的深厚之情，語言似淺實深：

憶昔童孫小，曾蒙大母憐。勝衣先取抱，弱冠尚同眠。髻影紅燈下，書聲白髮前。倚嬌頻索果，逃學逸施鞭。敬奉先生饌，親裝稚子棉。掌珠眞護惜，軒鶴望騰騫。行藥常扶背，看花屢撫肩。親鄰驚寵極，姊妹妒恩偏。玉陛臚傳夕，秋風榜發天。望兒終有日，道我見無年。渺渺言猶在，悠悠歲幾遷。……反哺心雖急，含飴夢已捐。恩難酬白骨，淚可到黃泉。宿草翻殘照，秋山泣杜鵑。今宵華表月，莫心隴頭圓。

袁枚的散文，無論論說議理，敘事抒情，皆文筆生動。如以論說議理的《黃生借書說》、《所好軒記》、《散書記》、《散書後記》、《虞東先生文集序》、《答定宇第二書》、《清說》、《與是仲明書》等。偏於敘事抒情的如《祭妹文》，其中有：「余捉蟋蟀，汝奮臂出其間。歲寒蟲僵，同臨其穴。今予殮汝葬汝，而當日之情形，憬然在目。」這樣的情深之言，一篇之中，觸目皆是。袁枚從其妹的悲劇中，已經意識到了詩書中的「節義」之說的危害。這對其反禮教，求個性自由的思想進一步成熟，起著重要的作用。再如《書麻城獄》一文，揭露了當時政治現實的黑暗，草菅人命，百姓蒙冤，文中貫注了作者的愛憎之情，「雖事久卒白，而轇轕變幻，危乎艱哉。慮天下之類是而竟無平反者正多也。」何等沈痛有力。

袁枚也是當時著名的駢文家，他的駢文常採用寓散於駢的寫法，甚至用散文的結構布局寫駢文，有時還雜以議論。他的一些駢文主張，對清駢文中興，有一定影響。代表作有《重修于忠肅公廟碑》。

（馬勝利）

二七六、姚鼐

「桐城派」是清代散文中勢力最大的一派，它一直延續到清代末葉。而姚鼐的出現才使得「桐城派」眞正形成一個較重要的古文流派。並成爲桐城派的集大成者。

姚鼐（一七三二～一八一五），字姬傳，一字夢谷，軒名惜抱，人稱惜抱先生。桐城（今安徽桐城縣）人。著有《惜抱軒全集》八十八卷，包括文集十六卷、後集十卷，詩集十卷，又有《法帖題跋》、《左傳補注》、《國語補注》、《公羊傳補注》、《穀梁傳補注》、《九經說》、《老子章義》、《莊子章義》等。並輯、選有《古文辭類纂》、《五七言今體詩鈔》。前者廣爲流傳。

姚鼐出身於官宦之家，從小就受到良好的教育。他曾隨伯父姚範學習經學，跟方澤學習理學，師從劉大櫆學習古文。這爲他後來的文學創作奠定了很好的基礎。乾隆二十八年（一七六三）中進士，曾任刑部郎中、兵部主事記名御史。曾任山東、湖南鄉試考官；參加過清《四庫全書》的編纂。書成，乞養歸田。後歷主梅花、敬敷、紫陽、鍾山等書院講席。培養了一大批門生弟子。其中尤以方東樹、梅曾亮、管同、姚瑩最爲有名，號稱四大弟子（一說爲劉開）。除此還有很多文士，都接受過姚鼐的教育和影響，成爲桐城派的重要作家。姚鼐也就蔚然成爲一代文宗，成了桐城派最有影響的中堅人物。他除了講經授徒以外，還致力於學術研究和著書立說。其中他編纂的《古文辭類纂》四十八卷，編選的標準和收入作品的範圍都明顯地體現了桐城派的理論和主張，成爲流傳極廣的一個古文範本。姚鼐于嘉慶二十年（一八一五）卒於南京，時年八十五歲。

姚鼐在文學理論上繼承了方苞、劉大櫆的衣鉢而又有所發展。主張義理、考證、詞章三者相濟。考證、詞章爲手段，義理爲目的。認爲神理氣味、格律聲色爲文章八大要素，將文章風格概括爲陽剛、陰柔兩大類，強調二者不可偏廢。

姚鼐自己的文章，從方苞、劉大櫆、歸有光，上溯於唐宋八大家，而與歐陽修、曾鞏的文章相近，簡潔清淡，紆徐和易。偏於「陰柔」之美。他的文章多爲書序、碑傳之作，大多宣揚程朱理學，少有反映現實生活的內容。他的議論文代表作有《賈生明申商論》、《伍子胥論》、《李斯論》。其中《李斯論》，可說是境界較高的作品，以氣勢勝，而不以雅潔勝，與姚鼐其他文章有所不同。但其氣勢仍在音節字句間，沒有多少發自肺腑的不平之氣，作爲史論文章，現實意義也沒有多少。這是因其生當乾、嘉之世，只須坐而論道，不須劍拔弩張。其他如序跋類的代表作有《老子章義序》、《荷塘詩集序》、《劉海峰先生八十壽序》；書信類的代表作有《答翁學士書》、《復魯絜非書》、《復汪進士輝祖書》；記傳類如《袁隨園君墓誌銘》、《朱竹君先生傳》、《祭張少詹曾敞文》等。

姚鼐最具代表性的作品，是那些描繪景物、抒情寫意方面都頗有特色的山水遊記和小品文。如圓轉自如的《快雨亭記》；有聲有色的《遊媚筆泉記》；小品文如《袁香亭畫冊記》等。在這些篇章中，可以看出姚鼐比較重視文采、意境和形象所顯示的美學意義。最能體現他的文學主張的作品，是《登泰山記》。行文將義理、考證、文章結合得比較完美。遊記文既間以考證，又力避煩瑣不失雅馴。如開頭部分，其寥寥數語，是從他的《泰山道里記》詳加考訂中提煉出來的。文中寫出了泰山蒼勁瑰麗的景象：

戊申晦五鼓，與子潁坐日觀亭待日出。大風揚積雪擊面。亭東自足下皆雲漫。稍見雲中白若樗蒱數十立者，山也。極天，雲一線導色，須臾成五彩，日上，正赤如丹，下有紅光，動搖承之。或曰：「此東海也。」回視日觀以西峰，或得日，或否，絳皜駁色，而皆若僂。

這僅僅九十六字，就把泰山觀日出的心情和萬千景象都勾畫出來了。此文的思想深度和情感深度，雖然比不上唐宋諸家的某些遊記，但謹嚴有法，雅潔不蕪，則是其特點。桐城派文章的佳處也正在這裏。

總起來說，姚鼐的文論主張和創作實踐，即要求古文創作符合封建正統的道德規範，要具備豐厚的扎實的學問根底，這是與淸乾嘉時期特有的思想文化以及考據學風盛行緊密相連的。他的這一系列文論，不僅成爲其自身的創作準則，而且爲其他許多作家所接受，一直影響到近代的曾國藩等人。直到「五四」新文化運動興起，其影響才漸至沈寂。

姚鼐在詩歌的理論主張上，與古文理論具有某些共通之處。也就是講求「雅正」。它同當時「性靈」派詩人所倡導的主張，格格不入。他本人的詩歌則取法韓愈、黃庭堅，又吸收了李商隱、李白、蘇軾諸家的一些特點，詩風淸拔淡遠。在他影響下，同樣也形成了一個桐城詩派。他的詩的代表作有《出池州》、《江上竹枝詞》、《天門》、《山行》、《金陵曉發》、《河上雜詩》、《歲除日與子潁登日觀亭觀日出作歌》等。但他也有不少詩，卻形式呆板，說教氣味濃厚，這是他將古文義法用於詩的緣故。

（馬勝利）

二七七、劉鶚

中國古典小說發展到近代，出現了著名的晚淸四大譴責小說：李伯元的《官場現形記》、吳趼人的《二十年目睹之怪現狀》、劉鶚的《老殘遊記》、曾樸的《孽海花》。「譴責小說」這一名稱最早是魯迅在《中國小說史略》中提出來的，它有別於《儒林外史》一類的諷刺小說。其中劉鶚的《老殘遊記》的藝術成就在晚淸小說中是比較突出的。

劉鶚（一八五七～一九〇九），字鐵雲，別署洪都百煉生。江蘇丹徒（今鎭江）人，寄籍山陽（今淮安）。他出身官僚家庭，但對科舉不感興趣。他傾心西學，致力於數學、醫學、水利等，並喜歡收集書畫碑帖、金石甲骨。出版過中國著錄甲骨文字的最早著作《鐵雲藏龜》。早年科場不利，曾行醫和經商。後入幕府，因幫辦治理黃河有功，曾官至候補知府。他還從事過實業，成爲外商的買辦與經紀人。被不少人罵作「漢奸」。朝廷也在批示中認爲其人聲名甚劣。有人甚至致電朝廷將他「明正典刑」。劉鶚曾計劃過種種創辦工商業的計劃，但終未實現。光緒二十六年（一九〇〇），義和團事起，八國聯軍侵占北京後，他從俄軍手中買下太倉儲粟，以賑北京饑民。光緒三十四年（一九〇八），被淸廷以「私售倉粟」罪，充軍新疆，次年病逝。劉鶚除小說《老殘遊記》，還著有《鐵雲詩存》等，並曾寫有《老殘遊記》續集。此小說作於光緒三十一年（一九〇五）至三十三年（一九〇七）間。共有十四回，今殘存九回。小說主旨意在懲惡勸善、體眞悟道。

劉鶚的《老殘遊記》，初編二十回，光緒二十九年（一九〇三），發表於《繡像小說》半月刊上，到十三回因故中止，後重載於《天津日日新聞》，始全。原署鴻都百煉生著。小說自序裏說：「棋局已殘，吾人將老，欲不哭泣也得乎？」

劉鶚的這部小說，同其他譴責小說一樣，主要是對腐朽的封建官僚制度和黑暗的現實暴露與抨擊。雖對封建制度有所不滿，但依戀亦深，對帝國主義列強，雖有一些「敵愾之心」，但幻想仍多。

小說寫一個被人稱做老殘的江湖醫生鐵英在山東一帶遊歷中的見聞和作爲。作品以此爲中心線索，並以大量篇幅描寫「清官」殘害百姓的令人髮指的罪行，「摘發所謂清官者之可恨，或尤甚於贓官，言人所未嘗言」（《中國小說史略》）。小說三回至六回寫曹州知府玉賢，在衙門外設下十二架站籠，沒有一天是空著的。他署理曹州「未到一年，站籠站死了二千多人」，而其中「十個中倒有九個半」是無辜百姓。對此，還不許任何人說個「不」字。就是這樣的草菅人命的劊子手，卻被譽爲辦「強盜」辦得好的「能員」，受到「賞識非凡」。小說十五回至十七回寫另一個「清廉得格登登」的縣官剛弼，他在審理賈家十三條人命的大案時，竟望風撲影，主觀臆斷，利用嚴刑拷打鑄成一起駭人聽聞的冤獄，幾乎斷掉人家的性命。正如小說中第六回詩中所言：「冤埋城闕暗，血染頂珠紅」，「殺民如殺賊，太守是元戎」。形象地揭露了那些所謂「不要錢」的「清官」，實爲「急於要做大官」而殺人邀功的酷吏。客觀地反映了晚清社會政治黑暗的主要原因在於封建制度的不可救藥。作者自言道：「歷來人說，皆揭贓官之惡，有揭清官之惡者，自《老殘遊記》始」。「贓官可恨，人人知之。清官尤可恨，人多不知。蓋贓官自知有病，不敢公然爲非，清官則自以爲不要錢，何所不可？剛愎自用，小則殺人，大則誤國，吾人親目所見，不知凡幾矣。」（第十六回原評）。另外，小說還揭露了貌似賢良的山東巡撫張宮保的「禮賢下士」的美德，他的愛才美德，使山東百姓蒙受了一系列災難。「辨盜能吏」玉賢、「清廉」的剛弼，都是他賞識和倚重的。尤其是採納史鈞甫治河建議，致使兩岸十幾萬生靈遭受塗炭。小說中所寫的人物和事件，有些是實有其人、實有其事的。正如作者所說：「野史者，補正史史闕也。名可託諸子虛，事須徵諸實在」（第十三回原評）。

《老殘遊記》的藝術特色是比較突出的。作家用散文的筆法寫小說，「敘景狀物，時有可觀。」（《中國小說史略》）小說的部分章節和個別片斷表現出較純熟的技巧。在這些篇章中，作家以生動細膩的筆觸描繪出一幅幅風景畫和風俗圖。描寫人物善於用側寫、烘托比喻的藝術方法，把人物寫得活靈活現。如明湖居白妞說書：白妞「抬起頭來向臺下一盼。那雙眼睛，如秋水、如寒星、如寶珠、如白水銀裏頭養著兩丸黑水銀……這一眼，滿園子裏便鴉雀無聲，比皇帝出來還要靜悄得多呢，連一根針掉在地上都聽得見響。」而描寫景物大都採用白描手法，語言清新明淨，色彩自然逼眞，能一掃陳語濫調，在平淡無奇的描敘中表現出事物的具體形象，給人以身臨其境之感。如十二回黃河岸上的風雪描寫：

抬起頭來，看那南面的山，一條雪白，映著月光分外好看。一層一層的山嶺，卻不大分辨得出，又有幾片白雲夾在裏面，所以看不出是雲是山。乃至定神看去，方才看出那是雲、那是山來。雖然雲也是白的，山也是白的，雲也有亮光，山也有亮光，只因爲月在雲上，雲在月下，所以雲的亮光是從背面透過來的。那山卻不然，山上的亮光是由月光照到山上，被那山上的雪反射過來，所以光是兩樣子的。然只就稍近的地方如此，那山往東去，越望越遠，漸漸的天也是白的，山也是白的，雲也是白的，就分辨不出什麼來了。

總之，《老殘遊記》反映了晚清社會的殘敗景象，表達了作者補救殘局的思想願望，它「揭發伏藏，顯其弊惡，而於時政，嚴加糾彈，或更補充，並及風俗」，「雖命意在於匡世，似於諷刺小說同倫，而辭氣浮露，筆無藏鋒，甚且過甚其辭，以合時人嗜好，則其度量技術之相去亦遠矣，故別謂之譴責小說」（《中國小說史略》）。

（馬勝利）

二七八、王國維

當中國歷史處於近、現代之交時，有一位傑出的學者，在學術界最早地把乾隆、嘉慶以來樸學大師們的治學傳統和西方的近代治學方法，融會貫通，從事創造性的研究工作，在哲學、教育、文學、史學、文字學、考古學等各個方面，都取得了卓越的成就，並起著承前啓後的作用，這個人就是王國維。另外，他還是詞人，在詞的創作上，也有一定成就。

王國維（一八七七～一九二七），字靜安，一字伯隅，號觀堂，亦號永觀。浙江海寧人。清秀才。他為學特別不喜歡八股時文，從十七歲起，曾兩次應鄉試，皆落第。從此拋棄舉業，無意於功名。光緒二十四年（一八九八），去上海的《時務報》任書記、校對，接受新學和西學的影響。同年六月，入著名學者羅振玉主辦的上海東文學社，利用業餘時間跟從日本人學習外文、數理學知識。光緒二十七年（一九〇一），王國維赴日東京物理學校學習。第二年因病返國。「自是以後，遂為獨學之時代」（《三十自序》）。他先後擔任南洋公學虹口分校執事、南通師範學堂和蘇州師範學堂的教師，主講哲學、倫理學、心理學，並閱讀了大批西方哲學名著。他在叔本華主觀主義哲學影響下，於光緒三十年（一九〇四），寫成了他的第一篇重要文學論文《紅樓夢評論》。它是一篇按照文學本身特點來評價《紅樓夢》的有價值的論著。並致力於文學研究。光緒三十三年（一九〇七）後，歷任學部總務司行走、學部圖書館編譯、名詞館協韻等職。第一時期他厭倦西方哲學，認為「大都可愛者不可信，而可信者不可愛」，「生百政治家，不如生一大文學家」，「唯文學家能與國民以精神上之慰藉，而國民之所恃以為生命者；若政治家之遺澤，決不能如此廣且遠也。」（《三十自序》）。這一時期文學研究成果有，《曲錄》、《戲曲考源》、《錄鬼簿校注》、《伏語錄》、《唐宋大曲考》、《錄曲餘談》、《古劇腳色考》、《人間詞話》、《宋元戲曲考》等。

一九一一年，辛亥革命爆發，王國維攜眷隨羅振玉移居日本京都，致力於研究甲骨文、金文和漢簡等。在日本五年，寫成了《齊魯封泥集存》、《宋代金文著錄表》、《國朝金文著錄表》、《流沙墜簡考釋》、《爾雅草文蟲魚鳥獸釋例》等重要考古論著。一九一六年，應猶太富商哈同之聘，回國至上海編輯《學術叢編》雜誌，並繼續甲骨文的研究。先後撰寫有《殷卜辭所見先王先公考》、《今本竹書紀年疏證》、《殷周制度論》等重要論著。一九一八年，兼任哈同辦的倉聖明智大學教授。一九二二年，受聘任北大通訊導師。次年，經人薦舉，應召為清故宮南書房行走。一九二四年十一月，清遜帝被逐出宮，王國維視為奇恥大辱，與羅振玉等相約投御河未遂。一九二五年，任清華大學文學研究院教授，講授經史、小學等科，並從事西《北史》地及蒙古史料的研究整理工作。一九二七年六月，北伐軍前鋒直抵河南，奉軍大敗，王國維由於長期思想的苦悶和生活慘淡等諸多事的困擾，寫下遺書：「五十之年，只欠一死，經此世變，義無再辱」，自沈於北京頤和園內的昆明湖。今人輯有《海寧王靜安先生遺書》一百零四卷。

作為一個「遺老」，王國維的思想充滿了深刻的矛盾。在西方的政治、倫理、社會思想和他的很可能並非自願採取的頑固保守的政治態度之間；在思想上的軟弱、保守、妥協性和學術研究上勤於思索、實事求是、敢於創新之間，都存在尖銳的對立。

作為一個學術家，王國維給後世的人們留下了一筆寶貴的遺產，他是代表了近代中國的最高學術成就的重要學者之一。在學術上他認為「今日之時代已入研究自由之時代，而非教權專制之時代。」《靜安文集續編》）「異日發明光大我國之學術者，必在兼通世界學術之人，而不在一孔之陋儒」（同上）。

他在文學、戲曲方面，打破了歷來的「文以載道」的腐論，大力推崇通俗小說、戲劇在文學上的地位。《紅樓夢評論》、《人間詞話》、《宋元戲曲考》，是王國維文學、美學思想發展道路上的三塊里程碑。《紅樓夢評論》，第一次對《紅樓夢》的「精神」和「美學上之價值」等重要問題，作了比較系統的探討和評價，與先前舊紅學派的隨筆式的評論和牽強附會的考證是一明顯的突破。它批評了舊紅學的「影射」、「自傳」說。在文章論述之中已包含了典型化的思想和文學的形象化的特質。《人間詞話》，熔中國古典文論和西方哲學、美學於一爐，並以前者爲主，「可以作王氏一家的藝術論讀」（夏承燾《詞論十評》）。文中的「境界」說可視爲王氏藝術論的中心和精髓。圍繞此說，又進一步論述了寫境與造境、有我之境與無我之境、景語與情語、隔與不隔、宇宙人生的「入乎其內」與「出乎其外」等內容，涉及到創作中的規律性問題和方法、作家修養、寫作技巧等諸多方面。其中有不少獨到的精闢之論。

《宋元戲曲考》，是他用近代科學方法寫下的中國第一部戲曲史專著，也是他最後一部美學和藝術史著作。書中對元曲作了高度評價，細緻地考證和研究了中國戲曲史，清理了中國戲曲從上古巫覡以歌舞事神而萌芽一直到元雜劇大放異彩的整個歷史發展過程，並對元雜劇一系列問題，作了精到的論述。這些都是前人所未曾做過的工作。

王國維在中國文學史上，這一系列研究，特別是在戲曲上，都具有開創性質。正如他所言：「……凡諸材料，皆余所搜集；其所說明，亦大抵余之所創獲也。世之爲此學者自余始；其所貢於此學者，亦以此書爲多。非吾輩才力過於古人，實以古人未嘗爲此學故也。」（《宋元戲曲考序》）

（馬勝利）

傳統文化與中國社會

二七九、儒學與中國傳統文化的基本關係如何？

儒學的基本精神是講治世和作人兩件事。關於治世，它的思路是：世道有治世，有亂世，兩者的根本區別在於是有「禮」，還是無「禮」，「禮」的本質是別親疏，序尊卑，明名分，使人們各就其位，各司其職，各有所得。所謂亂世，主要標誌是「禮崩樂壞」。所以如此，根本原因在於「人心唯危，道心唯微」。人們爲一己的私利而互相爭奪，導致天下大亂。所以爲私利而爭奪，又因爲物慾橫流。所以，變亂世爲治世，基本點是要強化「禮治」，即所謂「德政」、「仁政」，懲亂臣賊子，施行教化，使人心能去私慾，「存天理」。關於作人，儒家強調要弘揚聖人君子人格。所謂聖人君子人格，集中表現在「內聖外王」上。內聖即明經修身，不爲物慾私利所動，不論社會是治世還是亂世，個人處順境還是逆境，心中都存「天理」，即禮，視、聽、言、動無絲毫背禮。所謂外王，是說修身不是求個人養生，不像佛、道那樣只求得自身的淸淨解脫，而是要以「治國平天下」爲己任，現「禮治」的太平盛世。

在秦代之前，儒學不爲社會普遍認同，實踐上也未被世人遵行。孔子爲推行他的主張周遊列國，卻四處碰壁。他教書授徒，雖號稱弟子三千，賢人七十二，能稱得上繼承儒學正宗嫡傳的，屈指可數。孟子改變孔子思想強烈的理想主義色彩。講治世，孟子不再讓人恢復西周，而是順應諸侯國逞強稱霸需求，勸人從「得天下」的角度施行仁政；講作人，他也不再強調純粹道德上的人格完善，而勸人從去禍得福的角度修身養性，理想的治世原則和聖賢君子的人格標準不是目的，而是達到現實目的的手段。即使如此，儒學也仍未被普遍接受。秦奉行消滅儒學的政策。西漢最初的幾位皇帝及開國老臣信奉「馬上打天下」，或崇尙黃老之學，儒學也不受重視。在漢武帝之前，儒學在社會生活中不占有主流地位。

漢武帝採納董仲舒「罷黜百家，獨尊儒術」的建議，由此開始到淸朝末年，儒學一直佔據政治上的統治地位，成了左右著中國傳統文化發展的控制力量。在政治上，儒學是國家政體建設的指導思想。國家的行政體制的劃分及其運行機制，國家官僚組織制度的建立及完善，基本上都是依據儒學設計的模式進行的。儒學還是國家制定政策的思想基礎。特別是西漢時期，儒學的聖經地位確立不久，「經」之實用專一的特點最爲鮮明，朝廷議論時政，都能引經據典，以儒學應因時變，制定解決具體問題的政策。當然，二千年間，社會政治、經濟的具體問題複雜多變，儒學不可能爲此都準備好現成的答案，儒學作爲政策的思想基礎只是相對的。但總的來看，儒學作爲一種政治哲學，在自漢至淸的各個朝代，確是處於支配地位的。

自從儒學被立爲「經」，它便成爲國家教育的基本教材和選擇官吏的考核標準。中國傳統社會的各級官吏都是用儒學教導出來的，不管他們能否做到明經修身，在實踐是否能遵循儒家的道德原則，他們所能掌握的經國治世的經驗和知識，則都是儒家的，這對中國傳統社會的穩定、延續確立了人才幹部基礎。

儒學的獨尊地位，最強烈地表現在國家意識形態方面。董仲舒倡「罷黜百家」時論道：「《春秋》大一統者，天地之常經，古今之通誼也。今師異道，人異論，百家殊方，指意不同，是以上亡以持一統；法制數變，下不知所守。臣愚以爲諸不在六藝之科、孔子之術者，皆絕其道，勿使並進，邪辟之說滅息，然後統紀可一而法度可明，民知所從矣。」（《漢書・董仲舒傳》）董仲舒的基本精神是要保證儒學在政治上的唯一合法地位，凡發議論，合於儒學的才准予存在，凡屬非儒學或反儒學的，都在應「滅息」之列。儒學成了控制社會思想和輿論的工具。

從另一方面看，儒學又不是中國傳統文化的全部。如果把儒學依據政治力量在傳統文化中所獲取的控制地位稱爲社會控制文化，那麼，它的對立面，被控制一方，則多實行的是非儒家文化或反儒家文化，這集中表現在利欲對人們行爲的支配作用。不論是王侯公卿，士人才子，或平民百姓，都以利害得失爲權衡言行的準則，就連儒家經典本身，也成了獲取功名利祿的工具。就這一方面看，儒學的控制作用，又是只制人之口，未能制人之心；只是以禮儀的形式控制著人們的行爲，並未能在實質上完全控制人們的行爲。

儒學依靠政治力量的保護才占有對中國社會的控制地位，但這種政治的選擇又確有歷史必然性。中國傳統社會的經濟基礎是封閉的自給自足的小農經濟，以家庭爲單位的生產組織之間沒有內在的有機聯繫。它們或者相互獨立，「雞犬之聲相聞，老死不相往來」，而一旦因利益關係發生交往，只能相互傾吞以擴展利益。面對這樣的社會環境，整個社會要避免因相互廝殺而同歸於盡，在已形成的各種治世思想中，能起控制作用的，也只有儒學了。社會各層人等，在實際言行上雖有非儒或反儒傾向，但在正式的公開情境中，又都受儒學制約，不能超出儒學的界限。否則，社會便會出現動盪混亂。儒學對傳統社會確實起著平衡器的作用。

儒學所描述的理想社會和理想人格模式，儘管與現實生活中的實際狀況有很大差距，但它仍成爲千百年來人們追求的完美境界。人們嚮往大同世界，將自己的命運寄託在聖人君子式的明主賢臣身上。儒學反映了傳統社會廣大民眾的深切期望。

儒學所提倡的三綱五常等人倫關係準則，在傳統社會也有深厚的基礎。朱熹說，儒學「所以爲教，則又皆本於人君躬行心得之餘，不待之民生日用彝倫之外」（朱熹：《大學章句序》）。君臣、父子、夫婦、長幼的尊卑秩序，對於傳統社會的人們來說，是十分自然的事。人們依據日常經驗和生活習慣，自發的就傾向於遵行這種道德律令，千百年來，人們身受其害，又捨之不能，其在社會觀念上的影響是強烈和久遠的。

（湯澤林）

二八〇、儒家精神與道德宗教有何關係？

這是一個在學術界存在著廣泛爭議的問題。首先是否存在道德宗教，宗教學者便有不同見解。其次，儒家是不是一種道德宗教，海內外學人亦有歧見，須分別加以介紹。

道德宗教的問題在西方近代社會便提了出來，有的學者建立了一條宗教進化論圖式：從毫無道德內容的宗教，到具有道德因素的宗教，再到以道德爲核心內容的宗教，最後演變爲宗教神性消亡，只剩下道德律條的道德宗教。他們認爲：從「神學宗教」進化爲「道德宗教」，這是世界宗教發展、消亡的一般規律。歐洲近代哲學家斯賓諾莎指出：神就是自然，天命就是自然律，不能給人以禍福。認識到這一點，按照對自然律的理智認識安排自己的生活，就可以達到思想上的自由、精神上的寧靜和靈魂上的滿足。這種精神生活，就是符合道德要求的「至善的生活」。顯然，他試圖用自然神論使基督教向世俗道德過渡。休謨、康德、孔德等人在哲學上是不可知論者，康德否定神和不死的靈魂的可證性，休謨、孔德則懷疑它們的存在。但是他們都認爲宗教是道德的基礎，必需保留。孔德甚至在他實證主義哲學的基礎上，宣布要建立一種「人道教」。人道教崇拜的對象不是上帝而是人類本身，並通過對人類的崇拜而純潔我們的感情，使人的行爲高尚，使社會政治符合道德。他還爲人道教設計了一套教階制度、祭祀儀式和教義信條，他本人則被稱爲人道教的教主。

西方學者關於道德宗教的說法對中國近代社會曾產生過很大影響。在資本主義產業革命和西學的衝擊下，傳統儒學成爲被批判的對象，這使中國的知識階層感到喪失了「安身立命」之本，精神無以寄託。參照西方社會發展的歷史，他們呼籲建立某種新宗教，以作爲人民的心靈支柱。其中，康有爲力主「尊孔讀經」，建立「孔教會」。他認爲孔教就是一種無神的宗教，道德宗教，因爲儒家所關注的主要是現實的人生問題，社會倫理綱常問題。康有爲的主張在當時並沒有引起多少人的呼應，一方面是由於革命的形式使這種保守的見解受到蔑視，另一方面，中國知識分子從長期的理性主義文化傳統出發，也很難認同「儒家是宗教」的說法。第一代新儒家學者梁漱溟很推崇宗教的社會價值，但他並不認爲儒學是宗教，所以他要到佛教中去尋找自己的精神寄託。第二代新儒家學者馮友蘭、熊十力等人，也都是強調儒學的現世品格，因「子不語怪、力、亂、神」，「未知生，知死」而否定儒家是宗教。但是到了本世紀五、六十年代，新儒家第三代學者牟宗三、唐君毅等人，則又重提儒家是道德宗教。他們認爲：宗教的主要特徵在於超越性，一種文化體系的終極價值，必須通過宗教方可得以確認。儒家不僅僅是停留在倫理層面上的道德戒條，而且包含了一個「道德形上學」體系。儘管這個體系是內在超越形的，但仍不失其宗教意義。如唐君毅所言：儒學「使超世間與世間不二，而肯定一切人生人文之價值」（《人文精神之重建》）。牟宗三則說：「人文教之所以爲教，落下來爲日常生活之軌跡，提上去肯定一切超越而普遍之道德精神實體。此實體通過祭天祭祖祭聖賢而成爲一有宗教意義之神心之實、價值之源」（《生命的學問》）。所以，儒教是一種超越其他宗教的「最圓成的宗教」。他們大力宣揚儒學爲道德宗教，意在說明作爲中國文化核心的道統，並不存在形而上的缺失，在當代社會仍可負載起人們的精神寄託。

牟、唐等人的觀點，在台港及大陸受到了來自不同方面的批評。如被稱爲第四代新儒家的余英時，便堅決反對儒學是宗教的觀點。他指出：儒家雖有一定的宗教性，但缺少一個強烈的上帝觀念，其精神指向是入世的，而不是出世的（參見《從價值系統看中國文化現代意義》）。大陸宗教學家呂大吉則根本否定道德宗教的存在。他認爲道德與宗教分屬於兩個不同的範疇，「宗教是人對神的信仰和崇拜，道德則是調節人的行爲以適應人與人的社會關係的規範。」在歷史上宗教可能包含許

多道德的內容，但隨著其發展，一旦失去了對神的崇拜，便不必再稱它爲宗教了。（張踐）

一八一、儒家禮樂與祭祀的主要內容和基本功能有哪些？

禮是中國古代社會典章制度及道德規範的總稱，包括國家宗教祭祀儀規，宗族祭祖儀式，人際交往禮儀及道德行爲準則。樂則是在進行各種禮儀活動時演奏的音樂、歌唱和舞蹈，用以烘托和強化禮的氣氛。

儒家作爲中國封建社會的政治統治思想，向來重視禮樂的形式和社會作用。孔子說：「道之以政，齊之以刑，民免而無恥；道之以禮，齊之以德，有恥且格。」（《論語‧爲政》）也就是說，僅僅用行政力量領導人民，用刑罰來懲戒和威懾，民衆頂多可以做到不去犯罪，但他並不知道榮辱。而如果用禮樂來引導人民，用道德來感化他們，不僅沒有人犯罪，而且大家都懂道德，自覺維護社會秩序。所以孔子多次強調「禮治」，說「爲國以禮」（《先進》），「上好禮，則民莫敢不用敬」（《子路》），「上好禮則民易使也」（《憲問》）。

關於禮的來源，孔子說：「殷因於夏禮，所損益可知也；周因於殷禮，所損益可知也。」（《爲政》）禮樂制度從遠古的三代逐漸變化發展而來，至周代達到了比較完善的水平。儒家的「三禮」，即《儀禮》、《周禮》和《禮記》三書，詳細記載了周代禮樂的主要內容，成爲後世儒學經典。不過後來經過學者考證，「三禮」成書都比較晚，最早不會早於戰國，且經過了秦始皇「焚書坑儒」

之禍，今日的所見的「三禮」都是由漢儒加工修訂而成，不可避免地加上了漢人的思想印跡。所以不能完全將其視爲西周的典章制度，其中有漢儒理想化的成分。

《禮記》講：「凡治人之道，莫急於禮。禮有五經，莫急於祭。」（《祭統》）儒家的禮樂從內容上可分成吉、凶、軍、賓、嘉五個部分，稱爲「五禮」，亦稱「五經」。吉禮指祭祀天地、社稷、山川、神靈、祖先的儀式禮節；凶禮指家族中死人後的喪葬之禮和國家的災荒祈禳之禮；軍禮指軍隊出師作戰時的誓師、校閱、賞罰、凱旋、獻捷等禮節；賓禮指國家會盟、遣使及諸侯、臣下朝覲天子所必須遵守的禮節；嘉禮指人際交往、溝通所行禮儀，包括飲食、婚冠、賓射、饗燕、賀慶之禮。但是在五禮之中，最能體現人與人尊卑貴賤等級，親疏遠近關係，強化社會制度的莫過於吉禮中所包含的祭祀。可以說，祭祀是儒家禮樂的核心內容。

祭祀的主要內容有：第一，神靈祭祀。其中對天地的祭祀最爲隆重，一國之中只有天子可以主持。祭天包括郊祭圓丘，明堂報享和封禪大典，是行使國家政權的象徵。此外還有朝日夕月，山川祭祀，先農、先蠶、八臘等農神祭祀，祈求各路神靈保佑五穀豐登，國泰民安。第二，宗廟祭祀。儒家提倡孝道，重視通過祖先祭祀來宣揚孝道。祖先祭祀內容頻繁而又複雜，主要可分爲禘給與時享兩類。禘給是將所有遠近祖先的神主集中於宗廟的合祭，三年一次。時享則分成春祠、夏禴、秋嘗、冬烝四種形式，每年四次向祖先奉獻新收穫的糧食、獵物。第三，社稷祭祀。社稷祭祀從古老的農業祭祀發展而來，社是土地之神，稷是穀神，分別代表著農業的生產資料和產品。隨著私有制的發展，土地有了不同的主人，社稷祭祀也就具有了領土確認的意味。

關於禮樂與祭祀的作用和意義，儒家學者多所論述，如《禮記・祭統》所說：「禮，經國家，定社稷，序民人，利後嗣也。」也就是說禮可以起到別親疏，明貴賤，維護宗法等級社會制度的作用。比如《禮記・王制》規定：「天子祭天地，諸侯祭社稷，大夫祭五祀。」人們通過祭祀的規模、範圍、形式，就可以分出上下等級關係。又如祭祖時規定，「庶子不祭祖者，別其宗也」（《禮記・喪服小記》），嫡長子世世代代處於祭祖儀式的主祭地位，以確立他在諸兄弟間的權威。特別是通過祭祀神靈和祖先，可以培養宗族成員之間的一種忠孝親情，「孝子將祭祀，必有齊莊之心。」（《禮記・祭義》）「賢者之祭也，……上則順於鬼神，外則順於君長，內則以孝於親。」（《禮記・祭統》）祭祀活動的最大社會價值在於強化人們的忠、孝之心，鞏固封建制度。

樂是各類祭祀禮儀上演奏的音樂、歌舞，具有烘托宗教氣氛，娛神樂人的功能。《史記・周本紀》記載：「周公做《周官》」，「興正禮樂，度制於是正，而民和睦，頌聲興焉。」周朝專門負責樂事的官員稱「大司樂」，下轄眾多樂師，組成龐大樂隊。他們演奏的樂舞包括祭祀之樂舞，降神之樂舞，朝廷禮儀樂舞等等。《禮記・樂記》在談論樂的功能時說：「先王之制禮樂也，非以極耳目口腹之慾也，將以教民平好惡而反人道之正也。」樂舞等藝術形式，從產生之初就承負了載道的任務。《樂記》又說：「樂也者，情之不可變者也；禮也者，理之不可易者也。樂統同，禮辨異，禮樂之說，管乎人情矣。」禮通過祭祀、朝聘、宴會等活動中人們的服飾、地位，對人們在社會中的身分起分別作用；而樂則通過共同的歌舞，音樂，把不同身分等級的人們聯合起來，同喜同悲，同行同度，禮樂的社會作用相輔相成，共同起到維持宗法等級社會的作用。

（張踐）

二八二、中國先哲如何看待宇宙？

「往古來今謂之宇，四方上下謂之宙」（《淮南子・齊俗訓》），人生活在茫茫宇宙之中，很自然地就會思考，我們周圍的外部空間是什麼樣子？它由什麼構成？有沒有邊？有沒有始終？它如何運動？古代哲人們思考的結果，就形成了宇宙觀這樣一門學問。總括而言，中國古代產生了蓋天說、渾天說和宣夜說這三種比較典型的宇宙觀，以下分別加以介紹。

蓋天說產生最早，是古人對宇宙直接觀察的結果，出現在周代。它說：「天圓如張蓋，地方如棋局」（《晉書・天文志》）。古代勞動人民在天地間勞作、生息，很自然地將天穹看成一個半圓形的大罩子，故稱天圓。日月星辰在天空中圍繞大地自東向西運轉，劃過半圓的天穹。大地上平原、山脈縱橫交錯，宛如棋盤，所以此說也稱「天圓地方」說。蓋天說最符合人們直接生活經驗，但是卻違背科學的眞實。於是便有人從不同角度提出責難。孔子的弟子曾參就曾有所察覺，他說：「天圓而地方，則是四角不揜也」（《大戴禮記・曾子・天圓》）。也就是說，圓形的天和方形的地，其結合處是不嚴密的。於是後人對蓋天說進行了修正，成書於西漢前期的《周髀算經》說：「天像蓋笠，地法覆槃，天地各中高外下。北極之下，爲天地之中。其地最高，而滂沲四。三光隱映，以爲晝夜。」按照此說，天像是個斗笠覆蓋在上，地如同盤子，不是平面而是拱形，在天垂下去的地方，地也垂了下去，兩者並不相交。這個說法，向地是球形靠近了一步。但它仍然不能解釋日月星辰的運行，那些天體東升西落，在升上來之前它們躲在哪裏？落下之後又呆在哪裏？這些問題促使第二種宇宙學說出現。

渾天說的思想淵源發軔於戰國時期的法家先驅愼到，他曾經說過：「天體如彈丸，其勢斜倚」（《愼子》），把天看成一個球形。戰國時的名家大師惠施則說：「南方無窮而有窮」，「天與地卑」（《莊子・天下》），把地也看成沒有邊際的球體。到了漢代，渾天說趨於成熟，「落下閎營之，鮮于妄度之，耿中丞象之」（楊雄：《法言・重黎》）。落下閎是漢代天文學家，曾按渾天說造渾天儀用於天文觀測。後來，著名天文學家張衡在《渾天儀圖注》中，對渾天說進行了完整的敘述：「渾天如雞子，天體圓如彈丸。地如雞中黃，孤居於內。天大而地小，天表裏有水，天之包地，猶殼之裹黃。天地各承氣，載水而浮。」天就像一個大雞蛋，將地包裹在其中。地如蛋黃，周圍被海水包裹，就像蛋黃浮在蛋清之中。日月星辰附著在天殼上，隨天週日旋轉。渾天說肯定大地是球形，是人類對宇宙認識史上又一次飛躍，說明中國先哲已經突破了肉眼的直觀，是經過理論概括得出的更符合事物本來面目的結論。不過渾天說在解釋天體運行時也遇到了麻煩，日月這些發光的火球，如何從地邊的水中鑽過呢？東漢大思想家王充爲了解決這個矛盾，提出了平天說。他指出：「舊說：天轉從地下過。今掘地一丈輒有水，天何得從水中行乎？甚不然也。日隨天而轉，非入地。夫人目所望，不過十里，天地合矣。實非合也，遠使然耳。今視日入，非入也，亦遠耳。」（《論衡・說日》）在王充看來，天和地都是平坦的，並不相交。我們平日看到日落，也並非太陽眞的落到地的下面去了，而是太陽運動離地遠去，最後便看不到了。平天說雖然在某些方面是向蓋天說復歸，但卻提出了宇宙無限的問題，王充講：「天去人高遠，其氣蒼茫無端末」（《論衡・變動》）。這也是宇宙觀學說的深化。

宣夜說在發揮宇宙無限論方面，比渾天說又前進了一步，其代表人物是漢代的郗萌。宣夜說之得名，清人鄒伯奇解釋說：「宣午勞夜，斯爲談天家之宣夜乎？」古代天文學家觀察天象，午夜仍在辛勞，宣夜之名記錄了他們勤奮的實踐精神。宣夜說的內容爲：「宣夜之書云：……天了無質，仰而瞻之，高遠無極，眼瞀精絕，故蒼蒼然也。譬之旁望遠道是黃山皆青也，俯察千仞之谷而窈黑」（《晉書・天文志》）。這種宇宙觀在理論上達到了很高的水平，它指出「天了無質」，說明天並不是什麼帶有硬殼的東西。無論中國的蓋天說、渾天說，還是歐洲的亞里斯多德——託勒密體系，都把天空設想成某種固態的實體，進而認爲宇宙有限。而宣夜說則認爲天是高遠無極的氣，天色蒼茫是由於距離遙遠，猶如遠看青山變黑一樣。宣夜說還認爲宇宙空間充滿了氣，日月星辰都漂浮其上，隨日周旋，並且有自己特殊規律。這些說法很接近宇宙的本來面目，英國著名中國科技史專家李約瑟博士，對宣夜說給予了很高的評價，認爲比歐洲同類天文思想先進了一千年。

漢代以後，三種宇宙觀都獲得了不同程度的發展，但總體來說，在天文領域渾天說占有優勢。唐代的一行和尚，在渾天說理論的指導下實測的地球子午線的長度，證明了大地是球形的猜測。但是在人們的日常生活和政治領域裏，蓋天說仍有廣泛的影響。一是由於它符合感官經驗，二是滿足了統治者論證「天尊地卑」，「君爲臣綱」的政治需要。所以直到明清時代，皇帝還建圓形的天壇，方形的地壇，以象「天圓地方」之說。

（張踐）

二八三、中國先哲如何看待認識與實踐？

認識與實踐是哲學認識論上的一對矛盾，中國古代哲人主要是通過「知」與「行」這對範疇，表述了他們的看法。其內涵雖然和現代哲學所說的認識與實踐有一定差異，但已蘊涵了日後哲學發展的先機。

最早提到知行範疇的典籍是《尙書‧說命中》，其中記載了殷高宗武丁和他的大臣傅說的一段對話。傅說告訴武丁：「知之非艱，行之唯艱」，意謂一件事知道它的道理並不難，但要在行政、處事時堅持這個道理就不那麼容易了。由於《說命中》取自古文《尙書》，所以成書年代很成問題。當代學者推斷：關於知行的論述不會出現在商朝的中期，很可能出於春秋時代。當時社會混亂，統治者的行爲與他們所宣揚的理論相距甚遠，因而哲人借遠古名相之口發出上述警告。以後，知行之先後、難易、輕重關係，便成了哲人們長期爭論的問題。

孔子在春秋末期創立了儒家學派，對知和行的問題都給予的很大的注意。孔子認爲人可分成「生而知之」，「學而知之」，「困而學之」，「困而不學」四個檔次。但「生而知之」只是虛懸一格，他作爲一名大教育家，更重視「學而知之」者。孔子之學以「學文」爲主，「博於《詩》《書》，察於《禮》《樂》，詳於萬物」（《墨子‧公孟》），孔子讀《易》，「韋編三絕」。同時他也重視向別人學習，「子入太廟，每事問」（《論語‧八佾》）。他常說：「三人行，必有吾師焉」（《論語・述而》），在社會生活中應當「多聞」，「多問」，「多聞，擇其善者而從之，多見而識之，知之次也」（《論語・述而》）。孔子對治學方法多所討論，開中國認識論之先河。同時他強調「學以致用」，對行表現出極大的重視。他說：「誦《詩》三百，授之以政，不達；使於四方，不能專對；雖多，亦奚以爲？」（《論語・子路》）學習的效果如何，是不是有了眞知，都要以是否能行來衡量，這一傾向奠定了中國古代學者「經世致用」的良好學風。不過，孔子所說之行，較多偏重於政治、倫理方面，他說：「賢賢易色，事父母能竭其力，事君能致其身，與朋友交言而有信，雖曰未學，吾必謂之學矣」（《論語・學而》）。所以中國先哲的實踐學說，多側重於社會政治和道德踐履，而對科學技術則重視不夠。

孔子以降，孟子的知行學說更傾向於主觀內省，他認爲「耳目之官不思，而蔽於物」，感官認知都是不可靠的。「心之官則思，思則得之，不思則不得也。此天之所與我者」（《孟子・告子上》）。道德良知是人先天具有的，稱爲「良知」、「良能」，只有經過「盡心」、「知性」的主觀反省，就可以「知天」。孟子所說的知，主要是道德認識的獲得。戰國時期另一大儒荀子的知行學說，則把著眼點放到社會政治方面。他將眼、耳、鼻、身稱爲「天官」，「緣耳而知聲可也，緣目而知形可也。」認識需「天官當薄其類」方可發生。但僅有感官認識還是不夠的，「心居中虛，以治五官，夫是之謂天君」（《荀子・天論》）。必須經過心「虛一而靜」的理性加工過程，才能剔除感性認識中的表面現象和錯覺，得出正確的認識。在知行關係上，荀子更重視行，他說：「知之不若行之，學至於行而止矣。行之，明也。明之，爲聖人」（《荀子・儒效》）。他把學而能行，當成檢驗是否眞知的最高標準，最後目的。

兩漢以降，諸家學者不斷發展著先秦諸子的知行學說，至宋明，又掀起了一個關於知行問題討論的熱潮。程朱理學將《大學》中「格物致知」說發展爲自己的認識論，程頤講：「格，至也，窮理而至於物，則物理盡」（《二程遺書》卷十八）。格即到達之意，要窮盡事物之理，須接觸事物，進入事物之中。不過，爲了繼承孟子「盡心、知性、知天」的內在超越思想路線，他們所說的「格物致知」並不是窮究客觀事物之理，而是通過格物喚醒心中固有之良知。朱熹講：「格物致知，彼我相對而言耳。格物所以致知，於這一物上窮得一分之理，即我之知亦知得一分」（《朱子語類》卷十八）。在知行關係上，程朱學派強調「知先行後」，「知輕行重」。朱熹講：「論先後，當以致知爲先；論輕重，當以力行爲重」（同上書）。他們認爲，必先有道德知識，方才有道德行爲。不過，倫理知識與道德踐履比起來，還是行更爲根本。明中後期的大儒王陽明，鑑於當時社會日漸衰朽，道德淪喪，統治者言行不一，所以一反佔統治地位的程朱之說，倡導「知行合一」。他將孟子的主觀內省的思想路線推至極端，指出：「知之眞切篤實處即是行，行之明覺精察處即是知。知行功夫，本不可離，……故有合一並進之說」（《答顧橋東書》）。他舉例說：如見到好看的顏色屬於知，喜歡好看的顏色屬於行，見到的同時就做出了喜歡的判斷，所以知與行是同步的。王陽明在強調認識與實踐共同發生，相互促進，不可機械分割方面是正確的。不過他將認識完全局限在道德倫理方面，認爲人的認識活動就是「致良知」，又難免導致王門後學的迂闊和空疏。明清之際的大思想家王夫之，鑑於漢民族淪於異族統治的慘痛經歷，從學術思想方面尋找原因，認爲程朱的「知先行後」和王陽明的「知行合一」說是禍根。朱熹「立一劃然之次序，以困學者於知見之中」（《尚書・說命中二》）。人類知識永無止境，強行規定「知先行後」，使學者困於書齋而不能行。王陽明「其所謂知者非知，而行者非行也」（同上書）。脫離社會實踐的反觀內省，所獲得的知識於國無補，於民無用。「知行合一」的本質是「銷行於知」，以知代行。「朱門後學之失，與陸（九淵）、楊（簡）之徒尚異而同歸」（同上書）。腐儒們只會空談性理，當滿族八旗鐵甲入關之時，誰也無救國良策。他試圖通過強調「先行後知」之說，推廣經世致用的「實學」。不過無論王陽明還是王夫之，都承認行重知輕，行難知易。王夫之論證「先行後知」的根據就是「先其難，而易者從之，易矣」（同上書）。

中國近代民主革命之父孫中山，一反古人成見，提出了「行易知難」說。一九一八年中國民主革命正處於困難之時，一些革命黨人發生了動搖，他們認爲孫中山的革命主張理想太高，不合中國的實情，說說容易，但要實現它就太困難了，故而革命意志消沈。孫中山作《心理建設》一書，系統批判了「知易行難」說。他認爲古人所以講知易，是因爲他們所說的知識多指書本知識，後人學之雖不難，但前人總結時卻是極其艱難的。「知難」是爲了說明革命理論得之不易，「行易」則是爲了鼓勵革命同志勇於革命實踐。他舉飲食、用錢、作文、造船、築城、開河、電學、化學、進化等十事，說明「行易知難」。如人都是先會吃飯，才懂得營養學，先會用錢，才發展了財政學，如此等等，都是不知而行，行在知先。「故人類之進化，以不知而行爲必要之門徑」，「行其所不知，以致其所知」。特別難能可貴的是，孫中山的實踐觀，已經遠遠超出了古代思想家以政治活動和道德踐履爲藩籬的束縛，而包括了更爲廣泛的社會內容。他說：「夫習練也，探索也，試驗也，冒險也，之四事者，文明之動機也」（《孫文學說》）。工人的生產實踐，科學家的技術試驗，探險家的探險活動，政治家的社會冒險，這是西方國家發達的根本原因。中國要想跟上時代的步伐，也需要在知行觀方面容納更廣泛的內容。所以，孫中山的知行觀，實際上已經成爲古代認識理論和現代認識理論的轉折點。

（張踐）

二八四、道教與傳統文化的基本關係如何？

道教與流行於中國的佛教、基督教、伊斯蘭教等宗教不同，它是唯一植根於本土，發源於古代文化的民族宗教，具有鮮明的民族性格，又對傳統文化的方方面面發揮著重要的影響。

道教的主要來源是古代宗教迷信和思想文化。第一，古代傳統宗教。中國自三代以上就流行著以天地崇拜、祖先崇拜和自然崇拜爲核心的傳統宗教。道教在漢代創生以後，逐漸將古代宗教中的諸神都搬入了自己的神仙譜系。如昊天上帝成了玉皇大帝，后土成了土地娘娘，二十八宿、四方天帝、多轉化爲道教神靈。第二，古代的民間巫術。在傳統宗教中，巫覡具有很高的社會地位，他們通過自己的巫術活動溝通天人。他們降神、祈雨、治病、占星、解夢等宗教活動，多被符籙派道士所繼承。第三，神仙傳說和成仙之方。春秋戰國時代，燕、齊等濱海國家，由於受海市蜃樓的幻像影響，產生了許多神仙傳說，並引發了人們求取仙方、長生不老的幻想。戰國以降的歷代統治者，都迷信方術之士。道教誕生後，投合統治者們的願望，為他們求仙方，煉金丹，從而產生了道教的丹鼎派。第四，道家哲學。老莊開創的道家是哲學而不是宗教，但其中多言養生、清修之事，為道教的產生提供了思想依據。早期道教經書《太平經》、《老子想爾注》、《周易》《參同契》等，都表現出道家的極大影響。道教創生後，也把老子尊為太上老君，作為至上神之一。第五，儒家的綱常倫理。道教本來以民間反政府組織的面貌出現，但在張角的太平道被鎮壓，張魯的五斗米教被招安後，道教逐漸被改造成適合統治階級需要的宗教。其中一點重要變化就在於，它把遵守封建禮教當成了養生修仙的首要條件。

道教產生後，對中國社會的政治生活發生了重要的影響作用。他們為封建統治者提供了精神支柱。如唐朝因皇帝姓李，便與道教的始祖李耳攀上了親緣，追封老子為太上玄元皇帝，供入宗廟。宋朝則將另一位道教尊神趙玄朗奉為祖先，以便自神宗室。同時，道教清靜無為、敬天愛民、去奢不殺、清心寡慾等思想，也對統治者的社會改良起過指導作用。歷史上還有一些著名道士，由於受到帝王的賞識，直接參與國家政治。如北魏的寇謙之深受太武帝敬重；南朝陶弘景，被世人稱為「山中宰相」；唐武宗時的道士趙歸眞，直接造成了滅佛事件；元代道士丘處機，勸化成吉思汗，調和了蒙漢民族矛盾。不過道教還有另一面，即與民間信仰有著廣泛的聯繫，往往成為民間起義、反叛朝廷的組織形式。如漢末的黃巾軍、五斗米教，魏晉南北朝的孫恩、盧循的「長生人」及多次以「李弘」名義發動的農民起義，宋朝的方臘起義，明清的「白蓮教」等等，都與道教有密切關係。

道教對傳統文化最積極的貢獻表現在醫藥衛生和科學技術方面。道教的根本宗旨是長生久視，肉體成仙，所以對養生健身進行了大量的研究，其中許多屬於醫藥學的直接成果。如葛洪的《肘後備急方》，陶弘景的《本草經集注》，孫思邈的《千金要略》等等，是中醫理論寶庫中的精品。丹鼎派道士雖然沒有煉出可以使人長生不老的金丹，但在燒煉黃金、硃砂、水銀、雄黃等藥物時，對古化學多有研究，爲近代化學的出現積累了材料。中國古代科技「四大發明」之一的火藥，就與道士的煉丹探索有關。唐代以後，丹鼎派道教多向內丹方向發展。他們以人身爲丹爐，以精、氣、神爲藥物，通過煉精化氣，煉氣化神，煉神還虛等程序，在體內修成金丹。內丹的直接成果，就是現代仍廣爲流傳的氣功，其強體健身的功效，已爲社會普遍承認。

道教對中國的文學、藝術曾經產生過深刻的影響。道教中的神仙故事，是文學藝術的極好題材，如「八仙過海」、「鍾馗打鬼」、「關帝顯靈」等，不勝枚舉。《封神演義》中的元始天尊，通天教主；《西遊記》中的玉皇大帝，太上老君；《水滸傳》中的「張天師祈禳瘟疫」，「宋公明遇九天玄女」；《三國演義》中諸葛亮呼風喚雨，預決吉凶；《紅樓夢》中的跛足道士「渺渺眞人」的「好了歌」，馬道婆利用巫術鎭壓寶玉、熙鳳；……總之，中國的古典名著中，處處可見道教的身影。二千餘年來，道教組織過龐大的教團，道士們居住、誦經、作道場的地方，建立了瓊樓玉宇般的道觀，如北京的白雲觀，湖北的武當山，陝西的樓觀台，四川的青羊宮，山西芮城的永樂宮，其建築藝術，堪爲國家瑰寶。其中像永樂宮中的元代壁畫，具有極高的審美價值。三清殿的《朝元圖》，描繪各方神仙朝拜元始天尊的故事，人物神采飄逸，性格鮮明。純陽殿的《純陽帝君仙遊顯化圖》，共五十三幅，描繪了呂洞賓遊仙的傳說。重陽殿裏的《重陽眞人壁畫》四十九幅，講述了全眞教祖王重陽及七大弟子修仙成眞的故事。這些壁畫，無論構圖、著色，都可稱古代藝術的珍品。道士們在進行誦經、讚禮及各種祭祀齋醮時，常常用鐘、磬、鼓、木魚、雲鑼、並配以吹管、彈撥、拉弦樂器，奏出美妙而風格獨特的道教音樂。有的優美恬淡如行雲流水，有的莊嚴威武，氣衝霄漢。道教音樂可以增加道場的宗教感染力，同時也給人以美的享受，成爲傳統音樂寶庫中的一朵奇葩。

道教的許多活動，在千百年的流傳中不知不覺便轉化成了中國的民俗。如喪葬要請道士誦經超度亡靈；春節以道觀爲中心舉辦廟會，進行民間祈神、遊藝和商業活動；歲時節令，天災疫疾，請道士主持齋醮祭祀，求福免禍；道教的許多節慶，逐漸演化成全民的節日，如北京地區的「燕九節」，本爲丘祖誕日，揚州地區二月的土地生日，三月的東嶽大帝誕日，五月關帝生日，六月二郎神生日，八月的灶神生日等等。總之，道教的產生源於傳統文化，又深深地溶入傳統之中，隨民族的發展獲得了長久的生命力。

（張踐）

二八五、佛教與傳統文化的基本關係如何？

佛教是創生於印度的一種世界性宗教，其價值觀念，精神旨趣，生活習俗，宗教戒律都與中國傳統文化存在著較大差距。兩漢之際佛教東傳，經魏晉南北朝和隋唐激烈的三教衝突，佛教逐漸適應了中國社會，成爲中國傳統文化儒、釋、道三角結構中重要的一角，並對社會生活的方方面面都發揮著巨大的影響。

佛教與中國政治的關係是一個十分複雜的問題，因爲佛教對社會人生的看法畢竟和中國的政治哲學——儒學相左。佛教判定現實的人生爲「苦」，認爲只有放棄一切榮華富貴的追求，拋妻別子，出家禁慾苦行，才能修得「涅槃正果」。佛教修養的終極目的，是個人靈魂的解脫。儒家則產生於中國的宗法等級社會，強調「忠」、「孝」倫理，認爲個人只有在爲家、國、天下盡義務的過程中才能獲得生活的價值，精神不朽。在印度，出家修行是至高無上的事，受到社會的普遍尊重，君王和親屬要禮敬沙門。可是在中國，君與父具有不可動搖的至尊地位，所以，佛教發展到一定程度，圍繞著宗教與政治的關係，爆發了一場沙門是否要禮敬王者的爭論。東晉成帝時庾冰輔政，詔令：「沙門應盡敬王者」，並斥責僧侶蔑棄忠孝，傷治害政。著名僧人慧遠作《沙門不敬王者論》，向當政者說明：「如令一夫全德，則道洽六親，澤流天下，雖不處王侯之位，固已協契皇極，大庇民生矣。」佛教徒雖然表面上禮儀與平民不同，但其可以發揮「陰翊王化」的社會作用，對鞏固封建統治有利。後經尚書令何充等人的折衝，東晉暫時擱置了這個禮儀問題。但在北魏，沙門統法果乾脆就宣布：「太祖明睿好道，即是當今如來，沙門宜應盡禮。」（《魏書·釋老志》）這場爭論的結果，實際決定了佛教從屬於政治，爲執政者服務的地位。隋唐以降，基本奠定了儒家爲主，佛、道輔翼的政治倫理結構。隋文帝在給靈藏律師的信中說：「律師度人爲善，弟子禁人爲惡，言雖有異，意則不殊。」（《續高僧傳·靈藏傳》）佛教的清修苦行理論，起了勸民眾安分守己，逆來順受，從出世的方面起了鞏固封建制度的作用。佛教在中國政治生活中，基本扮演著侍臣的角色，從未發生過政權與教權之爭。

在哲學思想方面，佛教以善於抽象思維而見長，其宇宙論之宏闊，其佛性論之精微，其認識論之深刻，是傳統儒學所不能與之匹敵的。儒家要維持自己在中國文化體系中的核心地位，一方面要在政治倫理領域中抨擊佛教，另一方面又要在哲學上吸收佛教哲學的思辯結構，提高自身的思想素質，走一條「竊其精髓以自壯」（歐陽修語）的道路。經魏晉南北朝及隋唐的融會，三教理論的高度融合終於在宋明理學中得到了完成。受佛教佛性論的影響，宋明理學的重心逐漸從傳統哲學的「天人」問題轉向了「心性」問題。宋儒整理傳統經典時，突出了《大學》、《中庸》、《孟子》、《論語》等四書的地位，因其中大講「盡心、知性、知天」，「天命之謂性，率性之謂道，修道之謂教」，「萬物皆備於我」等「心性論」問題。華嚴宗的「四法界」說，使程朱獲得了處理「理氣」關係的方法。他們效法華嚴宗的「理事無礙」，「事事無礙」，而將天理安置於氣質之中。朱熹將永嘉玄覺禪師的「水月之喻」變成了自己的「理一分殊」，說明「物物皆有一太極」的道理。陸王心學，更是直接繼承了禪宗的「心生則種種法生，心滅則種種法滅」，「一心不生，則萬法無咎」，提出了「心外無理，心外無物」等命題，極大地突出了宋明理學「心性論」的主題。總之，由於宋明理學消化吸收了佛教哲學，所以在理論的深度和廣度方面都達到了一個更高的層次。

在文學方面，佛教也爲中國傳統文化注入了新鮮的營養。南北朝時，由於印度「聲明論」的傳入，導致南朝沈約、王融等人在音韻學上四聲的發明，他們參考梵音而制定了上、平、去、入四聲，規範了漢語，明確了詩詞格律。他們又根據四聲提出作詩應避免的「八病」之說，推動了格律詩詞體裁的創新，爲唐宋詩詞的繁榮奠定了基礎。同時，佛教禪宗的「公案」、「機鋒」，又爲詩詞提供了新的創作思路。唐宋時代，以禪入詩，以詩參禪，使人眼界大開。如唐代「詩佛」王維的《鹿柴》詩云：「空山不見人，但聞人語響。返景入山林，復照青苔山。」通過描寫深林晚景，表現了世事寂滅無常的心態。宋代蘇軾的盧山詩，「橫看成嶺側成峰，遠近高低各不同，不識盧山眞面目，只緣身在此山中。」從觀山的不同效果，領悟到「境由心生」的禪理。南北朝以後，佛教為了向下層民眾傳教，用「轉讀」、「梵唄」、「唱導」等幾種通俗易懂的形式宣傳佛理。這些說唱結合的藝術形式，推動了中國文學從「雅文學」向「俗文學」層面轉移，先後出現了「變文」、「寶卷」、「彈詞」、「鼓詞」等藝術形式。如唐代出現的「變文」，改變了傳統中國文學韻文是韻文，散文是散文的局限，唱的部分用韻文，說的部分用散文，說唱結合，成為中國戲劇藝術的前身。

在藝術方面，佛教的建築、雕塑和繪畫，給中國傳統文化以極大的影響。從建築上看，寺院是佛教受中國文化影響大，多採用宮廷式的殿堂結構，而佛塔則是中國傳統中所無的。塔起源於印度，原為墳塚，傳說釋迦牟尼死後即葬身於佛塔之下，所以佛教中存在著寶塔崇拜，許多高僧死後也瘞骨於塔下。佛塔成了佛教建築的典型特徵。山西應縣遼代的木塔，開封宋代相國寺的鐵塔，北京北海公園的元代白塔，都是古代建築大師留下的不朽傑作。佛教的雕塑，以敦煌的莫高窟，洛陽的龍門石窟，大同的雲崗石窟最具代表性。這些佛教雕塑，充分顯示了印度文化對中國文化的深刻影響，犍陀羅藝術、笈多藝術的氣息甚濃。尤其是這些石窟中的早期雕像，在面相、衣著、花紋等方面，都有許多異於中國古代之處，如袒肩式衣服，寬袖薄衫等等。隋唐以後，佛像的衣服樣式逐漸中國化了，但在人物的身材比例，面部特徵，姿態手語方面，佛教的影響已經根深蒂固，成了中國雕塑的一個組成部分。佛教的繪畫分成像與畫兩大類。像以直接描繪佛陀、菩薩、金剛、羅漢等神爲主，東吳的畫家曹不興，西晉的張墨和衛協，東晉的顧愷之，唐代的吳道子，都是佛像畫的名家。他們借鑑從西域傳來的佛像樣式，融合中國的水墨畫技法，形成了傳神寫照，洗煉勁爽的獨特畫風。畫則以描繪佛祖一生業績的佛傳圖，描繪佛祖過去諸世的本生圖，講述佛經某一部分的經變圖爲主。特別是經變圖，通過宗教的形式，間接地表達了畫師對美好未來的嚮往。如「淨土變」是一種最常見的經變圖，畫家把西方淨土極樂世界描繪的非常壯觀：七寶樓台，蓮池樹鳥，香花伎樂，正是人間宮廷生活在天空中的折射與反光。

佛教傳入中國二千多年，許多儀規逐漸轉化成了民間習俗。如佛教四月八日的「浴佛節」，本爲紀念釋迦牟尼誕生，後來成爲民間的節日。每逢此日，佛寺都要舉行隆重的浴佛儀式，廟門大開，平民百姓同時舉行各種祈神、遊覽、商業活動。七月十五日的「盂蘭盆節」，本是佛教徒紀念三個月「結夏安居」結束的「自姿日」，後因《佛說盂蘭盆經》講到目連地獄救母的故事，逐漸演化成了生者追念逝者，超度亡靈的節日。十二月八日本爲「佛成道日」，傳說釋迦牟尼出家修行，因飢餓勞累昏死在地，一個好心的牧女用雜糧、水果和牛奶煮成粥，並親手餵佛祖吃。釋迦牟尼吃後恢復了體力，到菩提樹下靜悟七日，終成正果。以後在漢族居民中，便形成了在臘月八日這一天喝「臘八粥」的傳統。佛教的許多觀念，成爲民間普遍的信仰，如輪迴轉世，因果報應，天堂地獄，西天成佛等，所以一般民眾對佛教僧侶及其寺院都抱有崇拜心理，燒香拜佛，供奉果品，布施齋僧，修築寺院等活動都可以得到廣泛的響應。佛教徒生活中的許多儀規戒律，如齋戒、素食、放生、茶道等等，也在社會上廣為流行，成為人們調濟身心的重要方法。

總之，佛教經二千年時間的傳播，在中國大地上留下了深刻的印跡，成為中國儒、釋、道三大主流文化之一。

（張踐）

二八六、什麼是「三教合一」？

儒、釋、道三教是中國封建社會影響最大的三種意識形態。儒家屬於國家的政治哲學和道德倫理學說，直接為鞏固封建的宗法等級社會制度服務。道教是中國土生土長的宗教，以追求「長生不老」，「肉體成仙」為根本宗旨。佛教則是從外國傳來的宗教，由於其理論上的優勢，使之獲得了跨國界傳播的能力，成為一支不可忽視的社會力量。因為三家在價值觀念、思維方式、生活習俗、物質利益等方面的矛盾，也曾發生過尖銳的鬥爭。如魏晉南北朝、隋唐時期發生的「沙門不敬王者論」、「白黑論」、「夷夏論」、「三破論」等理論上的爭辯，「三武一宗」（北魏太武帝、北周武帝、唐武宗、後周世宗）等四次嚴重的滅佛事件。但是儒、釋、道三教在中國社會上都有其不可替代的文化價值，所以三教衝突的結果並不是誰滅掉誰，而是相互吸取，相持而長，最終在維護封建統治制度的基礎上實現了三教合一。三教合一的歷史過程，大致經過了文字上的相互詮釋、功能上的相互補充、理論上的相互融匯這樣三個階段。最終以新佛教、新道教和新儒學的形態完成了這個行程。

兩漢至魏晉，三教的融合基本處於文字上相互詮釋的階段，這是道教始創，佛教初傳之際三種異質文化交流過程中的淺層嘗試。如東漢人都是用「身體有金色，項有日光」，「輕舉能飛」來形容佛，用「能飛行變化，曠劫壽命」來形容羅漢，完全是神仙方術之士的語言。至於在義理方面，則用道家的「本無」，翻譯佛教的「眞如」，用「無爲」翻譯佛教的「涅槃」。又用儒家仁、義、禮、智、信「五常」，解釋佛教不殺生、不欺誑、不姦淫、不偷盜、不蓄私財等「五戒」。道教在整頓教團時，也經常把「專以禮度爲首」，「不得叛逆君王，謀害國家」，「勿以貧賤求富貴」等儒家倫理作用戒條。這種文化表層次的機械結合，雖然有時會曲解它教的原意，但卻是彼此走向深層接觸的不可缺少的環節。

南北朝至唐朝初年，三教的結合開始進入功能上相互補充的階段。隨著佛經翻譯的精確和普及，三教人士發現，它們之間的理論差異，僅靠文字上的牽強解釋是不能抹平的。同時他們也發現，三教的教義各有利弊，可以相互補充，所以他們把注意力轉向宗教的社會功能方面。魏晉南北朝三教合一的潮流中產生了「本末內外」、「均善均聖」、「殊途同歸」這樣三種有代表性的觀點。「本末內外論」著重強調三教功能上的互補，佛道二教從出世主義的立場看問題，把注重現世統治之術的儒學稱爲末，而把探討彼岸天國的宗教視爲本。如道教的葛洪說：「道者儒之本，儒者道之末」（《抱朴子・明本》）。佛教信徒孫綽在《喻道論》中講：「周孔即佛，佛即周孔，蓋內外之名耳。」而儒家學者則把治國當成學問之本，晉朝大夫傅玄說：「夫儒者，三教之首也」（《晉書・傅玄傳》）。「均善均聖論」更強調三教的調和，連本末也不分了。如劉宋的慧琳作《均善論》講：「六度（佛教的布施、持戒、忍辱、精進、禪定、智慧等六種修習方法）與五教（儒家仁、義、禮、智、信等五常）並行，信順與慈悲並立。」梁代名士沈約作《均聖論》講：「內聖外聖，義均理一。」王褒論三教特點時說：「儒家則尊卑等差，吉凶降殺」，「道家則墮肢體，黜聰明，棄義絕仁，離形去智；釋氏之義，見斷苦習，證滅循道，明因辯果，偶凡成聖。」他們抓住了三教在勸人向善，鞏固封建社會方面功能上的共同作用。「殊途同歸論」則是借用《周易·繫辭》中「天下同歸而殊途，一致而百慮」這段話，提倡文化開放，三教兼容。東晉高僧慧遠說：「道法之與名教，如來之於周孔，法致雖殊，潛相影響；出處誠異，終期則同」（《沙門不敬王者論》）。北周道安作《二教論》說：「三教雖殊，勸善義一；途跡誠異，理會則同。」在三教合一理論的推動下，南北朝及隋唐的大多數統治者，都採用「三教並獎」政策，使之共同發展。但由於儒學論證宗法等級制度最為直接，所以始終處於官學地位，是國家開科取士的標準，治國立法的大綱，處於三教的主導地位。在中國，從未發生過教權衝擊政權的事件。而佛道二教，則處於輔翼的地位，彌補由於傳統儒學缺乏終極關懷和思辨能力較差而造成的理論真空。

唐宋時代，三教合一進入了理論上的相互融通階段，真正達到了內在的結合。這種理論上的結合是多方面的，但主要表現在價值觀和思維方式上。佛道二教受儒學的影響，放棄了外向超越的追求，改而尋求內向超越；儒學則吸收佛老的思辯哲學而自壯，建構了龐大精深的理論體系。魏晉至隋唐眾多的佛教流派儘管極力誇大佛教原有的「護國」、「事親」等方面的內容，但所追求的終極境界「涅槃」仍然是出世的。他們提倡出家修行，以戒律防止作惡，以禪定清靜思慮，以智慧消除煩惱，斬斷塵緣，獲得精神上的自我解脫。在儒家看來，這仍不脫「自私自利之規模」，是一種個人主義的外在超越。唐中葉慧能開創禪宗，主張「菩提只向心覓，何勞向外求玄，所說依此修行，西方就在眼前」（《壇經・疑問品》）。這樣，就把彼岸的淨土拉入了心中，傳統佛教許多念經、拜佛、坐禪、戒律等繁瑣規儀皆成爲多餘，不離現實社會的內向追求成了覺悟的唯一途徑。慧能使傳統的佛教發展爲中國化的佛教，也可以稱之爲「新佛教」。傳統的道教修煉金丹，演畫符籙，追求的是一條「肉體長生」的外在超越之路。但金丹道的屢屢失敗，使道教在唐末、五代也發生了由外丹向內丹，由追求肉體長生到追求精神不死的內在超越之路。新道教由內丹術士蘇元朗、鍾離權、呂洞賓、陳摶、張伯端開其始，由金元之際王喆、丘處機創建所全眞道續其成。王喆指出：「欲永不死而離凡世者，大愚不達道理也」（《立教十五論》）。丘處機進一步解釋說：「眞性不亂，萬緣不掛，不去不來，此是長生不死也」。「吾宗所以不言長生者，非不長生，超之也」（《重陽受丹二十四訣》）。這種長生，與佛教的「明心見性」，「頓悟涅槃」，儒家的「存誠正意」已經相差無幾了。儒家在北宋，從簡單地排斥佛老，到「竊其精髓以自壯」（歐陽修語）。宋明理學的開山祖周敦頤，將陳摶講內丹修煉的《無極圖》，改建成講宇宙生成的《太極圖》，爲理學的發展提供了一條思路。二程、張載、朱熹等人，將佛教的「月印萬川」，「一多相攝」的思想方法，演化成「理一分殊」這樣一個構造體系的基本思想方法，從而將儒家的「三綱五常」說成是宇宙間的普遍規律。用宇宙的普遍性爲封建綱常的必然性作了哲學的證明。宋明新儒學在形而上的領域也超過了佛道二教，立於不可動搖之地。佛道二教也以新的形態，找到了自己在中國封建社會中的位置，

三教互顯互動，共同維持中國社會穩定發展。（張踐）

一八七、中國傳統的人性論觀點主要有哪些？

人性論是中國思想史上長期爭論不休的老問題，春秋時孔子開其端緒，他說：「性相近也，習相遠也。」（《論語・陽貨》）孔子雖然沒有具體說明人性的內容，但他已肯定人有共同本性。到了戰國中期，對人性問題的探討已經成爲思想家們的熱門話題，代表性的觀點有：性無善無不善說；性可善可不善說；有性善有性不善說；性善說。孟子力主性善論，與持性可善可不善的告子進行了尖銳的辯論。孟子認爲人區別於禽獸之處在於，人心中有於生具來的四個「善端」，「測隱之心，仁之端也；羞惡之心，義之端也；辭讓之心，禮之端也；是非之心，智之端也。」（《孟子・公孫丑上》）將人心中的「四端」發揚光大，就可成爲仁、義、禮、智四德，所以他斷言人性本善。諸種社會道德，正是人性的自然發揚。戰國後期儒家另一位大師荀子則反其道而行之，大講性惡論。荀子認爲：「凡性者，天之就也，不可學，不可事。」（《荀子・性惡》）也就是說，只有下意識的生理本能才是人的本性。他又指出：人性就是：「飢而欲食，寒而欲衣，勞而欲息，好利而惡害。」（《荀子・榮辱》）「今人之性，生而有好利焉，順是，故爭奪生而辭讓亡焉」（《荀子・性惡》），所以他斷言人性本惡，須聖人製禮做樂以教化之。顯然，孟子的性善論是著眼於人類在長期的文化生活中形成的共同社會本質，而荀子的著眼點則是人類長期進化過程中所遺留的自然本質。在以後二千年的封建社會裏，性善論和性惡論成爲爭論的主要基調。

從秦漢至隋唐，「性三品」成爲人性論研究中的主流，主要是因爲人們感到，社會上的人多種多樣，很難以簡單的善惡二字概括。西漢大儒董仲舒認爲：「聖人之性，不可以名性；斗筲之性，又不可以名性，名性者，中民之性。」（《春秋繁露・實性》）其原因在於：「天兩，有陰陽之施；身亦兩，有貪仁之性。」（《春秋繁露・深察名號》）東漢氣化論哲學家王充，也持「性三品」的見解，但是他不認爲人性由天神所賜。他說：「稟氣之厚泊，故性有善惡也」（《論衡・率性》），人性取決於先天稟賦的氣質。到了唐代，韓愈仍持「性三品」說，不過他進一步進行了性與情的區分，「性也者，與生俱生也。情也者，接於物而生也」（《原性》）。他的學生李翺則將其發展爲「性善情惡」說，「人之所以爲聖人者，性也；人之所以惑其性者，情也」（《復性書》）。因此他提出通過道德修養而「復性」的任務。總之，在中國封建社會前期，由於身分等級制度的存在，思想家也自然地將人性的善惡看成是不同人的問題。

宋明以後，人性論又發生一大變化，即張載、二程、朱熹等人提出的「天命之性」和「氣質之性」的區分。如朱熹所言：「性者，人之所得於天之理也。」（《孟子・告子上》注）每個人心中都有得之於天理的「天命之性」，此即人心中的善根。但是同時，人又都是有肉身的凡體，「如有天命之性，便有氣質。」（《朱子語類》卷四）「但稟氣之淸者，爲聖爲賢，如寶珠在淸冷水中。稟氣之濁者，爲愚爲不肖，如寶珠在濁令水中。」（《朱子文集・答鄭子上》）在宋明理學家看來，人性之善惡不是說有的人性善，有的人性惡，而是說每一個人身上都有善惡兩種潛因，都有發展爲聖賢或不肖的可能性。因此他們提倡通過「存天理、滅人慾」的道德修養「變化氣質」，「希聖希賢」。自從朱熹的理學被定爲官學以後，「天命之性」和「氣質之性」的區分便成爲對孟荀矛盾的最好解決。

明清以後，隨著中國資本主義萌芽的發展，人性論研究又有新的進展。明清之際的思想家黃宗羲提出了人性自私論，他說：「有生起初，人各自私也，人各自利也。」（《明夷待訪錄·原君》）但是後來有了君主，君主將自己一家之大私稱爲天下之大公，「使天下之人，不敢自私，不敢自利。」（同上書）他並不以人性自私爲惡，而認爲有君才是天下之大害，應該消滅君主專制制度，「向使無君，人各得自私也，人各得自利也。」（同上書）黃宗羲的這些觀點，反映了因工商業的發展，人們觀念中出現的對個人財產和人格尊重的要求。到了近代，這種呼聲更爲強烈。龔自珍亦持人性自私說，而且認爲不僅人是自私的，「天有私也」，「地有私也」，「日月有私也」，「聖帝哲后」、「忠臣孝子」也都統統有私。中國資產階級啓蒙思想家嚴復受西方自然主義人性論的影響，一反孟子之見，把人看成是動物中的一種，「民人者，固動物之類也」（《原強》）。去苦求樂才是人的自然本性。「夫背苦而向樂者，人情之大常也；好善而惡惡者，人性之所同具也。」（《政治講義·自敘》）近代另一個資產階級思想家康有爲寫了《大同書》，其基本指導思想也是人性「去苦求樂」論。他們以這種思想抨擊宋明理學所散布的「存天理、滅人慾」論，呼籲整個社會關注人民現實的物質利益，促進商品生產的發展。可以說他們的思想已經突破了古代文化傳統的藩籬，形成了近代的新傳統。顯然，只要人類社會在繼續發展，人性論的研究也就不會止息。

（張踐）

二八八、傳統的倫理道德精神是什麼？

在人倫關係上，公開申明損人利己的，中國古代可以說沒有，害人以利己，為世人所唾棄。在不損人利己的前提下，如何處理個人與他人的關係，各派思想家們的見解又相去甚遠。

楊朱是主張互不相利的。我不利人，我也不受利於他人。拔我一毛利天下的事，我不幹。每個人都用不著一心想著怎樣利於他人，只要自保其身，其樂之心，自足其慾，天下一樣相安無事。楊朱說：「有生之最靈者人也。」人「必將資物以為養，性任智而不恃力，故智之所貴，有我為貴。」（《列子・楊朱第七》）楊朱的思想聽起來不錯，但不現實。特別是他主張存我即縱慾，縱慾是要有物質條件的，沒有物質基礎，何以滿足自我慾望？而要獲得自我滿足的物質條件，互相爭鬥是不可避的，哪會有天下太平，相安無事。

墨子與楊朱正相反，主張兼相愛，交相利，自己苦行以利天下。《墨子》書說：「凡天下之禍篡怨恨，其所以起者，以不相愛生也。是以仁者非之。既已非之，何以易之？」墨子言曰：「以兼相愛交相利之法易之：然則兼相愛交相利之法將奈何哉？墨子言：「視人之國若視其國，視人之家若視其家，視人之身若視其身」，這樣，天下即可大治。

老、莊重無為，對己無為，處世無為，待人無為。人人無為，都守天地自然之道，則天下「雞犬之聲相聞，老死不相往來」，人間相安無事。老、莊都反對儒家的仁、義、禮、智、信等德教，認爲世間因爲施德才有不德，施仁才有不仁，施禮才有非禮。仁、義、禮、智等德教不但於天下國家無利，施於他人身上，也害他人，因爲每一個人都有自己的生活方式，這是自然的規則，任其自然，才能全生。對他人施以仁，義、禮、智，實際上是推己及人，破壞了他人生活方式的自然秩序。《莊子・至樂第十八》上有一寓言說，魯侯逮住一隻鳥，爲它奏九韶以爲樂，具太牢以爲膳，這鳥頭暈目眩，不敢吃一點肉，不敢飲一口水，三天後就死了。莊子說這是用養人的方法養鳥。果眞要使鳥活下去，就應放它回山林。莊子的結論是：「魚處水而生，人處水而死，故從相與異。其好惡故異也。故先聖不一其能，不同其事，名止於實，義設於適，是之謂安達而福持」（《莊子・至樂第十八》）。即對他人無所作爲，順其自然，才眞能利人。

儒家反對上述各種人倫思想，主張以禮治國平天下，以禮教育他人，以禮對待他人，以禮修己身正己心。

與墨家的普遍仁愛不同，儒家講仁愛必以禮相節。而禮的作用是「定親疏，決嫌疑，別同異，明是非。」（《禮記・曲禮第一》）親疏，同異首先是身分地位的尊卑貴賤差別，這是處理人倫關係首先必須明確的。

所謂尊卑貴賤關係，孔子說是君君、臣臣、父父、子子。《中庸》上說：「君臣也，父子也，夫婦也，昆弟也，朋友之交也，五者天下之達道也。」（《中庸章句》，見《四書集注》）具體說就是「爲人君，止於仁；爲人臣，止於敬；爲人子，止於孝；爲人父，止於慈；與國人交，止於信。」（《大學章句》，同上書）所謂君對臣要仁，不僅僅是施恩惠，更重要的是尙賢使能，近君子，遠小人。孟子說：「堯之於舜也，使其子九男事之，二女女焉，百官牛羊倉廩備，以養舜於畎畝之中，後舉而加諸上位，故曰王公之尊賢者也。」（《孟子・萬章章句下》）所謂臣對君忠，在儀容上表現要恭敬；受君命，要捨身忘生，不辱使命；要敢於犯顏直諫，堅持原則，「所謂大臣者，以道事君，不可則止。」（《論語・先進第十一》）君有不義，決不盲從。所謂孝，不只是養生，重在敬，「今之孝者，是謂能養。至於犬馬，皆能養之；不敬，何以別乎？」（《論語・爲政第二》）所謂父慈，也不是溺愛，重在教之以禮義。所謂交友講信，應能做到「導之以禮」，如果對方不聽用，則止，以免受辱。交友要廣泛，但不能結黨營私。

要之，人倫交際必須遵循人倫天道。孟子說：「其交也有道，其接也以禮」（《孟子・萬章章句下》）。譬如「爲人臣者，懷仁義以事其君；爲人子者，懷仁義以事其父；爲人弟者，懷仁義以事其兄：是君臣、父子、兄弟去利，懷仁義以相接也」（《孟子・告子章句下》）。如爲人臣，只是「爲君闢土地，充府庫」，「爲君約與國，戰必克」，不以仁義輔君，這是民賊，而非良臣。如爲君長對臣子「不教而殺」，「不戒視成」，「慢令而致期」，是「虐」，是「暴」，是「賊」，而非仁慈。

在儒家看來，人倫道德是實現天下太平的根本法則，所以，君子行人倫之道，首先應致力於國家天下大治，教導他人遵行禮義之道，輔佐國君行仁義之道，如不聽用，才獨善其身，處法世而自己行不離道。宋明腐儒後來也偏離了孔孟以人倫道德治天下的立場，過分強調修身養性，受到後世的批判。

儒家的人倫道德思想作爲國家意識形態，在輿論上有很強的控制力量，然而在實際生活中，它的眞正約束力似乎又很軟弱。從西周到春秋戰國，從漢到唐宋，君臣、父子、兄弟、朋友間相互爭殺的事連綿不絕，人倫世道一代不如一代。宋儒將此歸咎於人心不古，致力於治人心，滅人慾，以圖重建理想的道德世界，卻終不見效果。傳統的人倫道德世界處於尷尬的矛盾境地，這是值得認眞研究的。

（湯澤林）

二八九、傳統文化中的人格世界是怎樣的？

中國古代思想家中，儒家最重視人格的塑造和完善。儒家的人生目標是成爲士、君子、聖賢，他們按這個方向培養理解人格，對「小人」人格持嚴厲批判態度。

首先，儒家以爲聖賢君子應是能「守死善道」。君子有所爲有所不爲，這「爲」與「不爲」的標準就是「道」。孔子提倡要「志於道，據於德，依於仁，遊於藝。」（《論語・述而第七》）這可以說是君子人格的總綱，即心要立志於遵行人倫日用之間「所當行」的大道；心既得道，就應持久不懈，始終如一；道的核心是仁，要每時每刻，一言一行不違背仁的原則；在上述前提下，博學多聞，精於禮、樂、射、數、書、御六藝，以養道心。

儒家特別強調堅守人倫大道要有恆心，不論外界環境怎樣千變萬化，個人際遇或福或禍，或順或逆，守持「道」的節操矢志不變。曾子說：「可以託六尺之孤，可以寄百里之命，臨大節而不可奪也」（《論語・泰伯第八》）。這就是君子。孔子說：「三軍可奪帥也，匹夫不可奪志也」（《論語・子罕第九》）。他還說，君子應是「篤信好學，守死善道。」志士仁人應是「無求生以害仁，有殺身以成仁。」孟子說：大丈夫「富貴不能淫，貧賤不能移，威武不能屈」（《孟子・滕文公章句下》）。

堅守「道」的節操，至死不變。這是君子人格第一要則。

其次，儒家認爲，君子遵行人倫大道，堅持仁愛原則。「道」的核心是「仁」，而行仁道有眞僞之分，聖賢君子行仁道，是因爲自己志在行仁。道，並不是給人看的，不是要撈取一個仁人的空名，不是另有其他目的。所以，眞的要行仁道，在行爲上就不應「過」或「不及」。孔子尤其反對行仁道上的「過分」行爲。他認爲，像「巧言」、「令色」、「足恭」等都是諂媚，是不合於禮的。有人說孔子弟子仲弓口才差，是個短處。孔子很生氣，認爲能言善辯並非是君子人格，如果不知行仁道，只賣弄口才，難免要遭人憎惡。相反，君子倒應當是「訥於言，敏於行」的。

孔子還認爲，眞的守仁道，就要「直」，即實事求是，不應曲諉逢迎別人，不應文過飾非。魯國有個叫微生高的人，素以「直」聞名，孔子不以爲然。有人向微生高要一點醋，他家本沒有，卻又向鄰居要了醋給那個人，這叫什麼「直」？孔子還反對「匿怨友人」。他主張君子出言行事，是就是是，非就是非，譬如對己。知就是知，不知就是不知，不可強不知以爲知；譬如對人，應襟懷坦蕩，不隱瞞自己的眞意，別人聽也罷，不聽也罷，反正是要直抒己見。君子有過錯，也是如日月食一樣的，人人都看得見，這就是「誠」、「信」、「淸」。孔子說：「人而無信，不知其何也。

大車無輗，小車無軏，其何以行之哉？」（《論語·爲政第二》）

再次，君子心存仁，行合禮。儒家以爲，「仁」並不是空洞的，不只是一種心態，仁見諸行動就是禮。所以，君子才是「非禮勿視，非禮勿聽，非禮勿言，非禮勿動。」「恭」、「愼」、「勇」、「直」等都是好的品格，但是，如果失去禮的節制，就會出現偏敝。孔子說：「恭而無禮則勞，愼而無禮則葸，勇而無禮則亂，直而無禮則絞。」（《論語·泰伯第八》）勞是困苦，葸是畏懼，亂是逆亂，絞是苛刻。恭、愼、勇、直不合則傷人害己。

儒家特別看重「學」的意義，孔子把好學作爲君子人格的重要內容，有人稱孔子爲聖，他說他並非聖人，只是好學而已，學而不厭。孔子極力讚揚顏淵，不僅稱道他的守仁道而不改，更讚賞顏淵的好學精神。孔子明確指出「仁」、「知」、「信」、「直」、「勇」、「剛」等品格與「學」的關係，他說：「好仁不好學，其蔽也愚；好知不好學，其蔽也盪；好信不好學，其蔽也賊；好直不好學，其蔽也絞；好勇不好學，其蔽也亂；好剛不好學，其蔽也狂。」（《論語·陽貨第十七》）即使是好的品格，也要以學爲導引，才能成爲眞正的君子人格。

儒家特別重視維護自己的君子聖賢人格，不使自身人格受辱。難能可貴的是，他們也講究尊重他人人格，君子成人之美，不成人之惡，這也是君子人格的重要內容。

儒學講君子人格，是將它作爲人與草木禽獸的根本區別看待的，那只有具備君子人格，才算得上是一個眞正的人。儒家是將持守君子人格當作保持人的尊嚴的根本，失去君子人格，即失去人的尊嚴，是最大的恥辱，「知恥」是嚴於律己的內在動力。

儒家極鄙棄小人人格。「小人喻於利」，他們的行爲準則是唯利是圖，因而是無所不爲，得利則喜，失利則悲；處順境驕狂，處困境則怨天尤人，進而言行肆濫，爲匪爲盜。小人可以說根本就沒有眞正的人格。

儒家的人格理想在中國歷史上有持久深刻的影響力，但在有遁世意識的人們中間，道家的人格意識也備受推崇。

道家的理想人格是所謂「至人」、「眞人」的人格。「眞人」、「至人」即體悟「純素」之道的人，這樣的人心如死灰，絲毫不能爲外物所驅動，持守一顆平靜，恬淡的心神，無悲樂，無喜怒，無好惡，不知福禍，安危，名利，生死。所以，「眞人」的心是虛無純淨，行動不刻意追求任何東西。這種「純素」之道是天地的自然之道，「眞人」循「純素」之道，也就與天地陰陽完全融爲一體，因而「憂患不能入，邪氣不能襲」、「無天災，無物累，無人非，無鬼責。不思慮，不豫謀。」（《莊子外篇・刻意第十五》）

道家的人格意識在唐宋以後對儒家也有一定影響。儒家人生態度本是積極入世的，其行爲信條是「克己復禮」。宋儒後來越來越重視克己滅慾的作用，把滅慾以完成心性修養當作君子人格的唯一目標，拋棄了孔孟倡導的經世濟民的歷史責任感，被譏爲「腐儒」。（湯澤林）

二九〇、傳統人生價值觀的基本內容有哪些？

一個民族，一個時代的人生價值觀不是唯一的，生活在不同的社會地位，承當不同的社會角色，就會有不同的人生價值觀。中國的春秋戰國時代，各種各樣的人生價值觀都有充分的表現。

對幸福的見解和態度是人生價值觀的重要表現之一。《尚書洪範》・上記有「五福六極」說，「五福，一曰壽，二曰富，三曰康寧、四曰攸好德，五曰考終命。」「六極，一曰凶短折，二曰疾，三曰憂，四曰貧，五曰惡，六曰弱。」人皆求五福，懼六極，所以，有國有天下者可饗用五福，威用六極，以鞏固統治。

人都追求五福，但也有程度上的差異。孟子稱市井之民和草莽之民爲庶民，庶民的人生追求就簡單得多。《孟子・梁惠王章句上》講到施仁政要從制民之產入手，以使民有恆心。庶民有恆心的要求就是：「必使仰足以事父母，俯足以畜妻子，樂歲終身飽，凶年免於死亡。」「五畝之宅，樹之以桑，五十年者可以衣帛矣。雞豚狗彘之畜，無失其時，七十年者可以食肉矣。百畝之田，勿奪其時，八口之家可以無飢矣。謹庠序之教，申之以孝悌之義，頒白者不負戴於道路矣。」

地位在庶民以上的，就不滿足於這種基本的生存條件了。士者孜孜爭名於朝，以求位尊；賈者斤斤計利於市，以求富貴。他們毫不隱諱自己的名利意圖。管仲以智相齊桓公，享受幾乎與齊桓公同樣的奢華；蘇秦周遊數歲無所成，即使受兄弟嫂妹妻妾羞辱，也不願隨俗，治產業，力工商，念念不忘藉諸侯力而求取功名，他說：「夫士業已屈首受書，而不能以取尊榮，雖多亦奚以爲！」（《史記·蘇秦列傳》）；張儀見蘇秦已名顯天下，不甘示弱，身遭他人掠笞，只要舌頭完好，就要藉此成名；范蠡善經商，他四通諸侯，治產積居，隨時爭利，家產竟至萬萬，如此獲取功名利祿富貴者，都爲當時人仰慕，就是孔孟兩位夫子，也因「道」不爲當時所用，無以名於世而憂慮，才轉而著書立說，以求後世留名的。

追名逐利雖然在生活實踐中成爲不少人的人生信條，也受到各方面的非難。

楊朱是戰國時人，他的人生價值取向是享樂主義的。楊朱不屑於名譽，他以爲人生應「從心而動，不違自然所好。當身之娛，非所去也；從性而遊，不逆萬物所好，死後之名，非所取也。」（《列子·楊朱第七》）楊朱稱此爲「樂生」，「逸身」。他藉管仲之口說，生當「恣耳之所欲聽，恣目之所欲視，恣鼻之所欲向，恣口之所欲言，恣體之所欲安，恣意之所欲行。」凡是違拗身心所欲的都稱「閼」，廢棄諸閼，人才能樂生逸身。楊朱又藉公孫朝和公孫暮之口進一步申明自己的觀點：「公孫朝、公孫暮是鄭國子產的兄弟，一個好酒，一個好色，二人終日沈溺於酒色，子產以禮義勸他們求名位，二人說，生難遇，死易及，以難得的生的機遇去遵禮義，求名位，這們的生活還不如死，人生短暫，應盡一生之歡，窮當年之樂，只怕「腹溢而不得恣口之飲，力憊而不得肆情於色」，哪還擔心名聲醜惡，性命瀕危？

楊朱對於個人與他人的關係取極端唯我主義，「損一毫利天下，不與也」。當然，他也反對損人利己，「悉天下奉一身，不取也。」他說，人人不損一毫，人人不利天下，天下也就太平了。

楊朱站在縱慾的立場上反對追逐功名，有人將這種思想歸入老、莊的道家，實際上兩者有區別。老、莊主張對人生應取「無爲」態度，即不刻意去追求什麼。因爲「人法地，地法天，天法道，道法自然」（《老子・道德經上篇》第二十五章）。自然的運動是相反相成，譬如禍福，「禍兮福之所倚，福兮禍之所伏」（《老子・道德經下篇》第五十八章）。福禍變化無常，無人能夠把握，醉心於求福避禍是沒有意義的。然而老、莊崇尚自然無爲，並非主張縱口腹之慾，而是要「安時而處順」，爲此，要由忘我到無我，摒棄人的情感、理智、意志，外界的任何變化都不再能引起人主觀上的反應。這是老莊學派所追求的人生最高境界。

孔孟的儒家學派的人生態度是積極入世的，他們把自己的人生與一種社會的、政治的、倫理的制度聯繫在一起，背負著重大的歷史使命和責任，立志於使社會由爭亂走向治平。孟子說，天將降大任於斯人也，捨我其誰與？有隱者譏孔子是做不可能做到的事情，孔子說：「天下有道，丘不與易也」（《論語・微子第十八》）。他認爲他的生命就是爲改變亂世而存在的。如果說庶民、爭名利者、楊朱、老、莊的人生價值都是爲私，爲自己，孔孟則是爲公，爲天下人。孔子說君子的人生意義就在「修己以安百姓」。

孔子所追求的理想的社會狀態是「有道」，「道」是孔子人生的最高目標。「朝聞道，夕死可矣」（《論語・里仁第四》）。所謂有道的社會，就是合乎周禮，君子的人生當能「克己復禮」。孔子表達自己的人生態度常用「志」、「樂」、「好」十二個字。他說君子應「志於道」，「志於仁」，處於貧困而不諂，身在富貴之中而能好禮。對於天下大道，君子要知之，好之，樂之，樂於爲天下有道奔波奮鬥，而不把它當作一種負擔。

對於富貴貧賤，孔子認爲也要處之有道。「富與貴，是人之所欲也。不以其道得之，不處也。貧與賤，是人之所惡也。不以其道得之，不去也」（《論語・八佾第三》）。「富而可求也，雖執鞭之士，吾亦爲之。如不可求，從吾所好」（《論語・述而第七》）。「不義而富且貴，於我如浮雲」（同上）。

「道」表現爲社會秩序是禮，表現在人格上是仁。孔子志在行仁，作仁者。仁的本意就是人，是人區別於草木禽獸的根本特徵。所以，孔子的人生目標有極高的道德特色——作人就是作眞正的人。作仁人，克己復禮，守道，在孔子看來，人就應該如此，它們不是達到其他目的手段，它們本身就是人生目的。這與孟子的思想就不同，孟子勸人施仁政，守道，往以保國、保身、去禍得福做引導。

孔子的人生和社會理想是保守的，因爲他堅持一個萬古不變的理想模式；孔子又是一位激進的社會批評家，因爲他的理想模式有近乎烏托邦的性質，現實生活是不可能達到的。孔子嚮往西周，可自他以後的中國各朝各代都再也沒有達到那個境界過，且一代不如一代。假若孔子長壽，恐怕他對哪一朝代都得持批判態度，他生時的悲劇會永遠伴隨他。漢以後確立儒學在意識形態上的統治地位，這是利用它保守的一面。從此在人生價值觀上，其他各家思想都不爲合法，在道德上失去了立足的地位，到宋代理學家提出「存天理，滅人慾」口號，儒家的人生價值觀也到了登峰造極的地步。

即使儒家被尊立爲「經」，對它的人生價值觀也並非沒有懷疑。司馬遷在《史記・伯夷列傳第一》上說：「或曰『天道無親，常與善人。』若伯夷，叔齊，可謂善人者非邪？積仁潔行如此而餓死！且七十子之徒，仲尼獨薦顏淵爲好學。然回也屢空，糟糠不厭，而卒蚤夭。天之報施善人，其何如哉？盜蹠日殺不辜，肝人之肉，暴戾恣睢，聚黨數千人橫行天下，竟以壽終。是遵何德哉？此其尤大彰明較著者也。若至近世，操行不軌，專犯忌諱，而終身逸樂，富厚累世不絕。或擇地而蹈之，時然後出言，行不由徑，非公正不發憤，而遭禍災者，不可勝數也。余甚惑焉，倘所謂天道，是邪非邪？」看來，中國傳統的人生價値觀在漢代以後也不是唯一的，而是在相互疑難、爭論、探索中緩慢發展著。

（湯澤林）

二九一、儒、道、佛人生價値觀有何異同？

中國傳統哲學，重在人生哲學，而人生哲學的核心，又在於價値觀。價値觀的問題，用哲學的術語來講，就是作爲主體的人的主觀需要和作爲客體的自然界之間所存在的現實關係，亦即世界對於人，人對於自身的意義問題。傳統哲學價値觀的問題非常豐富，但大致可以分成三個方面，以下分述之。

第一，人在宇宙中占有何種地位，也就是人與自然的關係問題。儒、釋、道三教，幾乎是在大體相似的時間內建立自己的人生價値學說。中國的儒家與道家，都肯定人在自然界中的地位，這是它們的相同之處。不過，兩家肯定的方法又不相同。儒家是通過揭示人與動物的差別來推崇人，貴人而賤物。如孔子說：「鳥獸不可與同群」（《論語・微子》），人爲萬物之靈長，要嚴格區別動物與人的界限。孟子講：「人之所以異於禽獸者幾希，庶民去之，君子存之。」（《孟子・離婁上》）他認爲人有仁義禮智「四端」，所以有社會道德；禽獸無父無君，不可與人同日而語。荀子對這個問題作了最完整的闡述：「水火有氣而無生，草木有生而無知，禽獸有知而無義，人有氣有生有知且有義，故最爲天下貴」（《荀子・王制》）。道家則是通過揭示人與自然的統一和聯繫來認同和肯定人的存在價值。老子提出了「四大」說：「道大，天大，地大，人亦大。域中有四大，人居其一焉」（《道德經》第二十五章）。道是老子哲學中的最高範疇，人能與之並列，可見決非無足輕重。莊子則說：「天地與我並生，萬物與我爲一」（《莊子・齊物論》），通過「齊萬物」，「齊物我」使人生的價值得到了肯定。不過，由於儒道兩家肯定人生的方式不同，所以儒家往往強調「人貴物賤」，「參讚化育」，支配自然，甚至極而言之，講「人定勝天」，「制天命而用之」。道家則多強調人與自然的協調和順應，「安時順處」，「同與禽獸居，卒與萬物並」，返歸自然以實現人生的價值。產生在印度的佛教與儒道兩家相反，對人生的價值作了基本否定的回答。不過有趣的是，佛教與道家相似，也是通過闡述人與宇宙中其他存在的關係來說明這一點的。佛教將宇宙間有情識的生命分成了「四聖六凡」十大類。「四聖」是佛、菩薩、緣覺、聲聞，佛是修行的最高果位，菩薩是候補佛，緣覺指通過自悟即可覺悟者，聲聞則差一點，須聽過釋迦牟尼的說教方可覺悟。這四者雖修行成果有大小，但都可超脫輪迴之苦，故稱聖。「六凡」則是天、人、阿修羅、畜生、鬼、地獄。天指尚未成佛的一般神，還有墮落爲人畜的危險。人則從出生到死去，時時都要受著苦痛的折磨。阿修羅是魔神，但因多怒、好鬥而被擯出了天界，甚至低與人。畜生是各類的飛禽走獸。鬼則是不得超生，沒人祭祀的餓鬼。地獄裏居住著犯了各種人間大罪的靈魂，受著酷刑的折磨，永世不得脫離。佛教將人視爲「六凡」之一，對人的現世生活持基本否定的態度。不過人還不最低，如果按照佛祖的教誨修行，尙可望進入「四聖」得到解脫。否定現實人生的價值，就爲了強調宗教修行的必要。

第二，人在社會中有何地位，也就是個人價值和社會價值的關係問題。在這個問題上，儒家與佛、道兩家有著明顯的差異。儒家立足於中國的宗法等級社會，多從執政者的角度思考問題，所以在肯定個人生存價值的同時更突出社會群體的價值。儒家的最高理想是將個體價值的實現和群體價值的實現統一起來，但若兩者出現了矛盾，儒家認爲個體必須爲群體做出犧牲，甚至獻出生命。孔子說：「仁遠乎哉？我欲仁，斯仁至矣。」（《論語・述而》）人生的價值在於道德理想「仁」，而仁的實現則取決於主體的自覺與奮鬥。但孔子同時也重視達仁的外部條件，如禮義的制約，社會的教育，習俗的影響等等。他說：「克己復禮爲仁」（《論語・顏淵》），仁者必須作到「非禮勿視，非禮勿聽，非禮勿言，非禮勿動」（同上書），明顯突出了個體對群體的服從。極而言之，在仁不可達之時，「無求生以害仁，有殺身以成仁」（《論語・衛靈公》），極大地弘揚了群體文化精神。在孔子精神的感召下，後世才有了孟子的「捨生取義」，諸葛亮的「鞠躬盡瘁，死而後已」，文天祥的「人生自古誰無死，留取丹心照汗靑」。不過，用歷史的眼光看待儒家的人生價值觀，過分強調了社會價值的一面，蔑視個人價值的一面，在封建社會的發展後期，也滋生出「存天理，滅人慾」，「君讓臣死，臣不得不死；父叫子亡，子不得不亡」的「殺人禮教」，阻礙了中國資本主義社會的萌芽。道家則站在社會下層的立場上，對統治階級代表的群體價值持否定態度。老子說：「故失道而後德，失德而後仁，失仁而後義，失義而後禮。夫禮者，忠信之薄而亂之首」（《老子》第三十八章）。對構成人類社會的禮義規範都採取批判的態度，實際上他將社會的價值也否定了。進而，道家極力突出個體的價值，「衆人昭昭，我獨昏昏，衆人察察，我獨悶悶。……我欲獨異於人而貴食母」（《老子》第二十章）。在大德喪失、人性嚴重曲扭的時代，不同流合污，保持個性的獨立，是人生哲學的首要課題，所以老子提倡養生保眞。戰國時道家楊朱學派將老子的思想發揮到了極端，宣揚：「拔一毛而利天下，不爲也。」（《孟子・盡心上》）而作爲道家主流的莊子，則宣揚對天下之無用，才是對自己的大用，儒家所提倡的「忠臣」、「孝子」，「義士」，都是迷失本眞，違反本性，「皆不足貴也」。理想的人生「全形保精」，超越生死，「遊於世而不僻，順人而不失己」（《莊子・外物》），作隱士般「避世」、「遊世」的「眞人」，「至人」。道家的人生哲學雖然有消極避世的一面，但又是在嚴重異化的社會中，對社會壓迫的一種抗議，以曲折的形式表達了人類自尊自貴，自愛自重的呼聲。漢代以後創立的道教，繼承了道家「全眞保生」的傾向，提出了「我命在我不在天」的口號。他們進行「屈伸導引」，「寶精愛氣」，「草木藥餌」「金丹大藥」，「思神守一」等一系列修煉，就是爲了實現「長生久視」。佛教在否定社會價值、追求個人解脫方面，與道教有相似之處。他們判定人生爲「苦」，其中「愛別離苦」，「怨憎會苦」，「求不得苦」都屬於社會方面。他們將人類社會稱爲「三界無安，猶如火宅」，統統加以否定。而這些苦痛產生的原因，他們則歸結爲人心中的「無明」之毒，也就是人本能的自然慾望。那麼解決的方法，便是按照佛祖指點的「八正道」（正見、正思、正語、正業、正命、正精進、正念、正定）進行個人的修煉，尋求靈魂的解脫，進入涅槃境界，證得佛果。佛教內部各部派，對解脫的見解也不完全相同。小乘佛教只注重個人的苦行修煉，而大乘佛教則提倡「普渡眾生」。但即使是大乘佛教，其修行的出發點仍然是以出家、禁慾、離世爲前提的，要放棄個人在社會上對家庭、宗族、國家的義務，所以後世儒家學者說他們「終不脫自私自利之規模」。

第三，人精神的終極寄託，也就是此岸與彼岸的關係的問題。儒家創立於古代傳統宗教瓦解之時，其創始人孔子對宗教鬼神，人死後的世界持強烈的存疑態度。子路問死，他說：「未知生，焉知死？」問事鬼神，他說：「未能事人，焉能事鬼？」（《論語・先進》）爲了維持宗法禮儀的需要，孔子對彼岸世界採取了「敬鬼神而遠之」（《論語・雍也》）的態度，不反對，但也不肯定，唯重視現實的人生。孔子說：「君子疾沒世而名不稱焉」（《論語・衛靈公》），追求在此岸世界爲家、國、天下建立道德功勳。所以儒家推崇「三不朽」精神，「太上有立德，其次有立功，其次有立言。雖久不廢，此之謂三不朽」（《左傳》襄公二十四年）。一個人通過立德、立功、立言的社會活動，將自己有限的生命投入民族、國家、人類無窮無盡的發展中，其英名便會在人民中永久流傳，其精神就獲得了永生。道家產生的社會歷史條件與儒家近似，從其高度理性的原則出發，對鬼神迷信也持批判態度。老子講：「以道蒞天下，其鬼不神。」（《老子》第六十章）他們不相信死後的世界，而主張在精神上追求超越物質制約、生死束縛的絕對自由境界。老子提倡「復歸於嬰兒」，「如嬰嬰之未孩」」的自然境界。莊子則通過寓言的形式塑造了「至人」、「眞人」的理想人格。他說：「古之眞人，不知悅生，不知惡死。」（《莊子·大宗師》）如射姑山上的仙人，「吸風飲露，乘雲氣，馭飛龍，遊乎六合之外」。道教繼承了道家的精神方向，以現世的「長生不老」「肉身成仙」爲理想的最高境界。無論「外丹」還是「內丹」，都是爲了永享生命之樂。佛教的產生有與中國完全不同的文化背景，印度自古就是一個宗教文化發達的國家，靈魂觀念、彼岸思想深入人心。佛教的創生雖然是對古婆羅門教的一種革命，但仍然無法徹底擺脫歷史氛圍的影響。釋迦牟尼不承認不死的靈魂，但卻繼承了「輪迴」的思想，認爲人的現世生活是短暫的，而有一種神祕的「業力」卻是永恆的，在「六趣」之間不停地流轉。現實的世界寂滅無常，充滿了苦難，根本不值得留戀。人要想擺脫輪迴之苦，只能按照佛祖的教誨修行，追求彼岸「常樂我淨」的涅槃境界。涅槃是梵文Nirvana的音譯，意譯則爲「滅度」、「圓寂」。這個詞既包括了肉身舊我的死亡、消失，同時也是精神之我的創造、新生。圓寂之圓指圓滿，不可增減；寂指寂靜，不可變壞。達到了涅槃境界，便可根絕煩惱，斷除貪慾，周遍一切，眞性湛然。涅槃就是覺悟，就是成佛，是佛教徒追求的最高境界。

以上我們比較了儒、釋、道三家在人生價值觀上的主要異同，由於這些人生立場的根本差異，千百年來，三教之間不斷發生理論的爭辯。但是爭辯的結果，不是誰消滅了誰，而是在理論上相互調和，相互補充，共同繁榮。

（張踐）

二九二、傳統的治國安邦之道有哪些要素？

五千年豐富多彩的中華文明，具有於世獨立、與眾不同的歷史特徵。在悠久的文化傳統中，政治家、思想家們所積累和總結的治國安邦之道，是人類社會發展和進步的重要因素，不僅對中國、對東方，而且對整個世界都會產生過不同程度的影響。存其精華，去其糟粕，傳統的治國安邦之道大體上有以下一些要素。

第一，是「天命觀」、「道德觀」。中國古代自周秦至明淸，數千年中始終重視「道」的影響，主張天理、天命、天道、天運、天時，強調「以德配天」、「順天應人」，以天時與地利、人和相融，倡導「天人合一」。古人主張的「道」，近似於現代社會中常說的「規律」，但又不能等同，老子說：「道，可道；非常道」，就是很難言傳的。古人相信天上地下、世間萬物都被一種無形的力量或「天命」所主宰，這種力量與人間的倫理綱常是相合的，所以要安邦治國，首先要「以德配天」。既使君王作了壞事，也會遭到天怒天譴；統治者順應天理，則必然受到上天與百姓的共同支持，才能國泰民安。所以《易經》上說：「天行健，君子以自強不息」，「地勢坤，君子以厚德載物」，就是告誡和激勵人們順天理，棄惡揚善，應天命，自強不息。歷代先哲對此治國安邦之道多有闡述，成爲中國文化傳統中的根基。

第二，是保民、富民政策。爲了使百姓安居樂樂　大多數統治者都採取「布德惠民」、「富民安國」的政策，而凡是不能「以民爲務」的暴君和暴政，必然導致垮台和衰敗。西周時期，周公總結了殷王朝失敗的教訓之後，制定了六項保息安民的政策，在《周禮·地官司徒》中指出：「以保息六養萬民：一曰慈幼，二曰養老，三曰振窮，四曰恤貧，五曰寬疾，六曰安富。」其意即爲愛護兒童、敬養老人、救濟鰥寡孤獨、幫助貧困者、照顧殘疾人和病弱者穩定富裕人家。齊景公根據晏子的意見，決定使「老弱有養，鰥寡有室」（《晏子春秋·內篇雜上》），墨子發揮了晏子的思想，提出對老而無妻者有所侍養以終其壽；對幼弱孤童有所收養以長其身；並作到「內無拘女，外無寡（鰥）夫」（《墨子·兼愛下》並《辭過》篇）。歷史上傑出的政治家開創的「文景之治」、「貞觀之治」、「康乾盛世」等，都是把保民、富民政策當做安邦治國重要因素來執政行事的。

第三，是舉賢重才、任人唯賢的觀點。在中國古代，最高統治者「天子」是上天安排好了的，世襲天命，不可違背和改變。但是，文武百官作爲治國安邦的具體責任者卻都是可以改變的，賢與不肖，忠與奸，善與惡歷來是古代道德倫理前提下衡量當政者的標準，也是治國安邦知人、任人的重要因素。天子應該是有道的「明主聖王」，輔政之臣應該是忠君愛民的賢良之士。歷史上的周公旦、管仲、張良、諸葛亮、魏徵、包拯、海瑞、林則徐等一大批德才兼備的「忠臣」、「清官」和無數創造了豐功偉績的科學家、思想家、文學家、藝術家及其他各領域的傑出人才，是治國安邦的棟梁和社會發展的要素。

第四，是加強基層政權與社會基層組織的作用，這是有別於西方傳統的中國古代治國安邦要素，中國歷來以地大物博、人口眾多而著稱，古代政治家和學者都十分重視基層政權的建設與鞏固。戰國時韓非主張「將軍發於卒伍，宰相起於州部」，管仲要求「擇其賢民，使爲里君」，這與《周禮·地官·遂人》所倡導的「以田里安甿」是一致的思想。夏商西周三代的基層社會組織，是氏族制遺留下來的宗法制生產組織和軍事組織。西周時漸趨完善的地緣式社會組織已打破了血緣式母體，五家一比，五比一閭，四閭一族，五族一黨，五黨一州，五州一鄉（《周禮·地官·司徒》），到春秋戰國時期發生了較多變革，秦漢時期則統一爲五家爲軌，十軌爲里，四里爲連，十連爲鄉，三鄉爲帥的國鄙制。經過魏晉南北朝的動亂，隋朝時在縣以下設鄉、黨、族、閭、保；唐代簡化爲鄉、里、保、鄰四層；宋初改爲鄉、坊、里並實行十家一保、五保爲一大保、五大保爲一都保的治安保甲制；直至明清時期的牌、甲、保三級保甲組織。柳宗元認爲：「天下之治，始於里胥」，明清時代的「鄉規民約」對治國安邦起到了很大的作用，使民眾「死喪相助，患難相恤，善相勸勉，惡相告誡，息訟罷爭，講信修睦」（王守仁：《南贛鄉約》）。基層社會結構的建設是治國安邦的重要因素。

第五，是「德主刑輔」與「先富後教」的政策思想。歷代有作爲的盛世君主和政治家，既強調「德治」和「仁政」，又不否定「刑罰」；既主張「保民」、「富民」，又主張對民眾一定要實行「教化」，這樣才會社會穩定，民富國強。在春秋時代社會動盪的局面下，孔子力主「道之以政，齊之以刑，民免而無恥；道之以德，齊之以禮，有恥且格」（《論語·爲政》）。先秦諸子，大多主張實行「仁政」，但在「爲政以德」的同時，也認爲「治國制刑，不隱於親」，只有「德主刑輔」才能做到「謀閉而不興，盜竊亂賊而不作，故外戶而不閉」的「無訟」的社會風貌。另外，對民眾還要施以教化，使「君子懷刑，小人懷惠」，使人民知義、知信、知禮而達到天下大治。在「德主刑輔」方針下，反對嚴刑峻罰，主張寬猛相濟；在「先富後教」的方針下，則主張遵守「君君、臣臣、父父、子子」的封建倫理教化，有鮮明的時代特性。

第六，是「薄賦斂，廣蓄積」的政策，也是傳統的治國安邦要素。秦始皇以橫徵暴斂、嚴刑苛法而亡，西漢晁錯總結歷史教訓而指出治國安邦必須「務民於農桑，薄賦斂，廣蓄積，以實倉廩，備水旱」（《貴粟疏》）。歷代先哲無一不強調輕徭薄役、減免租稅和廣積糧草的重要意義。在「薄賦斂，廣蓄積」的方針之下，還包括均平糴、節貪慾、以豐補歉、賑災濟貧等內容。只要實現了上述方針政策，國家才能臨荒而不亂，在災荒中擺脫困境。

除了以上諸要素之外，傳統的治國安邦之道還包括興修水利、發展交通、管理工商業、擴大對外交往和精兵簡政等等要素，都是歷代統治者十分關注的方針大計。（馬洪路）

二九三、何謂吏治用人之術？

中國古代的吏治用人之術，包含著一系列理論、方法與手段，是歷代統治者安邦治國、富國強民的大倫理、大決策、大謀略，用人之術是否得當與諳熟，不僅往往決定一件事情的成敗，而且關係到政權的安危、王朝的興衰。凡是執政者懂得選賢任能、知人善用、賞罰分明、懲惡揚善的道理並努力實踐，則吏治清明，天下太平，百姓安居樂業，國家富足強盛；相反，則奸佞横行、怨聲載道，百姓苦於苛稅暴政而流離失所，國庫空虛，外敵也會不斷侵擾進犯。用人之術，在於人的識別判斷，在於用和不用，其「術」則主要指如何用、如何不用的謀略與技巧。

自周秦至明清，歷代統治者爲了培養各級政權的當政官吏，首先開辦了各種學校，並實施一系列考察、推選、舉薦政策，廣泛收羅人才。先秦時期各諸侯國都設有鄉校，培養了大批知「書」明「禮」的賢士，成爲王侯將相的幕僚門客和大小官吏，在國家建設中起到了重要作用。從漢代到隋代，封建王朝實行了一種稱爲「察舉」的選官制度，這是在戰國時期的「世卿世祿」制度徹底衰落，以推薦方法選錄官吏已形成普遍風氣的背景下推行的制度。漢初，高祖劉邦曾下詔徵召賢能；漢文帝二年（一七八）下詔察舉賢良方正能直言極諫者；十五年又詔諸侯王，公卿、郡守，各舉賢良能直言極諫者，被舉者百餘人參加「對策」，並根據等第授予官職，特科察舉的制度因此正式成立。定期的察舉科目稱爲常科或歲舉，如孝廉、秀才科；而由皇帝不定期地下詔要求貢舉的爲特科或詔舉，如賢良、文學、明經、有道等科。察舉的對象既有平民，也有現任的吏員，朝廷指定有關官員擔任舉主，經檢驗後對選中者給予錄用或升遷。從西漢到東漢初，察舉的實施比較嚴格。被舉者如被發現不合標準，舉主要承擔責任，被貶秩、免官。察舉制度保證了王朝對行政人才的需求，是吏治用人的前提。但到東漢後期，政治腐敗，權貴豪門請託舞弊，曾造成嚴重的察舉不實，影響了吏治。魏晉南北朝時期，察舉仍是步入仕途的基本途徑之一，雖幾經調整，但到唐代以前一直是統治者努力採取的選賢之法。曹魏以降，門閥士族勢力日益強盛，與之相適應，在選官上產生了「九品中正制」，使察舉制的地位開始下降。

魏晉南北朝時期的九品中正制，是一種重要的官吏選拔制度，又名九品官人法。這種制度始由魏文帝曹丕篡漢前夕的延康元年（二二〇）魏吏部尙書陳群制定，至西晉漸趨完備，南北朝時期有所變化。以魏晉之制來說，先在各郡設置中正，稍後又在各州設置大中正。州郡中正只能由本地人擔當，且多由任現職的中央官員兼任；中正的職權主要是評議人物，其標準有三：家世、道德、才能。中正根據家世和德才的評論對人物作出高下的品定，稱爲「品」，品分九等，一品最高但形同虛設，故二品實爲最高；中正評議結果上交司徒府復核批判，然後送吏部作爲選官的根據；中正評議人物三年調整一次，但對所評議者也可隨時予以升品或降品。爲了提高中正的權威，政府還禁止被評議者訴訟枉曲，但中正如定品違法，政府要追究其責任。九品中正制度是繼承東漢官吏選拔制度又加以改革的結果，其最高標準則是儒家的道德行爲。南北朝後期，此制漸流於形式，到了隋代隨著門閥制度的衰落，這種官吏選拔制度終被廢除。

隋唐之際新興起來的一種選拔官吏制度，是科舉制。隋朝建立後，以秀才、明經等科課試選士的方法仍沿襲下來，隋煬帝時期又置進士科，科舉制度逐步形成。唐初經高祖、太宗、高宗、武后各朝，科舉制趨於完整。唐制取士分制科和常科，制科由皇帝特旨召試，以待社會「非常之才」，主要考試「對策」，科目繁多，常見的有直言極諫，賢良方正、博學宏詞、才堪經邦、武足安邊等科。應制科對策及第者分授各級官職或賜出身。因爲這種新的選拔官吏、舉賢任能的制度是分科舉人，故名之「科舉制」。它的特點是不再以家世，而是通過考試選拔官吏，從而爲寒門庶族開闢了仕途。科舉制經宋、遼、金、元、明、清各代的不斷改進，成爲每隔三年舉行一次的嚴格的選官制度，分鄉試、會試、廷試（殿試）三級，包括有文科、武科、制科和翻譯科。文、武兩科在鄉試前又增加了童試一級。科舉制的完善，反映出吏治用人之術的基礎已牢固地建立在儒家的四書五經倫理道德之上了。

在歷代選官制度基礎之上，吏治用人之術具體表現爲：

其一，選賢任能。按照儒家之「賢」的標準，挑選各種有才能的人，任命爲各級政府的官吏，並盡力做到人盡其才；

其二，知人善用。對於眞正的人才，不僅依靠各種制度的選拔或推薦、自薦，還有透過考試等表面現象，了解他的眞實才幹即辦事能力與經驗，並充分發揮各種人才的不同特點，揚長避短，各司其職，避免才非所用；

其三，賞罰分明。對各級官吏，進行政績的考核。對一人一事，及時作出功過評判，然後進行褒獎或處罰，使官吏爭創佳績，避免失誤，並能嚴於責己，將功補過；

其四，明察暗訪。爲使吏治清明，防止官吏貪污腐化、表裏不一、欺上瞞下等劣跡，實行卿監、御史台、觀察使、都察院等監察制度，有時採取「微服私訪」的手段以監察吏治；

其五，去奸除惡。各朝各代、每時每地，總有一些奸邪之徒混跡官場爲非作歹。用人之術的重要手段還必須在發現奸邪之徒後及時去奸除惡、扶正祛邪、平冤獄、解危難，以此來匡扶正義，刷新吏治；

其六，以禮蒞官。中國古代社會，儒家之禮法爲一切言行的準則，《禮記·曲禮》篇說「班朝、治軍、蒞官、行法，非禮威嚴不行」，「禮」是天之經、地之義、國之幹、民之行，吏治用人，必然要用世代傳承之「禮」來考察和任用各級官吏。

以上是古代吏治用人之術的具體原則和表現形式。此外，許多封建禮法、政治權術、軍事謀略、生活經驗也都在吏治用人方面有廣泛的應用。如《逸周書・銓法篇》指出對「敬謀、祗德、親同」的人不能疏遠，對「聽讒自亂、所諛自欺、近慜自惡」的人不可親近，對「竭親以爲信」、「以謀易寇」、「慮泄事敗」的人不可容納，等等，亦爲吏治用人之要。歷代先哲，所述甚多，此就不一一贅述了。

（馬洪路）

二九四、傳統的法律觀有哪些基本內容？

中國歷史悠久，傳統的法律觀包含著十分豐富的內容，是迄今留存下來的浩如煙海的典籍中重要組成部分。中國古代法律思想史所蘊藏的豐富成果，是中華民族的寶貴財富。

自殷周以來，出現過許多傑出的思想家和政治家，他們中的一批兼是法學家。古代法學家的傳統思想對各代的社會生活和歷史進程都產生過一定影響。由於傳統文化特別是儒學的制約，雖然多少王朝興衰交替、立法修律代代皆有，但是總的看來其立法思想和法律制度卻變化不大，傳統的法律觀是以「德」爲主，以「刑」爲輔的民本思想、宗法思想、君權思想和大同思想互相融合的體系，其基本內容主要包括正名、教育預防、治人、刑中、原心論罪、父子相隱、輕徭薄賦等，核心則是一個「仁」字，倫理思想貫穿在整個法律思想體系中。

夏、商、西周三代，道德、宗教、法律是三位一體的，周代以前的法律是以「家天下」爲特徵的禮制，而「禮者，別貴賤序尊卑者也」，禮的思想銘刻在尊爵鼎壺的彝器神物之上，這些宗廟社稷的重器就是法律的象徵。周公創立的「有孝有德」的禮制，就是三代法律規範的總結，其基本內容爲祈天、敬德、保民。周禮規定的典、禮、刑、德、章、服各項囊括了當時社會中政治關係和倫理關係的一切方面，是以上帝的命令來表達的國家意志，是人們必須遵守的行爲規範。

春秋戰國時期，孔子及其傳人繼承並發展了周公的禮制思想，提出了儒家的立法、司法和守法思想，從而形成了綿延數千年的傳統法律觀念。

孔子的立法觀念首先是「正名」。西元前四九一年，衛靈公去世，過了三年，衛國發生宮廷政變。針對這件事，孔子向子路談了一段非常重要的話：

子路曰：「衛君待子而爲政，子將奚先？」子曰：「必也正名乎！」子路曰：「有是哉，子之迂也！奚其正？」子曰：「野哉，由也！君子於其所不知，蓋闕如也。名不正，則言不順；言不順，則事不成；事不成，則禮樂不興；禮樂不興，則刑罰不中；刑罰不中，則民無所措手足。故君子名之必可言也，言之必可行也。君子於其言，無所苟而已矣」（《論語・子路》）。

這裏孔子的「正名」思想，提出了一個重要的立法原則。名正言順的「言」，包括法令法理在內。只有名「正」了，言「順」了，才能興禮樂、中刑罰。中國古代的君主言出而法隨，天子立言即爲立法，統治者的意志就是國家意志，法的興廢都由皇帝決定。「禮樂征伐自天子出」便能「天下有道」。「正名」思想，無疑是傳統法律觀的重要內容。

傳統法律觀的另一個重要內容是先富後教的教育預防觀念。孔子認爲犯罪是可以預防的，罪犯也是可以施行教化的。性相近，習相遠，罪人的本性不是先天的，「習」可以使人的秉性產生變化。孔子認爲「君子固窮，小人窮斯濫矣」（《論語・衛靈公》），意識到貧窮會產生社會動盪及犯罪。孟子進一步解釋道：

無恆產而有恆心者，唯士爲能。若民，則無恆產，因無恆心。苟無恆心，放辟邪侈，無不爲已。（《孟子・梁惠王下》）

荀子也說：「不富無以養民情，不教無以理民性。」主張「五畝宅，百畝田」（《荀子・大略》），然後富之教之，人們才能奉公守法。此後歷代先哲都把富民教民當作穩定社會、預防犯罪的重要手段。

傳統法律的基本內容還包括「爲政在人」的「治人」觀念。由於君主握有生殺予奪的大權，所以國家必須得到「治人」才能治理，即古人所說的「賢人政治」。君應爲「明主」，臣應爲「清官」。無論荀子強調「有治人無治法」，還是黃宗羲主張「有治法而後有治人」，都從不同角度突出「治人」的重要作用。所以，中國古代特別重視舉賢任能、修身正已和司法道德，這種思想內容貫穿在傳統法律之中。

古代的「中庸」刑事政策也是傳統法律觀的基本內容。早在商代，商王盤庚遷殷時就訓誡百姓與奴隸「汝分猷念以從，各設中於乃心！」（《尚書・盤庚》）意即：你們應當同心同德地跟從我，把自己的心放中正。到了周初，周公也強調「茲式有愼，以列用中罰」（《尚書・立政》）。主張刑罰用「中」，不輕不重。這種「中」的觀念深爲孔子贊許，說「中庸之爲德也，其至矣乎！民鮮久矣」（《論語・雍也》）。「中庸」思想使商周時期「中罰」的法律觀念獲得了更深刻的哲理意義。中庸的刑事政策，就是要求以用「中」折獄爲常道。《管子・小匡》篇說：「決獄折中，不殺不辜，不誣無罪。」是歷代所遵守的原則。在「中庸」思想指導下的法律觀念，包括「興禮樂」、「寬猛相濟」、「明察愼刑」、「量刑合時」等。

「原心論罪」的刑罰原則也是傳統法律觀的基本內容之一。原心論罪又稱「論心定罪」和「原情定罪」等。董仲舒說：

《春秋》之聽獄也，必本其事而原其志。志邪者不待成，首惡者罪特重，本直者其論輕。（《春秋繁露・精華》）

後世許多學者都就此發表了相同的看法，認爲論罪要分淸犯罪的故意和過失、一貫與偶然、首惡與脅從、屢教不悛與尚知悔改等情況，含有一定的合理因素。

除上述基本內容外，傳統法律觀念所包括的「父子相隱」倫理思想、「輕傜薄賦」的經濟思想和政策也都是重要內容。這些基本觀念構成了傳統法律觀念的「德主刑輔」的框架，並由此出現了漢代的經義折獄、魏晉南北朝時期的儒生注律和倫理入法，並形成了以《唐律》爲代表的古代社會封建倫理法。

（馬洪路）

二九五、農、工、商怎樣才能各得其所？

在中國古代小農經濟社會中，「士農工商四民者，國之石民也」（《管子・小匡》）。士爲四民之首，經營國家意識形態，而其餘三者，則構成了古代國家的主要產業，因此可以說是缺一不可的。

在當時的生產發展水平上，農業處於主導地位，是關乎國家存亡的命脈。俗話說：「民以食爲天」，實際上就是以農業爲根本。重農主義始終是中國經濟思想史上的主旋律。協助齊桓公「九合諸侯，一匡天下」的大政治家管仲說：「衣食足而知榮辱，倉廩實而知禮義」。儒家創始人孔子「所重，民、食、喪、祭」，認爲一個國家要強大，首先必須「足食」，然後才可教之以禮義。儒家亞聖孟子爲梁惠王謀劃「王天下」之道：「五畝之宅，樹之以桑」，「百畝之田，勿奪其時」，「七十者衣帛食肉，黎民不飢不寒，然而不王者，未之有也」（《孟子・梁惠王上》）！西漢賈誼，道出了重農的必要性：「一夫不耕，或受之飢；一女不織，或受之寒」（《漢書・食貨志》）。所以在中國古代，稱農業爲「本」，而以其他二業爲「末」。

但是，中國歷史上大多數開明的政治家、思想家都主張農、工、商三者協調發展，互補爲用。「《洪範》八政，一曰食，二曰貨。食謂農殖嘉穀可食之物，貨謂布帛可衣及金刀龜貝，所以分財布利通有無者也」（《漢書・食貨志》）。商業的地位僅次於農業。齊桓公向管仲請教，「皮乾筋角竹箭羽毛齒革不足，爲此有道乎？」管仲回答：「請爲諸侯之商立客舍，一乘者有食，三乘者有芻菽，五乘者有伍養」（《管子・輕重乙篇》）。也就是說，採用鼓勵商業，以優惠的條件招商引資。來一輛車者免費供應伙食，三乘車者還供給馬的飼料，五乘車者連服務人員都加上。於是，「天下之商賈歸齊若流水」，齊國依靠商業致富。到了戰國，「有爲神農之言者許行」，提倡取消士農工商的分工，自耕而食，自織而衣，市賈不貳，效法遠古的神農之世。孟子對其說加以駁斥，指出：「百工之事，故不可耕且爲與」，百工、商賈，都有其不可替代的社會價值（參見《孟子・藤文公上》）。另一個儒家大師荀子全面論證了士農工商的分工和作用，他講：「聖人之道，儒之所謹守也。傳曰：農分田而耕，賈分貨而販，百工分事而勸，士大夫分職而聽，……天下莫不均平，莫不治辦」（《荀子・王霸》）。到了漢代，司馬遷作《史記・貨殖列傳》，闡述了他的分工思想，「故待農而食之，虞而出之，工而成之，商而通之」。西漢經濟名臣桑弘羊對工、商二業的作用論證更爲充分，「古之立國家者，開本末之途，通有無之用。……故工不出則農用乏，商不出則寶貨絕。農用乏則穀不殖，寶貨絕則財用匱」（《鹽鐵論・通有》）。也就是說，沒有工商業，農業本身也不能很好地發展。

然而在古代中國封建等級社會的框架中，工、商業是一個不好控制的因素，尤其是商業，其過度發展會破壞社會結構的平衡，所以有了「重本抑末」，「重農抑商」之說。司馬遷說：「用貧求富，農不如工，工不如商」，「猗頓用鹽鹵起，而邯鄲郭縱以鐵冶業成，與王侯埒」（《史記・貨殖列傳》）。這不僅破壞了傳統的尊卑秩序，而且助長了人們投機取巧，追求利慾之心。戰國的商鞅為了鼓勵耕戰，首倡「抑商」之說：「重關市之賦，則農惡商，商有疑惰之心。農惡商，商疑惰，則草必墾矣。」（《商君書·墾令》）韓非則直接把商人稱為「五蠹」之一，所以「夫明王治國之政，使其商工遊食之民少而名卑」（《韓非子·五蠹》）。到了漢代，儒法合流，「重農抑商」成為國策。漢高祖時，商賈「不得衣絲乘車，重租稅以困辱之」，市井之子孫亦不得「仕宦為吏」。政府通過不許商人子弟為官，防止他們控制政權，通過較重的賦稅，限制其發展規模。秦漢以降，歷代基本都維持了這一政策。對於「抑商」政策，我們今天要看到其兩重性。一方面，在當時這是不可免之舉，另一方面，在封建社會後期，確有阻礙資本主義萌芽的作用。（張踐）

二九六、理財之道基本要點有哪些？

南宋大思想家葉適說：「古之人，未有不善理財而為聖君賢相者也」（《葉適集·計財上》）。中國歷史上的大政治家，聖王賢相，都是善於治理經濟的好手。他接著又說：「理財與聚斂異，今之言理財者，聚斂而已矣」（同上書）。理財的概念不等於財政稅收，古代思想家所說的理財包括兩方面的內容。明代的邱濬說：「古者藏富於民，民財既理，則人君之用度無不足者。是故善於藏富國者，必先理民之財，而為國理財者次之」（《大學衍義補》卷二十）。所謂理民財者，指加強對人民生產的指導和調整，積極促進經濟的發展；所謂理國財者，指不斷改進和完善財政制度，保證國家稅收的增長。開明的君主和思想家都看到，理民財是理國財的基礎。

善理民財的首要要求是掌握「取予之道」，通過減輕稅賦，調動農民從事農業生產的積極性。儒家亞聖孟子說：「易其田疇，薄其賦斂，民可使富也」（《孟子・盡心上》）。一味橫徵暴斂，把老百姓的農副產品統統搜刮乾淨，無異於殺雞取卵，驅民為寇。反之，按照老子「將欲取之，必固予之」的策略，輕役薄賦，藏富於民。整個社會經濟發展了，政府的收入也會相應地增加。另一儒家大師荀子說：「下貧則上貧，下富則上富。故田野縣鄙者財之本也，垣窌倉稟者財之末也」（《荀子・富國》），說的就是這種取予之間的辯證法。歷史上一些精明的統治者確實也是這麼做的。如漢初的「文景之治」，十五稅一，甚至三十稅一，結果國家倉庫裏糧食積滿得甚至化為泥土，銅錢充盈，連穿錢的繩子都腐爛了。其次是重農桑，修水利，鼓勵發展生產。中國絕大多數思想家，大多數帝王，都著書立說，發布詔令，勸民力耕。如孟子告誡政治者「民事不可緩」，要求「勿奪農時」。荀子則進一步列舉了「罕舉力役，勿奪農時」，「眾農夫」，「多糞肥田」，「相高下，視肥磽，序五種」，「修堤壩，通溝澮，安水藏」等一系列技術性問題。

理國財的內容包括：（一）制定合理稅收比例和徵收制度。輕賦稅，但還是得要賦稅，不然國家無以養兵、養官。夏、商、周三代實行井田制，國家收取貢、賦、助等形式的勞役地租。三代以後土地私有，開始通行實物地租，一般採用「什一稅」。具體形式有唐代的「租庸調」（以地租、勞役，絲綢等可以互換），唐宋的「兩稅」（所有租稅分夏秋兩次交清），明清的「一條鞭」（秋後一次交清）等等。（二）改革稅收制度，保證國家的財政收入。宋代由於大地主，大商人大量占有土地，隱田瞞產，造成國家稅源流失，致使宋中葉政府財政出現了「入不敷出」，「積貧積弱」

的局面。王安石主持變法，打出了「理財」的旗幟。王安石變法遭到了以司馬光爲首的保守派的反對，司馬光認爲：「天地之間，貨財百物，止有此數，不在民間，則在公家」（司馬光：《邇英奏對》）。王安石則指出：「善理財者，民不加賦而國用饒」（同上書），其變法的指導思想也根源於此。他制定了「方田均賦法」，重新丈量土地，登記造冊，清查隱田，平均賦稅。制定「運轉法」、「均輸法」、「市易法」等新法，使大商人無法利用國家採買之機，中飽私囊，力圖堵塞國家財政的漏洞。這些措施都取得了一定的成果，說明通過制度的改良是可以擴大國家財政收入的。（三）建立國有工商業。齊桓公問管仲，在生產短期無大發展的情況下，如何增加國家財富？管仲回答：「唯官山海爲可耳」（《管子·海王篇》）。「官山海」就是對山中出產的鐵和海裏出產的鹽加以管理，實行鹽鐵官營。在古代自然經濟條件下，鹽和鐵是關係「國計民生」的重要戰略物資，人民須臾不可離，因此具有厚利。國家控制了鹽鐵，就保證了稅收的相當大部分。所以鹽鐵官營始終是封建國家的國策。以後，又陸續對酒、茶、銅等少數幾項商品實行專營，如桑弘羊的「籠鹽鐵」，「酒榷酤」，宋代的「榷茶」「銅禁」等等。（四）加強市場管理，平抑物價，防止奸商囤積居奇，牟取暴利，這也是理財的手段之一。管仲首先提出了「權輕重」的思想：「歲有凶稔，故穀有貴賤，令有緩急，故物有輕重」（《管子·國蓄篇》）。他主張利用國家掌握的商業和儲備，平抑物價，調劑餘缺。魏國法家李悝實行「平糴法」，在糧食賤時由國家收購，貴時到市場拋售，以穩定物價。西漢經濟名臣桑弘羊提出「平準法」，北宋王安石建立「義倉」、「常平倉」，制定「市易法」，出發點都是通過物價控制，將原來進入大商賈手中的錢收歸國家。（五）量入爲出，勵行節約。不管採取哪些理財措施，對於統治階級無限膨脹的貪慾來說，都是杯水車薪。因此精明的思想家總是不斷告誡統治者，要「節用」；而有所作爲的統治者，也遵守量入爲出的原則。如孔子講：「道千乘之國，敬事而信，節用以愛人」（《論語・學而》）。老子說：「我有三寶，持而保之。一曰慈，二曰儉，三曰不敢爲天下先」（《老子》第六十七章）。《禮記・王制》說：「冢宰制國用，必於歲之杪，五穀皆入，然後制國用」。

上述理財的智慧，爲歷史上英明的君主所採用，故而國富民強，社會安定，外敵不敢侵；反之，總有一些昏庸的皇帝，奸佞的臣子，橫徵暴斂，以滿足一己之淫慾，最後終難免社會動亂，人民遭殃，國家崩潰，身敗名裂，其經驗留給後代借鑑。（張踐）

二九七、傳統科技觀的主要內容是什麼？

中國古代科技的發展有三個顯著的特點：（一）強調用整體、系統的觀點看世界，形成了較完善的「天人合一」的自然觀。（二）中國古代的幾乎每一門學科都彌漫著陰陽五行說的影子，陰陽五行說成爲貫穿中國傳統科技的主旋律。（三）堅持經世致用，重視經驗科學的發展。中國傳統科技從實際觀測出發，進而對自然現象作出解釋。不僅天文觀測、地理測量、醫學治療、數學計算等經驗科學都取得了輝煌成就，紡織、建築、造船、陶瓷等實用技術也成果斐然。因此，天人合一的自然觀、陰陽五行學說以及經世致用的特點，構成了傳統科技觀的主要內容。

所謂天人合一的自然觀，就是說自然與人事是相關相應的，甚至是水乳交融，渾然一體的；或者說天人不二，天道與人道都是整體的大道中的一部分，萬事萬物是一體而同根的，統一於無所不容的大道之中。

天人合一的自然觀影響了許多學科的發展。例如，中國古代的煉丹術就是以天人合一的自然觀作爲思想基礎。煉丹術大致分爲外丹和內丹。外丹主要利用祠灶鼎爐煉製金丹，由於黃金幾乎不參加任何化學反應，永不腐朽，煉丹家認爲，既然天與人是統一的，那麼人類服用金丹，也能達到延年益壽乃至不朽的目的。內丹具有更濃厚的天人合一的色彩。內丹的主要方法有導引（類似體操、太極拳等）、吐納（類似氣功）、辟穀（不食五穀雜糧）、房中術等。它的基本原理是：以天地爲陰陽，人體爲丹灶，臍下丹田爲鼎器，心火爲離，腎水爲坎；通過吐納津液，凝神煉氣，使心火、腎水相接（稱水火既濟），陰陽契合，就能修煉成仙，至少能使人祛病延年。這明顯是把人體比作與大宇宙相類似的小宇宙，讓人體模仿自然界的演變，以求達到天人合一的目的。

中國的陰陽五行思想淵遠流長，對中國古代科技的形成和發展產生了深遠影響。

古人在概括男女兩性婚配、生殖現象時感到，如果以男子爲陽、女子爲陰，那麼人類的生殖現象就是陰陽交感繁衍子孫。於是他們把這種認識推廣到宇宙萬事萬物，將一切自然現象都分解爲陰陽兩性，陽代表積極、進取、剛強，陰代表消極、退守、柔弱。陰陽變化構成事物發展的客觀規律。合乎自然的客觀變化稱爲陰陽有序，自然界中出現的反常現象屬於陰陽失調。

古人又從紛紜複雜的物質世界中，抽象出五種最基本的元素：水、火、木、金、土，稱爲五行。

五行不僅與人們日常生活關係極爲密切，例如與五行相對應，有五味、五臟、五色、五倫、五官、五聲等；而且五行本身也是相生、相勝的。所謂相生，是指木生火、火生土，土生金、金生水，水生木；相勝是水勝火，火勝金，金勝木，木勝土，土勝水。古人認爲，五行相生相勝關係體現在自然萬物的消息生長之中，它包容整個宇宙發展運動的全過程。

在中國古代科學中，中醫學最爲完整地沿襲了陰陽五行思想。許多中醫學家，藉助於陰陽五行說來總結長期醫療實踐的經驗，對生命過程、疾病的成因進行解釋，並指導臨床診斷與治療。中醫的經典著作《黃帝內經》非常重視陰陽，提出「人生有形，不離陰陽」、「生之本，本於陰陽」（《內經·素問》）。人體結構、五臟六腑，被細緻地分別陰陽，醫療診斷的關鍵，就在於恢復人體的陰陽平衡。中醫又根據五行，把人的臟腑、五官、形體和情志都分成五類，如五臟中肝屬木，心屬火，脾屬土，肺屬金，腎屬水；然後利用五行的相生相勝理論，治病救人。例如肝木有病，除直接治肝外，還可根據病情，採用補泄肺金、腎水的方法，以達到治肝的目的。中醫的這些思想，一直延續到今天。

中國古代科技大多在經驗中獲得，在實踐中發展，過分強調經世致用，缺乏理論思維，這也是中國古代科技發展的一大特色。

作爲中國傳統文化主流的儒家思想，主張的是入世哲學。儒家非常強調經世致用，反對玄學思辨，這不能不影響到傳統科技的發展方向。另外，從隋唐大興科舉制度以後，大批的優秀人才被吸引到詩賦與八股文之中，從事科技活動的只剩下地位卑賤的工匠雜役，這也影響了中國科技的理論水平。

以數學爲例，經典名著《九章算術》從當時社會實踐中所提的各類問題中，選出二百四十六個例題，按解題的方法和應用的範圍分爲九章，涉及田畝面積計算、穀米兑換比率、賦稅分配、工程測量、方程求解等許多實用領域的數學問題，具有很高的學術水平。然而這本書擅長計算而不講究邏輯性，注重實用而理論性不強，尤其在幾何和數論方面，與西方數學古典著作《幾何原本》相比差距較大。《九章算術》充分反映了中國古代數學、乃至整個科學體系的特點。

天人合一的自然觀、陰陽五行學說、經世致用三者相輔相成，交織滲透，構成了中國古代科技發展的主要脈絡。中國科技在歷史上一度到達世界巔峰，但到近代卻遠遠落後於西方。其中，中國傳統科技觀這三方面特點的功過是非一言難盡。也許對這些傳統概念作同情性的理解、創造性的詮釋，才是我們對待歷史的正確態度吧。

（王巍）

二九八、傳統文化中的戰爭觀有何特徵？

中國是世界聞名的文明古國，數千年頻繁激烈、規模巨大、空間廣闊、形式多樣的戰爭經歷，以農業爲主的自然經濟結構，以漢族爲主體、多民族共存的民族構成，重謀略愛和平的民族心理素質，皆對人們的戰爭觀有深刻的影響，其特點主要表現在以下幾個方面：

一是崇尚和平，反對暴虐。以農業民族爲主體的中華民族不同於商業民族和遊牧民族，繁重的農業生產需要他們付出長時間的艱苦勞動，每日裏「日出而作，日落而息」，在田間壟下用汗水換回秋天的果實。除了水旱蟲雹等自然災害外，對農業生產危害最大的恐怕就是戰爭。對農業民族來說，戰爭無論勝敗，都會給自己的社會經濟造成巨大消極影響，即所謂「師之所處，荆棘生焉；大戰之後，必有凶年」（《老子・第三十章》）。所以，古代思想家們普遍視戰爭爲不祥之器，奉勸人們不可以武力逞強。

即使是那些迫不得已而進行的戰爭，古人也大多強調最好能做到兵不血刃，以謀略勝敵。例如以大軍壓境，示敵以威，使之望而生畏，望風而降；採用政策攻心，瓦解敵軍，使之軍心混亂，不戰自潰；充分利用和擴大敵人內部矛盾，使之相互傾軋，分崩離析，不戰自潰。孫子所說的「百戰百勝，非善之善者也；不戰而屈人之兵，善之善者也」（《孫子・謀攻》）；《六韜》所說的「善戰者，不待張軍；善除患者，理於未生。勝敵者，勝於無形。上戰無與戰」（《六韜・軍勢》），皆是這方面的代表性言論。

二是擁護義戰，反對不義之戰。古代思想家極爲重視戰爭的性質問題，他們認爲戰爭起因有五：「禁暴救亂」的爲義兵，「恃眾以伐」的爲強兵，「因怒興師」的爲剛兵，「棄禮貪利」的爲暴兵，「國亂人疲、舉事動眾」的爲逆兵。總的說來分義戰和不義之戰兩大類，凡是救民於水火之中，得到人民擁護的都是義戰；而爲滿足統治者私慾而進行的戰爭則是不義之戰。義戰「舉順天人」，受到民眾的歡迎，所以「成湯討桀而夏民喜悅，周武伐紂而殷人不非」（《吳子・圖國》）；行不合道，舉不合義的不義之戰即使暫時獲得某些政治經濟利益，最終也會招致失敗。國君將帥要想奪取戰爭的勝利，必須使自己的軍事行動符合民衆的利益，而不是滿足個人的私慾。須知「天下非一人之天下，乃天下之天下也。同天下之利者得天下，擅天下之利者則失天下」（《六韜・文師》）。只有符合仁、德、義、道的，才能「天下歸之」，在戰爭中立於不敗之地。

三是強調重戰慎戰，反對窮兵黷武。古代思想家從歷史上無數亡國絕世的慘痛教訓中，深刻體會到戰爭在國家安危存亡中的重要作用，指出「兵者，國之大事，死生之地，存亡之道，不可不察也」（《孫子・計》）。「民之死生兆於此，則國之存亡見於彼。然死生曰地，存亡曰道者，以死生在勝負之地，而存亡繫得失之道也，得不重愼申察乎？」（《十一家注孫子・張預注》）「戰勝，則所以存亡國而繼絕世也；戰不勝，則所以削地而危社稷也」（《孫臏兵法・見威王》）。這種把戰爭提到關係到國家存亡和民衆生死的高度來認識的觀點，表明古代思想家們對戰爭的態度極爲愼重。他們反對以一己之怒、一時之利便輕易發動戰爭，奉勸「主不可怒而興師，將不可慍而致戰」（《孫子・火攻》）。同時要加強戰備，增強實力，預防敵人可能發動的襲擊，「無恃其不來，恃吾有以待也；無恃其不攻，恃吾有所不可攻也」（《孫子・九變》）。對那些一味炫耀武力，靠戰爭奪取別人財富、人口、土地者，人們多持批判態度，認爲憑藉武力雖然可以暫時取得戰爭的勝利，但要保住它則很難，「是以數勝得天下者稀，以亡者衆」（《吳子・圖國》），人們不可不牢記這一歷史經驗。

四是武植文種，強調政治對戰爭的決定性作用。古人認爲，「兵者，以武爲植，以文爲種，武爲表，文爲裏」（《尉繚子・兵令上》），即政治是根本，軍事是枝幹，軍事從屬政治，是政治的發展和表現。政治的好壞決定著人心的向背，戰爭的勝負，所以統治者應當修道保法，「教百姓而親萬民」，對民眾「綏之以道，理之以義，動之以禮，撫之以仁」，達到萬民親附，「先和而造大事」（《吳子・圖國》）的目的。因爲「不和於國，不可以出軍；不和於軍，不可以出陣；不和於陣，不可以進戰；不和於戰，不可以決勝」（《吳子・圖國》）。只有萬眾一心，同仇敵愾，勝利才會有必要的保證。從敵國方面的情況看，當敵國內部政治昏暗、人心渙散之際，也恰恰是進攻敵國的良好時機。高明的統兵將帥應當利用這種機會，甚至有意識地造成統治集團內部矛盾激化，以此作爲自己軍事進攻的準備和前提。（劉慶）

二九九、用兵之道妙在何處？

中國自古爲兵學盛國，幾千年來豐富的軍事鬥爭經驗和兵家將帥們艱苦的理論探索，形成了極爲高明巧妙的用兵之道，在世界軍事思想發展史上具有重要的歷史地位和深遠的影響。其主要內容有：

一是強調「兵者詭道」，從敵人意想不到的時間、方向，用其無法防禦的方法去打擊敵人。中國古代兵學家很早就認識到，戰爭是敵對雙方的殊死搏鬥，講不得什麼誠實仁義，而要行詭道，講計謀，以種種欺騙手段造成敵人的錯覺和不意，以便戰勝敵人。具體實行起來，則要求隱眞示假，對自己的一切決策和行動都要嚴守機密，使敵人的間諜難以發現，將帥判別不清。同時，以積極的佯動迷惑敵人，「能而示之不能，用而示之不用，遠而示之近，近而示之遠」（《孫子・計篇》），從而使敵人陷入「不知其所守」，「不知其所攻」的被動局面。在兵力部署上，擔任主要作戰任務的正兵和擔負輔助作戰任務的奇兵既相互依託，又相互變化，在相生相變中創造戰機，給敵人以出其不意的打擊。在選擇攻擊時機和作戰目標（方向）上，要避開堅實之處，攻擊薄弱之點。

二是主張「致人而不致於人」，牢牢地握戰爭的主動權。中國古代兵家認爲，兵法「千章萬句，不出乎致人而不致於人而已」（《李衛公問對》卷中），克敵制勝的關鍵就是如何避免被動，爭取主動。主動與被動是以一定的客觀條件爲基礎的，兵力的衆寡、裝備的優劣、地形的利弊、軍隊的逸勞、飽飢都是決定主動與被動的因素。將帥們在作戰指揮時要充分利用自己的有利條件，力爭以強擊弱，以衆擊寡，以逸待勞，以飽待飢，以治待亂，以實擊虛。例如，當敵軍處於疾風大寒、伐木渡水、盛夏炎熱、行軍飢渴、糧草已盡、軍心不穩或兵力不多、水土不服、瘟疫流行、救兵不至等不利困境時，就應當果斷發起進攻。而當敵人兵多器精，又有強大援軍時，則應當想方設法在被動的條件下爭取主動，或以迂爲直，以患爲利，後發先至，避其銳氣，擊其惰歸，出其不意，攻其不備；或採取佯動的方式使敵人備多兵分，在局部戰場上形成我衆敵寡的有利態勢，讓戰爭主動權始終操於自己手中，爲最終戰勝敵人奠定基礎。

三是提倡「因敵制勝」，靈活運用戰法。中國古代兵學家普遍認爲「能因敵變化而取勝者，謂之神」（《孫子・虛實》），故作戰用兵時，不能墨守成規，局限於以往的作戰經驗。制定作戰方案，要根據敵情有針對性地採取適用的新戰法；作戰方案在執行過程中，還要不斷根據敵情的變化修改方案，根據敵我兵力的強弱衆寡，靈活運用戰法，在作戰時機的選擇上，也不要過於機械呆板，而應當考慮到敵人軍心士氣的變化情況，「避其銳氣，擊其惰歸」（《孫子・軍爭》）。總之，用兵必須善於以變制變，善於出奇應敵。只有當我們用兵打仗的行動敵人無法測度、應付不暇的時候，才具有戰勝敵人的可能性。若我們的行動事事在敵人的預料之中，敵人總是早有準備，以逸待勞，那麼即使我方兵力佔據優勢，也是很難打敗敵人的。

四是崇尚「全勝」境界，力主「不戰而屈人之兵」。中國古代兵學家看到戰爭總是不可避免要給敵對雙方造成傷亡和經濟破壞。那麼如何避免這種現象呢？《孫子兵法》指出，戰勝敵人有智勝和力勝兩種方式，智勝就是以軍事實力爲後盾，綜合運用政治、經濟、軍事、外交、心理等各種鬥爭手段，既可以避免國弊兵疲的不利局面，又可以不動刀兵就達到預定目標，做到「屈人之兵而非戰也，拔人之城而非攻也，毀人之國而非久也，故兵不頓而利可全」（《孫子・謀攻》）。除《孫子兵法》外，《六韜》、《管子》等著作也都贊成在富國強兵的基礎上，以強大的經濟實力和軍事實力爲後盾，不經交戰而獲取勝利，即所謂「故善戰者，不待張軍；善除患者，理於未生。勝敵者，勝於無形。上戰無與戰」（《六韜・軍勢》）。《六韜》還進一步提出以伐謀、伐交爲主要內容的「文伐」十二法，主張利用種種手段離間敵國君臣關係，破壞敵國戰爭準備，使其上下猜疑，武備廢弛，社會混亂。而當這些方法不能達到預定政治目的時，就以之爲軍事進攻的前提和準備，爲下一步進行的武力進攻創造戰則必勝的條件。這就使傳統的伐謀戰略與伐兵戰略有機地結合起來，使其不再是一種理想的用兵境界，更成爲實戰戰略的有機組成部分。《管子》贊同伐謀、伐交，更強調發展國家經濟，以經濟手段達到不戰而屈人之兵的目的。值得指出的是，中國古代兵家的「全勝」思想，可以從不同層次去理解和運用。它既可以運用於戰略，也可以運用於戰役和戰術；既可以運用於進攻，也可以運用於防禦。只要運用得法，在何時何地都可以達到用兵如神的地步。（劉慶）

三〇〇、傳統家庭觀的基本內容是什麼？

關於治家，儒家講得最多最細。中國傳統的家庭觀是在儒家思想的基礎上建構起來的。

儒家把格物、致知、正心、誠意、修身、齊家、治國、平天下當作聖賢君子的人生使命，其中齊家是實現獨善其身與兼治天下的中間環節。所以，治家在儒家思想中有重要地位。孟子說：「人有恆言，皆曰『天下國家』。天下之本在國，國之本在家，家之本在身。」（《孟子・離婁章句上》）

聖賢君子以仁政治理國家天下，施仁政的核心是取信於民，征服民心，而要使民心服，關鍵是使民能有家，能養家，能安家。男大要求有室，女大希望有家，人情皆然。治國家天下者不可獨有己家，而讓他人無家。齊宣王讚賞孟子關於行仁政的主張，又說自己有毛病，做不到。譬如他說自己好色。孟子對齊宣王說，古公亶父也好色，但他能推己及人，使其屬民男女都能成婚嫁，「當是時也，內無怨女，外無曠夫。」（《孟子・梁惠王章句下》）所以，有國有天下者如果自己好色，能與百姓同之，就可成就王業。

施仁政要使民有家，還要能使民養家、安家，讓百姓能上瞻養父母，下畜養妻子，樂歲終身飽，凶年免死亡。

家對人生的作用是什麼?爲什麼人都想有家?孟子說過，「食、色，性也」，這個「性」字，不是現在人們所理解的樣子。孟子又說：「不孝有三，無後爲大。」不娶妻生子，將斷絕祖先的續脈。成家是爲了續嗣，這是人的天性。

聖賢君子志在治國平天下，但必須先能治其家。不能治理好自己的家，而要治國平天下，是不可能的。觀其家，就能看出治家者是否具備君子人格。所以，古代士大夫都極重自己的家教、家風，必使家庭倫理合於禮。

家從男女成婚開始，男女夫婦之禮就成了家庭倫理的基礎。

以禮治家，首先是男女有別，夫婦有序，尊卑分別。男女七歲不同席，不同坐。男子年二十應娶妻，女子十五歲成年，二十歲出嫁，特殊情況可延至二十三歲。未成婚之前，男女不應相知對方的名。成婚必有父母之命，媒妁之言。必經正式聘禮，「以告」，告之於日月，告之於鬼神，告之於鄉黨僚友，以表明尊重男女之別。男女成婚，是天性，但「不待父母之命、媒妁之言，鑽穴隙相窺，逾牆相從，則父母、國人皆賤之」(《孟子·滕文公章句下》)。娶妻是人之所欲，但必須合於禮，不合禮則不爲。「逾東家牆而摟其處子，則得妻;不摟則不得妻，則將摟之乎?」(《孟子·告子章句下》)君子則寧可不得妻，也不逾牆而強占鄰家少女。

爲人妻者，貴在一個「賢」字:孝敬公婆，善教子女，和睦姑叔妯娌，輔佐丈夫。所謂輔佐，不能干預丈夫的政事，只是幫助丈夫齊正家事。

妻妾要尊卑分明，嫡爲尊，妾爲卑，不可逾越。丈夫也要以禮待妻妾，使之各有所得，各有所安，不應逾禮而有所偏愛，否則，會造成家庭內亂。

有夫婦然後有父子。父子之道是父慈子孝。父親教養子女，重在教，使之能成大器。教子從胎教開始。妻子懷子三月，「出居別宮，目不邪視，耳不妄聽，聲音滋味，以禮節之」。孩子一到能「識人顏色，知人喜怒，使加教誨，使爲則爲，使止則止，比及數歲，可省笞罰。」（《顏氏家訓・教子第二》）按《禮記》說，孩子長到六歲，應教事物方名；七歲，男女不同席，不同食；八歲始教以禮讓。敬長者；九歲數以望朔六甲知識；十歲出外就師學習，食宿不回家；十三歲學樂誦詩，學射御；二十歲開始學禮。

父親教子要寬猛結合，威嚴而又慈溫。如此，子女才能畏懼生孝。相反，無教而有愛，「飲食運爲，恣其所欲，宜訓反獎，應呵反笑，至有識知，謂法當耳。驕慢已習，乃復制之，捶撻至死而無威，憤怒日隆而增怨。及於成長終爲敗德」（《顏氏家訓・教子第二》）。所以，教子必嚴，否則，害子也敗家。同樣，只有嚴猛而無慈溫，也不能使家庭和睦齊正。

兄悌弟，弟敬兄，是家庭倫理的第三要素。兄弟本是「分形連氣之人也，方其幼也，父母左提右挈，前襟後裾，食則同案，衣則傳服，學則連業，遊則共方，雖有悖亂之行，不能不相愛也。」（《顏氏家訓・兄弟第三》）到了壯年，各自成了家室，各妻其妻，各子其子，雖有篤厚之情，孩童時代的親密關係也不得有所減損。尤其妯娌之間，本無血親關係，更易使兄弟之間的親厚之情疏遠。若是父母故去，兄弟之間再爭奪地產，還會反目爲仇，使兄弟親情反還不如友人了。所以，必須導之以孝悌禮義。

儒家講家庭倫理，其要還是確定家庭內的尊卑貴賤秩序，使各守其位，各盡其責，各得其惠。以此獲得家庭的合理秩序，免於爭亂。

聖賢君子要能治國安邦，必得先能齊其家。「其家不可教而能教人者，無之。故君子不出家而成教於國：孝者，所以事君也；弟者，所以事長也；慈者，所以使眾也。……一家仁，一國興仁；一家讓，一國興讓；一人貪戾，一國作亂。」（《大學章句》，見《四書集注》）君子治家，不爲自安其家，還是爲了治國。

要能夠以禮治家，必得先修己身。人會因爲自己的親愛、賤惡、畏敬、哀矜，傲惰等情緒，對人對物的態度有所偏蔽，譬如對妻妾，對嫡子、庶子，會有逾禮行爲，這必引起家庭內部的爭鬥。所以，能齊家者，自己必須心合禮，行合於禮，「身不修不可以齊家」。（湯澤林）

三〇一、中國先哲對社會風氣有什麼精闢的分析？

社會風氣表現爲一個社會有強烈誘導力或普遍流行的行爲模式。中國古代思想家關於理想的社會風氣，決定社會風氣的因素及社會風氣的整治問題，都提出過獨到的見解。

各派思想家們尤其注重關於理想社會風氣的描述，因爲其中凝聚著這些思想家的人生、社會和政治抱負。

春秋戰國時期，中國社會的歷史經歷著重大的變化。私有制產生並不斷發展，以血緣親族關係爲基礎的國家體系逐漸瓦解。周初實行分封制，將全國土地分封給周室親族子弟、功臣或前朝後嗣，各諸侯按公、侯、伯、子、男等次第享受不同的財產和權力，但還算不上眞正的財產私有權。「普天之下，莫非王土；率土之賓，莫非王臣。」諸侯們只是周王的代理人。這個制度使西周時期的社會秩序是有序的，穩定的。春秋以後，各諸侯國對所屬封地的實際控制能力增強，權力擴大，周天子的封地慢慢變成諸侯們的私有財產。同樣的事情也發生在諸侯國內的卿大夫們之間。於是，人們的利益目標、價值追求都相應發生巨變，「天下熙熙，皆爲利來；天下壤壤，皆爲利往。」「至若詩書所述虞夏以來，耳目欲極聲色之好，口欲窮芻豢之味，身安逸樂，而心誇矜執能之榮，使俗之漸民久矣，雖戶說以眇論，終不能化」（《史記•貨殖列傳》）。這是實際存在著的社會風氣，成長於春秋戰國時期的思想界關於社會風氣見解，都是針對這一生活現實而發議論的。

在生活實踐上，不少人都得順應現實的社會風氣，參與其中的爭鬥，因爲它確是改變人們命運的一次機會。然而，爲一己私利的激烈爭奪造成社會秩序的混亂，反過來又時刻威脅著人們的自身利益。所以，思想家們關於社會風氣的議論又都是從批判現實的社會風氣開始的。

儒家對春秋戰國後現實的社會風氣批判最爲激烈，儒家都認西周社會爲最理想的社會秩序，其標誌是禮齊樂正，自天子、諸侯、卿大夫至庶民，名分正通，各守其禮，各盡其職，各有所得。那時是「大道之行，天下爲公。選賢與能，講信修睦。故人不獨親其親，不獨子其子。使老有所終，壯有所用，幼有所長，矜寡孤獨廢疾者，皆有所養。男有分，女有歸。貨惡其棄於地也，不必藏於己；力惡其不出於身也，不必爲己。是故謀閉而不興，盜竊亂賊而不作」（《禮記‧禮運第九》）。及至春秋以後，禮崩樂壞，天下大亂，社會風氣到了「是可忍，孰不可忍」的地步。

儒家都把社會風氣的好壞歸結人性、人的品格、人心問題。他們認爲，匡治衰敗的社會風氣，關鍵在塑造合於禮義的人。所以，儒家特別強調教化、促學的作用。「風」，本也是風化、教化的意思。以《詩》、《書》、《易》、《禮》、《樂》、《春秋》教化社會，社會風氣便能達到理想狀態，其中《詩》、《禮》、《樂》的教化尤其重要。孔子說使人成於一個合於禮義的人，是「興於《詩》，立於《禮》，成於《樂》。」（《論語‧春泰伯第八》）

改變風氣要從教化、促學入手，由此，必得先有施行教化者。儒家特別重視統治者自身的社會風氣。孔子說：「政者，正也。」（《論語‧顏淵第十二》）治國者「苟正其身矣，於從政乎何有？不能正其身，如正人何」（《論語‧子路第十三》）？統治者本身風氣正，就不怕社會風氣不正。因爲「君子之德風，小人之德草」。

宋儒把人心是否合於天理當作決定社會風氣的決定因素。他們認爲，整治社會風氣必須盡全力以整治人心，使人心能「存天理，滅人慾」，因此，全民性的人心修養就成了國家存亡的根本。這種觀點受到明末清初實家們的批評。

另有從其他方面批評和抵制春秋以後的社會風氣的。

老、莊一派也不滿意人人爭利的社會風氣。老子認爲理想的社會秩序應該是：「至治之極，鄰國相望，雞狗之聲相聞，民各甘其食，美其服，安其俗，樂其業，至老死不相往來。」（《史記‧

貨殖列傳第六十九》）而天下人不遺餘力地追逐名利，爲此勞心傷身，實是不知天地人的自然無爲之道。莊子說，知自然無爲是一切事物運行的根本法則，不刻意追求「不可爲無爲」，不妄加動作，則天下太平，個人也心安身全。老、莊們特別反對儒家的教化、風化說，認爲世上之所有不仁、不義、非禮等不德現象，正是施行仁、義、禮、智教化作用的結果。那麼，如何扭轉不良的社會風氣呢？老子認爲關鍵也在統治者的行爲，但不是要他們去施行教化，而是自然無爲。統治者自身無慾無爲，也不用向臣民做道德教育，社會自然會形成無爲的風氣，於是，相互爲名利爭殺的局面也就不復存在。

楊朱一派以追求個人享樂爲人生理想，他們對春秋以後的社會風氣也不滿意，尤其對儒家提倡的禮義、名分更爲不滿，認爲靠禮義追求名譽地位，更爲虛僞，且勞神費力，如果人人都知生命短暫，及時行樂，不管別人的事，那就是一種好的社會秩序了。

各學派中，務實主義色彩較濃的是法家。他們對普遍追求一己利益的社會風氣並不一概貶斥，認爲這乃是人生本性。普遍追求私利也並非一定就導致社會秩序的混亂，關鍵在於如何施政。法家以爲對追求私利的社會風氣必須給予利導，方法是明法，獎罰分明，把人們追求一己利益的行爲引導到富國強兵的方向上來。因爲人們都趨生畏死，所以，只要有了明確的賞罰規則並嚴格實行，人各務其本，各司其職，各盡其責，不巧言，不作奸，各盡其力謀其利，社會風氣就會好起來。

漢以後二千多年，由於確立儒學的一統地位，儒家關於社會風氣的思想在意識形態上起統治作用，但在國家施政的實際操作上，又往往兼容各家，形成控制國家運行的實際政策。（湯澤林）

三〇二、傳統的社會理想是什麼?

中國傳統社會，主流文化包括儒、釋、道三家，三家各有自己的社會理想，雖不盡相同，但又相輔相成，共同支撐起中國人的精神世界。以下我們分別敘述之。

儒家誕生於春秋末年激烈的社會變動之中，當時的社會處於嚴重的無序狀態，臣弑君，子弑父，諸侯混戰，以下犯上的現象普遍存在。孔子對此抱有沈重的憂患意識，希望重建以「周禮」爲代表的宗法社會等級秩序。他說：「鬱鬱乎文哉，吾從周。」（《論語・八佾》）弟子問他，恢復周禮的工作從何作起，他說：「正名」，也就是恢復「君君、臣臣、父父、子子」的等級名分。他認爲：「天下有道，則禮樂征伐自天子出」（《論語・季氏》），重建周天子的權威。他反對用殘暴的手段剝削農民，提倡「德政」。到了戰國，孟子進一步發展了孔子的思想，並構劃了「仁政」的具體藍圖。孟子認爲「夫仁政必自經界始」，也就是恢復西周的井田制度，保證農民有「恆產」。他說：「方百里而井，井九百畝，同養公田；公事畢，然後敢治私事。」（《孟子・藤文公上》）在農民的每一塊私田上，「五畝之宅，樹之以桑，五十者可以衣帛矣。雞豚狗彘之畜，無失其時，七十者可以食肉矣。百畝之田，勿奪其時，數口之家可以無飢矣。」（《孟子・梁惠王上》）好一片小農經濟的田園詩。爲了發揮孔子「庶之、富之、教之」的思想，孟子又提出，對廣大農民要「謹庠序之教，申之以孝悌之義」（同上書），使他們懂道德，服從封建統治。這樣基本上也就可以成爲「王道樂土」了。不過，儒家的社會理想並未停留於此，由於他們所推崇的周禮從三代之上沿襲而來，其中包含了遠古時代原始共產主義的思想。所以，無論是孔孟還是後世的儒家，他們的終極理想都是對準大同社會的。《禮記・禮運》講：「大道之行也，天下爲公，選賢與能，講信修睦。故人不獨親其親，不獨子其子，使老有所終，壯有所用，幼有所長，矜寡孤獨廢疾者皆有所養。……是故謀閉而不興，盜竊亂賊而不作，故外戶而不閉，是謂大同。」這種對天下爲公的大同社會的追求，幾千年來影響了世世代代的中國人，陶淵明的《桃花源》，鮑敬言的《無君論》，黃宗羲的《明夷待防錄》，洪秀全的「太平天國」，康有爲的《大同書》，孫中山的「民生主義」，……無不折射著儒家大同理想的光輝。

道家與儒家產生的時代大致相同，但道家從社會下層知識分子的立場思考問題，對等級宗法制度採取全面拒斥的態度。老子認爲：「大道廢，有仁義。智慧出，有大僞。六親不和，有慈孝。國家昏亂，有忠臣。」（《老子》第十八章）針對當時的社會混亂，根治之方不是重建禮樂典章制度，而是徹底消滅禮樂制度。「絕聖棄智，民利百倍；絕仁去義，民復孝慈；絕巧去利，盜賊無有。」（《老子》第十九章）所以他理想的社會是：「小國寡民，使民有什伯之器而不用，使民重死而不遠徙。……甘其食，美其服，安其居，樂其俗。鄰國相望，雞犬之聲相聞，民至老死不相往來。」（《老子》第八十章）老子的理想社會，實際上仍然是以原始共產主義社會爲藍本的，他將其稱之爲「自然」。道家另一代表人物莊子的回歸自然比老子走得更遠，他說：「至德之世，不尙賢，不使能，上如標枝，民如野鹿。」（《莊子・天地》）也就是回到與萬物一體，與禽獸共居的狀態。

當然，道家處於「在野」地位，他們的社會理想多是對當時社會不滿的譴責之詞，因此並不具有多少可操作性。道家創始人本身可能也明白這一點，所以在實踐上他們所實行的，也只能是作一個「避世」、「遊世」的「隱士」、「逸民」。漢代以後，道家思想和當時社會上流行的神仙方術相結合，產生了道教。道教稟承了道家「自然無爲」的社會理想，但作爲一種宗教，主要是從現實生活領域之外去尋找理想之國。道教的「理想國」是傳說中的「十洲三島」。十洲爲祖、瀛、玄、炎、長、元、流、生、鳳麟、聚窟諸洲。三島即蓬萊、方丈、瀛洲。在那裏，建有神仙宮觀，住著長生不老的神人、仙女。地上長滿了不死草，食之可以長生。又有玉醴泉，飲之如酒醉。大樹茂盛，珍禽異獸出沒其中，與神仙嬉戲。人只要苦煉得道，即可達此福地洞天，與天地齊壽，與日月同輝。

佛教是一種從印度傳來的宗教，其基本傾向也是離世的。不過，從他們對彼岸世界的描述，我們仍可能找到其產生於現實社會的理想。佛教爲其信徒描繪了一幅「西方極樂世界」的美好圖景。根據《無量壽經》，「其佛國土，自然七寶——金、銀、琉璃、珊瑚、琥珀、硨磲、瑪瑙——合成爲地。……光赫焜耀，微妙奇麗。」這裏沒有四季變化，永遠溫暖宜人。「七寶諸樹，周遍世界，……榮色相曜，不可勝視。」「諸佛所住的「講堂、精舍、宮殿、樓觀，皆七寶莊嚴，自然化成，」金壁輝煌，瑰麗無比。這裏生活的人們，當感到飢餓時，「七寶應器，自然現前，……百味飲食，自然盈滿。……事已，化去，時至，復現。」人與人之間，沒有矛盾，沒有爭奪，自然也就沒有煩惱，壽命無限。如此美好的天國，其實現的途徑又非常簡單，只要專心唸誦「阿彌陀佛」名號，據說在死後便可得到他的接引，往生「西方淨土」。因此淨土信仰自東晉以後。便在中國得到了普遍的傳播，產生了廣泛的影響。

中國古代儒、釋、道三家的社會理想，可以說有同亦有異。從終極理想角度看，表現出三教「殊途同歸」的傾向，即都把理想的羅盤指向了沒有剝削、沒有壓迫，沒有苦難，沒有飢餓的大同世界。所異者，儒家在終極理想之外，又有比較現實的治世方案，而佛道二教則以出世在面貌流行於社會，蔑棄人間煙火。不過，這種「異」恰恰又可以起到互補的作用。當儒家的治國方案實行過程中與理想有較大背離時，佛道的天國理想則可以從出世的立場起到安撫人心，穩定社會的作用。（張踐）

三〇三、傳統的民族觀有何價值？

中華民族是當今世界上最大的民族，眾多的民族所以能自覺自願地組合在一起，構成一個統一的國家，這和中國歷史上傳統民族觀的深遠影響有關，從而也表現了傳統民族觀的現代價值。

傳統民族觀系統化在春秋戰國時期，當時「周室既衰，四夷並侵，……中國不絕如線」（《漢書·韋賢傳》），民族矛盾空前尖銳，民族意識也空前高漲。華夏統治者的民族觀正是在這種形勢下，在百家爭鳴的過程中逐步形成的。其中，以孔子為創始人的儒家，由於後世被定為官學，因而在歷史上也影響最大。

傳統民族觀的出發點是「明華夷之辯」和「重夏輕夷」。孔子說：「夷狄之有君，不如諸夏之亡也。」（《論語·八佾》）既使華夏諸國處於動亂狀態，也比夷狄之國要強，因其畢竟是長期受周禮熏陶的民族。孔子的思想中已經包含著重夏輕夷的傾向，後來一些統治者說得更爲露骨。戰國時趙國公子成講：「中國者，蓋聰明絢智之所居也，萬物材用之所聚也，聖賢之所教也，仁義之所施也，詩書禮樂之所用也，異敏技術之所試也，遠方之所觀赴也，夷狄之所義行也。」（《史記・趙世家》）統治者對周邊民族，多所貶低侮辱。如說「狄，犬種，字從犬。狄之言淫僻也。」（《說文解字》）「斬伐殺生不得其中，戎者凶也。」「君臣同川而浴，極爲簡便，蠻者慢也。」（《風俗通》）所以，歷代統治者對生活在邊疆的少數民族都抱有根深蒂固的疑懼，「非我族類，其心必異」（《左傳》成公四年）是許多人的共識。封建統治者的民族歧視政策，與這種民族觀上的錯誤有關，其負面影響在當代應引起警覺和反省。

進而，華夏統治者提出了「立夷夏之防」和「尊王攘夷」的觀念。魯定公十年，孔子陪同魯公去見齊侯，齊侯試圖用萊夷之兵假宴會樂舞之機，武力挾持魯定公。孔子斥責齊侯曰：「兩君合好，而裔夷之俘以兵亂之，非齊君所以命諸侯也。裔不謀夏，夷不亂華，俘不干盟，兵不偪好。於神爲不祥，於德爲愆義，於人爲失禮，君必不爲」（《左傳》定公十年）。孔子不僅利用外交鬥爭挫敗了齊國的陰謀，而且提出了處理夷夏關係的一個原則，即「裔不謀夏，夷不亂華」，華夏諸國共立「夷夏之防」。春秋時周室式微，諸侯混戰，西北的戎狄民族乘機內遷，頻繁掠奪中原的農耕民族。這時「夷夏之防」的民族觀又包含了伸張民族大義，「尊王攘夷」的愛國主義內容。齊國的宰相管仲，「相桓公，霸諸侯，一匡天下」，解救了燕、邢、衛諸國，將山戎驅逐到了大漠之北。在評價管仲的功績時，孔子說：「民到於今受其賜，微管仲，吾其被發左衽矣。」「如其仁，如其仁。」

（《論語・憲問》）「仁」是孔子評價歷史人物的最高標準，孔子自稱不當仁，除了傳說中的幾個聖王，當此盛譽者寥寥無幾，管仲就是其中之一。後世，每當面臨異民族入侵之時，華夏民族各國家，各階級，各集團便會主動放棄內部糾紛，團結一致，共同對外。這也是傳統民族觀的積極意義之一。

最後是「以夏變夷」和「修文德以來之」的民族融合觀念。中國傳統民族觀中，「華夷之辨」的民族區分，有一個很重要的特點，即主要以文化而不是以血緣來區分民族。孔子說：「先進於禮樂，野人也，後進於禮樂，君子也。如用之，則吾從先進。」（《論語・先進》）無論四夷哪一方的「野人」，只要認眞學習周禮，就可以重用。「孔子作《春秋》，諸侯用夷禮則夷之；夷之進於中國者，則中國之。」（韓愈《原道》）吳、杞等國，由於自棄周禮，孔子將其原來的侯爵貶稱爲子爵。秦、楚諸國，先世是地地道道的夷狄，但通過學習中原文化，變法而後來居上，孔子不再將其視爲夷狄，甚至想去游說。基於這種想法，中原統治者都積極地對邊疆少數民族輸出禮樂文化，孟子將其稱之爲「以夏變夷」。而少數民族接受了中原先進文化，則是「出於幽谷，遷於喬木」（《孟子・藤文公上》）。在政治上，儒家提出了「修文德以來之」的民族同化綱領。孔子講：「故遠人不服，則修文德以來之。」（《論語・季氏》）對周邊的民族兄弟，不能採取武力征服的方法，軍事征服不能使其心服。正確的方法是修明政治，宣教文德，以較高的物質生活水平和昌明的禮樂吸引周邊少數民族自動歸附，「夫如是，則四方之民襁負其子而至矣。」（《論語・子路》）這種和平同化的民族觀念，在中國歷史上產生了很大的作用。在漢族方面，武力拓邊，軍事征服一向受到有識之士的批判，而大力宣揚中原的禮儀文化，則促進了少數民族的自願靠攏。在少數民族方面，和平同化政策也易於他們接受。所以中華民族在歷史的發展過程中，表現出了兼容並包，薈粹精華的開放性特點，成爲當今世界上最大的民族，充分表現了傳統民族觀的積極意義。（張踐）

三〇四、什麼是中國文學的人文精神？

在中國古代文獻中，第一次出現「人文」一詞時，它是同「天文」對應的。《易傳》上說：「觀乎天文，以察時變；觀乎人文，以化成天下」。由此可見，中國文化重人世的精神，是有別於其他重自然或超自然的文化類型。

中國文學是與中國文化重人世的精神緊密相連的。它準備著作家的文化心理、創作潛能的選擇。幾千年來，中國文化由自己民族的生產方式、生活方式、地理方式、政治制度、心理素質、民情風俗等，形成一種以「求善」爲目的的道德型文化，和以「求治」爲目的的政治型文化。這種「倫理──政治型」文化，以「修身爲本」的道德學說，作爲維繫社會、民族、國家的精神支柱，由地域的多元性，到政治的「大一統」，形成了以入世爲主導的儒家文化精神，並與出世爲主導的道家、佛家思想互補，形成一種獨特的人文精神。

中國文學的文學觀念體系，是受這種傳統人文精神所支配的。文學中的正統觀念，其思想淵源可以上溯到孔子所創立的儒家學派，並且它是從荀子那裏開始確定的。而且爲後來的原道、徵聖、宗經之說奠定了基礎。它表現爲以儒家正統思想爲文學的指導思想，道是聖人之道，經是聖人之言。其組成是「修身、齊家、治國、平天下」（《禮記・大學》）爲核心的人世哲學，仁、義、禮、智、信爲標準的道德觀念；天、地、君、親、師爲次序的倫理觀念，「允執其中」（《論語》）爲規範的中庸之道。在這種占主導地位的思想支配下，以詩文爲教化的文學功用說成爲一個最爲重要的文學觀念，使得中國文學在內容表現上，著重於政治、倫理道德主題。並由此將文學上升爲「經國之大業，不朽之盛事」（曹丕《典論・論文》）的高度。人世間的苦與樂、升與沈、成與敗、興與亡、聚與散、順與悖等等，都成爲中國文學經久不衰的所表現的話題。很多文人也將此作爲立身之本。正如李贄在其著名的《焚書》中所寫的那樣：「凡爲學皆爲窮究自己生死根因，探討自己性命下落」。梁啓超在談到對中國古代的認識時，曾斷然言道：「捨人生哲學外無學問，捨人格主義外無人生哲學」（《先秦政治思想史》）。在這種人文精神的引導下，使得中國古代思想史、文學史上的先賢明哲們，曾不斷的立下宏願，探求宇宙之謎，追索人生之本。如屈原的「上下求索」、司馬遷的「究天人之際」。正是這些先賢明哲們出於人道的信念，在追根溯源之中，爲生命和生存尋找價值並確立價值，構築著中華之靈魂的棲息所，貫注著中華民族的人格和節操，鑄造著中華民族的脊梁。

人文精神中的入世、教化的影響使得中國文學中常常呈現出高亢的政治熱情，積極的進取精神，責無旁貸的使命感。同時也如影相隨的出現了文學被人視作政治的附庸，說教的工具；人的個體意識也由此被壓抑、自由的個性遭束縛。如果說儒家思想在中國人文精神起主導作用的話，那麼道、釋在此之中則與之起著互補的作用。都在影響著中國文學的總體風格。尤其是在中國文人身上，積極入世和消極避世的思想常常是相輔相成，彼此消長，此起彼伏，在文學作品中也有著鮮明的體現。蘇東坡的一首《水調歌頭》大約可以概括他一生的選擇和追求：

明月幾時有？把酒問青天。不知天上宮闕、今夕是何年？我欲乘風歸去，又恐瓊樓玉宇，高處不勝寒。起舞弄清影，何似在人間！轉朱閣，低綺户，照無眠。不應有恨，何事長向別時圓？人有悲歡離合，月有陰晴圓缺，此事古難全。但願人長久，千里共嬋娟！

全詞展現了蘇東坡複雜的內心世界。青天明月少，人間憾恨多。他想拒絕這個荒誕的世界，乾脆「乘風歸去」，但是那高蹈空靈所伴隨著的陣陣寒意終又使他回過頭來。在清影起舞中，他又深深感到「何似在人間」，然而人間除了清影起舞外，更多的卻是長夜「無眠」。蘇東坡就是這樣在一系列的矛盾迴環中、苦痛的探尋中、對「此事古難全」的確認。至於佛教的懲惡勸善的思想，在文學作品中更是隨處可見。

在人文精神的作用下，中國文學形成了一整套的美學思想和審美理想。如中國文學講求中和之美，「樂而不淫，哀而不傷」（《論語·八佾》）、節制、含蓄。儒家強調藝術的人爲因素和外在功利；道家強調的是自然天成，藝術的獨立。它的「大音希聲，大象無形」（《老子·四十一章》），其「虛可以存實，無可生有」，把藝術感覺、想像的空間留給人們去品味、思尋不可言傳的「大音」、「大象」那美的極致。與以少勝多，無聲生有的藝術思想相聯的是，自然渾樸，不露刀斧之痕的藝術境界，「大制不割」（《老子·二十八章》），「道法自然」（《老子·二十五章》）。而道、佛互補，將「空無」精神，大大發揚，這對文學藝術影響極深。如王維的詩，即是其例。

從上述簡單分析中可見，中國文學傳統中是以儒化了的思想爲基本內容的，是以儒、道、佛互補爲特點的。儒、道、佛的精神都融合在不同種類的文學作品中。「入世」並非總是體現進步的向上精神，「出世」也並非總是體現落後的消極心理，它們總是圍繞在「爲人生」的內核周圍，用不同方式表現了人文精神。

（馬勝利）

三〇五、中國古代的文學理論批評有何成就？

怎樣去領會文學作品中深含的意蘊？怎樣創造出懂得藝術和能夠欣賞美的民眾？怎樣培養健康、高尙的審美趣味？中國古人對此進行過長期、艱苦的探索，而且多有神會。這就是建立了富有民族特色的文學批評理論。從它的形式來看，具有嚴密理論體系的著作相對較少，多數思想觀點散見於浩如煙海的史著、筆記、序跋、詩話、詞話、曲話、賦話、評點中。從其表述方式來看，少抽象、邏輯的推理和概括，重直接性的審美感受和辨析性的藝術鑑賞。其中如賦、比、興；形與神；情與理；文與質；文與道；情與境；幻與眞；虛與實；風韻、神韻、風骨、意象、意境、文氣、韻味、趣韻、象外、興象、興寄等，都是中國古代文論所獨具並有著豐富的內涵的概念，具有鮮明的民族特點。

中國文學理論批評是伴隨著文學創作、欣賞的實踐而逐步產生發展起來的。

中國最早的文學是《詩經》，最古老的詩論是「詩言志」，見於《尚書・堯典》、《左傳・襄公二十七年》。孔子、孟子、荀子等已經初步認識到了詩的教育作用，認識作用，社會作用。孔子的「詩可以興，以觀，可以群，可以怨」。（《論語・陽貨》）「詩三百，一言以蔽之曰：思無邪」（《論語・爲政》）；孟子論詩的「以意逆志」，「知人論世」，要求「不以文害辭，不以辭害志」（《孟子》），啓發了後人對文學進行批評的方法。另外，「知言養氣」說，也爲後世文學理論批評提供了幫助。這些認識，正是在《詩經》的文學實踐的基礎上作出的理論概括。強調詩要發揮「箴諫」、「美刺」、「觀風」之用，爲政治服務。這成爲後世文學的審美原則。

道家學派的老子、莊子，倡導崇尚自然，樸實無華。強調有無相生、相反相成，「大音希聲」（《老子》），「大辯不言」（《莊子》），這些思想對後來的文學理論有很大影響。

漢代的《毛詩序》（又稱「大序」、「詩大序」）對於《詩經》作了簡明扼要的分析，其觀點代表了漢儒的詩學觀。它全面論述了有關詩歌的性質、內容、體裁、表現手法和作用等問題，是先秦儒家詩論的總結，也是其詩歌理論的總彙。指出詩要「吟詠情性」，這是對先秦「詩言志」論的補充和發展。揭示《詩經》有「六義」，即風、賦、比、興、雅、頌。初步形成了詩評中的比興寄託理論。強調「溫柔敦厚」的詩教。

兩漢文論家面對先秦時留下的另一宗文學遺產，是對屈原辭賦的探討和評價。司馬遷在《史記》中，張揚了「發憤著書」說，其發抒怨憤、批判現實的思想是中國封建社會中的進步文學傳統。他指出作品思想內容對藝術形式的決定作用。提出了文學作品要以小見大，景近意遠，求得個別和一般、具體和抽象的統一。漢儒中最有影響的是揚雄。儒者以「美刺」說詩，揚雄則以「諷諫」論賦。他繼荀子之後，明確打出了原道、徵聖、宗經的旗號。這成了歷代正統文學思想中的核心理論。兩漢時王充的《論衡》一書，把眞實論貫徹到審美領域，提出了「疾虛妄」說，矛頭直指宗經、徵聖的主張。但由此出現了輕視修辭在文章中作用的現象。總之，漢時的文論家對文學的特點已有進一步的認識，開始把文學和一般學術加以區別。漢儒詩論一方面繼承了儒家功用思想，一方面又受讖緯神學的影響，爲此不免淹沒了詩作的眞義。

從秦的建立到東漢末年前後四百餘年，文學作爲經學的附庸，發展是緩慢的。到魏晉南北朝，隨著文學脫離經學附庸地位而取得的更大的獨立性，文學自覺時代的開始，出現了專門論述文學的著作和一系列文學批評的新概念。這一時期特別値得注意的有曹丕的《典論·論文》、陸機的《文賦》、劉勰的《文心雕龍》、鍾嶸的《詩品》。

曹丕的《典論·論文》，是中國文學理論發展史上的第一篇專論。他在文中對文學給以極高的評價：「蓋文章，經國之大業，不朽之盛事」。提出了「文以氣爲主」說。並首次將文章分爲四科（類）八體，指出各體的風格特徵。文章還討論了文學評論應持的態度，反對「文人相輕」的積習。其文是文學自覺時代開始的重要標誌。

陸機的《文賦》，是一篇賦體文論。它是中國文學理論發展史上第一部系統而完整的研究文學創作問題的專論。其核心是藝術構思問題。著重說明了想像的特徵及重要作用。它可以「籠天地於形內，挫萬物於筆端」，力求「意稱於物」，主張以意爲骨幹，文爲枝條。他將文體區分爲十類，分別指出其風格特徵。其中「詩緣情而綺靡，賦體物而瀏亮」，揭示了文學不同於應用文體的特徵。並探討了繼承和創新的關係、寫作技巧與修辭技巧的關係等問題。

劉勰的《文心雕龍》，是中國第一部「體大而思精」的文學論著。同時也是中國古代文學理論史上的第一座高峰。此書以「宗經」爲中心，通貫全書，構成了一個嚴密的文學理論體系。同時它也是一個嚴密的儒家觀念的體系。它從內容與形式統一的觀點出發，提出了以情理爲經，以辭采爲緯之論。倡導「爲情而造文」，「要約而寫眞」，反對「爲文而造情」。論述了文學與社會生活的關係，得出了「文變染乎世情，興廢繫乎時序」的結論。集中說明了通變結合，文學才能「騁無窮之路，飲不竭之淵」，意在繼承的基礎上不斷革新。在文采鑑賞上，反對貴古賤今，崇己抑人，信僞迷眞。提出「六觀」的鑑賞方法，要求「操千曲而後曉聲，觀千劍而後識器」。

鍾嶸的《詩品》，是中國現存最早的一部詩論專著。此書對漢魏至南朝齊梁時的詩人進行了比較系統的評述，進一步發揮了詩歌理論中的滋味說（首引者爲陸機），提出了「文已盡而意有餘」的審美要求。並要求以比興的方法「指事造型，窮情寫物」，以期言近而旨遠。這既是創作上的含蓄，又是接受中的生發。《詩品》開中國「詩話」著述的先聲，成爲中國古代文學理論批評著作的重要形式。總起來看，這一時期，使先秦以來文學不得脫離政治的觀念爲之一變。人們開始從理論上認識到文學和其他著作之間的區別。重視詩的抒發感情的作用，認識到文學創作的特點。並產生了一批具有民族特色的文學的新理論、新概念。

唐宋時期，是中國文學繁榮期。對此，文學理論批評也相應的有不小的成就。唐人杜甫的論詩絕句《戲爲六絕句》，是中國最早出現的論詩絕句，開創了一種文學評論的新形式、新風氣。從此論詩詩成爲古代詩論的形式之一。中唐白居易在《與元九書》、《新樂府序》中，主張「文章合爲時而著，歌詩合爲事而作」。其詩論豐富、深化了漢魏比興寄託的思想。闡述了新樂府詩的理論。這一時期，陸續出現了詩格一類著作，如釋皎然（謝清晝）的《詩式》。晚唐司空圖《詩品》（《二十四詩品》），採用形象化的比喻方法，以詩句形式概括詩的二十四類風格或意境。他主張詩應含蓄、有餘味，即所謂的「韻」、「象外之象，景外之景」、「不著一字，盡得風流」、「味外之旨」，認識到藝術形象高於思想的美學特徵。宋代，自歐陽修的《六一詩話》（詩話，即記詩人與詩作的故事）開始，詩話大量湧現。其中著名的有張戒的《歲寒堂詩話》、姜夔的《白石道人詩說》、葉夢德的《石村詩話》、嚴羽的《滄浪詩話》。影響較大的是嚴羽的《滄浪詩話》，它提出了一系列關於詩歌創作的理論問題，並進行了深入的探討。這些詩話中，有不少精采的妙論，如歐陽修記梅堯臣語「狀難寫之景，如在目前，含不盡之意，見於言外」；張戒的含蓄蘊籍說；嚴羽的「以禪喻詩」、「興趣」、「妙悟」等等。宋代詞論，較著名的有李清照的《詞論》，她主張「詞別是一家」，開詞格律先聲；張炎的《詞源》是格律派的系統詞論；沈義父的《樂府指迷》，著眼於詞的音律、典雅含蓄。宋代詞論涉及到詞與詩、樂的關係，題材及表現上的「本色」、「清空」等諸多的問題。

唐宋兩代先後發生的古文運動，創造了赫赫的散文實績。其代表人物爲韓愈、柳宗元、歐陽修、蘇軾等。唐人的理論主張是文以明道，主張獨創，反對陳言；宋人多推崇道統、正統，表現出某種程度的重道輕文傾向。這一理論的出現，對後世文學影響不小，成爲反對忽視思想內容的武器。宋代還出現了散文的批評專著，如陳騤的《文則》、李淦的《文章精義》，並有評點散文的選本行世，如呂祖謙的《古文關鍵》。

在小說批評方面，南宋劉辰翁評點《世說新語》，開明清小說評點的先聲。羅燁則在《醉翁談錄》中總結了話本等通俗小說的創作經驗。

金元時期，有王若虛的《滹南詩話》；元好問的《論詩絕句三十首》等，是關於詩歌的評論，在文學理論批評史上都有很大影響。此外，方回編《瀛奎律髓》詩選，並詳加評點，創造詩歌評點這一文學批評形式。

在戲曲批評方面，有元代燕南芝庵的《唱論》、周德清的《中原音韻》，論述了北曲音韻、寫作與表演的特點。

明清時期，最突出的是小說、戲曲文學的勃興和繁榮。從而使得小說理論批評、戲曲理論批評隨之興旺起來，並成爲這一時期文學理論批評的新特點。

小說理論批評主要有兩種形式，一是小說序跋；一是小說評點。其中評點這一理論批評形式在當時應用最爲普遍。對小說進行評點的著名代表有由李贄署名對《水滸傳》、毛宗崗對《三國志演義》、張竹坡對《金瓶梅》、脂硯齋對《紅樓夢》、金聖嘆對《水滸傳》等評點。還有人對散文、詩詞、史籍進行評點。

在戲曲理論批評中，除運用序跋、評點，還採用典話、曲論、劇說等形式。具代表性的有徐渭《南詞敘錄》、李開先的《詞謔》、何良俊的《曲論》、王世貞的《曲藻》、王驥德的《曲律》、凌蒙初的《譚曲雜札》、李調元《雨村曲話》和《劇話》、焦循的《花部農譚》等。

情偶寄》，系統地論述了戲曲的一系列理論問題。它是中國傳統戲曲理論中最重要的一部著作。其中李漁的《閒小說、戲劇理論的成熟標誌是對於藝術虛構的認識。它突破了傳統的偏見：即尊崇經史，排斥小說，標舉實錄，貶責虛構。一些有影響的小說戲劇理論家，也將中國詩文理論中的傳神審美要求用來衡量小說戲劇的人物創造，依然用「言志緣情」來說明小說戲劇的基本特徵。

明清詩、文、詞理論方面，影響較大的有明前後七子爲首的復古主義、王愼中等人的唐宋派、李贄的「童心說」、公安三袁的「性靈」說，鍾惺等人的竟陵派；淸王士禎的「神韻」說、沈德潛的「格調說」、翁方綱的「肌理說」、桐城派的散文理論、袁牧的《隨園詩話》、趙翼的《甌北詩話》、朱彝尊的《詞綜》、張惠言的《詞選》等。其中有鮮明的反封建禮教色彩的是李贄、公安三袁、袁枚等人的文學理論觀點。對文學理論批評有積極建樹的是淸初以王夫之爲代表的思想家，除了他的《薑齋詩話》，以葉燮的《原詩》的詩歌理論成就最高，對古代文學理論作出了新貢獻。淸代詩文批評具有總結性、系統性的特點。很多理論觀點頗有新意，對後世文學都有不小的影響。

（馬勝利）

三〇六、什麼是中國的藝術精神?

對於中國文化，一個德國大哲人曾言道：「當黃河長江已經哺育出精美輝煌的古代文化時，泰晤士、萊茵河和密西西比河上的居民，還在黑暗的原始森林裏徘徊」（黑格爾《歷史哲學》）。中國藝術文化在歷史的長河發展和演變過程中，其門類繁多，構成了一個巨大的藝術體系，形成了自己獨特的民族風格、傳統、精神、理想追求。

中國藝術精神滲透在藝術的各個領域裏，只有在闊大的背景上，才能展示它的博大和精深。中國的藝術精神是與中國古典哲學思想分不開的。——物我一體，崇尚自然。中國古典哲學強調天人合一、天人感應，追求與自然的和諧統一。孔子說：「仁者樂山，智者樂水」。（《論語》）。老子說：「人法地，地法天，天法道，道法自然」（《老子》）。老子以「道法自然」爲「道」存在的法則，這個依法自然的原則使「道」自然超越有形，甚至成爲超越宇宙形器的存在。道論中的「自然」是包蘊著無限美的。道家所謂的「道」即指藝術精神，而藝術精神來自自然。並以「見素抱樸」（《老子》）爲審美理想。莊子繼承了返樸歸眞的自然美思想。認爲「樸素而天下莫能與之爭美」（《莊子・天道》），「淡然無極而眾美從之」（《莊子・刻意》）。樸素、淡然，都是一種不假雕琢的自然美。自然也意味著眞實。「法天貴眞」，所以他嘲笑了效顰的醜態，並指出「強哭者雖悲不哀，強怒者雖嚴不威，強親者雖笑不和，眞悲無聲而哀，眞怒未發而威，眞親未笑而和」

（《莊子・漁父》）。矯揉造作是不會感人的，眞實才會自然。莊子進一步指出了「天地有大美」（《莊子・知北遊》），美的效果必然是樂。由大美、至美產生的樂爲「至樂」。「至樂」是以「無」爲審美追求的最高境界。在這個境界中，精神王國是自由、無限，它是藝術精神的最高體現。也是藝術理想追求的至境。

這種講究人和自然的和諧統一，崇尚自然的藝術精神，在中國畫和畫論中，有著顯明的體現。北宋山水畫家郭熙的代表作《溪水秋霽》，畫中表現了秋雨晴後的自然景色，創造出一種優美壯闊的意境，畫面的美麗自然景色和畫家對自然景色的深刻感受相互融合，給人以和諧的美感。繪畫是畫家對客觀景物的描繪，有一個「物」與「我」的關係問題。對此，清代畫家石濤在《畫語錄・山川章》中說：「山川使予代山川而言也，山川脫胎於予也，予脫胎於山川也，搜盡奇峰打草稿也，山川與予神遇而跡化也，所以終歸之於大滌也。」文中所言，即當畫家達到「山川與予神遇而跡化」的物我同化時，才能創造出感人的生動的藝術形象。

在中國的藝術思想裏面，十分強調神似，注重表現物的神態、內在的氣韻，這是中國藝術的本質特徵。以形寫神，提倡神形兼備。明代王世貞在《藝苑卮言》中說：「人物以形模爲先，氣韻超乎其表；山水以氣韻爲主，神似至脫格，則病也。」文中對繪畫的形神問題作了透徹的闡述。形似要有生氣，神采要不離規矩。注重神似，講究氣韻的藝術思想，在中國繪畫、雕刻、書法、園林、建築等各藝術門類中，都有所體現。

顧愷之在《畫論》中，明確提出「以形寫神」的主張。他把「傳神寫照」視作人物畫的最高境界。「寫照」即藝術家所觀察到的客觀形象，「傳神」即通過形象表現出畫中人物蘊藏的精神，寫照是爲了傳神。顧愷之的主張，成爲了中國人物畫、山水畫的傳統。並被借用到其他藝術門類中。

在中國古代畫論中出現的「神」、「心」、「意」、「韻」、「氣」，以及「氣韻」、「神韻」、「神氣」、「生氣」、「生韻」等等，常常成爲神似的代名詞。對此，有人認爲神韻就是韻外之致，即味外之味；有人認爲充分表現了作者的個性特徵就是有神韻；有人又把神韻看成是一種境界淸遠的風格。其說儘管不一，但都含有尙神貌而不尙形貌的意義。

「神韻」、「生氣」用於人，指人的精神，用於作品則指作品的精神。杜甫就很重視作品中的「神」。用「神」作爲評價作品的美學標準。如「韓幹畫馬，毫端有神」（《畫馬贊》），「揮翰綺秀揚，篇什若有神」（《贈太子太師汝陽郡王璡》）。當然神韻又不僅僅指精神，它也包含有餘意不盡的意義。「詩被於樂，聲之也。聲微而韻，悠然長逝者，聲之所不得留也。一擊而盡者，瓦缶也；詩之饒韻者，其鉦磬乎？」（陸時雍《詩鏡總論》）這裏即指嫋嫋不絕的弦外之音。韻外之致，味外之味，實際上就是藝術作品誘發觀（聽）者的聯想而產生的美感。藝術作品總是一般與個別、抽象與具體的統一，它直接顯示的是有限的，蘊含的應當比直接顯現的要豐富得多。觀（聽）者也總是由直接顯示的，進而領悟到沒有直接顯示出來的內容，產生強烈的美感。一覽無餘，則興趣索然。這正是中國古人對藝術活動日益深入的認識的獨特概括。神韻（氣韻）就是「生氣」與「餘味」的統一，是藝術作品表現力與感染力的統一。以上所述，可知中國藝術中的「神」，既包括客觀事物的精神，也包括藝術家的主觀精神。客觀的事物既含有生命的，也包括無生命的；有生命的固然各有其神，無生命的，如某些景物，便被藝術家賦予了帶有他們自己個性特徵的精神內涵。藝術家力求通過客觀的藝術形象、作品，表達自己主觀的精神，使主客觀的精神相契合。這樣的藝術形象，就比只重對形貌簡單直接的模仿更具藝術魅力。

在中國的藝術思想中，意境可說是中國古代最基本的審美範疇，也是眾多的審美範疇中心。不論繪畫、書法，還是雕刻、建築、園林等藝術都注重意境，追求情趣。

意境是通過意象的深化而構成的心境應合，神形兼備的藝術境界。它是表現在作品中情與理、情與景，內容與形式的高度統一的藝術意象體系。它是對於藝術作品的一種完整的審美要求。

中國書法即把追求意境的美放在形體表現之上。蘇軾在《書論》中說過：「書必有神、氣、骨、肉、血，五者闕一，不成爲書也。」神，即爲所達到的境界。書畫憑藉一張白紙創造藝術，境界在「空白」中產生。中國書法講究字的結構，稱爲「布白」，字由筆畫連結而成，筆畫的空白處正反映著字的組成，由此形成不同的意境。中國音樂講究「此時無聲勝有聲」正是憑藉聽覺「空白」區形成空靈的審美意境。中國的舞蹈講究空靈飛動之美，持虛而成實，中國繪畫中主張以神會妙景，妙造自然。多以煙雲淡彩，虛美如夢爲高。許多精采的「虛白」處理，往往是境界的核心。宋代馬遠繪山水，常取畫面角寫殘山剩山，以寄其畫意，人稱「馬一角」。齊白石繪墨蝦，以白紙爲水，紙有限而水無涯，蝦僅數隻，物動天趣，圖畫於簡素中出意境。上述種種都可說是中國藝術以其獨特的造型手段所達到的意境美，且別有情趣。

在中國藝術中，各門類藝術是融會互通的。古代的樂，不只是音樂，而是音樂、舞蹈、詩歌的綜合。「書畫同源」、「詩中有畫、畫中有詩」等也即是例證。中國藝術的這種融合性、相通性，是因爲中國各類藝術精神基本是一致的。這也是有別於西方藝術之處。另外一點，在中國藝術思想中，是重視藝術的教化作用。認爲美即是善，「禮樂」一體，重視藝術的目的性和社會功用。

中國藝術永恆的魅力，源於它的傳統和精神，源於它對至眞、至善、至美的藝術理想追求。這種藝術傳統、精神和理想追求，具有無限的生命力和創造力，使中國的藝術經久不衰，永放異彩。

（馬勝利）

三〇七、中國人如何看待戲曲？

「戲曲」這個詞，最早來自於元末陶宗儀所寫的《南村輟耕錄》，但其書中所指的「戲曲」還只是指宋雜劇。而使「戲曲」一詞，成爲中國古代戲劇代名詞的是近代著名學者王國維。他在中國最早的一部戲劇專著《宋元戲曲史》中，把中國最古老的戲劇宋元南戲及後來的元雜劇、明清傳奇、各種地方戲（包括京戲）統稱爲「戲曲」。

中國戲曲，作爲世界上三種古老的戲劇文化之一（另外兩種是希臘的悲劇和喜劇、印度的梵劇），直到十二世紀才形成完整的形態。它經過八百多年的豐富與發展，一直沿續至今。現存有三百多劇種，古今劇目，數以萬計。與古希臘戲劇以及後世的西方戲劇相比照，中國戲曲文化不只是發生發展的道路特殊，其審美形態也是迥然相異的。中西古典戲劇審美形態的差異反映出中西方民族精神的差異。民族心理素質和精神面貌制約著一個民族的審美創造，審美創造物凝聚並陶冶民族精神。

就審美形態而言，中國的戲曲藝術大都是悲喜交替，離合環生，追求團圓之趣。對此，明代劇作家卓人月發出了自己的獨特見解：「天下歡之日短而悲之日長，生之日短而死之日長，此定局也；且也歡必居悲前，死必在生後。今演劇者，必始於窮愁泣別，而終於團圓宴笑。似乎悲極得歡，而歡後更無悲也，死中得生，而生後更無死也。豈不大謬耶！夫劇以風世，風莫大乎使人超然於悲歡而泊然於生死。生與歡，天之所以鳩人也；悲與死，天之所以玉人也。第如世之所演，當悲而猶不忘歡，處死而猶不忘生，是悲與死亦不足以玉人矣，又何風焉？又何風焉？崔鶯鶯之事以悲終，霍小玉之事以死終。小說中如此者不可勝計，乃何以王實甫、湯若士之慧業而猶不能脫傳奇之窠臼耶？余讀其傳而慨然動世外之想，讀其劇而靡焉興俗內之懷，其爲風與否，可知也。」（《新西廂序》）其人所言指出了中國戲曲缺少描寫人生的苦難與死亡，旨在讓人愁、恨、悲集於一體的悲劇。他認爲《會眞記》的崔鶯鶯、《霍小玉傳》中霍小玉的悲劇結局更符合生活的實際，因而更能打動人。中國戲曲中常見的這種模式，可說是紙上的「大快人心」，雖有滿足「善惡有報」、「多行不義必自斃」的世俗心理的作用，但它畢竟是虛幻的。這是與中國古人把美與善相結合，並不要求戲劇逼眞地反映社會生活，而是著重「眞情」的抒發，把戲劇舞臺當作評判道德的「法庭」來抒憤吐志的思想觀念相關聯的。它更注重的是對明日的憧憬。從以上所述可以看出，中國的戲曲不是西方悲喜劇的範疇可以概括的。如《西廂記》、《牡丹亭》，在悲喜交集的情節中，使人如醉如痴，時而歡笑，時而悲泣，從中獲得藝術享受。

中國的戲曲，從劇本上看，基本上是屬於詩劇的類型。它不但唱詞用詩詞體，有時連對白也用韻體。詞句雖然簡潔，但它卻能概括許多東西，包括情和景，從而激發起人們的共鳴。從某種意義上講，中國戲曲又是一種中國式的音樂戲劇。古代的劇作家大都懂音律，他們在編劇時，往往把唱詞和聲腔緊密地考慮在一起，唱詞的劇詩特點和音樂特點每每聲情並茂地融合在一起，並特別強調通過唱腔來塑造人物和抒發人物的思想感情。所以直至今天，看戲的人還常把看戲稱作「聽戲」，聽演員優美動聽的唱腔，聽這些唱腔抒發出來的不同人物的各種感情。人們在欣賞唱詞的同時，特別看重曲，這是與中國自有戲劇以來，就將曲視爲劇中的主體分不開的。如最早的元刻本《元刊雜劇三十種》，就是有曲詞而無說白。這也是將古老的戲劇稱爲「戲曲」的原因之一（再有是爲與近現代出現的歌劇、舞劇、話劇相區別，而成爲傳統戲劇的專有名詞）。

戲曲，作爲中國土生土長的戲劇藝術，是一種融歌、舞、說、表、音、美於一體的綜合藝術。從孕育它的遠古，直到蓬勃發展的宋元明清四代，逐漸形成了自己民族的獨特的完整體系。各種不同的藝術在戲曲中是與表演藝術緊密結合的。其體系的特點是：形神兼備，以神似爲主，用虛擬的方法來反映現實，用源於生活而加以舞蹈化的固定程式來表現生活。從表演體系上看，中國戲曲自成一家，與俄國的斯坦尼斯拉夫斯基、德國的布萊希特鼎足而立。

戲曲表演中，虛擬性和虛實結合是其主要的藝術特徵之一。這是與中國傳統的美學觀中，不追求形似而極力追求神似分不開的。神似要求捕捉並表現對象的神韻和本質，而形似卻力求對象外形的肖似和逼眞。再者，以有限的藝術手段去表現無限的生活，如果不對生活作變形處理，是辦不到的。只不過與西方戲劇比，戲曲的變形和生活的原形距離很大。由此也使得戲曲具有在有限的舞臺空間和演出時間內，具有表現一切行動和任何場景的可能性。中國的戲曲沒有固定的環境，時間、空間是靈活自由的，即以虛代實，藉助想像的、寫意式的表現方法，讓舞臺的空間和時間的涵義，去由劇作者和演員來完全予以假定，觀眾也對此表示接受。如傳統戲曲的演出，一般是不用布景的，當舞臺大幕拉開時，台上只有帶桌圍椅披的一桌二椅。如果上來的是店官，那就算是酒店或茶館；如果上場的是員外或書生，那裏就會是書房或會客廳。在這裏演員出場後，通過他們的唱或念白作出說明，觀眾才運用自己的想像，進入劇中的時空境界。如《西廂記》中「長亭送別」一場，崔鶯鶯上場唱：「碧雲天，黃花地，西風緊，北雁南飛。曉來誰染霜林醉，總是離人淚。」舞臺上的許多景色和氣氛完全通過演員的唱表達出來，同時又和角色內心的情感交織在一起。這種情景合一的表現手法，在傳統劇目中是大量存在的。又如《彩樓記》中「評雪辨忠」一場戲寫的是呂蒙正和劉翠屏的寒窯，一會兒，戲在窯外，一會兒又在窯內。如果按眞實的寒窯，這出戲就無法演出。在這裏，時空的轉換，不必像話劇那樣放下大幕，更換道具、布景、燈光，在此戲中，是通過演員的表演，觀眾照樣相信那裏確有一個小寒窯。可以看出舞臺是死的，但是在戲曲的演出中，靠虛擬和假定，一千里路雖很長，說它走完了，它就走完了。從門口到屋裏，雖說路很短，說它沒走完就沒走完。一個圓場，十萬八千里、幾聲更鼓、夜盡天明。用四名龍套來代替千軍萬馬，照樣可以打得激烈萬分，有聲有色。用幾面不同色彩、紋樣的小旗，可以表現出水、火、風、雨等自然界形象，這些在話劇中用燈光、效果來表現，戲曲卻用演員來表現。由此使得戲曲舞臺的局限性巧妙地轉化爲藝術的廣闊性。還有一類戲是虛實結合的，如「秋江」一折戲的地點是江上行舟，舟是虛的，但老艄翁手裏拿的槳卻是實的。通過演員細膩精彩的表演動作，觀眾完全相信陳妙常和老艄翁腳下確有一條小船。

戲曲中嚴格的程式性，也是其主要的藝術特徵。這種程式在劇本的形式、腳色行當、音樂唱腔、化妝服裝、表演身段等各個方面都帶有規範性的表現形式。這是因爲，戲曲的虛擬是依據一定的生活眞實的，所以虛擬的表演又是有一定規範的。否則觀眾就無法看懂。這種程式性的東西，是爲了塑造人物需要而模擬特定的生活動作並把它節奏化、舞蹈化所進行的創造。當它很準確地刻畫出人物的某種精神狀態，人們就把它用到其他戲中同類人物身上。程式的廣泛採用，形成了戲曲既反映了生活，又同生活原生態保持了一定的距離；既取材於生活，又比生活更美，並形成了特有的藝術風格。古代戲曲演員的許多舞臺動作，如上馬下馬、上樓下樓、開門關門、喝酒吃飯、寫字看書、坐轎走路、昏迷甦醒，甚至各種表情如悲號、哭、笑、興高采烈，都有一定的程式。如《秋江》中的雲步、碎步、圓場、划船等舞蹈身段與動作，藝術地再現了大江行舟的生活場景。又如《三岔口》中劉利華夫婦、任堂惠、焦贊四人黑夜中的一場混戰。臺上雖燈光通明，但摸黑的武打動作卻使觀眾感受他們是置身於黑暗之中。這環境是虛擬的，其打鬥的動作一招一式是程式化的，但卻符合劇情的眞實，人物的摸黑探察、緊張、躡手躡腳，不僅顯示了特定的情境，也顯示了交手各方在武藝、性格、心理上的不同特徵。設想一下，假如把舞臺燈關掉，以強調生活的眞實，只剩下黑影在晃動，中國戲曲的美就無從談起了。應該指出，孤立的程式並不等於中國戲曲，程式只是一種手段，而不是目的。它本身也不是凝固不變的，它隨「行當」、人物性格、生活內容的不同而靈活運用。隨著劇情與角色的不同，程式的運用也就變化無窮。自古就有「演戲不演技」、「演人不演行」（行當）、「守法而不拘於法」的口碑。可見，程式雖有嚴格的規範，但卻並沒束縛演員的獨創精神。其中的「行當」，是古代各種人物的自然與社會屬性的提煉與概括，作爲角色總譜的程式，爲中國戲曲反映生活、塑造人物形象提供了豐富的造型手段，成爲一條必須遵循的美學原則。

古代戲曲的程式化，常常又與藝術誇張相關聯。爲了達到典型化，在表現時，常常採取適當的藝術誇張。這種手法，在傳統戲曲中尤爲明顯。如戲曲的化妝程式臉譜，是一頗有特色的誇張性的化妝藝術。它大膽突破了生活原型，卻又絕不是各種油彩的任意塗抹。不同的色彩都有一定的寓意，如赤色示忠勇，黃色見猛烈，白色多奸詐，黑色主剛直，青色是妖邪。又如舞臺表演，表現悲憤時用「頓足」、「搗拳」、「捶胸」……，表現激怒時用「顫抖」、「揮袖」、「怒指」、「吹鬍」、「瞪眼」……，表現羞愧時用「掩面」、「遮面」……，表現焦急時用「揉胸」、「搓手」……；到了生死關頭，激動萬分時就用「甩髮」來表達。由此可見，每個角色的行、走、坐、臥，以及情緒上的喜、怒、哀、樂，無一不是從生活提煉出來然後加以誇張的，而且成爲程式化的表現手段。上述特徵，凝聚著中國傳統文化的美學思想精髓，閃耀著它的獨特的藝術光輝。

中國戲曲自問世以來，曾產生過一大批傑出的作家和不朽的作品，這些作品在中國文學史上占有重要地位，在世界文學中也有很高價值。戲曲這一藝術，不僅是中國的，也是世界的，它作爲中國傳統文化的活化石，凝聚著中華民族的智慧，當它走出國門，面向外部世界而受到歡迎是不難理解的。它充分證明了中國傳統文化的價值和具有的現代意義。

（馬勝利）

三〇八、中國人如何看待書法？

在中國藝術文化中，書法是最精粹、最受尊崇的藝術形式之一。它是藝術技巧和哲學傳統的完美結合，是表達人們的感情和內心衝動的藝術，它有著悠久的歷史傳統。

一般說，每個進入文明時代的民族都有自己的文字，但只有中國的漢字書寫形成爲一門藝術。它是運用紙、墨、筆、硯，以文字作爲藝術的表現形式。通過書寫，在組織安排點、畫、線、形的間架結構，節奏旋律，氣勢變化等方面，抒情寫意，動人心弦。古人曾言，中國的書法藝術，是無聲之音，無形之象。可謂是有見地的高度概括。

書法藝術之所以是中國所特有，除了特有書寫工具毛筆外，最重要的因素則是中國特有的漢字。漢字是方塊字，它的結構平衡，線條流暢，整齊而有變化，均勻而有對比。漢字所具有的這些特點，使之形成一種形體美。漢字的形體美是與漢字的象形性是分不開的。人們看到象形漢字，自然會聯想到它所抽象的原形。書法藝術的美，是與「天地山川」的自然美和「衣冠文物」的社會美緊密相聯而不可分的。從而使其具有一定的再現的形象性。儘管漢字從古至今，變得越來越抽象、符號化，但古老的象形字所遺留下來的豐富形體結構，偏旁部首，其形體之複雜，是西方拉丁化文字所無法比擬的。它的一系列排列組合，產生了漢字無窮無盡的形體變化，使書法家對漢字結構章法的書寫，留下馳騁的天地。

漢字書法的書體多種多樣，平常所說的眞（楷書）、草、隸、篆、行僅是就其大概而言。漢字在漫長的發展過程中，其形體有過幾次重大的變革，從而形成了具有代表性的、不同時代的不同字體，並形成了不同的藝術風格。這就是商代的甲骨文、周代的金文（鐘鼎文）、戰國時代的竹帛金石文、秦代的小篆、漢代的隸書（八分）和章草，魏晉以後的楷書、行書、草書（今草、狂草）。從總體上來看，以書法學上的隸變作標界，把小篆及其之前的各種書體稱爲古文字書法；把隸書及其之後的各種書體稱爲今文字書法。古文字書法的用筆形式主要是線條，其結體多取內聚斂束之勢，追求線條結構的靜態美；今文字書法的用筆形式則是不同形態的點畫，其結體多取外拓放逸之姿，追求點畫結構的動態美。

中國漢字書法，作爲具有豐富的審美範疇和審美情趣的獨特藝術，它是藉助於結體的精巧、特有點畫的造就、筆道粗細剛柔的變化、行筆的氣勢以及墨色的濃淡等等，來表現人的胸襟和情趣的。它跟中國傳統的音樂、舞蹈、繪畫、詩詞、雕塑、建築等藝術，都有其內在的聯繫。究其本源，那就是都講求神韻、風骨、血氣和意境。因此它能喚起人們複雜的審美意象，激發人們豐富的聯想。唐代著名書法家孫過庭在談到對前賢書法作品的觀感時曾說：「觀乎懸針垂露之異，奔雷墜石之奇，鴻飛獸駭之姿，鸞舞蛇驚之態，絕岸頹峰之勢，臨危據槁之形，或重若崩雲，或輕如蟬翼。導之則泉注，頓之則山安。纖纖乎似初月之出天崖，落落乎猶眾星之列河漢。同自然之妙有，非力運之能成。」（《書譜》）在中國歷代典籍中，像這類觀賞書法的文辭，是比比皆是。古書上有一段記載唐代著名書法家張旭的妙文：「張長史釋褐爲蘇州常熟尉。上後旬日，有老父過狀，判去。不數日復至，乃怒而責曰：『敢以閒事屢擾公門！』老父曰：『某實非論事，但觀少公筆跡奇妙，貴爲篋笥之珍耳。』長史異之，詰請其何得愛書，答曰：『先父愛書，兼有著述。』長史取視之，曰：『信天下工書者也！』自是備得筆法之妙，冠於一時。」（張固《幽閒鼓吹》）文中所載，片紙隻字，竟有如此大的魅力，都可歸結爲對美的追求。文中不但寫出了欣賞者、收藏者對於書法藝術的「不計手段」的追求，而且生動地寫出了一位大書家是如何對書法藝術孜孜以求。時至今日，傳世的張旭的作品已成爲異常珍貴的文物，試看其所書《古詩四帖》，從上面鈐蓋的鑑藏印章看，歷來就被稱作「祕玩」、「眞賞」、「神品」、「寶」……，這就不僅僅是「貴爲篋笥之珍」了。

書法作爲一種藝術來說，它是爲欣賞而創造的。朝有國師，野有鄉賢，地有民家，孜孜以求罄竹穿硯者不乏其人；而觀者，欣賞者，收藏者，鑑定者，更是代不乏人，比比皆是，顯示其書藝所在，或在朝廷、廟堂，或在山野、茅舍，或是鼎彝尊爵，或是石鼓欄礎，或爲盛典隆儀，或爲善事義舉，或爲旌揚表彰，或爲牌坊墓誌，或顯於廳堂齋館，或顯於抱柱楹聯，或顯於文房寶器，或顯於屏風幕幔，至於室內的「中堂」、「對聯」，門上的「橫批」，山牆的「立軸」，几上的條幅，都各有各的款式。或志異寓言，或遣情寄趣。書家所成之字，有的其大盈丈，有的擘窠盈尺，有的如拳合寸，不一而足。總的來看，如果沒有對書法藝術的欣賞，也不會有書法藝術的創造，創造是爲滿足欣賞的需要而創造。離開了欣賞的需要，書法藝術創造就失去了目的和意義。

由於書法藝術是相當抽象的，因此，對書法藝術的欣賞帶有不同於其他藝術門類的特點。書法藝術欣賞的根本問題，就是要善於從一些不具體描繪任何事物的抽象的點畫和字形結構中，去體會它們所反映的形體、動態的美，與它所表現的某種思想感情。這種感受力，一方面是同聯想的能力相聯繫，另一方面又是同對現實生活中各種事物的形體和動態美的感受相聯繫。也就是說書法藝術欣賞離不開聯想和想像的能力。如古人所說，要「入其形」（蔡邕《九勢》），要「旁通點畫之情」（孫過庭《書譜》）。如一個點，古人說它如「高峰墜石」（衛夫人《筆陣圖》），這就是通過聯想作用，從一個點上感受到了它所反映的現實的形體的美。書法藝術既然有相當抽象的特點，當然就要求長時期的反復的觀賞和玩味，才能體會到它美之所在。特別是對字形結構的欣賞，在長時期的靜觀默察，反復揣摩、體味，才能看出結構的長短、大小、闊狹、疏密、粗細等等是否得當。

對書法藝術的欣賞，包括用筆、結構、全幅的意境的欣賞。在書法藝術的用筆上，使每一點畫的書寫都能給人以一種幾乎可以觸摸的形體感。「隱隱然其實有形」（衛夫人《筆陣圖》）、「力透紙背」、「下筆不浮，刻入紙中」（《佩文齋書畫譜》、《書法三味》）。書法上，一切浮滑的用筆都是敗筆，都是不美的。「骨肉相稱」、「肥瘦相和」是美的形體必備的條件，也是書法的筆畫的美必備的條件。中國歷代書法家和書法理論家對此認識相當深刻。晉代衛夫人在談到用筆時指出：「多骨微肉者謂之筋書，多肉微骨者謂之墨豬」（《筆陣圖》）。「筋書」和「墨豬」都是不美的。因爲「純骨無媚，純肉無力」，「瘦當形枯」，「肥既質濁」。有骨無肉的用筆，給人以枯槁之感；有肉無骨的用筆，給人以虛浮無力之感，都是不美的。具有美感的筆畫是「肥瘦相和」（《佩文齋書畫譜》卷五）、「骨肉相稱」的（《佩文齋書畫譜》卷六）。這是古人從人體和動物形體的美上體會得來的道理。各種點畫的書寫，能否顯示出運動的力量和氣勢，同樣也是書法的筆畫美的一個重要條件。從書法上說，除了講究「骨」，用筆的運轉有力，還要有「筋」，要有韌性、彈性，有貫穿全字以致全幅的氣勢。即「筋脈相通而有勢」（豐道生《書訣》），能成就爲一種動態美「頓挫盤礴，若猛獸之搏噬；進退鉤拒，若秋鷹之迅擊」（虞世南《筆髓論》）。「多力豐筋者聖，無力無筋者病」（《筆陣圖》）。書法藝術的用筆，在反映出事物的形狀的美的同時，還要反映出它的質地的美。「下筆用力，肌膚之麗」（蔡邕《九勢》），即指質感的美，「增損則骨肉相稱，潤色則婉態妍華」（張懷瓘《六體書論》）。這是因爲「字生於墨，墨生於水，水者字之血也」。「水太漬肉散，太燥則肉枯；墨太濃則肉滯，太淡則肉薄」（陳繹曾《翰林要訣》）意思是說通過對墨色的濃淡枯潤的適當掌握與運用，是可造成各種不同的美的質感。另外，質感的美還可通過用筆的方圓、曲直、輕重、剛柔、疾徐等各種不同的變化和運用來獲得。「剛則鐵畫，媚若銀鉤」（歐陽詢《用筆話》），就是由筆畫的剛柔不同而引起的。

在書法的結構上，其難處不在機械地求得平衡對稱，而在從多樣的微妙的變化中求得平衡對稱。正如晉代王羲之所言：「若平直相似，狀如算子，上下方整，前後齊平，此不是書，但得其點畫耳。」（《題筆陣圖後》）。在既有多樣的新穎的變化，又不違平衡對稱的同時，還要講究各個部分互相對比又互相照應，形成爲一個多樣統一的和諧的整體。正是在此處可看到書家的匠心獨運，自然天成的妙處。另外，除每個字的結構外，還有字與字間、行與行間、甚至幅與幅間的結構問題。即「章法」問題。它同樣要與平衡對稱，多樣統一、對比照應相合。

對於書法作品，由用筆和結構的美所形成的全幅的意境美，古人稱之爲「神」、「神采」、「神氣」等等。元代的陳繹曾說，書法有「氣」，如「淸和肅壯」、「奇麗古澹」（《翰林要訣》），即爲意境的美。每一件成功的書法藝術作品都有它的美的意境。如人評王羲之書法「芙蓉出水」、「淸風出袖，明月入懷」（李嗣眞《書後品》）等語，就是講的意境美。只有當人們領會和體驗到某種美的意境的時候，對某一書法作品的美的欣賞才算達到了完成。總的欣賞過程爲全幅書法作品的總印象→幅中各字用筆、結構的欣賞→全幅呈現出的意境美的欣賞。值得著重指出的是，書法作品同人們的審美理想和審美趣味是緊密相聯的，是浸透著獨特的思想感情的。如王羲之《蘭亭序》，表現的平和、自然、含蓄的美，古人說它給人的感受是「志氣和平，不激不厲」（孫過庭《書譜》），「如淸風出袖，明月入懷」（李嗣眞《書後品》），這是與他隨順自然，委運化任的道家思想緊密相聯的。所以他以平和自然爲最高的美，書法作品中就體現了書法家的這種審美趣味和審美理想。這是人們在觀賞書法藝術時，需要特別注意的地方。

總之，中國書法是中國特有之藝術，其中凝結著豐富的中華精神和審美趣味，仍有待於人們去認識和開發。

（馬勝利）

三〇九、中國人如何看待國畫？

中國繪畫是中國文化的重要組成部分，它具有鮮明的民族氣派和民族風格，是東方繪畫藝術的主流，在世界美術領域中自成體系。

作爲中國文化寶庫中的一顆明珠——中國畫，又簡稱國畫。顧名思義，就是用中國畫的傳統工具和技法，按照中國人的審美習慣畫出來的畫。它有著悠久的歷史和優良傳統，並內含東方人的哲學思想。與西畫顯然有別。中國畫是用毛筆蘸墨，主要在絹帛或宣紙上作畫，有的還用色彩渲染。經過裝裱，即可供欣賞。

中國畫按手法分有工筆（屬工整精緻一類的畫法）、兼工帶寫、寫意（屬放縱一類的畫法，與工筆對稱。著重於簡練的筆墨，寫物象的形神，來體現作者所要達到的意境，故名）。按門類可分爲人物、山水、花鳥三大類（昆蟲、蔬果、畜獸等分別歸入此三類）。這三個門類各有特點。

中國畫的特色之一，是靈巧多變的章法。國畫在章法（構圖）的安排上，要根據幅式來考慮，國畫的幅式很多，有立軸、手卷、横披、冊頁、扇面等，供人在不同場合作欣賞之用。不同的幅式，採用不同的章法。它的構圖，一般不遵循西方繪畫的黄金律（又稱黄金分割率，指一種比例式，即長與短之比，其比值近似與八：五），長寬比例是「失調」的。但它能表現特殊的意境。如宋代趙黻的《江山萬里圖卷》，從長江源頭畫到入海處，峰迴水轉，氣象萬千，只有用手卷的幅式才能容納。手卷也稱長卷，是自左向右捲攏的裝裱形式，它可向右無限延伸，以表現複雜的事物和宏偉的風景。它與西畫的焦點透視法的畫法不同，在這裏畫家用的是散點透視，它突破了時間和空間的限制，多處著眼，沿途作畫，再將各主要景色有機地連接起來，成爲一幅完整的畫。使人不挪一步，便盡覽山川勝景，古人將此稱爲「臥遊」。

又如立軸（包括橫披等）山水大多採用俯視、或平視，極少用仰視。視點上下移動，不僅可以見到山前、室外，還可以見到山後、室內，視野自由廣闊。如清代王原祁的《松溪山館圖》，可見中國山水畫散點透視的長處，以鳥瞰法，將眾多景物遙攝於狹長的條軸裏，清平如鏡的湖水，依山傍水的山館，逶迤而上的小徑，跌岩而下的飛泉，濃蔭襲人的蒼松，盈盈舒捲的煙雲，巍峨秀拔的峰巒……，畫面傳達出一種悠遠神奇的意境。觀者對此可以上下、左右地顧盼，萬物歷歷在目。這種畫法還是遵循「近大遠小」的透視規律的。爲了畫出對象的精神實質和本來面目，展示出正常視野達不到的地方，這種畫法具有靈活性和全面性，逐步形成了中國傳統繪畫獨特的構圖法和透視法。

中國畫的布局常採用的是各種對比關係，如簡與繁、疏與密、白與黑、虛與實、輕與重、小與大、淡與濃、曲與直、靜與動等等，這些都是圍繞表現主題、突出主體而展開的。兩個對立面越強烈、主體就越鮮明，畫面變化就越大，從而避免了僵硬板結，單調乏味。它們之間互相呼應、顧盼，通幅作品就能氣勢相貫，諧調統一。

在布局中，中國畫講究含蓄，要求有藏有露，使人有想像的餘地。如意到筆不到、計白當黑、虛中有實、實中有虛等。八大山人朱耷畫魚不畫水，齊白石畫蝦不畫水，可是在畫上觀者仍可感到水，這些水被藏了起來，但是通過畫中魚蝦的動態，又被顯露出來了。這種巧妙地利用空白，是中國畫章法中的一大特點。它可以使畫面簡潔、含蓄，顯得意趣高雅。但該留白的地方不留，則畫面會擁塞侷促；不該留白的地方留了，就會使畫面鬆散，氣脈難貫。

題詩、落款、印章的安排，也是構成畫面布局統一的重要特色。它們常在構圖不均衡處，起著平衡的作用；或有意穿插在某一部位，使呆板單調的畫面豐富生動起來。

中國畫構圖時，特別注重「立意」，即確立畫家所要表現的那個意境，而這種意境正是畫家所追求、表達的思想情趣所在。如八大山人朱耷的《荷花水鳥圖》，畫面上孤石倒立，疏荷斜掛，一個縮著脖子翻著白眼的小鳥，孤零零地蹲在石頭上，其形象奇特，給人以意境冷寂之感。畫中之物成了畫家苦悶和孤獨的象徵，暗寓著其傲岸不羈、弔明反淸的深刻意蘊。

中國畫的特色之二，是奧妙無窮的筆墨。國畫要求以線條表現物體的體積、質感，要有凸凹之形。歷代畫家都在這方面下過大功夫，創造了許多精湛的勾線技巧，如高古遊絲描、鐵線描、蘭葉描等七八種人物白描勾線法，來描繪各種不同質感的衣紋。山水畫的各種皴法，就是以各種形態的複線，來表現不同類型的山水景色。它不僅可以勾劃出形體結構，而且還具有立體感、運動感。傳說唐吳道子單線勾勒作畫後，以致滿壁風動。另外中國畫從書法中也汲取了用筆用線的意趣，大大豐富了本身的表現技巧。筆力如何成爲鑑賞一幅作品的重要標準。墨色同筆法一樣，也是構成國畫的主要因素和造型的基礎。筆法以立其骨幹；墨色以分其陰陽、向背。墨滲水，可以調出由濃到淡的無數色階，輔助筆法線條，把對象的質感、暈感、遠近和氛圍等，給以充分的描繪。古稱墨分五彩，從焦墨、濃墨、次濃、淡墨至最淡等多種。國畫敷色主要以物體的原色爲基調，不注意色彩在光學上的變化，而追求色彩間的對比性的調和；用沾了墨和色的線和點在紙上畫出濃淡乾濕等不同的色面，以表現物體的明暗和黑色。常見的技法有乾墨畫法、濕筆畫法、積墨畫法、潑墨畫法、破墨畫法等等。不管使用那種畫法，或多種方法同時使用，都要使墨色濃淡相生相宜，濃中有淡、淡中有濃；有筆有墨，墨中見筆，筆中見墨。互相生發，才能形神兼備，氣韻生動。欣賞一幅中國畫，更多的也是品味它的筆墨意趣。

中國畫的特色之三，是畫家將詩、書、畫、印合爲一體，充分抒發畫家的情感，突出主題思想。如鄭板橋的《風竹圖》，通過畫中所題之詩，「衙齋臥聽蕭蕭竹，疑是民間疾苦聲。些小吾曹州縣吏，一枝一葉總關情」，把風中之竹，民間之苦，以及正直小官吏的形象，與同情百姓的眞摯感情，都準確地表達出來了。詩、書、畫相得益彰，融合成完美的綜合藝術。這種形式的完美結合，是「文人畫」產生以後才有的。在北宋末蘇軾、文同、米芾等文人大力倡導下，其藝術形式就更普遍、完美了。中國畫的題字，可多可少，最少只要簽個名（「落款」）即可。再有就是寫上作畫時間、題目，或加上詩文等。它要與畫面有聯繫，但不一定解釋畫面內容。字體的選用也很重要，要和作品內容風格相一致。題字位置要和作品的章法，成爲不可分割的整體。印章（姓名章、壓角章）也起著調節構圖，活躍畫面的作用。特別是「壓角章」，多成爲畫家寄情寓意的所在。這些都是鑑別畫家藝術境界高低，功力造詣深淺的明顯標誌之一。

了解了中國畫的主要特色，怎樣去看待、品評中國畫呢？專家是先看畫面的整體氣勢，再看筆墨技巧，然後看構圖、著色……。由此可見，作品的藝術形式乃是一座橋梁，它能由此深入到作品內涵和畫家的內心世界。因爲中國繪畫藝術形式的創造的基本特徵：「以形寫神」，「形具神生」之「神」，是與畫家的氣質、個性以及生平、際遇等緊密相聯的。而中國的儒、道、釋、禪、玄對中國畫家的主體精神的發揚與藝術形式的創造，及由此形成的有筆、有墨、有情、有殘、有境的線條之美，具有著深遠和巨大的影響，從而形成了畫家們各自不同的藝術理想和藝術風格。當然這裏面還關係到時代風尚的薰染、後天學養的培育，以及與文學、音樂等各門類的藝術陶冶分不開的。

就中國畫而言，正如有識之士所指出的那樣，藝術具有說明性，也具有裝飾性，前者寓於作品內容，爲社會歷史所制約，它是有限度的，後者託諸作品形式，超越時間空間而感染觀眾，它是無限度的。而且作品的意義只有當觀眾在閱讀過程中才能產生，它是作品和觀眾相互作用的產物。作品的意義不確定性和意義的空白，更促使觀眾去尋找作品的意義，並參與作品意義的構成。

（馬勝利）

三一〇、中國人如何看待傳統音樂？

中國古代音樂源遠流長，素有「禮樂之邦」的美稱，這說明中國不僅自古以來音樂發達，而且十分重視音樂的教化作用。同時其音樂本身還有著鮮明的民族傳統和民族風格。

仔細品味中國民族音樂，不僅能體會到它對音樂旋律的重視，還能感到它十分重視感情的抒發，在其旋律的抑揚頓挫與輕重緩促之中，表達細微複雜的感情變化，力求生動眞切地摹寫出人物的情感與胸襟，使人聽之別有神韻。

追溯中國音樂的起源是音樂史專家和考古學家在不斷探索的問題。一九八五年河南舞陽賈湖村新石器時代遺址中發現了十六支豎吹骨笛，把中國的樂器的發明又提早到八千年以前。中國音樂發展的歷程，大致經歷了先秦樂舞階段，它是以鐘磬樂爲代表；中古伎樂階段，它是以歌舞大曲爲代表；近世俗樂階段，它是以戲曲音樂爲代表。其歷史發展形成了傳統音樂的五大類：歌曲、歌舞音樂、說唱音樂、戲曲、器樂。在這五大分類中，每一大類都包括多樣的音樂體裁和形式。

在中國傳統音樂的創作中，五個基本音階被記爲「宮」、「商」、「角」、「徵」、「羽」，也稱五聲。相當於現代音樂簡譜12356。這五個音階高低順序排列在一起，就是中國音樂常用的五聲音階。五聲理論早在春秋戰國已經形成。先秦時代五聲音級稱爲「正聲」，變化音級稱爲「變」。變化音級常在角徵、宮羽之間各出一個偏音，比徵、宮低半個音，叫「變徵」和「變宮」（即現代音樂簡譜的四、七），排成音階爲宮、商、角、變徵、徵、羽、變宮。這就是古人所使用的七聲音階。古代確定音律的方法，是三分損益法。「損」就是減，「益」就是增，即把一根弦分成三段，去其三分之一，取其三分之二，用它振動後所發出的音比原來全長所發出的音高出純五度，叫三分損一；反之，將一根弦分成三段，增其三分之一，取其三分之四，該弦所發出的音比原來低四度，叫三分益一，合起來爲三分損益法。中國樂律學上的最大成就是明代朱載堉發明的十二平均律，這一理論要比西方類似的理論更早、更精確。它是將七聲音階平均分爲十二個半音的律制。音樂上有了十二平均律，人們才可能在鍵盤樂器上演奏任何調高的樂曲，而保持各調音階音與音之間的相對音高的關係不變，近現代音樂技術理論也才因此有了充分發展的理論依據和律制基礎。

在對音樂的認識上，中國古人認爲「凡音之起，由人心生也。人心之動，物使之然也。感於物而動，故形於聲。聲相應，故生變，變成方，謂之音。比音而樂之，及干戚羽旄，謂之樂」（《禮記・樂記》）這種合於律的音和音組織起來，由樂音構成曲，就成爲音樂形象，它裏面含著節奏、和聲、旋律。作爲音樂的核心，它即是形式，也是內容。他們認爲音樂的特徵是「和」，音樂之美在於和諧（《國語・周語下》）。「和六律」則能「聽耳」（《國語・鄭語》），「聲亦如味，一氣、二體、三類、四物、五聲、六律、七音、八風、九歌以相成也，清濁、大小、短長、疾徐、哀樂、剛柔、遲速、高下、出入，周疏以相濟也」（《左傳・昭公二十年》），這些多種因素和對比關係，只有相輔相成，相反相濟，才能構成音樂的美。在音樂和自然的關係上，古人受陰陽、五行的影響，認爲音樂來自自然，生於天之「六氣」（陰、陽、風、雨、晦、明），地之五行（金、木、水、火、土），尤和「風」有密切關係。儒家在音樂和社會關係上，要求音樂發揮平和人心，成就政事的作用。歷史上，孔子第一次明確地將美與善區分開來，並要求兩者的結合、統一。在提出音樂審美的觀點同時，進而提出了一套關於爲治國平天下服務的儒家音樂主張。他認爲「移風移俗，莫善於樂」（《孝經・廣要道》），音樂的本質是「仁」，「人而不仁」便無從對待音樂（《論語・八佾》），音樂的感情必須「樂而不淫，哀而不傷」（《論語・八佾》），無過無不及，合乎中庸的準則。其影響對後世極其深遠。孟子從「性善」與「仁政」思想出發論述音樂，認爲人生來都有享受音樂的慾求與能力，聖人與常人對音樂有共同的美感，主張「與民同樂」，使天下得治（《孟子・梁惠王》）。荀子的《樂論》，是中國第一篇音樂美學專論。他認爲音樂表現喜樂之情，是人的本性，但要用「中正」、「肅莊」的雅頌之樂引導人們，免於亂而歸於治。總起來看，儒家在對音樂的認識上，由於以禮爲本而不是以人爲本，有抑制情的抒發，限制聲的自由發展，是古非今，重教化輕娛樂，因而使音樂受到束縛，使之遠離民眾，異化爲統治手段，淪爲政治工具。

道家倡導自然樂論。《莊子》一書，把批判的鋒芒明確指向儒家倡導的、用作統治手段和政治工具的禮樂，強調「法天貴眞」，視「天籟」爲音樂美的最高境界。在中國歷史上第一次明確地把音樂與人性聯繫起來，認爲音樂的本質在於表現人的自然情性。《莊子》一書，還通過提出「心齋」、「坐忘」說，描述了音樂審美的心理特徵，它帶有理性的直觀、頓悟色彩，而非抽象的理性思考。具有超越功利、物我同一、自由想像的特點。由「法天貴眞」，崇尚自然，表現人的自然情性；到衡量音樂美的標準爲自然而不造作，樸素而不華飾，並且不失性命之性、常然之情；其所應發揮的功用應是抒發情性，娛樂人心。這都是要求在解放人性的同時，使音樂自由抒發人的眞實自然的情性，以利人們對精神生活的追求。這種思想曾給後世以深刻的影響。總觀儒之孔、孟、荀，還是墨、法、雜，或是道家老子，都是從政治出發，其音樂美學思想都是功利的。其中儒家最看重音樂的功用。道家《莊子》的音樂美學思想，則是反功利的，講求抒發情性，娛樂人心。

特別值得一提的是先秦以後，出現的《樂記》、《聲無哀樂論》兩本音樂美學專著。《樂記》是儒家音樂美學思想集大成之作（對作者有爭論，今取漢武帝時劉德萇爲作者之說）。涉及音樂的本源、特徵、審美、功用、樂與禮、德與藝、古樂與新聲等諸多領域。文中強調了「聲」、「音」、「樂」三者的區分與聯繫。認爲音樂是聲音的藝術，感情的藝術，是以樂音所構造的「動象」表現人心之動的藝術，其表現主要是感情之動。而感情有社會屬性。其書總結並發展了儒家關於音樂社會功用及禮樂關係的思想。此書作爲大一統時代的產物，適應了統治者的長治久安的歷史需要，後被收入《禮記》，奉爲經典，成爲官方欽定之物，統治了中國兩千多年。

《聲無哀樂論》的作者是魏晉之際的嵇康。文中提出了「越名教而任自然」的口號。它強調的是音樂對個人的「宣和情志」，即淨化感情，使之歸於平和的作用，而不是對社會的治國平天下的作用，肯定的是娛樂、美感、養生作用，而不是道德教化作用。在這種探討中，把音樂當作一門獨立的藝術，自覺地探討它自身的規律。探討它相對於文學等其他類藝術的特殊性。文中抓住「聲」這一特性，集中討論了音樂表現力這一關鍵問題。還深入探討了音樂創作、表演、欣賞中「心」與「聲」，即審美主客體的關係問題。它對二者矛盾的關係的分析中，有不容忽視的合理內涵。指出了審美主體的心境不同，對同一樂曲的感受也不會相同的道理。此《論》的出現，使中國古代樂論的探討，開始深入到音樂內部規律的研究，深入到琴論、唱論等表演美學領域。同時，它的出現也使音樂擺脫名教的束縛、擺脫統治者的政治奴役提供了思想依據。其後有唐一代出現繁榮局面，成爲中國音樂史上的第二個高峰，與此不無關係。

宋元以後，與儒家歷來主張中正平和，道家歷來主張恬淡平和不同，周敦頤從「主靜無慾」的社會思想出發，融和二者，提出了「淡而不傷，和而不淫」的審美觀（《通書·樂上》），其「淡和」說，是爲了用淡和之樂，去消除人們的慾求，平息躁動，使統治者的江山免遭厄運。此說影響波及明清。對此起而抗之的有李贄，否認「情性之外」的禮義的合理性（《焚書・讀律膚說》）；黃周星的無拘無束寫情「生氣勃勃，生氣凜凜」（《制曲枝語》）；袁宏道的「任情而發」，「眞人所作，故多眞聲」（《敘小修詩》），稱讚山歌俚曲；張琦的「死可以生，生可以死，死又可以不死，生又可以忘生」的放手寫情（《衡曲麈譚》），爲此才是至善之音；馮夢龍的「情眞而不可廢」，肯定桑間濮上之音、「民間性情之響」的山歌（《山歌・序》），他們向傳統的禮樂思想、「淡和」的審美觀挑戰，發揚了道家（莊子）「法天貴眞」，崇尚自然，嵇康的「越名教而任自然」精神，突出了音樂的主體性。這一時期琴論、唱論大爲發展。前者以明末徐上瀛《溪山琴況》爲代表，後者則以清初徐大椿《樂府傳聲》爲代表。《琴況》在吸取前代音樂理論的基礎上，深入探討了器樂演奏的內部規律、審美經驗，提出了一套演奏美學思想。《傳聲》是古代唱論之集大成之作。不僅唱法分析更爲詳密，而且論述頗有新意，提出創見，具有一定美學意義。《傳聲》之論，突出一個「情」字，處處要求聲爲情服務，做到因人而異，形容逼眞，形神皆出，表現人物個性。

總起來看，中國傳統音樂，受儒道兩家思想的深遠而巨大的影響，在兩家對立與交融中，構成了中國傳統音樂的美學思想，其中既以儒爲主而又儒道合流。受其影響，對中國傳統音樂的評判，以平和恬淡爲美的標準。以上所述都反映出了中國農耕文化的特色的一個方面。時至今日，中國傳統音樂也在不斷挖掘和發展的過程中吸收和借鑑外國音樂有益成分，如在音樂創作中，對於和聲、複調、配器等都在不同程度上吸收外國經驗。唯其如此，中西音樂才能更和諧完美地向前發展。

三一、中國傳統教育觀念的基本內容是什麼？

（馬勝利）

中國傳統教育觀念成型於漢代。西漢行「罷黜百家，獨尊儒術」，主要表現在三個方面，一是在國家的施政實踐上，力圖貫徹儒家的主張；二是將儒家思想作爲國家意識形態，具有唯一的合法地位；三是將儒家經典作爲國家教育的基本教材和選擇國家官吏的考試標準。其中第一種表現在政治、經濟領域不是、也不可能是徹底的，但在國家教育方面，一直到清朝末年，則基本上以儒家思想爲依據。國家爲推行和強化儒家思想教育，都實行一套大體相同的激勵措施，而社會各階級、階層爲對應國家的教育政策，逐漸形成了相對穩定的觀念模式。一方面是國家實施教育的指導思想，一方面是國人適應這人爲的社會環境，對應國家教育政策的心態，便構成中國傳統教育觀念的主流。

儒家思想的核心是講治世、作人。關於治世，基本思路是：治世在治人，治人在治人心，治人心在滅人慾；關於作人，是講成就君子人格，而成就君子人格，即在於正心、誠意、修身，其要旨也是去慾存理。治世與作人在儒家實際上是統一的。在儒家看來，世道的「治」與「亂」，就是看是否能實行周禮。治人者能按周禮施政，治於人者能按周禮約束言行，則天下無爭，井然有序，即爲治世。反之，禮崩樂壞，則爲亂世，儒家把治與亂的根源歸結人心，「道心唯微」，所以才有禮崩樂壞。不論是主張性善論的，還是主張性惡論的，都認爲只有正人心，才是變亂世爲治世的根本。

儒家正是從這套思維模式出發看待教育問題的。

儒家極重視教育的作用。《禮記・學記》說：「玉不琢，不成器；人不學，不知道。是故古之王者，建國君民，教學爲先。」孔子講爲政，將「民信」放在第一位，他說，爲政有三條原則：足食、足兵、民信。如有必不得已而去之，可去兵、去食，但「民無信不立」。（《論語・顏淵第十二》）欲使民信，則必施教化。孔子反對施政以刑。他說：「道之以政，齊之以刑，民免而無恥。道之以德，齊之以禮，有恥且格」（《論語・爲政第二》）。孔子講德政，即重教化。孟子講仁政，雖一再強調仁政要自經界始，但他仍把仁政的基點放在教化上，通過教化，使國人知曉君主的仁愛之心，從而能心悅誠服；使國人知禮節，從而能安分守己，穩定社會秩序，鞏固君主的統治地位。儒家是把教育作爲立國之本、治世之本的。

儒家重教育，還在於他們將教育作爲個人的立身之本。《中庸》說：「天命之謂性，率性之謂道，修道之謂教。」不論是「生而知之者」，還是「學而知之者」，或是「教而知之者」，儒家都認爲，教和學是人生不可缺少的。好學是聖賢君子的本性，好學又能成就聖賢君子人格，即使普通人，只要好學，就能知禮，知禮、行禮，則能免禍得福。

不論是治世還是作人，都必須行之有道。然而人心又有背道而行的偏向，教育的必要性由此而出。朱熹說：「蓋自天降生民，則既莫不與之以仁義禮智之性矣。然其氣質之稟或不能齊，是以不能皆有以知其性之所有而全之也。一有聰明睿智能盡其性者出於其間，則天必命之以億兆之君師，使之治而教之，以復其性。此伏羲、神農、黃帝、堯、舜所以繼天立極，而司徒之職、典樂之官所

由設也。」（朱熹：《大學章句序》）

在儒家看來，教育的根本目的是使「治隆於上，俗美於下」（同上書）。其任務是落實到化民、育人的基點上。孔子講教育，道德色彩較政治似乎更濃一些。他認爲教育主要是爲了完美人格。他強調「學者爲己」，即修身以成就君子人格，反對爲他人而學，爲給他人作樣子而學。當然，孔子的所謂君子人格的特定內容，也即是中國傳統社會的順民的人格，塑造君子這樣的人，也就是造就傳統社會的階級基礎。

君子與小人的區別，在於是否知禮、行禮。於是，禮便成了中國傳統教育的基本內容。禮是「定親疏、決嫌疑、別同異、明是非」的，所以，「君子恭敬撙節，退讓以明禮。鸚鵡能言，不離飛鳥；猩猩能言，不離禽獸。今人而無禮，雖能言，不亦禽獸之心乎」。所以，「聖人作，爲禮以教人，使人以有禮，知自別於禽獸」（《禮記·曲禮第一》）。能否知禮、行禮，對人的安危也是非常重要的。「人有禮則安，無禮則危。故曰，禮者不可不學也。……富貴而知好禮，則不驕不淫；貧賤而知好禮，則志不懾。」（同上）在中國傳統的教育實踐中，有以禮、樂、書、數、射、御爲教育內容的，又有說以「傳通、授業、解惑」爲教育內容的，其實質，都是強調教之以禮。

能否知禮而行禮，關鍵又在於人心。「君子喻於義，小人喻於利。」教育要有成果，達到儒家規定的目的，必須直指人心。教人「以窮理、正心、修己、治人之道」（朱熹《大學章句序》）。必須能使人「復其性」，即弘揚仁義禮智之心。由此出發，儒家提出一套教學原則。其要點是啓發人心，循循善誘，注重踐行。按朱熹的說法，儒家規定的教育內容源於人之本性，又不離人們的日常生活，啓發誘導是完全不成問題的。背離這樣的教學原則，只「記誦詞章」，或施以「虛無寂滅之教」，或雜以就功名之說的權謀術數，百家衆技之流，都是惑世誣民，充塞仁義，使「君子不幸而不得聞大道之要，其小人不幸而不得蒙至治之澤」（朱熹《大學章句序》）。

儒家的教育思想化爲各朝代的教育政策，儒家的整個思想體系被立爲聖經，成爲國家教育的教材，而儒術的獨尊地位眞正滲入社會生活。「蓋利祿之路然也」（《漢書・儒林傳》）。教育與國家選擇官吏聯繫起來，與個人的經濟、政治等社會地位的改變聯繫起來。從受教育者的角度看，他們仍視教育爲獲取生活技能，提高生存本領的途徑，實際利益仍是接受教育的動力。既然國家把受教育作爲提高個人地位，獲取利祿的必由之路，受教育者也就將此作爲接受教育的目的。宋眞宗趙恆曾寫過一首《勸學詩》：「富家不用買良田，書中自有千鍾粟。安房不用架高梁，書中自有黃金屋。娶妻莫恨無良媒，書中有女顏如玉。出門莫恨無隨人，書中車馬多如簇。男兒欲遂平生志，《六經》勤向窗前讀。」統治者如此勸學，受教育者也確如此響應，受教育就是爲了考取功名。這種教育觀念是根深蒂固的。由此出發，受教育者確定了自己的任務和原則——受教育直接爲參加國家選拔官吏的考試，考什麼，就學什麼，怎樣能順利通過考試，就怎樣學，至於能否眞的將聖經讀入心田，化爲踐行，則是另外一回事了。

也有所謂看破紅塵者，鄙棄主流的教育觀念，信奉佛、道的出世思想，構成中國傳統教育觀念的主要一支。

（湯澤林）

三一二、中國傳統社會的文化結構是怎樣的？

文化是一個相當寬泛的概念，自十九世紀中葉歐洲學者開始文化學研究以來，爲文化所下定義多達幾百個，至於文化的結構學說，更是各家異詞，莫衷一是。依筆者之愚見，文化問題可以從動、靜兩個角度加以考察。從靜態的角度看，文化是人類在改造自然、改造社會以及改造自身的過程中留下的一切行爲軌跡的總和。所以，文化在某種意義上講，也可以稱爲人化。凡非天然的，經過了人加工處理的一切事物，都是文化。埃及人建造的金字塔，中國修築的長城，莎士比亞的悲劇，羅馬的狂歡節，概莫能外。由於文化是人類實踐不斷物化的過程，因此，從動態的角度看，文化又是一定時期、特定社會中人們的行爲模式。文化對於人不僅僅是某種外在的、凝固的既成事物的堆積，而是一種價值觀念、思維方式、生活立場、創造原則，文化是活生生的有機體。從上述觀點來看待中國傳統社會的文化結構，我們把它分成由淺入深的三個層次。

第一，物質文化。凡人力曾經作用其上的一切物質對象及人類的物質生活方式，均可視爲物質文化。小至一把鋤頭，一片彩陶；大至一座宮殿，一處城池，都可以看成物質文化的象徵。中國古代是典型的農業社會，在自然經濟基礎上產生的農業生產技術，農作物品種，農業生產工具，水利灌溉設施等等，曾經在世界上處於遙遙領先的地位，養育了世界上最大的民族。中國古代的手工業也曾以精湛的產品享譽世界。絲綢之路遠達中亞、北非和歐洲，中國的絲綢令全世界的貴夫人們傾倒；中國定、汝、均窯的磁器各具特色，大放異彩；中國在明代時便能製造上千噸的遠洋巨輪，出使南洋、東非；中國唐代的長安，宋代的開封，都是世界著名的商業大都會，其繁華無與倫比；中國古代的知識分子和廣大勞動人民，還曾有過令世界震驚的科技成果，「四大發明」首當其衝，曾經對歐洲近代工業文明的興起產生了巨大的推動作用。物質文化具有實體性、基礎性和可變性的特點，屬於人類文化的表面層次。

第二，體制文化。指人類在一定社會歷史條件下，經由交往行動所締結而成的社會關係及與之相協調的社會活動規範體系。人類作爲群體出現在地球上，爲了使個體不至於因失範而放縱，使整體不至於因無序而紊亂，必須建立體制文化約束個體，整合群體。體制文化又可再細分爲兩個部分，一是由國家政權頒布推行的政治、經濟、法律制度等等，強迫社會全體人員共同遵行。中國傳統社會相對穩定，這和政治體制的完整、嚴謹不無關係。西周以來，基本確定了宗法繼承原則，嫡長子繼承制度。秦漢以後又逐步完善了君臣之際的綱常倫理，官吏選拔制度，晉升考核制度，行政監查制度，彈劾罷免制度，科舉考試制度，學校教育制度……。當然，政治體制的發達和完善，也有其負面的影響，就是造成了中國古代社會發展的相對緩慢和停滯。中國社會自商代盤庚遷都以後，基本就定型於以農業爲主體的自然經濟狀態，但經濟體制和管理方式亦曾數變。春秋以前，和宗法社會相適應，國家推行井田制，農奴被束縛、固定的土地上，向領主交納「貢」、「助」等形式的實物地租和勞役地租。春秋逐漸實行土地私有制度，地租開始普遍推行，從唐代的「租庸調」，到宋代的「兩稅制」，再到明清的「一條鞭」，總體傾向是從實物地租向貨幣地租過渡，說明商品經濟的成分在不斷增長。中國上古沒有法律。所謂：「刑不上大夫，禮不下庶人」，在宗族內部實行氏族習慣法。春秋時代，晉國「鑄刑鼎」，法律開始公開化，系統化，列國相繼制定了成文法。以後從秦律、漢律到《大明會典》、《大清會典》，法律逐步完整健全。不過，中國古代的法律側重於刑法，主要規定了人民所承擔的義務和不許逾越的規則，但是民法很不發達，沒有規定人民所應有的權力。體質文化的另一個方面是禮義和風俗習俗，它比之國家政治、經濟制度有著更爲久遠的歷史，是經過人民日常生活約定俗成，積澱於民族共同體中的集體意識中，在潛隱的層面上充當著人們的行爲準則。如儒家《三禮》中吉、凶、軍、賓、嘉「五禮」，就滲透於人民生活的各個方面，對他們的行爲起調節和指導作用。在實際社會中，體制文化的兩個方面不是絕然對立的，而是相輔相成、彼此滲透的。禮義中的許多內容，得到了法律的重申和保護，而法律往往又是從禮義民俗發展而來。例如對不孝兒孫，儒家《禮記》中有家法懲治的方法，國家律典中也有國法處置的內容。體制文化屬於社會文化的中間層次，是連接深層和表層的橋梁。

第三，精神文化。指人類在精神需求的驅動下形成的精神活動方式及其對象化產品的總和。精神文化包括宗教文化、學術文化、藝術文化和心理文化四個方面。中國古代宗教有佛教、道教、基督教、伊斯蘭教、民間宗教等，其中對漢民族產生過重大影響的是佛道二教（其內容請參見本書相關條目）。基督教和伊斯蘭教的影響主要表現在教徒和信教的少數民族中。學術文化是古代思想家對社會政治、經濟、倫理、教育、科技等方面的問題思維加工的結果。在中國古代社會，學術文化沒有像西方那樣發生分門別類的分化，而是籠統地歸結爲儒、道兩大家。儒家文化剛陽進取，積極入世，始終處於官學和主流地位。道家文化無爲貴柔，消極避世，大多數時候都處於「在野」的位置。但是，道家文化並非不重要，儒道互補構成了中國士大夫階層精神生活的主要特徵。得意時爲孔孟，以天下國家爲己任，憂國憂民；失意爲老莊，離世避世，寄情於山水，以慰藉心靈，緩釋精神壓力。藝術文化包括詩詞、音樂、戲劇、建築、雕塑、繪畫等衆多的門類，以喻教於樂的形式，弘揚教化，調整關係，促進社會的和諧發展。心理文化處於社會文化的最深層次，包括價值觀念、思維模式、認知方式、審美情趣等方面，構成一個民族區別於其他民族的最隱蔽而又最深刻的標誌。心理文化是在傳統文化幾千年的長期發展中逐步凝固、定型的，很難發生變異。如中國人以宗法家族爲核心的群體本位價值觀，辯證邏輯的思維模式，樸素直觀的認知方式，情景交融的審美情趣，直到近現代都在左右著中國人的文化選擇。精神文化屬於社會文化的深層結構。

（張踐）

心得手札

心得手札

心得手札

心得手札

心得手札

國學三百題

主編／張　踐

出版者／建安出版社有限公司
發行人／林 哲 賢

登　記：北市建商公司字第430367號
地　址：台北市中正區100重慶南路一段63號8樓之6
電　話：(02) 23314516 · 23818884
傳　真：(02) 23816664
劃撥帳號：19688451
戶　名：建安出版社有限公司

發行日期／2005年3月初版四刷

物流中心／
地址：台北縣238樹林市東園里田尾街153號
電話：(02)26801001 (代表號)
傳真：(02)26801173

門市部
總　店／台北市重慶南路一段63號
電　話／(02)23314516 · 23818884
建弘店／台北市重慶南路一段41號
電　話／(02)23881351 · 23881352
上品店／台北市重慶南路一段71號
電　話／(02)23123190 · 23123196
景美店／台北市羅斯福路六段218號地下一樓
電　話／(02)29349733 · 29349447
芝山店／台北市士林區福國路71號
電　話／(02)28375534 · 28375537
八德店／台北市八德路四段83號地下一樓
電　話／(02)27479946 · 27479942
忠孝店／台北市忠孝東路五段976號
電　話／(02)26547486 · 26547487
北安店／台北市大直北安路616號
電　話／(02)25323448

建宏 五楠 關係企業門市部
中山店／(04) 22260330
逢甲店／(04) 27055800
師大店／(02) 23684985
高雄店／(07) 2351960
嶺東店／(04) 23853672
屏東店／(08) 7324020
海大店／(02) 24636590

特價：600元

國家圖書館出版品預行編目資料

國學三百題/張踐主編· －－初版.－－臺北市
：建安， 民86
面； 公分

ISBN 957－9626－19－7（精裝）

1. 漢學 － 問題集

030.22 86004031